Découvrez l'histoire par les archives de presse

RETRONEWS

Le site de presse de la BnF

www.retronews.fr

2ᵉ SÉRIE. — 3ᵉ ANNÉE. — 1 fr. 80 c. par an. — NUMÉRO 1.

PETIT MANUEL

DE L'INSTRUCTION PRIMAIRE

JOURNAL MENSUEL

DES INSTITUTEURS ET DES INSTITUTRICES.

[EXTRAIT

DU *MANUEL GÉNÉRAL DE L'INSTRUCTION PRIMAIRE.*

PRIX ET CONDITIONS DE L'ABONNEMENT.

Le prix d'abonnement (1 fr. 80 c. pour l'année) doit être payé d'avance, soit en un mandat sur la poste, soit en timbres-poste, soit par l'intermédiaire d'un libraire.

Les abonnements ne sont reçus que pour l'année entière. On peut s'abonner à quelque époque de l'année que ce soit, et on reçoit immédiatement les numéros à partir de celui de janvier.

Toutes les lettres doivent être affranchies et adressées à M. le Directeur du *Petit Manuel de l'Instruction primaire*, boulevard Saint-Germain, nᵒ 77.

Le *Petit Manuel* paraît le 10 de chaque mois en cahiers de 32 pages grand in-8 à deux colonnes contenant chacun la matière d'un volume ordinaire de 200 pages d'impression.

ON S'ABONNE A PARIS

A LA LIBRAIRIE DE L. HACHETTE ET Cⁱᵉ

BOULEVARD SAINT-GERMAIN, Nᵒ 77

ET DANS LES DÉPARTEMENTS

CHEZ TOUS LES LIBRAIRES ET LES DIRECTEURS DE LA POSTE

Janvier 1866

Paris. — Imprimerie générale de Ch. Lahure, rue de Fleurus, 9.

PETIT MANUEL

DE

L'INSTRUCTION PRIMAIRE

IMPRIMERIE GENERALE DE CH. LAHURE
Rue de Fleurus, 9, à Paris

PETIT MANUEL

DE

L'INSTRUCTION PRIMAIRE

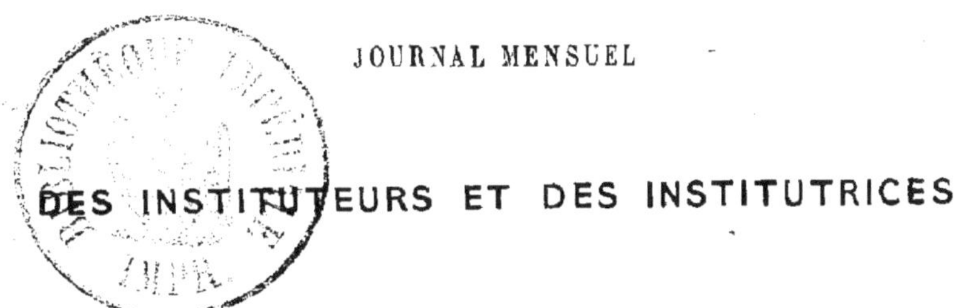

JOURNAL MENSUEL

DES INSTITUTEURS ET DES INSTITUTRICES

EXTRAIT

DU *MANUEL GÉNÉRAL DE L'INSTRUCTION PRIMAIRE*

**2ᵉ Série. — Troisième Année
1866**

ON S'ABONNE A PARIS

A LA LIBRAIRIE DE L. HACHETTE ET Cⁱᵉ, BOULEVARD SAINT-GERMAIN, Nᵒ 77

ET DANS LES DÉPARTEMENTS

CHEZ TOUS LES LIBRAIRES ET LES DIRECTEURS DE LA POSTE

1866

PETIT MANUEL
DE L'INSTRUCTION PRIMAIRE

JOURNAL MENSUEL

DES INSTITUTEURS ET DES INSTITUTRICES.

AVIS.

LEÇONS POUR LES COURS D'ADULTES.

A partir du prochain numéro, le PETIT MANUEL commencera la publication d'une série de **Leçons pour les Cours d'adultes.** Voir plus loin, à la page 6.

TRAVAUX A L'AIGUILLE.

Pour répondre au désir qui nous a été exprimé par un grand nombre de nos lectrices, nous publierons, tous les trois mois, à partir de mars prochain, un article contenant le modèle et l'explication d'une certaine quantité de **travaux à l'aiguille,** tricot, lingerie, broderie, tapisserie, etc.

Nous y joindrons un court exposé destiné à tenir l'institutrice au courant de tout ce qu'il peut lui être utile de connaître, soit à la ville, soit à la campagne, sur le choix et la disposition des vêtements de femme et d'enfant les plus conformes à l'usage général, ainsi qu'à la bienséance et au bon goût.

Une grande **Planche,** tirée à part, renfermant des modèles, patrons, spécimens, etc., accompagnera ces articles.

SOMMAIRE.

ÉDUCATION ET ENSEIGNEMENT.

COURS DE PLAIN-CHANT.

INTRODUCTION.

De tous les arts, celui de la musique sacrée a été le plus universel, le plus populaire et le plus estimé. Lorsque les premiers hommes se séparèrent et formèrent des peuples de plus en plus distincts par leurs mœurs, leurs coutumes et leur caractère, chacun d'eux emporta au loin avec le besoin de s'adresser chaque jour à la Divinité, les traditions de son premier berceau. Ces traditions, quelque altérées qu'elles aient été par la suite, ne formèrent pas moins chez tous les peuples du monde un culte extérieur et sensible, une *liturgie* dépositaire et témoin vivant des premiers rapports de l'homme avec son Créateur. Chez les nations civilisées de l'antiquité, la musique religieuse occupa la place d'honneur dans tous les grands actes de la vie sociale. Elle se faisait entendre dans les combats et sur les places publiques. Elle a rempli les plus belles pages des poëmes héroïques, et, instrument aveugle et puissant, elle servait d'auxiliaire aux erreurs du paganisme. « C'est, dit Plutarque, un acte pieux et excellent de la part des hommes de chanter des hymnes en l'honneur des dieux qui leur ont donné, et à eux seuls, une voix articulée. Homère exprime la même pensée, lorsqu'il dit : « Pendant tout le jour, les fils des Grecs invoquaient le Dieu dans leurs hymnes harmonieux, chantant le péan magnifique, invoquant le Dieu qui lance au loin ses traits. Apollon les écoutait avec joie. »

Si, chez les anciens, la musique a commencé par être religieuse, chez nous, chrétiens, elle a pris sous ce rapport un développement considérable. Nous lui avons donné une influence immense sur les sentiments de l'âme, et nous l'avons rendue solidaire des actes les plus vénérés de notre culte. Quoique la musique parle trop souvent le langage des passions qu'elle condamne, l'église l'a regardée en elle-même comme un des dons les plus précieux du Créateur. Laissons un récent historien de l'Eglise catholique nous parler de cette « langue universelle qui, par l'harmonie des sons, communique les sentiments de l'âme, la joie, la tristesse, l'admiration, l'amour. Langue merveilleuse, qui n'a que sept paroles ou sept notes, et qui cependant exprime toutes les affections humaines; langue merveilleuse que tout le monde entend, mais que peu savent parler dignement. D'après les sages de l'antiquité et les Pères de l'Eglise, en particulier saint Augustin, la musique que Dieu a donnée aux hommes est une image, un écho de celle qu'il exécute lui-même dans son immense éternité. L'univers entier est une magnifique harmonie, où la divine sagesse, atteignant d'une extrémité à l'autre, dispose tout avec douceur, nombre et mesure. C'est elle qui produit dans un nombre musical l'armée des cieux : ainsi entend l'évêque d'Hippone une parole d'Isaïe [1] [2]. »

Le christianisme a donné à la musique religieuse un caractère qui la rend, suivant nous, supérieure à tout ce qu'on peut entendre. En effet, qu'y a-t-il de plus sublime que la pensée renfermée dans le sens des textes? de plus beau que l'expression, la parole même du texte; que le genre de musique enfin que l'Eglise a adopté? Aussi, lorsque ces trois dons du Créateur marchent ensemble, de pair en quelque sorte, il en résulte un effet puissant sur les âmes, une influence immense qui s'étend, se propage et se transmet traditionnellement de génération en génération. Cette réunion de la pensée, du texte et de la musique se retrouve dans des proportions rationnelles, exactes et bien coordonnées dans le plain-chant.

L'emploi de cette branche de l'art est plus fréquent que celui de toutes les autres ; car, sauf la prédication, les actes du culte chrétien sont chantés, psalmodiés, ou tout au moins accompagnés d'un certain rhythme.

Il n'entre pas dans le dessein de ce cours de faire une histoire de la musique. Cependant nous devons dire quelques mots sur les origines du plain-chant et rechercher quelles ont pu être les influences de la musique antique sur les modes constitutifs du chant grégorien. Dans plusieurs ouvrages spéciaux, on a suivi les traditions des Hébreux au sein des sociétés païennes; on a établi la preuve de communications qui ont laissé des traces dans la langue, la philosophie et la

théogonie des Grecs. Nours pouvons donc croire à une transmission par les Grecs des modes du plain-chant, de la psalmodie de David, de ces récitatifs si simples, si primitifs de la Préface, du *Pater*, de l'*Exultet*, et d'autres inflexions si majestueuses, si vraies. On est trop porté à faire honneur aux Grecs de l'invention des modes grégoriens ; il est juste d'examiner s'ils ne les ont pas reçus eux-mêmes des Hébreux chez lesquels la musique a atteint un haut degré de perfection. La musique accompagnait les textes lyriques dont la Bible est remplie, comme l'attestent les plaintes des captifs assis au bord du fleuve de Babylone et qui pleuraient, les yeux tournés vers Sion [1]; la composition régulière et rhythmée dans laquelle Job exhalait ses accents de douleur; le cantique de Moïse et les chants qui retentissaient sur le passage de l'arche de l'alliance. La plupart des Israélites savaient chanter et jouer des instruments [2]. Comme la musique des Grecs, celle des Hébreux produisait des effets merveilleux. Elle apaisait les fureurs de Saül [3]; elle secondait l'inspiration des prophètes [4]; ceux qui descendirent de la colline de Dieu étaient précédés de personnes portant des lyres, des tambours, des flûtes et des harpes. Élisée demanda un jour un instrument pour prophétiser [5]. Quatre mille chantres chantaient les louanges du Seigneur sur les instruments que David avait fait faire pour cet usage [6]. Deux cent quatre-vingt-huit maîtres habiles étaient chargés de l'enseignement du chant sous la direction de vingt-quatre maîtres choisis parmi eux.

De leur côté, les Grecs, ayant reçu en germe avant leur migration les éléments d'une musique religieuse, les ont développés et perfectionnés à l'aide du goût incontestable et de l'organisation fine et distinguée qui caractérisaient leur nation particulièrement.

La musique des Grecs se rapportait à trois genres principaux : l'enharmonique, le chromatique et le diatonique.

Le genre enharmonique consistait dans la subdivision des tons en diésis ou quarts de ton.

Dans le genre chromatique, le ton était divisé en trois diésis ou tiers de ton.

Enfin, quand les mélodies procédaient par tons et par demi-tons, elle appartenait au genre diatonique.

L'appréciation de ces différents genres par l'auteur anonyme d'un traité de musique grecque traduit par M. Vincent, de l'Institut, fait connaître suffisamment les motifs qui ont déterminé les Pères de l'Eglise, dans les premiers siècles, à adopter le genre diatonique de préférence aux deux autres.

« Le genre diatonique tire son nom du ton, intervalle que l'on y observe le plus souvent; son caractère est mâle et austère.

Le chromatique est ainsi nommé, soit parce qu'il n'est, en quelque sorte, qu'une altération du genre diatonique, soit parce qu'il sert à co-

---

1. Epist. 165, n. 13. Isaïe, 40, 16.
2. Rohrbacher, *Hist. eccl.*, t. I, liv. I., page 19.

1. Ps. 136.
2. II *Rois*, xix, 35; — *Eccl.* xxxii, 7-8.
3. I *Rois*, xvi, 23.
4. I *Rois*, 10.
5. IV *Rois*, iii, 15.
6. *Paral.*, xxiii, 5.

lorei [1], à nuancer les deux autres genres, sans avoir lui-même besoin d'eux. C'est le plus doux et le plus propre à exprimer la douleur.

« Quant au genre enharmonique, on l'a ainsi nommé parce que c'est celui dont les éléments présentent le meilleur accord (c'est-à-dire la meilleure manière d'accorder l'instrument). C'est un genre qui demande du travail, et dont on ne parvient pas facilement a acquérir la pratique [2]. »

Pour exprimer une foi universelle, il fallait une langue musicale universelle. Comment aurait-on pu imposer aux peuples barbares conquis et civilisés par le christianisme un système musical auquel l'oreille délicate des Grecs eux-mêmes se soumettait avec peine ? Des efforts ont été tentés de nos jours pour réhabiliter ces genres de la musique grecque que nous avons exclus; des instruments spéciaux ont été construits et néanmoins le genre diatonique adopté dès l'origine par l'Eglise catholique est resté seul en usage, même dans les œuvres de la musique profane qui lui doivent les premiers éléments de leur existence.

Si la musique sacrée et la musique profane appartiennent toutes deux au même genre diatonique, elles diffèrent essentiellement dans l'usage qu'elles en font. Le genre diatonique pur a paru trop simple, trop sévère pour exprimer les passions humaines. On a rejeté la majeure partie de ses gammes pour n'en conserver que deux, qu'on s'est efforcé de varier, de nuancer de mille manières en les transposant au grave ou à l'aigu, en entier ou en partie dans un même morceau. On y a joint diverses espèces de rhythmes, tous réguliers et d'un mouvement plus ou moins rapide. Enfin, par la simultanéité des sons, la musique profane s'est enrichie des combinaisons harmoniques qui augmentent encore l'effet de la mélodie. Quoiqu'il soit difficile à un musicien d'employer des moyens aussi nombreux et aussi compliqués pour exprimer le sens et les mots si simples de la prière catholique, néanmoins il peut vaincre ces obstacles qui tiennent aux conditions matérielles de son art. Mais il y a d'autres obstacles qu'il surmontera plus difficilement encore. Il faut que la musique sacrée soit simple, pure de tout mélange avec les passions mondaines, facile à comprendre et à exécuter. Elle doit mettre en lumière le texte, le respecter toujours; tout en s'unissant étroitement à lui, elle doit se considérer comme lui étant inférieure et s'effacer plutôt que d'empiéter sur le rang que ses droits lui confèrent. Nous insistons sur ce point afin d'établir virtuellement la supériorité du plain-chant sur toute autre musique, dite religieuse. L'union des voix et des cœurs pour exprimer les mêmes formules de prières et de croyances a été le point de départ des chants liturgiques. Ainsi une musique qui est faite par quelques personnes seulement, à l'exécution de laquelle le peuple reste et doit rester étranger sous peine de détruire l'harmonie, une musique qui n'est pas composée pour accompagner les textes, mais qui existe par elle-même à l'aide de paroles placées, déplacées, répétées et éliminées

suivant le caprice du compositeur, une musique qui arrive aux oreilles sans que la vérité pénètre dans le cœur; une telle musique, dis-je, n'est plus en rapport avec le but primitif que s'est proposé l'Eglise en instituant la liturgie chantée.

L'histoire de l'Ancien et du Nouveau Testament, celle des saints et des saintes, les principaux dogmes chrétiens, tout cela est consigné dans les textes liturgiques aussi bien que dans les sculptures et dans les vitraux de nos cathédrales goihiques. A mesure que ces textes ont été arrachés à la musique qui leur est propre, ils se sont effacés à la mémoire des hommes. Replacés sur des mélodies variables suivant le caprice des maîtres de chapelle, ils devaient cesser d'être populaires quand bien même ils seraient restés intelligibles et n'auraient pas été divisés en mille tronçons, pour obéir aux exigences du contre-point harmonique moderne. Le catéchisme sacré qui retentissait aux oreilles du peuple dans les églises et qu'il chantait lui-même, a moins résisté à l'action de l'indifférence et du temps que le catéchisme sculpté sur les monuments religieux, et restauré à notre époque sur tous les points de la France. Cette altération jointe à l'abandon de la langue latine a amené une ignorance des choses religieuses que les bons esprits doivent s'efforcer de détruire; car elle conduit à l'anéantissement de toute croyance. Le chant ecclésiastique est généralement abandonné dans les villes pour la musique théâtrale et ce que Plutarque écrivait dans son *Traité de musique*, est applicable aux habitudes de notre temps comparées avec celles des siècles de foi. « Chez les Grecs primitifs on ne connaissait pas de musique théâtrale. La science musicale était consacrée au culte des dieux et à l'éducation de la jeunesse ; aucun théâtre n'avait encore été construit; la musique ne sortait pas des temples où elle servait à célébrer les Dieux et à chanter les louanges des grands hommes. Mais de nos jours, on a tellement dérogé à ces habitudes qu'il ne reste aucun souvenir de cette musique qui convient à l'éducation des enfants et qu'on n'en prend nul souci; tous ceux que leur goût porte à cultiver la musique, se livrent avec ardeur à celle qu'on fait dans théâtres. »

« Une musique efféminée, dit saint Basile, ouvre l'âme aux passions qu'enfantent la dégradation et la bassesse. Recherchons plutôt cette autre musique plus pure et dont les effets sont plus salutaires, celle que David, le poëte des psaumes sacrés, employait pour faire revenir le roi de ses emportements. Abstenez-vous donc de celle qui domine de nos jours, avec autant de soin que des actions les plus honteuses [1]. »

Le plain-chant est la seule musique que l'Eglise ait adoptée par la voix de ses papes, de ses conciles et de ses évêques. Sa composition est soumise à des règles invariables, et n'admet aucun élément étranger. L'inspiration du compositeur est contenue dans des limites rigoureusement déterminées, et cependant le champ dans lequel elle peut se déployer est tellement vaste qu'aucune œuvre musicale n'offre une plus grande

---

1. Le mot *chrôma*, en grec, veut dire couleur.
2. Vincent, *Notice des manuscrits*, p. 12. Bryenne, p. 387, liv. XXVIII.

1. Saint Basile, *Homélie aux jeunes gens* sur la lecture des livres des Gentils, traduite par M. Sommer.

variété de mélodies que le recueil des chants liturgiques. Son allure est grave, comme il convient aux pensées qu'il exprime, un peu lente, afin que tous puissent suivre et réunir leurs voix. Toujours calme, il ne réveille pas les sens, quoiqu'il se serve de leur concours. Le plain-chant a des accents doux, suaves, onctueux, tristes, humbles, énergiques pour exprimer tour à tour la prière, l'espérance, la compassion, la crainte et l'admiration. Il a des notes pour les récits de l'histoire et les chants de triomphe.

Les arts religieux sont aujourd'hui l'objet d'une étude générale. L'architecture, la peinture sur verre, les travaux d'iconographie, la peinture murale, l'orfèvrerie religieuse, la facture plus perfectionnée des orgues, les belles illustrations des missels et de la Bible occupent une place dans le mouvement artistique et industriel de notre époque. Le plain-chant doit donc être étudié avec un zèle égal à celui qu'on apporte dans les autres branches de l'art. Quoi de plus nécessaire en effet? Les dix-neuf vingtièmes des morceaux dont se composent les offices divins sont chantés, et on n'apprendrait pas le chant? Il faut se hâter de le reconnaître; les symptômes les plus rassurants se manifestent dans un grand nombre de diocèses. Des recherches sur l'histoire du chant ecclésiastique ont été faites par plusieurs archéologues distingués. Des mémoires, des opuscules ont éclairé la question. On rétablit des maîtrises dans un grand nombre d'églises, et l'enseignement du plain-chant reprend dans quelques séminaires la place qu'il y occupait autrefois.

J'ai payé mon tribut d'efforts à cette renaissance de l'art religieux en composant plusieurs ouvrages ayant pour but de faire connaître les beautés du chant liturgique aux jeunes gens de nos lycées et de nos écoles et de leur offrir les moyens de l'exécuter facilement.

De cette pensée sont sortis les *Paroissiens selon le rit romain et le rit parisien avec les plain-chants traduits en notation moderne et dans un diapason moyen*. Mais ces ouvrages n'ont pour objet que l'exécution des mélodies religieuses, n'apprennent pas les règles du plain-chant et ne sont pas destinés à former des chantres. Dans un grand nombre de localités, les chantres, habitués depuis longtemps aux mêmes formules mélodiques, sont aidés par la routine et par leur mémoire. Ils chantent sans s'inquiéter des règles. La substitution de la liturgie romaine aux liturgies particulières rend pour eux l'étude des principes du plain-chant obligatoire, puisque, sans cette étude, ils ne sauraient s'initier au nouveau chant. Les règles du chant ecclésiastique ayant été déterminées dès les premiers siècles de l'Église, il est évident que les sources les plus anciennes sont les meilleures, et, grâce à Dieu, elles sont abondantes. Les auteurs les plus utiles à consulter, soit qu'ils fassent partie de la collection publiée sous le titre de *Scriptores ecclesiastici de musica sacra*, par Martin Gerbert, abbé, soit qu'il faille chercher dans leurs œuvres complètes les fragments qui nous intéressent, sont Boèce, Hucbald, Guy d'Arezzo, saint Bernard, Guillaume Durand, Jean Beleth, Francon, Marchetto de Padoue, Jean de Muris, Glaréan et Guidetti jusqu'au seizième siècle; dans les temps modernes, le P. Mersenne, le P. Martini, le car-

dinal Bona, D. Martenne, Burette, l'abbé Lebeuf, Rollin, D. Jumilhac, Léonard Poisson, Rousseau, Oudoux, la Feillée; enfin nos devanciers ou nos contemporains dans ce siècle, l'abbé Baïni, Choron, Fétis, Matthieu, l'abbée Janssen, Duval, le chanoine Jouve, le P. Tesson, les PP. Lambillotte et Dufour, MM. Stephen Morelot, Raillard, Nisard, M. Vincent de l'Institut, M. de Coussemaker et d'autres encore.

Je m'abstiendrai de faire ici la critique de plusieurs de ces ouvrages à cause de la répugnance naturelle que m'inspire la publicité donnée à une appréciation personnelle, et parce qu'une méthode n'est pas un livre de polémique. D'ailleurs le public n'y perd pas grand'chose. Le cardinal Bona, malgré son profond savoir et la droiture de son jugement, écrivait au commencement de ses notices sur les ouvrages dont il s'était servi : « Je me conforme au goût du siècle qui n'accepte aucun ouvrage s'il n'est assaisonné du sel de la critique. Aussi je me suis permis d'ajouter un jugement au nom de chaque auteur et d'exprimer mon opinion sur leurs ouvrages. Cependant qu'on se garde bien d'écrire au bas de cet arrêt : *Bien jugé!* Car nous autres, enfants des hommes, nous mettons de faux poids dans nos balances ; nous sommes souvent le jouet de l'erreur et souvent nous ne sommes éveillés qu'à demi. »

Je me bornerai à dire d'une manière générale que les méthodes publiées jusqu'à ce jour ne répondent point aux besoins des personnes qui veulent s'adonner à l'étude du plain-chant. Les unes n'ont pas encore été traduites du latin, d'autres sont surannées et renferment des exemples tirés d'une foule de liturgies particulières; dans d'autres, les principes sont mêlés à des considérations morales qui ralentissent les progrès des élèves. D'autres enfin sont ou obscures ou incomplètes. Pas une d'elles ne dispense d'un long apprentissage au pupitre du chœur, soit parce qu'aucune ne fait assister l'élève aux offices de l'Église et ne lui en offre une répétition en quelque sorte, soit à cause de la confusion ou du désordre dans lequel les matières sont rangées. Depuis 1750 jusqu'en 1840 environ, la musique profane semble avoir préoccupé exclusivement les musicographes. De loin en loin paraissait obscurément une méthode enseignant plutôt une pratique routinière du chant que les véritables règles. Dans ces dernières années seulement, on s'est livré à des travaux consciencieux sur la notation de plain-chant, sur les manuscrits en caractères neumatiques, enfin sur les diverses versions et les formes du chant. On a beaucoup écrit, vivement discuté, on écrit et on discute au moment même où nous allons publier notre cours, et ce qui devait nous ramener à l'unité dans le chant semble jusqu'à présent nous en éloigner davantage.

Quelque intéressantes que puissent être ces questions en elles-mêmes, je ne veux leur donner aucune place dans ce cours; je vais droit au but et ce but est prochain : c'est la connaissance théorique et pratique du plain-chant d'après ses règles immuables, et tel qu'il existe actuellement sur tous les points du monde, avec la notation en usage depuis plusieurs siècles et sans aucune altération. J'ai consulté les manuscrits pour établir la théorie et la constitution tonale du plain-chant et non pour opposer telle version à telle autre. Cette dernière tâche est du ressort de l'archéologie; ce n'est pas celle d'un enseignement pratique. Je n'ai pas pensé qu'il fût possible de regarder comme non avenues les modifications et les réformes que le chant romain a subies sous l'empire des circonstances, sous la direction des princes de l'Eglise, d'après l'ordre des souverains pontifes eux-mêmes. Grégoire XIII n'a-t-il pas confié à Palestrina et à Giudetti le soin de réviser les chants liturgiques, et ce travail, que celui-ci termina seul, par suite de la défaillance de l'illustre maëstro, n'a-t-il pas reçu la sanction la plus haute et la moins contestée? On objecte la dégradation du chant grégorien, la corruption des phrases mélodiques dans les éditions des trois derniers siècles. La réforme opérée après le concile de Trente par l'ordre des souverains pontifes a-t-elle donc été une œuvre de vandalisme? n'a-t-elle pas été plutôt un remède contre les variantes des manuscrits, contre les manières de chanter presque aussi nombreuses que les églises et les monastères?

Tout en reconnaissant que si l'art religieux doit conserver certaines formes, certains moyens d'exécution, des procédés participant en quelque sorte de l'immutabilité du dogme, à plus forte raison le plain-chant doit être préservé de toute atteinte sérieuse portée à son existence ou à son caractère, nous admettons cependant que l'interprétation du chant varie suivant les époques; que la manière de le chanter reçoit l'empreinte des idées dominantes du temps, du pays, de la province où il est exécuté; qu'il subit dans les détails accessoires et comme superficiels de ses phases mélodiques les influences de la piété, de l'indifférence, de la sévérité de tel ordre monastique, de la tolérance de tel autre ordre religieux plus compatissant aux joies ihnocentes de l'oreille et du gosier humain. Sous ces variantes se retrouve toujours la substance du chant. Les réformateurs l'ont débarrassé de notes parasites qui auraient fini par l'étouffer; ils ont aidé au succès des mélodies grégoriennes en les rendant plus simples, plus faciles à retenir et plus populaires, Les nombreuses éditions rédigées d'après ce type consacré n'offrent entre elles que des différences insignifiantes, quoi qu'on dise. La tonalité grégorienne y est observée communément. Quant aux fautes qui se sont glissées dans quelques-unes, rien n'est plus facile que de les faire disparaître. Mais pour se mettre en état de les découvrir, qu'on exécute d'abord exactement le chant qu'on a, et ensuite on pourra songer, s'il y a lieu, à l'améliorer. Les éditions auxquelles j'ai fait allusion sont une reproduction partielle des manuscrits des douzième et treizième siècles. C'est, au point de vue de l'archéologie, un travail estimable. Toutefois, si, conformément à l'esprit de cette publication, on devait faire revivre dans nos églises les chants liturgiques du moyen âge, ce ne serait pas la partie grégorienne des offices divins qu'il faudrait prendre aux manuscrits de cette époque, parce qu'enfin sept siècles séparent saint Grégoire de saint Louis. Nos pieux ancêtres ont chanté des mélodies fort belles aussi qu'ils ont eux-mêmes composées. Ce sont les séquences qui dorment dans les armoires des bibliothèques. Chaque fête de l'année avait alors

la sienne. Les idées, le caractère et l'art du moyen âge ont laissé leur empreinte plus profondément dans ces compositions que partout ailleurs. Quand les études archéologiques auront suffisamment éclairé cette question, il y aura peut être lieu de faire un choix dans ces séquences, afin de les faire retentir de nouveau dans nos églises, et cette réhabilitation sera d'autant plus facile que, d'une part, aucun décret n'en a interdit l'usage conjointement avec la liturgie romaine, que, d'une autre, elles se trouvent autorisées par la clause « *illis tamen exceptis* » de la bulle *Quod a nobis* de saint Pie V; qu'en troisième lieu, leur notation musicale est claire, à peu près semblable à celle de notre chant actuel, et qu'elle n'est nullement sujette à contestation.

J'ai retiré des matériaux qui m'ont servi à rédiger ce cours de plain-chant tous les détails historiques qui conviennent mieux à un dictionnaire de musique qu'à un enseignement pratique. Les origines du chant ecclésiastique, les dates de l'invention de tel et tel signe sont souvent l'objet de controverses auxquelles un travail de la nature de celui-ci doit échapper. Je me contente de déclarer que toutes les affirmations qui se rattachent directement ou indirectement à l'histoire du chant ecclésiastique résultent d'une enquête minutieuse et de l'étude comparative des ouvrages composés sur cette matière.

La division du cours permettra de passer, d'une manière peu sensible, du connu à l'inconnu. Nous appliquerons les règles fondamentales du plain-chant à des fragments des livres liturgiques que nous désignerons. Nous ferons connaître l'ordre et la succession des morceaux qui composent les offices généraux du matin et du soir. Enfin nous terminerons le cours par des conseils sur l'éducation de la voix, sur la manière de chanter, sur le rhythme, l'expression et l'accompagnement, dont les instituteurs pourront faire leur profit, et aussi les personnes qui sont chargées de la direction d'une maîtrise.

Il ne suffit pas de chanter exactement et selon les règles les morceaux qui composent les offices, il faut encore en posséder assez le sens spirituel pour exprimer convenablement les pensées du texte et la période musicale qu'elles ont inspirée. C'est pour faciliter cette intelligence des parol eset de leur objet que nous donnerons une courte explication des parties chantées de l'office d'après les auteurs liturgistes les plus savants et les plus autorisés. On exige communément d'un artiste qui interprète les chefs-d'œuvre de la musique profane, qu'il ait une intelligence complète de la situation dramatique et une expression en rapport avec les sentiments qu'il veut dépeindre; à plus forte raison doit-on demander aux interprètes de la prière publique qu'ils acquièrent une connaissance suffisante du caractère particulier qui convient à chacune des parties de l'office divln. « Car, le chant, dit saint Bernard, au lieu d'abandonner le sens de la lettre, doit le féconder; et le chantre doit moins s'appliquer à moduler des sons qu'à faire pénétrer les choses elles-mêmes [1]. » Félix CLÉMENT.

(La suite prochainement.)

---

1. *S. Bernardi opera*, tome I, *epist.* CCCXII.

LEÇONS POUR LES COURS D'ADULTES.

Les cours d'adultes prennent chaque jour plus d'importance ; nul ne songe aujourd'hui à contester les immenses services qu'ils rendent à l'éducation populaire, et on peut prévoir dès à présent que le temps n'est pas loin où ils vont devenir, même dans les plus humbles villages, le complément, pour ainsi dire, obligé de l'enseignement donné à l'école.

Or, tous les maîtres ne se trouvent peut-être pas en mesure de répondre du jour au lendemain aux nécessités pressantes d'un enseignement nouveau et difficile, exigeant plus de connaissances, plus d'étendue d'esprit, plus d'iniative personnelle que celui de l'école elle-même, exigeant surtout une méthode différente de celle qu'il faut employer avec les enfants.

Chez ceux-ci, en effet, ce qui domine, c'est la mémoire, c'est l'imagination ; c'est, quoiqu'on ait souvent dit le contraire, le raisonnement, raisonnement inflexible, allant droit au but, sans se laisser imposer aucun arrêt intermédiaire, et cela, par suite de la courte vue de leur intelligence, par suite de leur ignorance native et de leur parfaite bonne foi. Quoi qu'on en ait dit encore, les facultés affectives leur manquent bien souvent, et, dans tous les cas, elles sont subordonnées à celles que nous venons de dire.

La plupart des maîtres savent cela aussi bien que nous, et nous n'avons point à leur apprendre comment on tire parti de ces dispositions naturelles.

Mais pour l'adulte, et je désigne par ce mot les personnes, quel que soit leur âge, qui éprouvent le besoin de revenir à l'école et qui n'ont point eu, par conséquent, l'avantage de recevoir une instruction suivie, la situation est plus compliquée. Chez ces personnes, la mémoire est ordinairement émoussée, faute d'exercice. La faculté de raisonner s'est accrue, mais s'appliquant la plupart du temps à des sujets très-particuliers, n'ayant été mise à même d'admettre aucune idée d'ensemble, n'ayant reçu autre chose que des notions fort incomplètes, souvent fausses, sans parler de ce que la passion ou l'intérêt peut y ajouter de violent et de mauvais, elle est devenue plutôt pour le maître un obstacle qu'un auxiliaire, et elle ajoute à sa tâche des préjugés à combattre et des sophirmes à réfuter. D'autre part, et c'est là un point délicat et consolant, si les facultés de l'esprit se sont rétrécies ou dévoyées, le cœur, avec l'expérience de la vie, dans les natures droites tout au moins, a pu s'élargir et faire place à quelques-uns de ces bons sentiments sur lesquels on a toujours prise et qui deviennent comme une sorte d'initiation à des notions plus hautes et plus saines. C'est, chez celui-ci, l'amour de la famille ; chez cet autre, le dévouement à la patrie, chez le dernier de tous peut-être, l'idée supérieure de la justice, de ce qu'on doit aux autres et de ce qu'on se doit à soi-même.

Il n'y a plus, cela étant, ni à réveiller la mémoire ni à frapper l'imagination, ou tout au moins ne faut-il demander à ces facultés qu'un concours subalterne. C'est sur un fondement plus solide que le maître qui s'adresse à des adultes doit appuyer ses leçons.

Quand on a pour auditoire des hommes faits ou qui commencent à le devenir, il faut se dire que, dans l'âme de chacun de ceux qui vous écoutent, il y a un élément mal défini, incomplet, obscur, mais réel, de vérité et de générosité, qu'il s'agit de reconnaître, de dégager et d'étendre. Et le moyen, c'est d'agir sur leur raison et sur ce qu'il y a de meilleur dans leurs diverses aspirations ; c'est surtout de leur présenter des faits, simplement et nettement déduits, sans exagération et sans arrière-pensée, avec la persuasion qu'une seule chose peut renverser le faux et le mauvais, c'est de montrer dans tout son jour ce qui est vrai et ce qui est bien. L'enseignement des adultes doit être, par dessus tout, un enseignement de bon sens, également éloigné de prévention et de pédanterie.

Mais, par cela même, il suppose deux qualités : la bonne intention et le savoir.

Nous connaissons trop nos lecteurs habituels, et, en général, tous ceux qui se sont faits les apôtres désintéressés de l'enseignement primaire, pour pouvoir douter un seul instant que la première leur manque : la meilleure preuve en est dans leur empressement à mettre au service de tous leur travail et leurs veilles.

Quand à la seconde, nous n'ignorons pas ce qu'il coûte de soins et de peines pour réduire, sous une forme pratique, ces données élémentaires des connaissances humaines, les seules que puisse aborder, même pour les adultes, l'enseignement primaire, et qu'en raison de leur nature même il n'est assurément pas si commode de formuler et de transmettre aux autres. Nous voulons donc mettre en commun avec nos lecteurs ce que notre expérience de l'enseignement a pu nous apprendre à nous-mêmes ; mieux placés peut-être que beaucoup d'entre eux et ayant sous la main des ressources qui leur échappent, nous voulons leur épargner des recherches souvent impossibles, leur suggérer, quand il se pourra, quelques bonnes idées, ou les fortifier dans certaines autres.

Nous leur présenterons, pour l'histoire et

la géographie, pour les différentes parties des sciences qu'ils sont appelés à enseigner, et spécialement pour les principes élémentaires de l'économie usuelle, une certaine quantité de leçons, qui seront loin d'être toutes faites, mais qui pourront venir en aide à leurs propres connaissances, pour les résumer ou les compléter. Nous insisterons sur ce qu'on peut appeler « la lecture raisonnée, » c'est-à-dire les divers développements auxquels doit donner lieu chaque page, nous dirions volontiers, chaque ligne des bons livres qu'ils ont pour mission de faire connaître et de faire comprendre. Nous nous mettrons, en un mot, autant que possible, à leur disposition ; nous recevrons avec empressement toutes les demandes de renseignements qui nous seront adressées ; nous ferons ce qui dépendra de nous pour traiter de préférence les sujets sur lesquels on réclamera notre concours.

Il ne faudra pas voir, bien entendu, dans nos développements, des modèles à reproduire, mais tout au plus des indications à suivre, des intentions à réaliser. Nous serons trop heureux s'il nous est permis de penser que notre travail pourra alléger d'autant celui de nos lecteurs, et prendre ainsi sa part de cette œuvre si grande et si belle, à laquelle ils se sont dévoués, et qui doit, suivant une expression, dont il faut aujourd'hui faire notre mot d'ordre : « relever l'âme de la nation [1]. »

Charles DEFODON.

EXERCICES DIVERS A L'USAGE DES CLASSES.

ARITHMÉTIQUE.

PROBLÈMES DIVERS.

1er *Problème.* — Un commerçant gagne 22000 fr. dans une entreprise ; dans une seconde, il perd les $\frac{4}{11}$ de ce qu'il avait après la première ; enfin, dans une troisième, il double ses fonds et possède alors 14000 fr. Quelle était sa fortune primitive ?

Solution. — A la fin de la deuxième entreprise, il possède :

$$\frac{140\,000^f}{2} = 70\,000^f;$$

dans la seconde entreprise, il perd les $\frac{4}{11}$ de ce qu'il avait d'abord, plus les $\frac{4}{11}$ de 22000f.

Il lui reste donc les $\frac{7}{11}$ de sa fortune primitive plus les $\frac{7}{11}$ de 22000f ou 14000f.

Ainsi 7000f est égal aux $\frac{7}{11}$ du bien cherché augmentés de 1400f.

Donc

$$70\,000^f - 14\,000^f,$$

ou

$$56\,000^f,$$

valent les $\frac{7}{11}$ de la fortune primitive du commerçant.

Donc cette fortune est égale à

$$56000^f : \frac{7}{11} = \frac{56\,000^f \times 11}{11} = 8000^f \times 11 = 88000^f.$$

2e *Problème.* — Une personne a acheté 278 hectolitres de blé. En recevant son blé, elle s'aperçoit qu'une partie est avariée, et obtient une réduction de prix égale aux $\frac{2}{9}$ du prix convenu d'abord ; de la sorte elle donne 1112 fr. de moins. Quel était le prix de l'hectolitre de blé ?

Solution. — D'après l'énoncé, 1112f représentent les $\frac{2}{9}$ du prix convenu d'abord ; le problème revient donc au suivant :

Les $\frac{2}{9}$ d'un nombre valent 1112f ; trouver ce nombre. Il est égal à

$$\frac{1112^f \times 9}{2} = 551^f \times 9 = 5004^f.$$

Tel était le prix convenu d'abord pour 278 hectolitres de blé ; le prix d'un hectolitre de blé était donc :

$$\frac{5004}{278} = 18^f.$$

3e *Problème* [1]. — Une personne avait placé 5400 fr. au taux de 4f,50 ; 8600 fr. au taux de 3f,75 ; 7200 fr. au taux de 5 pour 100. Elle retire toutes ces sommes et les place toutes ensemble à un taux unique, de manière qu'au bout de la première année elle retire 346 fr. 50 c. de plus qu'auparavant. On demande le taux auquel elle a placé sa fortune en second lieu.

Solution. — Les 5400 fr. placés à 4f,50 pour 100 rapportent en un an :

$$\frac{4^f,50 \times 5400}{100} = 4^f,50 \times 54 = \ldots\ldots 243^f$$

l'intérêt de 8600 fr. placés à 3f,75 est :

$$\frac{3^f,75 \times 8600}{100} = 3^f,75 \times 86 = \ldots\ldots 322^f,50$$

celui de 7200f placés à 5 pour 100 est :

$$\frac{5^f \times 7200}{100} = 5^f \times 72 = \ldots\ldots 360^f$$

La somme de ces différents intérêts s'élève à 925f,50

D'ailleurs la somme des capitaux est :

$$5400^f + 8600^f + 7200^f = 21\,200^f;$$

et l'intérêt de 21 200 fr. placés au taux inconnu est égal à

$$925^f,50 + 346^f,50 = 1272 \text{ fr.}$$

---

1. Notre prochain numéro contiendra une leçon de *lecture raisonnée* sur une fable de la Fontaine.

1. Ressort de l'académie de Besançon, aspirantes, brevet du deuxième ordre, session d'octobre 1865.

Donc le taux de l'intérêt, c'est-à-dire l'intérêt de 100^f en un an est :

$$\frac{1272^f \times 100}{21\,200} = \frac{1272}{212} = 6 \text{ pour } 100.$$

4e Problème. — Après avoir laissé couler pendant 1 heure 36 minutes dans un bassin l'eau d'une fontaine qui le remplirait tout entier en 4 heures 48 minutes, on y fait arriver simultanément l'eau de cette fontaine et celle d'une autre. Il faut, à partir de ce moment, 48 minutes pour que le bassin soit complétement rempli.

On demande : 1° combien il aurait fallu de temps si la première fontaine avait cessé de couler au moment où la seconde a commencé ; 2° en combien de temps le bassin aurait été rempli, si, dès le principe, les deux fontaines avaient coulé à la fois [1].

Solution. — La première fontaine remplit en 1 minute une fraction du bassin égale à $\frac{1}{288}$. Comme elle coule pendant 1^{h}36^m puis pendant 48 minutes, c'est-à-dire pendant 2^{h}24^m, elle remplit pendant ce temps une fraction du bassin égale à

$$\frac{144}{288} = \frac{1}{2}.$$

La seconde fontaine a donc rempli la moitié du bassin en 48 minutes ; elle remplirait en 1 minute une fraction du bassin marquée par

$$\frac{1}{96}.$$

Si la première avait cessé de couler au bout de 1^{h}36^m il serait resté vide, au bout de ce temps, une fraction du bassin égale à

$$1 - \frac{96}{288} = \frac{192}{288},$$

et pour remplir ce vide il eût fallu à la deuxième fontaine un temps égal à

$$\frac{192}{288} : \frac{1}{96} = \frac{192 \times 96}{288} = 64^m = 1^h 4^m.$$

Si les deux fontaines eussent coulé ensemble, la somme de leurs débits en 1 minute eût été :

$$\frac{1}{96} + \frac{1}{288} = \frac{4}{288} = \frac{1}{72};$$

par suite, le temps nécessaire pour remplir le bassin eût été :

$$72^m \quad \text{ou} \quad 1^h 12^m.$$

5e Problème. — L'étendue d'une commune est à la fois un nombre exact de centaines d'arpents et un nombre exact d'hectares. Quelle est cette étendue, sachant que le nombre d'hectares est représenté par un nombre de 4 chiffres, et le nombre des arpents par un nombre de 5 chiffres. On sait que l'arpent vaut 51^{ares},072.

Solution. — L'arpent renferme un nombre de dixièmes de mètres carrés égal à

$$51{,}070 \times 1000 = 51\,072,$$

tandis que l'hectare en contient 100\,000.

Cherchons le plus petit multiple commun de ces deux nombres ; pour cela, décomposons-les en facteurs

$$100\,000 = 2^5 \times 5^5,$$
$$51\,072 = 2^5 \times 1596.$$

Le plus petit multiple commun cherché est donc :

$$2^5 \times 5^5 \times 1596,$$

ou

$$100\,000 \times 1596 = 159\,600\,000.$$

Comme ce plus petit multiple commun représente des dixièmes de mètres carrés, la valeur en hectares est :

$$1596,$$

et la valeur en arpents est :

$$159\,600\,000 : 51\,072,$$

c'est-à-dire :

$$\frac{2^5 \times 5^5 \times 1596}{2^5 \times 1596} = 5^5 = 3125.$$

Nous avons ainsi obtenu un nombre qui satisfait en partie seulement aux conditions de l'énoncé, puisque le nombre qui représente les arpents n'a que quatre chiffres ; si nous le multiplions par 4 ainsi que le nombre d'hectares, nous aurons alors pour le nombre d'hectares 6384, et pour le nombre d'arpents 12500 (nombre de 5 chiffres) ; ils satisfont aussi à la deuxième partie, puisque le nombre d'arpents est un nombre exact de centaines.

Ainsi le nombre d'hectares est :

$$6384,$$

et le nombre d'arpents est :

$$12500.$$

Ces nombres satisfont seuls à l'énoncé du problème.

PROBLÈME D'ARPENTAGE [1].

Un champ à la forme d'un trapèze ; ses deux bases qui ont respectivement 104 et 76^m, tombent perpendiculairement sur un troisième côté de 46^m ; de plus ce troisième côté est la ligne de

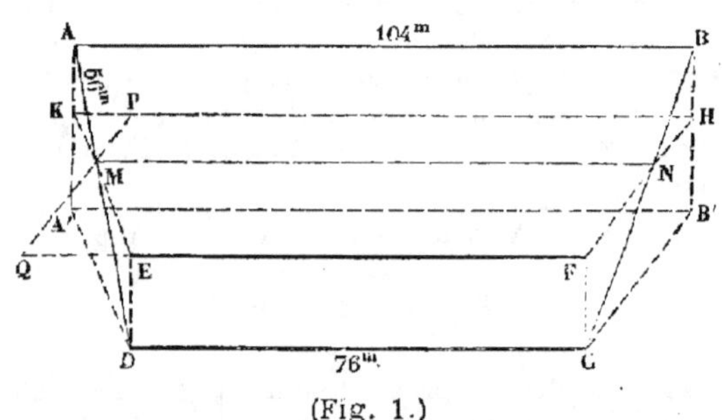

(Fig. 1.)

plus grande pente du terrain qui est incliné de 14 centimètres par mètre.

On demande 1° l'aire de la projection horizontale de ce champ ; 2° le volume de terre à transporter pour niveler la surface de manière que les déblais compensent les remblais.

---

1. Ressort de l'académie de Besançon, aspirants, brevet simple, session d'octobre 1865.

1. Donné dans le ressort de l'académie de Chambéry, 2e session de 1863. — Aspirants; brevet complet.

Solution.

Soit ABCD le trapèze proposé (fig. 1) et A'B'CD sa projection sur le plan horizontal passant par DC. Cette projection est aussi un trapèze dont les bases ont 104^m et 76^m; la hauteur A'D de cette projection est la projection de la hauteur AD du trapèze ABCD; il faut la calculer.

Pour cela il suffit de remarquer que la pente étant de 14 pour 100, la distance verticale AA' est les $\frac{14}{100}$ de la distance horizontale inconnue A'D; par conséquent on a dans le triangle rectangle AA'D :

$$\overline{AD}^2 = \overline{A'D}^2 + \left(\frac{14}{100}\right)^2 \overline{A'D}^2,$$

par suite

$$MN = EF + QE = 76 + 14,79 = 90^m,79.$$

Substituant ces valeurs numériques dans l'expression du volume du tronc de prisme triangulaire qui représente le déblai, l'on trouve :

$$V = \frac{1}{6} \times 29,3 \times 4,1 \times (152 + 90,79),$$

ou

$$V = \frac{1}{6} \times 29,3 \times 4,1 \times 242,79,$$

$$V = 4860^{m \cdot c},8.$$

Ainsi le déblai sera de $4861^{m \cdot c}$ environ.

4° Si l'on veut représenter, à un millimètre pour un mètre, la projection horizontale du terrain et jus-

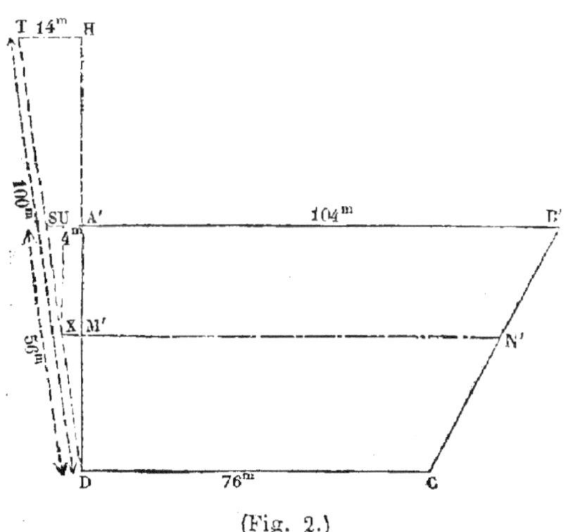

(Fig. 2.)

qu'à un certain point trouver avec la règle et le compas les lignes que l'on vient de calculer, on prendra (fig. 2) DC $= 76^m$, et, sur cette ligne, on élèvera la perpendiculaire DH égale à 100^m; au point H on élèvera une perpendiculaire HT égale à 14^m; l'on obtient de rabattement d'une droite, dont la pente est de 14^{cm} par mètre.

Il suffit de prendre alors DS égale à 56^m et d'abaisser du point S la perpendiculaire SA' sur DH. DA' sera la projection horizontale de la hauteur du trapèze; il ne restera plus qu'à élever sur une perpendiculaire A'B' égale à 104^m pour obtenir la projection CD A'B' du trapèze proposé.

Si l'on veut représenter sur cette figure la projection de la ligne MN, on prendra A'U $= 4^m,1$ et l'on mènera la parallèle UX à A'D. Du point X ainsi ob-tenu, il suffit d'élever XM'N' perpendiculaire sur A'D, la ligne M'N' sera la ligne cherchée.

E. BURAT.

ÉLÉMENTS DE LA GRAMMAIRE [1].

§ 1. — *Du Nom.*

1ᵉʳ Exercice.

De l'emploi du nom propre et du nom commun; du genre et du nombre dans les noms.

Le maître dictera aux élèves les noms suivants. Les élèves souligneront d'un trait simple les noms communs; d'un trait double, les noms propres. Ils feront suivre de la lettre *m* les noms masculins; de la lettre *f*, les noms féminins; ils feront également suivre de la lettre s les noms qui sont au singulier; des lettres *pl*, les noms qui sont au pluriel.

Rosée. — Orage. — Paris. — Oncle. — Thérèse. — Tonneau. — Briques. — Lyon. — Cierges. — Aile. — Marraine. — Café. — Jean. — Chapeau. — Vin. — Sonnette. — Bergers. — Chien. — Toiles. — Or.

2° Exercice.

Même sujet.

Les élèves composeront de petites phrases dans lesquelles ils feront entrer les noms qui ont été donnés dans l'exercice précédent.

Le maître pourra proposer les phrases suivantes :

Les prés sont humides de *rosée*. — L'*orage* a rafraîchi le temps. — *Paris* renferme près de deux millions d'habitants. — Mon *oncle* est venu me voir aujourd'hui. — *Thérèse* est plus grande que sa sœur. — Mon père a vendu un *tonneau* de cidre. — Les *briques* sont faites avec de l'argile durcie au feu. — *Lyon* est la deuxième ville de la France. — C'est avec la cire des abeilles que l'on fait les *cierges*. — Il a cassé l'*aile* à ce pauvre oiseau d'un coup de caillou. — Ma *marraine* m'a promis de belles étrennes. — Le *café* est la graine d'une plante qu'on cultive en Asie et en Amérique. — Saint *Jean* est un des quatre apôtres qui ont écrit les Évangiles. — Il ne faut jamais craindre d'ôter son *chapeau* devant un vieillard. — On dit que les vrais amis sont comme le bon *vin* : plus ils vieillissent, plus ils valent. — Le bouvier a mis une *sonnette* au cou de ses vaches. — Les bons *bergers* font les bons troupeaux. — Le *chien* est l'animal domestique par excellence. — On expose les *toiles* à la rosée pour les faire blanchir. — Souvenez-vous du proverbe : Tout ce qui reluit n'est pas *or*.

---

1. Nous invitons nos lecteurs à se reporter, pour cette première série, aux exercices que nous avons donnés l'année dernière. En effet, bien que les exercices de cette année doivent former par eux-mêmes un tout complet, nous serons obligés, pour éviter les répétitions, de passer légèrement sur les parties de la grammaire que nous avons déjà développées avec le plus de détails. C'est par suite d'une erreur que les exercices sur la conjonction et l'interjection contenus dans le dernier numéro sont indiqués comme faisant partie des exercices sur la *Syntaxe générale;* ils doivent être rapportés aux *Éléments de la grammaire.*

§ 5. — *Du Verbe*[1].

11ᵉ Exercice.

De l'orthographe de certains verbes. — Deuxième conjugaison.

Le maître dictera aux élèves les phrases suivantes; les élèves les compléteront, en se conformant aux indications placées entre parenthèses.

Vous irez au jardin, et (deuxième personne du pluriel du futur du verbe *cueillir*) les plus belles fleurs. — Au moyen âge, quand on armait un chevalier, le prêtre prenait l'épée qu'il devait ceindre, et, (participe passé du verbe *bénir*) cette épée, il la lui donnait. — Je ne partirai pas, mon père, sans (deuxième personne du pluriel du subjonctif présent du verbe *bénir*) votre enfant. — Les lèvres de cette petite sont toutes bleues; elle (troisième personne du singulier de l'indicatif présent du verbe *tressaillir*) de froid. — Je sors de ma tente, je (première personne du singulier du présent de l'indicatif du verbe *revêtir*) ma cuirasse, et je m'apprête au combat. — Ce saint homme passa ainsi toute sa vie, soulageant les malades et les affligés, (participe présent du verbe *vêtir*) ceux qui étaient nus, donnant à boire à ceux qui avaient soif, à manger à ceux qui avaient faim. — Je croyais que cette affaire (troisième personne du singulier de l'imparfait de l'indicatif du verbe *ressortir*) au tribunal du juge de paix. — Si je vous trompe, si je (première personne eu singulier de l'indicatif présent du verbe *faillir*) à la parole que je vous donne ici solennellement, vous pourrez me traiter d'imposteur. — Un honnête homme (troisième personne du singulier de l'indicatif présent du verbe *haïr*) les faux dehors qui servent à cacher les vrais sentiments du cœur.

12ᵉ Exercice.

Même sujet. — Troisième conjugaison.

Le maître dictera aux élèves les phrases suivantes; les élèves les compléteront, en se conformant aux indications placées entre parenthèses.

Le billet que j'ai souscrit à mon banquier (troisième personne du singulier du futur du verbe *échoir*) dans huit jours. — Cet homme (troisième personne du singulier du passé indéfini du verbe *devoir*) à mon père jusqu'à cent écus, qu'il lui a rendus fort exactement. — Quand Isaac fut arrivé au lieu du sacrifice, il dit à son père : « Où est la victime? » Dieu y (troisième personne du singulier du futur du verbe *pourvoir*), répondit Abraham. — Il ne faut pas que ce jeune homme se (troisième personne du singulier du subjonctif présent du verbe *prévaloir*) de ses qualités, qu'il ne tient pas de lui-même. — Vous prendrez chez moi mon fauteuil, vous (deuxième personne du pluriel du futur du verbe *asseoir*) la malade bien doucement, devant le soleil. — Vous me faites de belles promesses, mais je sais ce qu'en (troisième personne du singulier de l'indicatif présent du verbe *valoir*) l'aune.

§ 4. — *Du Pronom.*

5ᵉ Exercice.

Des pronoms démonstratifs (suite).

Le maître dictera aux élèves les questions suivantes, auxquelles ils devront répondre en s'aidant, au besoin, de la grammaire.

1. Pronoms *celui, ceux,* etc. Les pronoms *celui, ceux,* etc., ne peuvent-ils pas s'employer sans aucun rapport à un nom qui précède? Si cela est, dans quel cas? Donnez des exemples.

2. Pronoms *celui-ci, celui-là*. A quelle condition les pronoms *celui-ci, celui-là* peuvent-ils être suivis d'un relatif? Donnez des exemples.

3. Pronom *cela*. Dans quel cas le pronom *cela* peut-il se dire d'une personne?

1. Les pronoms *celui, ceux,* etc., peuvent s'employer sans aucun rapport à un nom précédemment exprimé, lorsque l'idée exprimée par la personne qui parle est d'elle-même assez claire pour qu'on puisse suppléer par la pensée le nom qu'elle ne désigne pas. Ainsi, quand je dis : *Celui qui* rend un service doit l'oublier; *celui qui* le reçoit, s'en souvenir, il est facile de remplacer, dans ma phrase, le pronom *celui* par le nom *homme*.

Le pronom ainsi employé peut donner à l'expression une force particulière que n'aurait pas l'emploi du nom lui-même. Dans la phrase si connue de Bossuet : *Celui qui* règne dans les cieux et de qui relèvent tous les empires, à qui seul appartiennent la gloire, la majesté et l'indépendance, est aussi le seul qui se glorifie de faire la loi aux rois, et de leur donner, quand il lui plaît, de grandes et de terribles leçons, remplacez le mot *celui* par le mot *Dieu*, et toute l'expression perdra son effet. Il en serait de même si l'on faisait un pareil changement dans ces deux vers de Racine :

Celui qui met un frein à la fureur des flots
Sait aussi des méchants arrêter les complots.

Il faut remarquer que les pronoms *celui, ceux,* etc., employés de cette manière, ne désignent jamais que des personnes, et qu'ils sont toujours suivis d'un relatif.

2. Les pronoms *celui-ci, celui-là*, exprimant par eux-mêmes une idée nettement déterminée, n'ont ordinairement besoin d'aucun relatif dont la fonction serait précisément de déterminer leur signification. Lors donc qu'ils sont suivis d'un relatif, c'est que ce relatif est le sujet d'une phrase jointe incidemment à celle dont le pronom *celui-ci, celui-là*, est lui-même le sujet, mais qui pourrait en être détachée, sans que le sens soit altéré. Ainsi, je dirai : Voici deux vêtements; *celui-ci, qui* est déjà usé, vaut pourtant mieux que *celui-là, qui* est neuf.

Les pronoms *celui-là, ceux-là*, peuvent encore être suivis d'un relatif dans certaines phrases où l'on se propose d'appeler vivement l'attention sur la proposition dans laquelle ces pronoms remplissent la fonction de sujet : on commence alors par exprimer cette proposition, et on la fait suivre de celle qui a pour sujet le relatif, de cette manière : *Celui-là* pourra un jour se repentir, *qui* n'aura pas voulu travailler pendant son enfance.

---

1. Voir pour le commencement de ces exercices ainsi que de ceux qui suivent, l'année 1865 du *Petit Manuel*.

Ceux-là sont bien coupables, qui, ayant de bons parents, ne songent pas à eux.

3. Le pronom *cela* s'emploie pour désigner une personne, dans certaines manières de parler familières ou ironiques, comme celle-ci : *Cela !* un homme, c'est à peine un enfant ! ou celle-ci encore : Sont-ils heureux, les enfants ! *Cela* rit, *cela* court, *cela* chante toute la journée, et *cela* s'endort chaque soir, sans songer au lendemain.

Charles DEFODON.

SUJET DE COMPOSITION FRANÇAISE.

Lettre d'une institutrice à une de ses amies, où elle expose la nécessité d'étudier le caractère des enfants, pour les conduire avec intelligence et succès.

Elle fera connaître la variété des caractères qu'une institutrice rencontre dans son école, de quelle manière on parvient à les bien comprendre, comment on procède avec chacun d'eux, et quel but on doit se proposer, touchant les uns et les autres[1].

SUJET TRAITÉ.

Je suis heureuse, ma bonne amie, du souvenir qu'a laissé dans ton cœur la bonne journée que tu as passée chez moi, au milieu de mes élèves : j'espère que tu voudras bien encore nous consacrer quelques heures ; nous te témoignerons toutes, maîtresse et jeunes filles, le plaisir que tes visites nous apportent.

Tu as été surprise, me dis-tu, de trouver dans mon petit troupeau tant de facilité et même d'empressement à se laisser conduire, et tu me demandes mon secret pour parvenir au même résultat. Si tu avais dix ans de plus, tu comprendrais bien mieux ce que je te vais dire. Sans te souhaiter, avant le temps, cette expérience des années, qui est le complément nécessaire, mais pénible, de tout enseignement, je te dirai en deux mots comment je m'y prends.

J'étudie patiemment et attentivement le caractère des élèves qui me sont confiées, et c'est quand je crois avoir acquis une connaissance suffisante de ce caractère que je m'efforce de leur donner la direction qui convient à chacune d'elles. Tâche délicate et difficile, assurément, je le sais mieux que personne, et dont le résultat, limité par la nature même, ne peut pas être de créer ce qui n'existe pas ni de rendre tout à fait bon ce qui serait entièrement mauvais, mais conduisant tout au moins infailliblement à rectifier bien des travers, à corriger bien des défauts, surtout à développer et à faire éclore tout ce qu'il peut y avoir de bon dans le cœur et dans l'esprit. Lorsqu'une enfant vient à moi, je lui laisse d'abord, autant que possible, sans qu'elle s'en doute, une demi-liberté, je n'arrête ses élans que quand il le faut absolument ; je cause avec elle pour connaître de quel côté se portent ses goûts et ses pensées, je remarque quelles sont les compagnes qu'elle choisit, les lectures qui lui plaisent ; et, dans ces lectures mêmes, les passages qui captivent son attention ; puis, cette étude terminée, je commence ma direction.

Et tu ne saurais croire à quel point j'ai quelquefois réussi.

Tu te rappelles, par exemple, cette jeune Fanny, si douce, si timide, si appliquée, et dont l'instruction t'a paru remarquable pour son âge ; elle était d'abord nonchalante et paresseuse, de plus elle craignait les reproches et mentait souvent pour les éviter. Si j'avais agi avec elle sévèrement, elle serait devenue dissimulée ; j'ai dû la prendre par la douceur, et elle est aujourd'hui ce que tu l'as vue, laborieuse, instruite et très-franche. Quant à sa sœur, à ce charmant petit lutin qui venait si souvent t'embrasser, c'était tout autre chose : celle-là n'était jamais en retard pour ses devoirs ; mais quels devoirs ! Son imagination était en désordre comme ses cahiers ; tout lui était sujet de distraction : Dieu sait que de mouches, que de grains de poussière elle a suivis dans l'espace ! Et les reproches n'avaient guère d'action sur sa pétulante étourderie. Il a fallu parler ferme ; il a même fallu punir ; tu l'as vue maintenant appliquée, soumise, réfléchie. Et Louise, dont tu as admiré la modestie et la simplicité ? Sais-tu qu'elle était, il n'y a pas longtemps encore, une petite vaniteuse ; véritablement inabordable, lorsqu'elle avait sa robe rose, ou sa capote blanche, qu'elle savait arranger d'ailleurs de la façon la plus charmante. J'avais peur pour elle ; je craignais qu'elle ne vînt augmenter plus tard le nombre de ces femmes qui font d'un nœud de ruban l'affaire la plus grave de leur journée. Je dois dire que j'ai eu bien du mal à étouffer ce mauvais germe ; elle avait heureusement un grand fonds de raison sous sa vanité mal placée. Je l'ai prise par ce côté ; je lui ai fait comprendre le ridicule de son défaut. Son adresse et son goût se sont portés sur les beaux dessins et les jolis ouvrages que tu as admirés. Quant à Jeanne, elle ne faisait rien, elle ne tenait à rien, pas plus aux poupées qu'aux récompenses ; j'ai craint un instant d'avoir à lutter contre l'indifférence, l'un des plus graves défauts sur lesquels puisse tomber une institutrice, parce qu'on ne sait par où le saisir. Mais j'ai vite découvert qu'elle adorait ses parents ; j'ai fait signer par eux ses mauvaises notes, et cela a suffi pour la rendre studieuse.

Tant il est vrai, ma bonne amie, que si toutes les natures ont leurs défauts, elles sont néanmoins susceptibles de se corriger par quelque endroit, et que bien rarement on en rencontre d'assez mauvaises pour que l'affection, la crainte ou l'émulation n'aient aucune prise sur elles.

C'est ce point sensible du cœur de chacune de tes élèves, que tu dois chercher à découvrir.

AUTRE SUJET DE COMPOSITION.

Une jeune fille habite un village. — Elle répond à une amie qui passe tous les hivers dans une grande ville, et qui lui a fait part de ses plaisirs. — Elle lui prouve, en lui faisant le tableau d'une de ses journées, que l'hiver n'est pas sans charmes non plus pour le village. — Elle décrira rapidement une promenade, lorsque la campagne est couverte de neige.

SUJET TRAITÉ.

Que tu es bonne, ma chère Mathilde, de me conserver un souvenir ! Qu'il m'est doux de penser que tes compagnes de Paris ne te font pas oublier ton amie du village ! J'ai lu avec tout l'intérêt de l'amitié les détails que tu me donnes sur l'emploi de tes heures, et ma pensée te suivra désormais dans tes travaux comme dans tes distractions.

Pourquoi ne te dirais-je pas, à mon tour, les agréments que nous apporte ici la saison d'hiver ? Nous ne sommes pas si déshérités qu'on pourrait le croire, nous autres habitants des champs. Tiens : voici comment, pas plus tard qu'hier, j'ai passé ma journée.

Tu te rappelles ma petite chambre si jolie et si gaie. C'est là que je suis restée d'abord une bonne partie

---

1. Donné dans le ressort de l'Académie de Montpellier.

de la matinée, à côté de ma mère, travaillant, tu n'en diras rien, à faire une bonne robe de laine pour cette pauvre Mathurine que tu connais, qui nous apportait si souvent, cet été, le meilleur miel de sa ruche et les plus belles fleurs de son jardin.

A midi, un rayon de soleil entrait par la fenêtre, et en même temps, Louise et Julie, nos deux inséparables, ouvraient la porte. Le soleil semblait me prévenir que la promenade serait belle, mes compagnes venaient me la proposer, et ma mère me la permit.

Les champs étaient couverts d'une neige que le froid avait conservée dans toute sa blancheur, et la plaine était éblouissante. Les petits garçons du village étaient tous là, courant, se poursuivant, tombant, se relevant pour tomber encore, le tout accompagné de cris joyeux et de bruyants éclats de rire. Sur la route, où l'on avait balayé la neige, le bruit de nos pas résonnait comme lorsqu'on marche sous la voûte d'un édifice. Nous avons cherché le petit sentier qui conduit à la source : les églantiers qui le bordent nous l'ont montré. Il fallait les voir, ces églantiers, comme ils étaient beaux, bien que dépouillés de leurs feuilles ! Le givre avait formé sur leurs rameaux des figures bizarres ou gracieuses : c'étaient des guirlandes, des tours, des ponts, des châteaux, des bouquets transparents et jetant des étincelles. Tout était brillant et gai, excepté peut-être la pauvre source, tout hérissée de glaçons, qui semblait soupirer et se plaindre.

Nous sommes rentrées, lorsque le soleil s'est caché derrière les collines ; nous avons lu un des livres que tu m'as prêtés, et qui nous intéresse beaucoup ; je t'assure que la journée m'a paru courte.

Tu le vois, chère Mathilde, mes moments sont loin d'être tristes ; tes lettres me les feront paraître encore plus rapides et plus doux.

Cécile REGNARD.

CORRESPONDANCE.

« Je suis instituteur communal et maître de pension patenté. La commune me donne 200 francs pour mon traitement fixe et m'abandonne la rétribution scolaire pour compléter mon traitement.

Je voudrais savoir si je suis tenu de faire figurer les élèves pensionnaires sur les rôles trimestriels, remis au percepteur. Ces pensionnaires sont presque tous étrangers à la commune. »

Tous les enfants admis à une école communale, à quelque titre que ce soit, doivent être portés sur les rôles trimestriels. Cela résulte formellement des dispositions de l'article V de l'instruction réglementaire pour la mise à exécution des articles 38, 41 et 45 de la loi du 15 mars 1850 et des décrets des 7 octobre 1850 et 31 décembre 1853. Et, en effet, il n'y a pas de raison pour que des pensionnaires, par exemple, ne soient pas portés sur les rôles, puisqu'ils sont, tout aussi bien que les autres, élèves de l'école. Quant aux pensionnaires qui ne sont pas de la commune, par cela seulement qu'ils ont domicile dans la commune, ils deviennent élèves communaux, et doivent, par conséquent, être inscrits sur les rôles.

— On nous signale une irrégularité qui se produit, à ce qu'il paraît, dans certaines communes. Le maire et le curé, dans une excellente intention, nous dit-on, invitent, chacun de leur côté, l'instituteur à recevoir gratuitement un ou plusieurs enfants dont l'indigence est notoire, mais qui n'ont pu trouver place sur la liste, trop restreinte, à ce qu'il paraît, des élèves gratuits, lui promettant de le couvrir de leur protection dans le cas où il serait inquiété par l'autorité supérieure pour ne pas faire figurer ces enfants sur les rôles.

Notre correspondant ne se plaint pas de ce surcroît de besogne qui lui est demandé, sans aucun profit pour lui-même, et cela fait assurément grand honneur à sa charité et à ses bons sentiments. Nous ne croyons pas moins devoir l'avertir qu'il se compromettrait gravement en omettant de porter sur les rôles quelques-uns des enfants qui lui sont confiés : ainsi que nous le disions tout à l'heure, les prescriptions légales sont formelles à cet égard, et aucun motif, si désintéressé qu'il soit, ne peut dispenser l'instituteur de les exécuter à la lettre. D'autre part, l'instituteur ne doit fermer son école à aucun enfant de la commune, surtout aux indigents. Que notre correspondant continue donc à recevoir les enfants dont il s'agit, mais qu'il les inscrive sur les rôles comme élèves payants, puisqu'ils ne sont pas portés sur la liste de gratuité. Si l'indigence de leurs familles est véritablement reconnue, le percepteur n'aura aucun recours sur elles, et le montant de la rétribution scolaire, pour laquelle ils auront été déclarés insolvables, sera porté au passif de la commune, comme cote irrécouvrable, formant créance au bénéfice de l'instituteur, créance dont il pourra, d'ailleurs, si cela lui convient, faire l'abandon.

— « Un instituteur qui est sous le coup de la loi de recrutement, et qui a contracté dans l'exercice de sa profession une maladie que les médecins déclarent incompatible avec ses fonctions, peut-il, dans l'intérêt de sa santé, rompre son engagement et accepter une autre position qui le mette à même de gagner sa vie ? »

Oui, assurément, s'il est reconnu par un médecin, délégué à cet effet, par l'autorité administrative, que la maladie dont l'instituteur est atteint a un caractère chronique et inguérissable, dont l'effet est de l'empêcher absolument de continuer l'exercice de ses fonctions. Sinon, l'instituteur peut demander et obtenir un congé temporaire, susceptible, au besoin, de prolongation. Il va sans dire que, pendant la durée de ce congé, il ne sera pas défendu à l'instituteur de gagner sa vie, en se livrant à des occupations que sa position lui permet.

— « Un conseil municipal a-t-il le droit de supprimer une liste d'admissibilité des élèves gratuits dressée par le maire et le curé, et d'envoyer au préfet une autre liste, qu'il a dressée lui-même ? »

D'après l'article 45 de la loi du 15 mars 1850, c'est au maire, de concert avec le curé, dans les communes catholiques, qu'il appartient de dresser la liste des enfants à admettre gratuitement dans les écoles, et cette liste est soumise à l'approbation du conseil municipal. Il résulte de là, pour le conseil municipal, le droit évident de contrôler la liste donnée par le maire et le curé, et, en cas de dissidence, d'adresser ses observations à l'autorité supérieure. Mais là doit se borner son rôle, et il dépasse ses pouvoirs en prenant de lui-même une initiative que la loi ne lui accorde pas. Nous ne comprenons guère d'ailleurs comment il y aurait dans une commune une liste d'indigents pour le maire et le curé et une autre pour le conseil municipal. Tout au plus pourrait-il y avoir désaccord, à ce qu'il nous semble, sur tel ou tel détail, et il est profondément regrettable que, la question étant ainsi posée comme elle doit l'être, les diverses autorités communales ne sachent pas arriver à s'entendre sur un point où toute préoccupation personnelle et toute divergence d'opinion devraient disparaître en présence de considérations plus hautes et plus dignes.

Charles Defodon.

LECTURES A L'USAGE DES ÉLÈVES.

A TOUT PÉCHÉ MISÉRICORDE.

PROVERBE [1] EN DEUX ACTES [2].

PERSONNAGES.

VALENTIN, menuisier, 30 ans.
UN MENDIANT, 35 ans.
UN BRIGADIER DE GENDARMERIE, 38 ans.
UN GENDARME, 32 ans.
DÉSIRÉ, 13 ans.
LUCIEN, 13 ans.

CHARLOT, 10 ans.
JULIEN, 12 ans.
M. CLOPET, 32 ans, aubergiste [1].
M. PUPUSSE, gros propriétaire.
LE CURÉ.
UN MÉDECIN.
LE BOUCHER.
LE MAÇON.
LE BOURRELIER.
LE MARÉCHAL.
PLUSIEURS ENFANTS DE L'ÉCOLE.

La scène se passe dans un village.

ACTE PREMIER.

Le théâtre représente une cour; d'un côté l'auberge de M. Clopet, de l'autre l'atelier de menuiserie de Valentin, au fond; la maison d'école.

SCÈNE PREMIÈRE.

VALENTIN, *seul.*

(*Il travaille à une armoire et il se repose un instant.*)

Rien jusqu'ici n'a troublé ma triste vie. Personne ne sait d'où je viens ni ce que j'ai fait. Le bon Dieu me protége depuis que je suis revenu à lui!... De quel enfer il m'a tiré!... Je cherche à éloigner ces souvenirs. Ils sont si affreux! Quand je travaille, j'y pense moins. (*Il se remet à l'ouvrage.*)

SCÈNE II.

VALENTIN, LUCIEN, ET DÉSIRÉ *entrent en chantant.*

LUCIEN *chante.*

J'ai du bon tabac dans ma tabatière.

DÉSIRÉ *chante.*

J'ai du bon tabac, tu n'en auras pas.

LUCIEN.

Tu vas m'en donner un peu tout de même.

DÉSIRÉ.

Pas un brin ! Tout pour moi.

LUCIEN.

Égoïste, va !

VALENTIN.

Qu'y a-t-il donc, mes mioches? On dirait que vous vous querellez.

LUCIEN.

Je le crois bien. Désiré avait deux sous et moi aussi. Nous avons dit : « Toi, tu vas acheter un brûle-gueule de deux sous. — Et toi tu vas acheter pour deux sous de tabac. — Toi, tu me prêteras ta pipe. — Et toi, tu me donneras du tabac. — C'est dit. » J'achète la pipe, il achète le tabac. Je dis: « Donne que je bourre! » Il dit : « Non, c'est moi qui commence. — Je veux bien, que je dis, mais après ce sera mon tour. — C'est entendu ! Donne la pipe. » Je donne, il bourre; il allume, il fume, et c'est fini. « Et moi? que je lui dis. — Toi? qu'il dit, tiens, voilà ton brûle-gueule. — Et rien dedans? que je dis. Donne-moi de quoi bourrer. — Bourre avec les copeaux de Valentin. » Et il part : je cours après et je chante: « J'ai du bon tabac dans ma tabatière, »

---

1. Dans le langage du théâtre, on appelle PROVERBE une pièce qui a pour titre un *proverbe* ou une sentence connue, et qui en renferme le développement, sous la forme dramatique.
2. Extrait des COMÉDIES ET PROVERBES, par madame la comtesse de SÉGUR. 1 vol. in-18 jésus, broché, 2 francs. BIBLIOTHÈQUE ROSE, librairie L. Hachette et Cⁱᵉ.

1. Dans l'ouvrage de madame de Ségur, ce personnage est une femme; nous y avons substitué un aubergiste, pour la facilité de la représentation dans les écoles de garçons.

pour qu'il m'en donne. Et puis nous sommes entrés chez vous, monsieur Valentin, et vous avez entendu comme il m'a répondu: « J'ai du bon tabac, tu n'en auras pas. » Et je veux qu'il m'en donne, car c'était convenu ; c'est voler, ça!

DÉSIRÉ, *riant*.

Bête, va! Voler, c'est prendre quelque chose! Qu'est-ce que je t'ai pris?

LUCIEN.

Et mon brûle-gueule, donc?

DÉSIRÉ.

Pas vrai, tu l'as dans ta poche!

LUCIEN.

Mais c'est toi qui t'en es servi ; et moi donc?

DÉSIRÉ, *l'imitant*.

Et moi donc? Tu t'en serviras quand tu auras du tabac.

LUCIEN.

Mais c'est toi qui as mon tabac!

DÉSIRÉ.

Pas vrai; le mien, c'est le mien; je l'ai payé de ma poche. Demande à M. Denis, le débitant, il te le dira bien.

VALENTIN, *qui a écouté avec attention*.

Désiré, mon garçon, je comprends l'affaire ; tu fais une filouterie, ni plus ni moins. Tu as de l'esprit, je ne dis pas non ; tu as voulu faire une drôlerie, je le veux bien. Mais assez comme ça. Une convention est une convention. Donne-lui du tabac et que ça finisse : sans cela, tu filoutes.

DÉSIRÉ, *inquiet*.

Vous croyez, monsieur Valentin?

VALENTIN.

J'en suis sûr. Écoute ce que je te dis, mon ami.

DÉSIRÉ *donne son tabac à Lucien*.

Tiens! Je ne veux pas être un filou, moi.

LUCIEN.

Merci, Désiré. Merci, monsieur Valentin.

VALENTIN.

Et à présent, enfants, que chacun de vous a fait son devoir, j'ai encore quelque chose à dire. Pourquoi fumez-vous? Pourquoi perdez-vous votre argent à acheter du tabac? Vous ne savez donc pas le mal qu'il fait? les maladies qu'il donne? et l'argent qu'il coûte? et le temps qu'il fait perdre?

DÉSIRÉ.

Oh! quant à l'argent, il ne nous coûte guère ; nous ne fumons déjà pas tant!

VALENTIN.

Parce que vous êtes encore des enfants!

LUCIEN, *avec dédain*.

Oh! des enfants! Les enfants ne fument pas!

VALENTIN, *souriant*.

Ah! voilà ou le bât vous blesse? Vous ne voulez pas être des enfants! Vous voulez faire comme des hommes! Et vous fumez parce que les hommes fument? Mais, dis-moi, toi, Désiré, apporte-moi donc ce maillet qui est là-bas dans un coin?... Non, pas le petit, l'autre, le gros! (*Désiré essaye de le soulever ; il ne peut pas.*) Tiens, tu ne peux pas? Vois donc comme je le manie, moi! (*Il soulève le maillet d'une main et le fait tourner avec facilité.*) Comment donc ne peux-tu pas le soulever?

DÉSIRÉ.

Ah! monsieur Valentin, ce n'est pas malin! Vous êtes un homme, vous, dans toute votre force!

Et toi ?

DÉSIRÉ, *souriant*.

Et moi? Pardi! Il est clair que je n'ai pas la force d'un homme! Pensez donc que j'ai treize ans!

VALENTIN.

Et pourquoi, si tu n'as la force d'un homme pour soulever un poids, veux-tu avoir la force d'un homme pour avaler un poison qui tue bien des hommes plus forts que moi! Vois-tu, mon ami; chaque chose en son temps! Le travail dur et difficile ne convient pas à ton âge..., ni le tabac non plus

LUCIEN.

Quand donc pourrons-nous fumer ?

VALENTIN.

Si tu m'en crois, tu ne fumeras jamais. Le fumeur dépense son argent, perd son temps, ruine sa santé, et.... pis que ça, fait de mauvaises connaissances.... A présent, au travail? Et vous, à l'école! (*Les enfants sortent.*)

SCÈNE III.

VALENTIN, UN GENDARME.

UN GENDARME.

Eh bien! tu n'es pas venu nous voir comme tu le devais ! C'est pourtant hier que le brigadier t'attendait pour ton permis de séjour.

VALENTIN.

Faites excuse, monsieur le gendarme, je croyais avoir jusqu'à ce soir ; et comme j'avais une commande pressée....

LE GENDARME.

La commande n'y fait rien! Un forçat libéré est avant tout forçat, et si ce n'était que c'est la première fois que tu manques à te présenter au brigadier au jour voulu, je t'emmènerais à la face du bourg.

VALENTIN.

Je vous remercie de votre bon procédé, monsieur le gendarme. Soyez sûr que je serai exact à l'avenir.

LE GENDARME, *avec plus de douceur*.

Et tu feras bien. Si on te savait forçat dans le pays, tu perdrais bientôt tes pratiques.

VALENTIN.

Hélas! oui, je le sais. Et la misère viendrait comme jadis. Et pourtant, je me sens redevenu honnête homme! J'ai horreur de la paresse, de l'ivrognerie, du jeu, de la malhonnêteté surtout. Je sens que je mourrais de faim plutôt que de commettre une méchante action.

LE GENDARME.

C'est bien, mon pauvre garçon! Je te crois et je ne me fais pas faute de serrer la main d'un brave homme, fût-il forçat. (*Il tend la main à Valentin qui la saisit, la serre fortement dans les siennes et veut parler; mais il se sent ému, et il reprend son travail sans mot dire*) Pauvre garçon! Courage, mon ami, ce n'est pas nous autres gendarmes qui te trahirons, tu sais bien.... A revoir! Je ferai mon rapport; tu n'as pas besoin de venir avant quinze jours. (*Il sort.*)

SCÈNE IV.

VALENTIN *travaille et de temps en temps regarde les enfants qui jouent dans la cour sur laquelle donne un côté de la menuiserie.* JULIEN, DÉSIRÉ, CHARLOT.

JULIEN.

As-tu vu, Désiré, un gendarme qui est venu voir M. Valentin?

DÉSIRÉ.

Oui, je l'ai vu ; il lui a serré la main.

CHARLOT.

Serré la main ? Tiens tiens, tiens ! c'est drôle, ça. Je croyais qu'un gendarme, ça ne venait jamais que pour vous menacer ou vous mettre les poucettes.

DÉSIRÉ.

Quelle bêtise ! Un gendarme a des amis tout comme un autre.

JULIEN.

Eh bien ! moi, vois-tu, je n'aimerais pas à être l'ami d'un gendarme.

DÉSIRÉ.

Pourquoi ça ?

JULIEN.

Parce que.... parce que.... enfin, cela ne me plairait pas. Quand je me vois près d'un gendarme, je me sens mal à l'aise ; ça me donne comme un frisson qui me court dans le dos.

LUCIEN.

Dis donc, Charlot, as-tu un sou ?

CHARLOT.

Oui, j'en ai deux ; pourquoi faire ?

LUCIEN.

Prête-les-moi donc pour avoir des pralines de chez Mme Jolivet.

CHARLOT.

Tu ne me les rendrais pas ; je te connais ! tu dépenses toute ta fortune en tabac.

LUCIEN.

Tu n'es pas gentil ! C'est mal, ça, de refuser à un camarade.

CHARLOT.

Puisque tu ne me les rendrais pas ?

LUCIEN.

Je te dis que si.

CHARLOT.

Je te dis que non.

LUCIEN.

Tu es un malhonnête ! un mauvais camarade !

CHARLOT.

Avec quoi que tu me les rendrais ? Où-ce que tu prendrais de l'argent ?

LUCIEN.

Ah bah ! on en trouve toujours de droite et de gauche.

CHARLOT.

Où ça ? Chez qui ?

LUCIEN.

Tu m'ennuies ! On trouve un tiroir ouvert dans une maison, on y met la main, et on la retire avec la pièce qui s'est prise dedans.

CHARLOT.

C'est voler, ça ?

LUCIEN.

Ah bah ! chez ses parents ! on prend ce qui convient.

VALENTIN, *qui a tout entendu, s'approche des enfants.*

Oui, mon ami, Charlot dit bien, c'est voler ! Et tu es un brave garçon, Charlot ! Et toi, Lucien, fais attention, mon ami ! Ecoute ce que t'a dit Charlot, et ne cours pas après les sous ni après les friandises ! On commence par des sous pour avoir des pralines, et on finit par des francs et par la prison.... le bagne

peut-être ! Et le bagne !!! Tu ne sais pas ce que c'est que le bagne !

LUCIEN.

Qu'est-ce donc, le bagne !

VALENTIN.

C'est l'enfer ! (*Il rentre et se remet au travail.*)

DÉSIRÉ.

Tiens, comme il a dit ça ! Il était tout drôle.

SCÈNE V.

LES PRÉCÉDENTS, UN MENDIANT *avec un singe sur son épaule.*

LE MENDIANT.

La charité, mes bons enfants ! La charité, s'il vous plaît.

LUCIEN.

Nous n'avons pas de quoi faire la charité, bon homme.

LE MENDIANT.

Vous avez bien un petit sou pour moi et pour mon pauvre ami ?

CHARLOT.

Où est-il, votre ami ?

LE MENDIANT.

Là, sur mon épaule, mes bons petit gars.

DÉSIRÉ.

La drôle de petite bête ! Comme il nous regarde (*Le singe ôte son chapeau et salue. Les enfants rient.*)

LE MENDIANT *défait la chaîne du singe.*

Va, mon pauvre bêta, va demander un petit sou pour toi et ton pauvre maître. (*Le singe saute à terre, gambade, ôte son chapeau et le présente aux petits garçons. Charlot et quelques autres y mettent des sous ; quand il arrive à Lucien, celui-ci met la main dans le chapeau, et, au lieu d'y mettre quelque chose, il en retire deux sous. Le singe, qui ne quitte pas des yeux son chapeau, s'aperçoit du tour, grince et claque des dents, se jette sur Lucien et fait mine de vouloir le mordre.*) Rends ce que tu as pris, mauvais petit gars. Mon singe ne te fera pas grâce d'un centime. (*Lucien, effrayé, rend au singe les deux sous qu'il avait pris ; le singe les regarde attentivement, examine la main de Lucien, regarde son maître qui lui fait signe de revenir, et lui porte son chapeau avec les sous. Les enfants rient et se moquent de Lucien, qui s'en va tout honteux. Les enfants suivent Lucien en criant : « Le singe a été plus malin que toi ! » Désiré seul, reste près de l'atelier de menuiserie et range des morceaux de bois. Le mendiant va demander la charité à l'entrée de l'atelier.*)

SCÈNE VI.

LE MENDIANT, VALENTIN, DÉSIRÉ *dans un coin de la cour.*

LE MENDIANT.

La charité, s'il vous plaît.

VALENTIN, *le regardant.*

Pourquoi ne travailles-tu pas au lieu de mendier, 'ami ? Tu es de force à gagner ta vie.

---

1. A la représentation, le singe pourrait être remplacé par un chien. On pourrait même au besoin, retrancher cette scène, bien qu'elle soit fort jolie. Après le dernier mot de Désiré, un des enfants dirait : Allons jouer sur la grande place, ou quelque chose d'analogue : les autres le suivraient, et Désiré resterait seul à ranger des morceaux de bois. (*Note de la rédaction.*)

LE MENDIANT, *après l'avoir attentivement examiné.*

Tiens! est-ce que je me trompe?.... C'est lui!.... C'est bien lui! Comment, Tristan, te voilà établi dans tes meubles?

VALENTIN, *étonné.*

Qui êtes-vous? Je ne vous connais pas.

LE MENDIANT.

Que si, que si, tu me connais! Ah! tu n'as pas plus que ça souvenir de tes amis!.... Cherche bien!.... Rappelle-toi ton ami l'ERMITE.

VALENTIN, *avec effroi.*

L'ERMITE! (*Il paraît atterré et balbutie.*) Je ne sais pas.... je ne crois pas.

LE MENDIANT, *avec un sourire méchant.*

Tu sais, mon Tristan, tu sais! Ta figure terrifiée et contractée me le dit bien; on n'oublie pas si vite son camarade de chaîne! Allions-nous bien ensemble! Comme deux cœurs! Et tous deux un peu sauvages, un peu donnant dans le grave. Les camarades nous avaient bien nommés: TRISTAN et l'ERMITE.

VALENTIN.

Voyons, que demandes-tu? Je ne veux pas, moi, faire semblant de te méconnaître. Tu me rappelles un temps terrible, la honte de ma vie. Personne ne me connaît ici; j'y vis honnêtement, en bon ouvrier; on me fait travailler; je gagne plus que mon pain et mon logement. Si tu dévoiles mon passé, je suis déshonoré et perdu.

LE MENDIANT.

Sois tranquille, je ne suis pas méchant, je ne veux pas te perdre; seulement, tu vas me donner à dîner, à coucher, et puis un peu de monnaie pour gagner une autre couchée.

VALENTIN, *accablé.*

Prends tout ce que tu voudras; laisse-moi mes outils, je ne demande pas autre chose. Quant au dîner, je ne peux pas te le donner, car je ne mange pas chez moi, et je n'ai rien à la maison.

LE MENDIANT.

C'est bien! Je ne demande pas l'impossible! Fais-moi voir ton magot. (*Valentin lui fait voir un buffet et ouvre un des tiroirs.*)

VALENTIN.

Prends, dit-il.

LE MENDIANT *compte et met dans ses poches.*

Cinquante, cent, cent trente-quatre francs!.... Je suis bon prince, moi; je te laisse les quatre francs et j'empoche le reste. (*Il s'en va*).

SCÈNE VII.

VALENTIN *tombe sur une chaise;* DÉSIRÉ *s'approche doucement et le regarde avec surprise.* M. CLOPET.

DÉSIRÉ.

Monsieur Valentin, êtes-vous malade? (*Valentin fait signe que non.*) Voulez-vous que j'appelle M. Clopet ici à côté? (*Valentin fait signe que non.*) Vous êtes malade tout de même! Vous êtes si pâle! C'est ce méchant homme qui vous a tout bouleversé! (*Valentin le regarde avec effroi.*) N'ayez pas peur, monsieur Valentin; il est parti, je crois bien. Il est passé chez M. Clopet, et il est ressorti par la porte du bout. J'ai entendu quelque chose de ce qu'il vous disait, et qu'il a pris tout votre argent. (*Valentin devient de plus en plus pâle; il veut parler et ne peut pas.*)

DÉSIRÉ, *courant vers la maison en face dans la cour.*

Au secours! M. Valentin va mourir. Monsieur Clopet, vite, au secours!

M. CLOPET *accourt et entre chez Valentin.*

Qu'est-ce qu'il y a donc! Ah! mon Dieu! ce pauvre Valentin! Va vite, Désiré, va chercher du monde. (*Désiré part en courant.*)

SCÈNE VIII.

VALENTIN, *sans connaissance;* M. CLOPET *lui soutient la tête; plusieurs voisins arrivent et s'agitent? au tour de lui;* DÉSIRÉ *revient.*

DÉSIRÉ.

Est-il mieux? Est-il revenu à lui?

LE BOURRELIER.

Que lui est-il donc arrivé, à ce pauvre Valentin?

M. CLOPET.

Je ne sais pas. Je l'ai trouvé quasi-mort. Désiré, tu étais là, toi? Comment que c'est arrivé?

DÉSIRÉ.

C'est arrivé que le mendiant de tantôt lui a dit des choses qui ont paru le contrarier.

LE MARÉCHAL.

Quoi? Quelles choses?

DÉSIRÉ.

Il lui a dit qu'il s'appelait l'ERMITE, et puis il l'a appelé TRISTAN. Et puis il l'a tutoyé; et puis il lui a dit qu'il n'était pas méchant; et puis qu'il était son camarade de chaîne; et puis qu'il voulait manger et coucher; et puis qu'il voulait le magot. Et puis M. Valentin l'a mené au tiroir; et puis l'autre a ouvert; et puis il a pris cent trente francs; et puis il lui a laissé quatre francs; et puis il est parti; et puis j'ai regardé; j'ai vu le pauvre M. Valentin blanc comme un linge; et puis j'ai appelé; et voilà! (*Tous restent stupéfaits.*)

M. PUPUSSE, *d'un air mystérieux.*

Écoutez, mes amis; il y a quelque chose là-dessous; je suis lettré, comme vous savez; j'ai lu dans un livre très-savant que Tristan l'Ermite était un bourreau, mais un fameux! Vous avez tous entendu ce que Désiré nous a dit: le mendiant a appelé Valentin *Tristan l'Ermite.* Alors.... vous comprenez? (*Il se tait.*)

M. CLOPET.

Mais non, monsieur Pupusse, nous ne comprenons pas. Alors quoi?

M. PUPUSSE.

Vous ne comprenez pas que Valentin est un bourreau.

M. CLOPET.

Et l'autre, donc?

M. PUPUSSE.

L'autre? son compagnon, qui tient les chaînes de la guillotine et du couperet.

LE BOULANGER.

C'est affreux!

LE BOUCHER.

C'est horrible!

LE BOURRELIER.

Un bourreau chez nous!

UN AUBERGISTE.

Un bourreau dans le bourg! Et qu'allons-nous faire?

M. PUPUSSE.

Écoutez, mes amis! Prenez ma carriole, courez vite à la ville pour prévenir le brigadier de gendarmerie. (*Tous refusent et disent qu'ils ne savent rien.*)

Eh bien! c'est Désiré, qui a tout entendu, que vous allez emmener avec vous.

DÉSIRÉ.

Non, je n'irai point. Je ne veux pas déposer contre M. Valentin, qui a été bon pour moi et qui m'a donné de bons conseils. (*Désiré se sauve; M. Pupusse court après; les autres courent après M. Pupusse.*)

SCÈNE IX.

VALENTIN, *qui revient à lui, M. CLOPET s'est éloigné avec terreur; il rentre dans sa maison.*

VALENTIN, *se voyant seul, ouvre les yeux et regarde avec surprise.*

Je suis seul! Il est parti! Mon Dieu, je vous remercie!.... Pourvu que Désiré n'ait pas compris et qu'il ne parle pas! S'ils savaient! Si un seul savait! Je serais perdu! Mon Dieu! ayez pitié de moi! Que mon secret reste enseveli dans mon cœur! Et, s'il est connu, que je sorte de ce monde!

SCÈNE X.

VALENTIN, M. LE CURÉ, *entrant avec précipitation.*

LE CURÉ.

Eh bien! mon brave garçon, mon bon Valentin! on me dit que vous êtes malade, très-malade?

VALENTIN.

Merci bien, monsieur le curé; je ne suis malade que d'esprit: le bon Dieu m'envoie une terrible épreuve; encore un châtiment du crime qui m'a fait passer cinq ans au bagne.

LE CURÉ, *inquiet.*

Quoi donc? Vous êtes, en effet, bien pâle, bien changé?

VALENTIN.

Monsieur le curé, mon compagnon de chaîne est venu mendier dans le bourg; il m'a reconnu; il s'est fait connaître à moi; je lui ai donné tout l'argent que j'avais pour lui faire garder le silence, mais je crains qu'il ne revienne, qu'il ne me fasse connaître.

LE CURÉ.

Soyez tranquille, mon cher Valentin. Le bon Dieu fait tout pour notre plus grand bien; et quand même ce scélérat vous trahirait, je ne vous abandonnerais pas et je vous protégerais contre tous ceux qui vous attaqueraient. « A tout péché miséricorde. » Je tâcherai de le leur faire comprendre.

VALENTIN.

Vous êtes bon, monsieur le curé, merci; du fond du cœur, merci.

LE CURÉ, *souriant.*

Je suis le serviteur de Dieu, mon cher Valentin; et je cherche à faire dire de moi : « Tel maître, tel valet. » Prenez donc courage, et comptez sur la miséricorde du bon Dieu.

SCÈNE XI.

LE CURÉ, VALENTIN, M. PUPUSSE *traînant* DÉSIRÉ *qui résiste;* UN BRIGADIER, DEUX GENDARMES.

(*Valentin est interdit; le curé le soutient.*)

LE BRIGADIER *touche son chapeau.*

Monsieur Valentin, vous avez été victime d'un vol, à ce que me dit M. Pupusse, que nous venons de rencontrer sur la route? (*Valentin ne répond pas*). Nous avons besoin de votre déposition pour poursuivre. Et je crois être sur les traces du voleur.

VALENTIN.

Je n'ai pas été volé, monsieur le brigadier.

LE BRIGADIER.

Comment? (*Se tournant vers M. Pupusse.*) Vous m'avez dit, monsieur Pupusse, que Valentin le menuisier avait été volé de tout ce qu'il possédait.

M. PUPUSSE.

Et je l'affirme encore, brigadier; interrogez Désiré. Approche, gamin. Raconte ce que tu as entendu. (*Désiré regarde Valentin, il lui fait signe de ne pas s'inquiéter.*)

DÉSIRÉ.

Monsieur le brigadier, j'ai vu le mendiant demander la charité à M. Valentin, qui a été à son tiroir et qui lui a donné de l'argent.

LE BRIGADIER.

Mais ce n'est pas voler, cela?

DÉSIRÉ.

Pour cela non, monsieur le brigadier; M. Valentin lui a donné.

LE BRIGADIER.

Est-ce vrai, monsieur Valentin ?

VALENTIN.

La pure vérité, monsieur le brigadier.

LE BRIGADIER, *mécontent.*

Monsieur Pupusse, vous nous avez fait faire fausse route.

Mme la comtesse de SÉGUR.

(*La suite prochainement.*)

ACTES OFFICIELS

RELATIFS A L'INSTRUCTION PRIMAIRE.

Extrait, en ce qui concerne l'instruction primaire, du décret impérial portant répartition des crédits du budget ordinaire et du budget extraordinaire de l'exercice 1866, attribués au Ministère de l'instruction publique. (28 octobre 1865.)

§ Iᵉʳ. — *Budget ordinaire.*

Article premier. Les crédits ouverts à nos Ministres par l'article 1ᵉʳ de la loi du 8 juillet 1865, pour les dépenses ordinaires de l'exercice 1866, sont réduits d'une somme de sept millions onze mille huit cent soixante-seize francs (7 011 876 fr.), qui demeure définitivement annulée.

En conséquence, les crédits du budget ordinaire, qui montaient à un milliard six cent quatre-vingt-dix-huit millions trois cent trente-trois mille quatre-cent quatre-vingt-dix francs, sont fixés à la somme de un milliard six cent quatre-vingt-onze millions trois cent vingt et un mille six cent quatorze francs (1 691 321 614 fr.).

Art. 2. La somme précitée de un milliard six cent quatre-vingt-onze millions trois cent vingt et un mille six cent quatorze francs (1 691 321 614 fr.), est répartie, par chapitres, conformément à l'état A ci-annexé.

§ 2. — *Budget des dépenses sur ressources spéciales.*

Art. 3. Les crédits affectés aux dépenses sur ressources spéciales et montant, pour l'exercice 1866, d'après l'article 10 de la loi précitée du 8 juillet 1865, à deux cent trente-trois millions quatre-vingt-cinq mille trois cent dix-huit francs (233 085 318 fr.), sont répartis, par chapitres, conformément à l'état B ci-annexé.

· · · · · · · · · · · · · · · · ·

§ 4. — *Budget extraordinaire.*

Art. 5. Les crédits ouverts à nos Ministres par l'article 2 de la loi du 8 juillet 1865, pour les dépenses extraordinaires de l'exercice 1866, et montant à cent quarante-neuf millions sept cent dix-huit mille 800 francs (149 718 800 fr.), sont répartis, par chapitres, conformément à l'état D ci-annexé.

ÉTAT A. — *Budget général, par chapitres, des dépenses ordinaires de l'exercice 1866.* (Extrait.)

Ministère de l'instruction publique.

V° SECTION. — *Instruction primaire.*

Chapitre 30. Inspection des écoles primaires, 916 400 fr.
Chapitre 31. Dépenses imputables sur les fonds généraux de l'État, 5 946 700 fr.
Chapitre 32. Dépenses des exercices clos, Mémoire.
Chapitre 33. Dépenses des exercices périmés, Mémoire.
Total des crédits accordés à la cinquième section, 6 863 100 fr.
Total pour le ministère de l'instruction publique, 19 918 121 fr.

ÉTAT B. — *Budget général, par chapitres, des dépenses sur ressources spéciales pour l'exercice 1866.* — (Extrait).

Ministère de l'instruction publique.

V° SECTION (2° partie). — *Instruction primaire.*

Chapitre 1. Dépenses imputables sur les fonds départementaux, 6 239 000 fr.
Chapitre 2. Dépenses imputables sur les produits spéciaux des écoles normales primaires, 550 000 fr.
Total des crédits accordés à la cinquième section, 6 789 000 fr.

ÉTAT D. — *Budget général, par chapitres, des crédits accordés pour les dépenses extraordinaires de l'exercice 1866.* — (Extrait.)

Ministère de l'instruction publique.

V° SECTION (3° partie). — *Instruction primaire.*

Chapitre 4. Subventions pour constructions de maisons d'écoles, 1 100 000 fr.
Total pour le ministère de l'instruction publique, 1 425 000 fr.

———

Décret impérial concernant les inspecteurs d'académie, commis d'académie, commis d'inspection académique et le secrétariat de l'Académie de Paris. (27 décembre.)

Art. 1. Les inspecteurs d'académie, commis d'académie et commis d'inspection académique (non compris les fonctionnaires de l'académie d'Alger et les fonctionnaires de l'académie de Paris en résidence à Paris) sont distribués en différentes classes, dans les proportions déterminées par l'article 2 du présent décret.
Le traitement de ces fonctionnaires dépend de la classe à laquelle ils appartiennent.
Lors de la première nomination, les commis d'académie et les commis d'inspection sont rangés dans la première classe ; ils ne peuvent être promus à une classe supérieure qu'après deux années au moins de services dans la classe inférieure.

Art. 2. Le traitement des inspecteurs d'académie, commis d'académie et commis d'inspection académique, désignés dans l'article 1er, est réglé de la manière suivante :

INSPECTEURS D'ACADÉMIE.

Hors classe, un en résidence à Versailles, 6000 fr.
Première classe, vingt-trois (compris le vice-recteur de la Corse), 5500 fr.
Deuxième classe, vingt-deux‘ 5000.
Troisième classe, quarante-quatre, 4500 fr.

COMMIS D'ACADÉMIE.

Première classe, onze, 1800 fr.
Deuxième classe, seize, 1400.

COMMIS D'INSPECTION ACADÉMIQUE.

Première classe, vingt-sept, 1800.
Deuxième classe, trente-trois, 1600.
Troisième classe, vingt-huit, 1400.
Indépendamment du traitement affecté à la première classe, l'inspecteur vice-recteur de la Corse reçoit, à ce titre, un traitement supplémentaire de 500 fr.

Art. 3. Le traitement du secrétaire de l'académie de Paris (hors classe) est fixé à 6000 francs ; les traitements des secrétaires, des autres académies (excepté Alger) dépendent de la classe assignée à l'académie par des décrets en vigueur.
Le nombre des commis de l'académie de Paris est fixé à sept ; leur traitement varie de 1600 francs (*minimum*) à 2700 (*maximum*), sans excéder le chiffre total de 15 800 francs.

———

Décrets autorisant des legs et donations.

1er *Décret* (23 novembre). — Le maire de Neufchâtel-en-Bray (Seine-Inférieure), au nom de cette commune, est autorisé à accepter, aux clauses et conditions énoncées, le legs à elle faite, pour l'entretien de la salle d'asile, par la dame Louise-Céline Manoury, veuve du sieur de Milleville, suivant ses testament et codicille olographes des 25 février 1861 et 8 mars 1862, et consistant : 1° en deux rentes 3 pour 100 sur l'État, de 50 francs chacune ; 2° en une somme de 1000 francs qui sera placée en rentes 3 pour 100 sur l'État.
Mention sera faite sur les inscriptions de ces rentes de la destination des arrérages.
Le supérieur général des frères des Écoles chrétiennes, institut légalement reconnu par décret du 17 mars 1808, au nom dudit institut, et le maire de Neufchâtel-en-Bray (Seine-Inférieure), au nom de cette commune, sont autorisés à accepter, chacun en ce qui le concerne, le legs d'une rente 3 pour 100 sur l'État, de 50 francs, fait suivant testament olographe en date du 25 février 1861, par la dame Louise-Céline Manoury, veuve du sieur de Milleville, à l'institut des frères des écoles chrétiennes, pour l'entretien de l'école chrétienne de la ville de Neufchâtel, sous la condition que, en cas de suppression de ladite école, la rente léguée fera retour à l'institut des frères.
La rente sera immatriculée au nom de l'institut des frères des écoles chrétiennes et de la commune de Neufchâtel, avec mention de la destination des arrérages.

2° *Décret* (9 décembre). — Le supérieur général des frères des écoles chrétiennes de la Miséricorde, institut légalement reconnu par décret du 4 septembre 1856, dont le siège est à Montebourg (Manche), au nom dudit institut, et le maire de Saint-Pierre-Église (même département), au nom de cette commune, sont autorisés à accepter, chacun en ce qui le concerne, et aux clauses et conditions énoncées, la donation faite par la démoiselle Mabire (Marie-Joséphine), aux frères de Montebourg, suivant acte notarié du 23 septembre 1864. et consistant en une maison avec dépendances, située à Saint-Pierre-Église, estimée 4000 fr. pour y entretenir le pensionnat et l'école primaire libres qu'y dirigent les frères de cet ordre.

Circulaire aux recteurs sur la gestion des bureaux télégraphiques municipaux par les instituteurs (4 décembre).

Monsieur le préfet, des bureaux télégraphiques, organisés suivant le système désigné sous le nom de *municipal*, sont établis dans un grand nombre de localités. Plusieurs de ces bureaux sont gérés par les instituteurs communaux, et M. le ministre de l'intérieur n'a eu jusqu'à présent qu'à se louer de leur coopération.

D'un autre côté, l'expérience a démontré que les obligations qu'imposent à ces maîtres leurs fonctions scolaires sont facilement conciliables avec les exigences réelles du service télégraphique dans les localités peu importantes. Aussi, toutes les fois que les circonstances l'ont permis, je me suis empressé d'intervenir à l'effet d'assurer à mon collègue de l'intérieur le concours d'auxiliaires souvent indispensables.

Au moment où le réseau tend à prendre une grande extension, je désire que le corps des instituteurs continue à fournir, autant que possible, des agents aux bureaux télégraphiques municipaux.

En conséquence, j'ai l'honneur de vous prier, monsieur le préfet, d'user de toute votre influence pour seconder, à ce sujet, les vues de l'administration supérieure.

Il est bien entendu, toutefois, que les instituteurs ne devront être autorisés par les conseils départementaux de l'instruction publique à accepter la mission dont il s'agit, qu'autant qu'elle ne serait pas incompatible avec leurs devoirs scolaires. Je m'en rapporte sur ce point à votre prudence et à votre sollicitude pour les intérêts de l'enseignement primaire.

Recevez, monsieur le préfet, l'assurance de ma considération très-distinguée.

Le Ministre de l'instruction publique,
V. DURUY.

Lettre adressée par M. le Ministre de l'instruction publique à M. le conseiller d'État le Play, commissaire général pour l'Exposition universelle de 1867. (1er décembre 1865.)

Monsieur le commissaire général, j'ai l'honneur de vous informer qu'en vertu de l'approbation donnée par l'Empereur à mon rapport du 8 novembre, le ministère de l'instruction publique participera directement à l'Exposition universelle de 1867, en y apportant les œuvres de nature diverse que comporte la mission dont il est chargé.

Il présentera d'abord les meilleurs procédés d'ordre matériel qui servent à l'instruction des enfants et des adultes dans les écoles primaires publiques; et, pour qu'on puisse en constater la valeur, il fera connaître les résultats mêmes de l'enseignement.

En outre, il déposera une série de rapports qui montreront, d'une part, les découvertes théoriques des sciences d'où procèdent tous les perfectionnements de l'industrie; de l'autre, les améliorations morales et les réformes administratives ou économiques dues à l'influence des idées que la littérature propage, que l'histoire vérifie dans le passé, et dont les sciences politiques provoquent l'application dans le présent.

C'est dans les classes 89 et 90 que seraient placés les objets qui peuvent, en parlant aux yeux, permettre d'apprécier l'état de l'enseignement.

Parmi ces objets se trouveront des travaux exécutés par les élèves eux-mêmes : dessins, lavis, modelages, etc., qu'il est d'usage de produire à chaque Exposition, et dont les plus remarquables ont toujours valu des récompenses aux écoles qui les avaient envoyés.

Les précautions les plus sévères seront prises par mon administration, dans les écoles publiques, pour que ces objets représentent avec une scrupuleuse fidélité le travail propre des élèves, sans assistance étrangère, et par conséquent ce qu'ils seront réellement en état d'exécuter le jour où ils seront abandonnés à eux-mêmes. Ce sera la mesure véritable de l'enseignement.

Les rapports sur les principales œuvres produites par l'esprit français depuis vingt ans dans l'ordre intellectuel et dans l'ordre social, trouveront aussi leur place naturelle dans la classe 90, qui fait partie de ce X^e groupe, où la commission impériale a réuni ce qui intéresse le progrès matériel et moral des populations.

Ces rapports devront faire connaître :

1° Les progrès accomplis en France par les sciences mathématiques, physiques et naturelles;

2° Les progrès accomplis par les sciences morales et politiques dans leurs applications aux besoins de la société;

3° Le rôle des lettres françaises, qu'on étudierait moins au point de vue de la forme, ce qui est la tâche de la critique littéraire, que dans leurs effets sur l'éducation général du pays.

Des hommes, qui sont la lumière et l'honneur du Sénat, du conseil d'État, de l'Institut et du haut enseignement, ont bien voulu se charger de rédiger ces rapports. Devant parler au nom de la science française, en présence des savants de l'univers, dans une enceinte où chacun sera juge de tous et tous de chacun, ils s'élèveront sans peine à la sérénité de l'historien impartial, et, même à l'égard de leurs propres travaux, déposeront devant leurs pairs un témoignage dégagé de tout intérêt personnel.

Les anciens mettaient la sagesse à rechercher le beau, le vrai et le juste. Les rapports diront si l'antique formule est celle de la sagesse moderne; si les lettres françaises, fidèles à la grande tradition de Corneille et de Molière, cherchent toujours le beau pour propager le bien et sont encore une école de mœurs, comme les sciences positives et les sciences morales sont une école de vérité et de justice.

Avant d'indiquer la classification des matières comprises dans les trois divisions mentionnées plus haut, je crois utile, monsieur le commissaire général, de vous communiquer quelques explications relatives à l'étendue et à l'objet de ce travail.

Il importe de remarquer d'abord qu'il ne s'agit pas de rédiger un résumé encyclopédique des connaissances humaines. Procéder ainsi, ce serait s'exposer à manquer le but en le dépassant. L'intervalle qui nous sépare de 1867 ne suffirait pas pour compter toutes les richesses intellectuelles de l'humanité.

Ce sera déjà une assez lourde tâche que de mesurer leur accroissement depuis l'ouverture de la période que la génération contemporaine remplit de ses travaux, alors même qu'on ne recueillerait que les faits considérables et les résultats bien avérés. Il ne s'agit pas, en effet, d'écrire l'histoire complète de chaque branche des connaissances humaines, depuis vingt ans. Les efforts inutiles, les expériences avortées, les hypothèses non vérifiées, toutes ces scories de la science que l'érudition ramasse avec curiosité, doivent être laissés à l'écart avec les faits qui n'auraient pas un caractère d'utilité ou d'intérêt général.

Nous ne songeons pas davantage à nous charger de faire pour les pays étrangers ce travail, même contenu dans les limites de temps et de choses que je viens d'indiquer. Nous ne pourrons, sans doute, en parlant de nos progrès, nous abstenir de toucher à ceux des nations voisines. Une solidarité étroite unit aujourd'hui les travaux scientifiques et les préoccupations morales des différents peuples. Tantôt la même idée germe spontanément dans plusieurs contrées à la fois. Tantôt une invention, trouvée d'un côté de la frontière, n'a porté tous ses fruits que grâce à un perfectionnement accompli de l'autre côté. D'ailleurs, plusieurs peuples suivront peut-être notre exemple; il faut leur laisser l'honneur de prononcer sur eux-mêmes un jugement impartial et autorisé. La France, dans les rapports dont il s'agit, se propose de s'occuper exclusivement d'elle-même, sauf les exceptions qui seront indispensables pour mettre dans le travail la clarté et la justice nécessaires.

Le ministère de l'instruction publique de France use de la liberté laissée par le programme si large de la Commission impériale à tous ceux qui voudront, comme lui, exposer dans la classe 90; et la classification qu'il présente doit être considérée comme une simple indication dont chacun fera tel usage qui lui conviendra.

Le programme des matières à traiter dans les rapports dont il s'agit est arrêté, en principe, de la manière suivante :

1° PROGRÈS ACCOMPLIS PAR LES SCIENCES MATHÉMATIQUES, PHYSIQUES ET NATURELLES.

Sciences mathématiques.

Géométrie. — Analyse. — Mécanique. — Astronomie. — Géodésie.

Sciences physiques.

Physique. — Chimie.

Sciences naturelles.

Géologie et paléontologie. — Botanique. — Zoologie. — Anthropologie. — Physiologie générale. — Médecine et chirurgie. — Hygiène. — Économie rurale et art vétérinaire.

2° PROGRÈS ACCOMPLIS PAR LES SCIENCES MORALES ET POLITIQUES DANS LEURS RAPPORTS AVEC LES BESOINS DE LA SOCIÉTÉ.

Droit public. — Droit administratif. — Législation civile et pénale. — Économie politique. — Droit des gens.

3° RÔLE ET TENDANCES DES LETTRES FRANÇAISES.

Littérature, poésie, théâtre. — Doctrines philosophiques. — Travaux historiques. — Découvertes archéologiques.

Autour de cette collection de rapports et comme un appendice de nature à s'y rattacher, seront rangés des objets choisis de manière à indiquer les résultats les plus intéressants des missions scientifiques et des recherches archéologiques accomplies, dant la même période, sous les auspices de l'Administration de l'instruction publique.

Je joins à cette lettre deux bulletins d'admission remplis conformément au règlement général du 28 juillet 1865 et le texte du rapport approuvé par l'Empereur le 8 novembre 1865.

Recevez, etc.

Le Ministre de l'instruction publique,
V. DURUY.

Nominations.

Guéret (7 décembre). — Un congé d'inactivité, jusqu'au 1er octobre 1866, est accordé, sur sa demande, à M. Menetrel, inspecteur d'académie (troisième classe), en résidence à Guéret.

M. Lame, chargé de cours de philosophie au lycée impérial de Dijon, est chargé, à titre de suppléant, des fonctions d'inspecteur d'académie en résidence à Guéret, pendant la durée du congé accordé à M. Menetrel.

Poitiers. — Un congé d'inactivité, jusqu'à la fin de l'année classique 1865-1866, est accordé à M. Leroux, commis de l'académie de Poitiers.

M. Bonnet (Alfred) est chargé, à titre de suppléant, des fonctions de commis d'académie de Poitiers, pendant la durée du congé accordé à M. Leroux.

Promotions. — (29 décembre 1865.)

Sont promus de la deuxième à la première classe

MM.

Gaffarel, inspecteur de l'académie d'Aix, en résidence à Marseille;

Tarot, inspecteur de l'académie de Caen, en résidence au Mans;

Vendryès, inspecteur de l'académie de Caen, en résidence à Caen.

Sont promus de la troisième à la deuxième classe :

MM.

Guiot, inspecteur de l'académie de Caen, en résidence à Saint-Lô;

Hautôme, inspecteur de l'académie de Paris, en résidence à Melun;

Olivier, inspecteur de l'académie de Dijon, en résidence à Chaumont;

Roger, inspecteur de l'académie de Douai. en résidence à Amis.

———

Conseils départementaux de l'instruction publique.

Corrèze (9 décembre). — M. Périer, inspecteur de l'instruction primaire pour l'arrondissement de Tulle, est nommé membre du conseil départemental de l'instruction publique de la Corrèze.

Oise (9 décembre). — M. Gaillard, président du tribunal de première instance de Beauvais, est nommé membre du conseil départemental de l'instruction publique de l'Oise.

Yonne (9 décembre). — M. Prot, inspecteur primaire pour l'arrondissement d'Auxerre, est nommé membre du conseil départemental de l'instruction publique de l'Yonne.

———

Inspecteurs de l'instruction primaire.

Nominations.

Paris (28 décembre). — M. Pichard, bachelier ès lettres, inspecteur de l'enseignement primaire (première classe), délégué à l'administration centrale, est nommé inspecteur primaire à Paris,

Belfort. (21 novembre.) — M. Luçon, inspecteur primaire (première classe) à Mulhouse, est nommé inspecteur primaire (même classe) à Belfort, en remplacement de M. Ungerer, appelé à d'autres fonctions.

(1er décembre.) — M. Armbruster est nommé inspecteur primaire pour l'arrondissement de Belfort.

(20 décembre.) — M. Bertrand, inspecteur primaire (première classe) pour l'arrondissement de Schlestadt (Bas-Rhin), est nommé inspecteur primaire pour l'arrondissement de Belfort (Haut-Rhin), en remplacement de M. Armbruster, qui n'a pas accepté.

Bourges. (21 novembre.) — M. Chaveneau, inspecteur primaire (deuxième classe) à Strasbourg, est nommé inspecteur primaire (même classe) à Bourges, en remplacement de M. Guillemeau, appelé à d'autres fonctions.

Dôle. (14 décembre.) — M. Henry, professeur de l'instruction primaire pour l'arrondissement de Dôle, est admis à faire valoir ses droits à la retraite.

M. Chapalain, commis de l'inspection académique du Doubs, est nommé inspecteur primaire (troisième classe), pour l'arrondissement de Dôle, en remplacement de M. Henry.

(29 décembre.) — M. Goux, inspecteur primaire (troisième classe) à Montbéliard, est nommé inspecteur primaire (même classe) à Dôle, en remplacement de M. Chapalain.

Montbéliard (29 décembre.) — M. Chapalain, inspecteur primaire (troisième classe) à Dôle, est nommé inspecteur primaire (même classe) à Montbéliard, en remplacement de M. Goux.

Mulhouse. (21 novembre.) — M. Armbruster, instituteur primaire à Cernay (Haut-Rhin), est nommé inspecteur primaire (troisième classe) à Mulhouse, en remplacement de M. Luçon, appelé à d'autres fonctions.

(1er décembre.) — M. Luçon, inspecteur primaire pour l'arrondissement de Mulhouse, nommé à Belfort, par arrêté du 21 novembre 1865, est maintenu, sur sa demande, à Mulhouse.

Strasbourg. (21 novembre.) — M. Ungerer, inspecteur primaire (troisième classe) à Belfort (Haut-Rhin), est nommé inspecteur primaire (même classe) en remplacement de M. Chaveneau, appelé à d'autres fonctions.

Promotions. (29 décembre 1865.)

Sont promus, à partir du 1er janvier 1866, les inspecteurs de l'instruction primaire dont les noms suivent, savoir :

De la deuxième à la première classe :

MM.

Chevassieux, inspecteur à Montbrison (Loire);
Coggia, inspecteur à Grasse (Alpes-Maritimes);
Nodot, inspecteur à Châteauroux (Indre);
Gondard, inspecteur à Laval (Mayenne);
René, inspecteur à Toul (Meurthe);
Bâge, inspecteur à Nogent-sur-Seine (Aube);
Michelet, inspecteur à Angers (Maine-et-Loire);
Guénot, inspecteur à Chaumont (Haute-Marne);
Lougnon, inspecteur z Mâcon (Saône-et-Loire);
Parent, inspecteur à Clermont (Oise);
Fournier, inspecteur à Bourg (Ain);
Grimon, inspecteur à Lille (Nord);

De la troisième à la deuxième classe :

MM.

Huguet, inspecteur au au Mans (Sarthe);
Delmas, inspecteur z Carpentras (Vaucluse);
Istria, inspecteur à Vendôme (Loir-et-Cher);
Pallegoix, inspecteur à la Châtre (Indre);

Allègre, inspecteur à Sisteron (Basses-Alpes);
Habans, inspecteur à Provins (Seine-et-Marne);
Riquien, inspecteur à Montpellier (Hérault);
Gasquin, inspecteur à Nancy (Meurthe);
Desmonceaux, inspecteur à Beauvais (Oise);
Ungerer, inspecteur à Strasbourg (Bas-Rhin);
Pineaux, inspecteur à Nantes (Loire-Inférieure);
Marlier, inspecteur à Épernay (Marne);
Bacquié, inspecteur à Figeac (Lot);
Pontet, inspecteur à Muret (Haute-Garonne);
Constan, inspecteur à Nice (Alpes-Maritimes).

Écoles normales primaires.

Nominations.

Ajaccio. (22 novembre.) — Un troisième emploi de maître adjoint est créé à l'école primaire d'Ajaccio. (*Arrêté du Ministre.*)

Aix. (24 novembre.) — M. l'abbé Figuière est nommé aumônier de l'école normale primaire d'instituteurs d'Aix, en remplacement de M. l'abbé Bernard, démissionnaire.

Le Père Rambert, de la congrégation de la Mission, est nommé aumônier de l'école normale primaire d'institutrices d'Aix, en remplacement de M. l'abbé Bernard, démissionnaire.

(16 décembre). — Un congé d'inactivité d'un an est accordé, sur sa demande, à Mlle Béraud (Anaïs), maîtresse adjointe, chargée de la direction de l'école annexée à l'école normale primaire d'institutrices d'Aix (Bouches-du-Rhône).

Mlle Martel, ancienne élève maîtresse de ladite école, pourvue du brevet de capacité, est chargée de suppléer Mlle Béraud pendant la durée de son congé.

Alger. (22 décembre.) — Sont nommés maîtres adjoints internes à l'école normale primaire d'Alger :

M. Montané (Hyacinthe), actuellement maître adjoint à l'école normale primaire de Lescar (Basses-Pyrénées);

M. Bousquet (Jacques), actuellement maître adjoint à l'école normale primaire de Dax (Landes);

M. Sévin (Louis-Léopold), actuellement maître adjoint à l'école normale primaire de Mâcon.

La répartition de l'enseignement et de la surveillance de l'établissement entre les maîtres adjoints sera faite par le recteur de l'académie d'Alger, sur la proposition du directeur de l'école.

Besançon (13 décembre). — M. Martin, nommé provisoirement maître de l'école primaire annexée à l'école normale de Besançon, est nommé définitivement à ces fonctions.

Bourges. (28 novembre.) — M. Colrat, maître de l'école primaire annexée à l'école normale de Rodez, est nommé maître adjoint (troisième classe) à l'école normale primaire de Bourges, en remplacement de M. Aujamme, décédé.

Loches. (21 novembre.) — M. Guillemeau, inspecteur primaire à Bourges, est nommé directeur (troisième classe) de l'École normale primaire de Loches, en remplacement de M. Bléas, appelé à d'autres fonctions.

Lons-le-Saunier (9 décembre). — M. Menigoz, maître adjoint (troisième classe) à l'école normale primaire de Moulins, est nommé maître adjoint (même classe) à l'école normale primaire de Lons-le-Saunier, en remplacement de M. Fontaine.

M. Vacelet, pourvu du brevet complet, instituteur public à Lajoux, est nommé maître de l'école primaire annexée à l'école normale primaire de Lons-le-Saunier, en remplacement de M. Grillet, qui recevra une autre destination.

Moulins (9 décembre). — M. Fontaine, maître adjoint (troisième classe) à l'école normale primaire de Lons-le-Saunier, est nommé maître adjoint (même classe), à l'école normale primaire de Moulins, en remplacement de M. Manigoz.

Périgueux (16 décembre). — Un troisième emploi de maître adjoint est créé à l'école normale primaire de Périgueux. (*Arrêté du Ministre.*)

Promotions. — Directeurs. (29 décembre 1865.)

Sont promus, à partir du 1er janvier 1866, les directeurs d'écoles normales primaires dont les noms suivent, savoir :

De la deuxième à la première classe :

MM.

Poirier, au Mans (Sarthe);
Bony, à Strasbourg (Bas-Rhin);
Daligault, à Alençon (Orne);
Le Monnier, à Caen (Calvados);
Escoiffier, à Gap (Hautes-Alpes).

De la troisième à la deuxième classe :

MM.

Vaudion, à Varzy (Nièvre);
Leymarie, à Périgueux (Dordogne);
Lorain, à Mâcon (Saône-et-Loire);
Leroy, à Mézières (Ardennes);
Lebrun, à Poitiers (Vienne).

Promotions. — Maîtres adjoints. (29 décembre 1865.)

Sont promus, à partir du 1er janvier 1866, les maîtres adjoints des écoles normales primaires dont les noms suivent, savoir :

De la deuxième à la première classe :

MM.

Chatanay, à Bourg;
Simon, à Châlons-sur-Marne.

De la troisième à la deuxième classe :

MM.

Clément, à Chaumont;
Dupont, à Douai;
Pouget, à Mende;
Laffite, à Dax;
Chevauché, au Mans;
Tusseau, à Albertville;
Vergier, à Privas;
Gautier, à Alençon;
Largeteau, à Bordeaux;
Martineau, à Blois;
Courtade, à Versailles.

Enseignement primaire annexé aux lycées et colléges.

Castres. (30 novembre.) — M. Dor, bachelier ès lettres, maître d'étude au collège de Castres, est nommé régent des cours spéciaux d'enseignement primaire annexés audit collège, en remplacement de M. Fontès, appelé à d'autres fonctions.

Nogent-le-Rotrou. (24 novembre.) — M. Jouanneau est nommé régent des cours spéciaux d'enseignement primaire annexés au collége de Nogent-le-Rotrou (emploi vacant).

Poligny. (24 novembre.) — M. Macle, bachelier ès lettres, est nommé régent des cours spéciaux d'enseignement primaire annexés au collége de Poligny (emploi vacant).

Schlestadt. (1er décembre.) — M. Marchal, licencié ès sciences mathématiques, maître répétiteur (première classe) au lycée de Strasbourg, est chargé, à titre de suppléant, des fonctions de régent des cours spéciaux d'enseignement primaire annexés au collége de Schlestadt, pendant la durée d'un congé de trois mois, accordé à M. Berchu, pour raison de santé.

Salles d'asile.

Metz. (18 novembre.) — M. Coulet, maître adjoint à l'école normale primaire de Metz, est nommé directeur (troisième classe) de ladite école, en remplacement de M. Lasaulces, décédé.

Mlle Picard, déléguée spéciale pour l'inspection des salles d'asile du département de la Haute-Savoie, est nommée déléguée spéciale (troisième classe) pour l'académie de Chambéry.

Distinctions honorifiques.

(29 décembre 1865.)

Sur une liste comprenant 59 officiers de l'instruction publique et 128 officiers d'académie, nous distinguons les personnes dont les noms suivent, et qui appartiennent, à divers titres, à l'instruction primaire :

MM.

Boulatignier, conseiller d'État, membre du Conseil de perfectionnement de l'enseignement secondaire spécial;
Combres, président de la commission de surveillance de l'école normale de Montpellier;
Cornu, peintre d'histoire, membre du Conseil de perfectionnement de l'enseignement secondaire spécial;

Parmi les officiers de l'instruction publique:

Gandon, chef de bureau à l'administration centrale;
Charpentier, inspecteur de l'académie de Caen, en résidence à Alençon;
Dussoy, inspecteur de l'académie de Chambéry, en résidence à Annecy;
Gaffarel, inspecteur de l'académie d'Aix, en résidence à Marseille;
Garsonnet, inspecteur de l'académie à Paris, en résidence à Paris;
Pécout, inspecteur de l'académie d'Aix, en résidence à Aix;
Picquet, inspecteur de l'académie de Strasbourg, en résidence à Colmar;
De Pontavice, inspecteur de l'académie de Grenoble, en résidence à Gap;
Vidal-Lablache, inspecteur de l'académie d'Aix, en résidence à Nice;
Bonvallet, inspecteur primaire à Abbeville;
Colomb, inspecteur primaire à Baugé;
Lequinquis, inspecteur primaire à Quimper;
Palmade, inspecteur primaire à Béziers;
Raullet, inspecteur primaire à Rouen;
Desrues, secrétaire de l'académie de Dijon;
Guyot, commis de l'académie de Paris;
Lesbros, secrétaire de l'académie de Clermont;

Leclerc (l'abbé), aumônier de l'école normale primaire de Douai;

Simonnet, directeur de l'école normale primaire de Dax.

Parmi les officiers d'académie :

MM.

Cestre, conducteur des ponts et chaussées, directeur de l'école du dimanche, à Colmar;

Grenier, inspecteur de l'académie de Bordeaux, en résidence à Pau;

Barthélemy, inspecteur primaire à Lorient;

Berthon, inspecteur primaire à Ajaccio;

Deinard, inspecteur primaire à Guéret;

Forter, inspecteur primaire à Langres;

Faillard, inspecteur primaire à Privas;

Gaston-Samson, inspecteur primaire à Alger;

Georgin, inspecteur primaire à Annecy;

Jost, inspecteur primaire à Wissembourg;

Micheletti, inspecteur primaire à Saint-Étienne;

Nicot, inspecteur primaire à Saint-Jean-de-Maurienne;

Welter, inspecteur primaire à Sarreguemines;

Bernyer, commis d'inspection académique de la Charente-Inférieure;

Lefeuvre, directeur de l'école primaire annexée au lycée de Rennes;

Gugemberger, régent des cours spéciaux du collége de Lons-le-Saunier;

Moulin, directeur des cours spéciaux au collége de Vire;

Calvet, directeur de l'école normale primaire de Mende;

Bailly, maître adjoint à l'école normale primaire de Dijon;

Lelièvre, maître adjoint à l'école normale primaire de Caen;

Potin, maître adjoint à l'céole normale primaire d'Évreux;

Teilhol (abbé), aumônier de l'école normale primaire de Clermont;

Borallo, instituteur public à Ille (Pyrénées-Orientales), 32 ans de services;

Brivot, instituteur public à Domérat (Allier), 30 ans de services;

Floquet, instituteur libre à Sainte-Marie-aux-Mines (Haut-Rhin(;

Friederich. instituteur public à Kruth (Haut-Rhin), 27 ans de services;

Fromet, instituteur public à Blois (Loir-et-Cher), 29 ans de services,

Gachon, instituteur public à Montpellier (Hérault), 40 ans de services;

Galy, instituteur public à Bozouls (Aveyron), 20 ans

Hurtaud, instituteur public à Sain-Hilaire-des-Loges (Vendée), 20 ans comme instituteur; 19 ans de services militaires;

Langlade, instituteur public, à Bersac (Haute-Vienne), 26 ans de services;

Leclère, instituteur public à Charroux (Vienne), 25 ans de services;

Lefay, instituteur public à Savigny (Indre-et-Loire), 26 ans de services;

Lemoine, instituteur public à Nancy (Meurthe), 25 ans de services;

Marin, instituteur public à Précy-St-Martin (Aube), 20 ans de services;

Marion, instituteur public à Arcis-sur-Aube (Aube), 30 ans de services;

Montrel, instituteur public à Épinal (Vosges), 27 ans de services;

Penel, instituteur libre protestant, à Paris;

Péronnaud, instituteur public à Saintes (Charente-Inférieure), 25 ans de services;

Rochat, instituteur public à Rennes (Doubs), 39 ans de services;

Stutz, instituteur public à Strasbourg (Bas-Rhin), 39 ans de services;

Thibault, instituteur public à Mont-Saint-Sulpice (Yonne), 30 ans de services;

Vijoux, instituteur public à Niort (Deux-Sèvres), 29 ans de services;

Vilmay, instituteur public à Joinville-le-Pont (Seine), 30 ans de services.

DOCUMENTS

RELATIFS A L'INSTRUCTION PRIMAIRE.

Extrait, en ce qui concerne l'instruction primaire, du résumé de l'exposé fait par le Ministre à l'ouverture de la session du conseil impérial de l'instruction publique, le 11 décembre 1865.

Le Ministre commence par déclarer qu'il présentera, comme il l'a fait à chaque des sessions précédentes, le tableau des choses accomplies ou entreprises par l'administration de l'instruction publique depuis la dernière réunion du conseil. Ces résumés, dit-il, sont utiles, non-seulement parce qu'ils permettent de se rendre compte du terrain parcouru et gagné, mais surtout parce qu'ils donnent la mesure de celui qu'il reste à conquérir encore, et qu'ils provoquent les bons conseils.

Et d'abord, l'instruction primaire, notre plus grand intérêt, a reçu des améliorations de diverses sortes : améliorations matérielles, améliorations scolaires.

1719 103 francs ont été dépensés en secours pour maisons d'écoles, 140 200 francs pour contribuer à la création de salles d'asile ; 196 500 francs ont été consacrés, concurremment avec une allocation égale votée par les municipalités, à l'achat d'un mobilier personnel destiné à l'instituteur, qui, dénué souvent de ressources personnelles, était obligé de débuter dans la carrière en contractant des engagements onéreux. C'est une somme totale de 2 155 803 francs employée par l'État à améliorer le matériel de l'enseignement primaire, et près de 400 000 francs qui ont épargné peut-être autant de dettes aux instituteurs.

Il se produisait dans le payement des traitements des instituteurs des retards qui devenaient parfois désastreux. Une enquête scrupuleuse constata 54 000 retards pour 1864; la moitié, il est vrai, de un à quinze jours, mais l'autre moitié variant de un à plusieurs mois, même à plusieurs trimestres. Des mesures concertées avec l'administration des finances ont permis, cette année, de payer les instituteurs avec une parfaite régularité.

Il y a deux ans, sur 11 000 institutrices publiques, on en comptait près de 5000 dont le traitement était inférieur à 400 francs; grâce à une économie sévère et à la libéralité du Corps législatif, il n'y a pas en France, à cette heure, une institutrice publique dont le traitement soit inférieur à 440 francs.

Une autre amélioration se produit : en 1861, la retraite des instituteurs, après 30, 40 et même 50 ou 55 ans de service, était, en moyenne, de 44 francs. Cette moyenne s'est élevée, en 1862, à 57 francs; en 1863, à 68 francs; en 1864, à 75 francs. Cette année, elle atteindra le chiffre moyen de 95 francs, beaucoup trop faible encore, mais qui marque déjà une progression plus rapide et donne l'espoir d'arriver bientôt à une situation moins pénible.

Un rapport à l'Empereur, publié au mois de mars dernier, constatait deux faits :

1° L'augmentation graduelle depuis quelques années du taux de la rétribution scolaire; 2° la diminution du nombre des élèves gratuits, d'où un ralentissement du progrès de l'instruction primaire. Il fallait revenir à l'esprit comme au texte de la loi de 1850, d'où l'on s'était écarté dans la pratique administrative en déterminant d'avance, pour tout le département, un maximum d'admission gratuite souvent trop restreint. Une circulaire du 24 février 1864, rappelée le 7 octobre 1865, a fixé à cet égard les incertitudes des préfets.

Cette gratuité plus large emporte l'obligation de

suppléer au déficit de la rétribution scolaire et de venir en aide à l'instituteur, qu'il n'est pas juste de priver d'une partie de ses ressources; car, tout en faisant le bien des enfants, il ne faut pas nuire aux maîtres. L'administration est heureuse de constater que, sur beaucoup de points, les conseils municipaux, après avoir élargi la liste de gratuité pour satisfaire au vœu de la loi, ont augmenté le traitement de l'instituteur.

Si le capital énorme dépensé depuis 1833 pour l'instruction primaire n'a pas produit tous les résultats qu'il devait donner, c'est que l'enfant, devenu adulte, oublie souvent ce qu'il a appris à l'école, ou ne peut s'en servir parce que les livres lui manquent. Ces deux choses, en effet, sont inséparables : le progrès de l'instruction et le développement des bibliothèques scolaires et populaires. Sous ce rapport, nous avons beaucoup gagné dans ces derniers temps. Créées en juin 1862, les petites bibliothèques classiques annexées aux écoles primaires et contenant des livres de classe à l'usage des enfants pauvres atteignent maintenant le chiffre de 9000, sur lesquelles 6000 sont de véritables bibliothèques populaires et renferment, à l'usage des adultes, près de 460000 volumes de lecture attrayante, utile ou morale, dont 324000 environ donnés par l'Etat.

Ces livres sont confiés partout à la garde de l'instituteur, qui en répond et doit savoir les conserver. C'est pourquoi il a été trouvé bon de répandre l'exemple des élèves-maîtres de l'école normale de Mâcon, qui ont appris à relier leurs livres eux-mêmes; cet usage existait dans quelques autres écoles normales et plusieurs l'ont adopté récemment. Il faudrait qu'il fût général. Rien n'est moins coûteux ni plus simple : un local de six pieds carrés, une table, une vis de pression, un couteau et de la bonne volonté mettront l'instituteur en état de conserver ses livres, ceux des élèves, ceux de la bibliothèque, les registres de la mairie, dont il est ordinairement secrétaire, etc. C'est une de ces petites choses qui aident au succès des grandes, car tout livre non relié périt vite, et assurer l'existence des livres c'est assurer le bien qu'ils font.

Au nombre des améliorations scolaires se trouve la création récente dans dix écoles normales d'un troisième maître adjoint. L'enseignement en ira mieux et le recrutement des maîtres sera plus facile. Car, à raison des exigences de la discipline, les écoles ne peuvent avoir aujourd'hui que de jeunes maîtres célibataires. Désormais l'administration pourra conserver des fonctionnaires éprouvés, de qui l'on ne peut raisonnablement exiger qu'ils soient avec les élèves à toute heure du jour et de la nuit.

Un projet de modification au décret du 24 mars 1851 sur le régime des écoles normales primaires sera soumis au conseil.

Des conférences pédagogiques, destinées à mettre les élèves en état de communiquer ce qu'ils ont appris seront faites désormais, d'une manière régulière, aux élèves de troisième année, avant leur sortie de l'école, par le directeur ou l'inspecteur d'académie. Déjà, dans certaines écoles, le préfet et le recteur ont voulu faire profiter les futurs maîtres des fruits de leur expérience et de conseils qu'ils donnent avec tant d'autorité.

Un enseignement a été, cette année, l'objet aussi de soins particuliers, celui de l'horticulture. Toutes nos écoles normales ont un jardin qui doit être soigneusement cultivé, non-seulement pour le rapport, mais parce que l'élève devenu maître ira ensuite propager dans la commune où il s'établira les meilleures méthodes de culture avec les meilleures espèces de fruits et de légumes, ce qui lui permettra d'accroître, en même temps que son bien-être, l'influence qui s'attache aux services rendus.

M. le Ministre des travaux publics a bien voulu autoriser MM. les inspecteurs généraux de l'agriculture à contrôler, dans les écoles normales primaires, les résultats de l'enseignement horticole. Cette inspection a donné lieu à des observations précieuses et, sur de certains points, aux témoignages les plus satisfaisants. Le rapport relatif à l'école de Douai montre ce qu'un homme de volonté peut faire avec les ressources les plus bornées[1].

Nos futurs maîtres ne se préparent pas seulement à seconder les travaux des cultivateurs dont ils partageront l'existence : les savants aussi les prennent pour coopérateurs, et l'Observatoire de Paris leur fait l'honneur de les appeler à contribuer, par l'élaboration de la carte météorologique de la France, à la formation d'une science nouvelle. 70 écoles normales travaillent, avec une précision aussi grande qu'on peut le désirer, à établir la constitution météorologique de la France; 10 ont même organisé, à cet effet, un service de nuit.

L'inspection générale primaire était parfois plus administrative que scolaire. Elle ne visitait guère que les écoles normales et les écoles du chef-lieu. MM. les inspecteurs ont été invités à pénétrer dans l'intérieur des campagnes, à voir de leurs yeux les écoles de village, à prendre sur le fait l'instituteur rural dans sa vie de tous les jours et dans son enseignement quotidien. De là des révélations quelquefois affligeantes, mais utiles. Dans un des départements les plus arriérés, il est vrai, de l'Empire, une école, visitée il y a quelques jours, n'a pu présenter à l'inspecteur général un seul enfant en état de lui dire, non pas seulement le nom de l'Empereur, mais celui même de Jésus-Christ. Il est vrai qu'en ce pays on trouve encore des propriétaires riches, bienfaisants, dévoués aux intérêts matériels de leur département, mais qui défendent à leurs *métayers* d'envoyer leurs enfants aux écoles.

L'Université ne doit pas suspendre un seul instant ses efforts tant qu'elle n'aura pas fait justice de ces préjugés barbares. A son action propre, elle essaye de joindre celle des influences locales; elle fait appel, en faveur des écoles, aux hommes de cœur et d'intelligence qui, dans cette question de l'enseignement populaire, trouveront l'emploi des sentiments les plus généreux et recueilleront, en retour, la reconnaissance des populations. Dans l'école même, l'administration a essayé de susciter le sentiment de l'émulation qui y était trop souvent inconnu. Elle n'a pu créer une distribution de prix dans chaque commune, ni organiser dans chaque canton un concours pour les instituteurs les plus méritants; mais elle s'efforce de propager cette pensée, que la condition la plus nécessaire de l'influence dans une commune sera bientôt cette déclaration : « Je suis le partisan déclaré et actif de l'enseignement populaire. »

En cela, le Ministre ne faisait que transmettre et exécuter le mot d'ordre donné solennellement par l'Empereur : « Dans le pays du suffrage universel, tout citoyen doit savoir lire et écrire. »

A ce moment se sont dessillés, tout le monde s'est mis à l'œuvre, et nous assistons à une véritable croisade contre l'ignorance : au bas de l'échelle, développement considérable des classes d'adultes, où l'on apprend à lire, écrire et compter; au milieu et au sommet, création de deux enseignements nouveaux : les classes d'adultes d'enseignement primaire supérieur ou d'enseignement secondaire spécial; les cours libres littéraires ou scientifiques d'enseignement supérieur. C'est comme une Université libre se constituant à côté et avec l'appui de l'Université officielle.

En 1850, il n'existait que 4037 classes d'adultes, chiffre inférieur de 2000 à ceux de l'année de 1845. En 1863, ce chiffre n'était encore que de 4394. Au 1er avril 1865, le zèle spontané des instituteurs l'avait élevé à 7844; il est aujourd'hui, d'après les rapports des préfets, de 18500, et il sera de 20000 avant la fin de l'année. C'est en quelques mois seulement

---

1. Nous donnerons un extrait de ce rapport dans un prochain numéro.

un gain de 12 000 écoles nouvelles, immense déploiement de force intellectuelle, qui n'aura à peu près rien coûté au budget de l'État. Il n'a été, en effet, employé qu'une somme d'environ 50 000 fr. en subventions et en récompenses : 1154 instituteurs ont reçu de beaux et bons livres pour leurs services durant l'hiver dernier. Les autorités les plus élevées, recteurs, préfets, généraux de division, présidents de cours impériales, conseillers d'État et sénateurs, en acceptant la mission de décerner publiquement ces modestes récompenses, ont tenu à montrer que le pays sait honorer ceux qui le servent obscurément. Il n'en a pas fallu davantage pour provoquer une explosion toute française de dévouement et d'enthousiasme, dont les effets sont attestés par une foule de pièces et de documents officiels ou privés. On peut en juger par la lecture d'une lettre qu'un bon curé du Jura adressait à un honorable conseiller d'État[1].

Il ne faut point s'arrêter dans cette voie de nobles encouragements et de bons exemples. Ces jours derniers, le Ministre de l'instruction publique instituait, sur les ressources de son budget, une médaille d'or de la valeur de 200 fr., devant être décernée dans chaque département à l'instituteur communal, directeur d'un cours d'adultes, qui au 1er avril 1866, sera estimé avoir le plus contribué à diminuer le nombre

1. Voici un extrait de cette lettre, dont nos lecteurs apprécieront comme nous le bon sens, la délicatesse et l'élévation :

« Monsieur, vos encouragements prodigués aux enfants, vos visites dans notre classe, vos conseils touchant la création d'une école du soir pour les adultes, toutes ces semences de progrès que vous avez jetées au milieu de nous ont immédiatement germé et promettent des fruits abondants.

« L'école du jour est fréquentée par la totalité des enfants. L'école du soir est fréquentée par tous les jeunes gens adultes. Le local est rempli; j'ai distingué, hier soir, avec plaisir, les figures de vos jeunes gens de....; ils viennent par l'obscurité, la pluie et la boue. J'ai été accepté comme auxiliaire de l'instituteur pour les classes de physique, mécanique et musique. Mes auditeurs me posent eux-mêmes les questions sur lesquelles ils désirent avoir des explications. Nous avons commencé par la machine à vapeur.... J'avais, comme visiteur, M. Peyré, ancien élève de l'École polytechnique, ex-inspecteur général pour l'école de Saint-Cyr; j'ai prié mon hôte de monter à la tribune à ma place et je suis allé m'asseoir avec les élèves.

« Pendant une heure, M. Peyré, avec la parole lucide et concise d'un vieux professeur, nous a fait suivre, pièce par pièce, l'ingénieux mécanisme d'une machine dessinée par lui sur le tableau, et il a été parfaitement compris; les élèves, interrogés sur l'usage de telle ou telle partie de la machine, ont très-bien répondu.

« Hier soir, j'ai fait une leçon sur l'élasticité des gaz, la pression atmosphérique et le baromètre, qui donne la mesure de cette pression; j'ai été, comme d'habitude, très-satisfait de mon auditoire.

« Pendant deux soirs, j'ai donné des leçons de musique.

« Malgré le travail matériel qu'impliquent quatre leçons par semaine, je me sens chaque soir plus heureux d'avoir ajouté ce labeur aux occupations de mon ministère et à mes propres études littéraires. Je vois, par expérience, que les idées de M. Duruy et les vôtres ne sont point des utopies, et qu'avec un peu de dévouement, il est possible de soulever nos bonnes populations rurales du demi-jour et même de la nuit de l'ignorance où elles croupissent, vers des régions plus lumineuses. Et, comme le cœur s'élève avec l'esprit, je ne suis peut-être pas si loin de mon ministère évangélique en expliquant à mes paroissiens l'élasticité des gaz et tous les autres phénomènes merveilleux de la création. »

des jeunes gens illettrés. Cette mesure a déjà produit son effet, non pas seulement sur les instituteurs : des députés, des conseillers généraux, de simples particuliers, se font honneur de créer de semblables médailles, chacune d'une valeur moindre, mais plus multipliées. Hier encore, un honorable député donnait à son département cinq médailles d'or de 100 fr. et cinq médailles d'argent de 50 francs[1].

Les membres de l'enseignement secondaire, professeurs de lycées, régents de collèges, maîtres des cours spéciaux, répondant à l'appel d'une simple circulaire sans aucune pression administrative, se réunissent dans un grand nombre de localités pour doubler les cours primaires de l'instituteur, faire faire un pas de plus à ceux des auditeurs qui sont déjà assez avancés pour aller au delà des éléments, et combler ainsi la lacune qui sépare l'enseignement supérieur, officiel ou libre, de l'enseignement primaire et rend inutile, pour le plus grand nombre, la disposition libérale qui ouvre à tout venant l'accès des cours du haut enseignement. Ainsi les rangs se rapprochent, un accord fraternel s'établit entre tous les maîtres, à quelque ordre qu'ils appartiennent; et nous voyons naître, à côté de l'Université officielle, un professorat volontaire, qui se recrute parmi tous les hommes de savoir, de bonne volonté, de dévouement aux idées généreuses et aux intérêts moraux du pays.

Un projet de loi a été déposé au Corps législatif, après une discussion approfondie dans le sein du conseil d'État; il a pour objet d'étendre la faculté laissée aux communes par la loi de 1850, d'établir la gratuité de l'instruction primaire; de diminuer le nombre trop considérable des écoles mixtes, en abaissant le chiffre d'habitants au-dessus duquel il devient nécessaire de séparer les enfants des deux sexes; de relever la dignité des maîtres adjoints en améliorant leur condition, enfin de faire pour les institutrices, en leur garantissant un traitement minimum, ce que les lois de 1833 et de 1850 n'avaient fait que pour les instituteurs....

....Nos établissements publics prospèrent; cette année, les lycées comptent 1179 élèves de plus que l'an dernier. Leur population, réunie à celle des collèges communaux, approche du chiffre de 66 000 élèves. Sur ce nombre, 16 882 élèves appartiennent aux cours spéciaux, soit 26 pour 100 du total; mais la proportion n'est pas la même pour les lycées et pour les collèges. Inférieure à 15 pour 100 dans les premiers, elle s'élève à 36 pour 100 dans les seconds. Ainsi les faits justifient les prévisions de la loi du 21 juin 1865, dont l'article 2 permet aux villes de transformer leurs collèges en établissements secondaires d'enseignement spécial. Déjà les demandes arrivent en assez grand nombre : Romorantin, Forbach, Sainte-Marie-aux-Mines, Dieuze, la Châtre, Parthenay, Domfront, Agde, Castres, etc. Il y a donc lieu de penser que l'enseignement nouveau est appelé à prendre de plus en plus le caractère communal et local qui lui convient.

En ce qui concerne la musique, l'arrêté du 30 janvier 1865 a été presque partout mis immédiatement en pratique, quoiqu'il ne fût exécutoire qu'au 1er octobre suivant. Un artiste, justement populaire, a constaté les premiers résultats obtenus dans les douze écoles normales qu'il a visitées officieusement[2]. Nos efforts tendent en ce moment à obtenir que, dans toutes les écoles normales, il y ait prochainement, comme cela existe déjà dans quelques-unes, un maître adjoint sachant bien la musique et capable de l'enseigner sans l'assistance d'un maître étranger.

(*Bulletin administratif.*)

1. M. Haentjens, député de la Sarthe.
2. Nous donnerons dans un prochain numéro le rapport de M. Laurent de Rillé.

MUSIQUE A L'USAGE DES ÉCOLES.

AVE MARIA

A TROIS VOIX ÉGALES,

par M. LÉON ROQUE.

Be - ne - dic - ta tu in mu-li - e - ri-bus, et be-ne - dic-tus fruc-tus ventris tu-i
Be - ne - dic-ta tu in mu-li - e - ri-bus, et be-ne - dic-tus fruc-tus ventris tu-i
Be - ne - dic - ta tu in mu-li - e - ri-bus, et be-ne - dic-tus fruc-tus
Je - su.
Sanc-ta Ma - ri - a,
Je - su.
Sanc-ta Ma - ri - a,
Je - su.
Sanc-ta Ma - ri - a,
O - ra pro no - bis, O - ra pro no-bis pec-ca - to - ri - bus; Sanc-ta Ma -
O - ra pro no - bis, O - ra pro no-bis pec-ca - to - ri - bus; Sanc-ta Ma -
O - ra pro no - bis, O - ra pro no-bis pec-ca - to - ri - bus; Sanc-ta Ma -
Dolce.
P

Proécédés TANTENSTEIN

PETIT MANUEL

DE L'INSTRUCTION PRIMAIRE

JOURNAL MENSUEL

DES INSTITUTEURS ET DES INSTITUTRICES.

ÉDUCATION ET ENSEIGNEMENT.

LEÇONS POUR LES COURS D'ADULTES.

Nous rappellerons d'abord que nous n'avons point l'intention d'offrir à nos lecteurs des leçons toutes faites, mais seulement des indications et une sorte de programme, dont l'instituteur pourra reproduire, en se l'appropriant par son travail personnel, soit l'ensemble, soit tel ou tel détail. Nous nous proposerons, d'ailleurs, de composer ces leçons de telle sorte qu'elles puissent également servir à tous les adultes, quel que soit leur âge, quel que soit le degré de leur instruction. Pour plus de clarté, nous supposerons un maître, que nous désignerons par un nom quelconque, M. Denis, par exemple, entouré d'un certain nombre d'auditeurs, représentant les différentes variétés d'élèves que peut réunir un cours d'adultes. Ainsi,

celui que nous appellerons Pierre sera un apprenti de 15 à 18 ans, qui, ayant déjà passé par l'école primaire, aura à peu près retenu ce qu'il y a appris ; Isidore, du même âge que Pierre, sera, si l'on veut, un valet de ferme, dépourvu, jusqu'à présent, de toute instruction ; Antoine, récemment revenu du service, sera un jeune homme âgé de 28 ou 29 ans, ayant complété au régiment ce qu'il avait déjà appris à l'école ou en apprentissage, ayant lu et réfléchi, en un mot, en bonne voie de progrès ; enfin, le père Germain, déjà passablement âgé, n'aura d'autres lumières que celles de son bon sens et de sa longue expérience. Le maître s'attachera de temps en temps à relever l'attention de ses élèves par des questions, et il les autorisera, au besoin, à l'interroger lui-même, suivant les circonstances.

Comme nous l'avons dit, nous commencerons par la lecture raisonnée d'une fable de la Fontaine.

LECTURE RAISONNÉE.

La Chauve-Souris et les deux Belettes.

M. DENIS. — Mes amis, nous allons nous occuper aujourd'hui d'abord de lire et ensuite de raisonner sur ce que nous aurons lu, c'est-à-dire de nous en expliquer à nous-mêmes, autant que possible, sinon chaque mot l'un après l'autre, au moins les principaux détails ; car ce ne serait rien, au bout du compte, que de savoir lire, n'est-il pas vrai ? si l'on ne comprenait pas bien ce qu'on lit. Nous prendrons comme sujet de lecture une fable de la Fontaine, la première venue, tenez, celle qui a pour titre : *La Chauve-souris et les deux belettes.*

Lisons d'abord cette fable.

La Chauve-Souris et les deux Belettes.

Une chauve-souris donna tête baissée
Dans un nid de belette : et, sitôt qu'elle y fut,
L'autre, envers les souris de longtemps courroucée,
    Pour la dévorer accourut.
Quoi ! vous osez, dit-elle, à mes yeux vous produire,
Après que votre race a tâché de me nuire !
N'êtes-vous pas souris ? Parlez sans fiction.
Oui, vous l'êtes ; ou bien je ne suis pas belette.
    Pardonnez-moi, dit la pauvrette,
    Ce n'est pas ma profession.
Moi, souris ! des méchants vous ont dit ces nouvelles.
    Grâce à l'auteur de l'univers,
    Je suis oiseau ; voyez mes ailes :
    Vive la gent qui fend les airs !
    Sa raison plut, et sembla bonne.
    Elle fait si bien, qu'on lui donne

Liberté de se retirer.
Deux jours après, **notre étourdie**
Aveuglément se va fourrer
Chez une autre belette aux oiseaux ennemie.
La voilà derechef en danger de sa vie.
La dame du logis avec son long museau
S'en allait la croquer en qualité d'oiseau,
Quand elle protesta qu'on lui faisait outrage :
Moi, pour telle passer ! Vous n'y regardez pas.
Qui fait l'oiseau? c'est le plumage.
Je suis souris; vivent les rats!
Jupiter confonde les chats !
Par cette adroite repartie
Elle sauva deux fois sa vie.

Plusieurs se sont trouvés, qui d'écharpe changeants,
Aux dangers, ainsi qu'elle, ont souvent fait la figue.
Le sage dit, selon les gens,
Vive le roi! vive la Ligue [1] !

(M. Denis fait lire la fable par Pierre et par Antoine; il pourra en faire épeler quelques lignes par les autres.)

M. DENIS. — Isidore, as-tu bien entendu la fable qui vient d'être lue?

ISIDORE. — Oui, monsieur Denis.

M. DENIS. — Et as-tu retenu ce qui y est dit?

ISIDORE. — Dame! à peu près.

M. DENIS. — Eh bien, raconte-la moi comme tu la sais.

(Isidore raconte la fable de son mieux; quand il se trompe, les autres lui viennent en aide.)

M. DENIS. — C'est très-bien : ceux qui savent écrire et qui voudront profiter de ce qui vient d'être fait n'auront qu'à me rapporter par écrit le récit de la chauve-souris et des deux belettes, tel qu'Isidore nous l'a raconté. Maintenant, à mon tour. Je vais d'abord faire quelques questions *extrêmement difficiles* aux savants qui sont ici? Pierre, dis-moi ce que signifie le mot *derechef* au 21ᵉ vers?

PIERRE. — Il signifie, monsieur, si je ne me trompe, *de nouveau, une seconde fois*.

M. DENIS. — Tu as raison : *derechef* est un vieux mot, qu'on n'emploie plus guère aujourd'hui et qui est composé de la préposition *de*, du mot *re*, indiquant le retour, le renouvellement d'une action, d'une chose qu'on fait, et enfin du mot *chef*, pris anciennement dans le sens de *tête, bout, extrémité*[2]; il signifie donc : *à partir du retour*, de la tête, de l'origine d'une chose, et *de nouveau*, par conséquent. Puisque tu m'as bien répondu, dis-moi encore ceci : je vois, au 31ᵉ vers :

Plusieurs se sont trouvés, qui, d'écharpe *changeants*....

N'y a-t-il pas là une faute d'orthographe?

PIERRE. — Oui, en vérité, monsieur; il ne faudrait pas d'*s à changeants*.

M. DENIS. — Et pourquoi cela?

PIERRE. — Parce que *changeants* est pris ici comme participe présent, et nom comme adjectif verbal.

M. DENIS. — C'est vrai; pour le moment, je ne t'en demande pas davantage; nous aurons occasion de revenir plus d'une fois sur ces distinctions. Ce que je veux constater, c'est que les règles de l'accord du participe, aujourd'hui si rigoureuses, l'étaient beaucoup moins au temps de la Fontaine, c'est-à-dire depuis combien de siècles, Antoine?

ANTOINE. — Depuis deux siècles environ, monsieur Denis, puisque la Fontaine vivait au temps de Louis XIV.

M. DENIS. — Fort bien. Dis-moi maintenant ce que signifie, au vers suivant :

Aux dangers.... ont souvent *fait la figue?*

---

1. C'est la cinquième du livre II dans les éditions classiques.
2. Voyez LITTRÉ, *Dictionnaire de la langue française*, au mot : *Derechef*.

ANTOINE. — Ma foi, monsieur, je comprends, d'après le sens général de la phrase, que cela veut dire : échappent aux dangers, et même, se moquent, se rient des dangers, mais je serais bien embarrassé de vous dire d'où vient cette expression.

M. DENIS. — J'en serais; je te le confesse, aussi embarrassé que toi; tout ce que je sais, c'est qu'elle est fort ancienne, mais le *Dictionnaire de l'Académie* n'en donne aucune explication, pas plus que de l'expression à peu près analogue, et encore plus en usage dans le même sens : *faire la nique*. Nous n'avons pas la prétention d'être plus érudits que le *Dictionnaire de l'Académie*, Assez, d'ailleurs, de grammaire comme cela. Prenons maintenant connaissance de nos personnages : Isidore va nous dire d'abord ce que c'est qu'une chauve-souris.

ISIDORE. — Oh! cela m'est bien facile, monsieur; j'en ai assez tué, Dieu merci! l'automne dernier, en les abattant avec une gaule.

M. DENIS. — Et pourquoi les tuais-tu, ces pauvres chauves-souris?

ISIDORE. — Dame, monsieur, c'était si amusant, quand je mettais ma gaule en l'air, de les voir venir voltiger autour, comme les papillons à la chandelle, et puis, tac, d'un coup sec, elles tombaient! Oh! que c'est laid, ces animaux-là!

M. DENIS. — Hélas! oui, c'est laid, et c'est pour cela, que, comme tant d'autres êtres, non-seulement inoffensifs pour nous, mais qui nous rendent de grands services, on les traite, sans raison, avec la dernière inhumanité, on s'en sert même comme d'une espèce de type pour représenter tout ce qu'on imagine de plus horrible et de plus mauvais. Si vous avez jamais regardé la figure du diable, sur les vieilles peintures de nos églises, comment le représente-t-on? Avec des ailes de chauve-souris. Et en effet, il n'y a pas à dire non, la chauve-souris est hideuse. Elle ne sort jamais que de nuit, et tout ce qui tient à la nuit a je ne sais quoi qui nous effraye; elle a ce velu ras de toutes ces petites espèces carnassières, qui sont devenues nos ennemis intimes ; elle est froide au toucher; elle ne ressemble, enfin, ni tout à fait à un oiseau, ni tout à fait à un quadrupède, et la Fontaine, en cela, lui a parfaitement fait tenir le langage double qui lui convient : elle a l'air d'un monstre dans la nature. Et pourtant ce monstre est un animal supérieur. Il partage avec les espèces les mieux organisées, et avec l'espèce humaine elle-même, le privilége d'allaiter ses petits; il n'est, en effet, oiseau que par cette espèce de membrane qui n'est qu'un repli distendu de la peau qui couvre ses organes de mouvement, comme tout le reste de son corps. En réalité, il est quadrupède, et ses ailes ne sont, comme le dit Buffon, que « des pattes ailées. » Pauvres ailes! pauvres pattes! puisqu'en somme il marche à peine et ne se soutient par ce demi-vol dont le moindre coup de gaule, comme le disait Isidore, peut déranger l'équilibre. Il serait donc généreux d'avoir quelque pitié pour la chauve-souris, toute laide qu'elle est, en raison même de sa laideur et de son impuissance. Mieux que cela, il faut savoir lui tenir compte de ce qu'elle fait pour nous.

PLUSIEURS. — Ah ! monsieur Denis!

M. DENIS. — Oui-da, mes amis, je n'exagère point. La chauve-souris est un des plus grands mangeurs d'insectes de nuit, que nous connaissions. Et là où vous voyez s'accroître ces insectes en grosseur et en nombre, là vous voyez se multiplier et grossir, en proportion, les chauves-souris ou les autres animaux de leur espèce. Il y en a d'énormes dans les pays chauds de l'Afrique et de l'Amérique où pullulent toutes sortes d'insectes. Or, vous savez le ravage que les insectes de nuit font dans nos champs. Les chauves-souris, dit Buffon, les avalent, pour ainsi dire, tout entiers, et l'on voit, dans leurs excréments, les débris des ailes et des parties sèches qui ne peuvent se digérer. Il raconte qu'étant un jour descendu dans les grottes d'Arci, où les chauves-souris gîtent par milliers, il trouva sur une partie du sol, un tas épais et large de plusieurs pieds d'une matière noirâtre, presque entièrement composée de portions d'ailes et de pattes de mouches et de papillons, comme si ces insectes se fussent rassemblés en nombre immense et réunis dans ce lieu pour y périr et pourrir ensemble. C'était du guano de chauves-souris. Dites-nous, père Germain, comment les chauves-souris passent leur hiver.

LE PÈRE GERMAIN. — Ma foi, monsieur, j'en ai bien souvent trouvé, dans un coin sombre de mon grenier, toutes roidies et ne bougeant non plus que si elles eussent été mortes.

M. DENIS. — Eh bien, père, ceci, et c'est là un des faits les plus singuliers de l'organisation des chauves-souris et de certaines autres espèces, vient en confirmation de ce que je vous disais. L'hiver, il n'y a pas d'insectes : que font les chauves-souris? N'ayant rien à manger, elles dorment, et elles dorment pendant six mois! Allons! Isidore, il ne faut plus tuer les chauves-souris.

ISIDORE. — Et les belettes, monsieur?

M. DENIS. — Les belettes, c'est tout autre chose. La belette est un méchant animal, contre lequel nous sommes en droit de nous mettre en défense. Je pourrais te dire, pour sa décharge, d'accord avec la Fontaine, qu'elle mange la souris, qu'elle mange aussi les mulots, les rats, qu'elle ne craint pas d'affronter, en raison de la petitesse de son corps, jusque dans leurs trous. Mais elle ne se gêne pas, d'ailleurs, de croquer les oiseaux qu'elle surprend au nid, les jeunes cailles, sans oublier les œufs et même les petits de nos pigeons et de nos poules. La belette, je te la sacrifie, aussi bien que le putois, la martre, la fouine, ses dangereux confrères. Ajoute que, si tu franchissais quelques centaines de lieues, tu pourrais tirer bon parti de sa peau, qui a une certaine valeur dans les contrées septentrionales.

Je reviens maintenant à notre fable, et voudrais savoir ce qu'entend la belette lorsqu'elle dit :

Jupiter confonde les chats!

Qu'est-ce que ce Jupiter? Pierre devrait pouvoir nous l'expliquer.

PIERRE. — C'était, monsieur, le nom sous lequel les Grecs, et les Romains après eux, adorèrent celui qu'ils regardaient comme la divinité suprême, et à qui tous leurs autres dieux étaient soumis.

M. DENIS. — C'est bien : n'entrons pas dans plus de détails. Dis-moi ce qu'il faut que nous entendions par là :

Vive le roi, vive la Ligue!

De quel roi, de quelle ligue la Fontaine veut-il ici parler?

PIERRE. — Oh! monsieur, vous me faites sauter d'un bond par-dessus bien des siècles. Tout à l'heure, nous étions à Jupiter, et nous voici maintenant à l'histoire de France. Je crois que la Ligue dont parle ici la Fontaine a été formée du temps de Henri III ou de Henri IV.

M. DENIS. — Antoine, peux-tu préciser davantage?

ANTOINE. — La Ligue, la sainte Ligue a été, si je ne me trompe, une association formée par les catholiques contre les protestants, pendant les guerres de religion.

M. DENIS. — Vous dites vrai, mes enfants, et ce nom nous reporte à ces tristes temps de notre histoire où nos malheureux pères ne trouvaient pas de meilleur moyen d'honorer Dieu que de s'entre-égorger les uns les autres pour la plus grande gloire de son nom. Cela a duré près de cent ans. C'est une des plus douloureuses périodes que la France ait traversées. Je puis à peine vous en indiquer quelques circonstances. Il y avait déjà eu successivement six guerres religieuses, quand se forma la sainte Ligue, quatre ans après le massacre des protestants à la Saint-Barthélemy, deux ans après la mort de Charles IX, au commencement du règne de Henri III, de triste mémoire. Henri III était catholique, mais un

homme plus habile et plus audacieux que lui, Henri de Guise, était, en réalité, l'âme du parti, et, sous prétexte de religion, il cherchait à le détrôner, ne lui voyant d'autre héritier légitime que Henri, roi de Navarre, qui fut plus tard Henri IV et qui était protestant, huguenot, comme on disait alors. Ce fut dans cette intention que le duc de Guise forma la sainte Ligue, dont tous les adhérents juraient de soutenir la religion catholique envers et contre tous, y compris le roi. En dix ans, la Ligue devint assez forte pour permettre à Henri de Guise d'élever des barricades jusqu'aux portes du Louvre, et de chasser le roi de France de sa capitale. Henri III se vengea, à sa manière, en assassinant le duc de Guise, à Blois. Toute la France courut aux armes, et le roi ne vit plus de résistance possible qu'en se ralliant à Henri de Navarre, malgré son hérésie. Ils assiégeaient tous deux Paris, lorsque Henri III fut assassiné à son tour par un moine dominicain, Jacques Clément. Henri IV reprit alors la guerre contre la Ligue, dirigée par le frère de Henri de Guise, le duc de Mayenne, lequel n'avait pas hésité à appeler sur le sol de la France ceux qui étaient alors les plus grands ennemis du nom français, les Espagnols. Henri IV battit successivement Mayenne et ses alliés, et finit par ôter toute raison d'être à la Ligue, en abjurant son culte hérétique. Les guerres religieuses s'apaisèrent alors pour un temps, sauf à reprendre quelque vingt ans après, sous Louis XIII et jusque sous Louis XIV.

Nous pouvons donc entendre maintenant le mot de la Fontaine. Le sage, suivant lui, quand il a affaire à des gens qui sont pour le roi, comme les protestants, par exemple, ou ceux qui n'étaient pas ligueurs, au temps de Henri III et de Henri IV, doit crier, comme eux : Vive le roi! Et quand il tombe sur l'autre parti, qui tient pour la Ligue, comme étaient les partisans du duc de Guise ou du duc de Mayenne, à la même époque, il doit crier, comme eux : Vive la Ligue! Père Germain, que pensez-vous de cette morale-là?

LE PÈRE GERMAIN. — M'est avis, monsieur Denis, qu'il est assez commode d'agir ainsi, et de mettre, comme on dit, sa vraie vérité dans sa poche; mais m'est avis aussi que ce n'est pas là de l'honnêteté.

M. DENIS. — Et vous avez raison, père Germain. La Fontaine a exagéré, comme il arrive souvent, une pensée juste. En voulant donner aux gens une leçon de prudence, il n'a pas assez vu qu'il les conduisait directement à l'indélicatesse. Il a bien reconnu lui-même, d'ailleurs, dans une autre fable, que je pourrais vous lire [1], ce qu'il y a de condamnable dans la conduite de ceux dont la langue est double, et qui soufflent également, comme il dit, par crainte de tout mal, sur le chaud et sur le froid. Fais ce que tu dois; advienne que pourra : voilà la vraie et la seule sagesse.

HISTOIRE ET GÉOGRAPHIE.

L'Europe actuelle.

Première leçon. — Préliminaires.

(Nous supposons que la salle de classe est munie d'une carte murale de l'Europe, ou, tout au moins, que l'instituteur a un atlas contenant une carte d'Europe qu'il peut mettre sous les yeux des élèves.)

M. DENIS. — C'est à vous, père Germain, que je m'adresserai d'abord aujourd'hui : je tiens là un journal, dans lequel il est dit qu'il y a en ce moment des troubles en Espagne. Vous savez ce que c'est que l'Espagne, n'est-ce pas, père Germain?

LE PÈRE GERMAIN. — Je le crois bien, monsieur, j'y suis allé.

M. DENIS. — Vous y êtes allé?

---

1. Celle qui est intitulée : *le Satyre et le passant*; c'est la septième du livre V.

LE PÈRE GERMAIN. — Oh! il y a bien longtemps de cela, monsieur, avec le duc d'Angoulême.

M. DENIS. — Si je demandais à quelqu'un de ceux qui sont ici, y compris peut-être le père Germain lui-même, qui était ce duc d'Angoulème et ce qu'il allait faire en Espagne, je crois que plus d'un, pour me répondre, serait passablement embarrassé, et pourtant cela fait partie de l'histoire de notre pays, et il n'y a pas encore trente-cinq ans que cela s'est passé. Mais nous y reviendrons peut-être. Ce que je veux savoir d'abord, c'est l'endroit où se trouve l'Espagne, et, puisque le père Germain y est allé, il va nous la montrer sur cette carte.

LE PÈRE GERMAIN. — Oh ! monsieur, maintenant que vous m'avez un peu appris à lire, je vois bien qu'il y a écrit, en grosses lettres sur la feuille, *Carte d'Europe*, et je me doute bien que l'Espagne doit y être, mais je ne saurais vous la trouver; je ne comprends rien à votre carte.

M. DENIS. — Eh bien, voyons. Vous venez tout récemment, père Germain, de faire bâtir la maison où demeure maître Noël; vous m'avez prié d'en tracer le plan, que j'ai remis au maître maçon. Ce plan, que vous avez vu, ne tenait il pas sur une simple feuille de papier, bien plus petite que votre maison?

LE PÈRE GERMAIN. — Assurément, monsieur Denis; mais je ne sais pas comment vous vous y êtes pris, pour faire ce plan.

M. DENIS. — Très-simplement, père Germain. Vous vouliez, par exemple, que la façade de votre maison eût douze mètres. Sur ma feuille de papier, avec une règle mesurée exprès, j'ai tracé une ligne de douze centimètres. Quel est l'habile homme qui pourra me dire combien il y a de centimètres dans un mètre?

PLUSIEURS. — Cent, monsieur Denis.

N. DENIS. — Très-bien. Toutes les autres lignes qui devaient se retrouver dans la maison, je les ai tracées dans la même proportion de un centimètre pour un mètre. Quand cela a été fait pour toutes les parties, telles que vous les vouliez, père Germain, n'est-il pas vrai que j'ai eu la représentation exacte de la maison tout entière, seulement cette représentation était réduite au centième, c'est-à-dire qu'en réalité chacune des lignes de la maison elle-même, en supposant mon dessin bien fait, a dû avoir exactement cent fois la longueur de la ligne correspondante tracée sur mon papier?

LE PÈRE GERMAIN. — C'est vrai, monsieur.

M. DENIS. — De telle sorte que j'ai pu dire au maître maçon : Là où tu vois une ligne de un centimètre, tu en feras une de un mètre; là où tu verras cinq centimètres, tu mettras cinq mètres, etc. Il l'a fait, et la maison a été bâtie.

LE PÈRE GERMAIN. — C'est bien vrai.

M. DENIS. — Eh bien, admettez maintenant, mes amis, qu'au lieu de représenter les dimensions de la maison du père Germain, il s'agisse de représenter celles de tout le village où nous sommes, et non-seulement l'étendue des terrains qui le composent, mais encore les routes qui le traversent, le petit ruisseau qui y passe, les montées et les descentes, etc., etc., qu'y aura-t-il à faire ? Tout juste ce que j'ai fait pour la maison du père Germain.

On mesurera d'abord chacune des parties du village ; on les transcrira sur le papier, d'après les proportions dont on sera convenu d'abord, et on aura ainsi la représentation à dimensions réduites, mais exactes, du pays. Ceci posé, au lieu du village, mettez le département; au lieu du département, mettez la France; au lieu de la France, tous les pays qui composent l'Europe, faites encore de même, et vous aurez une carte de l'Europe, comme celle qui est sous nos yeux.

PIERRE. — Mais, monsieur, cela doit être impossible, de mesurer exactement des étendues aussi considérables; car, si l'Europe, comme vous nous le disiez à l'école, est la plus petite des parties du monde, ce n'en est pas moins, si je ne me trompe, par plusieurs centaines de lieues qu'il faut compter sa largeur, et sa longueur aussi, à plus forte raison.

M. DENIS. — Cette observation, mon cher ami, fait honneur à ton jugement, mais je n'y puis, pour le moment du moins, répondre qu'en t'affirmant que, si la chose présente des difficultés, elle est bien loin d'être impossible. Quand tu le voudras, je pourrai te montrer comment, avec deux ou trois instruments, il est possible d'évaluer, sans presque se déranger, la disance de deux points, par exemple, dont nous serions éloignés de quinze à vingt kilomètres, pourvu que nous puissions seulement les apercevoir, et cela plus exactement que si nous mesurions, mètre par mètre, le terrain qu'il nous faudrait traverser pour arriver jusqu'à eux. Ainsi a-t-on fait, non-seulement pour l'Europe, mais pour toute la terre. Il en a été de cela comme de beaucoup d'autres choses : la nécessité nous a rendus industrieux.

PIERRE. — La nécessité ! quelle nécessité, monsieur Denis? Il me semble que je me passerais fort bien, pour ma part, de savoir que la surface de notre pays a été plus ou moins exactement mesurée.

M. DENIS. — Demande donc au père Germain s'il est du même avis que toi là-dessus, et s'il n'a pas quelque compte à rendre à la matrice cadastrale.

LE PÈRE GERMAIN. — Hélas! oui, monsieur Denis, et je trouve, pour ma part, qu'ils ne sont que trop rigoureux, les gens du cadastre.

PIERRE. — Qu'est-ce que le cadastre, monsieur Denis?

M. DENIS. — Le père Germain te le dira.

LE PÈRE GERMAIN. — C'est, monsieur, sauf meilleur avis, le registre où est inscrite la mesure de toutes les terres, et d'après lequel on calcule ce que nous devons payer à l'État.

M. DENIS. — C'est précisément cela, père Germain. Tu vois, Pierre, que la mesure des terres est déjà bonne à quelque chose, puisqu'elle sert à régler l'impôt, à faire payer les gens, cela est vrai, mais à ne leur faire payer du moins que tout juste ce qu'ils doivent.

Elle a d'ailleurs d'autres avantages encore plus immédiatement appréciables pour chacun de nous. Que deviendraient, par exemple, nos marins, si on n'avait pas pu leur mettre entre les mains la description minutieuse de chaque détail de nos côtes, si des cartes, des cartes marines, bien autrement détaillées que celle-ci, ne venaient juste à point leur dire : ici il y a un port, là un écueil, là un banc de sable; la mer se retire en cet endroit, et, en cet autre, elle s'avance. Et tout le commerce est fondé là-dessus, de nos jours surtout. Il n'est si petit fabricant qui n'expédie, au dehors du pays où il demeure ou même à l'étranger, et qui ne doive savoir où il peut porter sa marchandise, et d'où lui peuvent venir celles dont il a besoin lui-même, soit pour son propre usage, soit pour sa fabrication. Que vous dirai-je de l'intérêt national de chaque pays et de chaque peuple? Comment se défendront-ils, s'ils ne savent pas où ils prêtent à l'attaque? Vous avez vu les Prussiens en France, père Germain : n'est-il pas vrai qu'avant leur arrivée, tout le monde pouvait prévoir par où ils allaient passer?

LE PÈRE GERMAIN. — Assurément oui, monsieur Denis.

M. DENIS. — Il y a donc beaucoup à apprendre, mes amis, dans l'étude des cartes, et je ne saurais trop vous prier d'écouter avec toute l'attention dont vous êtes capables ce que je pourrai vous en dire.

ISIDORE. — Mais, monsieur, pourquoi donc y a-t-il sur celle-ci du jaune, du rouge, du vert, toutes sortes de couleurs?

M. DENIS. — Reprenons, mon ami, l'exemple que je te donnais tout à l'heure. Supposons que ce qui est marqué en jaune représente, en raccourci, notre village, à nous. Bon. Maintenant, je veux représenter le village d'à côté. Ne me faut-il pas un moyen pour le distinguer du nôtre? certainement, n'est-ce pas? Eh bien, je peindrai le nôtre en vert, et l'autre en bleu; puis, un troisième en rouge, et ainsi de suite.

ISIDORE. — De telle sorte que, sur cette carte, autant je trouverai de couleurs différentes, autant je compterai de pays différents?

M. DENIS. — Justement. Il y a aussi des espèces de raies noires assez irrégulières et se rejoignant, le plus souvent, par groupes, comme les branches d'un arbre sans feuilles. Ce sont les fleuves.

(M. Denis pourra ainsi montrer à ses élèves comment on représente, sur les cartes, les différents détails de la géographie physique, golfes, détroits, montagnes, etc., les villes, les chemins de fer, les routes, etc.).

M. DENIS. — Tu m'as interrogé tout à l'heure, Isidore; à mon tour, maintenant. Nous venons de faire un peu connaissance avec la carte d'Europe. Maintenant, dis-moi, si nous retournions cette carte, si nous la mettions, comme on dit, la tête en bas, est-ce que ce ne serait pas encore l'Europe qu'elle représenterait?

ISIDORE. — Dame, il me semble que oui, monsieur.

M. DENIS. — Il est donc, à ton avis, indifférent, que ces pays, qui, dans la carte actuelle de la carte, sont vus en haut, restent en haut, ou, si je retourne la carte, viennent en bas. Que pense de cela l'ami Pierre?

PIERRE. — Il me semble, monsieur, que les pays sont placés sur les cartes d'après la position qu'ils occupent sur la terre entière. Si l'on retourne la carte, ceux qui sont au sud vont se trouver au nord, ceux qui sont au nord vont se trouver au sud, ce qui ne peut pas être.

M. DENIS. — Halte-là, halte-là! Quels sont ces mots nouveaux que tu viens de prononcer?

PIERRE. — Ce sont, monsieur, les noms de deux des points cardinaux.

M. DENIS. — Qu'est-ce que ces points cardinaux, mon ami?

PIERRE. — Monsieur, ce sont des principaux points qu'on a choisis pour déterminer la situation relative des différentes parties de la terre.

M. DENIS. — C'est très-bien. Mais d'après quoi les a-t-on choisis, ces points?

PIERRE. D'après quoi, monsieur?

M. DENIS. — Oui, je demande si le nord et le sud, que tu nommais tout à l'heure, ont été désignés comme devant indiquer une certaine direction d'après le caprice de ceux qui dessinent les cartes, ou si les directions qui répondent au nord et au sud sont fixées d'après quelque chose de plus stable et de plus réel. Dis-nous cela, Antoine.

ANTOINE. — N'est-ce pas, monsieur, d'après le mouvement du soleil [1]?

M. DENIS. — Certainement. Le soleil se lève toujours et se couche toujours, n'est-il pas vrai? d'un même côté. Voilà donc une direction et deux points extrêmes éternellement fixes. Si vous vous placez de telle sorte que vous ayez à votre droite le point où le soleil se lève, et, à votre gauche, celui où il se couche, vous aurez devant vous et derrière vous deux autres points opposés, qui sont le nord et le sud. Et ces quatre points formeront comme quatre jalons immuables au moyen desquels vous déterminerez la situation respective de chaque point qu'il vous plaira de considérer en particulier. Et les cartes reproduisent ces directions. A droite, se trouve le point où le soleil se lève, le levant, l'orient, l'est; à gauche, celui où il se couche, le couchant, l'occident, l'ouest; en haut, le nord; en bas, le sud.

Voyons si cela a été bien compris.

Isidore, voici une ville que tu connais sûrement de nom, Paris: dis-moi, est-elle sur la carte d'Europe, du côté de l'est ou du côté de l'ouest?

ISIDORE. — Du côté de l'ouest, monsieur.

M. DENIS. — Et cette autre ville que je te montre, Londres?

ISIDORE. — Elle est aussi du côté de l'ouest.

1. Il va sans dire qu'il s'agit ici du mouvement apparent.

M. DENIS. — Et est-elle plus au nord que Paris?

ISIDORE. — Oh! dame, oui, monsieur.

M. DENIS. — Père Germain, voici cette Espagne où vous vous êtes battu. Dites-nous quelle est sa position par rapport au reste de l'Europe?

LE PÈRE GERMAIN. — Je dirais volontiers qu'elle est au sud et à l'ouest.

(On comprend que M. Denis peut multiplier, selon le besoin, ces interrogations.)

M. DENIS. — Nous voilà maintenant en mesure de faire commodément un petit tour d'Europe; nous le commencerons la prochaine fois.

ISIDORE. — Monsieur Denis, quelles sont donc ces barres qui coupent les pays en petits carrés et qui se terminent par des numéros?

M. DENIS. — C'est à dessein que je n'en avais pas parlé. Qu'il nous suffise pour le moment de savoir que ces barres, qu'on appelle degrés, sont des divisions dont on est convenu de se servir pour partager exactement la terre en un certain nombre de portions égales. On s'en sert pour déterminer très-exactement la situation des pays ou des villes, soit dans la direction du nord au sud, soit dans la direction de l'ouest à l'est. Nous y reviendrons peut-être quelque jour.

Deuxième leçon. — Préliminaires.

M. DENIS. — Commençons par nous rappeler ce que nous avons appris, la dernière fois.

(M. Denis pourra recommencer les interrogations déjà faites sur les différents détails géographiques que les cartes représentent, sur la position respective de certaines villes de l'Europe, sur les points cardinaux, etc.)

M. DENIS. — Réponds-moi, maintenant, Isidore: chaque soir, avons-nous dit, le soleil se couche du côté de l'ouest; puis, la nuit vient, nous ne le voyons plus, et, le lendemain matin, il reparaît du côté de l'est. Qu'est-il donc devenu, pendant le temps qu'il a cessé de se montrer?

ISIDORE. — Ma foi, monsieur, je n'en sais rien.

M. DENIS. — Voyons, réfléchissons un peu. Hier, nous l'avons vu disparaître à l'ouest; ce matin, nous le retrouvons du côté opposé. Eh bien!...

ISIDORE. — Il me semble qu'il a fallu qu'il ait marché, au-dessous de nous, pendant la nuit, de l'ouest à l'est.

M. DENIS. — Ah! voilà ton opinion! Mais si elle est vraie, Isidore n'as-tu pas peur de nous exposer à un grand danger? Si le soleil peut librement passer au-dessous de nous, et faire, sans se déranger, comme tu le dis, son voyage de l'ouest à l'est, sur quoi donc la terre, qui nous porte, repose-t-elle? Tu me fais trembler, Isidore; que deviendrions-nous, si elle ne reposait sur rien!

ISIDORE. — Vous vous moquez de moi, monsieur Denis; mais je ne sais que vous répondre.

M. DENIS. — Je ne me moque point de toi, mon cher ami; tu m'as au contraire très-bien répondu, bien que ta réponse soit incomplète. De plus savants que toi, sois-en bien sûr, se tireraient malaisément de la difficulté où nous sommes. Mais il y a moyen d'avoir des idées justes sur tout avec un peu de réflexion et beaucoup de bonne volonté; tu vas voir que nous allons y arriver. Voyons, Antoine, sors-nous d'embarras.

ANTOINE. — Sauf erreur, monsieur, je crois que la terre est tout à fait isolée, qu'elle est comme la lune, comme le soleil, comme les étoiles, et qu'elle se soutient d'elle-même.

M. DENIS. — Et tu as raison, mon cher Antoine, bien que cela semble, au premier coup d'œil, déranger toutes nos idées. La terre est parfaitement isolée dans l'espace où se meuvent les astres, et la preuve, c'est que nous pourrions faire nous-mêmes, sauf les difficultés et les accidents du trajet, dont je ne vous répondrais pas, mes amis, cette même course que, suivant Isidore, le soleil fait tous les jours. Nous pourrions partir d'un certain point, de la France, par exemple, suivre, si vous voulez, la direction que suit le soleil lui-même, et nous retrouver, au bout de quelque temps, ramenés à l'endroit d'où nous serions partis. Dis-moi, Pierre, te souviens-tu bien encore des voyages sur la carte que nous avons faits ensemble à l'école?

PIERRE. — A peu près, monsieur Denis.

M. DENIS. — Eh bien, je suppose que je parte de Paris et que j'aille ensuite à Cherbourg. Montre-moi Cherbourg sur la carte.

PIERRE. — Voici, monsieur.

M. DENIS. — Bon; je continue maintenant mon chemin dans la même direction. Où vais-je me trouver?

PIERRE. — Vous vous trouvez dans la mer, monsieur, dans l'océan Atlantique.

M. DENIS. — Mettons que ce soit *sur* la mer, avec un bon vaisseau, qui me transporte en droite ligne. Où aborderai-je?

PIERRE. — Monsieur, vous aborderez en Amérique.

M. DENIS. — En Amérique, très-bien! Je la traverse, l'Amérique. Et après?

PIERRE. — Après? Dame, je ne sais plus bien.

M. DENIS. — Je vais t'aider. Je me trouve sur une nouvelle mer, une mer immense, qu'on appelle, à tort ou à raison, l'océan Pacifique. Je traverse l'océan Pacifique, et j'arrive en Asie, tout près de Pékin, si tu veux. Puis me voilà parti au beau milieu de l'empire chinois; puis j'aborde le Thibet, les pays tartares, la Perse, la Turquie d'Asie. Te retrouves-tu maintenant?

PIERRE. — Oui-da, monsieur, nous voilà quasi revenus en Europe. Il ne vous reste plus qu'à traverser la Turquie ou la Russie, l'Autriche, l'Allemagne, la Prusse, et nous touchons de nouveau la France.

M. DENIS. — Comprenez-vous, mes bons amis? Nous venons de faire, Pierre et moi, en suivant, ou à peu près, la même ligne droite, le tour de notre monde. Nous l'avons fait de l'ouest à l'est; nous aurions pu le faire du sud au nord, ou du nord au sud, ou dans quelque direction intermédiaire, et jamais nous n'aurions trouvé, sur notre route, le point d'appui de la terre, parce que la terre n'a pas de point d'appui.

PLUSIEURS. — Mais comment se soutient-elle alors?

M. DENIS. — Oh! ici, il faut que me croyiez un peu sur parole, parce que, pour vous prouver ce que je vais vous dire, je serais obligé de recourir à des démonstrations très-difficiles, et je n'ai pas la prétention de les avoir toutes parfaitement présentes à l'esprit, ni surtout de pouvoir vous les rendre suffisamment claires. La terre se soutient en vertu d'une force particulière qui est en elle, comme dans tous les autres grands corps que nous montre le ciel, et qui fait que ces corps, le soleil, les étoiles, la lune, conservent chacun leurs places respectives, en s'attirant les uns les autres proportionnellement à leur masse et à la distance qui les sépare. Un corps plus gros attire plus fortement un autre que celui qui est plus petit. Un corps peu éloigné attire de même plus fortement son voisin que celui qui est éloigné davantage. Mais les grosseurs des astres et leurs distances étant restées, depuis que l'univers existe, sensiblement les mêmes, de là naît le grand équilibre. Nous touchons là, mes bons amis, aux choses les plus hautes peut-être que le savoir de l'homme soit capable de pénétrer. Celui qui le premier les a démontrées, Newton, on l'a appelé le divin Newton. Tout ce que je puis vous dire, c'est qu'on est parvenu non-seulement à constater cette force d'attraction, dont j'ai essayé de vous donner idée, mais encore à en mesurer les effets, et à en conclure, par exemple, à quelle distance exacte le soleil se trouve de nous, et combien de fois il est plus gros que la terre, et combien de fois il est plus pesant. Et cela avec autant de certitude que vous pouvez en avoir sur le poids d'un objet que vous placez dans une balance. N'insistons pas d'ailleurs là-dessus, et contentons-nous de bien savoir qu'on peut faire sur notre monde, ainsi que Pierre nous l'a montré, de fort beaux voyages de long cours, sans être jamais empêché, quand on est parti du côté où le soleil se couche,

de s'en revenir, un beau matin, du côté où il se lève.

ISIDORE. — Mais, monsieur, si j'ai bien compris ce que vous venez de dire, tout juste au-dessous de nous, dans l'autre partie de la terre, il y a encore des pays.

M. DENIS. — Assurément.

ISIDORE. — Et, dans ces pays, il peut y avoir des hommes.

M. DENIS. — Très-certainement.

ISIDORE. — Mais ces hommes-là, monsieur, ils ont donc la tête en bas?

M. DENIS. — Ils ont la tête en bas, si tu veux, par rapport à toi; mais toi-même tu as la tête en bas par rapport à eux. Et ils tiennent au sol de la même façon que toi, en vertu de la même loi, que je pourrai t'expliquer plus tard. Et tu n'as pas plus le droit de dire qu'ils sont en bas et toi en haut, qu'ils ne peuvent dire qu'ils sont en haut et que tu es en bas. Et, en effet, si l'on considère les vraies dimensions de la terre, il n'y a sur son étendue, pour ainsi dire, ni haut ni bas, attendu qu'elle est ronde ou sensiblement ronde, et que si, par impossible, tu pouvais pénétrer jusqu'à son centre, tu verrais que tous les points de sa surface sont, à peu de chose près, également éloignés de ce centre. Je vois dans les yeux du père Germain qu'il lui répugne de croire que la terre soit ronde.

LE PÈRE GERMAIN. — Ma foi, monsieur, je l'ai toujours vue plate dans les pays de plaines, et bien inégale dans les pays de montagnes: mais vous m'avez déjà montré tant de choses nouvelles, que je ne veux pas contester avec vous. J'aime mieux croire que mes yeux m'ont trompé sur ce point-là, comme sur beaucoup d'autres.

M. DENIS. — Vos yeux ne vous ont point trompé, père Germain, et c'est à eux, au contraire, que je vais appeler pour vous convaincre que j'ai raison. Mettez-vous au beau milieu d'une plaine bien large et bien plate, comme vous dites, et qui n'est limitée nulle part par une montagne ni par une hauteur, comme il y en a une auprès de chez nous; et tournez vos regards de tous les côtés : quelle forme aura pour vos yeux la limite de l'étendue dont vous serez entouré?

LE PÈRE GERMAIN. — Oh! pour cela, monsieur, je ne peux pas dire non; elle aura certainement la figure d'un rond.

M. DENIS. — Eh bien, père Germain, croyez-vous que si cette étendue était, par exemple, carrée, ou à pans, vos yeux vous tromperaient assez pour vous la faire apercevoir sous l'apparence d'un cercle. Il me semble qu'il y a là quelque chose de contradictoire.

LE PÈRE GERMAIN. — Cela me paraît ainsi, monsieur Denis.

M. DENIS. — Supposons maintenant qu'au milieu de notre plaine il y ait un grand arbre, et que vous montiez sur cet arbre : verrez-vous plus ou moins de terrain que vous n'en voyiez tout à l'heure?

LE PÈRE GERMAIN. — J'en verrai plus, monsieur Denis.

M. DENIS. — Eh bien! qu'est-ce que cela prouve, sinon que la courbure du sol, si insensible qu'elle pût être, vous dérobait la vue d'une portion du terrain? Cela se voit encore beaucoup mieux quand on est en mer. Bien loin, bien loin, quand il se présente un navire, ce qu'on en aperçoit d'abord, ce sont les plus hautes voiles, puis, à mesure que le navire s'approche, les voiles du milieu du mât, puis les voiles basses, puis enfin la coque. La coque est pourtant plus apparente que les voiles. D'où vient donc cela? De ce que la courbure de la mer s'interpose entre le navire et vous?

LE PÈRE GERMAIN. — Mais les montagnes, monsieur Denis?

M. DENIS. — Antoine, dis-nous, si tu le sais, combien il y a de distance du centre de la terre à un point de sa surface.

ANTOINE. — N'est-ce pas six mille kilomètres, monsieur Denis?

M. DENIS. — C'est même plus que cela, mais admettons ce chiffre. Quelle est maintenant la hauteur du mont Blanc, que le père Germain connaît sans doute ?

ANTOINE. — Je crois qu'il doit y avoir cinq kilomètres.

M. DENIS. — Pas tout à fait. Et pourtant le mont Blanc est une belle montagne, père Germain. Je vous laisse maintenant à calculer combien il faudrait de monts Blancs, entassés les uns sur les autres, pour faire quelque figure à côté de nos six mille kilomètres.

Ainsi, mes bons amis, nous voilà maintenant fixés sur ces points : la terre est isolée dans l'espace, la terre est ronde ou à peu près : Isidore n'a rien à craindre pour l'équilibre des pauvres gens qui vivent à l'opposite de nous, et nos plus hautes montagnes, je ne veux pas parler de nos plus hauts monuments, ne sont pas à l'égard de la terre entière ce que peut être par rapport à un œuf de poule la petite peau qui se trouve au-dessous de la coquille. Tout ceci nous servira, en temps et lieu, pour bien connaître notre Europe.

Je ne veux plus ajouter qu'un mot.

J'ai tout à l'heure laissé dire à Isidore que le soleil tournait chaque jour autour de la terre de l'est à l'ouest. Cela ne faisait rien à notre affaire, et c'est pour cette raison que je n'ai point contredit Isidore ; mais il faut qu'il soit bien entendu, et je vous demande encore de me croire provisoirement, à cet égard, sur parole, que c'est au contraire la terre qui tourne sur elle-même en vingt-quatre heures, de l'ouest à l'est, et qui présente ainsi successivement au soleil les divers points de la surface.

PIERRE. — Monsieur, vous m'avez déjà dit cela autrefois, mais il me semble pourtant que, si la terre tournait, nous la sentirions tourner: Nous ne la sentons pas, et nous voyons au contraire le soleil qui tourne.

M. DENIS. — Toi aussi, te voilà incrédule comme le père Germain ! Eh bien ! écoute-moi; nous avons été ensemble, l'année dernière, en bateau à vapeur, de Mâcon à Lyon, t'en souviens-tu?

PIERRE. — Parfaitement, monsieur Denis.

M. DENIS. — Te souviens-tu aussi qu'à un certain moment, quand tu regardais sur l'une ou sur l'autre rive, il te semblait que les maisons et les arbres marchaient, tandis qu'en réalité c'était le bateau qui marchait, et les arbres et les maisons qui demeuraient immobiles?

PIERRE. — C'est vrai, monsieur.

M. DENIS. — Eh bien, mets la terre à la place du bateau, et le soleil à la place des rives, et tu comprendras alors que la terre peut tourner sans que nous en ayons conscience, et le soleil rester immobile, bien qu'il nous paraisse tourner. Ce mouvement de la terre sur elle-même, qui est aussi certain que son isolement dans l'univers, s'accomplit autour d'une ligne imaginaire qui passe par son centre et dont les deux extrémités se terminent par deux points qu'on appelle, l'un, le pôle nord, l'autre, le pôle sud. Pour aujourd'hui, c'est tout ce qu'il nous importe de savoir.

(La suite au prochain numéro.)

Charles DEFODON.

COURS DE PLAIN-CHANT.

(1re Leçon.)

Le plain-chant est écrit sur quatre lignes horizontales et parallèles. L'assemblage de ces quatre lignes s'appelle *portée*, et il suffit pour noter tous les morceaux de plain-chant. Les lignes doivent se compter en commençant par la plus basse. Ainsi la plus basse est la première ligne ; la plus haute est la quatrième. On écrit les notes sur les lignes et dans les interlignes. La portée, se composant de quatre lignes et de trois interlignes, offre l'avantage de renfermer dans son étendue les sept notes de la gamme, quelle que soit la note par laquelle on en commence la série. Supposez que *ut* soit placé sur la première ligne, le *ré* occupera le premier interligne, le *si* la quatrième ligne ; supposez que le *fa* soit placé sur la première ligne, l'*ut* occupera la troisième et *mi* la quatrième.

Les sons qui forment la mélodie du plain-chant sont représentés par des points placés sur les lignes.

Dans le plain-chant, les notes étant encore dans certains cas désignées par des lettres, nous ne pouvons nous dispenser de dire quelques mots sur les origines de la gamme diatonique.

Les Grecs se servaient pour noter leur musique des lettres de leur alphabet. Ils les disposaient sur une ligne parallèle aux paroles. Ces lettres étaient tantôt droites, tantôt renversées, différemment tournées, enfin altérées de diverses manières. Le système de notation grecque, qui est venu jusqu'à nous, est appelé Pythagoricien, et est fort compliqué, à cause de la variété des modes de la musique ancienne et de la subdivision des tons de la gamme en tiers et en quarts de tons. Cependant il ne faut pas croire que ce système renfermât, comme on l'a cru longtemps, mille six cent vingt ou même neuf cent quatre-vingt-dix notes.

Ce chiffre peut être réduit à cent quarante-quatre. Une partie de ces notes était consacrée à la musique vocale, l'autre à la musique instrumentale.

Quant à la durée relative des notes, que les Grecs appelaient rhythme, et que nous appelons mesure, des signes particuliers l'indiquaient.

Le nom donné à chacune des notes grecques différait selon le mode et le genre dans lesquels le morceau était composé. Par exemple, le mode lydien, dans le genre diatonique, était formé de quinze notes. Ces quinze notes formaient deux octaves, dont la seconde était la répétition de la première. Elles étaient soumises à quatre divisions appelées *tétracordes*. Elles portaient les noms de proslambanomène, hypate, parhypate, lichanos, mese, paramèse, trite, paranète, nète.

On conçoit sans peine que ces dénominations des notes chez les Grecs ne pouvaient être employées que dans la théorie de la musique, et que, dans la pratique, des noms plus simples et plus courts devaient leur être substitués. En effet, il eût été impossible de solfier avec les mots proslambanoménos, paranète, parhypate. On se servait des monosyllabes *té, ta, té, tô, té, ta, té, tô, ta*.

Les Romains substituèrent d'abord aux caractères grecs ceux des quinze premières lettres de leur alphabet : A, B, C, D, E, F, G, H, I, J, K, L, M, N, O, P. Mais une telle notation ne parlait pas assez aux yeux, et bientôt on s'efforça de créer des signes dont le dessin représentait la succession, l'élévation et l'abaissement des notes, et formait même des groupes de notes. Ces signes, appelés *neumes*, étaient souvent accompagnés des lettres elles-mêmes.

Les caractères neumatiques, quoique représentant des sons, ne constituaient donc pas un système complet de notation, puisque, isolément, ils n'offraient pas au lecteur les indications suffisantes pour qu'il puisse acquérir l'intelligence positive et claire de chacun d'eux. Suivant les termes formels de Guy d'Arezzo, les neumes sans les lettres ou les lignes coloriées étaient pour le lecteur ce qu'est pour un homme altéré l'eau au fond d'un puits sans poulie et sans corde.

Chacun de ces signes neumatiques avait cependant un nom particulier indiquant sa valeur et son emploi. Il paraît vraisemblable que saint Grégoire fit écrire son antiphonaire-Centon ou recueil de fragments liturgiques avec les caractères de l'alphabet auxquels il fit superposer les neumes, appelés de son temps *nota romana*, afin de suppléer à la sécheresse des lettres par une indication graphique et imagée des éléments et des nuances de l'exécution. Si l'on trouve un grand nombre de manuscrits écrits en neumes sans le secours des lettres, loin d'en rien conclure contre le témoignage de Guy d'Arezzo, on peut penser que cette écriture était une sorte de sténographie musicale, de mnémonique destinée à rappeler des mélodies qu'on avait antérieurement apprises et qui étaient dans toutes les mémoires. Autrement ces signes obscurs, et dont l'interprétation ne pouvait être qu'arbitraire, auraient offert au lecteur d'inextricables difficultés.

Il arrive souvent que dans la série de développements et d'expériences que subit une science avant d'arriver à un système parfaitement rationnel, les premiers éléments, quelque défectueux qu'ils aient paru à l'origine, reparaissent combinés avec ceux que l'étude et une amélioration successive a introduits et finissent même, grâce à l'heureuse intervention de ces derniers, par occuper la place la plus importante dans l'ensemble général et définitif. Ainsi l'alliance des neumes et des lignes amena plus tard la notation moderne du plain-chant. En effet, les neumes, placés sur les lignes, modifièrent peu à peu leur forme singulière et devinrent des points et des groupes de points.

Mais il fallait, à l'époque dont nous parlons, un système qui permît d'expliquer la théorie musicale et pour établir les relations des notes entre elles, leur valeur, le rôle qu'elles jouaient dans la composition des différents modes, il était moins nécessaire de se préoccuper de les dessiner aux yeux pour en rendre l'exécution facile au chanteur, que de trouver une appellation simple et aussi concise que possible. Aussi trouva-t-on bientôt le chiffre de quinze lettres trop élevé. On le ramena à celui des sons de la gamme, c'est-à-dire à sept : A, B, C, D, E, F, G. Seulement, afin que toutes les cordes de la voix humaine fussent représentées, on désigna les sept premiers sons graves par des lettres majuscules, les sept cordes moyennes par des minuscules, et cinq autres à l'aigu par des lettres doubles :

A, B, C, D, E, F, G, a, b, c, d, e, f, g, aa, bb, cc, dd, ee.

Dans le système diatonique des Grecs adopté par les premiers auteurs du plain-chant, les quinze notes représentaient deux octaves, dont la seconde était la répétition à l'aigu de la première. Chaque octave était composée de cinq tons et de deux demi-tons, quelle que fût la note par laquelle on en commençait la série. Toutefois, un de ces deux demi-tons était variable, c'est-à-dire changeait de place. De même chez les Latins, A, B, C, D, E, F, G, a, b, c, d, e, f, g, représentèrent deux octaves composées chacune de cinq tons et de deux demi-tons. La lettre B désigna la corde variable. On voit ainsi clairement qu'un des demi-tons pouvait affecter la sixième et la quatrième note, suivant que l'on commençait la série par D ou par F.

Chez les Grecs, la disposition des tétracordes servait à déterminer la variabilité du demi-ton. Les Latins employèrent le même moyen, parce qu'ils suivaient la même théorie, jusqu'à Guy d'Arezzo, moine bénédictin qui, vers 1028, composa une gamme dans laquelle six syllabes, représentant chacune un son particulier, furent placées en regard des notes, et facilitèrent par une solmisation plus simple l'opération au paravant si pénible de la variabilité du demi-ton.

Il est fort douteux que Guy ait été le premier auteur de l'invention de ce système. Néanmoins ce système porte son nom, et nous ne le lui contesterons point ici. Six syllabes, ut, ré, mi, fa, sol, la, furent détachées du commencement de chaque vers de la première strophe de l'hymne de saint Jean-Baptiste, et ajoutées comme désignations nouvelles et supplémentaires aux lettres C, D, E, F, G, A.

Texte de l'hymne de saint Jean :

Ut queant laxis
Resonare fibris
Mira gestorum
Famuli tuorum
Solve polluti

Labii reatum
Sancte Johannes.

Dans le chant de cette hymne, la première syllabe UT occupe le degré au-dessous de la première ligne; RE est placé sur cette première ligne; MI dans l'interligne entre la première et la seconde; FA sur la seconde; SOL dans l'interligne, entre la seconde et la troisième; enfin, LA, sur la troisième. La syllabe SAN du dernier vers, ne suivant pas, quant à la musique, la progression désirée par Guy, pour qu'elle pût caractériser la septième note de la gamme, n'a pu être employée. On a reproché au savant moine l'usage d'un procédé assez bizarre pour indiquer la place des demi-tons. Mais si l'on pense que la septième corde était précisément la corde variable, et que, dans le cas même où le dernier vers de l'hymne de saint Jean aurait commencé par une note placée un degré au-dessus de LA, cette syllabe eût exprimé un son permanent et non variable, et que la difficulté eût été reculée et non résolue, on excusera Guy d'Arezzo de s'être rejeté dans un système analogue à celui des Grecs, en déplaçant des fragments de série de ses hexacordes pour nommer la septième note, suivant l'occurrence, comme les anciens appliquaient leur tétracorde synemmenon pour introduire, entre la mèse et la paramèse, une corde qui divisait cet intervalle en deux demi-tons.

Pour chanter la gamme de Guy, il fallait quitter la succession naturelle des notes et nommer d'avance les notes nécessaires pour préparer et produire l'effet du ton ou du demi-ton. Ainsi, voulait-on chanter *sol, la, si, ut?* on nommait les notes dans cet ordre: *sol, ré, mi, fa.* Ou bien : *fa, sol, la, si* bémol, *ut?* on chantait en nommant les notes : *fa, ré, mi, fa, sol.*

Ces procédés de solmisation s'appelaient muances. Ils furent longtemps en vigueur et rendirent l'étude du plain-chant très-aride. L'invention du *si* abrégea beaucoup le temps qu'on était obligé d'y consacrer. Quels que fussent les inconvénients du système des muances, il faut croire que l'usage d'une septième note permanente et altérée accidentellement ne résolvait pas la difficulté d'une manière satisfaisante au jugement des musiciens, puisqu'on trouve à partir du onzième siècle, c'est-à-dire au temps même où vivait Guy d'Arezzo, des traces de l'invention de cette septième note et même de sa dénomination, et qu'au dix-septième siècle, malgré de nombreuses et persévérantes oppositions, les muances étaient encore pratiquées. En effet, il semble que depuis que la septième note, *si*, a été reconnue et adoptée généralement, la gamme d'*ut* est devenue la gamme principale. Le *si* fixa la tonalité musicale moderne, mais aussi porth'un coup funeste aux anciennes tonalités du plain-chant en les rendant de plus en plus étranges à nos oreilles. Car l'habitude du chant de la gamme d'*ut* devint comme une seconde nature et fit oublier que cette tonalité n'entrait que pour très-peu de chose dans le système constitutif du plain-chant.

Lorsque la note *si* s'éloignait d'un ton de sa note voisine et supérieure *ut* pour se rapprocher de la note inférieure *la* et n'en être plus distante que d'un demi-ton, elle prenait le nom de *za*, dénomination qui fut abandonnée plus tard. Comme en ce cas le son de cette note devient plus doux, on ajouta à la lettre B, qui la représentait déjà, le mot *mol*. Telle est l'origine du bémol, et elle démontre clairement que dans le plain-chant il ne saurait y avoir une autre note que le *si* altéré de cette manière.

Quand le *si* cesse d'être bémol et reprend sa place naturelle à un degré, c'est-à-dire à un ton au-dessus du *la*, il prend le nom de B quarre ou dur.

Telles sont les seules notes écrites du plain-chant. Nous disons écrites, parce qu'il y a certains cas où l'on peut et l'on doit même modifier quelques notes et convertir un ton en un demi-ton. Les anciens exécutaient ce changement sans altérer leur nomenclature musicale, puisqu'ils l'effectuaient au moyen des *muances* dont nous avons parlé plus haut. Comme nous sommes privés de cet expédient, nous éprouvons une sorte de répugnance à introduire des demitons, des dièzes, pour les appeler par leur nom, qui sont étrangers au système du plain-chant. Cependant ainsi le veut une tradition très-ancienne, toutes les fois que la suite des intervalles offre une trop grande dureté pour l'oreille, et particulièrement la note *fa* contre le *si*. Il importe alors, d'après l'avis et l'autorité des auteurs les plus anciens, de rétablir la quarte juste soit en baissant le *si*, soit en haussant le *fa*. On appelle alors cette note altérée *note feinte*. Si on abusait de cette faculté, on ferait perdre au plain-chant son caractère, sa mâle gravité. Si, au contraire, on n'en usait jamais, on ferait à l'oreille et au goût une violence gratuite que n'ont jamais approuvée les auteurs les plus autorisés, tels que Guy d'Arezzo, Francon de Cologne, dom Jumilhac et plusieurs autres.

Dans la prochaine leçon nous traiterons des clefs, au moyen desquelles s'opère la lecture du plain-chant, comme aussi celle de la musique.

Félix Clément.

(La suite prochainement.)

CONCOURS POUR LE CERTIFICAT D'APTITUDE AUX FONCTIONS D'INSPECTEUR PRIMAIRE.

Ressort de l'académie de Dijon.

Session du 5 octobre 1865.

Voici le texte de la composition écrite :

« Deux partis divisent une commune. L'un de ces partis accuse l'instituteur de négligence dans sa classe et d'inconduite ; l'autre parti prend sa défense, et le justifie autant que possible. — Enquête et rapport de l'inspecteur. »

Les cinq candidats qui ont obtenu le certificat d'aptitude sont, dans l'ordre de mérite :

MM.

Pinel, instituteur à Billy (Côte-d'Or), ancien élève de l'école normale de Dijon ;

Royer, instituteur à Dancevoir (Haute-Marne), ancien élève de l'école normale de Mirecourt ;

Mougin, instituteur à V.... (Aube) ;

Marlot, maître-adjoint à l'école normale de Varzy, ancien élève de l'école normale de Dijon ;

Piot, instituteur à Saint-Mesmins (Aube), ancien élève de l'école normale de Troyes.

COMMISSIONS D'EXAMEN POUR L'ENSEIGNEMENT PRIMAIRE.

Ressort de l'académie de Poitiers.

Première session de 1865.

ASPIRANTS. — BREVET SIMPLE.

Orthographe.

Le chien, indépendamment de la beauté de sa forme, de la vivacité, de la force, de la légèreté, a par excellence toutes les qualités intérieures qui peuvent lui attirer les regards de l'homme. Un naturel ardent, colère, même féroce et sanguinaire, rend le chien sauvage redoutable à tous les animaux, et cède dans le chien domestique aux sentiments les plus

doux, au plaisir de s'attacher et au désir de plaire. Il vient, en rampant, mettre aux pieds de son maître son courage, sa force, ses talents ; il attend ses ordres pour en faire usage. Un coup d'œil suffit ; il entend les signes de sa volonté ; il est tout zèle, tout ardeur, tout obéissance. Plus sensible au souvenir des bienfaits qu'à celui des outrages, il ne se rebute pas par les mauvais traitements, il les subit, les oublie, et ne s'en souvient que pour s'attacher davantage. Loin de s'irriter ou de fuir, il lèche cette main, instrument de douleur, qui vient de le frapper, et la désarme enfin par la patience et la soumission.

Arithmétique.

1° Un marchand a acheté du blé à 3 fr. le double décalitre, et de l'orge à 1f,80 le double décalitre aussi ; il mélange les 85 hectolitres de blé et les 42 hectolitres d'orge ; combien devra-t-il vendre le double décalitre du mélange, s'il veut gagner 18 pour 100 à son marché ?

2° Une personne possédait une certaine somme dont elle a dépensé d'abord 1/5, et plus tard 3/7 ; après ces deux dépenses, il lui reste une valeur en argent qui pèse 5k,500 ; trouver combien valait la somme et ce qui a été dépensé ?

Composition française.

Emploi d'une journée par un bon instituteur.

Histoire.

Exposé sommaire du règne de Louis XIII.

Géographie.

Descriptions de la Chine et de l'Indo-Chine. — Mers intérieures qui baignent les côtés orientales d'Asie. — Iles de ces mers.

Sciences physiques. — Histoire naturelle.

1° Machine pneumatique. — Explication et jeu.

2° De la séve. — Séve ascendante. — Séve descendante. Des feuilles. — Intérieur des feuilles. — Fonctions des feuilles.

Agriculture, industrie, hygiène.

1° Décrire les diverses espèces qui constituent la charrue dite araire, et dire à quels titres le labourage est favorable au sol.

2° Fabrication du sucre de cannes et du sucre de betteraves.

Soins hygiéniques que l'instituteur doit donner à sa classe.

Arpentage, nivellement et dessin linéaire.

1° Comment s'y prend-on pour élever une perpendiculaire à une droite, sans équerre ?

Qu'est-ce que l'octogone et comment inscrit-on un octogone régulier dans un cercle ? (Expliquer les méthodes et faire le dessin.)

2° Indiquer, en dessinant la figure, comment on arpenterait un terrain présentant la forme d'un hexagone irrégulier. On se servira du graphomètre et de la méthode des intersections.

3° Qu'est-ce que le nivellement ? Trouver avec le niveau d'eau la différence de hauteur entre deux points très-distants. — Stations. — Points de repère.

VARIÉTÉS.

L'INSTRUCTION PRIMAIRE EN 1866.

Le Ministre de l'instruction publique, résumant les progrès accomplis en 1865, disait, il y a quelques mois, à la distribution des prix du Concours général : « L'année a été bonne pour notre cause, » pour la cause de l'instruction populaire. Nous n'hésitons pas aujourd'hui à ajouter : l'année 1866 vaudra encore mieux.

Cette année, en effet, se présente sous les meilleurs auspices.

L'instituteur ne peut plus dire, comme autrefois le paysan, en butte aux vexations des seigneurs, ou même des officiers royaux, soi-disant chargés de le protéger et de le défendre : si le roi le savait !

Pour peu qu'ils aient jeté les yeux sur un journal politique contenant le compte rendu de la séance d'ouverture des chambres, nos lecteurs auront pu le remarquer, comme nous, jamais l'instruction populaire n'avait eu si belle place dans le discours du trône ; jamais le langage officiel n'avait plus solennellement affirmé « l'énergique impulsion » qui lui a été donnée, et le « dévouement » qui a répondu aux efforts tentés d'en haut.

N'eussent-ils obtenu d'autre résultat que de nécessiter un tel témoignage, on pourrait dire que les 13 000 instituteurs signalés par le discours impérial ont bien mérité de l'instruction primaire.

Leur initiative n'aura pas non plus été inutile au personnel tout entier.

Constater des services rendus, n'est-ce pas déclarer qu'on se sent dans l'obligation morale de les reconnaître, si faire se peut, effectivement ? Nous aimons à voir, pour notre part, dans les paroles de l'Empereur comme une sorte d'appel à une situation nouvelle, qui permette au pouvoir de ne plus s'en tenir à déclarer que « le budget de l'enseignement n'a subi aucune diminution. »

Mais ce n'est point tout encore : comme ce sage de l'antiquité qui répondait, en marchant, à ceux qui prétendaient que le mouvement n'était pas une force réelle, nos instituteurs ont prouvé, par la meilleure de toutes les démonstrations, par l'exemple, que les populations n'étaient pas si rebelles qu'on voulait bien le dire à l'instruction, et qu'on pouvait, sans danger ni pour l'Etat ni pour personne, songer à leur apprendre quelque chose. Ils ont fait naître un immense besoin, chez ceux qui savent, d'enseigner, chez ceux qui ne savent pas, de s'instruire.

Et de là s'est formée cette sorte de coalition sainte, dont le mot d'ordre est aujourd'hui partout, et qu'on pourrait justement appeler la croisade contre l'ignorance. Les administrations, les associations, les individus, chacun suivant ses moyens, se sont unis pour le plus grand bien de la cause commune. Ceux-ci donnent leur temps et leur enseignement ; ceux-là, l'autorité de leur position et de leur influence ; d'autres, l'encouragement de leur crédit et de leur fortune.

C'est par milliers qu'on peut aujourd'hui compter, dans les villes, les conférences pour les ouvriers, et, dans les campagnes, les classes du soir.

Il y a peu de temps encore, M. Dugué de la Fauconnerie, alors sous-préfet de Saint-Jean-d'Angély, aujourd'hui sous-préfet de Mamers, fondait, dans la Charente-Inférieure, une association de secours mutuels ayant pour but de venir en aide à cette classe si intéressante et si honorable de pères de famille, qui, n'étant pas assez pauvres pour faire inscrire leurs enfants sur les listes de gratuité communale, ou répugnant peut-être, par un honorable sentiment de dignité personnelle, à profiter du bénéfice de la loi, ne sont pas non plus assez riches pour subvenir aux frais de la rétribution scolaire, ou pour se priver de l'allégement, si minime qu'il soit, que peut apporter à la dépense d'un honnête ménage l'aide prématuré des enfants. Nous donnerons dans notre prochain numéro les statuts d'une Société de même nature pour la propagation de l'instruction primaire fondée dans la Haute-Vienne, sous les auspices de l'administration supérieure, par M. Eugène Rendu.

Le *Petit Manuel* s'est fait également un devoir de relater les récompenses officielles accordées aux propagateurs méritants de l'instruction primaire[1], et un honneur de signaler dans ses colonnes le nom de ces obscurs lauréats dont il connaît tout le mérite[2].

Nous n'avons pas mis moins d'empressement à faire connaître les dons privés destinés à fortifier ou à étendre l'action bienfaisante des cours qui s'adressent particulièrement à la classe trop nombreuse des adolescents et des hommes faits, dont l'enfance a été privée de toute instruction, ou qui n'en ont gardé aucun souvenir. A côté du nom de nos honorables éditeurs, qui figure en tête de la liste publiée par le *Moniteur*[3], la feuille officielle nous a apporté, dans ces derniers temps, un contingent nouveau de

---

1. Voir dans le *Petit Manuel*, année 1865, numéro 12, page 327, l'arrêté du 18 novembre.
2. Voir *Petit Manuel*, année 1865, numéro 11, page 313.
3. Voir plus loin, aux *Documents*.

dons offerts au même titre, et qui témoignent des mêmes intentions.

C'est d'abord le ministre de l'instruction publique lui-même qui crée en son nom personnel cinq médailles de 100 fr.; puis M. C. Robert, secrétaire général, qui s'inscrit pour cinq médailles de 50 fr. ; M. Glachant, directeur du personnel, pour deux médailles de 50 fr.; M. Anatole Duruy, chef du cabinet, pour deux médailles de 50 fr.

M. de Persigny fonde une médaille spéciale à décerner au meilleur instituteur du département de la Loire.

M. Haentjens, député de la Sarthe, met à la disposition du préfet de ce département cinq médailles d'or de 100 fr. et cinq médailles d'argent de 50 fr. pour être distribuées aux dix instituteurs du département qui auront obtenu les résultats les plus heureux par la création de cours d'adultes, gratuits ou non, commencés au plus tard avant le 1er janvier 1866.

M. Frémy, gouverneur du Crédit foncier de France, député de l'Yonne, ajoute à la médaille instituée par l'arrêté du 18 novembre deux médailles d'or de 100 fr. chacune.

M. le comte de Jaucourt, député de Seine-et-Marne, fonde, pour l'arrondissement de Meaux et les cantons de Brie et Tournan, des prix cantonaux de 50 fr. et une médaille de 100 fr. destinée à celui des instituteurs de ces cantons qui aura obtenu les meilleurs résultats dans la direction d'une classe d'adultes.

M. Josseau, député du même département, offre pour 1866 deux médailles d'argent et deux médailles en vermeil aux instituteurs des arrondissements de Coulommiers et de Provins qui auront fait les efforts les plus habiles et les plus heureux pour diminuer dans leur commune le nombre des jeunes gens illettrés.

M. Adolphe Moreau, maître des requêtes au conseil d'État, met à la disposition du ministre pendant cinq ans : 1° une médaille de 300 fr. pour celui des instituteurs du canton de Fère en Tardenois (Aisne), qui, par l'ensemble de son enseignement, aura le plus contribué à répandre dans sa commune le goût de l'instruction et à augmenter la fréquentation des classes du jour et du soir ; 2° deux prix de 100 francs chacun, qui seront distribués à la suite d'un concours ouvert entre les élèves de toutes les écoles du canton.

M. Paul Dalloz, directeur du *Moniteur universel*, met cinq médailles de 100 fr. à la disposition du ministre; M. Latour du Moulin, député, fonde deux médailles de 100 fr. pour le département du Doubs; M. Edouard Rodrigues, président de l'Orphéon, une médaille de 100 fr. à la disposition du ministre; M. Casimir Noël, notaire honoraire, une médaille de 100 fr. pour le canton de Gournay (Seine-Inférieure).

M. Le Ray, membre du Conseil général de la Mayenne, a demandé l'autorisation de créer une médaille d'or de 100 qui serait attribuée chaque année à un instituteur de l'arrondissement de Mayenne, le jour de la fête donnée par la Société d'agriculture.

La fondatrice d'une école de la Mayenne a légué 4000 fr. « pour l'éclairage et l'entretien de la classe des adultes. »

Quinze médailles de 50 francs ont été offertes par un anonyme; deux médailles de même valeur par un autre anonyme.

MM. Pleyel, Wolff et Cie, facteurs de pianos, à Paris, mettent une somme annuelle de 200 fr. à la disposition du ministre pour une période de quatre années, et qui servira à créer quatre médailles de 50 fr.

M. Jules Delalain éditeur, ancien adjoint à Paris, crée deux médailles de 100 fr. chacune, pour le département de la Seine.

D'autres éditeurs, MM. Delagrave et Cie, ont mis à la disposition du ministère, comme récompense aux instituteurs les plus zélés pour les classes d'adultes, une collection de livres utiles. Cette donation se renouvellera tous les ans.

Et le *Moniteur*, en constatant l'acceptation de cette offre par le ministère, remarque que, grâce à ces libéralités, les récompenses réservées aux instituteurs pourront être aussi variées que le comportent leurs situations diverses, l'administration pouvant, suivant les circonstances, leur décerner une médaille ou des livres, en laissant toujours au lauréat, lorsqu'il s'agira d'une médaille, la faculté d'en demander la valeur en argent.

Cinq mille cahiers d'écriture et cinq mille cahiers d'orthographe pouvant servir à l'instruction complète de 450 adultes, et représentant ensemble une valeur d'environ 800 fr. ont été également offerts au ministre par MM. Godchaux et Cie. Le ministre a décidé que ces cahiers seraient mis à la disposition du préfet de la Lozère, les fournitures de classes faisant généralement défaut dans les nombreux cours d'adultes de ce département.

Citons encore un lot de livres donné par M. Dumaine, libraire-éditeur, pour la bibliothèque militaire du poste du ministère de l'instruction publique.

En accumulant tous ces documents, nous n'avons voulu montrer qu'une chose, l'importance qu'a prise, dans ces dernières années, l'instruction primaire, le grand rôle qu'on lui attribue, les grandes choses qu'on attend d'elle.

Confiance donc et courage, telle doit être

la devise de tous ceux qui, n'importe à quel titre, s'en occupent ou s'y intéressent.

Charles DEFODON.

EXERCICES DIVERS A L'USAGE DES CLASSES.

ARITHMÉTIQUE.

Problèmes divers.

1er *Problème.* — Un banquier a payé pour un billet de 5600 fr., payable dans 14 mois, une somme de 3129 fr. 45 c. D'après quel taux a-t-il escompté ce billet[1]?

Solution. — L'intérêt de 5600^f pendant 14 mois et au taux inconnu est :

$$5600^f - 5129,45 = 470^f,55.$$

Cette somme eût rapporté en un mois :

$$\frac{470^f,55}{14};$$

en un an :

$$\frac{470,55 \times 12}{14}.$$

L'intérêt de 1^f en un an est donc

$$\frac{470,55 \times 12}{14 \times 5600};$$

et celui de 100^f :

$$\frac{470,55 \times 1200}{14 \times 5600} = \frac{470,55 \times 6}{7 \times 56} = \frac{470,55 \times 3}{7 \times 28},$$

ou

$$\frac{1411,65}{196} = 7^f,24.$$

Ainsi le taux de l'escompte était 7,25 pour 100 environ.

2e *Problème*[2]. — Une personne place les $\frac{4}{5}$ de ses fonds à 5 pour 100 et l'autre cinquième à 4 pour 100. Au bout de l'année elle retire, capital et intérêts compris, 12 445 fr. Quel était le capital ainsi placé?

Solution. — Si la personne avait eu un capital de 100 fr., elle eût placé 80 fr. à 5 pour 100 et 20 fr. à 4 pour 100; l'intérêt ainsi obtenu eût été :

$$4^f + 0^f,80,$$

et l'intérêt plus le capital eût été :

$$100^f + 4^f,80 = 104^f,80.$$

Si l'on représente par x le capital inconnu, on a la proportion

$$\frac{104^f,80}{100} = \frac{12445}{x};$$

---

1. Ressort de l'académie de Nancy, deuxième session de 1865, aspirantes, brevet du deuxième ordre.
2. Donné dans le ressort de l'académie de Nancy, aux aspirants au brevet simple. 1re session de 1865.

ce capital est donc égal à

$$\frac{1244500}{104,80},$$

c'est-à-dire :

$$11\,875^f.$$

3e *Problème*[1]. — Deux personnes ont fait chacune un héritage; la première a reçu 6247 fr. 85, et cette somme est les $\frac{7}{9}$ de l'héritage de la seconde. On demande ce qu'a reçu cette dernière.

Solution. — Puisque 6247^f,87 représentent les $\frac{7}{9}$ de la somme cherchée, $\frac{1}{9}$ de cette somme est :

$$\frac{6247,87}{7},$$

et les $\frac{9}{9}$ de cette somme ou bien la somme inconnue toute entière est :

$$\frac{6247,87 \times 9}{7} = 8032^f,95.$$

Ainsi le second héritage s'élevait à

$$8032^f,95.$$

4e *Problème.* — Le sucre coûte 0^f,75 les 500 grammes; un pain de sucre a coûté 15 fr. Combien pèse-t-il?

Solution. — Le kilogramme de sucre coûte, d'après les données de l'énoncé, 1^f,50. Par suite, autant de fois 1^f,50 seront contenus dans 15 fr., autant de fois le poids du pain de sucre renfermera de kilogrammes.

Ainsi le poids cherché est égal à

$$1^{kil} \times \frac{15}{1,50} = 10 \text{ kilog.}$$

5e *Problème.* — Un cultivateur possède un terrain rectangulaire dont la largeur est 125^m,65 et la longueur 632^m,41. Le propriétaire voisin consent à lui en échanger une portion telle que le terrain du cultivateur devienne carré. On demande quel est le côté de ce carré.

Solution. — La surface du premier terrain est, en mètres carrés :

$$632,41 \times 125,65 = 79462^{m.q},3165.$$

Il faut trouver le côté du carré équivalent cette surface. Or la surface d'un carré renferme autant de mètres carrés qu'il y a d'unités dans le carré du nombre de mètres qui représente son côté; par conséquent le côté du carré cherché est :

$$\sqrt{79462,3165}^{m},$$

ou

$$281,90$$

à 1 centimètre près par excès.

6e *Problème.* — Une personne a placé à intérêt simple, au taux de $5 + \frac{5}{6}$ pour 100, une somme de 17564 f. le 18 mars 1861; on demande à combien s'élèvent les intérêts de cette somme le 1er août 1865.

---

1. Proposé aux aspirants au brevet simple dans le département de la Seine, deuxième session 1865.

Solution. — Comptons l'intervalle de temps qui sépare le 18 mars 1861 du 1er août 1865. — Il y a d'abord 4 ans depuis l'origine du placement jusqu'au 18 août 1865, et parmi ces quatre années il y a une année bissextile (1864). Maintenant, du 18 mars midi au 31 mars midi il y a 13 jours, et si l'on ajoute à ce nombre les 30 jours du mois d'avril, les 31 jours du mois de mai, les 30 jours du mois de juin et les 31 jours du mois de juillet l'on trouve 135 jours ; par conséquent l'intervalle cherché se compose de

$$4^{ans} + 135 = 365^j \times 4 + 135 + 1 = 1596,$$

puisqu'il y a une année bissextile et que l'intérêt s'acquiert par jour ainsi que l'a décidé la Cour de cassation. (Nous avons déjà insisté sur ce point dans le *Manuel.*)

L'intérêt de 17564 fr. en un jour est :

$$\frac{\left(5 + \frac{5}{6}\right) \times 17564}{365 \times 100}$$

et pendant 1596 jours :

$$\frac{\left(5 + \frac{5}{6}\right) \times 17564 \times 1596}{365 \times 100}.$$

Cette expression revient à

$$\frac{35 \times 17564 \times 1596}{6 \times 365 \times 100},$$

et se réduit à

$$\frac{7 \times 17564 \times 266}{7300}$$

par la suppression des facteurs communs 5 et 6. On trouve, en faisant les calculs, que l'intérêt est égal à

$$\frac{32704168^f}{7300},$$

ou bien

$$4480^f.$$

7e *Problème.* — Étant donné le nombre 5167, voir s'il est la différence des cubes de deux autres nombres entiers consécutifs et trouver ces nombres.

Solution. — La différence des cubes de deux nombres entiers consécutifs est égale à 3 fois le carré du plus petit, plus 3 fois le plus petit plus 1. Par suite, si 5167 est la différence entre deux cubes consécutifs, le nombre 5166 est égal à 3 fois le carré du plus petit nombre plus 3 fois ce nombre, et le quotient

$$\frac{5166}{3} = 1722$$

est égal au carré du plus petit nombre augmenté de ce nombre. Cette dernière condition peut s'exprimer autrement ; on peut dire que 1722 est égal au produit du plus petit nombre inconnu multiplié par ce nombre augmenté d'une unité. Cherchons les diviseurs de 1722.

1722	1
861	2
287	3, 6
41	7, 14, 21, 42
	41, 82, 123, 246, 287, 574, 861, 1722

Si parmi ces diviseurs nous trouvons deux nombres entiers dont le produit passe 1722, ces deux nombres consécutifs seront les inconnues de la question. Or il n'y a que les diviseurs 41 et 42 qui remplissent cette question. Ainsi 41 et 42 sont les deux nombres cherchés ; pour vérifier on peut faire le calcul suivant :

$$42^3 = 74088$$
$$41^3 = 68921$$
$$\text{Différence} = \overline{5167}$$

8e *Problème.* — Partager le nombre 12000 proportionnellement aux nombres $13 \frac{2}{3}$, $8 \frac{5}{6}$, $5 \frac{3}{4}$ et $3 \frac{11}{12}$.

Solution. — La somme des nombres proportionnels est :

$$+ \frac{2}{3} + 8 + \frac{5}{6} + 5 + \frac{3}{4} + 3 + \frac{11}{12},$$

ce qui fait :

$$29 + \frac{8 + 10 + 9 + 11}{12},$$

ou

$$29 + \frac{38}{12} = 32 + \frac{1}{6}.$$

Il faut diviser la somme à partager par la somme $32 + \frac{1}{6}$ et multiplier le résultat successivement par chacun des nombres proportionnels.

Or :

$$12000 : 32 + \frac{1}{6} = \frac{12000 \times 6}{193},$$

ou

$$\frac{72000}{193} = 393^f,057.$$

La première part sera donc :

$$373,057 \times \left(13 + \frac{2}{3}\right),$$

ou

$$373,057 \times \frac{41}{3} = 5098,44 ;$$

la seconde sera :

$$373,057 \times \left(8 + \frac{5}{6}\right),$$

ou

$$373,057 \times \frac{53}{6} = 3295,34 ;$$

la troisième sera :

$$373,057 \times \left(5 + \frac{3}{4}\right),$$

ou

$$373,057 \times \frac{23}{4} = 2145,08 ;$$

et la quatrième sera :

$$373,057 \times \left(3 + \frac{11}{12}\right),$$

ou

$$373,057 \times \frac{47}{12} = 1461,14.$$

Comme vérification, la somme des quatre parts doit faire 12 000.

9e *Problème.* — Une somme inconnue, mais inférieure à 10 000 fr., est exactement payable en francs, en florins (monnaie allemande) et en souverains (monnaie anglaise). Trouver cette somme, sachant qu'un florin vaut 2 fr. 20 c., et qu'un souverain vaut 25 fr. 12 c.

Solution. — En prenant le centime pour unité, on voit que

Un franc vaut......... 100 centimes.
Un florin vaut........ 220   —
Un souverain vaut.... 2512

La somme inconnue doit être un multiple de ces trois nombres de centimes. Or si l'on décompose ces trois nombres en facteurs premiers, on trouve :

$$220 = 2^2 \times 5 \times 11,$$
$$2512 = 2^4 \times 157,$$
$$100 = 2^2 \times 5^2.$$

Le plus petit multiple commun à ces nombres est :

$$2^2 \times 5^2 \times 11 \times 157,$$

ou

$$55 \times 11 \times 2512 = 690800 ;$$

ainsi la somme demandée est un multiple de

$$6908^f.$$

or le seul multiple de 6908 inférieur à 10000 est 6908; la question proposée n'admet donc qu'une solution qui est 6908 fr.

Comme vérification, calculons les nombres de florins et de souverains renfermés dans cette somme, nous trouvons que le nombre de florins est :

$$2^2 \times 5 \times 157 = 3140,$$

et que le nombre des souverains est :

$$5^2 \times 11 = 275.$$

Le nombre proposé satisfait donc aux conditions indiquées dans l'énoncé, et c'est le seul.

10ᵉ Problème. — Un négociant achète du plomb dans une mine d'Angleterre, et le volume de ce plomb est de 7 pieds cubes anglais. Calculer en livres anglaises le poids de ce plomb, sachant :

1° Que la densité de ce plomb est 11,35 ;
2° Qu'un pied anglais vaut 30^{cent},48 ;
3° Qu'une livre anglaise vaut 453^{gr},6·

Solution. — Le volume du pied cube anglais est, en mètre cube :

$$1^{m \cdot c} \times \overline{0,3048}^3 = 0^{m \cdot c},028316547.$$

Le poids d'un pied cube d'eau serait donc en kilogrammes :

$$1000^{kil} \times 0,028316547 = 28^{kil},3165,$$

et en livres anglaises :

$$28316,5 : 453,6.$$

Le poids d'un pied cube en plomb s'obtiendra en multipliant par 11,35 le résultat précédent; il sera donc :

$$\frac{283165 \times 11,35}{4536},$$

et le poids de 7 pieds cubes sera :

$$\frac{283165 \times 11,35 \times 7}{4356}.$$

Supprimant le facteur 7 il reste à calculer l'expression

$$\frac{283165 \times 11.35}{648} = 4960 \text{ livres,}$$

à une livre près par excès.

11ᵉ Problème. — On a trois lingots, le premier au titre de 0,950, le deuxième au titre de 0,900 et le troisième au titre de 0,720. On demande de former un quatrième lingot au titre de 0,880 et du poids de 2^{kilos},840, en employant des poids égaux du premier et du second lingot.

Solution. — Si on prend autant du premier lingot que du second on obtient un alliage au titre de

$$\frac{0,950 + 0,900}{2} = 0,925.$$

La question revient donc à former un alliage au titre de 0,880 avec deux autres alliages dont les titres sont 0,925 et 0,720.

Quand on prend 1 kilogramme du lingot au titre de 0,925, on a un excès d'or égal à

$$925^{gr} - 880^{gr} = 45^{gr} ;$$

au contraire, dans 1 kilogramme du second lingot, il manque un poids d'or égal à

$$880 - 720 = 160^{gr}.$$

Il résulte de ces deux remarques qu'il faudra prendre 160 kilogrammes du lingot au titre de 925 pour 45 kilogrammes du lingot au titre de 720, afin d'avoir un alliage au titre de 0,720.

En effet, dans 160 kilogrammes du premier, il y a un excédant d'or égal à

$$45^{gr} \times 60,$$

et dans 45 kilogrammes du second, il manque un un poids d'or égal à

$$160^{gr} \times 45 ;$$

il y a donc compensation.

La question revient donc à partager 2480 en parties proportionnelles à 160 et 45. Ainsi l'on doit prendre du lingot à 0,925 un poids égal à

$$\frac{2,840 \times 160}{205} = \frac{2,840 \times 32}{41} = \frac{2,840 \times 4}{7},$$

ou

$$69^g,2682 \times 32 = 2216^g,5824.$$

Quant au lingot qui est au titre de 0,720, il faut en prendre un poids égal à

$$\frac{2,840 \times 45}{205} = \frac{2,840 \times 9}{41}.$$

Il est facile maintenant d'obtenir les inconnues du problème proposé; nous voyons qu'il faut fondre un poids du premier lingot égal à

$$1108^{gr},29 ;$$

un poids du second lingot égal aussi à

$$1108^{gr},29 ;$$

et un poids du troisième égal à

$$623^{gr},42.$$

La somme de ces poids reproduit bien

$$2840 \text{ kilog.}$$

E. Burat.

LANGUE FRANÇAISE.

ÉLÉMENTS DE LA GRAMMAIRE.

§ 1. — Du Nom.

3ᵉ Exercice.

De l'emploi des noms.

Le maître dictera aux élèves les phrases suivantes. Les élèves désigneront d'abord le genre et le nombre des noms qui y sont contenus comme il leur a été indiqué dans le 1ᵉʳ exercice. Ils écriront ensuite au singulier les noms qui sont au pluriel, et au pluriel ceux qui sont au singulier.

Une perce-neige.

J'eus le plaisir, il y a huit jours, d'assister à une fête d'enfants. La réunion fut brillante et joyeuse; le matin, malgré le froid de la saison, on courut, on se promena, on joua à divers jeux; le soir, il y eut un bal, pareil à ceux des grandes personnes. Mais je ne veux vous parler ni de la gaieté des convives, ni des rondes, ni des chants, ni même des brioches ou des confitures : je veux au contraire vous raconter une histoire sérieuse, celle d'une petite fleur que je remarquai dans une corbeille, parmi les tulipes, les roses et les violettes. Les autres fleurs se trouvaient heureuses au milieu des lumières et de la chaleur; elle seule était triste, et voici comment elle racontait ses douleurs à la tulipe, sa voisine :

« Je m'appelle Perce-Neige. Je naquis au milieu des frimas, au fond d'un vallon solitaire; j'eus pour berceau les mousses d'hiver, pour abri le tronc d'un chêne et pour parfum l'odeur pénétrante des branches du thym : le merle venait chanter sur les osiers au-dessus de ma tête. J'étais bien heureuse! Mais une petite fille passa, me cueillit et me plaça dans ce bouquet. Hélas! ni l'éclat des lustres, ni la douce température d'un salon ne peuvent me consoler de mon exil. Je languis et je meurs en regrettant mes sœurs, en regrettant la neige qui me fit éclore, la fraîcheur qui me faisait vivre et les aiguilles de glace qui se formaient sur le filet d'eau, où baignait presque mon pied. »

Ainsi parla la Perce-neige. Tout à coup sa corolle blanche s'inclina de plus en plus sur sa tige verte, et cette fleur, née d'un sourire de l'hiver, mourut au milieu d'une fête, regrettant ce que les plantes appellent le terrain natal, et ce que les hommes nomment la patrie. — Cécile REGNARD.

4ᵉ Exercice.

Du genre dans les noms.

Le maître dictera aux élèves les noms suivants. Les élèves distingueront d'abord, comme précédemment, les noms masculins et les noms féminins; ensuite, ils écriront parallèlement sur deux colonnes ceux qui doivent être rapprochés par l'espèce, de cette manière :

Mâle.	*Femelle.*
Chat,	Chatte,
Chien,	Chienne, etc.

Bélier. — Chatte. — Biche. — Tourtereau. — Dinde. — Cheval. — Truie. — Bouc. — Brebis. — Chèvre. — Chat. — Dindon. — Cerf. — Jument. — Tourterelle. — Porc.

5ᵉ Exercice.

Même sujet.

Les élèves composeront de petites phrases dans lesquelles ils feront entrer deux à deux les noms qui désignent des animaux de même espèce.

Le maître pourra proposer les phrases suivantes :

Le *bélier* paît avec la *brebis*. — Le *chat* et la *chatte* poursuivent les souris. — Le *cerf* et la *biche* vivent dans les bois. — J'ai acheté à un petit garçon un *tourtereau* et une *tourterelle*. — Le *dindon* est ordinairement plus gros que la *dinde*. — Mon père a dans son écurie un *cheval* et une *jument*. — Le *porc* et la *truie* sont deux animaux très-voraces. — Il y a dans ce troupeau un *bouc* noir et une *chèvre* blanche.

6ᵉ Exercice.

Même sujet.

Comme le 4ᵉ exercice. De plus les élèves formeront une troisième colonne avec les noms, soit masculins, soit féminins, qui ne devront être rapprochés d'aucun autre par l'espèce.

Lièvre. — Anesse. — Renard. — Corbeau. — Canard. — Vache. — Coq. — Chienne. — Perroquet. — Souris. — Singe. — Perruche. — Sanglier. — Corneille. — Lion. — Louve. — Rat. — Hase. — Ane. — Taureau. — Poule. — Cane. — Laie. — Loup.

7ᵉ Exercice.

Même sujet.

Les élèves composeront deux séries de petites phrases; dans la première, ils feront entrer deux à deux les noms qui leur ont été donnés dans le 4ᵉ et le 6ᵉ exercice, et qui désignent des animaux de même espèce; dans la seconde, chacun des noms qui ne doivent être rapprochés d'aucun autre par l'espèce.

Le maître pourra proposer les phrases suivantes :

1ʳᵉ *série*. — L'oncle de Pierre a tué à la chasse un *lièvre* et une *hase*. — Mon *âne* est plus docile que votre *ânesse*. — Je n'ai dans ma basse-cour qu'un *canard* et une *cane*. — Le *taureau* est bien plus fort que la *vache*. — Mettez ce *coq* et cette *poule* dans le poulailler. — On vient de me faire cadeau d'un *chien* et d'une *chienne*. — Les gardes ont trouvé dans ce bois la bauge d'une *laie* et d'un *sanglier*. — Le *lion* et la *lionne* sont les plus beaux de tous les animaux féroces. — On a vu, tout près du village, un *loup* et une *louve*.

2ᵉ *série*. — Je vais vous raconter la fable du *renard* et du *corbeau*. — Le *perroquet* est un des oiseaux qui ont la vie la plus longue. — Je viens de voir une petite *souris* trotter dans la chambre. — Connaissez-vous rien de plus criard que la *perruche*? Les anciens s'imaginaient que la *corneille* avait la connaissance de l'avenir. — Il y a un gros *rat* dans notre cave.

8ᵉ Exercice.

Même sujet.

Le maître dictera les noms suivants. Les élèves en distingueront le genre comme précédemment; ils les rattacheront ensuite, d'après l'espèce, aux noms déjà donnés, de cette manière :

Mâle.	Femelle.	Petit.
Cerf.	Biche.	Faon.

Poulain. — Pouliche. — Chevreau. — Dindonneau. — Anon. — Poussin. — Marcassin. — Caneton. — Lionceau. — Levraut. — Louveteau.

SYNTAXE GÉNÉRALE. — ORTHOGRAPHE D'USAGE.

§ 5. — Du Verbe.

13ᵉ Exercice.

De l'orthographe de certains verbes. — Quatrième conjugaison.

Le maître dictera aux élèves les phrases suivantes; les élèves les compléteront, en se conformant aux indications placées entre parenthèses.

Paul vous a dit un mensonge, et (deuxième personne du pluriel du passé indéfini du verbe *croire*) à sa parole. — Cet arbre (troisième personne du singulier du passé indéfini du verbe *croître*) rapidement. — En vertu des pouvoirs qui m'ont été conférés, je vous (première personne du singulier du présent de l'indicatif du verbe *absoudre*) de votre faute. — J'ai beau mettre toute la modération possible dans mes jugements : vous me (deuxième personne du pluriel du présent de l'indicatif du verbe *contredire*) toujours. — Quand vous aurez goûté le vin de ma cave, vous direz certainement que jamais vous n'en (deuxième personne du pluriel du passé défini du verbe *boire*) d'aussi bon. — Si (deuxième personne du pluriel de l'imparfait de l'indicatif du verbe *faire*) ce que vous avez promis, votre maître (troisième personne du singulier du conditionnel présent du même verbe), à son tour, ce que vous souhaitez depuis si longtemps.

14ᵉ Exercice.

De certains verbes dont l'orthographe est difficile. — Récapitulation des quatre conjugaisons.

Le maître dictera aux élèves les phrases suivantes, en leur faisant souligner, pour at irer leur attention, les mots écrits en italiques.

L'aveugle et le paralytique.

Aidons-nous et *soulageons*-nous les uns les autres. A quoi bon *geindre* et crier ? A quoi bon se *plaindre* de la nature et du sort? Ce sont des forces implacables, qui ne veulent pas que nous les *priions* et que nous *ployions* les genoux devant-elles. *Lève* plutôt la tête, toi qui *souffres*, toi qui *chancelles* sous le poids de la douleur, toi que la misère *rudoie* et *flagelle* dans ton âme et dans ton corps. Regarde autour de toi, et *considère* ceux qui sont à tes côtés, ceux qui *errent* comme toi-même dans les rudes sentiers de la vie : compte sur toi et *espère* en eux, c'est le plus sûr et le meilleur.

Voulez-vous que nous *essayions* ensemble de nous *rappeler* le beau récit de Florian, intitulé l'*Aveugle et le paralytique*, qui prouve si bien la vérité de ce que je viens de vous dire. J'en retrouvais, il y a un instant, quelques vers *en feuilletant* un de mes vieux cahiers où je *recueillais*, étant écolier, tous les beaux morceaux qu'on me *faisait* lire, et si vous n'étiez venus, chers enfants, je vous l'*avouerai* sans rougir, à cette heure encore, j'*essuierais* mes larmes. *Prêtez*-moi donc votre attention : si je dis mal, ou si j'*abrége* trop, votre mémoire *suppléera* à mes souvenirs.

Ils sont deux dans une ville d'Asie, deux sur qui la pauvreté *pèse*, la pauvreté et l'infirmité. Le premier se *traîne* à peine par les rues sur ses genoux per-

clus et meurtris; les yeux de l'autre ne *voient* pas la lumière du ciel : il n'a pas même un chien qui le *mène* : ceux qu'il rencontre *aboient* après lui. Mais un jour, par hasard, ces deux misères se *coudoient*, et voilà qu'elles se *relèvent* comme d'elles-mêmes.

« Mon frère, a dit l'aveugle au paralytique, nous souffrons, nous *peinons* tous deux : mais si vous le voulez, nous *associerons* nos douleurs, et elles deviendront plus légères. Vous avez des yeux; j'ai des jambes : vous vous *appuierez* sur moi, et vous y verrez pour moi et pour vous ; nous nous *protégerons* ainsi l'un l'autre, et nous *remédierons* à ce qui nous manque : nous *oublierons* chacun une part de notre infortune, et, tant qu'il nous sera donné d'avoir un peu de pain à manger, en nous *asseyant* au soleil, nous n'aurons besoin de *maudire* ni de *haïr* personne. »

SYNTAXE PARTICULIÈRE. — DIFFICULTÉS DE LA LANGUE.

§ 4. — Du Pronom.

6ᵉ Exercice.

Des pronoms possessifs.

Le maître dictera aux élèves les questions suivantes, auxquelles ils devront répondre, en s'aidant, au besoin, de la grammaire.

1. Expliquez la différence de sens que présentent ces deux phrases : *Il n'y a pas de meilleure épée que lui*, et : *Il n'y a pas de meilleure épée que la sienne.*

2. Cette phrase : *C'est le sentiment de mon frère et de moi*, est-elle correcte? Si elle ne l'est pas, comment faut-il dire?

3. Expliquez le sens des mots *le tien* et *le mien* dans cette phrase : *Le tien et le mien sont la source de toutes les querelles.*

4. Expliquez le sens des mots *les siens* et *les vôtres* dans cette phrase : *Il viendra, lui et les siens; pourquoi ne viendriez-vous pas, vous et les vôtres?*

Explication.

1. Cette différence tient au sens du mot *épée*, auquel ne s'attache pas, dans les deux phrases, la même idée. Dans la première, le mot *épée* indique, en réalité, un nom de personne: *Une épée, une bonne épée*, pour *un homme d'épée, un homme qui sait bien se servir de l'épée;* comme on dit : *Une bonne plume, un bon violon*, pour signifier : *Un homme qui manie bien la plume, un homme qui joue bien du violon.* Cela étant, le nom, qui indique la personne, appelle, naturellement, le pronom personnel, d'où l'usage du pronom *lui*. La seconde phrase signifie : *L'épée dont il se sert est la meilleure épée qu'il y ait.*

2. On ne peut pas dire : *C'est le sentiment de mon frère et de moi*, parce qu'on ne dit pas : *C'est le sentiment de moi.* Il faut dire : *C'est le sentiment de mon frère et mon sentiment*, ou, en remplaçant le nom et l'adjectif possessif par le pronom possessif correspondant : *C'est le sentiment de mon frère et le mien.*

3. Ici les mots *tien* et *mien* sont de véritables noms signifiant, dans un sens abstrait, *ce qui est à moi, ce qui est à toi, ce qui me fait dire qu'une chose est mienne, ce qui te fait dire qu'une chose est tienne.*

4. Ici encore les mots *les siens* et *les vôtres* sont des noms, lesquels désignent des personnes, *ceux qui sont lui, ceux qui sont de sa famille, de sa société, ceux qui sont à vous,* etc.

7e Exercice.

Des pronoms relatifs.

Le maître dictera aux élèves les questions suivantes, auxquelles ils devront répondre, en s'aidant, au besoin, de la grammaire.

1. Pronom *qui.* Donnez la raison de l'accord du verbe avec son sujet dans les phrases suivantes : *Je suis Samson qui ai fait écrouler les voûtes du temple ; Tu es Samson qui as fait écrouler les voûtes du temple ; Je suis ce Samson qui a fait écrouler les voûtes du temple ; Je ne suis pas Samson qui fit écrouler les voûtes du temple.*

2. Pronom *lequel, laquelle.* Cette phrase : *Aussitôt que je fus débarrassé de mes affaires, j'allai trouver l'intendant de la comtesse, qui me reçut avec beaucoup d'égards,* est-elle correcte? Si elle ne l'est pas, corrigez-la.

3. Dans quels cas l'usage des pronoms *duquel, de laquelle* etc., à la place de *dont* ou de *qui,* est-il indispensable?

Explication.

1. La règle générale, à laquelle il faut rattacher ces sortes de phrases, est celle-ci : Le pronom *qui* n'est par lui-même d'aucun genre, d'aucun nombre, d'aucune personne; quand il est sujet d'une proposition incidente, il prend le caractère du nom qu'il modifie, en le liant à cette proposition; il est, comme ce nom, de la première, de la seconde ou de la troisième personne, soit du singulier, soit du pluriel, et il détermine le verbe dont il est le sujet à prendre celle de ces formes qu'il a tirée de sa liaison avec ce mot[1]. Or, dans notre première phrase, le pronom *qui* se rapporte au mot *Samson,* lequel est de la première personne et du singulier ; le verbe qui suit le relatif se mettra donc à la première personne et au singulier. Dans la seconde, *Samson,* antécédent du pronom *qui,* est de la seconde personne et du singulier ; le verbe qui suit le pronom se mettra au singulier et à la seconde personne. Quand je dis : *Je suis ce Samson,* Samson est déterminé par le pronom *ce,* qui est de la troisième personne ; le pronom *qui* est donc de la troisième personne, et le verbe qui suit le pronom *qui* suivra également la troisième personne. Enfin, dans la dernière phrase, le mot Samson est déterminé par la négation même qui accompagne le premier verbe. *Je ne suis pas Samson,* c'est-à-dire : *Je ne suis pas l'homme qui s'appelle Samson.* Samson est de la troisième personne, par conséquent le verbe qui suit le relatif se rapportant à *Samson* sera de la troisième personne.

2. La phrase donnée n'est pas correcte, parce qu'il y a équivoque. Est-ce l'intendant de la com-

---

1. LAVEAUX, *Dictionnaire raisonné des difficultés grammaticales et et littéraires de langue française,* au mot *Qui.*

tesse qui reçut, ou la comtesse elle-même? Il faut dire : *J'allai trouver l'intendant de la comtesse, lequel me reçut,* ou prendre un autre tour.

3. L'usage du pronom *duquel, de laquelle,* etc., à la place de *dont* ou *de qui,* est indispensable, lorsque le nom dont dépend le relatif est un nom de chose ou d'animal, et que, dépendant lui-même d'une préposition, il se trouve placé avant le relatif. Ainsi on devra dire : *La Seine, dans le lit de laquelle viennent se jeter la Marne et l'Oise; Les animaux à la chair desquels nous devons notre nourriture.*

Quand c'est un nom de personne qui précède le relatif, il est souvent indifférent d'employer *de qui* ou *duquel.* C'est une question d'oreille, et l'emploi même de ces sortes de phrases n'est réglé que par des règles de ce genre, qu'on ne peut guère préciser.

8e Exercice.

Des pronoms indéfinis.

Le maître dictera aux élèves les questions suivantes auxquelles ils devront répondre en s'aidant, au besoin, de la grammaire.

1. Pronom *on.* La phrase suivante : *On croit n'être pas trompé, cependant on nous trompe à tous moments,* est-elle correcte?

2. Pronom *quiconque.* Pourquoi ne peut-on pas dire : *quiconque est riche, il est tout?* En quoi l'emploi du pronom *il* est-il fautif dans cette phrase?

3. Pronom *quelqu'un.* Dans ces deux phrases : *Quelques-uns ont cru voir, dans certains faits présents, l'indice des choses futures,* etc. *Je connais quelques-uns de ces messieurs,* le sens du pronom indéfini est-il le même?

4. Pronom *chacun.* Dans quels cas faut-il employer, après le pronom chacun, le pronom possessif *son, sa, ses;* dans quel cas faut-il employer *leur, leurs?* Dans quel cas faut-il employer *notre, votre, nos, vos?*

5. Pronom *autrui.* Que pensez-vous de cette construction : *Nous reprenons les défauts d'autrui, et nous n'apprécions pas ses qualités.* L'emploi du possessif est-il correct?

6. Pronom *personne.* Indiquez la différence qu'il y a entre *personne* nom et *personne* pronom indéfini.

7. Pronom *rien.* Le pronom *rien* ne peut-il pas quelquefois s'employer négativement sans être accompagné de l'adverbe *ne?* (Voir nos 28 et 29, p. 217 et 226.)

8. Pronom *tout.* Donnez des exemples de l'emploi du mot *tout* employé comme substantif, 2° comme adjectif simple, 3° comme adjectif indéfini, 4° comme pronom indéfini et, 5e comme adverbe.

Explication.

1. La phrase n'est pas correcte, parce qu'elle présente une équivoque; les deux pronoms ne désignent pas, en effet, une même catégorie d'individus; le premier tient la place de *ceux qui croient n'être pas trompés* et le second la place de *ceux qui trompent.* Il faudrait prendre un autre tour et dire, par exemple : *On croit n'être pas trompé, et cependant on est trompé à tous moments.*

2. *Quiconque* tient la place de *tout homme qui*, expression après laquelle le pronom personnel ne peut pas être employé, puisqu'elle contient un relatif ; on n'emploie pas non plus le pronom personnel devant l'expression équivalente, et il faut dire : *Quiconque est riche, est tout.*

3. Dans la première phrase, le sens du pronom est absolu ; *quelques-uns ont cru voir,* c'est-à-dire *quelques personnes,* sans autre désignation. Dans le second, le sens est relatif, se rapportant à une catégorie de personnes dont on a déjà parlé. Dans cette dernière acception, le pronom deut indiquer des personnes ou des choses. *Ces fleurs sont belles, mais quelques-unes sont déjà fanées.*

4. Ces règles demandent quelque explication. *Chacun* est, par lui-même, un mot singulier. D'autre part, l'idée qu'il exprime est double. Quand je dis : *Ils sont venus, chacun, par des chemins différents,* j'ai dans l'esprit une collection d'individus, ceux qui sont venus, et, en même temps, je distingue, dans cette collection, chaque individu pris en particulier, abstraction faite des autres. Ainsi, si les individus qui sont venus sont au nombre de quatre, la phrase que j'employais tout à l'heure équivaut à ceci : Ils sont venus tous les quatre, mais le premier est venu par un chemin, le second, par un autre, le troisième, par un autre, etc. Il suit de là que si, après le mot *chacun,* je veux exprimer un rapport de possession, il se pourra présenter tel cas, où, d'après le rôle que jouera le mot *chacun* dans la phrase ou la place qu'il y occupera, je pourrai employer un possessif indiquant soit l'unité, soit la pluralité, suivant que ce qui me frappera le plus dans l'idée exprimée par le mot *chacun* sera l'individu ou la collection.

Quand le mot *chacun* est sujet de la phrase, il n'y a pas de difficulté. *Chacun* étant un singulier, le possessif devra exprimer l'unité, et l'on dira : *chacun a fait son devoir* et non pas *leur devoir.*

Quand *chacun,* placé comme régime, n'est pas déterminé, c'est encore l'unité qui fait loi : *A chacun suivant ses œuvres,* et non pas *leurs œuvres.*

Quand *chacun* est placé en apposition après un verbe de la première ou de la seconde personne du pluriel, l'usage est formel : le possessif suit la personne du verbe, et prend la forme qui, pour cette personne, indique la pluralité. *Nous avons pris chacun notre chapeau ; vous avez mis chacune votre robe.*

Le point délicat est quand *chacun* se trouve ainsi placé en apposition après un verbe à la troisième personne du pluriel. Doit-on dire : *Ils ont bâti chacun sa maison* ou *chacun leur maison? Ils ont voté, chacun suivant sa conscience,* ou *chacun suivant leur conscience.* Sur ce point, il est difficile de donner des règles précises, et il convient de laisser le jeu très-large à l'usage, à l'intention de celui qui parle ou qui écrit, aux exigences de l'oreille. Ainsi, si je veux peindre, par exemple, l'aspect des rues d'une grande ville aux premières heures de la matinée, je dirai volontiers : on voit les portes s'ouvrir, les ouvriers, les employés, les marchands qui sortent et qui s'en vont, *chacun de leur côté,* à leurs affaires. C'est l'idée de pluralité qui domine dans mon esprit. Si je veux exprimer, au contraire, l'attitude des deux bonnes gens de la Fontaine, à qui Perrin Dandin vient d'offrir une écaille d'huître, je dirai bien plutôt : Ils s'en vont, tout penauds, *chacun de son côté,* l'oreille basse, etc.

5. Oui, la phrase est correcte ; l'usage veut que le pronom *autrui* qui équivaut à cette expression : *tout autre homme, toute autre personne,* puisse être suivi d'un possessif, qui se rapporte, en réalité, au mot *homme* ou au mot *personne* compris dans le mot *autrui.* On dirait de même, avec le pronom *on* : c'est une personne discrète : *on peut lui confier son secret.*

6. *Personne,* employé comme nom, a un sens déterminé ; il est toujours accompagné de l'article ou d'un autre déterminatif ; il a le genre féminin et les deux nombres. Employé comme pronom, il est toujours pris dans un sens indéterminé ; il n'est jamais accompagné de l'article ni d'aucun autre déterminatif ; il est du genre masculin, et il n'a que le singulier.

Eh! *Comptez-vous pour rien* Dieu qui combat pour nous ?]

De même dans ces expressions : *il vit de rien, il se fâche de rien, il a eu cette maison pour rien;* il faut observer que dans ces phrases, *rien* signifie, par exagération, *peu de chose.*

8. 1° Le *tout* est plus grand que sa partie. 2° *Tous* les hommes sont mortels ; il faut observer que dans cette acception, l'adjectif précède l'article de ce nom. 3° Elle demeure *toute* surprise. 4° Il ne sait rien, et il se moque de *tout.* 5° *Tout* habile que vous êtes, vous ne réussirez pas.

Charles DEFODON.

Lettre d'une institutrice à une amie qui gâte son enfant et lui permet de manquer souvent les classes. — Elle lui fera un exposé des défauts qui se développent ordinairement chez une enfant habituée à faire ses volontés, et lui peindra les malheurs qui peuvent résulter pour l'avenir.

SUJET TRAITÉ.

Ma bonne amie,

J'ai encore à noter les absences de notre chère Louise, et par conséquent j'ai encore à me plaindre. Tu connais mon affection pour toi, tu sais combien elle est vive et sincère ; c'est au nom de cette affection que je viens te dire aujourd'hui : tu laisses faire à ton enfant toutes ses volontés, et par là tu lui prépares de grands ennuis, de véritables chagrins.

Nous portons en nous une partie de notre bonheur ; il est dans notre caractère et dans les habitudes que nous avons prises : voilà pourquoi les parents ont, en quelque sorte, dans leurs mains, l'avenir de leurs enfant. Une petite fille gâtée devient presque toujours une jeune personne ignorante et paresseuse, et plus tard une de ces femmes capricieuses qui ne savent jamais ce qu'elles veulent et ne veulent jamais ce qu'il faut.

Louise est naturellement portée au jeu, elle est volontaire et n'aime pas le travail ; c'était à nous

---

1. Donné dans le ressort de l'académie de Montpellier.

deux de réprimer sa jeune imagination, de lui donner le goût de l'étude et surtout de la régularité. J'ai voulu développer en elle ces qualités, corriger son penchant à la paresse et faire disparaître les caprices de son caractère ; j'ai entrepris cette tâche avec tout le dévouement de l'amitié, et je l'aurais sans doute accomplie, si tu m'avais secondée ; mais, il faut bien que je te le dise, ton aveugle tendresse, a rendu mes efforts inutiles, et je vois avec douleur que tu sèmes des ronces sur la route que ta fille doit parcourir.

Jusqu'ici, Louise n'a connu que les joies naïves de son âge. Mais qui peut pénétrer les secrets de la Providence et prévoir les biens ou les maux qu'elle réserve à chacun de nous ? Si ta fille doit posséder la fortune, tu lui ravis, par l'éducation que tu lui donnes, les jouissances qu'elle devrait y trouver, car elle n'aura pas ces habitudes d'ordre et de régularité, qui maintiennent la prospérité des familles. Et, si par quelque retour imprévu, elle est destinée à connaître la souffrance et la gêne, tu lui auras ôté tout ce qui console en pareil cas, et tout ce qui soutient une femme.

Et pourquoi ne pas tout te dire en ce moment ? Ma bonne amie, ce qui manque surtout à ton enfant, c'est le cœur ; et cela vient encore de ta faute, car le cœur a besoin, comme l'esprit, d'une éducation suivie, et il est rare qu'une enfant gâtée ne devienne pas indifférente et égoïste. Elle suit la logique de la nature, quand on n'a pas su lui en enseigner une autre. Louise, habituée à voir tout plier sous sa volonté, croit que tout lui est dû. Les petits services que lui rendent ses compagnes passent pour elle inaperçus ; et, quant à ce qui me regarde personnellement, les soins que je lui donne ne font naître en elle aucun sentiment de reconnaissance ; en un mot, ta fille n'est ni laborieuse, ni prévenante, ni affectueuse, et elle a quatorze ans !

Elle a quatorze ans, ma bonne amie, ne l'oublie pas, je t'en conjure : il est temps encore aujourd'hui, demain peut-être il serait trop tard. Il faut que tu deviennes ferme, que tu changes ta direction ; je t'aiderai de toute mon âme, et sois sûre que nous pourrons faire encore de Louise ce qu'elle promettait de devenir, et ce que tu es toi-même, une femme instruite, laborieuse et bonne.

AUTRE SUJET DE COMPOSITION.

Une jeune fille fait part à son amie du retour de son père qui, négociant à la Guadeloupe, est parti de France depuis quatre ans, et a été exposé aux calamités qui viennent de désoler ce pays. — Elle lui peindra le bonheur qu'elle éprouve de ce retour ; elle lui parlera des occupations auxquelles elle se livre en attendant son père et des préparatifs qu'elle fait pour bien le recevoir.

SUJET TRAITÉ.

Ma bonne Léontine,

Tu as pris part à nos inquiétudes ; tu as compris nos angoisses ; hâte-toi de partager notre joie : mon père n'a pas souffert dans les désastres de la Guadeloupe ; il vit ; il est en route pour la France !

Comprends-tu bien, ma chère amie, le bonheur que renferment ces mots : mon père arrive ! Songe que nous avons été pendant quatre ans, ma mère et moi, privées de sa présence ; que, depuis quatre ans, je n'ai pas entendu le son de sa voix ni reçu ses caresses ? Quelquefois je doute de mon bonheur prochain : j'use, à force de la relire, la lettre qui est venue nous l'annoncer. Tous les matins je prends l'almanach, je marque le jour qui s'est écoulé, comme nous le marquions, tu t'en souviens, pendant la classe, six semaines avant les vacances.

Je passe des heures entières à ma fenêtre ; je regarde les peupliers du chemin, et je me réjouis lorsque le vent leur fait incliner la tête ; je me figure que ce vent doit pousser vers nos côtes le navire qui porte mon père ; puis je rassure ma mère qui croit entendre une tempête dans chaque brise, qui voit un ouragan dans le plus léger nuage. Mon père va venir, mon père vient : je n'ai pas d'autre idée dans l'esprit, ni d'autre mot sur les lèvres, et je rapporte à lui toutes mes actions.

Je m'occupe à embellir sa chambre. J'ai déjà préparé la table sur laquelle il écrira ; j'y ai déposé les livres qu'il aime, je termine le tapis de mousse qui réchauffera ses pieds, lorsque, assis dans son grand fauteuil, il me racontera tous les hasards auxquels il s'est exposé pour moi.

Je travaille à deux bouquets de fleurs artificielles pour orner sa cheminée, et j'ai choisi de préférence celles qui naissent dans ce pays lointain qui l'a gardé si longtemps. Enfin je tricote avec ma mère les rideaux blancs pour ses fenêtres ; nous les doublerons de cerise : ce sera gai comme nos cœurs.

Ces petits ouvrages m'aideront à abréger, s'il est possible, ce mois qui, sans cela, me paraîtrait éternel ; mon père pourra voir, du moins, que sa fille, en l'attendant, a su lui consacrer tous ses instants, comme elle lui envoyait toutes ses pensées.

Je me félicite plus que jamais d'avoir suivi tes conseils en m'appliquant, lorsque j'étais en pension, à ces travaux d'aiguille qui me servent aujourd'hui à tromper les moments de l'attente.

Voilà, ma chère Léontine, comment je passe ma vie ; que Dieu complète bientôt notre félicité, qu'il soit béni pour celle qu'il nous donne dès ce moment !

Cécile REGNARD.

CORRESPONDANCE.

Plusieurs de nos abonnés nous ont demandé divers renseignements relatifs à la contribution des prestations en nature.

Voici ce que nous pouvons leur répondre sur ce sujet.

La contribution des prestations en nature, établie par la loi du 21 mai 1836, est due par tout habitant d'une commune, chef de famille ou d'établissement, à titre de propriétaire, de régisseur, de fermier ou de colon partiaire, porté au rôle des contributions directes, pourvu qu'il soit valide et âgé de dix-huit ans au moins, de soixante ans au plus.

Aucune profession, quelle qu'elle soit, n'est exempte de cet impôt. Ainsi plusieurs arrêts du conseil d'État y astreignent les ecclésiastiques desservants.

Pour ce qui regarde, en particulier, l'instituteur, une décision ministérielle du 20 juin 1857[1] porte qu'il n'est point excepté par la loi de la contribution des prestations, pour les chemins dont il use comme tout autre habitant, et qu'il doit, comme tout autre habitant, contribuer à entretenir. De plus,

----

1. Voir Pitolet, *Guide légal*, p. 1014.

on ne peut le forcer à se libérer en argent; mais s'il acquitte sa prestation en nature, il est dispensé, par cela même, de tenir classe pendant les deux ou trois journées que dure son travail sur les chemins.

Nous ajouterons qu'il nous semble que, dans l'intérêt de ses élèves et aussi de sa dignité personnelle, l'instituteur doit, autant que possible, profiter du bénéfice de la loi qui l'autorise à s'acquitter en argent de l'impôt des prestations.

Charles Defodon.

— Un de nos abonnés nous a envoyé une solution du problème d'arpentage résolu dans notre dernier numéro (janvier 1866). Cette solution indique une étude sérieuse de la question; toutefois, elle n'est pas exacte; *la pente d'une droite est une fraction dont le numérateur est la distance verticale qui sépare deux de ses points, et le dénominateur est la distance horizontale qui sépare leurs projections.*

La distance des deux points que l'on considère ne doit pas être comptée le long de la droite en pente; il ne faut considérer que la distance des deux fils-à-plomb qui partiraient de ces points.

Telle est la première inexactitude de la démonstration qui nous est envoyée.

En second lieu, il ne faut pas supposer que le volume de terre à enlever soit un prisme, car la base AA'D n'est pas parallèle à BCB'; c'est un tronc de prisme et la question doit être résolue comme nous l'avons indiqué. De là les différences que nous signale notre correspondant.

E. Burat.

COMPTE RENDU D'OUVRAGES NOUVEAUX.

Méthode d'enseignement théorique et pratique du système métrique, par M. E. A. Tarnier [1].

La librairie Hachette vient de publier une série de tableaux représentant à une grande échelle l'ensemble des mesures adoptées en France et un livret explicatif de ces dessins.

Les lecteurs du *Petit Manuel* ont pu apprécier par eux-mêmes le soin apporté par l'auteur dans l'exposition de ces diverses mesures et les détails dans lesquels il est

entré; la division méthodique adoptée par M. Tarnier et le questionnaire qui suit chaque leçon facilite la tâche de l'instituteur, et nous pensons que cette nouvelle publication est appelée à rendre de grands services à *l'enseignement primaire* et à *l'enseignement spécial* dont on élabore en ce moment l'organisation et les programmes.

L'une des préoccupations de l'auteur a été de donner des exemples matériels des grandeurs choisies pour unités et d'exercer les élèves à représenter à main levée des objets de grandeur fixée à l'avance. Mener ainsi de front le dessin, l'arithmétique et les éléments de géométrie, tel est le but que doit se proposer tout instituteur; en procédant de cette manière, il développera simultanément et à coup sûr les diverses facultés de l'élève, il exercera tout à la fois ses yeux, sa mémoire et sa raison. Un enfant qui est ainsi conduit à reporter sa pensée sur des objets dont il a mesuré ou dessiné plus d'une fois les dimensions, ne répond plus au hasard et ne prononce pas des mots dont il ne comprend pas l'exacte signification.

On a remarqué bien souvent que les apprentis ou les jeunes ouvriers font des progrès rapides dans les sciences exactes lorsqu'ils sont en position de suivre des cours d'adultes et qu'une volonté énergique triomphe de la fatigue qu'amène toujours après elle une journée de labeur. C'est qu'en voyant des machines variées, des mouvements compliqués, des objets matériels dont la forme varie à chaque instant sous l'action des outils, ils sont naturellement portés à analyser et à réfléchir. Sous ce point de vue ils ne sont pas inférieurs aux jeunes gens de même âge dans nos lycées; ceux-ci ont appris par cœur les règles de grammaire d'une langue morte ou des textes dont le sens leur échappe souvent, ils ont plutôt cultivé leur mémoire que leur raison, et la mémoire est la pire des choses en mathématiques lorsqu'elle n'est pas au service d'une raison sûre et d'un jugement exercé.

L'une des plus grandes difficultés que rencontre un instituteur est de fixer l'attention de l'élève et de l'habituer à ne prononcer que des mots dont il comprenne bien le sens.

Cette rude tâche est facilitée quand le maître a sous la main des tableaux représentant sur une grande échelle les objets de l'enseignement; aussi la Convention, qui a propagé si énergiquement le système métrique, avait décrété que de belles gravures,

---

1. Cette Méthode comprend 1° les *Tableaux du système métrique*, donnant la représentation exacte des poids, mesures, monnaies, etc.; — 2° le *Livret explicatif* des tableaux du système métrique, 1 volume in-8, broché, 2 fr.

Voir aux annonces.

Nos lecteurs ont pu juger du mérite de la méthode de M. Tarnier, par les différents extraits que nous leur en avons donnés l'année dernière. Voir Petit Manuel, année 1865, les instruments de pesage, n° 11 et n° 12, pages 281 et 310.

(Note de la rédaction.)

des tableaux fidèles seraient répandus dans toute la France.

Ces beaux dessins, qui ont été exécutés avec une précision remarquable et un fini dans le trait qui même aujourd'hui nous étonne, sont fort rares maintenant, ils se trouvent enfouis dans les bureaux de vérification des poids et mesures, et je connais bien des maisons d'éducation, des colléges et même plus d'un lycée où le système métrique est enseigné d'une manière abstraite, sans figures ou dessins pouvant donner à l'élève un terme de comparaison qui reste gravé dans sa mémoire.

Cette lacune peut facilement disparaître, grâce à la publication que nous signalons aujourd'hui : M. Tarnier a bien compris que de simples dessins resteraient enfermés dans des cartons et *conservés* avec soin au grand préjudice des élèves ; ces dessins peuvent former tableau ou être collés sur carton et former, pour les cours d'une classe, un ornement utile et peu dispendieux.

E. BURAT.

LECTURES A L'USAGE DES ÉLÈVES.

A TOUT PÉCHÉ MISÉRICORDE.

PROVERBE EN DEUX ACTES.

SCÈNE XI.

(Suite.)

M. PUPUSSE, *très-animé.*

Fausse route ? Je dis, moi, que c'est à présent que vous faites fausse route ? Et je sais, puisqu'on me force à le dire, que Valentin est le bourreau Tristan l'Ermite, bourreau d'un roi. (*Le brigadier, le curé, les gendarmes éclatent de rire ; Valentin lui-même sourit.*)

LE BRIGADIER, *riant.*

Il fallait donc vous expliquer plus tôt, monsieur Pupusse. Si j'avais su que M. Valentin fût un bourreau, et, bien mieux, un bourreau de roi, je me serais bien donné de garde de l'approcher. A revoir, monsieur Valentin ; bien pardon de la visite. (*Le brigadier veut 'ir ; M. Clopet entre tout effaré.*)

M. CLOPET, *essoufflé.*

Monsieur le brigadier, je suis volé ! On m'a volé ! Il m'a volé !

LE BRIGADIER.

Volé de quoi ? Qui vous a volé ? Qui soupçonnez-vous ?

M. CLOPET.

Volé de mon argent ! Volé de soixante-deux francs que j'avais en caisse ! C'est le coquin de mendiant de tout à l'heure qui m'a volé ! C'est lui que je soupçonne, par conséquent.

LE BRIGADIER.

Ah ! tout juste l'homme que nous cherchons, qui est un forçat évadé. (*Le brigadier regarde Valentin qui est très-pâle*). Monsieur Valentin, ce mendiant auquel vous avez donné votre argent, quelle mine avait-il ?

VALENTIN.

Je ne l'ai pas beaucoup regardé ; je ne saurais vous dire quel air il a.

LE BRIGADIER.

Vous ne pourriez pas me donner son signalement ? Il faut (*il appuie sur ce mot*) que vous vous le rappeliez, et que vous le donniez.

VALENTIN.

Il est grand comme moi, roux de cheveux, rouge de teint, nez pointu, bouche fine et serrée, menton de galoche.

LE BRIGADIER.

C'est bien cela, l'homme que nous cherchons : RONDEBŒUF. Par où est-il passé en sortant de chez vous ?

VALENTIN.

Il est entré chez M. Clopet ; je ne l'ai plus revu. (*Le brigadier fait signe aux deux gendarmes de le suivre et s'éloigne rapidement. M. Clopet rentre chez lui fort agité.*)

SCÈNE XII.

VALENTIN, LE CURÉ, M. PUPUSSE, DÉSIRÉ.

M. PUPUSSE, *mécontent.*

Monsieur Valentin ?

VALENTIN.

Monsieur Pupusse ?

M. PUPUSSE.

Il y a quelque chose de ténébreux dans cette affaire ! Il faudra bien que je la démêle et que vous y passiez. D'abord, il faut que je sache d'où vous venez et de quel pays est votre famille ?

VALENTIN, *froidement.*

Je n'en vois pas la nécessité.

M. PUPUSSE.

Si fait, monsieur, il y a nécessité, et je vous somme de m'instruire sur ce point important.

VALENTIN.

Je vous ai déjà dit, monsieur Pupusse, que je n'en vois pas la nécessité.

M. PUPUSSE.

Ah ! c'est comme ça ! Eh bien ! monsieur, j'ai dit et je maintiens que vous êtes bourreau, bourreau déjà fameux dans l'histoire ; que vos mains sont teintes du sang de vos semblables, des malheureuses victimes que vous avez immolées à la férocité de votre royal maître ! Je sais l'histoire, monsieur ! J'ai lu celle de vos méfaits, et je somme M. le curé de vous interdire les lieux sacrés, l'église et le cimetière, et de ne pas vous enterrer en terre sainte.

VALENTIN.

Monsieur Pupusse, il n'est pas encore question de m'enterrer, je pense ; ainsi, il n'y a pas matière à discussion.

M. PUPUSSE.

Monsieur le curé, je vous somme de me répondre.

LE CURÉ.

Monsieur Pupusse, vous n'avez aucun droit de m'interroger ; je n'ai donc pas l'obligation de vous répondre.

M. PUPUSSE.

En qualité de notable de la commune, je somme Désiré de nous redire devant M. le curé votre causerie avec votre compagnon de chaîne.

VALENTIN, *frémit et pâlit.*

Et moi, monsieur, je vous somme de vous taire et de me laisser tranquille chez moi avec les personnes qui s'y trouvent.

M. PUPUSSE.

C'est bien, monsieur Valentin; je m'en vais, et vous ne me prendrez plus à remettre les pieds chez vous! Un bourreau! Jolie société! (*Il sort en colère.*)

SCÈNE XIII.

VALENTIN, LE CURÉ, DÉSIRÉ.

DÉSIRÉ.

Monsieur Valentin, vous avez toujours été bon pour moi; tantôt vous m'avez donné de bons conseils; j'ai de l'amitié pour vous, et soyez tranquille, je ne vous trahirai pas.

VALENTIN, *inquiet.*

Comment pourrais-tu me trahir, mon ami?

DÉSIRÉ.

En redisant ce que vous a dit votre ami l'ERMITE, qui vous appelait TRISTAN et son compagnon de chaîne, et qui paraissait vous faire peur. J'ai vu qu'il vous a pris votre argent, que ce n'est pas vous qui le lui avez donné, mais que vous n'osiez le lui refuser. Et je suis bien fâché d'avoir dit quelque chose de cela aux autres, parce que je vois à présent que ça pourrait vous nuire. Je ne sais pas comment, par exemple; mais je devine que ça vous contarie. Ainsi, voilà-t-il pas M. Pupusse qui se figure que votre compagnon de chaîne, ça veut dire le camarade qui portait les chaînes pour attacher les condamnés. Je n'ai pas lu comme lui, moi, mais je sais bien que ce n'est pas ça et que ce serait plutôt....

LE CURÉ.

Que veux-tu dire, Désiré? Achève ta pensée, mon garçon; n'aie pas peur.

DÉSIRÉ, *baissant la voix.*

Que ce serait plutôt.... la chaîne.... du galérien. (*Valentin s'appuie sur son établi: le curé lui dit à l'oreille, en lui serrant la main :* « Courage, mon ami, ne vous trahissez pas! »)

LE CURÉ, *donnant une petite tape amicale sur la joue de Désiré,*

Tu es un bon garçon, Désiré; c'est très-bien à toi d'être reconnaissant et de ne pas vouloir faire de tort à un homme qui t'a fait du bien. Mais, rassure-toi; Valentin est un brave et honnête ouvrier! Je le connais à fond! et je le garantis digne de notre estime et de notre confiance à tous.

DÉSIRÉ.

Je suis content, monsieur le curé, que vous parliez comme ça de M. Valentin. Je pourrai le redire aux autres, mais je ne parlerai pas de ce qu'a dit l'autre.

LE CURÉ.

Non, mon garçon, n'en parle pas! Il y a des gens qui pourraient mal comprendre la chose, comme l'a fait, par exemple, M. Pupusse; et ce serait désagréable pour notre bon Valentin. (*On entend du bruit et des cris dans la rue*).

SCÈNE XIV.

LES PRÉDÉDENTS, M. CLOPET, M. PUPUSSE, LE BRIGADIER, LES DEUX GENDARMES, *qui tiennent* LE MENDIANT.

LE MENDIANT, *se débattant.*

Je vous dis que vous êtes dans l'erreur la plus grande! Je suis un pauvre mendiant; je ne connais seulement pas votre M. Clopet, et quant à ce brave menuisier qui a été touché de ma position et qui m'a donné quelque argent, je ne lui ai rien pris malgré lui; il vous le dira bien.

LE BRIGADIER.

Pas tant de bruit, Rondebœuf. Je vous connais! Inutile de vous en défendre! Comment expliquez-vous l'argent que vous avez sur vous?

LE MENDIANT.

Pas difficile, allez! C'est ce bon menuisier qui me l'a donné. Pas vrai, menuisier?

VALENTIN, *d'une voix faible.*

C'est vrai !

LE BRIGADIER.

Combien lui avez-vous donné, monsieur Valentin?

VALENTIN.

Cent trente francs, monsieur le brigadier. (*Chacun paraît surpris.*)

LE MENDIANT.

Vous voyez bien ?

LE BRIGADIER.

Et comment aviez-vous cent quatre-vingt-douze francs dans votre sac?

M. CLOPET.

Voyez-vous ça! Tout juste mes soixante-deux francs.

LE MENDIANT.

Monsieur se trompe! Ni vu ni connu!

LE BRIGADIER.

Vous êtes pourtant entré chez M. Clopet.

LE MENDIANT.

Ni vu ni connu, mon brigadier! Je le jure !

LE BRIGADIER.

M. Valentin a pourtant déclaré que vous étiez entré chez M. Clopet en sortant de chez lui.

LE MENDIANT, *se retournant vivement vers Valentin.* Tu as dis ça, toi? Tu as pu dire ça ?

VALENTIN.

J'ai dit la vérité! J'ai dû la dire.

LE MENDIANT.

Ah! tu aimes la vérité! toi! et tu trahis un ami pour ta vérité! Eh bien ! je l'aime aussi, moi, et je vais la dire, moi, car, aussi bien dire vrai que faux, puisque ce diable de brigadier me connaît, me reconnaît et a la main sur moi. Je dis donc que tu es un gredin, un gueux, un voleur, un forçat; que tu as été mon compagnon de chaîne à Brest; que tu as fais tes cinq ans; que tu fais l'honnête homme à présent pour dévaliser quelque oison du pays, et que je t'attends au bagne où je te recommanderai et où je te ferai ton affaire, traître, faux frère, canaille que tu es.

VALENTIN, *pâle comme un spectre, jette sur le mendiant un regard douloureux, et dit d'une voix étouffée :*

L'Ermite, tu m'as perdu, tu m'as tué! Mais je te pardonne comme le bon Dieu m'a pardonné mes offenses. J'ai volé, il est vrai! Je me suis déshonoré! Mais je crois et j'espère que les souffrances du bagne ont tout expié et m'ont réhabilité devant le Dieu de miséricorde. Devant les hommes, je reste un misérable, un maudit. Seul, le saint serviteur de Dieu, le consolateur des malheureux, m'a pris en pitié et en grâce, tout en sachant ce que j'étais.... Je te donne, l'Ermite, l'argent que tu m'as pris; puisse-t-il te profiter ; c'est l'argent d'un honnête homme, et honorablement gagné. *(Le curé serre Valentin dans ses bras; Désiré se jette à son cou en sanglotant: Valentin, attendri, les embrasse. M. Clopet s'essuie les yeux; M. Pupusse est stupéfait. Le brigadier s'approche de Valentin et lui donne une poignée de main ; les deux gendarmes en font autant. Le mendiant fait tomber un des gendarmes par un croc-en-jambe, assomme l'autre d'un coup de poing et se précipite à la porte pour sortir et se sauver. Le brigadier le saisit au collet et lutte contre lui. Avant que personne ait eu le temps de se reconnaître, le mendiant tire un couteau caché dans ses vêtements et le lève pour frapper le brigadier en pleine poitrine ; Valentin, qui a suivi avec anxiété les mouvements du mendiant, s'élance au-devant du brigadier, reçoit le coup de couteau, et tombe en répétant : « Je te pardonne, l'Ermite ! » le brigadier profite du premier moment de stupeur pour saisir le mendiant, le faire tomber et appuyer le genou sur sa poitrine. Les autres gendarmes, qui se sont relevés, se précipitent au secours de leur brigadier et garrottent solidement le mendiant. On l'emmène sans plus de résistance.)*

LE BRIGADIER.

Pauvre Valentin! Brave garçon! Soignez-le, mes amis, j'en serai reconnaissant. Je dois aller déposer ce scélérat à la prison de la ville. Je reviendrai savoir des nouvelles de mon sauveur. *(Il suit les gendarmes.)*

SCÈNE XV.

VALENTIN, *sans connaissance dans les bras du* CURÉ, *à genoux près de lui ;* DÉSIRÉ *pleure et tient une des mains de Valentin ;* M. CLOPET *gémit et gigotte sur l'établi ;* M. PUPUSSE *reste la bouche ouverte, les yeux écarquillés, effrayé, mais triomphant.*

M. PUPUSSE.

Là ! qu'est-ce que je disais ! Et c'est mieux encore que ce que je disais ! Un forçat ! Un galérien ! Je vous fais compliment, monsieur le curé ? Vous avez là un joli paroissien !

Mme la comtesse de SÉGUR.

(La suite prochainement.)

ACTES OFICIELS

RELATIFS A L'INSTRUCTION PRIMAIRE.

Décret impérial portant règlement définitif des recettes et dépenses départementales de l'instruction primaire pour l'exercice 1864.

NAPOLÉON,

Par la grâce de Dieu et la volonté nationale, Empereur des Français, à tous présents et à venir, salut.

Sur le rapport de notre Ministre secrétaire d'État au département de l'instruction publique ;

Vu la loi du 10 mai 1838 ;

Vu le règlement de comptabilité du ministère de l'instruction publique en date du 6 décembre 1841 (art. 237).

Avons décrété et décrétons ce qui suit :

Article premier. — Les recettes et les dépenses de l'instruction primaire à la charge des départements pour l'exercice 1864, formant le chapitre premier du budget sur ressources spéciales du Ministère de l'instruction publique, sont définitivement réglés ainsi qu'il suit, conformément aux résultats et décisions exprimés aux comptes départementaux, entendus, débattus et provisoirement arrêtés par les Conseils généraux dans leur dernière session. Savoir :

DÉPARTEMENTS.	PRODUITS réalisés.	DÉPENSES effectuées.	SOMMES A REPORTER à l'exercice 1865.	à l'exercice 1866.
Ain	47,878f 50c	46,028f 97c	200f 00c	1,649f 53c
Aisne	109,800 40	107,433 20	27 00	2,340 20
Allier	55,625 19	54,468 12	»	1,157 07
Alpes (Basses-)	19,598 35	18,227 42	15 00	1,355 93
Alpes (Hautes-)	16,177 46	16,166 97	»	10 49
Alpes-Maritimes	53,950 77	50,634 10	100 00	3,216 67
Ardèche	33,018 36	32,266 33	»	752 03
Ardennes	86,729 20	82,961 75	50 00	3,717 45
Ariége	20,097 40	19,725 28	»	372 12
Aube	64,026 86	62,734 78	292 08	1,000 00
Aude	54,564 87	51,618 12	526 67	2,420 08
Aveyron	44,386 04	44,386 04	»	»
Bouches-du-Rhône	76,600 27	59,294 64	805 95	16,499 68
Calvados	124,567 62	120,428 95	»	4,138 67
Cantal	31,432 77	31,432 77	»	»
Charente	99,685 20	78,842 60	»	20,842 60
Charente-Inférieure	78,524 41	64,051 53	322 20	14,150 68
Cher	34,262 82	33,746 90	»	515 92
Corrèze	34,031 56	31,806 35	51 05	2,174 16
Corse	48,776 73	48,560 21	150 00	66 52
Côte-d'Or	98,108 07	80,660 48	5,523 67	11,923 92
Côtes-du-Nord	72,597 00	72,555 21	»	41 79
Creuse	22,895 04	22,694 99	»	200 05
Dordogne	79,080 20	77,893 81	750 00	445 39
Doubs	45,128 38	33,337 47	»	11,790 91

DÉPARTEMENTS.	PRODUITS réalisés.	DÉPENSES effectuées	SOMMES A REPORTER à l'exercice 1865.	à l'exercice 1866.
Drôme	50,508 06	47,730 67	»	2,777 39
Eure	102,248 76	80,768 77	6,454 90	15,025 03
Eure-et-Loir	84,992 92	77,927 45	100 00	6,965 47
Finistère	59,722 27	55,804 66	200 00	3,717 61
Gard	69,895 93	66,438 44	1,531 00	1,926 49
Garonne (Haute-)	123,626 21	107,641 40	5,996 01	9,988 80
Gers	55,740 64	54,808 03	»	932 61
Gironde	152,764 36	138,564 99	2,798 00	11,401 37
Hérault	133,144 31	117,543 71	50 10	15,550 50
Ille-et-Vilaine	71,113 37	70,440 47	200 00	472 90
Indre	33,254 74	33,185 34	»	69 40
Indre-et-Loire	55,736 92	51,060 30	»	4,676 62
Isère	114,762 26	111,690 59	825 00	2,246 67
Jura	111,899 24	101,371 15	105 00	10,423 09
Landes	28,141 84	27,166 84	975 00	»
Loir-et-Cher	47,471 21	46,192 75	»	1,278 56
Loire	76,326 90	64,147 98	»	12,178 92
Loire (Haute-)	41,567 41	32,756 35	1,100 00	7,711 06
Loire-Inférieure	90,538 86	68,195 20	55 00	22,288 66
Loiret	67,895 39	61,635 79	»	6,259 60
Lot	38,938 28	38,481 63	356 65	100 00
Lotet-Garonne	76,680 90	65,056 01	270 00	11,354 89
Lozère	17,843 98	17,630 23	»	213 75
Maine-et-Loire	83,838 96	80,708 69	750 00	2,380 27
Manche	139,804 64	137,979 21	50 00	1,775 43
Marne	82,920 44	80,850 40	»	2,070 04
Marne (Haute-)	60,574 19	46,441 88	8,077 50	6,054 81
Mayenne	72,205 12	57,996 91	»	14,208 21
Meurthe	77,380 17	73,769 37	2,358 00	1,252 80
Meuse	54,271 77	47,488 61	»	6,783 16
Morbihan	60,327 90	54,658 61	1,604 00	4,064 87
Moselle	68,407 36	66,779 33	»	1,628 03
Nièvre	69,002 77	64,918 13	300 00	3,784 64
Nord	214,244 50	202,057 26	120 00	12,067 24
Oise	116,402 71	111,992 92	»	4,409 79
Orne	101,290 63	99,829 32	375 00	1,086 31
Pas-de-Calais	129,648 03	128,289 76	»	1,358 27
Puy-de-Dôme	83,677 54	81,624 31	»	2,053 23
Pyrénées (Basses-)	46,210 65	45,660 65	550 00	»
Pyrénées (Hautes-)	26,538 52	26,084 04	»	454 48
Pyrén.-Orientales	29,405 96	27,761 14	»	1,644 82
Rhin (Bas-)	170,086 05	160,647 17	»	9,438 88
Rhin (Haut-)	92,979 19	84,108 83	»	8,870 36
Rhône	154,464 71	141,402 83	48 00	13,013 88
Saône (Haute-)	58,103 78	50,479 31	»	7,624 47
Saône-et-Loire	125,831 47	97,151 08	7,728 38	20,952 01
Sarthe	116,509 68	107,705 38	»	8,804 30
Savoie	42,445 88	41,630 66	52 36	762 86
Savoie (Haute-)	33,653 52	32,610 96	30 00	1,012 56
Seine	257,621 54	246,611 63	»	11,009 91
Seine-Inférieure	224,188 41	210,115 94	62 50	14,009 97
Seine-et-Marne	125,963 22	94,627 15	26,000 00	5,336 07
Seine-et-Oise	135,199 35	123,067 43	19 26	12,112 66
Sèvres (Deux-)	100,509 95	68,801 68	»	31,708 27
Somme	146,762 16	145,795 38	20 00	946 78
Tarn	61,789 64	60,195 95	20 00	1,573 69
Tarn-et-Garonne	49,386 30	39,706 77	»	9,679 53
Var	65,768 83	60,243 16	»	5,525 67
Vaucluse	46,130 07	39,928 47	47 50	6,154 10
Vendée	49,137 96	42,473 87	»	6,664 09
Vienne	41,538 61	40,838 42	»	700 19
Vienne (Haute-)	40,176 37	38,479 56	500 00	1,198 81
Vosges	75,441 34	75,081 67	55 00	304 67
Yonne	62,005 85	51,810 19	»	10,195 66
TOTAUX	6,948,212 97	6,366,599 67	78,598 26	503,015 04

Art. 2. — Notre Ministre secrétaire d'Etat au département de l'instruction publique est chargé de l'exécution du présent décret.

Fait au palais des Tuileries, le 13 janvier 1866.

NAPOLÉON.

Par l'Empereur :

Le Ministre secrétaire d'Etat au département de l'instruction publique,

V. DURUY.

Décret autorisant des legs et donations. (17 janvier.)

Le supérieur général des frères des Écoles chrétiennes, institut légalement reconnu par décret impérial du 17 mars 1808, au nom de cette association, et le maire de Saint-Jean-d'Angély (Charente-Inférieure), au nom de cette ville, sont autorisés à accepter, chacun en ce qui le concerne, aux clauses et conditions imposées, le legs d'une somme de trois mille francs (3000 fr.) fait par le sieur Pierre Lair, aux frères tenant une école primaire communale à Saint-Jean-d'Angély, suivant testament olographe en date du 12 mai 1853.

Cette somme sera placée en rentes 3 pour 100 sur l'État, au nom de l'institut des frères de la commune.

Mention sera faite sur l'inscription de rente de la destination des arrérages. (*Décret impérial.*)

Rappel aux préfets des prescriptions relatives à la nomination des instituteurs adjoints.

Monsieur le préfet, un abus qu'il importe de faire cesser s'est introduit dans un certain nombre d'écoles primaires publiques. Des jeunes gens âgés de moins de dix-huit ans ont été attachés à ces écoles en qualité d'instituteurs adjoints.

De graves inconvénients peuvent résulter d'un pareil état de choses, tant au point de vue de la discipline et de la morale que sous le rapport de l'enseignement.

Aux termes de l'article 34 de la loi du 15 mars 1850, les instituteurs adjoints doivent être âgés de dix-huit ans, et, comme cette condition d'âge est la seule qui leur soit imposée, puisqu'ils sont dispensés du brevet de capacité, il est nécessaire de veiller à ce qu'elle soit exactement remplie.

Or, d'après cet article, les instituteurs adjoints ne peuvent être nommés qu'avec l'agrément du recteur (aujourd'hui du préfet), et la circulaire du 13 mars 1861 vous a clairement expliqué que votre agrément n'est pas moins indispensable pour les maîtres congréganistes que pour les laïques.

Il vous est donc facile, monsieur le préfet, de faire exécuter la prescription de la loi relative à l'âge des instituteurs adjoints. Il suffira, toutes les fois que votre agrément sera demandé pour un maître désigné par le supérieur d'une association religieuse ou nommé par un instituteur laïque, d'exiger que la demande soit accompagnée de l'acte de naissance du candidat proposé.

Cette simple formalité, qui devra être remplie dans tous les cas et sans exception, aura pour résultat de faire promptement disparaître l'abus qui m'a été signalé. J'ajoute que le directeur de l'établissement auquel un adjoint doit être attaché est tenu de vous adresser ses propositions avant de recevoir dans son école le maître qu'il désigne pour le seconder.

Je vous prie de faire connaître ces dispositions aux instituteurs, aux institutrices et aux directrices de salles d'asile de votre département, et de veiller avec soin à ce qu'elles soient strictement observées.

Vous voudrez bien m'accuser réception de la présente circulaire.

Recevez, monsieur le préfet, l'assurance de ma considération très-distinguée.

Le Ministre de l'instruction publique,

V. DURUY.

Réduction de la durée réglementaire des classes ordinaires pour les instituteurs directeurs de cours d'adultes. (16 janvier.)

Monsieur le préfet, depuis qu'une impulsion nouvelle a été donnée aux cours d'adultes, dont la direction est généralement confiée aux instituteurs publics, plusieurs conseils départementaux ont proposé de réduire la durée des classes de jour d'un temps égal à celui qui serait consacré, le soir, à ces cours d'adultes.

Cette proposition, que j'ai soumise au conseil impérial de l'instruction publique, a paru à la haute assemblée digne d'être prise en considération. Il lui a semblé que c'était un moyen d'encourager les instituteurs à multiplier les classes du soir sans leur imposer un travail excessif.

En conséquence, sur l'avis conforme du conseil impérial, j'ai décidé que les instituteurs qui voudront ouvrir un cours d'adultes pourront obtenir du préfet, pour le temps pendant lequel ce cours sera ouvert et suivi, l'autorisation de réduire la durée des classes de jour d'un temps égal à celui qui sera consacré, le soir, à la classe d'adultes, pourvu toutefois que, par l'effet de cette réduction, la durée des classes, dans les écoles primaires, ne descende jamais au-dessous de cinq heures.

Je vous prie de faire connaître cette disposition nouvelle aux instituteurs publics de votre département.

Recevez, monsieur le préfet, l'assurance de ma considération très-distinguée.

Le Ministre de l'instruction publique,

V. DURUY.

Observations sur la distinction qui existe dans certaines écoles de filles entre les élèves indigentes et les élèves payantes (17 janvier).

« Monsieur le préfet, le 22 septembre 1845, M. de Salvandy, ministre de l'instruction publique, adressait à MM. les recteurs des académies la circulaire suivante :

« Monsieur le recteur, les rapports de MM. les in-
« specteurs de l'instruction primaire constatent que,
« dans un assez grand nombre d'écoles tenues par
« des religieuses, les élèves indigentes sont séparées
« avec soin des élèves payantes, et que l'instruction
« donnée aux premières est loin d'être aussi complète
« que l'instruction donnée aux secondes. Je crois de-
« voir vous signaler ce désordre, si contraire aux sen-
« timents qui doivent animer des institutrices vrai-
« ment chrétiennes. Aux termes du statut du 25 avril
« 1834 et de la décision du 5 janvier 1838, toute école
« élémentaire doit être partagée en trois divisions, à
« raison de l'âge des élèves et des objets de l'ensei-
« gnement ; mais il ne doit y avoir aucune distinction
« entre les élèves admis gratuitement et les élèves
« payants. Cette communauté entre les conditions
« diverses est un avantage de notre système d'instruc-
« tion primaire.
« Les supérieures des congrégations religieuses com-

« prendront facilement qu'elles ne pourraient main-
« tenir, pour satisfaire à la susceptibilité de quelques
« familles aisées, la distinction que défendent d'ail-
« leurs les règlements, sans exciter parmi les enfants
« des diverses conditions tous les sentiments d'orgueil
« chez les uns, chez les autres de jalousie ou de ré-
« volte qu'elles doivent, au contraire, s'efforcer con-
« stamment de combattre; elles comprendront, en
« outre, qu'en partageant les élèves selon la position
« de fortune de leurs familles, elles ne peuvent les
« diviser ensuite, dans chaque catégorie, selon leur
« âge, et qu'elles se privent ainsi, pour leur enseigne-
« ment, de l'un des éléments de succès les plus puis-
« sants.

« Vous appellerez donc leur attention ainsi que celle
« des comités d'arrondissement sur ce point, et vous
« prescrirez formellement que, dans toutes les écoles
« publiques, cette distinction cesse, à partir de la
« rentrée des classes. Les comités devront considérer
« comme une faute d'inobservation des règlements
« sous ce rapport, et vous signaler les écoles où elle
« se perpétuerait. J'aime à croire qu'il n'y aura pas
« lieu de prendre d'autres mesures pour faire respec-
« ter un principe aussi conforme aux lois de la reli-
« gion qu'à celles de l'État.

« Recevez, monsieur le recteur, l'assurance de ma
« considération très-distinguée.

« Le Ministre de l'instruction publique,
« grand maître de l'Université,

« Signé : SALVANDY. »

« Les nouveaux rapports qui me sont parvenus constatent que cette situation ne s'est pas améliorée, et
que les mêmes distinctions subsistent dans un grand
nombre d'établissements. Sans méconnaître les difficultés résultant des circonstances locales et des dispositions de quelques familles, je crois que les incon-
véniens très-sérieux signalés par la circulaire de 1845
pourraient être diminués dans une notable proportion, et je vous engage à donner toute votre attention
à cette importante partie du service. La séparation
des enfants, si contraire à l'esprit de nos institutions,
n'existe d'ailleurs dans aucune école communale laïque de filles ; ce qui prouve que là où il y a une ferme
volonté de se conformer à la règle, on y parvient facilement.

« Il est, dans tous les cas, nécessaire que partout
où la séparation ne pourra complétement disparaître,
les jeunes filles indigentes soient au moins réunies
dans des locaux ne laissant rien à désirer sous le rapport de la salubrité, et qu'elles y soient, quant à l'instruction, l'objet des mêmes soins que leurs plus heureuses condisciples.

« Recevez, etc.

« Le Ministre de l'instruction publique,

« V. DURUY. »

Administration académique.

Recteurs.

Poitiers. (23 janvier.) — M. Magin, recteur de l'a-
cadémie de Rennes, est nommé recteur de l'académie de Poitiers, en remplacement de M. Desroziers,
admis, sur sa demande, à faire valoir ses droits à la
retraite, et nommé recteur honoraire.

Rennes. (23 janvier.) — M. Malaguti, docteur ès
sciences, doyen de la Faculté des sciences de Rennes,
est nommé recteur de l'académie de Rennes, en remplacement de M. Magin, appelé à d'autres fonctions.

Strasbourg. (23 janvier.) — M. Chéruel, docteur ès
lettres, inspecteur général de l'enseignement secondaire, est nommé recteur de l'académie de Strasbourg,
en remplacement de M. Delcasso, admis, sur sa demande, à faire valoir ses droits à la retraite, et nommé
recteur honoraire.

Commis d'inspection.

(31 décembre 1865.)

Les commis d'inspection académique dont les noms
suivent sont répartis, ainsi qu'il suit, dans les trois
classes instituées par l'article 2 du décret mentionné
dans le *Petit Manuel*, n° 1, p. 18.

1re CLASSE.

MM.

Bonnet, commis d'inspection en résidence à Metz;
— Boyer, id., à Nîmes; — Brunel, id., à Orléans;
— Bruzel, id., à Nantes; — Chancel, id., à Montpellier; — Chevrier, id., à Bordeaux; — Courtier, id.,
à Rouen; — Custos, id., à Toulouse; — Danton, id.,
à Marseille; — Desseinge, id., à Arras; — Didelot,
id., à Nancy; — Floris, id., à Limoges; — Gervais,
id., à Évreux; — Jobert, id., à Ajaccio; — Lapic-
que, id., à Lyon; — Lemoine, id., à Caen; — Lenoir, à Versailles; — Liaugeon, id., à Saint-Étienne;
— Michon, id., à Clermont; — Nougier, id., à Pau;
— Plasse, id., à Poitiers; — Poiré, id., à Amiens;
— Pol, id., à Rennes; — Prestat; id., à Lille; —
Renaud, id., à Dijon; — Royon, id., à Grenoble; —
Schwab, id., à Strasbourg.

2e CLASSE.

MM.

Badoc, commis d'inspection en résidence à Montauban; — Bage, id., à Troyes; — Becq, id., à Avignon; Belaval, id., à Nevers; — Bernyer, id., à la
Rochelle; — Boubault, id., à Niort; — de Château-
neuf, id., à Quimper; — Clément, id., à Angers; —
Croizat, id., à Chambéry; — Domezon, id., à Mâcon;
— Escalmel, id., à Périgueux; — Ferrand, id., à
Chaumont; — Germond, id., à Blois; — Guyot, id.,
à Vannes; — Habert, à Beauvais; — Hénissart, id.,
à Tours; — Hordé, id., à Châlons-sur-Marne; — Lan-
celot, id., à Bourges; — Lanoë, id., à Saint-Brieuc;
— Laurent, id., à Moulins; — Laye, id., à Chartres;
— Martel, id., à Châteauroux; — Martin, id., à
Auxerre; — Petit-Brégnat, id., à Angoulême; —
Raquillet, id., à Alençon; — Régnier, id., à Bar-le-
Duc; — Ricard, id., à Draguignan; — Rich, id., à
Colmar; — Robert, id., à Nice; — Rousselle, id., à
Annecy; — Steck, id., à Saint-Lô; — Telmon, id.,
à Digne; — Thomas, id., à Melun.

3e CLASSE.

MM.

Alaise, commis d'inspection en résidence à Mende;
— Alexandre, id., à Mézières; — Annet-Piot, id., à
Auch; — Bigot, id., à Vesoul; — Boucher, id., à
Besançon; — Cabal, id., à Albi; — Cabrié, id., à
Agen; — Capdeville, id., à Mont-de-Marsan; — Cer-
quand, id., à Perpignan; — Chastrusse, id., à Lons-
le-Saunier; — Degand, id., à Napoléon-Vendée; —
Droubaix, id., à Laon; — Feuille, id., à Carcassonne;
— Grouas, id., au Mans; — Jacquand, id., à Bourg;
— Le Guet, id., à Laval; — Leotier, id., à Gap; —
Levens, id., à Tarbes; — Merlin, id., à Épinal; —
Péricat, id., au Puy; — Planchon, id., à Privas; —
Rabache, id., à Aurillac; — Rochette, id., à Valence;
— Saquet, id., à Rodez; — Tallieu, id., à Foix; —
Tabouret, id., à Guéret; — Verdy, id., à Cahors; —
Vergne, id., à Tulle.

Les dispositions du présent arrêté seront exécutoires à partir du 1ᵉʳ janvier 1866.

Fait à Paris, le 31 décembre 1865.

V. DURUY.

Inspecteurs de l'instruction primaire.

Belfort. (23 janvier.) — M. Pitois, instituteur public à Voulaines (Côte-d'Or), est chargé, par intérim, des fonctions d'inspecteur primaire pour l'arrondissement de Belfort (Haut-Rhin).

Châteauroux. (15 janvier.) — M. Houdas, inspecteur primaire (troisième classe) de l'arrondissement de Saint-Claude (Jura), est nommé inspecteur primaire (même classe) de l'arrondissement de Châteauroux, en remplacement de M. Nodot.

Draguignan. (23 janvier.) — M. Vasselin, directeur de l'école normale primaire d'Aix, est nommé inspecteur primaire (première classe) pour l'arrondissement de Draguignan (Var), en remplacement de M. Raynaud, admis, sur sa demande, à faire valoir ses droits à la retraite.

Saint-Claude. (15 janvier.) — M. Nodot, inspecteur primaire (deuxième classe) de l'arrondissement de Châteauroux, est nommé inspecteur primaire (même classe) de l'arrondissement de Saint-Claude, en remplacement de M. Houdas.

Écoles normales primaires.

Aix. (23 janvier.) — M. Escoffier, directeur (première classe) de l'école normale primaire de Gap, est nommé directeur (même classe) de l'école normale primaire d'Aix, en remplacement de M. Vasselin, appelé à d'autres fonctions.

Alger. (31 décembre 1865.) — Sidi Abd el Kader ben el Chaad est nommé Iman à l'école normale primaire d'Alger (emploi nouveau).

M. Bresnier, professeur à la chaire publique d'arabe à Alger, est nommé professeur d'arabe à l'école normale primaire de ladite ville (emploi nouveau).

Amiens. (17 janvier.) — M. Marsein, instituteur public à Saint-Georges-d'Aurac (Haute-Loire), est nommé maître adjoint (troisième classe) à l'école normale d'Amiens, en remplacement de M. Bertin, appelé à d'autres fonctions.

Angers. (23 janvier.) — M. Coulbault, instituteur public à Châteauneuf-sur-Sarthe, est nommé maître-adjoint (troisième classe) à l'école normale primaire d'Angers, en remplacement de M. Gilbert, démissionnaire.

Chartres. (12 janvier.) — M. Jouanneau, pourvu du brevet complet, chargé d'un cours de français au collége de Nogent-le-Rotrou, est nommé maître adjoint à l'école normale primaire de Chartres, en remplacement de M. Mansard, appelé à d'autres fonctions.

Commercy. (31 décembre 1865.) — M. Thierry, chargé provisoirement des fonctions de maître de l'école primaire annexée à l'école normale de Commercy, est nommé définitivement à cet emploi.

Dax. (11 janvier.) — M. Roturier, maître adjoint (troisième classe) à l'école normale primaire de Lescar, est nommé maître adjoint (même classe) à l'école normale primaire de Dax, en remplacement de M. Bousquet, qui a reçu une autre destination.

Mâcon. (12 janvier.) — M. Velon, pourvu du brevet complet, chargé d'un cours de français au collége de Louhans, est nommé maître adjoint (troisième classe) à l'école normale primaire de Mâcon, en remplacement de M. Sevin, qui a reçu une autre destination.

Metz. (8 janvier.) — M. Mansard, maître adjoint (troisième classe) à l'école normale primaire de Chartres, est nommé maître adjoint (même classe) à l'école normale primaire de Metz, en remplacement de M. Coulet, appelé à d'autres fonctions.

Périgueux. (17 janvier.) — M. Deschamps, instituteur public à Lanouaille (Dordogne), est nommé maître adjoint (troisième classe), à l'école normale primaire de Périgueux (emploi nouveau).

Rennes. (23 janvier.) — M. Campion, ancien directeur de l'école normale primaire de Rennes, admis, sur sa demande, à faire valoir ses droits à la retraite, est nommé directeur honoraire.

Troyes. (23 janvier.) — M. Vercier, aspirant répétiteur au lycée de Troyes, est nommé maître adjoint (troisième classe) à l'école normale primaire de cette ville, en remplacement de M. Heinzmann, démissionnaire.

Valence. (17 janvier.) — M. Liotard, directeur de l'école annexée à l'école normale primaire de Valence, est nommé maître adjoint (troisième classe) à ladite école normale, en remplacement de M. Gibaux, appelé à d'autres fonctions.

M. Trouillet (Joseph), instituteur public, est nommé directeur de l'école annexée à l'école normale primaire de Valence, en remplacement de M. Liotard, appelé à d'autres fonctions.

Vesoul. (8 janvier.) — M. Gibaux, maître adjoint (troisième classe) à l'école normale primaire de Valence, est nommé maître adjoint (même classe) à l'école normale primaire de Vesoul, en remplacement de M. Clausse.

Enseignement primaire annexé aux lycées et colléges.

La Châtre. (11 janvier.) — M. Janin est nommé régent des cours spéciaux d'enseignement primaire annexés au collége de la Châtre, en remplacement de M. Chollet, appelé à d'autres fonctions.

Montluçon. (12 janvier.) — M. Bertin, bachelier ès sciences, est nommé régent des cours spéciaux d'enseignement primaire annexés au collége de Montluçon, en remplacement de M. Dorget, appelé à d'autres fonctions.

DOCUMENTS

RELATIFS A L'INSTRUCTION PRIMAIRE.

Rapport adressé à M. le ministre de l'instruction publique sur les cours de chant dans les écoles normales primaires

Monsieur le Ministre,

Mettant à profit l'autorisation que Votre Excellence a bien voulu m'accorder le 12 avril 1865, j'ai examiné, du 17 mai au 20 août, les cours de chant des écoles normales primaires de Chartres, de Versailles, d'Oréans, de Blois, du Mans, d'Évreux, de Rouen, de Chaumont, de Loches, de Poitiers, de Douai et de la Grande-Sauve, situées dans le ressort des Académies de Paris, de Caen, de Dijon, de Poitiers, de Douai et de Bordeaux.

J'ai eu l'honneur d'adresser à Votre Excellence des rapports détaillés sur la manière dont l'enseignement musical est organisé dans chacune des écoles précitées.

Des observations consignées dans ces rapports ressortent les faits suivants.

Les aptitudes musicales des élèves sont assez prononcées pour qu'on puisse affirmer dès à présent que l'enseignement du chant produira des résultats sérieux. La moyenne des sujets incapables de suivre les cours de chant varie de 2 à 6 pour 100, suivant les localités. Encore faudrait-il examiner de près l'incapacité signalée, savoir si elle est *absolue*, et constater les causes qui ont pu la produire. Dans la plupart des écoles, les élèves maîtres montrent un goût très-vif pour la musique, et leur zèle a plutôt besoin d'être dirigé que stimulé.

Les voix ne sont ni belles ni étendues dans le centre et surtout dans l'ouest de la France; mais elles sont généralement justes et d'un timbre agréable lorsqu'on n'en force pas l'émission. Partout elles peuvent former des masses chorales capables d'exécuter des morceaux écrits dans un diapason moyen.

Les élèves des écoles normales primaires déchiffrent passablement les solféges faciles; ils lisent assez bien le plain-chant; quelques-uns même commencent à l'accompagner sur l'orgue harmonium. Mais ils exposent la théorie d'une manière confuse et incomplète; ils ne savent ni graduer ni varier les exercices pratiques; ils professent mal en un mot, et le plus grand nombre n'est pas même en état de professer.

Cependant c'est au professorat qu'ils se destinent. De plus, l'enseignement de la musique est facile et attrayant. Il s'adresse en même temps à l'intelligence, aux yeux et aux oreilles : à l'intelligence, par l'exposé des principes théoriques; aux yeux, par la démonstration de ces principes sur le tableau noir; aux oreilles, par l'application immédiate de la théorie. L'éducation musicale paraît donc particulièrement propre à développer chez les futurs instituteurs cette faculté de l'exposition qui leur est si nécessaire.

Pourvus d'une instruction musicale qu'ils sauront communiquer, les instituteurs communaux verront s'accroître leur influence légitime. A l'aide d'une étude attrayante, ils pourront retenir les enfants plus longtemps près d'eux, apprendre aux adultes le chemin des cours du soir, substituer enfin, pour les réunions de l'orphéon, la salle de l'école à la salle banale, qui s'ouvre pour ceux qui boivent comme pour ceux qui chantent.

Cette œuvre de moralisation par l'art, facilitée dans son ensemble par l'arrêté du 30 janvier, doit maintenant être surveillée dans les détails. Elle a besoin, non plus d'une puissante initiative, mais d'une impulsion régulière, continue et persistante. On ne pourra même la considérer comme suffisamment avancée que lorsqu'une génération de maîtres, ayant déjà reçu le bienfait d'une éducation *méthodique*, réagira sur la génération nouvelle. La France alors n'aura plus rien à envier à l'Allemagne sous le rapport de l'instruction musicale du peuple.

J'ai l'honneur d'être, avec respect,

Monsieur le Ministre,

De Votre Excellence,

Le très-obéissant et tout dévoué serviteur,

LAURENT DE RILLÉ.

Paris, le 4 décembre 1865.

FONDATION D'UN NOUVEAU PRIX POUR LES INSTITUTEURS QUI SE SERONT DISTINGUÉS DANS LA DIRECTION DES COURS D'ADULTES.

Le Ministre de l'instruction publique a reçu la lettre suivante :

« Paris, le 16 janvier 1866.

« Monsieur le Ministre,

« Nous avons suivi avec le plus vif intérêt l'application des diverses mesures que vous avez prises pour encourager et développer l'instruction primaire. Notre maison, qui s'est associée, il y a plus de trente ans, aux premiers efforts faits par le gouvernement pour organiser l'enseignement élémentaire, ne pouvait rester indifférente aujourd'hui: elle a été heureuse, notamment, de voir le succès rapide et universel des cours d'adultes.

« Si vous voulez bien nous permettre, monsieur le Ministre, de contribuer aux récompenses que les commissions établies par vous décernent aux instituteurs les plus zélés et les plus méritants, nous mettrons à votre disposition, et pendant cinq ans, cinq médailles de la valeur de cent francs chacune,

« Nous avons l'honneur d'être, etc., etc.

« **L.** HACHETTE et Cie. »

Le Ministre a accepté cette offre, en félicitant MM. Hachette et Cie de leur libéralité, et a décidé que les cinq médailles fondées seraient mises à la disposition des commissions départementales, instituées par l'arrêté du 18 novembre 1865, dans cinq départements dont le nom serait, chaque année, tiré au sort parmi ceux où l'instruction populaire est le moins avancée.

Par arrêté du 18 novembre dernier, M. le Ministre de l'instruction publique a institué, dans chaque département, pour l'année 1866, une médaille d'or de 200 francs en faveur des instituteurs directeurs de cours d'adultes.

Le module d'une médaille d'or de 200 francs ne permettant pas d'y indiquer les mentions que doit contenir un tel objet ni de lui donner l'aspect désirable, Son Excellence a décidé que la valeur de la médaille sera élevée à 250 francs. Le diamètre sera de 45 millimètres.

NOTA. — D'après un *Avis* inséré dans un des derniers numéros du *Bulletin administratif*, le brevet et les insignes des distinctions honorifiques ont dû être adressés, dans le courant de janvier, aux fonctionnaires et aux personnes nommés le 29 décembre 1865.

ERRATUM. — Dans notre numéro 1, nous avons porté, d'après le *Bulletin administratif*, M. l'abbé Teilhol, aumônier de l'école normale primaire de Clermont, sur la liste des *officiers d'académie* du 29 décembre; d'après le même *Bulletin*, nous rectifions aujourd'hui notre erreur : M. l'abbé Teilhol a été nommé *officier de l'instruction publique*.

PETIT MANUEL
DE L'INSTRUCTION PRIMAIRE

JOURNAL MENSUEL

DES INSTITUTEURS ET DES INSTITUTRICES.

AVIS.

Notre planche destinée aux travaux à l'aiguille n'étant pas encore prête, nous la joindrons, avec l'article qui l'accompagne, au prochain numéro.

SOMMAIRE.

QUESTIONS D'ADMINISTRATION ET DE JURISPRUDENCE.

DE CERTAINS ABUS QUI SE PRÉSENTENT DANS L'ADMISSION GRATUITE A L'ÉCOLE DES ENFANTS DONT LES PARENTS SONT AUTORISÉS A NE PAS PAYER LA RÉTRIBUTION SCOLAIRE.

Nous l'avons déjà dit, et nous espérons bien encore avoir plus d'une fois à le redire : la diffusion de l'instruction, et particulièrement de l'instruction primaire, est aujourd'hui une nécessité sociale.

L'administration supérieure, renfermée dans la limite de la loi de 1850 et du décret du 31 décembre 1853, a fait ce qu'il lui était possible de faire, pour favoriser cette diffusion. Par sa circulaire du 7 octobre 1865, le Ministre a adressé aux préfets la recommandation expresse de fixer, sur les bases les plus larges, le maximum des enfants qui doivent être reçus gratuitement dans les écoles, afin de ne laisser au dehors de ce maximum « aucun ayant droit. »

Nous avons applaudi à cette mesure.

Toutefois, en publiant la lettre de M. Lesieur, insérée dans notre numéro de décembre dernier [1], nous avons voulu appeler l'attention publique sur une grave conséquence de cette mesure, qui, excellente en soi et par rapport aux besoins des populations, ne sauvegarde pas suffisamment peut-être un intérêt qui n'est guère moins sacré pour nous que celui de l'instruction elle-même, l'intérêt de l'instituteur.

Nous recevons aujourd'hui une nouvelle lettre qui nous fait connaître comment, à un autre point de vue, les intentions administratives sont méconnues ou détournées de leur véritable objet. Les abus dont se plaint notre correspondant ne sont sans doute pas particuliers aux endroits où il a exercé la profession d'instituteur ; et si l'on peut, ce qui n'est malheureusement que trop permis, supposer qu'ils se produisent dans le plus grand nombre des communes qui n'ont point adopté pour leurs écoles le système de la gratuité absolue ou assigné un traitement fixe à l'instituteur et à l'institutrice, il sera facile de conclure le préjudice qu'ils peuvent causer, d'une part, à l'instituteur et à l'institutrice, d'autre part, à ceux mêmes en faveur desquels la loi de la gratuité a été faite.

« La loi, dit notre correspondant, est parfaitement claire, et, si des doutes eussent pu s'élever, la circu-

---

1. Voir année 1865, page 317.

faire ministérielle de l'année dernière les eût éclaircis suffisamment.

« Le préfet, en fixant le nombre maximum des admissions gratuites, a, bien entendu, en vue les plus indigents de la commune, et la liste doit être dressée par ordre d'indigence, c'est-à-dire commencer par le plus nécessiteux, pour s'arrêter à celui qui l'est le moins.

« Mais, pour dresser la liste ainsi, il faudrait que les autorités locales ne se préoccupassent que d'une chose : d'ouvrir la porte de l'école aux indigents, qui seraient ensuite libres de fréquenter l'école ou non, au lieu de substituer à ceux-ci des enfants moins indigents ou qui ne le sont pas du tout, uniquement parce qu'on veut être assuré que l'instituteur aura *son compte*, c'est-à-dire un nombre d'élèves gratuits égal à celui qui est fixé par l'autorité départementale.

« Il résulte de cette fausse interprétation des règlements, que les vrais indigents étant remplacés par d'autres qui n'ont souvent aucun droit, le maximum déterminé par le préfet se trouve doublé ou de beaucoup dépassé. »

Ainsi, suivant notre correspondant, on envoie au préfet une liste nominative contenant un chiffre maximum d'élèves indigents ; mais de cette liste on ne retient que le chiffre maximum approuvé par le préfet, et on remplace ensuite les noms inscrits par d'autres noms, afin que, comme le dit la lettre, l'instituteur ait toujours *son compte*.

C'est assurément un moyen fort ingénieux d'éluder et de frauder les règlements.

Encore si cette illégalité se bornait à favoriser certaines familles gênées, sinon absolument pauvres, et dont on connaît la bonne volonté, en substituant leurs enfants à d'autres, dont la pauvreté est, il est vrai, hors de doute, mais qui n'attachent aucun prix à l'instruction et qui ne tiendront pas à en profiter, l'intention, sinon le fait, pourrait être, jusqu'à un certain point, excusable. Mais voici ce que nous apprend notre correspondant :

« Il serait, dit-il, bien facile aux autorités locales de dresser équitablement la liste des indigents, en consultant le recensement de la population.

« Ce n'est point ainsi que l'on procède.

« Dans tout le cours de l'année, les personnes qui veulent solliciter l'admission gratuite se font inscrire à la mairie, et c'est avec ces notes que l'on dresse la liste officielle. Or, la plupart de ces enfants ne sont point indigents : leurs parents ont bien l'intention de les envoyer à l'école en payant, ou même les y envoient : mais auparavant ils se disent que ne rien payer du tout est plus avantageux, et ils font ce qu'ils peuvent pour qu'il en soit ainsi.

« Souvent c'est un conseiller municipal qui patronne les solliciteurs, ses voisins ou ses locataires. En outre, le conseil municipal, qui n'est chargé en quelque sorte que d'un contrôle, se substitue, la plupart du temps, au maire et au curé, qui doivent légalement dresser la liste. Ainsi, dans ma commune, c'est toujours le conseil municipal qui fait la liste ; puis, pour la régularité de la chose, on l'envoie signer au curé[1].

« L'année dernière, j'avais cru devoir faire des observations à ce sujet, car je m'apercevais que beau

coup d'enfants portés sur la liste n'étaient point réellement indigents. Il s'en était même trouvé un qui jusque-là avait été payant et qui, à la fin du premier trimestre, était allé, comme d'habitude, pour payer son trimestre au percepteur. Il n'avait pas sollicité, m'a-t-il dit, son admission gratuite, et ignorait qu'il eût été porté sur la liste. Il n'est nullement indigent, et c'était un conseiller, à titre de parent peut-être, qui lui avait fait cette *politesse*.

« J'ai fait inutilement toutes les observations possibles à ce sujet aux autorités locales : je n'ai rien obtenu ; je me trompe. Poussés dans leurs derniers retranchements, M. le maire et M. le curé me promirent que l'année suivante (cette année), ils se concerteraient pour dresser eux-mêmes la liste. Ils n'en ont rien fait. *Le maire craint de faire un affront à son conseil, en lui présentant une liste toute faite, et M. le curé dit que son caractère de prêtre ne lui permet pas d'agir personnellement.* Qu'en est-il arrivé? Le conseil, comme d'habitude, a fait la liste, et, comme d'habitude aussi, chaque conseiller a pu apporter son contingent de protégés, trouvant probablement très-agréable et très-commode de faire payer sa générosité par l'instituteur. Bien plus, la formation de la liste a été ajournée, afin que chaque conseiller pût, à une autre séance, apporter des noms.

« Inutile de vous faire observer qu'aucune des prescriptions de la circulaire ministérielle n'a été observée.

« Je suis ici depuis peu de temps. Les mêmes abus existaient dans mon poste précédent. Je pourrais vous citer une petite localité voisine, où pendant longtemps il a été *de droit* que les enfants des pompiers fussent portés sur la liste gratuite, uniquement à cause de leur qualité de fils de pompiers. Je ne sais si cette habitude existe encore ; mais, dans tous les cas, il n'y a pas longtemps qu'elle aurait cessé. »

Notre honorable correspondant fait suivre le récit de ces faits de *réflexions attristées* sur la situation actuelle de l'instituteur, situation, ajoute-t-il, où l'a placé la loi de 1854, « en lui enlevant ses chefs naturels. »

Nous ne voulons pas reproduire ces réflexions ; nous ne croyons pas, comme lui, que la situation du personnel enseignant, loin de s'améliorer, s'aggrave. Bien des choses assurément restent à faire, mais bien des choses déjà ont été faites, particulièrement dans ces derniers temps, et il n'est besoin, pour constater les progrès accomplis, que de se reporter à cette époque de 1854 que rappelle notre correspondant, et de comparer, n'importe à quel titre, ce que sont aujourd'hui les instituteurs à ce qu'on en voulait faire alors.

Charles DEFODON.

---

1. Nous rappellerons que, dans ce même numéro de décembre dernier, nous avons déjà signalé un abus de même nature.

ÉDUCATION ET ENSEIGNEMENT.

LEÇONS POUR LES COURS D'ADULTES.

LECTURE RAISONNÉE.

L'Aveugle et le Paralytique.

M. DENIS. — Mes bons amis, nous allons nous distraire un peu aujourd'hui en lisant ensemble une fable, une fable de Florian. Peux-tu nous donner quelques renseignements sur Florian, Antoine?

ANTOINE. — J'ai lu plusieurs de ses fables, mon

sieur Denis, mais quant à l'histoire de sa vie, elle m'est absolument inconnue.

M. DENIS. — Cela ne m'étonne pas beaucoup, mon cher enfant, et moi-même je n'en saurais pas grand'-chose, si je n'avais pris la précaution de me renseigner, avant d'arriver au milieu de vous. Et, cela soit dit en passant, c'est une précaution que je vous recommande, et que je voudrais voir observer par tous ceux d'entre vous qui, sachant lire, veulent profiter de ce qu'ils liront. Lorsque, dans le courant d'une page, un mot, n'importe lequel, frappe vos yeux, sans présenter une idée bien claire à votre esprit, n'allez pas plus avant, et renseignez-vous, autant que vous pouvez le faire. Si, pour cela, les moyens vous manquent, si vous n'avez pas sous la main un dictionnaire, par exemple[1], ou tel autre ouvrage qui puisse vous fournir des éclaircissements, notez le mot qui vous aura arrêté, et venez ensuite en demander l'explication, soit à moi, soit à telle autre personne que vous jugerez plus à même que vous de l'entendre et de l'interpréter. Je ne prétends pas, pour ma part, tout expliquer, bien entendu, mais, j'essayerais, du moins, de faire pour vous ce que je fais toujours pour moi-même, et je crois pouvoir vous affirmer qu'en prenant cette habitude-là, vous ne tarderiez pas à apprendre beaucoup plus de choses que vous ne l'imaginez.

Pour revenir à notre objet, je m'y suis pris de la façon la plus simple du monde : en tête de mon édition des *Fables de Florian*, qui ne coûte pas bien cher, mais qui n'en est pas moins bonne pour cela, il y a, comme dans tout livre bien fait, une préface. J'ai lu, dans cette préface, que Florian était né, il y a maintenant un peu plus de cent ans, dans le midi de la France. Pierre, quel est le roi qui régnait en France, il y a cent ans?

PIERRE. — C'était Louis XV, monsieur.

M. DENIS. — Oui, c'était Louis XV. Eh bien, Florian, qu'on appelait le chevalier de Florian, était de famille noble, mais pas très-riche. Il fit ce que faisaient alors tous les jeunes gens de sa condition qui se trouvaient dans le même cas que lui : il s'attacha à un grand seigneur, le duc de Penthièvre, qui se chargea de son éducation. Il entra dans une école d'artillerie, et devint officier de dragons. Je ne sais s'il alla jamais à la guerre, et j'imagine, dans tous les cas, qu'il devait être assez mauvais militaire. Il réussit beaucoup mieux à faire des vers, des pièces de théâtre, des romans où il racontait à sa façon, et en se conformant fort peu à l'histoire, la vie de certains héros des temps anciens et des temps plus modernes, et aussi des espèces de poëmes où il représentait des bergers et des bergères, qui ne ressemblent pas beaucoup, je vous jure, à ceux et à celles que vous et moi nous pouvons connaître.

C'était la mode de son temps, mais cette mode-là a passé, comme tant d'autres, et on ne songerait plus guère à Florian, s'il n'avait fait, Dieu merci, pour lui et pour nous, un assez bon nombre de fables comme celle que je vais vous lire tout à l'heure.

Florian donc vivait ainsi, très-bien vu, très-goûté, très-considéré. Mais vint la Révolution. Quelle révolution, Pierre?

PIERRE. — Celle de 1789, monsieur Denis.

M. DENIS. — Oui. Il s'agissait alors de tout autre chose que de bergers et de bergères. On oublia passablement Florian, et son amour-propre en souffrit. Il était noble, il avait fréquenté les nobles : on le mit en prison, où, d'ailleurs, il ne resta pas long-

temps. Mais sa santé était altérée; il se retira à quelques lieues de Paris, à Sceaux, et i y mourut, tout jeune, à 39 ans, en 1794. C'était un homme fort aimable, de beaucoup d'esprit, et, ce qui ne gâte rien, de sentiments très-délicats. Il était tout enfant encore quand il perdit sa mère, qu'il aimait beaucoup, et plus tard, on l'entend répondre à un autre enfant qui venait de subir, de la main maternelle, certaine correction, et qui pleurait : « Tu es bien heureux, toi, de pouvoir être battu par ta mère! »

Voici la fable que je veux vous lire :

L'Aveugle et le Paralytique[1].

Aidons-nous mutuellement,
Le charge des malheurs en sera plus légère;
Le bien que l'on fait à son frère
Pour le mal que l'on souffre est un soulagement.
Confucius l'a dit; suivons tous sa doctrine;
Pour la persuader aux peuples de la Chine,
Il leur contait le trait suivant.

Dans une ville de l'Asie
Il existait deux malheureux,
L'un perclus, l'autre aveugle, et pauvres tous les deux.
Ils demandaient au ciel de terminer leur vie :
Mais leurs cris étaient superflus,
Ils ne pouvaient mourir. Notre paralytique,
Couché sur un grabat dans la place publique,
Souffrait sans être plaint bien plus.
L'aveugle, à qui tout pouvait nuire,
Était sans guide, sans soutien,
Sans avoir même un pauvre chien
Pour l'aimer et pour le conduire.
Un certain jour, il arriva
Que l'aveugle, à tâtons, au détour d'une rue,
Près du malade se trouva;
Il entendit ses cris, son âme en fut émue.
Il n'est tels les malheureux
Pour se plaindre les uns les autres.
« J'ai mes maux, lui dit-il, et vous avez les vôtres :
Unissons-les, mon frère, ils seront moins affreux.
— Hélas, dit le perclus, vous ignorez, mon frère,
Que je ne puis faire un seul pas;
Vous-même vous n'y voyez pas :
A quoi nous servirait d'unir notre misère?
— A quoi? répond l'aveugle; écoutez : A nous deux
Nous possédons le bien à chacun nécessaire :
J'ai des jambes, et vous, des yeux.
Moi, je vais vous porter; vous, vous serez mon guide :
Vos yeux dirigeront mes pas mal assurés;
Mes jambes, à leur tour, iront où vous voudrez.
Ainsi, sans que jamais notre amitié décide
Qui de nous deux remplit le plus utile emploi,
Je marcherai pour vous, vous y verrez pour moi. »

M. DENIS. — Voyons : je disais tout à l'heure que si quelqu'un, en lisant, ou, ce qui revient au même, en entendant lire, rencontrait un mot, une idée qu'il ne comprît pas, il ne devait pas laisser passer ce mot ou cette idée sans chercher à s'en rendre compte, soit par lui-même, soit par autrui. Y a-t-il quelque mot, mes amis, dans la fable que je viens de lire, qui ait échappé à quelqu'un de vous?

ISIDORE. — Monsieur, je ne comprends pas bien la fable que vous avez lue, parce que je ne sais pas bien ce que c'est qu'un perclus ou un paralytique.

M. DENIS. — Très-bien, Isidore : je te sais grand gré de ta question : c'est une excellente chose que de surmonter cette espèce de fausse honte qui fait qu'on n'ose pas dire devant les autres; je ne comprends pas, je ne sais pas; expliquez-moi, s'il vous plaît, ceci ou cela. Voyons, Pierre, dis à Isidore ce que c'est qu'un paralytique.

---

[1]. Il serait à souhaiter que dans toutes les écoles et dans toutes les bibliothèques attenantes à l'école, il y eût un bon dictionnaire de la langue française, et deux ou trois bons ouvrages encyclopédiques, contenant, sous une forme simple et précise, les données les plus usuelles sur l'histoire, la géographie, les lettres, les sciences, les arts, l'industrie, la jurisprudence, le droit, l'économie domestique, etc.

[1]. C'est la XXe du livre I, dans l'édition classique de M. Geruzez. 1 vol. in-12. Lib. L. Hachette et Cie.

PIERRE. — Dame, monsieur, je ne sais pas trop bien non plus.

M. DENIS. — Voyez-vous? Eh bien, mon cher ami, pourquoi ne m'interrogeais-tu pas, ainsi qu'a fait Isidore?... Et vous, père Germain, savez-vous ce que c'est qu'un paralytique?

LE PÈRE GERMAIN. — Hélas, oui, monsieur Denis; vous savez bien que j'ai eu à la maison jusqu'à l'année dernière mon pauvre oncle Jérôme, Dieu ait son âme, qui, depuis bien longtemps, étant paralysé, ne pouvait remuer ni bras ni jambes.

M. DENIS. — Et savez-vous, père Germain, ce qui faisait que votre oncle Jérôme était paralysé?

LE PÈRE GERMAIN. — Eh mon Dieu! non, monsieur; si on l'avait su, on l'aurait guéri sans doute.

M. DENIS. — Cela n'est pas si sûr, père Germain. Autre chose est de connaître la nature d'une maladie, autre chose est de la guérir. Parce que vous savez que le feu est à telle maison du village, cela ne veut pas dire que vous serez maître d'éteindre ce feu; mais c'est toujours un point important d'être prévenu que le feu est là et non ailleurs, parce que vous savez ainsi que c'est là et non ailleurs qu'il faut courir. Et quand le médecin ne nous rendrait d'autre service que de nous indiquer précisément où nous sommes malades, nous devrions encore, la chose étant fort grave pour nous, lui être très-reconnaissants. Ainsi, vous disiez, père Germain, que votre oncle Jérôme était paralysé des bras et des jambes?

LE PÈRE GERMAIN. — Oui, monsieur; il avait les bras tout comme s'ils eussent été morts, et les jambes mortes aussi.

M. DENIS. — Mortes, mortes, père Germain, voyons! Si vous lui aviez piqué avec une aiguille le bras ou la jambe, croyez-vous que le sang n'en eût pas coulé?

LE PÈRE GERMAIN. — Oh! pour cela oui, monsieur.

M. DENIS. — Et, lorsque le pauvre homme est tombé tout à fait malade, est-ce que vous n'avez pas vu le médecin lui tâter le pouls sur son bras paralysé?

LE PÈRE GERMAIN. — C'est bien vrai, monsieur.

M. DENIS. — Vous voyez donc bien que ni ses jambes ni ses bras n'étaient tout à fait morts, et que le sang, par exemple, y circulait. Mais ce qu'il y avait de mort en lui, c'étaient les muscles des jambes et des bras, et les nerfs qui y correspondent.

LE PÈRE GERMAIN. — Oh! monsieur, je ne comprends pas bien ce que vous dites.

M. DENIS. — Il faudrait d'assez longues explications pour que vous pussiez, en effet, saisir cela bien exactement, et M. Dumont, notre médecin, est bien plus compétent que moi pour vous les donner. Je vous dirai seulement ceci : les muscles sont les parties de notre corps organisées pour produire en nous le mouvement; ainsi, dans les membres qui sont le plus spécialement destinés à se mouvoir, comme les jambes et les bras, il y a un très-grand nombre de muscles très-différents et très-compliqués. Quand j'étends le bras, par exemple, je mets en jeu certaines sortes de muscles; quand je le ramène vers moi, ce sont d'autres muscles qui agissent, et les autres se reposent. Quant aux nerfs, qui sont partout joints aux muscles, et qui semblent ne faire qu'un avec eux, bien que différant d'ailleurs de couleur et d'aspect, ils ont un tout autre rôle : ils sont chargés de transmettre aux muscles les ordres de notre volonté. Si bien que, quand, par suite d'une cause quelconque, un nerf se trouve réduit à l'impuissance, le muscle qu'il accompagne a beau continuer à vivre, il a beau rester parfaitement en état d'accomplir ses fonctions, l'intermédiaire indispensable étant supprimé, il ne peut plus servir à rien. Vous pouviez, n'est-il pas vrai, étendre et replier, à votre volonté, le bras de votre oncle Jérôme; les muscles du mouvement existaient donc encore chez lui, mais ses nerfs étaient devenus impuissants, et ce que vous faisiez de son bras, lui-même ne le pouvait pas faire. Voilà, en gros, ce que c'est qu'un paralytique.

Eh bien, Isidore, maintenant que j'ai répondu à ta question, tu vas voir que tu comprendras la fable que nous avons lue. Pierre, qui n'avait pas pu la comprendre non plus, quoiqu'il n'en ait rien dit, va d'abord nous la raconter à sa manière.

(Pierre raconte la fable; M. Denis la fait raconter de nouveau soit par Isidore, soit par le père Germain. Il invitera ensuite les élèves les plus avancés à la lui rapporter par écrit pour le lendemain. — M. Denis pourra, de même, appeler l'attention des élèves sur tels ou tels détails. Par exemple, le mot *Chine* et le mot *Asie* pourront donner lieu à plusieurs questions géographiques. — Sur Confucius, il n'y a pas grand'-chose à dire : c'était, comme on le sait, un législateur chinois, très-célèbre comme moraliste, et qui vivait dans le cinquième siècle avant Jésus-Christ. — A un autre point de vue, M. Denis pourra proposer aux élèves d'expliquer certains vers de la fable qui contiennent une pensée morale finement et délicatement exprimée, comme celui-ci :

Notre paralytique....
Souffrait sans être plaint : *il en souffrait bien plus.*

Pourquoi en souffrait-il bien plus? Pourquoi souffre-t-on plus quand on n'a personne qui vous plaigne? Influence de la sympathie. — Le dernier vers peut servir à une analyse de même genre :

Je marcherai pour vous, vous y verrez pour moi.

Enfin M. Denis pourra développer la morale entière de la fable, et en faire apprécier la justesse et l'élévation.

Nous ne faisons, pour gagner de l'espace, qu'indiquer ces diverses questions.)

HISTOIRE ET GÉOGRAPHIE.

L'Europe actuelle.

Troisième leçon. — Préliminaires. (Suite.)

Le soleil, mouvement apparent du soleil; lumière du soleil; chaleur du soleil; le jour; l'heure : midi et minuit; pôles; sphère; hémisphères; équateur; les mappemondes; explication de la différence de longueur des jours et des nuits.

M. DENIS. — Je veux d'abord m'assurer si on a bien compris ce que j'ai dit la dernière fois. Voyons, Isidore. Tu as devant les yeux la carte d'Europe. Les parties qui sont peintes, c'est l'Europe; celles qui ne le sont pas, ce n'est plus l'Europe. Où vois-tu de ces parties-là?

ISIDORE. — J'en vois, monsieur, en bas et à droite[1].

M. DENIS. — Je t'ai dit que les cartes représentent des pays, des portions de la terre, et que la terre, considérée dans son ensemble, n'a ni haut ni bas, ni droite ni gauche. Il ne faut donc pas dire, pour distinguer les différentes parties des cartes : en haut ou en bas, à droite ou à gauche : il faut dire : au sud, au nord, à l'ouest, à l'est.

ISIDORE. — Eh bien, monsieur, c'est au sud et à l'est que je vois des parties qui ne sont pas peintes.

M. DENIS. — Pierre, quels sont ces pays-là?

PIERRE. — Monsieur, c'est l'Afrique, au sud, et l'Asie, à l'est.

M. DENIS. — Fort bien. Je reviens maintenant à Isidore. Quand je dis que l'Asie est à l'est de l'Europe, qu'est-ce que j'entends par là?... Tu n'as pas l'air de bien saisir ma question. Souviens-toi de ce que nous avons dit : il faut faire intervenir le soleil là dedans.

1. Nous supposons que les bords de la carte représentent quelques points de l'Asie et de l'Afrique.

ISIDORE. — Ah! j'y suis. Quand je dis qu'un pays est à l'est d'un autre, j'entends que ce pays est plus près que l'autre de l'endroit où le soleil se lève.

M. DENIS. — C'est à peu près cela; nous chercherons, d'ailleurs, à préciser davantage, tout à l'heure. Voici deux petits instruments que j'ai apportés dans cette intention. Le premier consiste, comme vous voyez, en une grosse balle à jouer, la plus grosse que j'ai pu trouver chez notre épicier; j'ai embroché cette balle avec une grande aiguille à tricoter, en ayant soin que mon aiguille passât par le centre de la balle, c'est-à-dire par le point placé dans son intérieur qui est à égale distance de tous les points de sa surface.

(Pour expliquer cette définition, M. Denis pourra montrer expérimentalement, soit avec un compas, soit, si le compas lui manque, avec des ciseaux ou avec un couteau de poche entr'ouvert, comment on trace une circonférence de cercle, en conservant le même écartement aux deux branches de l'instrument, l'une, fixe, donnant le point central intérieur; l'autre, tous les points du périmètre. Il montrera ensuite, en coupant successivement une pomme, par exemple, à différents endroits de sa surface, de façon à ce que la section passe par le centre, — ce qui sera rendu visible aux yeux par l'égalité des deux parties séparées, — que cette section, à quelque endroit du contour qu'on la fasse, produit toujours des cercles, et des cercles égaux entre eux. Il pourra ainsi donner, autant qu'on peut le faire, sans démonstration géométrique, une idée suffisante de ce qu'on appelle le centre d'une sphère.)

M. DENIS. — Mon autre instrument est un petit morceau de bouchon, que j'ai façonné en boule, aussi bien que j'ai pu, et que j'ai également transpercé avec une autre aiguille à tricoter, laquelle passe aussi par le centre de la boule. Je plante mes deux instruments verticalement dans deux trous que j'ai faits à la table. Maintenant, écoutez-moi bien.

Supposons que la balle soit la terre, et le morceau de bouchon, le soleil.

En réalité, — je ne sais pas si je vous l'ai déjà dit, — le soleil est énormément plus gros que la terre, mais comme il en est fort éloigné, et que la distance, comme vous avez pu le voir bien souvent, diminue beaucoup le volume apparent des objets, nous pouvons le considérer comme ayant, en apparence, par rapport à notre globe, la proportion du bouchon par rapport à la balle.

Or, c'est le soleil qui nous éclaire : quand il a disparu, nous n'y voyons plus, ou nous n'y voyons du moins qu'avec l'aide des étoiles, qui ne nous éclairent pas beaucoup, ou de la lune, qui ne fait que nous rendre une bien pâle lumière qu'elle a elle-même empruntée du soleil. J'indique seulement ce point : nous pourrons y revenir quelque jour.

C'est aussi le soleil qui nous échauffe : vous le savez tous, et ceci n'a pas besoin de démonstration. La terre n'a par elle-même aucune chaleur, et comme tous les êtres ont besoin de chaleur pour vivre, si le soleil nous manquait, il ne serait longtemps question de nous.

PIERRE. — Et les volcans, monsieur Denis?

M. DENIS. — Je te remercie de ton objection, mon cher enfant; elle prouve que tu es réfléchi et sensé, quand tu veux l'être. Mais il faudrait qu'on nous dît d'abord ce que c'est qu'un volcan. Le père Germain le sait-il?

LE PÈRE GERMAIN. — Je ne le sais pas bien, monsieur.

M. DENIS. — Eh bien, Pierre, dis-le-nous toi-même.

PIERRE. — Les volcans sont des montagnes qui laissent échapper par des ouvertures, qu'on appelle cratères, des flammes, de la fumée, des matières fondues.

M. DENIS. — Qu'on appelle?

PIERRE. — Qu'on appelle, je crois, laves.

M. DENIS. — Oui. Eh bien, mes enfants, pour qu'il existe de pareilles montagnes, qui ressemblent à des

fourneaux toujours en activité, il faut bien qu'il y ait de quoi entretenir ces fourneaux, un foyer intérieur. Et, en effet, les expériences qu'on a faites et les raisonnements établis sur ces expériences ont amené les savants à conclure que la partie centrale de la terre, ce qu'on pourrait appeler le noyau terrestre, est une énorme masse chauffée à une température que nous pouvons à peine imaginer, et mesurer encore bien moins. Entre cette masse et nous, il y a le sol sur lequel nous vivons, c'est-à-dire une croûte refroidie et solide, bien peu épaisse, eu égard au volume du globe entier, puisqu'on a pu la comparer à l'écorce qui enveloppe l'orange, assez épaisse toutefois pour intercepter toute cette chaleur qui est au centre, et pour n'en pas laisser venir à nous la moindre portion, si ce n'est, ici et là, à travers les volcans dont nous a parlé Pierre, et qui sont comme des crevasses par où s'échappe, de temps en temps, quelque flot trop pressé de cette matière brûlante et liquide.

Ainsi, à deux pas, pour ainsi dire, au-dessous de nous, un immense foyer intérieur qui ne peut pas nous atteindre; et, à trente-huit millions de lieues, un autre foyer, qui nous apparaît à peine comme un point, et qui produit ici-bas toute végétation et toute vie : voilà notre monde.

Reprenons maintenant ce que nous voulions dire. Je vous rappelais tout à l'heure que le soleil est l'astre qui nous éclaire. Je vous ai dit, d'autre part, l'autre jour, en vous priant, d'ailleurs, de me croire sur parole, que la terre tournait sur elle-même, de l'ouest à l'est, dans un intervalle de temps toujours égal, l'intervalle de vingt-quatre heures. Je demanderai à Antoine ce que veut dire ce mot-là, l'heure, ce que c'est qu'une heure.

ANTOINE. — Monsieur, c'est une division du temps.

M. DENIS. — J'entends bien; mais cette division a-t-elle été prise arbitrairement? En aurait-on pu prendre une autre?

ANTOINE. — Il me semble que oui, monsieur.

M. DENIS. — Oui et non, si tu veux bien y réfléchir. De même que ce n'est pas d'après le pur caprice des faiseurs de cartes qu'on a adopté, comme nous l'avons vu, l'ouest et l'est, le sud et le nord, pour désigner la situation des différents points du globe, de même n'est-ce pas non plus d'après le caprice des horlogers qu'on a choisi telle division du temps plutôt que telle autre. C'est encore le soleil qui a fourni. Si j'avais noté, par exemple, aujourd'hui, par un moyen quelconque, le moment précis où le soleil, à cet endroit même, a semblé passer directement au-dessus de ma tête, et que je note demain le même instant, et après-demain encore, et ainsi de suite consécutivement, je remarquerai, conformément à ce que nous avons dit, qu'entre chacun de ces retours un intervalle égal se sera écoulé. Voilà ma division fixe du temps, voilà ce que j'appelle un jour. Comment désigne-t-on, Antoine, l'heure où le lieu qu'on habite se trouve juste au-dessous du soleil?

ANTOINE. — On l'appelle midi, monsieur.

M. DENIS. — Et l'heure où ce même lieu se trouve dans la situation directement opposée?

ANTOINE. — On l'appelle minuit.

M. DENIS. — Entre ces deux points, n'y a-t-il pas des divisions intermédiaires?

ANTOINE. — Oui, monsieur, il y a les heures.

M. DENIS. — Et combien compte-t-on d'heures entre midi et minuit?

ANTOINE. — Douze.

M. DENIS. — Toutes ces heures ont une durée égale, n'est-il pas vrai?

ANTOINE. — Oui, monsieur.

M. DENIS. — Et entre minuit et midi?

ANTOINE. — Douze encore.

M. DENIS. — Eh bien, au lieu de ces vingt-quatre subdivisions égales, n'aurait-on pas pu en choisir, je suppose, vingt-six, ou trente-deux, ou un autre nombre?

ANTOINE. — Il me semble que oui, monsieur.

M. DENIS. — Et tu as raison. C'est sur ce point qu'il

y a eu convention. On s'est accordé à choisir la division du temps qui a paru le plus commode.

PIERRE. — Et l'année, monsieur, y a-t-il aussi une raison particulière pour qu'elle se compose de 365 jours, et non pas de 4 ou 500?

M. DENIS. — Assurément, mon ami, et je tâcherai, un peu plus tard, de te faire comprendre cette raison, mais pour le moment, entendons-nous bien sur ce que c'est qu'un jour et une heure.

(M. Denis répétera expérimentalement sa démonstration, au moyen de la balle et de la boule de liége. Pour indiquer midi, il marquera au crayon sur la balle, un point qui sera censé être le lieu où il se trouve, et le placera juste devant le soleil, c'est-à-dire devant la boule de liége, puis, faisant tonrner la balle autour de l'aiguille, il indiquera minuit, etc. Il pourra également interroger divers élèves sur les subdivisions de l'heure, minutes, secondes, etc.)

M. DENIS — Il semble que nous sommes bien loin de notre Europe; nous y revenons. Pierre, montre-moi Paris sur la carte.... Bon. Montre-moi encore Saint-Pétersbourg.... C'est bien. Dis-moi maintenant: quand il est midi à Paris, qnelle heure est-il à Saint-Pétersbourg?

PIERRE. — Je n'en sais rien, monsieur.

M. DENIS. — Je ne le sais pas bien exactement non plus, mais est-il midi?

PIERRE. — Non, monsieur.

M. DENIS. — Pourquoi cela?

PIERRE. — Parce que Saint-Pétersbourg est plus à l'est que Paris.

M. DENIS. — Bon. Cela étant, quand il est midi à Paris, est-il plus ou moins de midi à Saint-Pétersbourg?

PIERRE. — Il est plus de midi, monsieur.

M. DENIS. — Très-bien: je passe maintenant l'Atlantique, et j'arrive à New-York, par exemple, dans les États-Unis. Quand il est midi à Paris, est-il plus ou moins de midi à New-York?

PIERRE. — Moins de midi, monsieur Denis.

M. DENIS. Certainement; quand il est midi à Paris, il n'est guère plus de six heures du matin à New-York, si j'ai bonne mémoire; de sorte que quand on pourra avoir, au moyen du télégraphe électrique, des communications presque instantanées avec l'Amérique, les Américains recevront dans leur lit les dépêches que nous leur enverronsau be au milieu de notre journée. Isidore a-t-il compris tout ce que Pierre vient de dire?

(Si Isidore n'a pas compris, recommencer la démonstration au moyen de la balle et de la boule.)

M. DENIS. — Résumons bien maintenant ce que nous venons de dire :

1° Le soleil est un foyer auquel la terre emprunte toute sa lumière et toute sa chaleur; 2° du mouvement régulier de la terre sur elle-même, en face du soleil, résultent cette division fixe du temps que nous nommons le jour, et les subdivisions arbitraires du jour, l'heure, la minute et la seconde. Ceci posé, je reprends mes instruments, et d'abord ma balle, c'est-à-dire la terre. Vous voyez les deux points où elle est percée par l'aiguille à tricoter. Supposons que la partie de l'aiguille qui traverse la balle entre ces deux points soit l'*axe* de la terre, c'est-à-dire la ligne autour de laquelle est censé s'accomplir le mouvement de la terre sur elle-même. J'ai dit, Pierre, comment on appelle les extrémités de cette ligne, les points où, sur ma balle, l'aiguille traverse.

PIERRE. — On les appelle *pôles*, monsieur.

M. DENIS. — Supposons le bouchon, c'est-à-dire le soleil, fixe à droite de la table. Nous savons le sens dans lequel a lieu le mouvement de la terre, n'est-ce pas vrai?

PIERRE. — Oui, monsieur, elle tourne de l'ouest à l'est.

M. DENIS. — Pour indiquer ce mouvement, je ferai tourner ma balle sur elle-même, de ma gauche à ma droite, et non pas de ma droite à ma gauche. Bon. Maintenant, dis-moi ceci : celui des deux points que tu appelles pôles qui se trouve du côté où la pointe de mon aiguille opposée à celle qui est plantée dans la table perce la balle, dans quelle direction sera-t-il? Dans la direction du nord ou dans celle du sud?

PIERRE. — Dans celle du nord, monsieur Denis.

M. DENIS. — Nous l'appellerons donc pôle nord, et l'autre pôle sud. Cela n'est-il pas tout naturel?

PIERRE. — Oui, monsieur Denis.

M. DENIS. — Regardez maintenant ce que je vais faire. Par tâtonnement, avec les pointes de mon compas, plus ou moins écartées, je détermine un point tel qu'il soit à égale distance du pôle nord et du pôle sud. J'en détermine, de la même manière un, deux, trois autres à différents endroits; je pourrais, n'est-il pas vrai? en déterminer ainsi une infinité tout autour de la balle. Supposez que je l'ai fait, qu'arrivera-t-il? J'aurai tracé, autour de ma balle, un cercle composé d'un nombre infini de points également éloignés des deux pôles, et partageant ainsi ma balle, très-exactement, en deux moitiés.

(M. Denis pourra expliquer son raisonnement avec une pomme qu'il coupera par le milieu).

M. DENIS. — Eh bien, de même qu'on appelle axe de la terre la ligne autour de laquelle j'imagine que la terre accomplit son mouvement sur elle-même, de même qu'on appelle pôles les extrémités de cet axe, de même on appelle *équateur* le cercle imaginaire qui est censé passer à égale distance des deux pôles et partager la boule terrestre en deux parties égales. Père Germain, redites-moi ce que c'est que l'équateur?

(Il est important, pour ce qui va suivre, que M. Denis s'assure bien que tous les élèves ont compris ces définitions.)

M. DENIS. — Antoine, tu as fait un peu de géométrie : comment appelle-t-on une boule dont tous les points sont également distants du centre?

ANTOINE. — On l'appelle *sphère*, monsieur Denis.

M. DENIS. — Et la moitié d'une sphère?

ANTOINE. — On l'appelle *hémisphère*.

M. DENIS. — C'est cela. Nous pourrons donc dire que l'équateur partage la sphère terrestre en deux hémisphères, et, comme l'un est situé du côté du pôle nord, l'autre, du côté du pôle sud, nous appellerons le premier hémisphère nord, l'autre hémisphère sud? N'y a-t-il pas encore d'autres noms par lesquels on les désigne?

PIERRE. — Oui, monsieur, on appelle l'hémisphère nord, boréal, et l'hémisphère sud, austral.

M. DENIS. — Oui, parce que les anciens appelaient borée le vent qui souffle du nord, et auster, celui qui souffle du sud. Il faut se familiariser avec tous ces noms : nous en aurons très-souvent besoin.

Si vous avez bien compris ce que nous venons de dire, vous allez voir quelles conséquences nous pourrons en tirer. Reprenant ma balle et ma boule, je place cette dernière, aussi exactement que possible, de façon à ce que son centre se trouve juste en face du cercle tracé sur ma balle, lequel représente l'équateur, c'est-à-dire de telle sorte que de la table à cet équateur et au milieu de la boule, il y ait la même distance.

(M. Denis peut mesurer cette distance avec un mètre).

Rappelons-nous que le soleil est le foyer de lumière qui nous éclaire, et voyons, Pierre, ce qui va arriver. Dans la situation où nous plaçons le soleil, l'hémisphère boréal sera-t-il éclairé tout entier en même temps?

PIERRE. — En même temps, non, monsieur Denis; il n'y en aura que la moitié.

M. DENIS. — La moitié exacte, n'est-il pas vrai? celle qui fait face au soleil. Bon. Mais comme la terre tourne...

PIERRE. — C'est ce que j'allais vous dire, monsieur ; toutes les différentes parties de l'hémisphère boréal passeront successivement devant le soleil.

M. DENIS. — Oui, et comme le mouvement de la terre sur elle-même est régulier et s'accomplit exactement en vingt-quatre heures, chacune de ces parties aura.... combien d'heures de jour ?

PIERRE. — Douze heures, monsieur Denis.

M. DENIS. — Et de nuit ?

PIERRE. — Douze heures également.

M. DENIS. — Et pour l'hémisphère austral, les choses se passeront-elles de la même manière ?

PIERRE. — Il me semble que oui, monsieur Denis.

M. DENIS. — Evidemment, il n'y a pas de raison pour qu'elles se passent autrement.

Eh bien, Pierre, dans quel hémisphère se trouve notre Europe ?

PIERRE. — Elle se trouve, monsieur, dans l'hémisphère boréal.

(Ce serait ici l'occasion pour M. Denis de faire comprendre à ses élèves ce que c'est qu'une mappemonde — mappe, du latin *mappa* qui veut dire carte, par conséquent carte du monde, — de leur y montrer l'équateur, de leur faire distinguer les deux hémisphères, l'hémisphère boréal et l'hémisphère austral ; de leur expliquer pourquoi les deux cercles qui constituent les mappemondes ne présentent pas cette division, parce qu'elle aurait eu l'inconvénient de couper les continents en deux, et comment, pour éviter cet inconvénient, on a choisi une autre division hémisphérique dans le sens de l'axe terrestre, cette division permettant de montrer sur un côté les trois continents d'Asie, d'Europe et d'Afrique, et sur l'autre, le continent américain [1].)

M. DENIS. — Dis-moi, maintenant, Isidore, à en juger par ce que tu as pu observer toi-même, crois-tu que tous les jours et toutes les nuits aient exactement pour nous cette même durée de douze heures dont parlait Pierre ? Est-ce qu'il n'y a pas des jours qui sont plus longs que les autres, et d'autres plus courts ? Et de même pour les nuits ? Et n'entends-tu pas dire souvent aux gens de la ferme où tu travailles : les jours grandissent, ou : les nuits s'allongent ?

ISIDORE. — Certainement, oui, monsieur.

M. DENIS. — Eh bien, quelle peut être, suivant toi, la cause de cela ?

ISIDORE. — Est-ce que ce ne serait pas, monsieur Denis, les mauvais temps, la pluie, les nuages ? Il y a des jours où, quand il pleut, on n'y voit plus goutte, dès deux heures de l'après-midi.

M. DENIS. — Entendons-nous, mon cher ami. Un gros nuage, en passant entre toi et le soleil, peut très-bien t'intercepter la vue de l'astre et produire à tes yeux cette diminution de lumière que tu nous signales. Mais remarque que cette diminution n'est que momentanée. A deux heures de l'après-midi, comme tu le dis, on peut très-bien n'y voir plus goutte, quand il pleut. Mais que, la pluie vienne à cesser à quatre ou cinq heures, tu recommences dès-lors à voir le soleil ; le jour, en réalité, n'a donc été raccourci qu'accidentellement et momentanément. C'est tout autre chose que nous voulons dire. En hiver, le soleil, qu'il pleuve ou qu'il ne pleuve pas, n'arrive guère à notre vue avant six heures du matin, et il disparaît bien avant six heures du soir ; dans l'été, au contraire, il se montre, tu le sais mieux que personne, dès quatre heures et demie ou cinq heures, et il ne se couche pas avant sept heures. Or, Pierre vient de nous montrer que si le soleil se trouvait constamment en face de l'équateur, chaque point des deux hémisphères devrait avoir constamment douze heures

de jour. Cela n'est pas dans la réalité. Que faut-il en conclure ?

ISIDORE. — Dame, monsieur, il en faut conclure que le soleil n'est pas dans la situation que vous disiez.

M. DENIS. — Il n'y a pas le moindre doute. Eh bien, puisqu'il nous est prouvé que le centre du soleil ne peut pas se trouver ou du moins se trouver constamment en face du cercle de l'équateur, haussons un peu notre notre bouchon par rapport à ce cercle ; plaçons-le de telle sorte, que son centre corresponde à un autre cercle que nous allons tracer sur la balle, dans l'hémisphère boréal, à quelque distance de l'équateur, et voyons ce qui va arriver.

(La suite de cette leçon au prochain numéro.)

Charles DEFODON.

COMMISSIONS D'EXAMEN POUR L'ENSEIGNEMENT PRIMAIRE.

Ressort de l'académie de Poitiers.

Première session de 1865.

ASPIRANTES. — BREVET DU DEUXIÈME ORDRE.

Orthographe.

Aussitôt que les arbres ont développé leurs fleurs, mille ouvriers commencent leurs travaux. Ceux-ci portent de longues pailles dans le trou d'un vieux mur, ceux-là maçonnent des bâtiments aux fenêtres d'une église ; d'autres dérobent un crin à une cavale, ou le brin de laine que la brebis a laissé suspendu à la ronce. Mille palais s'élèvent, et chaque palais est un nid ; chaque nid voit des métamorphoses charmantes, un œuf brillant, ensuite un petit couvert de duvet. Ce nourrisson prend des plumes ; sa mère lu apprend à se soulever sur sa couche. Bientôt il va jusqu'à se percher sur le bord de son berceau d'où il jette un premier coup d'œil sur la nature. Effrayé et ravi, il se précipite parmi ses frères qui n'ont point encore vu ce spectacle ; mais rappelé par la voix de ses parents, il sort une seconde fois de sa couche, et ce jeune roi des airs ose déjà contempler le vaste ciel, la cime ondoyante des pins et les abîmes de verdure au-dessous du chêne paternel.

(Châteaubriand.)

Composition française.

Conseils d'une mère à sa fille, qui vient d'obtenir le brevet d'institutrice.

Arithmétique.

1° Une propriété peut être divisée en deux parties : 65 ares rapportant $3^f,75$ par are ; $2^{ares},3$ rapportant $287^f,50$ par hectomètre carré. Dans ces conditions, la propriété rapporte 3 pour 100. Calculer la valeur de cette propriété.

2° Un lingot d'argent pèse autant que $7^{hectog},38$ d'eau distillée. Combien faut-il ajouter de cuivre, pour en faire un alliage au titre des monnaies, et quelle sera la valeur de cet alliage ?

Histoire.

Exposé du règne de Clovis.

Géographie.

Géographie de l'Allemagne.

---

1. Nous avons pu remarquer que beaucoup d'élèves, enfants ou adultes, **tout** en sachant se servir d'une mappemonde, ne se rendent pas bien compte de la façon dont est faite cette espèce particulière de cartes.

Dessin linéaire.

Partager un angle en deux parties égales. — D'un point pris hors d'un cercle, lui mener une tangente. (On expliquera les méthodes, on dessinera les figures.)

Hygiène.

Précautions hygiéniques que l'institutrice doit prendre pour les enfants dans les récréations, dans le passage de la classe à la récréation, de la récréation à la classe.

Sciences physiques, histoire naturelle.

1° Établir les faits qui démontrent l'identité de la foudre et de l'électricité de nos machines. Construction et action du paratonnerre.

2° Analyse d'une fleur complète. A quelle famille appartient la marguerite, et qu'est-ce qui a valu à cette famille le surnom qu'on lui a donné?

EXERCICES DIVERS A L'USAGE DES CLASSES.

SCIENCES PHYSIQUES ET NATURELLES.

Réponses aux questions proposées par les commissions d'examen aux aspirants au brevet complet et aux aspirantes du premier ordre.

En combien de classes divise-t-on les animaux vertébrés? Quels sont leurs caractères divers [1]?

Le grand naturaliste Cuvier, mort en 1830, partageait les animaux vertébrés en quatre classes, savoir: les *mammifères*, les *oiseaux*, les *reptiles* et les *poissons*. Aujourd'hui les zoologistes séparent les *batraciens* des reptiles proprement dits, et s'accordent à compter cinq classes, ainsi marquées :

Des mamelles et des poils. . . . . *Mammifères.*
Point de mamelles, des plumes. . *Oiseaux.*
Des écailles épidermiques servant
   de téguments. . . . . *Reptiles.*
Des métamorphoses après la naissance, ou du moins apparition
   de poumons et de pattes. . . *Batraciens.*
Point de véritable métamorphose;
   des branchies à tous les âges;
   des nageoires. . . . . *Poissons.*

Ces cinq classes présentent des caractères distinctifs que nous allons successivement passer en revue.

Mammifères. — Les animaux de cette classe sont de tous les habitants du globe terrestre ceux dont l'organisation atteint le degré de perfection le plus élevé. Parmi eux est compris l'homme. Les mammifères, comme leur nom l'indique, portent tous des mamelles, et c'est avec le lait sécrété par ces organes qu'ils nourrissent leurs petits, pendant les premiers jours, les premiers mois ou les premières années qui suivent leur naissance. Ils ont le sang chaud et généralement composé de globules de forme circulaire [2], leur

---

1. Ressort de l'académie de Douai, département de la Somme, année 1863.
2. Le mot de globule appliqué aux particules colorantes du sang est un mot impropre. Car il implique l'idée de corpuscules arrondis en boule, tandis qu'en réalité ces globules sont aplatis et plutôt lenticulaires que sphériques.

respiration est simple, mais complète. Leur cavité thoracique, contenant le cœur et les poumons, est toujours séparée par un diaphragme complet de la cavité abdominale où sont les organes de la digestion.

Tous présentent sur leur corps au moins quelques traces de poils, sans en excepter les Tatous, revêtus d'une sorte de carapace, et les Pangolins, qui sont recouverts d'écailles cornées. Les Baleines et les Marsouins n'en sont pas non plus entièrement dépourvus.

Le squelette fournit aussi des signes distinctifs : les dents, par exemple, chez les mammifères, sont pourvues d'une ou de plusieurs racines et plantées dans des alvéoles; et il est en général facile de les distinguer en trois sortes : incisives, canines et molaires. — Enfin les mammifères sont vivipares.

Oiseaux. — Les oiseaux constituent la classe d'animaux la mieux caractérisée : ils sont couverts de plumes; leurs membres antérieurs forment des ailes qui cependant ne sont pas toujours propres au vol, et leurs membres postérieurs servent seuls pour la marche. Ils ont un bec corné qui protége les mâchoires enfermées dans une bouche sans lèvres et sans dents. Leur cerveau est peu développé, l'odorat presque nul, mais la vue excellente.

Les oiseaux sont ovipares; ils pondent des œufs qu'ils sont généralement obligés de couver pour les faire éclore, l'éclosion n'ayant lieu que sous l'influence d'une température à peu près égale à celle de leur corps. Ils font, pour déposer ces œufs, des nids qui sont souvent des merveilles d'architecture. Quelques espèces douées d'un larynx très-compliqué ont un chant mélodieux et singulièrement varié.

Reptiles. — Les reptiles n'ont ni mamelles ni plumes. Leur épiderme a l'apparence d'écailles. Leur température varie avec le milieu environnant et est généralement peu élevée. Ils n'ont pas de diaphragme, et le plus souvent leur cœur n'a que trois cavités au lieu des quatre que possèdent les mammifères et les oiseaux.

Les reptiles sont tous ovipares. La vipère et quelques autres qui semblent vivipares, ne le sont qu'en apparence; si leurs petits naissent vivants, c'est que leurs œufs subissent à l'intérieur du corps les phases de l'incubation et éclosent avant la sortie; les reptiles de cette espèce sont dits ovovivipares.

Parmi les reptiles sont compris, non-seulement les diverses espèces de serpents, mais encore les Tortues et les Sauriens, tels que le Lézard et le Crocodile.

Batraciens. — Les Batraciens, longtemps réunis en une seule classe avec les reptiles, s'en distinguent surtout par les métamorphoses qu'ils subissent. Au moment de leur naissance, les Batraciens sont pourvus de branchies, et leur respiration est purement aquatique, comme celle des poissons. Mais bientôt les poumons se montrent et se développent, même dans les espèces qui doivent conserver toujours des branchies. Le sang, durant leur premier état, ne passait pas par le cœur après avoir reçu l'influence de l'air filtré par les branchies : quand les poumons se sont développés, le sang qui s'y rend et celui qui en revient se mêlent dans le ventricule qui est unique.

La Grenouille et le Crapaud, d'abord *têtards*, sont les types les plus complets de cette classe qui comprend aussi les Tritons et les Salamandres.

Poissons. — Les poissons vivent exclusivement dans l'eau et ne respirent que par des branchies, à moins qu'on ne veuille considérer la vessie natatoire dont beaucoup sont munis comme une sorte de poumon réduit à sa seule enveloppe. Ils n'ont point de pattes, mais des nageoires composées d'un grand nombre de rayons. Leur cœur n'a qu'un ventricule et une oreillette. Leurs vertèbres sont concaves sur les deux faces. Le cerveau offre très-peu de développement.

Les poissons sont essentiellement ovipares. Quelques-uns, comme l'Epinoche, font de véritables nids; mais la plupart des femelles abandonnent leurs œufs aussitôt après les avoir pondus, et le mâle qui féconde ces œufs ne connaît généralement pas la mère. On cite un petit nombre d'espèces qui sont ovovivipares.

Il faut prendre garde de classer parmi les poissons les *Cétacés*, tels que le Lamantin, le Cachalot, la Baleine, qui sont de véritables mammifères.

L. Marcel Devic.

ARITHMÉTIQUE.

Problèmes divers.

1er *Problème*. — On a trois lingots d'or aux titres de 0,980, 0,840 et 0,750. On veut obtenir un lingot de $3^{kilos},25$ au titre de 0,900. Quelle quantité faut-il prendre des trois premiers alliages si l'on impose la condition de prendre 500 grammes du troisième alliage.

Solution. — Les $3^{kilos},25$ de l'alliage qu'il faut obtenir renferment un poids d'or égal à

$$3^{kilos},25 \times 0,900 = 2^{kilos},925.$$

Mais 500 grammes du troisième lingot renferment un poids d'or égal à

$$0^{kilos},500 \times 0,750 = 0^{kilos},375;$$

il faudra donc prendre dans les deux premiers lingots un poids d'or égal à

$$2,925 - 0,375 = 2^{kilos},550.$$

Mais le poids total de l'alliage qu'il faudra emprunter aux deux premiers lingots est :

$$3^{kilos},25 - 0^{kilos},500 = 2^{kilos},750;$$

le titre de cet alliage sera :

$$\frac{2,550}{2,750} = 0,927272.$$

La question revient donc à former un alliage au titre de 0,92072 avec deux alliages aux titres de 0,980 et de 0,840.

Or les différences entre les titres sont :

$$0,980 - 0,92727 = 0,05273,$$
$$0,92727 - 0,840 = 0,08727.$$

Il faudra par conséquent prendre $87^{kilos},27$ du premier lingot pour $52^{kilos},73$ du second, ce qui revient à partager $2^{kilos},750$ en parties proportionnelles aux nombres 87,27 et 52,73. On trouve que le poids du premier lingot est :

$$2^{kilos},750 \times \frac{87,25}{140} = 1^{kilos},714,$$

et que celui du second lingot est :

$$2^{kilos},750 \times \frac{52,73}{140} = 1^{kilos},036.$$

2e *Problème*. — Estimer la population de la terre, en supposant qu'il n'y ait que le cinquième d'habité, et que la population soit de 6000 habitants par myriamètre carré.

Solution. — La surface d'une sphère est égale à quatre fois le produit de 3,1416 multiplié par le carré de son rayon. Or le rayon de la terre est égal à

$$\frac{40\,000\,000^{m}}{2 \times 3,1416},$$

c'est-à-dire à

$$6366 \text{ kilomètres,}$$

à 1 kilomètre près. On aura donc pour la surface de la terre en kilomètres carrés :

$$4 \times 3,1416 \times \overline{6366}^{2},$$

ou

$$4 \times 3,1416 \times 40\,525\,956.$$

Pour exprimer cette surface en myriamètres carrés, il faut diviser par 100 le nombre précédent, ce qui donne :

$$\frac{4 \times 3,1416 \times 40\,525\,956}{100}.$$

Mais, d'après l'énoncé, il n'y a que la cinquième partie de la terre qui soit habitée, cette surface est donc :

$$\frac{4 \times 3,1416 \times 40\,525\,956}{100 \times 5}.$$

Maintenant, puisqu'il y a 6000 habitants par myriamètre carré, il faudra multiplier 6000 par ce nombre de myriamètres afin d'avoir la population cherchée. Cette population est donc :

$$\frac{6000 \times 4 \times 3,1416 \times 40\,525\,956}{100 \times 5},$$

ou bien, en supprimant le facteur commun 500 :

$$48 \times 3,1416 \times 40\,525\,956,$$

ou

$$150,7968 \times 40\,525\,956;$$

en effectuant ce produit l'on trouve

$$6\,111\,184\,482$$

pour le nombre d'habitants cherché.

Il est facile de voir que ce nombre n'est qu'approché. En effet, l'erreur commise dans la valeur du rayon est moindre qu'un kilomètre; si elle était d'un kilomètre, l'erreur commise sur le carré de ce rayon serait de

$$2 \times 6366,$$

ou

$$12700 \text{ kilomètres,}$$

c'est-à-dire de

$$127 \text{ myriamètres carrés.}$$

On peut juger par là de l'approximation du résultat précédent.

Problème sur l'amortissement[1].

Une commune peut disposer chaque année d'une somme de 1268 fr.; elle veut faire un emprunt et le rembourser en quatre ans par quatre annuités de 1268 fr., payables à la fin de chaque année. A combien peut s'élever la somme empruntée par la commune?

Solution.

Soit x le montant de l'emprunt. Cette somme ne devant être payée que dans 4 ans, la dette à cette

---

1. Proposé par un de nos abonnés.

époque s'élèvera, en tenant compte des intérêts composés, au chiffre de

$$x \times \overline{1,05}^4.$$

A la fin de la première année on donne 1268 fr.; c'est comme si l'on payait à la fin de la quatrième année:

$$1268^f \times \overline{1,05}^3.$$

De même les trois autres annuités avec leurs intérêts composés représentent des payements effectués à la fin de l'année, égaux à

$$1268 \times \overline{1,05}^2, \quad 1268 \times 1,05, \quad 1268.$$

Il faut donc pour l'équité que

$$x \times \overline{1,05}^4 = 1268\left[\overline{1,05}^3 + \overline{1,05}^2 + 1,05 + 1\right].$$

En effectuant les calculs indiqués, l'on trouve :

$$\overline{1,05}^2 = 1,1025,$$
$$\overline{1,05}^3 = 1,157625,$$
$$\overline{1,05}^4 = 1,21550625,$$

et

$$\overline{1,05}^3 + \overline{1,05}^2 + 1,05 + 1 = 4,310125 ;$$

par suite, l'inconnue de la question doit vérifie l'égalité

$$x \times 1,21550625 = 1268 \times 4,310125 = 5465,2385,$$

d'où

$$x = \frac{5465^f,2385}{1,21550625} = 4496^f,26.$$

On peut vérifier que cette annuité sera remboursée dans 4 ans. En effet, la première année on devra payer d'abord l'intérêt de 4496^f,26, qui est :

$$4496^f,26 \times 0,05 = 224^f,8130,$$

et il restera dans la caisse de la commune :

$$1268^f - 224^f,813 = 1043^f,187,$$

avec lesquels on pourra amortir en partie la dette. On rachètera ainsi une rente de

$$1043^f,187 \times 0,05 = 52^f,16 ;$$

l'on n'aura donc plus à payer l'année suivante qu'un intérêt égal à

$$224^f,813 - 52^f,16 = 172^f,653,$$

et il restera disponible à la fin de la seconde année une somme égale à

$$1268^f - 172^f,653 = 1095^f,347,$$

que l'on emploiera à amortir une rente de

$$1095^f,35 \times 0,05 = 54^f,7675,$$
ou
$$54^f,77.$$

A la fin de la troisième année, on n'aura plus à payer qu'un intérêt égal à

$$172^f,65 - 54,77 = 117^f,88,$$

et la somme restée disponible sera :

$$1268^f - 117,88 = 1150^f,12.$$

Elle servira à racheter une rente de

$$1150^f,12 \times 0,05 = 57^f,5060,$$

et à la fin de la quatrième année l'intérêt à payer sera :

$$117^f,88 - 57,506 = 60^f,374,$$

après ce payement la commune possédera encore

$$1268^f - 60^f,374 = 1207^f,626 ;$$

mais c'est précisément ce qui lui reste à payer sur les 4496^f,26 qu'elle a empruntés, puisque

$$1043^f,187 + 1095^f,347 + 1150^f,12 = 3288^f,654,$$

que

$$4496,26 - 3288,65 = 1207^f,61.$$

Ainsi la commune sera libérée au bout de 4 ans.

Problème spécial [1].

Une fontaine de 5^m,80 de profondeur et de 0^m,73 de diamètre est alimentée par deux jets qui donnent, l'un, 0^l,6 et l'eau 0^l,4 d'eau par minute, et entretient 45 ménages, qui consomment, en moyenne, 30 litres d'eau par jour.

L'eau s'élevant à la hauteur de 3^m,80, on demande : 1° la capacité possible; 2° la contenance actuelle de cette fontaine; 3° de combien de centimètres elle aura monté ou descendu après 24 heures.

Solution.

1° Le volume d'eau que contient la fontaine lorsqu'elle est complétement remplie est :

$$V = 3,1416 \times \frac{\overline{0,73}^2}{4} \times 5,80,$$

puisque ce volume est celui d'un cylindre dont le diamètre est 0^m,73 et la hauteur 5^m,80.

En effectuant les calculs l'on trouve

$$V = 3,1416 \times 0,5329 \times 1,45,$$
ou
$$V = 1,67416 \times 1,45,$$
$$V = 2^{m \cdot c},42753,$$
ou
$$2427^l,53.$$

2° Lorsque l'eau ne s'élève dans cette fontaine qu'à 3^m,80, le nombre de mètres cubes qu'elle contient est seulement

$$V_1 = 3,1416 \times \frac{\overline{0,73}^2}{4} \times 3,80,$$
ou bien :
$$V_1 = 3,1416 \times 0,5329 \times 0,95,$$
ou
$$1^{m \cdot c},67416 \times 0,95,$$
ou
$$V_1 = 1^{m \cdot c},59045,$$
ou
$$1590^l,45.$$

3° La somme des débits par minute des deux sources est :

$$0^l,6 + 0^l,4 = 1^l ;$$

et l'eau que reçoit le bassin en 24 heures occupe un volume de

$$1^l \times 60 \times 24 = 1440^l.$$

D'autre part, le volume d'eau extrait de ce bassin dans le même temps est :

$$30^l \times 45 = 1350^l ;$$

---

1. Proposé par un de nos abonnés.

par conséquent, l'excédant d'eau en 24 heures est égal à

$$1440^l - 1350^l = 90^l.$$

Pour savoir de combien le liquide montera pendant ce temps, il faut chercher quelle hauteur doit avoir un cylindre dont la base a

$$1^{m \cdot q} \times \frac{3,1416 \times 0,5329}{4},$$

pour que son volume soit égal à

$$90^l, \quad \text{ou} \quad 0^{m \cdot c},090.$$

On obtient cette hauteur en divisant le volume exprimés en mètres cubes par la base exprimée en mètres carrés. Cette hauteur sera donc :

$$0,090 : \frac{3,1416 \times 0,5329}{4},$$

ou

$$\frac{0,09 \times 4}{3,1416 \times 0,5329},$$

ou

$$\frac{0,36}{1,67416},$$

ou

$$0^m,215.$$

Ainsi en 24 heures le niveau de l'eau aura monté de

$$215 \text{ millimètres.}$$

E. Burat.

LANGUE FRANÇAISE.

ÉLÉMENTS DE LA GRAMMAIRE.

§ 1. — Du Nom.

9e Exercice.

Du pluriel dans les noms. — Noms qui forment leur pluriel d'après la règle générale, et noms qui ont une même forme pour le pluriel et le singulier.

Le maître dictera aux élèves les phrases suivantes. Les élèves transcriront ensuite dans une première colonne les noms qui forment leur pluriel d'après la règle générale; dans une seconde, ceux qui ont une même forme pour le pluriel et le singulier.

Le laboureur et ses enfants.

Un vieux et honnête laboureur, sentant sa mort prochaine, réunit ses fils autour de son lit, et leur tint, à peu près, ce discours : « Mes enfants, je sens que mes forces m'abandonnent; je veux, avant ma fin, vous donner un sage avis : Gardez-vous de vendre jamais le champ que je vous laisse : un trésor y est caché. Quand vous aurez fait la moisson, tournez et retournez le terrain; défrichez même le petit bois, qui est au bout de notre pièce de luzerne. Assurément vous trouverez un sac de louis que je sais être enfoui dans l'enclos. » Ils firent ce que leur père avait dit; la pioche et la bêche eurent une rude besogne, et ils ne ménageaient pas leurs bras. Ils ne trouvèrent pas le plus petit écu; mais, sur le sol remué et travaillé chaque jour, il vint le plus beau blé, le plus beau seigle, la plus belle avoine du monde, et le marché du canton leur rendit en bonne monnaie le prix de leurs peines. Ils comprirent alors toute la valeur des derniers conseils du vieillard, et chaque fois qu'ils allèrent ensuite s'agenouiller devant l'humble croix plantée sur sa tombe, le souvenir de ce qu'ils lui devaient leur faisait verser des larmes.

10e Exercice.

Même sujet.

Les élèves écriront au pluriel les noms qui sont au singulier dans l'exercice précédent, et au singulier ceux qui sont au pluriel.

11e Exercice.

Même sujet.

Dictée.

Les mésaventures de Louise.

Un jour du mois de mai, Louise, après son repas du matin, avait obtenu la permission d'apprendre sa géographie sous une touffe de lilas que le printemps avait fait éclore. Sa maman lui avait défendu de sortir du jardin ; malheureusement Louise n'était ni studieuse ni obéissante. Elle joua d'abord avec sa petite croix d'or et son nœud de velours, puis elle suivit le jardinier, qui mettait dans la terre des ognons de lis. Tout à coup elle remarqua une mésange qui faisait entendre sa voix du milieu d'un taillis, et résolut de la prendre ; mais la petite mésange volait partout, sur le buis, dans le creux des vieux arbres, sur les branches des cyprès. Elle sortit enfin du jardin, et Louise, oubliant la défense de sa mère, traversa le tapis de verdure que formait le gazon, écrasa dans sa marche plusieurs tiges de riz que son père conservait précieusement, et s'élança vers le bois. Ces premiers pas conduisirent la pauvre enfant à des malheurs si grands, que vous la plaindrez malgré sa faute. — Cécile Régnard.

12e Exercice.

Du pluriel dans les noms. — Noms qui forment leur pluriel en X.

Le maître dictera les phrases suivantes; les élèves transcriront ensuite dans une première colonne les noms qui forment leur pluriel en x, et, dans une seconde, ceux qui suivent la règle générale.

L'ombre d'un âne.

Un grand orateur grec, Démosthène, plaidait, un jour, pour un pauvre diable accusé d'un crime capital. Mais il avait beau faire briller tous les feux de son éloquence, les juges, ce n'est pas ici le lieu de rechercher pourquoi, semblaient se faire un jeu de tous ses efforts, et ne l'écoutaient même pas. Démosthène fit alors comme ceux qui ploient les genoux pour sauter plus loin et plus haut; il interrompit brusquement son discours : « L'an dernier, dit-il, un homme loua un âne à un ânier, qui se chargea de le conduire chez un de ses neveux, dans une campagne assez éloignée. Ils partirent au milieu du jour; le soleil était ardent, la route montante et poudreuse. Pas un verre d'eau à boire, pas le moindre arbrisseau, le moindre buisson pour se mettre à l'abri des rayons brûlants. Exténué, l'homme prend l'âne par le licou, et l'attache à un pieu, au bord du sentier. Puis, s'étendant à l'ombre que projetait le corps du baudet, il veut se reposer et dormir. Mais l'ânier s'y opposa, prétendant qu'il avait loué son âne, à la vérité, mais non pas l'ombre de son âne.... » Ici Démosthène s'arrêta. « Eh bien, qu'arriva-t-il ? » lui cria-t-on de toutes parts. « Vous le voyez, reprit l'orateur, vous voilà réduits, ô Athéniens, à en faire vous-même l'aveu : le grave peuple de Minerve[1] est comme un enfant qui ne se plaît qu'avec ses joujoux, comme un oiseau qui voltige deçà et delà, peu soucieux de l'endroit où il ira poser son aile, et c'est bien en vain, selon moi, que le hibou de la déesse, symbole de prudence, est sculpté sur les murs de vos maisons et de vos temples. Il faut à vos esprits, pour les intéresser et les captiver, des histoires et des contes. Mais quand il s'agit de la vie d'un de vos concitoyens, alors vous n'avez plus d'oreilles. Et cependant, ne l'oubliez pas, vous ne pouvez toucher impunément à un seul cheveu de cet homme, et votre insouciance sera un crime qui attirera sur vous la malédiction des Dieux. » Je n'ai pas besoin d'ajouter que Démosthène gagna sa cause.

13e Exercice.

Même sujet.

Dictée.

Les mésaventures de Louise (suite).

Je vous ai dit que Louise, arrivée à la grille du jardin en avait tiré les verrous, et qu'elle s'était mise à la poursuite de l'oiseau voltigeant sur les ormeaux et les chênes. Bientôt elle perdit de vue la maison de ses parents. L'imprudente voulut alors retourner sur ses pas, mais elle s'égara de plus en plus, et sortit du bois par le côté opposé. Au bout de plusieurs heures de marche, elle se trouva dans une grande plaine. Elle eut peur, et, au lieu de demander son chemin aux personnes qu'elle voyait sur la route, elle alla se cacher derrière les roseaux et les buissons, et suivit le cours d'un ruisseau. Le soir, la pauvre enfant était dans un triste état. Les cailloux avaient déchiré ses pieds, ses cheveux étaient en désordre, son canezou de mousseline tombait en lambeaux ; elle avait faim, et s'estima heureuse de trouver dans ses petites poches quelques noix sèches et deux gâteaux qu'elle avait achetés la veille, pour quelques sous, à la foire du hameau, où sa bonne l'avait conduite, pour lui montrer toutes sortes de jeux. Vous pensez bien qu'elle fit un triste repas. En ce moment, le soleil se coucha derrière les coteaux, et la lune prit sa place. Louise se retourna de tous côtés pour chercher un abri, elle ne vit qu'un bosquet de sureau : elle se traîna jusque-là et frissonna en entendant le cri des hiboux et le bruit du vent. — Cécile REGNARD.

SYNTAXE GÉNÉRALE. — ORTHOGRAPHE D'USAGE.

§ 5. — *Du Verbe.*

15e Exercice.

Questions générales sur les verbes.

Le maître dictera aux élèves les questions suivantes, auxquelles ils devront répondre, en s'aidant, au besoin, de la grammaire.

1. *Verbes auxiliaires.* Expliquez l'emploi du verbe *être* dans cette phrase : *Je suis* heureux, parce que je sens que *je suis* aimé.

2. Expliquez, de même, l'emploi du verbe *avoir* dans cette phrase : *J'ai* un livre que vous ne connaissez pas ; je l'ai acheté hier.

3. *Des temps.* Dans ces deux phrases : L'enfant *aime* la vertu, et : Le maître *fait* sa classe, expliquez l'emploi du temps présent.

4. Expliquez le, de même, dans cette phrase : Ne partez pas aujourd'hui ; celui que vous vouliez voir *arrive* demain.

5. Et dans cette autre : On prenait Alexandre pour un enfant : il soumet les Grecs, passe en Asie, bat Darius, etc.

6. Dans cette phrase : Attendez un peu : *j'ai fini*, à quoi équivaut : *j'ai fini*?

7. Dans cette phrase : Je ne conçois rien à ce que vous me dites ; *vous aurez* mal *compris* ce qu'on vous a dit, à quoi équivaut : *Vous aurez compris*?

Explication.

1. Dans la première partie de la phrase : *je suis heureux,* le verbe *être* n'est point employé comme auxiliaire ; dans la seconde : *je suis aimé,* il est employé comme auxiliaire. Le verbe *être* n'est employé comme auxiliaire que lorsqu'il est accompagné du participe passé d'un autre verbe.

2. Même distinction à faire pour l'emploi du verbe *avoir. J'ai un livre,* c'est-à-dire : *je possède un livre ;* le verbe *avoir* est employé comme verbe actif. Dans : *j'ai acheté,* il est auxiliaire.

3. L'usage du temps présent est proprement d'indiquer que la chose dont il s'agit est ou se fait au moment où l'on parle, comme quand je dis : *Le maître fait sa classe.* Mais il s'emploie aussi pour marquer que la chose est ou se fait d'une manière habituelle. Quand je dis : *l'enfant aime la vertu,* je ne veux pas dire que c'est en ce moment même qu'il l'aime, je veux dire qu'il l'aime d'une manière générale et continue, sans indication précise de temps.

4. Dans cette phrase, le présent est employé pour le futur : *il arrive* pour *il arrivera.*

5. Ici, c'est le contraire : le présent est employé pour le passé, afin de donner plus de vivacité à l'expression. Par un effort de mon imagination, je me représente, pour ainsi dire, comme se passant au moment où je parle les choses dont je rappelle le souvenir, et je les exprime comme si je les voyais en réalité. La phrase donnée équivaut à celle-ci : *On prenait Alexandre pour un enfant : il soumit les Grecs, passa en Asie, battit Darius ;* on sent combien la première est plus expressive.

6. Par cette même raison de vivacité, on emploie quelquefois, dans la conversation, le passé indéfini pour le futur antérieur. Il est clair que quand je vous dis : *attendez un peu, j'ai fini,* en réalité, je n'ai pas fini, car, dans ce cas, je n'aurais pas besoin de vous faire attendre, mais je représente, dans mon expression, comme tout à fait terminée une action qui le sera tout à l'heure, et que je devrais rigoureusement, exprimer ainsi : *Attendez : j'aurai fini dans un instant.* On se sert de même du présent. Ainsi quand un orateur dit : *Messieurs, je finis,* en réalité, il ne finit pas, mais il annonce qu'il va finir.

7. Le futur antérieur n'est pas employé ici dans son sens ordinaire, qui est de marquer que la chose dont on parle sera ou se fera avant une autre. Dans la phrase donnée, la chose dont il

---

1. Minerve était la déesse de la sagesse ; la ville d'Athènes, où Démosthène plaidait, était consacrée à cette déesse. On la représentait avec un hibou.

s'agit est passée; le futur antérieur est donc employé pour le passé indéfini, avec l'addition d'une idée de doute ou de probabilité. *Vous aurez mal compris*, c'est-à-dire : *vous avez probablement mal compris*.

SYNTAXE PARTICULIÈRE. — DIFFICULTÉS DE LA LANGUE.

§ 5. — *Du Verbe.*

1er Exercice.

Des différents sens d'un même verbe.

Le maître dictera aux élèves les phrases suivantes, en leur faisant souligner, pour attirer leur attention, les mots écrits en italiques, les élèves en se servant, au besoin, du dictionnaire, devront expliquer le sens de ces mots, que nous expliquerons nous-même dans le prochain numéro.

1. Le père pardonna à son enfant, et l'*embrassa* avec effusion. — 2. L'Océan *embrasse* la Grande-Bretagne de tous les côtés. — 3. Le général *embrassa* rapidement tout le champ de bataille, et donna ses ordres. — 4. Cet écrivain a tout *embrassé* dans ses écrits, l'ancien et le moderne, le sacré et le profane. — 5. Son esprit audacieux *embrassa* bien vite les opinions des novateurs.

— 6. L'occasion est belle : il la faut *embrasser.*

Explication.

1. Le verbe est pris ici dans son sens propre : embrasser, c'est-à-dire, serrer dans ses bras.

2. Sens étendu. Serrer dans ses bras, c'est entourer de ses bras la personne ou l'objet qu'on serre. Dans la phrase donnée, l'idée du moyen qu'on emploie pour entourer, l'idée de *bras* a disparu, et il ne reste que l'idée plus générale d'entourer, d'environner d'une façon pressante, idée à laquelle l'imagination ajoute une sorte d'intention volontaire, par la personnification, plus ou moins expresse, de l'individu ou de l'objet qui fait où d'où résulte l'action. Remarquez d'ailleurs qu'on dit : *un bras de mer*, *le bras d'un fleuve.*

3. Ici le sens est figuré. Le regard du général perçoit d'une fois tout l'ensemble d'une étendue; ce regard, par la fiction de l'imagination, semble saisir et entourer cette étendue.

4. Même sens, même emploi figuré, appliqué à une chose abstraite.

5. Le sens ici est différent, et ne se rapporte plus tant à l'idée même d'embrasser, d'étreindre, qu'au mouvement plus ou moins passionné ou tendre qui détermine, en général, l'embrassement. *Embrasser une opinion*, c'est se porter vivement vers cette opinion et l'adopter avec enthousiasme.

6. Même sens, à peu de chose près. Embrasser l'occasion, c'est ne pas la laisser échapper, c'est se porter vivement vers elle pour la saisir et en profiter.

Charles DEFODON.

Lettre à une cousine sur les vendanges.

Petite narration : — Départ du matin pour les vignes. — Travaux de la journée. — Retour, le soir, à la ville.

SUJET TRAITÉ.

Pourquoi, chère cousine, n'as-tu pas rempli ta promesse? Pourquoi n'es-tu pas venue passer auprès de moi tes derniers jours de congé? Est-ce la faute des circonstances ou la tienne? Dans le premier cas, cette lettre t'apportera mes regrets, sinon elle sera ta punition, et les détails que je vais te donner complèteront la petite vengeance que mon cœur s'est réservée.

Cette semaine nous a donné plusieurs jours de fête et voici comment : dimanche soir, l'ouverture des vendanges avait été publiée à son de caisse, au milieu de l'enthousiasme de la population qui allait enfin recueillir le fruit des labeurs d'une année.

Je devais être au nombre des vendangeuses; c'est te dire que, le lendemain, j'entendis le premier chant du coq et que les premières lueurs de l'aurore me trouvèrent debout, alerte, prête à partir. Vers sept heures, nous avions rejoint, mes frères et moi, les gens de la ferme et, tous ensemble, nous nous dirigions vers ces coteaux qui encadrent si bien notre petite ville. Le soleil avait à peine dissipé les brouillards du matin, et déjà se répandait dans la campagne tout ce qui était capable de porter un fardeau ou de couper une grappe : paysans conduisant des bœufs, fermières en jupons rouges, poussant des ânes, enfants portant les paniers et les provisions.

Nous atteignons le sommet de la colline, nous nous installons pour la journée dans cette vigne dont tu connais la situation; le fermier distribue à chacun sa tâche et nous nous mettons à l'ouvrage.

Devant le raisin, comme devant la loi, tous sont égaux : aussi voyait-on, mêlés aux villageois, bon nombre d'élégantes et de citadins venus pour les aider et un peu aussi, je crois, sans médisance, pour goûter sur le cep aux belles grappes dorées. Tous taillaient, tous grappillaient et remplissaient leurs paniers. Puis ces paniers étaient portés sur une hotte qui, posée à son tour sur le dos d'un robuste vigneron, allait verser son tribut dans une grande tonne, montée sur un chariot que de grands bœufs enguirlandés de pampres, traînaient au pressoir.

Et le joyeux travail ne cessa qu'au moment où les ardoises du clocher reflétèrent les derniers rayons du soleil.

Nous reprîmes alors, suivant les chars, avec les vendangeurs, la même route que nous avions déjà parcourue. C'était la même animation, la même gaieté, les mêmes chants : seulement, le matin, on chantait parce qu'on avait l'espérance, et le soir : on chantait encore parce que cette espérance s'était changée en réalité. »

Tous les jours de cette semaine ont ressemblé au premier. Juge comme tu te serais amusée. Pardonne-moi si je désire que ma lettre te donne assez de regrets pour te décider à ne pas manquer nos vendanges l'année prochaine.

Lettre d'une ancienne institutrice à une de ses élèves entrée depuis peu dans l'enseignement et qui vient de lui écrire pour lui confier ses ennuis, ses appréhensions pour l'avenir et les contrariétés qu'elle éprouve quelquefois de la part des parents. Conseils et consolations.

MINISTÈRE DE L'INSTRUCTION PUBLIQUE.

Départements classés d'après le degré d'instruction des jeunes conscrits de la classe de 1864 inscrits sur les tableaux de recensement de l'année 1865.

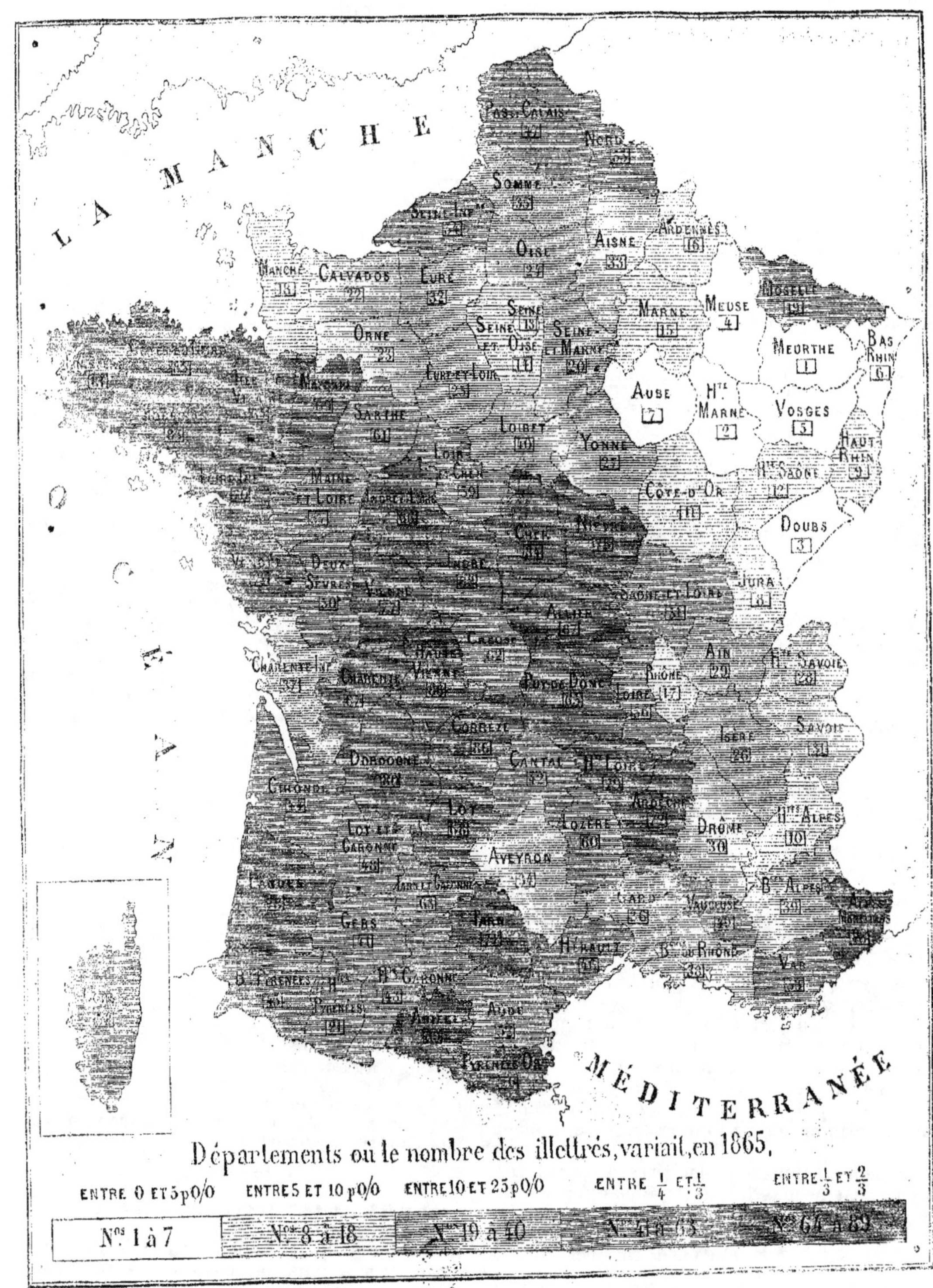

Départements où le nombre des illettrés, variait, en 1865.

ENTRE 0 ET 5 p0/0	ENTRE 5 ET 10 p0/0	ENTRE 10 ET 25 p0/0	ENTRE $\frac{1}{4}$ ET $\frac{1}{3}$	ENTRE $\frac{1}{3}$ ET $\frac{2}{3}$
Nos 1 à 7	Nos 8 à 18	Nos 19 à 40	Nos 41 à 63	Nos 64 à 89

Nombre des classes d'adultes : 4394 en 1863-1864; — 7855 en 1864-1865.
Au 1er février 1866 (année 1865-1866) 24065 classes.

SUJET TRAITÉ.

Votre dernière lettre est triste, ma chère enfant : elle m'a causé une impression pénible, et comme j'ai cru entrevoir que quelques lignes de moi pourraient calmer votre ennui, je me hâte de vous les adresser.

Voilà à peine un an que vous êtes entrée dans l'enseignement, et déjà vous perdez courage.

Je ne vous ferai pas un crime de cela : je m'y attendais, et je comprends d'autant mieux votre découragement, qu'en commençant comme vous, je l'ai éprouvé. J'ai eu, moi aussi, croyez-le, mes moments d'ennui, d'abattement ; j'ai souffert, comme vous, de ces appréhensions pour l'avenir, souvent plus difficiles à supporter qu'un malheur réel, parce qu'elles ne vous laissent aucune prise pour les attaquer. Heureusement alors j'avais une amie, une vieille amie, mon ancienne institutrice ; elle venait à moi et me relevait par quelques-uns de ces mots que trouvent l'affection et l'expérience. Voulez-vous que je sois pour vous, chère enfant, cette vieille amie? Je vous aime autant qu'elle m'aimait : puissé-je seulement réussir comme elle!

Je ne veux pas que vous vous y trompiez : quelque chose que nous fassions, la souffrance est dans notre nature ; elle nous suit dans toutes les conditions de la vie, et il n'est pas en notre pouvoir de l'éloigner.

Mais il dépend de nous de l'adoucir, en la regardant froidement et l'abordant avec courage. La Providence nous conduit dans la voie que nous devons suivre : il faut y entrer sans faiblesse, et y marcher de ce pas égal qui fait éviter les ronces, et tourner ou même franchir les obstacles.

Il est excellent, là-dessus, de juger par comparaison. Jetez les yeux, ma chère enfant, autour de vous, et, pour peu que votre jugement soit resté droit, vous vous persuaderez bien vite que chaque état a ses joies et ses douleurs, de telle sorte qu'en tenant compte de toutes choses, le bonheur relatif auquel nous pouvons atteindre dépend beaucoup moins du point où nous sommes placés, que de nous-mêmes. Interrogez vos compagnes, qui ont suivi une route différente de celle où vous venez d'entrer : si elles veulent être sincères, elles vous confieront des soucis que vous ne soupçonnez pas. Passez en revue tous les états que peut prendre une femme, vous les trouverez par quelque point, même ceux qui paraissent les plus dignes d'envie, pénibles et durs. Considérez surtout la plupart des jeunes filles forcées de vivre de leur travail : Ne les voyez-vous pas consumer toute leur existence, sans air, sans distraction, le plus souvent sans intérieur, ou avec un intérieur tel que ce n'est certes pas par ce côté que vous voudriez tenir leur place.

Vous, du moins, ma chère enfant, en retour de toutes les privations et de toutes les peines, que je connais et que je partage, du moins pouvez-vous avoir sans cesse sous les yeux le plus beau spectacle peut-être qu'il nous soit donné de contempler; vous pouvez voir, grâce à vous, entre vos mains, se développer l'âme des enfants qui vous sont confiés.

Je sais tout ce que peut coûter une pareille œuvre, et tous les obstacles qu'on vous oppose.

Vous vous plaignez, à bon droit, sans doute, des exigences des parents.

Songez, ma bonne amie, qu'ils vous connaissent depuis peu, qu'ils n'ont encore eu ni le temps ni les occasions d'apprécier vos excellentes qualités. Au lieu de vous roidir contre ces exigences, augmentez vos relations avec eux, parlez-leur souvent de leurs enfants, avec toute l'affection que vous portez à ces chères petites, dites-leur en toute franchise, en évitant, avec un soin égal, de les blesser et de les flatter, les défauts et les qualités que vous remarquez en elles; communiquez-leur les moyens que vous employez pour développer les uns et pour étouffer les autres. La plupart finiront par vous comprendre et vous soutenir.

Vous trouverez aussi de puissants auxiliaires dans les enfants eux-mêmes, si vous les aimez, si vous savez vous faire aimer d'eux. Les petites filles surtout, habituées aux caresses du foyer domestique, sont sensibles aux marques d'attachement de leur maîtresse ; et, il faut le dire tout bas, presque toutes, pour ce qui les concerne, quelquefois même pour ce qui ne les concerne pas, gouvernent, sans qu'ils s'en doutent, le cœur et la volonté de leurs parents. Si elles vous aiment, elles seront un lien entre leurs familles et vous, elles éviteront un grand nombre de fautes par amour plutôt que par crainte, et il vous sera d'autant plus facile de les diriger vers le bien.

Du courage donc, ma bonne amie : je sens en vous toutes les qualités qui doivent faire l'institutrice accomplie. Laissez-moi vous assurer qu'en écoutant mes conseils, vous serez bientôt plus heureuse. Et quel que soit le sort que l'avenir vous prépare, lorsque, après de longues années, qui passeront encore trop vite, il vous sera donné de prendre quelque repos, votre existence, croyez-moi, bien humble et bien modeste, ne sera ni triste ni solitaire, car vous suivrez des yeux et du cœur un grand nombre de vos anciennes élèves auxquelles vous pourrez donner à votre tour ces mêmes conseils de l'amitié, que je vous adresse aujourd'hui.

Cécile REGNARD.

CORRESPONDANCE.

« J'ai été nommé instituteur suppléant en novembre 1860, et instituteur à titre définitif, au mois d'avril 1861 : n'aurai-je pas droit au traitement de 700 francs dès le 1ᵉʳ janvier 1866? »

Non. D'après la jurisprudence adoptée et constamment suivie par le ministère de l'instruction publique, les seuls instituteurs à titre définitif, et seulement après cinq ans d'exercice *à titre définitif*, sont reconnus comme ayant droit à l'augmentation stipulée dans le décret du 19 avril 1862.

Et, en effet, selon l'esprit et la lettre des décrets du 31 décembre 1853 et du 29 décembre 1860, les instituteurs suppléants n'étaient pas regardés comme instituteurs publics. Or, le décret précité n'a et ne peut avoir en vue que ceux-ci.

Nous n'avons garde de justifier cette interprétation peut-être trop peu libérale de certaines mesures qui étaient assurément bien moins libérales encore. Il nous semble qu'il est plus que rigoureux de ne pas tenir compte, aux instituteurs suppléants, pour leur avancement, des services qu'ils ont rendus, lorsqu'on leur en tient compte, par exemple, pour la retraite : il nous semble qu'aujourd'hui qu'on a fait justice du décret du 31 décembre 1853, il y aurait quelque raison de regarder les instituteurs qui ont exercé, jusqu'au 1ᵉʳ janvier 1861, à titre de suppléants, comme ayant été alors véritablement instituteurs publics, puisque, après tout, il ne leur en manquait que le titre, qu'un décret, heureusement rapporté, leur refusait.

Nous nous bornons à constater l'usage reçu.

— Un autre instituteur qui a exercé *à titre provisoire*, bien que breveté, depuis le 1er janvier 1861, et qui n'a obtenu sa nomination à titre définitif qu'au 1er janvier 1862, nous adresse une question analogue à la précédente.

Si les années de service d'un instituteur suppléant ne sont pas regardées comme suffisantes pour donner droit au traitement de 700 fr., à plus forte raison ne pourra-t-on pas tenir compte des années de service d'un instituteur provisoire. Et cependant, d'après les renseignements que nous donne notre correspondant, c'est par suite de circonstances particulières et principalement de la situation financière de sa commune, qu'il n'a point obtenu plus tôt sa nomination. Nous ne croyons pas qu'il y ait lieu, dans l'espèce, à aucune réclamation, mais il appartient à l'administration de compenser, par bien des moyens, l'erreur ou la négligence dont un instituteur, involontairement lésé, a pu être victime, et nous conseillerions bien volontiers à notre correspondant de demander à sa bienveillance ce qu'elle ne peut lui accorder à titre de droit acquis.

— « J'ai été six ans soldat, avant d'être instituteur; je désirerais savoir si, plus tard, je pourrai faire valoir pour ma retraite ces six années passées au service. »

Cela ne fait pas le moindre doute; l'article 8 de la loi du 9 juin 1853 est formel à cet égard.

— « Je suis instituteur, et j'ai contracté un engagement qui m'oblige à me vouer pour dix ans dans l'enseignement public, pour satisfaire à la loi du recrutement. Je dois donc être regardé comme étant sous les drapeaux. Par cette raison, puis-je exempter du service militaire mon frère qui est compris dans la classe de 1866, s'il vient à tomber au sort? »

Notre correspondant se trompe sur la valeur de l'engagement décennal qu'il a contracté. Cet engagement le dispense personnellement du service militaire, et bien qu'il soit considéré comme ayant satisfait à l'appel et compté numériquement dans le contingent de sa classe, il n'en est pas moins considéré comme dispensé du service, au même titre, par exemple, que ceux qui se font remplacer ou exonérer. La loi, et cela se comprend, ne confère le droit d'exempter un frère plus jeune qu'aux militaires qui servent effectivement sous les drapeaux.

— « Une commune a-t-elle le droit de voter à un instituteur qui n'a pas cinq ans d'exercice un traitement de 700 fr., lorsqu'elle ne reçoit aucune subvention de l'Etat ni du département? »

Assurément, et il serait à souhaiter que toutes les communes eussent la volonté et la possibilité de le faire. Les 600 fr. stipulés par la loi pour le traitement de l'instituteur, à son entrée en exercice, sont un minimum qu'il n'est nullement défendu de dépasser.

— « J'ai lu sur l'*Annuaire des instituteurs* que, d'après le décret du 9 novembre 1853, article 21, tout supplément de traitement, étant une gratification éventuelle, ne doit pas subir de retenue pour la pension civile, et cependant tous les instituteurs de mon département subissent cette retenue sur leur supplément de traitement. Est-ce juste? »

L'article dont il s'agit n'excepte de la retenue que les allocations purement éventuelles qui peuvent être accordées à l'instituteur, soit pour une raison, soit pour une autre, par exemple, pour travaux exceptionnels, tenue de classes d'adultes, etc. Toute allocation constituant une augmentation réelle du traitement, et ayant, par suite, un véritable caractère de permanence, est passible de la retenue.

Le supplément dû à l'instituteur toutes les fois que le traitement fixe, joint à la rétribution scolaire, n'atteint pas le minimum légal, bien que pouvant varier chaque année, ne peut être considéré comme une gratification éventuelle, puisqu'il est, pour la commune, le département ou l'Etat, une obligation. C'est donc très-justement que la retenue lui est applicable.

— Plusieurs de nos abonnés nous ont écrit pour nous faire observer que, depuis longtemps, nous n'avions pas inséré dans nos colonnes les médailles et mentions honorables accordées aux instituteurs et aux institutrices. Si nous ne l'avons pas fait, c'est que nous n'avons trouvé dans le *Bulletin administratif* du ministère de l'instruction publique aucune liste de ce genre. Nos lecteurs peuvent être assurés que le *Petit Manuel* continuera, comme par le passé, à leur mettre sous les yeux tous les documents officiels qui se rapportent à l'instruction primaire, de quelque nature qu'ils soient, à mesure qu'ils seront publiés officiellement.

Charles DEFODON.

COMPTE RENDU D'OUVRAGES NOUVEAUX.

PETIT TRAITÉ DE VERSIFICATION FRANÇAISE, par M. L. QUICHERAT. 1 vol. in-12. Prix, broché, 1 fr. Libr. L. Hachette et Cie. — Ouvrage autorisé par le Conseil de l'instruction publique. — Troisième édition.

Ce petit volume est l'abrégé d'un grand ouvrage de M. Quicherat sur la versification française, dont la seconde édition a paru en 1850, et qui est entre les mains de tous ceux qui ont à faire des cours supérieurs de grammaire et de littérature[1].

C'est, en quelque sorte, une édition populaire de ce savant traité que M. Quicherat a voulu faire, en publiant son abrégé.

Il a voulu mettre à la portée de la plus humble école les règles de la versification française.

« Et, en effet, dit-il lui-même, dans son *Avertissement*, les poëtes de la France forment une grande partie de sa gloire littéraire. Les ouvrages des plus illustres sont entre les mains de toutes les classes de la société; des spectateurs de toutes les conditions écoutent avec admiration les beaux vers récités sur la scène. Dès l'âge de cinq ans, soit dans la famille, soit dans les pensions, soit même dans les petites écoles, les enfants apprennent par cœur les fables de la Fontaine et celles de Florian. Corneille, Boileau, les deux Racine, J. B. Rousseau, Voltaire, sont étudiés dans les colléges et dans toutes les maisons d'éducation.

« Cependant les règles de notre versification sont généralement ignorées. On voit dans la poésie la même chose que dans la prose, les pensées et l'expression; l'on néglige la partie technique. On sait que nos vers sont rimés, et l'on n'a aucune idée des règles de la rime. On croit, on sent qu'ils ont une cadence, et l'on ne pourrait dire ce qui produit cette cadence. On se tromperait même sur le nombre de syllabes qu'il faut attribuer à une foule de mots. Or, cette ignorance, honteuse dans celui qui a parcouru la carrière des études classiques, est encore regrettable dans celui qui n'a pu fréquenter les colléges. Comme la lecture des poëtes n'appartient pas exclusivement aux personnes qui ont reçu une instruction supérieure, il importe à des conditions plus modestes d'apprendre aussi comment se construisent nos vers, et nous ne voyons pas de développement à l'instruction primaire qui soit d'un intérêt plus général. »

L'étude des règles de la versification française convient donc, suivant M. Quicherat, à toute espèce d'enseignement, en dehors du collége comme au collége.

Elle convient à cette organisation nouvelle, moitié littéraire, moitié scientifique, de nos classes, qui, sous le nom d'enseignement secondaire spécial, semble appelée à se substituer, sur beaucoup de points du territoire,

aux études purement classiques, et c'est à bien juste titre que nous voyons figurer, dans le programme du cours de troisième année, les règles élémentaires de la versification.

Elle convient aux institutions et aux pensions de jeunes filles, et il est hors de doute que les maîtres et les maîtresses doivent trouver, en joignant à l'analyse des procédés techniques de notre poésie, un bon choix d'exercices destinés à en donner l'explication, une des parties les plus attrayantes de leur enseignement, et un des meilleurs moyens de développer, sans fatigue et sans peine, l'esprit et les sentiments de leurs élèves.

Enfin, l'étude du mécanisme des vers français convient aussi à l'instituteur.

Ce n'est pas, entendons-nous bien, que M. Quicherat veuille transformer en poëtes tous les maîtres de nos écoles. Il sait mieux que personne que les plus beaux traités du monde ne sont rien pour produire cet ensemble de facultés spéciales d'où résulte la poésie; il sait qu'on naît poëte, et qu'à moins de ce don très-rare, de cette influence secrète, que reconnaît Boileau, de ce tempérament particulier, comme nous le disons aujourd'hui, vous aurez beau rimer toute votre vie, selon les règles, vous n'arriverez jamais qu'à de médiocres ouvrages, très-propres à vous délasser et à vous distraire, si vous n'y mettez pas de prétention, ridicules et dangereux, pour peu que vous ayez le travers de trop compter sur leur mérite.

M. Quicherat ne s'est donc pas proposé d'augmenter notre contingent de poëtes, en mettant son traité à la disposition des instituteurs, mais l'instituteur, suivant lui, « est appelé à conquérir par son savoir une position élevée dans la commune. Et, en particulier, si quelque notable le consulte sur des vers dont il se sera avisé; si une fête particulière ou publique a inspiré un quatrain qu'on vienne lui soumettre, il faut que l'instituteur soit capable de donner un conseil éclairé, et de remettre sur leurs pieds les vers qui braveraient la rime et la césure. » Il doit surtout, ce qui est assurément plus utile encore et plus sérieux, s'être mis en état « de donner à ses élèves les plus avancés des explications, que même leur curiosité provoquera plus d'une fois. » C'est surtout à ce titre que nous émettons, d'accord avec M. Quicherat, le vœu de trouver prochainement, dans le nouveau programme des écoles normales primaires, l'étude des règles principales de la métrique française.

Ces règles sont exposées, dans l'abrégé de M. Quicherat, avec la simplicité et la méthode si nécessaires dans un ouvrage de cette nature. L'auteur a conservé avec raison les divisions de son grand traité, en en retran-

---

1. *Traité de versification française*, où sont exposées les variations successives des règles de notre poésie et les fonctions de l'accent tonique dans les vers français, par M. L. QUICHERAT, agrégé de l'Université, bibliothécaire à la bibliothèque Sainte-Geneviève. Deuxième édition, revue et considérablement augmentée. 1 beau vol. in-8. Prix, br., 7 fr. 50 c.

chant tout ce qui n'était pas absolument nécessaire à la clarté de chaque développement. Le petit livre est donc, dans son ensemble, aussi complet que celui qui lui a servi de modèle.

Il comprend deux parties d'inégale étendue. La première traite de toutes les règles générales de la construction du vers; celles qui se rapportent à la qualité, et celles qui regardent l'harmonie.

La seconde, naturellement plus courte, décrit successivement les vers de différentes mesures en usage dans la poésie française, et contient de très-suffisantes notions sur l'emploi de ces vers, soit seuls, soit mélangés les uns avec les autres, pour former les stances, les strophes, les couplets, etc.

Chaque règle est accompagnée d'un ou de plusieurs exemples à l'appui, choisis, avec un soin très-scrupuleux, dans les œuvres de nos plus purs classiques.

Au milieu de toutes les judicieuses observations présentées par M. Quicherat, nous ne voulons que noter un point, qui nous paraît suffisamment prouver que, dans ce petit livre élémentaire, il a su mettre, comme dans tant d'autres publications plus importantes et plus relevées, cette science de linguistique et cette délicatesse de goût qui ont depuis si longtemps établi sa réputation.

Quand on a énuméré et reconnu, dans notre poésie, ce qu'on pourrait en appeler les parties constitutives, la quantité des syllabes, la césure, la rime, etc., s'est-on rendu compte de tout ce qui forme, je ne dirai pas l'harmonie, mais la mesure propre du vers? Non, il reste encore à constater la présence de ce que M. Quicherat appelle l'*accent tonique*, c'est-à-dire de ces syllabes *d'appui*, sur lesquelles la voix s'élève, et dont la succession, déterminée par une certaine loi de l'oreille, donne au vers la cadence et le nombre qui lui est propre. Cet accent tonique est l'une des bases de la versification dans toutes les langues de l'Europe, et il appartient aussi à la nôtre, mais ce n'est que dans notre siècle qu'on en a constaté la présence et la valeur prosodique, et nous croyons que M. Quicherat est le premier qui ait introduit dans un livre d'enseignement les principes de l'accent français. Les chapitres où M. Quicherat détermine la place de l'accent tonique, soit dans les mots, soit dans les vers, et les modifications que peut subir la valeur de l'accent, en vertu de telle ou telle combinaison rhythmique ou harmonique forment assurément une des parties les plus délicates et les plus intéressantes de son traité.

Ajoutons que ces doctrines, encore nouvelles, sont aujourd'hui généralement admises. Elles ont pénétré, par exemple, jusque dans un savant traité de versification française, récemment publié en Prusse [1], et dont l'auteur, M. Gustave Weigand, reconnaît les secours qu'il doit à M. Quicherat.

En France, son petit traité de versification est le seul qui ait eu l'honneur d'être autorisé par le conseil de l'instruction publique.

Charles DEFODON.

HISTOIRE SAINTE, contenant l'Ancien et le Nouveau Testament, par M. Jules SALMON, professeur à Sainte-Barbe-des-Champs. 1 vol. in-18, cartonné, 75 cent. Lib. L. Hachette et Cie.

Nous extrayons ce qui suit d'un rapport présenté à la Société des instituteurs et des institutrices de la Seine, dans la séance du 8 août 1865, par MM. Chausy, Salvan, et Mansuy, secrétaire rapporteur, sur l'*Histoire sainte*, de M. J. Salmon, professeur à Sainte-Barbe-des-Champs.

« Nous avons examiné avec la plus scrupuleuse attention l'*Histoire sainte*, de M. Jules Salmon, et nous venons vous apporter le résultat de nos réflexions....

« Quant à la manière dont les faits sont rapportés, nous n'avons que des éloges à donner à M. Jules Salmon. Il a su les raconter avec un entrain qui doit nécessairement les rendre attrayants aux jeunes élèves. Son style est bon, clair, simple, sans pourtant rien perdre de sa dignité ni de la noblesse des sujets qu'il traite. C'est bien là le langage qui convient aux jeunes enfants. Nous ferons surtout remarquer les histoires d'*Abraham*, d'*Isaac*, d'*Esaü* et de *Jacob*, de *Joseph*, de *Tobie*, d'*Esther*.

L'auteur a cherché à imiter dans ses récits le langage de la Bible dont il n'a pas altéré le sens. Il a divisé son ouvrage en phrases formant chacune un alinéa, à peu près comme les versets des livres sacrés, ce qui rend son Histoire facile à apprendre même aux plus jeunes enfants, puisque le maître pourra toujours proportionner les leçons à la mémoire et à l'aptitude des élèves.

« Somme toute, cet ouvrage nous a paru excellent, bien écrit et facile à comprendre.

« Aussi votre commission n'hésite pas à vous en proposer l'approbation.... »

LECTURES A L'USAGE DES ÉLÈVES.

A TOUT PÉCHÉ MISÉRICORDE.

PROVERBE EN DEUX ACTES.

SCÈNE XV. (Suite.)

LE CURÉ.

Oui, monsieur Pupusse, un brave et digne parois-

---

1. Bromberg, 1863, 1 vol. in-8.

sien ! Puisse tous mes autres paroissiens lui ressembler !

M. PUPUSSE.

Merci bien, monsieur le curé ! Je préfère ne pas avoir été au bagne ! Chacun son goût, vous savez. En attendant, je lui retire ma pratique.

LE CURÉ.

Il n'est pas question de pratique aujourd'hui, monsieur Pupusse. Allez, de grâce, chercher le médecin.

M. PUPUSSE.

Moi ! Moi Pupusse ! Moi, notable de la commune, que j'aille courir pour le service d'un galérien ! plus souvent que j'irai. Vous êtes là pour lui donner l'absolution de ses crimes ! Il ne lui en faut pas davantage. Moi, je vais raconter la chose aux gens du bourg. (*Il sort.*)

SCÈNE XVI.

VALENTIN *toujours évanoui ;* LE CURÉ *le soutenant ;* DÉSIRÉ, M. CLOPET.

LE CURÉ.

Monsieur Clopet, allez, je vous en prie, chercher le médecin. Je ne peux pas quitter le pauvre Valentin, dont je comprime la plaie pour arrêter le sang.

M. CLOPET.

Hélas ! monsieur le curé, je n'ai pas de jambes ! Elles ne supportent plus mon pauvre corps ! La frayeur, l'émotion, la surprise ! Je ne puis ! Je vous laisse ! Il faut que j'aille chercher des forces chez mes pratiques et leur raconter ce qui vient de se passer ; ça me soulagera. (*Il sort.*)

SCÈNE XVII.

VALENTIN, *évanoui ;* LE CURÉ, *le soutenant ;* DÉSIRÉ, *pleurant.*

LE CURÉ.

Désiré, mon bon enfant, va, pour l'amour de Dieu, chercher le médecin ! J'ai beau appuyer sur la plaie avec mon mouchoir, il perd tout son sang. J'ai peur qu'il n'arrive malheur au pauvre Valentin.

DÉSIRÉ.

J'y cours tout de suite, monsieur le curé ! Pauvre M. Valentin ! Il est bien bon, pourtant ! Et je l'aime bien ! (*Il sort.*)

SCÈNE XVIII.

VALENTIN, *évanoui ;* LE CURÉ, *le soutenant ; peu d'instants après* LE MÉDECIN ET DÉSIRÉ.

LE MÉDECIN.

Qu'y a-t-il donc, monsieur le curé ? (*Il voit Valentin.*) Comment, le bon Valentin, sans connaissance ! Du sang ! Que s'est-il donc passé ?

LE CURÉ.

Un coup de couteau que ce brave garçon a reçu pour le brigadier en se jetant entre lui et l'assassin. C'est pressé, docteur ! Valentin perd tout son sang. (*Le médecin ôte son habit, tire son mouchoir et comprime fortement la plaie.*)

LE MÉDECIN.

Vite, envoyez chercher du *baume du Commandeur* chez moi, et donnez-moi du linge ; j'ai ici ma boîte à instruments. (*Le curé sort avec Désiré et revient bientôt apportant ce qu'a demandé le médecin. Aidé du curé, le médecin examine, sonde la blessure, rapproche les chairs, verse sur la plaie du baume du Commandeur mélangé d'eau, met une compresse mouillée du même mélange, la maintient fortement au moyen deux serviettes et se relève.*)

LE CURÉ, *avec anxiété.*

Eh bien ! docteur ?

LE MÉDECIN.

Eh bien ! j'espère qu'il n'y a rien de grave ; le cœur n'est pas touché, le poumon non plus ; dans deux jours, je pense pouvoir vous dire qu'il est sauvé. (*Le curé serre la main du docteur.*)

LE CURÉ.

Et le traitement ?

LE MÉDECIN.

Très-facile. Ne toucher à rien ; tenir la compresse toujours mouillée avec le mélange de baume du Commandeur et moitié eau. Il faut le secouer le moins possible ; le coucher et le réchauffer au moyen de briques chaudes aux pieds et aux jambes. De l'eau à boire, s'il a soif. Je reviendrai ce soir et demain matin.

LE CURÉ.

Envoyez-moi du monde, docteur, pour le transporter chez moi, au presbytère ; il y sera mieux soigné ; ici, le pauvre garçon est tout seul. (*Le docteur sort.*)

SCÈNE XIX.

VALENTIN, *évanoui ;* LE CURÉ, DÉSIRÉ ; *peu après* LE BOURRELIER, LE BOUCHER, LE MAÇON.

LE BOURRELIER.

Nous voilà, monsieur le curé ; vous avez demandé du monde, nous voici prêts à votre service.

LE CURÉ.

Vous savez de quoi il est question, mes amis ?

LE MAÇON.

Oui, oui, monsieur le curé ; Pupusse nous a tout raconté.

LE BOUCHER.

Il voulait nous empêcher, mais.... un homme est un homme, et un chrétien est un chrétien.

LE CURÉ.

Très-bien, mes braves amis ! Prenez le matelas de dessus son lit avec les draps et les couvertures.... Posez à terre.... là.... A présent, mettons-le dessus.... Et puis chez moi, au presbytère, et le plus doucement possible. (*Le maçon et le bourrelier se mettent à la tête du matelas, le curé et le boucher aux pieds, et ils partent emportant doucement Valentin, toujours évanoui. Désiré les suit.*)

Mme la comtesse de SÉGUR.

(*La suite prochainement.*)

ACTES OFFICIELS

RELATIFS A L'INSTRUCTION PRIMAIRE.

Circulaire aux recteurs relative à une modification à introduire, pour l'exécution de l'article 79 de la loi du 15 mars 1850, dans la formule de l'engagement décennal.

Paris, le 14 février 1866.

Monsieur le recteur,

Au moment où vont avoir lieu les opérations nécessaires pour la formation du contingent de la classe de 1865, je dois veiller, en ce qui me concerne, pour cette classe et pour les suivantes, à l'exécution régulière de l'article 79 de la loi du 15 mars 1860, relatif à la dispense du service militaire accordée aux jeunes gens qui contractent l'engagement de se vouer pendant dix ans à l'enseignement public.

D'après une jurisprudence admise jusqu'à l'époque du dernier tirage par les ministères de la guerre et de l'instruction publique, les membres des associations religieuses obtenaient cette dispense alors même qu'au lieu de se vouer réellement à l'enseignement public, ils n'entendaient servir que dans les écoles libres ou privées, entretenues par l'association.

Obligé de revenir sur une interprétation contraire, suivant moi, au texte comme à l'esprit de l'article 79 et au principe de l'égalité devant la loi, je dois mettre un terme à des incertitudes que la rédaction actuelle de la formule d'engagement décennal, annexée à la circulaire du 18 décembre 1850, laisserait subsister avec tous les inconvénients.

Je vous adresse, en conséquence, à la suite de la présente circulaire, une formule nouvelle qui, à partir de ce jour, servira de modèle pour les engagements de cette nature, et d'après laquelle ceux que vous auriez déjà reçus, avant le prochain tirage, devront être modifiés.

Les jeunes gens qui voudront profiter de la dispense devront s'engager à se vouer pendant dix ans à l'enseignement public *dans un établissement public d'instruction*, c'est-à-dire dans une école communale, un collége communal, un lycée, etc. Un changement analogue sera introduit dans les formules accessoires et dans la teneur du certificat annexé à la circulaire du 24 novembre 1857. Ces diverses formules sont jointes à la première. C'est au département de la guerre qu'incombe la charge d'assurer l'exécution de la loi sur le recrutement de l'armée, et notamment de conserver aux dispensés des classes antérieures le bénéfice des décisions prises à leur égard par les conseils de révision en présence d'engagements contractés sous l'empire de la jurisprudence alors en vigueur; mais, ainsi que le rappelle une dépêche qui m'est adressée, à la date du 10 février, par Son Exc. M. le maréchal ministre de la guerre, il appartient au Ministre de l'instruction publique de régler, conformément à la loi, les termes dans lesquels l'engagement décennal doit être contracté devant les recteurs : « Votre Excellence a pensé, » porte cette dépêche, « que ces jeunes gens devaient être tenus d'exercer dans une école communale, et elle a écrit aux recteurs pour que la formule de l'engagement décennal fût modifiée dans ce sens. Il vous appartenait de provoquer cette modification au certificat d'engagement que les jeunes gens sont tenus de produire devant le conseil de révision pour pouvoir être admis au bénéfice de la dispense, et les instructions adressées à cet effet aux recteurs rentraient complétement dans vos attributions. »

J'ajoute, monsieur le recteur, qu'aux termes des circulaires en date des 18 décembre 1850 et 24 novembre 1857, vous deviez vérifier chaque année, avec le plus grand soin, si les dispensés continuent à remplir les conditions de leur engagement, faire connaître à MM. les préfets ceux qui l'auraient rompu avant l'expiration de dix années, et enfin, dresser le certificat jugé nécessaire par M. le ministre de la guerre, pour la délivrance du congé de libération.

Ces points établis, je crois opportun, monsieur le recteur, de vous rappeler brièvement les raisons, déjà énoncées dans ma dépêche du 17 juillet dernier, qui me déterminent à modifier, dans les termes que j'indique, la formule de l'engagement décennal.

L'article 79 de la loi du 15 mars 1850 porte :

« Les adjoints des écoles publiques,

« Les jeunes gens qui se préparent à l'enseignement primaire *public* dans les écoles désignées à cet effet,

« Les membres ou novices des associations religieuses vouées à l'enseignement ou reconnues comme établissements d'utilité publique,....

« Sont dispensés du service militaire, s'ils ont, avant l'époque fixée pour le tirage, contracté devant le recteur l'engagement de se vouer pendant dix ans

à l'*enseignement public*, et s'ils réalisent cet engagement. »

Les trois catégories énumérées au commencement de cet article sont évidemment soumises à la même condition précise et absolue : se vouer pour dix ans à l'enseignement *public* et réaliser cet engagement. Les membres ou novices des associations religieuses y sont tenus comme les laïques. Il s'agit donc uniquement de savoir quel est le sens du mot *enseignement public*, c'est-à-dire de déterminer le caractère de l'école dans laquelle un instituteur doit servir pour remplir l'engagement qu'il a contracté; or, les écoles libres ne font pas partie de l'enseignement primaire public. Cet *enseignement public*, le seul en faveur duquel la loi accorde une dispense, est, en ce qui concerne l'instruction primaire, celui qui est donné aux frais de la municipalité, du département ou de l'État, dans les écoles publiques communales, par des instituteurs que nomme, suspend, déplace et révoque l'administration, et qui remplissent ainsi, sous la direction, le contrôle et l'inspection des autorités scolaires, une fonction publique rétribuée.

Tout Français arrivé à l'âge de vingt ans doit à l'État le service militaire pendant une période déterminée. Les jeunes gens placés dans les catégories indiquées par l'article 29, et qui s'engagent *au service de l'État* pour dix ans dans l'enseignement public, sont considérés comme payant leur dette au moyen d'un autre service public. Or, l'instituteur privé, congréganiste ou laïque, est-il au service de l'État? Non ; il exerce une profession honorable, libérale, mais privée, et rien ne peut le dispenser, dès lors, quant au service militaire, du devoir d'acquitter sa dette envers l'État. La dispense du service militaire n'a pas été inscrite dans la loi pour conférer un privilége aux personnes qui embrassent la profession d'instituteur libre. Si on accordait cette dispense aux instituteurs libres congréganistes, comment la refuserait on aux instituteurs libres ou laïques? Eux aussi, en ouvrant une école libre, soit comme individus, soit en qualité d'agents d'une société laïque reconnue comme établissement d'utilité publique, ou même d'un consistoire protestant, pourraient se considérer comme voués à l'*enseignement public*, en ce sens qu'ils contribuent à donner au public, sous une forme quelconque, l'enseignement dont il a besoin. Il ne s'agit pas ici d'une simple hypothèse. Ainsi que vous l'indiquait ma dépêche du 17 juillet, c'est par des demandes en dispense du service militaire, formées par des instituteurs libres protestants et israélites, que mon attention a été plus particulièrement appelée sur cette grave question d'égalité devant la loi.

Les principes dont je dois aujourd'hui assurer l'application n'ont été méconnus ni par l'exécution donnée autrefois à l'article 109 du décret du 17 mars 1808, sur l'organisation de l'Université, ni par l'immunité accordée, aux termes de l'article 15 de la loi du 10 mars 1818, aux frères des écoles chrétiennes, à une époque où n'existait pas encore la distinction, créée par la loi de 1833 et confirmée par la loi de 1850, entre l'école libre et l'école publique; ils ont été expressément consacrés sous l'empire de la loi du 21 mars 1832 sur le recrutement de l'armée, et de la loi du 28 juin 1833, par un avis du Conseil royal de l'instruction publique, en date du 8 novembre 1833, et par un arrêt de la Cour de cassation du 12 juin 1847.

Voici le texte de ces deux documents dont l'importance est considérable.

L'avis du conseil royal de l'instruction publique est ainsi conçu :

« La loi du 21 mars 1832 sur le recrutement de l'armée, en désignant comme dispensés les membres de l'instruction publique, ne saurait être appliquée à l'instituteur privé, pas plus dans l'instruction primaire que dans l'instruction secondaire. Le principe de la liberté de l'enseignement devant étendre beaucoup la faculté d'ouvrir des écoles, il y aurait un véritable abus à procurer le bénéfice de la dispense à quiconque pourrait s'établir instituteur privé. Il importe, dès lors, de bien déterminer ce qui constitue le titre d'instituteur communal. Cet instituteur est celui qui occupe le local consacré par la commune à l'instruction primaire ou qui reçoit d'elle un traitement quelconque. »

Cet avis du Conseil royal de l'instruction publique n'établit aucune distinction, en ce qui touche l'impossibilité d'obtenir la dispense, entre les instituteurs privés congréganistes et les instituteurs privés laïques.

L'arrêt de la Cour de cassation, en date du 12 juin 1846, est beaucoup plus formel dans le même sens. Il s'agissait d'un membre de l'Institut des frères de Sion-Vaudemont, qui exerçait en qualité d'*instituteur libre* dans une commune du département de l'Aube, et auquel on contestait, par cette raison, le droit d'être dispensé du service militaire.

« Attendu, dit la Cour de cassation, que l'article 14 de la loi du 21 mars 1832 sur le recrutement de l'armée comprend parmi les jeunes gens qui doivent être considérés comme ayant satisfait à l'appel et comptés numériquement en déduction du contingent, ceux qui, étant membres de l'instruction publique, auraient contracté, avant le tirage au sort, l'engagement de se vouer à la carrière de l'enseignement ;

« Attendu que les dispositions de cet article sont limitatives et ne peuvent profiter qu'à ceux dont la position y est expressément prévue ; qu'il faut donc, puor qu'un instituteur ait droit à être dispensé du service militaire, qu'il fasse partie de l'instruction publique ; qu'à l'époque où cette loi est intervenue elle ne pouvait être invoquée que par les instituteurs primaires enseignant avec l'autorisation spéciale de l'Université, sans laquelle nul ne pouvait alors tenir l'école ;

« Attendu que la loi du 28 juin 1833, en organisant l'enseignement primaire libre, a distingué entre les écoles primaires privées et les écoles primaires publiques, et n'a rangé dans cette catégorie, par son article 8, que les écoles entretenues en tout ou en partie par les communes, les départements ou l'Etat ; que les instituteurs qui tiennent ces écoles sont les seuls qui soient membres de l'instruction publique et qui puissent revendiquer le bénéfice de l'article 14 de la loi du 21 mars 1832 ;

« Attendu, en fait, que Jean-Baptiste Panot est instituteur privé ; qu'ainsi c'est avec raison que la Cour royal de Colmar a jugé qu'il n'était pas dispensé du service militaire. »

Le texte de l'article 79 de la loi de 1850, plus explicite encore que celui de l'article 14 de la loi de 1832, donne une force nouvelle à l'avis du conseil royal et à l'arrêt de la Cour de cassation.

Recevez, monsieur le recteur, l'assurance de ma considération très-distinguée.

Le Ministre de l'instruction publique,

Signé : V. DURUY.

Pour copie conforme :

Le conseiller d'État, secrétaire général,

Charles ROBERT.

Modèle d'engagement décennal.

Je soussigné[1]   , né à   ,
département d   , le   [2],

----

atteint par la loi du 21 mars 1832 sur le recrutement de l'armée et compris dans la classe de
déclare contracter devant M. le recteur de l'académie de   , conformément à l'article 79 de la loi du 15 mars 1850, l'engagement de me vouer pendant dix ans à l'enseignement public dans un établissement public d'instruction.

Fait à   , le   .

Je soussigné[1]   , demeurant à   , département d   ,
autorise par les présentes M.[2]   ,
mon[3]   , à contracter devant M. le recteur de l'académie d   , conformément à l'article 79 de la loi du 15 mars 1850, l'engagement de se vouer pendant dix ans à l'enseignement public dans un établissement public d'instruction.

Fait à   , le   .

Vu pour la légalisation des signatures ci-dessus :

Modèle d'acceptation d'engagement décennal.

Nous, recteur de l'académie d
Vu l'engagement contracté devant nous, le
, par M.[4]
Vu le certificat en date du   , et les pièces à l'appui constatant que ledit sieur est régulièrement en possession du titre d

Arrêtons :

Conformément à l'article 79 de la loi du 15 mars 1850, est reçu l'engagement de se vouer, pendant dix ans, à l'enseignement public dans un établissement public d'instruction, contracte le
par le sieur[5]   né à
département d[6]   atteint par la loi du 21 mars 1832 sur le recrutement de l'armée et compris dans la classe de

Fait à   , le

Le recteur de l'académie,

Par le Recteur :

Le secrétaire de l'académie,

Circulaire relative à l'interdiction d'un ouvrage.

(2 février.) — Monsieur le recteur, j'ai l'honneur de vous envoyer copie d'une lettre que j'adresse à M. le recteur de l'académie de Rennes, au sujet de l'*Abrégé de l'Histoire de France*, par Delarue.

Veuillez prendre des mesures pour assurer l'exécution de ma décision dans votre ressort académique.

Recevez, monsieur le recteur, l'assurance de ma considération très-distinguée.

Le Ministre de l'instruction publique,

V. DURUY.

« Monsieur le recteur, par votre lettre du 25 juillet dernier, vous m'avez signalé divers passages d'un *Abrégé de l'Histoire de France*, par Delarue, qui est en usage dans les écoles des frères de la doctrine

----

1. Nom et prénoms.
2. Indiquer la qualité du dispensé : s'il est instituteur adjoint, la commune où il réside, la date de la décision du préfet ou de la nomination du supérieur et l'indication du traitement qu'il reçoit ; s'il est élève-maître, dans quelle école il accomplit son stage, ou à quelle école normale il appartient ; s'il est membre ou novice d'une congrégation religieuse, de quelle congrégation il fait partie, et depuis quelle époque.
1. Nom et prénoms.
2. Nom, prénoms, qualités, résidence.
3. Fils ou pupille.

dite *du Paradis*, et vous m'avez prié de vous adresser des instructions sur le parti qu'il y a lieu de prendre à l'égard d'un ouvrage qui tend à dénaturer l'histoire et à affaiblir l'énergie du sentiment national dans les cœurs des jeunes élèves des écoles.

« Avant de vous répondre à ce sujet, j'ai tenu à connaître l'opinion du Conseil impérial de l'instruction publique, et je lui ai demandé s'il pensait, non pas que l'on dût interdire l'usage de ce livre dans toutes les écoles publiques ou libres, mais si, usant du droit incontestable de l'autorité, il convenait d'en défendre l'emploi dans les écoles publiques.

« Le Conseil impérial de l'instruction publique, en présence des passages signalés, n'a pas hésité à déclarer qu'un tel livre ne devait pas être admis dans les écoles publiques. Je ne puis donc que vous inviter à donner les ordres nécessaires pour que cet ouvrage disparaisse de ces écoles et y soit remplacé par un livre où les faits soient présentés avec plus d'impartialité et de respect pour la vérité.

« Recevez, monsieur le recteur, l'assurance de ma considération très-distinguée.

« *Le Ministre de l'instruction publique,*

« V. DURUY. »

Administration centrale.

Par décret en date du 16 février 1866, rendu sur la proposition du Ministre de l'instruction publique, M. Glachant, directeur du personnel au ministère de l'instruction publique, est nommé inspecteur général de l'instruction secondaire.

M. Danton, inspecteur général de l'enseignement secondaire, est chargé des fonctions de directeur du personnel.

Administration académique.

Inspecteurs d'académie.

Perpignan. (8 février.) — M. Barberet, inspecteur de l'académie de Montpellier, en résidence à Perpignan, est admis, sur sa demande, à faire valoir ses droits à une pension de retraite pour ancienneté de services.

M. Barberet est nommé inspecteur d'académie honoraire.

M. Cerquand, docteur ès lettres, censeur des études au lycée de Saint-Étienne, est nommé inspecteur de l'académie de Montpellier (troisième classe), en résidence à Perpignan, en remplacement de M. Barberet.

Commis d'inspection.

Mende. (8 février.) — M. Boyer, commis d'inspection académique (première classe), en résidence à Nîmes, est nommé commis d'inspection académique (même classe), en résidence à Mende, en remplacement de M. Alaise, appelé à d'autres fonctions.

Nîmes. (8 février.) — M. Alaise, commis d'inspection académique (troisième classe), en résidence à Mende, est nommé commis d'inspection académique (même classe), en résidence à Nîmes, en remplacement de M. Boyer, appelé à d'autres fonctions.

Quimper. (6 février.) — M. Pol, commis d'inspection académique (première classe) en résidence à Rennes, est nommé commis d'inspection académique (même classe) en résidence à Quimper, en remplacement de M. de Châteauneuf, appelé à une autre destination.

Rennes. (6 février.) — M. de Châteauneuf, commis d'inspection académique (deuxième classe) en résidence à Quimper, est nommé commis d'inspection académique (même classe) en résidence à Rennes, en remplacement de M. Pol, appelé à une autre destination.

Inspecteurs de l'instruction primaire.

Inspection primaire honoraire. (19 février.) — M. Prat, ancien inspecteur primaire, admis, sur sa demande, à faire valoir ses droits à la retraite, est nommé inspecteur primaire honoraire.

Bellac et Rochechouart (5 février). — Un congé d'inactivité est accordé, sur sa demande, à M. Renoux, inspecteur primaire pour les arrondissements de Bellac et de Rochechouart (Haute-Vienne).

Bourges (6 février). — M. Houdas, inspecteur primaire (troisième classe) à Châteauroux, est nommé inspecteur primaire (même classe) à Bourges, en remplacement de M. Chaveneau.

M. Diou, instituteur public à Bethlainville (Moselle), bachelier ès lettres et ès sciences, pourvu du certificat d'aptitude aux fonctions d'inspecteur, est nommé inspecteur primaire (troisième classe) pour les arrondissements de Bellac et de Rochechouart (Haute-Vienne), en remplacement de M. Renoux.

Châteauroux (6 février). — M. Chaveneau, inspecteur primaire (deuxième classe) à Bourges, est nommé inspecteur primaire (même classe) à Châteauroux, en remplacement de M. Houdas.

Écoles normales primaires.

Ajaccio (29 janvier). — M. Jeannin (François), instituteur public à Quingez (Doubs), pourvu du brevet complet, est nommé maître adjoint (troisième classe) à l'école normale primaire d'Ajaccio (emploi nouveau).

— (10 février.) — Un congé d'inactivité pour cause de maladie est accordé, sur sa demande, jusqu'au 1er octobre 1866, à M. Raquet, maître de l'école primaire annexée à l'école normale d'Ajaccio.

M. Bizage, instituteur public à Gillette (Alpes-Maritimes), est nommé maître de l'école primaire annexée à l'école normale d'Ajaccio, en remplacement de M. Raquet.

Lescar (29 janvier). — M. Trébucq, pourvu du brevet complet, instituteur public à Bagnères (Hautes-Pyrénées), est nommé maître de l'école primaire annexée à l'école normale de Lescar (Basses-Pyrénées), en remplacement de M. Motané, qui a reçu une autre destination.

Loches (3 février). — Un congé d'inactivité est accordé, sur sa demande et pour raisons de santé, jusqu'au 1er octobre 1866, à M. Blanchard, maître adjoint à l'école normale de Loches.

M. Kappler, maître de l'école primaire annexée audit établissement, est nommé maître adjoint (troisième classe), en remplacement de M. Blanchard.

Mende (3 février). — M. Barathieu, maître de l'école primaire annexée à l'école normale primaire de Mende, est nommé maître adjoint (troisième classe) dans ledit établissement, en remplacement de M. Pouget, qui reçoit une autre destination.

Nîmes (3 février). — M. Pouget, maître adjoint (troisième classe) à l'école normale primaire de Mende, est nommé maître adjoint (même classe) à l'école normale primaire de Nîmes (Gard), en remplacement de M. Salles, qui a été appelé à d'autres fonctions.

Troyes (31 janvier). — M. Labbé, maître adjoint à l'école normale primaire de Troyes, est mis en congé de disponibilité.

M. Rivoire, maître adjoint (deuxième classe) à l'école normale primaire de Rodez, est nommé maître adjoint (même classe) à l'école normale primaire de Troyes, en remplacement de M. Labbé.

DOCUMENTS RELATIFS A L'INSTRUCTION PRIMAIRE.

DEGRÉ D'INSTRUCTION DES ADULTES.

I

Tableau indiquant, de 1863 à 1865, le progrès accompli chaque année sur l'année précédente, en ce qui concerne le degré d'instruction des jeunes adultes de vingt ans.

NOTA. Il résulte du tableau ci-dessous que ce sont les années 1839 et 1847 d'une part, et l'année 1865 d'autre part qui, au point de vue de l'instruction des conscrits, ont donné depuis trente-trois ans les meilleurs résultats quant à la rapidité du progrès; en effet, la moyenne du progrès étant, de 1833 à 1848, de 0,79 p. 100, les progrès réalisés en 1839 sur 1838, en 1847 sur 1846, ont été de 1,51 et de 1,45 p. 100, la moyenne du même progrès étant de 1849 à 1865 de 0,60 p. 100, le progrès réalisé en 1865 sur 1864 est de 1,63 p. 100. Or, ces trois années exceptionnelles, 1839, 1847 et 1865, répondent précisément à l'époque où les cours d'adultes ont pris naissance (1837 et 1838) et aux deux années où ils ont atteint les chiffres les plus élevés (6877 cours et 115 164 élèves en 1847; 7855 cours et 187 615 élèves en 1865).

INDICATION de l'année pendant laquelle ont eu lieu le recensement et la constatation du degré d'instruction des jeunes gens appartenant à la classe de l'année précédente.	NOMBRE DES JEUNES GENS					NOMBRE sur 100 des jeunes gens ne sachant ni lire ni écrire.	PROGRÈS sur l'année précédente.	OBSERVATIONS.
	appelés à concourir au tirage.	dont on n'a pu vérifier l'instruction.	dont l'instruction a pu être vérifiée.	sachant au moins lire.	ne sachant ni lire ni écrire.			
1833..........	277 477	8 480	268 997	137 644	131 353	48,83	»	Les proportions indiquées dans le tableau ci-contre ont été obtenues de la manière suivante: Le tableau M des comptes rendus publiés chaque année par le ministère de la guerre contient, à côté du nombre total des jeunes gens inscrits, le nombre de ceux qui ne savent ni lire ni écrire, de ceux qui savent lire seulement, de ceux qui savent lire et écrire, enfin de ceux dont on n'a pu vérifier l'instruction. Pour déterminer le nombre sur 100 de ceux qui ne suvent ni lire ni écrire, le Ministère de l'instruction publique a déduit du nombre total des inscrits ceux dont l'instruction n'a pu être vérifiée. L'adoption de ce mode de calcul explique les différences légères qui existent entre les moyennes du tableau ci-contre et celles qu'on trouve pour les mêmes années dans les rapports du ministère de la guerre, qui n'a pas fait cette déduction. C'est ainsi que pour le recensement de 1863 (classe 1862), le chiffre de 28,21 remplace le chiffre de 27,49 donné par le compte rendu du recrutement et reproduit par la statistique de l'instruction primaire (*Rapport à l'Empereur*, p. 4.)
1834..........	283 805	11 131	274 674	143 663	131 011	47,69	1,14	
1835..........	326 298	9 480	316 818	167 623	149 195	47,09	0,60	
1836..........	309 376	8 736	300 640	161 055	139 585	46,42	0,67	
1837..........	309 516	8 125	301 391	165 097	136 294	45,22	1,20	
1838..........	294 621	7 851	286 770	158 643	128 127	44,67	0,55	
1839..........	287 311	8 266	279 045	158 609	120 436	43,16	1,51	
1840..........	314 521	8 431	306 090	175 656	130 433	42,61	0,55	
1841..........	300 717	7 742	292 945	167 185	125 760	42,92	(¹)	
1842..........	300 822	8 050	292 772	171 074	121 698	41,56	1,36	
1843..........	304 222	7 729	296 493	174 435	122 058	41,16	0,40	
1844..........	304 998	8 153	296 845	178 055	118 790	40,01	1,15	
1845..........	308 900	6 901	301 999	184 120	117 879	39,03	0,98	
1846..........	200 775	7 688	293 087	181 705	111 382	38,00	1,03	
1847..........	307 091	8 779	298 312	189 274	100 038	36,55	1,45	
1848..........	304 905	10 255	294 650	188 207	106 443	36,12	0,43	
1849..........	305 124	10 138	294 986	188 848	106 138	35,98	0,14	
1850..........	304 023	9 236	294 787	191 508	106 279	36,05	(¹)	
1851..........	305 712	8 755	296 957	191 962	104 995	35,35	0,70	
1852..........	311 218	9 400	301 818	195 918	105 900	35,08	0,27	
1853..........	295 762	8 899	286 863	188 192	98 671	34,39	0,69	
1854..........	301 295	9 385	291 910	192 362	99 548	34,10	0,29	
1855..........	306 622	10 186	296 436	196 836	99 600	33,59	0,51	
1856..........	317 855	9 699	308 156	205 661	102 495	33,26	0,33	
1857..........	310 289	9 549	300 740	202 865	97 875	32,54	0,72	
1858..........	294 761	8 716	286 055	195 672	90 373	31,59	0,95	
1859..........	305 339	8 256	297 083	204 504	92 579	31,16	0,43	
1860..........	306 314	8 535	297 779	207 901	89 878	30,18	0,98	
1861..........	312 204	9 198	303 006	212 225	90 781	29,96	0,22	
1862..........	321 455	9 319	312 136	221 194	90 942	29,13	0,83	
1863..........	323 070	8 352	314 718	225 922	88 796	28,21	0,92	
1864..........	325 127	8 358	316 769	230 098	86 671	27,36	0,85	
1865..........	321 561	8 578	312 988	232 432	80 551	25,73	1,63	

II

Départements classés d'après le degré d'instruction, au commencement de l'année 1865, des jeunes conscrits de la classe de 1864, inscrits sur le tableau de l'année 1865[2].

NOTA. Pour vérifier l'exactitude des chiffres donnés ainsi chaque année, le Ministre de l'instruction publique a obtenu de M. le maréchal ministre de la guerre, à la fin de 1864, qu'une enquête approfondie fût faite au moment de l'arrivée des jeunes soldats dans les corps. Ce travail de vérification a été exécuté avec le plus grand soin pour neuf départements qui avaient fourni aux corps 3570 conscrits, savoir: l'Ardèche, l'Ariège, le Cher, la Dordogne, le Finistère, l'Indre, le Morbihan, Saône-et-Loire et la Somme. Il s'applique à des conscrits de la classe 1862 appelés en 1863. Il en résulte que: « sauf quelques différences peu sen-

1. Augmentation du nombre des illettrés sur l'année précédente au lieu d'un progrès.
2. Voir la carte ci-dessus, p. 70 et 71, des départements classés d'après le degré d'instruction des conscrits de la classe de 1864.

cibles, les déclarations recueillies au moment de l'inscription des jeunes gens dans le contingent ont été reconnues exactes. » (Lettre ministérielle du 9 janvier 1863.)

NUMÉRO d'ordre pour 1865.	DÉPARTEMENTS.	NOMBRE SUR 100 DES JEUNES GENS ne sachant ni lire ni écrire.			
		en 1865.	en 1864.	en 1863.	en 1862.
1re CATÉGORIE. — 7 départements où le nombre des illettrés était au-dessous du VINGTIÈME.					
1	Meurthe	2,32	4,70	6,95	5,57
2	Haute-Marne	2,48	3,32	2,67	3,50
3	Doubs	2,63	2,50	3,58	3,35
4	Meuse	3,31	2,72	4,35	3,92
5	Vosges	3,79	5,09	5,64	6,27
6	Bas-Rhin	4,45	4,66	2,95	4,25
7	Aube	4,81	5,80	5,73	6,70
2e CATÉGORIE. — 11 départements où le nombre des illettrés variait, en 1865, entre le *vingtième* et le *dixième*.					
8	Jura	5,36	5,95	5,10	5,12
9	Haut-Rhin	5,87	6,05	6,08	6,63
10	Hautes-Alpes	5,88	7,56	9,27	11,14
11	Côte-d'Or	6,10	5,89	6,48	7,66
12	Haute-Saône	6,52	7,86	8,99	7,84
13	Seine	7,04	6,75	7,21	7,85
14	Seine-et-Oise	7,92	9,89	11,24	9,58
15	Marne	7,98	8,10	9,15	9,58
16	Ardennes	8,58	10,73	10,84	8,27
17	Rhône	9,82	10,41	9,62	10,87
18	Manche	9,95	13,85	10,53	13,65
4e CATÉGORIE. — 22 départements où le nombre des illettrés variait, en 1865, entre le *dixième* et le *quart*.					
19	Moselle	10,12	5,84	7,02	6,80
20	Seine-et-Marne	10,90	11,04	12,44	15,22
21	Hautes-Pyrénées	11,82	16,55	15,42	16,55
22	Calvados	12,95	13,88	17,69	15,06
23	Orne	13,30	16,21	15,89	18,67
24	Oise	14,40	14,57	13,18	14,92
25	Eure-et-Loir	14,84	15,67	15,55	14,99
26	Isère	15,54	17,79	20,06	17,95
27	Yonne	15,56	15,46	16,48	15,13
28	Haute-Savoie	15,79	18,49	15,32	12,19
29	Ain	16,40	17,13	18,45	19,63
30	Drôme	16,78	23,75	21,90	24,28
31	Savoie	18,43	19,73	23,17	22,15
32	Eure	18,90	21,79	21,94	21,99
33	Aisne	19,07	20,61	20,15	22,91
34	Aveyron	19,92	23,20	27,42	28,75
35	Somme	20,27	20,33	22,99	20,87
36	Gard	21,27	20,85	22,65	23,96
37	Charente-Inférieure	22,55	23,68	26,42	24,44
38	Bouches-du-Rhône	23,13	24,70	23,11	25,72
39	Basses-Alpes	24,71	26,31	26,73	25,61
40	Loiret	24,90	25,26	27,48	28,93
4e CATÉGORIE. — 23 départements où le nombre des illettrés variait, en 1865, entre le *quart* et le *tiers*.					
41	Gers	25,15	27,16	23,89	29,71
42	Cantal	25,20	21,97	19,23	22,98
43	Haute-Garonne	26,13	31,08	32,83	32,70
44	Gironde	26,27	26,85	28,93	27,56
45	Basses-Pyrénées	26,59	27,49	30,29	31,94
46	Hérault	26,77	24,98	24,98	24,00
47	Pas-de-Calais	27,12	29,05	29,43	28,38
48	Lot-et-Garonne	27,20	27,10	29,73	31,49
49	Vaucluse	27,32	28,30	28,17	27,40
50	Deux-Sèvres	27,46	27,12	27,46	27,16
51	Saône-et-Loire	27,49	26,40	27,98	30,90
52	Aude	28,80	27,64	28,89	31,04
53	Var	28,98	30,30	32,26	32,72
54	Seine-Inférieure	29,13	28,65	30,88	30,41
55	Nord	29,48	31,15	32,78	32,48
56	Loire	30,50	28,70	31,36	79,09
57	Maine-et-Loire	31,04	31,47	34,03	36,54
58	Corse	31,36	34,59	35,78	37,11
59	Loir-et-Cher	32,25	32,74	35,69	34,90
60	Lozère	32,38	34,84	25,87	31,40
61	Sarthe	32,74	33,47	36,23	38,30
62	Creuse	33,22	24,60	34,09	35,10
63	Tarn-et-Garonne	33,27	41,00	39,20	43,82

NUMÉRO d'ordre pour 1865.	DÉPARTEMENTS.	NOMBRE SUR 100 DES JEUNES GENS Ne sachant ni lire ni écrire.			
		en 1865.	en 1864.	en 1863.	en 1862.

5ᵉ CATÉGORIE. — 26 départements où le nombre des illettrés dépassait, en 1865, le *tiers* et même la *moitié*.

64	Ille-et-Vilaine	33,66	38,50	37,71	43,23
65	Puy-de-Dôme	34,50	42,28	39,34	41,48
66	Indre-et-Loire	35,23	36,18	37,66	39,61
67	Charente	35,27	32,94	28,51	35,30
68	Lot	35,70	37,01	36,79	38,57
69	Mayenne	36,00	38,69	39,37	41,78
70	Loire-Inférieure	36,17	26,43	47,88	43,30
71	Tarn	36,67	40,71	43,30	42,45
72	Ardèche	37,43	36,51	38,05	39,43
73	Alpes-Maritimes	38,40	38,30	37,67	36,51
74	Vendée	40,79	42,47	43,23	44,76
75	Nièvre	40,61	43,50	43,42	49,41
76	Pyrénées-Orientales	41,63	43,57	45,12	44,13
77	Vienne	42,35	43,96	44,40	48,70
78	Landes	42,80	46,86	49,78	49,23
79	Haute-Loire	43,55	43,58	46,61	51,03
80	Dordogne	48,67	50,24	52,41	54,35
81	Finistère	48,77	56,42	58,65	72,58
82	Indre	53,84	56,73	58,59	60,08
83	Morbihan	54,12	58,57	60,68	59,54
84	Cher	54,84	54,03	59,65	57,39
85	Côtes-du-Nord	55,18	55,47	59,01	60,35
86	Corrèze	56,42	61,56	62,31	60,86
87	Allier	56,80	58,60	56,57	62,27
88	Haute-Vienne	57,23	64,49	69,28	64,63
89	Ariége	66,65	53,33	55,39	57,20
	MOYENNE GÉNÉRALE	25,73	27,36	28,21	29,13

III

Tableau indiquant, par département, le nombre des classes d'adultes ouvertes le 1ᵉʳ février 1866.

DÉPARTEMENTS.	NOMBRE DES CLASSES D'ADULTES.		TOTAL.	DÉPARTEMENTS.	NOMBRE DES CLASSES D'ADULTES		TOTAL.
	Hommes.	Femmes.			Hommes.	Femmes.	
Ain	364	8	172	Hérault	322	3	325
Aisne	707	67	374	Ille-et-Vilaine	202	62	264
Allier	187	7	794	Indre	90	6	96
Alpes (Basses-)	76	1	77	Indre-et-Loire	160	48	208
Alpes (Hautes-)	111	1	112	Isère	215	1	216
Alpes-Maritimes	161	31	192	Jura	251	27	278
Ardèche	195	21	216	Landes	51	»	51
Ardennes	408	6	417	Loir-et-Cher	328	21	349
Ariége	258	9	258	Loire	127	2	129
Aube	341	3»	377	Loire (Haute-)	61	1	62
Aude	162	2	164	Loire-Inférieure	214	5	219
Aveyron	436	»	436	Loiret	205	11	216
Bouches-du-Rhône	62	4	66	Lot	242	5	247
Calvados	337	27	364	Lotet-Garonne	123	»	123
Cantal	71	16	87	Lozère	228	70	298
Charente	194	»	194	Maine-et-Loire	195	8	203
Charente-Inférieure	267	»	267	Manche	247	1	248
Cher	149	1	150	Marne	550	10	560
Corrèze	196	»	196	Marne (Haute-)	441	1	442
Corse	235	»	235	Mayenne	194	2	196
Côte-d'Or	601	3	604	Meurthe	694	105	799
Côtes-du-Nord	164	5	169	Meuse	248	3	251
Creuse	206	3	209	Morbihan	61	5	66
Dordogne	164	12	176	Moselle	360	2	362
Doubs	296	1	297	Nièvre	168	2	170
Drôme	209	8	217	Nord	355	47	402
Eure	190	6	196	Oise	225	9	234
Eure-et-Loir	305	15	320	Orne	264	2	266
Finistère	110	10	120	Pas-de-Calais	648	19	667
Gard	186	5	191	Puy-de-Dôme	151	3	154
Garonne (Haute-)	160	»	160	Pyrénées (Basses-)	418	1	419
Gers	292	»	292	Pyrénées (Hautes-)	285	»	285
Gironde	254	3	257	Pyrén.-Orientales	70	»	70

DÉPARTEMENTS.	NOMBRE DES CLASSES D'ADULTES.		TOTAL.	DÉPARTEMENTS.	NOMBRE DES CLASSES D'ADULTES.		TOTAL.
	Hommes.	Femmes.			Hommes.	Femmes.	
Rhin (Bas-)..........	321	1	322	Sèvres (Deux-)........	86	1	87
Rhin (Haut-)..........	403	22	425	Somme...............	521	2	523
Rhône	149	21	170	Tarn................	248	10	258
Saône (Haute-).......	434	4	438	Tarn-et-Garonne.......	160	»	160
Saône-et-Loire.	375	54	429	Var................	127	10	137
Sarthe..............	168	1	169	Vaucluse	121	»	121
Savoie	285	48	333	Vendée..............	170	»	170
Savoie (Haute-)	257	94	351	Vienne..............	60	5	65
Seine...............	131	39	170	Vienne (Haute-)......	198	1	199
Seine-Inférieure	211	26	237	Vosges	592	125	717
Seine-et-Marne........	380	13	393	Yonne...............	431	8	439
Seine-et-Oise..........	490	31	521	Totaux.......	22765	1300	24065

Fondation de nouveaux prix pour les instituteurs directeurs de cours d'adultes.

Nous continuons à donner, d'après le *Moniteur*, la liste des prix fondés par les particuliers en faveur des cours d'adultes :

M. Bouillier, inspecteur général de l'instruction publique, crée une médaille de 100 fr. pour le canton de Saint-Symphorien-d'Ozon (Isère) ;

M. Baudouin, inspecteur général de l'enseignement primaire, crée trois médailles de 50 fr. chacune, pour les cantons d'Amancey, Ornans et Levier (même département).

Les délégués cantonaux de Saint-Denis (Seine) ont décidé qu'au moyen d'une cotisation réalisée entre eux, il serait décerné annuellement, le 15 août, dans leur circonscription, une médaille d'une valeur de 70 francs à l'instituteur dont les leçons en faveur des adultes auront été le plus suivies et auront produit les meilleurs résultats.

Le recteur de Besançon et les trois inspecteurs d'académie du ressort ont fondé trois médailles de 50 fr. en faveur des instituteurs, directeurs de cours d'adultes, les plus méritants des départements du Doubs, du Jura et de la Haute-Saône.

M. Peyrot, inspecteur de l'académie de l'Isère, en résidence à Grenoble, fonde deux prix de la valeur de 50 fr. chacun, en faveur des instituteurs directeurs de cours d'adultes les plus méritants du département de l'Isère.

M. Buquet, professeur à la Faculté de droit de Paris, fonde quatre médailles d'argent de 25 fr. chacune en faveur des instituteurs des cantons d'Amancey, Ornans, Levier et Quingey (Doubs).

Les membres de la commission administrative de l'Association philomathique de Bayonne ont mis à la disposition du Ministre de l'instruction publique une médaille de 100 fr., destinée à l'instituteur laïque de l'arrondissement de Bayonne, dont l'enseignement aura produit les meilleurs fruits dans sa commune.

M. Danelle-Bernardin, président du comité agricole de Vassy (Haute-Marne), a mis à la disposition du comice deux médailles d'argent pour être décernées aux instituteurs qui, dans leurs classes d'adultes, auront enseigné avec le plus de succès la comptabilité appliquée à la tenue des écritures agricoles.

L'association des anciens élèves du collège Sainte-Barbe Rollin, réunie, ces jours derniers, pour son banquet annuel, a voulu donner à l'œuvre des classes d'adultes une marque de ses vives sympathies. Une collecte qui a eu lieu à la fin du banquet a produit la somme de 500 fr., destinée à former cinq médailles de 100 fr., mises à la disposition du Ministre.

Dans sa séance du 9 de ce mois, les anciens barbistes, membres du conseil d'administration de l'institution de Sainte-Barbe, réunis sous la présidence de M. Devinck, ont décidé qu'une somme de 600 fr. serait offerte au Ministre pour accroître le nombre des récompenses décernées aux instituteurs directeurs de cours d'adultes.

M. le docteur Conneau et sa famille viennent de mettre à la disposition de M. le Ministre de l'instruction publique une somme de 300 fr. pour l'établissement d'un prix de 100 fr. et de quatre de 50 fr. en faveur des instituteurs de la Corse, directeurs de cours d'adultes.

M. le docteur Blanchet, médecin en chef de l'institution impériale des sourds-muets, fonde deux médailles de 100 fr., l'une pour l'instituteur qui se sera livré avec le plus de zèle à l'enseignement des sourds-muets adultes mêlés aux parlants, l'autre pour l'instituteur qui aura montré le même zèle dans l'enseignement des aveugles adultes mêlés aux voyants.

M. Trépagne, notaire à Paris, maire de Forges-les-Bains, près Limours (Seine-et-Oise), a fondé une médaille de 50 fr. pour l'instituteur du canton de Limours qui aura obtenu les meilleurs résultats dans la direction d'une classe d'adultes.

M. Anselme Bocquet s'est engagé à donner, sa vie durant, à partir du 1er août de chaque année, et pour être distribuée le 15 août, une somme de 1000 fr. destinée aux instituteurs communaux directeurs de classes d'adultes, et divisée en dix primes, chacune de 100 fr.

Enfant du département du Nord, il désire que deux de ces primes soient réservées à ce département.

M. Jules Peugeot, fabricant à Hérimoncourt, membre du Conseil général du Doubs, met à la disposition du Ministre une somme de 200 fr., destinée à former des médailles de 100 fr. ou 50 fr.

M. Émile Peugeot, fabricant à Valentigny (Doubs), membre du comité d'admission de la classe 91 à l'Exposition universelle de 1857, a adressé au Ministre une somme de 800 fr. pour former des médailles de 50 fr. ou 100 fr., destinées aux instituteurs laïques qui se dévouent à la direction de cours d'adultes gratuits.

M. Froment-Meurice a mis à la disposition du Ministre de l'instruction publique une somme annuelle de 100 fr. pour servir à la création d'une médaille destinée à un instituteur directeur de cours d'adultes se rattachant à l'art industriel.

MM. Victor Masson, éditeurs à Paris, mettent à la disposition du Ministre de l'instruction publique 25 ouvrages de science, d'industrie ou d'agriculture, formant au total 40 volumes reliés.

MM. Masson ont, en même temps, demandé au Ministre de leur désigner quinze instituteurs ou particuliers ayant créé des cours d'adultes spécialement consacrés à l'agriculture ou à l'horticulture, pour leur servir gratuitement, pendant l'année 1866, le *Journal de la Ferme et des Maisons de campagne*.

Le conseil d'administration du *Cercle de la Librairie*, par une délibération prise dans le courant du mois de janvier dernier, a voulu, au double point de vue de l'intérêt public et de ceux de la grande industrie qu'il représente, s'associer aux encouragements donnés aux instituteurs directeurs de cours d'adultes. Il met à la disposition du Ministre de l'instruction publique, pour l'année 1866, vingt lots de livres, dont la valeur totale représente une somme de 1000 fr.

La chambre de commerce de Paris a mis à la disposition du Ministre de l'instruction publique une somme de 500 fr. pour être employée, à la volonté du Ministre, en faveur des instituteurs directeurs de cours d'adultes.

Un anonyme vient d'adresser à M. le Ministre de l'instruction publique une somme de 200 francs, représentant la valeur de deux médailles destinées par lui aux instituteurs directeurs des cours d'adultes. Ces médailles, créées sans affectation spéciale à un département déterminé, seront attribuées par le Ministre à deux départements choisis parmi ceux où de tels encouragements sont plus particulièrement nécessaires.

M. West, député du Haut-Rhin, a mis à la disposition du Ministre de l'instruction publique deux médailles de 100 et deux médailles de 50 fr. pour les quatre instituteurs de l'arrondissement de Belfort qui auront obtenu les résultats les plus satisfaisants dans la direction des cours d'adultes.

M. le marquis d'Andelarre, député de la Haute-Saône, a mis à la disposition du Ministre une médaille de 100 fr. et deux médailles de 50 fr. pour les trois instituteurs directeurs de cours gratuits d'adultes les plus méritants de l'arrondissement de Vesoul.

M. le vicomte Clary, député : deux médailles, l'une de 100 fr., pour l'instituteur le plus méritant de l'arrondissement de Romorantin et d'une partie de l'arrondissement de Blois; l'autre de 50 fr., pour le canton de Saint-Aignan (Loir-et-Cher).

M. le marquis de Conegliano, chambellan de l'Empereur, député, a mis à la disposition du Ministre de l'instruction publique deux médailles de 100 fr. chacune, en faveur des instituteurs du département du Doubs qui auront obtenu les meilleurs résultats comme directeurs de cours d'adultes.

MM. A. Chevalier et Girou de Buzareigues, députés de l'Aveyron, mettent 1000 fr. à la disposition du Ministre pour former un prix de 100 fr. et 8 de 50 fr. en faveur des instituteurs directeurs de cours d'adultes dans les circonscriptions électorales qu'ils représentent.

MM. Larrabure, Chesnelong et Etcheverry, députés des Basses-Pyrénées, ont fondé chacun, ainsi que le préfet de ce département, une médaille en faveur des instituteurs directeurs de cours d'adultes les plus méritants. M. de Bességuier, sous-préfet de Mauléon, voulant aider au développement de l'instruction dans cet arrondissement, où elle se trouve très-arriérée, a fait connaître son intention de décerner trois médailles particulières : l'une de 50 francs, les deux autres de 20 francs chacune.

M. Aimé Gros, député du Haut-Rhin, a mis à la disposition du Ministre de l'instruction publique deux médailles d'or de 100 francs et deux médailles d'argent de 50 francs, en faveur des instituteurs directeurs de cours d'adultes les plus méritants des cantons nord et sud de Mulhouse, et des cantons de Guebwiller, de Soultz, de Rouffach et d'Ensisheim.

M. le baron de Beauverger, député, vient d'adresser la lettre suivante au préfet de Seine-et-Marne :

« Monsieur le préfet,

« Désireux de seconder avec vous et avec mes collègues l'énergique impulsion que donne le gouvernement de l'Empereur à l'éducation populaire, j'ai l'honneur de mettre à votre disposition, pour la fin de l'année scolaire, une somme de 500 francs, qui serait ainsi répartie :

« 1° Deux médailles d'or de 100 francs chacune, pour les instituteurs qui auront obtenu les meilleurs résultats au point de vue de l'organisation et de la tenue des classes d'adultes dans les deux arrondissements de Melun et de Fontainebleau ;

« 2° Dix livrets de caisse d'épargne de 25 francs cha-

cun, destinés aux élèves des écoles primaires des dix cantons que j'ai l'honneur de représenter spécialement comme député, et distribués par les soins de M. l'inspecteur d'académie. Je désirerais que l'*assiduité* fût la première condition imposée pour cette récompense;

« 3° Les 50 francs restants auront pour objet de pourvoir aux frais auxquels pourrait donner lieu le mode de distribution adopté, ou autrement seront versés à la caisse de la société de secours mutuels des instituteurs et institutrices du département.

« Les écoles de la ville de Melun, à raison de la continuation de nos précédentes habitudes, resteront en dehors de ce concours.

« Veuillez agréer, etc. »

M. le préfet du Lot, désirant donner un témoignage personnel de satisfaction aux instituteurs de son département, a fondé un prix en faveur de celui de ces maîtres qui en aura été jugé le plus digne par son zèle pour l'instruction des adultes. Ce prix consistera en un ouvrage de la valeur de 50 fr. — M. le comte Murat et M. Deltheil, députés du Lot, ont voulu s'associer à la pensée de M. le préfet. Ils ont fondé chacun un prix égal.

M. de Saint-Balmont, membre du Conseil général de la Meuse, a fondé une médaille de 100 francs pour l'instituteur directeur d'un cours gratuit d'adultes le plus méritant du canton de Dun-sur-Meuse.

M. Paul Riant, docteur ès lettres, membre du Conseil général de Seine-et-Oise, maire de Longjumeau, met à la disposition du Ministre, pendant cinq ans, deux prix annuels destinés aux instituteurs et institutrices du canton de Longjumeau.

L'un de ces prix, d'une valeur de 200 francs en argent, sera décerné à l'instituteur qui en aura été jugé le plus digne; l'autre, de 100 francs, sera donné à l'institutrice la plus méritante.

D'après l'intention du donateur, il sera tenu particulièrement compte, dans l'appréciation du mérite des maîtres, de la plus ou moins grande extension de la gratuité dans leurs écoles.

M. le baron Thénard, membre du conseil général de la Côte-d'Or, fonde une rente de 100 fr., dont l'arrérage sera versé par lui, chaque année, au ministère de l'instruction publique, le 1er février. Cette somme sera employée à la création d'une médaille qui ne pourra être décernée qu'à l'un des instituteurs qui font des cours d'adultes gratuits.

M. le baron Eschasseriaux, député, a mis à la disposition du Ministre de l'instruction publique, pour une période de cinq années, six médailles, dont deux d'or de 100 fr., et quatre d'argent de 50 fr., qui seront distribuées, à titre d'encouragement et d'une manière égale, aux instituteurs directeurs de cours d'adultes dans les deux arrondissements de Saintes et de Jonzac (Charente-Inférieure).

Nous lisons, d'autre part, dans le *Moniteur* :

« Son Altesse le Prince impérial, conformément à la pensée de Sa Majesté l'Impératrice, fonde pour les instituteurs communaux, directeurs de classes d'adultes, quatre-vingt-neuf prix qui seront distribués, au mois d'août prochain, dans chaque département, à l'occasion de la fête de l'Empereur.

« Cette distribution aura lieu en même temps que celle des médailles d'or instituées, au nom de Sa Majesté, par l'arrêté du 18 novembre 1865, et des autres récompenses résultant de libéralités particulières acceptées par le Ministre de l'instruction publique ou par des préfets. »

PETIT MANUEL
DE L'INSTRUCTION PRIMAIRE

JOURNAL MENSUEL

DES INSTITUTEURS ET DES INSTITUTRICES.

AVIS.

A partir du présent numéro, le Manuel général et le Petit manuel de l'instruction primaire reproduiront la partie officielle du *Bulletin de l'instruction primaire du département de la Seine*, dont la publication vient de commencer.

Nous croyons que ces documents seront de nature à intéresser, en général, tous les instituteurs et toutes les institutrices, en leur fournissant un terme exact de comparaison entre l'état de l'enseignement primaire à Paris et celui des départements.

SOMMAIRE.

ÉDUCATION ET ENSEIGNEMENT.

COURS DE PLAIN-CHANT.

(2e leçon.)

Lorsqu'on eut renoncé aux lettres grecques et romaines dans l'écriture du plain-chant, et qu'on eut reconnu l'insuffisance des signes neumatiques, on traça une ligne sèche dans le vélin des manuscrits et cette ligne souvent d'abord, toujours ensuite, précédée à gauche d'une lettre indicative supporta pendant plus d'un siècle, le neuvième, les points qui figuraient les sons. Telle est l'origine à la fois de la *portée* et des *clefs*.

Mais les lignes d'élévation et d'abaissement de la voix au-dessus et au-dessous de cette ligne unique étaient, sinon arbitraires, du moins très-difficiles à apprécier. Il fallait même recourir de nouveau à l'ancienne notation en lettres que l'on superposait aux signes. Quelquefois on traçait huit lignes parallèles et on plaçait à la tête de chaque ligne une lettre désignant le son auquel devait correspondre chacun des points qui y étaient placés.

Ce système qui devait reparaître au quatorzième siècle pour la notation des morceaux de chant harmonisés, joignait à l'inconvénient d'une confusion inévitable produite par un nombre considérable de lignes, celui d'occuper une grande place dans les manuscrits. Il ne tarda pas à être abandonné.

On coloria à la fin du dixième siècle la ligne unique tracée au poinçon précédemment ; on en ajouta vers le même temps une autre que l'on peignit différemment ; soit la première en jaune et la seconde en bleu. Une troisième rouge ne tarda pas à leur être superposée, puis une quatrième. On leur donna dès le douzième siècle une couleur semblable qui fut conservée jusque dans les premières éditions imprimées au seizième siècle.

L'ensemble de ces quatre lignes suffit, comme nous l'avons dit plus haut, pour noter tous les morceaux de plain-chant. Mais lorsqu'on composa des morceaux en dehors des tonalités grégoriennes, on jugea quelquefois nécessaire d'ajouter une cinquième ligne. Plusieurs antiphonaires du treizième et du quatorzième siècle sont en effet notés sur cinq lignes. Dans la musique instrumentale et vocale moderne, la portée des instruments et des voix s'accommode mieux d'un plus grand nombre de lignes. Les morceaux d'orgue et de clavecin s'écrivaient sur une portée de huit lignes pendant le dix-septième siècle et au commencement du dix-huitième. L'adoption des clefs de sol et de fa régla définitivement l'usage des cinq lignes pour toutes les clefs indistinctement.

L'étendue particulière de chacun des modes du plain-chant rendit nécessaire l'usage de plusieurs clefs. La substitution des points aux lettres l'exigea plus impérieusement encore. Dans l'origine, on appelait clefs les lettres de l'alphabet A B C D E F G parce qu'elles représentaient les sons. Il en fut de même du Γ (gamma) ajouté par Guy au bas de son hexacorde. Un peu plus tard, lors de l'invention de la portée, on plaça ces lettres à la tête de chacune des lignes qui la composaient. Les signes ou les points prenaient un nom déterminé d'après les lettres placées à leur gauche.

Cet usage amena peu à peu celui des deux clefs C *ut* et F *fa* dont nous nous servons actuellement pour la notation du chant ecclésiastique.

La clef est donc une figure ou un signe qui, en fixant une note sur telle ou telle ligne de la portée, en fait dépendre la suite et l'arrangement de toutes les autres. Elle est ainsi appelée par métaphore, parce qu'elle ouvre pour ainsi dire la porte d'une pièce de chant.

Il y a deux figures de clefs : la première est dite clef d'ut ; placée sur la première ligne au bas de la portée, elle est appelée clef d'ut première ligne. Placée sur la seconde ligne, elle prend le nom de clef d'ut seconde ligne ; et, d'après les deux positions suivantes, on l'appelle clef d'ut troisième ligne et clef d'ut quatrième ligne.

Ainsi la clef d'ut placée sur l'une ou l'autre des quatre lignes indique que la note ut occupe la même ligne qu'elle. Cette note étant connue, il ne peut y avoir aucune hésitation à trouver le nom des autres notes si on observe : 1° qu'elles sont placées alternativement sur les lignes et dans les interlignes ; 2° que la gamme ascendante, ut, ré, mi, fa, sol, la, si, ut, s'effectue des lignes inférieures aux lignes supérieures, et que la gamme descendante, ut, si, la, sol, fa, mi, ré, ut, au contraire, s'opère des lignes les plus élevées aux plus basses.

La seconde figure de clef est appelée clef de FA. Elle ne se place que sur la deuxième et la troisième ligne. Sa position indique que la note FA se trouve sur l'une ou l'autre de ces lignes. Pour connaître le nom des autres notes, il faut se servir en montant de la gamme ascendante : fa, sol, la, si, ut, ré, mi, fa, et en descendant de la gamme descendante : fa, mi, ré, ut, si, la, sol, fa, en observant la règle donnée plus haut en ce qui concerne la disposition des notes.

La clef de fa s'emploie dans les morceaux les plus bas du chant ecclésiastique, parce que la note fa qu'elle indique est la quinte inférieure de celle que désigne la clef d'ut, c'est-à-dire qu'elle produit un son placé cinq notes au-dessous d'ut.

Si on compare l'effet produit par la clef de fa, seconde ligne, avec celui que donne la clef d'ut quatrième ligne, on trouvera que ces deux clefs désignent les mêmes notes. Cette circonstance a amené des manières différentes de noter le plain-chant dans certains pays. Par exemple, en Italie on se sert de la clef de fa seconde ligne, tandis qu'en France on emploie de préférence la clef d'ut quatrième.

Il existe des morceaux de chant dont l'étendue dépasse les quatre lignes de la portée, soit en haut, soit en bas. Pour marquer ces notes surabondantes on se sert de petites lignes supplémentaires sur lesquelles on les place comme elles le seraient dans l'intérieur de la portée.

Lorsque les notes surabondantes sont en trop grand nombre, on prend le parti de changer la clef.

On conçoit que par ce moyen il n'est pas de mélodie qui ne puisse être notée dans les limites des quatre lignes, puisqu'une étendue de deux octaves et deux notes est comprise entre la note la plus basse de la clef de fa troisième ligne et la note la plus élevée de la clef d'ut première ligne.

En conséquence, on peut hausser la clef lorsqu'il se trouve dans le morceau un passage qui excède la première ligne, et on peut la baisser lorsqu'il s'en rencontre un qui excède la quatrième ; car la clef étant haussée fournit un plus grand nombre de notes graves, et baissée, un plus grand nombre de notes à l'aigu.

Félix CLÉMENT.

(*La suite prochainement*)

L'Europe actuelle.

Préliminaires. Troisième leçon. (Fin [1].)

Mouvement de translation de la terre autour du soleil. — Équinoxes. — Solstices. — Tropiques. — Cercles polaires. — Zones. — Saisons.

M. DENIS. — Redis-moi, Pierre, ce que nous venons d'expliquer.

PIERRE. — Vous avez dit, monsieur, que si le soleil se trouvait constamment en face de l'équateur, il faudrait que les jours et les nuits eussent toujours la même durée sur toute la terre, mais que cela n'avait pas lieu en réalité, et qu'ainsi il était évident que le soleil ne se trouvait pas constamment en face de l'équateur.

M. DENIS. — C'est bien cela ; et alors j'ai haussé mon bouchon, qui représente le soleil, à une certaine distance au-dessus du cercle qui, sur ma balle, représente l'équateur, du côté de l'hémisphère que nous avons appelé boréal ; j'ai tracé sur la balle le cercle qui se trouve en face du soleil dans cette position, et j'ai dit que nous allions examiner ce qui résulterait de notre nouvelle combinaison. Eh bien, n'est-il pas vrai qu'à supposer le soleil dans cette position, les points situés du côté de l'hémisphère boréal en recevront plus directement les rayons que les points placés du côté de l'hémisphère austral, et qu'à mesure que je hausserai mon bouchon, un plus grand nombre de points se trouveront éclairés de cette manière ? N'est-il pas vrai que, par contre, à mesure que je m'éloignerai vers le pôle austral, la lumière du soleil m'arrivera de plus en plus obliquement, et qu'enfin si je me place au pôle austral lui-même, elle ne m'arrivera plus du tout ?

(M. Denis pourra rendre sensible cette démonstration au moyen d'une règle qu'il fera toucher à la fois au bouchon et à la balle, du côté de l'hémisphère boréal et du côté de l'hémisphère austral. Il montrera que, par rapport à la ligne qui joindrait le soleil, dans la position où il a été placé, au point de la terre qui lui fait directement face, et par lequel un cercle a été tracé sur la balle, dans le sens de l'équateur, l'écartement du côté du pôle nord est beaucoup moins grand que du côté du pôle sud, et que la règle elle-même, empêchée par la convexité de la balle, ne peut pas toucher le pôle sud ; qu'il y a, par conséquent, entre l'endroit extrême où elle touche et le pôle sud un espace représentant la portion de l'hémisphère inaccessible aux rayons du soleil.)

M. DENIS. — Si maintenant, au lieu de hausser mon bouchon vers le pôle boréal, je le baisse vers le pôle austral, l'inverse de ce que je disais tout à l'heure va arriver ; ce sera l'hémisphère austral qui recevra plus directement les rayons du soleil, et l'hémisphère boréal qui les recevra plus obliquement, et le pôle boréal qui demeurera obscur.

Eh bien, j'admets maintenant que le soleil marche progressivement, par exemple, pendant trois mois de l'équateur vers le pôle boréal, puis, qu'arrivé à un certain point, il recommence à descendre, pendant trois autres mois, jusqu'à l'équateur, et qu'alors, par un mouvement inverse, il reprend sa course pendant trois mois vers le pôle austral, pour revenir encore, pendant trois mois, vers l'équateur, que suivra-t-il de là ?

Comme le mouvement de la terre sur elle-même continue à s'accomplir régulièrement en vingt-quatre heures, pendant les trois premiers mois où nous supposons que le soleil marche de l'équateur vers le

---

1. Voir le numéro 3.

pôle boréal, chaque jour un plus grand nombre de points situés dans cet hémisphère s'éclaireront directement, et pour tous les points qui n'arriveront pas à être éclairés directement, l'obliquité des rayons tendra à diminuer. En d'autres termes, pour chacun de ces points, le soleil montera chaque jour plus haut et restera plus longtemps au-dessus de l'horizon. Au pôle même, la lumière du soleil, si oblique qu'elle soit, ne quittera plus l'horizon ; la nuit n'y sera plus possible.

Dans l'hémisphère austral, e sera tout le contraire : à mesure que le soleil s'éloignera, il paraîtra s'élever moins haut au-dessus de l'horizon et séjourner moins longtemps ; les jours tendront donc à se raccourcir, et à l'extrémité, c'est-à-dire au pôle austral, il y aura nuit complète.

Quand le soleil, au dernier jour du troisième mois, sera arrivé, du côté de l'hémisphère boréal, au point extrême de sa course, ce jour-là sera le plus long pour l'hémisphère boréal et le plus court pour l'hémisphère austral.

Puis, dans le courant des trois autres mois, à mesure que le soleil redescendra vers l'équateur, les jours seront encore plus longs pour l'hémisphère boréal que pour l'hémisphère austral ; mais ils tendront cependant à décliner dans l'hémisphère boréal, et, dans l'hémisphère austral, à s'allonger.

Au moment où le soleil se retrouvera de nouveau directement en face de l'équateur, il y aura, nous l'avons déjà dit, une durée égale de jour et de nuit pour toute la terre.

Enfin, quand le soleil dépassant l'équateur, se dirigera vers l'hémisphère austral, il arrivera sur cet hémisphère l'inverse de ce que je vous montrais tout à l'heure sur l'hémisphère boréal. Je vais voir ainsi si l'on a bien compris mes explications. Voyons, Isidore, qu'arrivera-t-il ?

(Suivant la réponse d'Isidore, M. Denis verra s'il y a lieu de recommencer sa démonstration.)

M. DENIS. — Eh bien, mes amis, ce que nous avons accepté jusqu'ici comme une simple supposition, nous devons l'admettre comme la réalité même. C'est ainsi que s'explique cette inégalité des jours et des nuits, que vous avez pu, les uns et les autres, constater aussi bien que moi. Seulement, nous avons supposé que c'était le soleil qui se dérangeait pour nous, qui quittait l'équateur pour se diriger vers l'hémisphère boréal, puis, revenait vers l'équateur, etc., etc. Et, en effet, c'est lui qui, en apparence, exécute tous ces mouvements. Mais nous avons déjà dit que cette apparence-là était trompeuse, et qu'il ne fallait pas nous y fier. En réalité, c'est nous qui nous dérangeons nous-mêmes.

Et, en effet, la terre ne se contente pas de tourner sur elle-même, comme nous l'avons dit jusqu'à présent. A lieu d'un seul mouvement, elle en a deux.

ISIDORE. — Allons, bon, maintenant !

M. DENIS. — Et pourquoi pas, mon cher ami ? Voyons, il n'y a probablement pas bien longtemps encore que tu as joué à la toupie. Eh bien, tu aurais pu remarquer qu'en même temps que ta toupie tournait rapidement sur elle-même, elle traçait sur le terrain, au moment du moins où tu venais de la lancer, des cercles plus ou moins étendus. Or, la terre, à ce point de vue, ne fait pas autre chose. Elle tourne sur elle-même, comme la toupie sur sa pointe, et, en même temps, comme la toupie sur le terrain, elle tourne, circulairement, ou à peu près circulairement, autour du soleil[1]. Et on a pu mesurer la rapidité de ce mouvement : savez-vous à quel chiffre on est arrivé ? A plus de 30 000 mètres par seconde, ce qui fait, en une heure, plus de 27 000 lieues. Et, d'autre part, en tournant sur nous-mêmes, nous parcourons encore, à l'endroit où nous sommes, un peu plus de 260 mètres par seconde. Voilà le double voyage que nous accomplissons, au moment même où je parle et à chaque instant, sans nous en douter.

Mais le voyage de la terre autour du soleil est fort long, et, malgré cette effrayante rapidité, elle met, pour l'accomplir en entier, c'est-à-dire pour revenir à un certain point de l'espace d'où nous supposerons qu'elle sera partie, un intervalle de 365 jours environ. Pierre, est-ce que ce nombre de 365 jours ne te rappelle pas quelque chose ?

PIERRE. — Oui, monsieur Denis, il me rappelle le nombre des jours de l'année.

M. DENIS. — Précisément ; tu m'interrogeais toi-même tout à l'heure là-dessus. Eh bien, voici ma réponse : l'année n'est autre chose que l'intervalle de temps nécessaire pour accomplir son mouvement autour du soleil[1]. Or, dans toute la durée de ce mouvement, l'axe de la terre, cette ligne imaginaire autour de laquelle elle tourne sur elle-même, conserve la même direction, et cette direction est telle, — permettez-moi sur ce point de ne pas entrer dans le détail, — qu'il en résulte régulièrement de trois en trois mois les différents effets que nous avons constatés, en les attribuant, par supposition, à un mouvement du soleil qui n'existe pas.

A un certain moment, la terre est placée devant le soleil de manière que le centre du soleil et l'équateur se correspondent directement. C'est ce moment qu'on appelle l'équinoxe, c'est-à-dire le temps où, pour les deux hémisphères, la durée de la nuit est égale à celle du jour. Puis, le mouvement de la terre continuant à s'effectuer, elle découvre au soleil une certaine portion de son hémisphère boréal et lui cache une portion équivalente de son hémisphère austral. Et cela continue ainsi, jour par jour, moment par moment, pendant trois mois. Le dernier jour du troisième mois, toujours en vertu du même mouvement, la portion de l'hémisphère boréal qui peut recevoir directement les rayons du soleil, a atteint son maximum, et le soleil, pour un jour, semble s'arrêter sur l'horizon : c'est le solstice[2]. Dès lors, progressivement, les portions de l'hémisphère boréal directement éclairées, diminuent jusqu'à ce qu'après trois mois l'équateur se retrouve en face du soleil. Il y a là un second équinoxe. Le mouvement se produit alors de la même manière, en sens inverse, et il y a, du côté de l'hémisphère austral, au détriment de l'hémisphère boréal, accroissement progressif de lumière solaire jusqu'à un nouveau solstice ; puis, dégradation continue jusqu'à un nouvel équinoxe, et ainsi de suite, sans interruption.

D'une des équinoxes à l'autre, il y a, pour un des pôles, pour celui que la terre présente au soleil, et pour les contrées avoisinantes, un jour de six mois ; il y a nuit de six mois pour celui qu'elle cache.

Si nous réunissez par un cercle tracé dans le sens de l'équateur, comme nous l'avons fait sur notre balle, les points où le soleil paraît arriver au solstice, c'est-à-dire les points extrêmes qui reçoivent ses rayons directement, sur l'un et sur l'autre hémisphère, ce cercle prendra, en géographie, le nom de tropique. Il y aura donc deux tropiques, un sur l'hémisphère boréal, l'autre, sur l'hémisphère austral. Le tropique situé du côté de l'hémisphère boréal s'appelle le tropique du Cancer ; l'autre, le tropique du Capricorne.

Ce sont des noms bizarres, je ne dis pas nom, mais il faut les retenir. Cancer, en latin, si je ne me trompe, veut dire écrevisse ; c'est le nom d'un amas d'étoiles, d'une constellation, devant laquelle le soleil se trouve, quand se produit le solstice, dans l'hémisphère boréal. Capricorne, qui veut dire chèvre à

---

1. On sait qu'en réalité l'orbite de la terre n'est pas un cercle, mais une ellipse dont le soleil occupe un foyer, et dont les deux foyers seraient d'ailleurs très-rapprochés l'un de l'autre.

1. Il s'agit ici, bien entendu, de l'année dite solaire.

2. Equinoxe, mot d'origine latine, signifiant : égalité de la nuit et du jour ; solstice, même origine, point, d'arrêt du soleil.

cornes, est aussi le nom d'une constellation. Vous savez, je pense, que les astronomes, pour se retrouver au milieu de cette innombrable quantité d'étoiles qui brillent au ciel, les réunissent en un certain nombre de groupes, auxquels ils sont convenus de donner des noms de personnages, d'animaux, d'instruments, comme la Balance, la Vierge, les Poissons, etc.

D'autre part, toutes les contrées qui, à partir du pôle, participent plus ou moins, par rapport au soleil, de la manière d'être du pôle lui-même, c'est-à-dire, qui ont alternativement six mois de nuit et six mois de jour, portent, sur chaque hémisphère, le nom de contrées polaires. Le cercle qui marque l'extrême limite de ces contrées, tracé, comme les tropiques dans le même sens que l'équateur, et à la même distance du pôle que les tropiques de l'équateur, s'appelle le cercle polaire. Il y a deux cercles polaires, comme il y a deux tropiques : celui qui est situé sur le pôle boréal s'appelle le cercle polaire arctique, du nom d'une étoile, l'Arcture [1], qui fait face à ces régions; l'autre s'appelle le cercle polaire antarctique, c'est-à-dire opposé à l'Arcture.

(M. Denis, avant d'aller plus loin, pourra interroger ses élèves sur tout ce qu'il vient de dire. Il pourra également tracer sur la balle les tropiques, les cercles polaires, etc. La balle pourra également lui servir pour leur donner une idée du mouvement de la terre autour du soleil.)

M. DENIS. — Si vous avez bien compris ce que je viens de vous expliquer, il vous sera très-facile d'entendre ce qui me reste à vous dire. Nous l'avons déjà remarqué : le soleil n'est pas seulement un foyer de lumière, c'est aussi un foyer de chaleur; il nous éclaire et il nous échauffe. Et c'est tout à la fois en nous échauffant et en nous éclairant qu'il produit dans notre monde la végétation et la vie. Eh bien, Pierre, dis-moi, à quel moment fait-il le plus chaud, dans la journée. Est-ce le matin, à midi, ou le soir?

PIERRE. — C'est à midi, monsieur Denis.

M. DENIS. — Et pourquoi cela?

PIERRE. — C'est, monsieur, parce que les rayons du soleil nous tombent plus d'aplomb sur la tête.

M. DENIS. — Justement. Eh bien, si cela est, n'est-il pas vrai que les pays auxquels le soleil fait face le plus souvent et le plus longtemps seront plus chauds que les autres?

PIERRE. — Cela me paraît évident.

M. DENIS. — A ton avis, quelles sont ces contrées?

PIERRE. — Celles qui sont situées sous l'équateur ou aux environs.

M. DENIS. — Tu as raison, et c'est d'après cette loi qu'on a partagé la terre en un certain nombre de bandes ou de zones [2] qui ont ou qui sont censées avoir à peu près la même température. C'est d'abord entre les deux tropiques, coupée en son milieu par l'équateur, la zone brûlante ou torride [3]. Entre les cercles polaires et les tropiques, se trouve, sur chaque hémisphère, une zone qui n'est ni très-froide ni très-chaude, la zone tempérée. Enfin, aux pôles et autour des pôles s'étendent jusqu'aux cercles polaires deux zones, inhabitables ou à peu près, et désolées, obscures pendant six mois et pendant six mois éclairées par des rayons bien pâles et bien mornes, les zones glaciales.

Dis-moi encore ceci, Pierre : dans nos contrées, à quelle époque de l'année fait-il le plus chaud?

PIERRE. — C'est dans l'été, monsieur Denis.

M. DENIS. — Et à quelle époque les jours sont-ils le plus longs?

PIERRE. — C'est aussi dans l'été.

M. DENIS. — Le moment des plus grandes chaleurs est donc sensiblement le même que celui des plus

longs jours. Et, par contre, le moment des jours les plus courts est aussi celui des plus grands froids. Ce rapport des saisons avec la position du soleil ne doit pas t'étonner, après ce que nous venons de dire, mais cela me permettra de préciser davantage, eu égard à nous, ce que nous avons dit du mouvement de la terre autour du soleil. Vers le 20 mars, la terre se trouve à l'un de ces points que nous avons appelés équinoxes.

(M. Denis pourra en redemander la définition.)

M. DENIS. — A partir de ce moment, jusqu'au 21 juin environ, c'est l'hémisphère boréal qu'elle tourne de plus en plus vers le soleil. Du 20 mars au 21 juin se place notre printemps. Le 21 juin, arrive le solstice, qui est pour nous le solstice d'été, le premier jour de l'été. L'été se prolonge jusqu'au second équinoxe, qui arrive vers le 22 septembre. C'est l'équinoxe d'automne. A partir de ce moment, c'est l'hémisphère austral qui commence à se tourner vers le soleil : le nôtre est dans l'automne. Au 21 décembre, arrive le second solstice, solstice d'hiver pour nous, solstice d'été pour l'hémisphère austral. Et du 21 décembre au 20 mars se prolonge notre hiver, qui de nouveau, à cette époque, fait place au printemps.

Vous voyez, mes amis, quelles conséquences nous avons tirées de ce second mouvement de la terre, que nous avions, tout d'abord, laissé de côté. Nous savons maintenant tout ce qu'il nous faut pour bien comprendre la position de notre Europe par rapport au reste du globe et en déduire bien des conséquences qui, sans cela, nous eussent échappé.

(4ᵉ leçon.)

Longitude et latitude. — Méridien. — Géographie politique
de l'Europe.

(M. Denis commencera cette leçon en récapitulant ce qui a été dit dans la leçon précédente, particulièrement ce qui concerne la différence de longueur du jour et de la nuit, les saisons, les tropiques et les cercles polaires, la division de la terre en zones.)

M. DENIS. — Il y a bien longtemps que je vous promets de commencer notre tour d'Europe, et cependant je voudrais préalablement tenir une promesse que je vous ai faite l'autre jour. J'ai dit que j'essayerais de vous expliquer, aussi exactement que possible, à quoi servent ces barres qui, sur les cartes, coupent les pays en petits carrés, et se terminent par des numéros. Je crois que nous voilà maintenant en mesure de le comprendre. Pierre, montre-moi l'équateur [1].... Bon.... Maintenant, montre-moi le tropique du Cancer.... Fort bien. Le tropique du Cancer est, tu t'en souviens, un cercle tracé sur la sphère dans le même sens que l'équateur, ou, autrement dit, parallèle à l'équateur?

PIERRE. — Oui, monsieur.

M. DENIS. — Eh bien, je suppose que je divise en un certain nombre de parties égales la ligne qui est censée mesurer la distance de l'équateur au pôle, (M. Denis montre cette ligne soit sur la carte, soit sur la balle), et que par chacun des points qui limitent ces parties égales, je fasse passer des cercles tracés dans le même sens que l'équateur, ou que le tropique, comme sont ceux qui sont marqués sur notre carte, n'est-il pas vrai que tous les lieux placés sur chacun de ces cercles seront à égale distance de l'équateur?

PIERRE. — Oui, monsieur.

M. DENIS. — N'est-il pas vrai aussi que, si, par un moyen quelconque, je parviens à évaluer en mètres ou en kilomètres la distance d'un de ces cercles à un autre ou à l'équateur, en comptant le nombre de di-

---

1. Arcturus, mot grec et latin, qui signifie la queue de l'Ourse.

2. Mot grec qui signifie bande, ceinture.

3. *Torridus*, en latin, brûlé.

1. Sur une mappemonde.

visions qui séparent un lieu quelconque de l'équateur, j'aurai la distance de ce lieu à l'équateur?

PIERRE. — Oui, monsieur.

M. DENIS. — Eh bien, on est convenu de diviser la distance qui sépare le pôle de l'équateur en 90 parties égales qu'on appelle degrés ; chaque degré, en 60 parties égales qu'on appelle minutes ; chaque minute, en 60 parties égales qu'on appelle secondes. On compte 0 à partir de l'équateur, et 90 au pôle. Un degré équivaut environ à 25 lieues[1] de quatre kilomètres l'une. C'est cette distance d'un endroit de la terre à l'équateur comptée en degrés qu'on appelle la latitude de cet endroit. Suivant que l'endroit dont il s'agit est situé sur l'hémisphère boréal ou sur l'hémisphère austral, la latitude est dite boréale ou australe. Ainsi, voyons, Antoine, montre-moi Lisbonne.... Bon ! Il y a, comme tu peux le voir, une de ces barres dont nous parlions tout à l'heure qui passe non loin de Lisbonne. Supposons qu'elle y passe exactement. Quel est le numéro qu'on a placé au bout de la ligne?

ANTOINE. — Le numéro 40.

M. DENIS. — Eh bien, qu'est-ce que cela veut dire?

ANTOINE. — Cela veut dire, monsieur, que Lisbonne est située, dans l'hémisphère boréal, à quarante degrés de l'équateur, c'est-à-dire à quarante fois vingt-cinq lieues.

M. DENIS. — C'est cela, à peu de chose près.

(M. Denis pourra prendre de même quelques autres villes, soit dans l'hémisphère boréal, soit dans l'hémisphère austral, et en faire déterminer la latitude par les élèves.)

M. DENIS. — Nous avons avons dit que d'un point de l'équateur au pôle on comptait 90 degrés. Par l'équateur et par les deux pôles, je trace un cercle, qui, nous l'avons déjà remarqué, coupera la sphère en deux moitiés. Pierre, combien ce cercle contiendra-t-il de degrés?

PIERRE. — Il en contiendra, monsieur, quatre fois 90.

M. DENIS. — C'est-à-dire?....

PIERRE. — C'est-à-dire 360.

M. DENIS. — C'est cela. Rappelons-nous maintenant ce que nous avons dit du mouvement apparent du soleil, ou, si vous aimez mieux, du mouvement réel de la terre sur elle-même devant le soleil. Je vous ai montré que la division du jour et de la nuit en dépendait, et aussi toutes les subdivisions de la durée pendant le jour et pendant la nuit ; que, par exemple, quand il était midi à Paris, il était plus de midi à Vienne et moins de midi à New-York. Dis-moi, Antoine, n'y a-t-il pas des endroits du globe pour lesquels il est midi en même temps?

ANTOINE. — Oui, monsieur, pour tous ceux qui ne sont, par rapport au soleil, ni plus à l'ouest, ni plus à l'est les uns que les autres.

M. DENIS. — Dans les deux hémisphères?

ANTOINE. — Oui, monsieur, c'est-à-dire sur un même côté des deux hémisphères, sur celui qui est tourné vers le soleil. Les endroits directement opposés, dans l'autre hémisphère, auront tous, en même temps, minuit.

M. DENIS. — Soit. Eh bien, j'admets qu'étant donné un lieu quelconque, Paris, par exemple, je détermine un certain nombre d'endroits placés directement au-dessous du soleil en même temps que Paris, c'est-à-dire qui auront midi à la même heure que Paris, et un certain nombre d'autres qui, dans l'autre hémisphère, auront minuit à ce même moment : je dirai que tous ces endroits sont sous le même méridien[2] que Paris. Et si, par la pensée, je fais passer par

Paris et par les pôles ce même cercle de tout à l'heure qui coupe l'équateur et fait le tour de la sphère terrestre, en la séparant en deux moitiés, tous les endroits qui auront minuit ou midi, se trouveront compris dans la ligne tracée par ce cercle, que j'appelle le méridien de Paris.

(M. Denis pourra tracer, sur sa balle, un méridien et répéter expérimentalement sa démonstration).

M. DENIS. — Cela posé, de même que, tout à l'heure, j'ai partagé la sphère terrestre par des cercles tracés dans le même sens que l'équateur et séparés les uns des autres par des distances égales, supposez que je partage également l'équateur, à droite et à gauche, à partir du méridien que nous avons déterminé, en 180 degrés, chaque degré en 60 minutes, chaque minute en 60 secondes, et que je fasse passer par ces divisions des méridiens, comme je l'ai fait pour Paris : n'est-il pas vrai qu'en comptant, soit sur l'équateur, soit sur le cercle tracé dans le même sens que l'équateur et qui passe par Paris, le nombre de divisions qui séparent de Paris un endroit quelconque, à l'est ou à l'ouest, j'aurai, en degrés, minutes, secondes, la distance de cet endroit à Paris? Eh bien, c'est cette distance, ainsi évaluée, qu'on appelle la longitude d'un lieu. La longitude est dite orientale, quand le lieu est à l'est de Paris ; occidentale, quand il est à l'ouest.

Quand on connaît la longitude et la latitude d'un lieu, c'est-à-dire sa position quant au lever et au coucher du soleil, rapportée à un certain endroit qui sert de terme de comparaison, et sa position au sud ou au nord, rapportée à l'équateur, on connaît, géographiquement, la situation propre de ce lieu.

Remarquez qu'au lieu du méridien de Paris que nous avons choisi pour compter nos degrés de longitude, nous aurions pu prendre celui de telle autre ville. Et, en effet, les Anglais, par exemple, comptent par le méridien passant par l'Observatoire d'une petite ville, qui est à quelque distance de Londres, et qu'on appelle Greenwich. Si vous aviez sous les yeux une carte anglaise, vous verriez que, pour un même lieu, cette carte ne donnerait pas, au sujet de la longitude, les mêmes indications que notre carte. Remarquez encore que les degrés de longitude sont d'autant plus courts qu'on se rapproche davantage des pôles, et qu'aux pôles mêmes ils se confondent en un seul point.

(M. Denis, si cela est nécessaire, répétera ces indications en faisant usage d'une mappemonde et de la balle qui représente la terre.)

M. DENIS. — Nous allons tout de suite tirer quelques conséquences de ce que nous venons d'apprendre. Isidore, en combien de degrés de longitude avons-nous dit que nous partagions la sphère?

ISIDORE. — En 180, monsieur.

M. DENIS. — Ah! entendons-nous. En 180, d'un côté du méridien jusqu'à la rencontre de ce même méridien au point opposé de la sphère, et en 180, de l'autre côté ; en 180 à l'est, et en 180 à l'ouest, ce qui fait en tout?....

ISIDORE. — 360.

M. DENIS. — Oui, 360 degrés de longitude, de même qu'il y a 360 degrés de latitude. Or, nous avons dit ce qu'il fallait de temps à la terre pour qu'un point de sa surface, partant du méridien, c'est-à-dire de l'endroit où ce point fait directement face au soleil, revînt à ce même méridien.

ISIDORE. — Oui, monsieur Denis, il faut vingt-quatre heures.

M. DENIS. — Eh bien, je voudrais savoir ce qu'il faut de temps à ce même point pour parcourir seulement un degré, et ce qu'en une heure il parcourra de degrés. Antoine va nous dire quelle opération d'arithmétique nous avons à faire pour résoudre ce problème, et il nous fera cette opération.

(Si les calculs d'Antoine sont exacts, il devra trou-

---

1. On sait que tous les degrés de latitude n'ont pas exactement la même longueur, à cause de l'aplatissement de la terre vers les pôles.

2. Méridien, ligne de midi. *Meridies*, en latin, veut dire midi.

ver qu'il faut à un point de la terre 4 minutes de temps pour parcourir un degré et une heure pour parcourir 15 degrés.)

M. DENIS. — Cela posé, je suppose qu'un voyageur parte, avec une montre bien réglée de Paris, et qu'arrivant dans un certain pays où les horloges sont également bien réglées, il voie que ces horloges marquent midi, tandis que sa montre, qui a l'heure de Paris, marque une heure. Je demande quelle est la longitude du lieu où se trouve le voyageur, et si cette longitude est orientale ou occidentale. Dis-nous cela, Pierre.

PIERRE. — Monsieur, le lieu où se trouve le voyageur est à 15 degrés de longitude de Paris, et cette longitude est occidentale.

M. DENIS. — Cherchons maintenant, sur la carte, quel est le lieu situé au quinzième degré de longitude occidentale, en suivant le cercle parallèle à l'équateur et passant par Paris.

PIERRE. — Eh, monsieur, nous tombons en plein océan Atlantique.

M DENIS. — Eh! mon Dieu, oui, et dans cet endroit là, en vérité, il n'y a guère d'horloges, mais nous pouvons trouver d'autres endroits qui nous permettront plus de facilité dans nos observations.

(On comprend que M. Denis peut aisément varier les questions de ce genre.)

M. DENIS. — Autre chose maintenant. Vous vous rappelez ce que je vous ai appris sur les zones. Tous les pays compris dans une même zone, avons-nous dit, ont sensiblement la même température. Or, les cercles qui représentent les degrés de latitude sont tracés dans le même sens que les cercles qui servent de limite aux zones. Ne voyez-vous pas ce qu'il faut conclure de cela?

PIERRE. — Oui, monsieur, il en faut conclure que tous les pays qui ont la même latitude ont la même température.

M. DENIS. — Je vois dans les yeux du père Germain qu'il a quelque chose à nous objecter là-dessus.

LE PÈRE GERMAIN. — Assurément, monsieur, je ne suis pas assez savant pour contester ce que vous dites, mais il me semble pourtant que notre village, par exemple, et celui d'à côté, qui sont, bien certainement, à la même distance de Paris, n'ont pas, comme vous le dites, la même température, et tout le monde sait, à n'en pas douter, qu'il fait bien plus chaud chez nous que chez les voisins.

M. DENIS. — Et pourquoi, père Germain, fait-il plus froid chez nos voisins que chez nous?

LE PÈRE GERMAIN. — Eh, monsieur, c'est parce que leurs maisons sont perchées sur la côte, qui est ouverte à tous les vents, tandis que cette même côte nous met à l'abri des vents du nord.

M. DENIS. — Eh bien, père Germain, vous avez parfaitement raison, et j'allais justement vous faire l'observation que vous avez faite vous-même. Quand on dit que des pays situés dans la même zone ou sous la même latitude ont sensiblement la même température, cela doit s'entendre en général, c'est-à-dire pour la plus grande partie de ces pays, et sans tenir compte de telles ou telles circonstances locales, qui peuvent beaucoup modifier leur manière d'être. Ainsi, dans quelle zone se trouve notre Europe, Pierre?

PIERRE. — Dans la zone tempérée, monsieur.

M. DENIS. — Tout entière?

PIERRE. — Tout entière, sauf l'extrémité de la Norvége et de la Russie.

M. DENIS. — Eh bien, cela ne veut pas dire qu'à Arkhangel, par exemple, qui touche au cercle polaire, il fasse aussi chaud qu'à Gibraltar, qui se rapproche du tropique. Vous pouvez voir que les villes du nord de la France, Rouen ou le Havre, je suppose, sont situées vers le 50ᵉ degré de latitude boréale, tout comme Montréal ou Québec, dans le Canada, de l'autre côté de l'Atlantique. Or, à Rouen et au Havre, on jouit à peu de chose près, la même température qu'à Paris, tandis que l'hiver du Canada est un des plus ri

goureux qui existent. Cela tient à des circonstances provenant de la configuration du sol : cela tient aussi à la température de la mer, qui est bien plus chaude le long de nos côtes que vers le Canada. Vous voyez, père Germain, que nous sommes d'accord.

Pierre va nous indiquer maintenant sur la carte les États qui composent l'Europe, avec leurs capitales ou leurs villes principales.

(L'étude de cette nomenclature devra terminer la leçon ; il sera bon de mentionner, dans la Confédération germanique, que les royaumes et les grands-duchés.)

Charles DEFODON.

COMMISSIONS D'EXAMEN POUR L'ENSEIGNEMENT PRIMAIRE.

Ressort de l'académie de Montpellier.

Première session de 1866.

ASPIRANTS. — BREVET SIMPLE.

Composition française.

Un instituteur écrit à l'inspecteur primaire de son arrondissement pour lui faire connaître le livre de lecture courante dont il fait usage pour sa classe. Il énumère les divers genres de mérite qu'il aurait voulu trouver réunis dans un tel ouvrage, et les avantages par lesquels se recommande celui qu'il a choisi. (Le livre est laissé au choix du candidat.)

Arithmétique.

1ʳᵉ *Question.* — Que pèseraient 2 litres 24 centilitres d'un liquide qui serait 2 fois $\frac{1}{2}$ aussi lourd que l'eau?

2ᵉ *Question.* — Un instituteur reçoit 72 élèves dont 18 indigents. Sur le nombre des élèves payants, un tiers fréquente l'école pendant 11 mois, la moitié pendant 6 mois, et le reste pendant 3 mois. La rétribution mensuelle est de 1 fr. 75 cent. ; la commune lui assure de plus par élève indigent les $\frac{5}{7}$ de ce que lui rapporte en moyenne par année un élève payant. Quel est le montant du produit de son école?

ASPIRANTES. — BREVET DU DEUXIÈME ORDRE.

Composition française.

Histoire d'Esther.

Arithmétique.

1ʳᵉ *Question.* — Combien pèsent 785 fr. en monnaie d'argent, et, dans ce poids total, pour combien entre le poids de l'argent pur et pour combien celui de l'alliage?

2ᵉ *Question.* — Une maîtresse couturière a acheté 4 machines à coudre de 750 fr., elle a emprunté pour les payer de l'argent à 6 pour 100. Chaque machine lui économise 3 ouvrières qu'elle aurait payées 0 fr. 75 cent. par jour. Elle compte 25 jours de travail par mois. On demande, en comprenant l'intérêt payé et le bénéfice réalisé d'un jour, après combien de temps l'économie qu'elle aura faite par la diminution du nombre de ses ouvrières aura couvert sa dépense, capital et intérêt.

EXERCICES DIVERS A L'USAGE DES CLASSES.

SCIENCES PHYSIQUES ET NATURELLES.

Réponses aux questions proposées par les commissions d'examen aux aspirants au brevet complet et aux aspirantes au brevet du premier ordre.

Les oiseaux échassiers [1]

L'ordre des échassiers renferme un grand nombre d'espèces d'oiseaux généralement caractérisés, comme leur nom l'indique, par de longues pattes. Les échassiers ont le bas de la jambe nu et les tarses presque toujours très-élevés [2]. Cette disposition leur permet de marcher à gué dans les marécages ou les eaux peu profondes, sans se mouiller le corps. La grande longueur des doigts de leurs pieds leur permet aussi de courir rapidement sur les herbes aquatiques sans enfoncer.

M. Paul Gervais, dans son traité élémentaire de zoologie [3], partage les échassiers en quatre sous-ordres : les *brévipennes*, les *hérodiens*, les *limicoles* et les *macrodactyles*.

Brévipennes. — Les brévipennes, ainsi nommés à cause de leurs courtes ailes, portent encore le nom de *coureurs*, parce que si leurs ailes rudimentaires ne leur permettent point de voler, elles donnent du moins à leur course une prodigieuse rapidité, favorisée aussi par la longueur de leurs jambes. Les oiseaux les plus connus de ce sous-ordre sont l'*Autruche*, habitante des plaines sablonneuses de l'Afrique et le *Nandou* ou autruche d'Amérique, le *Casoar* à casque et l'*Emeu* ou casoar d'Australie.

Ce sont là les plus grands oiseaux actuellement existants. Il faut y joindre les espèces éteintes du genre *Dinornis*, dont les dimensions étaient comparables à celles de la giraffe, et du genre *Epiornis*, dont les œufs avaient à peu près six fois la capacité de ceux de la grande autruche africaine. Ces oiseaux monstrueux, dont on a découvert des ossements à la Nouvelle-Zélande et à Madagascar sont aujourd'hui entièrement disparus. L'epiornis paraît avoir existé jusqu'au dix-septième siècle. On trouve encore de leurs œufs, enfouis dans le sable, et les indigènes s'en servent comme de vases à conserver les liquides [4].

Hérodiens. — De très-longues jambes, un vol puissant, un bec généralement en forme de couteau, tels sont les caractères des hérodiens, dont le type dans nos pays est le *Héron*, qui donne son nom au groupe.

La famille des hérons est nombreuse et très-répandue dans les cinq parties du monde. En France nous n'en connaissons qu'une seule espèce, qui vit en communauté et se rencontre dans un grand nombre de nos départements. Le héron est essentiellement pêcheur ; il se tient ordinairement le long des cours d'eau, suit lentement les berges, l'œil au guet, ou attend patiemment que sa proie, trompée par son immobilité, passe à portée de son long bec. En hiver même, quand les rivières sont prises, il sait parfaitement casser la glace, et happer le poisson qui se hasarde près du trou. Le héron est aussi chasseur à l'occasion, et fait la guerre aux souris et aux musaraignes, quelquefois même aux petits oiseaux, tels que moineaux et hirondelles, qu'il *poignarde* au vol (Toussenel).

A la fin de l'hiver, chaque couple se fait un nid sur un gros arbre avec des branches mortes et la femelle y pond trois ou quatre œufs au plus, qu'elle couve pendant cinq semaines. Les petits éclosent en mars ou en avril.

Parmi les hérodiens, il faut placer les *Grues* et les *Cigognes*. La cigogne a le plumage noir et blanc, le cou long de 18 à 20 centimètres, le bec gros et peu fendu. Elle niche sur les grands arbres, sur les rochers, ou même dans les villes sur les tours et les

Fig. 1. — Bécasse.

clochers. Sa nourriture consiste principalement en reptiles, poissons, souris, mulots et oiseaux. Les habitants de la campagne respectent la vie de cet échassier, qui leur rend quelques services par le genre de son alimentation.

Limicoles. — Les limicoles ou oiseaux des marais sont généralement moins gros et moins haut montés sur jambes que les précédents. Ils diffèrent parfois assez peu des passereaux. Leur bec est souvent allongé ; mais il n'a pas de force, et ces oiseaux se nourrissent surtout de vers.

Les limicoles sont très-communs ; tels sont les *Courlis*, les *Spatules*, les *Bécasses*, les *Bécassines*, les *Echasses*, les *Pluviers*, les *Vanneaux*, les *Avocettes*, les *Ibis*, les *Huîtriers*, etc. La plupart de ces oiseaux ne sont pas rares dans nos contrées et sur nos côtes.

Le Courlis ou Courlieu est un oiseau de passage, qui d'ordinaire descend du nord vers nos contrées au mois d'avril et s'en va vers la fin d'août. Sa chair est bonne à manger. La Spatule doit son nom à la forme de son bec, long, arrondi et aplati à son extrémité. Elle vit en troupes dans les marais boisés et se nourrit de poissons. La Spatule blanche d'Europe porte sur la tête une huppe blanche.

La Bécasse (voir fig. 1), très-recherchée de nos chasseurs, niche dans les bois frais et humides, où elle se nourrit de vers, de limaçons et d'insectes. C'est un oiseau crépusculaire, qui ne voyage et ne

---

1. Ressort de l'Académie de Nancy, deuxième session de 1865.

2. On appelle tarse, chez les oiseaux, l'os qui suit immédiatement la jambe ; cet os résulte de la réunion des *métatarsiens* qui portent les trois doigts principaux du pied.

3. Éléments des sciences naturelles, zoologie, comprenant l'anatomie, la physiologie, la classification et l'histoire naturelle des animaux, par M. Paul Gervais, professeur à la Faculté des sciences de Paris. 1 vol. in-8. Prix, broché, 6 fr. Librairie Hachette et Cie.

4. Il n'y a pas encore longtemps que des chercheurs d'or découvrirent sous les sables, dans l'île centrale de la Nouvelle-Zélande, un squelette à peu près complet d'une espèce de dinornis portant encore des cartilages, des ligaments et des tendons très-bien conservés. Un naturaliste anglais, qui a examiné ces restes, est d'avis que l'oiseau ne devait être mort que depuis une douzaine d'années. Il ne serait donc pas impossible que le gigantesque bipède existât encore dans quelque forêt inexplorée de la colonie anglaise.

cherche guère sa nourriture que pendant la nuit. Elle ne vit jamais en troupes. Son départ a lieu en octobre. La Bécassine (voir fig. 2) ressemble à la bécasse par la forme de sa tête et de son bec ; elle en diffère par son plumage et par ses habitudes. Volant aussi bien de jour que de nuit, elle se nourrit non-seulement de vermisseaux mais encore du chevelu de quelques plantes aquatiques. La bécassine reste dans nos régions tant que la température se tient au-dessus de zéro. C'est un gibier qui figure avec honneur sur nos tables.

L'Échasse, remarquable par la longueur de son

Fig. 2. — Bécassine.

tarse et son bec cylindrique et effilé, vit dans les lieux humides et sur le bord de la mer ; sa nourriture consiste en insectes aquatiques et en mollusques. Le Pluvier vit aussi d'insectes aquatiques ; c'est un oiseau assez bon à manger, de la grosseur d'une grive, qui nous arrive du nord, en troupes nombreuses, vers l'automne et repart au printemps.

Le Vanneau (voir fig. 3) a le bec grêle et court, comprimé, renflé à son extrémité. Il arrive en France dans les derniers jours de février ou les premiers jours de mars, habite en grandes troupes le bord des rivières et les prairies humides et s'en retourne vers

Fig. 3. — Vanneau.

la fin d'octobre. Sa chair, quoique maigre et sèche, ne laisse pas d'être estimée.

D'après ce que nous venons de dire de ces quelques espèces de limicoles on peut juger que ces échassiers, loin de porter préjudice à l'agriculteur, lui sont utiles par la quantité d'insectes nuisibles et de vers qu'ils détruisent. Malheureusement les chasseurs leur font une guerre acharnée qui en contrarie la multiplication.

Macrodactyles. — Les oiseaux de ce sous-ordre doivent leur nom au développement considérable de

leurs doigts. Ils sont très-fréquents dans nos marécages. Nous en citerons quelques genres : les *Râles*, les *Poules d'eau*, les *Grèbes*, les *Foulques*, etc.

Le Râle, très-commun dans le midi de la France, se tient dans les marécages, caché sous l'herbe pendant le jour, fuyant de loin avec une grande rapidité et ne vivant jamais en troupes. On en connaît un grand nombre d'espèces, généralement recherchées comme un manger délicat. (Voir fig. 4).

Les Grèbes et les Foulques sont deux groupes très-voisins et souvent confondus. La peau des Grèbes est souvent employée à fabriquer des manchons et au-

Fig. 4. — Râle des genêts.

tres fourrures. Certains ornithologistes placent les Grèbes, non parmi les échassiers, mais parmi les *palmipèdes*. Il est vrai que ces oiseaux sont aussi bons nageurs que mauvais marcheurs, et qu'ils ont le pied palmé (c'est-à-dire que les trois doigts sont réunis par une membrane). Mais cette disposition du pied se rencontre aussi chez plusieurs échassiers, entre autres l'avocette, citée plus haut parmi les limicoles.

L. Marcel Devic.

<hr>

ARITHMÉTIQUE.

Problèmes divers.

1er Problème. — Une personne fait, en vendant un terrain, 225 fr. de bénéfice ; elle gagne de la sorte 7 et demi pour 100 du prix d'achat. Combien le terrain lui avait-il coûté et combien l'a-t-elle vendu ?

Solution. — Puisque la personne gagne 7,5 pour 100, ou 75 fr. par 1000 fr., 225 fr. sont les $\frac{75}{1000}$ du prix d'acquisition, par suite $\frac{1}{100}$ de ce prix d'acquisition est

$$\frac{225}{75},$$

et le prix d'achat s'élève à

$$\frac{225000}{75} = \frac{75 \times 3 \times 1000}{75} ;$$

ou bien à

$$3000 \text{ fr.}$$

Le prix de vente est donc

$$3225 \text{ fr.}$$

2e Problème. — Un négociant achète pour 20 000 fr. de vins ; il est convenu de payer 5000 fr. comptant, 5000 fr. au bout de 30 jours, 5000 fr. dans 60 jours et le reste dans 90 jours. Il propose ensuite de payer le tout ensemble ; à quelle époque doit s'effectuer ce payement? L'intérêt est compté à raison de 5 pour 100.

Solution. — L'intérêt de 100 fr. est, au bout de :

$$30 \text{ jours} \ldots\ldots\ldots\ldots \quad \frac{5^f}{16} = 0,4166$$

$$60 \text{ jours} \ldots\ldots\ldots\ldots \quad \frac{10}{12} = 0,8333$$

$$90 \text{ jours} \ldots\ldots\ldots\ldots \quad \frac{15}{12} = 1^f,25$$

Par suite, pour payer $100^f,416$ au bout de 30 jours, il suffit de placer 100 fr. aujourd'hui à 5 pour 100 ; de même cette somme, laissée dans une maison de banque, fournira de quoi payer 100,833 au bout de 2 mois ou bien 101,25 au bout de 3 mois. Il résulte de là que les valeurs actuelles des sommes égales à 5000 fr. que le négociant s'est engagé à payer à ces époques ne s'élèvent qu'à

$$\frac{5000 \times 100}{100 + \frac{5}{12}} = \frac{6000000}{1205} = 4979^f,25$$

$$\frac{5000 \times 100}{100 + \frac{10}{12}} = \frac{6000000}{1210} = 4958,68$$

$$\frac{5000 \times 100}{10_0 + \frac{15}{12}} = \frac{6000000}{1215} = 4938,27$$

La somme de ces valeurs actuelles, augmentée de 5000 fr., est

$$5000 + 14876,20 = 19876^f,20 ;$$

et la différence

$$20000 - 19876^f,20,$$

qui est

$$123^f,80,$$

représente l'intérêt de $19876^f,20$ pendant le nombre de jours inconnu. Ce nombre de jours est donc

$$\frac{123,80 \times 360}{\dfrac{19876,20 \times 5}{100}}$$

ou

$$\frac{12380 \times 72}{19,876,20} = 45 \text{ jours.}$$

3ᵉ Problème. — Un négociant vend des grains pour une somme de 2475 fr. et gagne 10 pour 100 sur le prix d'achat. Combien avait-il payé ces grains ?

Solution. — D'après l'énoncé, le marchand vend 110 fr. ce qui lui a coûté 100 fr. ; par suite le prix d'achat est les $\frac{100}{110}$ de 2475 fr., c'est-à-dire

$$\frac{2475 \times 100}{110} = \frac{24750}{11},$$

ou

$$2250 \text{ fr.}$$

4ᵉ Problème. — Un banquier doit payer à la même personne 2000 fr. dans 3 mois, 4000 dans 6 mois et 6000 dans 9 mois ; il voudrait s'acquitter en une seule fois et souscrire un billet de 12 000 fr. Quelle doit être l'époque de l'échéance pour qu'il n'y ait ni gain ni perte ? On calculera les intérêts à 5 pour 100.

Solution. — Cherchons la valeur actuelle de chacune des dettes.

L'intérêt de 100 fr. pour 3 mois est

$$\frac{5^f}{4} = 1^f,25.$$

Si donc l'on devait dans 3 mois une somme égale à

$$100^f + 1,25 = 101^f,25,$$

il suffirait de placer aujourd'hui à 5 pour 100 une somme de 100 fr. pour trouver dans 3 mois l'argent du premier payement. Il résulte de là que la valeur actuelle de la première dette est

$$\frac{2000^f \times 100}{101^f,25} = 1975^f,31.$$

Comme les intérêts de 100 francs pendant 6 mois et 9 mois sont respectivement $2^f,50$ et $3^f,75$, l'on voit que les valeurs actuelles des deux dernières dettes sont

$$\frac{4000^f \times 100}{102^f,5} = 3902^f,44,$$

et

$$\frac{6000^f \times 100}{103^f,35} = 5783^f,13.$$

Le banquier doit donc aujourd'hui

$$1975^f,31 + 3902^f,44 + 5783^f,13,$$

ou

$$11660^f,88.$$

Ceci veut dire que s'il plaçait à 5 pour 100 aujourd'hui $11660^f,88$, il pourrait, avec ce capital et les intérêts, remplir ses engagements aux époques indiquées. La question revient donc à calculer au bout de combien de temps une somme de $11660^f,88$ devient 12000 fr. lorsqu'elle est placée à intérêt simple et au taux 5 pour 100. Pour le trouver on calcule la différence,

$$12000 - 11660,88 = 339,12,$$

qui représente l'intérêt de $11660^f,88$ pendant le temps inconnu ; comme l'intérêt annuel de ce capital s'élève à

$$\frac{11660^f,88 \times 5}{100},$$

le temps inconnu est égal à

$$339^f,12 : \frac{11660.88 \times 5}{100},$$

ou bien à

$$1^{an} \times \frac{339,12 \times 100}{11660,88 \times 5} = 1^{mois} \times \frac{339,12 \times 100 \times 12}{11660,88 \times 5},$$

et en faisant ce calcul on trouve 7 mois. C'est donc à 7 mois d'échéance que ce billet de 12000 fr. doit être souscrit.

E. Burat.

LANGUE FRANÇAISE.

ÉLÉMENTS DE LA GRAMMAIRE.

§ 1. — *Du Nom.*

14ᵉ Exercice.

Du pluriel dans les noms. — Noms qui forment leur pluriel en X.

Les élèves composeront de petites phrases dans lesquelles ils feront entrer, sous la forme du pluriel, les noms dont le pluriel est en *x*, qui sont contenus dans le 12ᵉ exercice [1].

Phrases pouvant servir de corrigé.

Avant qu'on connut l'usage des phares, on allumait de grands *feux*, sur différents endroits de côtes, afin d'avertir les vaisseaux. — Ces beaux *lieux* jouissaient, par je ne sais quel miracle de la nature, d'une éternelle fraîcheur. — A Rome, dans les *jeux* publics, on se faisait un plaisir de voir des hommes combattre les uns contre les autres. — On se souvient toujours de ce qu'on a appris sur les *genoux* de sa mère.

— Mes arrière-*neveux* me devront cet ombrage.

— Nous n'avons pas eu, cette année, de grosses *eaux*. — A mesure qu'on s'avance vers le nord, les plantes se rapetissent, les arbres deviennent des *arbrisseaux*. — Pour soutenir les terres, le long des fleuves, on est obligé d'enfoncer dans le sol des *pieux* énormes. — Songez-y, c'est le moment des *aveux* ; passé cette heure, je n'écouterai plus rien. — Le petit Paul est un enfant généreux : il fait part de ses *joujoux* à tous ses camarades.

— Aux petits des *oiseaux* Dieu donne la pâture.

— Les *hiboux* et les autres oiseaux de nuit ont quelque chose de sinistre, qui inspire une terreur involontaire. — La douleur et les privations ont prématurément blanchi mes *cheveux*. — Les Grecs et les Romains avaient peuplé l'univers de leurs *dieux*.

15ᵉ Exercice.

Du pluriel dans les noms. — Noms en AL et en AIL.

Le maître dictera les noms suivants; les élèves écriront, dans une première colonne, ceux qui forment leur pluriel d'après la règle générale; dans une seconde, ceux qui le forment en *aux*.

Bail. — Maréchal. — Rail. — Bocal. — Cordial.— Capital. — Régal. — Mal. — Journal. — Total.

16ᵉ Exercice.

Même sujet.

Les élèves composeront de petites phrases où ils feront entrer, sous la forme du pluriel, les noms donnés dans l'exercice précédent.

Le maître pourra proposer les phrases suivantes :

Le propriétaire a renouvelé les *baux* de tous ses fermiers. — Napoléon Iᵉʳ avait anobli tous ses *maréchaux*. — La locomotive est sortie des *rails*. — Les pharmaciens renferment dans des *bocaux* la plupart des médicaments. — Le rhum, l'eau-de-vie et les autres liqueurs deviennent, selon les cas, des poisons très-dangereux ou de bienfaisants *cordiaux*. — J'ai engagé mes *capitaux* dans une affaire qui tourne mal. — On nous a reçus à bras ouverts; on nous a donné *régals* et festins.

— A raconter ses *maux* souvent on les soulage.

Les *journaux* sont comme la langue dont parle

---

1. Voir le nº 3.

Esope; on en peut dire avec une égale raison beaucoup de mal et beaucoup de bien. — Vos additions sont bien indiquées, mais vos *totaux* ne sont pas justes.

17ᵉ Exercice.

Même sujet.

Les mésaventures de Louise. (Suite.)

Louise pensa alors qu'elle allait mourir et elle se mit à genoux pour faire sa prière. Cependant le sommeil ferma ses yeux ; mais ce sommeil, au lieu de lui donner le repos, lui apporta un mauvais rêve. Ce que vit Louise d'abord n'avait qu'une forme indécise, comme il arrive souvent dans les songes : puis elle se trouva devant un superbe château, construit comme ceux des Orientaux, c'est-à-dire entouré de portails, de colonnes d'une grande richesse et surmonté d'une terrasse où l'on apercevait les végétaux les plus rares. A travers les vitraux d'un salon antique, Louise voyait des petites filles qui dansaient : on aurait dit un de ces jolis bals d'enfants qui se donnent pendant le carnaval. La lumière des lustres se jouait dans les cristaux et venait encore briller sur les bijoux ornés de corail et d'émaux, et sur les paillettes d'or des éventails. Les mamans paraissaient bien heureuses, excepté l'une d'elles qui pleurait : c'était la mère de Louise. Sa fille voulait aller la rassurer, mais elle ne pouvait faire un pas. Tout à coup les lumières s'éteignirent, et le salon devint un lieu horrible rempli de serpents et d'autres animaux hideux et grimaçants. Le rêve devint alors si épouvantable que la pauvre enfant se réveilla en sursaut s'écriant : maman, maman, viens me prendre! — Cécile REGNARD.

§ 2. — De l'Article.

1ᵉʳ Exercice.

Sur les trois formes de l'article simple.

Le maître dictera aux élèves les phrases suivantes. Les élèves distingueront les formes de l'article employées dans ces phrases.

Les Gascons.

La Gascogne formait autrefois un seul et même gouvernement avec la Guyenne, dont les habitants sont aussi généralement désignés sous le nom de Gascons, nom sous lequel on désigna assez souvent, mais improprement, les Languedociens.

Les Gascons sont célèbres par la vivacité de leur caractère et de leur esprit. La hâblerie, à ce qu'on prétend, ne leur est pas tout à fait étrangère, et l'humilité ne leur convient qu'à demi. Ils comprennent généralement le français, mais ils parlent assez volontiers, surtout dans les campagnes, un dialecte de l'ancienne langue romane, qu'on parlait à l'époque du moyen âge ; le patois gascon se distingue par la grâce et l'énergie.

SYNTAXE GÉNÉRALE. — ORTHOGRAPHE D'USAGE.

§ 5. — Du Verbe.

16ᵉ Exercice.

Questions générales sur les verbes (suite).

Le maître dictera aux élèves les questions suivantes, auxquels ils devront répondre, en s'aidant, au besoin, de la grammaire.

1. *Formation des temps.* Qu'appelle-t-on temps primitifs et temps dérivés?

2. Quels sont les temps formés de chacun des temps primitifs?

3. Signalez les exceptions qui regardent la formation de l'impératif dans les verbes *avoir, savoir, être.*

4. Dans la formation des trois personnes du pluriel du présent de l'indicatif, quelle observation avez-vous à faire sur les verbes de la troisième conjugaison?

5. Quelle observation avez-vous également à faire sur les verbes de la troisième conjugaison quant à la formation du présent du subjonctif?

Explication.

1. Les temps primitifs d'un verbe sont ceux qui servent à former les autres temps; ce sont : le présent de l'infinitif, le présent de l'indicatif, le prétérit ou passé défini, le participe présent et le participe passé.

2. Du présent de l'infinitif se forment le futur et le conditionnel; du présent de l'indicatif, l'impératif; du prétérit ou passé défini, l'imparfait du subjonctif; du participe présent, 1° les trois personnes du pluriel du présent de l'indicatif, 2° l'imparfait de l'indicatif, le présent du subjonctif; du participe passé tous les temps qui se conjuguent avec auxiliaire.

3. Les trois personnes de l'impératif ne sont autre chose, quant à la forme, que les personnes correspondantes du présent de l'indicatif, en observant, pour la première conjugaison, que la seconde personne du singulier n'a pas d's. Trois verbes seulement font exception : *avoir* dont l'impératif est : *aie, ayons, ayez; être* : impératif, *sois, soyons, soyez; savoir* : impératif, *sache, sachons, sachez.*

4. Dans la troisième conjugaison, la première et la seconde personne du pluriel seulement peuvent se rattacher au participe présent; la troisième personne du pluriel est en *oivent,* et se rattache aux trois premières du singulier.

5. La formation du présent du subjonctif, dans la troisième conjugaison est analogue à la formation du présent de l'indicatif; il n'y a que la première et la seconde personne du pluriel qui puissent se rattacher au participe présent.

SYNTAXE PARTICULIÈRE. — DIFFICULTÉS DE LA LANGUE.

§ 5. — *Du Verbe.*

2ᵉ Exercice.

Du sens des verbes comparés entre eux.

Le maître dictera aux élèves les dix verbes suivants; les élèves devront trouver, pour chacun d'eux, le verbe dont le sens est plus directement contraire.

Monter. — Aimer. — Mourir. — Rire. — Estimer. — Allumer. — Eveiller. — Saisir. — Punir. — Mécontenter.

Le maître proposera les verbes suivants :

Descendre. — Haïr. — Naître. — Pleurer. — Mépriser. — Éteindre. — Endormir. — Lâcher. — Récompenser. — Satisfaire.

3ᵉ Exercice.

Même sujet.

Les élèves composeront dix phrases, dans chacune desquelles ils feront entrer, en les opposant l'un à l'autre, deux des verbes de sens contraire qui font l'objet de l'exercice précédent.

Le maître les pourra proposer les phrases suivante :

Ne dites jamais : ces gens ne peuvent *monter* jusqu'à moi; s'ils sont plus bas que vous, *descendez* jusqu'à eux, et tendez-leur cordialement la main. — Quand la raison ne vous gouverne pas, entre *aimer* et *haïr* il n'y a souvent qu'une distance bien courte. — Il y a des milliards de petits êtres, dont nous ne soupçonnons pas même l'existence, qui *naissent* et qui *meurent* presqu'au même instant, et pour lesquels nos minutes seraient des siècles.

— Tel qui *rit* vendredi, dimanche, *pleurera.*

Le plus cruel supplice, pour quiconque n'a pas perdu tout sentiment d'honneur, c'est d'*être méprisé* des gens qu'on *estime.* — La nature n'a point *allumé* dans notre esprit le flambeau de la vérité pour que nous le laissions *éteindre.* — Que de gens ressemblent au chien de la Fontaine et *lâchent* la proie, sans *saisir* l'ombre. — Les meilleurs écoliers sont ceux qui désirent bien plutôt *être récompensés* qu'ils ne craignent d'*être punis.* — *Vous* m'avez trop *mécontenté,* pour qu'il vous soit maintenant facile de me *satisfaire.*

Charles DEFODON.

CORRESPONDANCE.

« Je viens de lire la récente circulaire de M. le Ministre de l'instruction publique relative aux engagements décennaux des instituteurs primaires. Je désirerais savoir si je suis atteint par cette circulaire, car je suis membre d'une congrégation enseignante reconnue par l'État, et employé comme professeur dans une institution libre. J'ai contracté mon engagement décennal en 1863.

« Puis-je continuer à professer dans cet établissement, ou bien faudra-t-il que je sois employé dans une école communale pour être exempt du service militaire? »

Il est certain qu'en principe notre correspondant se trouve dans une situation irrégulière; toutefois, les règlements administratifs, aussi bien que les lois elles-mêmes, n'ont pas, suivant la formule employée, « d'effet rétroactif », c'est-à-dire qu'ils ne statuent que pour l'avenir. Nous ne croyons donc pas qu'il y ait nécessité de changer une position précédemment tolérée comme légale par l'autorité militaire et par l'administration de l'instruction publique. La circulaire du Ministre déclare d'ailleurs que c'est pour la classe de 1865 seulement, et pour les suivantes, que l'exécution de l'article 79 de la loi du 15 mars 1850, devra être régnlièrement assurée.

— « L'administration municipale de la ville de X., déjà dotée d'une école, a voté une subvention annuelle à l'instituteur qui viendrait dans cette localité fonder un second établissement d'instruction primaire. Une pétition signée des membres du conseil municipal, de tous les autres fonctionnaires et de plus de deux cents particuliers m'a été adressée pour m'engager à venir établir un pensionnat primaire à X., ce que j'ai accepté. Je désirerais avoir pour maître adjoint un élève de l'école normale qui vient de contracter son engagement décennal dans une école publique. Pourrait-il remplir son engagement dans mon établissement? »

D'après les termes de la circulaire du Ministre de l'instruction publique, en date du 14 février dernier, les obligations de l'engagement décennal ne peuvent être remplies que dans l'enseignement public, c'est-à-dire, pour ce qui concerne les instituteurs primaires, dans une école communale. Or, la même circulaire établit que deux conditions essentielles constituent une école communale, 1° la subvention fournie par la municipalité, par le département ou par l'État; 2° la nomination du titulaire par l'administration.

De ces deux conditions, il en manque une à notre correspondant, et son école, bien que subventionnée, ne peut être considérée, à notre avis, que comme une école libre. Nous ne croyons pas, cela étant, qu'un maître adjoint puisse être admis à y remplir l'engagement qu'il a contracté. Nous n'avons pas d'ailleurs à discuter cette conséquence, peut-être rigoureuse, mais, suivant nous, inévitable de la mesure qu'a cru devoir prendre, sur ce point délicat, l'administration supérieure.

— « Un jeune homme qui se prépare depuis 18 mois pour entrer au service de l'instruction publique, et qui, jusqu'ici, n'a pu être admis dans une école normale, vient de prendre un numéro qui le fait soldat.
« Pourrait-il encore contracter un engagement décennal valable, s'il entrait à l'école normale avant la réunion du conseil de révision. »

Cela est contraire aux règlements; mais si ce jeune homme entrait à l'école normale, nous lui conseillerions de demander au ministre de la guerre d'être maintenu dans ses foyers.

— « On sait que les fonctions d'instituteur sont incompatibles avec celles de conseiller municipal, mais l'instituteur communal, peut-il, en même temps, être membre du conseil de fabrique et instituteur dans la même commune? »

Nous n'y voyons aucun empêchement légal, les fonctions de membre du conseil de fabrique n'étant pas des fonctions administratives dans le sens de la loi. (Voir, à ce sujet, Pitolet, *Guide légal*, etc., article *incompatibilité*.)

— « Le 26 octobre dernier, j'ai été nommé instituteur à....; je me suis rendu à mon poste le 2 novembre, en prévenant le maire de la commune. Celui-ci m'a délivré un mandat de 150 fr. à la fin du trimestre avec un certificat d'exercice constatant que l'école de.... est ouverte depuis le 17 octobre, jour de la rentrée des classes. Et, en effet, mon prédécesseur avait fait l'école pendant quelques jours, avant mon arrivée. Le percepteur ne veut m'acquitter qu'un mandat de 100 fr., et me dit que je n'ai pas droit à tout le traitement. Faut-il accepter ce mandat? »

Nous pensons que le percepteur a raison. Notre correspondant n'a droit au traitement que pour le temps pendant lequel il a exercé. Or, il n'a exercé que deux mois sur trois ; il n'a donc droit qu'aux deux tiers du trimestre, c'est-à-dire à 100 fr. Une partie du troisième tiers appartient à l'instituteur qu'il a remplacé, puisque celui-ci avait exercé pendant quelques jours ; le reste devra demeurer dans la caisse de la commune.

— « La commune où je suis instituteur loue une maison pour l'école et pour l'instituteur. Suis-je obligé de payer la contribution des portes et fenêtres? »

Le *Manuel général* a déjà répondu à cette question : l'instituteur, comme tous les autres citoyens, doit payer l'impôt des portes et fenêtres, mais il ne doit payer que pour les parties de la maison d'école qui servent à son habitation personnelle. (Loi du 21 avril 1832.)

Charles DEFODON.

LECTURES A L'USAGE DES ÉLÈVES.

A TOUT PÉCHÉ MISÉRICORDE.

PROVERBE EN DEUX ACTES.

ACTE II.

Un mois après.

La scène représente la cour de Valentin et de M. Clopet.
La scène est au fond de la cour.

SCÈNE I.

PLUSIEURS ENFANTS *jouent et causent; plus tard
vient* DÉSIRÉ.

JULIÉN.

On ne voit plus Désiré! Que devient-il donc? Le
voyez-vous, vous autres?

CHARLOT.

Pas beaucoup, depuis que M. Valentin est revenu
dans sa maison. Des instants, quand il passe en courant pour aller chercher quelque chose ou qu'il va
demander quelque drogue pour M. Valentin.

JULIEN.

Pourquoi dis-tu *monsieur*?

CHARLOT.

Et comment veux-tu que je dise?

JULIEN.

Valentin tout court, parbleu? Avec un forçat, il
n'y a pas tant de façons à faire!

NICOLAS.

C'est vrai, au fait: il va falloir le traiter lestement
quand il ouvrira sa boutique.

LE FILS DU MARÉCHAL.

Papa a dit qu'il ne voulait plus le faire travailler.

LE FILS DU BOUCHER.

Et papa a dit qu'il ne voulait plus lui fournir de
viande.

LE PETIT CLOPET.

Et papa a dit qu'il le ferait partir de sa maison;
qu'il ne voulait plus lui donner de logement chez
lui.

LE FILS DU BOURRELIER.

Ah bien! papa ne dit pas comme vous autres!... Il
dit que c'est un malheur pour M. Valentin, mais qu'il
n'en est pas moins un honnête homme, et qu'un
honnête galérien vaut mieux qu'un autre qui n'est
pas encore assuré.

NICOLAS.

Voyons, à quoi allons-nous jouer?

CHARLOT.

Ah bien, jouons au forçat; l'un de nous sera le
forçat échappé; les autres seront les gendarmes qui
courent après. Voyons, va, Julien, cache-toi; tu seras
le forçat.

JULIEN.

Tiens! je ne veux pas, moi! Sois-le, toi qui parles.
J'aime mieux être gendarme.

TOUS LES ENFANTS.

Et moi aussi!

CHARLOT.

Il faut pourtant bien que nous nous attrapions
quelqu'un.

JULIEN.

Tiens, voici Désiré qui sort de chez Valentin! C'est
lui le forçat! Courons après. (*Ils courent tous à Désiré qui les repousse et veut se frayer un chemin; les
camarades l'entourent, le houspillent, lui tirent ses
habits, ses cheveux. Désiré s'impatiente et distribue
force coups pour se débarrasser de ses camarades Il
finit par tomber; les autres se précipitent sur lui;
Désiré appelle du secours. Le curé paraît.*)

SCÈNE II.

LES PRÉCÉDENTS, LE CURÉ.

LE CURÉ.

Eh bien! pourquoi ce tumulte, ce tapage? Qui
tenez-vous là par terre? (*Les enfants, honteux, s'é-
cartent; le curé voit Désiré étendu; aussitôt qu'il se
sent libre, il se relève lestement et dit en s'épousse-
tant :*)

DÉSIRÉ.

Pardon, monsieur le curé, je n'ai pas pu encore
aller chercher ce que demandait M. Valentin, parce
qu'ils m'ont attaqué et jeté par terre, je ne sais pourquoi.

CHARLOT.

Nous voulions jouer au forçat, et comme nous n'en
trouvions pas parmi nous qui voulût l'être, nous avons
pris Désiré.

DÉSIRÉ.

Tiens, si vous me l'aviez dit, je n'aurais pas dit
non, moi; seulement, je n'avais pas le temps pour le
moment, puisque M. Valentin vient de me donner une
commission.

LE CURÉ.

Mes enfants, ne jouez pas à ce jeu-là, c'est un
mauvais jeu.

JULIEN.

Pourquoi monsieur le curé?

LE CURÉ.

Parce que M. Valentin est dans la maison ici près
qui donne sur la cour, et qu'il pourrait vous entendre.

NICOLAS.

Qu'est-ce que ça fait, ça?

LE CURÉ.

Ça fait qu'il en aurait de la peine, et vous ne voudriez pas lui faire de peine, à lui qui a toujours été
bon pour vous.

DÉSIRÉ.

Et qui nous a donné de si bons conseils.

JULIEN.

Ah bah! un forçat, ce n'est pas si délicat!

LE CURÉ.

Tout comme un autre, et plus qu'un autre! Et ce
que tu dis là, Julien, est très-mal. (*Les enfants se
dispersent et vont jouer plus loin. Désiré sort.*)

Mme la comtesse de SÉGUR.

(*La suite prochainement.*)

ACTES OFICIELS

RELATIFS A L'INSTRUCTION PRIMAIRE.

Rapport à l'Empereur concernant les listes des élèves gratuits dans les écoles communales, et décret y annexé (28 mars).

SIRE,

Le projet de loi sur l'enseignement primaire soumis en ce moment au Corps législatif contient des dispositions destinées à faciliter l'établissement de la gratuité complète dans les communes qui s'imposeront des sacrifices pour l'obtenir; mais il maintient pour les autres communes les principes sur lesquels les lois de 1833 et de 1850 ont fondé le régime des écoles payantes. De nouveaux faits constatés pendant l'année qui vient de s'écouler établissent que l'application de ces principes eux-mêmes est souvent entravée.

Aux termes de l'article 24 de la loi du 15 mars 1850, « l'enseignement primaire est donné gratuitement à tous les enfants dont les familles sont hors d'état de le payer. » L'article 45 de la même loi porte : « Le maire dresse, chaque année, de concert avec les ministres des différents cultes, la liste des enfants qui doivent être admis gratuitement dans les écoles publiques. Cette liste est approuvée par le conseil municipal, et définitivement arrêtée par le préfet. » Le désir de réprimer certains abus a fait introduire dans le décret du 31 décembre 1853 une disposition restrictive. En vertu de l'article 13 de ce décret, le préfet fixe d'avance, chaque année, pour les admissions gratuites de l'année suivante, un maximum qui ne peut être dépassé. Les deux premiers paragraphes de cet articles sont ainsi conçus : « A la fin de chaque année scolaire, le préfet, ou par délégation le sous-préfet, fixe, sur la proposition des délégués cantonaux et l'avis de l'inspecteur de l'instruction primaire, le nombre maximum des enfants qui, en vertu des prescriptions de l'article 24 de la loi du 15 mars 1850, pourront être admis gratuitement dans chaque école publique pendant le cours de l'année suivante. La liste des élèves gratuits dressée par le maire et les ministres des différents cultes, et approuvée par le conseil municipal, conformément à l'article 45 de la loi du 15 mars 1850, ne doit pas dépasser le nombre ainsi fixé. »

Ma circulaire aux préfets, du 24 février 1864, disait en termes formels :

« L'Empereur, dans sa constante sollicitude pour les classes laborieuses, ne veut pas qu'un seul enfant reste privé d'instruction pour cause d'indigence de famille; » et plus loin : « Vous seconderez les intentions généreuses du gouvernement impérial en inscrivant sur les listes de gratuité, comme le veut la loi, tous les enfants dont les familles sont hors d'état de payer les mois d'école. » Malgré cette circulaire, le *maximum* dont il s'agit a provoqué des plaintes et soulevé des difficultés. L'étude des récentes délibérations des conseils généraux constate les vœux qui s'élèvent de plusieurs côtés en faveur d'une extension de l'admission gratuite, et les obstacles qu'a souvent opposés à cette extension la nécessité de déterminer d'avance le *maximum* des admissions possibles pendant l'année future.

Au moment où ce *maximum* allait être fixé pour 1866, j'ai cru devoir, le 7 octobre dernier, rappeler à MM. les préfets ma circulaire du 24 février 1864 et leur adresser de nouvelles recommandations dont ils ont tenu compte, en fixant le maximum d'une manière assez large pour prévenir toute réclamation légitime. J'ajoute que le maintien d'une entrave qui exagère les difficultés du régime de la gratuité restreinte tendrait à exercer sur les communes une véritable pression en faveur de la gratuité absolue.

Or, il n'entrera jamais dans les vues du gouvernement de Votre Majesté de propager, par des moyens artificiels et par des expédients détournés, l'application d'un système qui, d'après le projet de loi, ne doit s'introduire dans les communes où il prévaudra que par la volonté libre et réfléchie des conseils municipaux. Les choses étant à cet état, j'ai dû me demander s'il fallait conserver plus longtemps dans le décret réglementaire du 31 décembre 1853 une disposition qui devient à peu près inutile dès qu'elle cesse d'inspirer des craintes, et je crois devoir proposer à Votre Majesté, conformément à l'avis du conseil d'État, l'abrogation pure et simple des paragraphes 1 et 2 de l'article 13 de ce décret.

Tel est le but de la rédaction nouvelle qui serait substituée à l'ancien article 13. Une disposition additionnelle au projet de loi sur l'enseignement primaire, destinée à concilier l'intérêt des familles indigentes avec celui des instituteurs, empêchera que l'extension de la gratuité devienne jamais pour eux la cause d'une diminution de traitement.

Si Votre Majesté approuve ma proposition, je La prie de revêtir de sa signature le projet de décret ci-joint.

Je suis avec le plus profond respect,

Sire,

De Votre Majesté

Le très-humble, très-obéissant et très-fidèle serviteur,

Le Ministre de l'instruction publique,

V. DURUY.

NAPOLÉON,

Par la grâce de Dieu et la volonté nationale, Empereur des Français,

A tous présents et à venir, salut ;

Sur le rapport de notre Ministre de l'instruction publique ;

Vu la loi du 15 mars 1850 et le décret du 7 octobre suivant ;

Vu notre décret du 31 décembre 1853 ;

Notre conseil d'État entendu,

Avons décrété et décrétons ce qui suit :

Art. 1er. L'article 13 du décret du 31 décembre 1853 est remplacé par la disposition suivante :

« Lorsque la liste des élèves gratuits, dressée en exécution des articles 24 et 43 de la loi du 15 mars 1850 et de l'article 10 du décret du 7 octobre 1850, par le maire et les ministres des différents cultes, et approuvée par le conseil municipal, a été arrêtée par le préfet, il en est délivré par le maire un extrait, sous forme de billet d'admission, à chaque enfant qui y est porté.

« Aucun élève ne peut être reçu gratuitement dans une école communale s'il ne justifie d'un billet d'admission délivré par le maire. »

Art. 2. Notre Ministre de l'instruction publique est chargé de l'exécution du présent décret, qui sera inséré au *Bulletin des Lois.*

Fait au palais des Tuileries, le 28 mars 1866.

NAPOLÉON.

Par l'Empereur :

Le Ministre de l'instruction publique,

V. DURUY.

Décrets autorisant des legs et donations.

1er *décret* (24 février). — Le supérieur général des frères des Écoles chrétiennes, institut légalement reconnu par décret du 17 mars 1808, est autorisé à accepter, au nom de ladite association, le legs d'une somme de 3000 francs fait, à titre gratuit, à l'Institut par la demoiselle Thérèse Bresson, suivant testament olographe du 25 janvier 1863. (*Décret impérial.*)

2ᵉ *décret.* (7 mars) — Le supérieur général de la Société des frères de Marie, existant légalement à Paris en vertu d'un décret du 10 août 1860, au nom de cette société, et le maire de Cousance (Jura), au nom de cette commune, sont autorisés à accepter, chacun en ce qui le concerne, aux clauses et conditions imposées, le legs fait à ladite société des frères de Marie par la demoiselle Marie Laurent, suivant testament public du 15 décembre 1862, et consistant en une maison avec dépendances, située à Cousance et estimée 1800 francs, à la charge d'établir dans cette commune une école primaire dirigée par les frères. (*Décret impérial.*)

3ᵉ *décret.* (14 mars.) — Le premier assistant du supérieur général des frères des Écoles chrétiennes, institut légalement reconnu par décret du 17 mars 1808, dont le siége est à Paris, au nom dudit institut, et le maire de la ville de Beauvais (Oise), au nom de cette commune, sont autorisés à accepter, chacun en ce qui le concerne, et aux clauses et conditions énoncées, la donation faite par le sieur Mathieu Bransiet à l'institut des frères des Écoles chrétiennes, suivant acte notarié du 24 août 1865, et consistant en divers bâtiments, avec cour et jardin, situés à Beauvais, rue de Nully-d'Hécourt, et où sont établis un pensionnat et un cours normal d'instituteurs; à la charge d'affecter à perpétuité ces immeubles à la tenue des établissements scolaires qui s'y trouvent actuellement. (*Décret impérial.*)

4ᵉ *décret.* (14 mars.) — Le supérieur général des frères des Écoles chrétiennes, institut légalement reconnu par décret impérial du 17 mars 1808, est autorisé à accepter, aux clauses et conditions imposées, la donation faite à cet institut par le sieur Guillaume Goudet, suivant acte notarié du 3 février 1865, et consistant en une maison avec dépendances, située sur le territoire de la commune de Coarraze (Basses-Pyrénées), et estimée 10 000 francs; lesdits immeubles affectés au logement de quelques frères âgés, et les revenus à en provenir devant être employés aux besoins du noviciat de l'ordre établi à Bordeaux. (*Décret impérial.*)

Circulaire à MM. les recteurs sur l'enseignement des sourds-muets admis dans les écoles primaires. (11 mars.)

Monsieur le recteur, parmi les six à sept mille enfants sourds-muets qui existent en France, une très-faible partie, appartenant à des familles aisées, peut être admise dans les écoles qui leur sont spécialement destinées; les autres, dispersées dans les campagnes, sont voués à l'ignorance et à la plus affreuse misère.

Vivement ému de cette situation, j'ai dû, avec le concours des hommes les plus compétents, chercher les moyens d'ouvrir à ces pauvres enfants les portes des écoles primaires, et je me suis arrêté à cette conviction, confirmée par l'expérience, que, grâce à un petit nombre de procédés simples, naturels, faciles à apprendre, non moins faciles à appliquer, les instituteurs primaires pourraient, sans dommage pour les autres élèves, s'occuper de leur instruction.

Les procédés dont je veux parler pourraient être enseignés aux élèves-maîtres dans les écoles normales primaires, à la fin de leur troisième année d'études. Un petit nombre de leçons suffiraient pour leur en donner connaissance, surtout s'ils trouvaient près d'eux une école de sourds-muets dont ils pussent suivre quelquefois les exercices.

Ces procédés, qui sont journellement appliqués dans quelques écoles de Paris, sont :

1º L'emploi de la mimique naturelle, déjà familière au sourd-muet, et dont l'usage ne devra cesser pour lui que peu à peu, en raison de ses progrès dans la langue parlée ou écrite;

2º L'enseignement de l'écriture, commencé immédiatement après l'entrée du sourd-muet à l'école primaire, et simultanément de la langue française par la méthode qui consiste à aller des choses aux mots, des actions et des faits aux propositions, au lieu de procéder, comme on l'a fait pendant longtemps, des mots aux choses et des propositions aux faits;

3º En l'absence des choses et des faits, on se sert de dessins ou de gravures. On exerce le sourd-muet, en lui montrant une image, à trouver le mot ou les phrases correspondantes, et réciproquement, en lui montrant la phrase, à trouver l'image. Grâce à ce moyen, il peut s'occuper seul pendant de longues heures;

4º On peut, pour remplacer la dictée orale ou pour laisser dans la mémoire une empreinte plus profonde de l'orthographe, faire usage de la dactylographie; car elle n'exige aucune étude et consiste simplement à tracer avec le doigt les lettres dans l'espace ou sur une partie du corps, comme on les trace avec la plume sur le papier;

5º On exerce le sourd-muet, à l'aide de l'alphabet labial, à lire la parole sur les lèvres;

6º Enfin, on fait usage de l'articulation pour les sourds-muets qui ont parlé jusqu'à l'âge de trois ou quatre ans, et on l'applique aux sourds-muets de naissance dans la mesure des espérances que peuvent autoriser les dons naturels de l'intelligence et de l'organisation. Le succès est possible dans le dernier cas; mais il est presque assuré dans le premier.

De ces différents moyens, il n'y en a guère que trois qui exigent une étude spéciale : l'enseignement de la langue par les méthodes indiquées plus haut, l'articulation et la parole sur les lèvres. Mais cette étude n'est ni assez longue ni assez difficile pour apporter le moindre trouble dans l'organisation actuelle de l'instruction primaire.

Partout où, grâce à ces procédés, les jeunes sourds-muets sont parvenus à entrer en communication intelligente avec leurs jeunes camarades, ils ont trouvé en ceux-ci une sorte de bienveillante protection, et, au lieu d'être exposés à leurs railleries et à leur mauvais vouloir, comme on aurait pu le craindre d'enfants chez qui le sentiment de la pitié ne se développe que tardivement, ils en ont reçu tous les soins qui leur sont si nécessaires. Au lieu de rester isolés, de demeurer étrangers au sein de la société, et de vivre en dehors d'elle, retenus seulement par la crainte de châtiments physiques, les jeunes sourds-muets dont l'intelligence a été développée par l'instruction primaire, deviennent ainsi des citoyens paisibles, accessibles à tous les bons sentiments.

Un semblable résultat, monsieur le recteur, est digne de toute considération. C'est dans cette vue qu'il y a plusieurs années que, sur la proposition de M. le ministre de l'intérieur, avaient voté des fonds pour subvenir aux frais de voyage de quelques directeurs d'écoles normales primaires admis à suivre des conférences spéciales dans les écoles de Paris.

J'apprendrais donc avec une vive satisfaction que des efforts sont faits pour atteindre le but que je vous signale, et j'examinerai avec la plus grande attention les rapports que vous m'adresserez au sujet de ceux de MM. les instituteurs primaires qui contribueront à l'instruction des jeunes sourds-muets, jusqu'à présent abandonnés à eux-mêmes dans leur commune.

Je vous recommande d'appeler sur ce point l'attention toute particulière de MM. les directeurs des écoles normales primaires, en leur signalant des procédés dont l'emploi exige peu d'efforts et dont l'efficacité n'est pas douteuse.

Recevez, monsieur le recteur, l'assurance de ma considération très-distinguée.

Le Ministre de l'instruction publique,
V. DURUY.

Instruction sur les règles à suivre pour constater l'exécution de l'engagement décennal. (17 mars.)

Monsieur le recteur, les instructions contenues dans ma circulaire du 14 février dernier sur l'obligation imposée désormais (pour la classe de 1865 et les classes suivantes) aux dispensés universitaires congréganistes, comme à tous les autres, de servir pendant dix ans, non pas dans l'enseignement *libre*, mais dans l'enseignement *public*, reposent sur un principe de justice et d'égalité dont il est de mon devoir d'assurer l'application en ce qui me concerne. Si les dispenses irrégulières peuvent, dans certaines circonstances, en diminuant l'effectif du contingent disponible, avoir pour conséquence une réduction du nombre des soutiens de famille et des congés, la tolérance accordée à la violation de ces engagements constituerait, d'autre part, au profit des dispensés laïques ou congréganistes qui parviendraient à les rompre, un privilége injustifiable. Professeurs et maîtres répétiteurs de lycées, régents de colléges communaux et instituteurs primaires communaux laïques ou congréganistes, tous sans exception doivent être soumis à la même règle. Une circulaire du Ministre de l'instruction publique, en date du 23 décembre 1850, informe les préfets que les recteurs sont chargés, par les instructions du 18 décembre, de « vérifier annuellement avec le plus grand soin si les dispensés continuent à remplir les conditions de leur engagement, et de faire connaître aux préfets ceux qui l'auraient rompu avant l'expiration des dix années, » et elle ajoute : « Vous devrez signaler immédiatement ces jeunes gens à M. le ministre de la guerre. »

Par sa circulaire aux préfets, du 16 novembre 1853, le maréchal Saint-Arnaud, ministre de la guerre, déclare qu'en cas de rupture, à quelque époque que ce soit, de l'engagement décennal par les dispensés universitaires, ils devront à l'État, sans déduction aucune, les sept années de service militaire exigées par la loi sur le recrutement. « Il arrive parfois, dit une circulaire du Ministre de l'instruction publique aux recteurs, du 14 octobre 1857, que des maîtres se méprennent sur l'étendue des obligations qui leur sont imposées ou même s'affranchissent sciemment et volontairement de ces obligations. Il importe de rappeler aux uns et aux autres les conséquences qu'entraîne pour eux tout manquement aux conditions du contrat qui les lie envers l'Université. Les termes de l'article 79 de la loi du 15 mars 1850 étant absolus, et l'engagement, pour donner lieu à la dispense, devant être réalisé en entier, si cette condition n'est pas remplie, l'obligation du service militaire reparaît d'une manière non moins absolue. »

Je suis tenu, d'un autre côté, de fournir à l'administration de la guerre les moyens d'exécuter une loi dont j'ai pu déterminer le sens et la portée en fixant les termes de la formule de l'engagement décennal, mais dont la sanction pratique est, par la nature des choses, dans les mains du ministre de la guerre. Une autre circulaire de mon honorable prédécesseur, en date du 24 novembre 1857, porte, en effet, ce qui suit : « M. le ministre de la guerre m'a exprimé le vœu qu'à l'avenir les dispensés universitaires ayant servi pendant dix ans dans l'enseignement public reçussent de l'autorité académique un certificat attestant l'entière réalisation de leur engagement, certificat sur la production duquel un congé de libération leur sera délivré. Je vous invite, monsieur le recteur, à prendre les dispositions nécessaires pour remplir les intentions de mon collègue. »

Pour qu'il soit possible à l'administration de l'instruction publique de donner à l'administration de la guerre d'une manière complète le concours ainsi réclamé par elle en 1857, j'ai décidé, monsieur le recteur, qu'à partir de la présente année, tout dispensé universitaire, laïque ou congréganiste, aura un dossier ouvert au chef-lieu de l'académie où l'engagement aura été contracté, et que les inspecteurs d'académie, d'une part, et les supérieurs des congrégations, d'autre part, devront faire connaître aux recteurs toutes les mutations qui pourront avoir lieu pendant les dix années d'engagement. Vous voudrez bien considérer comme toujours en vigueur la circulaire du 1er février 1819, par laquelle la Commission de l'instruction publique, sous la présidence de M. Royer-Collard, prescrit à tout instituteur primaire dispensé, de produire tous les six mois un certificat du maire attestant qu'il est en fonctions. Je vous rappelle aussi qu'aux termes de la circulaire de M. Vatimesnil, du 10 avril 1829, une liste des instituteurs dispensés doit être remise aux inspecteurs, pour qu'ils puissent vérifier, par eux-mêmes ou par les informations qu'ils prendront, si tous ces instituteurs sont à leur poste. « Plus le privilége accordé par la loi du 10 mars 1818 est précieux pour l'enseignement public, disait M. de Vatimesnil, plus il est indispensable d'empêcher qu'il n'en soit fait abus. » Tout dispensé qui, après avoir quitté un lycée, un collége communal, une école normale ou une école publique, ne justifierait pas qu'il est entré dans un autre établissement public d'instruction, serait considéré comme ayant rompu son engagement, et signalé par le recteur au Ministre de l'instruction publique et au préfet.

Je vous prie de m'accuser réception de la présente circulaire.

Recevez, monsieur le recteur, l'assurance de ma considération très-distinguée.

Le Ministre de l'instruction publique,

V. DURUY.

Envoi à MM. les préfets de statuts modifiés pour les sociétés de secours mutuels des instituteurs et institutrices, et d'un état de ces sociétés au 1er janvier 1866. (19 mars.)

Monsieur le préfet, en appelant, par ma circulaire du 31 août 1863, toute votre sollicitude sur la création de sociétés de secours mutuels entre les instituteurs et les institutrices d'un même département, je vous adressais un modèle de statuts à adopter par les associations futures. Ces statuts ayant donné lieu à quelques difficultés dans leur application, j'ai dû, de concert avec Son Exc. M. le ministre de l'intérieur, dans les attributions duquel se trouvent lesdites sociétés, procéder à une révision du modèle dont il s'agit, et j'ai l'honneur de vous adresser, sous ce pli, le résultat de ce travail commun aux deux administrations.

Ces nouveaux statuts pourront donc servir de type aux sociétés qui se créeront désormais, et celles qui existent examineront s'il leur convient de ramener leurs statuts actuels au modèle que je vous envoie.

Je n'ajouterai rien, monsieur le préfet, aux pressantes recommandations contenues dans la circulaire précitée. Elle faisait suffisamment ressortir, à tous les points de vue, l'utilité de ces sociétés et les avantages qui en découlent pour les instituteurs qui en font partie. Aussi ne sais-je à quelle cause attribuer le nombre assez considérable de départements encore privés de cette institution. Un coup d'œil jeté sur les quatre tableaux ci-annexés vous fera connaître quels résultats heureux ont été obtenus dans les quarante-quatre départements où les instituteurs, guidés par les conseils de MM. les préfets et inspecteurs d'académie, sont arrivés à constituer une société de secours mutuels. Ces résultats sont d'autant plus appréciables, que les associations auxquelles ils se rapportent ne comptent que quelques années d'existence.

Le gouvernement de l'Empereur attache la plus grande importance à tout ce qui peut contribuer à l'amélioration du sort des instituteurs et des institutrices publics. C'est vous dire qu'il compte sur le concours empressé de MM. les préfets pour arriver à constituer, en faveur de ces maîtres, des sociétés de secours mutuels partout où elles font encore défaut. MM. les inspecteurs d'académie ne manqueront pas, j'en suis persuadé, de diriger, au besoin, l'œuvre d'organisation, dont je vous prie, monsieur le préfet, de vouloir bien prendre, s'il y a lieu, l'initiative dans votre département.

Je serai heureux d'apprendre que vos efforts ont été couronnés de succès.

Recevez, monsieur le préfet, l'assurance de ma considération très-distinguée.

Le Ministre de l'instruction publique,

V. DURUY.

1re annexe de la circulaire du 19 mars.

Modèle de statuts pour les sociétés de secours mutuels des instituteurs et institutrices publics.

TITRE PREMIER.

CONSTITUTION DE LA SOCIÉTÉ.

Art. 1er. Une société de secours mutuels est établie entre les instituteurs communaux et les institutrices communales du département de
Elle a pour but :

1° D'accorder des secours aux instituteurs et institutrices sociétaires atteints de maladies ou de blessures accidentelles, les obligeant à cesser temporairement leurs fonctions;

2° De leur venir en aide, par une indemnité temporaire, dans le cas où, soit l'âge, soit les infirmités ne leur permettraient plus l'exercice de leurs fonctions avant le règlement de leur retraite;

3° De pourvoir aux frais funéraires de ses membres;

4° De secourir leurs veuves et leurs enfants en bas âge, s'ils se trouvent dans le besoin.

Enfin la société pourra aussi, quand ses ressources le permettront, assurer à ses membres une pension de retraite.

TITRE II.

DES SOCIÉTAIRES.

Art. 3. Sont membres participants de la société tous les instituteurs communaux et toutes les institutrices communales, les instituteurs adjoints dans les écoles publiques, qui auront pris l'engagement de se conformer aux présents statuts et qui ne seraient pas âgés de plus de cinquante ans.

Art. 4. Sont membres honoraires de la société toutes les personnes qui verseront à la caisse une somme annuelle de.... francs au moins. Les instituteurs communaux et les institutrices communales en exercice ne peuvent pas être membres honoraires.

Art. 5. Tout membre participant qui viendrait à cesser ses fonctions dans le département conservera néanmoins son titre de membre et tous ses droits, pourvu qu'il continue de remplir les obligations que lui impose cette qualité.

Art. 6. Cesseront de faire partie de la Société :

1° Les membres qui, depuis deux ans, n'auront pas versé leur cotisation;

2° Ceux qui auront été révoqués de leurs fonctions; néanmoins, leur réintégration dans l'enseignement public leur donnera le droit de rentrer dans la société;

3° Ceux qui, à la suite de leur démission des fonctions d'instituteur communal ou d'institutrice communale, renonceront, par lettre au président, aux titres et aux droits de membre de la société.

Art. 7. La radiation sera prononcée en conseil administratif, et le sociétaire qui en sera l'objet n'aura droit à aucun remboursement.

Art. 8. Tout membre qui, par un motif quelconque, aura cessé de faire partie de l'association, ne pourra y être admis de nouveau qu'à la condition de payer sa cotisation à partir de l'époque où sa radiation aura été prononcée, sauf dispense du conseil administratif.

TITRE III.

ADMINISTRATION DE LA SOCIÉTÉ.

Art. 9. La société est administrée par un conseil administratif, qui la représente légalement en toutes circonstances. Ce conseil, dont les fonctions sont gratuites, est composé, non compris le président, de douze membres élus en assemblée générale, choisis parmi les membres participants, mais de manière que la majorité soit prise dans ces derniers.

Art. 10. Conformément au décret du 26 mars 1852, le président de la société est nommé par l'Empereur.

Art. 11. La société nomme, parmi les membres du conseil, un vice-président, un secrétaire, un secrétaire adjoint et un trésorier.

Art. 12. Les membres du conseil, ainsi que le vice-président, le secrétaire adjoint et le trésorier sont nommés pour trois ans; ils conservent leurs fonctions jusqu'à leur remplacement. Ils peuvent être réélus.

Art. 13. Les instituteurs membres participants de chaque canton se réunissent chez l'un d'eux, désigné à l'avance par le président, à l'effet d'élire un délégué du canton et un vice-délégué pris parmi eux et chargé de les représenter dans les assemblées générales. Ces nominations ont lieu à la majorité absolue des suffrages des membres présents. Le procès-verbal de la nomination des délégués est adressé immédiatement au président.

Les fonctions de délégués de canton durent trois ans. Les mêmes membres peuvent être réélus.

Art. 14. Une commission d'apurement, composée de trois membres nommés par le conseil, vérifie l'exactitude des comptes fournis par le trésorier; elle est saisie des registres et pièces de comptabilité un mois avant la séance générale du conseil.

Art. 15. Une commission permanente, composée du président, du secrétaire, du trésorier et de deux autres membres désignés par le conseil, est autorisée à traiter toutes les affaires urgentes qui peuvent survenir entre deux séances du conseil, sauf à faire approuver ces décisions par le conseil à la première séance.

TITRE IV.

FINANCES.

Art. 16. Le fonds social de secours et de réserve se compose :

1° Des cotisations des membres participants, fixées, pour chacun d'eux et par an, à la somme de.... francs, payable par trimestre et d'avance;

2° Des cotisations versées par les membres honoraires et des sommes données par tous autres;

3° Des recettes que la Société pourra faire à quelque titre que ce soit.

Art. 17. Les fonds de la Société restent entre les mains du trésorier jusqu'à concurrence de 100 francs.

Art. 18. Le trésorier verse, au nom de la Société, à la caisse d'épargne ou à la caisse des dépôts et consignations, conformément aux articles 13 et 14 du décret du 26 mars 1852, toute somme de 50 francs excédant le chiffre ci-dessus.

Il a seul qualité pour faire les demandes de remboursement et donner quittance.

Toutefois, les demandes de remboursement ne seront faites valablement par le trésorier que sur autorisation motivée du président du conseil donnée par écrit.

Le livret donné par la caisse d'épargne ou par la caisse des dépôts et consignations est soumis au visa du président, autant de fois que celui-ci le réclame.

Art. 19. Le délégué de chaque canton perçoit, au

moyen d'un livre à souche, la cotisation annuèlle des membres participants honoraires qui y résident; il peut également recevoir tous les dons en argent faits à la Société. Si la somme versée donne au déposant la qualité de membre honoraire, avis en est adressé immédiatement au président.

Art. 20. Du 1er au 31 décembre, les délégués de canton adressent au président les bordereaux de cotisations et versent au trésorier, qui en délivre quittance à souche, toutes les sommes dont ils sont comptables. Le montant des secours provisoires qu'ils ont payés, conformément à l'article 26, est pris pour comptant et porté en recette par le trésorier, moyennant la remise des pièces justificatives qu'il emploie en dépense.

Art. 21. Le trésorier reçoit aussi, en se conformant à l'article précédent et aux lois sur la matière, tous les dons faits à la Société et toutes les sommes versécs à quelque titre que ce soit.

Art. 22. La Société adressera, chaque année, à M. le préfet, un compte rendu de la situation morale et financière.

TITRE V.

SECOURS.

Art. 23. Des secours, calculés par journées de maladie, sont accordés par le conseil suivant les ressources disponibles de la Société et sans pouvoir excéder les neuf dixièmes des recettes annuelles, aux membres participants dont la maladie excéderait trois jours; mais, si la maladie prend un caractère chronique, après trois mois le bureau avisera.

Dans le cas où une retenue serait exercée sur le traitement de l'instituteur pour payer les émoluments d'un suppléant, une indemnité de.... par jour lui sera accordée pendant trois mois.

Les frais funéraires des membres participants sont supportés par la Société.

Tout sociétaire malade doit faire connaître sa situation au délégué du canton et au président de la Société.

Nul n'a droit aux secours, s'il ne fait partie de la Société depuis six mois au moins.

La Société pourra, si ses ressources le lui permettent, accorder des secours temporaires :

1° Aux membres participants dont l'âge ou les infirmités seraient un obstacle à l'exercice de leurs fonctions;

2° Aux veuves des membres participants;

3° Aux enfants en bas âge des membres participants décédés. Le secours accordé à ces derniers est versé entre les mains du père, ou de la mère, ou du tuteur.

La Société sollicite en outre, et s'il y a lieu, l'admission gratuite de ces orphelins dans les écoles publiques des communes où ils résident, et les délégués de canton s'assurent qu'ils les fréquentent régulièrement.

Art. 24. Les demandes de secours sont faites par les intéressés eux-mêmes ou par un tiers en leur nom; elles sont adressées directement au président, qui les transmet au délégué du canton de la résidence du réclamant, pour avoir l'avis des membres participants du canton.

Art. 25. Sur l'invitation du président, le délégué du canton réunit les membres participants du canton; il préside l'assemblée et s'adjoint, pour composer le bureau, le vice-délégué et, à son défaut, le plus âgé et le plus jeune des membres présents. Il consigne dans un procès-verbal, que signent tous les membres présents, le résultat de la délibération; copie en est aussitôt envoyée au président.

Dans aucun cas le délégué du canton ne peut permettre qu'on s'occupe de questions étrangères à l'objet de la réunion.

Art. 26. S'il y a urgence, et si l'avis est favorable à la demande, il peut être accordé un secours provisoire de 40 francs. Ce secours est remis par le délégué du canton, sur la simple autorisation du président.

Art. 27. Toute délibération des réunions cantonales, prise sans l'autorisation préalable et par écrit du président de la Société, est nulle.

Art. 28. L'instituteur résidant hors du département, et qui a conservé la qualité de membre participant, n'est admis à participer aux secours qu'en justifiant de ses besoins par un certificat de l'inspecteur d'académie dans la circonscription à laquelle appartient le lieu de sa résidence, et l'avis des membres participants associés du canton où il demeurait avant de quitter le département.

TITRE VI.

CAISSE DE RETRAITE.

Art. 29. Un fonds de retraite est créé conformément au décret du 26 avril 1856, et placé à la caisse des dépôts et consignations.

Art. 30. Ce fonds se compose :

Des prélèvements faits par la Société sur l'excédant des recettes;

Des subventions spéciales accordées par l'État, le département ou les communes;

Des dons et legs faits à la Société, avec affectation spéciale au service des pensions.

Art. 31. Conformément à l'article 6 du décret du 26 avril 1856, la quotité de la pension sera fixée sur la proposition du bureau en assemblée générale, dans les limites déterminées par l'article 8 du même décret.

Art. 32. Pour être présenté à l'assemblée générale comme candidat à la pension, le sociétaire doit avoir 55 ans d'âge et faire partie de la Société depuis au moins dix ans en qualité de membre participant.

TITRE VII.

FONCTIONS DU CONSEIL.

Art. 33. Le conseil administratif est convoqué par le président dans le premier trimestre de chaque année. Il peut être convoqué extraordinairement, toutes les fois que le président le juge nécessaire aux intérêts de la Société.

Art. 34. Le président ouvre et lève les séances, dirige les discussions, pose les questions, les met aux voix et proclame les résultats des votes.

Art. 35. En l'absence du président, ses fonctions sont remplies par le vice-président, ou, à défaut, par le plus âgé des membres présents du conseil. La présence de sept membres au moins est nécessaire pour prendre une délibération.

Art. 36. Le conseil statue à la majorité absolue des suffrages; en cas de partage, la voix du président est prépondérante.

Art. 37. Le président fait à la Société, qui se réunit chaque année en assemblée générale, un rapport sur la situation administrative et morale de la Société, sur les opérations du conseil et de la commission permanente. La commission d'apurement donne lecture du procès-verbal de la vérification des écritures du trésorier.

Art. 38. Le trésorier ne siége pas au conseil, lorsque celui-ci reçoit et arrête ses comptes.

Art. 39. Le procès-verbal de la séance générale est rédigé par le secrétaire, ou, à défaut, par le secrétaire adjoint. Il renferme le résumé des documents mentionnés en l'article 32 et des décisions prises par l'assemblée générale; les noms des membres honoraires et participants décédés dans le courant de l'année qui a précédé l'époque de la session y sont inscrits. Ce procès-verbal est imprimé et adressé par le président aux participants et honoraires.

Art. 40. Le président est dépositaire des procès-verbaux et autres pièces qui émanent de la Société, et qui ne font pas partie du dossier du trésorier.

TITRE VIII.

DISPOSITIONS GÉNÉRALES.

Ar' 41. Un service annuel funèbre est célébré dans chaque canton pour le repos des âmes des membres décédés. Les membres honoraires résidant dans le canton y sont invités.

Ce service a lieu alternativement dans chacune des communes classées d'après leur ordre alphabétique, ou dans la commune désignée d'avance par les sociétaires du canton, qui fixent aussi l'époque à laquelle le service sera célébré, et prennent pour limite depuis le mois de juillet jusqu'au mois de novembre.

Les élèves de la commune désignée sont conduits à l'office.

Les sociétaires délégués des cantons profitent de cette réunion pour réclamer les cotisations et demander l'avis des sociétaires sur les demandes de secours. Ils envoient sans retard au président les listes des membres participants présents, avec l'indication de ceux qui ont payé la cotisation.

Art. Les dispositions qui précèdent ne pourront être modifiées qu'en assemblée générale, après avis des délégués des cantons et sur l'avis du conseil administratif. Les modifications devront être approuvées par l'administration supérieure.

2° Annexe de la circulaire du 19 mars.

Situation des sociétés de secours mutuels au 1er janvier 1866.

Le gouvernement de l'Empereur, frappé des résultats obtenus par les sociétés de secours mutuels organisées en vertu du décret du 26 mars 1852, a songé, en vue d'améliorer le sort des instituteurs et institutrices publics, à les faire participer aux avantages de la mutualité. Bien que retardé jusqu'à ce jour par des difficultés de détails qui viennent d'être heureusement aplanies par les Ministres de l'intérieur et de l'instruction publique, le développement des sociétés de secours mutuels entre les instituteurs et les institutrices d'un même département n'en est pas moins intéressant à suivre, et les quatre tableaux ci-annexés accusent une situation prospère, qui ne peut que s'améliorer encore dans l'avenir.

Il résulte de ces documents, qu'au 1er janvier 1866 44 départements possédaient une ou plusieurs de ces sociétés, dont le nombre total s'élevait à 49 et se subdivisait ainsi :

Sociétés spéciales aux instituteurs............. 9
Sociétés spéciales aux institutrices........... 2 } 49
Sociétés comprenant les instituteurs et les institutrices................................. 38

Sur ces 49 sociétés, une seule remonte à 1846, 25 ont été organisées pendant la période décennale de 1853 à 1862, et 23 se sont constituées de 1863 à 1865.

Les ressources se sont élevées, pendant l'année 1865, à 181 074 fr. 58 cent.

Les dépenses annuelles donnent, pendant la même année 1865, un chiffre de 70 821 fr. 47 cent., laissant ainsi un excédant de 110 125 fr. 11 cent. sur les recettes correspondantes.

Chose digne de remarque, le fonds de réserve et de retraite, formé par l'accumulation des excédants annuels des recettes sur les dépenses, était déjà, au 1er janvier 1866, de 385 788 fr. 31 cent.

Ces résultats sont d'autant plus significatifs que les sociétés qui les ont obtenus ne comptent que quelques années d'existence ; 16 d'entre elles n'ont été organisées que dans le cours de l'année 1865.

SOCIÉTÉS de secours mutuels. — *Situation numérique.* — TABLEAU n° 1.

NOMBRE DE DÉPARTEMENTS.				NOMBRE DE SOCIÉTÉS.			
où il existe une ou plusieurs sociétés.	en instance pour obtenir l'approbation des statuts.	où une société est en voie d'organisation.	dans lesquels aucune tentative d'organisation n'a été faite.	spéciales aux instituteurs.	spéciales aux institutrices.	comprenant les instituteurs et les institutrices.	TOTAL.
44	20	4	21 (A)	9 (B)	2	38	49

(A) Alpes (Hautes-), Aveyron, Cantal, Corse, Côtes-du-Nord, Eure, Hérault, Indre, Lot-et-Garonne, Manche, Orne, Puy-de-Dôme, Saône (Haute-), Savoie, Savoie (Haute-), Sèvres (Deux-), Somme, Tarn-et-Garonne, Var, Vaucluse, Vienne.
(B) Dont une entre les instituteurs libres.

SOCIÉTÉS de secours mutuels. — *Marche progressive des sociétés.* — TABLEAU n° 2.

NOMBRE de sociétés au 1er janvier 1866.	SOCIÉTÉS ORGANISÉES			TOTAL ÉGAL.
	de 1846 à 1852 inclusivement.	de 1852 à 1862 inclusivement.	de 1863 à 1865 inclusivement.	
49	1	25	23	49

SOCIÉTÉS de secours mutuels. *Situation financière. — Ressources.* TABLEAU n° 3.

NOMBRE de sociétés.	NOMBRE DE SOCIÉTAIRES			RESSOURCES ANNUELLES.				FONDS de réserve et de retraite.
	Membres hono-raires.	Membres partici-pants.	TOTAL.	COTISATIONS DES MEMBRES		Subven-tions, dons et legs.	TOTAL.	
				honoraires.	partici-pants.			
49	2078	15 488	17 566	16 028ᶠ,00	134 154ᶠ,31	30 872ᶠ,27	181 074ᶠ,58	385 788ᶠ,31

SOCIÉTÉS de secours mutuels. *Situation financière. — Dépenses.* (Année 1865.) TABLEAU n° 4.

NOMBRE de sociétés.	DÉPENSES ANNUELLES.					MONTANT des ressources annuelles.	EXCÉDANT annuel des recettes sur les dépenses.
	Secours en argent.	Honoraires des médecins.	Médica-ments.	Sépultures et dépenses diverses.	TOTAL.		
49	18 287ᶠ,52	16 856ᶠ,80	12 333ᶠ,18	23 343ᶠ,97	70 821ᶠ,47	181 074ᶠ,58	110 253ᶠ,11

Circulaire à MM. les préfets sur les récompenses à décerner aux instituteurs directeurs de cours d'a- dultes. (20 mars.)

Monsieur le préfet, par arrêté du 18 novembre 1865, j'ai institué dans chaque département, pour l'année 1866, une médaille d'or en faveur des institu- teurs publics directeurs de cours d'adultes, qui au- ront fait les efforts les plus habiles et les plus heu- reux pour diminuer le nombre des illettrés.

S. A. le Prince Impérial, conformément à la pensée de S. M. l'Impératrice, a fondé, dans le même but, 89 prix; et d'autres récompenses, résultant des libé- ralités particulières, ont été acceptées par le Ministre de l'instruction publique ou par les préfets.

Le moment le plus favorable pour préparer vos propositions à ce sujet me semble être celui qui a été fixé pour l'envoi de la statistique que je vous ai demandée le 15 février dernier.

Je crois utile de vous rappeler ou de porter à votre connaissance les règles suivantes.

I. *Prix décerné au nom de l'Empereur.* — Le prix donné par le ministère, au nom de l'Empereur, con- siste, vous le savez, en une médaille d'or de 250 fr., ayant 45 millimètres de diamètre. Cette médaille porte d'un côté l'effigie de l'Empereur; au milieu du revers : *Classes d'adultes. Prix décerné à l'institu- teur,* 1866; — autour de cette inscription, les mots célèbres : « *Dans le pays du suffrage universel, tout citoyen doit savoir lire et écrire.* » Le nom de l'in- stituteur récompensé sera gravé sur la tranche.

Si, après avoir pris des renseignements confiden- tiels, vous pensiez que l'instituteur qui sera proposé pour cette récompense préférât à la médaille une somme de 250 fr., vous voudriez bien m'en donner avis. Il recevrait, avec la somme dont il s'agit, une médaille en bronze conforme à la médaille d'or.

II. *Prix du Prince Impérial.* — Le prix de S. A. le Prince Impérial se compose de livres richement re- liés, portant sur la couverture, avec les armes de l'Empire, une inscription ainsi conçue :

« *Le Prince Impérial à M.* (nom du lauréat), *in- stituteur public à commune et département), pour la bonne direction de sa classe d'adultes.* »

Ce prix est accompagné d'une médaille d'argent conforme à la médaille d'or instituée par l'arrêté du 18 novembre.

III. *Prix du Ministère de l'instruction publique.* — Des prix consistant en livres seront, en outre, dé- cernés par le Ministre. Leur nombre ne devra pas dépasser le dixième du nombre des classes d'adultes ouvertes dans le département. Les instituteurs dési- gnés pour ces prix seront classés par ordre de mé- rite.

IV. *Prix accordés par les conseils généraux et les conseils municipaux, ou fondés par des particuliers.* — Ces prix seront classés par ordre de valeur. Ils pourront, si leur importance le comporte, être placés dans l'ordre des récompenses, à la suite du prix du Prince Impérial. Ils consistent surtout en médailles. Si les fondateurs désirent que la médaille donnée par eux porte une inscription spéciale, ils devront s'a- dresser au Ministre pour lui faire connaître leur in- tention. Dans le cas où les fondateurs de médailles ne manifesteraient aucun désir particulier à cet égard, l'instituteur recevrait une médaille d'or ou d'argent, portant d'un côté l'effigie de l'Empereur et au revers une inscription indiquant le nom du lau- réat. Le diamètre d'une médaille d'or de 100 francs est de 36 millimètres; celui d'une médaille d'argent de 50 francs est de 68 millimètres. L'administration de l'instruction publique servira volontiers pour faire frapper et graver ces médailles à la Monnaie de Paris.

V. *Prix mis à la disposition du Ministre sans af- fectation à un département déterminé.* — Ces prix, consistant en médailles d'or et d'argent, livres, abonnements à des recueils d'agriculture, collections de modèles de dessin, instruments de mathématiques ou de précision, seront répartis par le Ministre entre les départements pour lesquels cette concession sera le mieux justifiée par les circonstances.

VI. *Institutrices communales.* — Les institutrices concourent avec les instituteurs pour l'obtention des prix de l'Empereur, du Prince Impérial et du Ministère.

VII. *Distribution de diplômes ou certificats.* — Tous les prix décernés aux directeurs des cours d'adultes sur la proposition de la commission, quelles qu'en soient la nature et l'origine, seront accompagnés d'un diplôme délivré par le Ministre ; le nom du fondateur de médailles y sera inscrit, s'il y a lieu.

VIII. *Interdiction du cumul.* — En aucun cas, le même instituteur ne pourra obtenir plusieurs prix à la fois : tout cumul à cet égard est expressément interdit.

IX. *Époque de la distribution des récompenses.* — La distribution des récompenses aura lieu, en principe, vers l'époque de la fête de l'Empereur. Elle pourra cependant, sur votre proposition, être fixée exceptionnellement à une autre époque favorable, et, notamment, retardé jusqu'au moment où la réunion du conseil général pourra donner plus de solennité à cette fête de l'instruction primaire.

X. *Composition et pouvoirs de la commission chargée de décerner les récompenses.* — Le concours donné à l'œuvre des classes d'adultes par d'honorables députés au Corps législatif, par les membres des Conseils généraux, par des fonctionnaires, des magistrats et d'autres personnes notables de tout ordre, m'a amené à penser que les règles d'abord adoptées par mon arrêté du 18 novembre, pour la composition et les attributions de la commission instituée par cet arrêté, devaient être modifiées.

J'ai décidé, en conséquence, par un nouvel arrêté en date de ce jour, d'une part, que cette commission sera chargée, non-seulement de faire des propositions, mais de statuer sur les récompenses ; que cette commission, placée sous la présidence du préfet et dont l'inspecteur d'académie et les inspecteurs primaires sont membres de droit, pourra comprendre, en outre, quatre membres désignés par le préfet. Elle réunira dans son jugement les prix de l'Empereur et du Prince Impérial, ceux du Ministre et les récompenses particulières.

La commission ne devra pas avoir égard seulement au zèle déployé par l'instituteur dans son enseignement et aux succès obtenus par lui : elle tiendra un compte particulier du désintéressement de ceux qui n'imposent aucune dépense à la commune ni aux élèves qui ont ouvert le cours gratuitement et qui ont pris à leur charge certains frais accessoires. Cet élément d'appréciation a une grande importance. C'est surtout à des travaux accomplis sans aucun salaire qu'il est équitable d'accorder, à mérite égal, les récompenses diverses dont la commission disposera.

XI. *Dispositions générales.* — La liste de décisions que vous m'adresserez à la suite de la délibération prise par la commission, comprendra, par ordre de mérite, les noms et prénoms des instituteurs directeurs des cours d'adultes, leur âge et leur qualité, le nom et la population des communes où les cours ont été ouverts, le nombre des élèves qui les fréquentaient, classés en payants ou gratuits, la nature des récompenses proposées en leur faveur (médaille d'or instituée par l'arrêté du 18 novembre, prix du Prince Impérial, prix des particuliers, livres accordés par le Ministre), et enfin les motifs de chaque décision.

Pour ceux des instituteurs portés sur votre liste, qui auraient déjà été récompensés, l'année dernière, par un don de livres, vous voudrez bien joindre cette indication avec le titre de l'ouvrage qu'ils ont reçu.

Je vous prie, monsieur le Préfet, de prendre des mesures pour que le travail des récompenses que je vous demande me parvienne au plus tard le 1ᵉʳ mai prochain. Vous ne perdrez pas de vue que les services rendus par les instituteurs dans la direction des cours d'adultes leur sont comptés pour les distinctions honorifiques dont le Ministre de l'instruction publique et le Gouvernement disposent.

Vous voudrez bien m'accuser réception de la présente circulaire, dont vous transmettrez un exemplaire à chacun des inspecteurs de votre département par l'intermédiaire de l'inspecteur d'Académie, ainsi qu'aux personnes qui ont bien voulu encourager, par des fondations, l'œuvre si populaire des cours d'adultes.

Recevez, monsieur le Préfet, l'assurance de ma considération très-distinguée.

Le Ministre de l'instruction publique,

V. DURUY.

————

Gratuité absolue des écoles primaires. — Exposé des motifs d'un projet de loi relatif à une imposition dans le département de l'Hérault, présenté par le conseil d'État au Corps législatif.

Messieurs,

Le projet de loi que nous avons l'honneur de vous soumettre a pour objet d'autoriser le département de l'Hérault à s'imposer extraordinairement pendant cinq ans, à partir de 1867, 1 centime additionnel au principal des quatre contributions directes. Le produit de cette imposition serait affecté au payement de subventions destinées à venir en aide aux communes qui rendraient leurs écoles gratuites.

Déjà une loi du 6 janvier 1864 a autorisé le département de l'Hérault à s'imposer extraordinairement huit dixièmes de centime pour les dépenses de l'instruction primaire, et les ressources que cette loi a créées permettent de donner un développement très-utile au service de l'instruction primaire, notamment à l'institution de classes d'adultes. Aujourd'hui, le conseil général, inspiré par un sentiment auquel le gouvernement ne peut que s'associer, veut étendre le concours du département, et faciliter aux communes rurales les moyens de rendre leurs écoles gratuites. La gratuité de l'enseignement existe déjà dans les principales villes du département, et a produit des résultats très-heureux ; elle serait surtout un bienfait précieux pour les populations rurales, qui peuvent le moins payer et qui sont le moins éclairées. Si peu élevée que soit la rétribution scolaire, elle constitue, pour les classes laborieuses qui n'ont de ressources que dans la faible rémunération de leur travail, une charge toujours fort lourde et à laquelle s'ajoutent l'achat des livres et les menus frais classiques.

Nous ne pensons pas devoir développer les considérations qui militent en faveur de la mesure projetée par le conseil général, et les avantages qui en résulteraient au point de vue intellectuel et moral.

Nous ajouterons seulement, en nous appuyant sur le rapport du préfet, que les faits observés dans le département de l'Hérault établissent l'heureuse influence de la gratuité sur la fréquentation des écoles et les progrès des enfants.

Pour atteindre le but qu'il se propose, le conseil général, qui peut à peine suffire aux besoins de l'instruction primaire avec les ressources que la loi du 15 mars 1850 et celle du 6 janvier 1864 mettent à sa disposition, demande que le département soit autorisé à s'imposer pendant cinq ans 1 centime dont le produit serait de 40 000 francs environ par année. Cette imposition augmenterait d'une manière peu sensible les charges des contribuables. Cependant le nombre de centimes extraordinaires que supporte le département est déjà élevé, car il est de 18 centimes 8 dixièmes, et, par l'effet de la nouvelle imposition, il serait porté à 19 centimes 8 dixièmes; mais le bien qui résulterait pour les populations rurales de la mesure projetée par le conseil général serait d'une telle importance, que le gouvernement n'a pas pensé qu'il y eût lieu de s'arrêter devant cette légère augmentation des charges. D'ailleurs, le recouvrement de l'impôt s'opère avec une grande facilité dans le département, où le taux des frais de poursuites ne s'élève qu'à 56 centimes, tandis que la moyenne générale de la France est de 1 fr. 28 c.

Par tous ces motifs, nous espérons, messieurs, que vous voudrez bien adopter le projet de loi que nous avons l'honneur de vous soumettre.

> Signé à la minute : *le conseiller d'Etat, rapporteur*, GOMEL. — *Les commissaires du gouvernement sont :* MM. GOMEL et BESSON, *conseillers d'Etat.*

Inspecteurs de l'instruction primaire.

Belfort. (12 mars.) — M. Pitois, chargé provisoirement des fonctions d'inspecteur primaire pour l'arrondissement de Belfort, est nommé inspecteur primaire (troisième classe) pour ledit arrondissement.

Bellac et Rochechouart. (1er mars.) — M. Grandjacquot, régent des cours spéciaux au collége de Saint-Mihiel, est nommé inspecteur primaire pour les arrondissements de Bellac et de Rochechouart, en remplacement de M. Diou, qui n'a pas accepté.

Schlestadt. (7 mars.) — M. Bertrand, inspecteur primaire, tranféré de Schlestadt à Belfort par arrêté du 20 décembre 1865, est maintenu, sur sa demande, à Schlestadt.

Ecoles normales primaires.

Alger. (1er mars.) — M. l'abbé Fabre, chanoine de la cathérale d'Alger, est nommé aumônier de l'école normale primaire de ladite ville.

Chaumont. (15 mars.) — M. l'abbé Rigollot, chargé des fonctions d'aumônier à l'École normale primaire de Chaumont, est définitivement nommé auxdites fonctions.

Gap. (24 février.) — M. Ronin, régent de mathématiques au collége de Vienne (Isère), est nommé directeur (troisième classe) de l'école normale primaire de Gap (Hautes-Alpes), en remplacement de M. Escoffier, qui a reçu une autre destination.

Lescar. (7 mars.) — M. Saint-Hillier, instituteur adjoint à l'école communale du grenier d'abondance de Besançon, et pourvu du brevet complet, est nommé maître adjoint (troisième classe) à l'École normale primaire de Lescar, en remplacement de M. Roturier, qui a reçu une autre destination.

Loches. (1er mars.) — M. Berton, instituteur communal à Merpins (Charente) et pourvu du brevet complet, est nommé maître de l'école primaire annexée à l'école normale primaire de Loches, en remplacement de M. Kappler, appelé à d'autres fonctions.

Mende. (24 février.) — N. Blanchard (Odilon), instituteur public à Badarous (Lozère), est nommé maître de l'école primaire annexée à l'école normale primale de Mende, en remplacement de M. Barathieu, appelé à d'autres fonctions.

Rodez. (1er mars.) — M. Brouqui, instituteur public à Baladou (Lot), est nommé maître adjoint (troisième classe) à l'école normale primaire de Rodez, en remplacement de M. Rivoire, appelé à une autre destination.

Valence (3 février). — Un troisième emploi de maître adjoint est créé à l'école normale primaire de Valence.

M. Girard, instituteur public à Chatuzange (Drôme), pourvu du brevet de degré supérieur, est nommé maître adjoint (troisième classe) à l'école normale de Valence (emploi nouveau).

M. Trouillet, maître de l'école primaire annexée à l'école normale de Valence, est nommé maître adjoint (troisième classe) dans ledit établissement, en remplacement de M. Maurice, démissionnaire.

M. Labroue, instituteur public à Coux (Ardèche) et pourvu du brevet complet, est nommé maître de l'école primaire annexée à l'école normale de Valence, en remplacement de M. Trouillet, appelé à d'autres fonctions.

Enseignement primaire annexé aux lycées et colléges.

Provins (31 janvier). — Un nouveau congé d'inactivié, jusqu'à la fin de l'année classique 1865-1866, est accordé, sur sa demande et pour raisons de santé, à M. Eloy, régent des cours spéciaux d'enseignement primaire annexés au collége de Provins.

M. Divoire continuera à être chargé, à titre de suppléant, des fonctions de régent des cours spéciaux annexés au collége de Provins, pendant la durée du congé accordé à M. Éloy.

Romorantin (16 février). — M. Bardet est nommé régent des cours spéciaux d'enseignement primaire annexés au collége de Romorantin (emploi nouveau).

DOCUMENTS

RELATIFS A L'INSTRUCTION PRIMAIRE.

Cours de l'hôtel de ville.

Programmes destinés aux aspirants et aspirantes aux brevets de capacité.

Instruction religieuse.

Doctrine chrétienne.

Dogme. — Exposition raisonnée des articles du symbole; — Preuves sur lesquelles ils s'appuient; — Principales erreurs qui leur sont opposées.

Morale. — Principes de la morale; — Classification des vertus et des péchés; — Exposition raisonnée des commandements de Dieu et de l'Église.

Culte. — Nécessité de la grâce et de la prière; — Le saint sacrifice et l'année chrétienne; — Théorie des sacrements.

Histoire de la religion.

Histoire sainte. — Nomenclature raisonnée des livres saints; — Leur autorité au double point de vue de l'histoire et de la doctrine; — Principaux faits de l'Ancien et du Nouveau Testament.

Histoire de l'Église. — Faits les plus importants concernant la religion depuis l'Ascension de Notre-Seigneur jusqu'au Concordat de 1801. On insistera sur la propagation de l'Evangile, sur les grandes persécutions, sur les hérésies, les conciles généraux et les institutions chrétiennes; — Pères et docteurs de l'Église et autres personnages célèbres qui ont servi la cause de la religion par leurs œuvres, leurs écrits, leur courage ou leurs vertus; — Bienfaits du christianisme dans l'ordre moral et dans l'ordre matériel.

Grammaire, style et composition.

Objet de la grammaire. — Division de son étude. Grammaire générale, particulière, comparée.

I. — Mots considérés séparément.

1° *Forme des mots.*

Orthographe. — Orthographe absolue. — Syllabes. — Lettres. — Voyelles. — Consonnes· — Caractère des voyelles et des consonnes; leur classification et leur emploi. — Secours à tirer de l'étymologie pour l'orthographe absolue. — Doubles consonnes. — Lettres muettes. — Signes équivalents ou sons représentés par des signes différents. — Homonymes. — Paronymes.

2° *Fonctions des diverses espèces de mots.*

1. Mots variables.

Rôle et propriétés des *Noms*, genre, nombre. — Diverses classes des noms. — *Articles.* — *Adjectifs.* — *Pronoms.* — *Verbes.* — Rôle et propriétés ; personnes ; temps ; voix. — Différentes classe* de pronoms et de verbes. — Participes.

2. Mots invariables.

Adverbes.— *Prépositions.*— *Conjonctions.* — *Interjections.* — Rôle, formes.

II. — Mots réunis.

1° *Proposition.*

Termes de la proposition. — Compléments. — Proposition affirmative, négative, interrogative, impérative, conditionnelle, etc. — Construction de la proposition.—Syntaxe.—Syntaxe d'accord, de régime, de subordination.

2° *Phrase.*

·Membres de phrases. — Construction. — Syntaxe. — Principes d'analyse grammaticale. — Principes d'analyse logique. — Ponctuation et signes orthographiques.

(La suite prochainement.)

NOUVEAU RÈGLEMENT POUR LES ÉCOLES PUBLIQUES DU DÉPARTEMENT DE LA SEINE.

§ 1er.

Le conseil départemental de l'instruction publique,
Vu l'arrêté par lequel M. le préfet, à la date du 13 juillet 1864, lui a soumis, pour avis, un projet de règlement pour les écoles primaires publiques du département de la Seine;
Vu l'article 15 de la loi du 15 mars 1850 et l'article 7 de celle du 14 juin 1854;
Le 1er comité entendu,
Délibère :
Il y a lieu d'approuver le projet de règlement ci-après :

Préfecture du département de la Seine.

Règlement pour les écoles publiques [1].

TITRE Ier.

LES DEVOIRS PARTICULIERS DE L'INSTITUTEUR.

Art. 1er. — Le principal devoir de l'instituteur est de donner aux enfants une éducation morale et religieuse, et de graver profondément dans leurs âmes le sentiment de ce qu'ils doivent à Dieu, à leurs parents, au chef de l'État et à leurs semblables.
Art. 2. — Il se montrera toujours plein de respect et de déférence pour les autorités en général, et, en particulier, pour celles qui sont préposées à l'instruction publique.
Art. 3. — Il veillera avec une constante sollicitude sur tout ce qui intéresse l'esprit et le cœur, les mœurs

---

1. Ce règlement ci-dessus annule celui dont l'application avait été autorisée provisoirement par le Ministre de l'instruction publique.

et la santé des enfants. Il devra allier le calme et la douceur à la fermeté. Il aura une bonne tenue dans l'école et au dehors.

TITRE II.

DU LOCAL ET DU MOBILIER.

Art. 4. — Le local que la commune est tenue de fournir, en exécution de l'article 37 de la loi organique, doit être visité, avant l'ouverture de l'école, par le délégué cantonal, qui fait connaître au conseil départemental si ce local convient pour l'usage auquel il est destiné.
Le conseil départemental détermine, pour chaque école, le nombre des enfants qui peuvent y être admis, conformément aux règles établies.
Les autorités préposées à la surveillance de l'instruction primaire veilleront à ce que l'école ne reçoive, sous aucun prétexte, un nombre d'élèves supérieur à celui qui aura été ainsi fixé.
Art. 5. — L'instituteur tiendra son école dans un état constant de propreté et de salubrité. Elle sera arrosée et balayée tous les jours; l'air y sera fréquemment renouvelé. Même en hiver, les fenêtres resteront ouvertes dans l'intervalle des classes et toutes les fois que les élèves quitteront la classe.
Le préau ouvert, réservé pour les récréations pendant le mauvais temps, ne devra jamais être converti en classe supplémentaire.
Il est interdit de faire servir la maison d'école à aucun usage étranger à sa destination, sans une autorisation spéciale du préfet.
Art. 6. — Les tables, en plan légèrement incliné, seront larges d'environ 40 centimètres; elles seront disposées, autant que possible, en face de l'estrade de l'instituteur. Les bancs seront attachés aux tables.
Art. 7.—Les objets essentiels à chaque école sont: une estrade, une horloge, une bibliothèque-armoire, un crucifix (et en outre une statue de la sainte Vierge dans les écoles de filles), un buste de l'Empereur dans les écoles de garçons, un buste de l'Impératrice dans les écoles de filles, des tableaux noirs, des cartes murales de géographie, mappemonde, Europe, France, Palestine, la table de multiplication, une collection de tableaux de lecture pour le français et le latin, une collection de modèles d'écriture, un tableau ou une collection de tableaux du système métrique.
Art. 8. — Au commencement de son entrée en fonctions, l'instituteur devra, de concert avec l'administration et avec son prédécesseur, dresser l'inventaire du mobilier de l'école. En cas de changement de résidence, il provoquera le récollement de l'inventaire.
Art. 9. — Au-dessus de la principale porte extérieure de la maison d'école sera placée une inscription portant ces mots, sans aucune addition :
École primaire communale de jeunes garçons, dirigée par les frères de
École primaire communale de jeunes filles, dirigée par les sœurs de

TITRE III.

DES CONDITIONS D'ADMISSION.

Art. 10. — Pour être admis dans une école communale, les enfants doivent être âgés de six ans au moins et de treize ans au plus. Néanmoins, dans les communes où il n'existe pas de salle d'asile publique, les enfants pourront être reçus avant l'âge de six ans, avec l'autorisation des autorités locales.
La même autorisation pourra être donnée pour les enfants ayant plus de treize ans.
Art. 11. — Avant d'admettre un enfant, l'instituteur s'assure qu'il a été vacciné ou qu'il a eu la petite vérole, et qu'il n'est point atteint de maladies ou d'infirmités de nature à nuire à la santé des autres élèves.
L'enfant qui, une fois admis, serait atteint de maladies contagieuses, devra être rendu à ses parents, et ne pourra rentrer dans l'école qu'après avoir ob-

tenu un certificat d'un médecin constatant sa parfaite guérison.

TITRE IV.

DE L'ENSEIGNEMENT.

Art. 12. — L'enseignement, dans les écoles primaires publiques, comprend nécessairement : l'instruction morale et religieuse, la lecture, l'écriture, les éléments de la langue française, le calcul et le système légal des poids et mesures. Des notions d'histoire de France et de géographie, le dessin linéaire et d'ornement, et le chant, pourront être enseignés.

Art. 13. — Dans les écoles communales de jeunes filles, les élèves seront soigneusement exercées aux divers travaux usuels d'aiguille.

Art. 14. — Lorsque l'instituteur en aura reçu l'autorisation du conseil départemental de l'instruction publique, et seulement dans ce cas, l'enseignement pourra porter en outre, en tout ou en partie, sur les autres matières comprises dans la seconde partie de l'article 23 de la loi du 15 mars 1850.

Art. 15. — Les classes dureront trois heures le matin et trois heures le soir ; elles seront interrompues par un repos d'un quart d'heure. La classe du matin commencera à 9 heures, et celle de l'après-midi à une heure.

Suivant les besoins des localités, les heures d'entrée et de sortie pourront être modifiées, mais seulement avec l'approbation du préfet.

Art. 16. — Les classes d'adultes, s'il en existe dans la localité, auront lieu le soir, de 8 à 10 heures pour les adultes-hommes, et de 7 à 9 heures pour les adultes-femmes.

Art. 17. — Dans chaque école, les élèves d'une même classe seront partagés en trois divisions au plus. Les élèves de chaque division devront se servir des mêmes livres.

Art. 18. — L'instituteur tiendra à ce que la lecture des élèves soit correcte ; il les habituera à se rendre compte de ce qu'ils liront, en leur expliquant le sens des mots. La lecture du latin est recommandée : on se servira pour cette lecture de tableaux contenant les prières et de livres en usage pour les offices publics du diocèse.

Les modèles d'écriture n'offriront que des choses utiles aux enfants, telles que dogmes et préceptes de religion, beaux traits de l'histoire sainte et de l'histoire de France.

L'orthographe usuelle est l'objet de soins particuliers ; les enfants y sont exercés dès qu'ils commencent à lire. Dans la première classe, les élèves seront de plus exercés à faire des lettres familières et de petites rédactions.

L'enseignement du calcul sera dégagé de toute théorie trop abstraite. Le maître se bornera aux principes indispensables pour la pratique des opérations, et s'achera à faire résoudre beaucoup de problèmes relatifs à des questions usuelles, à la mesure des surfaces, des volumes et au système décimal des poids et mesures.

Art. 19. — Il y aura, le mardi de chaque semaine, dans la première classe, une composition écrite alternativement sur les matières suivantes : catéchisme et histoire sainte, orthographe et grammaire, écriture, calcul et système métrique, et, s'il y a lieu, histoire de France et géographie.

Chaque année, au mois de juin, un concours aura lieu entre toutes les écoles publiques de garçons. Ce concours comprendra tous les élèves de la première classe de chaque école et portera sur l'orthographe et le calcul.

Art. 20. — L'instituteur se conformera, pour l'emploi du temps des classes, aux dispositions tracées dans le tableau qui suit :

Tableau de l'emploi du temps. — École de garçons.

A 8 h. 1/2, ouverture de l'école. — Arrivée des maîtres. — Inspection de propreté.

	9 à 10 h.	Repos d'un quart d'heure	10 à 11 h.	11 à 12 h.	12 à 1 h.	1 à 2 h.	Repos d'un quart d'heure	2 à h.	3 à 4 h.
1re Classe	Prière, instruction religieuse. — Inspection des devoirs faits à la maison.	Repos d'un quart d'heure.	*Lundi, mercredi, vendredi.* Langue française. Correct. du devoir de la veille. Nouveaux devoirs. *Mardi et samedi.* Langue française. Correct. du devoir de la veille. Explications. Nouveaux devoirs. Ou bien *Dessin* précédé de 1/4 d'h. d'*entretien familier* sur les choses usuelles.	Lecture. *Histoire et géographie.*	Prière, déjeuner et récréation, sous la surveillance du maître ou des adjoints.	Arithmétique. Correction du devoir de la veille. Explications. Nouveaux devoirs.	Repos d'un quart d'heure.	*Lundi, mercredi, vendredi.* Écriture. *Mardi et samedi.* *Dessin* précédé de 1/4 d'h. d'*entretien familier* sur les choses usuelles. Ou bien : Langue française. Correct. du devoir de la veille. Explications. Nouveaux devoirs.	Chant. *Histoire et géographie.*
2e Classe	Idem.	Repos 1/4 d'h.	Langue française..	Lecture.	Idem.	Idem.	Repos 1/4 d'h.	Écriture.	Lecture.
3e Classe	Idem.	Id.	Écriture, Orth. usuelle.	Idem.	Idem.	Idem.	Id.	Écriture.	Lecture.

OBSERVATIONS. — Dans les écoles où le dessin ne pourrait avoir lieu que de 1 h. à 2 h. 1/2, l'*entretien familier* viendrait ensuite, puis le 1/4 d'heure de repos, et enfin l'arithmétique, de 3 à 4 heures. — Lorsque le chant se fera le matin de 11 h. à midi), la lecture se fera le soir de 3 à 4 heures.

Tableau de l'emploi du temps. — École de filles.

A 8 h. 1/2, ouverture de l'école. — Arrivée des maîtresses. — Réunion dans le préau. — Inspection de propreté. — Entrée en classe.

	9 h. à 10 h.	10 h. à 10 h. 3/4.	10 h. 3/4 à 11 h.	11 h. à 12 h.	12 h. à 1 h.	1 h. à 2 h.	2 h. à 2 h. 3/4.	2 h. 3/4 à 3 h.	3 h. à 4 h.
1re classe.	Prière. Instruction religieuse. Inspection des devoirs faits dans la famille.	Langue française. Correction du devoir de la veille. Explications. Nouveaux devoirs.	Repos ou sortie.	Lecture Explications et interrogations. Histoire et géographie deux fois la semaine.	Prière. Déjeuner. Récréation sous la surveillance du maître ou des adjoints.	Arithmétique. Correction du devoir de la veille. Explications. Nouveaux devoirs.	Écriture ou mise au net du devoir. Chant trois fois la semaine. Dessin une fois (1)	Repos ou sortie.	Couture accompagnée ture ou d'un entretien sur des connaissances usuelles. Sortie.
2e classe.	Id.	Id.	Id.	Lecture et écriture ou devoir.	Id.	Id.	Écriture.	Id.	Couture. Sortie.
3e classe.	Id.	Écriture. Orthographe usuelle.	Idem.	Calcul et lecture.	Id.	Écriture et calcul.	Lecture.	Id.	Couture. Sortie.

(1) L'heure indiquée pour l'enseignement du dessin et du chant pourra être changée selon les besoins du service, avec l'approbation de M. le Préfet. L'exercice dont le chant ou le dessin auront pris la place, sera alors reporté à l'heure indiquée ci-dessus pour ces matières.

TITRE V.

DE LA TENUE ET DE LA DISCIPLINE.

Art. 21. — L'instituteur est chargé de l'enseignement et de la discipline générale de l'école. Les maîtres qui le secondent dans toutes les parties de l'enseignement sont placés sous son autorité immédiate et doivent toujours recevoir sa direction ; toutefois, l'instituteur leur adressera ses observations en particulier et jamais devant les élèves.

L'instituteur, ayant la responsabilité générale de l'école, est chargé d'assurer l'exécution des règlements et le maintien de la discipline dans les cours spéciaux faits par des professeurs attachés à l'école.

En l'absence de l'instituteur, le maître-adjoint chargé de la seconde classe prend la direction de l'école.

Art. 22. — L'instituteur tiendra un registre d'inscription ou matricule et un registre d'appel des élèves.

Art. 23. — Chaque jour, à l'ouverture de la classe, l'instituteur prend note des absences. Il a soin de les faire connaître aux parents ; celles qui ne sont pas justifiées sont punies.

Art. 24. Lorsqu'une personne ayant autorité sur les écoles entre dans la classe ou en sort, les élèves doivent se lever et rester debout jusqu'à ce qu'ils aient reçu la permission de s'asseoir. Nul, s'il n'appartient au personnel chargé de la surveillance, ne peut, sans autorisation, visiter les écoles publiques.

Art. 25. — La surveillance ne se borne pas à l'intérieur de la classe, l'instituteur est tenu de l'exercer pendant les récréations ; il doit surtout surveiller les élèves à qui il accorde pendant la classe des sorties particulières, lesquelles ne doivent pas être données à plusieurs élèves à la fois.

Art. 26. — A la sortie de l'école, les élèves se diviseront suivant le quartier qu'ils habitent. Le directeur de l'école et les maîtres-adjoints veilleront à ce que chaque section marche en ordre sous la conduite d'un surveillant désigné par le maître. Les élèves ne se sépareront qu'à mesure qu'ils arriveront à leur domicile.

Art. 27. — S'il existe des écoles recevant les enfants des deux sexes, les garçons et les filles ne pourront jamais être réunis pour les mêmes exercices. L'entrée et la sortie des élèves de chaque sexe auront lieu à des heures distinctes ; l'intervalle sera d'un quart d'heure au moins.

Art. 28. — Les classes commenceront et finiront par une prière, qui sera déterminée par les ministres des cultes respectifs. La prière doit être dite par l'instituteur lui-même, une fois par jour au moins.

Art. 29. — Les dimanches et fêtes consacrées, les élèves seront conduits à la messe désignée par le curé de la paroisse.

Dans les écoles appartenant au culte non catholique, les exercices religieux auront lieu suivant les règlements ou les usages adoptés par les consistoires ou les ministres de la religion.

Toutes les fois que la présence des élèves sera nécessaire à l'église pour les catéchismes, et principalement à l'époque de la première communion, l'instituteur devra les y conduire ou les y faire conduire.

Il veillera particulièrement à la bonne tenue des élèves pendant les prières et les exercices religieux.

Art. 30. — Il est défendu à tout instituteur, directeur ou adjoint, d'accepter à l'occasion de sa fête ou de la nouvelle année, etc., aucun présent ayant une valeur vénale, qu'il soit offert individuellement ou qu'il provienne d'une cotisation.

Art. 31. — Il est également interdit de tenir classe payante dans le local ou ailleurs.

Art. 32. — Les récompenses sont :

Les bons points ;

Les billets de satisfaction ;

L'inscription sur la liste d'honneur dressée au commencement de chaque semaine et affichée dans la classe ;

Les médailles ou croix d'écolier, conformes au spécimen approuvé par le préfet ;

La nomination aux fonctions de moniteur, avec marque distinctive ;

Des récompenses trimestrielles, des prix semestriels et des accessits, des prix de fin d'année, s'il y a des ressources suffisantes affectées à ces récompenses.

Les prix semestriels et les accessits seront déterminés par la somme des points obtenus dans les compositions hebdomadaires.

La distribution des prix aura lieu en présence des autorités locales, et sous la présidence du maire ou délégué cantonal.

L'instituteur n'y prononcera pas de discours, à moins d'y être exceptionnellement autorisé par le préfet, à qui le discours aura dû être préalablement soumis.

Les prix décernés aux élèves ne pourront porter que les dénominations suivantes :

École de garçons.

Prix d'honneur accordé par S. M. l'Empereur.
Prix départemental d'excellence.
Prix municipal d'excellence.
Bonne conduite.
Application au travail.
Moniteurs.
Catéchisme.
Histoire sainte.
Lecture.
Écriture.
Orthographe.
Calcul.
Système métrique.
Histoire de France.
Géographie.
Récitation des leçons.
Dessin linéaire.
Dessin d'ornement.
Chant.
Gymnastique.
Devoirs faits à la maison.
Exactitude.

École de filles.

Prix d'honneur accordé par S. M. l'Impératrice.
Prix départemental d'excellence.
Prix municipal d'excellence.
Bonne conduite.
Application au travail.
Monitrices.
Catéchisme.
Histoire sainte.
Travail à l'aiguille.
Ordre.
Lecture.
Écriture.
Orthographe.
Calcul.
Système métrique.
Histoire de France.
Géographie.
Récitation des leçons.
Dessin d'ornement.
Chant.
Devoirs faits à la maison.
Exactitude.

Nul élève ne pourra concourir pour le prix d'honneur ou pour le prix d'excellence, s'il n'a fréquenté l'école pendant toute l'année scolaire.

Art. 33. — Comme il est absolument interdit d'infliger aux enfants la moindre punition corporelle, les seules punitions dont l'instituteur puisse faire usage, sont :

Les mauvais points ;
La restitution d'un ou de plusieurs billets de satisfaction ;
La réprimande ;
La radiation de la liste du tableau d'honneur ;
La perte de la médaille ou de la croix d'écolier ;
La suspension ou la révocation des fonctions de moniteur ;
La retenue à l'école avec tâche extraordinaire après la classe du soir, sous la surveillance spéciale de l'un des maîtres de l'école ; les parents doivent être prévenus ;

Le renvoi provisoire pour un temps qui n'excèdera pas huit jours, avec obligation d'en rendre compte immédiatement au maire ;
Le renvoi définitif de l'école ;
Cette dernière peine sera prononcée par le maire, après avis de la délégation cantonale ou communale.

TITRE VI.

DISPOSITIONS GÉNÉRALES.

Art. 34. — Les écoles communales et les classes d'adultes devront être fermées les dimanches, les jours de fêtes, les jeudis et les jours de congé extraordinaires, savoir :

Les jeudis, toute la journée ;
Le premier jour de l'an et le lendemain ;
Le mardi qui précède le carême ;
Le jeudi, le vendredi et le samedi saints ;
Les lundis de Pâques et de la Pentecôte ;
La fête de l'Empereur (la fête de Sa Majesté tombant le jour de l'Assomption, le congé a lieu le lendemain) ;
L'Ascension ;
L'Assomption ;
La Toussaint ;
Le jour de Noël ;
Le jour de la Saint-Nicolas, pour les garçons ;
Le jour de la Sainte-Catherine, pour les filles ;
Le jour de la Commémoration, après la messe ;
Le jour de la première communion dans la paroisse de l'école.

Art. 35. — L'ouverture des classes est obligatoire pendant toute l'année, le temps des vacances et les jours de congé exceptés.

Les vacances auront lieu du 20 août au premier lundi d'octobre ; l'époque précise et la durée de ces vacances seront déterminées par le préfet, pour toutes les écoles du département.

Art. 36. — L'instituteur ne pourra intervertir les jours de classe ; il ne pourra s'absenter, même pour un jour, sans avoir obtenu un congé du maire et sans avoir demandé un suppléant à l'inspecteur d'académie.

Si le congé doit durer plus de huit jours, il ne peut être accordé que par le préfet.

Art. 37. Les dispositions du présent règlement sont applicables à toutes les écoles communales de garçons et de filles, laïques ou congréganistes du département de la Seine.

Art. 38. — Les autorités préposées à la surveillance de l'instruction primaire sont chargées de l'exécution du présent règlement.

Paris, le 16 juin 1865.

Pour copie conforme :

Le secrétaire du conseil départemental de l'instruction publique,

Signé : L. DUBIEF.

Approuvé par M. le Ministre de l'instruction publique, sur l'avis du Conseil impérial. — Paris, le 13 janvier 1866.

Signé : V. DURUY.

(Extrait du *Bulletin de l'instruction primaire du département de la Seine.*)

Fondation de médailles et de récompenses en faveur des instituteurs directeurs des cours d'adultes.

Mme la comtesse de Jaucourt : une somme de 270 francs, pour être distribuée en prix aux jeunes filles qui fréquentent les écoles primaires de l'arrondissement de Meaux et d'une partie de l'arrondissement de Melun.

M. Guilmin, à Paris : 400 exemplaires de son *Arithmétique à l'usage des écoles primaires*, et 400 exemplaires de ses *Éléments d'arithmétique théorique et pratique*.

M. Delaville le Roult, ancien agent de change, propriétaire à Monts (Indre-et-Loire) : fondation annuelle, pendant cinq années, de deux médailles de 100 fr. chacune, destinées, l'une au bibliothécaire de l'une des quatorze communes du canton de Montbazon qui aura le mieux rempli ses fonctions ; l'autre à l'instituteur ou à l'institutrice du même canton dont l'école aura été jugée la mieux tenue. (On doit déjà diverses libéralités à M. Delaville le Roult.)

M. Alibert, propriétaire à Montchemin (Indre-et-Loire) : une somme de 200 fr., pour aider les communes de Saint-Branchs, Esores et Cormery, soit à fonder une bibliothèque scolaire, soit à l'augmenter. La moitié de cette somme pourra servir à créer un prix en faveur du meilleur instituteur ou de la meilleure institutrice de ces trois communes.

M. Baillarger, libraire à Angoulême : 120 volumes, choisis dans les meilleures collections, pour être répartis entre les élèves des écoles d'adultes des dix communes rurales du département de la Charente qui, en raison de leur population, auront réuni le plus grand nombre d'élèves.

M. le baron de Plancy, député, 200 fr. ; département de l'Aube.

M. Flocard de Mépieu, député, 200 fr. : arrondissement de la Tour-du-Pin (Isère).

M. Quet, inspecteur général de l'instruction publique, 100 fr. : ville de Nîmes.

M. Ad. Blaise (des Vosges), 50 fr. : département des Vosges ; — 50 fr. : canton de Montoire (Loir-et-Cher).

M. Magendie, à Tarbes, a fondé une médaille de 50 fr.

M. Fouyau, huissier à Paris : deux médailles de 50 francs à décerner annuellement, pendant 5 ans, aux instituteurs directeurs de cours d'adultes les plus méritants du canton de Longni (Orne).

M. Pion, principal du collège de Semur (Côte-d'Or) deux médailles de la valeur de 50 francs chacune, pour les deux instituteurs qui auront le mieux dirigé des cours *gratuits* d'adultes dans l'arrondissement de Semur.

L'Association philotechnique de Nice (Alpes-Maritimes), dans l'assemblée générale qu'elle vient de tenir, sous la présidence de M. le préfet du département, a décidé, sur la proposition de M. Vidal-Lablache, inspecteur d'académie, qu'une somme de 500 fr. serait annuellement répartie, à titre de rémunération, entre les instituteurs du canton qui auront obtenu les meilleurs résultats dans la direction d'un cours d'adultes. Elle a également statué que des livrets de caisses d'épargnes seraient accordés aux dix meilleurs élèves de ces classes du soir, et qu'il serait délivré gratuitement à tous ceux qui les fréquentent de l'encre, du papier, des plumes, ainsi que des livres élémentaires. Une somme de 500 fr est affectée à cette dépense.

C'est à l'unanimité que toutes ces résolutions ont été prises par une association qui est composée de toutes les notabilités du département.

En vue d'accroître le nombre des récompenses destinées aux instituteurs directeurs de cours d'adultes, M. Zanote, directeur de la librairie agricole, vient de mettre à la disposition du Ministre cent abonnements gratuits à la *Gazette du village*, pour l'année 1866.

Mme veuve Delaborde, à Paris, met à la disposition du Ministre de l'instruction publique, annuellement, pendant cinq années, six *niveaux* destinés à être donnés en récompense à des instituteurs qui se seront distingués dans la tenue des cours d'adultes.

Ces niveaux, qui peuvent servir à mettre à la portée des élèves, avec le seul secours des premières notions d'arithmétique, les principes du nivellement, sont d'une valeur de 35 francs chacun.

M. de Mackau, député, offre une médaille d'or et une médaille d'argent. (Arrondissement d'Argentan et 4 cantons de l'arrondissement de Mortagne.)

M. Arthur Legrand, auditeur au conseil d'État : deux médailles d'or de 100 fr. (Cantons de Barenton et d'Isigny [Manche.])

M. le général Montaudon, membre du conseil général de la Creuse : une médaille d'argent de 50 fr. (Canton de la Souterraine.)

M. Rousseau, libraire à Blois : un bel ouvrage illustré.

— *Dons et récompenses pour la propagation de l'instruction primaire.* — S. M. l'Empereur a bien voulu s'inscrire pour 1000 francs au nombre des souscripteurs de la société formée en décembre 1865, sous la présidence de M. le sénateur vicomte de la Guéronnière, pour le développement de l'instruction primaire dans la Haute-Vienne.

M. Delavau, député : 3 médailles, dont 2 de 50 fr., 1 de 25 fr. (Indre.)

M. Charlemagne, député : 3 médailles, dont 2 de 50 fr., 1 de 25 fr. (Indre.)

La Société philotechnique à Paris : 1 médaille de 80 fr.

M. Courtaux, maire de Bonnières (Seine-et-Oise) : 1 médaille de 50 fr. (Canton de Bonnières.)

M. Bosson, membre de la délégation cantonale de Mantes (Seine-et-Oise) : 1 médaille de 40 fr. (Arrondissement de Mantes.)

MM. Alf. Mame et fils, libraires-éditeurs à Tours : un lot de volumes grand in-8°, reliés et dorés sur tranche, d'une valeur de 1000 fr. environ.

Un grand nombre de dons sont adressés directement aux préfets. Dans le Lot, M. le préfet a reçu diverses souscriptions s'élevant au chiffre de 355 fr.

M. le comte H. de Kergorlay : 2 prix de 50 fr. chaque (Manche). — Le même donateur a bien voulu disposer d'une somme de 100 fr. destinée à augmenter le nombre des récompenses qui seront décernées à la suite des concours cantonaux entre les élèves des écoles primaires de l'arrondissement de Saint-Lô.

Bibliothèques scolaires. — M. Barassé, imprimeur-libraire à Angers, vient de mettre à la disposition de M. le maire de Bouchmaine (Maine-et-Loire) une valeur de quatre cents francs, en livres, cent francs chaque année, pendant quatre ans pour contribuer à la création de la bibliothèque scolaire, garçons et filles.

(Bulletin administratif.)

TRAVAUX A L'AIGUILLE.

PLANCHE N° 1.

N° 1 et n° 3. Imitation de guipure ancienne pour couvre-pieds, dessus d'édredon, housse de fauteuil, dessus de pelote, etc.

Faire un carré de filet qui ait le même nombre de mailles que le modèle et imiter le dessin avec points de reprise. Compter le nombre de carrés nécessaires pour l'ouvrage qu'on se propose de faire. La moitié de ce nombre doit être en guipure; l'autre moitié en toile, avec broderie au plumetis. Ajouter ensuite ces carrés, en ayant soin de les contrarier.

Le n° 6 formera la dentelle pour placer autour du carré. Pour une pelote, la dentelle est inutile.

Cet ouvrage, placé sur le transparent de couleur, forme un des plus beaux ouvrages en imitation de guipure ancienne [1].

Carré au crochet.

Pour couvre-pieds; dessus d'édredon; housses.

(Coton n° 14.)

Ces jolis carrés se font isolément et se rattachent ensemble par un crochet à chaque feston.

1er tour : une chaînette de 7 mailles dont on réunit la première à la dernière par une demi-bride.

2e tour : 12 demi-brides dans le rond.

3e tour : 7 mailles en l'air, en sauter une, 2 demi-brides. 4 fois de même pour la rangée qui formera ainsi 4 festons.

4e tour : 7 mailles en l'air, 5 demi-brides : les 3 premières à la fin du jour en bas, les deux dernières dans les 2 demi-brides de la rangée précédente, 4 fois de même.

5e tour : 7 mailles en l'air, 7 demi-brides; les 3 paemières toujours dans la fin des jours, les dernières sur les demi-brides, 4 fois de même.

6e tour : mailles en l'air, 9 demi-brides. 4 fois toujours.

7e tour : mailles en l'air, 11 demi-brides.

8e tour : mailles en l'air, 13 demi-brides.

9e tour : 7 mailles en l'air, 15 demi-brides.

10e tour : 7 mailles en l'air, 17 demi-brides.

11e tour : 7 mailles en l'air, 19 demi-brides.

12e tour : 7 mailles en l'air, 21 demi-brides.

13e tour : 7 mailles en l'air, une demi-bride au milieu du jour, 7 mailles en l'air, 19 demi-brides. Commencer sur la seconde maille et en laisser deux derrière à toutes les rangées.

14e tour : 7 mailles en l'air, une demi-bride dans milieu du jour, 7 mailles en l'air, 16 demi-brides.

15e tour : 3 fois 7 mailles en l'air avec demi-brides au milieu des jours, 13 demi-brides.

16e tour : 4 fois 7 mailles en l'air; 10 demi-brides.

17e tour : 5 fois 7 mailles en l'air, 7 demi-brides.

18e tour : 6 fois 7 mailles en l'air, 4 demi-brides.

19e tour : 7 fois 7 mailles en l'air, 1 demi-bride.

Prendre toujours le point double.

Lingerie.

N° 2 et n° 4. — Col et manches en broderie au point russe. Ce point, qui est très-facile, est d'un joli effet exécuté avec de la laine cerise ou noire. — La forme de la parure est de très-bon goût.

N° 5. — Coin de mouchoir. Broderie au plumetis avec œillets point de feston.

N° 7. — Coin de mouchoir.

N° 8. — Dessin pour bande de jupon.

Ce dessin soutaché sur bande de cachemire est d'une très-grande richesse. La bande soutachée est placée sur un jupon de couleur différente. Bande de cachemire rouge sur gris-clair, de cachemire bleu sur noir, etc. [1].

N° 9. — Coin de mouchoir formant papillon.

Broderie au plumetis, au feston et au point d'arme sur les ailes du papillon qui peuvent être en nuances différentes.

N° 10. — Coin de mouchoir au plumetis.

N° 11. — Bande pour bas de jupon ou pantalon.

Nos 12 et 13. — Bandes pour cols, manches ou guimpe.

Nos 14, 15, 16, 17, 18. — Initiales.

Ces initiales peuvent être mélangées avec coton rouge et blanc, bleu et blanc.

La chemisette à pli dont nous donnons le patron sera beaucoup portée cette année. Elle peut être blanche ou en foulard de couleur. Les plis de devant sont ornés d'un entre-deux assorti au col et aux manches. On peut remplacer la broderie par des bandes de guipure blanche ou noir sur transparent. Si la chemisette est en foulard, il faudra se contenter des plis, avec petite dentelle noire étroite, posée au bord du col, des manches et des plis. La nuance écrue avec petits pois de couleur est la plus distinguée pour ce genre de chemisette qui sert de corsage à ceinture.

Presque toutes les robes de printemps se portent avec pardessus pareil, casaque demi ajustée. Les couleurs unies dominent, et les nuances les mieux portées sont le gris foncé et le violet. On voit aussi beaucoup d'étoffes fond noir chiné de blanc ou de marron. Les pardessus n'ont pour toute garniture que de gros boutons en nacre ou en corne.

Les petits chapeaux Empire en tulle noir ornés d'une rose sur le côté ou d'une couronne de pâquerettes, complètent bien ces toilettes simples et de bon goût.

Pour toilettes plus parées, on porte beaucoup de robes de soie à rayures, avec pardessus de velours ou pointe de cachemire ornée de guipure. Les chapeaux en satin blanc ou en tulle de couleur avec ornements de feuillage ou torsades en or très-simples vont bien avec ce genre de toilette.

Les jupes sont toutes taillées en pointes. On peut ainsi moderniser une vieille robe en ajoutant au bas pointes prises sur le haut des lés.

L'ampleur des crinolines diminue. On ne voit de jupons blancs qu'en soirée.

Les patrons et les dessins, excepté celui qui est sur cachemire, sont de la maison Gouyon, renommée par le bon goût de sa lingerie [2].

Cécile REGNARD.

---

1. Le dessin est de la maison Bourguignon, rue du Bac, n° 40, qui fabrique spécialement les lacets ayant toutes les nuances du cachemire et se charge d'en faire l'envoi en province.

2. M. Gouyon, qui expédie en province, se charge aussi d'envoyer du papier calque pour porter les dessins sur étoffe, moyennant l'envoi de 50 centimes en timbres-postes.

---

1. Pour s'éviter ~~l'ennui de faire~~ le filet soi-même, on pourra écrire à M. Gouyon, qui se chargera d'en envoyer en petits carrés ou en bandes, à des prix très-modérés, pour les abonnés du journal.

PETIT MANUEL DE L'INSTRUCTION PRIMAIRE

JOURNAL MENSUEL

DES INSTITUTEURS ET DES INSTITUTRICES.

ÉDUCATION ET ENSEIGNEMENT.

CONCOURS ENTRE LES ÉLÈVES DES ÉCOLES PRIMAIRES DU DÉPARTEMENT DU JURA.

Sujets de composition.

CONCOURS CANTONAL.

14 mars 1866.

Dictée.

L'hiver s'en va ; déjà les hirondelles que nous avions vues partir après la Toussaint reviennent en foule. Plus de frimas, plus de neige, plus de givre. Voici mars et le premier éveil des plantes. Les buis et les sapins qui croissent sur nos monts ont reverdi et les vieilles feuilles ont pris cette couleur jaunâtre qui précède et annonce leur chute. Viennent quelques jours de soleil, quelques brises plus tièdes, et la nature tout entière sera transformée. Mille fleurs perceront à travers la bruyère et répandront leur douce odeur autour des cabanes couvertes de chaume. Qu'ils sont heureux ceux à qui Dieu a donné des loisirs, et qui peuvent en ces beaux jours du printemps parcourir les montagnes et les vallons, les prés et les bois, et entendre les premiers chants des oiseaux se mêlant au doux murmure du ruisseau qui va disparaître! Les habitants des villes ne connaissent pas ces plaisirs que vous, mes enfants, avez goûtés si souvent et goûterez demain encore. Quelque riches qu'ils soient, ils n'ont que des parcs ou plutôt des jardins clos par des murs élevés. Point de grand air, point de vastes horizons. Les pauvres gens essayent de se faire illusion. Aux croisées de leurs mansardes apparaissent des pois de senteur ou des capucines de diverses couleurs attachés soigneusement par des fils de fer. Mais que sont ces jardins, eussent-ils trois ou quatre cent mètres de superficie, ou même deux ou trois mille pieds, à côté de ces campagnes immenses dont vous ne pouvez apercevoir la limite? et que sont ces rares fleurs, qui ont crû à grand'peine sous les toits, à côté des richesparterres que la main de Dieu a semés dans vos bois, dans vos prés et sur vos belles montagnes du Jura?

Calcul.

1° Un grenier a $5^m,30$ de hauteur, $6^m,25$ de longueur, $3^m,18$ de largeur. Il est rempli de blé au $2/5^e$ de sa hauteur : combien contient-il d'hectolitres et de doubles décalitres de blé ?

2e Démontrer que le mètre cube vaut mille décimètres cubes.

3° Trois ouvriers travaillant 7 heures par jour ont fait $6^m,25$ d'étoffe en 4 jours : combien faudrait-il de temps à huit ouvriers travaillant 5 heures par jour pour faire $17^m,35$ de la même étoffe [1]?

CONCOURS D'ARRONDISSEMENT.

22 mars 1866.

Dictée.

La qualité la plus humble en apparence et la moins prisée, mais en réalité la plus précieuse et celle que nous avons rencontrée le moins souvent, c'est le bon sens. N'en doutez pas : les dons brillants de l'intelligence, la facilité de compréhension, le savoir, les grâces même de l'imagination, quelque séduisantes

---

1. Pour bien apprécier la force de ces sujets, il faut savoir que les concurrents appelés à les traiter ne pouvaient avoir plus de treize ans révolus au 1er janvier dernier.

qu'elles soient, sont moins dignes d'être estimés qu'un jugement sûr et droit. Le vulgaire prononce tout autrement. Pareil à ces insectes étourdis qui, le soir, sont attirés par la lumière artificielle des bougies, il se laisse séduire par les esprits faux et superficiels qui brillent d'un éclat trompeur et passager.

Ne vantez point à la foule ces qualités solides ou délicates qu'on nomme tact, jugement, etc., elle ne les aperçoit pas ou les dédaigne. Mais qu'elle rencontre un homme léger de sens et d'instruction, fécond en paroles plutôt qu'éloquent, disant son mot sur tout avec d'autant plus d'aplomb qu'il n'a jamais réfléchi ni sondé le fond des choses, alors elle écoute, admire et applaudit. Il est vrai que demain peut-être elle reconnaîtra le peu de justesse des appréciations qu'elle a formulées et ne verra que niaiserie et vanité là où elle avait cru voir talent et science, mais en attendant ce demain qui parfois n'arrive pas ou n'arrive que trop tard, le sot à la mode marche tête levée, traverse triomphalement les rangs de la multitude et voit presque tous les fronts inclinés devant lui.

Calcul.

1° Démontrer que dans une multiplication on peut mettre le multiplicateur à la place du multiplicande, et réciproquement, sans que le produit soit changé.

2° Un marchand achète 25 hect. 58 lit. de vin vieux à raison de 43 fr. 35 c. l'hect. ; il les verse dans un tonneau qui contenait déjà 31 hect. 17 lit. de vin nouveau acheté à raison de 24 c. le litre : combien devra-t-il vendre le litre de ce mélange pour gagner 316 fr.?

3° On offre à un propriétaire 30 000 fr. pour un terrain de 2 ares 5 ; il refuse. Un jury d'expropriation lui alloue 126 fr. par mètre carré, combien a-t-il gagné en refusant?

CONCOURS DÉPARTEMENTAL.

27 mars 1866.

Dictée.

Aveuglés par les préjugés ou par les passions, la plupart des hommes reprochent à Dieu d'être l'auteur de nos afflictions et de rester sourd à nos gémissements et à nos prières. Il nous semble superflu de montrer que l'Etre infiniment bon et infiniment juste n'a point fait nos maux, et que, quelque misérables que nous soyons, la plus grande partie de nos misères vient de nous.

Mais devons-nous accueillir ou laisser passer ces accusations lancées contre la Providence, ces plaintes si peu fondées, si souvent exprimées, qui vont chaque jour se popularisant davantage et que nous avons entendu répéter même par des personnes instruites? Il n'est pas exact de dire que le Créateur demeure froid ou distrait à la vue des douleurs et des calamités qui assaillent la créature. C'est oublier qu'il est notre Père, et que son amour pour ses enfants est infini. Les épreuves auxquelles il nous soumet sont toujours proportionnées à nos forces. Les peines et les soucis dont nous sommes assiégés, il les permet non pour nous affliger, mais pour que nous puissions mériter les joies éternelles qu'il a réservées à ceux qui ont bien vécu. Il y a plus : notre voix est toujours entendue de lui, et nos prières sont toujours exaucées, lorsque nous l'invoquons du fond de notre cœur, et lorsque nous ne lui demandons que des biens véritables. Dieu sait ce qui nous sied, et s'il feint quelquefois de ne nous pas entendre, c'est que nos vœux sont insensés.

Priez donc avec confiance, mes chers enfants, et soyez convaincus que, quelque petits que vous soyez, et quelle que soit votre condition, votre cri de détresse montera jusqu'au Trône du Tout-Puissant; Priez, et si vous avez des peines, elles seront adoucies.

priez, et si vous avez commis quelques fautes, Dieu guérira vos remords en vous inspirant le repentir et en vous fortifiant dans la volonté d'éviter de nouvelles chutes. Croyez-le bien, chers enfants, ceux-là seuls prétendent que la prière est inefficace, qui n'ont jamais prié ou qui n'ont demandé à Dieu que des choses futiles ou des biens pernicieux.

Calcul.

1° Démontrer que l'hectare vaut dix mille mètres carrés.

2° Un vase rempli d'eau de mer pèse 67 kil. 850, et vide 9 kil. 125; combien contient-il de litres? On sait que le litre d'eau de mer pèse 102 décag. 6.

3° Quatre laboureurs travaillant 7 heures 12 minutes par jour, ont ensemencé en 7 jours un champ de 98 ares; on demande quel temps il faudrait à cinq laboureurs, travaillant 6 heures 15 minutes par jour, pour ensemencer un terrain d'une contenance de 27 885 mètres carrés?

4° Un marchand vend du vin pour une somme de 17 033 fr. 25 et gagne 7 fr. 75 pour cent sur le prix d'achat, combien avait-il payé ce vin [1]?

(Extrait du *Journal du Jura et de la Franche-Comté*.)

COURS DE PLAIN-CHANT. (2° Leçon)

(Suite.)

Le changement de clef s'opère le plus souvent au commencement de la portée. Il est donc nécessaire au chanteur de jeter les yeux sur la position de la clef à chaque portée. Pour éviter les erreurs si faciles à commettre dans cette circonstance, on a imaginé de placer à l'extrémité de chaque portée un petit signe appelé guidon.

Ce signe est toujours placé sur la ligne ou dans l'interligne que doit occuper la première note de la portée suivante. Si le chanteur voit que cette première note de la portée suivante ne correspond pas avec l'indication du guidon, il acquiert immédiatement la certitude d'un changement de clef.

Les antiphonaires manuscrits de la plus belle époque n'offrent pas de petites lignes supplémentaires. Nous avons vu que les écrivains traçaient sans hésiter une ligne et même plusieurs au-dessus de la portée; mais la hauteur des lettres gothiques remplissant généralement l'intervalle compris entre les portées, on conçoit que l'addition d'une petite ligne supplémentaire ait pu jeter quelque confusion dans le texte.

Les meilleures éditions du plain-chant romain sont restées fidèles à ce système, c'est-à-dire qu'on y a rejeté l'usage des petites lignes supplémentaires. Mais au lieu d'ajouter une cinquième ligne, on a changé la position des clefs autant de fois que l'étendue d'un morceau le réclamait.

Il est indispensable d'apprendre à reconnaître facilement le nom des notes d'après leur position à toutes les clefs.

Nous recommandons sur toutes choses de conserver, quand on doit lire un morceau, le souvenir de la position de la clef. Cette méthode est plus sûre et plus utile en vue du résultat qu'on se propose que celle

---

1. Voir plus loin, p. 119, la solution de ces trois derniers problèmes. Notre prochain numéro contiendra la solution des problèmes donnés au concours d'arrondissement et au concours cantonal.

plus facile en apparence de la relation des notes entre elles.

Nous ne mentionnerons que pour mémoire la clef appelée de G ré, sol, qui servait autrefois à la notation des pièces de chant dont l'étendue dépassait les limites ordinaires. On la trouve dans les anciens livres liturgiques de Sens et d'Auxerre.

Dans le règlement pour l'enseignement de la musique dans les écoles normales primaires (arrêté ministériel du 30 janvier 1865), la lecture musicale sur les clefs de sol et de fa est seule exigée; l'étude des clefs d'ut a été considérée comme trop compliquée, en vue surtout des résultats qu'on désirait obtenir. Mais on voit qu'elle est indispensable pour l'exécution du plain-chant, et c'est ici le lieu d'établir la différence qui existe sous ce rapport entre les deux genres de musique.

En effet, en ce qui concerne la musique moderne, la connaissance des clefs d'ut sur les quatre premières lignes et de la clef de fa sur la troisième ligne n'est véritablement nécessaire qu'aux artistes de profession, lesquels se trouvent en présence d'anciennes partitions, ou de parties d'orchestre écrites à l'aide de ces clefs. Il est clair qu'on ne peut être un musicien complet ni un accompagnateur habile si on ne lit pas sur toutes les clefs, au point de les supposer mêmes là où elles n'existent pas, et de les substituer les unes aux autres dans tel ou tel cas donné de transposition.

Mais les auteurs du règlement n'ont pas eu en vue de former des artistes de profession, des virtuoses et encore moins des compositeurs et des chefs d'orchestre, mais bien des musiciens du second degré, de bons lecteurs de la musique courante tant vocale qu'instrumentale. Or, il est constant que non-seulement les solféges employés dans les établissements d'instruction, les chœurs et morceaux d'ensemble, les méthodes de piano et d'harmonium ne sont écrits que sur les clefs de sol et de fa; mais encore que les partitions réimprimées depuis plus de vingt ans n'offrent que ces deux clefs, et que par conséquent il n'y a pas lieu d'imposer à des instituteurs primaires des difficultés qui ont été simplifiées pour l'immense majorité du public musicien.

Quant à la lecture du plain-chant, elle ne saurait être rendue plus simple et plus rapide par la lecture des clefs d'ut sur la portée de cinq lignes, et en voici quelques raisons : 1° La portée de quatre lignes offre à l'œil un aspect tout autre que celui de la portée ordinaire.

2° La clef d'ut sur la première ligne n'est jamais employée.

3° La clef d'ut sur la deuxième ligne ne l'est pas davantage.

4° La clef de fa sur la troisième ligne est la seule qui offre une analogie avec la clef de fa sur la quatrième de la musique moderne à cause de la ligne qui la surmonte et qui aide à la lecture.

On ne se sert dans le plain-chant que de la clef d'ut sur la quatrième ligne pour les 1er, 3e, 4e, 6e et 8e modes ; de la clef de fa sur la troisième ligne pour les 5e et 7e modes dont les échelles diatoniques sont les plus élevées.

En somme, la connaissance ultérieure du plain-chant sera beaucoup plus directement préparée par la formation de la voix et l'exercice des intonations que par la lecture sur la portée de cinq lignes, la séméïographie des deux genres de musique offrant des différences trop notables. Que de fois n'avons-nous pas été témoin de l'incapacité de musiciens de profession, d'artistes doués d'ailleurs d'un certain mérite et qui en présence d'un morceau de plain-chant ne pouvaient en exécuter une ligne sans perdre l'intonation !

Les transcriptions du plain-chant sur la portée de cinq lignes avec la clef de sol peuvent être considérées comme très-utiles pour le faire exécuter par les personnes du monde, les enfants, les musiciens amateurs qui, ne se destinant pas à la profession de chantres, désirent néanmoins être initiés aux beautés mélodiques du chant liturgique. Mais encore une fois, ces transcriptions ne peuvent servir en rien à l'étude du plain-chant, de ses tonalités, de ses règles qui forment un système bien déterminé dont les signes et la nomenclature doivent être fidèlement conservés parce qu'ils expriment avec la plus parfaite clarté depuis sept siècles une théorie musicale qui n'a pas changé. Dans une prochaine leçon, nous entretiendrons nos lecteurs des valeurs des notes, et j'espère que cette question ne sera pas la moins intéressante de celles que nous avons à traiter.

(La suite prochainement.)

Félix Clément.

EXERCICES DIVERS A L'USAGE DES CLASSES.

SCIENCES PHYSIQUES ET NATURELLES.

Réponses aux questions proposées par les commissions d'examen aux aspirants au brevet complet et aux aspirantes au brevet de premier ordre.

Fabrication du vinaigre[1].

Le vinaigre peut être regardé comme un mélange d'eau et d'acide acétique, auquel se trouvent jointes accidentellement des matières diverses suivant le mode de fabrication.

L'acide acétique[2], au maximum de concentration, a pour formule $C^4H^3O^3,HO$. C'est donc un acide monohydraté. Aux températures basses, il se présente sous la forme d'une masse solide et cristalline, qui fond à 16° et donne un liquide d'une odeur vive et pénétrante, d'une saveur franchement acide, dont la densité diffère peu de celle de l'eau. Dans cet état de concentration, il est très-corrosif, détermine des ampoules sur la peau et peut être employé comme cautérisant contre les piqûres des abeilles, des guêpes, des cousins, etc. Il bout à 120° et brûle avec une belle flamme bleue, en se décomposant en eau et en acide carbonique.

L'acide acétique est un produit de l'oxydation de l'alcool. Cette oxydation peut être déterminée de diverses manières. Si l'on place sous une cloche de verre munie d'une tubulure à la partie supérieure une capsule contenant de la *mousse de platine*, et que sur ce métal on fasse couler de l'alcool goutte à goutte, la température s'élève rapidement, au point que la mousse de platine peut devenir incandescente, et l'on voit se former des vapeurs qui viennent se condenser et ruisseler sur les parois de la cloche ; le liquide recueilli est de l'acide acétique presque pur. L'expérience peut aussi se faire en mettant la mousse de platine dans une petite nacelle qu'on fait flotter sur une couche d'alcool, le tout étant recouvert d'une cloche de verre dans laquelle on laisse à l'air un libre accès.

Sous l'influence de certains ferments organiques, l'alcool peut aussi s'oxyder aux dépens de l'oxygène de l'air. Toutes les substances albuminoïdes sont propres à déterminer ce phénomène chimique. Les liqueurs spiritueuses chargées d'une notable quantité de ces matières s'aigrissent plus ou moins vite au contact de l'air et se changent en vinaigre.

L'acide acétique est encore un des produits très-complexes que fournit la distillation du bois. Dans ce cas il porte le nom d'*acide pyroligneux*, et on l'emploie, bien que très-impur, à certains usages in-

---

1. Ressort de l'académie de Nancy, deuxième session de 1865.
2. Acétique, du mot latin *acetum*, vinaigre.

dustriels, particulièrement à la fabrication des acétates.

Pour obtenir le vinaigre destiné aux usages domestiques, on se sert presque exclusivement de vin. Toute liqueur alcoolique contenant environ un dixième d'alcool serait propre à cette fabrication. Dans les maisons particulières où l'on n'a besoin que d'une médiocre quantité de vinaigre, on se contente d'abandonner une certaine quantité de vin à l'action de l'air, dans un fût à demi plein et non bouché. Le vin s'aigrit plus ou moins vite suivant sa richesse en matières albuminoïdes. Certains vins du Midi subissent rapidement cette altération, les vins nouveaux surtout, parce qu'en vieillissant, le vin se débarrasse des subtances albuminoïdes qui se coagulent et se déposent au fond des tonneaux. Pour hâter la fermentation acétique, il est bon de délayer dans le liquide un peu de levûre de bière.

Pendant la fermentation, il se sépare du liquide une matière mucilagineuse, qu'on a nommé *mère du vinaigre*, laquelle active beaucoup l'acétification. A la surface de la liqueur se développe aussi une sorte de végétal microscopique, le *mycoderme du vinaigre*, qui aide à l'oxydation de l'alcool, ainsi qu'il résulte de travaux assez récents de M. Pasteur. Lorsqu'on reverse du vin dans le tonneau à vinaigre, il est bon de se servir d'un entonnoir dont le goulot plonge dans le liquide afin de ne pas submerger et détruire la couche mycodermique déjà formée.

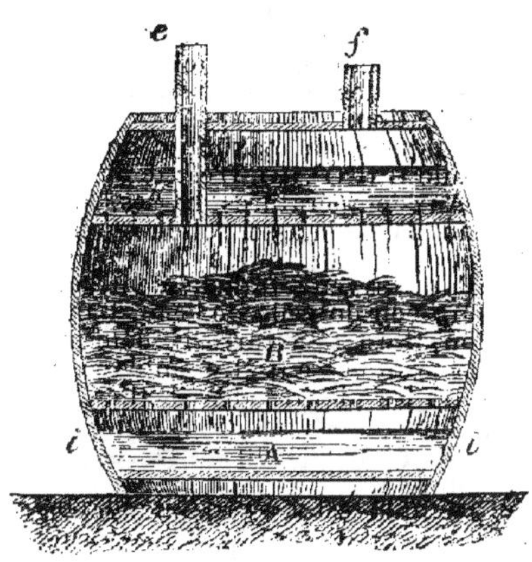

La préparation du vinaigre en grand se fait de la manière suivante, à Orléans, ville dont la réputation est depuis longtemps établie pour ce genre de produits.

Dans un atelier chauffé à 35° environ sont disposés des tonneaux dont les parois, par suite d'un long service, sont imprégnées de matières organiques propres à jouer le rôle de ferment. On les remplit à moitié de vinaigre bouillant : tous les huit jours, on verse par-dessus une dizaine de litres de vin, et on tire par un robinet adapté à la partie inférieure une quantité égale de vinaigre. Le vin qu'on ajoute a d'abord été filtré sur des copeaux de hêtre qui lui abandonnent une matière azotée fermentescible. Ce procédé donne des produits excellents, mais il est bien long, et il exige un emplacement considérable et de vastes ateliers, si l'on veut obtenir une certaine quantité de vinaigre.

La méthode que nous allons décrire est beaucoup plus expéditive, mais elle offre aussi des inconvénients. La liqueur alcoolique, à laquelle on a ajouté environ un millième de jus de betterave ou de pomme de terre, de petite bière ou de tout autre liquide fermentescible, est versée à la partie supérieure C d'un tonneau (voir la figure), par un tube *f*. Sous l'influence de la pression atmosphérique, le liquide passe de la partie supérieure C à la partie moyenne B à travers de petits trous ménagés dans la paroi de séparation, et de chacun desquels pend une ficelle re-

tenue par un nœud au-dessus du trou. Le liquide coule goutte à goutte sur des copeaux de hêtre qui remplissent le compartiment B, et qu'on a préalablement imbibés de moût de bière aigri ou de vinaigre concentré. Il présente ainsi une large surface à l'action oxydante de l'air, et l'acétification s'opère sous l'influence du ferment contenu dans la liqueur et des matières albuminoïdes du bois. Le vinaigre formé s'écoule par de petites ouvertures dans la partie inférieure du tonneau A, d'où on le retire chaque fois que cela est nécessaire.

La fermentation produit dans le tonneau une élévation de température et détermine un courant d'air qu'on favorise au moyen de trous percés sur les douves du tonneau à la hauteur *i* du compartiment inférieur, et d'un tube *de* qui fait communiquer le compartiment moyen B avec l'extérieur. L'air appelé par les ouvertures *i* traverse les copeaux de hêtre et s'échappe par l'ouverture *e*. L'acétification de la liqueur alcoolique s'accomplit rapidement; d'ordinaire une quarantaine d'heures suffit. Ce procédé, employé en Allemagne, serait donc bien supérieur au procédé orléanais, s'il ne donnait lieu à une perte considérable de matière. En effet, le courant d'air entraîne par le tube *de* une quantité de vapeur d'autant plus grande que la fermentation est plus rapide et le liquide plus échauffé, le vinaigre étant d'ailleurs très-volatil. Si le liquide passé dans le récipient inférieur n'était point suffisamment acétifié, on le verserait de nouveau dans la partie supérieure du tonneau.

Le vinaigre de table est rouge ou presque incolore suivant qu'on l'a fabriqué avec du vin rouge ou du vin blanc. Celui-ci est généralement préféré.

Lorsqu'on abandonne au contact de l'air du vinaigre médiocrement concentré, il s'y développe des animalcules filiformes connus sous le nom d'*anguillules* du vinaigre. Ces petits serpentaux, aux mouvements vifs et rapides, acquièrent un développement assez considérable pour qu'on puisse les apercevoir à l'œil nu, comme des filaments blanchâtres qui atteignent jusqu'à deux ou trois millimètres de longueur. Il ne paraît point qu'ils communiquent au vinaigre aucune qualité fâcheuse ; on peut du reste les en séparer par la filtration. Dans les tonneaux qui servent à la fabrication du vinaigre d'Orléans, au bout d'un certain temps on trouve parfois sur la paroi inférieure une couche épaisse de ces animalcules, qui, d'après les observations de M. Pasteur, joueraient un rôle nuisible dans la production acétique.

L'acide acétique et le vinaigre du commerce contiennent quelquefois une certaine quantité d'acide sulfurique frauduleusement ajouté pour en augmenter la force. On peut reconnaître la présence de cet acide en évaporant une portion du vinaigre où l'on a mis du sucre; quand le liquide se trouve suffisamment concentré, le sucre charbonne sous l'influence de l'acide sulfurique.

Le soufre [1].

Propriétés. — Le soufre est un des corps les plus répandus dans la nature, soit isolé, soit en combinaison avec divers métaux. Isolé, on le trouve quelquefois en cristaux réguliers à peu près purs: mais le plus souvent il est mélangé avec des matières terreuses. En combinaison, il fait partie intégrante du plâtre (sulfate de chaux), des pyrites de fer, de cuivre et autres sulfures. Beaucoup de végétaux en contiennent dans leurs tissus ; telles sont les plantes de la famille des crucifères, le chou, la rave, le radis, la moutarde, etc. Enfin, il se rencontre aussi dans plusieurs matières animales, l'albumine, la caséine,

1. Ressort de l'Académie de Toulouse, département de l'Aveyron, deuxième session de 1863; ressort de l'Académie de Nancy, deuxième session de 1865.

la fibrine, etc.[1]. C'est une combinaison gazeuse de soufre et d'hydrogène, l'acide sulfhydrique qui donne aux œufs *couvis* leur odeur infecte.

Le soufre, à la température ordinaire, est un corps solide, jaune citron, dont la densité est 3,03. Il conduit très-mal la chaleur et l'électricité. Un bâton de soufre que l'on tient dans la main fait entendre des crépitements et ne tarde pas à se briser en plusieurs morceaux; ce qui tient à l'inégale dilatation des parties superficielles chauffées par la main et de la masse centrale que n'atteint pas la chaleur. Lorsqu'on chauffe du soufre au-dessus de 111°, il commence à se fondre et donne un liquide jaune serin d'une parfaite limpidité. Si l'on continue à chauffer, on observe des phénomènes très-remarquables : le liquide prend une couleur de plus en plus foncée et perd de sa fluidité; vers 160° il est brun et coule difficilement; à 200°, il est tellement visqueux qu'on peut renverser le vase qui le contient, sans qu'il s'écoule. Sa couleur est alors d'un brun foncé. Au-dessus de 200°, le soufre reprend une partie de sa fluidité, mais la couleur reste rougeâtre. Vers 400° (suivant **M. Regnault**) ou 448° (suivant M. Payen), il entre en ébullition et donne des vapeurs incolores. Ces vapeurs condensées sur les parois d'un récepteur forment de la *fleur de soufre*, c'est-à-dire du soufre en poussière très-fine.

Si, tandis que le soufre fondu est à 230 ou 240°, température à laquelle il est redevenu à peu près fluide, on le verse en filet, dans de l'eau froide, on obtient une matière molle et élastique, analogue au caoutchouc, et qui peut conserver quelque temps ces nouvelles propriétés. Mais au bout de quelques jours elle a repris la dureté ordinaire du soufre, sans perdre sa nuance brune.

Nous avons dit que le soufre se rencontre dans la nature à l'état de cristaux. Ces cristaux sont octaédriques. On peut faire cristalliser du soufre en le laissant refroidir après l'avoir fondu un peu au-dessus de 111°; lorsque la partie supérieure du liquide s'est solidifiée, on la perce et on fait écouler par l'ouverture le liquide qui reste encore à l'intérieur. On observe alors dans le vase, fixées aux parois, de longues aiguilles prismatiques, transparentes, de la même nuance jaune clair que le liquide. Le soufre peut donc cristalliser sous deux formes différentes : c'est la propriété connue sous le nom de *dimorphisme*.

Les cristaux prismatiques perdent rapidement leur transparence, deviennent friables et présentent alors la forme octaédrique des cristaux naturels. On peut obtenir directement cette forme, en faisant dissoudre le soufre dans du sulfure de carbone qu'un laisse ensuite s'évaporer spontanément.

Extraction. — Le soufre à l'état natif se trouve souvent dans les contrées volcaniques, mêlé aux cendres de certains cratères éteints qu'on nomme *solfatares*. A Cransac (Aveyron), les fissures de la *montagne qui brûle* sont tapissées de soufre en fleur abandonné sans cesse par les vapeurs du feu souterrain. Mais les principaux gisements du soufre consistent en des amas irréguliers placés à une médiocre profondeur dans des terrains de formation crayeuse. Tels sont ceux qu'on exploite en Sicile, et d'où nous vient la majeure partie du soufre employé en Europe.

Le minerai exploité en Sicile contient de 30 à 60 pour 100 de soufre, mélangé de matières terreuses. Ce minerai est d'abord fondu dans de grandes chaudières, les terres tombent au fond, et le soufre qu'on retire avec des cuillers est versé dans des vases en tôle dont il se sépare facilement en refroidissant.

Quoique encore très-impur, il est exporté dans cet état sous le nom de *soufre brut*.

Une autre méthode d'extraction beaucoup plus grossière consiste à accumuler le soufre impur dans des fosses ou en meules comme celles dans lesquelles on prépare le charbon de bois. On y met ensuite le feu, et la chaleur développée par la combustion d'une partie du soufre fait fondre le reste qui se trouve ainsi plus ou moins débarrassé des matières étrangères. Mais ce procédé, qui fait perdre plus d'un tiers du soufre est aujourd'hui généralement abandonné, et le soufre brut se prépare par distillation dans des pots de terre chauffés dans un fourneau de forme allongée nommé *fourneau de galère*. Ces pots, remplis de minerai, communiquent, chacun par un tuyau, avec des pots servant de récipients, où se rend le soufre distillé, et qu'on ouvre de temps en temps pour recevoir le soufre fondu dans des baquets pleins d'eau.

Dans cette distillation grossière, le soufre entraîne une certaine quantité de matières terreuses. Pour en achever la purification, on le distille une seconde fois, mais avec plus de soin. Le soufre est fondu et porté à l'ébullition dans une chaudière de fonte faisant office de cornue, et les vapeurs sont amenées dans une vaste chambre en maçonnerie, dans laquelle elles se condensent d'abord en fine poussière. Si l'on veut conserver le soufre *en fleur*, on ne permet pas à la chambre de s'échauffer au-dessus de 111°. Mais si on veut l'obtenir en bâtons, on opère dans une chambre plus petite dont les parois arrivent bientôt à dépasser cette température; alors le soufre se fond, se réunit sur le sol de la chambre et coule par une petite rigole au sortir de laquelle il est reçu dans des moules coniques en bois de sapin, mouillés mais bien égouttés. Le soufre extrait de ces moules est le *soufre en canons* du commerce.

Quelques précautions qu'on prenne, la fleur de soufre contient toujours une très-faible quantité d'acide sulfurique dont on reconnaît la présence par la réaction sur le papier bleu de tournesol. On enlève cet acide par quelques lavages à l'eau.

Usages. — Le soufre a un grand nombre d'usages. Il sert à la fabrication des allumettes, des mèches soufrées, de pommades ou onguents pharmaceutiques propres à guérir les maladies de la peau, de la matière tinctoriale nommée *outremer artificiel*, et urtout de l'acide sulfurique qui sert lui-même à la préparation de tous les acides.

On l'emploie aussi à la *vulcanisation* du caoutchouc, opération par laquelle cette matière si utile devient insensible aux variations de température atmosphérique, ne se durcit plus par les temps froids, et ne se ramollit point par les chaleurs et conserve toujours son élasticité. Enfin le soufre sert à prendre des empreintes pour les moulages, et encore à sceller le fer dans les pierres, quand ces pierres peuvent renfermer un peu d'eau dans leurs interstices.

En France on consomme annuellement 60 millions de kilogrammes de soufre. L'Angleterre en emploie 68 millions, et la consommation augmente d'année en année.

Qu'est-ce que le sel de cuisine? Comment l'obtient-on tel qu'on le livre au commerce[1]?

Le sel de cuisine est un composé de sodium et de chlore, dont la formule chimique $NaCl$ indique qu'il contient un équivalent de chacun de ces deux corps. Tel qu'on le trouve dans le commerce, le sel de cuisine *blanc* peut être regardé comme du chlorure de sodium pur. Mais, à l'état de *sel gris*, il contient environ 12 pour 100 de matières étrangères, particulièrement

---

1. D'après M. Payen, sur 11 kilogrammes, poids moyen de la chair musculaire desséchée d'un homme, il y a 100 grammes de soufre, soit un cent dixième environ.

1. Ressort de l'Académie de Besançon, première session de 1865.

du chlorure de magnésium qui le rend déliquescent et lui donne une saveur un peu plus prononcée que celle du sel blanc. Aussi dit-on généralement que le sel blanc *sale moins* que le sel gris.

Le chlorure de sodium est à peu près également soluble dans l'eau à chaud et à froid. Un litre d'eau, c'est-à-dire 1 kilogramme, peut dissoudre 370 grammes de sel. A mesure qu'une pareille dissolution s'évapore, le chlorure de sodium cristallise en cubes. Lorsque l'évaporation est rapide, les cristaux sont très-petits et se groupent en s'accolant de manière à former des pyramides à quatre pans, creuses à l'intérieur, qui présentent l'aspect de gradins; c'est ce qu'on appelle la cristallisation en *trémies*. Les cubes sont plus gros et peuvent atteindre d'assez grandes dimensions, lorsque la cristallisation se fait lentement.

Ces cristaux cubiques sont anhydres; mais, dans les temps humides, ils enlèvent de l'eau à l'atmosphère et se mouillent; lorsque le temps devient sec, ils abandonnent de nouveau cette eau. Jetés sur le feu, ils décrépitent, ce qu'on attribue à la présence d'une petite quantité d'eau qui est demeurée interposée entre les couches cristallines : la décrépitation pourrait provenir aussi d'un défaut de conductibilité pour la chaleur. Le chlorure de sodium fond à la chaleur rouge et donne même, à cette température, des vapeurs très-sensibles.

Le sel de cuisine est un corps très-répandu dans la nature. Il se trouve en dissolution dans les eaux de la mer et dans celle des lacs et des sources salés (en Amérique, dans la Lorraine, dans la Franche-Comté, etc.), et même, mais en proportion très-faible, dans la plupart des eaux douces. Dans l'intérieur de la terre, il forme souvent des amas considérables, de vraies mines de sel, dont les plus connues sont celles de Vieliczka en Pologne, de Cardone en Espagne, et celles de Dieuze et de Château-Salins en France.

On tire le sel soit de la mer, soit des mines dont nous venons de parler, et on le désigne, suivant la provenance, sous le nom de *sel marin* ou de *sel gemme*. Le sel des mines porte aussi le nom de *sel en roche*.

Sel gemme. — Lorsque le sel gemme est blanc et parfaitement pur, on l'extrait immédiatement du sol par une exploitation à ciel ouvert, s'il n'est pas trop éloigné de la surface, ou en l'exploitant par puits et galeries, comme dans les mines de houille, s'il se trouve à une certaine profondeur. Le sel ainsi obtenu présente un clivage cubique très-prononcé. On le réduit en poudre dans des moulins et il est ainsi livré au commerce.

Quelques variétés de ce sel présentent la singulière propriété de décrépiter lorsqu'on les dissout dans l'eau, ce qui est dû à une certaine quantité de gaz hydrogène protocarboné enfermé dans les cristaux, d'où il s'échappe en brisant les parois des cavités qui l'emprisonnent, quand la dissolution les a suffisamment amincies.

Le sel gemme est souvent coloré en jaune ou en rouge par de l'oxyde de fer, ou mélangé avec des matières étrangères. Dans ce cas, on le dissout dans l'eau et on le purifie en le faisant cristalliser. C'est généralement dans la mine même que se fait la dissolution.

On perce un trou de sonde d'une quinzaine de centimètres descendant du sol jusque vers le milieu de la masse de sel. Dans ce trou on adapte un tuyau de cuivre [1] fermé à la partie inférieure, mais percé de petites ouvertures comme une écumoire. Entre les parois du trou et le tuyau on verse de l'eau; cette eau arrivant au contact du sel, en dissout une certaine quantité, devient plus dense, tend à gagner le fond et pénètre dans le tuyau où elle s'élève à une hauteur un peu moindre que l'eau non salée entourant le tuyau, de façon que les deux colonnes liquides se fassent équilibre. La densité de l'eau étant prise pour unité, celle de l'eau saturée de sel est 1,2; d'après cela, on voit que si le puits a, par exemple, une profondeur de 120 mètres, lorsque l'eau monte autour du tuyau jusqu'à l'orifice, l'eau salée dans le tuyau s'élèvera seulement à $120^m \times \dfrac{1}{1,2} = 100^m$. Il faut amener cette eau salée à l'extérieur au moyen d'une pompe. Le liquide qu'on retire d'abord est peu chargé de sel; mais au bout de quelques mois d'exploitation, il arrive entièrement saturé, c'est-à-dire contenant 27 pour 100 de sel (ce qui correspond à 37 de sel pour 100 d'eau pure).

L'eau salée, extraite du trou de sonde, est amenée dans de grandes chaudières et soumise à l'ébullition. Elle laisse tout d'abord déposer une grande partie des sels étrangers, tels que les sulfates de chaux et de soude qui forment une croûte solide sur les parois des chaudières. Après cette première concentration, l'eau est conduite dans d'autres chaudières où se forme la cristallisation du sel, qu'on retire à mesure pour le faire égoutter et ensuite sécher dans des armoires où circule de l'air chaud.

Certaines sources, en sortant de terre, se trouvent assez chargées de sel, par suite des amas qu'elles ont traversés, pour qu'on puisse exploiter ce sel avec avantage. Cependant elles sont toujours assez éloignées du point de saturation; et pour diminuer la dépense de combustible nécessaire à l'évaporation, on commence la concentration de ces eaux en les faisant couler lentement sur de larges surfaces (formées de fagots d'épines) exposées autant que possible à l'action du vent. L'évaporation s'achève comme précédemment dans des chaudières, et en deux périodes, dont la première appelée *schlotage* est employée à séparer une grande partie des sels étrangers, et dont la seconde nommée *salinage* ou *soccage* fournit les cristaux de sel purifié.

Sel marin. — La principale source d'extraction du sel est la mer, d'où on le retire par deux procédés différents. Le premier de ces procédés, qui ne peut être employé que dans les pays exposés à un froid très-vif, par exemple sur les bords de la mer Blanche, consiste à faire congeler une certaine quantité d'eau de mer; la glace qu'on sépare ne contient que de l'eau, et le liquide restant est alors une dissolution assez concentrée pour qu'on puisse l'évaporer avec avantage par le feu.

Le second procédé est en usage dans les pays chauds et sur nos côtes : l'eau de la mer, recueillie dans de grands bassins peu profonds, s'évapore spontanément et laisse déposer le sel.

Voici quelle est en moyenne la composition de l'eau de l'Océan. Sur un kilogramme de ce liquide, il y a :

964ᵍʳ54 d'eau,
25 10 de chlorure de sodium,
 4 00 de chlorures de potassium et de magnésium,
 5 93 de sulfates de magnésie et de chaux,
 9 43 d'autres matières.

1000 00

L'eau de la Méditerranée contient un peu plus de sel, environ 27 grammes par kilogramme.

A la marée haute, un long canal amène l'eau dans un premier bassin où elle abandonne les sels de chaux et les matières qu'elle tient en suspension. Elle parcourt ensuite successivement, et avec une très-faible vitesse, une série de compartiments vastes et peu profonds où elle se concentre de plus en plus en abandonnant la plus grande partie de son sel. Cette série de bassins constitue ce qu'on appelle un *marais salant* ou simplement un *salin*.

Le sel, retiré à la pelle des derniers bassins, est amoncelé sous forme de tas allongés qu'on nomme *vaches* dans certains endroits, et *camelles* dans d'autres. On le recouvre d'une couche d'argile et on le

---

1. Le cuivre est attaqué assez rapidement par les dissolutions étendues de sel; mais les dissolutions concentrées ont une action moins énergique.

laisse ainsi exposé à l'humidité qui le débarrasse des sels déliquescents. On obtient de cette manière le *sel gris*, employé tel quel à un grand nombre d'usages.

Pour purifier le sel gris et lui donner la blancheur exigée sur nos tables ; on le dissout dans l'eau, en ajoutant de la chaux qui précipite la magnésie ; on décante, et on évapore en deux périodes, comme pour le sel des sources salées.

Le sel marin est employé, non-seulement dans l'alimentation de l'homme et des animaux domestiques, mais aussi, et en quantités considérables, dans les arts industriels pour la préparation du chlore, de l'acide chlorhydrique et du sulfate de soude. Quelques agriculteurs pensent aussi qu'il peut servir utilement à l'amendement des terres.

L. Marcel DEVIC.

ARITHMÉTIQUE.

Problèmes divers.

1er Problème. — Un vase rempli d'eau de mer pèse $67^k,850$, et vide $9^k,125$. Combien contient-il de litres, sachant que le litre d'eau de mer pèse $102^{décag},6^1$?

Solution. — Le poids de l'eau de mer que renferme ce vase est :

$$67^{kilog},850 - 9^{kilog},125 = 58^{kilog},725.$$

Mais 1 litre d'eau de mer pèse

$$1^{kil\,g},026;$$

la capacité du verre est donc :

$$\frac{58,725}{1,026} = 57^l,24,$$

à $\frac{1}{2}$ centilitre près par excès.

2e Problème. — Un marchand vend du vin pour une somme de $17033^f,25$ et gagne $7^f,75$ pour 100 sur le prix d'achat. Combien avait-il payé ce vin[2] ?

Solution. — Le marchand vend $107^f,75$ ce qu'il a payé 100^f ; donc autant de fois $107^f,75$ dans le prix de vente $17033^f,25$, autant il y aura 100^f dans le prix d'achat. Ce prix d'achat est donc :

$$\frac{17033,25 \times 100}{107,75} = \frac{68133 \times 100}{431},$$

ou

$$15808^f,12.$$

3e Problème. — Pour labourer et ensemencer un champ de 98 ares, on a employé pendant sept jours 4 ouvriers, qui ont travaillé 7 heures 12 minutes par jour, en moyenne. On veut faire la même opération pour un terrain dont la contenance est de 27 885 mètres et qui se trouve dans les mêmes conditions, mais on ne peut disposer que de 5 ouvriers, et ils ne travailleront chaque jour que 6 heures et 15 minutes. Combien emploieront-ils de jours[3] ?

Solution. — Le nombre d'heures de travail qu'un

---

1. Concours départemental du Jura.
2. Concours départemental du Jura.
3. Concours départemental du Jura.

seul homme mettrait pour cultiver le premier terrain de 8 ares est :

$$7 \times \left(7 + \frac{1}{5}\right) \times 4 = \left(28 + \frac{4}{5}\right) \times 7,$$

ou

$$196 + \frac{28}{5} = 196 + 5 + \frac{3}{5} = 201^h + \frac{3}{5};$$

et par suite, pour cultiver 1 are de terrain ou 100 mètres carrés, il faudrait

$$\left(201 + \frac{3}{5}\right) : 98 = \frac{1008}{5 \times 98} = \frac{504^h}{5 \times 45}.$$

Pour cultiver 27885 mètres carrés, il faudra qu'un seul ouvrier travaille pendant un nombre d'heures égal à

$$\frac{504 \times 27885}{5 \times 49 \times 100} = \frac{504 \times 5577}{49 \times 100},$$

ce qui revient à dire que 5 ouvriers doivent employer chacun un nombre d'heures marqué par l'expression

$$\frac{504 \times 5577}{5 \times 49 \times 100},$$

et comme chaque journée est de 6 heures un quart, le nombre de jours de travail doit être égal à

$$\frac{504 \times 5577}{5 \times 49 \times 160 \times \left(6 + \frac{1}{4}\right)} = \frac{504 \times 5577 \times 4}{5 \times 49 \times 100 \times 25};$$

si l'on supprime le facteur 7, commun à 404 et à 49, l'expression précédente se réduit à

$$\frac{72 \times 5577 \times 4}{5 \times 7 \times 100 \times 25},$$

c'est-à-dire à :

$$\frac{5577 \times 288}{87500},$$

ou

$$\frac{16061,76}{875} = 18 \text{ jours} + \frac{1}{3}.$$

4e Problème. — Une personne fait, en vendant un terrain, 225^f de bénéfice ; elle gagne de la sorte 7 et demi pour 100 du prix d'achat. Combien le terrain lui avait-il coûté, et combien l'a-t-elle vendu ?

Solution. — Puisque la personne gagne 7,5 pour 100, ou 75 fr. par 1000 fr., 225 fr. sont les $\frac{75}{1000}$ du prix d'acquisition, par suite $\frac{1}{100}$ de ce prix d'acquisition est

$$\frac{225}{75},$$

et le prix d'achat s'élève à

$$\frac{225000}{75} = \frac{75 \times 3 \times 1000}{75},$$

ou bien à

$$3000 \text{ fr.}$$

Le prix de vente est donc

$$3225 \text{ fr.}$$

5e Problème. — Un négociant achète pour 20 000 fr. de vins ; il est convenu de payer 5000 fr. comptant, 5000 fr. au bout de 30 jours, 5000 fr. dans 60 jours, et le reste dans 90 jours. Il propose ensuite de payer le tout ensemble ; à quelle époque doit s'effectuer ce payement? L'intérêt est compté à raison de 5 pour 100.

Solution. — L'intérêt de 100 fr. est, au bout de :

$$30 \text{ jours} \dots \dots \quad \frac{5^r}{16} = 0,4166$$

$$60 \text{ jours} \dots \dots \quad \frac{10}{12} = 0,8333$$

$$90 \text{ jours} \dots \dots \quad \frac{15}{12} = 1^r,25$$

Par suite, pour payer $100^f,416$ au bout de 30 jours, il suffit de placer 100 fr. aujourd'hui à 5 pour 100 ; de même cette somme, laissée dans une maison de banque, fournira de quoi payer 100,833 au bout de 2 mois ou bien 101,25 au bout de 3 mois. Il résulte de là que les valeurs actuelles des sommes égales à 5000 fr. que le négociant s'est engagé à payer à ces époques ne s'élèvent qu'à

$$\frac{5000 \times 100}{100 + \frac{5}{12}} = \frac{6000000}{1205} = 4979^r,25$$

$$\frac{5000 \times 100}{100 + \frac{10}{12}} = \frac{6000000}{1210} = 4958,68$$

$$\frac{5000 \times 100}{100 + \frac{15}{12}} = \frac{6000000}{1215} = 4938,27$$

La somme de ces valeurs actuelles, augmentée de 5000 fr., est

$$5000 + 14876,20 = 19876^r,20 ;$$

et la différence

$$20000 - 19876^r,20,$$

qui est

$$123^f,80,$$

représente l'intérêt de $19876^f,20$ pendant le nombre de jours inconnu. Ce nombre de jours est donc

$$\frac{123,80 \times 360}{\frac{19876,20 \times 5}{100}}$$

ou

$$\frac{12380 \times 72}{19,876,20} = 45 \text{ jours.}$$

6e *Problème.* — Combien, en France, consomme-t-on de viande par an et par jour, sachant que la ration moyenne de chacun est de 23 kilogrammes, par an et que la population est de 36 millions d'habitants ?

Solution. — Le nombre de kilogrammes de viande consommée en 1 an est :

$$23^k \times 36000000 = 828000000 \text{ kil.}$$

Le nombre de kilogrammes consommés en un jour est ;

$$828000000 : 365,$$

c'est-à-dire

$$2268493.$$

7e *Problème.* — La production du coton aux États-Unis est, par an, de 37 898 56 balles pesant 589 875 600 kilogrammes. Quel est, en moyenne, le poids d'une balle de coton ?

Il suffit de diviser 589875600 par 3789856 ; on ob-

tient ainsi $155^{kil.g},6$ pour le poids d'une balle de coton. Au lieu de faire cette division par la méthode ordinaire, il est préférable d'employer la division abrégée, puisque l'on n'a que trois ou quatre chiffres à calculer au résultat. Ce serait une approximation inutile que de calculer le poids d'une balle de coton à un gramme près. Voici le tableau du calcul :

$$
\begin{array}{r|l}
58987 & 37898 \\
21089 & \overline{155,6} \\
2144 & \\
254 & \\
32 & \\
\end{array}
$$

8e *Problème.* — On alloue 10 c. à un militaire, en remplacement de sa ration de vin qui est de 25 centilitres. A ce taux, quel est le prix d'un litre de vin ? — On lui donne 15 centimes à la place d'une ration d'eau-de-vie de 6 centilitres 25 centièmes : quel est le prix d'un litre d'eau-de-vie ?

Solution. — Comme 25 centilitres sont le quart d'un litre, le prix d'un litre de vin sera :

$$10^c \times 4 = 40^c.$$

Le prix d'un litre d'eau-de-vie sera :

$$15^c : 0,0625 ;$$

ce quotient est égal à celui-ci :

$$150000 : 625 = 240.$$

Ainsi le litre d'eau-de-vie est estimé

$$2^r,40.$$

9e *Problème.* — On est convenu de payer 26 fr. 50 c. l'hectolitre et demi de blé pesant 120 kilogrammes ; le blé qui est fourni ne pèse que 78 kilogrammes l'hectolitre. Combien doit-on payer. pour 720 hectolitres ?

Solution. — Puisque les 120 kilogrammes de blé coûtent $26^f,50$, le prix d'un kilogramme de blé sera :

$$\frac{26,50}{120}.$$

Le prix de 78 kilogrammes sera 78 fois plus grand, c'est-à-dire :

$$\frac{26,50 \times 78}{120}.$$

C'est le prix d'un hectolitre ; comme on a acheté 720 hectolitres, le prix d'achat sera :

$$\frac{26^f,50 \times 78 \times 720}{120}.$$

Avant de faire le calcul, on peut remarquer que 720 est égal à 6×120 ; on supprimera donc ce facteur 120 au dividende et au diviseur ; ce qui donnera pour le prix cherché :

$$26,50 \times 78 \times 6,$$

ou

$$159 \times 78,$$

ou

$$12402^f.$$

10e *Problème.* — La population moyenne de la France de 1817 à 1858 a été de 33 475 000 habitants ; l'augmentation annuelle a été de 157 406 habitants. A quelle fraction de la population moyenne correspond cet accroissement ?

Solution. — En divisant 33 475 000 par 157 406, on trouve 213. La population de la France s'est donc accrue, dans cette période, et chaque année, de $\frac{1}{213}$ de sa valeur.

11e *Problème.* — Un négociant fait venir du vin à Paris et se propose de le vendre 70 francs la pièce ; dans le transport, 5 de ces pièces sont avariées et perdues pour la vente.

Pour combler ce déficit, le négociant vend son vin 80 fr. la pièce et retire ainsi la même somme d'argent. Combien avait-il fait venir de pièces de vin ?

Solution. — Le négociant perd 350 fr. par suite des avaries survenues aux 5 pièces ; il doit donc retrouver cette somme en vendant les pièces restantes 10^f de plus qu'il se le proposait d'abord ; le nombre des pièces qui restent est donc marqué par le quotient

$$350 : 10 = 35 ;$$

le négociant avait donc fait venir

$$35 + 5 = 40 \text{ pièces.}$$

Problème spécial.

On a employé, pour construire un ballon, 20 400 mètres d'étoffe ayant 85 centimètres de largeur ; mais on a perdu en taillant les fuseaux et en les assemblant $\frac{4}{54}$ de cette étoffe, de telle sorte que la surface du ballon supposé sphérique ne représente que les $\frac{50}{54}$ de la surface de l'étoffe que l'on a achetée. Trouver le diamètre de ce ballon et le volume de gaz qu'il peut renfermer.

Solution.

L'on sait que la surface d'une sphère est :

$$4\pi.R^2 = 4 \times 3,1416 \times R^2,$$

R désignant le rayon ; ou bien

$$\pi.D^2 = 3,1416 \times D^2,$$

D désignant le diamètre. Comme la surface de l'étoffe est, en mètres carrés :

$$20\,400 \times 0,85,$$

la surface du ballon en sera les $\frac{50}{54}$, c'est-à-dire :

$$\frac{20\,400 \times 0,85 \times 50}{51},$$

ou

$$400 \times 0,85 \times 50,$$

ou

$$1^{m,q} \times 20\,000 \times 0,85 = 17\,000.$$

On aura donc, pour déterminer D, l'égalité

$$\pi.D^2 = 17000,$$

d'où

$$D = \sqrt{\frac{17000}{\pi}} = \sqrt{\frac{17000}{3,1416}},$$
$$D = 73^m,56.$$

Quant au volume de la sphère, il est égal à

$$\frac{1}{6}.\pi.D^3,$$

c'est-à-dire, en substituant à D sa valeur, à

$$V = \frac{1}{6}\,\pi \times \left(\sqrt{\frac{17000}{3,1416}} \right)^3.$$

Ce calcul revient à celui-ci :

$$V = \frac{1}{6}.\pi \times \overline{73^m,56}^3,$$

et l'on trouve

$$208430 \text{ mèt. cubes.}$$

Si l'on veut faire les calculs par logarithmes, on a le tableau suivant :

Calcul de D.

$$\begin{aligned}
\log 0,85 &= \bar{1},92942 \\
\log 2000 &= 4,30103 \\
C^t \log \pi &= 9,50285 \\
\hline
2 \log D &= 3,73330 \\
\log D &= 1,86665 \\
D &= 73,56
\end{aligned}$$

Calcul de V.

$$\begin{aligned}
\log \pi &= 0,49715 \\
3 \log D &= 5,59995 \\
C^t \log 6 &= 9,22185 \\
\hline
\log V &= 5,31895 \\
V &= 208430 \text{ mèt. cubes,}
\end{aligned}$$

à moins de 10 mètres cubes près par excès.

E. Burat.

LANGUE FRANÇAISE.

ÉLÉMENTS DE LA GRAMMAIRE.

§ 2. — *De l'Article.*

2e Exercice.

Sur les formes de l'article combiné avec DE *et avec* A.

Le maître dictera aux élèves les phrases suivantes ; les élèves distingueront les formes de l'article combiné avec *de* ou avec *a* qui sont contenues dans ces phrases, et les décomposeront de cette manière : *du* pour *de le*, *aux* pour *a les*, etc.

La bergeronnette.

Pauvre petit oiseau des champs,
Inconstante bergeronnette,
Qui voltiges, vive et coquette,
Et qui siffles tes jolis chants ;

Bergeronnette, si gentille,
Qui tournes autour du troupeau ;
Par les prés, sautille, sautille,
Et mire-toi dans le ruisseau !

Va, dans tes gracieux caprices,
Becqueter la pointe des fleurs,
Ou poursuivre, aux pieds des génisses,
Les mouches aux vives couleurs.

Reprends tes jeux, bergeronnette,
Bergeronnette au vol léger.
Nargue l'épervier qui te guette :
Je suis là, pour te protéger. — Ch. Dovalle.

3ᵉ Exercice.

Même sujet.

Comme l'exercice précédent.

Dictée[1].

Les mésaventures de Louise. (Fin.)

Hélas! la pauvre mère aussi appelait son enfant, et, depuis la disparition de Louise, elle avait parcouru la campagne dans tous les sens, allant du bois dans la plaine, de l'étang au bord du puits. Les domestiques avaient quitté leurs occupations de la journée; les villageois, les travaux des champs pour offrir aide et secours : tous faisaient les plus minutieuses recherches.

Mais le temps marche, la nuit vient; pas de nouvelles! Le désespoir de la mère est à son comble. On allume des feux dans toutes les directions; on place des fanaux sur plusieurs points. La douleur règne dans le village; les cœurs palpitent; les mères embrassent leurs enfants, et font des vœux pour le retour de la pauvre égarée.

Tout à coup, une lueur d'espoir brille dans le cœur de la mère : elle vient de découvrir plusieurs morceaux d'une robe qu'elle connaît bien! Elle a remarqué sur l'herbe quelques traces de petits souliers : cette vue lui a donné de nouvelles forces! Rien n'arrête sa marche rapide, ni les trous et les ornières du chemin, ni les arbrisseaux du sentier. Elle arrive enfin au bosquet, et retrouve sa fille.... mais dans quel état, mon Dieu! Louise est étendue sur la terre, son corps est immobile, ses yeux ne semblent rien voir, ses dents claquent; elle est en proie aux ardeurs de la fièvre!

Cette fièvre ne la quitta qu'au bout d'un mois.

Depuis lors, la petite fille n'a plus éprouvé la tentation de désobéir; car elle a bien compris que la plus petite désobéissance peut entraîner un enfant aux plus graves malheurs. — Cécile REGNARD.

§ 3. — *De l'Adjectif.*

1ᵉʳ Exercice.

Distinction et emploi de l'adjectif.

Le maître dictera aux élèves les phrases suivantes; les élèves souligneront les adjectifs contenus dans ces phrases :

Le cerf.

Le cerf est un animal innocent, doux et tranquille, qui ne semble être fait que pour embellir, animer la solitude des forêts, et en occuper, loin de nous, les retraites paisibles. Sa forme élégante et légère, sa taille svelte et fine, ses membres flexibles et nerveux, que la nature a ornés d'un bois, qui, comme la cime des arbres, se renouvelle d'année en année, sa grandeur, sa légèreté, sa force, le distinguent assez du reste des animaux que nous appelons sauvages.

2ᵉ Exercice.

Même sujet.

Les élèves trouveront des noms qui puissent être convenablement qualifiés par chacun des adjectifs donnés dans l'exercice précédent, et en

---

I. Cette dictée pourra également servir à repasser les règles de la formation du pluriel dans les noms en al, en ail, en eu et en ou.

formeront de petites phrases composées d'un nom, de l'article et de l'adjectif; exemple : *L'enfant innocent, le vin doux,* etc. Ils éviteront de reproduire les noms contenus dans les phrases dictées.

3ᵉ Exercice.

Même sujet.

Les élèves joindront à chacun des noms dictés dans le 1ᵉʳ exercice un adjectif qui puisse le qualifier convenablement, et en formeront de petites phrases composées de l'article, d'un nom et de l'adjectif dicté; exemple : *Le cerf léger, l'animal sauvage,* etc. Ils éviteront de reproduire les adjectifs contenus dans les phrases dictées.

4ᵉ Exercice.

Du nombre dans les adjectifs. — Formation du pluriel.

Le maître, après avoir expliqué aux élèves les règles de la formation du pluriel dans les adjectifs, leur dictera les phrases suivantes : les élèves écriront au pluriel les adjectifs qui sont donnés au singulier, et au pluriel ceux qui sont donnés au singulier.

Le chêne et l'arbrisseau.

« Paul, disait un jour à son élève un sage et prudent précepteur, vois-tu cet arbuste que le vent a penché vers le sol : il faut en redresser la tige.» Paul, ravi de montrer sa force, en peu d'instants, releva l'arbuste. « Fort bien, dit le précepteur, mais vois maintenant ce vieux chêne qui, lui aussi, est courbé; ne veux-tu pas faire pour l'arbre ce que tu as fait pour la plante? » Paul tourna vers le maître ses grands yeux bleus : « Vous vous moquez, dit-il, et je serais bien fou de l'essayer. » — « J'entends, reprit le maître, tu es d'avis que le combat serait trop inégal, mais crois-tu qu'au moment où l'arbre était jeune, où ce gros tronc n'était qu'une faible tige, pas plus forte ni plus haute que celle du petit arbuste, il eût fallu, pour le redresser, de bien terribles efforts?» — Assurément non, répondit Paul. — « Eh bien, mon cher enfant, il en est de même de nos défauts : dans l'enfance et dans la jeunesse, il nous est facile de les corriger ; plus tard, la lutte est encore digne de nous, et il est beau de l'entreprendre, mais le plus souvent nous sommes vaincus, et il semble qu'un sort fatal nous entraîne comme malgré nous. A toi, mon ami, de conclure. »

5ᵉ Exercice.

Du genre dans les adjectifs. — Formation du féminin : Adjectifs qui n'ont pas de terminaison particulière au féminin. — Adjectifs qui suivent la règle générale.

Le maître dictera les phrases suivantes; les élèves écriront au masculin les adjectifs qui sont donnés au féminin, et au féminin ceux qui sont donnés au masculin.

Un dupeur dupé.

On conte que le célèbre général romain Antoine se livrait quelquefois au divertissement de la pêche à la ligne avec la reine d'Égypte, Cléopâtre. La reine était fort adroite; le général avait la main lourde : il n'attrapait jamais le plus petit poisson, et Cléopâtre se moquait d'Antoine. Voici, pour suppléer à sa maladresse, le stratagème qu'il imagina. Il connaissait un excellent plongeur. Il indiqua une pêche pour un certain jour, remit à ce plongeur un lot de poissons magnifiques, qu'il avait fait d'avance mettre en réserve, et lui commanda de venir sous l'eau attacher successivement chaque poisson au bout de sa ligne. Il paraît que le plongeur réussit, et qu'Antoine eut ainsi, sans grande peine, les honneurs de la journée ; mais Cléopâtre était trop fine pour ne pas deviner la ruse, et elle s'en vengea bientôt. Quand le jour de la pêche revint, à peine la ligne d'Antoine était-elle dans l'eau, qu'il sentit qu'un poisson venait de se prendre à l'appât. Le fidèle plongeur est à son poste ; Antoine le sait : le succès est donc sûr. Il tire. Et que trouve-t-il à son hameçon ? Un poisson qui sort de la poêle, bien rissolé et bien jaune, tout prêt à être mangé. La reine l'avait fait attacher à la ligne d'Antoine par un autre plongeur encore plus diligent et plus habile que celui du général.

Vous jugez de la triste mine qu'il dut faire, et des moqueries impitoyables qui accueillirent son étrange capture.

6e Exercice.

Même sujet.

Les élèves rangeront dans une première colonne ceux des adjectifs donnés dans l'exercice précédent qui n'ont qu'une seule terminaison pour le masculin et le féminin, dans une seconde ceux qui forment le féminin, en ajoutant un *e* au masculin.

7e Exercice.

Même sujet.

Les élèves composeront de petites phrases en joignant à chacun des adjectifs donnés dans le 6e exercice l'article et un nom féminin qui lui convienne pour le sens.

Ils mettront ensuite l'article, le nom et l'adjectif au pluriel, de cette manière : *L'héroïne célèbre, Les héroïnes célèbres ; La cité romaine, Les cités romaines,* etc., etc.

8e Exercice.

Du genre dans les adjectifs. — Formation du féminin. — Adjectifs qui doublent au féminin la consonne finale du masculin avant l'*e* muet : règle et exceptions.

Le maître dictera les phrases suivantes ; les élèves écriront au masculin les adjectifs qui sont donnés au féminin, et au féminin ceux qui sont donnés au masculin.

Fragments extraits du journal d'une mère.

C'est comme un concert perpétuel autour de moi : Que votre fille est spirituelle ! Combien ne donnerais-je pas pour qu'on vînt me dire une fois seulement : Votre fille a un bon cœur.

Voulez-vous que je vous dise, Lucie, le secret de n'être point sotte ? Soyez naturelle.

Elle était gentille vraiment, quand elle est venue, ce matin, avec son écharpe grise et, dans les cheveux, ce ruban violet qui lui va si bien, m'offrir, vermeille et mignonne, son bonjour quotidien. Il faut bien que je le confesse : je n'ai pu me défendre de cet orgueil maternel, qui est notre gros péché, à ce que l'on dit. Mais le châtiment a suivi la faute : j'ai surpris entre Lucie et son miroir un dialogue muet qui me rend fort inquiète. Lucie serait-elle coquette déjà ?

Virginie a l'esprit épais, et rien n'est plus niais que sa sœur cadette : cela est bientôt dit, Lucie ; prenez garde que leur lenteur ne vaille mieux que votre lé-

gèreté, et qu'elles n'aient plus de bon sens que vous, si vous avez plus d'esprit qu'elles.

Vous avez fui devant le chien, qui ne vous voulait aucun mal, puis vous avez pris un bâton pour le battre. Vous avez cru sans doute faire preuve de prudence d'abord et d'audace ensuite. Je suis d'avis que vous avez été d'abord poltronne et ensuite cruelle.

9e Exercice.

Même sujet.

Les élèves rangeront dans une première colonne ceux des adjectifs donnés dans l'exercice précédent qui doublent au féminin la consonne finale, et dans une seconde ceux qui ne la doublent pas.

10e Exercice.

Même sujet.

Les élèves composeront de petites phrases en joignant à chacun des adjectifs donnés dans le 9e Exercice l'article et un nom féminin qui lui convienne pour le sens. Ils mettront ensuite l'article, le nom et l'adjectif au pluriel.

11e Exercice.

Même sujet. — Adjectifs terminés par x ; règle et exception.

Le maître dictera les phrases suivantes ; les élèves écriront au masculin les adjectifs qui sont donnés au féminin, et au féminin ceux qui sont donnés au masculin.

Les deux ruisseaux.

Un ruisseau prenait sa source au fond d'un bocage ; il serpentait ensuite dans un vallon délicieux. Puis, heureux et paisible, il fécondait de grasses campagnes, et jouissait du fruit de ses bienfaits en voyant ses bords couverts d'une riche végétation et de rameaux ombreux qui le défendaient, à leur tour, contre l'ardeur du soleil. Les plus jolies fleurs des prés embellissaient son rivage. Là, croissaient le narcisse, le myosotis aux pétales bleus, la marguerite au cœur d'or. Les oiseaux, cachés dans les branches des chênes, faisaient entendre de mélodieux accords, et les abeilles faisaient provision des sucs qui devaient composer leur miel savoureux.

Hélas ! pourquoi faut-il que, pour les ruisseaux comme pour nous-mêmes, le bonheur d'ici-bas dure si peu ?

Non loin de là, sur un terrain sauvage et pierreux, coulait un autre cours d'eau ; ses rivages sans verdure n'étaient qu'un amas de gravier et de sables, où ses eaux se perdaient inutiles. Ce cours d'eau, triste et sombre, était, comme il arrive trop souvent, jaloux du bonheur de son voisin ; il résolut de le lui ravir.

Un jour, il l'appela et lui dit : « Petit ruisseau, que fais-tu, là-bas, resserré entre deux rives étroites qui t'empêchent de développer tes eaux ? Pourquoi coules-tu sous une masse de plantes envieuses de ta beauté, et qui te cachent aux regards ? Viens dans cette plaine où tu pourras t'étendre en toute liberté et briller de tout ton éclat. » Le petit ruisseau n'était pas orgueilleux, pourtant il écouta les pernicieux conseils de ce faux ami. Il se détourna de la bonne route qu'il avait jusqu'alors suivie, s'avança vers les terrains sablonneux, et se trouva dans un affreux désert. Dès ce moment, il ne trouva plus ni arbres, ni fleurs, pour le mettre à l'abri du soleil ; ses eaux se desséchèrent et s'appauvrirent, et il se tarit enfin, regrettant son lit de gazon, et déplorant la faiblesse qui lui avait laissé suivre de mauvais conseils.

— Cécile REGNARD.

12ᵉ Exercice.

Même sujet.

Les élèves rangeront dans une première colonne ceux des adjectifs donnés dans l'exercice précédent qui suivent la règle générale pour la formation du féminin dans les adjectifs terminés en *x;* dans une seconde, ceux qui font exception à cette règle; dans une troisième, ceux qui ne sont point terminés en *x.*

13ᵉ Exercice.

Même sujet.

Les élèves composeront de petites phrases en joignant à chacun des adjectifs donnés dans le 12ᵉ Exercice l'article et un nom féminin qui lui convienne pour le sens. Ils mettront ensuite l'article, le nom et l'adjectif au pluriel.

SYNTAXE GÉNÉRALE. — ORTHOGRAPHE D'USAGE.

§ 5. — *Du Verbe.*

16ᵉ Exercice.

Questions générales sur les verbes (suite).

Le maître dictera aux élèves les questions suivantes, auxquelles ils devront répondre, en s'aidant, au besoin, de la grammaire.

1. *Formation des temps.* Qu'appelle-t-on temps primitifs et temps dérivés?

2. Quels sont les temps formés de chacun des temps primitifs?

3. Signalez les exceptions qui regardent la formation de l'impératif dans les verbes *avoir, savoir, être.*

4. Dans la formation des trois personnes du pluriel du présent de l'indicatif, quelle observation avez-vous à faire sur les verbes de la troisième conjugaison?

5. Quelle observation avez-vous également à faire sur les verbes de la troisième conjugaison quant à la formation du présent du subjonctif?

6. *Terminaison des temps.* N'y a-t-il pas un temps où les terminaisons en *e, es, e* des trois premières personnes du singulier sont communes aux quatre conjugaisons? Y a-t-il des exceptions?

7. Il n'y a que deux lettres qui puissent terminer la première personne du singulier du présent de l'indicatif dans tous les verbes : nommez-les. Citez les exceptions.

8. Il n'y a qu'une seule lettre qui puisse terminer la deuxième personne du singulier, à tous les temps et à tous les modes de toutes les conjugaisons : nommez-la. Citez les exceptions.

9. Quelle est la lettre qui termine, sans exception, la première personne du pluriel de tous les temps et de tous les modes, dans toutes les conjugaisons?

10. Comment se termine, en général, la deuxième personne du pluriel dans les quatre conjugaisons? Citez les exceptions.

11. Quels sont les temps dans lesquels la troisième personne du pluriel n'est pas terminée en *ent?*

12. La troisième personne du singulier de l'im-

parfait du subjonctif n'a-t-elle pas une analogie de son avec la troisième personne d'un autre temps? Indiquez comment ces deux terminaisons diffèrent par l'orthographe.

13. Pourquoi, au futur et au conditionnel, écrit-on *j'aimerai, j'aimerais,* avec un *e* muet et *je rendrai, je rendrais* sans *e* muet?

14. Quelle remarque avez vous à faire sur la formation du futur du verbe *cueillir?*

Explication.

1. Les temps primitifs d'un verbe sont ceux qui servent à former les autres temps; ce sont : le présent de l'infinitif, le présent de l'indicatif, le prétérit ou passé défini, le participe présent et le participe passé.

2. Du présent de l'infinitif se forment le **futur** et le conditionnel; du présent de l'indicatif, l'impératif; du prétérit ou passé défini, l'imparfait du subjonctif; du participe présent, 1° les trois personnes du pluriel du présent de l'indicatif, 2° l'imparfait de l'indicatif, le présent du subjonctif; du participe passé, tous les temps qui se conjuguent avec auxiliaire.

3. Les trois personnes de l'impératif ne sont autre chose, quant à la forme, que les personnes correspondantes du présent de l'indicatif, en observant, pour la première conjugaison, que la seconde personne du singulier n'a pas d's. Trois verbes seulement font exception : *avoir* dont l'impératif est : *aie, ayons, ayez; être* : impératif, *sois, soyons, soyez; savoir* : impératif, *sache, sachons, sachez.*

4. Dans la troisième conjugaison, la première et la seconde personne du pluriel seulement peuvent se rattacher au participe présent; la troisième personne du pluriel est en *oivent,* et se rattache aux trois premières du singulier.

5. La formation du présent du subjonctif, dans la troisième conjugaison est analogue à la formation du présent de l'indicatif; il n'y a que la première et la seconde personne du pluriel qui puissent se rattacher au participe présent.

6. Oui, au présent du subjonctif. Il n'y a d'exception que pour le subjonctif du verbe *être : que je sois, que tu sois, qu'il soit,* etc. pour la troisième personne du subjonctif du verbe *avoir : qu'il ait.*

7. Ces deux lettres sont l'*e* muet, qui termine le plus nombre de verbes, les verbes qui suivent la première conjugaison étant de beaucoup plus nombreux que ceux qui suivent les trois autres, et l's. Il faut excepter : *je peux, je veux, je vaux,* et les composés de ce dernier, qui se terminent par un *x.*

8. Cette lettre est l's, sauf l'exception des verbes précités qui ont un *x* à la première personne, sauf aussi l'impératif de la première conjugaison et des verbes qui ont un *e* muet au présent de l'indicatif : *cueille, ouvre, souffre.*

9. C'est le *t.*

10. Elle se termine en *ez,* excepté dans *vous êtes, vous dites, vous faites,* et dans les prétérits ou passés définis, qui tous ont la terminaison *tes,* précédée d'une voyelle longue avec l'accent conconflexe : *vous aimâtes, vous finîtes, vous lûtes,* etc.

11. Ce sont les futurs : *ils aimeront, ils fini-*

ront, et le présent de l'indicatif de certains verbes : *ils ont, ils sont, ils vont, ils font.*

12. Avec la troisième personne du singulier du passé défini (prétérit de l'indicatif). L'accent circonflexe diffère, pour la seconde, la troisième et la quatrième conjugaison : *il finit, qu'il finît, il lut, qu'il lût.* Pour la première, il y a un *t* à l'imparfait du subjonctif ; il n'y en a pas dans l'autre temps : *il aima, qu'il aimât.*

13. Parce que les futurs et les conditionnels sont formés, comme nous l'avons dit, de l'infinitif ; c'est pour cela qu'ils ne prennent un *e* avant l'*r* qu'à la première conjugaison.

14. La formation de l'infinitif de ce verbe déroge à la règle que nous venons d'établir : l'infinitif étant *cueillir*, on devrait dire *je cueillirai* : l'usage veut qu'on prononce et qu'on écrive : *je cueillerai, je cueillerais*, de même qu'on dit : *je cueille* et non pas *je cueillis*. Cette observation doit être étendue à tous les composés du verbe *cueillir* [1].

SYNTAXE PARTICULIÈRE. — DIFFICULTÉS DE LA LANGUE.

§ 5. — *Du Verbe.*

3e Exercice.

Du sens des verbes comparés entre eux. Verbes synonymes.

Le maître dictera aux élèves les trois séries de verbes qui suivent ; les élèves devront comparer entre eux, au point de vue du sens, les verbes compris dans chacune de ces séries, en s'aidant, s'il est besoin, du dictionnaire, et en appuyant leurs remarques par des exemples.

1re série. — Apprendre. — Enseigner.
2e série. — Persuader. — Convaincre.
3e série. — Établir. — Instituer.

Explication.

1re série. — Apprendre. — Enseigner. — Ces deux verbes expriment l'un et l'autre l'idée de donner à connaître, d'ajouter aux connaissances de quelqu'un. Mais le mot *enseigner* indique surtout l'action d'un maître qui donne des leçons sur un objet déterminé : *J'enseigne le latin, j'enseigne les mathématiques. Apprendre* a le même emploi qu'*enseigner*, mais d'une façon plus vague, et en ne portant pas l'esprit aussi précisément sur la leçon qui se donne [2]. La phrase suivante, qui est de Bourdaloue, fait bien comprendre cette différence de signification des deux verbes. *L'expérience nous* APPREND *beaucoup de choses que, de son côté, la foi nous* ENSEIGNE. L'expérience nous fait connaître *par hasard*, comme spontanément, ce que nous ne savions pas, tandis que, dans l'idée de Bourdaloue, la foi est une sorte de maître, dont les leçons nous instruisent.

2e série. — Persuader. — Convaincre. — Ces mots désignent également l'action de déterminer quelqu'un à reconnaître qu'une chose dont il est question est en réalité telle qu'on la lui présente. Or, cet effet peut être produit de différentes manières, soit qu'on emploie la pure démonstration, soit qu'on agisse à la fois sur la raison et sur le sentiment. Dans le premier cas, on aura *convaincu* ; dans le second, on aura *persuadé. Je ne tardai pas à sentir*, dit Beaumarchais, *que j'avais tort de vouloir* CONVAINCRE *par le raisonnement dans un genre où il ne faut que* PERSUADER *par le sentiment.* Cela étant, on conçoit que la *conviction* et la *persuasion* sont indépendantes l'une de l'autre, et qu'il est possible de se trouver *persuadé* sans être *convaincu* ou *convaincu* sans être *persuadé*. C'est en raison de ce fait que nous trouvons dans Voltaire cette phrase : *Vous me poussez à bout, et vous ne me* PERSUADEZ *pas : la philosophie raisonne, et la coutume agit* ; et dans Molière : *Je ne sais si vous dites vrai, mais vous* PERSUADEZ. Le but de l'éloquence est de *convaincre* et de *persuader* à la fois ; le but de la vraie éloquence doit être de ne persuader que sur des choses qui méritent la conviction.

3e série. — Établir. — Instituer. — Ces deux verbes signifient également : faire qu'une chose qui n'était pas soit, ou, en d'autres termes, créer, en mettant en usage des éléments déjà existants. Les mots *établir* et *instituer* ont un sens général qui permet de les prendre l'un pour l'autre. Cependant *instituer* indique quelque chose de plus relevé qu'*établir*. On *établit* un commis dans un magasin ; on *institue* un magistrat ; *je vous ai* INSTITUÉ *mon légataire universel. Établir* se rapporte plutôt aux circonstances de lieu ; *instituer*, aux circonstances de temps : On choisit tel lieu pour y *établir* un ordre religieux qu'on vient d'*instituer* [1].

SUJET DE COMPOSITION FRANÇAISE.

On a souvent besoin d'un plus petit que soi.

SUJET TRAITÉ.

I

Mathilde était une gracieuse petite fille aux cheveux noirs et au cœur excellent. Elle avait reçu, le jour de Noël, de jolis bijoux, de beaux livres et deux pièces d'or. Il faut le dire, ce dernier cadeau avait surtout excité sa joie, car ses parents lui avaient permis d'en faire l'usage qu'il lui conviendrait, et l'enfant voulait largement profiter de la permission. Aussi que de châteaux en Espagne construits en une journée ! Que de projets formés dans cette jeune tête de douze ans ! Projets de fêtes, de toilettes, de petits voyages ! Il fallait pourtant s'arrêter à un seul désir, car le trésor ne serait pas inépuisable. Mathilde se décida enfin et, je n'ose presque l'avouer, ce fut pour l'achat d'une robe délicieuse, étalée dans le plus beau magasin de la ville.

C'est bien convenu, cette robe composera pour le premier jour de l'an, une toilette dont on pourra admirer l'élégance et le bon goût.

Dès le lendemain matin, Mme Renneville, cédant

---

1. Nous avons emprunté la plus grande partie des développements contenus dans cet exercice à une excellente page de la *Grammaire des écoles primaires* de M. E. Sommer. 1 vol. in-12. 75 c. Librairie L. Hachette et Cie.

2. LITTRÉ. *Dictionnaire de la langue française*, au mot *apprendre*.

1. Voyez LAFAYE. *Dictionnaire des synonymes de la langue française*.

aux instances de Mathilde, sortit avec elle pour faire l'emplette désirée. Le temps était menaçant, mais qu'importe un ciel sombre à qui a la joie dans l'âme!

Il fallut prendre le chemin le plus court et parcourir une ruelle peu fréquentée, triste, fangeuse et bordée de quelques maisons délabrées. La mère et la fille y étaient à peine engagées qu'une affreuse tourmente les contraignit à chercher un abri dans une de ces pauvres masures dont l'aspect était si pénible et dont l'intérieur leur parut plus triste encore. Auprès d'un foyer sans feu était assise une vieille femme courbée par l'âge et versant des larmes; une enfant d'environ treize ans, pâle et chétive, essayait de la consoler, comme on peut consoler à cet âge..., avec des caresses!

Il n'est pas au monde de plus navrant spectacle que celui de la vieillesse et de l'enfance qui souffrent. Mme Renneville fut vivement émue; elle s'approcha des deux infortunées, les questionna et apprit que l'enfant venait de perdre sa mère; l'aïeule, sa fille, et qu'elles se trouvaient l'une et l'autre sans soutien et sans pain.

A ce récit, le bon petit cœur de Mathilde se gonfla, elle réfléchit pendant quelques minutes et, prenant sa mère à part, elle l'embrassa en lui disant tout bas: « Si je donnais mes pièces d'or à cette femme qui pleure? — Donne, ma chère enfant, » répondit la mère.

Mathilde s'approcha aussitôt de la pauvre vieille, lui mit dans la main cette bourse, qui contenait tous ses rêves de joie, et s'éloigna, sans éprouver le moindre regret.

II

Plusieurs années se sont écoulées; la petite fille est devenue une jeune personne, toujours bonne, toujours compatissante, à seize ans comme à dix, mais bien malheureuse hélas! Dans la ville où elle demeure, une épidémie est survenue, et son père en est mort. Sa mère, sa mère chérie est atteinte du même mal.

Mathilde est seule pour la soigner, car la crainte de la contagion arrête tous ceux qui, dans d'autres temps, eussent partagé sa peine et ses veilles. Et la force manque à la pauvre enfant, elle plie sous le poids de la fatigue et de la douleur sans espoir.

Mais voici qu'à sa porte vient frapper une jeune ouvrière :

« Mademoiselle, dit celle-ci, on m'a dit que vous étiez seule et que vous aviez besoin de quelqu'un; je suis venue m'offrir à vous, car je n'ai plus, moi, personne à soigner. » Elle était vêtue de deuil et pleurait. « Qui donc êtes-vous ? lui dit Mathilde. — Vous ne me reconnaissez pas, mais moi je ne vous ai point oubliée, et j'ai gardé le souvenir de ce que vous avez fait pour moi et pour ma pauvre grand'mère, il y a six ans, la veille de Noël. »

Mathilde la prit par la main et la mena près de la malade, qui ne voyait ni n'entendait plus.

Toutes deux dès lors se succédèrent, comme deux sœurs, près du chevet de Mme Renneville; toutes deux lui prodiguèrent ces soins assidus et minutieux, que l'affection seule peut inventer et soutenir; toutes deux passèrent les nuits et les jours, comptant les minutes, épiant une occasion favorable.

Leur dévouement fut récompensé. Un jour, le délire disparut avec la fièvre, et Mme Renneville, convalescente, put répondre enfin aux caresses de son enfant et de celle qui, désormais, pour la mère comme pour la fille, ne devait plus être une étrangère.

Elle aussi, quelque jour, Mathilde deviendra mère : par quel frappant exemple elle pourra faire comprendre à ses enfants combien est vraie et profonde cette maxime de notre grand fabuliste :

On a souvent besoin d'un plus petit que soi!

Cécile REGNARD.

CORRESPONDANCE.

« Un instituteur d'une commune peu éloignée de celle où j'exerce moi-même, a reçu dans son école un élève que j'ai exclu provisoirement de la mienne; parce qu'il n'avait pas voulu se soumettre à la discipline réglementaire. Cet instituteur avait-il le droit de le recevoir sans un certificat de ma part?

« On ne saurait méconnaître les suites fâcheuses qui résultent des communications quotidiennes de cet élève désobéissant et rebelle avec ceux de mon école. Il en a déjà entraîné un autre à sa suite.

« Peut-on empêcher ce dernier, *qui n'a pas été exclu*, d'imiter son camarade? »

Le cas dont il s'agit ici, et qui se présente fréquemment, aurait dû être prévu par le règlement des écoles dans le département, ou par une instruction spéciale des autorités compétentes.

En dehors de toute prévision réglementaire, il est impossible de limiter la liberté des familles et celle des instituteurs intéressés. Il y a là, toutefois, une question de haute convenance que tout instituteur comprendra. Il serait fort souhaitable, pour le maintien de la bonne discipline, qu'un enfant qui sort d'une école, ne fût jamais admis dans une autre, sans une information préalable, dont pourrait tenir lieu un certificat du dernier maître. Il va sans dire, d'autre part, que, dans l'intérêt bien entendu des enfants et de l'instruction elle-même, l'instituteur ne devrait pas se montrer trop rigoureux pour donner ce certificat.

Dans l'espèce, nous conseillerions à notre correspondant de soumettre l'affaire à son chef hiérarchique.

— « Les parents, sans aucun motif, ont-ils le droit de retirer leurs enfants de l'école publique de leur commune, pour les envoyer ailleurs, sans la permission des autorités locales, principalement quand ces enfants ne sont qu'externes? »

Cette question rentre dans la précédente.

Comme nous l'avons dit, la liberté des familles est et doit demeurer illimitée.

Mais le règlement des écoles du département peut déterminer dans quel cas et dans quelle mesure il est permis à un instituteur de recevoir dans son école des enfants qui ne sont pas de sa commune. C'est à notre correspondant de voir si, pour ce qui le concerne, le règlement a été observé.

— « Le traitement des instituteurs communaux se compose ordinairement :

« 1° D'un traitement fixe qui ne peut être inférieur à 200 fr.;

« 2° Du produit intégral de la rétribution scolaire ;

« 3° D'une subvention, s'il y a lieu.

« Or, dans la commune où je viens d'être nommé instituteur, le produit des 3 centimes spéciaux, destinés à fournir le traitement fixe de l'instituteur, s'élève à 350 fr., et la rétribution scolaire, évaluée comme pour l'année 1864, à 500 fr., ce qui, en supposant que le produit des 3 centimes m'appartînt en entier, porterait mon traitement prévu pour 1866 à 850 fr.

« Mais plusieurs personnes me font observer que je n'ai pas droit au produit total des 3 centimes, mais seulement à un prélèvement de 200 fr. sur ce crédit. Je désirerais donc être éclairé à cet égard.

« J'ajoute que j'ai dans ma classe 40 élèves gratuits, et que si mon traitement n'est que de 200 fr., plus la rétribution scolaire, c'est nécessairement à ma charge que sont ces 40 indigents. Je ne m'en plains pas, mais la commune ne pourrait-elle pas, de son côté, faire un petit sacrifice? »

Assurément, elle le devrait, et nous ne pensons pas que l'administration municipale dont il s'agit, veuille refuser à notre correspondant une aussi juste compensation des charges qu'elle lui impose, et qui sont, nous l'avons dit bien des fois, des obligations de la commune, et non de l'instituteur. Mais légalement, le produit des centimes spéciaux ne peut être exigé par l'instituteur que dans la mesure nécessaire pour parfaire le minimum de traitement qui lui est dû, quand la rétribution scolaire est insuffisante. Il n'en est pas moins vrai, nous le répétons, qu'il y aurait injustice réelle de la part de la commune à se tenir dans les strictes limites de son droit, et il serait de toute convenance qu'elle abandonnât à l'instituteur ce minime complément qui est bien loin d'équivaloir à la rétribution que devraient payer les indigents, à l'instruction desquels elle a charge de pourvoir.

— « Deux instituteurs, ayant droit l'un et l'autre à 600 fr., se sont succédé dans une commune et y ont exercé chacun six mois. Je demande si l'on doit tenir compte de l'inégalité de la rétribution recouvrée par chacun d'eux, ou seulement de l'égalité du temps de leur exercice. »

Nous croyons qu'il faut distinguer. Si la rétribution scolaire, plus le traitement fixe, n'ont point dépassé 600 fr., comme chacun des instituteurs a droit pour six mois d'exercice, à 300 fr., il devra toucher 300 fr., ni plus ni moins. S'il y a, au contraire, du surplus, chacun devra avoir, au-dessus de 300 francs, ce qu'il a gagné, et le montant de cette somme sera déterminé par les rôles.

— « Voyant les inconvénients qu'il y a à faire aller au dehors quelques élèves que je prépare pour l'Ecole des arts et métiers, j'ai établi dans mon pensionnat un atelier, ou, d'après la nouvelle dénomination, une école technique, dans laquelle des jeunes gens de 12 à 16 ans étudient et font leur apprentissage.

« On exige un certificat d'*apprentissage* pour passer l'examen d'entrée à l'Ecole des arts et métiers. Je désirerais savoir si mon certificat peut remplacer celui d'un chef d'atelier. Ce certificat n'est qu'une simple formalité puisque l'on fait travailler les jeunes gens qui passent leur examen. »

Notre correspondant n'a pas lui-même qualité pour délivrer un certificat de cette nature. Mais il est probable qu'il ne dirige pas personnellement les travaux manuels de ses élèves, et qu'il a confié cette direction à un chef d'atelier qui est lui-même, soit ouvrier, soit contre-maître. Nous pensons qu'un certificat de ce chef d'atelier pourrait suffire.

— « Je suis sorti de l'école normale en 1864. Ayant « étourdiment » échoué à mon premier examen, je fus néanmoins nommé instituteur adjoint deux mois plus tard, avec le titre d'élève de l'école normale. Je me suis présenté à la session suivante aux examens et j'ai été reçu le premier au brevet complet avec mention très-bien : ai-je droit aux *cent francs* promis aux élèves de l'école normale au moment de leur première nomination? »

Notre correspondant n'a évidemment aucun droit à cette gratification, qui n'est promise qu'aux *élèves sortants* de l'école normale. Mais nous lui conseillerions volontiers de s'adresser officieusement à l'administration, qui ne se refuserait peut-être pas à oublier sa première « étourderie » pour ne considérer que la revanche qu'il en a prise si dignement.

— « J'exerce la profession d'instituteur depuis octobre 1834, et avec un titre régulier depuis le 1er mars 1836, et cela sans interruption. J'ai cinquante-neuf ans, plus deux mois, par conséquent, trente ans passés d'exercice avec un titre régulier. Ai-je le droit aujourd'hui de demander le règlement de ma retraite, pour ne la toucher qu'à soixante ans, condition d'âge voulue par la loi sur la pension civile des instituteurs?

« Dans le cas affirmatif, je pourrais donner

ma démission, sous cette expresse condition qu'à soixante ans révolus, je toucherais ma retraite. »

Nous avons le regret de répondre que cela n'est pas possible. Pour avoir droit au montant intégral de la retraite, il faut soixante ans révolus, à moins de quelque raison particulière de dispense, comme seraient, par exemple, des infirmités survenues par suite même des fonctions de l'enseignement.

Charles DEFODON.

LECTURES A L'USAGE DES ÉLÈVES.

A TOUT PÉCHÉ MISÉRICORDE !

ACTE II. — SCÈNE III.

LE CURÉ, *un instant après* VALENTIN.

LE CURÉ *pensif, va et vient dans la cour.*

Pauvre Valentin! jusqu'aux enfants, tout le monde le fuit et le méprise. Je crains qu'il ne puisse pas tenir à cet abandon général! Moi, je ne l'abandonnerai pas! Mais, comment vivra-t-il sans ouvrage, si toutes ses pratiques le quittent! (*Il s'asseoit sur un banc près de la porte de Valentin et semble réfléchir. La porte s'ouvre, et Valentin paraît, pâle et faible. Il s'asseoit près du curé et lui prend la main; le curé tressaille.*) Ah! c'est vous, mon pauvre garçon! Pourquoi avez-vous quitté votre chambre?

VALENTIN.

J'avais besoin d'air, monsieur le curé! Depuis cette blessure, j'étouffe, je ne respire à l'aise qu'au grand air. J'ai entendu ce qui vient de se passer. Laissez ces enfants; le bon Dieu me punit, c'est juste! J'ai été si coupable!

LE CURÉ.

Et si cruellement puni, mon ami!

VALENTIN.

Mais, voyez comme j'ai profité de la punition, monsieur le curé. Le bon Dieu a permis que, pendant mon séjour dans cet enfer, de saints religieux fussent venus prêcher une mission; le bon Dieu a touché mon cœur; je suis revenu à la foi de mon enfance, je la conserve et je suis heureux d'expier par la honte, le vol honteux que j'ai commis chez le bienfaiteur de ma première jeunesse.

LE CURÉ.

Ce sentiment est beau et chrétien, mon cher Valentin; mais comment vivrez-vous s'ils vous fuient tous, si vous n'avez pas d'ouvrage?

VALENTIN.

J'espère en avoir, monsieur le curé; j'espère vaincre leur répugnance avec votre aide et celui du brigadier qui m'a promis de leur parler en ma faveur.

LE CURÉ.

Je l'espère un peu aussi, mon ami; mais ils sont bien montés contre vous.

VALENTIN.

Pas tous, monsieur le curé; voyez le bon petit Dé-

siré, qui demande à son père de rester chez moi comme apprenti. Le tout est d'avoir un peu d'argent pour attendre l'ouvrage.

LE CURÉ.

Quant à ça, mon ami, ne vous en tourmentez pas; vous savez ce que vous a dit le brigadier; et puis ma bourse, quoiqu'elle soit maigre, peut encore s'ouvrir pour vous, ayez bon courage! Le bon Dieu n'abandonne pas les siens. Prenez des forces, et, quand elles seront revenues, l'ouvrage ne manquera pas.

SCÈNE IV.

LES PRÉCÉDENTS, LE BRIGADIER.

LE BRIGADIER.

Te voilà dehors, mon bon, mon brave garçon? Je suis content de te voir guéri! si ce gredin t'avait touché au cœur, le mien eût été bien malade. Penser qu'un brave garçon comme toi s'était sacrifié pour moi, c'eût été un rude souvenir, va! Mais... tout est pour le mieux!

LE CURÉ.

Il s'agit seulement, mon brave brigadier, d'empêcher nos gens du bourg de tourner le dos avec mépris à notre honnête forçat.

LE BRIGADIER.

Laissez-moi faire. Valentin, mon ami, te sens-tu de force à supporter une visite des gros bonnets du bourg, moi en tête?

VALENTIN.

Je crois qu'oui, monsieur le brigadier.

LE BRIGADIER.

Bon! attends-moi ici; et vous aussi, monsieur le curé, car j'aurai peut-être besoin de votre aide. (*Il sort.*)

SCÈNE V.

LE CURÉ, VALENTIN; *puis* DÉSIRÉ, *apportant un pain.*

DÉSIRÉ.

Voilà, monsieur Valentin. J'ai été longtemps, parce que le boulanger ne voulait pas donner de pain. Il a fallu que papa vînt l'acheter comme pour lui.

VALENTIN, *soupirant.*

Merci, mon enfant; merci. Je te donne bien du mal, mais ton courage se soutient; tu ne recules pas devant le pauvre forçat.

DÉSIRÉ.

Ne parlez pas comme ça, monsieur Valentin; c'est comme si vous m'insultiez quand vous dites de ces choses. Vous m'avez empêché bien des fois de faire des sottises; je n'oublie pas cela, allez, et je vous aime bien; et je suis très-content que papa me permette de rester avec vous comme apprenti. Nous serons toujours amis, je le sens bien.

VALENTIN.

Oui, mon petit ami; toujours, s'il plaît à Dieu! Je n'oublierai pas comment tu t'es comporté à mon égard depuis un mois que j'ai été frappé.

SCÈNE VI.

LES PRÉCÉDENTS, LE BRIGADIER, *suivi d'une grande partie des gens du village; Valentin veut se lever, le brigadier le fait rasseoir.*

LE BRIGADIER.

Reste, mon garçon, reste là. Je t'ai amené tout ce monde, que j'avais prévenu dès hier, pour te complimenter de ta belle conduite le jour où ce gredin de forçat, ton ancien compagnon de chaîne, a voulu me faire sortir de ce monde pour m'éviter les peines de la vie. C'est un gueux; il est à son poste, au bagne. Toi, tu es un brave homme, un honnête homme, auquel je suis heureux et fier de serrer la main: tu seras estimé, respecté et aimé de tous, quoique tu aies commis une faute dans ta vie, et que tu aies subi une rude peine pour l'expier. (*Se tournant vers la foule.*) Croyez-vous, vous autres, que ce soit une petite chose, une pénitence de rien, de passer cinq années au bagne avec un tas de bandits, de scélérats? Il faut avoir une force et un courage de Samson pour résister à ces canailles et pour y devenir un honnête homme et un bon chrétien. Et je vous dis, moi, qu'un honnête forçat est plus estimable, plus digne de confiance et de respect que le plus honnête d'entre nous, y compris ma brigade composée de la crème des braves, y compris moi qui vous parle. Et celui qui repoussera mon ami, mon sauveur Valentin, qui ne l'honorera pas, qui ne lui portera pas respect, celui-là est un lâche et un sans-cœur, et tous vous devez voir et aimer en lui un brave, un bon chrétien, une âme d'élite. Pas vrai, monsieur le curé? Quant à moi, je méprise le sot, le lâche qui méprise le brave Valentin, et devant vous tous je lui témoigne ma reconnaissance de m'avoir sauvé la vie aux dépens de la sienne. (*Le brigadier serre Valentin dans ses bras. Valentin, très-ému, le remercie et appelle sur lui les bénédictions de Dieu.*)

LE CURÉ.

Ce que vous faites, mon cher brigadier, est bien! Ce que vous dites est juste et vrai. Comme vous, je proclame devant tous que j'aime et que j'estime Valentin; et je déclare que notre devoir à tous est de le protéger par notre affection contre le mépris, et de l'aider à gagner sa vie honorablement en lui donnant du travail comme par le passé. Il n'a plus rien à nous cacher; il peut parler sans honte de son passé; il vous portera à tous une grande reconnaissance de votre généreux procédé. Il a déjà été fort touché de l'offre que lui a faite M. Grand, notre brave bourrelier, ancien soldat, et qui comprend bien l'honneur. Il lui donne son fils Désiré comme apprenti menuisier.

PLUSIEURS VOIX.

C'est bien, ça! Nous en ferions bien autant.

D'AUTRES VOIX.

Et nous adoptons M. Valentin comme un des nôtres.

D'AUTRES VOIX.

Et nous ferons pour lui comme M. le curé et comme M. le brigadier.

TOUS ENSEMBLE.

Vive Valentin! Vive notre ami Valentin! (*Le bruit fait sensation à l'école; le maître d'école a ouvert la porte; les enfants sont tous sortis, et tous crient sans savoir pourquoi: « Vive M. Valentin! Vive notre ami M. Valentin! » Valentin est fort ému; il les remercie tous; le brigadier donne des poignées de main de tous côtés. M. Pupusse accourt.*)

SCÈNE VII.

LES PRÉCÉDENTS, M. PUPUSSE.

MONSIEUR PUPUSSE.

Qu'est-ce qu'il y a donc chez le forçat? On le met en pièces, on lui démolit sa maison?

MONSIEUR CLOPET.

Prends garde à la tienne, méchante langue, mauvais cœur! tu voudrais bien qu'on mît en pièces celui que tu as toujours jalousé et détesté! Il est plus blanc que toi, cœur de corbeau! Et nous respectons, nous aimons M. Valentin....

MONSIEUR PUPUSSE.

Valentin le forçat? Ah! ah! ah! la bonne farce!

LE BOUCHER.

Prends garde qu'on ne t'en fasse une de farce, mauvaise langue! et que nous ne te donnions une bonne danse que tu mérites!

MONSIEUR PU PUSSE.

Ils sont fous, dites donc, brigadier. Chassez-moi ce forçat qui déshonore notre bourg.

LE MAÇON.

C'est toi qui vas être chassé d'ici, langue de vipère. A la porte, le Pupusse! A la porte! (*Tous entourent M. Pupusse qui est pâle comme un linge; on le bouscule un peu et on le met dehors.*)

LE CURÉ.

Je vous remercie pour Valentin, mes bons amis, d'avoir si chaudement pris son parti, et je remercie le brigadier de vous avoir fait comprendre à tous la bonté et la justice du proverbe : A TOUT PÉCHÉ MISÉRICORDE.

Mme la comtesse de SÉGUR.

ACTES OFICIELS

RELATIFS A L'INSTRUCTION PRIMAIRE.

Rapport à l'Empereur sur la décoration d'officier de l'instruction publique et d'officier d'académie, et décret y annexé.

SIRE,

Aux termes des décrets du 17 mars 1808 et du 24 décembre 1852, les insignes, trois et quatre fois séculaires, de l'Université doivent être brodés sur le costume officiel en palmes d'or ou d'argent, selon que le titulaire est officier de l'instruction publique ou officier d'académie. Ces palmes sont donc à la fois un titre et une décoration.

Mais pour la classe la plus nombreuse des fonctionnaires de l'Université, pour les instituteurs, elles n'ont jamais été qu'un titre, puisqu'ils n'ont point de costume officiel sur lequel les palmes puissent être brodées.

En outre, depuis que les questions d'enseignement sont devenues, sous le gouvernement de Votre Majesté, l'objet de la sollicitude générale, le Ministre a dû témoigner, par la concession des palmes universitaires, sa gratitude envers des personnes qui, bien qu'étrangères au corps enseignant, l'avaient aidé à mieux accomplir sa tâche. Nos palmes furent alors portées à côté des ordres les plus illustres, sur de brillants uniformes. Des généraux, des sénateurs, des députés, des conseillers d'État se parent de cette décoration pacifique, et la parcimonie avec laquelle on l'accorde semble en relever la valeur.

Mais l'usage en a modifié la forme extérieure. On en a, peu à peu, réduit les premières dimensions, qui n'étaient compatibles qu'avec la robe universitaire. Au lieu d'être brodée sur le ruban même, elle s'y est suspendue. Je prie Votre Majesté de vouloir bien, en signant le décret ci-joint, régulariser cette coutume qui permettra à un instituteur de village de gagner, par de bons services, l'insigne que le Ministre de l'instruction publique s'honore de porter dans les cérémonies officielles., comme les maréchaux de

France portent la médaille militaire que Votre Majesté confère aux simples soldats.

Je suis avec un profond respect,

Sire,

De Votre Majesté,

Le très-humble, très-obéissant et très-fidèle serviteur,

Le Ministre de l'instruction publique,

V. DURUY.

NAPOLÉON,

Par la grâce de Dieu et la volonté nationale, Empereur des Français,

A tous présents et à venir, salut :

Sur la proposition de notre Ministre de l'instruction publique;

Vu le décret du 24 décembre 1852;

Avons décrété et décrétons ce qui suit :

Art. 1er. Le signe distinctif des officiers de l'instruction publique est la double palme d'or, et celui des officiers d'académie la double palme d'argent, conforme aux modèles annexés au présent décret.

Art. 2. Notre Ministre de l'instructoin publique est chargé de l'exécution du présent décret.

Fait au palais des Tuileries, le 7 avril 1866.

NAPOLÉON.

Par l'Empereur :

Le Ministre de l'instruction publique,

V. DURUY.

Décret portant règlement d'administration publique pour l'exécution de la loi du 21 juin 1865, sur l'organisation de l'enseignement secondaire spécial.

NAPOLÉON,

Par la grâce de Dieu et la volonté nationale, Empereur des Français,

A tous présents et à venir, salut :

Sur la proposition de notre Ministre de l'instruction publique;

Vu le décret du 17 mars 1808, article 122 ; le statut du 6 février 1821 ;

Vu la loi du 15 mars 1850, les décrets des 16 avril et 17 août 1853 et du 26 juin 1858;

Vu la loi du 14 juin 1854 et les décrets du 22 août 1854 et du 27 juillet 1859 ;

Vu la loi du 21 juin 1865 et le décret du 26 août 1865, qui crée un conseil supérieur de perfectionnement pour l'enseignement secondaire spécial au ministère de l'instruction publique;

Notre conseil d'État entendu,

Avons décrété et décrétons ce qui suit :

SECTION PREMIÈRE.

Du personnel enseignant.

Art. 1er. Il est institué un ordre particulier d'agrégation pour l'enseignement secondaire spécial.

Les agrégés sont nommés à la suite d'épreuves publiques.

Les formes et conditions des épreuves de l'agrégation pour l'enseignement spécial sont déterminées par un règlement délibéré en conseil impérial de l'instruction publique, après avis du conseil supérieur de perfectionnement.

Art. 2. Une indemnité annuelle de 400 fr. peut être accordée aux agrégés qui se trouvent momentanément sans emploi.

Elle peut l'être également à ceux qui sont pourvus d'une nomination ministérielle, lorsque leur traitement fixe et éventuel est inférieur à 1800 fr.

Lorsquele traitement est égal ou supérieur à 1800 fr., l'indemnité jointe au traitement ne peut excéder 2200 fr.

Art. 3. Les professeurs titulaires de l'enseignement secondaire spécial dans les lycées sont pris exclusivement, soit parmi les agrégés de l'enseignement secondaire spécial, soit parmi les agrégés de tout ordre de l'enseignement secondaire.

Art. 4. Peuvent être nommés maîtres élémentaires, maîtres répétiteurs et aspirants répétiteurs de l'enseignement secondaire spécial dans les lycées, les candidats pourvus du brevet de capacité institué par l'article 6 de la loi du 21 juin 1865, et les instituteurs primaires.

Art. 5. Les professeurs titulaires, les professeurs divisionnaires, les chargés de cours et les maîtres élémentaires des lycées attachés à l'enseignement secondaire classique peuvent être, en outre, appelés à concourir à l'enseignement spécial, jusqu'à concurrence du nombre d'heures de service auquel ils sont tenus par les règlements.

SECTION II.

Des traitements, des pensions, bourses et subventions.

Art. 6. Les traitements fixes des professeurs titulaires de l'enseignement secondaire spécial dans les lycées sont réglés ainsi qu'il suit :

Paris et Versailles. Classe unique : 2000 fr.

Départements. 1re classe : 1800 fr.; 2e classe : 1500 fr.; 3e classe : 1200 fr.

Les professeurs titulaires de l'enseignement secondaire spécial dans les lycées reçoivent, en outre, à titre de traitement éventuel, une part dans les prélèvements autorisés par l'article 10 du décret du 16 avril 1853 et par l'article 7 ci-après. Ils jouissent généralement de tous les avantages accordés par les règlements aux professeurs titulaires de leur emploi.

Art. 7. Il est opéré sur le montant de la pension payée par chaque élève pensionnaire ou demi-pensionnaire des cours de l'enseignement secondaire spécial dans les lycées, un prélèvement dont le taux sera fixé par le Ministre de l'instruction publique en conseil impérial, dans la limite des 9/100es et des 5/10es déterminés par le paragraphe 3 de l'article 10 du décret du 16 avril 1853.

Les sommes provenant de ce prélèvement sont employées, concurremment avec celles dont le prélèvement a lieu aux termes de l'article 10 du décret du 16 avril 1853, au payement des traitements éventuels.

Art. 8. Les professeurs divisionnaires, les chargés de cours et les maîtres élémentaires de l'enseignement secondaire spécial dans les lycées reçoivent seulement un traitement fixe. Ce traitement est déterminé ainsi qu'il suit :

Professeurs divisionnaires et chargés de cours.

Paris et Versailles : 2400 fr.

Départements. 1re classe : 1800 fr.; 2e classe : 1500 fr.

Maîtres élémentaires.

Paris et Versailles : 1400 fr.

Départements. 1re classe : 1200 fr.; 2e classe : 1000 fr.

Une indemnité de nourriture de 500 fr., non soumise à la retenue, peut être accordée aux maîtres élémentaires qui seront dispensés de la résidence au lycée, par décision ministérielle.

Art. 9. Les traitements des surveillants généraux, maîtres répétiteurs et aspirants répétiteurs attachés aux cours de l'enseignement secondaire spécial sont réglés ainsi qu'il :

Surveillants généraux.

Paris et Versailles : 1800 fr.

Départements : 1500 fr.

Maîtres répétiteurs.

Paris et Versailles. 1re classe : 1200 fr. ; 2e classe : 1000 fr. ; aspirants : 700 fr.

Départements. 1re classe : 100 fr. ; 2e classe : 800 fr. ; aspirants 600 fr.

Art. 10. Les professeurs divisionnaires, les chargés de cours, les maîtres élémentaires, les surveillants généraux et maîtres répétiteurs de première classe de l'enseignement secondaire spécial dans les lycées peuvent, après cinq ans, obtenir, à titre de rémunération, une augmentation de 200 fr.

Art. 11. Le prix de la pension, de la demi-pension, de l'externat surveillé et de l'externat, pour les élèves suivant les cours de l'enseignement secondaire spécial dans les lycées, est égal aux prix correspondants de la division élémentaire pour l'année du cours préparatoire, et à ceux de la division de grammaire pour les années suivantes. Il est ajouté aux rétributions annuelles des élèves externes une somme de 25 fr., applicable aux frais de manipulation et aux dépenses des cours de dessin.

Art. 12. La durée de la concession des bourses pour l'enseignement spécial est de cinq ans.

Il peut être accordé une année supplémentaire.

Art. 13. Lorsqu'une commune a voté, pour une période de cinq ans au moins, un subside pour l'organisation et l'entretien soit d'un collége communal affecté à l'enseignement spécial, soit de cours publics ou libres sur les matières de cet enseignement, il peut être accordé à ladite commune, par décision ministérielle, une subvention sur les fonds de l'État.

Art. 14. Notre Ministre de l'instruction publique est chargé de l'exécution du présent décret.

Fait au palais des Tuileries, le 28 mars 1866.

NAPOLÉON.

Par l'Empereur :

Le Ministre de l'instruction publique,

V. DURUY.

Décret pour la création d'une école normale destinée à former des maîtres pour l'enseignement secondaire spécial.

NAPOLÉON, etc.

Avons décrété et décrétons ce qui suit :

Art. 1er. Il est créé une école normale destinée à former des maîtres pour l'enseignement secondaire spécial.

Art. 2. Il est pourvu au recrutement de cette école au moyen de bourses fondées par l'État, par les départements, par les communes ou par les particuliers.

L'école reçoit en outre des élèves payants, moyennant un prix de pension déterminé par le Ministre de l'instruction publique.

Art. 3. Les candidats aux bourses et les élèves payants doivent remplir les conditions suivantes :

1° Avoir au moins dix-huit ans accomplis et au plus vingt-cinq ans au 1er octobre de l'année dans laquelle ils se présentent ;

2° Justifier, soit du brevet primaire complet ou du diplôme institué par l'article 4 de la loi du 21 juin 1865, soit du certificat d'admissibilité à l'École centrale des arts et manufactures, soit du diplôme de bachelier ès lettres ou ès sciences ;

3° Avoir subi avec succès les épreuves d'un concours ou d'un examen sur les matières choisies par le Ministre, après avis du conseil supérieur de perfectionnement, le conseil impérial de l'instruction publique entendu, parmi celles qui sont énumérées dans la partie facultative de l'article 23 de la loi du 15 mars 1850 et dans l'article 9 de la loi du 21 juin 1865.

Art. 4. Le concours ou l'examen s'effectuent au chef-lieu du département, ou dans une autre localité du même département désignée par le Ministre.

Il comprend des épreuves écrites et des épreuves orales.

Les épreuves écrites, faites sous la surveillance de l'inspecteur d'académie ou de son délégué, sont au nombre de trois.

Les résultats de l'examen oral sont consignés dans un rapport qui est joint aux compositions des candidats.

Art. 5. Les bourses fondées par l'État sont données au concours ; la liste des concurrents est arrêtée par le Ministre.

Art. 6. Les conseils généraux et les conseils municipaux ont la faculté d'opter, pour l'attribution des bourses fondées par les départements et par les communes, entre le concours ou l'examen mentionnés au paragraphe 3 de l'article 3. Ils déterminent d'ailleurs les autres conditions d'admission et le mode de nomination des boursiers.

Les particuliers ont la même faculté pour les bourses qu'ils fondent.

Art. 7. Les élèves payants peuvent être dispensés par le Ministre des justifications exigées par le numéro 2 de l'article 3 du présent décret.

Pendant les cinq années qui suivent l'ouverture de l'École normale, le Ministre peut autoriser l'admission des élèves payants après l'âge de vingt-cinq ans.

Art. 8. Le Ministre arrête chaque année la liste, par ordre de mérite, des candidats admis à l'école normale de l'enseignement secondaire spécial.

Art. 9. Le cours d'études est de deux ans, au bout desquels les élèves devront avoir subi avec succès les épreuves du brevet de capacité. Il peut être accordé une troisième année aux élèves qui se préparent à l'agrégation de l'enseignement secondaire spécial.

Art. 10. Les dispositions de l'article 79 de la loi du 16 mars 1850 sont applicables aux élèves de l'École normale de l'enseignement secondaire spécial.

Art. 11. Notre Ministre de l'instruction publique est chargé de l'exécution du présent décret.

Fait au palais des Tuileries, le 28 mars 1866.

NAPOLÉON.

Par l'Empereur :

Le Ministre de l'instruction publique,

V. DURUY.

Envoi aux recteurs du plan général des études composant l'enseignement secondaire spécial et des divers documents relatifs à l'exécution de la loi du 21 juin 1865.

« Paris, 6 avril 1866.

« Monsieur le recteur,

« J'ai l'honneur de vous adresser le plan général des études qui composeront l'enseignement spécial et les divers documents relatifs à l'exécution de la loi du 21 juin 1865 ; ce sont :

« Les programmes d'enseignement ;

« Le tableau de la répartition des matières entre les diverses années d'études ;

« Des instructions sur la méthode à suivre pour cet enseignement nouveau ;

« Un arrêté en date du 6 mars 1866, sur la composition des jurys chargés de délivrer les diplômes institués par la loi ;

« Un arrêté en date du 6 mars 1866, sur la composition des conseils de perfectionnement créés par les articles 3 et 5 de la loi du 21 juin 1865 ;

« Un décret en date du 28 mars 1866, pour la création de l'école normale, où se formeront les maîtres propres à ce nouvel enseignement ;

« Un décret du 28 mars 1866, qui règle les conditions financières pour les maîtres de l'enseignement spécial et qui établit en leur faveur une agrégation particulière ;

« Un arrêté en date du 28 mars 1866, déterminant les conditions de l'agrégation pour l'enseignement spécial ;

« Un arrêté du 6 mars 1866, concernant les bourses pour l'enseignement spécial.

« Je n'ai rien à vous dire, monsieur le recteur, sur les programmes : ils parleront d'eux-mêmes. Publiés une première fois, à titre provisoire, au mois d'octobre 1863, ils sont restés en expérience durant deux années.

« Après avoir recueilli les observations des proviseurs et des principaux, des inspecteurs d'académie et des recteurs, l'administration a refondu une partie de ces premiers programmes, en a rédigé de nouveaux et les a soumis au contrôle du conseil supérieur de l'enseignement spécial, puis à celui du conseil impérial de l'instruction publique. C'est avec cette double sanction qu'ils vont entrer aujourd'hui dans nos écoles ; et j'espère qu'ils donneront bientôt naissance à beaucoup de bons livres substantiels et courts qui commenceront enfin la vraie littérature du peuple.

« En examinant comment ces programmes se répartissent entre les diverses années d'enseignement, vous reconnaîtrez, monsieur le recteur, que le plan général des nouvelles études diffère essentiellement de celui des études classiques.

« Lorsqu'un élève entre au lycée, c'est pour en suivre successivement toutes les classes. Nous sommes donc assurés de son attention et de son travail pour sept ou huit ans, et nous disposons nos méthodes en conséquence. Presque tous les fruits de l'enseignement classique seraient perdus pour celui qui n'achèverait pas le cours entier des études du lycée. Mais l'enseignement spécial a été institué en faveur des enfants qui ne peuvent disposer d'un aussi gros capital de temps et d'argent. Beaucoup n'iront pas jusqu'à la fin des cours ; quelques-uns même n'y resteront qu'une année ou deux. Il a donc fallu distribuer les matières de cet enseignement de telle sorte que chaque année d'étude formât un tout complet en soit et que les plus indispensables fussent placés dans les premiers cours, afin que si les exigences de la vie forçaient un élève à quitter prématurément le collége spécial, il fût assuré d'en emporter, à quelque époque qu'il en sortît, des connaissances immédiatement utiles. Les études des diverses années consacrées à cet enseignement formeront ainsi comme un ensemble de cercles concentriques.

« Vous remarquerez encore, monsieur le recteur :

« Que l'enseignement littéraire et les exercices occupent plus de place dans les premières années, et que l'importance des études scientifiques va croissant avec l'âge des élèves ;

« Que le dessin, cette écriture de l'industrie, a constamment quatre heures par semaine, dans les premières années, et six dans les deux dernières ;

« Que la durée commune des classes est réduite à une heure, afin de n'épuiser ni les forces des maîtres ni l'attention des élèves ;

« Qu'enfin, ces programmes, préparés pour l'enseignement spécial dans les lycées et les colléges, ont été développés de manière à pouvoir servir de sommaires dans les cours supérieurs des classes d'adultes, et à aider les maîtres qui donnent, en ce moment, à la France entière un si mémorable exemple de dévouement patriotique.

« Je n'ai pas besoin d'ajouter que ces programmes ne sont pas obligatoires pour toutes les écoles spéciales ; car, en mettant à part certains cours qui seront partout nécessaires, le caractère fondamental de cet enseignement sera de varier selon les besoins de chaque localité. C'est pour cela que l'article 3 de la loi a créé un conseil de perfectionnement, dont les avis auront toujours une autorité considérable.

« Je ne crois pas qu'il soit possible de mettre l'atelier dans l'école, du moins dans les nôtres ; mais je pense qu'on peut faire au collége spécial l'éducation de la main, comme on y fera, par la musique, celle de l'oreille, par le dessin, celle des yeux, par la gymnastique, celle du corps tout entier. Je trouverais donc excellent qu'on habituât les élèves à manier quelques outils, non pas en vue de leur apprendre un métier, mais afin que leur main exercée à tenir le marteau ou la lime, le rabot du menuisier ou le ciseau du tourneur, fût prête pour les travaux de l'apprentissage, comme leur esprit le sera pour ceux du bureau ou du laboratoire.

« L'enseignement spécial sera caractérisé par ses programmes ; il le sera aussi par ses méthodes. J'appelle votre attention la plus sérieuse sur le document où se trouvent exposées les méthodes qui devront être suivies pour chaque branche d'études. Vous recommanderez aux professeurs de ne jamais mettre en oubli qu'il ne s'agit point, dans l'école spéciale, de préparer, comme au lycée classique, des hommes qui fassent des plus hautes spéculations de la science ou des lettres leur étude habituelle, mais des industriels, des négociants, des agriculteurs, dont beaucoup d'ailleurs, étendant par l'expérience de la vie cette instruction en apparence plus étroite, sauront rejoindre ceux qui auront cherché pour leur esprit un développement plus large dans des études plus désintéressées.

« Depuis le cours préparatoire jusqu'à la dernière année de l'enseignement spécial, il faudra diriger constamment l'attention des élèves sur les réalités de la vie : les habituer à ne jamais regarder sans voir ; les obliger à se rendre compte des phénomènes qui s'accomplissent dans le milieu où ils sont placés, et leur faire goûter si bien le plaisir de comprendre que ce plaisir devienne un besoin pour eux ; en un mot, développer dans l'enfant l'esprit d'observation et le jugement qui feront l'homme à la fois prudent et résolu dans toutes ses entreprises, sachant gouverner ses affaires lui-même.

« En même temps que les sciences appliquées mettront son esprit dans cette voie pratique, les cours de littérature, d'histoire et de morale lui donneront le goût de s'élever au-dessus des réalités du monde physique pour arriver au beau, au bien et à Dieu d'où viennent et en qui se confondent toutes les perfections.

« Le quatrième document est l'arrêté pris en exécution des articles 4 et 6 de la loi du 21 juin 1865, relatif à la délivrance du brevet de fin d'études aux élèves de l'enseignement spécial, et du brevet de capacité à ceux qui voudront ouvrir une maison pour cet enseignement.

« Par la création du diplôme de fin d'études, l'enseignement spécial trouvera la sanction qui, jusqu'à cette heure, lui a manqué. Cette consécration aura même un double effet : elle engagera les élèves et leurs familles à conduire jusqu'à leur terme des études qui forment un ensemble bien déterminé, et elle amènera promptement l'opinion publique à attacher une sérieuse importance à un brevet qui, pour certaines administrations publiques ou particulières pour des chefs d'usines, de grandes fermes ou de maisons de commerce, offrira plus de garanties d'aptitude immédiate que le diplôme de bachelier.

« Vous remarquerez, monsieur le recteur, que la loi n'autorise la délivrance du brevet de capacité, pour l'ouverture d'une école spéciale, qu'aux candidats âgés de dix-huit ans au moins. La loi du 21 juin 1865 a voulu marquer une différence entre le diplôme d'élève, qui consacre des études faites, et le brevet de maître, qui donne le droit d'enseigner.

« La composition des deux jurys est aussi différente : l'un est départemental, pour qu'il ne soit pas imposé aux élèves de déplacement coûteux ; l'autre est académique, pour que l'épreuve ait plus d'importance et de solennité.

« Les articles 3 et 5 de la loi du 21 juin 1865 instituent un conseil de perfectionnement près de chaque établissement public d'enseignement spécial. Deux choses ont été faites pour donner à ces conseils une action efficace sur les études. D'abord, en vertu de l'arrêté du 6 mars 1866, des attributions très-sérieuses; ensuite, leurs membres seront choisis parmi les notabilités du lieu, et la présidence en est expressément réservée au maire, afin que les influences municipales puissent agir librement dans ces questions scolaires, qui intéressent avant tout les pères de famille, et qui, pour le nouvel enseignement, sont aussi des questions d'intérêt local.

Non-seulement ce conseil donne son avis sur les matières du programme général qu'il importe d'étendre ou de restreindre, selon les besoins de la localité, mais il vérifie l'état des collections et de la bibliothèque; il facilite aux élèves la visite des manufactures, des usines et des exploitations agricoles; il peut assister aux classes et aux divers examens; enfin il adresse, chaque année, un rapport au ministre sur la marche de l'enseignement.

« Ce conseil a une autre prérogative importante chaque année, des sommes considérables sont employées à faire l'éducation d'enfants, souvents orphelins, dont les pères, par leurs services, ont bien mérité du pays, ou qui montrent d'heureuses dispositions que la société a intérêt à développer. Mais les sacrifices que l'État, les départements et les communes s'imposent, pour préparer à la société des membres utiles, sont parfois perdus, parce que ces jeunes gens, qui ont vécu jusqu'à dix-huit ans sous une tutelle vigilante, sont privés de toute direction dès leurs premiers pas dans la vie réelle, c'est-à-dire à l'époque la plus critique de leur existence, quand le collège qui a abrité leur enfance ouvre ses portes devant eux et les jette dans l'inconnu.

« Il a un contre-sens à faire de longs et coûteux efforts, pour créer une force qu'on abandonne à elle-même au moment où elle a le plus besoin d'être contenue et dirigée pour produire tous ses effets utiles.

« Afin de soustraire les élèves de l'enseignement spécial à ce danger, le conseil de perfectionnement sera aussi un comité de patronage. Tout élève qui mériterait un avertissement à la fois paternel et sévère pourra être appelé par le chef de l'établissement devant le comité de patronage; mais les boursiers seront plus particulièrement l'objet de sa sollicitude. Dans la dernière année d'enseignement, il étudiera leurs aptitudes, donnera à leur travail la direction la plus utile à leurs intérêts et cherchera à leur ouvrir l'accès de la maison où ils trouveront le meilleur et le plus fructueux emploi de leurs facultés.

« A cet effet, chaque comité local sera en rapport avec le conseil supérieur qui siège au ministère de l'instruction publique, et qui, connaissant à la fois les besoins et les demandes, pourra souvent satisfaire aux uns comme aux autres et aider l'élève sortant à trouver l'emploi immédiat des connaissances acquises.

« Les corporations d'autrefois étaient pour l'industrie une gêne, mais pour les industriels une garantie. L'entrave a disparu avec les jurandes; il serait bon que la garantie subsistât. On la retrouverait, sans doute, et sous la meilleure forme, avec cette organisation d'un patronage s'exerçant au profit des élèves des écoles spéciales.

« Quand l'empereur Napoléon Ier voulut relever les études classiques, il fonda l'École normale supérieure d'où sont sortis tant d'hommes célèbres et qui fait encore la force de l'Université. Lorsqu'un de mes illustres prédécesseurs entreprit, il y a trente-trois ans, d'organiser enfin l'instruction du peuple, il créa ces écoles normales des départements qui donnent à l'enseignement primaire ses meilleurs maîtres, comme au pays et à l'Empereur leurs serviteurs les plus dévoués. Si, depuis quarante ans, l'enseignement spécial, essayé sous les noms les plus divers, n'a pas réussi encore à se fonder définitivement, une des raisons de l'échec a été l'absence d'un personnel de professeurs particulièrement formés pour cet enseignement. La création d'une école normale spéciale

fera cesser cette insuffisance, et l'Université sera bientôt en état de donner aux lycées, aux collèges, aux grandes écoles communales des maîtres capables de seconder le mouvement industriel du pays par l'enseignement de toutes les applications des sciences.

« Cette école aura, ainsi que l'enseignement primaire, un caractère mixte. Il sera pourvu à son recrutement au moyen de bourses fondées par l'État, comme à l'école normale classique, mais elle aura aussi des bourses départementales, commes des écoles normales primaires. Des villes, des particuliers en ont déjà créé; et elle pourra recevoir des pensionnaires libres.

« Les boursiers de l'État entreront à l'école spéciale à la suite d'un concours; les boursiers départementaux après un concours ou un examen dont les autorités départementales détermineront les conditions. Les premiers resteront, après le cours d'études et pour toute la durée de l'engagement décennal, à la disposition de l'État; les seconds seront remis aux départements et aux communes qui auront fait les frais de leur instruction. Mais les fonctions et les besoins de l'enseignement sont assez variés pour que tout élève sortant de l'école spéciale soit assuré de trouver un bon et fructueux emploi des connaissances qu'il y aura acquises.

« Quelques personnes auraient voulu établir cette école à Paris; je la trouve mieux placée aux champs. Les bons professeurs n'y manqueront pas plus qu'ils ne manquent à nos soixante-douze lycées de province, et les élèves trouveront à Cluny d'excellentes conditions d'étude, sans les dangereuses séductions d'une grande ville, où peuvent se prendre des goûts incompatibles avec les habitudes modestes et la vie austère d'un maître de l'enfance.

« Trois causes ont arrêté jusqu'ici le développement de l'enseignement spécial. Il manquait d'un personnel approprié aux besoins; la création d'une école normale pourvoit à cette nécessité. Les traitements étaient misérables; le décret adopté par le conseil d'État permettra de relever ces traitements et d'assurer aux maîtres de l'enseignement spécial la dignité de la vie extérieure, qui est indispensable à la dignité même de la fonction. Enfin, les maîtres étaient retenus dans une condition inférieure; l'arrêté, dont il me reste à parler, fera disparaître cette infériorité.

« Pour avoir de bons maîtres, il ne suffit pas, en effet, de leur donner l'instruction qu'ils auront à répandre, et d'assurer à leurs services une rémunération en rapport avec celle dont jouissent les autres fonctionnaires de l'instruction publique, il faut encore honorer leur condition, en la relevant à tous les yeux, et ouvrir à leur légitime ambition l'accès des titres et des distinctions dont l'Université dispose en faveur du mérite éprouvé.

« C'est pour répondre à cette pensée que l'agrégation spéciale a été créée, afin que cet ordre d'enseignement ait, comme tous les autres, son couronnement. La même mesure a été prise, l'an dernier, par les mêmes motifs, en faveur des langues vivantes et des littératures étrangères.

« La loi du 21 juin 1865 ayant fait de l'enseignement spécial une branche de l'enseignement secondaire, il est juste que le bénéfice des bourses impériales, départementales et communales puisse être accordé à des élèves méritants que leur famille, leur fortune ou leur vocation ne destinent pas aux carrières dont les grandes écoles ouvrent l'entrée. Une combinaison, d'ailleurs à la fois paternelle et utile, sera celle qui permettra de récompenser le père dans les enfants, sans diriger en quelque sorte fatalement ceux-ci dans des professions qui, par les sacrifices ultérieurs qu'elles supposent, ne sont pas toujours en harmonie avec la condition de modestes serviteurs de l'État. En outre, les études spéciales sont moins longues que les études classiques; il sera donc possible de créer avec une somme égale plus de bourses, c'est-à-dire de venir en aide à un plus grand nombre de familles. Enfin, les élèves qui jouiront de ces bourses spéciales seront mieux assurés de profiter dès la sortie du lycée ou du collège des connaissances qu'ils y auront acquises, sans que l'accès des hautes études soit interdit à ceux que des dispositions remarquables signaleraient à la sollicitude particulière de l'administration.

« J'espère, monsieur le recteur, que, par l'ensemble de ces mesures, se trouvera enfin fondé l'enseignement secondaire du peuple. Il est temps de nous hâter. Dans la lutte pacifique, mais redoutable, qui est engagée entre les peuples industriels, le prix n'est pas réservé à celui qui disposera de plus de bras ou de capitaux, mais à la nation au sein de laquelle les classes laborieuses auront le plus d'ordre, d'intelgence et de savoir.

« La science continue ses découvertes et met chaque jour au service de l'industrie des agents nouveaux qui la secondent; mais, pour être bien appliqués, ces agents délicats ou puissants veulent être habilements maniés. Voilà pourquoi le progrès industriel est aujourd'hui étroitement lié au progrès scolaire, et comment les questions que l'Université a la tâche d'étudier et de résoudre, ont acquis une si grande importance, même pour la prospérité matérielle de la France.

« Si quelqu'un doutait de l'importance de la révolution qui s'accomplit, il n'aurait qu'à regarder la Suisse, ce pays de lacs et de montagnes, que la nature a fait si beau, mais en lui refusant toutes les conditions d'une contrée industrielle; terre aimée des poëtes et des artistes, mais sans port, sans fleuve navigable, sans canaux et sans mines. Cependant, du milieu de ces rochers stériles, il sort chaque année assez de produits pour payer les importations, notamment les 200 millions de marchandises que la France à elle seule vend à ce peuple, qui n'avait autrefois d'autre industrie que la guerre mercenaire; et il s'y forme assez d'habiles gens pour qu'on trouve dans toutes les villes marchandes du monde la colonie suisse au premier rang, et dans toutes les grandes maisons de commerce des employés intelligents venus de Bâle, de Zurich et Neufchâtel.

« Mais en Suisse le dernier des manouvriers savait lire, et personne n'y abandonne l'école avant quinze ou seize ans.

« Agréez, monsieur le recteur, l'assurance de ma considération la plus distinguée. »

V. DURUY.

Arrêté indiquant la composition des conseils de perfectionnement, pour l'enseignement secondaire spécial.

Art. 1. Les conseils de perfectionnement institués près des établissements publics d'enseignement secondaire spécial sont composés ainsi qu'il suit, savoir :

Le maire, *président*;

Le proviseur ou le principal;

Cinq à dix membres, nommés pour trois ans par le Ministre, sur la désignation du recteur, et particulièrement choisis parmi les fonctionnaires de l'ordre civil et militaire, et les notables commerçants, industriels et agriculteurs.

Ce conseil nomme lui-même son secrétaire.

Le recteur de l'académie prend part, quand il le juge convenable, aux travaux des conseils de perfectionnement, et en a la présidence lorsqu'il assiste aux réunions.

L'inspecteur d'académie est membre de droit de tous les conseils de perfectionnement du département.

Art. 2. Ce conseil de perfectionnement se réunit au moins trois fois par an : après la rentrée des classes, au moment des examens qui terminent le premier semestre et à la fin de l'année scolaire. Il donne son avis sur les matières du programme général, qu'il importe de développer ou de restreindre selon les besoins de la localité, et sur les améliorations que comporte l'enseignement.

Il délègue deux de ses membres pour vérifier l'état des collections et des bibliothèques de quartier, et

pour se concerter avec le chef de l'établissement sur les moyens de faciliter aux élèves la visite des manufactures, des usines et des exploitations agricoles.

Le conseil peut déléguer un ou plusieurs de ses membres pour visiter les classes, assister aux leçons des professeurs et lui rendre compte de l'état de l'enseignement.

Tous les ans, à la fin de l'année scolaire, le conseil de perfectionnement adresse au Ministre, par l'intermédiaire du recteur, un rapport sur la marche de l'enseignement. Ce rapport peut être rendu public avec l'autorisation du Ministre.

Les commissions chargées des examens à la fin du premier semestre et à la fin de l'année scolaire, sont présidées par l'inspecteur d'académie et, à son défaut, par un membre du conseil de perfectionnement désigné par le conseil.

Art. 3. Le conseil de perfectionnement exerce, à l'égard des élèves de l'établissement auprès duquel il est placé, les attributions d'un comité de patronage, et peut, pour cet objet, s'adjoindre un nombre d'anciens élèves égal à celui de ses membres.

Le conseil, en tant que comité de patronage, est particulièrement chargé de la tutelle morale des élèves boursiers. Ceux des élèves qui auraient mérité un avertissement peuvent être appelés par le chef de l'établissement devant le comité de patronage.

Le conseil adresse tous les ans un rapport au Ministre, avant l'époque de la réunion du conseil supérieur, sur la situation des boursiers et, en général, sur toutes les questions relatives au patronage à exercer en faveur des élèves sortants.

Art. 4. Il est tenu procès-verbal des séances sur un registre particulier, qui reste déposé dans l'établissement. Une expédition du procès-verbal de chaque séance est transmise au recteur de l'académie.

Fait à Paris, le 6 mars 1866.

V. DURUY.

Arrêté instituant dans chaque département un jury chargé d'examiner les élèves de l'enseignement secondaire spécial qui se présenteront pour l'obtention d'un diplôme d'études.

Art. 1er. Il est institué, dans chaque département, un jury chargé d'examiner les élèves de l'enseignement secondaire spécial, public ou libre, qui se présenteront pour l'obtention d'un diplôme d'études.

Ce jury, nommé pour trois ans par le Ministre, sur la proposition du recteur, est composé de trois membres : un pour les lettres, deux pour les sciences. Des membres leur seront adjoints, s'il y a lieu, pour le dessin, pour les langues vivantes étrangères et autres matières de l'enseignement facultatif.

Le jury se réunit deux fois par an, au mois d'août et au mois de novembre.

Art. 2. Les épreuves sont écrites et orales. L'épreuve écrite est éliminatoire; elle comprend trois compositions : une composition française, une composition de mathématiques, une composition de physique et de chimie. La durée de chaque composition est de trois heures; les sujets de composition sur les mathématiques, la physique et la chimie, sont pris dans les programmes des cours de la troisième et de la quatrième année de l'enseignement spécial.

L'épreuve orale porte sur toutes les matières des cours de troisième et de quatrième année du programme de l'enseignement spécial.

Une épreuve est consacrée au dessin.

Art. 3. Il est institué, au chef-lieu de chaque académie, un jury chargé d'examiner les candidats au brevet de capacité institué par l'article 6 de la loi du 21 juin 1865.

Ce jury, composé de cinq membres nommés pour trois ans par le Ministre, est présidé par un professeur de Faculté.

Art. 4. Les dispositions du paragraphe 1er de l'article 2 du présent arrêté sont applicables aux épreuves écrites de l'examen pour le brevet de capacité.

L'examen oral porte sur les matières comprises dans le programme obligatoire de l'article 1er de la loi du 21 juin 1865. Les candidats qui en font la demande peuvent être examinés sur les matières facultatives.

Fait à Paris, le 6 mars 1866.

V. DURUY.

Arrêté indiquant les conditions exigées pour être admis à prendre part aux épreuves de l'agrégation de l'enseignement secondaire spécial.

Art. 1er. Pour être admis à prendre part aux épreuves de l'agrégation de l'enseignement secondaire spécial, les candidats doivent être âgés de vingt-cinq ans, produire un certificat constatant qu'ils ont fait la classe pendant cinq ans, et être pourvus du brevet de capacité institué par la loi du 21 juin 1865 (art. 6).

Les années passées à l'École normale de l'enseignement spécial seront comptées pour autant d'années de stage.

Le Ministre de l'instruction publique peut dispenser les élèves qui auront suivi avec succès les cours de l'École des conditions prescrites par le 1er paragraphe du présent article, à l'exception du brevet de capacité, qui devra être pris à l'École même.

Art. 2. Sont dispensés du brevet et de trois ans de stage, les licenciés, les anciens élèves de l'École normale supérieure, de l'École polytechnique, les anciens élèves de l'École centrale munis du diplôme, et les anciens élèves libres de l'École des ponts et chaussées et de l'École des mines, pourvus du diplôme délivré par ces écoles.

Art. 3. La liste des concurrents est arrêtée par le Ministre de l'instruction publique.

Art. 4. Les dispositions générales du titre Ier du règlement du 27 décembre 1855 sur les examens de l'agrégation des lycées s'appliquent à l'agrégation de l'enseignement secondaire spécial.

Art. 5. Pour épreuves préparatoires, les candidats font :

1° Une composition française;

2° Une composition sur un sujet d'histoire ou de géographie ;

3° Une composition sur une question de mathématiques ou de géométrie descriptive;

4° Une composition sur une question de physique ou de mécanique ;

5° Une composition sur une question de chimie ou d'histoire naturelle.

Les sujets de ces compositions sont pris dans le cours d'études de l'École normale de l'enseignement secondaire spécial.

Quatre heures sont accordées pour les compositions littéraires et six heures pour les compositions scientifiques.

Art. 6. Les épreuves définitives consistent en leçons publiques et en épreuves pratiques.

Art. 7. Les leçons publiques ont pour objet :

1° Les mathématiques, la géométrie descriptive et leurs applications ;

2° La mécanique ou la physique;

3° La chimie ou l'histoire naturelle.

Chaque candidat est tenu de faire deux leçons à son choix.

La leçon de mathématiques a lieu après trois heures de préparation dans un lieu fermé.

Les leçons de mécanique, de physique, de chimie et d'histoire naturelle ont lieu après six heures de préparation dans un laboratoire de la Faculté des sciences, sous la surveillance des membres du jury.

La durée de chaque leçon est de trois quarts d'heure au moins.

Art. 8. Les épreuves pratiques sont les suivantes :

1° Correction d'une composition ou d'un devoir, après deux heures de préparation dans un lieu fermé ;

2° Un exercice de calcul numérique;

3° Une épure de géométrie descriptive;

4° Un levé de machine ;

5° Une expérience de physique ;

6° Une manipulation de chimie;

7° Une préparation d'histoire naturelle.

Tous les candidats sont soumis aux deux premières épreuves pratiques ; les devoirs qu'ils ont à corriger correspondent à la spécialité qu'ils ont choisie pour leurs leçons publiques.

Sur les cinq autres épreuves, ils en subissent trois à leur choix.

Le jury fixe la durée de ces épreuves. Elles ont lieu sous sa surveillance directe.

Art. 9. Les sujets des leçons et des épreuves pratiques sont tirés d'un programme spécial, délibéré en Conseil impérial de l'instruction publique, après avis du conseil supérieur de perfectionnement; et la nature des épreuves choisies par le candidat est mentionnée au procès-verbal.

Art. 10. Les candidats pourvus d'un diplôme de docteur ès sciences, les anciens élèves de l'École normale supérieure, les élèves de l'École polytechnique admis dans les services publics, les anciens élèves de l'École centrale munis du diplôme, les anciens élèves libres de l'École des ponts et chaussées et de l'École des mines pourvus du diplôme délivré par ces écoles, sont admis de droit aux épreuves définitives, mais ne sont pas dispensés des épreuves préparatoires.

Peuvent être dispensés des épreuves préparatoires par le Ministre de l'instruction publique, après avis du conseil supérieur de perfectionnement, les candidats qui se recommandent par la notoriété de leurs titres scientifiques ou de leurs services dans l'enseignement spécial.

Fait à Paris, le 28 mars 1866.

V. DURUY.

Arrêté indiquant les conditions pour être admis à l'examen des bourses de l'enseignement secondaire spécial.

Art. 1er. Pour être admis à l'examen des bourses de l'enseignement spécial, les candidats aux bourses impériales, départementales ou communales doivent avoir dix ans accomplis et n'avoir pas plus de quinze ans.

Ils sont réunis pour l'examen de la manière suivante :

1° Les candidats de dix à douze ans (cours préparatoire) ;

2° Les candidats de douze à treize ans;

3° Les candidats de treize à quinze ans.

Art. 2. L'examen comprend, pour chaque série de candidats, une épreuve écrite ou une épreuve orale.

Art. 3. L'épreuve écrite consiste :

Pour les deux premières séries, en une dictée française de force un peu différente et qui servira en même temps d'exercice d'écriture ;

Pour la troisième série, en un exercice de composition ou d'analyse littéraire.

L'épreuve orale consiste :

Pour la première série, en une lecture ou une récitation à haute voix d'une ou plusieurs fables des cinq premiers livres de fables de la Fontaine, en interrogations sur les éléments de la langue française et du calcul;

Pour la deuxième série, en interrogations sur les matières qui forment l'enseignement de l'année préparatoire et sur les principes de la grammaire anglaise ou allemande, sur l'histoire de France pendant le moyen âge, sur la géographie des divers États européens à la même époque, sur des notions d'arithmétique et de géométrie plane;

Pour la troisième série, en interrogations sur les matières qui forment l'enseignement de la première nanée normale.

Art. 4. Les dispositions de l'article 7 de l'arrêté du

9 février 1852 sont applicables aux candidats aux bourses pour l'enseignement spécial.
Fait à Paris, le 6 mars 1866.

V. DURUY.

Tableau général de la répartition des matières entre les diverses années de l'enseignement spécial, avec l'indication du nombre de leçons par semaine.

ANNÉE PRÉPARATOIRE.

Matière	Leçons	Groupe	Total
Français : Dictées et lectures	5	Lettres.	12
Langues vivantes	5		
Histoire de France (simples récits)	1		
Géographie : Tracé de la carte du département et étude sommaire de la France	1		
Mathématiques : Exercices de calcul et commencement de la géométrie pratique	4	Sciences.	6
Histoire naturelle (notions préliminaires)	2		
Calligraphie	4	Exercices.	12
Dessin	4		
Gymnastique	2		
Chant	2		
Total du nombre des leçons			30

PREMIÈRE ANNÉE D'ENSEIGNEMENT.

Matière	Leçons	Groupe	Total
Français. — Continuation	4	Lettres.	12
Langues vivantes	4		
Histoire : Les grandes époques de l'histoire ancienne, grecque, romaine et du moyen âge	2		
Géographie : Les cinq parties du monde. — Étude détaillée de l'Europe	2		
Mathématiques. — Arithmétique et géométrie : Suite	5	Sciences.	10
Notions préliminaires de physique et de chimie	2		
Histoire naturelle : Zoologie (vertébrés, principaux mammifères, etc.). — Botanique. — Géologie	2		
Comptabilité : Exercices pratiques	1		
Calligraphie	2	Exercices.	8
Dessin	4		
Gymnastique	1		
Chant	1		
Total du nombre des leçons			30

DEUXIÈME ANNÉE D'ENSEIGNEMENT.

Matière	Leçons	Groupe	Total
Français : Premiers principes de style et de composition	4	Lettres.	12
Langues vivantes	4		
Histoire de France et grands faits de l'histoire moderne jusqu'en 1789... Géographie agricole, industrielle, commerciale et administrative de la France	4		
Mathématiques. — Arithmétique commerciale et géométrie plane	5	Sciences.	12
Physique (propriétés générales, liquides, chaleur, électricité)	2		
Chimie (les métalloïdes et les métaux alcalins)	2		
Histoire naturelle : Zoologie (oiseaux, reptiles, poissons, insectes). — Botanique. — Géologie	2		
Comptabilité : Cours préparatoire à la tenue des livres	1		
Calligraphie	1	Exercices.	8
Dessin	5		
Gymnastique	1		
Chant	1		
Total du nombre des leçons			32

TROISIÈME ANNÉE D'ENSEIGNEMENT.

Matière	Leçons	Groupe	Total
Morale	1	Lettres.	12
Cours de composition littéraire	2		
Histoire de la littérature française	1		
Langues vivantes	4		
Histoire de France et histoire générale depuis 1789... Géographie commerciale : La France considérée dans ses relations avec l'étranger	3		
Principes de législation civile	1		
Mathématiques. — Principes d'algèbre, fin de la géométrie, principes de géométrie descriptive	4	Sciences.	14
Mécanique (notions préliminaires, 1re partie)	2		
Cosmographie	1		
Physique (chaleur, acoustique, lumière)	2		
Chimie (les métaux, notions de chimie organique)	2		
Histoire naturelle : Zoologie (les principaux phénomènes physiologiques). — Botanique. — Géologie	2		
Comptabilité. — Tenue des livres proprement dite	1		
Dessin	6	Exercices.	8
Gymnastique	1		
Chant	1		
Total du nombre des leçons			34

QUATRIÈME ANNÉE D'ENSEIGNEMENT.

Matière	Leçons	Groupe	Total
Morale (morale publique)	1	Lettres.	11
Exercices de composition littéraire propres à l'enseignement spécial	1		
Langues vivantes	4		
Histoire élémentaire des inventions industrielles	1		
Révision de l'histoire générale et histoire intérieure de la France depuis l'avénement de Louis XIV jusqu'à nos jours; Tableau de nos institutions actuelles	1		
Législation commerciale et industrielle	1		
Économie rurale, industrielle et commerciale	1		
Mathématiques. — Fin de l'algèbre, formules usuelles de trigonométrie, usage des tables, règle à calculer, courbes usuelles, complément de la géométrie descriptive	5	Sciences.	15
Mécanique. — Fin : applications à l'industrie locale	2		
Physique. — Révision et développement des parties les plus importantes	2		
Chimie appliquée à l'industrie locale	3		
Histoire naturelle appliquée à l'agriculture, à l'industrie et à l'hygiène	2		
Comptabilité proprement dite : Bourse, finances et Cour des comptes	1		
Dessin	6	Exercices.	8
Gymnastique	1		
Chant	1		
Total du nombre des leçons			34

ANNÉE COMPLÉMENTAIRE.

Dans les établissements qui ont une nombreuse population scolaire, il se trouve presque toujours des élèves montrant des dispositions remarquables, qu'il serait utile, soit pour eux-mêmes, soit dans l'intérêt de la société, de faire rentrer dans le grand courant des hautes études scientifiques. Quelques soins particuliers permettront à ces esprits, déjà mûrs et bien préparés par de sérieuses études, d'apprendre en peu de temps ce que l'examen pour le diplôme du baccalauréat ès sciences exige du latin. L'accès des grandes écoles scientifiques sera ainsi ouvert à ceux des élèves de l'enseignement spécial qui y seraient attirés par une vocation réelle.

ENSEIGNEMENT RELIGIEUX.

Cet enseignement est donné aux élèves pendant toute la durée des cours.

Dans les lycées et dans les colléges communaux, les élèves de l'enseignement spécial prennent part à l'enseignement religieux organisé pour les élèves de l'enseignement classique par l'arrêté du 24 mars 1865, relatif au plan d'études des lycées, et qui contient à cet égard les dispositions suivantes :

« L'enseignement religieux est donné une fois par semaine à chaque division d'élèves. Chaque leçon est d'une heure.

« Les élèves externes dont les parents le demandent sont admis au cours de l'enseignement religieux.

« L'enseignement religieux donne lieu, comme les autres enseignements, à des compositions périodiques et à des récompenses.

« La répartition des divers cours d'enseignement religieux entre les ecclésiastiques attachés à chaque lycée, l'ordre des compositions et généralement tout ce qui se rapporte à la discipline des cours d'instruction religieuse est réglé par le proviseur, de concert avec l'aumônier.

« L'inspection dogmatique de l'enseignement religieux est faite, au nom de l'évêque diocésain et par ses délégués, en présence du proviseur ou de tel autre représentant du Ministre de l'instruction publique.

« Des mesures analogues sont prescrites pour les élèves appartenant aux cultes non catholiques. »

Conseils départementaux de l'instruction publique.

Seine. (12 avril). — MM. Gréard et Toussenel, inspecteurs d'académie à Paris, sont nommés membres du conseil départemental de l'instruction publique de la Seine.

Administration académique.

Inspecteurs d'académie.

Paris (23 mars). — M. Dubief, inspecteur de l'académie de Paris, en résidence à Paris, dont la démission est acceptée, est nommé inspecteur d'académie honoraire.

M. Dubief a été appelé à la direction de l'institution Sainte-Barbe, en remplacement de M. Labrouste, décédé.

M. Gréard, inspecteur de l'académie de Paris, en résidence à Paris, est délégué à la préfecture de la Seine, en remplacement de M. Dubief.

Inspecteurs de l'instruction primaire.

Inspection primaire honoraire. (19 mars). — M. Raynaud, ancien inspecteur primaire, admis, sur sa demande, à faire valoir ses droits à la retraite, est nommé inspecteur primaire honoraire.

Brives (27 mars). — M. Rozié, inspecteur primaire (première classe) à Évreux, est nommé, sur sa demande, inspecteur primaire (même classe) à Brives, en remplacement de M. Rateau, appelé à d'autres fonctions.

M. Rateau, inspecteur primaire (troisième classe) à Brives, est nommé, sur sa demande, inspecteur primaire (même classe) à Évreux, en remplacement de M. Rozié, appelé à d'autres fonctions.

Millau et Saint-Afrique. (25 avril.) — M. Mestre, inspecteur primaire, en congé d'inactivité, domicilié à Alais (Gard), est admis, sur sa demande, à faire valoir ses droits à une pension de retraite, à titre d'ancienneté d'âge et de services.

M. Salles, chargé provisoirement des fonctions d'inspecteur primaire pour les arrondissements de Millau et de Saint-Afrique, est nommé définitivement auxdites fonctions, en remplacement de M. Mestre.

Écoles normales primaires.

Alger. (24 avril). — M. Coti, directeur de l'école communale de Milianah, est nommé maître de l'école normale d'Alger, et chargé à ce titre de la direction de l'école primaire annexée à cet établissement (emploi nouveau).

Laon. (31 mars). — Un congé d'un an est accordé, sur sa demande et pour cause de maladie, à M. Paradis, maître adjoint à l'école normale primaire de Laon.

M. Lamy, maître de l'école primaire annexée audit établissement, est chargé de remplacer M. Paradis pendant la durée de son congé.

M. Leclerc, instituteur public à Trosly-Loire (Aisne), pourvu du brevet complet, est chargé de remplacer M. Lamy, maître de l'école primaire annexée à l'école normale primaire de Laon, pendant la durée du congé accordé à M. Paradis.

Rennes (22 mars). — M. Rouaud, maître de l'école primaire annexée à l'école normale de Rennes, est nommé maître adjoint (troisième classe) dans ledit établissement, en remplacement de M. Maymil.

M. Tenet, directeur de la classe primaire annexée au lycée de Napoléonville, est nommé maître adjoint (troisième classe) à l'école normale primaire de Rennes, en remplacement de M. Jouanno.

— (24 avril). — M. Javary, instituteur adjoint à Bourgueil (Indre-et-Loire), pourvu du brevet complet, est nommé maître de l'école primaire annexée à l'école normale de Rennes, en remplacement de M. Rouaud, appelé à d'autres fonctions.

Lons-le-Saunier. *Institutrices*. (20 avril). — Un congé d'inactivité, pour raison de santé, est accordé, sur sa demande, à Mlle Pommier, directrice de la salle d'asile annexée à l'école normale primaire d'institutrices de Lons-le-Saunier.

Mlle Bey, chargée provisoirement des fonctions de directrice de la salle d'asile annexée à l'école normale primaire d'institutrices de Lons-le-Saunier, est nommée définitivement auxdites fonctions, en remplacement de Mlle Pommier.

Mlle Guyon, chargée provisoirement des fonctions de sous-directrice de la salle d'asile annexée à l'école normale primaire d'institutrices de Lons-le-Saunier, est confirmée définitivement dans lesdites fonctions, en remplacement de Mlle Bey.

Enseignement primaire annexé aux lycées et colléges.

Cambrai. (25 avril.) — M. Blanchart (Jules-Ernest), pourvu du brevet complet pour l'instruction primaire, est nommé régent des cours spéciaux d'instruction primaire, au collège de Cambrai, en remplacement de M. Maréchal, appelé à d'autres fonctions.

Draguignan. (9 août.) — M. Pinelli, régent en congé d'inactivité, est nommé régent des cours spéciaux d'enseignement primaire annexés au collége de

Draguignan, en remplacement de M. Montafier, appelé à d'autres fonctions.

DOCUMENTS

RELATIFS A L'INSTRUCTION PRIMAIRE.

PROGRAMME D'EXAMEN POUR L'ADMISSION A L'EMPLOI DE CONDUCTEUR AUXILIAIRE DES PONTS ET CHAUSSÉES.

Des renseignements nous ayant été souvent demandés sur les conditions de l'examen pour l'admission à l'emploi de conducteur de ponts et chaussées, nous croyons être utiles à nos lecteurs en publiant les documents qui suivent.

Les examens pour l'emploi de conducteur auxiliaire des ponts et chaussées ont lieu tous les ans, au commencement du mois d'octobre. Ils sont passés, au chef-lieu de chaque département, devant une commission composée d'un ingénieur en chef et de deux ingénieurs ordinaires, désignés par le Ministre.

Nul n'est admis à y prendre part, s'il n'est âgé de plus de vingt et un ans et de moins de trente ans. Toutefois, les militaires porteurs d'un congé régulier et les piqueurs qui, à l'âge de trente ans, comptaient plus de deux ans de service, pourront concourir jusqu'à trente-cinq ans.

Les demandes d'admission aux examens doivent parvenir à l'administration du 1er août au 1er septembre.

Elles doivent être accompagnées :

1° D'un acte de naissance ou de toute autre pièce constatant régulièrement l'âge du candidat;

2° D'une note faisant connaître ses antécédents et les études auxquelles il s'est livré. A cette note doivent être joints les diplômes, certificats, etc., qui auraient pu lui être délivrés. — Les demandes des piqueurs ou autres agents doivent être transmises et appuyées par les chefs de service.

L'administration arrête la liste des candidats qui pourront se présenter au concours dans chaque département.

Le programme ci-après détermine les connaissances exigées des candidats, et les chiffres la valeur relative assignée à chacune des parties de l'examen, à raison de son étendue ou de son importance au point de vue du service des conducteurs.

CONNAISSANCES EXIGÉES.

1° *Écriture courante.*

Nette et très-lisible, 2.

2° *Principes de la langue française.*

(Indépendamment d'une dictée destinée à constater qu'ils savent suffisamment l'orthographe, les candidats auront à rédiger un rapport sur une affaire de service), 3.

3° *Arithmétique.*

Numération décimale. — Addition, soustraction, multiplication, division; preuve de ces opérations.

Nombres décimaux. — Fractions.

Extraction des racines carrées et cubiques.

Système légal des poids et mesures.

Résolution de problèmes; questions d'intérêt, d'escompte, de société.

Proportions et progressions, 5

4° *Logarithmes.*

Théorie des logarithmes et usage des tables, 2.

5° *Algèbre.*

Addition et soustraction des polynômes. — Multiplication et division des monômes et des polynômes. — Équations du premier degré à une ou plusieurs inconnues. — Équations du second degré à une inconnue, 1.

6° *Géométrie.*

Préliminaires. — Égalité des triangles. — Droites perpendiculaires, obliques, parallèles. — Parallélogrammes, polygones. — Lignes proportionnelles; triangles semblables.

Mesure des angles. — Contact et intersection des cercles. — Tangentes et sécantes du cercle. — Polygones inscrits et circonscrits au cercle. — Aire des polygones et du cercle.

Propositions relatives à la ligne droite et au plan. — Plans perpendiculaires et parallèles. — Angles dièdres et trièdres.

Tétraèdres; pyramides.—Parallélipipèdes; prismes. Polyèdres égaux et semblables. — Aire et volume du cône droit, du cylindre droit et de la sphère, 5.

7° *Statique.*

Composition et décomposition des forces parallèles, concourantes ou dirigées d'une manière quelconque dans l'espace. — Détermination des centres de gravité.

Équilibre des machines simples et composées : le levier, la poulie, le plan incliné, le treuil, les moufles et la vis, en faisant abstraction du frottement. — Rapport entre les espaces parcourus par les points d'application de la puissance et de la résistance, lorsque la machine est mise en mouvement; égalité entre le travail moteur et le travail résistant, 1.

8° *Trigonométrie rectiligne.*

Lignes trigonométriques. — Relations entre les lignes trigonométriques d'un arc. — Principales formules trigonométriques.

Usage des tables de sinus.

Relations entre les côtés et les angles d'un triangle rectangle ou d'un triangle quelconque. — Résolution des triangles, 2.

9° *Géométrie descriptive.*

Méthodes des projections.

Questions relatives à la ligne droite et au plan, 2.

10° *Dessin graphique et lavis.* — 4.

11° *Lever des plans.*

Mesure des distances. — Chaîne d'arpenteur; stadia. — Réduction à l'horizontale des distances mesurées sur les pentes.

Mesure des angles.— Equerre d'arpenteur, alidade, graphomètre, boussole. — Usage et vérification des instruments.

Lever à l'équerre, à la planchette, à la boussole et au graphomètre.

Rapport et dessin des plans. — Indication des

échelles adoptées dans le service des ponts et chaussées. — Copie et réduction des plans.

Tracé d'un axe sur le terrain; piquetage, alignements courbes. — Plan parcellaire, 5.

12° *Nivellement.*

Niveau d'eau. — Niveau à bulle d'air; niveaux d'Égault et de Lenoir. — Mire à coulisse, mire parlante. Usage et vérification des instruments.

Opération du nivellement; carnet. — Calculs des cotes de hauteur rapportées à un plan général de comparaison.

Modes de représentation du terrain adoptés dans le service des ponts et chaussées. — Dessin du profil en long, des profils en travers. — Plans cotés.

Tracé des profils sur le terrain. — Indication des points de hauteur pour les déblais et les remblais.

Niveau de pente de Chézy; son emploi pour tracer sur le terrain une ligne d'une pente déterminée, 5.

13° *Cubature des terrasses et mouvement des terres.*

Évaluation du cube des terrassements : 1° par la méthode dite exacte; 2° par les méthodes expéditives. — Usage des tables dressées par ordre de l'administration.

Règles générales pour la repartition des déblais.— Divers modes de transport. — Formules qui fixent la limite des distances entre lesquelles il convient de préférer tel ou tel mode de transport.

Détermination de la distance moyenne des transports. — Tableau du mouvement et de la répartition des déblais et des remblais, 4.

14° *Pratique des travaux.*

Notions sur les qualités et les défauts des matériaux, sur leur emploi dans les maçonneries et charpentes, sur les travaux d'entretien des routes, et sur la pratique des travaux en général, 5.

Total de la valeur relative, 46.

Les candidats possédant des connaissances plus étendues que celles du programme peuvent demander qu'elles soient constatées par les examinateurs.

L'examen de chaque candidat fait l'objet d'un procès-verbal détaillé, indiquant les questions posées sur les diverses parties du programme et la manière plus ou moins satisfaisante dont elles ont été résolues.

La pièce d'écriture, la dictée, la rédaction et les dessins sont joints au procès-verbal.

Afin d'arriver à une appréciation exacte et comparative du mérite des candidats, il est attribué à chacune de leurs réponses ou des parties de leur travail une valeur numérique exprimée par des chiffres qui varient de 0 à 20, et qui ont respectivement les significations ci-après :

0.	Néant.
1, 2.	Très-mal.
3, 4, 5.	Mal.
6, 7, 8.	Médiocrement.
9, 10, 11.	Passablement.
12, 13, 14.	Assez bien.
15, 16, 17.	Bien.
18, 19.	Très-bien.
20.	Parfaitement.

Une moyenne est établie d'après ces chiffres pour chaque partie du programme ; chacune de ces moyennes est multipliée par les nombres ou coefficients exprimant leur valeur relative, et la somme des produits donne le nombre total des points ou degrés obtenus pour l'ensemble des épreuves.

Nul ne pourra être déclaré admissible s'il n'a obtenu au moins la moitié du maximum pour chacun des articles, 1, 2, 3, 6, 10, 11 et 12, et pour les autres articles réunis ; et les deux tiers de ce maximum pour l'ensemble de son examen.

Les procès-verbaux d'examen sont transmis à l'administration avec un rapport général sur l'ensemble des examens, dans lequel les candidats sont classés suivant l'ordre de mérite que leur assigne le résultat du concours dans chaque département.

L'admissibilité des candidats à l'emploi de conducteur auxiliaire est déclarée par le ministre, sur le vu des procès-verbaux d'examen. Cette déclaration d'admissibilité ne confère, d'ailleurs, aux candidats aucun droit à une nomination immédiate; elle les met seulement en position de concourir, à l'exclusion de tous autres candidats, pour les emplois de conducteur vacants ou à créer, soit dans les départements où ils ont été examinés, soit dans tout autre département.

Arrêté par le ministre des travaux publics.

P. MAGNE.

Paris, 26 juillet 1851.

COURS DE L'HOTEL DE VILLE.

Programmes destinés aux aspirants et aspirantes aux brevets de capacité.

(Suite.)

Composition et style.

Objet du cours : Faire comprendre et apprécier les modèles. — Exercer à parler et à écrire convenablement.

Division : 1° Étude des pensées. — 2° Étude du style. — 3° Étude de la composition.

I. ÉTUDE DES PENSÉES.

Ce qu'il faut entendre par le mot *idées*. — Idées de l'ordre physique. — Idées de l'ordre rationnel. — Moyens pour acquérir des idées, — pour les rendre exactes, pour les coordonner et les lier, — pour les développer.

Jugement. — Raisonnement. — Condition de justesse pour les jugements et les raisonnements. — Causes d'erreur.

II. ÉTUDE DU STYLE.

Double condition de perfection pour le style : 1° propriété de l'expression; 2° art de la construction.

1° *Propriété de l'expression.*

En quoi elle consiste. — Comment on y atteint. — Sens divers du même mot. — Sens propre ou naturel, — Sens détourné. — Sens figuré.

Sens propre. — Donné par les éléments étymologiques du mot.

Sens détourné. — D'où il provient. — Étude des gallicismes et des idiotismes français.

Sens figuré. — Étude des figures.

Synonymie ou rapprochement de sens dans les mots. — Synonymes à radical commun. — Synonymes à radical différent.

2° *Construction des phrases.*

Construction au point de vue grammatical, — au point de vue littéraire.

Étude de la construction : 1° Sous le rapport de l'ordre et du mouvement des pensées. — Construction directe, inverse. — 2° Sous le rapport de l'harmonie. — Harmonie générale. — Harmonie imitative. — 3° Sous le rapport de la convenance du ton avec le sujet. — Style simple ; style tempéré ; style élevé. — Style coupé ; style périodique. — Qualités générales. — Qualités particulières du style.

III. ÉTUDE DE LA COMPOSITION.

Double voie pour se former à la composition : 1° Étude réfléchie des modèles ; 2° Exercices de rédaction sur des sujets proposés.

Marche à suivre pour l'étude des modèles.—Marche à suivre dans les exercices de composition et d'imitation. — Invention. — Disposition. — Élocution. Différents genres de composition : Description. — Portraits. — Tableaux. — Scènes. — Récits ou narrations. — Développement d'une vérité morale, littéraire, etc. — Fables. — Paraboles. — Allégories. — Lettres. — Rapport. — Compte rendu. — Discours.

Arithmétique et système métrique.

ASPIRANTES.

Première partie. — Matières obligatoires.

Numération des nombres entiers. — Opérations sur les nombres entiers. — Numération des nombres décimaux. — Opérations sur les nombres décimaux. — Système métrique. — Fractions ordinaires.

Deuxième partie. — Matières facultatives.

Théorie des rapports et des grandeurs proportionnelles. — Règles de trois. — Méthode de réduction à l'unité. — Application de la même méthode à la résolution des problèmes sur l'intérêt, l'escompte, les partages proportionnels, les alliages, etc.

Histoire.

Première partie. — Notions d'histoire ancienne.

1° *Royaumes d'Assyrie, d'Égypte, de Médie, de Perse.* — Grandeur de Tyr. — Age héroïque de la Grèce. — Principales colonies grecques en Asie et en Europe. — Peuples primitifs de l'Italie, de la Gaule, de l'Espagne. — Fondation de Carthage, de Marseille, de Rome.

2° *La Grèce ancienne.* — Institutions de Lycurgue et de Solon. — Guerres médiques. — (Miltiade, Thémistocle, Aristide, Cimon, etc.). — Prépondérance d'Athènes. — Périclès. — Guerre du Péloponèse. — Prépondérance de Sparte (Conon, Antalcidas).— Puissance de Thèbes. — (Épaminondas, Agésilas). — La Sicile. — Gélon. — Timoléon.

3° *Les Macédoniens.* — Règnes de Philippe et d'Alexandre. — Démosthène. — Phocion. — Conquête de l'Asie. — Royaumes grecs formés de l'Empire macédonien. Séleucides. — Leurs rapports avec la Judée, avec le haut-Orient. — Fondation d'Antioche. — Séleucie. — Ptolémées. — Importance d'Alexandrie au point de vue du commerce et de la civilisation. — Royaume de Macédoine. — Ligues achéenne et étolienne. — Aratus. — Philopœmen. Les Romains en Grèce.

4° *Rome.* — Les rois. — Organisation de la républi-que. — Sénat. — Assemblées du peuple. — Consuls. — Tribuns. — Luttes entre les deux ordres. — Premières lois agraires. — Lois des XII Tables. — Soumission du Latium. — Guerres contre les Samnites. — Les Étrusques, l'Ombrie. — Pyrrhus et la Grande-Grèce. — Soumission de l'Italie. — Guerre contre les Gaulois en Italie.

5° *Guerres puniques.* — Amilcar. — Annibal. — Fabius. — Marcellus. — Les Scipions. — Conquête de la Sicile (1re province), de la Sardaigne, de la Corse, de l'Afrique et de l'Espagne. — Conquête de la Macédoine et de la Grèce. (Paul-Émile, Flamininus), de l'Asie-Mineure et de la Syrie.—Alliance avec la Judée. — Organisation politique et financière des provinces. — Colonies. — Municipes. — Villes ou peuples fédérés. — Changements dans la constitution de la république, les nobles, les chevaliers, la plèbe. — Essais de réforme. — Les Gracques et les nouvelles lois agraires.

6° *Prépondérance des armées et des généraux.* — Guerres des Cimbres et de Jugurtha (Marius).—Guerre sociale. — Guerre de Mithridate (Sylla). — Première guerre civile. — Réforme de Sylla. — Commencements de Pompée et de César. — Tentative pour rétablir le gouvernement civil. — Caton et Cicéron. — Toute-puissance de Pompée. — Troubles de Clodius et de Milon. Premier triumvirat. — Exil et retour de Cicéron. — Défaite de Crassus par les Parthes. — Conquête de la Gaule. — Pharsale. — Dictature de César.

7° *Mort de César.* — Brutus et Cassius. — Antoine et Octave. — Guerre de Modène. — Deuxième triumvirat. — Bataille de Philippes. — Rupture entre Octave et Antoine. — Bataille d'Actium. — Auguste empereur. — Formes de son gouvernement. — Organisation des provinces.

8° *Principat.* — Tibère. — Néron. — Les Flaviens. — Nerva. — Trajan et les Antonins. — Les Sévères. — Le droit romain étendu à toutes les provinces. — Anarchie dite des Trente tyrans. — Tentative d'empire gaulois.

9° *Empire monarchique.* — Dioclétien. — Partage du pouvoir. — Dernière persécution contre les chrétiens. — Constantin. — Ses réformes. — Fondation de Constantinople. — Réaction tentée par Julien contre le christianisme. — Théodose. — Séparation des deux empires.

(La suite prochainement.)

La collection du *Manuel général,* depuis son origine, de novembre 1832 jusqu'à janvier 1866, se vend 125 fr. Cette collection forme 35 volumes divisés en 5 séries : 1re et 2e séries, in-8°, de novembre 1832 à décembre 1849, 11 volumes ; 3e série, in-4°, de janvier 1850 à décembre 1857, 8 volumes (l'année 1854, qui est épuisée dans ce format, est remplacée, pour un petit nombre d'exemplaires, par la même année du *Petit Manuel* in-8°) ; 4e série, in-8°, de janvier 1858 à décembre 1863, 6 volumes ; 5e série, in-8°, commençant en janvier 1864, 4 volumes.

On ne vend pas séparément les années 1853 et 1854. Chacune des années des trois premières séries se vend 4 fr. ; de la quatrième, 2 fr. ; et de la cinquième (2 vol.), 10 fr., frais de port compris.

PETIT MANUEL
DE L'INSTRUCTION PRIMAIRE

JOURNAL MENSUEL

DES INSTITUTEURS ET DES INSTITUTRICES.

AVIS.

Dans son prochain numéro, le *Petit Manuel* publiera un article sur les travaux à l'aiguille, et une planche tirée à part qui accompagnera cet article.

ÉDUCATION ET ENSEIGNEMENT.

LEÇONS POUR LES COURS D'ADULTES.

LECTURE RAISONNÉE.

L'Ivrogne et sa Femme.

M. DENIS. — C'est encore à la Fontaine, mes bons amis, que nous consacrerons aujourd'hui notre leçon, et c'est encore une fable que je vais vous prier de lire. A moins toutefois que le père Germain ne trouve qu'il est au-dessous d'un homme de son âge de perdre son temps à de pareilles lectures, dont on amuse les petits enfants.

LE PÈRE GERMAIN. — Ma foi, monsieur, je vois bien que les petits enfants, comme vous dites, sont très-contents des fables que vous leur racontez ou que vous leur faites lire à l'école; mais je sais bien aussi que j'ai pris grand plaisir à celles que vous nous avez déjà expliquées; je pense donc qu'il doit y avoir profit et agrément à en tirer, pour les jeunes comme pour les vieux.

M. DENIS. — Et vous avez raison, père Germain; et pour ne parler que des fables de la Fontaine, je ne sais guère de livre qui puisse mieux convenir à toutes les conditions et à tous les âges. Je n'en vois guère, en effet, qui contienne plus d'idées que tout le monde peut entendre, parce qu'elles sont prises dans la vie commune, et que le bon sens y domine, sans pour cela qu'il y manque ces sentiments élevés ou délicats, qui font l'honneur de notre nature. Je n'en connais pas en même temps qui soit plus simple, qui sache mieux se servir, sans embarras et sans emphase, de la langue que tout le monde parle ou devrait parler. Enfin, personne ne contestera que les fables du bonhomme, comme on dit, ne soient fort amusantes, ce qui, après tout, ne gâte rien. Que les enfants comprennent tout ce qu'on leur y fait lire, ce serait trop dire assurément, mais, outre que c'est déjà un grand point que de ne pas les ennuyer, en les instruisant, ils y peuvent certainement apprendre déjà beaucoup d'excellentes choses, qui s'y trouvent à leur portée et qui ne se trouvent peut-être que là. Quant à nous, nous tâcherons, n'est-il pas vrai? de n'en rien laisser échapper, et d'en prendre toute la moelle.

Ce que nous allons lire n'est pas d'ailleurs une fable proprement dite; nous n'y verrons ni le corbeau, ni le renard, ni le loup, que le poète, dans ses fables ordinaires, fait parler ou agir, comme si c'étaient des hommes. C'est un simple récit, une historiette en vers, où notre espèce seule est en jeu. Il y en a beaucoup comme cela dans le livre de la Fontaine, et ces soi-disant fables ne sont certainement pas la moindre partie de son œuvre. Voyons, qui pourrait m'en citer ?

(Nous supposons que quelques-uns des élèves de M. Denis connaissent assez les fables de la Fontaine pour citer, par exemple : *le Vieillard et les trois jeunes Hommes, le Savetier et le Financier, le Paysan du Danube, le Jardinier et son Seigneur, la Laitière et le Pot au lait, le Gland et la Citrouille, le Meunier, son fils et l'Ane*, et tant d'autres.)

M. DENIS. — Lisons maintenant notre fable ou, si vous aimez mieux, notre récit, qui a pour titre : *L'Ivrogne et sa Femme*[1].

> Chacun a son défaut, où toujours il revient :
> Honte ni peur n'y remédie.
> Sur ce propos, d'un conte il me souvient :
> Je ne dis rien que je n'appuie
> De quelque exemple. Un suppôt de Bacchus
> Altérait sa santé, son esprit et sa bourse :
> Telles gens n'ont pas fait la moitié de leur course,
> Qu'ils sont au bout de leurs écus.

---

1. C'est la fable VII du livre III, dans les éditions classiques.

Un jour que celui-ci, plein du jus de la treille,
Avait laissé ses sens au fond d'une bouteille,
Sa femme l'enferma dans un certain tombeau.
Là, les vapeurs du vin nouveau
Cuvèrent à loisir. A son réveil, il treuve
L'attirail de la mort à l'entour de son corps,
Un luminaire, un drap des morts.
« Oh! dit-il, qu'est-ce ci? Ma femme est-elle veuve? »
Là-dessus son épouse, en habit d'Alecton,
Masquée, et de sa voix contrefaisant le ton,
Vient au prétendu mort, approche de sa bière,
Lui présente un chaudeau propre pour Lucifer.
L'époux alors ne doute en aucune manière
Qu'il ne soit citoyen d'enfer.
« Quelle personne es-tu? » dit-il à ce fantôme.
« La cellerière du royaume
De Satan, reprit-elle; et je porte à manger
A ceux qu'enclôt la tombe noire. »
Le mari repart, sans songer :
« Tu ne leur portes point à boire? »

M. DENIS. — Avant de répéter cette fable, commençons par nous renseigner sur certains mots ou certaines expressions dont tout le monde n'a peut-être pas saisi parfaitement le sens. Celle-ci, par exemple : Un suppôt de Bacchus. Qu'est-ce que c'est que Bacchus, Pierre?

PIERRE. — C'était, chez les anciens, le dieu du vin, monsieur Denis.

M. DENIS. — Cela étant, un suppôt de Bacchus, c'est...?

PIERRE. — Un ami de Bacchus, un homme qui aime le vin.

M. DENIS. — Oui, le mot *suppôt* veut dire partisan et s'emploie en mauvaise part; ainsi on dira : un suppôt de brigand, ou un suppôt de tyrannie. Tu vois que ce n'est pas sans raison que la Fontaine a employé le mot; il ne veut pas nous donner une bien haute idée de son homme.

Dis-moi maintenant ce que c'est qu'Alecton.

PIERRE. — Je ne sais pas, monsieur.

M. DENIS. — Les Grecs appelaient Alecton une de leurs divinités inférieures, chargées, soit sur la terre, soit dans les enfers, de punir les crimes des hommes. Elle avait deux sœurs, Tisiphone et Mégère, et toutes trois portaient le nom de Furies. On les représentait avec un air terrible, les cheveux entrelacés de serpents, tenant une torche d'une main, un poignard de l'autre : vilaine engeance comme vous voyez, et qui n'a de réalité, heureusement, que dans les fictions païennes, mais dont les noms ont passé dans notre langage habituel. Je n'ai pas besoin de vous dire ce qu'on appelle une mégère et une furie.

Dans notre fable, la femme de l'ivrogne se présente en habit d'Alecton, c'est-à-dire costumée en divinité infernale, en habitante de l'enfer.

J'imagine que vous savez tous ce que c'est que Lucifer et que Satan.

Voilà pour les noms propres.

M. DENIS. — Dis-moi maintenant, Pierre, n'y a-t-il pas quelque autre mot, en dehors des noms propres, que tu n'aies pas bien saisi dans la fable que nous avons lue.

PIERRE. — Il me semble que non, monsieur Denis.

M. DENIS. — Bien sûr?

PIERRE. — Bien sûr.

M. DENIS. — Nous allons voir. Explique-moi ce que veut dire cette expression : Plein du jus de la treille. Qu'est-ce que c'est que ce jus de la treille?

PIERRE. — C'est le vin, monsieur.

M. DENIS. — Comment, le vin? Je croyais que c'était la vigne qui produisait le vin.

PIERRE. — Oui, monsieur.

M. DENIS. — Eh bien, alors?

PIERRE. — Alors?...

M. DENIS. — Tu vois qu'il n'est pas si facile qu'on le paraît croire de se rendre compte des moindres choses. Règle générale, mon cher ami : défie-toi de ce qui paraît facile. Le plus souvent, quand on déclare, sans examen, qu'une chose est facile, c'est

qu'on la connaît imparfaitement. A mesure qu'on l'aborde de plus près, on voit se produire telles difficultés qu'on n'avait pas soupçonnées d'abord. C'est comme lorsqu'on se trouve, en pays de plaine, devant une montagne ou une colline tant soit peu haute. De loin, on n'aperçoit qu'une surface parfaitement unie, et l'on se dit qu'il n'est ni bien long ni bien malaisé d'en atteindre le sommet. Vous approchez, et vous êtes tout étonné de voir, ici des renflements et là des crevasses. Vous croyiez pouvoir marcher tout droit, il faudra prendre des détours. Il vous semblait qu'en une demi-heure vous seriez arrivé, et vous en aurez peut-être pour toute une journée. Voyons, revenons à notre affaire : sais-tu d'abord ce que c'est qu'une treille?

PIERRE. — Une treille, je suppose que c'est à peu près comme un treillis.

M. DENIS. — Peut-être pas précisément. Un treillis, ou un treillage, c'est un ensemble de lattes qui se croisent, et qu'on place, par exemple, dans un jardin, pour faire un berceau, ou contre un mur, pour soutenir les branches des arbres fruitiers disposés en espalier. Une treille, c'est un treillis naturel, c'est un entre-croisement produit par les branches flexibles de certains arbustes, comme le jasmin, la clématite, et surtout comme la vigne. Dans bien des pays, et c'est probablement pour cela que Pierre, qui n'a pas voyagé, n'était pas bien sûr de ce qu'il voulait dire, il n'y a guère de treilles; la vigne, très-courte, s'enroule autour d'un simple pieu, planté en terre, qu'on appelle l'échalas. Mais, dans d'autres contrées, dans le Midi surtout, on lui laisse prendre plus de développement, et elle devient alors, à proprement parler, une treille, que l'on soutient d'ailleurs par un treillis artificiel. Le jus de la treille, c'est donc le jus de la vigne, ou plutôt, pour nous exprimer plus exactement encore, le jus du raisin que la vigne produit, et, en définitive, le vin : c'est bien ce que Pierre nous avait dit, seulement il l'avait deviné plutôt que compris.

Je voudrais maintenant savoir s'il est bien certain que le vin soit véritablement le jus de la vigne.

Dites-nous cela, vous, père Germain. Je suppose que je prenne dans ma main une grappe de raisin et que je l'écrase entre mes doigts. Le jus qui en sort, est-ce du vin, du vin blanc, si vous voulez?

LE PÈRE GERMAIN. — Oh, que non, monsieur Denis, pour que le jus de raisin devienne du vin, il faut qu'il cuve.

M. DENIS. — Qu'il cuve! Tiens, c'est précisément le mot que je trouve un peu plus loin dans notre fable :

> Là les vapeurs du vin nouveau
> Cuvèrent à loisir.

Pierre, qui comprenait si bien tout à l'heure, serait-il tout à fait en mesure de nous expliquer ce que veut dire cette expression-là : Les vapeurs du vin qui cuvent, ou seulement ce que c'est que ce cuvage d'où provient le vin.

PIERRE. — Je ne saurais pas trop, monsieur Denis.

M. DENIS. — Je ne veux pas non plus, mes amis, vous expliquer moi-même en grand détail, ni surtout bien exactement, comme un savant pourrait le faire, de quelle façon s'opère la transformation du jus de raisin, de ce qu'on appelle le moût, en vin. Je ne suis point assez bon chimiste pour l'entreprendre, et je crois que de plus forts que moi, même aujourd'hui, n'entendent pas encore grand'chose à ce fait qui se passe, à chaque instant, sous leurs yeux. Mais vous savez tous comme moi que les grappes de raisin une fois coupées sont rapportées de la vigne, et entassées dans de grandes cuves, où on les foule pour extraire le jus; que ce jus, qui est passablement trouble et en général très-sucré, ne ressemblant guère au vin que nous buvons, est versé, au sortir de la cuve, dans des tonneaux dont on laisse la bonde entr'ouverte. Là, au bout de quelques jours, le jus travaille, comme on dit, de ce travail singulier qu'on appelle la fermentation ; des vapeurs[1], invisibles à l'œil, se dégagent, vapeurs dangereuses, capables de tuer ; une mousse épaisse sort par le trou de la bonde, entraînant avec elle tout ce qui n'est pas la liqueur elle-même. Et cette liqueur n'est plus le moût, c'est le vin, le vin pur et limpide, beaucoup moins sucré que le moût, contenant en grande abondance un principe liquide nouveau qui n'existait pas dans le moût, l'alcool, l'esprit-de-vin, lequel donne au vin lui-même toute son énergique puissance sur notre goût et sur nos organes.

Eh bien! l'expression de la Fontaine, expression vulgaire d'ailleurs, rappelle tout ce travail du jus de la vigne. La Fontaine semble prendre l'estomac de l'ivrogne pour une espèce de cuve où fermente le vin, et d'où les vapeurs d'alcool s'exhalent. De là l'expression : *cuver son vin*. Et notez bien que cette expression est très-exacte : un médecin ne vous expliquerait guère autrement ce qui se passe en nous quand nous nous trouvons, comme on dit, pris de vin.

Voyons si nous en rencontrerons encore quelque mot que nous ayons pu ne pas comprendre. Le père Germain, qui est marguillier, sait bien ce que c'est qu'un luminaire. Mais peut-être qu'Isidore ne le sait pas.

ISIDORE. — Pardonnez-moi, monsieur ; j'en ai allumé plus d'un, dans l'église, aux enterrements, quand j'étais enfant de chœur.

M. DENIS. — Hélas, oui, c'est bien vrai. Je ne vous arrêterai pas davantage sur le mot *chaudeau*, qui s'entend de lui-même : Un chaudeau, c'est, naturellement, une sorte de ragoût ou de bouillon, qu'on sert tout chaud : le mot d'ailleurs ne s'emploie plus. Qui me dira maintenant ce que c'est qu'une *cellerière*?

PIERRE. — Je ne sais pas exactement, monsieur, mais je me doute que cela doit avoir rapport avec *cellier*.

M. DENIS. — Eh bien! qu'est-ce que c'est qu'un cellier?

PIERRE. — C'est, monsieur, un endroit où l'on met du vin et des provisions.

M. DENIS. — Précisément. Eh bien, on appelle dans un couvent le frère cellerier ou la sœur cellerière, le religieux ou la religieuse qui a la garde du cellier, qui veille, par conséquent, sur les provisions et la nourriture de la communauté. Vous devez comprendre ce que peut être la cellerière du royaume de Satan?

Je n'ai point appelé votre attention sur le mot *il treuve*, qui est une ancienne forme du mot *il trouve*, dont on pouvait encore se servir du temps de La Fontaine. Mais, voyons si Pierre sera encore assez savant pour me dire les temps principaux du verbe *enclore*.

PIERRE. — J'enclos, j'enclosais, j'ai enclos, j'enclorai, que j'enclose. Je crois que les autres temps ne sont guère usités.

M. DENIS. — Tu as raison. Je vois avec plaisir que tu n'as pas oublié tout ce que nous avons appris ensemble.

(Il est clair que M. Denis pourrait encore prolonger ces sortes de questions. Il n'est pas un vers, pas un mot, pour ainsi dire, de cette fable, et, en général, d'un morceau, en vers ou en prose, tant soit peu important, qui ne puisse donner lieu à une foule d'interrogations de tout genre, soit pour le sens, soit pour la forme. Les quelques exemples que nous avons choisis, à peu près au hasard, nous ont paru suffire à montrer toute la variété que peut donner à l'enseignement le genre d'exercices que nous désignons sous le nom de *lecture raisonnée*. Nous ne saurions trop recommander aux maîtres ce moyen trop peu en usage et pourtant si commode d'éveiller l'attention et de développer l'esprit des élèves[1].)

M. DENIS. — Le père Germain va nous dire maintenant ce qu'il pense de la leçon morale que nous pouvons tirer de cette fable.

LE PÈRE GERMAIN. — Hélas, monsieur, je suis, malheureusement, assez fondé pour l'apprécier ; j'ai été, dans le temps, un peu sujet à caution sur le chapitre du vin, et je ne suis pas bien sûr qu'à cette époque-là, je n'aurais pas été capable de faire quelque réponse comme celle de votre bonhomme à sa femme.

M. DENIS. — Comment, père Germain, vous avez été, vous aussi, un de ces suppôts de Bacchus dont nous parle la Fontaine.

LE PÈRE GERMAIN. — Mon Dieu, oui, monsieur. Il faut dire qu'à cette époque-là j'étais plus jeune qu'aujourd'hui : c'était au sortir du régiment, j'étais ouvrier bourrelier, et, dame! je travaillais dur!

M. DENIS. — Ah, vous travailliez dur, père Germain, et c'était probablement pour réparer vos forces que vous aviez recours à la bouteille de vin et peut-être aussi au flacon d'eau-de-vie.

LE PÈRE GERMAIN. — Oui, monsieur, et puis il fallait faire comme les autres.

M. DENIS. — Faire comme les autres, quand les autres font bien, je conçois cela. Mais je ne vois pas pourquoi nous n'essayerions pas de faire mieux que les autres, quand ils ne font pas bien et surtout quand ils font mal. Tenez, voici, par exemple, comment s'y prenait un homme qui commença par être ouvrier, et qui n'en devint pas moins le premier citoyen de son pays, et plus que cela encore, un bienfaiteur de l'humanité, Benjamin Franklin, l'un de ceux qui fondèrent la république des États-Unis et l'inventeur des paratonnerres. Voici ce qu'il raconte lui-même ; vous verrez s'il se préoccupait, lui, de faire comme les autres.

« Ouvrier imprimeur à Londres, dit-il, je ne buvais que de l'eau ; les autres, dont le nombre était d'environ cinquante, étaient grands buveurs de bière. Dans l'occasion, je montais et je descendais, portant, de chaque main, une grande forme de caractères, tandis que les autres employaient les deux mains pour en porter une seule : ils s'étonnaient de voir que le buveur d'eau américain, comme ils m'appelaient, était plus fort qu'eux qui buvaient de la bière forte. Nous avions un garçon marchand de bière, qui était toujours dans l'atelier pour en fournir aux ouvriers. Celui qui travaillait avec moi à la presse, en buvait régulièrement tous les jours un pot avant de déjeuner, un pot en déjeunant avec du pain et du fromage, un pot entre le déjeuner et le dîner, un pot dans l'après-midi vers les six heures, un sixième et dernier pot quand il avait fini sa journée. Je regardais cette habitude comme détestable ; mais il prétendait qu'il était nécessaire de boire de la bière forte pour se donner des forces au travail. Je m'efforçai de le convaincre que la force que donne la bière ne peut être qu'en proportion de l'orge dissoute dans l'eau qu'on emploie pour la faire ; qu'il se trouve plus d'orge et par conséquent plus de particules fortifiantes et nutritives dans un petit pain d'un sou, mangé en buvant une pinte d'eau, que dans quatre pintes de bière. A mon exemple, un grand nombre d'ouvriers

---

1. Pour être précis, il faudrait dire *gaz*. Nous laissons le mot usuel, pour éviter une définition.

1. Nous connaissons un département, qui n'est certes pas marqué des couleurs les plus sombres sur la *carte de l'ignorance* dressée par le ministère de l'instruction publique, et dans lequel, il n'y a pas bien longtemps encore, une commission d'examen pour le brevet de capacité a dû s'adresser successivement à six candidats avant de pouvoir obtenir l'explication de cette phrase : Plus d'amour, *partant* plus de joie. Personne ne comprenait le sens du mot *partant*. Il y avait eu certainement dans la préparation de ces jeunes gens un grand défaut de méthode que l'habitude de la lecture raisonnée pourrait seule faire disparaître.

renoncèrent à leur misérable déjeuner de bière , de pain et de fromage, voyant qu'ils pouvaient, comme moi, se procurer une grande écuelle de gruau relevé de poivre, bien garni de pain et assaisonné d'un morceau de beurre, pour le prix d'une pinte de bière; déjeuner qui avait l'avantage d'être plus nourrissant, plus économique, et de conserver la tête saine[1]. »

Il va sans dire que je ne vous recommande pas la recette de cuisine de Benjamin Franklin qui ne serait peut-être pas du goût de tout le monde. Je ne serais même pas, tant s'en faut, aussi sévère que lui. Le vin et, en général, les boissons fermentées, sont, d'une part, agréables au goût et contiennent, comme le disait Franklin lui-même, des principes nutritifs. De plus, elles exercent une influence particulière sur les nerfs, je vous ai dit, souvenez-vous-en, que les nerfs sont les organes de notre sensibilité, les organes par lesquels nous ressentons l'impression de ce qui nous est agréable ou désagréable. Eh bien! prises modérément, les boissons fermentées nous mettent dans une disposition agréable. Je n'ai pas besoin de vous rappeler tout ce qu'on a dit, tout ce qu'on a chanté surtout sur ce chapitre. Or, la joie, la gaieté, la bonne humeur, font cela est un grand bien, pour tout le monde, surtout pour ceux qui n'en ont pas d'autre. Il n'y a donc pas lieu de se priver d'un plaisir utile, pourvu, bien entendu, qu'on n'achète pas ce plaisir trop cher, pourvu qu'on ne sacrifice pas l'agréable au nécessaire. La France est le pays du monde peut-être qui produit la plus grande quantité de vin et le vin le meilleur. Eh bien! de même qu'Henri IV voulait que le paysan pût mettre la poule au pot tous les dimanches, de même je voudrais, moi, qu'il n'y eût pas de ménage chez nous qui ne pût, suivant le besoin, prendre sa part d'un des plus riches trésors naturels que jamais peuple ait possédés. Vous voyez que je suis bon prince. Mais j'ai dit et je le répète : suivant le besoin. Et ce besoin est très-variable et doit toujours être très-limité. Précisément parce que les liqueurs fermentées ont une grande action sur les nerfs, il importe de mesurer cette action, et de la mesurer très-sévèrement. Ainsi les médecins vous prouveront que le vin est, en général, nuisible à l'enfant, qu'il est à peu près inutile aux femmes, et qu'il ne faut pas toujours croire, comme on le dit, qu'il soit le lait des vieillards.

LE PÈRE GERMAIN. — Ma foi, monsieur, je bois ma bouteille à chaque repas, et je fais deux repas par jour; je ne vois pas jusqu'à présent que je m'en sois trop mal trouvé.

M. DENIS. — Un instant, père Germain, laissez-moi vous répondre encore par une anecdote très-intéressante, selon moi, et que j'emprunte à une conférence d'un médecin de Paris, qui a consacré une partie de sa vie à étudier des boissons fermentées, et à en faire connaître les effets. Ce médecin avait, dit-il, un fermier, qui buvait, à peu près comme vous, père Germain, deux litres de vin par jour, et qui prétendait, comme vous, ne s'en pas mal trouver. Je laisse la parole au médecin.

« Nous étions aux vendanges de 1846; on consommait encore du vin de 1845 de la plus faible qualité, provenant de raisins d'une maturité très-incomplète.
« Père X, lui dis-je, restreignez à un vos deux litres
« de vin que vous buvez en vingt-quatre heures, car le

« vin de 1846 contiendra 10 pour 100 d'alcool d'après
« l'analyse que j'ai faite des moûts, tandis que celui de
« 1845 que vous buvez n'en renferme que cinq; avec
« vos deux litres vous consommerez le double de la
« substance qui nuit dans le vin quand elle est prise
« en excès; sans quoi, votre santé sera exposée d'une
« manière sérieuse. » Il eut l'air de me comprendre et de m'approuver, mais lorsque, le lendemain, je renouvelai l'avertissement à son gendre en lui disant que je craignais pour la vie du fermier, s'il restait sourd à mes avertissements, le gendre, qui peut-être était un peu de son avis, me donna le dernier mot du fermier, le voici : « Il ne me fera jamais croire qu'un « litre de vin en vaut deux. » Je partis, peiné de cette obstination; six mois ne s'étaient pas écoulés que le pronostic que j'avais porté était accompli, mon fermier était mort[1]. »

Croyez-moi, père Germain, il ne faut pas jouer avec le vin, et encore bien moins avec l'eau-de-vie. Mais je suppose que vous n'en buvez pas.

LE PÈRE GERMAIN. — Jamais, monsieur, si ce n'est le matin, pour tuer le ver.

M. DENIS. — Comment, pour tuer le ver! vous êtes donc de ceux qui s'imaginent qu'ils ont dans l'intérieur du corps un ver rongeur qu'il faut empoisonner avec de l'alcool. Convenez, dans tous les cas, que ce ver aurait la vie bien dure, puisqu'il est nécessaire de lui renouveler, chaque matin, sa dose de poison. Mon avis est, père Germain, que c'est vous-même que vous empoisonnez. Quand vous buvez du vin ou de l'eau-de-vie en mangeant, l'effet en est atténué en partie par les aliments, avec lesquels la liqueur se mêle dans l'estomac ; mais quand l'estomac est vide, il absorbe tout. C'est là, pour le dire en passant, l'une des causes de l'influence pernicieuse de cette terrible liqueur qu'on appelle l'absinthe. On la boit avant de manger : l'estomac ne perd pas un atome du poison.

Allons, père Germain, il faut encore faire un effort, et ne plus tuer le ver, voyez-vous, si vous voulez que nous vous croyions tout à fait converti. Dites-nous maintenant, pour votre pénitence, combien vous travailliez de jours par semaine, quand vous n'étiez pas converti du tout.

LE PÈRE GERMAIN. — Dame, monsieur, sur les six, j'en perdais toujours bien un, quelquefois deux.

M. DENIS. — Oui, vous faisiez le lundi, et le mardi à l'occasion, sans parler du dimanche.

LE PÈRE GERMAIN. — Justement.

M. DENIS. — Et combien, sans indiscrétion, vous payait-on votre journée?

LE PÈRE GERMAIN. — Dans ce temps-là, monsieur, on ne payait pas bien cher les ouvriers : on me donnait trois francs.

M. DENIS. — Eh bien, Pierre va nous faire maintenant un petit calcul. Nous pouvons compter qu'un ouvrier, qui ne fait pas le lundi et qui n'a pas de chômage, travaille, par an, trois cents jours, en tenant compte des dimanches, des fêtes, etc. Trois cents journées à trois francs l'une, combien cela fait-il au bout de l'an ?

PIERRE. — Cela fait neuf cents francs, monsieur Denis.

M. DENIS. — Bon. Rappelons-nous maintenant que le père Germain nous a dit qu'il perdait un ou deux jours par semaine. N'en mettons qu'un. Il y a cinquante-deux semaines par an, n'est-il pas vrai? Cela fait donc cinquante-deux jours perdus, cinquante-deux jours à trois francs, c'est-à-dire...?

PIERRE. — Cent cinquante-six francs, monsieur Denis.

M. DENIS. — Ce n'est pas tout; les jours où le père Germain ne travaillait pas, il mangeait tout aussi bien que les jours où il travaillait, et il buvait probablement beaucoup davantage. Or, on ne mange pas et surtout on ne boit pas pour rien, n'est-il pas vrai? Il

---

1. Nous empruntons cet extrait à l'*Encyclopédie morale* ou Dictionnaire d'éducation, publié par M. Émile LOUBENS, ancien chef d'institution, officier de l'instruction publique, 1 vol. gr. in-8, broché, 16 fr., en vente chez l'auteur, rue du Rocher d'Antin, 48, à Paris. C'est un répertoire de pensées morales, d'anecdotes, d'extraits des meilleurs écrivains, etc., se rapportant aux vertus, qualités, vices, défauts, etc., classés par ordre alphabétique. Nous aurons occasion de revenir sur cette utile publication.

1. THÉVENIN. *Entretiens populaires*, 2e série, 1861. Conférence de M. BOUCHARDAT sur l'abus des liqueurs fortes.

y avait donc pour lui une double perte, perte de l'argent qu'il ne gagnait pas, perte de l'argent qu'il dépensait inutilement.

Supposons que cette dernière dépense ne s'élevât pas au-dessus du salaire d'un jour, ce serait encore cent cinquante-six francs de moins dans la bourse du père Germain. En tout, trois cent douze francs, si je compte bien, plus du tiers de son gain de toute l'année. Et si je compte maintenant que le père Germain a fait le lundi pendant dix ans, et qu'il aurait pu placer, chaque année, ces trois cent douze francs, ne fût-ce qu'à 3 pour 100, à la caisse d'épargne, voyez de quelle somme considérable il s'est privé.

(M. Denis pourra faire calculer exactement cette somme par un des élèves.)

M. DENIS. — Nous pourrions aller encore plus loin, mes bons amis. Sur cent ouvriers que peut compter notre village, combien y en a-t-il qui font ce qu'a fait le père Germain, et qui crient pourtant misère. Croyez-vous que s'ils s'unissaient pour mettre en commun l'argent dont ils se privent aujourd'hui en ne travaillant pas et celui qu'ils perdent en dépenses inutiles et dangereuses, ils n'arriveraient pas à former la plus belle et la plus honorable caisse d'assurance et de garantie qui fût jamais? Les esprits les plus élevés de notre temps s'ingénient à chercher des remèdes contre la misère. Ce remède ne serait-il pas, en grande partie du moins, dans les mains des intéressés?

Et, en effet, mes bons amis, le père Germain, à qui j'ai fait subir un examen tant soit peu indiscret, j'en conviens, a toujours été, après tout, ce qu'on appelle un bon ouvrier. Mais combien y en a-t-il qui perdent dans le cabaret non pas le prix d'un jour de leur semaine, mais le gain de la semaine tout entière. Et ceux-là ont souvent des femmes et des enfants! Cela ne leur importe guère. Et ils continuent ainsi, avilis et dégradés, jusqu'à ce qu'un jour l'asphyxie les emporte, ou bien que cette affreuse maladie nerveuse, qu'on appelle le délire tremblant, le délire des ivrognes, les cloue à jamais sur leur misérable lit, à moins qu'ils ne s'abrutissent tout à fait jusqu'à devenir idiots, car c'est la fin du plus grand nombre. Une statistique récente a prouvé que, sur 15 000 personnes devenues folles par suite de causes physiques, l'ivrognerie en avait amené 3000 dans les hôpitaux, un cinquième! Et les hôpitaux sont loin de contenir tous ceux que ce vice a menés là. Ajoutons que, par un douloureux surcroît de malheur et de crime, les enfants qui naissent de ces tristes ménages, et il y en a, hélas, beaucoup trop, où la femme n'a pas plus de tempérance que le mari, deviennent pour la plupart, idiots eux-mêmes : ils portent la faute de leurs parents. Voilà ce que produit l'abus des liqueurs fortes !

Charles DEFODON.

COURS DE PLAIN-CHANT.

(3e Leçon.)

Sur la valeur des notes.

On entend par valeur la mesure d'une note par rapport à une autre plus grande ou plus petite. Ainsi on dit d'une note longue ou maxime qu'elle vaut deux brèves.

Autrefois la valeur des notes n'était pas réglée sur la division arithmétique du temps; elle se rapportait à la quantité des syllabes, à la prosodie, à l'accentuation du texte, au rhythme poétique. Lorsque le rhythme était ternaire, les valeurs étaient dites ternaires et *parfaites*; lorsque le rhythme était binaire, les valeurs étaient dites binaires ou *imparfaites*.

La langue musicale est plus compliquée que la langue parlée, parce qu'il faut que les signes d'intonation se combinent avec ceux de durée; les notes indiquent à la fois les deux choses.

Aussi longtemps que le chant suivit l'accentuation du texte sans être assujetti à une mesure régulière, composée de valeurs isochrones, on se servit de la notation noire, c'est-à-dire de notes dont le plein était marqué à l'encre; mais, à la fin du quatorzième siècle, les formes de l'art musical reçurent des modifications essentielles. Les valeurs des sons se multiplièrent en se subdivisant : cette nouvelle manière reçut les noms de musique *mesurée, proportionnelle, figurée*. On substitua aux notes noires des notes blanches ou vides, ou on employa concurremment les unes et les autres.

Guillaume Dufay, Binchois, Dunstaple, Jean de Muris et Marchetto de Padoue furent les premiers musiciens qui se servirent de ce genre de notation. En considérant seulement la plus grande variété de valeurs introduites dans la musique, abstraction faite de la mesure régulière, il est permis de penser qu'il n'y avait pas là une invention nouvelle, mais plutôt un retour à la diversité des notes exprimée par les neumes du huitième siècle.

En effet, au temps où le chant ecclésiastique était écrit en neumes, ces caractères exprimaient par leur forme la durée relative des sons. On peut croire que les modifications apportées dans la figure de ces signes neumatiques, lorsqu'ils furent convertis en points, firent disparaître dans la pratique du chant un certain nombre de valeurs diverses originairement en usage. Ce qui nous engage à le penser, c'est le petit nombre des signes employés depuis le onzième et le douzième siècle, pour exprimer la durée des sons, comparé avec la nomenclature des noms donnés aux signes neumatiques et des formes de chacun d'eux. L'exécution fut, par ce fait, très-simplifiée et rendue plus facile.

Il est aussi présumable que la prosodie, la quantité syllabique des textes sacrés, l'accentuation même des mots, furent altérées dans cette transformation infidèle des neumes variés en points presque uniformes.

Jean de Muris, qui vivait au quatorzième siècle, passe généralement pour avoir donné le premier aux points une valeur inégale, en inventant des figures diverses de notes; mais la notation musicale des manuscrits du treizième siècle offrait déjà ces figures, dont l'invention lui est attribuée à tort. Toutefois le docte chanoine de Paris s'occupa particulièrement de cette question; mais ses travaux exercèrent une influence plus directe sur la musique figurée que sur le plain-chant. Le rhythme et les mouvements de la musique moderne lui doivent en grande partie les règles qui les régissent.

Les sons du plain-chant sont soumis à trois modes de durée différents. Lorsqu'ils n'ont qu'une durée ordinaire, ils sont représentés par des notes carrées, qu'on appelle notes communes.

Lorsque la voix doit les prolonger au delà de la durée ordinaire, les notes carrées ont un trait perpendiculaire, appelé queue, à leur droite ou à leur gauche, et se dirigeant vers le bas de la portée.

Enfin, lorsque les sons ont une durée moindre que celle de la note carrée sans queue, les notes ont la forme d'une losange, c'est-à-dire d'une figure ayant deux angles aigus et deux obtus.

Dans les anciens livres de chant, on trouve une autre forme de note appelée rhomboïde, et dont la valeur est plus grande que celle de la brève, et moins grande que celle de la commune.

Quelquefois cependant ces notes ont la même durée que les notes carrées simples; mais c'est seulement dans le cas où plusieurs de ces rhomboïdes se suivent, en descendant, sur la portée et sur une même syllabe.

Il en est de même de l'exécution des notes brèves employées de la même manière.

Pour reconnaître si les rhomboïdes ou les losanges doivent être exécutées comme des notes communes, il faut observer si elles sont précédées d'une note carrée avec une queue. Cette note a la forme d'une longue : non pas qu'elle doive être chantée comme sa forme l'indique, mais afin de poser la voix et de marquer sa liaison sans repos avec les notes qui la suivent.

Dans plusieurs éditions, celle de Rennes entre autres, on n'a fait usage que de notes communes pour exprimer cette série de sons.

On trouve aussi, mais dans des éditions plus anciennes, des figures de notes qui se prolongent de gauche à droite en descendant, et qui traversent plusieurs lignes. Elles ne représentent que les deux notes placées aux deux extrémités de la figure. Les livres de chant publiés aux dix-septième et dix-huitième siècles, par les célèbres imprimeurs Pierre et Guillaume Valfray, à Lyon, Simon Belgrand, à Toul, offrent à chaque ligne cette particularité : c'est une abréviation imitée des anciens manuscrits. Dans ceux-ci, on remarque encore des notes superposées ; on doit, pour chanter ces passages, commencer par la note inférieure. La raison de cette superposition n'est autre que l'économie de place ; le vélin coûtait fort cher, et les copistes employaient les moyens abréviatifs aussi bien pour écrire la musique que pour écrire le texte.

La *plique* était un signe représentant une note longue liée à la note suivante, soit en montant, soit en descendant.

Enfin la *note couronnée* était une note surmontée d'un point d'orgue ; elle représentait une longue et une brève.

Lorsque le même son doit être prolongé sur une même syllabe, on emploie deux notes communes, et même davantage : c'est ce qu'on appelle *prolation*. On trouve dans les manuscrits trois, quatre et même jusqu'à six notes semblables, toutes sur la même syllabe. On a retranché la plupart de ces notes répétées dans les éditions modernes ; et il faut convenir que le chant ecclésiastique y a perdu quelquefois de sa majesté.

Lorsque la seconde des deux notes commence une reprise du chant, il faut bien se garder de prolonger le son, de le tenir ; il faut, au contraire, séparer par un court repos, par une demi-respiration, la seconde note de la première, car, en ce cas, il n'y a pas de prolation.

Le chant romain offre beaucoup plus de brèves que celui des autres liturgies, particularité qui lui donne plus de grâce et de mélodie.

La longue s'emploie immédiatement avant la brève, afin de rendre celle-ci plus frappante. Lorsque la queue d'une note est tournée vers le haut de la portée, cette note n'est pas longue, mais simplement commune ; la queue, en ce cas, n'indique qu'une liaison avec les notes qui suivent.

On trouve dans quelques éditions des notes communes ou longues suivies d'un point ; ce point prolonge le son de la note pendant un temps indéterminé, ou tout au moins il indique un repos.

On appelle *notes liées* celles que la voix doit exécuter sur la même syllabe, sans renouveler la respiration, et sans qu'il y ait solution de continuité en passant d'une note à une autre.

Ces *notes liées* sont indiquées dans les livres de chant par des groupes de notes rapprochées les unes des autres, et unies entre elles par des traits dont la longueur est proportionnée à l'intervalle que la voix doit franchir, et qui sont dirigés vers le haut ou le bas de la portée, selon que la note suivante est plus aiguë ou plus grave.

On n'emploie pas de liaisons pour les intervalles de seconde ; mais tous les autres degrés disjoints peuvent les recevoir, tels que la tierce, la quarte, la quinte, etc., soit en montant, soit en descendant.

On ne saurait confondre une note liée avec la note longue ou note à queue : celle-ci est d'abord ordinairement suivie d'une brève ; ensuite elle est isolée et ne fait pas partie d'un groupe, comme la note liée ; enfin, s'il se rencontre une note longue dans une série de notes liées sur une seule syllabe, elle doit être isolée et un peu distante de la note suivante. Dans les bonnes éditions, la queue de la note longue est toujours à droite et dirigée vers le bas, ce qui rend très-rares les circonstances dans lesquelles la confusion est possible.

Nous ne terminerons pas cette leçon sur les valeurs, sans en appliquer les principes au chant usuel. Il est appelé *chant traditionnel*, pour le distinguer des différentes versions dans lesquelles les mélodies liturgiques ont été restaurées et réformées d'après divers systèmes archéologiques.

Les livres de chant romain, qui ont conservé à travers les âges une notoriété irréfragable, sont en premier lieu le *Directorium chori* de Guidetti, puis le Graduel et l'Antiphonaire publiés sous le pontificat de Clément VIII, en 1602 et 1604, livres réimprimés sous Urbain VIII, en 1631 et 1634 ; enfin l'édition imprimée en 1614, par ordre de Paul V, à Rome, et réimprimée à Venise en 1615.

Le plain-chant contenu dans ces livres a été rédigé, corrigé et réglé avec toute l'autorité et la compétence désirables, d'après les manuscrits et par suite des décisions du concile de Trente, qui, tout en conservant l'esprit des anciennes liturgies, a approprié celles-ci à l'état des sociétés modernes et aux exigences du culte public dans les paroisses.

Ce plain-chant a été immédiatement adopté dans le monde entier, et est resté en usage dans tous les diocèses de France, jusqu'à ce que la manie des liturgies particulières vint envahir les esprits, au dixhuitième siècle. Les meilleures éditions de plain-chant publiées en France furent celles de Simon Belgrand, à Toul, en 1625, et de Guillaume et Pierre Valfray, à Lyon, en 1669 et en 1721.

Ce chant traditionnel est celui que nous avons réédité nous-même, il y a quelques années, et qui a été adopté, par ordonnances épiscopales, dans les diocèses de Séez, de Pamiers, de Dijon, de Clermont et de Lyon. Les phrases du chant sont exactement restées les mêmes, sauf les passages fautifs, qui ont été corrigés.

Toutefois, on comprend que, d'une part, des procédés typographiques incomplets et des usages périmés ; d'autre part, des habitudes différentes de solmisation, et les exigences de l'état actuel des connaissances en matière de chant ecclésiastique, aient rendu nécessaire une disposition nouvelle de ces anciennes éditions.

On ne pouvait songer à conserver les changements de clefs survenant au milieu des morceaux, pour éviter les lignes supplémentaires au-dessus ou au-dessous de la portée. Cette interruption fréquente du mode de lecture a été évitée par l'adoption des lignes supplémentaires, et en ramenant chaque morceau à une clef unique. Conformément à des usages qu'on a fait prévaloir avec raison, le chant traditionnel n'admet plus que la clef d'*ut* sur la 4ᵉ ligne, pour les 1ᵉʳ, 3ᵉ, 4ᵉ, 6ᵉ et 8ᵉ tons ; la clef de *fa* sur la 3ᵉ ligne ne sert que pour le ton le plus grave, le 2ᵉ ; et celle d'*ut*, sur la 3ᵉ ligne, que pour les 5ᵉ et 7ᵉ tons, dont les échelles diatoniques sont les plus élevées.

Dans le chant traditionnel, les signes figuratifs des notes sont au nombre de quatre : la note commune, la note brève ou losange, la note caudée, la maxime ou double carrée.

La note commune exprime la valeur du plus grand nombre des notes du plain-chant.

La brève, représentée par une losange, vaut à peu près la moitié de la valeur de la note commune. Nous disons à peu près, parce que l'accent du texte et la quantité de la syllabe déterminent cette valeur beaucoup mieux que ne pourrait le faire le métronome.

La note brève est toujours seule sur une syllabe, et elle est en outre précédée d'une caudée, qui, dans ce cas, ne vaut qu'une note commune augmentée de la moitié de sa valeur.

Lorsque la note caudée n'est pas suivie d'une brève elle n'indique qu'un léger prolongement du son, une sorte de point sur le texte.

Quand elle précède deux, ou trois, ou même quatre losanges, elle n'est pas longue, mais elle exprime aussi un accent et une ligature avec les notes suivantes, et elle forme avec celles-ci un groupe de sons sur une seule syllabe.

Hormis ces cas, la note caudée représente une valeur plus longue que celle de la note commune.

La *maxime* a une durée double de celle de la note commune. Les losanges disposées de suite et toujours en descendant, quoique ayant la même forme que les brèves, ne doivent pas être considérées comme telles, mais bien être chantées, avec une légère différence, comme des notes communes. En effet, il résulte de leur liaison sur la même syllabe une sorte d'entraînement de la voix qui en abrége un peu la durée.

Les notes rhomboïdes dont nous avons parlé plus haut ont été converties en losanges pour simplifier la composition typographique. La note qui les précède est toujours caudée.

Il est utile de conserver l'usage si ancien et si motivé des notes caudées, parce que, si on en observe la signification selon la place qu'elles occupent, le chant, tout en devenant plus mélodieux, fait mieux valoir le texte.

La *maxime* remplace la prolation. Pour fixer avec plus de précision les principes que nous venons d'exposer, nous croyons utile de les résumer à un point de vue tout pratique :

La note caudée n'est véritablement longue que devant une brève.

Toutefois elle l'est encore, mais moins marquée, dans les mots dissyllabiques comme *noster*, *Deus*, surtout à la fin des antiennes.

Lorsqu'elle est isolée sur une seule syllabe, et suivie d'une commune ou d'une autre note caudée, elle indique un accent sur cette syllabe; elle en augmente alors la durée d'une manière plutôt prosodique que mélodique.

Mais la note caudée est sans influence sur la durée, lorsqu'elle sert à réunir sur la même syllabe deux ou plusieurs notes. C'est alors une simple ligature. Nous avons dit que si la note caudée est suivie de deux ou de plusieurs losanges, il faut se garder de lui donner la durée qu'elle doit avoir lorsqu'elle est suivie d'une brève. Il résulterait de ce mode vicieux d'exécution une suite de mesures régulières, ou tout au moins des valeurs proportionnelles; ce qui est opposé au système du plain-chant.

Cependant l'articulation de la syllabe ayant lieu sur la première note du groupe, elle paraîtra un peu plus longue que les notes suivantes, qui devront être liées ou coulées avec la même émission de voix. Malgré la similitude de forme, on ne peut confondre avec la brève les notes losangées qui sont annexées à la note caudée et qui ont la valeur des notes communes; car la brève n'affecte jamais qu'une seule syllabe. Elle est donc toujours isolée.

Si on observe la véritable durée de ces notes losangées descendantes, on voit la différence qu'offre cette manière de chanter avec le chant à notes égales. Dans celui-ci, rien n'indique l'effet de la liaison des sons descendant sur une seule syllabe. Il en résulte que chacune des notes est martelée, ce qui rend le chant lourd, traînant, et le prive de ses effets rhythmiques.

La présence de la brève suffit pour rendre longue la note qui la précède, même dans le cas où une ligature nécessaire n'aurait pas permis que cette dernière fût caudée.

En observant ces règles, les effets essentiels indiqués dans l'ancienne notation neumatique seront reproduits autant que le comportent la distance des âges et le goût plus ou moins cultivé des interprètes.

Félix CLÉMENT.

COMMISSIONS D'EXAMEN POUR L'ENSEIGNEMENT PRIMAIRE.

Ressort de l'académie de Paris.

Département de la Seine. — Examen de l'hôtel de ville.

Deuxième session de 1865.

ASPIRANTES. — BREVET DU DEUXIÈME ORDRE.

Orthographe.

Première série.

La mort.

Hélas! regardez derrière vous! où sont vos premières années? que laissent-elles de réel dans votre souvenir? Pas plus qu'un songe de la nuit. Vous avez rêvé que vous avez vécu.... Qu'est-ce donc que le peu de chemin qui vous reste à faire? Croyons-nous que les jours à venir aient plus de réalité que les passés? Regardez le monde, tel que vous l'avez vu dans vos premières années, et tel que vous le voyez aujourd'hui? Une nouvelle cour a succédé à celle que vos premiers ans ont vue ; de nouveaux personnages sont montés sur la scène; les grands rôles sont remplis par de nouveaux acteurs; ce sont de nouveaux événements, de nouvelles intrigues, de nouvelles passions, de nouveaux héros, dans la vertu comme dans le vice, qui sont le sujet des louanges, des dérisions, des censures publiques. Un nouveau monde s'est élevé insensiblement, et sans que vous vous en soyez aperçu, sur les débris du premier. Tout passe avec vous et comme vous ; une rapidité que rien n'arrête entraîne tout dans les abîmes de l'éternité; nos ancêtres nous en frayèrent hier le chemin, et nous allons le frayer demain à ceux qui viendront après nous. Les âges se renouvellent, la figure du monde passe sans cesse, les morts et les vivants se remplacent et se succèdent continuellement. Rien ne demeure, tout change, tout s'use, tout s'éteint, Dieu seul demeure toujours le même : le torrent des siècles qui entraîne tous les hommes coule devant ses yeux, et il voit avec indignation, le faible mortel emporté par ce cours rapide l'insulter en passant.

Deuxième série.

L'éducation des filles.

Dans l'éducation, il faut presque toujours se contenter de suivre et d'aider la nature. Les enfants savent peu, il ne faut pas les exciter à parler; mais, comme ils ignorent beaucoup de choses, ils ont beaucoup de questions à faire; aussi, en font-ils beaucoup. Il suffit de leur répondre avec précision et d'ajouter quelquefois certaines petites comparaisons, pour rendre plus sensibles les éclaircissements qu'on doit leur donner.

La curiosité des enfants est un penchant de la nature, qui va comme au-devant de l'instruction: ne manquez pas d'en profiter. Par exemple, à la campagne, ils voient un moulin, et ils veulent savoir ce que c'est; il faut leur montrer comment se prépare l'aliment qui nourrit l'homme. Ils aperçoivent des moissonneurs; il faut leur expliquer ce qu'ils font, comment est-ce qu'on sème le blé, et comment il se multiplie dans la terre. A la ville, ils voient des boutiques, où s'exercent plusieurs arts, et où l'on vend diverses marchandises ; il ne faut jamais être importuné de leurs demandes ; ce sont des ouvertures que la nature vous offre pour faciliter l'instruction; té-

moignez y prendre du plaisir; par là, vous leur en-
seignerez insensiblement comment se font toutes les
choses qui servent à l'homme, et sur lesquelles roule
le commerce. Peu à peu, sans étude particulière, ils
connaîtront la bonne manière de faire toutes les choses
qui sont de leur usage et le juste prix de chacune;
ce qui est le vrai fond de l'économie, dont tout le
monde a besoin. — Fénelon.

Troisième série.

Cromwell.

Un homme s'est rencontré d'une profondeur d'esprit incroyable; hypocrite raffiné autant qu'habile
politique, capable de tout entreprendre et de tout
cacher; également actif et infatigable dans la paix et
dans la guerre; qui ne laissait rien à la fortune de
ce qu'il pouvait lui ôter par conseil et par prévoyance;
mais, au reste, si vigilant et si prêt à tout, qu'il n'a
jamais manqué les occasions qu'elle lui a présentées;
enfin, un de ces esprits remuants et audacieux qui
semblent être nés pour changer le monde. Que le sort
de tels esprits est hasardeux, et qu'il en paraît dans
l'histoire à qui leur audace a été funeste! Mais aussi
que ne sont-ils pas quand il plaît à Dieu de s'en servir! Il fut donné à celui-ci de tromper les peuples et
de prévaloir contre les rois. Quand une fois on a
trouvé le moyen de prendre la multitude par l'appât
de la liberté, elle suit en aveugle, pourvu qu'elle en
entende seulement le nom. Ceux-ci, occupés du premier objet qui les avait transportés, allaient toujours,
sans regarder qu'ils allaient à la servitude; et leur
subtil conducteur, qui, en combattant, en dogmati-
sant, en mêlant mille personnages divers, en faisant
le docteur et le prophète, aussi bien que le soldat et
le capitaine, vit qu'il avait tellement enchanté le
monde, qu'il était regardé de toute l'armée comme
un chef envoyé de Dieu pour la protection de l'indépendance, commença à s'apercevoir qu'il pouvait encore les pousser plus loin. C'était le conseil de Dieu
d'instruire les rois. Quand ce grand Dieu a choisi
quelqu'un pour être l'instrument de ses desseins,
rien n'en arrête le cours : ou il enchaîne, ou il
aveugle, ou il dompte tout ce qui est capable de
résistance. — Bossuet.

Quatrième série.

L'hospitalité patriarcale.

Un jour Abraham se reposait sur la porte de sa
tente, dans la vallée de Mambré. C'était au milieu
de la journée, la chaleur était grande. Tout à coup
Dieu lui apparut, et, en levant les yeux, il aperçut
trois jeunes hommes qui étaient debout près de lui.
Il courut à leur rencontre, et se prosterna devant eux
en disant : « Seigneurs, si votre serviteur a trouvé
grâce devant vous, ne passez pas devant sa tente
sans vous y reposer. J'irai chercher de l'eau; lavez
vos pieds, et reposez-vous sous cet arbre; je vous
offrirai du pain pour réparer vos forces, et vous con-
tinuerez ensuite votre route. » Les anges répondirent :
« Qu'il soit fait comme vous le dites. »

« Dépêchez-vous, dit-il alors à Sara, de pétrir trois
pains de farine de pur froment, et de les faire cuire
sous la cendre. » Puis il courut lui-même à son troupeau; il en rapporta un veau bien tendre et bien
gras, qu'il donna à un serviteur pour le faire cuire
sans retard.

Dès que cela fut fait, il se plaça devant eux avec
du lait et du beurre; il se tenait debout à leurs côtés, pendant qu'ils mangeaient assis à l'ombre.

Cinquième série.

Les animaux sauvages.

Les uns, et ce sont les plus doux, les plus inno-
cents, les plus tranquilles, passent leur vie dans nos
campagnes; ceux qui sont plus défiants, plus farou-
ches, s'enfoncent dans les bois; d'autres, comme s'ils
savaient qu'il n'y a nulle sûreté sur la surface de la
terre, se creusent des demeures souterraines, se ré-
fugient dans les cavernes, ou gagnent les sommets
des montagnes inaccessibles; enfin, les plus féroces,
ou plutôt les plus fiers, n'habitent que les déserts et
règnent en souverains dans ces climats brûlants où
l'homme, aussi sauvage qu'eux, ne peut leur disputer
l'empire.

Ces animaux sauvages et libres sont peut-être, sans
même en excepter l'homme, de tous les êtres vivants
les moins sujets aux altérations, aux changements,
aux variations de tous genres. Comme ils sont absolument les maîtres de choisir leur nourriture et leur
climat, et qu'ils ne se contraignent pas plus qu'on ne
les contraint, leur nature varie moins que celle des
animaux domestiques, que l'on asservit, que l'on
transporte, que l'on maltraite, et que l'on nourrit san
consulter leur goût.

Les animaux sauvages vivent constamment de la
même façon; on ne les voit pas errer de climat en
climat; le bois où ils sont nés est une patrie à laquelle ils sont fidèlement attachés; ils s'en éloignent
rarement et ne la quittent jamais que lorsqu'ils sentent qu'ils ne peuvent plus y vivre en sûreté.

Sixième série.

Nécessité de l'attention.

Ne croyez pas, Monseigneur, qu'on vous reprenne
si sévèrement, pendant vos études, pour avoir simplement violé les règles de la grammaire en composant. Il est sans doute honteux à un prince, qui doit
avoir de l'ordre en tout, de tomber en de telles fautes. Mais nous regardons plus haut, quand nous en
sommes si fâchés, car, nous ne blâmons pas tant la
faute elle-même, que le défaut d'attention qui en est
la cause.

Ce défaut d'attention vous fait maintenant confondre l'ordre des paroles; mais, si nous laissons vieillir
et fortifier cette mauvaise habitude, quand vous viendrez à manier, non plus les paroles, mais les choses
mêmes, vous en troublerez l'ordre : vous parlez maintenant contre les lois de la grammaire; alors vous
mépriserez les préceptes de la raison; maintenant,
vous placez mal les paroles; alors, vous placerez mal
les choses : vous récompenserez au lieu de punir;
vous punirez quand il faudra récompenser. Enfin,
vous ferez tout sans ordre, si vous ne vous accoutu-
mez dès votre enfance à tenir votre esprit attentif, à
régler ses mouvements vagues et incertains, et à
penser sérieusement en vous-même à ce que vous
avez à faire. — (Bossuet.)

Septième série.

Amour du pays natal.

La société humaine demande qu'on aime la terre
où l'on habite ensemble; on la regarde comme une
mère et une nourrice commune; on s'y attache, et
cela unit. C'est ce que les Latins appellent « l'amour
de la patrie! » et ils le regardent comme un lien entre les hommes. Les hommes, en effet, se sentent liés
par quelque chose de fort, lorsqu'ils songent que la
même terre qui les a portés et nourris étant vivants,
les recevra dans son sein quand ils seront morts.
« Votre demeure sera la mienne; votre peuple sera le
mien, » disait Ruth à sa belle-mère Noémi; « je mour-
rai dans la terre où vous serez enterrée, et j'y choi-
sirai ma sépulture. » Joseph mourant dit à ses frères :
« Dieu vous visitera et vous établira dans la terre
qu'il a promise à nos pères; emportez mes os avec
vous! » Ce fut là sa dernière parole. Ce lui est une
douceur en mourant, d'espérer de suivre ses frère
dans la terre que Dieu leur donne pour leur patrie

et ses os y reposeront plus tranquillement au milieu de ses concitoyens.

C'est un sentiment naturel à tous les peuples : Thémistocle, Athénien, était banni de sa patrie, comme traître ; il en machinait la ruine avec le roi de Perse, à qui il s'était livré : et, toutefois, en mourant, il oublia Magnésie, que le roi lui avait donnée, quoiqu'il y eût été si bien traité, et il ordonna à ses amis de porter ses os dans l'Attique pour les y inhumer secrètement, à cause que la rigueur des décrets publics ne permettait pas qu'on le fît d'une autre sorte.

Huitième série.

Un ancien disait autrefois que les hommes étaient nés pour l'action et pour la conduite du monde, et que les dieux leur avaient donné en partage la valeur dans les combats, la prudence dans les conseils, la modération dans les prospérités et la constance dans la mauvaise fortune ; que les femmes n'étaient nées que pour le repos et pour la retraite ; que toute leur vertu consistait à être inconnues sans s'attirer ni blâme ni louange, et que celle-là était sans doute la plus vertueuse, de qui l'on avait le moins parlé. Ainsi, il les retranchait de la république pour les renfermer dans l'obscurité de leur famille ; de toutes les vertus morales, il ne leur accordait qu'une pudeur farouche ; il leur ôtait même cette bonne réputation qui semble être attachée à l'honnêteté de leur sexe, et, les réduisant à une oisiveté qu'il croyait louable, il ne leur laissait pour toute gloire, que celle de n'en avoir point.

Il est aisé de reconnaître l'injustice de ce sentiment ; car, outre que la philosophie nous apprend que l'esprit et la sagesse sont de tout sexe, que les âmes d'une même espèce ont des mouvements semblables, et qu'ayant des principes communs de raison et d'équité naturelle, elles sont capables des mêmes vertus, l'expérience nous apprend encore que Dieu suscite de temps en temps des femmes fortes qu'il élève au-dessus des faiblesses ordinaires de la nature, à qui il paraît qu'il donne un tempérament particulier et qu'il rend dignes de soutenir de grands emplois et de servir d'exemple et d'ornement à leur siècle. — (Fléchier, *Oraison funèbre de Mme de Montausier.*)

Neuvième série.

L'empire de l'homme sur les animaux est un empire légitime qu'aucune révolution ne peut détruire ; c'est un don de Dieu par lequel l'homme peut reconnaître à tout instant l'excellence de son être. C'est par les talents de l'esprit, et non par la force du corps, que l'homme a su subjuguer les animaux. Dans les premiers temps, ils devaient être tous également indépendants ; il a fallu que l'homme fût civilisé luimême pour savoir instruire et commander, et l'empire sur les animaux, comme tous les autres empires, n'a été fondé qu'après la société. Lorsque, avec le temps, l'espèce humaine s'est étendue, multipliée, répandue, et qu'à la faveur des arts et de la société, l'homme a pu marcher pour conquérir l'univers, il a fait reculer peu à peu les bêtes féroces, il a purgé la terre de ces animaux gigantesques dont nous trouvons encore des ossements énormes, il a détruit ou réduit à un petit nombre d'individus les espèces voraces et nuisibles, il a opposé les animaux aux animaux, et subjuguant les uns par adresse, domptant les autres par la force ou les écartant par le nombre, et les attaquant tous par des moyens raisonnés, il est parvenu à se mettre en sûreté contre les périls que la nature avait semés autour de lui, et à établir un empire qui n'est borné que par les lieux inaccessibles, les solitudes reculées, les sables brûlants, les montagnes glacées, les cavernes obscures qui servent de retraites au petit nombre d'espèces d'animaux indomptables qu'il a épargnés ou qu'il n'a pu atteindre et qu'il a laissés subsister.

EXERCICES DIVERS A L'USAGE DES CLASSES.

SCIENCES PHYSIQUES ET NATURELLES.

Réponses aux questions proposées par les commissions d'examen aux aspirants au brevet complet et aux aspirantes du premier ordre.

Le squelette humain [1].

La charpente osseuse du corps humain peut être considérée comme formée de trois parties principales : le crâne, le tronc et les membres. (Voir la figure 1.)

Os du crâne. — Le crâne proprement dit est composé de huit os, savoir : le *frontal*, qui comprend la cavité supérieure des yeux ; les deux *pariétaux*, situés de part et d'autre du frontal et formant la voûte supérieure de la tête ; l'*occipital*, placé derrière la tête et terminé par deux saillies sur lesquelles porte tout le poids du crâne ; il est percé d'un trou par lequel sort la moelle épinière, prolongement du cerveau ; les deux *temporaux*, os très-minces qui forment les tempes et renferment les organes de l'ouïe ; le *sphénoïde* et l'*ethmoïde*, placés à l'intérieur du crâne et servant à rattacher les os de la face : on a comparé la forme du sphénoïde à celle d'une chauve-souris.

La face, considérée comme faisant partie du crâne, contient les *os propres du nez* ; les *lacrymaux*, placés aux coins des yeux ; les *palatins*, ou os du palais ; les trois *maxillaires*, dont deux forment la mâchoire supérieure et l'autre la mâchoire inférieure qui est d'une seule pièce chez l'homme fait ; les *malaires* ou os des pommettes, qui, unis aux temporaux, forment deux arcades où passent les organes moteurs de la bouche ; enfin le *vomer*, os mince qui forme la partie postérieure de la cloison des fosses nasales, et dont le nom, emprunté au latin, rappelle sa ressemblance avec un soc de charrue renversé de bas en haut.

Os du tronc. — Le tronc est composé de deux parties : le *thorax*, ou poitrine, et l'*abdomen*, réunies entre elles par la *colonne vertébrale*, dont la partie supérieure est le cou. Des vingt-quatre vertèbres que compte la colonne vertébrale, sept appartiennent au cou et sont dites *cervicales* ; douze au dos et cinq à la région lombaire. Cette importante partie du squelette se termine par le *sacrum*, formé de la réunion de quatre vertèbres, et par le *coccyx*, qui en contient trois, ce qui porterait à trente et une le nombre des vertèbres. Les vertèbres sont des os ronds en forme de disques aplatis, percés à la partie postérieure d'un trou qui continue le trou de l'occipital et livre passage à la moelle épinière. Chacune d'elles porte un prolongement ou *apophyse*, où s'attachent les muscles qui servent à leur mouvement.

La première vertèbre du cou, celle qui supporte la tête, est nommée *atlas*, par allusion au mont Atlas dont les anciens disaient qu'il soutenait le monde sur ses épaules ; la seconde est l'*axis*, et la septième la *proéminente*.

La cavité thoracique est formée par douze paires de côtes, qui s'articulent d'une part avec les douze vertèbres dorsales et de l'autre avec le *sternum*, os formé de plusieurs pièces soudées ensemble, placé à la partie médiale et antérieure de la poitrine. Sur ces douze paires de côtes il en est sept qu'on appelle *vraies côtes*, et qui s'unissent directement avec le sternum par une extrémité cartilagineuse, tandis que les cinq autres, nommées *fausses côtes*, n'ont qu'un léger cartilage qui s'unit à celui de la côte précédente.

---

1. Ressort de l'Académie de Besançon, première session de 1865.

L'extrémité inférieure du sternum est l'appendice *xyphoïde*, lame flexible et cartilagineuse qui dépasse le point de jonction de la dernière vraie côte.

Dans la région abdominale est l'*innominé* ou os du bassin, qui résulte de la soudure de trois pièces, l'*os des îles*, qui forme les hanches, le *pubis* et l'*ischion*, ou os du *siège*. Ces trois pièces sont placées de part et d'autre du sacrum et se rejoignent sur la colonne vertébrale.

Os des membres. — Les quatre membres se distinguent en supérieurs ou thoraciques, et inférieurs ou abdominaux. (Voir la figure 2.)

Les membres supérieurs offrent quatre régions : l'épaule, le bras, l'avant-bras et la main. Dans l'é-

paule, qu'on peut aussi regarder comme faisant partie du tronc, on trouve la *clavicule*, os long qui s'articule avec l'extrémité supérieure du sternum, et l'*omoplate*, os aplati présentant des saillies et un creux pour l'articulation du bras. Le bras n'a qu'un os, l'*humérus*, et l'avant-bras en a deux : le *cubitus* qui forme la pointe du coude et se joint à la main, et le *radius*, qui est mobile autour du cubitus. La main présente trois parties : 1° le *carpe* avec huit petits os très-mobiles en deux rangées dont l'une contient, en allant du dedans au dehors, c'est-à-dire du pouce au petit doigt, le *scaphoïde*, le *semi-lunaire*, le *pyramidal* et le *pisiforme*, et la seconde, dans le même sens, le *trapèze*, le *trapézoïde*, le *grand os* et l'*os crochu*; 2° le *métacarpe*, avec cinq os, qui sont les com-

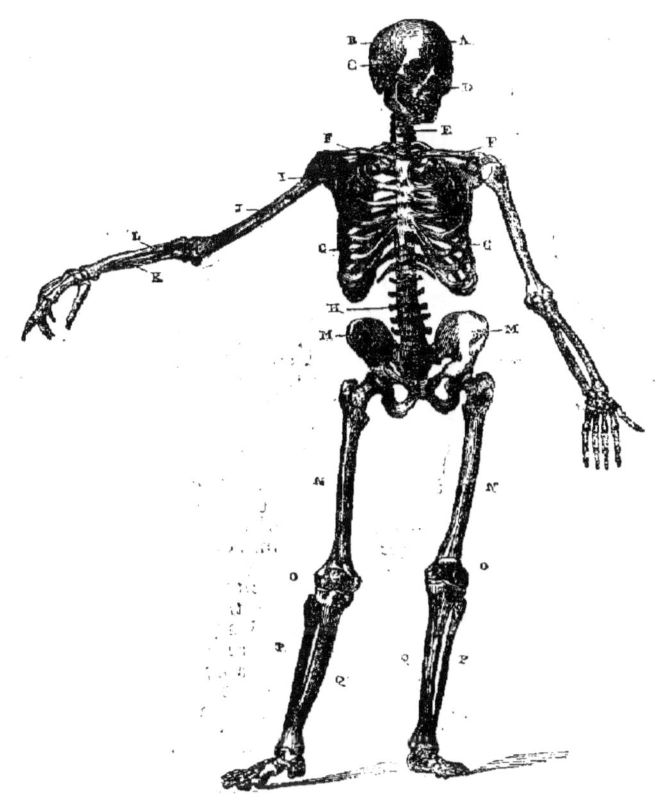

SQUELETTE HUMAIN. A, l'os frontal; — B, le pariétal; — C, le temporal; — D, le maxillaire supérieur : — E, vertèbres cervicales; — F, clavicule; — G, côtes; — H, vertèbres lombaires; — I, omoplate; — J, humérus; — K, cubitus; — L, radius; — M, os innominé; — N, fémur ; — O, rotule; — P, péroné; — Q, tibia.

mencements des cinq doigts, terminant la partie pleine de la main durant la vie; 3° les trois phalanges de chaque doigt, distinguées en *phalanges*, *phalangines* et *phalangettes*. Le pouce seul n'a que deux phalanges.

Les membres inférieurs présentent à peu près la même disposition que les membres supérieurs. La cuisse, qui correspond au bras, contient un seul os, le *fémur*. La jambe, qui correspond à l'avant-bras, en contient deux, le *tibia* et le *péroné*. Le pied a trois parties, comme la main, le *tarse*, le *métatarse* et les *phalanges*. Le tarse contient l'*astragale*, le *calcanéum* ou os du talon, le *scaphoïde*, les trois *os cunéiformes* et le *cuboïde*. Le métatarse et les phalanges présentent les mêmes os que le métacarpe et les doigts de la main.

Aux os de la jambe il faut ajouter un troisième os, qui n'a pas son correspondant dans le bras : c'est la

rotule, os épais et arrondi, placé en haut du tibia, en avant du genou, et développé dans l'intérieur du tendon.

Les os du squelette humain, dont nous venons de faire l'énumération, sont partagés, par les anatomistes, suivant leur forme générale, en os ronds, os plats et os longs. Ils sont unis entre eux de trois manières différentes, par articulation fixe, par articulation mobile ou par articulation mixte. L'articulation fixe a lieu, par exemple, pour les os du crâne où les pièces se présentent bord à bord, quelquefois sans inégalités, et d'autres fois avec des stries formant une sorte d'emboîtement qu'on appelle *suture dentée*. Ces articulations deviennent avec l'âge une véritable soudure.

Dans l'articulation mobile, l'un des os présente une partie concave, l'autre une partie convexe, revêtues l'une et l'autre d'une substance blanche, d'un poli parfait, le catilage, qui supprime, pour ainsi dire, tout frottement.

L'articulation mixte se voit dans les vertèbres, séparées par un tissu à fibres horizontales qui leur permet un certain mouvement les unes par rapport aux autres.

Nous ne parlerons pas ici de la constitution des os

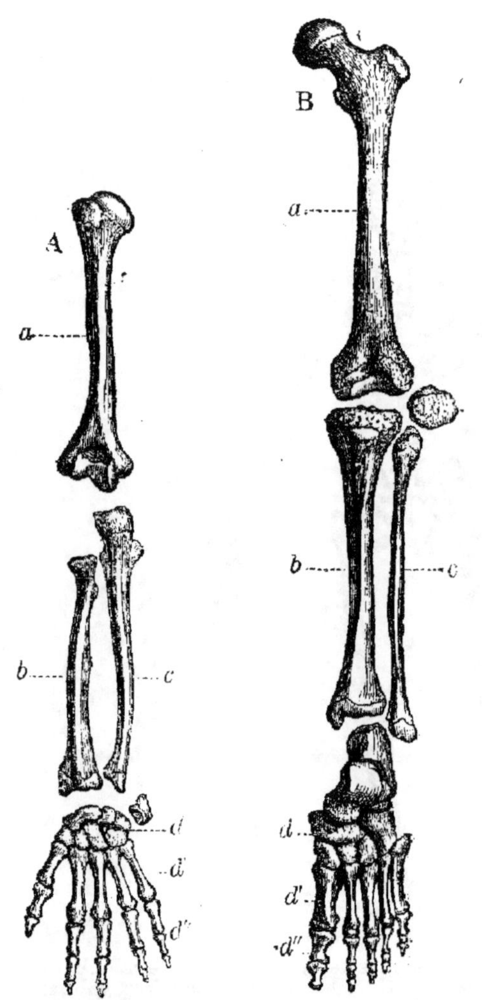

MEMBRES DE L'HOMME. A, le membre supérieur : *a*, humérus; — *b*, radius; — *c*, cubitus; — *d*, carpe; — *d'*, métacarpe; — *d''*, phalanges. — B, le membre inférieur : *a*, fémur; — *b*, tibia; — *c*, péroné; — *d*, tarse; — *d'*, métatarse; — *d''*, phalanges.

ni de la manière dont ils se forment. Nous rappellerons seulement que les os, d'abord très-cartilagineux chez l'enfant, se durcissent, *s'ossifient* de plus en plus à mesure qu'on avance en âge, et qu'en même temps toutes les articulations tendent à perdre de leur mobilité.

L. Marcel DEVIC.

ARITHMÉTIQUE.

Problèmes divers.

1er Problème. — On offre à un propriétaire 30 000f pour un terrain de 2 ares 5 dixièmes. Il refuse, et le jury d'expropriation lui alloue 126f par mètre carré. Combien a-t-il gagné en refusant[1]?

Solution. — Le nombre de mètres carrés que renferment 2 ares et 50 centiares est :

$$100^{m.q} \times 2,5 = 250^{m.q}.$$

Le jury a donc alloué au propriétaire

$$126^f \times 250 = 31\,500^f,$$

et le propriétaire a gagné

$$31\,500^f - 30\,000^f = 1\,500^f.$$

2e Problème. — Un marchand achète 25 hectolitres 58 litres de vin vieux à raison de 43f,35 l'hectolitre; il les verse dans une cuve qui contenait déjà 31h,17 de vin de qualité inférieure qui lui coûte 0,24 le litre. Combien devra-t-il vendre le litre de ce mélange pour gagner 316f[2]?

Solution. — Le prix du vin vieux est :

$$43^f,35 \times 25,58 = 1108^f,89;$$

le vin de seconde qualité coûte au marchand :

$$0^f,24 \times 3117 = 748^f,08.$$

Le mélange coûte donc :

$$1108^f,89 + 748^f,05 = 1856^f,97.$$

Pour que le marchand gagne 316f, il faut qu'il vende ce vin au prix de

$$1856^f,97 + 316^f = 2172^f,97.$$

D'ailleurs, s'il n'y a pas eu de perte, le nombre de litres du mélange est :

$$2558^l + 3117 = 5675^l;$$

par conséquent, le prix du litre de mélange est :

$$2172^f,96 : 5675 = 0^f,382.$$

3e Problème. — Trois ouvriers travaillant 7 heures par jour ont fait 6m,25 d'étoffe en 4 jours : combien faudrait-il de temps à 8 ouvriers travaillant 5 heures par jour pour faire 17m,35 de la même étoffe[3]?

Solution. — Pour tisser 6m,25 d'étoffe, un seul ouvrier emploierait un nombre d'heures de travail égal à

$$7^h \times 3 \times 4 = 21^h \times 4 = 84^h;$$

pour tisser 1 mètre il lui faudra

$$\frac{84^h}{6,25},$$

1. Concours d'arrondissement du Jura.
2. Concours d'arrondissement du Jura.
3. Concours cantonal du Jura.

et pour confectionner $17^m,35$ il emploiera

$$84^h \times \frac{17,25}{6,25} = 84^h \times \frac{69}{25}.$$

Si cet ouvrier travaillait 5 heures par jour, il aurait terminé en un nombre de jours égal à

$$\frac{84 \times 69}{25,5};$$

et s'il y avait 8 ouvriers au lieu d'un seul, le travail serait terminé en 8 fois moins de jours. Le nombre de jours demandé est donc :

$$\frac{84 \times 69}{25 \times 5 \times 8} = \frac{84 \times 69}{1000} = \frac{57,96}{1000},$$

ou

$$5^j,796,$$

environ $5^j + \frac{4}{5}$.

4ᵉ Problème. — Un grenier a $5^m,30$ de hauteur, $6^m,25$ de longueur, $3^m,18$ de largeur ; il est rempli de blé aux deux cinquièmes de sa hauteur. Combien contient-il d'hectolitres et de doubles décalitres de blé [1] ?

Solution. — L'aire du grenier contient un nombre de mètres carrés égal à

$$3,18 \times 6,25 = 19^{m \cdot q},875,$$

et comme les $\frac{2}{5}$ de la hauteur sont :

$$5,30 \times \frac{2}{5} = \frac{10,60}{5} = 2^m,12 ;$$

le volume du blé contenu dans le grenier est donc, en mètres cubes :

$$1^{m \cdot c} \times 19,875 \times 2,12 = 42^{m \cdot c},135,$$

et renferme un nombre d'hectolitres égal à

$$10^{hectol} \times 42,135 = 421^{hectol},35,$$

puisque le mètre cube renferme 10 hectolitres. Les 35 litres qui restent renferment un double décalitre plus 15 litres. Ainsi le volume cherché est :

421 hectolitres, 1 double décalitre et 15 litres.

5ᵉ Problème. — Un marchand avait deux espèces de vin. La pièce de 225 litres de la première espèce lui a coûté $136^f,25$, non compris les frais de transport s'élevant à $10^f,35$. La pièce de 300 litres de la seconde espèce lui avait coûté $139^l,80$, non compris $13^f,80$ de frais de transport.

Après avoir vidé une pièce de chaque espèce, il a vendu les fûts pour 21^f.

Il a mélangé les vins que ces fûts contenaient, en ajoutant un litre d'eau par 15 litres de vin.

Le tout a été mis dans des bouteilles d'un litre de capacité, qui ont coûté ensemble $120^f,05$.

Quel bénéfice fera le marchand, s'il vend chaque bouteille $0^f,80$ [2] ?

Solution. — La première pièce revient à

$$136^f,25 + 10^f,35 = 146^f,60 ;$$

la seconde à

$$139^f,80 + 13,80 = 153^f,60.$$

Les deux pièces coûtent donc

$$146^f,60 + 163^f,60 = 300^f,20.$$

Mais on a vendu les fûts 21 fr., donc le prix du vin est égal à

$$300^f,20 - 21^f = 279^f,20.$$

Si l'on ajoute à ce prix d'achat le prix des bouteilles qui est de $120^f,05$, l'on voit que les déboursés du marchand s'élèvent à

$$279^f,20 + 120^f,05 = 399^f,25.$$

Maintenant le nombre de litres de mélange est, avant l'addition de l'eau :

$$225^l + 300^l = 525^l ;$$

mais le marchand ajoute un nombre de litres d'eau égal au quinzième de cette quantité, c'est-à-dire à

$$\frac{525}{15} = \frac{105}{3} = 35^l ;$$

le mélange renferme donc alors

$$525^l + 35^l = 560^l.$$

Le prix de vente à $0^f,80$ de ces 560 litres est :

$$0^f,80 \times 560 = 448^f ;$$

par conséquent, le bénéfice du marchand sera égal à

$$448^f - 399^f,25 = 48^f,75.$$

6ᵉ Problème. — On demande le poids de 2 litres 24 centilitres d'un liquide deux fois et demie aussi lourd que l'eau [1].

Solution. — Un litre d'eau pesant 1 kilogramme, un litre du liquide dont il s'agit pèsera

$$2^{kilog},500,$$

et, par suite, 2 litres et 24 centilitres pèseront

$$2^{kilog},5 \times 2,24,$$

c'est-à-dire :

$$5^{kilog},600.$$

7ᵉ Problème. — Combien pèsent 785^f de monnaie d'argent, et, dans ce poids total, pour combien entre le poids de l'argent pur, et pour combien celui du cuivre [2] ?

Solution. — Le poids d'un franc est 5 grammes, et par suite celui de 785 fr. est :

$$5^g \times 785 = 3925 \text{ grammes} ;$$

s'il n'y a pas de nouvelles pièces de 50 centimes ou de 20 centimes dans cette monnaie, le titre de l'alliage monétaire est 0 900, et le poids de l'argent pur contenu dans ces $3^{kilog},925$ d'alliage est :

$$3^{kilog},925 \times 0,9 = 3^{kilog},5325 ;$$

celui du cuivre est :

$$3^{kilog},925 \times 0,01 = 0^{kilog},3925.$$

1. Concours cantonal du Jura.
2. Ressort de l'académie de Besançon, session de 1866. Aspirants, brevet simple.

1. Ressort de l'académie de Montpellier, 1ʳᵉ session de 1866.
2. Ressort de l'académie de Montpellier, 1ʳᵉ session de 1866.

8e Problème. — Un lingot d'argent pur pèse 7^g,38. Combien faut-il ajouter de cuivre pour en faire un alliage au titre des monnaies, et quelle sera la valeur de cet alliage[1] ?

Solution. — Le poids de l'argent pur est :

$$0^{kg},738 ;$$

il est égal aux 9 dixièmes du poids du lingot que l'on se propose de former. Ce lingot pèsera donc

$$\frac{0^{kg},738 \times 10}{9} = 0^{kg},820,$$

et le poids du cuivre qu'il faut ajouter est :

$$0^{kg},820 - 0^{kg},738 = 0^{kg},082.$$

On aurait pu d'ailleurs obtenir directement le poids de ce cuivre en remarquant que le poids du cuivre qui se trouve dans une pièce de monnaie est la neuvième partie du poids de l'argent qu'elle renferme.

9e Problème. — Une propriété se compose de deux pièces de terre, et rapporte 3^f,75 par are ; l'autre ne contient que 2^{ares},3, et se trouve dans un terrain qui rapporte 287^f,50 par hectomètre carré.

On demande de calculer la valeur de cette propriété, sachant qu'elle rapporte 3 pour 100[2].

Solution. — Le revenu de la première pièce de terre est :

$$3^f,75 \times 65 = 243^f,75 ;$$

celui de la seconde est :

$$287^f,5 \times 0,023 = 66,125,$$

puisqu'un are est la centième partie de l'hectomètre carré. Le revenu de la propriété est donc :

$$243^f,75 + 66^f,125 = 309^f,875.$$

D'après l'énoncé, cette somme est les $\frac{3}{100}$ de la valeur de la propriété ; cette valeur est donc

$$\frac{309,875 \times 100}{3},$$

ou

$$10329^f,2.$$

10e Problème. — Une mine de charbon de terre se remplit d'eau provenant de sources dont le débit est constant. Une première fois, il a fallu, pour la vider, employer une machine de la force de 12 chevaux, qui a fonctionné pendant 60 heures.

Une seconde fois, la mine s'est trouvée remplie juste à la même hauteur, et une machine de 10 chevaux l'a vidée en 80 heures.

La mine est encore noyée une troisième fois, et on veut la vider en 48 heures. Quelle doit être la force de la machine qu'il faut employer, en supposant que la mine renferme la même quantité d'eau dans les trois cas ? — On demande de plus la force de la machine qui enlèverait l'eau des sources au fur et à mesure qu'elle arrive dans la mine.

---

1. Ressort de l'académie de Poitiers, 1re session de 1866. Aspirantes.
2. Ressort de l'académie de Poitiers, 1re session de 1866. Aspirantes.

Solution. — S'il faut une machine de 12 chevaux pour enlever en 60 heures l'eau de la mine et celle qui tombe pendant ces 60 heures, il faudra pour enlever la même quantité d'eau en 80 heures une machine dont la force soit égale à

$$\frac{60}{80} \times 12 = \frac{3}{4} \times 12 = 9 \text{ chevaux}.$$

Mais il est dit que 10 chevaux-vapeur enlèvent en 80 heures l'eau de la mine plus celle qui s'introduit en 80 heures ; il s'ensuit qu'un cheval-vapeur serait employé tout entier pendant 80 heures à enlever l'eau que fournissent les sources en 20 heures. Par conséquent il faudrait 4 chevaux de force pour épuiser en 80 heures l'eau qui s'introduit pendant ce même temps. C'est là précisément la seconde inconnue de l'énoncé.

Nous pouvons trouver maintenant la puissance de la machine qui épuiserait l'eau en 48 heures. D'abord il faut dans chacune des opérations 4 chevaux-vapeur pour enlever l'eau qui s'introduit ; par suite on peut dire que dans la première 8 chevaux-vapeur ont enlevé en 60 heures l'eau qui était au fond de la mine ; en 48 heures on enlèverait cette quantité d'eau avec une machine de

$$8^{ch} \times \frac{60}{48} = 8^{ch} \times \frac{5}{4} = 10 \text{ chevaux}.$$

Et si l'on ajoute à ce résultat les 4 chevaux nécessaires pour enlever l'eau qui s'introduit en 48 heures, l'on trouve pour la première inconnue de la question

$$10^{ch} + 4^{ch} = 14^{ch}.$$

E. Burat.

LANGUE FRANÇAISE.

ÉLÉMENTS DE LA GRAMMAIRE.

§ 3. — *De l'Adjectif.*

14e Exercice.

Du genre dans les adjectifs. — Formation du féminin. — Adjectifs terminés par EUR ; règle et exceptions.

Le maître dictera les phrases suivantes ; les élèves écriront au masculin les adjectifs qui sont donnés au féminin, et au féminin ceux qui sont donnés au masculin.

Une escapade de du Guesclin.

On conte que Bertrand du Guesclin, dans son enfance, ne trouvait pas de meilleur passe-temps que de provoquer à la lutte ses amis et ses camarades sans jamais regarder, dit-on, s'ils pouvaient avoir plus d'âge que lui ou une force supérieure à la sienne. Il faut dire d'ailleurs qu'en ce temps-là, la vigueur du corps comptait pour beaucoup dans l'éducation des enfants : on ne connaissait pas, alors comme aujourd'hui, l'abri protecteur de la loi, qui nous accompagne partout ; la société ne comptait guère que deux classes, l'une dominatrice, l'autre supportant, malgré elle, le joug qui lui était imposé. L'homme de la classe inférieure devait partout s'incliner sous la main du seigneur, qui, derrière les remparts de son château, travait les foudres vengeresses d'une justice que son caprice faisait trembler. Qui avait la force, avait el droit : on cherchait donc à posséder la force. Je reviens à mon anecdote.

Un jour de fête, Bertrand du Guesclin avait eu la flatteuse distinction de conduire au sermon sa tante, chez laquelle il demeurait. Or, en allant à l'église, il avise, du coin de l'œil, un combat de lutteurs qui se prépare ; et je vous laisse à penser si ses goûts batailleurs s'éveillent. Le sermon commence. Il s'agissait ce jour-là du charme que procure la paix intérieure, des joies trompeuses du monde, et des douceurs enchanteresses que l'on goûte au service de Dieu. Tout yeux et tout oreilles, la tante ne perdait ni un mot ni un geste du prédicateur. Bertrand saisit l'occasion ; il s'esquive sans qu'on l'aperçoive, et court au lieu du combat. Quand il rentra, le soir, une balafre accusatrice montrait clairement le peu de profit qu'il avait fait du sermon ; mais sa joie était au comble : ses rivaux avaient dû lui céder le prix du combat.

Il va sans dire, mes enfants, que je ne vous donne pas en ceci Bertrand du Guesclin comme un modèle. Cette humeur querelleuse n'est plus de mise dans notre temps, et j'imagine pour votre honneur que vous avez tous mieux commencé que le connétable ; mais je vous souhaite de finir comme lui.

15ᵉ Exercice.

Même sujet.

Les élèves rangeront dans une même colonne ceux des adjectifs donnés dans l'exercice précédent qui forment leur féminin de la même manière. Ils formeront autant de colonnes qu'ils trouveront de terminaisons différentes au féminin.

16ᵉ Exercice.

Même sujet.

Les élèves composeront de petites phrases en joignant à chacun des adjectifs donnés dans le 15ᵉ Exercice l'article et un nom féminin qui lui convienne pour le sens. Ils mettront ensuite l'article, le nom et l'adjectif au pluriel.

17ᵉ Exercice.

Du genre dans les adjectifs. — Formation du féminin. — Adjectifs de terminaisons diverses.

Le maître dictera les adjectifs suivants ; les élèves en formeront le féminin.

Naïf. — Neuf. — Bref. — Exigu. — Franc. — Blanc. — Public. — Turc. — Sec. — Frais. — Nul. — Gentil. — Beau. — Nouveau. — Jumeau. — Fou. — Favori. — Long. — Malin. — Tiers.

18ᵉ Exercice.

Même sujet.

Les élèves expliqueront par écrit le changement que subit au féminin la terminaison de chacun des adjectifs donnés dans l'exercice précédent, de cette manière : *Naïf* fait au féminin *naïve*, en changeant l'*f* du masculin en *v*, et en ajoutant l'*e* muet, etc....

19ᵉ Exercice.

Même sujet.

Les élèves composeront de petites phrases en joignant à chacun des adjectifs donnés dans le 18ᵉ Exercice l'article et un nom féminin qui lui convienne pour le sens. Ils mettront ensuite l'article, le nom et l'adjectif au pluriel.

20ᵉ Exercice.

Même sujet. — Exercice de récapitulation générale.

Le maître dictera les phrases suivantes ; les élèves, se rappelant ce qui leur a été dit au sujet du genre des noms[1], trouveront le nom qui correspond pour l'espèce au nom donné ; ils feront ensuite varier, d'après les règles précédemment expliquées, l'adjectif donné, de cette manière : *Le chien fidèle. — La chienne fidèle*, etc.

Le chien fidèle.
Le chameau patient.
Le tourtereau blanc.
Un gros taureau.
Le dinde gras.
Le coq sauvage.
Le bélier peureux.
Le bouc malin.
L'âne roux.
Le cheval fougueux.
Le loup cruel.
Le vieux cerf.
Le chat voleur.
Le lion dominateur.
Le chevreuil inquiet.
Le garçon naïf.
L'homme supérieur.
Un musicien grec.
Un fils adoptif.
Un marchand turc.
Un bon roi.
Un prêtre païen.

21ᵉ Exercice.

Même sujet.

Les élèves expliqueront par écrit la règle d'après laquelle se forme le féminin de chacun des adjectifs donnés dans l'exercice précédent, en rattachant à cette règle, s'il y a lieu, les exceptions qui s'y rapportent.

22ᵉ Exercice.

Des adjectifs déterminatifs, numéraux, interrogatifs. indéfinis.

Le maître dictera les phrases suivantes ; les élèves reconnaîtront et disposeront par écrit, en quatre séries, les adjectifs déterminatifs, numéraux, interrogatifs et indéfinis qui y sont contenus.

Lubin et Thomas.

Vous connaissez assurément, mes enfants, ce joli récit de Florian, qui montre si bien, quoi qu'en puissent penser certaines personnes, les dangers de l'égoïsme ; laissez-moi toutefois vous le raconter à ma manière.

Deux braves campagnards, qui n'avaient guère que leurs bras pour vivre, le compère Thomas et son ami Lubin, allaient ensemble à la ville. Sur le chemin, ils aperçoivent une bourse qui semblait bien garnie. Ils courent : Thomas arrive le premier ; il prend la bourse : elle contenait cent louis d'or. « Quelle bonne aubaine pour nous ! s'écrie Lubin. — *Pour nous*, n'est pas bien dit, répliqua Thomas ; c'est *pour moi* qu'il faut dire, compère. » Il empoche la bourse, et Lubin, faisant ce que plusieurs d'entre vous peut-être n'eussent pas fait à sa place, continue son

---

1. Voir nᵒ 2.

chemin, sans ajouter un seul mot, songeant sans doute à toutes ces belles protestations que Thomas lui avait faites naguère, à ses espérances sitôt déçues, et à leur amitié d'autrefois. Ils cheminaient donc côte à côte, le premier, la tête basse, le second, l'air joyeux, fredonnant un refrain quelconque. Mais voici qu'au moment où ils venaient de quitter la plaine, deux, trois, quatre vilaines figures de brigands sortent d'un taillis. Aucun moyen d'esquiver. « Quel parti prendre? dit Thomas. Nous sommes perdus. — Non, lui répond Lubin, tel n'est pas mon avis. *Nous* n'est pas le vrai mot; mais pour *toi*, c'est autre chose. » Il va droit aux brigands : « Messieurs, laissez-moi passer, dit-il; vous ne feriez pas avec moi votre affaire : mon bagage n'est pas bien lourd, ni mes écus bien longs à compter. » Il passa; mais, quant à Thomas, vous pensez bien qu'il fut obligé d'y laisser sa bourse. Ceux qui disent : « Chacun pour soi, » ne peuvent pas s'attendre à autre chose.

§ 4. — *Du Pronom.*

1er Exercice.

De l'emploi et de la distinction des pronoms.

Le maître, après avoir expliqué aux élèves ce que c'est que le pronom, à quoi il sert, comment on peut le reconnaître, et combien on en compte d'espèces (pronoms personnels, démonstratifs, possessifs, relatifs, interrogatifs, indéfinis), leur dictera les phrases suivantes; les élèves souligneront les pronoms contenus dans ces phrases.

La chemise de l'homme heureux.

Schaabaham, roi de Perse, très-riche et très-vieux, s'ennuyait : cela peut arriver aux rois comme à chacun de nous. Schaabaham alla trouver un solitaire en grande vénération dans le pays, et lui dit : « Je m'ennuie, et tout me pèse; que faire? — Trouve, répondit le solitaire, la chemise d'un homme heureux, et mets-la. » Le roi appela son grand vizir : « Tu as entendu, dit-il; va. » Le grand vizir ne se fit pas répéter l'ordre, et sortit bien joyeux; son crédit commençait à diminuer : rien ne pouvait venir plus à propos qu'une telle commission : une chemise d'homme heureux, quoi de plus facile à trouver? Le voilà donc en campagne. Sur le chemin, avisant des gens assemblés : « Lequel d'entre vous, dit le vizir, est le plus heureux? » Personne ne répondit d'abord. Alors le vizir les interrogea séparément. Mais celui-ci, homme de négoce, venait de perdre beaucoup d'argent; celui-là, ouvrier à la journée, n'en gagnait pas assez pour vivre; les uns étaient ambitieux et les autres étaient malades; tel succombait à la peine, surchargé d'enfants; tel venait de perdre les siens? « Sottes gens, pensa en lui-même le vizir; allons ailleurs. » Mais par toute la ville, ici pour une raison, là pour une autre, une réponse unique lui fut faite : « Nous ne sommes pas heureux. » Le vizir commençait à prendre inquiétude. Heureusement, hors des murs, voilà qu'un jeune berger vient à sa rencontre, bien déguenillé et bien pauvre, mais l'air joyeux pourtant et le contentement peint sur toute sa personne. Le vizir, à tous risques, adressa à ce villageois sa question ordinaire. — « Heureux, répond le berger, pourquoi non? Quand on a de belles brebis, auxquelles on s'attache, de bons maîtres, dont on est aimé, le pain de chaque jour assuré et une flûte pour passer le temps, peut-on, dites-moi, n'être pas heureux? » Le vizir emmène le berger par la main, et le présente à Schaabaham, comme possédant toutes les conditions que pouvait souhaiter Sa Majesté. Les serviteurs vont pour chercher sur les épaules du pâtre ce précieux vêtement qui doit rendre au maître joie et belle

humeur : O surprise! ô désespoir! l'homme heureux n'avait pas de chemise!

2e Exercice.

Même sujet.

Les élèves formeront autant de colonnes qu'il y a de pronoms de différente espèce dans l'exercice précédent, et écriront dans une même colonne les pronoms de même espèce.

3e Exercice.

Même sujet.

Les élèves expliqueront l'emploi de chacun des pronoms donnés dans le 1er exercice, de cette manière: s' (s'ennuyait) pour *se*, pronom personnel (réfléchi) de la troisième personne, tenant la place du nom propre Schaabaham, etc...

SYNTAXE GÉNÉRALE. — ORTHOGRAPHE D'USAGE.

§ 6. — *Du Participe*[1].

1er Exercice.

Dictée sur le participe présent.

Bébé, le nain du roi de Pologne.

Le maître dictera aux élèves les phrases suivantes, en leur faisant souligner, pour attirer leur attention, les mots écrits en italiques.

Si vous allez jamais à Nancy, en visitant la bibliothèque de la ville, vous pourrez voir, entre autres objets curieux et *intéressants*, un squelette lilliputien, enfermé dans une cage de verre: c'est celui de Bébé, le fameux nain de Stanislas Leczinski, roi de Pologue et duc de Lorraine. Bébé, en *naissant*, n'avait pas tout à fait huit pouces, selon notre ancienne manière de compter, et ne pesait qu'une livre et demie. Quand on l'apporta à Stanislas, *dormant* dans le sabot à moitié rempli de laine, qui lui servait de berceau, le roi fut émerveillé, et le garda auprès de lui. *Voulant* savoir si cette mignonne et délicate créature serait capable de s'instruire, il lui donna des maîtres. Bébé apprit à lire, à écrire et à compter; il montra surtout une facilité et un goût *surprenants* pour la musique et la danse. Il était très-soigneux et très-coquet, *estimant* par-dessus tout les vêtements galonnés et *brillants* et les étoffes de couleurs *voyantes*. Il vécut en bonne santé, jusqu'à l'âge de vingt et un ans, *charmant* toutes les personnes de la cour par les gentillesses de sa personne et aussi par ses procédés *obligeants* et ses manières affectueuses. A partir de cette époque, il cessa d'être gai, et commença à montrer dès lors les symptômes toujours *croissants* d'une précoce caducité. La dernière année de sa vie, il avait alors vingt-cinq ans et une taille de trente-trois pouces et demi, il paraissait tout décrépit : on le voyait se traîner en *chancelant* dans les jardins de son protecteur, ne *sortant* que par un temps très-chaud, et *marchant* à peine deux cents pas. Il est mort en 1780.

---

1. Voir ce que nous avons dit l'année dernière, n° 12, p. 321.

§ 5. — *Du Verbe.*

4ᵉ Exercice.

Des différentes locutions usuelles ou proverbiales auxquelles un même verbe peut donner lieu.

Le maître dictera aux élèves les phrases suivantes, en leur faisant souligner, pour attirer leur attention, les mots écrits en italiques. Les élèves devront expliquer le sens des mots qu'ils auront soulignés.

1ʳᵉ *série.* — Verbe *gagner.* — 1. Il n'est pas toujours besoin de beaucoup d'habileté pour GAGNER *gros.* — N'écoutez pas ceux qui vous disent que ceux qui cherchent à s'instruire perdent leur temps : agir ainsi, c'est jouer à *qui perd* GAGNE. — 3. Je suis, depuis trois ans, au service d'un maître, qui ne m'épargne pas ses soins, mais qui exige que, de mon côté, je travaille avec ardeur ; je puis t'assurer qu'*il me fait bien* GAGNER *mon avoine.* — 4. Charles, qui n'est à l'école que depuis un an, vient d'obtenir quatre prix : *il a* GAGNÉ *ses éperons.* — 5. Le général craignant l'événement d'un combat, voulait GAGNER *du temps.* — 6. Les doctrines que je viens de vous exposer étaient inconnues il y a quelques années, mais elles commencent à GAGNER *du pays.*

— 7. *J'ai* GAGNÉ doucement *la porte,* sans rien dire.

— 8. J'avais pris mon homme en flagrant délit ; je le menace, s'il ne quitte la place, du juge de paix : il ne se le fait pas dire deux fois, et GAGNE *au pied.* — 9. Vous êtes passé plus tard que moi, mais *vous avez bien vite* GAGNÉ *des devants.* — 10. *Il n'est pas marchand qui toujours gagne.*

Explication.

1. *Gagner gros,* expression abrégée pour dire gagner de grosses sommes, faire de grands profits. On dit de même *dépenser gros,* pour signifier : dépenser beaucoup.

2. *Jouer à qui perd gagne,* c'est jouer en convenant que le gain de la partie sera pour celui qui la perdra. Dans la phrase donnée, l'expression est prise au figuré : on veut dire que si, en réalité, on emploie beaucoup de temps à s'instruire, on *retire* de l'instruction un profit tel qu'il peut compenser le temps employé.

3. Expression familière et figurée. On dit d'un cheval qu'il gagne son avoine, lorsqu'on exige de lui un travail suffisant pour vous indemniser du prix de sa nourriture. On dira de même d'un employé, d'un homme qu'on a à son service et que l'on fait suffisamment travailler pour tirer profit de sa besogne, tout en lui payant son salaire.

4. Un des signes distinctifs des anciens chevaliers était l'éperon d'or ou doré, et on ne leur accordait ordinairement cette distinction d'un jeune homme, en le faisant passer du rang d'écuyer à celui de chevalier, qu'après qu'il avait montré sa valeur sur un champ de bataille. Par analogie, on dira d'un écolier qui s'est distingué dans sa classe : *il a gagné ses éperons,* c'est-à-dire : il a mérité une récompense.

5. *Gagner du temps,* c'est obtenir du temps, s'arranger de telle sorte qu'une affaire traîne en longueur.

6. *Gagner du pays,* s'étendre, se répandre, et comme on dit aujourd'hui, se vulgariser. Manière de parler figurée.

7. Se diriger furtivement vers la porte, avec l'intention de se cacher, de se dérober à la vue de quelqu'un. L'expression implique un sens ironique.

8. A peu près le même sens que la locution précédente, avec une signification plus expresse et plus précise. On dit de même, toujours dans le sens ironique : *gagner le large, gagner le haut, gagner au haut, gagner la guérite.*

9. *Gagner les devants,* ou *le devant,* c'est tantôt partir avant quelqu'un, tantôt le devancer en allant plus vite que lui.

10. Proverbe, qui signifie, au propre, qu'il est impossible qu'un marchand fasse bénéfice sur toute espèce de marchandise, et, par une généralisation facile à comprendre, qu'il est impossible de toujours réussir dans toutes les affaires qu'on entreprend [1].

(La suite de cet exercice à un prochain numéro.)

Charles DEFODON.

SUJET DE COMPOSITION FRANÇAISE.

Lettre.

Une ancienne institutrice à sa sœur, qui lui demande s'il vaut mieux, dans sa classe, multiplier les punitions ou les récompenses.

SUJET TRAITÉ.

Me voici, ma chère sœur, installée dans ce joli village que j'aime tant : me voici entourée de verdure, de calme et jouissant enfin d'un loisir acquis par de longues années de travail. Eh bien ! le croirais-tu, cette nouvelle existence me paraît vide par moments et je me surprends à regretter l'animation d'une classe, les cris joyeux d'une récréation. Aujourd'hui surtout, j'ai beaucoup pensé à toi, à ces élèves qui furent les miennes, et dont tu as, à ton tour, la direction : ce ne sera donc pas sans un certain sentiment de plaisir personnel que je répondrai aux questions que tu as bien voulu me faire, particulièrement au sujet des punitions et des récompenses.

Et d'abord, laisse-moi te dire ceci ; j'y ai réfléchi bien longtemps : pour les enfants comme pour les hommes, l'idéal devrait être : ni récompenses ni punitions. Il y a au fond de nos cœurs un principe de justice désintéressée, qui devrait nous suffire à tous pour faire le bien, et qui effectivement suffit aux âmes fortes.

Seulement les âmes fortes sont en bien petit nombre, et nous avons à agir non sur des caractères tout faits, mais sur des personnalités qui se forment, et qui, par les plus fortes attaches, tiennent, en vertu de leur nature même, à tout ce qui n'est pas la raison.

De là, pour ne pas parler d'autre chose, la puissance de l'émulation et celle de la crainte.

Or, l'émulation, qui s'entretient par les récompenses, est un sentiment noble, autant que la crainte, qui s'appuie sur les punitions, est vile.

S'il faut donc récompenser avec mesure, pour ne pas faire naître l'orgueil, et surtout, pour ne pas pro-

---

1. Voyez LITTRÉ : *Dictionnaire de la langue française,* au mot *gagner.*

duire cette habitude, qui détruit l'effet des meilleurs moyens d'éducation, il faut être surtout sobre de punitions. Leur moindre conséquence est, en effet, que l'enfant s'y accoutume, comme il s'accoutume aux récompenses, et que, répétées trop souvent, elles deviennent parfaitement inutiles pour l'objet particulier qu'on se propose.

Punis donc rarement, si tu veux m'en croire; punis surtout justement, c'est le premier point, et enfin punis avec discrétion, je veux dire : ne donne que des pénitences auxquelles l'élève puisse être sensible, et sensible autant qu'il le faut.

Tel châtiment, qui ne sera rien pour Lucie, sera très-douloureux, trop douloureux peut-être pour Angèle, si Angèle est comme une sensitive qui referme ses feuilles quand on y touche. J'en ai connu, de ces natures-là, si délicates que le contact le plus léger y laissait trace. Dans chaque cœur, il y a au moins une corde qui vibre, il faut la découvrir, y toucher quelquefois, mais prudemment, de peur de la détendre ou de la briser, car tout moyen d'action serait dès lors perdu.

J'irais volontiers, sur ce point, jusqu'au raffinement : je voudrais te voir, de toi-même, s'il est possible et sans qu'on s'en aperçoive, détourner les occasions qui te forceraient à punir.

Je te citerai, permets-moi cette petite vanité, mon propre exemple : tu te souviens de la dernière leçon que j'ai faite en ta présence : c'était, si j'ai bonne mémoire, sur l'arithmétique. On m'avait écoutée d'abord avec attention; mais au bout d'une demi-heure les jeunes têtes étaient en mouvement, les regards s'égaraient dans l'espace; on commençait à s'intéresser beaucoup plus aux papillons et aux mouches qu'à la théorie de la division. Eh bien, si j'avais continué la leçon, il fallait punir. Qu'ai-je fait? je l'ai interrompue quelques instants, et j'ai raconté à ces jeunes imaginations en éveil, à propos d'un problème quelconque, une des histoires du fond de mon sac. Cela a duré cinq minutes, puis l'attention est revenue, et j'ai pu terminer ma démonstration au milieu de l'application et du silence.

Il est bien entendu, chère sœur, que je ne parle ici que des fautes légères qui tiennent à l'enfance et qui regardent seulement la discipline extérieure de la classe.

S'il s'agit de fautes graves, comme le mensonge, le vol, etc., sans aller jusqu'à condamner absolument le coupable, pour lequel il y aurait peut-être — nul ne sait jamais le fond des choses — bien des circonstances atténuantes, il faut te souvenir qu'une élève fait partie d'une communauté, et, comme le dit la fable, qu'une seule orange gâtée suffit pour gâter les autres. Dans ce cas-là, il faudrait, en toute conscience, punir et punir sévèrement, fût-ce même au détriment de l'auteur du mal. Et si les premières punitions demeuraient sans résultat, il n'y aurait pas à hésiter : l'élève devrait être rendue à ses parents.

Ton devoir est, d'ailleurs dans la plupart des cas, de faire tous tes efforts pour cacher aux enfants le mal qui peut se commettre et que tu ne peux pas toujours éviter. Montre leur, en revanche, tout son jour, le bien qui se pratique autour d'elles, parle à tes élèves des bonnes qualités de leurs condisciples, prête-toi, au besoin, à croire qu'elles en possèdent déjà de pareilles : ce sera un excellent moyen de les leur faire acquérir. Artifice, si tu veux, mais qui ne peut avoir d'autre inconvénient que de les rendre trop attachées à ce beau défaut, si rare dans tous les temps, et surtout dans le nôtre, celui qui n'a pas de nom particulier pour les femmes, et que les hommes appellent le point d'honneur. L'enfance a, plus qu'on ne le croit généralement, sa dignité. Plus tu paraîtras estimer une élève, plus elle s'élèvera elle-même pour se rendre digne de cette estime; plus elle te témoignera ces sentiments d'affection et de confiance qui te donneront la facilité de la diriger vers le bien. Quand elle ira trop loin dans cette voie, quand un enthousiasme déréglé prendra la place de la saine raison, tu la ramèneras doucement en arrière : il y en aura, crois-moi, trop peu qui te donneront cette peine-là.

Cécile Regnard.

CORRESPONDANCE.

« Le règlement des écoles de mon département porte que pour être reçus dans une école publique, les enfants devront être âgés de sept ans au moins et de treize ans au plus; que, néanmoins, les enfants âgés de moins de sept ans et de plus de treize seront reçus, avec l'autorisation de l'inspecteur d'académie, sur avis du maire et du curé.

« Or, je reçois dans mon école, avec autorisation, des enfants au-dessous de sept ans; j'en ai même de deux ans et demi et de trois ans, et je n'inscris sur le registre matricule, pour payer rétribution, que ceux de ces enfants qui sont tranquilles et viennent régulièrement à l'école.

« Ai-je le droit d'agir ainsi? Et peut-on, d'autre part, me contraindre à recevoir dans ma classe de tout jeunes enfants, en se fondant sur cette raison que j'en reçois d'autres du même âge? »

En principe, tout enfant admis à l'école, qu'il y vienne assidûment ou non, doit être inscrit au registre matricule, et porté, s'il est élève payant, au rôle de la rétribution scolaire; là loi ne reconnaît, sur ce point, aucune dispense.

D'un autre côté, les autorisations mentionnées par le règlement en ce qui concerne les enfants qui ont dépassé ou qui n'ont point encore atteint l'âge requis pour l'admission dans les écoles sont individuelles, et ne sauraient, sans de graves inconvénients, être données collectivement et par mesure générale. Elles ne peuvent surtout avoir pour l'instituteur un caractère tellement obligatoire que celui-ci soit obligé de se charger d'enfants dont la présence tendrait à transformer son école en une garderie.

En fait, dans les communes qui n'ont point de salle d'asile, il a été souvent avantageux, pour apprendre aux petits enfants le chemin de l'école, pour les soustraire au vagabondage, de les confier non pas à l'instituteur lui-même, mais à la femme de l'instituteur, quand elle peut s'occuper d'eux.

Dans ce cas, mais dans ce cas seulement, il nous paraît juste que ces enfants ne figurent pas au registre matricule, parce qu'ils ne font pas réellement partie de l'école.

Nous conseillerions d'ailleurs à notre correspondant de soumettre les difficultés dont il se plaint à son chef hiérarchique, et de prendre son avis.

— « Je suis instituteur à ...; comme ayant moins de cinq ans d'exercice, je n'ai droit qu'à un traitement de 600 fr. Mais dans cette commune il y a une fondation de 300 fr. affectée pour l'instruction primaire des garçons. La rétribution scolaire s'élevant, cette année, au moins à 350 fr., je voudrais savoir si j'ai droit aux 300 fr. de fondation et à toute la rétribution scolaire. »

Notre correspondant a tout droit à cette somme. Cela ne fait pas le moindre doute.

— « Je quitte une commune le 29 novembre 1863 ; je crois n'avoir pas le droit de dresser les rôles trimestriels, d'après la circulaire ministérielle qui en fixe la formation dans les cinq premiers jours du troisième mois ; je n'ai point eu de successeur, et cette formalité n'a pas été remplie ; dois-je, pour ce motif, perdre le montant de ces deux mois, ainsi que l'a décidé le conseil de préfecture ? »

Notre correspondant a eu tort de prendre trop à la lettre, au moment où il quittait sa commune, les prescriptions réglementaires. Aujourd'hui les exercices sont clos, et il ne nous paraît pas possible de revenir sur une impossibilité, dont les conséquences, quelque fâcheuses qu'elles puissent être pour lui, ne sont attribuables qu'à lui-même.

— Plusieurs de nos correspondants nous ont écrit pour nous demander si leur qualité de secrétaires de mairie les oblige à faire *gratuitement* le travail nécessaire aux opérations de recensement dernièrement prescrites.

Il nous paraît que la préparation des listes de recensement rentre tout naturellement dans les attributions du secrétaire de mairie. Mais nous croyons qu'il serait juste de rétribuer exceptionnellement un travail exceptionnel qui peut demander beaucoup de temps et beaucoup de démarches. Nous savons d'ailleurs que, lors du dernier recensement, des gratifications ont été accordées à cet effet par un grand nombre de communes.

— « Y a-t-il un traitement fixe pour un instituteur adjoint nommé par le préfet, et quel est ce traitement ? »

La loi actuelle ne fixe aucun traitement pour les instituteurs adjoints, mais le projet de loi qui sera prochainement discuté devant le Corps législatif, renferme des dispositions précises à cet égard. Voir les articles 10, 11 et 12 (anciens).

— « J'ai été institutrice communale pendant cinq ans. Des événements de famille m'ont forcée à quitter provisoirement mon état et ma position. On me propose aujourd'hui la direction d'une école libre. Je désirerais savoir si, comme on me le fait craindre, je perds, en prenant cette école, le droit d'avoir plus tard la direction d'une école communale, si j'en ai besoin. »

De ce qu'un instituteur ou une institutrice ont obtenu un brevet de capacité, il ne résulte pas pour l'administration l'obligation de donner à cet instituteur ou à cette institutrice la direction d'une école. Notre correspondante ne peut donc pas perdre un droit qu'elle n'a pas. Mais il est certain qu'en acceptant la direction d'une école libre, elle s'expose ainsi à se priver, au point de vue d'une nomination future, d'une partie des avantages que sa position antérieure semblait lui assurer. Il y a là une question de convenance, sur laquelle nous croyons qu'il serait opportun de prendre l'avis du chef hiérarchique.

— Plusieurs de nos abonnés nous ont écrit dans ces derniers temps pour nous demander à qui l'on doit s'adresser pour faire figurer à l'Exposition universelle de 1867 divers ouvrages de différente nature, dont ils sont les auteurs et qui peuvent rentrer dans les classes 89 et 90 ^{e}.

Les délais de rigueur fixés pour les demandes d'admission à l'Exposition universelle sont écoulés depuis longtemps. Toutefois une note insérée au *Moniteur* a fait savoir que les demandes seraient examinées tant que les comités d'admission n'auraient pas terminé leur classement.

Nous croyons donc que les personnes qui nous ont consulté peuvent encore adresser une demande motivée d'admission à M. le Play, conseiller d'Etat, commissaire général de l'Exposition universelle, au palais de l'Industrie.

— Nous recevons de temps à autre des lettres non signées, ou dont la signature est visiblement écrite à dessein, de telle sorte que nous ne puissions pas la lire.

Ces lettres, le plus souvent, n'ont absolument rien de compromettant, ni pour nous, ni pour ceux qui nous les écrivent, rien même de bien confidentiel.

Ici, on nous demande, avec toutes sortes de précautions, comment on peut apprendre le latin sans maître, et là, les matières d'examen exigées pour Saint-Cyr.

Il y a peu de temps, on nous écrivait pour nous signaler le bon exemple donné par un honorable industriel de Choisy-le-Roi, lequel a mis au service d'un de ses employés, autrefois instituteur, un local pour une classe d'adultes, avec le chauffage, l'éclairage, le matériel d'école, les livres nécessaires pour le cours.

Notre correspondant n'a pas cru devoir signer cette dénonciation apparemment très-dangereuse, et il nous a privé ainsi du plaisir de citer le nom qu'il nous indiquait.

Nos lecteurs doivent voir avec quelle discrétion nous usons des communications qu'ils veulent bien nous faire.

Nous nous croyons donc parfaitement autorisés à déclarer que nous ne ferons aucune réponse aux lettres anonymes ou à peu près anonymes que nous recevrons, de quelque nature qu'elles puissent être.

A un autre point de vue, il nous est également impossible de répondre à une assez grande quantité de lettres signées qui nous sont écrites, parce qu'il arrive très-souvent que ces lettres pèchent par quelqu'une des conditions suivantes : 1° elles ne renferment pas toutes les données indispensables pour nous permettre de formuler notre opinion ; 2° les questions qu'elles contiennent ont déjà été posées et résolues dans le journal ; 3° la solution de ces questions dans le *Manuel* ne peut être d'aucune utilité ni pour nos lecteurs, en général, ni pour celui-même qui nous écrit[1] ; 4° enfin, elles dépassent notre compétence.

Nous faisons tout ce qu'il est en nous pour restreindre, autant que possible, les fins de non-recevoir provenant de ce dernier point.

Nous n'avons pas Dieu merci, la prétention de tout savoir.

Quand nous ne savons pas, nous ne demandons pas mieux, s'il y a lieu, que de chercher à nous éclairer.

Mais on nous demande un grand nombre de renseignements que nous ne pouvons pas donner, le *Manuel général* n'ayant et ne désirant avoir aucune situation officielle, et sur les questions de toute sorte qui nous sont faites, il y en a beaucoup qu'il serait souvent impossible de résoudre autrement que de vive voix, ce qui nous donnerait le seul moyen de provoquer des éclaircissements indispensables, ou bien elles nécessiteraient des recherches très-compliquées et très délicates que le manque de temps nous empêche d'entreprendre[2].

Nous voudrions donc qu'il fût bien entendu que toutes les fois qu'il nous arrive de ne pas répondre à une lettre, ce n'est

---

1. Nous avons par exemple, entre les mains, beaucoup de lettres dans lesquelles des instituteurs, qui se trouvent dans des conditions ordinaires, nous demandent, étant donné leur âge, leur temps de service, et le chiffre de leur traitement, etc., quel sera le montant de leur retraite ; il y a là un simple calcul, que tout le monde peut faire aussi bien que nous.

2. Ceci a lieu surtout quand on nous interroge sur tels ou tels points de jurisprudence administrative autre que celle de l'instruction primaire proprement dite. Ceux qui connaissent ces matières savent combien il est difficile d'y répondre par correspondance.

point à notre bonne volonté que nos lecteurs devront s'en prendre.

Charles DEFODON,

COMPTE RENDU D'OUVRAGES NOUVEAUX.

GRAMMAIRE DES JEUNES FILLES, à l'usage des écoles et des pensionnats, par E. SOMMER, agrégé des classes supérieures, docteur ès lettres, auteur de la *Méthode uniforme pour l'enseignement des langues*, avec de nombreux exercices rédigés par Mme Cécile REGNARD, ouvrage extrait du COURS DE GRAMMAIRE FRANÇAISE couronné par la *Société pour l'instruction élémentaire* et dont l'introduction dans les écoles est autorisée par M. le Ministre de l'instruction publique. 1 vol. in-12, cartonné, 75 c. Librairie L. Hachette et Cie.

Voilà, au premier abord, un singulier titre. On a fait, peut-être pour de très-bonnes raisons, une Botanique des jeunes filles, une Histoire naturelle des jeunes filles ; on arrange aussi tous les jours, et souvent Dieu sait comme, l'histoire proprement dite, la littérature, à l'usage spécial des jeunes filles. Et cela, jusqu'à un certain point du moins, peut se comprendre. Mais une grammaire pour les jeunes filles ! A quoi bon ? Y a-t-il donc pour un sexe une manière d'apprendre la règle du genre dans les adjectifs ou la règle du nombre et de la personne dans les verbes, et une manière pour l'autre sexe ? Et serait-il vrai de dire que la grammaire, « qui sait régenter jusqu'aux rois, » n'a pas une égale mesure pour les filles et pour les garçons ?

Ce n'est pas là du tout, croyez-le bien, l'avis de M. Sommer. Mais, après avoir fait un *Cours complet de Grammaire française*, qui lui a valu les suffrages éclairés de la *Société pour l'instruction élémentaire* et la recommandation officielle du ministère de l'instruction publique auprès de toutes les écoles ; après avoir fait de ce *Cours* un *Abrégé*, suivant nous, excellent, et qui a pu lui servir de type pour toutes les autres parties de sa *Méthode uniforme de l'enseignement des langues*, il s'est vivement préoccupé des moyens de faciliter pratiquement l'étude de ces livres, sachant bien qu'après tout, le meilleur ouvrage pour les enfants, c'est celui auquel on peut le mieux les attacher.

De là la *Grammaire des écoles primaires*, contenant, dans un volume unique, d'un aspect moins triste et moins sévère que la plupart des grammaires classiques, l'exercice à côté du précepte, et, après la théorie, théorie bien courte et bien simple, l'application.

La *Grammaire des jeunes filles* est un autre pas dans la même voie. C'est, quant à la méthode en elle-même, la reproduction textuelle de la *Grammaire des écoles primaires*, les mêmes préceptes présentés sous la même forme, avec la même rubrique, le même ordre, presque la même pagination. Le numéro 24 de la *Grammaire des jeunes filles* répond exactement au numéro 24 de la *Grammaire des écoles*, et la sœur, s'il y a lieu, peut apprendre, page par page, la même leçon que le frère. Toute la partie technique des deux grammaires, tout ce qui constitue, dans l'une et dans l'autre, la logique même de la science, sont identiques.

Ce qui diffère, c'est la partie d'application, c'est l'exercice. Et, en effet, si le petit garçon et la petite fille puisent à la même source les données premières de la connaissance, s'il n'y a pas, pour l'un et pour l'autre, un mode différent de concevoir, de juger et de raisonner, ils ne se ressemblent, en revanche, ni dans leurs goûts, ni dans leurs habitudes, ni dans leur manière générale d'être et de sentir. Pierre jouera au soldat ou au voleur, Jeanne, à la maman ou à la poupée; l'un lira des récits de voyages, l'histoire des grands héros ou des grands capitaines, l'autre, les Contes de la grand'tante ou les Mémoires d'une jeune personne bien élevée. Or, pourquoi ne pas mettre à profit, pour le plus grand bien de l'instruction, cette différence de penchants et d'inclinations? Faites que l'enfant retrouve dans son livre d'étude ce qu'il aime à rencontrer dans sa vie de tous les jours, et particulièrement aux heures précieuses des récréations. Faites tout au moins qu'il n'y soit pas question pour lui de toutes sortes de choses qui l'intéressent médiocrement, ou qui lui sont même antipathiques. N'allez pas parler poupée à Pierre, ni soldat ou voleur à Jeanne. Je ne vous empêche pas, d'ailleurs, remarquez-le bien, quand vous descendrez à l'un ou à l'autre, de les élever en même temps vers vous par la moralité de vos exemples ou l'utilité de vos conseils. Mais n'hésitez pas du moins à faire de vous-même ce petit chemin du côté de leurs affections : ils vous rendront en bonne volonté ce que vous leur aurez donné en prévenance, et, croyez-moi, ils travailleront avec profit et avec plaisir.

C'est ce qu'a voulu M. Sommer. Ce qui distingue donc la *Grammaire des jeunes filles*, ce qui lui constitue un caractère spécial, ce sont les exercices *spéciaux* qu'elle contient. Ces exercices, M. Sommer le dit dans sa préface, il n'a jamais songé à les faire lui-même : « Une femme seule pouvait les rédiger, mais une femme qui joignit à la connaissance sérieuse de la langue une pratique habituelle de l'enseignement, de la souplesse dans le style, de la variété dans l'esprit. » C'est à ces divers titres que M. Sommer a confié la rédaction des exercices de la *Grammaire des jeunes filles* à Mme Cécile Regnard :

nos lecteurs sont à même de savoir mieux que personne s'il s'est trompé dans son choix.

Nous ne pouvons, cela va sans dire, examiner dans le détail ces exercices, mais nous ne craindrons pas d'affirmer que tel des petits fragments, telle des courtes historiettes, qui forment la matière d'un grand nombre d'entre eux, ne seraient certainement pas déplacés tout autre part que dans cette modeste collection d'exercices grammaticaux. Certaines récapitulations, où je vois racontées l'histoire d'une pâquerette, l'anecdote de la petite Louise qui manque de se casser le cou en jouant à l'escarpolette, et aussi celle de Marie à qui d'autres petites filles, plus heureuses, apprennent à lire, et bien d'autres encore, ont assurément des qualités d'élégance, de naïveté et de fraîcheur, bien faites pour mériter l'attention des élèves et aussi les méditations des maîtresses.

Nous croyons donc être dans le vrai en recommandant aux unes et aux autres le texte de M. Sommer et les exercices de Mme Regnard.

———

La prime d'honneur, par M. Ch. Calemard de Lafayette. 1 vol. gr. in-16, broché, 1 fr. Collection de la *Littérature populaire*. Librairie L. Hachette et Cie.

Le manoir la Grand'ferme est un beau et vaste domaine agricole du village de Saint-Bertin, lequel est situé dans un des départements du centre de la France. Beau domaine, mais négligé et obéré. Le propriétaire, Marc-Antoine Valady, est vieux et trop faible. Sur deux enfants qu'il a, Fabien et Armand, il a voulu faire du premier un monsieur; il lui a fait apprendre le latin, il l'a envoyé à Paris, étudier le droit : Fabien a joué à la bourse, et le père, trop crédule, a endossé les billets souscrits par son fils. Quant à Armand, dans le village, il passe généralement pour un esprit borné. Il chasse, et tue beaucoup de gibier : c'est là tous les services qu'il rend à la ferme. Aussi les bœufs sont boiteux, les terres pierreuses ou inondées, les semences de mauvais aloi, et quand le maître, un peu trop tard, vient demander à Grand-Jean, le premier laboureur, si les blés ont levé : « Pour lever, répond Grand-Jean, ils ont levé tout de même en partie, mais pour dire qu'ils ont bien levé et que ça fait de beaux blés, ma foi, non; ça ne fait pas de beaux blés. » Un seul homme, dans la maison, se rend bien compte de la situation, Peau-de-Bique, le pâtre, vieux serviteur de soixante-douze ans, qui dit à chacun ses vérités : « La broche ne chôme guère à la ferme, et le rôti jamais ne manque, mais du train dont vont les choses, ce qui manquera bientôt, c'est le pain. » Malheureusement, on n'écoute guère Peau-de-Bique.

Un jour, un huissier arrive, portant commandement à Marc-Antoine Valady d'avoir à payer incontinent vingt-quatre mille fr.; faute de quoi, saisie, expropriation, et le reste.

Ce même jour, par une lettre de Fabien, le malheureux vieillard apprend que celui en qui il avait mis toutes ses espérances et tont son orgueil paternel, a non-seulement dissipé le patrimoine commun, mais encore mis la main sur une somme de quatre-vingt mille francs, qui ne lui appartient pas, qui est la dot de sa jeune cousine Hermance, laquelle, d'après des conventions de famille, devait un jour lui offrir sa main. Marc-Antoine Valady tombe à la renverse, frappé d'apoplexie. C'est Armand qui, au chevet de son père, lit le reste de la lettre. Elle est d'une main étrangère, Fabien est allé en Italie, où l'on se bat, il a eu les deux jambes emportées par un boulet, et c'est la sœur Saint-Joseph qui, après lui avoir fermé les yeux, s'est chargée d'apprendre aux Valady que le malheureux n'existe plus.

Armand reste donc seul, près de son père paralysé, seul avec une dette pressante, de vingt-quatre mille fr., et quatre-vingt mille francs à restituer. Il n'y a, dit Peau-de-Bique, qu'un seul moyen de se tirer d'affaire, c'est de relever la ferme. Mais comment? La peine n'est rien, c'est le temps, c'est l'argent qui manquent?

Peau-de-Bique pourvoit à tout.

Le créancier de Fabien est un soi-disant banquier, Oscar Mangefer, propriétaire lui-même d'un domaine, à Saint-Bertin, secrètement jaloux des Valady, et de plus épris des beaux yeux et aussi de la dot de la cousine Hermance. C'est lui, qui, pour arriver à ses fins, a précipité la ruine de Fabien. Mâchefer vient à Saint-Bertin, en compagnie d'un misérable qu'il a arraché au bagne pour en faire son âme damnée, Chérubin la Moru, dit *Absinthe à mort*.

Au moment où les deux honnêtes compagnons sont sur le point de déterminer Armand à vendre, pour éviter la saisie, ce qui lui appartient en propre, du chef de sa mère, sur le domaine de la Grand'Ferme, Peau-de-Bique survient, et jette sur la table vingt-quatre billets de mille francs.

Le pâtre s'est dévoué pour ses maîtres. Cinquante ans auparavant, il avait acheté, pour trois cents francs, deux hectares de terre inculte, et il y avait semé plein son chapeau de graines de sapin, de glands, de noix, de noyaux de cerisier sauvage. Les arbres qui en sont venus, Peau-de-Bique vient de les vendre aujourd'hui 40 000 francs, ni

plus ni moins. Reste encore, Mangefer payé, de quoi changer de fond en comble le mode d'exploitation de la Grand'Ferme, de quoi y introduire, prudemment et par degrés, les procédés nouveaux de l'agriculture progressive, de quoi décupler ses revenus, de quoi gagner enfin, au concours régional, la grande prime d'honneur destinée à l'agriculteur qui réalise sur ses terres les améliorations les plus utiles, les plus propres à être données en exemple à tout le monde.

Notez qu'à cette prime, Mangefer lui-même, pour faire pièce à Armand et à son lieutenant Peau-de-Bique, a voulu, lui aussi, concourir, et qu'il a été honteusement exclu par le jury pour cause de mauvaise foi. Ajoutez encore que le père Valady reprend, avec la sécurité et la joie, la santé qu'il avait perdue, et que la cousine Hermance, trop longtemps prévenue, trop longtemps insensible à une affection discrète et timide, finit par rendre le cousin Armand le plus heureux des lauréats.

Quant à Mangefer, il quitte, naturellement, Saint-Bertin et va exploiter à Paris, ce qu'on appelle, dit l'auteur, une affaire « juteuse, » *la Banque philanthropique, ou le million mis à la portée de tout le monde*. Chérubin la Moru donne également dans la philanthropie, et vous pourrez voir, au carreau d'une échoppe de savetier, l'indication de ses fonctions actuelles, ainsi conçue :

CHÉRUBIN LA MORU, ÉCRIVAIN PUBLIC,

Fait les copies dans toutes les langues, rédige correspondances, placets et mémoires, le tout au plus juste prix. Orthographe et discrétion irréprochables; exactitude et connaissance du cœur humain exceptionnelles. Les militaires et autres personnes qui ne sont pas du sexe, peuvent payer en consommation suivant leur convenance.

Les clients viennent, à ce qu'il paraît, mais le savetier, colocataire de la Moru, remarque dans les mains du buveur d'absinthe un tremblement de plus en plus marqué, qui n'annonce rien de bon. Il est probable que la Moru n'ira pas loin.

En somme, M. Calemard de la Fayette vient de faire une œuvre intéressante et utile. Nul mieux que lui n'était capable de nous donner un livre de ce genre, et de joindre, sans que l'une fasse tort à l'autre, l'expression originale et pittoresque de l'écrivain et du poète à la connaissance pratique de l'agronome compétent et autorisé. Il y a dans *la Prime d'honneur* un roman dont nous avons essayé de résumer le thème, mais le livre renferme aussi tout un programme d'agriculture rationnelle, bien digne d'être étudié et médité avec attention par qui de droit.

Nul doute que les écoles spéciales, que les

sociétés et les comices agricoles, que les bibliothèques et les associations de lecture dans les campagnes, que les instituteurs des communes rurales ne veuillent placer ce nouveau volume entre ses deux aînés, dont il est à peu près inutile de rappeler le légitime succès, *Petit Pierre*[1], autorisé pour toutes les écoles, et *le Poëme des champs*[2], que l'Académie française a couronné.

Charles DEFODON.

LECTURES A L'USAGE DES ÉLÈVES.

A QUI MAL VEUT MAL ARRIVE[3].

« Que Paul est méchant! disait Berthe à sa sœur Amélie.

— Qu'a-t-il fait encore? lui demandait celle-ci.

— Une action abominable, et qui doit grandement offenser le bon Dieu.

— Laquelle?

— Oh! mais je suis bien certaine qu'il en portera la peine un jour ou l'autre, reprenait Berthe dont l'indignation croissait à chaque parole.

— Mais enfin, qu'a-t-il fait?

— Ce qu'il a fait?

— Certainement....

— Eh bien, ma chère Amélie, il a voulu noyer une grenouille.

— Noyer une grenouille! fit Amélie d'un air railleur.

— Oui, une grenouille.

— Comme si l'on pouvait noyer une grenouille! reprit Amélie.

— Certainement que c'est possible. Mais quand Paul a vu que cela demandait trop de temps, que la pauvre petite bête qu'il maintenait sous l'eau, attachée par la patte, continuait de vivre, il l'en a retirée, l'a placée sur un petit bûcher de brindilles sèches, et l'a brûlée toute vive, malgré ma prière.

— Ah! l'affreux petit garçon! s'écria à son tour Amélie.

— N'est-ce pas que le bon Dieu l'en punira?

— Assurément, et d'abord il ne faut plus jouer avec lui.

— Absolument plus, répondit Berthe ; et d'ailleurs il cherche toujours à vous faire du mal.

— Nous jouerons fort bien sans lui, reprit Amélie, et pour commencer tu vas m'aider à planter mon petit jardin.

— Avec plaisir, » répondit Berthe.

Le jardin qu'Amélie venait d'improviser n'était guère plus grand qu'une serviette, ce qui n'empêchait point la petite fille d'y avoir tracé une avenue, un parterre, un verger et un potager. Il faut dire que l'avenue fut plantée en brins de sarment, le parterre en mignardise, le verger en mouron rose (ce qui flattait l'œil), et le potager en très-petits choux de Bruxelles détachés de leur tige. Comme on le voit, c'était simple, modeste, mais joli. Aussi Berthe et Amélie admiraient-elles sincèrement leur travail.

Cependant Amélie vint à remarquer qu'il manquait un bassin au milieu du parterre.

« Il faut en creuser un, » dit Berthe, qui reconnut la justesse de cette observation.

Quelques minutes plus tard, le bassin était creusé, et un petit bol doré, plein d'eau, en formait le centre. Ce bol provenait du ménage d'une poupée, qui l'avait prêté pour la circonstance.

Pour le coup, les deux sœurs étaient ravies, et l'on doit avouer qu'elles auraient pu l'être à moins.

Hélas! le bonheur est quelquefois bien fugitif.

Le petit Paul, que Berthe avait laissé au fond du jardin, en train de supplicier des grenouilles, reparut tout à coup.

« Le joli jardinet! s'écria-t-il d'un air moqueur.

— Allez-vous-en, vilain ; nous ne voulons plus jouer avec un méchant tel que vous, lui dit sèchement Amélie.

— Croyez-vous donc, mes belles cousines, que je tienne beaucoup à la compagnie de deux petites sottes comme vous?

— Sottes, si vous voulez. Nous avons toujours assez d'esprit pour nous amuser sans faire de mal à personne, répondit Berthe.

— Bel amusement! Dessiner un lieu de récréation pour les cloportes et les fourmis. »

Et tout aussitôt Paul se mit à piétiner, à ravager entièrement le jardin des deux petites filles, à ce point, que le bol doré fut mis en pièces.

Berthe et Amélie poussèrent alors de grands cris.

Mme Vernet, leur mère, accourut au bruit, mais Paul, satisfait de sa nouvelle méchanceté, s'était déjà enfui, en éclatant de rire.

Les deux sœurs racontèrent à leur mère ce qui venait de se passer, et celle-ci, fort indignée, courut après le mauvais garnement pour le réprimander.

Il lui fut impossible de le trouver, et elle dut se contenter de faire rentrer ses filles, se réservant toutefois d'admonester vigoureusement son neveu, et se proposant en outre de le renvoyer chez lui dès le lendemain.

Paul, qui grimpait comme un écureuil, s'était lestement réfugié dans un arbre, où il se tint d'abord aussi immobile qu'une statue. Mais sa tante une fois éloignée, il s'écria :

« Attrapée, ma chère tante! »

Puis, heureux d'en être quitte à si bon compte, car il s'occupait peu des suites que pouvait avoir pour lui la colère de Mme Vernet, il se mit à regarder par-dessus le mur du voisin.

« Tiens! tiens! dit-il, ce sera amusant. »

Et, descendant de son arbre, il se hâta de faire une provision des plus gros cailloux qu'il put trouver, en bourra ses poches, et regagna le poste qu'il venait de quitter.

Le voisin de Mme Vernet avait tout nouvellement fait construire une très-jolie serre, élégamment vitrée, et il s'était assis à quelque distance, pour l'admirer tout à son aise. Mais, à la longue, la chaleur du soleil maîtrisant son admiration, il avait fini par s'endormir, ce qui se devinait aisément à son large chapeau de paille qui lui tombait sur les yeux, et à ses bras immobiles le long de son corps.

Paul avait tout saisi du premier coup d'œil. S'étant donc assuré sur son arbre, il commença le bombardement de la serre du voisin.

Dzing! dzing! dzing! Chaque pierre atteignait le but et cassait une vitre de la serre. — Dzing! dzing! dzing! A chaque bris de vitre, Paul s'applaudissait de son adresse et, bien caché dans le feuillage, riait comme un fou.

Le voisin, sourd quand il était éveillé, l'était bien davantage quand il dormait. Cependant ce bruit continuel de vitres brisées finit par entrer au plus profond de ses oreilles.

« Qu'y a-t-il? » fut la première phrase qu'il dit en reprenant possession de lui-même.

Dzing! fut la réponse de Paul, qui envoya une nouvelle pierre, non moins bien dirigée que les autres.

Pour le coup, le voisin bondit sur lui-même, car il ne pouvait plus douter qu'on eût l'intention de briser une à une toutes les vitres de sa serre. Mais il ne s'a-

<hr>

1. Un vol. in-12, 1 fr. Librairie L. Hachette et Cie.

2. Un vol. in-18 jésus, 3 fr. 50 c. Librairie L. Hachette et Cie.

3. Extrait de LA SAGESSE DES ENFANTS, proverbes écrits et illustrés par M. Georges FATH (100 vignettes sur bois). 1 vol. in-18 jésus, broché, 2 fr. Collection de la *Bibliothèque rose*. Librairie L. Hachette et Cie.

gissait pas seulement de constater ce fait, qu'il trouvait horrible ; il fallait en découvrir l'auteur. Le voisin regardait de tous les côtés, faisant face en une seconde aux quatre points cardinaux ; mais, outre que sa vue n'était pas très-bonne, le petit Paul se tenait si bien caché, qu'il échappait à ses regards.

Les pierres allaient toujours leur train et augmentaient leur dégât de minute en minute. Le pauvre homme était au désespoir.

De son côté, Paul riait à se tordre.

Le fracas continuel de vitres brisées finit par attirer l'attention des voisins plus éloignés, et l'un d'eux, qui s'aperçut enfin d'où partaient les pierres, s'écria tout à coup :

« Cela vient du jardin de Mme Vernet. »

Paul, se voyant découvert, se laissa si rapidement glisser de son arbre, que ses deux jambes en furent rabotées à vif. Sa douleur était grande, mais il contint son envie de crier.

Le bon Dieu lui envoyait une première punition.

Pendant ce temps, le voisin, sachant enfin à qui s'adresser, arrivait pourpre de colère chez Mme Vernet, déjà mise en émoi par le bruit.

Le bonhomme parlait d'aller chercher les gendarmes et de faire fouiller la propriété, pour arrêter l'auteur du délit.

Mme Vernet se hâta de le calmer, en lui promettant de tout faire réparer à ses frais. Le voisin se retira, disant qu'il le regrettait pour elle, mais que cela lui coûterait plus de cent francs.

Berthe et Amélie étaient consternées de la conduite de leur cousin, et Mme Vernet répétait qu'elle n'avait jamais entendu parler d'une méchanceté pareille. Elle ajoutait qu'il importait d'y mettre fin le plus tôt possible, car on ne pouvait prévoir où tout cela s'arrêterait.

Mme Vernet se fit accompagner par son domestique, et descendit au jardin, afin de s'emparer de gré ou de force du méchant petit Paul.

On le chercha vainement partout ; on avait visité tous les arbres, fouillé tous les massifs, et jusqu'à trois carrés de haricots ramés où il aurait pu se dissimuler, en se couchant à plat ventre. Rien ! rien ! et toujours rien ! — C'était désolant. — Mme Vernet pâlit tout à coup, en réfléchissant qu'il pouvait être tombé dans le bassin, profond de plus d'un mètre.

Le domestique s'apprêtait à y descendre, quand on entendit tout à coup des cris affreux.

« Mon Dieu, c'est la voix de Paul ! s'écria Mme Vernet ; mais d'où peut-elle venir ?

— Elle vient du petit clos, madame. Mais comment s'y trouverait-il ? J'en ai la clef sur moi, dit le domestique.

— C'est cela : le malheureux enfant aura sauté par-dessus le mur, et se sera cassé une jambe ! » s'écria Mme Vernet en se précipitant vers le clos, dont le domestique ouvrit vivement la porte.

Un affreux spectacle s'offrit à leurs regards : le petit Paul, le visage et les mains horriblement gonflées, se roulait à terre, appelant douloureusement au secours.

« O mon Dieu ! s'écria le domestique en examinant le visage méconnaissable de l'enfant ; le malheureux aura voulu tourmenter les mouches à miel, et ce sont elles qui l'ont mis dans cet état. »

C'était l'exacte vérité.

Paul, qui avait entendu le propriétaire de la serre faire irruption chez sa tante, s'était hâté de franchir le mur treillagé du petit clos, dans l'espoir de s'y cacher. Là, il s'assit d'abord sous un arbre, considéra d'un air piteux les éraflures qu'il s'était faites aux jambes, puis, comme il avait le diable au corps, il se mit bientôt à la recherche d'une occupation selon ses goûts. Ce fut alors qu'il aperçut les ruches.

« Les vilaines bêtes ! il faut que je les flambe ! » s'était-il immédiatement écrié. — Le méchant garnement avait toujours des allumettes sur lui. — Et comme il se rapprochait de plus en plus des ruches, pour exécuter son détestable dessein, les mouches,

qui n'aiment point à être examinées de trop près par les étrangers, s'élancèrent sur lui, le piquèrent à outrance, et le mirent enfin dans le piteux état où sa tante venait de le retrouver.

On le porta au lit avec la fièvre, une fièvre violente qui dura huit jours, et pendant laquelle il ne cessa de voir des grenouilles monter aux rideaux de son lit, se tordre au milieu des flammes, et des essaims de mouches furieuses voler autour de lui. La tête et les mains couvertes de compresses, il resta pendant tout ce temps, jour et nuit, à se débattre pour repousser ces apparitions.

Une fois rétabli, et comme il se plaignait de ce qu'il avait souffert, sa tante lui répondit sévèrement :

« Ce que vous avez souffert est la juste punition de votre indigne conduite :

« *A qui mal veut mal arrive.* »

Georges FATH.

ACTES OFICIELS

RELATIFS A L'INSTRUCTION PRIMAIRE.

Décrets autorisant des legs et donations.

1er *Décret.* (24 mars.) — Le supérieur général des frères des Ecoles chrétiennes, Institut légalement reconnu par décret du 17 mars 1808, est autorisé à accepter, au nom de cette association, le legs d'une somme de 2000 fr. fait, suivant testament mystique du 14 mai 1862, par le sieur Alexandre-Marie de Hédouville, au supérieur des frères établis à Reims, pour améliorer la position des plus nécessiteux.

Le montant de ce legs sera placé en rentes 3 pour 100 sur l'Etat au nom de l'Institut des frères, et mention sera faite sur l'inscription de la destination des arrérages. (*Décret rendu sur le rapport du Ministre de la justice et des cultes.*)

2e *Décret.* (31 mars.) — Le supérieur général des frères des Ecoles chrétiennes, Institut légalement reconnu par décret du 17 mars 1808, dont le siége est à Paris, et le maire de Lamastre (Ardèche), au nom de cette commune, sont autorisés à accepter, chacun en ce qui le concerne, aux clauses et conditions énoncées, le legs d'une somme de 400 francs fait par la dame Marie-Lucie de Goys, épouse du sieur Xavier de Besset, suivant son testament mystique du 7 décembre 1860, aux frères de l'école chrétienne de Macheville, commune de Lamastre, pour fonder une bibliothèque de bons livres au profit de la jeunesse de ladite commune. (*Décret rendu sur le rapport du Ministre de la justice et des cultes.*)

3e *Décret* (12 mai). — Le supérieur général des frères des Écoles chrétiennes, Institut légalement reconnu par décret impérial du 17 mars 1808, et dont le siége est à Paris, est autorisé à accepter, au nom de cet Institut, le legs d'une somme de 500 francs, fait, à titre gratuit, par la dame Barbe Mathieu, veuve du sieur Jean-Étienne Dumey, aux frères des Écoles chrétiennes établis à Avallon (Yonne), suivant testament olographe en date du 20 mars 1860.

Le montant de ce legs sera employé, conformément à la demande du conseil d'administration de l'Institut, à l'appropriation du nouveau local dans lequel les frères tiennent une école primaire libre à Avallon.

Inspecteurs de l'instruction primaire.

Bayonne (1er mai). — Un congé d'inactivité est ac-

cordé à M. l'abbé Fourcade, inspecteur de l'instru c
tion primaire pour l'arrondissement de Bayonne.

M. Crouzet, bachelier ès lettres, est chargé de suppléer M. l'abbé Fourcade pendant la durée de son congé.

Écoles normales primaires.

Auxerre (1er mai). — M. Bellettre, pourvu du brevet complet, est nommé maître adjoint (troisième classe) à l'école normale primaire d'Auxerre, en remplacement de M. Fauré, démissionnaire.

Orléans (1er mai). — M. Séverin, ancien régent des cours spéciaux au collége de Montargis, pourvu du brevet complet, est nommé maître de l'école primaire annexée à l'école normale primaire d'Orléans, en remplacement de M. Danton, qui a reçu une autre destination.

Enseignement primaire annexé aux lycées et colléges.

Toul (3 mai). — M. François est nommé régent des cours spéciaux d'enseignement primaire au collége de Toul.

DOCUMENTS
RELATIFS A L'INSTRUCTION PRIMAIRE.

État des écoles gratuites établies en France et en Algérie du 1er janvier 1864 au 1er janvier 1866.

Nombre des communes..................	186
Nombre des écoles de garçons ou mixtes	194
Nombre des écoles de filles.............	106
· Total des écoles gratuites.........	300

Sur ces 300 écoles, la gratuité a été établie dans :

118, pour des causes diverses ou inconnues;
2, pour devancer l'application de la loi projetée;
63, pour faciliter le développement de l'instruction primaire;
44, par suite de l'augmentation des revenus communaux;
22, pour attirer les enfants des familles qui redoutent le payement de la rétribution scolaire;
11, par suite de legs ou fondations qui imposaient la condition de la gratuité;
12, pour permettre à l'école communale de soutenir la concurrence faite par des écoles libres;
7, à cause des difficultés que rencontrent les conseils municipaux à dresser la liste des indigents;
6, parce que la gratuité de l'une des écoles, déjà établie, a conduit à prendre la même mesure pour l'autre école de la localité;
3, pour faire disparaître la distinction blessante entre les payants et les gratuits;
2, par suite d'un vœu pur et simple des conseils municipaux;
2, pour faciliter l'accès de l'école à des enfants d'ouvriers attachés à l'industrie;
4, dans le but d'accorder une faveur aux familles;
3, pour satisfaire au vœu de la population;
1, pour remplacer une école libre congréganiste gratuite par une école communale laïque.

Projet de fondation d'une société d'émulation de l'instruction dans le département de l'Aude. — Cette société, qui se crée sous les auspices de M. le préfet de l'Aude, aurait pour but de seconder l'établisse-

ment d'écoles dans les villages ou hameaux qui sont trop éloignés de tout centre d'instruction; — de fournir aux élèves indigents des livres et objets classiques; de décerner des récompenses spéciales aux instituteurs et institutrices qui réuniront le plus d'élèves proportionnellement au chiffre de la population de la commune, ou qui auront apporté le plus de zèle et réalisé le plus de progrès dans la direction des cours d'adultes (ces récompenses ne seraient accordées qu'aux maîtres ou maîtresses qui n'en auraient pas déjà reçu, soit au nom de l'Empereur ou du Prince impérial, soit au nom du Ministre de l'instruction publique ou du Conseil général); — de favoriser la création de bibliothèques scolaires, corollaire indispensable de la généralisation de l'enseignement et seul remède contre le danger des mauvais livres; — de provoquer les dons particuliers à ces bibliothèques; — d'encourager les progrès des élèves en fondant dans chaque canton des prix consistant en livres ou livrets de caisse d'épargne, qui seraient décernés, chaque année, aux meilleurs élèves des classes élémentaires ou des classes d'adultes; — de favoriser, autant que possible, le développement de l'enseignement gratuit, et de créer une *caisse dite des écoles*, qui permettrait aux personnes ne voulant pas user de la gratuité de contribuer généreusement aux charges que ce mode d'instruction impose à la commune, etc., etc.

(Bulletin administratif.)

COURS DE L'HOTEL DE VILLE.

Programmes destinés aux aspirants et aspirantes aux brevets de capacité.

(Suite.)

Histoire de France
PENDANT LE MOYEN AGE.

I. Situation de la Gaule à la mort de Théodose Ier. — Rôle des Barbares dans l'armée et l'administration. — Francs ripuaires. Grande invasion. — Établissement des Bourguignons, des Wisigoths, des Francs Saliens. — Bataille de Châlons. — Restes de la domination romaine.

Causes générales de la chute de l'empire romain. — Alaric, Genséric et Attila. — Théodose II et Valentinien III.

II. Clovis et ses fils. — Établissement de la monarchie franque. — Ses divisions intérieures. — (Austrasie, Neustrie, Bourgogne, Aquitaine.) Hommes libres, propriétaires d'alleux. Leudes détentaires de bénéfices. — Évêques. — État des Gallo-Romains. — Développement de la vie monastique. — Rédaction des lois barbares. — Lutte de l'Austrasie et de la Neustrie. — Apogée de la race mérovingienne sous Dagobert. — Sa décadence rapide.

Justinien, ses lois et ses conquêtes. — Théodoric. — Les Lombards en Italie. — Révolte de Rome contre les Empereurs iconoclastes. — Fondation de l'heptarchie par les Anglo-Saxons, leur conversion. — Monarchie gothique en Espagne. — Mahomet et les premiers califes.

III. — Prépondérance des Maires héréditaires d'Austrasie. — Reconstitution de l'Empire franc. — Missions d'Allemagne. — Pépin d'Héristal. — Charles Martel. — Bataille de Poitiers. — Pepin le Bref. — Rétablissement de l'ordre avec le concours de l'Église. — Sacre de Pépin. — Charlemagne, ses guerres, son gouvernement (assemblées, missi dominici), ses capitulaires (régularisation des droits et des obligations, des bénéfices ou fiefs. — Etablissement de la dîme, etc.). — Restauration des écoles épiscopales et monastiques. — Tentative de réforme littéraire. — Alcuin.

Conquête de l'Espagne par les Musulmans arabes et maures,

kalifat de Cordoue. — Tentatives des Lombards pour dominer toute l'Italie. — Leur soumission aux Francs alliés de la papauté. — Réunion de l'heptarchie en un royaume. — Conversion de l'Allemagne du Nord. — Fondation du comté de Barcelone. — Royaume de Léon et de Navarre.

IV. — Louis-le-Débonnaire. — Causes du démembrement de l'Empire.—Traité de Verdun. — Royaume de France sous Charles le Chauve. —Affaiblissement de l'autorité royale. — Hérédité des offices (transformés en grands fiefs investis des droits régaliens). — Établissement du régime seigneurial et féodal. — Incursions des Normands. — Fondation du duché de Normandie. — Lutte entre la dynastie carlovingienne et la famille de Robert le Fort.

Déposition de Charles le Gros. — Royaume de Germanie et ses grands fiefs laïques et ecclésiastiques. — Royaumes de Lorraine et de Bourgogne. — Incursions des Danois en Angleterre. — Fondation des royaumes de Castille et d'Aragon.

V. Situation de la royauté à l'avénement de la troisième race. — Trêve de Dieu. — Chevalerie. — Associations de paix. — Rôle de la royauté sous Louis le Gros, sous Louis le Jeune. — Suger. — Les deux premières croisades, leurs résultats. — Adoucissement du servage. — Communes. — Bourgeoisie.

Conquête de l'Angleterre par les Normands, dynastie des Plantagenets. — Etablissement du Saint-Empire romain par les Allemands. — Grégoire III. — Querelle des investitures. — Fondation du royaume des Deux Siciles, du royaume de Portugal. — Conversion du Danemark, de la Suède, de la Hongrie, de la Pologne, de la Russie.

VI. — Philippe Auguste. — Blanche de Castille, saint Louis. — Philippe le Bel. — Lutte contre la maison de Plantagenet. — Reconstruction du domaine. — Administration royale. — Restriction des droits de guerre privée, de monnayage, de justice. — Organisation judiciaire, — Parlement, — la procédure substituée au duel. — Rédaction des Terriers. — Livre des métiers. — Lutte des légistes contre la juridiction ecclésiastique. — Querelles avec le pape. — Procès des Templiers. — Fils de Philippe le Bel. — Abolition du servage.

Grande charte en Angleterre et constitution du parlement. — Fin de la maison de Souabe en Allemagne — Maison d'Anjou à Naples, d'Aragon en Sicile. — Puissance de Venise et de Gênes. — Empire latin d'Orient. — Prépondérance des royaumes chrétiens en Espagne.

VII. — Maison de Valois. — Loi salique. — Guerre de cent ans. — Etats généraux. — Importance du Tiers-État.—Jacquerie.—Gouvernement de Charles V. —Duguesclin. — Minorité et démence de Charles VI. —Réaction féodale dirigée par les princes apanagistes. — Rivalité des Bourguignons et des Armagnacs. — Charles VII. — Jeanne d'Arc. — Expulsion des Anglais.

La papauté à Avignon. — Le grand schisme. — Anarchie de l'Allemagne. — Bulle d'or. — Maison de Hapsbourg-Autriche. — Indépendance des cantons suisses. — Rapports des royaumes espagnols avec les autres nations européennes.

Histoire de France

(TEMPS MODERNES.)

VIII.—Dernières années de Charles VII.—Louis XI. — Madame de Beaujeu. — Retour définitif des apanages au domaine royal. — Première rédaction des coutumes. — Charles VIII et Louis XII. — Réunion de la Bretagne. — Guerres d'Italie. — Organisation des finances, de la justice. — De l'armée, — La noblesse prime la seigneurie.

Mahomet II et Sélim. — Guerre des deux roses. — Avénement des Tudors. — Expulsion des Musulmans d'Espagne. — Ferdinand et Isabelle. — Découverte de l'Amérique. — Grandeur du Portugal. — Ruine de Gênes. — Décadence de Venise. — Grandeur momentanée de la Hongrie. — Alliance de la maison d'Autriche.

IX. — François Ier et Henri II. — Lutte contre la prépondérance de la maison d'Autriche. — Relations avec les Turcs, les protestants d'Allemagne et les petits Etats d'Italie. — Traité de Cateau-Cambresis. — Le pouvoir royal absolu. — Influence de la cour. — Renaissance artistique et littéraire. — Le français, langue officielle.

Charles-Quint. — Luthéranisme en Allemagne, en Suède et en Danemark. — Gustave Wasa. — Soliman II. — Conquête de la Hongrie par les Turcs. — Schisme de Henri VIII.—Son despotisme.

X. — Guerres de religion. — Les Guises.—Coligny. — L'Hôpital.—Des Politiques.—La Ligue.—Triomphe de la royauté. — Edit de Nantes et paix de Vervins. — Progrès de la législation pendant les guerres civiles. — Administration d'Henri IV et de Sully.

Elisabeth et Marie Stuart. — Réunion de l'Ecosse à l'Angleterre. — Philippe II. — Fondation des provinces-unies des Pays-Bas.

XI. — Richelieu. — Sa politique intérieure. — Période française de la guerre de Trente ans. — Prise de la Rochelle. — Les privilèges politiques retirés aux protestants. — Lutte contre les grands.—Création des intendants. — Destruction des châteaux. — La Sorbonne. — L'Académie française. — Anne d'Autriche et Mazarin. — La Fronde et le Parlement de Paris. — Traités de Westphalie et des Pyrénées.

Wallenstein. — Gustave-Adolphe. — Réorganisation de l'Allemagne. — Charles Ier. — Cromwell. — Prépondérance maritime de la Hollande.

XII. — Louis XIV. — Politique extérieure.—Traités d'Aix-La-Chapelle, de Nimègue, de Ryswick et d'Utrech. — Gouvernement intérieur. — Finances, industrie, commerce, etc., sous le ministère de Colbert. —Organisation militaire.—Louvois, Turenne, Condé, Vauban. — Révocation de l'Edit de Nantes. — Le duc de Bourgogne. — Madame de Maintenon. — Situation financière et morale de la France à la fin du grand règne.

Guillaume d'Orange en Hollande et Angleterre. — Restauration de Charles II et révolution de 1688. — Organisation du royaume de Prusse. — Elévation de la maison de Savoie.

(Bulletin de l'instruction primaire du département de la Seine.)

(La suite prochainement.)

AVIS.

Les états de situation des écoles primaires et salles d'asile, que MM. les inspecteurs primaires doivent fournir au Ministère, le 15 octobre prochain, comprendront en même temps un résumé de la statistique des cours d'adultes. Mais, tandis que la situation des écoles et salles d'asile se rapporte à l'année civile, celle des classes d'adultes est relative à l'année scolaire. Toutefois, comme le travail à fournir chaque année pour les écoles primaires et les salles d'asile ne doit être préparé que dans le cours de l'année suivante, il est facile de comprendre la situation des classes d'adultes pour l'année scolaire, qui expire deux mois avant l'envoi du travail de MM. les inspecteurs primaires.

(Bulletin administratif.)

MUSIQUE A L'USAGE DES ÉCOLES.

O SALUTARIS

A TROIS VOIX ÉGALES,

PAR M. MONCOUTEAU,

Ancien organiste de l'église Saint-Germain des Prés.

Bel - la pre - munt, pre - munt hos - ti - li - a,
Bel - la pre - munt, pre - munt hos - ti - li - a,
Bel - la pre - munt, pre - munt hos - ti - li - a,
Cres - - - cen - - - - do.
Da ro - bur, Da ro - bur,
Da ro - bur, Da ro - bur,
Da ro - bur, Da ro - bur,
Cres - - - cen - - do.
Da ro - bur, fer au - xi - li - um,
Da ro - bur, fer au - xi - li - um,
Da ro - bur, fer au - xi - li - um,

Procédés **TANTENSTEIN.**

PETIT MANUEL
DE L'INSTRUCTION PRIMAIRE

JOURNAL MENSUEL

DES INSTITUTEURS ET DES INSTITUTRICES.

ÉDUCATION ET ENSEIGNEMENT.

LEÇONS POUR LES COURS D'ADULTES.

HISTOIRE ET GÉOGRAPHIE.

L'Europe actuelle.

(5ᵉ Leçon. — Suite.)

La géographie physique et la géographie politique. — Les terres et les mers. — Les fleuves et les montagnes. — Le commerce et l'industrie[1].

(M. Denis commence cette leçon en faisant répéter la nomenclature des États de l'Europe. Les élèves indiqueront sur la carte chacun de ces États, avec leurs capitales ou villes principales, comme il a été fait à la fin de la leçon précédente.)

M. DENIS. — Nous voilà un peu débrouillés avec la carte d'Europe. Avant d'aller plus loin, tâchons de

____

1. Voir le n° 4.

ne rien laisser échapper de ce que nous pouvons déjà avoir appris, peut-être sans nous en douter. Le père Germain, si j'ai bonne mémoire, nous faisait remarquer, l'autre jour, que les gens d'à côté de chez nous, qui demeurent sur la côte, n'ont pas la même température que nous, qui habitons la plaine. N'est-il pas vrai, père Germain?

LE PÈRE GERMAIN. — Oui, monsieur.

M. DENIS. — Eh bien, dites-moi, maintenant : nous cultivons, n'est-ce pas, dans notre plaine, du blé et de la vigne. Et les gens d'à côté, que cultivent-ils?

LE PÈRE GERMAIN. — Vous le savez aussi bien que moi, monsieur; ils n'ont pas de cultures, ils n'ont que leurs bois.

M. DENIS. — Et s'ils voulaient couper leurs bois et, à la place, planter du blé et de la vigne, le pourraient-ils?

LE PÈRE GERMAIN. — Ils ne feront jamais cette sottise-là. Ils savent bien que, pour le blé, le terrain ne vaut rien, et que, pour la vigne, la montagne est trop froide : le raisin gèlerait ou ne mûrirait pas.

M. DENIS. — Et ceux qui demeurent de l'autre côté de la montagne, sur le bord de la rivière, il me semble qu'ils ne cultivent ni vigne, ni blé, et qu'ils n'ont pas de bois.

LE PÈRE GERMAIN. — Assurément, non, monsieur; ils ont bien assez de leurs prairies, qui ne leur demandent pas grand entretien, et leur rapportent d'excellent foin.

M. DENIS. — Ainsi, votre avis est, père Germain, que, dans des pays très-rapprochés, ceux qui cultivent le sol ne lui font pas produire absolument tout ce qu'ils veulent, et que leur manière de cultiver est déterminée soit par la nature du sol, soit par la température?

LE PÈRE GERMAIN. — Certainement, monsieur.

M. DENIS. — Bon. Dites-moi encore ceci, père Germain. Je crois que vous avez voyagé, quand vous étiez militaire : êtes-vous allé dans le Nord?

LE PÈRE GERMAIN. — Je suis allé en garnison à Arras et à Lille.

M. DENIS. — Eh bien, dans les environs de Lille et d'Arras, cultive-t-on la vigne?

LE PÈRE GERMAIN. — Non-seulement on ne la cultive pas, mais c'est à peine si elle y pousse. Et, dans tous les cas, on n'en saurait tirer du vin.

M. DENIS. — Que font donc les cultivateurs dans ce pays-là?

LE PÈRE GERMAIN. — Oh, monsieur, pour n'avoir point de vignes, ils n'ont pas moins de fort beaux domaines. Ils cultivent la betterave, dont ils tirent du sucre; ils cultivent le blé, et le houblon, qui sert à fabriquer la bière.

M. DENIS. — Ah! du houblon! Et ce houblon, père Germain, que vous avez vu dans le Nord, quand vous êtes allé pour la guerre en Espagne, l'avez-vous retrouvé?

LE PÈRE GERMAIN. — En aucune façon, monsieur Denis. Les Espagnols ont de trop bonnes vignes, pour cultiver le houblon, qui ne réussirait pas dans leur pays, à cause de la chaleur. Et puis, ils n'ont pas besoin de bière, allez, pour se rafraîchir; ils ont des orangers et des citronniers qui valent bien tous les houblons du monde, et qui poussent là en pleine terre, comme, chez nous, les noyers ou les pommiers.

M. DENIS. — Vous voyez, mes amis, ce qu'il y a à conclure de ce que nous dit le père Germain. Si l'occasion ne vous a pas permis de sortir de votre pays ou des pays avoisinants, il ne faut pas vous imaginer que tous les pays ressemblent aux deux ou trois que vous avez pu voir. Nous avons, nous, des blés, des vignes, des prés et des bois. Et là où sont nos bois, en général, la vigne ni les herbes des prés ne viendraient, et réciproquement. D'autre part, une plante qui pousse chez nous ne pousse pas ailleurs; et une autre plante qui pousse ailleurs ne pousse pas chez nous. Ceci est une des grandes lois naturelles. Vous n'avez point oublié sans doute ce que nous avons dit des zones. Eh bien, les zones, dont les différents points, appartenant à la même latitude, ont à peu près la même température, ont aussi, à peu près, le même genre de végétation. Certaines espèces de la zone tempérée n'appartiennent plus à la zone torride, et les plantes des tropiques, transportées vers les pôles, dépérissent et meurent. Et même, comme nous l'a expliqué le père Germain, qui, dans ses plus longs voyages, n'a pas dépassé la zone tempérée, suivant que, dans une même zone, vous allez du nord au midi ou du midi au nord, telles espèces, surtout celles qu'on cultive en grand, frappent tout d'abord votre vue, et telles autres disparaissent. Ainsi, sans sortir de France : à Lille, le houblon, et pas de vigne; à Paris, la vigne, et déjà plus de houblon, de houblon cultivé, du moins. Poussez jusqu'à Aix ou jusqu'à Marseille, vous rencontrerez l'olivier, qui ne peut même pas croître à Paris.

Il en est de même des animaux. Le cheval, par exemple, ne supporte pas les froids extrêmes du nord. Il y est remplacé par une espèce de cerf, le renne, dont on a toutes les peines du monde à conserver en vie quelques rares individus dans nos ménageries. Les singes d'Afrique ou d'Amérique meurent poitrinaires au Jardin des plantes, et, ce qui n'est pas d'ailleurs bien regrettable, les grands serpents, si vigoureux, des Indes orientales, peuvent à peine s'y traîner.

Cette diversité est infinie, et il n'y a rien peut-être dans la nature qui puisse davantage nous surprendre et nous étonner. Il en résulte aussi d'autres conséquences qui se rapportent à nous-mêmes.

Reprenons ce que nous disions tout à l'heure. Notre village produit des vignes et du blé; celui de la montagne produit du bois. Supposez qu'excepté nous et nos voisins, à cinquante lieues à la ronde, il n'y ait pas d'autres hommes. N'est-il pas vrai que, quand viendra l'hiver, nous aurons besoin chez nous, pour nous chauffer, du bois recueilli par nos voisins; et n'est-il pas vrai aussi que, pour se nourrir et pour se désaltérer, nos voisins auront besoin du blé et du vin récoltés chez nous? Ne serons-nous donc pas amenés les uns et les autres à troquer, qui du bois contre du blé ou du vin, qui du vin ou du blé contre du bois? Donner ce qu'on a pour ce qu'on n'a pas, échanger, en un mot, voilà l'origine du commerce. Supposez encore que, chez nous, par exemple, un homme, plus ingénieux que les autres, trouve le moyen de façonner, avec un morceau de bois disposé d'une certaine façon et un morceau de métal forgé par ses mains et ajusté avec son morceau de bois, un instrument capable de trancher la terre comme une charrue, ou de couper les arbres comme une hache, n'est-il pas vrai qu'il pourra offrir à ceux qui ont du terrain à préparer ou une portion de forêt à abattre ce produit de son invention, destiné à faciliter leur travail, et recevoir en retour le blé de celui-ci et le bois de celui-là? Voilà l'origine de l'industrie. Nous y reviendrons plus tard en détail. Ce que je veux, pour le moment, vous faire comprendre, c'est que les occupations de l'homme dérivent du sol, soit qu'il en extraie les produits, soit qu'il les transforme de façon ou

d'autre, en vue de subvenir à ses besoins, et que la variété du sol dérive la variété de ses occupations. Il y a donc un rapport direct entre le pays que nous habitons et nous-mêmes; et pour bien connaître, comme nous en avons l'intention, les différents peuples dont nous venons d'apprendre les noms, il faut commencer par bien connaître le territoire même qu'ils occupent.

C'est ce que nous allons tâcher de faire.

Si vous voulez, pour plus de commodité, nous nous attacherons d'abord à étudier notre propre pays, celui que, tout naturellement, nous connaissons ou que du moins nous sommes censés connaître le mieux, et nous tâcherons de trouver ensuite en quoi les autres pays se rapprochent ou diffèrent du nôtre.

Avant d'en considérer la superficie, commençons par en déterminer les limites et les contours.

C'est la première chose que nous devons faire, n'est-il pas vrai? puisque nous voulons l'étudier séparément, il faut bien le distinguer de ce qui n'est pas lui-même.

Eh bien, Isidore va nous dire quel est le pays qui touche à la France, par exemple, du côté de l'ouest.

(Nous supposons que les élèves ont une carte d'Europe ou mieux, une mappemonde sous les yeux.)

ISIDORE. — Vous voulez rire, monsieur Denis; ce n'est pas un pays qui touche la France du côté de l'ouest, c'est la mer.

M. DENIS. — Ah ! c'est la mer. Eh bien, as-tu vu la mer, Isidore?

ISIDORE. — Oui, monsieur, je l'ai vue à Marseille et au Havre.

M. DENIS. — Je ne te savais pas si grand voyageur. Eh bien, puisque tu es allé à Marseille et au Havre, il ne te sera pas bien difficile de nous dire ce que c'est que la mer.

ISIDORE. — Dame, monsieur, la mer, c'est beaucoup, beaucoup, beaucoup d'eau.

M. DENIS. — Et d'une eau comme une autre, Isidore?

ISIDORE. — Oh, non, monsieur, l'eau de notre rivière est bonne à boire, tandis que celle de la mer a un goût salé, qui empêche qu'on en boive.

M. DENIS. — Et l'eau de la rivière, d'où vient-elle, Isidore?

ISIDORE. — Elle vient de la mer, monsieur.

M. DENIS. — Comment, de la mer?

ISIDORE. — Mais, oui, monsieur. Moi, j'ai vu, au Havre, la Seine, qui commence là, et il est bien facile de voir que c'est la mer qui entre dans les terres pour former la Seine.

M. DENIS. — Mais, dis-moi, Pierre, crois-tu que les eaux de la Seine soient salées comme celles de la mer ou douces comme celles de notre rivière?

ISIDORE. — Je ne sais pas, monsieur.

M. DENIS. — Eh bien, moi, je puis te certifier que les eaux de la Seine sont aussi douces que celles de notre rivière, et qu'il en est de même des eaux du Rhône, par exemple, ou de la Loire, ou de tous les autres fleuves ou rivières du monde. Or, comment se pourrait-il faire que l'eau de la mer, qui est salée, même sur le rivage où tu as pu la goûter, devînt douce quand elle entre plus avant dans les terres?

ISIDORE. — Ma foi, monsieur, je ne sais pas.

M. DENIS. — Eh bien, écoute ce que va nous dire là-dessus ton ami Pierre.

PIERRE. — Je pense, monsieur, qu'Isidore se trompe du tout au tout en s'imaginant que la Seine, par exemple, commence au Havre; je serais d'avis bien plutôt qu'elle y finit.

M. DENIS. — Et alors, suivant toi, où commencerait-elle?

PIERRE. — A l'autre bout, monsieur, à la source.

M. DENIS. — Et qui te fait supposer, Pierre, que le fleuve, contrairement à ce que croit Isidore, commence à l'endroit où il est le plus éloigné de la mer, et finit à la mer même?

PIERRE. — Je ne saurais trop dire, monsieur, mais il me semble que cela est.

M. DENIS. — Voyons, cherchons ensemble : dis-moi d'abord, si tu le sais, l'endroit où la Seine prend sa source.

PIERRE. — Je crois que c'est dans le département de la Côte-d'Or.

M. DENIS. — Oui, pas bien loin de Châtillon-sur-Seine. Eh bien, dis-moi laquelle de ces deux villes, le Havre ou Châtillon-sur-Seine, est la plus élevée au-dessus du niveau de la mer.

PIERRE. — Je ne sais, monsieur Denis.

M. DENIS. — Tu le sais parfaitement, tu vas le voir. Je suppose que sur cette table, qui est plate et horizontale, je place une cuvette, et que je remplisse cette cuvette d'eau jusqu'au bord. Si je ne touche ni à la table ni à la cuvette, l'eau, n'est-il pas vrai ? ne débordera pas.

PIERRE. — Non, monsieur Denis.

M. DENIS. — Bon. Maintenant, je voudrais, sans ajouter une goutte d'eau de plus, que l'eau qui est dans ma cuvette déborde soit à droite, soit à gauche. Que devrai-je faire ?

PIERRE. — Il faudra, monsieur Denis, pencher la cuvette du côté où vous voudrez que l'eau déborde.

M. DENIS. — C'est-à-dire, n'est-ce pas, baisser de ce côté le niveau, en diminuant, soit à droite, soit à gauche, la distance qu'il y a entre l'extrême bord de la cuvette et la surface de la table. Eh bien, dis-moi : l'eau de la Seine est-elle stagnante, je veux dire, n'y a-t-il aucun écoulement de l'eau de la Seine, soit de la source à l'embouchure, soit de l'embouchure à la source ?

PIERRE. — Il y a écoulement, monsieur Denis, de la source à l'embouchure.

M. DENIS. — Eh bien, alors....

PIERRE. — Alors, c'est Châtillon-sur-Seine qui est plus élevé que le Havre.

M. DENIS. — Assurément, mon cher ami ; et comme ce que nous venons de dire de la Seine peut se dire de tous les autres fleuves, Isidore n'a plus aucune raison de penser que les eaux des fleuves viennent de la mer ; au contraire, elles y vont. Comprends-tu cela, Isidore ?

ISIDORE. — Oui, monsieur Denis.

M. DENIS. — Bon. Mais si les eaux des fleuves ne viennent pas de la mer et si, pour trouver l'origine d'un fleuve, il faut remonter jusqu'à sa source, qu'est-ce donc qui a produit cette source elle-même ?

Charles DEFODON.

(La suite de cette leçon à un prochain numéro.)

COURS DE PLAIN-CHANT.

(4e leçon.)

DES ACCIDENTS.

Bémol. — *Béquarre.*

Nous avons vu que dans les sept notes *ut*, *ré*, *mi*, *fa*, *sol*, *la*, *si*, six sont fixes ou invariables, tandis que la septième, *si*, est variable. Les notes fixes marchent à égale distance, excepté le *mi* et le *fa*, entre lesquelles il n'existe que la moitié du degré qui sépare les autres notes. La septième note *si*, dans le plain-chant, tantôt s'éloigne de la distance d'un degré de la note qui lui est supérieure, *ut*, tantôt n'en est éloignée que d'un demi-degré. Dans le premier cas, cette note *si* se rapproche de la note inférieure *la* d'un demi-degré, et dans le second elle en reste distante d'un degré.

Un signe particulier au *si* a donc été nécessaire pour indiquer au chanteur l'état de cette note, variable dans chaque mélodie. Avant l'invention de la syllabe qui fut appelée à la désigner, on se contenta d'ajouter à la lettre B une épithète tirée de l'effet produit par son éloignement ou son rapprochement de la note précédente, *la*. Lorsque le B quittait sa position naturelle dans la gamme, et se rapprochait du *la* d'un demi-degré, son exécution ne demandant qu'un doux élancement de la voix, on l'appelait B *mol*. Lorsqu'au contraire le B reprenait la place à un degré entier au-dessus du *la*, produisant à l'oreille un son plus énergique, à cause des trois tons consécutifs parcourus de F ou *fa* à B ou *si*, on lui donnait le nom de B *quarre* ou *dur*.

Lorsque l'usage de la syllabe *si* fut adopté, celle-ci remplaça à la fois le B *mol* et le B *quarre*, et on dut, pour éviter toute confusion, 1° dans la solmisation, changer la syllabe *si* en *sa*, lorsqu'elle devait rendre le B *mol* ; ce qui eut lieu jusqu'au dix-huitième siècle ; 2° dans les manuscrits et les livres imprimés, mettre devant les points, qui furent substitués aux anciennes lettres, des signes exprimant soit le B *mol*, soit le *béquarre*.

La simple lettre minuscule *b*, placée devant le point représentant la note *si*, indiqua l'abaissement d'un demi-degré de cette note, et fut appelé *bémol* ; c'est un pléonasme : une abréviation du mot *mol* eût suffi. La même lettre, à laquelle on ajouta un trait prolongé à la droite en descendant, indiqua que le *si* reprenait sa place naturelle à un degré au-dessus du *la*.

Le bémol s'emploie de deux manières : tantôt il se place près de la clef, au commencement de la pièce de chant et en tête de toutes les lignes sur lesquelles elle est écrite ; tantôt ce signe existe seulement à la gauche de la note qu'il altère.

Lorsque le bémol est placé à la clef, sa présence indique que toutes les notes qui occupent dans le morceau le même interligne qu'il occupe lui-même, sont baissés d'un demi-ton. Nous disons le même interligne, parce que, en réalité, la clef de *fa* seconde ligne et les clefs d'*ut* étant placées sur les lignes, et le bémol ne pouvant, dans le chant ecclésiastique, altérer que le *si*, cette note se trouve toujours occuper un interligne dans la portée. On rencontre, mais fort rarement, le bémol sur la première ligne, dans des morceaux écrits avec la clef de *fa* troisième ligne.

Lorsque le bémol se rencontre seulement dans le cours d'une pièce de chant, il n'altère que la note à la gauche de laquelle il est placé.

Le signe du bémol est placé dans l'interligne où doit se trouver la note qu'il affecte, à quelque distance d'elle, afin de ne pas séparer la série de notes liées ensemble, et afin d'inviter le chanteur à se préparer d'avance au changement d'intonation du *si*.

A une époque où le plain-chant a subi de notables altérations, on a affecté du bémol la note *mi*, à laquelle on donnait en ce cas le nom de *ma*.

Les anciens ne connaissaient que le *si* variable, comme nous l'avons dit plus haut.

Les règles que nous avons données sur l'exécution du *si* bémol sont applicables à celles du *mi* bémol.

Le béquarre ♮ placé devant une note hausse cette note d'un demi-ton, en lui rendant le son qui lui est naturel ; ce qui suppose que cette note a été précédemment abaissée d'un demi-ton par le bémol.

Si la note qui doit être ramenée par le béquarre au son qui lui est naturel est liée à d'autres notes, le signe du béquarre se place sur la ligne ou dans l'interligne, devant la première note du groupe de notes qui forme la liaison.

On rencontre quelquefois le béquarre dans des pièces de chant qui n'offrent nulle part le *si* bémolisé. Ce signe ainsi employé est inutile pour des chanteurs exercés et sachant le plain-chant. On avertit, par ce moyen, le lecteur inhabile ou inexpérimenté, qu'il ait à se garder de faire un *si* bémol, lorsque le passage pourrait facilement être mal interprété par lui.

Un autre signe d'altération, étranger, celui-là, au véritable chant grégorien, se rencontre dans les éditions modernes du chant liturgique. Ce signe est le *dièse*. Placé devant une note, il fait connaître que cette note doit être haussée d'un demi-ton ! Elle ne change pas de nom pour cela, quoique au temps où le système des nuances était pratiqué, on l'appelât *si*. Théoriquement, le *dièse* ne saurait être toléré dans le chant grégorien qui n'admet que les deux demi-tons *mi fa*, *si ut*, et une seule note variable, le *si*. Mais dans la pratique, le goût en a réclamé l'usage depuis plusieurs siècles, usage qu'on doit rendre très-modéré, il est vrai. Plusieurs causes peuvent expliquer cette variabilité des notes fixes.

L'inspiration musicale créa au moyen âge des mélodies d'un style moins sévère que pendant les premiers siècles. L'exécution perdit un peu de sa rudesse primitive. On évita en descendant la succession de trois tons, comme on l'avait évitée jusqu'alors en montant, au moyen du bémol; c'est-à-dire que devant chanter *si la sol fa sol*, on haussa naturellement le *fa*, afin qu'il fut moins éloigné du *sol*. L'oreille s'habitua à ces inflexions et elles furent d'autant plus pratiquées que le chant liturgique devint moins populaire et ne fut plus exécuté que par un petit nombre de voix.

En effet, lorsqu'une assemblée chante ces passages où une note semble devoir être rapprochée ainsi de la note voisine, elle exécute cet intervalle plutôt à trois quarts de ton au-dessous de la note plus élevée qu'à un demi-ton, et l'oreille la plus délicate en est satisfaite, tandis que ce même passage interprété par une ou deux voix seulement, semble réclamer une inflexion plus douce, un intervalle plus étroit, un demi-ton, un *dièse* enfin.

Toutefois on a eu la prudence de ne pas multiplier ces sortes d'altérations qui auraient abouti à ôter au plain-chant son caractère et de laisser aux chanteurs le soin de les appliquer dans l'exécution, en leur recommandant de le faire avec discernement et avec une sage discrétion.

Depuis quelques années, plusieurs théoriciens ont développé à cet égard une doctrine aussi opposée au bon effet de l'exécution du chant liturgique qu'aux principes établis dans la plupart des traités que le moyen âge nous a laissés sur la matière. Ils ont repoussé absolument l'altération par le moyen du dièse, se fondant sur cette raison que l'ancienne gamme ne se composait que des intervalles diatoniques, et que cet ordre était incompatible avec l'emploi du diese. On pourrait d'abord leur demander de quelle manière ils comprennent l'usage de la *note feinte* que les méthodes les plus autorisées et la tradition la plus ancienne enseignent dans certains cas. Ensuite ces docteurs qui invoquent l'application du système diatonique absolu et qui en réalité ne sont que des novateurs dans l'espèce, ignorent donc que les douze modes supprimés ont dû être transposés pour rentrer dans le système actuel du plain-chant, et par conséquent, ils auraient offert dans une foule de passages des successions de trois tons, des intervalles appelés, pour cette cause, intervalles de *triton;* qui sont d'une dureté telle que les anciens disaient d'eux que c'était le diable en musique, *Diabolus in musica?* Cette manière erronée d'envisager le chant ecclésiastique a malheureusement été suivie par les auteurs de l'édition rémo-cambraisienne, dont la barbarie affecte péniblement les oreilles dans les diocèses où elle a été adoptée. En dernier lieu, une étude plus approfondie de l'application des modes grecs aux modes grégoriens aurait prouvé surabondamment que le plain-chant conserve encore les traces de trois autres modes écartés dès l'origine, et en particulier d'une treizième échelle diatonique correspondant à notre gamme moderne d'*ut* en *ut*, et que les mélopées empruntées à cette échelle ont été distribuées entre celle de *fa* et celle de *sol*, c'est-à-dire attribuées au cinquième et au septième mode grégoriens; ce qui devait entraîner l'emploi du *si* bémol dans le premier et de la feinte employée exceptionnellement dans le second. Dans notre leçon sur les modes, nous reviendrons sur **cette** intéressante question.

Félix CLÉMENT.

(La suite prochainement.)

COMMISSIONS D'EXAMEN POUR L'ENSEIGNEMENT
PRIMAIRE.

Ressort de l'académie de Paris.

Département de la Seine. — Examens
de l'hôtel de ville.

Première session de 1866.

ASPIRANTES. — BREVET DU PREMIER ORDRE.

1re *série.* — Vendredi, 15 juin.

Littérature.

Rendre compte de la composition de l'oraison funèbre du prince de Condé.

Histoire de France.

Traités de Lunéville et d'Amiens.

2e *série.* — Mardi, 19 juin.

Littérature.

Rendre compte de la composition de l'oraison funèbre de la reine d'Angleterre.

Histoire de France.

Exposer les événements qui ont amené la réunion de la Lorraine à la France.

Ressort de l'académie de Nancy.

Première session de 1866.

ASPIRANTS. — BREVET SIMPLE.

Orthographe.

Heureuse la maison au nid d'hirondelle! elle est placée entre toutes les autres sous les auspices de cette douce sécurité dont les âmes pieuses croient avoir obligation à la Providence. Et en effet, sans chercher dans l'hirondelle un instinct merveilleux de prophétie que les poëtes lui ont trop libéralement accordé, il est bien permis de supposer qu'elle n'est point privée de l'instinct commun à tant d'autres espèces, qui leur fait deviner le séjour le plus assuré d'une famille en espérance. Ne craignez pas qu'elle aille se loger sous le chaume inflammable, ou sous les fragiles soliveaux d'une baraque nomade, elle ne bâtit que dans des lieux sûrs à l'ombre des édifices abandonnés, sous les pignons des vieux châteaux en ruine. Si elle redescend aux villes et aux campagnes, elle ne se fixe qu'à la maison paisible où nul bruit ne troublera sa petite colonie et à l'abri de laquelle la hutte solide qu'elle s'est soigneusement pratiquée, peut s'abriter assez longtemps pour lui épargner l'année prochaine de nouveaux labeurs. Si vous l'avez observée, vous avez pu voir que notre hirondelle se prévient volontiers en faveur des figures bienveillantes. Elle se fie, comme une étrangère de lointains pays, aux procédés du bon accueil; elle aime qu'on ne la dérange pas, et s'abandonne à qui l'aime. Je ne suis pas sûr que sa présence promette le bonheur pour l'avenir; mais elle me le démontre intelligiblement dans le présent; aussi je n'ai jamais vu la maison au nid d'hirondelle sans me sentir prévenu en faveur de ses habitants: les valets n'y sont point cruels, les enfants n'y sont pas impitoyables; vous y trouverez quelque sage vieillard, ou quelque tendre jeune fille qui protége le nid d'hirondelle, et j'irais, un million sur la main, cacher dans cette maison ma tête proscrite sans souci du lendemain.

Composition française.

Un jeune homme écrit à son oncle, instituteur sous lequel il a fait ses études, pour lui annoncer qu'il vient d'échouer aux examens du brevet de capacité. Matières sur lesquelles il a été faible. — Regrets du temps perdu. — Promesse d'apporter plus d'ardeur à son travail.

Arithmétique.

Une usine à gaz est chargée d'alimenter actuellement 2600 becs pendant 1440 heures; on sait qu'un bec consomme 139 hectolitres de gaz par heure et que la distillation d'un hectolitre de houille donne 18$^{m.c}$,540; combien cette usine consomme-t-elle annuellement d'hectolitres de houille?

Un train de chemin de fer part à 10 h. du matin de Paris pour Boulogne-sur-Mer; il doit mettre 7^h,10 pour parcourir les 254 kilomètres qui séparent ces deux villes. On veut qu'un second train partant de Paris 1^h,20 après celui-ci, le rattrape à Amiens, c'est-à-dire à 131 kilomètres de Paris. Quelle doit être sa vitesse?

ASPIRANTES. — BREVET DU DEUXIÈME ORDRE.

Orthographe.

Les Insectes.

Voici des races privilégiées et véritablement merveilleuses entre toutes : rien n'égale la pompe de leurs accoutrements : il y a des tribus qui sont vêtues de robes flottantes que l'on dirait brodées par la main des fées, tant la trame en est richement nuancée, tant les broderies en sont délicates. Il y a des légions qui portent des cuirasses d'un poli plus brillant que l'armure de nos anciens chevaliers : les uns sont couverts de tuniques d'azur relevées de camails de velours vert : les autres sont drapés dans un manteau de pourpre et coiffés de superbes turbans de soie, d'autres sont tout éclatants d'or ; on en trouve dont le faste surpasse tout ce que l'on pourrait inventer de plus magnifique et dont la robe émaillée de rubis, de saphirs, de topaze, d'émeraudes et de diamants, resplendit d'un éclat incomparable aux rayons du soleil. Que dire des franges, des aigrettes, des panaches ondoyants qui ornent le diadème de ces favoris de la nature et qui viennent ajouter encore à l'élégance de leur forme, à la splendeur de leurs atours?

Mais ce n'est pas là tout ce que le Créateur a fait pour ces petits êtres; la même sagesse qui s'est jouée dans leurs ajustements, les a munis encore des armes nécessaires pour l'attaque et pour la défense; elle leur a donné des casques, des boucliers, des lances, des stylets, des scies, des tenailles, etc. On en connaît qui sont d'habiles arquebusiers et qui peuvent faire contre l'ennemi qui les poursuit plus de trente décharges dans une demi-minute ; d'autres, menacés de devenir la proie de races plus fortes, s'élancent dans les airs sur des ailes de gaze, et si les escadrons rivaux les serrent de trop près, ils replient leurs ailes inutiles, se précipitent au fond des eaux et s'y organisent en flottilles vivantes.

Composition française.

A la prière de Mardochée, Esther se détermine à solliciter la grâce des Juifs. Raconter son entrevue avec Assuérus et ses résultats.

Arithmétique.

Une revendeuse achète des œufs à 8 fr. le cent, elle revend la moitié à raison de 0^f,10 pièce et la seconde moitié à raison de 3 pour 0^f,20, de cette manière elle gagne 8^f,80. Combien avait-elle acheté d'œufs?

Une mère et sa fille travaillant ensemble à une tapisserie, la termineraient en 15 jours. Après que toutes deux y ont travaillé ensemble pendant 6 jours, la fille seule achève la tapisserie en 30 jours. Combien chacune de ces personnes mettrait-elle de temps pour faire seule cette tapisserie ?

EXERCICES DIVERS A L'USAGE DES CLASSES.

SCIENCES PHYSIQUES ET NATURELLES.

Réponses aux questions proposées par les commissions d'examen aux aspirants au brevet complet et aux aspirantes du premier ordre.

Le sucre [1]. — Le sel [2].

Sous le nom de *sucres* on comprend chimiquement diverses substances solubles dans l'eau, d'une saveur sucrée et susceptibles de se transformer en alcool et en acide carbonique sous l'influence de certaines matières organiques azotées qu'on nomme ferments. On compte quatre espèces de sucres : le sucre de fruits ou *glucose*, le sucre de lait ou *lactose*, le sucre incristallisable et le sucre de cannes. C'est de ce dernier seulement que nous nous occuperons en lui conservant exclusivement le nom de sucre.

Le sucre existe en abondance dans le règne végétal. On le trouve dans la canne à sucre, la betterave, les tiges du maïs, les citrouilles, les carottes, les navets, la sève ascendante de l'érable, la sève descendante du bouleau, les châtaignes, les figues, le melon, dans divers fruits tropicaux tels que le coco, l'ananas, et en général dans tous les végétaux dont le suc n'est pas acide. On l'extrait principalement de la canne et de la betterave. Dans certains pays, l'érable en fournit aussi des quantités considérables.

Le sucre est à peu près insoluble dans l'alcool froid; l'alcool bouillant en dissout environ un quatre-vingtième de son poids. Mais un litre d'eau peut dissoudre à froid trois kilogrammes de sucre, et l'eau bouillante en dissout pour ainsi dire une quantité indéfinie. Un mélange d'alcool et d'eau, tel que l'eau-de-vie de table, peut aussi dissoudre une proportion de sucre qui varie avec la quantité d'eau qu'il renferme.

Chauffé à 160 degrés, le sucre entre en fusion et donne une matière visqueuse qui, par le refroidissement, se prend en une masse transparente à cassure vitreuse. Le *sucre d'orge* n'est autre chose que cette matière versée sur des tables de marbre et roulée en petits cylindres, tandis qu'elle est encore suffisamment fluide. Ce nom de sucre d'orge lui vient de ce qu'autrefois on dissolvait le sucre dans de l'eau d'orge. Le *sucre de pomme*, le *sucre de cerises* s'obtiennent de la même manière; ils ne contiennent plus aucune trace de pomme ni de cerise et sont identiques au sucre d'orge. Quelquefois cependant les confiseurs ajoutent au sucre quelques gouttes de vinaigre, de rhum ou toute autre matière destinée à en relever le goût. Le vinaigre a la propriété de retarder le phénomène de cristallisation qui se manifeste au bout de quelque temps sur les bâtons de sucre d'orge et gagne de la surface à l'intérieur, en détruisant la transparence.

Chauffé au delà de 200 degrés, le sucre perd peu à

---

1. Ressort de l'Académie de Toulouse, département de l'Aveyron, deuxième session de 1863.

2. Voir, pour cette partie de la question, *Petit Manuel*, année 1866, n° 5, p. 117.

peu deux équivalents d'eau et se transforme en une matière noire, le *caramel*, qui est très-soluble dans l'eau et que les cuisinières emploient pour *roussir* le bouillon et les sauces. Le caramel est déliquescent; il n'a plus de saveur sucrée et n'est pas susceptible de fermenter comme le sucre.

Si on continue à chauffer le caramel, il se transforme en un produit noir entièrement insoluble, lequel, sous l'influence d'une température encore plus élevée, se décompose en donnant des produits acides, des gaz inflammables et un résidu charbonneux.

Le sucre, lorsqu'on le râpe ou lorsqu'on le casse dans l'obscurité, présente une phosphorescence très-marquée dont il est difficile d'expliquer la cause. La saveur du sucre râpé est un peu différente de celle du sucre en pain, le frottement de la râpe développant une température assez élevée pour caraméliser une minime partie de la matière.

Soumis à une ébullition prolongée dans l'eau, le sucre perd la faculté de cristalliser. On peut empêcher cette transformation en ajoutant à l'eau une très-faible proportion de matière alcaline ; on peut la favoriser au contraire par l'adjonction de quelques gouttes d'un acide minéral ou organique. Les *sirops* ne sont autre chose que des dissolutions concentrées de sucre.

Le *sucre-candi* est du sucre cristallisé en gros cristaux prismatiques. Pour l'obtenir, on fait cuire du sucre au *petit soufflé*, c'est-à-dire de telle façon qu'en soufflant sur une écumoire couverte du sirop, il se forme de l'autre côté des bulles persistantes. Ce sirop est abandonné à l'évaporation libre dans une étuve chauffée à 40 degrés. Pour aider à la formation des cristaux on tend ordinairement dans la liqueur des fils sur lesquels s'attache le sucre-candi qui forme alors des espèces de chapelets. Le sucre-candi est blanc ou jaunâtre suivant le degré de clarification du sirop. Les fabricants de vin dechampagne en font une consommation considérable.

Les usages du sucre sont trop connus pour qu'il soit nécessaire d'en parler ici. Il est utile à l'économie et fournit à la digestion un élément *respiratoire*.

Le café[1].

Le café est la graine du *caféier*, arbuste de la famille des Rubiacées, originaire des côtes de la mer Rouge, et particulièrement de l'Abyssinie, d'où il a été transporté dans le Yémen. Le caféier est aujourd'hui cultivé avec succès à l'île Bourbon, à Java, aux Antilles. C'est seulement en 1720 que le premier pied en fut introduit par Declieux à la Martinique, et de là dans toutes les Antilles.

Le caféier, qu'on nomme aussi *cafier*, peut atteindre jusqu'à sept et dix mètres de hauteur, ses rameaux toujours verts, formant une cime pyramidale, présentent des feuilles opposées, oblongues, pointues, ondulées au bord, d'un vert foncé et luisant. A leurs aisselles naissent par touffes des fleurs blanches et parfumées auxquelles succèdent les fruits, petites baies rouges de la grosseur d'une cerise.

Chaque baie est divisée en deux loges dont chacune contient une graine aplatie d'un côté et marquée d'un profond sillon longitudinal, convexe de l'autre côté. Cette graine est le café.

On distingue trois espèces principales de café : 1° Le café *Moka*, le plus estimé de tous, au grain généralement petit et arrondi, de couleur jaune ou vert pâle. Moka est une ville de la péninsule Arabique où le café est apporté de l'intérieur par des caravanes ; les environs mêmes de Moka sont à peu près incultes et stériles. Le vrai café Moka est très-rare dans le commerce ; on donne souvent pour tel du café provenant de Java. — 2° Le café *Bourbon* ou *Mascareigne*, qui vient de l'île Bourbon et de l'île Maurice ; son

grain est généralement arrondi, couvert de ses pellicules, et plutôt vert que jaune. — 3° Le café *Martinique*, qui tient le milieu entre les deux autres espèces pour la dimension des grains ; ceux-ci sont vert tendre, un peu allongés et arrondis aux deux extrémités.

Pour obtenir la boisson nommée café et qui n'est qu'une infusion de graines du caféier, il faut d'abord soumettre ces graines à une torréfaction ménagée. Cette opération s'effectue dans un cylindre de fer battu qu'on tourne constamment, tantôt dans un sens tantôt dans l'autre, au-dessus d'un feu de bois ou de charbon (de charbon préférablement). La graine roussit et dégage une fumée abondante. On arrête la torréfaction lorsque le dégagement de fumée est devenu très-fort, que le grain petille, devient humide et répand un parfum agréable. Il est alors d'un brun roux qu'il faut éviter de porter au brun foncé.

Le grain extrait du torréfacteur est aussitôt étalé sur une surface froide (le marbre et la pierre conviennent mieux que le bois) ; et quand il est bien refroidi, on le vanne pour enlever les pellicules. C'est la torréfaction qui développe dans le café cet arome exquis si apprécié des amateurs ; l'opération est donc importante et ne peut être faite avec trop de soin. Le café, en se torréfiant, perd environ 18 à 20 pour 100 de son poids; mais il se gonfle et augmente sensiblement de volume.

Avant la torréfaction, la graine de café peut être conservée très-longtemps sans altération, pourvu qu'on la tienne dans un endroit sec. Il est même reconnu qu'elle gagne en vieillissant et qu'il y a avantage, pour les familles qui consomment habituellement du café, à faire d'avance leur provision pour toute une année par exemple. Mais il est bon de ne torréfier que la quantité qui doit se consommer dans un intervalle de peu de jours, afin d'éviter la déperdition de l'arome.

Le café torréfié est moulu dans des moulins qui le réduisent en une poussière médiocrement fine qu'on ne doit préparer qu'au moment où on veut faire l'infusion. Celle-ci s'effectue généralement dans des cafetières à filtre en fer-blanc ou mieux en porcelaine. Plus le café est moulu fin, moins il en faut pour obtenir une bonne infusion ; mais pour éviter que les minces particules ne traversent le filtre, et ne passent dans la liqueur, il faudrait mettre au-dessus du filtre une rondelle de flanelle pour les retenir.

Les diverses espèces de café ne donnent pas des infusions du même goût. On obtient un mélange très-apprécié en prenant 250 grammes de Moka, 250 de Bourbon, et 500 de Martinique; à défaut de Moka, on prendra parties égales de Bourbon et de Martinique. Il conviendra de torréfier chaque espèce séparément.

L'infusion de café est une liqueur éminemment tonique, qui accélère la circulation du sang, favorise la digestion et active les fonctions du cerveau. Aussi produit-elle l'insomnie. Très-salutaire dans les migraines, le café est au contraire très-nuisible dans les affections du cœur. C'est en outre un bon astringent, employé avec succès pour désinfecter et combattre la gangrène des plaies.

Ce qu'on nomme *café à la sultane*, est une infusion obtenue avec les enveloppes ou coques du café, vulgairement nommées *fleurs de café*.

Le prix du café étant passablement élevé, on a essayé de remplacer ce produit par toute espèce de végétaux torréfiés, avoine, seigle, haricots, orge, pois chiches, châtaignes, glands. La chicorée surtout est la base d'une falsification peu dangereuse il est vrai pour la santé des buveurs de café, mais fort préjudiciable aux satisfactions des gourmets; le café de chicorée est à la vérité fort amer et un peu purgatif, mais il est entièrement privé d'arome, et ne possède aucune des qualités excitantes qu'on cherche dans le vrai café.

Lorsqu'on achète du café en poudre, il est facile de reconnaître s'il contient de la chicorée. Jetez-en quelques pincées dans un verre d'eau; le café surnagera, la chicorée tombera au fond et colorera aussitôt l'eau

---

1. Ressort de l'Académie de Toulouse (Aveyron), 2ᵉ session de 1863.

en jaune. Alors même qu'on achète le café en graine, on peut encore être trompé par les falsificateurs qui se sont avisés de mouler, avec des moules *ad hoc*, de la chicorée ou même de la pâte d'argile, de manière à tromper l'œil. On reconnaîtra encore les grains de chicorée à ce qu'ils se délayeront dans l'eau froide, ce qui n'a pas lieu pour le fruit du caféier. Quant aux grains d'argile, on en constatera la présence par l'incinération.

Le café convenablement étendu d'eau est une boisson excellente, surtout aux époques des fortes chaleurs.

Métallurgie du fer et du cuivre[1].

Métallurgie du fer. — Le fer est le métal dont les minerais sont le plus communs. La Suède possède en abondance l'oxyde magnétique Fe^3O^4 dont elle tire des fers excellents. En France, nos minerais ordinaires sont la *limonite* et le fer *oligiste*, qui ont pour formule Fe^2O^3 et présentent par conséquent une richesse inférieure à celle de l'oxyde magnétique, abstraction faite des matières étrangères qui constituent la *gangue*.

Le traitement des minerais de fer s'effectue soit dans des *hauts fourneaux*, soit dans des *forges à la*

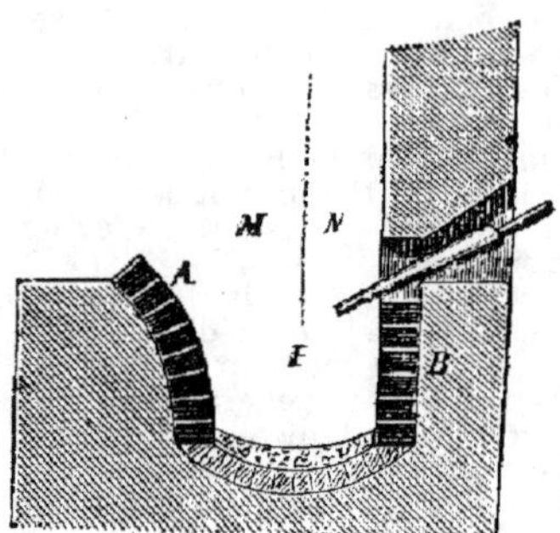

Fig. 1.

catalane, ce qui constitue deux méthodes différentes que nous allons exposer sommairement.

Forges catalanes. — La figure 1 représente une forge catalane en coupe verticale, à l'échelle de $\frac{1}{15}$. C'est une sorte de creuset dont le fond est en granite et dont les parois A et B sont revêtues intérieurement de plaques épaisses de fer superposées. Une ouverture placée sur la face B laisse passer la tuyère, c'est-à-dire le bout d'un puissant soufflet destiné à activer le feu. On place des charbons allumés du côté N qui correspond à la tuyère, et de l'autre côté M on accumule le minerai. Le feu est activé peu à peu. Le charbon en brûlant produit de l'oxyde de carbone[2], qui agit sur le minerai et le réduit à l'état métallique. L'ouvrier, armé d'une barre de fer nommée *ringard*, pousse la masse métallique ramollie vers la tuyère pour en achever la désoxydation, après quoi on la retire pour la battre sous un énorme marteau de fonte. Le fer martelé est recuit, rebattu et enfin mis en barres.

La méthode catalane, qui donne d'excellent fer, a le désavantage de laisser perdre une notable portion de métal entraîné avec les scories. Elle est en usage en Espagne, dans les Pyrénées et dans le midi de la

---

1. Ressort de l'académie de Toulouse, deuxième session de 1863.
2. En réalité la combustion du charbon près de la tuyère donne naissance surtout à de l'acide carbonique; mais ce gaz se transforme en oxyde de carbone en traversant la masse de charbon qui l'entoure.

France, où l'on trouve des minerais riches et facilement réductibles.

Hauts fourneaux. — Un haut fourneau (voir fig. 2) se compose de quatre parties principales : l'*ouvrage*, espace à peu près cylindrique, placé au bas; les *étalages*, tronc de cône très-évasé qui continue l'ouvrage : la *cuve*, autre tronc de cône beaucoup plus allongé, uni au premier par sa grande base et qui va en se rétrécissant par en haut; enfin le *gueulard*, qui est cylindrique et qui forme comme la cheminée du fourneau.

On charge le haut fourneau en plaçant d'abord au bas du charbon bien allumé, puis une couche de minerai et ensuite alternativement une couche de combustible, coke ou bois, et une couche de minerai, jusqu'au gueulard. A mesure que la combustion fait descendre la matière, on en remet toujours par-dessus jusqu'à ce qu'il faille, pour une cause quelconque, interrompre le travail.

Le minerai qu'on introduit dans le haut fourneau

Fig. 2.

est préalablement mélangé d'un *fondant;* ce fondant est calcaire et porte le nom de *castine*, lorsque la gangue du minerai est siliceuse (ce qui arrive le plus souvent); il est siliceux et s'appelle *erbue* quand la gangue est trop calcaire.

La réduction du minerai par l'oxyde de carbone que produit le combustible commence à moitié hauteur de la cuve. Dans les étalages, la gangue se fond et forme des scories vitreuses appelées *laitiers*, qui entraînent toujours une petite quantité d'oxyde métallique. Le fer fondu, combiné avec une certaine proportion de charbon, coule rapidement devant les tuyères placées au bas de l'ouvrage et tombe dans le *creuset* sans avoir été entièrement réduit. On n'obtient donc pas du fer pur, mais de la *fonte*, qu'on laisse sortir du creuset toutes les vingt-quatre heures par une ouverture nommée *trou de coulée*.

Les *gueuses*, c'est-à-dire les masses de fonte obtenues par la coulée, sont *affinées* dans des fours particuliers, les *fours à puddler*, où un courant d'air très-vif les débarrasse du charbon, lequel est brûlé par l'oxygène à une température voisine du point de fusion. Le fer obtenu est ensuite martelé, recuit et passé à la filière comme dans la méthode catalane.

Métallurgie du cuivre. — Le cuivre ne se trouve

point à l'état métallique dans la nature, si ce n'est accidentellement et en trop minime quantité pour qu'il soit nécessaire d'en parler. On le rencontre surtout à l'état de *pyrite*, c'est-à-dire de sulfure mélangé en proportions très-variables avec du sulfure de fer. Les autres minerais de cuivre exploités sont les *cuivres panachés*, les *fahlerz* ou *cuivre gris*, les *bournonites*, qui sont tous des sulfures de cuivre mélangés avec des sulfures d'autres métaux, fer, plomb, antimoine ; le *cuivre oxydulé*, dont la formule est Cu_2O, et le *carbonate de cuivre* dont une variété, connue sous le nom de *malachite*, sert à faire divers objets d'ornements, vases, colonnes, cheminées, d'un bel aspect et d'une grande valeur.

Le cuivre oxydulé forme un minerai très-riche, malheureusement trop rare, dont le Pérou et le Chili possèdent des mines importantes. La malachite est exploitée en Sibérie tant comme matière ornementale que comme minerai. Un autre carbonate de cuivre a été exploité avec avantage à Chessy, près de Lyon.

Le traitement métallurgique de ces minerais de cuivre oxydé ou carbonaté est facile, et consiste en une simple fusion dans des fourneaux à cuve au contact du charbon ; on obtient ainsi du *cuivre noir*, dont nous parlerons tout à l'heure.

La réduction des minerais sulfurés, qui sont de beaucoup les plus nombreux, offre plus de difficultés. On commence par les soumettre à une série de grillages successifs à l'air libre, de manière à transformer une partie des sulfures étrangers en oxydes. Le fer, par exemple, ayant plus d'affinité pour l'oxygène que pour le soufre, se sépare de ce dernier corps pour se combiner à l'oxygène de l'air, tandis que le sulfure de cuivre ne change pas. Ensuite le minerai grillé étant fondu dans un four à réverbère, l'oxyde de fer est entraîné avec les scories, et l'on obtient une *matte* cuivreuse plus riche en sulfure de cuivre. Les mattes sont de nouveau grillées et fondues avec des scories siliceuses. Après une série de grillages et de fusions alternés, on obtient enfin le cuivre impur appelé *cuivre noir* qu'il faut soumettre au raffinage.

L'affinage s'effectue dans un four à réverbère. Le cuivre noir renferme environ 95 centièmes de cuivre, 3 à 4 centièmes de fer, 1 centième de soufre et des quantités variables, mais toujours très-faibles, d'antimoine et d'argent. L'argent est cependant en proportion assez forte dans certains minerais pour qu'on trouve avantage à l'en extraire, ainsi que nous l'expliquons plus loin. Sous l'influence de l'air apporté par des tuyères dans le fourneau, les métaux étrangers, plus oxydables que le cuivre, sont brûlés ainsi que la petite quantité de sulfure qui restait, et les oxydes formés sont entraînés à l'état de scories avec les matières siliceuses dont on a pris soin de recouvrir la sole du four.

Le cuivre purifié est alors en fusion ; on jette par-dessus une certaine quantité d'eau qui en fait coaguler la partie supérieure, et cette partie solidifiée est enlevée immédiatement sous forme de *rosette*. On jette de nouveau de l'eau pour enlever une seconde rosette, et ainsi de suite jusqu'à ce qu'il ne reste plus de métal. Cent kilogrammes de cuivre noir donnent de cette manière soixante-quinze kilogrammes de cuivre rosette.

Le cuivre rosette contient encore une certaine quantité d'oxyde qui le rend dur et cassant. On en achève la purification en le fondant dans un petit four et en jetant sur le bain métallique des morceaux de charbon. Cette dernière opération est très-délicate et exige un ouvrier expérimenté sous peine de voir beaucoup augmenter les déchets.

Lorsqu'on veut retirer l'argent contenu dans le cuivre, on fond le cuivre argentifère avec du plomb ; l'alliage formé est reçu dans des moules de fonte qui le refroidissent brusquement, en lui donnant la forme de disques. Ces disques étant ensuite réchauffés progressivement, il se produit dans l'alliage un phénomène appelé *liquation*, par lequel le plomb se sépare du cuivre en emportant la totalité de l'argent. L'argent est enfin isolé du plomb par coupellation.

L. Marcel DEVIC.

ARITHMÉTIQUE.

Problèmes divers.

1er *Problème.* — On a partagé un terrain en deux parties ; les $\frac{3}{7}$ de la première portion représentent exactement les $\frac{2}{5}$ de la seconde, et en retranchant les $\frac{11}{20}$ de la première des $\frac{9}{13}$ de la seconde, on obtient 50 ares pour différence.

Trouver les deux parties du terrain et sa contenance toute entière[1].

Solution. — Il résulte de l'énoncé que $\frac{1}{7}$ de la première part est les $\frac{2}{15}$ de la seconde, et la première part est les $\frac{14}{15}$ de la seconde. Par suite les $\frac{11}{20}$ de la première portion représentent une fraction de la seconde marquée par

$$\frac{14 \times 11}{15 \times 20} = \frac{7 \times 11}{15 \times 10} = \frac{77}{150},$$

et la dernière condition de l'énoncé montre que l'on obtient 50 ares en prenant de la seconde portion une fraction égale à la différence

$$\frac{9}{13} - \frac{77}{150}$$

qui est égale à

$$\frac{9 \times 150}{150 \times 13} - \frac{77 \times 13}{150 \times 13},$$

ou bien à

$$\frac{1350}{1950} - \frac{1001}{1950} = \frac{349}{1950}.$$

Ainsi les $\frac{349}{1950}$ de la seconde partie forment 50 ares, et il est facile de connaître cette seconde partie ; en effet, $\frac{1}{1950}$ du nombre inconnu vaut :

$$\frac{50}{349},$$

et ce nombre tout entier est

$$\frac{50 \times 1950}{349} = \frac{97500}{349}$$

ou

$$279^{\text{ares}},37,$$

à moins d'un demi-centiare près par excès. La surface de la première partie sera donc

$$279^{\text{ares}},37 \times \frac{14}{15},$$

c'est-à-dire

$$\frac{3911,04}{15} = 260^{\text{ares}},74.$$

On peut vérifier que les deux nombres précédents satisfont bien aux deux conditions de l'énoncé. En effet, d'abord :

$$\frac{3}{7} \times 260,74 = 111,746,$$

---

1. Ressort de l'académie de Montpellier, session de 1866.

et les

$$\frac{2}{5} \times 279,37 = 111,748,$$

résultats sensiblement égaux. D'autre part :

$$\frac{9}{13} \times 279,37 = 193^{ares},41,$$

et

$$\frac{11}{20} \times 260,74 = 143^{ares},41;$$

la différence est bien 50 ares.

2° Problème [1]. — Quelle est la fraction de circonférence que représente l'arc de

$$32^\circ\,15'\,48''?$$

Solution. — Le nombre de secondes que renferme une circonférence est

$$360 \times 60 \times 60 = 1\,296\,000.$$

Le nombre de minutes que contient l'arc donné est

$$32 \times 60 + 15 = 1935.$$

Le nombre de secondes que renferme cet arc est

$$1935 \times 60 + 48 = 116\,148.$$

La fraction de circonférence qui représente cet arc est donc

$$\frac{116\,148}{1\,296\,000}.$$

Ses deux termes sont divisibles par 4, elle se réduit à

$$\frac{39\,037}{324\,000},$$

et comme on peut supprimer encore le facteur 3 aux deux termes de cette nouvelle fraction, elle est égale à

$$\frac{9679}{108\,800}.$$

Cette fraction est irréductible, car 9679 est un nombre premier qui ne divise pas le dénominateur.

Comme une fraction aussi compliquée ne donne pas une idée nette de la portion de circonférence qui représente l'arc donné, on peut chercher une fraction à peu près égale et qui ait l'unité pour numérateur. Pour cela on divise les deux termes de la fraction précédente par le numérateur, et l'on a

$$\frac{9679}{108\,000} = \frac{1}{\dfrac{108\,000}{9679}} \text{ ou } \frac{1}{11} \text{ environ.}$$

3° Problème. — Une personne paye à une compagnie d'assurances une prime annuelle de $11^f,85$ pour une propriété estimée $26\,000^f$; dans ces $11^f,85$ se trouve compris un droit de timbre de 4 centimes par mille francs de valeurs assurées. Combien de centimes la compagnie demande-t-elle par cent francs pour assurer cette propriété?

Solution. — Le droit de timbre s'élève à

$$0^f,04 \times 26 = 1^f,04;$$

---

[1]. Ressort de l'acad. de Montpellier, session de 1866.

par suite la compagnie ne reçoit que

$$11^f,85 - 1^f,04 = 10^f,81;$$

elle demande donc pour 1000 francs :

$$\frac{10^f,81}{26},$$

et pour 100 fr. un nombre de centimes égal à

$$\frac{1081}{260} = 4^c,1.$$

Ceci revient à dire que la prime annuelle est une fraction de la propriété égale à

$$\frac{10,81}{26000} = \frac{1}{2410}.$$

4° Problème. — Une personne a $40\,075^f$ dans une banque de dépôt, et donne l'ordre de convertir cette somme en rentes 3 pour 100 sur l'État, au cours de 67^f. La Banque demande 1^f par 1600^f de commission, et les honoraires de l'agent de change qui doit acheter les titres s'élèvent à 1^f par 800^f. On demande : 1° la somme qui sera placée sur l'État; 2° la rente ainsi achetée; 3° la somme perçue par chacun des intermédiaires.

Solution. — Chaque fois que l'agent de change achète un titre de 800^f, il perçoit 1^f et la maison de banque $0^f,50$. Ainsi un titre de 800^f coûtera $801^f,50$, par suite, la somme placée sur l'État sera

$$\frac{40075 \times 800}{801,25} = 40000^f.$$

Puisque 67^f rapportent 3^f, la personne touchera un revenu de

$$\frac{3^f \times 40000}{67} = \frac{120000}{67} = 1791^f,05.$$

La somme perçue par l'agent de change renfermera autant de francs qu'il y a de fois 800^f dans 40000^f; elle sera donc :

$$1^f \times \frac{40000}{800} = 50^f,$$

et la maison de banque touchera 25^f de commission. Comme vérification l'on doit avoir

$$40075^f = 40000^f + 50^f + 25^f.$$

5° Problème. — On consomme dans une famille, pendant une année, 15 stères 29 de bois. L'année suivante, on brûle de la houille au lieu de bois, en employant un foyer qui économise 25 pour 100 du combustible employé. Trouver la différence des dépenses, en supposant 1° que le bois ne développe en brûlant que les $\frac{7}{12}$ de la chaleur développée par le même poids de houille; 2° que le stère de bois coûte 15 fr.; 3° que le prix de la houille soit de $2^f,30$ les 100 kilogrammes.

Solution. — Avec l'ancien appareil de chauffage, on consommait un poids de bois égal à

$$450^{kil} \times 15,29,$$

et son prix était :

$$15^f \times 15,29 = 229^f,35.$$

Avec le nouvel appareil de chauffage on ne dépenserait que les trois quarts de ce combustible, c'est-à-dire :

$$\frac{450 \times 15,29 \times 3}{4}.$$

Maintenant si l'on emploie de la houille au lieu de bois, pour produire la même quantité de chaleur, il suffira de dépenser un poids de houille égal à

$$\frac{450 \times 15,29 \times 3 \times 7}{4 \times 12},$$

ou bien à

$$\frac{450 \times 15,29 \times 7}{16};$$

et son prix sera :

$$\frac{2^f,30 \times 450 \times 15,29 \times 7}{100 \times 16},$$

ou bien

$$\frac{2^f,3 \times 45 \times 15,29 \times 7}{160}.$$

En effectuant le calcul, on trouve, pour la dépense de la houille :

$$\frac{16^f,1 \times 688,05}{160} = \frac{11077^f,605}{160},$$

ou

$$69^f,235.$$

L'économie demandée est donc :

$$229^f,35 - 69^f,235 = 160^f,115.$$

6ᵉ *Problème*. — Trois fontaines coulent dans un bassin : les deux premières le rempliraient en 70 minutes ; la première et la troisième en 84 minutes ; la seconde et la troisième rempliraient toutes deux le bassin en 140 minutes.

Avec ces données, on demande combien il faudrait de temps pour remplir le bassin 1° à chacune des fontaines coulant séparément ; 2° aux trois fontaines coulant ensemble.

Solution. — Prenons pour inconnues les fractions du bassin que remplirait en 1 minute chacune des trois fontaines séparément.

Puisque 70 fois la somme des deux premières fractions donne un produit égal à l'unité, la somme de ces deux premières fractions est égale à $\frac{1}{70}$. On verrait de même que la somme de la première et de la troisième est égale à $\frac{1}{84}$ et que la somme de la deuxième et de la troisième est $\frac{1}{140}$.

Il résulte de là que le double de la somme des trois inconnues est égal à

$$\frac{1}{70} + \frac{1}{84} + \frac{1}{140} = \frac{14}{420}.$$

ou que cette somme des trois inconnues est :

$$\frac{14}{420} : 2 = \frac{7}{420}.$$

Mais nous avons vu que la somme des deux premières fractions est $\frac{1}{70}$ la troisième vaudra donc :

$$\frac{7}{420} - \frac{1}{70} = \frac{7-6}{420} = \frac{1}{420}.$$

Puisque la somme de la première et de la troisième fraction vaut $\frac{1}{84}$, la seconde inconnue est égale à

$$\frac{7}{420} - \frac{1}{84} = \frac{2}{420} = \frac{1}{210};$$

enfin la troisième est égale à

$$\frac{7}{420} - \frac{1}{140} = \frac{7-3}{420} = \frac{1}{105}.$$

Ainsi, en une minute, les portions du bassin remplies par les trois fontaines coulant isolément sont

$$\frac{1}{420}, \quad \frac{1}{210}, \quad \frac{1}{105},$$

ce qui revient à dire que la première fontaine remplirait le bassin en 420 heures, la deuxième en 210 heures et la troisième en 105 heures.

Il est facile de savoir combien il faudrait de temps aux trois fontaines coulant ensemble pour remplir le bassin ; en effet elles rempliraient en une minute une fraction du bassin égale à $\frac{7}{420}$ et en $\frac{4}{7}$ de minute la quatre cent-vingtième partie. Il faudra donc à ces trois fontaines, pour remplir le bassin, un temps égal à

$$\frac{420}{7} = 60^m.$$

E. B.

LANGUE FRANÇAISE.

ÉLÉMENTS DE LA GRAMMAIRE.

§ 5. — *Du Verbe.*

1ᵉʳ Exercice.

Distinction et emploi du verbe.

Le maître, après avoir expliqué aux élèves ce que c'est que le verbe et à quoi il sert, leur dictera les phrases suivantes. Les élèves souligneront les verbes contenus dans ces phrases.

Pitié pour les animaux.

Salomon dit dans ses proverbes : « Le juste épargne les animaux ; mais les entrailles des méchants sont cruelles. La loi de Moïse contenait ce commandement : « Si tu vois l'âne de ton ennemi tomber sous le faix, tu viendras à son secours. » A plus forte raison devons-nous traiter avec douceur les animaux qui nous servent nous-mêmes. Voici, sur ce sujet, un trait touchant, que je vais vous raconter.

Autres phrases.

Pour un seul défaut.

Jeanne est une charmante enfant que tout le monde aime ; et, en effet, elle a de grandes qualités, bonté, prévenance et douceur. Aussi, toutes ses compagnes de pension adorent Jeanne.

Je dois pourtant vous le dire : un défaut, un seul, peut-être, dépare toutes les qualités de Jeanne, et lui attire souvent des reproches : le désordre. — Cécile REGNARD[1].

2ᵉ Exercice.

Du sujet du verbe.

Le maître, après avoir expliqué ce que c'est que le sujet du verbe, dictera les phrases suivan-

---

1. Cette dictée est extraite d'un *Cours de dictées* adaptées par Mme Cécile Regnard à la *Grammaire des jeunes filles*. Ce Cours est sous presse, et paraîtra très-prochainement.

tes; les élèves devront souligner le sujet des verbes contenus dans ces phrases [1].

Pitié pour les animaux (suite).

« Un jour, dit quelque part un voyageur, dont le nom m'échappe, je traversais la Bretagne, pays pauvre, où l'on rencontre bien des landes arides et bien des champs sans culture. L'été régnait dans toute sa force, la chaleur était étouffante. Je montais un chemin difficile; une petite charrette, pleine d'ardoises, cheminait à côté de moi.

Pour un seul défaut (suite).

Vous savez, mes enfants, ce que c'est que le désordre, et je n'ai pas besoin de vous dire que le pupitre de Jeanne formait un véritable fouillis, au milieu duquel les cahiers disparaissaient sous les chiffons, et les chiffons sous les cahiers. Vous devinez aussi que ses livres perdaient leurs pages, que ses cols, bien souvent, manquaient de boutons et ses robes d'agrafes, qu'elle plaçait si bien des objets destinés à sa toilette que, même les jours de congé, on la trouvait toujours en retard. Conseils, réprimandes, punitions, rien n'y faisait. Un malheur, dont elle fut la cause, malheur qui porta, pendant plusieurs jours, la désolation dans sa famille, corrigea, mais à quel prix! la pauvre enfant. — C. R.

3ᵉ Exercice.

Des personnes dans les verbes.

Le maître, après avoir expliqué comment on reconnaît la personne dans les verbes, dictera les phrases suivantes; les élèves indiqueront par écrit à quelle personne répondent les verbes qui y sont contenus.

Pitié pour les animaux (suite).

« Je remarquai bientôt que le conducteur, pauvre vieillard tout déguenillé, tirait autant que le cheval, et je lui dis : « Mon ami, vous vous donnez bien de « la peine. — Oh! monsieur, me répondit-il, cela ne « fait rien; je soulage mon bon vieux cheval, qui est « aveugle. » Et il ajouta, comme s'il se parlait à luimême : « Pauvre Pierrot, tu es mon seul ami, toi, et « ma seule fortune. »

Pour un seul défaut (suite).

Jeanne avait un frère, nommé Auguste, qu'elle aimait beaucoup. Ils passaient ensemble leurs jours de sortie.

Un samedi soir, Jeanne voit son frère et sa bonne qui courent à elle avec empressement : « Vite, Jeanne, dit Auguste; je suis le premier de ma classe : nous allons à la campagne, et tu viens avec nous. Mais vite, car le chemin de fer n'attend pas. » Jeanne saute de joie; justement, elle a, cette semaine, brodé pour sa maman un joli écran, qu'elle lui offrira à son arrivée. Quel bonheur! Mais où donc est-il, le joli écran? Jeanne cherche, et l'écran ne se trouve pas.

Vous jugez de la contrariété de Jeanne. Elle s'obstine à chercher; elle va, elle vient, et le temps passe. « Je suis bien malheureuse, disait-elle. — Bien maladroite, pensait en elle-même la bonne de Jeanne, qui, elle aussi, cherchait l'écran. Enfin, dans je ne sais quel coin, l'écran se trouve. Mais on n'a plus que dix minutes. On se hâte, on court, on arrive. Malheureusement cette course rapide coûtera cher à l'un des trois. — C. R.

4ᵉ Exercice.

Du nombre dans les verbes.

Le maître, après avoir expliqué combien il y a, dans les verbes, de nombres pour chaque personne, dictera les phrases suivantes; les élèves indiqueront par écrit à quelle personne et à quel nombre répondent les verbes qui y sont contenus.

Pitié pour les animaux (fin).

« Nous arrivions au haut de la montagne; le vieillard arrêta la voiture, et, avec de la fougère, il essuyait la sueur qui coulait sur son cheval : « Allons, « encore un effort, Pierrot, disait-il; la route est dure, mais tu te reposeras demain. » Et l'animal reconnaissant frottait doucement sa tête sur la figure du paysan. Je donnai la moitié de ma bourse au bonhomme, qui ne comprenait pas pourquoi j'étais ému. Pauvre vieillard, pauvre Pierrot, à l'heure présente, sans doute, ils ont disparu l'un et l'autre. La mort aura mis fin au rude travail de leur vie, et pourquoi ne le dirais-je pas? à leur amitié. Eh bien! tous deux, bon maître et bon serviteur, vous revivez dans ma pensée, et doucement, quand je ferme les yeux, je revois encore la montagne aride, la petite charrette, le cheval aveugle et le vieux paysan breton [1].

Pour un seul défaut (fin).

Auguste, qui avait eu très-chaud, ressentit au côté une douleur violente, et, lorsqu'il arriva à la campagne, il se mit au lit, avec la fièvre. Une fluxion de poitrine se déclara.

Je ne sais comment vous peindre la désolation de cette famille. La pauvre aïeule ne pleurait pas, mais elle disait des choses si tristes que vous ne les comprendriez point : les enfants ne peuvent s'imaginer ce que c'est que la douleur des vieillards. Le père était pâle, et courbé par le chagrin. Et la pauvre mère! Tantôt elle priait, tantôt elle pressait dans ses bras son fils bien-aimé, et lui faisait des questions auxquelles il ne pouvait répondre. Certain soir qu'Auguste était au plus mal; elle dit à Jeanne : « Tu vois ce que tu as fait. » Jeanne, à partir de ce moment-là, jour et nuit, fondait en larmes.

Cependant le ciel ne voulut pas qu'elle pleurât toute sa vie une faute irréparable. Après de cruelles souffrances, un jour, Auguste, convalescent, tendit le bras à sa sœur, et lui dit : « Pourquoi as-tu du chagrin? Je ne t'en veux pas. »

Jeanne est aujourd'hui, croyez-moi, la plus soigneuse des petites filles. — C. R.

5ᵉ Exercice.

Du temps dans les verbes [2].

Le maître, après avoir expliqué aux élèves ce qu'on appelle temps dans les verbes, et combien il y en a, leur dictera les phrases suivantes. Les élèves indiqueront par écrit à quel temps correspondent les formes verbales comprises dans ces phrases.

Victor le fanfaron.

Sur le balcon, après souper, Victor causait, très-gravement, avec sa sœur Louise, de ses projets d'avenir. Victor a eu huit ans et Louise, sept, aux dernières roses. « Oh! moi, disait Victor, je serai d'abord sol-

---

1. Nous engageons nos lecteurs à se reporter aux exercices sur le verbe que nous avons donnés l'année dernière.

1. Nous empruntons le fond de cette anecdote à l'*Encyclopédie morale* de M. Émile LOUBENS.

2. Voir nos Exercices de l'année dernière, sur le même sujet.

dat, puis, quand j'aurai tué beaucoup d'ennemis, général en chef. — Cela ne te ferait donc pas peur, objecta timidement Louise, si tu allais à la guerre ? — Peur ! Ah ! bien, oui ; les hommes ont-ils jamais peur ? » Et, quand il eut prononcé ce bel oracle, Victor se redressa de toute sa taille : vous auriez dit que le petit bonhomme avait emporté une ville d'assaut.

6ᵉ Exercice.
Des modes dans les verbes.

Le maître, après avoir expliqué aux élèves ce qu'on appelle modes dans les verbes, et combien il y en a, leur dictera les phrases suivantes. Les élèves indiqueront par écrit à quel mode correspondent les formes verbales comprises dans ces phrases.

Victor le fanfaron (suite).

Le père a entendu cette rodomontade. Sans lever les yeux de dessus son journal : « Victor, lui dit-il, comme négligemment ; j'ai oublié la clef de la petite porte, au fond du jardin : va la chercher, et ensuite tu la porteras chez le jardinier. » Or, la nuit, une nuit sans lune et sans étoiles, rendait le jardin bien sombre et bien noir. Je crois que si, en ce moment, vous eussiez regardé bien attentivement le futur général en chef, vous auriez saisi dans son air certaine émotion fort peu belliqueuse. Ayant compris toutefois qu'il était nécessaire, pour son propre honneur, qu'il obéît, « J'y vais, père, » répond-il ; et, faisant contre fortune bon cœur, il s'enfonce, en courant, dans les longues allées.

7ᵉ Exercice.
Des quatre conjugaisons.

Le maître, après avoir expliqué aux élèves ce que l'on appelle conjuguer un verbe, combien il y a de conjugaisons, et comment on les distingue, leur dictera les phrases suivantes. Les élèves indiqueront par écrit 1° à quelle conjugaison, 2° à quel temps, 3° à quel mode correspondent les formes verbales contenues dans ces phrases.

Victor le fanfaron (suite).

On entendit quelque temps le bruit de ses pas, puis, de toute la force de ses poumons, il se mit à chanter (je suis persuadé que vous devinez pourquoi) ; puis, peu à peu, sa voix sembla faiblir et se perdre dans l'éloignement, et tout retomba dans le silence. Le jardin, comme vous le savez, était enveloppé d'une ombre épaisse. Louise, à travers les barres du balcon, cherchait des yeux l'endroit où elle s'attendait à voir bientôt revenir son frère ; le père continuait sa lecture, paraissant y prendre un vif intérêt. Cependant un grand quart d'heure se passe, et Victor n'est pas rentré. Tout à coup, un cri perçant part du fond du jardin. « Père, dit Louise, je crois que mon frère appelle. » Et, à son tour, la petite fille s'élance en courant dans l'allée où elle devait rencontrer Victor.

8ᵉ Exercice.
Des verbes auxiliaires.

Le maître expliquera aux élèves à quoi servent les verbes auxiliaires, et combien il y en a ; les élèves devront ensuite reconnaître et souligner les verbes auxiliaires que contiennent les phrases dictées dans le 5ᵉ, le 6ᵉ et le 7ᵉ Exercice.

9ᵉ Exercice.
De la division des verbes.

Le maître, après avoir expliqué aux élèves en quoi diffèrent les verbes transitifs ou actifs des verbes intransitifs ou neutres, et comment on reconnaît les uns et les autres, leur dictera les phrases suivantes ; les élèves devront souligner d'un trait les verbes actifs, et de deux traits les verbes neutres.

Victor le fanfaron (suite).

Tout au fond du jardin, elle le trouva couché au pied d'un arbre, et sanglotant. « Victor, Victor, dit-elle, me voici ; que fais-tu là ? Je viens te chercher. » Du doigt, Victor lui montrait, dans l'ombre, quelque chose, et, d'une voix entrecoupée, il criait : « Là, là, un grand fantôme, tout noir ; il m'a, avec sa faux, pris le pied, et je suis tombé. Tiens, le vois-tu ? » Par hasard, à ce moment même, la lune paraissait entre deux nuages. Louise fit quelques pas en avant : « Je vois, dit-elle, le gros saule que nous regardions ce matin, et dont la racine, tu le sais, barre le chemin. » Puis elle ajouta, comme parlant au saule : « Vilain arbre, qui as fait mal à mon frère ! » Et elle le battait de ses petites mains.

10ᵉ Exercice.
Des voix dans les verbes[1].

Le maître, après avoir expliqué aux élèves ce qu'on entend par verbe actif, verbe passif, verbe réfléchi ou pronominal, leur dictera les phrases suivantes. Les élèves distingueront les verbes actifs, les verbes passifs et les verbes pronominaux contenus dans ces phrases.

Victor le fanfaron (fin).

Un témoin, que les enfants ne voyaient pas, contemplait cette scène, le père de Louise et de Victor. A pas de loup, il avait suivi sa fille, et s'était caché derrière un massif, se doutant un peu de ce qui allait se passer. Quand il fut bien certain que Victor n'était pas blessé, et qu'il n'avait d'autre mal que celui de la peur, il se montra. Victor, passablement confus, baissa les yeux, en apercevant son père. Mais celui-ci, sentant que l'occasion était bonne pour guérir Victor de sa vanité, ne le ménagea pas : « Pour un futur général, lui dit-il, je ne crois pas que tu te sois montré, mon cher enfant, bien hardi ni bien brave, et tu ne devras pas trop, à mon avis, te vanter devant tes futurs soldats de ta campagne de ce soir. » Et il ajouta : « Nous voilà maintenant en forces ; reprenons, courageusement, le chemin de la maison. Donnez-moi la main, mon général. Quant à Louise, qui ne se croit pas destinée à tuer beaucoup d'ennemis, mais qui ne prend pas des racines pour des faux, ni des arbres pour des fantômes, elle guidera notre bataillon. »

Victor a aujourd'hui vingt-cinq ans ; il s'est engagé dans un régiment, et, à la pointe de l'épée, il a gagné l'épaulette de lieutenant et la croix d'honneur. Un jour peut-être il sera nommé, suivant ses prévisions d'enfant, général en chef : mais, croyez-moi, jamais vous ne l'entendrez vanter lui-même ses belles actions ni faire parade de son courage, et toutes les fois qu'il dira : J'ai fait ceci ou cela, il pourra être cru sur parole.

SYNTAXE GÉNÉRALE. — ORTHOGRAPHE D'USAGE.

§ 5. — Du Participe.

2ᵉ Exercice.
Dictée sur le participe passé.

Harpagon et sa servante.

HARPAGON. Je sors, l'esprit assez *rassuré* ; personne

---

1. Voir ce que nous disions, l'année dernière, sur

ne peut se douter de l'endroit où ma petite fortune est *cachée*. Holà, toi, ou étais-tu *fourrée* tout à l'heure ! J'ai *crié* après toi dans toute la maison, et tu ne m'as pas *répondu*. — LA SERVANTE. Seigneur, mon Dieu ! comme je vous croyais *parti*, je m'étais *retirée* dans ma chambre, et je priais dévotement le ciel, pour qu'il vous soit *donné*, sur vos vieux jours, beaucoup de bonheur et beaucoup d'argent. — HARPAGON. Tu dis qu'on m'a *donné* beaucoup d'argent ?.... — LA SERVANTE. Seigneur, mon Dieu ! si j'ai dit cela, je me suis *trompée* ; j'ai voulu dire que je priais le ciel, qui n'a jamais *laissé* la vertu sans récompense, de vous accorder beaucoup d'argent. — HARPAGON. À la bonne heure : mais je crois bien plutôt que tu m'avais *suivi* pour m'épier, méchante pie bavarde, ou que tu t'étais *cachée*, pour me voler. — LA SERVANTE. Pour vous voler ? Et que vous volerais-je, grand Dieu ? À part les murs de la maison, qui ne sont guère *faits* pour être *emportés*, je ne vois pas ce qu'on pourrait prendre ici ! — HARPAGON. C'est vrai, je suis un pauvre homme, à qui les faveurs de la fortune n'ont jamais été *accordées*, et qui n'a jamais *réussi*, malgré toutes les peines qu'il s'est *données* pendant toute sa vie. Mais c'est égal ; il y a des gens si méchants, qu'ils pourraient croire, vois-tu, que j'ai ici de l'argent *caché*. Cela n'est pas, entends-tu bien : comment cela pourrait-il être ? Je sors, et je prétends que la porte reste *fermée*, et que les verrous soient *tirés*, jusqu'à ce que je sois *rentré*. Si la voisine vient te demander quelque chose à emprunter, tu répondras que les voleurs sont *venus* et qu'ils nous ont *dérobé* tout, la nuit *passée*. Rentre vite, et si je viens à savoir que tu as *mis* seulement le bout de ton nez hors de la maison,.... suffit (il lui montre sa canne.).— LA SERVANTE, *restée* seule : Le vilain homme ! Seigneur mon Dieu ! me traiter ainsi, après toutes les peines que je me suis *données* pour son service ! — HARPAGON sortant, après avoir *appuyé* contre la porte, pour s'assurer qu'elle est bien *fermée* : Je tremble qu'elle n'ait *flairé* l'endroit où est *déposée* ma chère cassette !

SYNTAXE PARTICULIÈRE. — DIFFICULTÉS DE LA LANGUE.

§ 5. — *Du Verbe.*

9ᵉ Exercice.

Des différentes locutions usuelles ou proverbiales auxquelles un même verbe peut donner lieu.

2ᵉ *série.* — Verbe *brûler.* — 1. Je suis trop avancé maintenant pour renoncer à cette affaire : *j'ai* BRÛLÉ *mes vaisseaux.* — 2. Je vous ferai retrouver la position que vous avez perdue, ou *j'y* BRÛLERAI *mes livres.* — 3. Il ne faut pas, dans une bonne culture, être trop ménager d'engrais, mais il ne faut pas non plus BRÛLER *la terre.*— 4. C'est un bon moyen pour se ruiner que de BRÛLER *la chandelle par les deux bouts.* — 5. Que de gens qui vous BRÛLENT *de l'encens* sous le nez, et qui se moquent de vous quand vous avez tourné les talons. — 6. Ce malheureux fut pris de désespoir, et se BRÛLA *la cervelle.* — 7. Les chevaux couraient de toute leur vitesse : *nous* BRÛLIONS *le pavé.* — 8. Cet écrivain BRÛLE *le papier.* — 9. Ce comédien BRÛLE *les planches.* — 10. La première fois que je lus votre ouvrage, je fus frappé d'une lumière qui éclairait mes yeux et qui devait BRÛLER *ceux* des sots et des fanatiques. — 11. Je lui ai BRÛLÉ *la politesse.* — 12. Il n'y avait pas de temps à perdre, nous BRÛLÂMES *l'étape,* et nous allâmes coucher dix lieues plus loin. — 13. Attention ! tu n'y ⸱ ⸱ pas encore, mais TU BRÛLES. —14. Que de gens qui, croyant réussir, viennent imprudemment SE BRÛLER *à la chan-*

---

cette dénomination de *voix,* qui n'est pas acceptée par tous les grammairiens ; *Petit Manuel,* n° 10, p. 267.
⸱ 1. Voir le numéro précédent.

delle ! — 15. *Graissez les bottes d'un vilain, il dira qu'on les lui* BRÛLE.

Explication.

1. *Brûler ses vaisseaux,* expression figurée pour dire s'engager dans une affaire de manière à ne pouvoir reculer. Allusion à la conduite de plusieurs conquérants qui, dit-on, arrivés par mer sur le territoire ennemi, mirent le feu aux navires qui les avaient apportés, afin d'imposer à leurs soldats l'alternative de vaincre ou de périr.

2. *Brûler ses livres,* locution analogue à la précédente, et signifiant, dans la phrase donnée : employer les derniers moyens, les moyens les plus désespérés. Allusion aux alchimistes du moyen âge, à ceux qui cherchaient la pierre philosophale, la transmutation de tous les métaux en or, et qui, ayant tout tenté, *brûlaient leurs livres,* désespérés de ne pas réussir, ou, ayant tout dépensé, *brûlaient jusqu'à leurs livres,* pour chauffer leurs fourneaux.

3. Quand je dis que l'excès d'engrais *brûle* la terre, c'est par analogie que je me sers du terme *brûler ;* je veux dire que les substances employées, rendant la terre trop chaude, font éprouver aux plantes quelque chose d'analogue à une brûlure, qui les empêche de végéter et les tue.

4. Expression proverbiale figurée. Celui qui allumerait une chandelle par les deux bouts à la fois ou qui, après l'avoir allumée d'abord par un bout, l'allumerait ensuite par l'autre, sans s'inquiéter de savoir si elle a déjà été allumée, ferait un acte de folie ou de désordre.

C'est ainsi qu'on arrive à se servir de l'expression donnée pour désigner la conduite d'un homme qui dépense sa fortune à tort et à travers, ou qui compromet sa santé par des excès de tout genre.

5. *Brûler de l'encens* sous le nez de quelqu'un, c'est le flatter avec de grandes démonstrations de respect. L'analogie est facile à saisir.

6. *Se brûler la cervelle,* c'est se tuer, en se tirant un coup de fusil ou de pistolet dans la tête et de très-près. L'usage a rendu familière cette locution si énergiquement expressive.

7. *Brûler le pavé,* c'est courir, marcher très-vite. Expression tirée d'un fait physique bien connu : les roues d'une voiture, en tournant très-rapidement, s'échauffent elles-mêmes par le frottement, et échauffent le sol.

8 et 9. Ces deux locutions usuelles dérivent de la précédente. *Brûler le papier,* se dit d'un écrivain qui a beaucoup de verve et de chaleur ; il semble qu'il communique au papier, sur lequel sont écrites ses pensées, une sorte de feu intérieur qui le brûle lui-même. *Brûler les planches,* — il faut entendre, les planches de la scène, — c'est jouer un rôle d'une manière entraînante.

10. Autre expression figurée. On dit d'une lumière trop éclatante qu'elle *brûle les yeux,* c'est-à-dire qu'elle fait éprouver aux yeux une sensation pénible analogue à celle d'une brûlure, et à la suite de laquelle on est momentanément aveuglé. La phrase citée, qui est de Voltaire, est une application de cette manière de dire à une pensée abstraite. Vos raisonnements, entend Voltaire, ou les faits que vous exprimez, me paraissent, à moi, très-clairs ; mais, puisque les sots et les fa-

natiques ne les admettent pas, c'est que leur es-prit n'est pas apte à les recevoir : c'est comme une lumière trop vive qui les aveugle en leur faisant mal.

11. *Brûler la politesse*, quitter brusquement quelqu'un, rompre brusquement une affaire. Locution familière et figurée, dont la piquante analogie est facile à saisir. Il n'y a plus eu de politesse entre nous deux ; je l'ai, en quelque sorte, brûlée.

12. Locution émanant du même ordre d'idées que la précédente. *Brûler une étape*, c'est la supprimer, l'anéantir rapidement, brusquement, ne pas s'y arrêter, dans le but d'arriver plus vite.

13. Locution familière et plaisante. Il s'agit d'un objet, soit physique, soit moral, que quelqu'un cherche et dont il s'approche, sans s'en apercevoir, de très-près. Dans la pensée de celui qui parle, cet objet devient comme un foyer de chaleur qui brûle, ou qui va brûler celui qui cherche. *Tu brûles*, c'est-à-dire : tu es tout près de l'endroit où se trouve l'objet cherché, ou tout près de trouver la solution de la question en litige.

14. *Se brûler à la chandelle*, c'est se jeter dans le péril, en s'abandonnant à de trompeuses apparences. Locution prise des insectes qui, le soir, viennent effectivement se brûler à la chandelle.

15. Proverbe dont le sens est qu'il y a des gens qui ne veulent pas reconnaître les bons offices qu'on leur rend [1].

Charles DEFODON.

SUJET DE COMPOSITION FRANÇAISE.

Les Alouettes.

On est en hiver. — Quelques alouettes veulent quitter le pays où elles sont nées, pour aller où vont les hirondelles. — Une alouette plus âgée s'y oppose. — Elles vont quitter le pays qu'elles connaissent pour chercher un bonheur incertain. — Ailleurs elles n'auraient pas plus d'agréments. — Inconvénients d'un long voyage et des pays où elles veulent aller. — Le bonheur est surtout au pays où l'on est né. — Les alouettes obéissent aux conseils qui leur sont donnés.

SUJET TRAITÉ.

L'air était froid. Le ciel avait remplacé son brillant azur par un voile gris, impénétrable aux rayons du soleil. La terre nue, presque entièrement dépouillée de verdure, semblait partager la tristesse du ciel. Le ruisseau était emprisonné sous la glace. Les arbres allongeaient leurs branches privées de feuilles, et incapables de protéger désormais le nid que la tendresse maternelle leur avait naguère confié ; et çà et là quelques oiseaux faisaient entendre des plaintes plutôt que des chants. Mon attention fut attirée par un groupe de jeunes alouettes qui murmuraient en grelottant, et voulaient quitter la touffe de bruyères sous laquelle elles étaient cachées, pour aller chercher au loin un ciel plus clément. Au milieu d'elles, une alouette d'un certain âge, leur aïeule peut-être, prononçait des pa-

---

1. Nous avons emprunté le fond de ces observations et une assez grande part e des détails à un excellent article du *Dictionnaire de la langue française*, de M. LITTRÉ. Voir au mot *brûler*.

roles affectueuses et animées ; voici ce que j'en entendis :

« Eh quoi ! leur disait-elle, vous voulez quitter ce pays, le pays qui vous a vues naître, qui vous a donné son soleil, son ciel bleu et ses blancs nuages ! Et vous voulez aller dans des régions inconnues ! Un été, un automne ont à peine passé sur vos jeunes têtes, et déjà vous vous croyez assez de raison pour vous diriger vous-mêmes.

« Parce que le ciel s'est couvert, parce que le froid a remplacé cette douce chaleur qui vous rendait si gaies, vous voulez, imitant les rapides hirondelles, aller chercher au loin les beaux jours. Espérez-vous donc pouvoir supporter les fatigues d'un long voyage et devancer avec vos ailes le souffle des brises ?

« Qui sait d'ailleurs si vous trouveriez là-bas ces beaux épis d'avoine, ces beaux blés fleuris, qui ont abrité vos premiers jours. Une hirondelle m'a dit au contraire que ces pays, que vous désirez tant connaître, n'ont peut-être pas, il est vrai, nos brouillards et nos frimas ; mais qu'ils ont d'immenses plaines de sable, des vents si chauds qu'ils brûlent les yeux, de grands oiseaux qui planent dans l'air et contre lesquels les petits ne peuvent se défendre : voilà pourquoi un si grand nombre de ceux que nous voyons partir ne reviennent plus. Croyez-en mon expérience, une expérience de trois hivers. Sans doute, nous avons le froid et la neige ; mais les beaux jours reviennent, et ils nous paraissent d'autant plus doux que nous en avons été privées plus longtemps. »

Telles furent les paroles de l'aïeule : les jeunes alouettes réfléchirent et renoncèrent à leur projet. Et l'hiver passa vite : bientôt elles entendirent le doux murmure du ruisseau, débarrassé des glaces qui l'enchaînaient ; elles virent poindre les fleurs sur l'herbe nouvelle. Et quand montèrent seigles et blés, elles y construisirent leurs nids, et l'aïeule plus d'une fois put leur dire encore que le bonheur, si bonheur il y a, ne se rencontre que rarement sur la terre de l'étranger.

Cécile REGNARD.

CORRESPONDANCE.

« Il existe dans la commune où j'exerce les fonctions d'instituteur communal, deux établissements industriels occupant un nombre assez considérable de jeunes enfants âgés de moins de douze ans, qui ne reçoivent aucune instruction, contrairement aux prescriptions des articles 5, 6 et 8 de la loi du 22 mars 1841.

« Ces articles sont-ils encore en vigueur, et quelles sont les autorités préposées à la surveillance de ces établissements ? »

La loi du 22 mars 1841 n'a jamais été abrogée, et les autorités départementales sont chargées de veiller à son exécution.

— « Le curé peut-il tenir une école dans une commune où il y a un instituteur ? »

Il y a là une question de convenance sur laquelle il n'est pas besoin d'insister, mais, au point de vue du droit strict, rien ne s'y oppose, si le curé remplit les conditions exigées par la loi et s'il a fait les déclarations nécessaires pour l'ouverture d'une école libre.

Ajoutons qu'il ne peut pas tenir cette école dans le presbytère, sans une autorisation particulière, les bâtiments communaux ne devant pas être détournés de l'usage spécial auxquels ils sont destinés.

— « Un ancien professeur de l'Université, mis en non-activité pour raison de santé, a obtenu une retraite insuffisante pour vivre. Peut-il être autorisé à avoir la direction morale d'une maison d'éducation, autrement dit, à être chef titulaire d'établissement? et, dans le cas d'affirmative, a-t-il à craindre d'être inquiété pour sa retraite qui, je le répète, est insuffisante? »

La retraite est un droit, et non pas une faveur administrative. Le fonctionnaire qui l'a obtenue ne saurait en être frustré, pour quelque motif que ce soit.

— « J'ai contracté deux engagements, l'un envers l'Etat, l'autre envers le département où j'exerce mes fonctions. Je suis actuellement fils aîné de veuve : la mort de mon père me dispense-t-elle d'exécuter mon premier engagement? Ma constitution étant trop faible pour la profession d'instituteur, puis-je, muni d'un certificat de médecin, être dégagé du second? »

Notre correspondant n'avait pas perdu son père quand il a tiré au sort; il n'y a donc pas lieu pour lui d'exciper de sa condition actuelle de fils aîné de veuve pour être exempté de son engagement envers l'Etat.

D'autre part, si sa santé ne lui permet pas d'exercer les fonctions d'instituteur, il pourra être relevé de son engagement envers le département, si son incapacité physique est constatée par un médecin spécialement désigné par l'administration.

Nous lui conseillons de solliciter un congé de disponibilité jusqu'à son entier rétablissement. Pendant toute la durée de ce congé, il ne sera point inquiété.

— « Une commune de trois mille âmes, où l'abonnement est presque de rigueur, la différence entre le prix de cet abonnement et la rétribution ordinaire étant très-grande, voudrait régler ainsi les écoles :

« 1° Mettre 50 gratuits, avec obligation pour ceux-ci de fréquenter l'école au moins 5 mois.

« 2° Mettre le mois de 1 fr. 25 c. au lieu de 2 fr. 75 c. que l'on paye aujourd'hui.

« 3° Elle voterait quelques centimes pour compléter le traitement de l'instituteur.

« Peut-elle le faire? »

La loi laisse aux communes le choix entre l'école payante et l'école absolument gratuite. Mais il n'appartient qu'au conseil départemental de fixer le taux de la rétribution scolaire, et aucune commune ne peut prendre une telle mesure de son autorité privée.

Elle ne peut pas non plus imposer aux enfants la fréquentation régulière de l'école. C'est un vœu qu'elle peut exprimer, mais il n'y a pas là matière à obligation.

— Un instituteur nous demande des conseils pour l'accompagnement du plain-chant.

Le cours de plain-chant que nous publions sera suivi d'un chapitre spécialement consacré à l'accompagnement purement élémentaire du plain-chant, en accords plaqués et d'après les règles les plus sûres et les plus simples.

Charles DEFODON.

NÉCROLOGIE.

MADAME DURUY.

M. le Ministre de l'instruction publique vient d'être cruellement frappé.

Madame Duruy est morte, jeudi, 5 courant, après une longue maladie qui, depuis plusieurs jours, ne laissait aucun espoir.

Nos lecteurs s'associeront comme nous à ce deuil d'autant plus pénible qu'il en renouvelle un autre encore bien récent.

On se souvient que, l'année dernière, M. Duruy a eu la douleur de perdre sa fille.

Charles DEFODON.

LECTURES A L'USAGE DES ÉLÈVES.

JEANNE [1].

PIÈCE EN DEUX ACTES POUR LES ENFANTS.

PERSONNAGES.

Mme BERTRAND, fermière, 36 ans.
Mme MARCEL, sa sœur, 28 ans.
JEANNE, servante, 18 ans.
Mlle MARTHE, 55 ans.
Mlle FRANÇOISE, 48 ans.
MARIE,
PAULINE, } 5 et 7 ans.

ACTE I.

LA RUE DU VILLAGE.

Scène I.

JEANNE, MARIE, PAULINE.

JEANNE. Bonjour, mes petites poules. Comment que ça va?

1. Extrait des *Fêtes de jeunes filles,* scènes et dia-

MARIE. Bonjour, Jeanne. Comment va ma tante?

JEANNE. Venez donc que je vous embrasse, mes petits amours. Pourquoi que vous ne venez pas me voir?

PAULINE. Tu sais bien que ma tante est fâchée contre ma mère.

MARIE. Et ma mère est aussi fâchée contre ma tante.

JEANNE. Eh oui! j'savons ben ça. C'est y malheureux quand y a comme ça de la brouille dans une famille!

MARIE. Ma mère dit comme ça que ma tante ne nous aime plus du tout.

PAULINE. Moi, je ne crois pas ça, ma marraine a toujours été si bonne pour nous! Je suis bien sûre qu'elle nous aime toujours et qu'elle est fâchée de ne plus nous voir.

JEANNE. T'as ben raison, va, ma mignonne. Mme Bertrand est une si bonne femme! Ben sûr qu'elle vous aime tous. Mais je ne sais pas quoi qu'on y a mis dans la tête contre vot' mère.

MARIE. Jeanne, tu diras à ma tante que ça nous fait bien de la peine de ne plus la voir.

PAULINE. Jeanne, tu diras à ma bonne marraine que je fais tous les soirs ma petite prière pour elle.

JEANNE, à part. Pau' petits enfants! c'est y pas gentil! (Haut.) Soyez tranquilles, mes petits canards, je ferons vos petites commissions. Et s'il plaît à Dieu, nous verrons finir toutes ces vilaines brouilleries-là.

MARIE. Ah! bonne Jeanne, si tu pouvais raccommoder ma mère et ma tante, comme nous serions contentes!

JEANNE. Eh! mon Dieu, si ça ne tenait qu'à moi.

PAULINE. Depuis que nous ne sommes plus chez ma tante, maman est triste, triste. Elle pleure toujours.

MARIE. Avec ça que nous n'avons pas d'argent pour payer notre loyer. Mlle Françoise a dit qu'elle donnerait congé.

JEANNE (à part). Voilà bien ce que je pensais; la misère! (Haut.) Et qu'est-ce qu'alle fera votre pauvre mère, si on lui donne congé?

MARIE. Elle dit qu'elle s'en ira à Paris se mettre en service et qu'elle nous placera.

JEANNE. Ah! Seigneur! qu'elle ne fasse pas ça! Mais voilà quelqu'un qui vient là-bas, je crois que c'est votre tante. Sauvez-vous bien vite, qu'elle ne nous voie pas ensemble.... Attendez..., tenez, voilà deux belles pommes rouges, croquez-moi ça.... dites à votre mère que j'irai la voir.

MARIE. Adieu, Jeannette. (Elle l'embrasse.)

PAULINE. Adieu, ma bonne Jeanneton. (Elle l'embrasse.)

JEANNE. Allez-vous-en, vite, vite!

Scène II.

JEANNE, *seule.*

C'est y pas désolant. Mme Bertrand qu'est veuve, qui n'a ni enfants, ni suivants, qu'est à son aise, qui a un bon cœur, faut-y que pour une lubie, pour je ne sais quelle billevesée qu'a passé par la tête, elle soit brouillée à mort avec sa sœur et qu'elle ne veuille plus voir ses pauvres petites nièces et surtout sa chère petite filleule qu'elle aimait tant! Pau' p'tite Paulette qu'est si gentille! queu malheur, va!

Scène III.

MME BERTRAND, JEANNE.

MADAME BERTRAND. Comment, Jeanne, tu n'es pas encore de retour à la maison?

JEANNE. Madame, j'y retourne vite.

MADAME BERTRAND. Tu te seras amusée en route.

JEANNE. Faut pas vous mentir, madame, j'ai rencontré queuq'zun avec qui que j'ons fait un bout de causette, mais, à c't'heure, j'men retournons vite à mon ouvrage.

MADAME BERTRAND. Va, ma fille, il y a bien à faire; cette grosse Fanchon soigne bien mal l'étable et la laiterie n'est guère propre; il y a bien des choses qui souffrent à la maison.

JEANNE (à part). Sans compter les gens. (Haut). Pardienne, madame, c'est pas étonnant, vous n'avez que des étrangers cheux vous; ça ne peut prendre vos intérêts comme des gens de vot' famille. Autrefois c'était pas comme ça.

MADAME BERTRAND. Autrefois je comptais sur l'attachement, sur la bonne affection de ceux que j'aimais.... maintenant....

JEANNE. Maintenant vous vivez toute seule, vous n'avez personne pour vous aider dans vos travaux, personne pour vous tenir compagnie. M'est avis que ça n'est pas gai.

MADAME BERTRAND. Que veux-tu? puisqu'on n'a affaire qu'à des ingrats.

JEANNE. Des ingrats, c'est un vilain nom à donner aux gens; faudrait être sûre qu'ils le méritent, et puis, ma foi, pour mon compte, j'trouve qu'y vaut encore mieux aimer des ingrats que de ne rien aimer du tout.

MADAME BERTRAND (à part). Je crois qu'elle a raison.

JEANNE. Vous voilà bien avancée avec vot' belle ferme, vos terres, vos vaches, vos récoltes et vos écus! tout ça n'a pas de cœur, tout ça n'a pas d'amitié.

MADAME BERTRAND. Ah! Jeanne! tu dis bien vrai.

JEANNE. Tenez, madame, moi, je ne suis qu'une pauvre fille, j'ai bien du mal à gager ma vie; eh bien! je voudrais ma fine pas changer mon sort contre le vôtre.

MADAME BERTRAND. En effet, mon sort n'est pas heureux.

JEANNE. Au moins, moi, j'ai ma pauvre vieille mère pour qui je travaille; j'l'aime de tout mon cœur, al m'aime aussi faut voir.

MADAME BERTRAND. Je crois bien.

JEANNE. Quand vous me payez mes gages et que je lui porte mon argent, elle me dit comme ça: Merci, ma fille, qu'a me fait; que Dieu te bénisse, mon enfant, pour le soin que tu prends de ta pauvre mère.

MADAME BERTRAND. Bonne fille, va.

JEANNE. Vous me croirez si vous voulez, madame. Eh ben! y me semble que la bénédiction de ma pauvre vieille mère infirme me fait plus de bien au cœur que si on me donnait tout d'un coup la plus belle ferme du pays.

MADAME BERTRAND. Tu as raison, ma bonne Jeanne, tu as bien raison.

JEANNE. Eh ben! madame, si j'étais que de vous, moi, je voudrais avoir mes deux petites nièces auprès de moi; je les regarderais comme mes propres enfants, je les ferais ben instruire, ben éduquer, et puis je mettrais tous les ans queuques bons écus de côté pour lieux faire une dot; ça fait qu'au moins je pourrions dire que je travaillons pour queuqu'un.

MADAME BERTRAND. Je t'avais dit, Jeanne, de ne jamais me parler de ce monde-là.

JEANNE. Ce monde-là, quoi, c'est vot' chair et vos os, puisque c'est les enfants de vot' sœur.

MADAME BERTRAND. C'est bien pour cela que je ne veux pas en entendre parler.

JEANNE. Mais enfin, voyons, quoi qu'y vous ont fait ces pauv's enfants. C'te p'tite Pauline qu'est si gentille.... je l'avions rencontrée un jour.... y a queuque temps de ça, et a m'disait comme ça avec sa petite voix: Jeanne, tu diras à ma bonne marraine que je fais tous les soirs ma petite prière pour elle.

MADAME BERTRAND. Elle t'a dit ça, la petite?

JEANNE. Comme j'vous l'dis, et avec une petite façon si gentille qu'y avait de quoi la croquer.

MADAME BERTRAND. Cependant leur mère ne leur parle de moi que comme de l'ennemie la plus détestée.

JEANNE. Qui qui vous a dit ça?

MADAME BERTRAND. Je le sais, elle ne cache pas sa haine contre moi; si elle pouvait me nuire....

JEANNE. Tenez, madame Bertrand, défiez-vous des mauvaises langues; y en a dans not' village.

MADAME BERTRAND. Oh! oui, mais cela est certain.

JEANNE (à part). En v'là une justement.

MADAME BERTRAND. Tiens! voilà Mlle Marthe.

JEANNE. Moi, je file. (Elle sort.)

Scène IV.

MME BERTRAND, MLLE MARTHE.

MADAME BERTRAND. Bonjour, mademoiselle Marthe.

MARTHE. Votre servante, madame Bertrand.

MADAME BERTRAND. Comment va M. le curé?

MARTHE. Fait honneur, madame Bertrand, il va assez bien, seulement il est un peu fatigué. L'office était long hier, et comme il est enrhumé, et puis qu'il n'est pas jeune.

MADAME BERTRAND. Heureusement qu'il est bien soigné.

MARTHE. Ce n'est que mon devoir.

MADAME BERTRAND. Mais vous vous en acquittez très-bien; personne ne s'entend comme vous aux petits soins, aux attentions douillettes et délicates.

MARTHE. Je vois dans ce vénérable pasteur le ministre du Seigneur, et je regarde comme un grand honneur de lui rendre mes soins.

MADAME BERTRAND. Vous êtes si bonne, si prévenante.

MARTHE. Oh! madame Bertrand, je ne suis qu'une misérable créature pleine d'infirmités.

MADAME BERTRAND. Cela vous plaît à dire, on sait bien ce qu'on en pense.

MARTHE. J'ai grand besoin qu'on prie pour ma pauvre âme.

MADAME BERTRAND. Vous êtes d'une humilité vraiment trop grande. Tout le monde sait bien que vous êtes une sainte, le modèle des personnes pieuses, l'exemple de la paroisse.

MARTHE. On a beaucoup trop bonne opinion de moi; mais parlons de vous, madame Bertrand, c'est trop nous occuper de ma pauvre personne. Le P. Rodriguez dit qu'il ne faut jamais parler de soi. Vous avez toujours de grandes peines intérieures?

MADAME BERTRAND. Je ne puis pas prendre le dessus. Depuis que je suis brouillée avec ma sœur, j'ai un poids sur le cœur.

MARTHE. Il faut secouer cela, je vous prêterai le Traité de la paix de l'âme.

MADAME BERTRAND. Je suis inquiète, tourmentée; j'ai comme un remords.

MARTHE. Vous êtes trop bonne, madame Bertrand; vous avez eu mille bontés pour votre sœur, elle y a répondu par la plus noire ingratitude; il faut lui pardonner, sans doute....

MADAME BERTRAND. Mais elle est dans la misère.

MARTHE. C'est sa faute.

MADAME BERTRAND. C'est vrai: mais ses enfants.

MARTHE. Ses enfants, que voulez-vous? ils leur fait sucer le poison de la haine qu'elle a dans le cœur contre vous. Ce sont de petits serpents; voudriez-vous les réchauffer dans votre sein?

MADAME BERTRAND. Mais êtes-vous bien sûre de la haine de ma sœur contre moi?

MARTHE. Comment, si j'en suis sûre? Trop sûre, malheureusement; elle vous hait d'une haine parfaite, comme dit l'Écriture, et elle l'exhale avec une violence!

MADAME BERTRAND. C'est inconcevable, elle qui était si douce. Comme on change!

MARTHE. C'est au point qu'elle va quitter le pays, parce qu'elle ne peut plus supporter la peine de vous voir de loin, ou vous apercevoir même à l'église.

MADAME BERTRAND. Dites-vous bien vrai? Elle va quitter le pays! Eh! Seigneur! que deviendra-t-elle sans protection, sans ressource, avec ses deux enenfants? Cela fait trembler.

MARTHE. Mon Dieu! que vous êtes faible! madame Bertrand; laissez-la donc devenir ce qu'elle pourra. Si elle est malheureuse, n'est-ce pas elle qui l'a cherché? n'est-ce pas elle qui la première a attaqué la mémoire de feu M. Bertrand, en disant qu'il avait, à votre insu, emprunté une somme considérable à son mari?

MADAME BERTRAND. Ah! ne me rappelez pas cela; je sens à ce mot se renouveler toute ma douleur et mon indignation; l'avez-vous bien entendu?

MARTHE. Je l'ai entendu, madame, et je vous l'ai redit à cause de l'attachement que j'ai pour vous et à cause du profond respect que m'inspire la mémoire du digne M. Bertrand.

MADAME BERTRAND. Ah! oui; vous êtes mon amie, vous, mademoiselle Marthe; vous m'en avez donné des preuves.

MARTHE. Eh bien! madame Bertrand, ayez donc confiance en moi.

MADAME BERTRAND. Ah! vous êtes bien digne de toute ma confiance; je veux me laisser guider par vos bons conseils.

MARTHE. Il faut offrir à Dieu toutes vos peines, tous les chagrins que vous a causés votre sœur, et puis ne plus penser à elle; il faut ôter entièrement son souvenir de votre cœur. Si vous voulez, nous ferons ensemble un pèlerinage à Saint-Hubert pour obtenir la grâce de n'y plus penser.

MADAME BERTRAND. Si pourtant j'avais tort?

MARTHE. Allons! encore.

MADAME BERTRAND. Savez-vous que parfois je n'en dors pas la nuit?

MARTHE. Il faut vous calmer. J'irai tantôt, après le dîner de M. le curé, vous faire une petite lecture pieuse dans le Miroir des âmes; cela vous fera du bien. En attendant, chassez-moi toutes ces idées-là.

MADAME BERTRAND. J'y tâcherai. Adieu, mademoiselle Marthe; priez pour moi.

MARTHE. Les prières d'une pécheresse comme moi sont bien faibles; mais soyez assurée qu'elles ne vous manqueront pas. (Mme Bertrand sort.)

Scène V.

MLLE MARTHE, MLLE FRANÇOISE.

FRANÇOISE. C'est Mme Bertrand qui s'en va là?

MARTHE. Oui.

FRANÇOISE. Eh bien! comment va la brouille?

MARTHE. C'est plus chaud que jamais.

FRANÇOISE. Je crois bien que la petite femme ne serait pas fâchée de se raccommoder avec sa sœur.

MARTHE. Il n'y a pas de doute à cela; elle n'a pas le sou.

FRANÇOISE. Elle ne paye pas son loyer; elle me doit le terme.

MARTHE. Et vous lui donnez congé?

FRANÇOISE. Bien sûr; moi, je n'ai pas le moyen....

MARTHE. C'est bien juste.

FRANÇOISE. J'en suis fâchée à cause des enfants.

MARTHE. Ah! dame, écoutez donc, ça la regarde.

FRANÇOISE. C'est pas sa sœur qui payera pour elle.

MARTHE. Ah! il n'y a pas de danger; Mme Bertrand tient trop à ses écus; c'est une femme qui tondrait un œuf.

FRANÇOISE. Elle fait manger à ses gens du lard rance et du fromage moisi avec du pain bis qu'on casse au marteau.

MARTHE. Croiriez-vous, mademoiselle Françoise, que la dernière fois qu'elle a rendu le pain bénit, elle n'a fait mettre que cinq francs à l'offrande; n'est-ce pas honteux?

FRANÇOISE. Puisqu'elle vend elle-même les peaux de lapin, les verres cassés, les vieux os. Une femme qu'est riche!

MARTHE. C'est l'avarice qui l'a brouillée avec sa sœur, pas autre chose.

FRANÇOISE. Comment cela?

MARTHE. Voilà ce que c'est. Vous savez que M. Bertrand est mort très-peu de temps avant son beau-frère Marcel?

FRANÇOISE. Oui, oui; Marcel est mort d'une chute de cheval.

MARTHE. Parce qu'il avait bu un coup de trop, à ce qu'on a dit.

FRANÇOISE. Je m'en souviens bien; j'étais là quand on l'a rapporté.

MARTHE. Marcel, comme vous savez, n'ayant pas fait de bonnes affaires, avait vendu ses terres à son beau-frère.

FRANÇOISE. Je sais cela. Oh! Il y en aurait long et large à dire là-dessus.

MARTHE. Il paraîtrait que leur compte n'était pas réglé quand M. Bertrand est mort, et Marcel aurait dit à sa femme qu'il lui était redu une douzaine de mille francs.

FRANÇOISE. Bah! vraiment?

MARTHE. Voilà comme j'ai su cela.

FRANÇOISE. Voyons.

MARTHE. Un jour, Mme Marcel est venue voir M. le curé; il l'a menée dans son jardin. J'étais à travailler derrière la charmille, et sans le vouloir, j'ai entendu ce qu'elle disait.

FRANÇOISE. Et qu'est-ce qu'elle disait?

MARTHE. Elle disait: Je suis bien certaine qu'il est dû une somme à mes enfants par la succession de M. Bertrand; mais je ne sais si je dois en parler à ma sœur, car n'ai pu retrouver aucun titre, et je crains de soulever des discussions inutiles.

FRANÇOISE. Ah! voyez-vous cela!

MARTHE. Je n'ai pas entendu le reste de la conversation.

FRANÇOISE. C'est bien assez. Et vous avez dit cela à Mme Bertrand.

MARTHE. J'ai cru devoir la prévenir.

FRANÇOISE. Je ne m'étonne pas qu'elle soit si irritée contre l'autre.

MARTHE. La petite femme a l'oreille bien basse.

FRANÇOISE. Dame! sa position n'est pas commode.

MARTHE. Il n'y a pas de mal, ça lui rabattra un peu le caquet. Vous souvenez-vous comme elle était pimpante l'année d'avant son mariage?

FRANÇOISE. Oui, c'était la plus jolie fille du pays.

MARTHE. A ce qu'on disait. Elle était toujours auprès de sa mère, dans son banc, à l'église. On ne parlait que de mademoiselle Louise; à la procession, à la confrérie, tous les honneurs étaient pour elle; c'était fatigant pour les autres.

FRANÇOISE. Elle en a bien rappelé de ses belles toilettes.

MARTHE. Voilà ce que c'est que les vanités du monde; ça lui servira de leçon.

FRANÇOISE. Comment tout ça finira-t-il?

MARTHE. C'est facile à prévoir: Mme Marcel quittera le pays, elle se mettra en service, et elle placera ses enfants dans quelque maison de charité.

FRANÇOISE. Et Mme Bertrand se remariera.

MARTHE. Laissez donc, elle est trop contente d'être la maîtresse chez elle; elle ne sera pas si bête que de se donner un nouveau maître.

FRANÇOISE. Et puis elle n'est plus jeune ni belle.

MARTHE. Et puis tout le monde sait qu'elle est acariâtre, emportée, personne ne voudra d'elle.

FRANÇOISE. Alors, elle deviendra une vieille avare, occupée à entasser ses écus.

MARTHE. Il lui faudrait une société à Mme Bertrand.

FRANÇOISE. Oui, une personne de tête qui l'aiderait à tenir sa maison. Cela m'irait très-bien.

MARTHE. Il lui faudrait une personne complaisante, d'une société agréable, et surtout une personne pieuse, qui sût tourner tout doucement son esprit vers la dévotion. Ce serait lui rendre un grand service.

FRANÇOISE. Oui, sans doute; mais une personne qui saurait tenir une maison, bien faire la cuisine et la pâtisserie, lui conviendrait surtout. Elle pourrait recevoir de temps en temps ses voisins pour se dis-

traire et leur donner à dîner sans grande dépense. Moi qui ai déjà mon petit avoir et la pension que m'ont laissée mes anciens maîtres, je ferais précisément son affaire; vous qui êtes bien avec elle, mademoiselle Marthe, vous devriez lui parler de cela; vous savez que j'ai été douze ans cuisinière.

MARTHE. Oui, je sais cela. (A part.) Plus souvent que je la recommanderai!

FRANÇOISE. J'ai servi dans quinze maisons.

MARTHE. C'est beaucoup.

FRANÇOISE. Vous voyez que j'ai l'expérience du service.

MARTHE. Je crois bien.

FRANÇOISE. Mon premier maître était un juge de paix. Sa femme était toujours sur mon dos, pour voir si je ne mettais pas trop de beurre dans les épinards, ou trop de sucre dans les compotes.

MARTHE. C'était bien ennuyeux.

FRANÇOISE. Après cela, j'ai servi un avocat, et puis un agent de change. Oh! celle-là c'était une excellente maison.

MARTHE. On n'y regardait pas de trop près.

FRANÇOISE. On ne comptait jamais, et on faisait une cuisine d'enfer; aussi, ça n'a pas duré longtemps.

MARTHE. Dites donc, mademoiselle Françoise, à propos de cuisine, quand viendrez-vous m'apprendre à faire la poudre renversée?

FRANÇOISE. Quand vous voudrez. Je vous montrerai aussi à faire la galantine et les chaufroids. Ça me fait penser que j'ai promis d'aller aider chez Mme Michaut, qui rend le dîner de noce de sa nièce. Je suis en retard, au revoir. (Elle sort.)

Scène VI.

MLLE MARTHE, seule.

Au revoir! Est-elle bavarde, celle-là! Elle allait recommencer l'histoire de ses querelles avec ses maîtres et avec ses maîtresses, qu'elle m'a déjà racontée au moins trente fois. Voyez-vous cette idée d'entrer chez Mme Bertrand!... ça serait ce qui s'appelle me couper l'herbe sous le pied, mais j'y mettrai bon ordre. M. le curé se fait vieux, il ne vivra pas toujours; il me laissera une petite pension.... Si j'entre chez Mme Bertrand en qualité d'amie, de dame de confiance, logée, nourrie, du reste maîtresse de mes actions, ce me sera une retraite fort agréable.... Il y a bien longtemps que je travaille à me préparer cette position-là. Il ne m'en coûtera pas grand'chose pour avoir quelques complaisances, quelques petits soins. Mme Bertrand se laissera prendre à cela, et je mènerai la maison et la maîtresse tout comme je voudrai.

Scène VII.

MLLE MARTHE, MME MARCEL.

MARTHE. Ah! voilà Mme Marcel! comment allez-vous? chère petite dame; vous paraissez souffrante!

MADAME MARCEL. Vous êtes bien bonne, mademoiselle Marthe; en effet, je ne suis pas très-bien. Je suis bien aise de vous rencontrer.

MARTHE. Moi aussi, chère dame; je voulais aller vous voir, vous porter quelques paroles de consolation, mais je suis toujours si occupée...

MADAME MARCEL. Je voulais vous charger d'une commission pour ma sœur.

MARTHE (à part). Je me doutais bien de cela. (Haut.) Vous savez, madame Marcel, que je m'estime heureuse quand je trouve l'occasion d'obliger le prochain, mais ce que vous me demandez-là est bien délicat.

MADAME MARCEL. Pourquoi donc?

MARTHE. Mme Bertrand est bien irritée contre vous.

MADAME MARCEL. C'est inconcevable. Je voudrais seulement savoir pourquoi.

MARTHE. C'est une femme si haineuse, si vindicative.

MADAME MARCEL. Ma sœur haineuse, vindicative; elle est donc bien changée?

MARTHE. Elle vous en veut à la mort.

MADAME MARCEL. Mais vous a-t-elle dit le sujet de sa colère?

MARTHE. Elle croit que vous avez dit du mal d'elle, que vous avez mal parlé de son mari, et cela l'a blessée au cœur.

MADAME MARCEL. Hélas! il serait bien facile de la détromper, puisque cela n'est pas.

MARTHE. Mais elle en est persuadée.

MADAME MARCEL. Ma chère demoiselle, vous qui êtes si bonne, si pieuse, vous devez vous plaire à rétablir la paix quand elle est troublée entre ceux qui doivent s'aimer.

MARTHE. Oh! certainement, la paix est bien précieuse.

MADAME MARCEL. Il paraît qu'on a prévenue ma sœur contre moi par quelque faux rapport. Dites-lui, je vous en prie, que je n'ai jamais cessé de l'aimer, et que je n'ai jamais dit une seule parole contre elle, même depuis qu'elle m'a si brusquement fermé sa porte.

MARTHE. Elle ne me croira pas.

MADAME MARCEL. Je vais quitter le pays, je pars demain. Je vous prie de lui porter cette parole de paix comme mon dernier adieu.

MARTHE. Vous savez, chère dame, on n'aime pas à se mêler des affaires de famille. Votre sœur a défendu qu'on lui parlât de vous; il serait inutile, tout à fait inutile, de revenir là-dessus. Son cœur vous est entièrement fermé.

MADAME MARCEL. Ce que vous dites-là n'est pas possible, mademoiselle Marthe; je connais ma sœur, elle est faible et vive, elle se laisse aisément prévenir, mais au fond son cœur est bon.

MARTHE. Vous vous abusez.

MADAME MARCEL. Après une discussion où l'une et l'autre peut-être avions eu des torts, j'allai passer huit jours d'ici chez une de nos parentes, à quelques lieues d'ici, pensant qu'une semaine de séparation suffirait pour effacer la mauvaise impression d'un moment d'humeur.

MARTHE (à part). C'était compter sans son hôte.

MADAME MARCEL. Jugez quelle fut ma surprise et ma douleur quand je reçus la lettre par laquelle Mme Bertrand m'annonçait que je devais quitter sa maison et n'y plus remettre les pieds.

MARTHE (à part). Je connais tout cela mieux que personne.

MADAME MARCEL. Je me logeai dans le village, pensant qu'une explication finirait ce triste et inconcevable démêlé, et j'attendais toujours l'occasion de voir ma sœur et de lui faire parler.

MARTHE (à part). On y a mis bon ordre; il n'y a pas eu mèche.

MADAME MARCEL. Voici huit mois que tout cela dure, mes ressources sont épuisées.

MARTHE. Je crois, madame Marcel, que vous avez raison de ne plus espérer une réconciliation devenue impossible. Mme Bertrand est une femme implacable.

MADAME MARCEL. Mais non, elle est bonne, elle est aimante.

MARTHE. Elle croit que vous en voulez à son argent : vous savez combien elle y tient; elle est avare, dure, égoïste; c'est un mauvais caractère, un mauvais cœur.

MADAME MARCEL. Assez, assez, mademoiselle Marthe, ce que vous dites-là est mal, très-mal. Vous croyez me faire plaisir en me disant du mal de Mme Bertrand; vous vous trompez : quelque peine qu'aient pu me causer ses procédés à mon égard, je ne souffrirai point qu'on la décrie ainsi en ma présence.

MARTHE. Ah! voilà comme vous prenez les marques d'intérêt qu'on vous donne!

MADAME MARCEL. Je ne vois aucune marque d'intérêt dans tout ce que vous venez de dire; j'y vois beaucoup de malignité.

MARTHE. Et vous, ne m'avez-vous pas dit que votre sœur est faible, qu'elle se laisse prévenir? que vouliez-vous faire entendre par là? N'avez-vous pas dit qu'elle vous a fermé brutalement sa porte, et bien autre chose encore? et puis vous m'accusez de malignité! Allez, allez, ma chère dame; cherchez quelqu'autre que moi qui veuille se charger de vos commissions. (*Elle sort.*)

Scène VIII.

MME MARCEL, *seule.*

Je suis stupéfaite. Est-ce que par hasard cette douce fille si mielleuse, si pateline, ne serait qu'une mauvaise créature, pleine de venin?... Si elle me parle ainsi de ma sœur, contre laquelle elle me croit fâchée, n'a-t-elle pas pu me noircir auprès d'elle?... C'est un trait de lumière.... C'est évident.... Voilà le secret de cette déplorable séparation.... Hélas! à quoi me sert cette découverte.... puisque je ne puis voir ma sœur pour la désabuser?

Scène IX.

MME MARCEL, JEANNE.

JEANNE. Ah! mon Dieu! madame Marcel, j'vous ai-ty cherchée?

MADAME MARCEL. Qu'est-ce que tu me voulais-donc, ma bonne Jeanne?

JEANNE. C'est-y vrai que vous voulez partir pour Paris?

MADAME MARCEL. Ce n'est que trop vrai, Jeanne; je ne peux plus rester ici.

JEANNE. Seigneur Dieu! c'est-y possible que vous vous en alliez d'un côté pendant que vot' sœur est si triste toute seule de l'autre.

MADAME MARCEL. Puisqu'il n'y a pas moyen de la faire revenir de ses préventions.

JEANNE. Qu'est-ce qui dit ça, qu'il n'y a pas moyen? est-ce que vous n'êtes pas sa sœur? au fond elle vous aime, allez.

MADAME MARCEL. Tu crois, bonne Jeanne?

JEANNE. Si je le crois! mais, j'en suis sûre. Ecoutez, madame Marcel, faut pas vous en aller.

MADAME MARCEL. Mais on me donne congé.

JEANNE. C'est justement ça.

MADAME MARCEL. Mais c'est justement pour ça qu'il faut que je parte.

JEANNE. Et non, je vous dis : feu vot' digne mère, ma bonne maîtresse, qui m'a élevée, aurait eu tant de chagrin si elle avait vu la guerre comme ça entre ses enfants! Quand ce ne serait qu'à cause d'elle, tenez, et à cause de sa chère mémoire, je mettrais mes deux mains dans le feu pour faire cesser cette chienne de brouille-là.

MADAME MARCEL. Pauvre Jeanne; tu es une bonne fille. Ah! si ma mère vivait, il est certain que tout cela ne serait pas arrivé. Ecoute, Jeanne, tu diras à ma sœur que je l'aime toujours, et que je ne garde aucun ressentiment contre elle; tu lui diras aussi qu'on l'a trompée, et que je n'ai jamais rien dit contre elle; ce sont là mes adieux.

JEANNE. Et non, morguienne, ne partez pas, je vous dis; tenez, m'vient une idée; c'est demain la fête de ma maîtresse, sainte Pauline; je viendrai tantôt prendre les deux petites; vous viendrez aussi, mais vous n'entrerez que quand je vous appellerai.

MADAME MARCEL. Je ferai tout ce que tu voudras, ma bonne Jeanne : je veux essayer de tous les moyens pour rétablir la paix entre ma sœur et moi; mais je n'ai aucune espérance; peut-être allons-nous provoquer quelque scène pénible.

JEANNE. Qu'est-ce qui sait? je vais prier la sainte Vierge pour que nous réussissions. Allez vite arranger les petites, mettez-y leurs habits des dimanches; vous verrez que nous ferons de la bonne besogne.

MADAME MARCEL. Allons, j'y vais; que Dieu nous assiste! (*Elle sort.*)

Scène X.

JEANNE, *seule.*

J' s'y ty bête!!! dire que je n'ai jamais osé lui donner c't' argent!... v'là deux heures que je roule ça dans ma main sans savoir comment entamer la chose! pourtant c'est tout simple, c'est la fille de mon ancienne maîtresse, de ma bienfaitrice, c'est ben juste que je lui vienne en aide à elle et à ses chères petites filles.... D'ailleurs, c'te croix d'or, c'te chaîne, ces boucles d'oreilles, tout ça venait de ma bonne maîtresse, c'est ben raison que ça serve à ses enfants.... J'ai ty eu de la peine à faire cinquante francs! heureusement que Mme Bertrand m'a avancé mes gages au terme prochain.... Mais comment est-ce que je vas faire?... Eh pardienne! v'là justement Mlle Françoise, c'est l' bon Dieu qui l'envoie.

Scène XI.

JEANNE, MLLE FRANÇOISE.

FRANÇOISE. Vous voilà, Jeanne.

JEANNE. Oui, mademoiselle Françoise, c'est moi, pour vous servir.

FRANÇOISE. Je suis bien aise de vous rencontrer.

JEANNE. Et moi aussi, mademoiselle Françoise.

FRANÇOISE. J'avais quelque chose à vous dire.

JEANNSE. Et moi aussi tout justement.

FRANÇOISE. Voudriez-vous vous placer à Paris!

JEANNE. Mais je suis bien là où je suis.

FRANÇOISE. Comment! vous vous trouvez bien chez Mme Bertrand?

JEANNE. Mais oui. Je suis venue dans la ferme pour garder les oies quand j'étais toute petite fille, j'y suis toujours restée depuis. J'aime mes maîtres, y a dix ans que je mange leur pain.

FRANÇOISE. Comment! vous aimez Mme Bertrand? une femme comme ça?

JEANNE. Bien sûr que je l'aime, et de tout mon cœur encore. Et pourquoi donc ne l'aimerais-je pas? elle a toujours été bonne pour moi.

FRANÇOISE. Bonne pour vous; mais elle est dure pour ses gens.

JEANNE. Halte-là! mademoiselle Françoise; c'est ma maîtresse, ceux qu'auraient du mal à dire d'elle n' seraient pas bien venus d'en mal parler devant moi, entendez-vous? Je vous l'ai déjà dit, j'aime ma maîtresse et je la respecte.

FRANÇOISE. Est-ce qu'on aime les maîtres? des gens qui vous exploitent.

JEANNE. Quoi que c'est que ça, qui vous esploitent?

FRANÇOISE. Ça veut dire qui ne cherchent que leurs intérêts et qui se servent de vous pour s'enrichir.

JEANNE. Ma fine, c'est bien juste que ma maîtresse se serve de moi, puisque je suis sa servante; j'en ferais bien autant à sa place, et quant à ses intérêts, al n'les cherche pas plus que moi, car je regarde sa maison comme la mienne.

FRANÇOISE. Mais elle vous paye peu.

JEANNE. Elle me paye exactement ce qui est convenu, je n'ai rien à demander de plus, et elle me donne encore des étrennes; d'ailleurs, elle me nourrit.

FRANÇOISE. Mais elle vous accable d'ouvrage.

JEANNE. Moi, j'aime l'ouvrage; je ne me plains pas de travailler, c'est mon plaisir. Et puis, dites donc, mademoiselle Françoise, est-ce que les maîtres à Paris payent leurs domestiques pour ne rien faire?

FRANÇOISE. Mais oui, à peu près; dans les bonnes maisons, les domestiques ne font guère que ce qui leur plaît; ils sont bien nourris, bien logés; ils travaillent le moins qu'ils peuvent, et se promènent tant qu'ils veulent. Les maîtres n'y regardent pas; d'ailleurs, quand ils ne sont pas contents, on les plante là et on cherche une autre maison.

JEANNE. Mais, mademoiselle Françoise, les domestiques qui ne font pas leur ouvrage ne sont pas d'honnêtes gens, puisqu'y sont payés pour le faire. Et s'ils profitent de ce que leurs maîtres n'y regardent pas pour les tromper, m'est avis que ce n'est tout qu'un tas de fripons et de fainéants.

FRANÇOISE. Comme vous y allez, Jeanne! Puisque c'est l'usage à Paris, on fait comme tout le monde.

JEANNE. Ah ben! bien obligé! avec la grâce de Dieu, j'espère bien que je ne ferai jamais comme tout ce monde-là. Le bon Dieu m'a fait pauvre, je ne m'en plains pas, c'est sa volonté, tout le monde ne peut pas être riche. Mais le trésor d'une pauvre fille c'est sa probité; et puis d'ailleurs, comme on dit, bien mal acquis ne profite jamais.

FRANÇOISE. Mais songez donc, Jeanne, que si vous pouviez devenir une bonne cuisinière, vous n'auriez pas de peine à gagner cinq à six cents francs par an, sans compter les profits.

JEANNE. Eh! mon Dieu! mademoiselle Françoise, c'est pas l'argent qui me tient. On est toujours assez riche quand on est content de ce que l'on a.

FRANÇOISE. Mais une bonne cuisinière dans une grande maison a des robes de soie, des bijoux, des bonnets à dentelle, et puis elle est nourrie, dame faut voir : des volailles fines, des crèmes, des pâtisseries!

JEANNE. Et vous croyez que pour avoir des robes de soie et pour manger de la tarte, j'irais quitter mon village, ma pauvre mère, qu'a besoin de mes soins, ma maîtresse, mes vaches, mes oies, tout ce que j'aime? Nani, nani, mademoiselle Françoise; moi, voyez-vous, j'ai un bonheur, je suis contente de ce que j'ai, je n'aime pas le changement. Pierre qui roule n'amasse pas de mousse, comme on dit. J'aime mieux le pain bis honnêtement gagné et mangé de bon appétit, que toutes vos brioches et vos petits pâtés assaisonnés de fainéantise et de fine filouterie. D'ailleurs on n'honore pas Dieu dans vot' Paris. On travaille fêtes et dimanches, on ne va ni à la messe ni à vêpres, ça me ferait faire trop de mauvais sang de voir tout ça.

FRANÇOISE (*à part*). Il n'y a pas moyen de la faire déguerpir. Ça m'aurait bien arrangée pourtant. (*Haut.*) Eh bien! restez donc vachère, puisque cela vous plaît.

JEANNE. N'y a pas de sots métiers, mademoiselle Françoise, n'y a que de sottes gens, entendez-vous? Mais parlons d'autre chose. Vous avez donné congé à Mme Marcel.

FRANÇOISE. Oui; qu'est-ce qui vous a dit ça?

JEANNE. Pardienne, ce n'est pas un mystère.

FRANÇOISE. Elle me doit le terme de la Saint-Jean, je n'ai pas le moyen de la loger gratis.

JEANNE. Eh ben! on ne vous demande pas de la loger gratis. Le terme est de cinquante francs?

FRANÇOISE. Oui.

JEANNE. Je suis chargée de vous les payer, à condition que vous retirerez le congé.

FRANÇOISE. Comment?

JEANNE. Oui, tenez, les voilà. Je vais les remettre au maître d'école, vous allez tout de suite lui faire faire la quittance.

FRANÇOISE. C'est donc sa sœur?

JEANNE. Quand ce serait sa sœur, n'y aurait rien d'étonnant à cela; un peu de brouille, ça n'empêche pas le cœur.

FRANÇOISE. C'est égal, ça me surprend beaucoup.

JEANNE. Ah bah! vous n'avez pas encore vu tout ce qu'on peut voir, quoique vous ayez été dix ans à Paris. Allons! allons faire la quittance, et prévenez vite Mme Marcel, afin qu'elle ne parte pas.

(La suite prochainement.)

ACTES OFFICIELS
RELATIFS A L'INSTRUCTION PRIMAIRE.

Décrets, autorisant des legs et donations.

1er *Décret* (5 mai). — La supérieure générale de la congrégation hospitalière et enseignante des filles de la charité de Saint-Vincent de Paul, existant à Paris en vertu d'un décret impérial du 8 novembre 1809, et le maire de Grenoble, au nom des pauvres de cette ville, sont autorisés à accepter, chacun en ce qui le concerne et aux classes et conditions imposées, le legs d'une vomme de 100 francs fait par la demoiselle Murgé (Sophie), suivant son testament olographe du 10 janvier 1856, aux petites filles recueillies par les sœurs de cet ordre à Grenoble.

La supérieure de la communauté enseignante des œurs de Notre-Dame de Sainte-Marie, dites *sœurs des orphelines*, reconnue à Grenoble, par ordonnance royale du 20 mars 1828, et le maire de Grenoble au nom des pauvres de cette ville, sont autorisés à accepter, chacun en ce qui le concerne et aux clauses et conditions imposées, le legs d'une somme de 100 francs fait par la demoiselle Murgé (Sophie), suivant son testament olographe du 10 janvier 1856, à l'établissement des orphelines de Grenoble.

Le supérieur général des frères des écoles chrétiennes, Institut légalement reconnu par décret du 17 mars 1808, dont le siége est à Paris (Seine), au nom dudit Institut, et le maire de Grenoble, au nom des pauvres, sont autorisés à accepter, chacun en ce qui concerne, le legs d'une somme de 100 francs fait par la demoiselle Murgé (Sophie), suivant son testament olographe du 10 janvier 1856, à l'œuvre de Saint-Joseph existant à Grenoble.

2e *Décret* (19 mai). — Le supérieur général des frères des Ecoles chrétiennes, institut légalement reconnu par décret impérial du 17 mars 1808, et dont le siége est à Paris, au nom de cet Institut, et le maire d'Arles (Bouches-du-Rhône), au nom de cette commune, sont autorisés à accepter, chacun en ce qui le concerne, aux clauses et conditions imposées, le legs fait aux frères des Ecoles chrétiennes établis à Arles, par le sieur Putin (Joseph), en religion frère Sylvain, suivant son testament public du 3 octobre 1863, et consistant en une somme évaluée à 1531 fr. 43 c. environ, et due au testateur par la ville d'Arles pour le prix de la vente d'une maison.

Le montant du legs sera employé, conformément à la demande du conseil d'administration de l'Institut, pour les besoins de l'établissement d'Arles.

Interdiction d'un ouvrage dans les écoles publiques et libres. (26 mai.)

Le Ministre secrétaire d'État au département de l'instruction publique,

Vu l'article 5 de la loi du 15 mars 1850 portant : « Le Conseil impérial de l'instruction publique est nécessairement appelé à donner son avis sur les livres qui peuvent être introduits dans les écoles publiques et sur ceux qui doivent être défendus dans les écoles libres ; »

Considérant que le livre intitulé : « *Causeries populaires. — L'assassin Jacques Latour*, » imprimé à Tours chez Mazereau, contient d'odieuses imputations contre les écoles laïques et les établissements de l'État; qu'il les représente comme des maisons de perdition et fait remonter jusqu'à eux la responsabilité morale du crime qu'il raconte;

Considérant qu'il résulte de l'instruction que ce livre a déjà été distribué, à titre de récompense, dans certaines écoles de la ville de Tours;

Considérant qu'en attendant la réunion du Conseil impérial, il importe d'écarter des écoles un libelle outrageant et calomnieux;

Arrête :

L'ouvrage intitulé : « *Causeries populaires. — L'assassin Jacques Latour*, » est interdit provisoirement dans les écoles publiques et libres de l'Empire.

Fait à Paris, le 26 mai 1866.

V. DURUY.

Règlement relatif aux nominations d'officiers d'académie et d'officiers de l'instruction publique (25 mai 1866).

Le Ministre secrétaire d'État au département de l'instruction publique,

Vu le décret du 7 avril 1866 [1];

Arrête :

Art. 1er. Les nominations d'officiers d'académie et d'officiers de l'instruction publique seront faites aux trois époques suivantes :

A la fin de décembre, sur la proposition des recteurs et après avis de l'inspection générale, pour les membres de l'enseignement secondaire et supérieur;

A l'époque de la réunion à Paris des Sociétés savantes des départements : 1° sur la proposition du comité des travaux historiques et des présidents élus par les commissions, pour les membres de ces Sociétés qui se seraient distingués par leurs travaux; 2° sur la proposition des recteurs et après avis de l'inspection générale, pour les littérateurs et les savants recommandés par leurs succès dans les cours libres ou par des ouvrages intéressant l'instruction publique;

Au 15 août, sur la proposition des recteurs et des préfets, et après avis de l'inspection générale : 1° pour les délégués cantonaux; 2° pour les directeurs de cours d'adultes, pour les instituteurs et les autres membres de l'enseignement primaire qui se seraient distingués par leurs services ; 3° pour les personnes étrangères à l'Université, qui auraient bien mérité de l'instruction publique, soit par leur participation aux travaux des divers conseils et commissions établis près des lycées, des colléges et des écoles normales (conseils de perfectionnement et de patronage, bureaux d'administration, commissions administratives), soit par le concours efficace qu'elles auraient prêté au développement de l'enseignement à tous ses degrés et sous toutes ses formes.

Art. 2. Aucune nomination ne pourra avoir lieu dans l'intervalle des trois époques indiquées à l'article 1er, à moins de circonstances exceptionnelles.

Fait à Paris, le 25 mai 1866.

V. DURUY.

Arrêté relatif aux écritures obligatoires pour les instituteurs (17 avril).

Le ministre secrétaire d'État au département de l'instruction publique,

Considérant qu'il est utile que la tenue des registres et des écritures scolaires, exigée des instituteurs primaires, soit réglée d'une manière uniforme dans tous les départements;

Considérant qu'en exigeant la tenue régulière de certains registres nécessaires pour l'organisation matérielle de la discipline dans une classe, on fournit aux instituteurs le moyen de se rendre compte, à chaque instant, de l'assiduité des élèves, de leur con-

---

1. Voir *Petit Manuel*, n° 5, page 129.

duite et de leurs progrès; mais qu'on doit éviter de leur imposer, par la tenue d'autres écritures, un travail qui, en dehors de leurs heures de classe, ne leur laisse point le temps de perfectionner par l'étude leur instruction personnelle :

ARRÊTE :

Les seules écritures périodiques dont la tenue est exigée des instituteurs sont les suivantes :

1re CATÉGORIE. — *Écritures relatives au recouvrement de la rétribution scolaire.*

1° Registre matricule;
2° Rôles de la rétribution scolaire et écritures qui s'y rapportent;
    3° Registre des déclarations d'abonnements.

2e CATÉGORIE. — *Écriture d'ordre et de statistique*

1° Registre d'inventaire du mobilier de l'école;
2° Catalogue et registre d'entrée et de sortie des livres des bibliothèques scolaires; registre des recettes et des dépenses et état au 31 décembre de ces bibliothèques;
3° Rapport annuel contenant les renseignements nécessaires à la rédaction des états de situation des écoles et salles d'asile.

3e CATÉGORIE. — *Écritures relatives à la direction pédagogique de l'école.*

1° Registre d'appel ou de présence, de notes et de compositions, conforme au modèle annexé au présent arrêté;
2° Journal de classe, également conforme au modèle ci-annexé.
Fait à Paris, le 17 avril 1866.

V. DURUY.

————

Instruction à MM. les préfets sur l'arrêté qui précède et sur les écritures obligatoires pour les inspecteurs (26 mai).

Monsieur le préfet, j'ai l'honneur de vous adresser ampliation d'un arrêté en date du 17 avril dernier, par lequel j'ai déterminé quelles sont les écritures qui peuvent être désormais exigées des instituteurs publics.

Depuis 1851, époque à laquelle a été établi dans chaque département un règlement particulier des écoles, règlement qui fixait le nombre et la nature des divers registres dont la tenue était obligatoire pour tous les instituteurs, on a augmenté, dans une proportion regrettable, le travail déjà considérable des écritures auxquelles ces maîtres sont assujettis, non-seulement pour la direction pédagogique de la classe, mais encore pour le recouvrement de la rétribution scolaire, la tenue des bibliothèques, le mobilier de l'école, l'assistance médicale, etc., etc.

Ainsi, en dehors des écritures prescrites par mon arrêté du 17 avril, on demandait aux instituteurs:

1° Un registre d'inscription, qui faisait double emploi avec le registre matricule;

2° Un registre spécial de présence des élèves et une liste d'appel; un registre de notes et de compositions. Ces divers registres n'en doivent plus former qu'un seul dont la tenue est aussi simple que facile;

3° Un journal de classe, très-compliqué, qui devait recevoir le texte complet des devoirs et l'indication de tous les exercices et des leçons à donner aux élèves. Le modèle annexé à mon arrêté est fort simple, et il suffit que l'instituteur y fasse connaître la page des ouvrages où se trouve le texte des devoirs et des leçons de chaque jour;

4° Le livret de correspondance avec les familles. La tenue de ce livret n'est plus obligatoire, bien que l'usage n'en puisse être que très-profitable aux familles qui désireront le conserver;

5° Des rapports mensuels et trimestriels. Ces rapports sont supprimés, et il suffit que l'instituteur tienne ses chefs hiérarchiques au courant des faits qui se produiront dans son école ou dans la localité, et qui seraient de nature à intéresser le service de l'instruction primaire;

6° Un registre relatif à l'assistance médicale et diverses autres écritures étrangères à l'enseignement proprement dit. Toutes ces écritures doivent être supprimées.

Je vous prie de veiller à ce qu'à l'avenir on ne demande aux instituteurs d'autres travaux de cabinet que ceux qui font l'objet de mon arrêté du 17 avril.

Je saisis cette occasion pour appeler, en outre, votre attention toute particulière sur les écritures imposées à MM. les inspecteurs de l'instruction primaire. Il convient, vous le comprendrez, de réduire le plus possible leurs travaux de cabinet et de leur permettre de consacrer la plus grande partie de leur temps à leurs fonctions actives, c'est-à-dire à la visite des écoles.

Vous voudrez donc bien faire faire, par les bureaux de la préfecture ou de l'inspection académique, tout ce qui, étant un travail d'employé, n'exige pas l'intermédiaire des inspecteurs : tels sont l'envoi aux instituteurs des circulaires, cadres, registres, états et imprimés divers; la notification des arrêtés et décisions de l'Autorité; la copie des rapports, états, etc., qui doivent être faits en plusieurs expéditions.

Il y a lieu de supprimer également :

1° Les rapports mensuels. On ne demandera désormais aux inspecteurs que des rapports trimestriels, dont le cadre sera le même que celui qui sert actuellement à MM. les préfets;

2° Les rapports spéciaux pour les conseils généraux ou les conseils académiques, ceux qui accompagnent les états de situation de fin d'année pouvant en tenir lieu;

3° Le travail spécial demandé chaque année aux inspecteurs primaires pour compléter la statistique des états de dépenses des écoles;

4° Les rapports périodiques sur l'enseignement agricole, ces rapports trouvant leur place dans ceux de fin d'année;

5° Enfin, tous les autres états ou rapports périodiques qui ne sont pas l'objet d'une instruction spéciale émanant de mon Ministère.

Je tiens, en outre, à ce que la circulaire ministérielle du 21 janvier 1851, relative aux projets d'itinéraire des inspecteurs primaires, soit strictement appliquée, et que le travail qu'exige la rédaction de ces projets soit aussi simplifié que possible.

Je vous prie de m'accuser réception de la présente circulaire et d'en assurer l'exécution.

Recevez, monsieur le préfet, l'assurance de ma considération très-distinguée.

Le Ministre de l'instruction publique,

V. DURUY.

————

Circulaire concernant l'établissement de conférences de sortie dans les écoles normales primaires. (17 mai 1866.)

Monsieur le recteur, par ma circulaire du 1er septembre 1865, j'ai appelé votre attention sur l'utilité qu'il y aurait à établir dans chaque école normale, pour les élèves de troisième année, des conférences où seraient résumées les leçons de pédagogie qui font partie de leur cours d'études, et où ils recevraient les conseils dont ils ont le plus besoin au moment d'entrer dans la vie publique.

Il ne suffit pas, en effet, que les jeunes gens élevés dans les écoles normales possèdent bien les matières du programme de l'instruction primaire : il faut encore qu'ils soient initiés aux vrais principes de l'éducation et aux principales méthodes d'enseignement; qu'ils connaissent les moyens de diriger et de tenir une école, et d'organiser une classe dans les différents cas qui peuvent se présenter, selon l'âge, le nombre et le degré d'instruction des élèves; qu'ils soient formés à l'étude des caractères; qu'ils sachent comment on procède dans telle ou telle circonstance à l'égard d'élèves capricieux, indociles ou paresseux; qu'ils soient fixés sur les différents modes de récompenses ou de punitions; qu'ils soient préparés à éviter les difficultés qu'ils peuvent rencontrer dans leurs relations avec les familles ou avec les autorités locales; en un mot, qu'ils n'ignorent aucun des devoirs qu'ils auront à remplir comme maîtres et comme citoyens.

Tel doit être l'objet des conférences de sortie sur lesquelles j'appelle toute votre attention.

Je vous serai obligé de prescrire les mesures nécessaires pour qu'elles puissent s'établir pendant le dernier trimestre de séjour des élèves-maîtres dans toutes les écoles normales de votre ressort académique. Vous ne vous bornerez pas, d'ailleurs, à vous faire rendre compte de l'organisation de ces conférences et de la direction qui leur sera donnée : vous y assisterez toutes les fois que ce sera possible.

Il est important que le chef de l'académie aille lui-même, avec l'autorité qui s'attache à sa haute fonction, donner, à tous les points de vue, ses conseils à des jeunes gens qui bientôt seront livrés à eux-mêmes et dont la conduite dépendra en grande partie des derniers avis qu'ils auront reçus.

Ainsi que je vous l'ai déjà dit, ces conférences de sortie doivent se faire sans apparat; il est seulement à désirer que la présence d'une ou de plusieurs personnes notables de la localité vienne quelquefois ajouter à l'effet salutaire qu'elles ne manqueront pas de produire sur l'esprit des élèves.

Vous voudrez bien me rendre compte des résultats que vous aurez obtenus en exécution de cette circulaire, dont je vous prie de m'accuser réception.

Recevez, monsieur le recteur, l'assurance de ma considération très-distinguée.

Le Ministre de l'instruction publique,
V. DURUY.

———

Envoi à MM. les préfets des documents relatifs à l'organisation de l'enseignement secondaire spécial (1er juin).

Monsieur le préfet, j'ai l'honneur de vous adresser l'ensemble des documents qui intéressent l'organisation du nouvel enseignement secondaire spécial. J'appelle particulièrement votre attention sur la circulaire qui en résume l'esprit et en montre le but. Vous reconnaîtrez qu'il s'agit de mettre en usage des méthodes plus promptes que celles de l'enseignement classique, et de répandre des connaisances d'une utilité plus immédiate; que cet enseignement, en un mot, prépare les élèves à remplir les diverses professions de l'industrie, du commerce ou de l'agriculture, sans exiger d'eux une dépense trop forte de temps et d'argent.

Vous remarquerez aussi, monsieur le préfet, que l'enseignement spécial occupe désormais, comme l'enseignement classique, une place régulière et honorée dans l'ensemble de notre système d'éducation; qu'il a ses examens publics, son agrégation, ses diplômes, ses conseils de perfectionnement et de patronage, enfin tout ce qui peut garantir la force des études et en élever successivement le niveau. Ces mesures concilieront à l'enseignement spécial la confiance des familles, en même temps que celle des chefs de manufactures ou d'administrations, qui n'hésiteront plus à demander leurs employés à des écoles dont l'organisation a été calculée de manière à fournir au commerce, à l'agriculture et à l'industrie des auxiliaires intelligents.

Les recteurs vont s'occuper de réorganiser l'enseignement spécial dans les lycées et colléges, d'après les instructions et les programmes contenus dans le volume que j'ai l'honneur de vous adresser.

Ces programmes, destinés à inaugurer des méthodes nouvelles dans l'enseignement usuel des sciences et des connaissances économiques, ont été préparés par les soins du Conseil supérieur de l'enseignement spécial et approuvés par le Conseil impérial de l'instruction publique. Aussi est-ce un devoir pour moi d'exprimer ici ma reconnaissance envers les éminents esprits qui ont donné à l'administration un si précieux concours pour l'accomplissement d'un travail dont l'avenir dévoilera l'heureuse fécondité.

Les professeurs chargés de l'enseignement spécial dans les lycées et les colléges, les maîtres des grandes écoles communales et ceux des cours d'adultes trouveront, dans ces programmes et dans les instructions qui les précèdent, des directions sûres et tout à la fois complètes et simples.

Mais la question capitale n'est ni dans les méthodes, ni dans les programmes, ni même dans l'organisation; elle est avant tout dans le personnel enseignant. Nous ne ferons rien de considérable, rien qui réponde aux vœux et aux besoins du pays, si nous n'avons pas des hommes dont l'esprit soit formé pour les connaissances qu'ils auront à répandre, dont le cœur sente, jusqu'à la passion, l'importance de la mission qu'ils seront appelés à remplir. Or, pour préparer et régler css vocations, pour former les maîtres dont nous avons besoin, il faut une maison où tout soit établi en vue du but que nous poursuivons.

Cette conviction, qui se fortifie de l'expérience fournie depuis 1811 par l'École normale pour l'enseignement classique, et depuis 1833 par les écoles normales primaires, m'a déjà dicté les circulaires du 13 août 1864 et du 9 août 1865, relatives à la création de l'école normale de Cluny[2].

Vous n'avez pas oublié, monsieur le préfet, que la ville de Cluny a cédé à l'État les magnifiques bâtiments de son ancienne abbaye: qu'elle a voté une somme de 70 000 francs pour le rachat des parties aliénées de ce domaine; qu'enfin le département de Saône-et-Loire consacre 100 000 francs pour les appropriations.

Cette fondation a ainsi reçu, dès l'origine, le caractère communal et départemental qui lui convient, et que le vote des conseils généraux, dans leur dernière session, a consacré.

L'État prend sa part de la dépense. Il emploiera à l'achèvement des appropriations et à l'achat du mobilier usuel et scientifique une somme considérable, dont une partie figure au budget de cette année. Il aura, en outre, à sa charge, l'entretien des professeurs, des boursiers impériaux et du collège spécial qui sera placé à côté de l'école, afin que les élèves-maîtres, tout en étudiant pour eux-mêmes, apprennent déjà à enseigner. Mais les besoins de l'État étant limités au recrutement du personnel des lycées, il n'enverra à Cluny qu'un nombre relativement restreint d'élèves; les départements, au contraire, et les villes sont intéressés à en envoyer beaucoup.

Les villes, en effet, possèdent 251 colléges communaux, où l'enseignement spécial réunit déjà 12 000 élèves, et en aura bientôt un plus grand nombre. Ces 251 colléges ont besoin de maîtres expérimentés, formés par une préparation particulière qu'ils ne peuvent guère trouver qu'à Cluny. De leur côté, les départements entretiennent 77 écoles normales primaires, dont il importe de fortifier et de relever l'enseignement, si l'on veut que les instituteurs qui en sortiront soient au niveau de la tâche qu'ils auront à remplir. Enfin, on a compté en France, cet hiver, près de 25 000 cours d'adultes, qui ont été sui-

———

1. *Petit Manuel*, année 1864, n° 9, page 25. — Année 1865, n° 9, page 244.

vis par 600 000 élèves de tout âge. Aujourd'hui, on travaille surtout dans ces cours à combler les lacunes laissées par l'enseignement du premier âge; mais il viendra un moment où les écoles primaires, après avoir reçu tous les enfants de sept à treize ans, livreront aux directeurs des cours d'adultes des élèves dont il faudra non pas refaire, mais étendre et compléter par l'enseignement spécial les études premières. A voir l'ardeur qui entraîne les populations, il est permis d'espérer que ce moment est moins éloigné qu'on n'aurait pu le croire. Il est du devoir du gouvernement de signaler cette nécessité prochaine, et de chercher avec les autorités départementales et communales les moyens d'y pourvoir.

Vous voyez, monsieur le préfet, combien la prospérité de l'école de Cluny importe aux départements. Les Conseils généraux l'ont compris l'an dernier; ils le comprendront encore mieux cette année, après le magnifique élan des cours d'adultes, et lorsque l'esprit et le but du nouvel enseignement ont été nettement marqués par la publication de ses méthodes et de ses programmes. En conséquence, je vous invite à appeler de nouveau l'attention bienveillante du conseil général de votre département, dans sa prochaine session, sur cette importante affaire.

Il a été voté, l'année dernière, cinquante-cinq bourses départementales; mais le corps normal des études étant de deux ans pour le plus grand nombre des élèves, et même de trois pour ceux qui viseront à l'agrégation spéciale, il conviendrait que le conseil votât au moins une seconde bourse, afin qu'il n'y eût pas d'interruption, et que, chaque année, l'Ecole pût rendre à chaque département un maître éprouvé. On recevra, au 1er octobre 1866, à Cluny, autant d'élèves départementaux qu'il a été constitué de bourses par les Conseils généraux. Mais, au mois d'octobre 1867, ces élèves passeront en seconde année, et il convient de s'occuper, pour cette époque, du recrutement de la première. Les Conseils généraux, qui ont témoigné une sympathie si vive au nouvel enseignement, n'ont pas voulu que son École normale fût organisée de manière à n'être pas assurée d'avoir un chiffre égal d'élèves dans chacune de ses deux années d'études.

Ils ont pensé, au contraire, qu'elle devait, comme toutes les écoles analogues, l'Ecole normale supérieure, l'Ecole polytechnique, l'Ecole centrale, etc., recevoir, chaque année, des élèves, et rendre, chaque année, des maîtres par un courant régulièrement établi. J'espère donc que le Conseil général de votre département régularisera définitivement, cette année, une libéralité dont la première démonstration, l'année dernière, a déjà permis de constituer avec confiance tout le système de l'enseignement secondaire spécial.

Recevez, monsieur le préfet, l'assurance de ma considération très-distinguée.

Le Ministre de l'instruction publique,

V. DURUY.

Décision relative à la présidence des Conseils de perfectionnement de l'enseignement spécial (4 juin).

Monsieur le recteur, mon attention a été appelée sur les difficultés auxquelles donnerait lieu, lors de la réunion des Conseils de perfectionnement de l'enseignement spécial, l'absence possible du président désigné par arrêté ministériel. J'ai décidé qu'en pareil cas, et en supposant que l'inspecteur d'académie à qui la présidence reviendrait soit absent aussi, les Conseils choisiront eux-mêmes leur vice-président, comme ils choisissent leur secrétaire. Je vous prie d'assurer l'exécution de ma décision.

Recevez, monsieur le recteur, l'assurance de ma considération très-distinguée.

Le Ministre de l'instruction publique,

V. DURUY.

Circulaire sur l'application des arrêts relatifs aux candidats aux bourses de l'enseignement secondaire et de l'enseignement spécial (8 juin).

Monsieur le recteur, mon arrêté du 30 mars dernier a quelque peu modifié, afin de le mettre en harmonie avec le dernier plan d'études, le programme des matières de l'examen pour les candidats aux bourses de l'enseignement secondaire classique dans les lycées. Son application immédiate apporterait peut-être du trouble dans la préparation actuelle de cet examen et inquiéterait ainsi les familles : j'ai donc décidé qu'il ne serait exécutoire qu'à partir de la session d'avril 1867, au lieu de la session de juillet 1866.

Quant à mon arrêté du 6 mars[1], qui règle les épreuves à subir par les candidats aux bourses de l'enseignement spécial, il pourra être appliqué sans inconvénient à dater de la session de juillet prochain. Je vous prie d'assurer l'exécution de ces dispositions et de vous entendre à cet effet avec MM. les préfets des départements compris dans votre ressort académique.

Recevez, monsieur le recteur, l'assurance de ma considération très-distinguée.

Le Ministre de l'instruction publique,

V. DURUY.

Administration académique.

Bourg (30 avril). — Un congé d'inactivité, pendant l'année scolaire 1865-1866, est accordé, sur sa demande, à M. Lanzi, inspecteur de l'académie de Lyon, en résidence à Bourg.

— (17 mai). — M. Olivier, inspecteur de l'Académie de Dijon (deuxième classe), en résidence à Chaumont, est nommé inspecteur de l'académie de Lyon (même classe), en résidence à Bourg, en remplacement de M. Lanzi.

Chaumont (17 mai). — M. Belhomme, inspecteur de l'académie de Poitiers (troisième classe), en résidence à Napoléon-Vendée, est nommé inspecteur de l'académie de Dijon (même classe), en résidence à Chaumont, en remplacement de M. Olivier, appelé à d'autres fonctions.

Inspecteurs de l'instruction primaire.

Bayonne (31 mai). — M. Carresson, instituteur public à Espelette (Basses-Pyrénées), pourvu du certificat d'aptitude aux fonctions d'inspecteur primaire, est nommé suppléant de l'abbé Fourcade, inspecteur primaire pour l'arrondissement de Bayonne, en congé, en remplacement de M. Crouzet, qui n'a pas accepté.

Castelnaudary (31 mai). — M. Raffalli, inspecteur primaire à Castelnaudary, est admis, sur sa demande, à faire valoir ses droits à la retraite.

M. Feuille, commis de l'inspection académique de l'Aude, pourvu du certificat d'aptitude aux fonctions d'inspecteur primaire, est nommé inspecteur primaire (troisième classe) pour l'arrondissement de Castelnaudary, en remplacement de M. Raffalli, admis à faire valoir ses droits à la retraite.

Valenciennes (12 juin). — Un congé d'inactivité est accordé, sur sa demande, à M. Tricottet, inspecteur de l'instruction primaire à Valenciennes.

M. Tricottet (Prosper), régent des cours spéciaux au collège de Valenciennes, est chargé de suppléer

---

1. Voir *Petit Manuel*, n° 5, page 135.

l'inspecteur primaire de Valenciennes pendant la durée du congé qui lui est accordé.

Vesoul (16 juin). — M. Nodot, inspecteur primaire (deuxième classe), pour l'arrondissement de Saint-Claude (Jura), est nommé inspecteur primaire (même classe), pour l'arrondissement de Vesoul, en remplacement de M. Dornier, admis à faire valoir ses droits à la retraite.

Écoles normales primaires.

Ajaccio (16 juin). — Un congé, jusqu'à la fin de l'année scolaire, est accordé, pour raisons de santé, à M. l'abbé Bettinger, aumônier de l'école normale primaire primaire d'Ajaccio.
M. l'abbé Peretti, professeur au petit séminaire d'Ajaccio, continuera de suppléer l'abbé Bettinger.

Châteauroux (30 mai). — M. Lyonnet, maître de l'école primaire annexée à l'école normale primaire de Châteauroux, est nommé maître adjoint (troisième classe) dans ledit établissement, en remplacement de M. Nicolas.
M Frieh, maître adjoint, chargé de l'enseignement littéraire à l'école normale primaire de Napoléon-Vendée, est nommé maître de l'école primaire annexée à l'école normale primaire de Châteauroux, en remplacement de M. Lyonnet, appelé à d'autres fonctions.

Lagord (30 mai). — M. Nicolas, maître adjoint (troisième classe), chargé de l'enseignement littéraire à l'école normale primaire de Châteauroux, est nommé maître adjoint (même classe), chargé de l'enseignement scientifique, à l'école normale primaire de Lagord, en remplacement de M. Ayat, appelé à d'autres fonctions.

Napoléon-Vendée (30 mai). — M. Ayat, maître adjoint (troisième classe), chargé de l'enseignement scientifique, à l'école normale primaire de Lagord, est nommé maître adjoint (même classe), chargé de l'enseignement littéraire, à l'école normale primaire de Napoléon-Vendée, en remplacement de M. Frieh, appelé à d'autres fonctions.

Enseignement primaire annexé aux lycées et collèges.

Antibes (31 mai).—M. Baculard, régent de sixième et septième au collège de Manosque, est nommé régent des cours spéciaux d'enseignement primaire annexés au collège d'Antibes, en remplacement de M. Focachon, appelé à d'autres fonctions.

Clermont (19 mai). — M. Pasquet, licencié ès sciences mathématiques, est nommé régent des cours spéciaux d'enseignement primaire annexés au collège de Clermont, en remplacement de M. Loire.
M. Verdier est chargé des cours spéciaux d'enseignement primaire annexés au collège de Clermont, en remplacement de M. Follet.

Lure (19 mai). — M. Baillet, pourvu du brevet complet pour l'instruction primaire, est nommé régent des cours spéciaux d'enseignement secondaire spécial au collège de Lure (emploi vacant).

Manosque (31 mai). — M. Focachon, régent des cours spéciaux d'enseignement primaire annexés au collège d'Antibes, est nommé régent de sixième et septième au collège de Manosque, en remplacement de M. Baculard, appelé à d'autres fonctions.

Morlaix (31 mai). — M. Rannier est nommé régent des cours spéciaux d'enseignement primaire annexés au collège de Morlaix.

Neufchâteau (30 mai). — M. Geoffroi (Adrien), pourvu du brevet complet, est nommé régent des cours spéciaux d'enseignement primaire annexés au collège de Neufchâteau, en remplacement de M. Laurent, appelé à d'autres fonctions.

Schlestadt (14 juin). — M. Marchal, licencié ès sciences, ancien maître répétiteur au lycée de Strasbourg, est nommé régent des cours spéciaux d'enseignement primaire annexés au collège de Schlestadt, en remplacement de M. Berchu, décédé.

Distinctions honorifiques.

(15 mai 1866.)

M. Teissonnière, président du conseil général de la Lozère, est nommé officier de l'instruction publique.

Sont nommés officiers d'académie :

MM.

Marty, inspecteur de l'enseignement primaire à Marvejols (Lozère) ;
Arzalier, instituteur communal à Allenc (Lozère).

(20 mai 1866[1].)

Sont nommés officiers de l'instruction publique :

MM.

Arlès-Dufour, fondateur de la Société d'enseignement professionnel de Lyon ;
Bécot, procureur général près la Cour impériale de Bastia ;
Besse, régent de rhétorique au collège de Guéret ;
Couraud, professeur à la Faculté de droit de Grenoble ;
Dulac, instituteur communal au Mans ;
Fortin, médecin du lycée impérial d'Evreux ;
Terquem, professeur de physique au lycée impérial de Metz.

Sont nommés officiers d'académie :

MM.

Aymé, secrétaire général de la préfecture de la Sarthe ;
Balatier de Mas, ingénieur des ponts et chaussées à Bourg ;
Bertholomez, régent de physique au collège de Tulle ;
Bertrand, professeur, chargé du cours de rhétorique au lycée impérial de Colmar ;
Bouteiller, président de l'académie impériale de Metz ;
Chalot-Pasquer, maire du Mans ;
Choron, ingénieur des ponts et chaussées à Autun ;
D'Argis de Guillerville, chef d'escadron au 7e régiment de cuirassiers ;
Derode, secrétaire perpétuel de la Société dunkerquoise ;

------

1. M. le Ministre, voulant donner un témoignage public de satisfaction aux membres du corps enseignant et aux personnes étrangères à l'Université qui ont pris la plus grande part à l'organisation ou au succès des cours libres, a accordé, par cet arrêté, sept palmes d'officier de l'instruction publique et vingt-neuf palmes d'officier d'académie.

Dumont, procureur impérial à Briançon ;

Duportal, ingénieur des ponts et chaussées à Cahors ;

Farez, chargé du cours d'histoire naturelle au collége de Valenciennes ;

Génie, principal du collége de Gap ;

Germain, président de la Société d'enseignement professionnel de Lyon :

Gondinet, principal du collége de Cosne ;

Goulier, commandant du génie à Metz ;

Guihal, professeur d'histoire au lycée impérial de Carcassonne ;

Baton de la Goupillière, professeur suppléant à la Faculté des sciences de Paris ;

Janin, régent de rhétorique au collége de Verdun ;

Lallemand, juge de paix à Vannes ;

Lambert, chargé du cours de philosophie au lycée impérial de Châteauroux :

Lebrun, régent de mathématiques au collége d'Epinal ;

Lecaplain, professeur de physique au lycée impérial de Limoges ;

Luard, maire de Honfleur ;

Millot, régent au collége Bonaparte d'Auxonne ;

Rey, délégué cantonal à Orgères (Loir-et-Cher) ;

Van Drival (l'abbé), chanoine honoraire d'Arras ;

Verlac, régent de mathématiques au collége de Brives ;

Wilbert, président de la Société d'émulation de Cambrai.

(5 juin 1866.)

Sont nommés officiers de l'instruction publique :

MM.

Bernex, maire de Marseille ;

Maurin, inspecteur de l'enseignement primaire à Marseille ;

Martin (Antoine-Guillaume), instituteur public à Boulbon (Bouches–du–Rhône), est nommé officier d'académie [1].

(16 juin 1866).

M. Lefèvre, maire de Villejuif (Seine), professeur à *l'Association philotechnique*, est nommé officier d'académie [2].

(18 juin 1866.)

Sont nommés officiers d'académie :

MM. Le baron Servatius, sous-préfet de Béziers ;

Jullian, directeur de l'École normale primaire de Montpellier ;

Castanier (Noël), instituteur public à Mauguio (Hérault) [3].

---

1. Ces distinctions ont été accordées à l'occasion de la distribution des prix, faite le 17 juin, sous la présidence de M. Le Verrier, aux instituteurs directeurs des cours d'adultes des Bouches-du-Rhône.

2. Distinction accordée à l'occasion de la distribution des prix de l'*Association philotechnique*, qui a eu lieu le 17 juin pour la section de Villejuif.

3. Distinctions accordées à l'occasion de la distribution des prix faite, sous la présidence de M. Le Verrier, aux instituteurs directeurs des cours d'adultes de l'Hérault.

RELATIFS A L'INSTRUCTION PRIMAIRE.

COURS DE L'HOTEL DE VILLE.

Programmes destinés aux aspirants et aspirantes aux brevets de capacité.

(Suite.)

Histoire de France.

(TEMPS MODERNES.)

XIII. — Régence. — Essais de réformes administratives. — Système de Law. — Les philosophes et les économistes. — Ministère de Fleury. — Guerres de la succession de Pologne, de la succession d'Autriche. — Développement des colonies françaises. — Ministère de Choiseul. — Guerre de Sept-Ans.—Traité de Paris. — Conquête de la Corse. —Destruction des Parlements. — Avilissement de la royauté.

Charles XII en Suède. — Pierre le Grand. — Catherine II. — Frédéric II. — La Prusse compte comme grande puissance. — 1er partage de la Pologne. — La maison d'Autriche reprend la Hongrie sur les Turcs. — Marie-Thérèse. — Développement de la constitution anglaise sous la dynastie de Hanovre. — Empire colonial dans l'Inde. — Ministres réformateurs en Espagne, en Portugal, à Naples et à Florence.

XIV. — Louis XVI. — Difficultés de sa situation. — Déficit. — Arbitraire. — Priviléges. — Ministères de Turgot et de Necker. — Assemblées provinciales. — Guerre d'Amérique. — Traité de Versailles. — Assemblée des notables. — Convocation des Etats-Généraux.

Réformes de Joseph II. — Soulèvement de la Belgique. — Révolution monarchique en Suède.

XV. — Assemblée constituante. — Abolition des priviléges de provinces, de classes, de personnes. — Assemblée législative.—Commencement de la guerre. — 10 août. — Convention. — La Terreur.—Réaction thermidorienne. — Créations de cette période. — Grand-Livre. — Unité des poids et mesures. —Ecole polytechnique. — Muséum, etc. — Gouvernement du Directoire. — Bonaparte en Italie. —Traité de Campo-Formio. — Expédition d'Egypte.

Second partage de la Pologne.

XVI. — Le Consulat. — Légion d'honneur. — Organisation administrative, judiciaire, financière, concordat. — Deuxième campagne d'Italie. — Paix d'Amiens. — Etablissement de l'Empire.

Toute-puissance de l'aristocratie anglaise. — Lois sur les céréales.

XVII. — L'Empire. — Les Cent jours. — Traités de 1815.

Notions de littérature grecque, latine et française.

LITTÉRATURE GRECQUE.

Homère. — Le Prométhée d'*Eschyle.*—L'Antigone et le Philoctète de *Sophocle.* — L'Iphigénie d'*Euripide.* —*Thucydide* : 2e livre. — *Xénophon* : la Cyropédie. — *Démosthène* : les quatre Philippiques.

LITTÉRATURE LATINE.

Commentaires de *César* (7e livre). — *Salluste* : — Jugurtha. — *Tite-Live* : 21e livre. — *Cicéron* : Catilinaires. — *Horace* : Art poétique. — *Virgile* : Géorgiques, Enéide.

LITTÉRATURE FRANÇAISE.

Boileau : Epîtres, Art poétique. — *Molière* : le Misanthrope. — *La Fontaine* : Fables (les sept premiers livres). — *Corneille* : le Cid, Horace, Cinna et Polyeucte. — *Racine* : Britannicus, Esther et Athalie. — *Bossuet* : Oraisons funèbres des deux Henriette, du prince de Condé, un sermon, Histoire universelle (3° partie). — *Fénelon* : Education des filles, Traité de l'existence de Dieu, Lettre à l'Académie, Dialogues sur l'Eloquence. — *Mme de Sévigné* : Choix de ses Lettres. — *Labruyère* : Des ouvrages de l'esprit. — *Voltaire* : Mérope, Charles XII. — *Montesquieu* : Grandeur et Décadence des Romains. — *Buffon* : Discours sur le style.

Notions élémentaires de cosmographie[1].

Mouvement diurne.—Jour sidéral.—Axe du monde. — Hauteur du pôle. — Méridienne. — Points cardinaux. — Sphéricité de la terre. — Axe. Equateur. — Méridiens. — Cercles polaires. — Latitude. — Longitude. — Zones. — Aplatissement de la terre.

Mouvement annuel apparent du soleil. — Mouvement annuel réel de la terre.

Inégalité des jours et des nuits.

Les saisons.

Année tropique. — Année sidérale.

Mouvement elliptique apparent du soleil. — Inégalité des saisons.

Inégalité des jours solaires. — Jour moyen. — Calendrier. — Année civile. — Année Julienne.—Année Grégorienne.

Mouvement propre de la lune.

Phases de la lune.

Eclipses.

Système planétaire (notions très-sommaires).

Géographie générale.

I. — Division en géographie physique et géographie politique. Nomenclature géographique.

II. — Les continents : ancien et nouveau continent; continent austral. Océans : leurs principales subdivisions. Orographie et hydrograhie des continents. Description sommaire des côtes. Climats, zones; productions naturelles qui les caractérisent.

III. — Les cinq parties du monde ; ce que les anciens en connaissaient. Races et religions.

IV. — Géographie physique de l'Europe, Mers, golfes, détroits, caps, presqu'îles, îles. Lignes de partage des eaux, systèmes de montagnes, grands fleuves, principales rivières, lacs.

V. — Géographie politique de l'Europe. Etats du Nord, du Centre et du Sud. Capitales : raisons diverses de leur établissement. Nations latines, germaniques et slaves. Langues principales. Religions. Gouvernements.

VI. — Etats du Nord. — Iles britanniques : Angleterre et Ecosse, Irlande. — Etats scandinaves : Suède et Norwège. — Danemark. — Etats slaves : Russie et Pologne. Villes principales : leur importance industrielle, commerciale, militaire ou maritime.

VII. — Etats du centre. Pays-Bas : Belgique, Hollande. Confédération suisse : cantons français, allemands, italiens. Confédération germanique : royaume, principaux grands duchés et duchés. Prusse : provinces allemandes, hongrois, slaves et italiens. Villes principales.

VIII. — Etats du Sud. Péninsule ibérique : Espagne, Portugal, Italie. Turquie, Principautés danubiennes. Grèce, les Iles ioniennes, villes principales.

IX. — Asie, Afrique, Amérique, Océanie. Etats, capitales et villes principales. Colonies et établissements européens. Principaux objets d'échange entre les différentes parties du monde.

---

[1]. Ce cours sera purement descriptif. — On le rattachera le plus possible à la géographie. — Il sera bon d'exercer les élèves à résoudre des problèmes pratiques à l'aide du globe terrestre.

Géographie de la France

I. — Limites naturelles et limites politiques. — Description des côtes. — Tracé des frontières. — Lignes de partage des eaux, versants, chaînes de montagnes, ramifications principales. — Fleuves et rivières distribués par bassins. — Longueur comparée et régime différent des fleuves.

II. — Gîtes houillers. — Tourbières. — Mines de fer, de plomb, etc. — Marais salants, sel gemme.

III. — Divisions de la France en grandes régions physiques, d'après la nature du sol et le climat. — Régions forestières, régions agricoles (céréales et plantes alimentaires). — Régions de la vigne, du pommier et du poirier à cidre, du houblon; région des oliviers. — Régions favorables à l'élevage : région des mûriers. — Distribution des principales cultures industrielles.

IV. — Anciennes provinces. — Départements. — Origine et but de la division de la France en départements. — Concordance de l'ancienne et de la nouvelle division.

V. — Départements distribués par bassins.—Chefs-lieux de départements, chefs-lieux d'arrondissement.

VI. — Ports de guerre, de pêche et de commerce. — Places fortes. — Villes manufacturières, villes commerciales.

VII. — Divisions administratives, ecclésiastiques, judiciaires, militaires et maritimes; raisons de ces différentes divisions.

(*Bulletin de l'instruction primaire du département de la Seine.*)

(*La suite prochainement.*)

TRAVAUX A L'AIGUILLE.

LINGERIE.

N° 1. — Dessin du carré de toile qui doit être uni à celui de guipure ancienne de la planche n° 1. Broderie anglaise ou au plumetis. Avoir bien soin de contrarier les carrés en les ajoutant. Nous le répétons, ce couvre-pieds sera d'un très-bel effet, posé surtout sur transparent de couleur bleue ou cerise.

N° 2. — Dessin pour pale, sur batiste ou taffetas. Sur batiste, broderie plumetis et point d'arme : sur taffetas même broderie avec soie et or.

N° 3, 6, 7. — Patron et dessin d'un bonnet d'enfant, soutaché sur piqué blanc.

N° 10. — Entre-deux broderie anglaise pour corsage blanc.

N° 11. — Entre-deux point russe pour corsage blanc : la broderie peut être en laine de couleur.

N° 12. — Bande de feston.

N° 13, 14, 15, 16, 21, 22, 23. — Initiales.

N° 17, 18. — Noms pour coins de mouchoir.

N° 19, 20. — Ecussons pour mouchoir.

N° 24. — Bouquet pour col. Broderie plumetis et point d'arme.

N° 25. — Bouquet pour cravate dont nous donnons le dessin au dos de la planche.

N° 9. — Bande soutachée pour corsage de cachemire. La bande doit être en cachemire de couleur différente à l'étoffe du corsage, et le lacet de nuance assortie au corsage.

N° 8. — Bande soutachée à double soutache, sur cachemire, pour bas de jupon. Chaque petite soutache de nuance différente.

N° 5. — Dentelle au crochet pour garniture de bonnet. Nous en donnerons l'explication au prochain numéro.

Tricot.

N° 4. — Dentelle pour bas de jupon, de pantalon, etc. Coton selon l'emploi qu'on doit faire de la dentelle.

20 mailles sur l'aiguille.

1re aiguille : 3 mailles unies, augmentation, diminution, 1 maille unie, augmentation, diminution, double augmentation, c'est-à-dire passer 2 fois le fil sur l'aiguille, diminution, 8 mailles unies, augmentation, diminution.

2e aiguille : 12 mailles unies, 1 à l'envers qui doit être la seconde de la double augmentation, 2 mailles unies, augmentation, diminution, 1 maille unie, augmentation, diminution, 1 maille unie.

3e aiguille : 3 mailles unies, augmentation, diminution, 1 maille unie, augmentation, diminution, 11 mailles unies, augmentation, diminution.

4e aiguille : 15 mailles unies, augmentation, diminution, 1 maille unie, augmentation, diminution, 1 maille unie.

5e aiguille : 3 mailles unies, augmentation, diminution, 1 maille unie, augmentation, diminution, double augmentation, diminution, double augmentation, diminution, 7 mailles unies, augmentation, diminution.

6e aiguille : 11 mailles unies, 1 à l'envers, 2 unies, 1 à l'envers, 2 unies, augmentation, diminution, 1 maille unie, augmentation, diminution, 1 maille unie.

7e aiguille : 3 mailles unies, augmentation, diminution, 1 maille unie, augmentation, diminution, 13 mailles unies, augmentation, diminution.

8e aiguille : 17 mailles unies, augmentation, diminution, 1 maille unie, augmentation, diminution, 1 maille unie.

9e aiguille : 3 mailles unies, augmentation, diminution, 1 maille unie, augmentation, diminution, double augmentation, diminution, double augmentation, diminution, double augmentation, diminution, 7 mailles unies, augmentation, diminution.

10e aiguille : 11 mailles unies, 1 à l'envers, 2 mailles unies, 1 à l'envers, 2 mailles unies, 1 à l'envers, 2 mailles unies, augmentation, diminution, 1 maille unie, augmentation, diminution, 1 maille unie.

11e aiguille : 3 mailles unies, augmentation, diminution, 1 maille unie, augmentation, diminution, 16 mailles unies, augmentation, diminution.

12e aiguille : 20 mailles unies, augmentation, diminution, 1 maille unie, augmentation, diminution, 1 maille unie.

13e aiguille : 3 mailles unies, augmentation, diminution, 1 maille unie, augmentation, diminution, double augmentation, diminution, double augmentation, diminution, double augmentation, diminution, double augmentation, diminution, 8 mailles unies, augmentation, diminution.

14e aiguille : 12 mailles unies, 1 à l'envers, 2 unies, 1 à l'envers, 2 unies, 1 à l'envers, 2 unies, 1 à l'envers, 2 unies, augmentation, diminution, 1 maille unie, augmentation, diminution, 1 maille unie.

15e aiguille : 3 mailles unies, augmentation, diminution, 1 maille unie, augmentation, diminution, 10 mailles unies, diminution, 1 maille unie, remettre cette maille unie de l'aiguille droite sur l'aiguille gauche, et faire passer dessus les 9 mailles qui restent sur l'aiguille gauche : ce qui forme le premier feston de la dentelle. Il doit y avoir de nouveau 20 mailles sur l'aiguille, comme au commencement du tricot.

16e aiguille : prendre la première maille sans tricoter, en faire 13 unies, ce qui fait 14 mailles sur l'aiguille droite, augmentation, diminution, 1 maille unie, augmentation, diminution, 1 maille unie.

Recommencer comme à la première aiguille.

Dentelle au crochet.

Pour mettre autour de couvre-pieds, d'édredon, de housses, cette dentelle est assortie au carré de crochet dont nous avons donné le dessin dans la première planche.

Coton n° 14.

Une rangée de mailles selon la longueur de la dentelle.

1re rangée : 3 mailles en l'air ; une bride ; continuer tout le long.

2e rangée : une rangée de brides.

3e rangée : 3 mailles en l'air, une bride.

4e rangée : 3 mailles en l'air, une bride dans le milieu.

5e rangée : 9 mailles en l'air, une demi-bride dans la 8e maille.

6e rangée : 9 mailles en l'air, une demi-bride dans la 8e maille.

7e rangée : 4 fois 3 mailles en l'air, une bride sur les 7 mailles, 3 mailles en l'air, piquer dans la 4e maille du jour suivant et 3 demi-brides.

8e rangée : une bride sur la seconde demi-bride de la rangée de dessous, 5 mailles en l'air, sauter un jour, une bride dans la maille du milieu, 5 mailles en l'air, une bride dans le milieu du jour suivant, 5 mailles en l'air, une bride dans le même jour, 5 mailles en l'air, une bride dans le jour suivant, 5 mailles en l'air, une bride sur le milieu des 3 demi-brides du dessous.

9e rangée : 7 mailles en l'air, une bride, 7 mailles en l'air, une bride, 7 mailles en l'air, une bride, une maille en l'air, une bride, il faut mettre les 2 brides juste sur les 2 de la rangée du dessus.

10e rangée : 7 mailles en l'air, une bride sur la seule maille en l'air, 7 mailles en l'air, sauter un jour et une bride dans la 4e maille, 7 mailles en l'air, une bride dans la même, 7 mailles en l'air, sauter un jour, une bride dans la seule maille.

11e rangée : 6 fois 3 mailles en l'air, une bride dans la bride qui se trouve seule, 3 mailles en l'air, sauter un jour, une bride dans la seconde maille, 2 mailles en l'air, une bride dans la 3e maille, 3 mailles en l'air, une bride, 5 fois de même.

12e rangée : 9 mailles en l'air, une demi-bride dans le premier des 6 jours, 9 mailles en l'air, une demi-bride dans le dernier des 6 jours, ainsi de suite.

La chemisette corsage dont nous donnons le patron est pour petite fille de 7 à 11 ans. Elle peut être blanche ou en mousseline à petits pois de couleur. La blanche sera ornée avec la guirlande formant entre-deux, dont le dessin se trouve au milieu du patron : broderie point russe avec coton blanc ou laine de couleur. Cette guirlande ornera le devant du corsage, les épaules et le bas des manches. Si la chemisette est à pois, l'ornement sera en petits lacets entremêlés, blancs et couleur assortie aux pois.

Le col marin pour femme est de forme nouvelle et de bon goût. Le bouquet du n° 24 fera bien dans les coins.

La forme des chapeaux varie à l'infini ; les modèles forme empire sont toujours bien portés. On en voit beaucoup en tulle avec bouillonnés séparés par des bandelettes en taffetas de couleur différente, piquées avec des roses de mai, des pâquerettes, etc. Beaucoup de chapeaux de paille sont garnis avec des épis formant couronne ou des bouquets de grosse avoine. Tour de tête assorti, petits velours entremêlés. Brides maïs.

Les robes sont toujours et plus que jamais à pointe, même celles qui sont en mousseline. Les crinolines tendent à disparaître. On essaye quelques robes courtes et rondes, mais les longues dominent toujours.

Les pardessus l'emportent sur les châles : l'usage en est presque général et l'on ne voit guère de pointes qu'en guipure ou en dentelle. Les paletots droits en cachemire noir, brodés en jais ont une grande vogue.

Il faut en ce moment plus que jamais beaucoup de goût pour s'habiller de manière à ne pas attirer l'attention, et pour garder, au milieu des extravagances qui se produisent, cette juste mesure qui annonce la femme comme il faut.

Cécile REGNARD.

PETIT MANUEL
DE L'INSTRUCTION PRIMAIRE

JOURNAL MENSUEL

DES INSTITUTEURS ET DES INSTITUTRICES.

SOMMAIRE.

ÉDUCATION ET ENSEIGNEMENT : Leçons pour les cours
d'adultes : Histoire et géographie. L'Europe actuelle (5e leçon, suite). — Concours pour le certificat d'aptitude aux fonctions d'inspecteur primaire : Sujet proposé. — Commissions d'examen
pour l'enseignement primaire.

EXERCICES DIVERS A L'USAGE DES CLASSES : Arithmétique. — Langue française. — Sujet de composition
française.

CORRESPONDANCE : Solutions de questions.

COMPTE RENDU D'OUVRAGES NOUVEAUX : Une servante
d'autrefois, par Mme Z. Carraud.

LECTURES A L'USAGE DES ÉLÈVES : Jeanne.

ACTES OFFICIELS RELATIFS A L'INSTRUCTION PRIMAIRE :
Décret autorisant un legs. — Décret relatif aux
écoles normales primaires. — Instruction aux recteurs sur ce décret. — Règlement pour l'admission
à l'école normale de l'enseignement secondaire spécial. — Circulaire aux recteurs sur ce règlement. —
Règlement concernant le brevet de capacité. — Circulaire aux recteurs sur ce règlement. — Interdiction d'un livre dans les écoles. — Circulaire relative
à la retenue du premier douzième, et modèle y annexé. — Circulaire aux préfets sur les cours d'a-
dultes. — Circulaire concernant les indemnités qui
pourront être allouées aux instituteurs lésés par
l'exclusion de la gratuité et à ceux qui auront fait
des sacrifices pour les cours d'adultes. — Administration académique. — Inspecteurs de l'instruction primaire. — Enseignement secondaire spécial.
— Enseignement primaire annexé aux lycées et
collèges. — Distinctions honorifiques.

DOCUMENTS RELATIFS A L'INSTRUCTION PRIMAIRE.

ÉDUCATION ET ENSEIGNEMENT.

LEÇONS POUR LES COURS D'ADULTES.

HISTOIRE ET GÉOGRAPHIE.

L'Europe actuelle.

(5e Leçon. — Suite.)

La géographie physique et la géographie politique. — Les
terres et les mers. — Les fleuves et les montagnes. — Le
commerce et l'industrie[1].

M. DENIS. Dis-moi, Isidore, as-tu quelquefois fait
chauffer de l'eau ?

ISIDORE. Plus d'une fois, monsieur.

---

1. Voir le dernier numéro.

2e Série. — 3e Année.　　　　　N° 8

M. DENIS. Alors tu as pu remarquer qu'aussitôt que
l'eau a chauffé tant soit peu, elle fume.

ISIDORE. Oui, certainement, monsieur, elle produit
de la buée.

M. DENIS. De la buée, c'est bien cela, ou, autrement dit, des vapeurs. N'as-tu pas aussi remarqué
que si c'est, par exemple, dans une marmite que tu
fais chauffer ton eau, et que ta marmite soit fermée
par un couvercle, ce couvercle, parfaitement sec au
moment où tu avais mis l'eau sur le feu, se trouve
couvert de petites gouttes d'eau, après que l'eau a
chauffé ? Tu as pu le voir, n'est-il pas vrai ?

ISIDORE. Oui, monsieur.

M. DENIS. Oui, mais s'il fallait expliquer pourquoi
cela arrive, tu serais peut-être assez embarrassé ! Heureusement Antoine va venir à notre secours.

ANTOINE. Les gouttes d'eau qui couvrent le couvercle ne sont-elles pas, monsieur, de la vapeur d'eau
qui est condensée ?

M. DENIS. Ah ! ah ! voilà un mot bien savant. Quoi
qu'il en soit, mes bons amis, Antoine a raison, et
vous allez voir d'ailleurs que son mot n'est pas aussi
difficile à comprendre qu'il en a l'air.

Quand il fait bien froid, quand il gèle, Isidore,
que devient l'eau ?

ISIDORE. Elle gèle aussi, monsieur.

M. DENIS. C'est cela, elle gèle, elle se prend en glace,
n'est-ce pas ? Elle ne coule plus ; elle devient cassante
comme une pierre. Si maintenant, il fait plus doux,
que devient la glace ?

ISIDORE. Elle retourne en eau, monsieur Denis.

M. DENIS. Parfaitement. L'eau a donc cette curieuse
propriété : elle cesse d'être liquide et devient solide,
quand la température s'abaisse, et, quand la température s'élève de nouveau, elle cesse de nouveau d'ê-
tre solide et redevient liquide. Nous avons vu, d'autre part, tout à l'heure que, si on chauffe l'eau, c'est-
à-dire, si on élève encore plus la température, l'eau
prend encore un nouvel état, et se tourne en buée,
en vapeurs. Eh bien, de même que la glace peut devenir eau liquide, et que l'eau liquide peut devenir
glace, suivant le changement de la température, de
même aussi, de buée ou de vapeur, l'eau peut devenir liquide, comme elle devient d'eau liquide buée, par
le même moyen. L'eau qui est dans la marmite
chauffée, et qui se tourne en vapeur, venant à rencontrer le couvercle de la marmite qui est froid,
change d'état, et de vapeur devient eau liquide, laquelle se dépose en gouttes sur le couvercle. C'est
quand l'eau se transforme ainsi de vapeur en eau liquide qu'on dit qu'elle se condense. Et voilà le mot
d'Antoine expliqué. Retenez bien cette explication :
nous en aurons besoin tout à l'heure.

Je reviens maintenant à Isidore. Dis-moi, mon ami,
quelquefois, quand tu te promènes dans les champs,
en plein soleil, et que tu regardes à fleur de terre, là
où le soleil donne, n'as-tu pas vu quelque chose
qui ressemble à cette même buée s'élever et monter,
comme une espèce de sueur qui sortirait du sol ?

ISIDORE. Oui-da, monsieur, je me souviens bien
d'avoir vu cela, mais je n'y ai jamais fait grande attention.

M. DENIS. Eh bien, mon ami, c'es' pourtant cette

buée produite par le sol, et non-seulement par le sol, mais encore par toute l'eau dont le sol est couvert, par l'eau des mers surtout, immense, comme tu le sais, en étendue, qui donne naissance à tous les fleuves, à toutes les rivières, à tous les cours d'eau du monde. Le soleil joue ici le rôle du foyer qui fait chauffer l'eau ; seulement ce foyer, au lieu d'être au-dessous de l'eau, est en dessus. Chaque jour ses rayons échauffent les parties humides du globe, et chaque jour ils transforment en buée, en vapeurs, ils évaporent, comme on dit, une certaine portion de ces parties. Comme tu l'as reconnu toi-même, les vapeurs sortant du sol ou de la surface des eaux, s'élèvent et montent. Maintenant où montent-elles ?

Ici, il faut vous en rapporter un peu à moi.

Il a été reconnu par des expériences faites au moyen d'un instrument que vous connaissez au moins de vue et qui s'appelle le baromètre, que l'air dont nous avons besoin pour respirer, l'air, que nous ne voyons pas, mais que nous sentons parfaitement, quand il est trop chaud ou trop froid, par exemple, et qu'il fait, comme on dit, du vent, que l'air, dis-je, a un certain poids, et qu'à mesure qu'on s'élève, ce poids diminue.

Il a été reconnu aussi, au moyen d'un autre instrument, le thermomètre, qu'à cette diminution de poids correspond une diminution de chaleur ; que plus on s'élève, plus il fait froid, et vous en aurez bien facilement la preuve, si vous allez jamais dans des pays de montagnes.

Eh bien, la buée que le soleil fait évaporer, plus légère que l'air, à l'endroit d'où elle sort, s'élève naturellement dans les régions supérieures de l'air, jusqu'à ce qu'elle se trouve en équilibre de poids avec l'air même. Et c'est là que nous la voyons suspendue au-dessus de nos têtes, sous la forme de nuages. Les nuages ne sont autre chose que la buée, les vapeurs pompées, comme on dit, aspirées par le soleil, à la surface des terres et des eaux.

Je vous ai dit, d'autre part, que l'air devient plus froid à mesure qu'on monte. Eh bien, supposez que sur un nuage vienne à passer, pour une raison ou pour une autre, un courant d'air froid, n'est-il pas vrai qu'il va se produire au sein du nuage quelque chose d'analogue à ce que nous avons vu arriver tout à l'heure sur le couvercle de la marmite. Le nuage ou une partie du nuage de vapeur redeviendra eau, se condensera, suivant l'expression d'Antoine, et dès lors, les conditions d'équilibre avec l'air qui l'entoure n'étant plus les mêmes, il tombera sur le sol sous forme de pluie, comme nous verrions tomber les gouttes d'eau de notre couvercle. Et si cette pluie, en tombant, traverse d'autres régions de l'air qui se trouvent être encore plus froides que celle où elle a pris naissance, ou si elle a pris naissance elle-même dans des régions excessivement froides, ce n'est plus de la pluie que nous recevons, c'est de la grêle ou de la neige.

Voyons maintenant ce qui va arriver. Quand il pleut, vous pouvez juger par ce qui se passe dans notre pays, de ce qui se passe dans tous les autres. Une partie de l'eau tombée court en ruisseaux sur le sol et va grossir, n'est-il pas vrai? notre rivière. Voilà déjà un premier point : si la pluie ne produit pas les fleuves et les rivières, à tout le moins, elle les grossit.

Une autre partie tombe sur les terres cultivées, vous savez, suivant les cas, le bien et le mal qu'elle peut leur faire : sur cette partie, d'ailleurs, le soleil pourra de nouveau reprendre sa part, et l'évaporer encore.

Une partie enfin s'infiltre dans le sol.

Eh bien, il arrive souvent qu'à une certaine profondeur le sol est de telle nature que l'eau ne le peut plus traverser pour s'infiltrer davantage. Le sol devient alors comme une sorte de réservoir où l'eau se renferme et séjourne. Et quand, à la longue, le réservoir se remplit jusqu'au comble, il fait comme je vous disais en commençant, il déborde, et du côté où l'eau qu'il contient trouve une pente, elle coule, et

c'est ce point où l'eau coule qui devient la source du ruisseau, de la rivière ou du fleuve, suivant l'étendue du réservoir, suivant le nombre des réservoirs qui déversent leur trop-plein les uns dans les autres.

C'est surtout là où il y a des montagnes que cela se produit ainsi. Plus on monte, vous ai-je dit, plus il fait froid : la température des montagnes est telle que l'eau des nuages qui y tombe y tombe la plupart du temps sous forme de neige, et que, quand la neige vient à y fondre, une bonne partie se reprend bientôt en glace; si bien que les grandes montagnes sont couvertes d'une étendue de glaces et de neiges suffisantes pour alimenter, dans leurs immenses réservoirs, les grands fleuves, chargés de reporter à la mer les eaux dont la mer elle-même a fourni la meilleure part.

C'est ainsi qu'on peut dire, vous le voyez, que c'est la mer qui produit les fleuves, mais ce n'était pas tout à fait de cette façon que l'entendait Isidore.

PIERRE. J'ai bien compris, à ce que je crois, ce que vous avez dit, monsieur Denis. Il me semble pourtant que l'eau de mer étant salée, les vapeurs qui proviennent de la mer devraient être salées aussi. Comment se fait-il donc que l'eau de pluie soit douce?

M. DENIS. Cela se fait par beaucoup de raisons, mon cher ami, et surtout en vertu de celle-ci : Mets du sel dans de l'eau et laisse-le fondre, puis chauffe l'eau, recueille par un moyen quelconque les vapeurs qui sortiront de cette eau, et condense-les. L'eau que tu obtiendras ne sera pas salée ; le sel sera resté au fond du vase. C'est un fait que les chimistes t'expliqueraient et que je ne me charge pas de t'expliquer bien exactement, mais sur lequel tu peux me croire.

Je vois, mes amis, que décidément cette salure des mers vous occupe beaucoup ; je ne puis toutefois vous en expliquer la cause que bien imparfaitement; cela demanderait, en effet, des études spéciales que nous ne pouvons faire, ni vous, ni moi.

Rappelez-vous toutefois ce que je vous disais, il y a quelque temps, sur la façon dont est formée ce que nous avons appelé l'écorce de notre globe. Au-dessous de nous, avons-nous dit, au-dessous de la croûte qui nous porte, croûte bien peu épaisse, et, par endroits, bien peu résistante, la terre n'est autre chose qu'une masse de matières fondues, comme il en sort, de temps à autre, par le cratère des volcans. D'autre part, avons-nous dit encore, par des calculs et des expériences dont il m'est impossible de vous donner idée, on est conduit à admettre que cette croûte, aujourd'hui solide, n'a pas toujours été solide, que, primitivement, aussi bien que tout le reste du globe, elle se composait d'un immense mélange de toutes sortes d'éléments soumis à une température tellement brûlante, qu'on ne peut pas même l'imaginer, et réduits, sous l'influence de cette température, à l'état de gaz et de vapeurs, comme nous avons vu que faisait l'eau, fortement chauffée; puis que, par suite de refroidissements successifs, les premières couches de ces vapeurs s'étaient progressivement condensées, pour prendre le mot d'Antoine, formant ainsi une surface en quelque sorte figée, comme se fige, par exemple, le plomb fondu qu'on laisse au grand air, et qu'enfin toute la partie extérieure de la masse, devenue dure et solide, avait pu, à la longue, se trouver en état de servir de séjour aux êtres animés et organisés.

Il est clair qu'avant l'époque où la surface de la terre fut assez refroidie pour se durcir, toute l'eau qu'elle pouvait contenir ne s'y trouvait qu'à l'état de vapeur, puisque nous avons vu qu'il suffit d'une température comparativement peu élevée pour faire évaporer l'eau.

Ce fut donc seulement quand il y eut possibilité pour l'eau de se condenser, c'est-à-dire, ne l'oublions pas, de passer de l'état de vapeur à l'état liquide, quand la croûte terrestre fut suffisamment froide pour ne plus faire évaporer l'eau touchant à sa surface, que de tous les points de l'atmosphère, qui entoure le globe, cette eau put se répandre, en immenses averses de pluie, et se réunissant, aux endroits où le sol présentait des creux, et quels creux! former ce qu'on appelle les bassins des mers.

Mais vous avez pu voir qu'il y a certaines substances qui ont la propriété de se dissoudre, de fondre dans l'eau, et les autres, non. Ainsi, mettez dans l'eau un morceau de verre, il n'y fondra pas; mettez-y, au contraire, un morceau de sucre, ou un grain de sel, ils y fondront; mettez-y un clou, si vous voulez; le clou n'y fondra pas précisément, mais au bout d'un certain temps, si vous agitez l'eau, de pure et limpide qu'elle était, vous la trouverez troublée; elle contiendra, comme on dit, en dissolution une certaine partie du fer, prise au clou, et ce fer aura lui-même changé de nature.

Or, au moment où arriva cette immense condensation de toutes les eaux du globe, dont nous parlions tout à l'heure, il y avait dans l'atmosphère, dans cette couche d'air que nous respirons aujourd'hui, et sans laquelle nous ne saurions vivre, bien autre chose que de l'eau réduite en vapeur; il y avait aussi ce qu'on appelle ordinairement des substances minérales, des minéraux, c'est-à-dire des corps qui n'ont point vie, qui ne se meuvent pas eux-mêmes, ni ne s'agitent, ni se sentent, comme le fer, le cuivre, et bien d'autres que vous ne connaissez pas; ces substances étaient maintenues, comme l'eau, à l'état de vapeurs, par la température jusqu'alors si prodigieusement élevée du sol terrestre.

Eh bien, celles d'entre elles que l'eau ne pouvait pas dissoudre, restèrent libres dans l'air; celles qu'elle pouvait dissoudre, en se condensant, elles les emporta; on pourrait dire, elle se les incorpora, et ce sont elles qui lui ont donné ce goût particulier que les eaux des mers ont aujourd'hui, et qui n'est pas précisément celui du sel. Goûtez de l'eau simplement salée, et goûtez l'eau de la mer; vous en saisirez bien la différence. Et, en effet, les chimistes, qui savent décomposer les substances en leurs éléments divers, retrouvent dans l'eau de la mer beaucoup de corps qui n'entrent pas dans le sel, et qui sont des composés de ces minéraux dont je vous parlais.

Et vous ne pouvez pas me dire que les fleuves, en entrant dans la mer, ont pu changer la nature de ses eaux. D'abord l'eau des fleuves, bien qu'elle nous paraisse douce quand nous la buvons, est loin d'être absolument pure; elle contient en dissolution ou elle entraîne avec elle une foule de matières, qui, se mélangeant ou se combinant avec celles qui sont déjà dans la mer, contribuent, pour leur part, à la salure des eaux marines. De plus, nous avons vu que ce que les fleuves apportent à la mer, le soleil le lui enlève; et ce qu'il lui enlève est le plus pur de ses eaux; elle perd donc d'un côté ce que de l'autre elle gagne; et il y a ainsi, depuis le commencement, un perpétuel et admirable équilibre.

Voilà tout ce que je puis vous dire sur ce sujet, qui dépasse un peu notre compétence [1].

Isidore, si je ne me trompe, a quelque chose à me demander.

ISIDORE. — Monsieur, quand j'étais au Havre, j'allais souvent me promener au bord de la mer, et quelquefois je la voyais tellement près des côtes qu'on ne pouvait pas se promener au pied, parce qu'elle vous barrait le passage, et quelquefois, au contraire, elle

était loin, bien loin, et il fallait faire beaucoup de chemin pour l'aller trouver. D'où vient cela ?

M. DENIS. — Ah! ah! ceci est une autre question.

Charles DEFODON.

(La suite de cette leçon à un prochain numéro.)

CONCOURS POUR LE CERTIFICAT D'APTITUDE AUX FONCTIONS D'INSPECTEUR PRIMAIRE.

SUJET A TRAITER.

Dans un département, où l'instruction primaire est peu avancée, le Conseil général ne peut voter de fonds en faveur des cours d'adultes. Un inspecteur primaire entreprend de créer, malgré cette insuffisance de ressources, des écoles du soir dans son arrondissement. Dans un rapport à l'inspecteur d'Académie, il expose les moyens qu'il compte employer pour arriver à ce résultat.

Avis.

S'il convient à quelques-uns de nos lecteurs de traiter le sujet de composition dont nous venons de donner le texte, et de nous adresser leur travail, nous le recevrons bien volontiers. Nous leur ferons connaître, soit par correspondance, soit par la voie du journal, les observations auxquelles ce travail pourra donner lieu.

C. D.

COMMISSIONS D'EXAMEN POUR L'ENSEIGNEMENT PRIMAIRE.

Ressort de l'académie de Paris.

Département de la Seine. — Examen de l'hôtel de ville.

Composition française.

Apparition de Jésus-Christ aux deux disciples d'Emmaüs.

Lettre d'un maître à ses élèves sur le danger des mauvaises lectures.

Derniers moments de Saül.

Arithmétique.

1° Soustraction des nombres entiers. — Définition. — Théorie. — Règle générale.

2° Les frais nécessaires pour extraire le cuivre d'un quintal de minerai s'élèvent à 5 fr 75.—On a acheté, à raison de 18 fr. le quintal, une certaine quantité de minerai dont la richesse en cuivre est 12 pour 100. quand on extrait le cuivre, on en perd les 0,02 pendant l'opération : à quel prix revient le quintal de cuivre ?

1° Donner la définition des fractions.

Démontrer qu'en divisant les deux termes d'une fraction par un même nombre, la fraction ne change pas de valeur; prendre poua exemple la fraction $\frac{12}{54}$ dont on divise les deux termes par 6.

2° On demande la quantité d'argent qu'il faut unir à 197 grammes de cuivre pour avoir un alliage propre

---

1. Nous n'avons fait ici qu'effleurer la question, notre cadre ne nous permettant pas davantage; l'explication que nous avons donnée est empruntée pour le fond à l'excellent ouvrage de M. Louis Figuier, la *Terre et les mers.* Ceux de nos lecteurs qui voudraient approfondir ces sortes de sujets, si dignes d'étude, trouveront les renseignements les plus intéressants et les plus curieux dans l'ouvrage que nous venons de citer, et dans un autre ouvrage du même auteur, la *Terre avant le déluge*, deux magnifiques volumes gr. in-8, illustrés. Chaque volume, broché, 10 fr. Librairie L. Hachette et Cie.

à faire de l'argent monnayé. — Déterminer en francs la somme qu'on obtiendra!

1° Expliquer sur un exemple la division des nombres décimaux. — Soit à diviser 46,593 par 2,687.

2° Une personne lègue son bien, montant à 256,000 francs, sous les conditions suivantes : Son neveu aura deux fois plus que chacune de ses nièces, ses nièces auront chacune deux fois plus que chacun de ses cousins, ses cousins auront deux fois plus que chacune de ses cousines, — Combien revient-il à chaque héritier, sachant qu'il y a un neveu, deux nièces, quatre cousins et huit cousines?

Dictées.

Qui peut se promettre d'éviter dans la société des hommes la rencontre de certains esprits vains, légers, familiers, délibérés, qui sont toujours dans une compagnie ceux qui parlent et qu'il faut que les autres écoutent?

Arrias a tout lu, a tout vu; il veut le persuader ainsi. C'est un homme universel, et il se donne pour tel ; il aime mieux mentir que de se taire ou de paraître ignorer quelque chose.

On parle à table d'un grand d'une cour du Nord; il prend la parole et l'ôte à ceux qui allaient dire ce qu'ils en savent. Il s'oriente dans cette région lointaine comme s'il en était originaire ; il discourt des mœurs de cette cour, des femmes du pays, de ses lois et de ses coutumes ; il récite des historiettes qui sont arrivées, il les trouve plaisantes, et il en rit le premier jusqu'à éclater. Quelqu'un se hasarde de le contredire, et lui prouve nettement qu'il dit des choses qui ne sont pas vraies. Arrias ne se trouble point, prend feu au contraire contre l'interrupteur : « Je n'avance, lui dit-il, je ne raconte rien que de l'original; je l'ai appris de Séthon, ambassadeur de France dans cette cour, revenu à Paris depuis quelques jours, que je connais familièrement, que j'ai fort interrogé, et qui ne m'a caché aucune circonstance. »

Il reprenait le fil de sa narration avec plus de confiance qu'il ne l'avait commencée, lorsqu'un des convives lui dit : « C'est Séthon à qui vous parlez, lui-même, et qui arrive de son ambassade. » — (LA BRUYÈRE. — *Caractères*.)

Les Egygtiens sont les premiers peuples où l'on ait su les premières règles du gouvernement. Cette nation grave et sérieuse connut d'abord la vraie fin de la politique, qui est de rendre la vie commode et les peuples heureux. La température toujours uniforme du pays y faisait les esprits solides et constants. Comme la vertu est le fondement de toute la société, ils l'ont soigneusement cultivée. Leur principale vertu a été la reconnaissance.

. . . . La gloire qu'on leur a donnée d'être les plus reconnaissants de tous les hommes fait voir qu'ils étaient aussi les plus sociables. Les bienfaits sont le bien de la concorde publique et particulière : qui reconnaît les grâces aime à en faire, et, en bannissant l'ingratitude, le plaisir de faire du bien demeure si pur qu'il n'y a plus moyen de n'y être pas sensible. Il n'était pas permis d'être inutile à l'Etat ; la loi assignait à chacun son emploi, qui se perpétuait de père en fils; on ne pouvait ni en avoir deux ni changer de profession; mais aussi toutes les professions étaient honorées. Il fallait qu'il y eût des emplois et des personnes plus considérables, comme il faut qu'il y ait des yeux dans le corps. Ainsi, parmi les Egyptiens, les prêtres et les soldats avaient des marques d'honneur particulières, mais tous les métiers, jusqu'aux moindres, étaient en estime et on ne croyait pas pouvoir, sans crime, mépriser les citoyens dont les travaux, quels qu'ils fussent, contribuaient au bien public. Par ce moyen, tous les arts venaient à leur perfection : l'honneur, qui les nourrit, s'y mêlait partout ; on faisait mieux ce qu'on avait toujours

vu faire et à quoi on s'était uniquement exercé dès son enfance. — (BOSSUET. — *Discours sur l'histoire universelle*.)

L'Eglise n'est pas moins riche en exemples qu'en préceptes, et sa doctrine a paru sainte en produisant une infinité de saints. Dieu, qui sait que les plus fortes vertus naissent parmi les souffrances, l'a fondée par le martyre, et l'a tenue durant trois cents ans dans cet état, sans qu'elle eût un seul moment pour se reposer. Après qu'il eut fait voir, par une si longue expérience, qu'il n'avait pas besoin du secours humain ni des puissances de la terre pour établir son Eglise, il y appela enfin les empereurs, et fit du grand Constantin un protecteur déclaré du christianisme. Depuis ce temps, les rois ont accouru de toutes parts à l'Eglise, et tout ce qui était écrit dans les prophéties touchant sa gloire future s'est accompli aux yeux de toute la terre. Que si elle s'est montrée invincible contre les efforts du dehors, elle ne l'est pas moins contre les divisions intestines. Ces hérésies, tant prédites par Jésus-Christ et par ses apôtres, sont arrivées; et la foi, persécutée par les empereurs, souffrait en même temps des hérétiques une persécution encore plus dangereuse ; mais cette persécution n'a jamais été plus violente que dans le temps où l'on vit cesser celle des païens. L'enfer fit alors ses plus grands efforts pour détruire par elle-même cette Eglise que les attaques de ses ennemis déclarés avaient affermie.

RÉSULTATS DES EXAMENS.

Nombre des aspirants admis à subir l'exsmen, 111. — Eliminés après les épreuves écrites, 59. — Admis aux épreuves orales, 52. — Eliminés après les épreuves orales, 19. — Nombre des aspirants qui ont obtenu le brevet, 33.

(*Bulletin de l'instruction primaire du département de la Seine*).

ARITHMÉTIQUE.

Problèmes divers.

1er *Problème*. — Si l'on fait osciller dans un même lieu deux pendules de longueurs différentes, les durées des oscillations sont proportionnelles aux racines carrées de ces longueurs.

Sachant qu'un pendule de $0^m,9939$ bat la seconde à Paris, on demande de calculer le nombre d'oscillations que ferait en un jour un pendule dont la longueur serait $0^m,32484$.

Solution. — En désignant par x la durée d'une oscillation de ce pendule, on a la proportion

$$\frac{1^s}{x} = \frac{\sqrt{0,9939}}{\sqrt{0,3248}}$$

et par suite :

$$x = 1^s \frac{\sqrt{0,3248}}{\sqrt{0,9939}},$$

autant de fois 86400^s que renferme un jour moyen contiendront cette durée, autant de fois il y aura d'oscillations dans un jour; l'on trouve ainsi pour le nombre d'oscillations cherché :

$$86400 \times \sqrt{\frac{0,9939}{0,3248}} = 151130.$$

2e *Problème*. — Si l'on fait osciller dans deux

lieux différents un même pendule, les carrés des durées d'une oscillation sont entre eux en raison inverse des intensités de la pesanteur en ces deux lieux.

D'après cela, calculer en mètres l'intensité de la pesanteur à Cayenne, c'est-à-dire le double de l'espace que parcourrait en une seconde un corps tombant librement. On sait 1° que cette intensité est à Paris $9^m,8094$; 2° que la longueur du pendule à seconde est à Paris 0,9939; 3° que cette longueur à Cayenne a été trouvée $3^p 7^l + \frac{7}{20}$ par l'astronome Richer, en 1672.

Solution. — Convertissons d'abord en mètres $3^p 7^l + \frac{7^l}{20}$;

$$3^p = 0^m,97452$$
$$7^l = 0^m,01579$$
$$\frac{7^l}{20} = 0^m,00079$$
$$\overline{\quad\quad\quad}$$
$$3^q 7^l \frac{7}{20} = 0^m,99110$$

Il résulte de l'énoncé de la loi des longueurs que les intensités de la pesanteur à Paris et à Cayenne sont dans le même rapport que les longueurs des pendules à seconde; l'on a donc la proportion

$$\frac{9,8094}{x} = \frac{0,9939}{0,9939},$$

d'où

$$x = 9^m,8094 \times \frac{0,9911}{0,9939},$$

$$x = 9^m,782.$$

3° *Problème*. — De la Condamine a trouvé qu'une toise en fer s'allonge de $\frac{1}{87}$ de ligne pour chaque degré du thermomètre Réaumur; les expériences plus récentes donnent $\frac{1}{81900}$ pour le coefficient de dilatation linéaire du fer, c'est-à-à-dire pour l'augmentation de l'unité de longueur quand la température s'élève de 1 degré centigrade.

Comparer ces résultats, et calculer s'il y a lieu la différence entre les 2 coefficients de dilatation.

Solution. — L'accroissement de l'unité de longueur pour un degré du thermomètre Réaumur est :

$$\frac{1}{87 \times 6 \times 12 \times 12},$$

et pour un degré du thermomètre centigrade cette augmentation est :

$$\frac{1 \times 80}{87 \times 6 \times 12 \times 12 \times 100},$$

puisque 80 degrés Réaumur valent 100 degrés centigrades. La fraction précédente se réduit à

$$\frac{}{87 \times 6 \times 6 \times 3 \times 10}$$

ou bien à

$$\frac{}{93960}$$

Tel est le coefficient de dilatation trouvé par De la Condamine. Pour le comparer plus facilement à celui qui est adopté aujourd'hui, convertissons ces deux fractions ordinaires en fractions décimales :

$$\frac{1}{81900} = 0,0000122,$$

$$\frac{1}{93960} = 0,0000107.$$

La différence est donc :

$$0,0000122 - 0,0000107 = 0,0000015.$$

4° *Problème*. — Un câble est composé de 53 fils de fer ayant chacun $2^{mm},3$ de diamètre et 80 mètres de longueur; il pèse $13^k,72$. Quel serait le poids d'un câble formé de 14 fils de cuivre de 3^{mm} de diamètre et de 147 mètres de longueur?

On sait que les densités du fer et du cuivre sont respectivement égales à 7,788 et 8,95; l'on admet de plus que le poids d'un fil est proportionnel à sa longueur, au carré de son diamètre, et à sa densité.

Solution. — La question proposée est une règle de trois composée; les données et l'inconnue peuvent être rangées comme ci-dessous :

Poids.	Longueurs.	Diamèt.	Nomb. de fls.	Densités.
$13^k,72$	80	2,3	53	7,788
x	147	3	14	8,95

et l'on trouve pour le poids cherché

$$13,72 \times \frac{147 \times 9 \times 14 \times 8,95}{80 \times \overline{2,3}^2 \times 53 \times 7,788},$$

ou

$$13,72 \times \frac{147 \times 21 \times 8,95}{40 \times 5,29 \times 53 \times 2,596},$$

ou

$$13,72 \times \frac{3087 \times 895}{2120 \times 529 \times 2,596}$$

ou

$$13,72 \times \frac{2762865}{1121480 \times 2,596},$$

ou

$$13^k,02.$$

5° *Problème*. — La vitesse de propagation du son dans l'air augmente avec la température, et l'on sait que le carré de cette vitesse est proportionnel au nombre obtenu, en ajoutant l'unité au produit du coefficient de dilatation de l'air, 0,00367, par la température.

On demande, d'après cela, 1° quelle sera la vitesse du son à 0^0, sachant qu'elle est 341^m à 16^0; 2° à quelle température cette vitesse sera 350^m.

Solution. — D'après l'énoncé on a la proportion

$$\frac{\overline{341}^2}{x^2} = \frac{1 + 0,00367 \times 16}{1},$$

d'où

$$x^2 = \frac{\overline{341}^2}{1,05872},$$

$$x^2 = \frac{\overline{341}^2}{1 \times 0,00367 \times 16};$$

et par suite, en extrayant les racines carrées des deux membres :

$$x^2 = \frac{341}{\sqrt{1,058720}} = \frac{341}{1,029}$$

l'on trouve ainsi que la vitesse du son à la température 0° serait $331^m,4$.

Quant à la température, t, correspondante à une vitesse de propagation de 350^m par seconde, on la trouve au moyen de la proportion

$$\frac{\overline{350}^2}{\overline{331}^2} = 1 + 0,00367 \times t,$$

et par suite :

$$1 + 0,00367 \times t = \frac{122500}{109825,96} = 1,116,$$

d'où il résulte que

$$0,00367 \times t = 0,116,$$

d'où

$$t = 116 : 3,67 = 31^\circ,6.$$

Ainsi la température demandée est $31^\circ,6$.

6e Problème. — M. Biot a déterminé la vitesse du son dans la fonte de la manière suivante :

Un timbre avait été fixé à l'extrémité d'un système de tuyaux de fonte long de $951^m,25$, et l'on frappait ce timbre. Une personne appliquait son oreille à l'autre extrémité des tuyaux ; elle entendait distinctement, à 2 secondes et demie d'intervalle, deux sons successifs, le premier transmis par le métal, le second par l'air intérieur.

Calculer avec ces données la vitesse du son dans la fonte à 16°, sachant que la vitesse dans l'air est 341^m à cette température

Solution. — Le temps employé par le son à se propager dans l'air était

$$\frac{951,25}{341} = 2^s,79$$

si l'on retranche ce temps de $2^s,5$, l'on obtiendra le temps nécessaire pour la propagation du son dans la fonte à une distance de $951^m,25$. Ce temps est égal à

$$2^s,79 - 2^s,5 = 0^s,29.$$

Il est facile de déduire de ce résultat la vitesse de propagation du son dans la fonte.

En effet, le son parcourt dans la fonte en 1 centième de seconde une distance égale à

$$\frac{951.25}{29},$$

et en 1 seconde une distance égale à

$$\frac{951,25 \times 100}{29} \quad 3280^m.$$

La vitesse de propagation du son dans la fonte est donc 10 fois plus grande environ que dans l'air.

E. B.

LANGUE FRANÇAISE.

ÉLÉMENTS DE LA GRAMMAIRE.

§ 5. — *Du Verbe.*

11e Exercice.

Conjugaison du verbe AVOIR.

Le maître dictera aux élèves les phrases suivantes ; les élèves distingueront les formes du verbe *avoir* contenues dans ces phrases.

Le crapaud.

Si vous étiez venus avec moi, mes enfants, vous auriez eu sous les yeux un spectacle à la fois douloureux et instructif à bien des égards, et que de longtemps, pour ma part, j'aurai peine à oublier.

Étienne et Philippe, vos deux camarades, avaient eu l'ingénieuse idée de prendre au bout d'un bâton, sans en avoir peur, entendez-vous bien, et de retenir sur le chemin, en lui mettant la patte sous une pierre, un crapaud, un crapaud si affreux, voyez-vous, et si abominablement laid, qu'on aurait eu toutes les peines du monde à s'empêcher de lui faire du mal. Ainsi en jugeaient sans doute les chers enfants, car le crapaud une fois arrangé comme je vous le disais, d'assez loin, avec des cailloux, ils se mirent à viser cette cible vivante. Et, comme ils ont beaucoup d'adresse, les jolis mignons, à chaque coup qui portait, c'étaient des cris et des trépignements de joie. Quand ils eurent assez de ce jeu-là, Philippe, — il semble que les plus petits aient toujours plus de malice que les autres, — imagina quelque chose de bien plus intéressant. Il y avait sur le chemin deux ornières, et naturellement les roues de toutes les voitures suivaient ces ornières. Or, on en voyait une qui venait, tirée par un âne. En plaçant le crapaud juste au beau milieu d'une des ornières, on aurait inévitablement le plaisir de le voir écraser, et écraser tout doucement, la voiture ne marchant pas vite. Le crapaud fut donc déposé, avec précaution, dans l'ornière. Mais, soit hasard, soit pitié, — pourquoi les pauvres bêtes n'auraient-elles pas ce qui nous manque souvent à nous autres ? — en arrivant auprès du crapaud, l'âne, tout fatigué, tout haletant, et bien que son poil couvert de sueur eût l'air de fumer au soleil, d'un vigoureux mouvement de côté, fit sortir la voiture de l'ornière. Il eut de son maître, pour cette incartade, un bon coup de fouet, et Philippe ne put s'empêcher de dire : « Est-il bête, cet âne ! » Puis les deux camarades sont rentrés au logis, et tout à l'heure ils vous disaient, en déjeunant, ma foi ! de fort bon appétit : « C'est nous qui avons eu de l'amusement ! » L'âne, lui aussi, pendant ce temps regagnait son écurie, où il aura eu probablement plus de horions, à l'arrivée, que d'avoine et de litière fraîche. Ainsi vont les choses de ce monde.

Ayons le courage, mes bons enfants, de nous rappeler ce que la Fontaine, avec trop de raison, hélas ! dit de l'enfance ; il se pourrait que nous eussions, pour notre part, quelque profit à en tirer.

12e Exercice.

Conjugaison du verbe ÊTRE.

Le maître dictera aux élèves les phrases suivantes ; les élèves distingueront les formes du verbe *être* contenues dans ces phrases.

L'enfant prodigue.

J'étais à Madrid, l'année dernière, et je rencontrais, toujours au même endroit, sur une des promenades de la ville, un mendiant, qui paraissait encore plus accablé de chagrin que de misère, et dont le grand air et la figure expressive m'inspiraient un vif intérêt. Un jour, je l'interrogeai : « Soyez assez bon, lui dis-je, pour répondre à une demande indiscrète peut-être ; il ne se peut pas que vous ayez été toute votre vie ce que je vous vois aujourd'hui. — Monsieur, me dit-il, vous êtes jeune, je serai franc avec vous, et puisse mon exemple avoir été utile à vous et aux vôtres ! Jusqu'à l'âge de vingt-deux ans, je pus me regarder comme le plus heureux des hommes. Mon père et ma mère étaient riches, et ma famille passait pour une des plus honorables de toute l'Espagne. Malheureusement j'avais été, dès mes premières années, l'enfant gâté de tout le monde ; on me laissait faire ce que je voulais, et je ne voulais guère que ce qui me semblait le plus agréable. A peine majeur, comme si le ciel eût été jaloux du bonheur de ma destinée, je perdis ma mère, la providence de la maison. De folles idées d'indépendance me troublèrent alors le cerveau; je demandai à mon père ce qui me revenait sur la succession de la pauvre femme, et je m'éloignai. Vous jugez de ce qui m'arriva aussitôt que je fus libre, avec cent mille écus dans les mains. Je ne crois pas que je fusse dépourvu d'esprit; on me trouva du génie; on m'eût fait passer pour un Adonis, quand bien même j'eusse été l'homme le plus laid et le plus difforme de la terre. Je ne tardai pas à être à la mode; je donnai le ton au grand monde : cela dura bien trois ou quatre ans. Puis, quand mes poches furent vides, quand mes dernières pièces d'or eurent été la proie de mes créanciers ou de mes soi-disant amis, je me trouvai absolument seul, seul avec le souvenir de ma fortune perdue, et la douleur de ne savoir même pas ce que je pourrais devenir. — Il me semble, lui dis-je, qu'il eût été sage alors d'imiter l'enfant prodigue et de retourner chez votre père. — C'est bien ce que je fis, continua le mendiant, mais trop tard. Quand je retournai à Madrid, mon père venait de mourir, de douleur et de désespoir, en apprenant mes désordres. » Et il ajouta : « Voilà sa maison, qui fut la mienne et celle de toute ma famille; elle était déjà, quand je revins, entre des mains étrangères, et je n'ai pu même obtenir de baiser la place où mourut mon père, sans pardonner peut-être à son enfant. »

13ᵉ Exercice.

Des régimes ou compléments des verbes actifs ou transitifs.

Le maître dictera les phrases suivantes. Les élèves distingueront 1° les verbes actifs contenus dans ces phrases, 2° les régimes directs, 3° les régimes indirects des verbes actifs donnés.

Monsieur Lucien.

« Blaise, Blaise, rappelle ton vilain chien, qui effraye Fido et qui met ses grosses pattes sales sur mon habit, ou sinon je vais lui donner des coups de canne. — Ici, ici, Brisquet! » cria Blaise, en sifflant son chien; et il ajouta : « Faites excuse, monsieur Lucien; Brisquet a bonne mémoire, voyez-vous. Il vous a reconnu et il voulait, à sa manière, témoigner sa joie au fils de son maître. » M. Lucien est le frère de lait du petit Blaise; mais il a reçu apparemment de la nature une forte dose de vanité, et quelques succès de collège lui ont enflé le cœur de telle sorte, qu'il méprise à peu près tout le monde, excepté sa propre personne. Il jette un regard protecteur sur le pauvre enfant, qui, timidement, tourne son chapeau entre ses doigts, et passe, sans répondre, avec Fido, un méchant barbet, qui se donne de grands airs, comme Lucien lui-même. Quelques jours plus tard, Lucien, voulant traverser un gué, glisse et tombe. Il perd pied : le courant l'entraîne; il appelle. Qui vient le tirer de ce mauvais pas? Tout justement le pauvre Blaise, que ce jour-là M. Lucien appela mon bon petit Blaise. Presque au même instant, un taureau, que Fido avait voulu mordre, menaçait de ses cornes l'imprudente bête, quand, par bonheur, survint Brisquet, qui donna la chasse au taureau.

Croyez-moi, chers petits amis, soyons bienveillants, et ne méprisons jamais les autres : notre intérêt même le commande; et le plus humble d'entre nous peut nous rendre les plus grands services.

14ᵉ Exercice.

Verbes de la première conjugaison.

Le maître dictera aux élèves les phrases suivan-

tes; les élèves relèveront les verbes de la première conjugaison contenus dans ces phrases, et ils indiqueront par écrit, pour chaque forme qu'ils auront relevée, le temps, le mode, la personne et le nombre auxquels cette forme appartient.

Réparation.

Depuis le jour, mon cher père, où vous me condamnâtes, en punition de la brutalité avec laquelle j'avais frappé ma petite sœur, à demeurer seul dans ma chambre, loin de votre présence, loin de tous ceux que j'aime et que j'honore, j'ai cherché, ma conscience me reprochant chaque jour, non-seulement le mauvais sentiment qui m'a emporté comme malgré moi, mais encore le chagrin que vous a donné ma conduite, tous les moyens possibles de lutter contre la violence naturelle de mon caractère. Je ne doute pas que je ne vous aie blessé profondément dans la délicatesse de vos sentiments; j'ose penser d'autre part que vous ne douterez pas non plus de la sincérité des miens, quand je vous aurai raconté ce qui m'arriva pas plus tard qu'hier. J'eusse donné volontiers tout ce que je possède pour qu'un autre que moi portât en cette circonstance témoignage de moi-même; je m'estimerais du moins bien heureux si l'effort que j'ai tenté vous semblait suffisant pour que votre bienveillante indulgence daignât ajouter foi, sinon à mon entière conversion, du moins à mon ardent désir de contenter le meilleur et le plus juste des pères. Si vous pensez qu'avoir lutté pendant plusieurs semaines contre des penchants bien violents déjà, mérite de vous quelque égard, je n'hésiterai pas, cher père, à vous le dire : la peine que vous m'imposez dépasse mes forces : pardonnez à votre enfant, bien humilié, bien triste et bien malheureux.

15ᵉ Exercice.

Verbes de la deuxième conjugaison.

Le maître dictera les phrases suivantes; les élèves relèveront les verbes de la deuxième conjugaison contenus dans ces phrases, et indiqueront par écrit, pour chaque forme qu'ils auront relevée, le temps, le mode, la personne et le nombre auxquels cette forme appartient; ils relèveront de même les verbes de la première conjugaison.

Réparation (suite).

Vous avez probablement gardé souvenir de ce dessin que vous m'aviez choisi vous-même, en me recommandant de le copier le plus exactement et le plus promptement possible. J'y travaillais de mon mieux; aujourd'hui encore je pense, sauf erreur, que j'avais réussi assez bien, et je comptais avoir fini très-prochainement ma tâche, quand tout d'un coup, dans une bonne intention, sans doute, pour m'avertir qu'il se trouvait là, et qu'il compatissait aux ennuis de ma solitude, Alfred me lance par la croisée un gros ballon qu'il tenait à la main. Le ballon tombe droit sur ma tête, et, rebondissant ensuite, renverse la table, où j'avais tout justement posé une écritoire remplie d'encre. Jugez de mon désespoir! Avant que j'eusse saisi l'écritoire et redressé la table, mon dessin, tout noirci, avait volé à terre, et de grosses taches d'encre salissaient, en plusieurs endroits, votre beau modèle. Furieux, je relève la tête : d'en bas, cher père, Alfred me regardait, frappant dans ses mains, comme s'il eût applaudi au bon tour qu'il m'avait joué. De plus patients que moi peut-être n'auraient pas retenu leur colère : la mienne m'emporte; je franchis quatre à quatre les marches de l'escalier, et m'armant, j'en rougis encore, d'un bâton, j'avance droit sur le pauvre Alfred.

16ᵉ Exercice.

Verbes de la troisième conjugaison.

Le maître dictera les phrases suivantes : les élèves relèveront les verbes de la troisième conjugaison contenus dans ces phrases, et indiqueront, par écrit, pour chaque forme qu'ils auront relevée, le temps, le mode, la personne et le nombre auxquels cette forme appartient ; ils relèveront de même les verbes de la première et de la seconde conjugaison.

Réparation (suite).

A ce moment, cher père, une pensée soudaine me vint à l'esprit : je revis, comme dans un éclair, les pleurs que versait ma pauvre petite Agathe, quand je la frappais, il y a quinze jours, et il me sembla que vos sévères paroles, qui m'avaient ému si douloureusement, résonnaient de nouveau à mon oreille. Je m'arrêtai tout court, et, jetant au loin mon bâton, je courus m'asseoir à l'écart, dans un coin du jardin, où mon cœur se soulagea par un flot de larmes. J'avais triomphé de mon emportement ; mais vous concevrez sans peine ce qu'un tel effort me coûtait et ce que, dans ces quelques secondes, j'avais dû souffrir. Alfred s'approcha de moi : « A quoi penses-tu donc ? » me demanda-t-il ; puis, voyant l'état où je me trouvais, il ajouta : « Je m'aperçois que, sans le vouloir, je t'ai blessé. Si j'avais prévu que ma plaisanterie dût avoir pour toi quelque conséquence fâcheuse, tu dois penser, à ce qu'il me semble, que j'y aurais renoncé bien vite. Dans tous les cas, pardonne-moi. » Vous jugez si ces bonnes paroles redoublèrent encore mon émotion. Je lui serrai la main, et, le menant à ma chambre, je lui montrai mon modèle taché et ma besogne gâtée. Il me quitta, et ce matin je recevais de lui un carton contenant un autre modèle tout pareil au mien, avec un petit billet ainsi conçu : « Ce soir, Alfred viendra voir son ami Édouard ; il apportera ses crayons, et tâchera, en l'aidant aussi bien que possible, de réparer sa sottise. » Voilà, père, ce que j'avais à vous raconter[1].

Charles DEFODON.

SUJET DE COMPOSITION FRANÇAISE.

Le bracelet.

Une institutrice raconte à ses plus jeunes élèves le trait suivant : Une pauvre veuve, habitant une maison écartée, est malade. — Sa petite fille, qui n'a que sept ans, la veille, sans savoir comment la soulager. — Une nuit tout entière se passe ainsi. — Le matin venu, une jeune fermière conseille à l'enfant d'aller chercher un médecin, non sans lui avoir laissé à entendre que le médecin ne viendra peut-être pas, attendu qu'elle n'a pas d'argent pour payer sa visite. — La petite fille, au moment d'arriver au bourg où demeure le médecin, trouve un bracelet d'or. — Elle a l'idée de le garder, en songeant que ce bracelet peut lui donner de quoi sauver sa mère. — Mais elle se souvient d'avoir vu le bracelet au bras d'une dame, dont elle connaît la demeure. — Elle rend le bracelet. — La dame se trouve être justement la fille du médecin, qui guérit la veuve. — Réflexions.

Catherine a sept ans, elle habite une chaumière sur la lisière d'un bois. Son père, pauvre bûcheron, est mort à l'automne, et voilà que, par une nuit d'hiver, au moment où vous dormez, chers enfants, dans vos lits moelleux, elle s'est assise auprès d'un grabat sur lequel gémit sa mère, en proie à de cruelles souffrances. Ces souffrances, elle voudrait bien, la pauvre petite, les guérir ou les soulager, mais elle ne sait que pleurer, et le plus souvent, hélas ! les pleurs ne servent de rien, ni à ceux qui les versent, ni à ceux qui les font verser. Et à sa douleur s'ajoute le froid qui fait grelotter ses membres, et la peur qui lui montre, comme de noirs fantômes, les ombres que la lampe fumeuse dessine sur le mur. Quelquefois Catherine s'endort, parce qu'à son âge on n'a pas toujours la force de résister au sommeil, mais les plaintes de sa mère la réveillent. Alors, elle ouvre la porte, elle va sur le bord du chemin et elle appelle de toutes ses forces, espérant que sa voix sera entendue. Mais, jusqu'à présent, rien ne lui a répondu ; rien que le bruit du vent et le cri des hiboux dans la forêt.

Cette nuit fut longue pour Catherine ; Dieu vous préserve, mes bonnes petites, vous et les vôtres, d'une pareille nuit !

Enfin le jour est venu. Catherine a de nouveau quitté la chaumière ; elle s'est avancée dans la plaine, attendant la première personne que le hasard ferait passer par le chemin.

Celle qui vint fut une jeune fermière. Bonne et compatissante, elle alla où la conduisit Catherine. Mais l'état de la malade lui parut si grave qu'elle n'osa rien faire par elle-même. « Il faudrait, dit-elle à l'enfant, aller chercher un médecin. » Et elle ajouta tristement : « Les médecins ne se dérangent pas pour de pauvres gens comme nous, qui n'ont ni or ni argent ! — C'est donc avec de l'or et de l'argent, dit Catherine, que le médecin guérirait ma mère ? » Et, comme elle pleurait toujours, la fermière eut une bonne pensée. « Va tout de même le trouver, dit-elle : peut-être t'écoutera-t-il mieux que personne. »

De la chaumière au bourg, où demeure le médecin, il y a plus d'une lieue : une lieue, c'est un espace bien long pour des jambes de sept ans ; mais Catherine a toutes les forces de son courage. Elle part, elle marche rapidement et se trouve, après une heure de course, auprès de la première maison du bourg, l'une des plus grandes et des plus belles. Un instant elle s'arrête pour reprendre haleine.

A ce moment, par terre, au milieu des broussailles, elle aperçoit un beau cercle d'or tout bordé de petites pierres, qui brillent comme du feu aux rayons du soleil levant. Catherine ramasse le beau cercle d'or. Et les paroles de la fermière lui reviennent à l'esprit : « C'est de l'or ou de l'argent qu'il faudrait pour sauver ta mère. » Et, malgré elle, elle pousse un cri, un grand cri de joie, et baise avec transport ce bijou sauveur qu'elle tient à la main. Mais tout d'un coup, en le regardant de plus près, voilà qu'elle se souvient de l'avoir vu au bras d'une belle dame qui, il y a peu de jours, est venue parler à sa mère. Elle ne peut s'y tromper : elle-même lui a montré le chemin et l'a reconduite jusqu'à sa porte ; et cette porte est celle de la maison que Catherine a devant les yeux. Catherine hésite un instant, puis : « Je peux pas, » dit-elle, et, fermant les yeux, de sa petite main tremblante elle frappe à la porte de la maison. Par bonheur, ce fut la belle dame elle-même qui vint ouvrir. Vous jugez si elle fut contente de retrouver son bracelet qu'elle avait perdu depuis plusieurs jours. Aussi embrassa-t-elle tendrement Catherine, et comme elle vit que la petite fille avait les yeux rouges, elle lui demanda ce qu'elle avait : « J'ai, dit Catherine, éclatant en sanglots, que maman va mourir, parce que

---

1. L'abondance des matières et particulièrement des actes officiels, nous oblige à remettre au prochain numéro nos exercices sur l'orthographe d'usage et sur les difficultés de la langue.

nous n'avons pas d'or ni d'argent pour la faire soigner. »

Sans répondre, la belle dame sortit, et un instant après elle reparut avec un grand monsieur à cheveux blancs, qui, se penchant vers Catherine, de sa voix la plus douce, lui dit : « Je vais avec toi, mon enfant. »

Tout justement, chères petites, la Providence avait conduit Catherine dans la maison du médecin, dont la belle dame était la fille.

La chaumière, quinze jours après, avait pris un air de fête ; la pauvre veuve entrait en convalescence ; elle remerciait le ciel de lui avoir donné une petite fille aussi aimante, aussi courageuse et aussi honnête !

Cécile REGNARD.

CORRESPONDANCE.

« La commune de .... se propose de construire une maison d'école pour les garçons et une mairie. Il y a tout lieu de penser que dès le commencement de l'année prochaine, il pourra y avoir adjudication et travaux. La construction nouvelle se fera sur l'emplacement même des vieux bâtiments actuels. Donc il me faudra quitter mon logement et mon école pour aller ailleurs.

« Mais je ne vois pas qu'il soit possible de trouver un local convenable, et je ne serais pas surpris qu'il y eût, par force majeure, suspension d'école pendant un temps plus ou moins long.

« S'il y a suspension d'école, n'y aura-t-il pas aussi suspension de traitement ? »

Notre correspondant n'a rien à craindre.

En principe, tout instituteur, régulièrement nommé, a droit à un traitement et à un logement.

Même dans le cas dont il s'agit, lequel est indépendant de sa propre volonté, il ne peut être privé ni de l'un ni de l'autre, et la commune devra lui fournir, bien qu'il n'exerce pas, son traitement et de plus une indemnité de logement.

Il est à croire, d'ailleurs, que, si la vacance de l'école doit durer un certain temps, l'administration l'enverra provisoirement dans un autre poste.

— « L'arrêté de M. le Ministre relatif aux récompenses à décerner pour la direction des cours d'adultes porte « que la médaille d'or sera remise à l'INSTITUTEUR *communal* directeur d'un cours d'adultes, etc., etc.

« Je désire savoir si cette médaille pourrait être accordée à un maître spécialement chargé d'un cours primaire dans un lycée, ce maître étant proposé pour cette récompense par la commission dont l'arrêté du Ministre fait mention. »

Un maître chargé d'un cours spécial d'enseignement primaire dans un lycée est un instituteur ; de plus il enseigne dans un établissement d'instruction publique. Ce serait, suivant nous, interpréter dans le sens le plus libéral l'arrêté du Ministre que d'admettre au partage des récompenses l'honorable classe des instituteurs attachés aux lycées et colléges.

— « Une école communale est-elle considérée comme un établissement d'une assez grande utilité publique, pour que la commune puisse faire exproprier un voisin dont la maison est indispensable pour l'agrandissement de cette école ? »

Oui ; mais il faut pour cela un décret spécial d'expropriation.

— « Peut-on, sans inconvénient, faire imprimer et mettre en vente un recueil de lectures composé de morceaux pris dans divers ouvrages, en ayant soin de citer le nom de l'auteur au bas de chaque morceau ? »

Non ; cela est impossible, à moins que les ouvrages dont il s'agit ne soient tombés dans le domaine public ; autrement, il faut obtenir l'autorisation des auteurs ainsi que celle de leurs éditeurs ou ayants droit.

— « Un recteur est-il obligé d'admettre à l'engagement décennal toute personne qui se trouve dans les conditions légales pour contracter cet engagement ? »

Il faut s'entendre sur ce mot de conditions légales. Beaucoup de personnes s'imaginent qu'il suffit, pour être apte à contracter l'engagement décennal, d'être muni du brevet de capacité et de se mettre à la disposition de l'autorité universitaire. Il n'en saurait être ainsi. Le texte de l'article 79 de la loi du 15 mars 1850 est bien clair. Il établit le bénéfice de la dispense du service militaire, au moyen de l'engagement décennal, en faveur de certaines catégories spéciales de fonctionnaires ou d'aspirants fonctionnaires déjà en exercice, les instituteurs adjoints des écoles publiques, les élèves des écoles normales primaires, etc., etc. A l'égard des individus placés dans ces catégories, le rôle du recteur se borne à une vérification de titres ; mais il doit être bien entendu que nul autre qu'eux ne peut être admis à contracter l'engagement, il n'y a donc pas lieu pour le recteur d'accepter celui-ci ou de refuser celui-là, comme on le croit généralement.

— « Dans une commune où l'instituteur remplit les fonctions de secrétaire de mairie, est-il obligé, sur la demande du maire, de remplir ces mêmes fonctions de secrétaire aux séances du conseil municipal? N'est-il pas en droit de s'y refuser, puisque la loi dit qu'à chaque réunion le conseil municipal doit choisir, par vote, son secrétaire parmi les membres présents à la séance ? »

En principe, notre correspondant a raison ; il est toutefois d'usage assez général que l'instituteur secrétaire de mairie fasse les fonctions de secrétaire dans les séances du conseil municipal, bien qu'il n'en puisse pas avoir le titre, le secrétaire titulaire étant souvent peu exercé à tenir la plume et inhabile, par conséquent, à rédiger convenablement les procès-verbaux et les autres pièces qui, légalement, sont de son ressort. Nous pensons donc qu'il faudrait à l'instituteur des raisons bien graves pour refuser un service, qui n'a rien que d'honorable pour lui, lorsqu'il y est convié par le maire ou conseil municipal lui-même.

— « Un instituteur adjoint recevant un traitement fixe peut-il subir une diminution de traitement, lorsque le maire, sur l'avis du conseil municipal, lui délivre un certificat constatant qu'il n'a pas démérité ? »

La loi actuelle, qui met à la charge des communes le traitement des instituteurs adjoints n'a rien déterminé sur le chiffre de ce traitement; c'est une des lacunes que doit faire disparaître le projet de loi dont le Corps législatif est saisi depuis deux ans, mais qui, malheureusement, est encore rejeté à la session prochaine. Dans l'état présent, les communes sont entièrement libres de fixer ou de modifier comme bon leur semble la position des instituteurs adjoints, et nous comprenons qu'il peut se faire qu'un conseil municipal, tout en constatant qu'un instituteur adjoint n'a pas démérité, se trouve, faute de fonds par exemple, obligé de diminuer son traitement.
Quelque intéressante que puisse être la situation de notre correspondant, il n'a aucune réclamation à faire.

— « Aux termes de l'article 38 de la loi du 15 mars 1850, le traitement de l'instituteur doit se composer :
« 1° d'un traitement fixe qui ne peut être inférieur à 200 fr.;
« 2° Du produit de la rétribution scolaire;
« 3° D'un supplément, etc., etc.
« Dans la commune où je suis instituteur communal, mon traitement ne se compose que du produit de la rétribution scolaire et d'un legs de 250 fr. Ce legs a été fait, bien avant la loi de 1833, en faveur des enfants pauvres de la commune, auxquels il

doit en outre être fourni encre, papier, plumes, etc., etc.
« Le nombre de ces enfants, qui n'était que de 5 en 1860, est aujourd'hui de 20; la commune étend la gratuité autant que faire se peut, et confond les élèves gratuits dont elle doit payer elle-même l'instruction, avec ceux à admettre d'après la volonté du testateur.
« La commune est-elle en droit de me refuser le traitement minimum de 200 fr. que la loi du 15 mars 1850 accorde à tout instituteur communal titulaire, et, au moyen du legs précité, peut-elle indéfiniment augmenter le nombre des élèves gratuits ? »

Notre correspondant doit savoir si les élèves auxquels la commune étend le bénéfice de la gratuité, sont, oui ou non, dans une position de fortune qui leur permette de payer la rétribution scolaire. Dans le cas où il y aurait abus, il devra adresser ses réclamations à l'autorité compétente, c'est-à-dire au préfet; sinon, la commune est dans son droit. En effet, l'article 40 de la loi du 15 mars 1850 est formel; ce n'est qu'à défaut de fondations, dons ou legs, que le conseil municipal a à délibérer sur les moyens de pourvoir aux dépenses de l'enseignement primaire dans la commune. Donc, dès lors que le produit d'un legs, joint à celui de la rétribution scolaire, atteint le minimum légal, la commune n'a point à s'imposer. Reste, en attendant qu'une loi nouvelle détermine la légitime compensation due aux instituteurs en face de l'extension toujours croissante de la gratuité dans les écoles, cette règle de justice et de convenance qui veut qu'à toute augmentation de charges réponde une auhmentation de salaire. Mais sur ce point l'instituteur ne peut s'adresser, jusqu'à présent du moins, qu'au bon sens et à la générosité des couseils municipaux, et, à leur défaut, des départements et de l'Etat.

— On nous adresse sur les conditions nécessaires pour ouvrir un établissement d'enseignement secondaire spécial ou pour être chargé des cours de cet enseignement différentes questions auxquelles nous ne sommes pas en mesure de répondre.
Nous avons publié dans nos colonnes la loi sur l'enseignement secondaire spécial et les circulaires ministérielles qui en déterminent l'organisation. Nous prions nos correspondants de vouloir bien se reporter à ces documents, les seuls qui puissent jusqu'à ce jour éclairer la question, l'enseignement spécial n'ayant encore que fort peu fonctionné [1].

Charles DEFODON.

1. La librairie L. Hachette et Cie vient de mettre

COMPTE RENDU D'OUVRAGES NOUVEAUX.

Une servante d'autrefois, par Mme Z. Carraud. 1 vol. in-18 jésus, broché, 1 fr. Librairie L. Hachette et Cie. Collection de la *Littérature populaire.*

Il se produit aujourd'hui tant de livres tendus et boursouflés, qu'on est tout surpris et tout heureux d'en rencontrer quelques-uns qui échappent à cette contagion, qui se proposent de vous raconter, sans prétention et sans grand effort de style, quelques scènes de la vie de tous les jours, de vous retracer tels ou tels caractères, que vous avez vus à coup sûr ou que vous verrez, mais que, sans eux, vous ne songeriez peut-être pas à regarder, parce qu'ils ne tirent pas l'œil, comme on dit, étant tout bonnement et tout uniment vrais, et ne présentant d'autre attrait que celui de leur simplicité, sans aucun relief dramatique.

Ce n'est pas d'aujourd'hui qu'on a mis en scène le type de la servante : il y a quelques années, par exemple, un grand poëte l'idéalisait ; tout récemment, dans un roman qui a fait du bruit, on nous le montrait, sous couleur de réalisme, abrutie et dégradée. Mme Carraud n'a été chercher, ni si haut, ni si bas, ces caractères d'exception, trop charmants ou trop odieux. Elle a pris une bonne fille qui, pour toute instruction, sait compter jusqu'à cent, qui n'est ni poétique, ni passionnée, mais qui a l'esprit droit et le cœur honnête, et qui s'élève ainsi, comme par une marche toute naturelle, jusqu'à l'héroïsme du dévouement.

Et ce dévouement, remarquez-le, ne se traduit pas par des actions d'éclat, imposées par des incidents ou des catastrophes à grand effet. L'histoire que nous raconte Mme Carraud commence en 1750 et se prolonge pendant une cinquantaine d'années ; il eût donc été facile de trouver telle combinaison qui eût fait sortir ses personnages des circonstances ordinaires, au moment de la Révolution, par exemple. Mme Carraud ne l'a pas voulu. Elle a voulu, se souvenant sans doute de ce qui a fait le succès si justement mérité de ses premiers livres, suivre dans ses détails la vie la plus commune, et faire sortir de ces détails mêmes, insignifiants pour qui ne sait pas voir, tout l'intérêt de son récit. Elle a voulu que ses lecteurs habituels, les bonnes gens qui ne se sont pas faussé le goût, à force de le vouloir raffiner, pussent retrouver sous sa plume les faits de leur

en vente un volume contenant les *Programmes officiels de l'enseignement secondaire spécial*, avec les instructions ministérielles qui s'y rapportent. In-12, broché, 2 fr.

propre vie et les gens de leur connaissance, tout ce qu'ils peuvent apprécier, comprendre et sentir.

Fanchette Madoré, son héroïne, est employée, à treize ans, chez les Sionnet, qui tiennent, à Issoudun, boutique d'étoffes, dentelles et autres marchandises ; elle aide Madelon, la vieille servante, qui ne suffit plus à tenir le ménage. Les Sionnet ont beaucoup d'enfants. Un jour survient maître Rabussier, père nourricier d'Elizabeth, la plus jeune de la famille, tenant l'enfant dans ses bras. « Qu'est-ce qu'il y a donc de nouveau, maître Rabussier, dit Fanchette. — Il y a, répond Rabussier, que ma femme est à la mort et que nous ne pouvons plus garder la petite. Qui donc va prendre soin de l'enfant? — Tiens! moi, pardi, s'écrie Fanchette ; faut me prendre, et elle ne pâtira de rien avec moi, cette jolie mignonne!» On donne à Fanchette ses quatre repas, des sabots, huit petits écus de trois livres, et la défroque des filles. Et dès lors, corps et âme, elle se dévoue aux Sionnet, et, en particulier, à la petite Elizabeth. Quand meurt le chef de la famille, la veuve et l'aîné des enfants vont en tournée à la place du père. Fanchette garde les plus jeunes à la maison ; elle est la providence du ménage. Neuf ans se passent : Elizabeth, qu'au péril de sa vie elle a guérie de la petite vérole, est devenue une belle fille de seize ans, belle, mais frêle et délicate. Gothard Clot, un ancien ami du père, s'éprend de celle que, toute enfant, il appelait sa petite femme. Gothard a la cinquantaine et cinq pieds onze pouces ; c'est un colporteur des montagnes, un corps de fer, un cœur d'or ; beau pécule, d'ailleurs, et bonne clientèle. Aussi Fanchette a-t-elle beau dire : « L'argent ne diminue pas les années, et un jour vous pourriez vous mordre les doigts de ce que vous allez faire là,» on marie la pauvre petite au géant des Vosges. Elle en a pour quatre ans à peine, et dans les bras de Fanchette, qui a suivi sa petite fille, elle meurt, laissant deux orphelins, que la pauvre servante jure de ne jamais quitter, quoi qu'il arrive. Et tout ce que le cœur de Fanchette peut contenir d'affection, elle le donne, sans en rien garder, à ces petits orphelins, Ambroise, un hardi garçon, et Marthe, qui ressemble à sa mère.

Il arrive que la petite Marthe est lancée un jour hors de la voiture qui la porte ; Fanchette se précipite en avant pour la couvrir de son corps : elle a un bras cassé et deux côtes enfoncées. Une autre fois, un gros dogue, taquiné par Ambroise, se jette sur l'enfant ; c'est le poignet de Fanchette qu'il mord, ne lâchant prise qu'après lui avoir déchiré les chairs. Plus tard, elle lui rend un service bien plus signalé, en payant de ses propres deniers une dette de jeu follement contractée par le jeune homme. Certain jour, un voisin, qui a su apprécier les qualités de Fanchette, lui montre une petite maison qu'il vient d'acheter, et lui offre cette petite maison, et une rente viagère de cent écus, si elle veut devenir sa femme. Le voisin est un honnête homme ; la maison est bien jolie, les cent écus de rente sont au delà de tout ce qu'a jamais possédé la pauvre fille, qui commence à ne plus se sentir jeune. Mais elle ne tarde pas à se rappeler ce qu'elle a promis à Elizabeth mourante ; elle refuse. Et jamais Gothard Clot ne saura rien de ce sacrifice.

Mais tout cela n'est rien encore. Gothard qui, dans sa rudesse native, a pu deviner à peine comment, sans le vouloir, il a causé la mort de sa femme, après l'avoir sincèrement pleurée, songe, au bout de trois ans, à la remplacer. Fanchette, devant l'étrangère, se sent de plus en plus nécessaire à ses petits enfants. Et de là, entre trois personnes, Fanchette, fière et incorruptible, la belle-mère, envieuse et avare, et le père à qui il reste heureusement assez de sens et de cœur pour comprendre le rôle de sa servante, toute une lutte intime qui forme assurément la partie la plus intéressante et la plus originale du livre de Mme Carraud.

La vraie mère de famille, ce n'est pas, tant s'en faut, la seconde Mme Clot, c'est Fanchette. Quand Marthe vient en âge d'être mariée, un jour, son père lui dit : « Ma fille, demain, à trois heures et demie, M. Giraud de Saint-Bouise te demandera en mariage, et tu l'accepteras. » Or, quand la porte s'ouvre pour laisser entrer M. Giraud de Saint-Bouise, Marthe aperçoit un personnage grand comme son père, vêtu comme lui, et qui lui semble du même âge, s'agenouillant devant elle pour lui débiter une déclaration évidemment apprise par cœur. La pauvre petite s'enfuit, et est prise d'un accès de fou rire nerveux, qui se change bientôt en attaque de nerfs. Le bonhomme Clot ne comprend rien à cette exaltation, et, aux observations de Fanchette sur le peu de proportion qu'il semble y avoir entre l'âge de Marthe et l'âge de M. de Saint-Bouise : « Que me dites-tu là ! répond-il, n'avais-je pas le même âge, quand ma pauvre Zabeth me prit ? — Aussi, réplique Fanchette, est-elle morte à la peine ; morte à la peine, continue-t-elle, et il ne faut pas que sa fille ait le même sort. »

Ici laissons parler Mme Caraud elle-même :

« Mon Dieu, je l'aimais pourtant bien ! dit le malheureux Clot, qui se rassit atterré.

— Je ne dis pas non ; mais voyez-vous, notre maître quand on est attelé à la même charrue, il faut marcher du même pas. Vous alliez trop vite pour Zabeth ; elle est tombée en route et y est restée. Je le dirai toujours : la jeunesse veut la jeunesse, et il ne faut pas qu'une femme tremble toute sa vie devant son mari, ni qu'il la traite en enfant, si elle a envie de rire un brin.

— Dis, la fille, dis tout, » cria le maître, la figure cachée dans ses mains et pleurant à chaudes larmes.

La servante, attendrie par ce grand chagrin, continua pourtant dans l'intérêt de Marthe, mais avec moins d'âpreté :

« Fallait être vous, notre pauvre maître, pour ne pas voir qu'elle s'en allait tout doucement chaque jour ! Vous êtes-vous tant seulement jamais douté du mal que vous lui faisiez, en lui criant, chaque matin, de votre grosse voix : « Zabeth, dors-tu ? » jusqu'à ce qu'elle réponde. Cela la réveillait en sursaut, cette pauvre âme, et elle ne pouvait plus se rendormir, elle qui avait si grand besoin de repos pour vivre ! et puis vous lui faisiez faire des promenades qui n'en finissaient pas, et vous la rameniez pâle comme une morte ; au lieu de pouvoir se reposer un peu avant le dîner, il fallait rester une heure entre les mains du perruquier et mettre son grand habit ; car vous ne lui permettiez pas de paraître à table en déshabillé. Aussi elle n'en pouvait plus, et n'avait pas la force de manger ; ça vous impatientait, et vous vous mettiez à vanter vos montagnardes qui sont pareilles à des hommes : et vous vous moquiez des femmes de la ville, parce qu'elles sont délicates.

« Tout ça n'était pas régalant pour elle, bien sûr ! si elle était triste, vous la tourmentiez comme un follet, sans savoir pourquoi, faute de la comprendre ; vous qui vous portez comme le pont Neuf, vous vous imaginez que tout le monde est de même, et vous vous fâchiez de ce qu'elle n'avait rien à v... s répondre Pouvait-elle vous dire que vous la tu... à petit feu, voyons ? »

Le vieillard comprit alors seulement ses in... stices envers sa pauvre petite femme, et ce long martyre dont il était innocent d'intention ; il continuait de pleurer et alla se mettre au lit.

Fanchette, toute mal à l'aise du chagrin qu'elle venait de faire à son maître, descendit à la cave où elle tira un peu de vin vieux qu'elle fit chauffer avec un reste de sucre et de cannelle qu'elle avait conservé du dîner de Pâques ; après avoir versé le breuvage dans le grand gobelet de Gothard, elle le lui porta. Celui-ci, touché de cette attention, lui dit :

« La fille, aime bien Marthe, entends-tu ? »

Je connais, pour ma part, peu de scènes plus simples, plus délicates et plus saisissantes.

Bien entendu, Marthe n'épouse pas M. de Saint-Bouise, et le reste de la vie de Fanchette se passe à défendre les épargnes du bonhomme Clot, d'abord contre les voleurs, puis contre un ennemi domestique bien plus dangereux, Mme Clot elle-même, qui, par toute sorte de moyens, cherche à confisquer à son profit la fortune de Marthe et d'Ambroise. A la fin, Gothard Clot étant devenu tout à fait vieux, une nuit que Fanchette, bien vieillie de même, s'est endormie en le veillant, elle se réveille en sursaut et aperçoit Mme Clot qui a mis la main sur les clefs de l'armoire secrète où est serré l'argent du père de famille. Elle veut se lever, elle veut appeler : le mouvement et la voix lui manquent ; Fanchette est paralysée. Le lendemain, le larcin est découvert : le vieillard devine qui a fait le coup, et il en meurt ;

Fanchette meurt presqu'au même moment que lui, et Mme Clot, deux jours après, quitte sans retour la maison, emportant tout ce qui lui appartenait.

La *Servante d'autrefois* est le digne pendant de la *Petite Jeanne*, si goûtée, si honorablement distinguée, et nous n'hésitons pas à lui prédire un égal succès.

Charles DEFODON.

LECTURES A L'USAGE DES ÉLÈVES.

JEANNE[1].

PIÈCE EN DEUX ACTES POUR LES ENFANTS.

DEUXIÈME ACTE.

Scène I.

MME BERTRAND, *seule.*

Me voilà un moment de tranquillité, il faut que je voie mes comptes.... Ah! que j'ai le cœur triste! c'est aujourd'hui ma fête; autrefois c'était un jour de joie, d'épanchements.... Et Louise qui va partir sans me revoir.... Enfin il n'y a pas de remède.... Voyons mes livres. Allons, voilà déjà qu'on vient me déranger.

Scène II.

MME BERTRAND, MLLE FRANÇOISE.

FRANÇOISE. Madame Bertrand, comme c'est aujourd'hui votre fête, je vous apporte un petit plat de ma façon. (*Elle tire des gâteaux de son panier.*)

MADAME BERTRAND. Vous êtes vraiment bien bonne, mademoiselle Françoise, d'avoir pensé à moi. (*Elle présente une assiette.*)

FRANÇOISE. C'est pour vous y faire goûter, ça s'appelle des craquelins; vous verrez, c'est excellent. (*Elle les range sur l'assiette.*)

MADAME BERTRAND. Ils ont bien bonne mine.

FRANÇOISE. Quand vous aurez du monde à dîner, vous n'aurez qu'à me faire prévenir, je viendrai vous aider.

MADAME BERTRAND. Ce n'est pas de refus, mais je ne donne guère à dîner depuis la mort de mon mari, et depuis.... que je suis seule.

FRANÇOISE. Vous devez être bien chargée d'ouvrage chez vous; votre maison, vos gens, tout cela lui donne du tintouin.

MADAME BERTRAND. Oui, j'ai beaucoup de besogne.

FRANÇOISE. Avec ça que vous n'avez personne....

MADAME BERTRAND. J'ai ma bonne Jeanne, qui est une fille d'or.

FRANÇOISE. Oui, mais elle n'est pas bien habile.

MADAME BERTRAND. Oh! c'est une travailleuse, et d'une fidélité!

FRANÇOISE. Elle ne sait pas faire la cuisine.

MADAME BERTRAND. Elle fait très-bien la soupe aux choux pour les gens.

FRANÇOISE. Mais je veux dire enfin une cuisine un peu fine. Il vous faudrait une femme entendue, économe.

MADAME BERTRAND. Pourquoi faire?

FRANÇOISE. Pour vous aider à tenir votre maison, à faire vos confitures, vos conserves, vos cornichons. Vous avez une foule de choses qui se perdent dans votre jardin, c'est une pitié. Tenez, moi, si vous voulez me prendre, je vous serai d'un bon service.

MADAME BERTRAND (*à part*). Pour me faire des cornichons, quel zèle! (*Haut.*) Mais, ma bonne demoiselle Françoise, je n'ai nulle intention de prendre une cuisinière.

FRANÇOISE. Oh! ce n'est pas cela. Il vous faudrait une société.

MADAME BERTRAND (*à part*). Bon! elle veut être ma dame de compagnie. A-t-on jamais vu une idée pareille! (*Haut.*) Mademoiselle Françoise, vous êtes trop bonne.

FRANÇOISE. Si vous étiez malade, jugez donc comme vous êtes seule.

MADAME BERTRAND (*à part*). Quelle ressource que Mlle Françoise! (*Haut.*) Heureusement que je me porte bien.

FRANÇOISE. Mais le cœur....

MADAME BERTRAND. Vraiment, ma bonne demoiselle Françoise, vous prenez à ma santé, à mon cœur, à mes affaires, un intérêt qui me touche beaucoup. Je vous assure que j'ai pour vous toute sorte de bonne amitié; mais il faut vous ôter de l'esprit cette idée d'entrer ici, c'est un arrangement qui ne peut pas du tout me convenir.

FRANÇOISE. Pourtant, madame Bertrand, je ne vois pas pourquoi.

MADAME BERTRAND. Mais, mademoiselle Françoise, je ne vois pas du tout non plus pourquoi je vous prendrais ici, n'ayant en aucune manière besoin de vos services.

FRANÇOISE. Ce sont des services d'amie que je vous propose.

MADAME BERTRAND (*à part*). A-t-on vu cette rage d'être mon amie malgré moi! (*Haut.*) On n'a jamais trop d'amis, c'est vrai; mais enfin, quand on en a plusieurs, on ne peut pas les loger tous chez soi. (*Jeanne entre.*)

JEANNE (*à part*). Elle n'est pas seule, il faut attendre un peu. (*Elle se tient à l'écart.*)

FRANÇOISE. Ah! je vois bien ce que c'est, vous donnez toutes vos préférences à Mlle Marthe.

MADAME BERTRAND (*à part*). Allons, en voilà d'une autre, elle est jalouse. (*Haut.*) Mlle Marthe est une très-bonne personne.

FRANÇOISE. Vous croyez cela!

MADAME BERTRAND. Je le crois, certainement.

FRANÇOISE. Eh bien! vous vous trompez. C'est une méchante langue.

JEANNE (*à part*). Elle est bonne, elle!

MADAME BERTRAND. Allons, mademoiselle Françoise, vous voulez rire.

FRANÇOISE. Pas du tout, c'est très-vrai. Elle dit que vous êtes une avare, que vous tondriez un œuf, que vous nourrissez vos gens de lard rance et de fromage moisi, que vous vous êtes brouillée avec votre sœur par avarice.

MADAME BERTRAND. Est-ce bien possible? comment, elle a dit cela?

FRANÇOISE. Je vous dis, moi, que votre Marthe ferait battre des pierres ensemble; c'est une curieuse, une rapporteuse, elle écoute aux portes.

JEANNE (*à part*). Ah! les mauvaises langues, les mauvaises langues!

FRANÇOISE. N'est-ce pas elle qui est venue vous rapporter ce que votre sœur avait dit sur une somme d'argent que votre mari devait au sien.

MADAME BERTRAND. Eh bien! quoi?

FRANÇOISE. Savez-vous comment elle avait appris cela?

MADAME BERTRAND. Non.

FRANÇOISE. Eh bien! votre sœur en avait parlé en confiance à M. le curé sous le sceau du secret. Marthe a surpris cette confidence à travers la charmille du jardin, et elle est venue vous le redire. Est-ce beau, cela!

JEANNE (*à part*). Ah! bonté divine! voilà comme les méchants se trahissent.

MADAME BERTRAND (*à part*). Ah! ciel! quel trait de lumière!

FRANÇOISE. Comptez après cela votre Mlle Marthe au nombre de vos amies! Donnez donc votre confiance à cette digne personne!

MADAME BERTRAND (*à part*). Je n'en puis plus. (*Haut.*) C'est bien, mademoiselle Françoise, c'est assez; vous me feriez bien plaisir de me laisser un peu seule. Tout ce que vous me dites là m'étonne et m'émeut beaucoup; j'ai besoin de reprendre un peu mes esprits.

FRANÇOISE. Je vais aller un peu dans le jardin. (*Elle sort.*)

JEANNE (*à part*). La voilà seule, c'est le bon moment. (*Elle sort.*)

Scène III.

MME BERTRAND, *seule.*

Mon Dieu! est-ce que je rêve?... il me semble que je m'éveille.... C'est certain, je suis le jouet de ces deux femmes.... Si j'en crois celle-ci, Marthe a inventé mille faussetés pour me séparer de ma sœur.... mais quel pouvait être son but? était-ce seulement l'instinct du mal?... aurait-elle eu quelque intérêt caché?... peut-être bien le désir de s'insinuer auprès de moi.... il faudra que j'éclaircisse cela.... Pour le moment, je suis trop troublée, trop émue, je veux penser à autre chose; voyons mes livres, mes affaires me distrairont.... Cette Marthe, qui paraît si douce, si pieuse.... quelle hypocrisie! quelle odieuse fourberie? Ma pauvre sœur! si je m'étais laissé tromper, je serais bien coupable !... (*Elle prend ses registres et les feuillette.*) Ne pensons plus à cela pour le moment. (*Elle examine ses livres en silence.*) Compte de Noël: il me redoit cent écus; à propos, il faudra voir à cela·... La Grange: il lui reste dû cinquante francs; il n'en sait rien apparemment, il faudra le payer.... Où est donc le compte de Texier.... (*Elle cherche.*) Tiens, il y a là une poche, dans la couverture du livre, que je n'ai jamais visitée.... Voilà des papiers, c'est encore l'écriture de mon pauvre mari. (*Elle lit.*) Compte de Marcel !!! Je l'ai tant cherché! Ah! mon Dieu! mon Dieu! mon Dieu! qu'est-ce que je vois! et la date: 23 mai, quatre jours avant sa mort! « Compte arrêté entre Marcel et moi : « Je lui redois quinze mille francs, dont je lui servirai les intérêts à raison de trois et demi pour cent jusqu'au complet remboursement.... » C'est signé! c'est authentique! c'est sacré !!! (*Elle se lève dans la plus grande agitation.*) Ma sœur! ma sœur! ma pauvre sœur! elle avait raison !!! Et ce doute, qu'elle a déposé tout bas dans le sein d'un ami vénérable, pour avoir un conseil, m'a été redit comme une plainte injuste et offensante !!! (*Elle retombe assise.*) Oh! que j'ai été malheureuse! que je suis coupable !!.. mais il faut réparer à l'instant. (*Elle se lève avec précipitation.*) Je cours chercher ma sœur.... Jeanne! Jeanne! (*Elle va à la porte et recule en voyant entrer les deux enfants. Elle retombe assise.*)

Scène IV.

JEANNE, MARIE, PAULINE, *chacune un bouquet à la main.*

JEANNE (*poussant les enfants devant elle*). Avancez, mes petites biches; allons, parlez donc!

MARIE. Ma tante, nous te souhaitons une bonne fête?

PAULINE. Marraine, veux-tu baiser ta petite Pauline? (*Mme Bertrand sanglote.*)

PAULINE (*à Jeanne*). Elle pleure, vois-tu, Jeanne.

MARIE. Ça lui fait de la peine de nous voir.

PAULINE. Tu ne nous aimes donc plus, petite marraine? (*Mme Bertrand prend les deux enfants dans ses bras et les serre sur son sein.*)

PAULINE. Si! elle nous aime encore! je le savais bien, moi!

MARIE. Jeanne, appelle maman!

Scène V.

MME BERTRAND, MME MARCEL, JEANNE, MARIE, PAULINE.

(*Mme Marcel entre et se précipite vers Mme Bertrand, qui se jette dans ses bras. Elles s'embrassent en silence.*)

MADAME BERTRAND. Louise !

MADAME MARCEL. Pauline ! (*Long silence.*)

JEANNE (*essuyant ses yeux*). Sainte Vierge ! j'suis t'y heureuse, les voilà raccommodées

MADAME MARCEL. Chère sœur!

MADAME BERTRAND. Pauvre amie ! (*Elles s'embrassent encore.*) Pardonne-moi ! oh! pardonne-moi !

PAULINE (*tirant la robe de Mme Bertrand*). Tu ne le feras plus, n'est-ce pas?

MADAME BERTRAND. Que j'ai été coupable !

MADAME MARCEL. Et moi aussi; j'aurais dû revenir plus tôt dans tes bras, mais tu m'as prévenue.

MADAME BERTRAND. Hélas ! je l'aurais dû, je l'aurais voulu, j'ai tant à réparer!

MADAME MARCEL. Tout est oublié, ton action de tantôt m'a fait comprendre que ton cœur m'était rouvert.

MADAME BERTRAND. Mon action, quelle action?

MADAME MARCEL. Cette quittance.

MADAME BERTRAND. Quelle quittance?

MADAME MARCEL. La quittance du loyer que tu as fait payer. Je partais demain, mes malles étaient faites.

MADAME BERTRAND. Mais je ne comprends pas.

MADAME MARCEL. Tu n'y es plus. Je parle de la quittance que m'a remise tantôt Mlle Françoise, en me disant.... Tu sais maintenant.

MADAME BERTRAND. Mais non, du tout.

MADAME MARCEL. Comment! mais Jeanne avait remis la somme de ta part à Mlle Françoise.

MADAME BERTRAND. De ma part, Jeanne?

JEANNE. Mon Dieu! madame..., oui.... je lui ai laissé croire.... Mme Marcel voulait partir.... je savais bien....

MADAME BERTRAND. Comment, Jeanne!... et c'est pour cela que tu m'as demandé d'avance.... c'étaient tes épargnes?

JEANNE. Eh ben! quoi? c'était y pas tout simple?

MADAME BERTRAND. Ah! pauvre Jeanne! (*Elle l'embrasse avec transport.*) Tout m'accable aujourd'hui !

MADAME MARCEL (*embrassant Jeanne*). Jeanne, Jeanne ! c'est toi qui nous as sauvées.

PAULINE. Ah! oui, Jeanne est bien bonne.

MARIE. Il faut l'embrasser aussi.

(*Les deux enfants s'attachent à Jeanne qui les prend dans ses bras et les couvre de baisers.*)

PAULINE. Nous ne sommes plus fâchées, n'est-ce pas, marraine; nous nous aimons bien.

MARIE. Il ne faut plus se fâcher.

PAULINE. Oh! non, cela fait trop pleurer maman.

MADAME BERTRAND (*prenant la main de sa sœur*). Pauvre sœur, comme tu as souffert! la misère! l'inquiétude! comment ai-je pu!... mais Dieu a multiplié aujourd'hui les coups pour m'ouvrir les yeux, pour me faire rentrer en moi-même. Regarde ce papier que je viens de trouver tout à l'heure par une permission du ciel.

MADAME MARCEL (*prend le papier et lit*). Je savais cela; je n'ai jamais osé en parler, mais Dieu a eu pitié de moi et de mes enfants : je serais partie, j'aurais souffert jusqu'au bout, mais je n'aurais jamais douté ni désespéré de ton cœur, et jamais une plainte ne serait sortie de ma bouche contre toi.

MADAME BERTRAND. On m'assurait pourtant que tu me haïssais.

MADAME MARCEL. Pauline, je crois que des personnes bien méchantes se sont mises entre nous deux.

MADAME BERTRAND. J'ai été bien faible et bien malheureuse de me laisser tromper par elles.

Scène VII.

LES MÊMES, MLLE MARTHE, MLLE FRANÇOISE.

MARTHE (*à part*). Ah! ah! il y a du nouveau ici. Pardon, madame Bertrand, je vous dérange.

JEANNE. Oui, vous dérangez ma maîtresse, vous feriez bien de la laisser tranquille.

MARTHE. Je venais vous dire combien je prends part....

FRANÇOISE. Et moi aussi, je suis bien contente de voir....

JEANNE. C'est bon, c'est bon, on n'a pas besoin de vos compliments.

MARTHE. Madame Marcel, je vous avais bien dit que je réussirais.

FRANÇOISE. Voilà tous mes désirs satisfaits.

MADAME MARCEL. Comment! c'est un peu fort! vous vous moquez.

MARTHE. Mais non, j'ai travaillé de mon mieux à préparer cette bienheureuse réconciliation, et j'en remercie bien le bon Dieu.

JEANNE (à part). C'est avoir du front, par exemple!

MADAME BERTRAND (à part). Je suffoque d'indignation.

JEANNE. Écoutez, mam'selle Marthe; écoutez-moi ben, mam'selle Françoise.

FRANÇOISE et MARTHE. Oui, qu'est-ce que vous voulez nous dire?

JEANNE. Vous voyez bien que ma maîtresse ne vous parle pas, parce qu'elle est toute dessus dessous, et ça y fait mal de vous voir.

MARTHE. Comment! que voulez-vous dire, Jeanne?

JEANNE. Je veux dire qu'on vous connaît toutes les deux pour ce que vous êtes.

FRANÇOISE. Pour ce que nous sommes! comment, moi qui....

JEANNE. Oui, pour des langues de vipères. Vous, mademoiselle Marthe, vous êtes une méchante hypocrite.

FRANÇOISE (à part). Ça, c'est vrai; attrape.

JEANNE. Sous couvert de dévotion, vous mettez la brouille dans les famille; vous déchirez, vous dénigrez les une et les autres.

FRANÇOISE (à part). C'est ce que je disais.

MARTHE. Comment, madame Bertrand, vous souffrez qu'on me traite ainsi dans votre maison?

MADAME BERTRAND. Misérable! fourbe! perfide que vous êtes, ne vous avisez pas de salir jamais de votre présence cette maison, où vous avez porté le trouble et la désolation par vos odieuses menées, par vos mensonges et vos calomnies. Sortez d'ici!

MARTHE. Mais, madame Bertrand, vous n'y pensez pas.

MADAME BERTRAND. Sortez! vous dis-je, je me ferai un devoir d'avertir votre respectable maître; vous le trompez indignement.

MARTHE. Ah! madame Bertrand, de grâce!

MADAME BERTRAND. Non, non, pas de grâce pour les méchants. Je vous ai déjà dit de sortir. Sortez toutes deux, sans quoi je vous fais jeter à la porte par mes garçons d'écurie. (*Marthe et Françoise sortent.*)

Scène VII.

MME BERTRAND, MME MARCEL, JEANNE ET LES DEUX ENFANTS.

PAULINE. Elle est bien méchante, celle-là; marraine l'a bien grondée, voilà ce que c'est.

MADAME BERTRAND. Chère sœur, que je t'embrasse encore. (*Elle l'embrasse.*) Chers petits enfants, allez, je réparerai tout le chagrin que j'ai si injustement causé à votre mère; et toi, ma bonne Jeanne, que je suis heureuse de trouver un bon cœur comme le tien pour me consoler, pour me reposer de toutes les turpitudes de ces méchantes femmes!

MADAME MARCEL. Ah! mes chers enfants, tout ceci nous servira d'une leçon pour vous instruire; puissiez-vous avoir en horreur la perfidie des méchantes langues, puissiez-vous retenir toute votre vie la parole du sage : « Il y a six choses que le Seigneur hait, et son cœur déteste la septième, et cette septième chose que Dieu déteste, c'est la langue qui sème la division entre les frères. »

FIN.

ACTES OFICIELS
RELATIFS A L'INSTRUCTION PRIMAIRE.

Décret autorisant un legs. (6 juin.)

Le supérieur général des frères des Écoles chrétiennes, institut légalement reconnu par décret impérial du 17 mars 1808, et dont le siège est à Paris (Seine), est autorisé à accepter, au nom de cet institut, le legs d'une somme de 600 fr., fait, à titre gratuit, aux frères des Écoles chrétiennes de Rouen (Seine-Inférieure), par la dame Marie-Louise-Cécile le Bugle, veuve du sieur Jean-Antoine-François Fouquet, suivant son codicille olographe en date du 19 août 1858.

Le montant dudit legs sera employé, conformément à la demande du conseil d'administration de l'institut, aux frais d'appropriation de l'habitation des frères établis à Rouen sur la paroisse Saint-Sever, et aux réparations de leur mobilier.

Décret relatif aux écoles normales primaires.
(9 juillet.)

NAPOLÉON, par la grâce de Dieu et la volonté nationale, Empereur des Français, à tous présents et à venir, salut.

Sur le rapport de notre Ministre secrétaire d'État au département de l'instruction publique;

Vu l'article 35 de la loi du 15 mars 1850;

Le conseil impérial de l'instruction publique entendu,

Avons décrété et décrétons ce qui suit :

TITRE PREMIER.

DES OBJETS DE L'ENSEIGNEMENT DANS LES ÉCOLES NORMALES PRIMAIRES.

Art. 1er. L'enseignement, dans les écoles normales primaires, comprend :

L'instruction morale et religieuse;

La lecture;

L'écriture;

Les éléments de la langue française;

Le calcul et le système légal des poids et mesures;

L'arithmétique appliquée aux opérations pratiques;

La tenue des livres;

Les éléments de l'histoire et de la géographie générale, et particulièrement l'histoire et la géographie de la France;

Des notions des sciences physiques et d'histoire naturelle, applicables aux usages de la vie;

L'horticulture, ainsi que des notions élémentaires sur l'agriculture, l'industrie et l'hygiène;

Les éléments de la géométrie, l'arpentage et le nivellement;

Le dessin;

Le chant;

La gymnastique;

Des notions d'administration communale et de tenue des registres de l'état civil.

Art. 2. L'instruction religieuse est donnée aux élèves-maîtres, suivant la religion qu'ils professent, par les ministres des différents cultes reconnus par l'État. Ces ministres sont nommés conformément aux dispositions de l'article 7 ci-après.

Art. 3. La durée du cours d'études est de trois ans. Les matières du programme sont réparties entre les trois années, et l'enseignement des matières inscrites comme facultatives dans l'article 23 de la loi du 15 mars 1850 et dans l'article 9 de la loi du 21 juin 1865 commence dès la première année.

L'enseignement est spécial aux élèves de chaque année.

Les élèves de plusieurs années ne peuvent être

réunis et recevoir des leçons communes, à moins d'autorisation spéciale, que pour le chant, l'écriture, le dessin, la gymnastique et les travaux d'horticulture.

Art. 4. A la fin de la seconde année, la commission de surveillance désigne les élèves qui, en troisième année, peuvent être exceptionnellement dispensés de suivre quelques-uns des cours qui portent sur les matières facultatives.

Art. 5. Les élèves-maîtres sont exercés à la pratique des méthodes d'enseignement dans les écoles primaires annexées aux écoles normales.

L'instituteur qui dirige l'école annexe est assimilé, sous tous les rapports, aux maîtres adjoints; il peut, en conséquence, être chargé d'une partie de la surveillance. Quand il n'est pas admis à la table commune, il reçoit, en sus de son traitement, une indemnité égale au prix de la pension des élèves-maîtres.

TITRE II.

DE LA DIRECTION ET DE LA SURVEILLANCE.

Chapitre Ier. — De la direction.

Art. 6. Le directeur de l'école normale est nommé par le Ministre de l'instruction publique; il est chargé, indépendamment de l'économat, des conférences pédagogiques et d'une partie de l'enseignement.

Il dresse, sous l'approbation du recteur, la liste des livres à mettre entre les mains des élèves, ainsi que les livres de lecture composant la bibliothèque de la salle d'étude. Il est personnellement responsable de la tenue des catalogues de livres et des registres de prêt, ainsi que des inventaires du mobilier usuel et scientifique.

Art. 7. Le directeur est secondé par des *maîtres adjoints*, nommés par le Ministre, et dont la tâche, soit pour l'enseignement, soit pour la surveillance et les écritures, est fixée par le directeur, sous l'approbation du recteur.

Les maîtres adjoints ne peuvent résider hors de l'établissement qu'avec l'approbation du recteur.

Les maîtres externes, autres que les maîtres adjoints, sont proposés par le directeur et agréés par le recteur.

Art. 8. La surveillance disciplinaire peut être partagée entre les maîtres adjoints et des élèves-maîtres de troisième année, désignés par le directeur parmi les plus méritants.

Chapitre II. — De la commission de surveillance et de ses attributions.

Art. 9. La surveillance de l'école normale est confiée à une commission de cinq membres, nommés pour trois ans par le recteur, y compris le président.

Le directeur assiste aux délibérations de la commission, avec voix délibérative, hors les cas où elle a à statuer sur des questions qui intéressent sa gestion.

Art. 10. La commission de surveillance est chargée :

1° De préparer la liste de candidats à l'école normale, dont elle aura reconnu l'aptitude à la suite de l'enquête prévue par l'article 15 ci-après;

2° D'adresser au préfet, au commencement de chaque année scolaire, un état de propositions pour la répartition des bourses entre les élèves-maîtres des trois divisions :

3° De rédiger le règlement particulier de l'école : ce règlement devra être approuvé par le recteur;

4° De désigner, à la fin de la première et de la deuxième année, les élèves qui sont admis aux cours de l'année supérieure :

Dans le cas de maladie prolongée ou d'absence légitime, la commission peut, sous l'approbation du recteur, autoriser un élève à redoubler le cours de première ou de deuxième année;

5° De dresser, chaque année, le budget, d'examiner les comptes qui lui sont présentés par la direc-

tion de l'école, et de consigner ses observations dans un rapport spécial.

Art. 11. Les membres de la commission de surveillance font, au moins une fois tous les trois mois, la visite de l'école; ils prennent connaissance des registres sur lesquels sont consignées par le directeur les notes relatives à la conduite, au caractère et au travail de chaque élève, ainsi que des notes résumées que ce fonctionnaire remet au préfet *pour le placement des élèves sortants.*

La commission de surveillance examine les classes et interroge les élèves. Elle surveille la tenue des inventaires et catalogues, et la conservation des collections. Elle se rend compte des travaux d'horticulture des élèves et de leurs progrès dans cet ordre de connaissances.

Art. 12. Tous les ans, au mois de juillet, la commission de surveillance adresse au recteur de l'académie, sur l'état et le personnel de l'école, un rapport qui est transmis au Ministre.

Elle reçoit du directeur, à la même époque, un rapport sur tout ce qui concerne les élèves et la discipline. Elle transmet ce rapport, avec ses observations, au préfet, qui le place sous les yeux du conseil général, et au recteur, qui en envoie au Ministre une expédition accompagnée de ses observations.

TITRE III.

DE L'ADMISSION DES ÉLÈVES-MAITRES.

Art. 13. Chaque année, le Ministre détermine, sur l'avis du conseil départemental, eu égard aux besoins du service, le nombre des élèves-maîtres qui peuvent être admis à l'école normale, soit à leurs frais, soit aux frais du département et des communes, soit aux frais de l'État.

Art. 14. Les inscriptions des candidats ont lieu du 1er au 31 janvier. Un registre est ouvert, à cet effet, au bureau de l'inspection académique. Aucune inscription n'est reçue qu'après que le candidat a déposé les pièces suivantes :

1° Son acte de naissance, constatant qu'au 1er janvier de l'année dans laquelle il se présente, il avait seize ans accomplis au moins et vingt ans au plus;

2° Un certificat de médecin, constatant qu'il a été vacciné ou qu'il a eu la petite vérole, et qu'il n'est atteint d'aucune infirmité ou d'aucun vice de constitution qui le rende impropre à l'enseignement;

3° L'engagement de servir, pendant dix ans au moins, dans l'instruction primaire gratuite. La signature sera légalisée. Si le candidat est mineur, il produira, en outre, une déclaration par laquelle son père ou son tuteur l'autorise à contracter cet engagement;

4° Une note, signée de lui, indiquant le lieu ou les lieux qu'il a habités depuis l'âge de treize ans;

5° Des certificats de moralité, délivrés tant par les chefs des écoles auxquelles il aura appartenu comme élève ou comme sous-maître que par le maire de la commune où il aura résidé.

Art. 15. Une enquête est faite, par les soins de l'inspecteur académique et des inspecteurs de l'instruction primaire, sur la conduite et les antécédents des candidats.

Au vu des pièces exigées, et d'après les résultats de l'enquête, la commission de surveillance dresse, du 1er au 15 juillet, la liste mentionnée en l'article 10.

Les candidats inscrits sur cette liste sont examinés du 15 au 31 juillet, au chef-lieu du département, par une commission nommée par le recteur, commission dont le directeur fait nécessairement partie.

A la suite de cet examen, les candidats sont classés par ordre de mérite en nombre égal à celui des places vacantes.

La liste, par ordre de mérite, des élèves admissibles est transmise au préfet, qui prononce l'admission.

Les pensionnaires libres admis à l'école peuvent concourir, à la fin ou dans le cours de chaque année, pour l'obtention des bourses ou portions de bourses

devenues libres, soit par suite du renvoi d'élèves boursiers jugés incapables de continuer leurs études, soit
pour tout autre motif.

Art. 16. Les bourses ou portions de bourses entretenues par l'État ou par les départements sont accordées par le préfet, en conseil départemental, sur la
proposition motivée de la commission de surveillance
et du directeur de l'établissement.

Les boursiers qui n'obtiennent que des portions de
bourses s'engagent à payer la portion qui reste à leur
charge.

Les boursiers départementaux s'engagent, en outre, à servir pendant dix ans dans le département qui
paye leur pension.

Ces engagements, ainsi que l'autorisation nécessaire aux mineurs, devront être légalisés.

Les anciens boursiers départementaux peuvent être
relevés, en tout ou en partie, de l'engagement prévu
au troisième paragraphe du présent article, par une
dispense du préfet, sur l'avis conforme du conseil départemental et de la commission de surveillance.

Art. 17. Les boursiers qui, par leur fait, sortiraient
de l'école avant la fin du cours, ou qui refuseraient
d'accomplir leur engagement décennal sont tenus de
restituer à l'État ou au département le prix de la pension dont ils ont joui.

Toutefois, ils peuvent être dispensés de cette obligation par le Ministre, sur l'avis du conseil départemental.

Le montant des restitutions fait retour au fonds
sur lequel les bourses étaient payées.

La dispense du service militaire cesse à dater du
jour où l'engagement a été rompu.

TITRE IV.

DU RÉGIME INTÉRIEUR.

Art. 18. Les journées commencent et finissent par
une prière commune.

Les jours de dimanche et de fêtes légalement reconnues, les élèves sont conduits à l'office divin sous
la surveillance du directeur et des maîtres adjoints.

Art. 19. Les vacances durent six semaines au plus,
non compris le congé de Pâques, qui est de huit
jours.

Tout congé, toute sortie particulière, hors une circonstance exceptionnelle dont le directeur est juge,
sont formellement interdits pendant la durée du cours
d'études.

Le directeur et les maîtres adjoints ne peuvent
prendre de congé qu'avec l'autorisation du recteur.

Art. 20. Les élèves-maîtres sont chargés du service de propreté dans l'intérieur de l'école.

TITRE V.

DE LA DISCIPLINE.

Art. 21. Les punitions qui peuvent être infligées
aux élèves suivant la gravité des fautes sont :

La retenue;
La réprimande;
L'exclusion.

Le directeur prononce la retenue.

La réprimande est prononcée, suivant les cas, par
le directeur, la commission de surveillance ou le préfet.

L'exclusion est prononcée par le préfet, sur l'avis
du directeur, la commission de surveillance entendue.

En cas de faute grave, le directeur peut prononcer
l'exclusion provisoire.

Lorsque l'exclusion est prononcée, le Ministre en
est immédiatement informé.

Lorsque plusieurs départements sont réunis pour
l'entretien d'une école normale, le recteur de l'académie où se trouve placée cette école statue sur toutes les questions de discipline et de régime intérieur.

Art. 22. Tout élève qui, à la fin de l'année, n'est
pas jugé en état de suivre les cours de l'année suivante cesse de faire partie de l'école.

Art. 23. Le décret du 24 mars 1851 est et demeure
rapporté.

Fait au palais des Tuileries, le 2 juillet 1866.

NAPOLÉON.

Par l'Empereur :

*Le Ministre de l'instruction
publique,*

V. DURUY.

———

Instruction aux recteurs sur le décret qui précède [1]
(2 juillet.)

Monsieur le recteur,

Parmi les 600000 élèves qui se sont pressés, l'hiver
dernier, aux cours d'adultes, il s'en est trouvé 154000
qui ont demandé à leurs maîtres un enseignement
supérieur à celui que détermine le premier paragraphe de l'article 9 de la loi du 15 mars 1850.

En outre, l'article 9 de la loi du 21 juin 1865, relatives à l'enseignement secondaire spécial, autorise
les maîtres des écoles primaires à joindre à l'enseignement des matières facultatives déterminées par le
paragraphe 2 de l'article 23 de la loi du 15 mars
1850, la tenue des livres, les éléments de la géométrie, le dessin d'ornement et d'imitation, et, dans les
localités où ce sera nécessaire, les langues vivantes.

Les faits et la loi nous imposent donc de fortifier
l'enseignement donné dans les écoles normales.

Cependant, je ne crois pas qu'il soit nécessaire de
publier de nouveaux programmes. Ceux du 31 juillet
1851 me semblent pouvoir servir encore de base à
l'enseignement; mais il sera facile de les étendre,
selon les besoins, à l'aide des programmes qui viennent d'être arrêtés pour l'enseignement secondaire
spécial, et que le *Bulletin administratif* a mis déjà
dans les mains de chaque directeur. Ils ont été rédigés dans un esprit de simplicité qui doit être celui de
l'enseignement des écoles normales primaires, et ils
sont précédés d'instructions qui seront bonnes à suivre dans tous les établissements d'instruction élémentaire.

En outre, ils ont été, à dessein, très-développés,
afin que chaque école spéciale pût y trouver ce qui
lui sera nécessaire et y puiser dans la mesure qui
lui conviendra, sous la direction de son conseil de
perfectionnement. Que les écoles normales fassent de
même. La force des études n'y est point partout
égale : quelques-unes conduisent la plupart de leurs
élèves au brevet complet; d'autres n'en mettent qu'un
petit nombre en état de répondre pour une partie
des matières facultatives; et une grande inégalité
existe partout dans les résultats des examens. Un programme général et uniforme ne serait tel que sur le
papier; par la force des choses, il variera nécessairement d'un département à l'autre : mieux vaut alors
laisser à chaque directeur la liberté de choisir, sous
votre contrôle, la portion des programmes de l'enseignement spécial qu'il jugera utile d'emprunter. Vous
auriez soin de me faire, à ce sujet, un rapport que
je soumettrais, en substance, au Conseil impérial.

Il me suffira donc, monsieur le recteur, de vous
adresser le tableau de la répartition des matières entre les trois années d'études.

Celui qui avait été prescrit par le règlement du
24 mars 1851 rejetait dans la troisième année toutes
les matières facultatives. Il en résultait, pour les études comme pour l'esprit des élèves, un encombre-
ment fâcheux. Beaucoup de plaintes légitimes se sont
élevées à cet égard. Il est juste d'y faire droit. Le

———

1. Voir, plus loin, le tableau annexé à cette circulaire.

fardeau, plus également réparti, sera plus facilement porté.

Le premier cours, celui d'*instruction religieuse*, est fait par l'aumônier, sous le contrôle de l'autorité diocésaine : je n'ai donc point à en parler.

J'introduis dans le tableau un cours de *pédagogie*. Je sais que pour faire un bon maître il n'y a pas de règle qui vaille un bon exemple, et cet exemple est donné chaque jour par les professeurs. Cependant, il est d'utiles observations à présenter aux élèves-maîtres sur l'éducation physique, intellectuelle et morale, sur la discipline de l'école, même sur son installation matérielle. Mes circulaires en date des 1er septembre 1865 et 17 mai 1866[1] vous ont déjà invité, monsieur le recteur, à instituer des conférences de sortie pour les élèves arrivés au terme de leurs études[1]. Mais ce n'est pas assez de quelques conseils, même donnés avec l'autorité qui vous appartient. La matière est assez étendue et assez importante pour mériter un cours véritable et régulier durant la troisième année. Chaque école rédigera, sous vos inspirations, son programme pour ce cours ; vous me l'enverrez, et j'examinerai s'il y aura lieu d'en tirer un programme commun à toutes les écoles normales de l'Empire.

Je vous prie de recommander à MM. les directeurs de veiller, avec l'attention la plus sérieuse, sur l'*écriture* et la *lecture*. Les élèves devraient, en sortant de l'école, être arrivés à la perfection pour ces deux exercices, et il s'en faut qu'ils méritent tous cet éloge. L'écriture, si soignée autrefois par nos vieux maîtres d'école, a été souvent négligée par nos instituteurs d'aujourd'hui, comme un mérite secondaire. Il en a été de même pour la lecture. Attachons-nous à faire perdre à nos élèves-maîtres toute prononciation vicieuse et tout mauvais accent. Ils n'y gagneront pas seulement un parler plus agréable, ce qui pourtant est déjà quelque chose, mais leur esprit profitera des efforts qu'ils feront pour prononcer correctement, car on ne lit bien que ce que l'on a parfaitement compris.

Dans le cours de *français*, beaucoup de maîtres abusent de la grammaire et croient avoir tout fait quand ils ont mis dans la mémoire de leurs élèves un grand nombre de règles, de distinctions et de mots techniques. Insistez pour que, dans cette étude, on évite les abstractions et les subtilités, pour qu'on s'attache aux applications et aux exemples, surtout aux exemples que fournissent la lecture et l'explication des grands écrivains. C'est par là que la langue, avec ses principales règles, ses finesses et ses idiotismes, s'apprend bien mieux que dans les grammaires.

Dans le cours d'*histoire*, on ira droit aux grands hommes et aux grands événements, dont on retrouve partout le souvenir dans nos arts comme dans notre littérature, et on négligera cette multitude de faits qui surchargent la mémoire sans rien dire à l'esprit et au cœur. Ce cours aura, dans la troisième année, deux conclusions : l'une sera le tableau succinct de notre constitution politique, parce qu'il faut que les hommes chargés de l'éducation du peuple connaissent les institutions qui nous régissent ; l'autre sera l'exposé sommaire de notre organisation économique, parce qu'il est bon que les maîtres de l'enfance puissent redire à leurs élèves que la loi du travail domine aujourd'hui la société tout entière ; que c'est le travail qui produit la richesse, l'esprit d'ordre qui la conserve, l'esprit de bienfaisance qui l'honore ; qu'en-

fin notre société moderne, fondée sur la justice, est encore animée de cet amour du bien qui fait aller audevant de toute douleur pour essayer de la guérir, de toute amélioration pour la réaliser, de toute réclamation légitime pour lui donner satisfaction.

Pour la *géographie*, beaucoup de cartes faites au tableau noir ou à main levée ; étude approfondie du département ; connaissance détaillée de la France ; connaissance plus sommaire de l'Europe et des autres parties du monde. Un petit nombre de leçons seront données, comme suite du cours de géographie, à l'explication des grands phénomènes astronomiques : la forme et le double mouvement de la terre, avec l'inégalité des jours et la succession des saisons ; la lune et le soleil, avec l'explication des marées et des éclipses ; les planètes et leur différence avec les comètes et les étoiles. Un bon maître saura tirer parti de ces vérités magnifiques, pour agrandir l'imagination et l'intelligence de ses élèves et leur montrer Dieu présent dans l'immensité et l'ordre harmonieux de la création.

Dans les cours d'*arithmétique* et des éléments de *géométrie*, on ne s'arrêtera point aux difficultés de théorie ; mais on insistera sur les applications pratiques.

Pour la *tenue des livres*, ce n'est pas à l'école normale qu'on l'apprendra d'une manière complète. Il sera bon, cependant, que les instituteurs qui en sortiront connaissent les expressions les plus usitées dans le commerce, les livres obligatoires, les livres auxiliaires et la tenue de ces livres en partie double ; car il est urgent de propager dans nos campagnes les procédés d'une bonne comptabilité agricole. Même dans une culture ordinaire et dans un simple ménage, il est utile de pouvoir se rendre compte à tout moment, de la situation de ses affaires. L'esprit d'ordre, la moralité même, y gagneront, et nos instituteurs ont le devoir de répandre autour d'eux tout ce qui peut accroître le bien-être et la dignité de vie des populations rurales.

Beaucoup d'entre eux sont secrétaires de mairie. Ils ont à rédiger les *actes de l'état civil* et des pièces d'*administration* et de *comptabilité communale*. Une erreur commise dans ces actes entraîne parfois les plus sérieuses conséquences et peut faire naître des procès ruineux. Il faut donc que nos instituteurs sachent les formalités à remplir, les termes précis à employer pour les actes de naissance, de mariage et de décès, les règles à suivre pour le budget de la commune et les principaux règlements de la police municipale.

Je n'ai rien à dire sur les notions de *physique*, de *chimie* et d'*histoire naturelle* applicables aux usages de la vie, si ce n'est que le titre même indique dans quel cercle le professeur doit se renfermer.

L'école normale ne vise pas à former des agriculteurs ; mais on doit pouvoir y prendre, sur les terres et les eaux, sur les amendements et les engrais, sur les prairies artificielles et le drainage, sur les animaux domestiques, les constructions rurales et les instruments aratoires, des notions générales qui permettront aux élèves devenus maîtres, de suivre avec intérêt les opérations, d'un comice agricole, de lire avec profit un livre d'*agriculture* et de donner au besoin un bon conseil. On aime ce que l'on comprend bien. Quand ils seront en état de se rendre compte des phénomènes agronomiques, ils se plairont mieux aux champs et feront aisément que leurs élèves s'y plaisent davantage.

Mais on peut faire plus à l'école normale, même à l'école primaire, pour l'*horticulture*, car 27000 de nos écoles sont pourvues d'un jardin. Les fruits et les légumes entrent pour plus du tiers dans l'alimentation générale du pays. Ils représentent donc une valeur considérable, et cette valeur sera facilement accrue, dans une très-grande proportion, par la propagation d'espèces meilleures et de procédés de culture et de taille perfectionnés. Sans s'éloigner de son école et sans perdre de temps, l'instituteur peut join-

---

1. Ces conférences sont déjà organisées dans plusieurs académies, notamment dans celles de Caen, de Chambéry, de Lyon, de Rennes et de Strasbourg. MM. les recteurs et les inspecteurs d'académie comptent y assister. Des professeurs de Facultés, des membres de commissions de surveillance, ont promis de concourir à cette œuvre, qui a pour but de donner à nos futurs instituteurs les conseils dont ils ont le plus besoin au moment d'entrer dans la vie publique.

dre à son jardin un rucher d'abeilles, une basse-cour, je n'ose dire une étable. L'élève des volailles, la production des œufs, du lait, du beurre et du fromage, tout en ajoutant à son bien-être, augmenteront la nature des services qu'il peut rendre à sa commune, s'il se fait, pour cette industrie ménagère, le propagateur des leçons reçues à l'école normale ou des enseignements recueillis dans les livres et dans les comices agricoles.

La loi du 15 mars 1850 range, parmi les connaissances qu'il est bon de donner aux élèves-maîtres, des instructions élémentaires, sur l'*industrie* et l'*hygiène*. L'industrie a des formes si variées et s'exerce sur tant de matières différentes, que le cours demandé par la loi doit être restreint, pour être utile, aux principales industries du département. La visite des usines qui se trouveront à proximité de l'école, les explications que le professeur donnera sur les travaux qui s'y accomplissent, sur les transformations que la matière y subit, seront la continuation et la confirmation des leçons faites à l'école normale sur les sciences physiques et l'histoire naturelle.

L'hygiène n'est aussi qu'une application de ces mêmes sciences. Si, depuis moins d'un siècle, la moyenne de la vie s'est accrue, en France, de plus de douze années, c'est parce qu'on a mieux compris l'influence qu'exercent sur la santé de l'homme la nature et la disposition des lieux qu'il habite, les variations de température qu'il subit, les altérations de l'air qu'il respire, des eaux qu'il boit, des aliments dont il se nourrit, enfin les habitudes de propreté personnelle et domestique, l'emploi bien réglé de la vie et la tempérance en tout, même dans le travail. Il est aussi une hygiène particulière pour l'enfant et pour l'école, sur laquelle le professeur insistera particulièrement. L'instituteur à qui l'on aura présenté ces considérations dans un ensemble bien ordonné ne les oubliera plus; il se trouvera en état de donner les premiers soins pour les accidents qui se produisent fréquemment dans les écoles, et de vulgariser parmi les populations rurales une foule de notions nécessaires pour conserver la santé, développer les forces physiques et éloigner tant de maladies qui naissent de l'imprudence ou de l'ignorance. Mais il n'oubliera pas que la meilleure hygiène est celle de l'âme : la santé du corps tient à celle de l'esprit.

La *musique* instrumentale et le *chant* touchent à cette double hygiène. Ils ajoutent à la pompe des cérémonies religieuses; mais ils habituent aussi à des mœurs plus douces. Au lieu de se chercher et de se réunir pour des plaisirs grossiers ou violents, on s'assemblera pour un plaisir délicat et relevé. La fable antique d'Orphée, calmant par les sons de sa lyre les monstres des bois, est toujours une vérité. Les écoles normales peuvent beaucoup pour répandre le goût de la musique. Ne laissez pas, je vous prie, monsieur le recteur, en dehors de votre sollicitude cette partie de l'enseignement. Afin d'en assurer la bonne direction, j'ai organisé une inspection spéciale de ce service.

Le *dessin* est indispensable pour tous les ouvriers des manufactures : c'est l'écriture de l'industrie. Il ne sera même pas inutile dans les écoles rurales, car il donne de l'exactitude au coup d'œil de l'enfant, de la souplesse et de l'habileté à sa main, en même temps qu'il forme son goût et développe en lui le sentiment du beau.

Dans beaucoup de communes de la Suisse, il existe une *gymnastique* publique qu'on voit au plus bel endroit du village. Je voudrais qu'il en fût de même en France. Tâchons au moins de mettre une gymnastique à l'école. Les enfants et les études s'en trouveront mieux; mais nous n'y réussirons qu'en commençant par l'avoir à l'école normale, car ces écoles sont notre grand instrument de propagation pour les améliorations à introduire dans l'éducation nationale, et j'ai l'ambition, pour les maîtres qu'elles forment, de les voir devenir, chacun dans sa commune, le missionnaire de toutes les idées utiles et saines.

Après vous avoir entretenu des programmes, j'ai encore, monsieur le recteur, à vous parler des élèves et des maîtres.

La loi de 1833 avait fixé à dix-huit ans l'âge auquel on pouvait obtenir le brevet de capacité. Comme on était admis alors à seize ans à l'école normale, et que l'on y restait deux ans, c'était logique. Depuis la mise à exécution de la loi de 1850, on n'admet personne à l'école normale avant dix-huit ans, tout en permettant à ceux qui n'y viennent point de prendre le brevet à cet âge. Il en résulte que le jeune homme qui veut passer par l'école normale de son département pour y prendre une instruction meilleure en est puni, puisque, au moment où il en sort, il trouve ses émules en avance sur lui de deux ou trois années de service public, et qu'à ce titre ils ont privilége pour l'avancement.

Cette fâcheuse condition, imposée aux élèves-maîtres, a nui au bon recrutement des écoles. On a d'ailleurs remarqué que les élèves plus jeunes sont en général meilleurs, parce que leur caractère est plus malléable. A dix-huit ans, en effet, les habitudes sont déjà prises et certaines tendances assez développées pour que les trois années d'école ne puissent pas toujours opérer la réaction désirable. Il y a donc avantage à abaisser l'âge d'admission, et, en fait, cela arrive souvent à l'aide de dispenses. Il vaut mieux que ce soit en vertu du droit. Un décret dont je vous envoie copie permet d'admettre les élèves à l'école normale dans le cours de leur dix-septième année.

D'un autre côté, le décret du 24 mars 1851 et la circulaire du 31 octobre 1854 ont supprimé le concours pour l'admission des élèves et l'ont remplacé par une enquête que chaque inspecteur primaire fait dans son arrondissement. Il en résulte des appréciations où la justice peut avoir défaut. Tel candidat, placé le premier dans un arrondissement, est souvent moins avancé que tel autre placé au dernier rang dans l'arrondissement voisin : le premier est admis, quoique incapable; le second est refusé, bien que suffisamment préparé.

Aussi, frappé de cette anomalie, a-t-on, dans quelques départements, cherché à l'éviter en réunissant les aspirants pour leur faire subir un examen en commun. Nous ferons ainsi, et, tout en conservant d'une manière rigoureuse les enquêtes sur la conduite, la moralité, le caractère, l'aptitude, la vocation des candidats, nous établirons un concours dont les conditions seront déterminées d'une manière précise par un programme d'examen.

Dans l'intérêt d'un bon recrutement des professeurs des écoles normales, il y a lieu de modifier aussi les conditions faites à ces fonctionnaires. Ils resteront soumis à l'obligation de suivre la plupart des exercices des écoles normales; mais ils auront plus de temps, plus de liberté, pour accroître leur instruction, préparer les leçons destinées aux élèves, corriger soigneusement tous les devoirs et étudier les perfectionnements apportés dans les procédés d'enseignement.

Cette amélioration ne peut être réalisée qu'en les déchargeant d'une partie de la surveillance. Elle sera partagée entre eux et les élèves-maîtres de troisième année, qui, devant quitter bientôt l'école pour être maîtres à leur tour, se prépareront ainsi à l'usage honnête de la liberté et au sentiment d'une responsabilité sérieuse.

Les exercices de l'école annexe forment le principal moyen d'éducation pédagogique des élèves-maîtres. A ce compte, l'école annexe devrait être une école modèle et son directeur un des instituteurs les plus distingués. Il n'en est pas toujours ainsi. Le directeur de l'école annexe n'est pas classé comme les autres maîtres-adjoints; il ne jouit pas des avantages de logement, de nourriture, de blanchissage et de chauffage assurés à ses collègues. Il faut donner à ce fonctionnaire la position que, dans l'intérêt du service, il doit occuper, afin de pouvoir appeler à la tête de l'école un des meilleurs instituteurs du département.

Pour mettre toutes ces dispositons en vigueur, il y

a eu nécessité de refondre le règlement général des écoles normales. C'est l'objet du décret ci-joint que le Conseil impérial a adopté, dans sa session de décembre 1865, et auquel Sa Majesté a bien voulu accorder sa sanction. Un arrêté relatif aux examens que doivent subir ceux qui aspirent au brevet de capacité, complète cet ensemble de mesures, sur lequel j'appelle, monsieur le recteur, votre sollicitude la plus vigilante.

Par la réorganisation des études dans les écoles normales et, comme conséquence, dans les écoles primaires, par l'immense développement des cours d'adultes, par la création de l'enseignement secondaire spécial, nous aurons répondu aux besoins du pays, qui veut plus d'instruction, parce qu'il sait que l'instruction est aujourd'hui la condition nécessaire de sa prospérité matérielle et morale.

Recevez, monsieur le recteur, l'assurance de ma considération très-distinguée.

Le Ministre de l'instruction publique,

V. Duruy.

Règlement pour l'admission à l'école normale de l'enseignement secondaire spécial. (30 juin.)

Le Ministre secrétaire d'État au département de l'instruction publique,

Vu l'article 3 du décret du 26 mars 1866 pour sa création d'une école normale de l'enseignement secondaire spécial, portant que tout candidat aux bourses fondées par l'État, les départements, les communes ou les particuliers, et tout élève payant doit avoir subi avec succès les épreuves d'un concours ou d'un examen sur les matières choisies par le Ministre parmi celles qui sont énumérées dans la partie facultative de l'article 23 de la loi du 15 mars 1850 et dans l'article 9 de la loi du 21 juin 1865 ;

Vu les articles 5 et 6 du même décret, portant que les bourses fondées par l'État sont données aux concours, et que les Conseils généraux, les communes et les particuliers fondateurs de bourses ont la faculté d'opter entre le concours ou l'examen ;

Considérant que les questions qui, en vertu du décret susvisé, peuvent être posées dans ces épreuves, embrassent les matières qui suivent :

Éléments d'histoire et de géographie ;

Langues vivantes ;

Arithmétique appliquée aux opérations pratiques ;

Éléments de géométrie ; — arpentage ; — nivellement ;

Dessin linéaire ; — dessin d'ornement et d'imitation ;

Notions des sciences physiques et d'histoire naturelle, applicable aux usages de la vie ;

Instructions élémentaires sur l'agriculture, l'industrie et l'hygiène ;

Chant et gymnastique ;

Vu l'avis du Conseil supérieur de perfectionnement pour l'enseignement secondaire spécial ;

Le Conseil impérial de l'instruction publique entendu [1],

Arrête :

Art. 1er. Il est ouvert, chaque année, dans la première quinzaine de juillet, une session de concours ou d'examen pour la désignation des boursiers de l'École normale de l'enseignement spécial.

Art. 2. Les inscriptions des candidats aux bourses

---

1. Vu l'urgence, cet arrêté avait été notifié provisoirement à MM. les recteurs par la circulaire du 2 juin, publiée à la suite. Le conseil impérial n'a modifié que l'article 4.

de l'État ont lieu du 1er au 15 juin ; un registre est ouvert à cet effet dans toutes les académies.

Le 15 juin, à 6 heures du soir, la liste des inscriptions est close dans toutes les académies, et transmise aussitôt, en un seul envoi, au Ministre de l'instruction publique, avec toutes les pièces à l'appui et les renseignements que les recteurs ont recueillis sur les candidats.

Le Ministre arrête la liste définitive des candidats.

Art. 3. Une nouvelle session pourra avoir lieu avant le 15 septembre 1866, pour les candidats ajournés à la session précédente et pour ceux qui se seraient fait inscrire du 15 août au 1er septembre.

Art. 4. Les concours ou examens pour les bourses fondées par les départements, par les communes ou par les particuliers, ainsi que les examens des élèves payants, ont lieu séparément aux mêmes époques et devant les mêmes juges que le concours ouvert pour les bourses de l'État.

Art. 5. Le concours pour les bourses de l'État et l'examen prévu à l'article 3 du décret du 6 mars 1866 se composent de quatre épreuves : trois épreuves écrites et une épreuve orale.

Art. 6. Les épreuves ont pour objet :

1° Une question élémentaire de l'histoire et de la géographie de la France ;

2° Une question d'arithmétique appliquée et une question de géométrie élémentaire ;

3° Un exercice de dessin linéaire et de dessin d'ornement.

La durée de chacune de ces épreuves est de trois heures. Il est interdit aux candidats de faire usage de notes manuscrites ou de livres.

Art. 7. L'épreuve orale porte sur les matières ci-après désignées :

Histoire et géographie de la France ;

Nomenclature chimique, — oxygène, — hydrogène, — eau, — air, — azote, — carbone, — acide carbonique, — combustion ;

Baromètre, — thermomètre, — siphon, — pompe aspirante, — pompe refoulante, — balance, — pesanteurs spécifiques, — aéromètres, — germination, — fonctions des feuilles ;

Respiration des animaux, — asphyxies.

La durée de l'épreuve orale est d'une heure.

Art. 8. L'épreuve orale est seule publique. Ne peuvent y être admis que les candidats qui ont subi toutes les épreuves écrites.

Art. 9. Les candidats qui en auront fait la demande seront examinés sur les langues vivantes ; il sera tenu compte des résultats de cette épreuve dans l'ensemble du classement en ce qui les concerne.

Art. 10. Lorsque les épreuves ont lieu au chef-lieu du département, le jury institué par l'arrêté du 6 mars 1866 pour la délivrance du diplôme d'études est chargé de l'examen des candidats aux bourses de l'État.

Dans le cas contraire, une commission spéciale, composée également de trois membres, un pour les lettres et deux pour les sciences, est désignée par le Ministre. Elle est présidée par l'inspecteur d'académie.

Art. 11. Les compositions des candidats aux bourses de l'État et les rapports faisant connaître les résultats de l'examen oral qui les concerne sont transmis au Ministre par les soins des recteurs.

Une commission, nommée par le Ministre, est chargée de la correction des compositions ; *elle* classe les candidats par ordre de mérite et propose une liste d'admission.

Fait à Paris, le 30 juin 1866.

V. Duruy.

Circulaire à MM. les recteurs sur l'arrêté qui précède. (2 juin.)

Monsieur le recteur,

Le *Bulletin administratif* a publié successivement

les décrets et arrêtés relatifs à l'enseignement secondaire spécial, les instructions pour les méthodes, enfin les programmes mêmes de cet enseignement [1].

Vous avez reçu la circulaire du 19 mai dernier, dans laquelle je vous invite à vous préoccuper sans retard du recrutement de l'École de Cluny. Je vous adresse aujourd'hui l'arrêté qui fixe les conditions et les programmes pour le concours des bourses de l'État.

Il se peut que, dans votre ressort académique, des élèves soient en état, dès cette année, de se présenter à l'examen pour l'obtention du diplôme de fin d'études, établi par l'article 4 de la loi du 21 juin 1865. J'ai lieu de croire qu'à Paris un nombre considérable de jeunes gens sont déjà dans l'intention de tenter cette épreuve. Quelques personnes aussi songent peut-être à prendre le brevet de capacité institué par l'article 6 de la même loi.

Enfin, il m'est arrivé déjà des demandes pour l'agrégation de l'enseignement spécial, constituée par le déret du 28 mars 1866. Vous recevrez très-prochainement, dans la circulaire générale relative à l'inscription des candidats aux diverses agrégations, des intructions particulières sur l'agrégation de l'enseignement spécial [2].

Je vous prie, monsieur le recteur, de vous préoccuper de ces diverses questions, et de préparer la formation des deux jurys d'examen dans les conditions prescrites par l'arrêté du 6 mars 1866. Vous voudrez bien me faire parvenir le plus tôt possible vos propositions à cet égard.

L'arrêté du 6 mars donne la présidence du jury académique à un professeur de Faculté; vous jugerez sans doute utile d'assurer celle du jury départemental à l'inspecteur d'académie.

Recevez, monsieur le recteur, l'assurance de ma considération très-distinguée.

Le Ministre de l'instruction publique,

V. DURUY.

———

Règlement concernant l'examen pour le brevet de capacité pour les instituteurs et institutrices primaires. (3 juillet.)

Le ministre secrétaire d'État au département de l'instruction publique,

Vu les articles 23 et 46 de la loi du 15 mars 1850;

Vu l'article 50 du décret organique du 29 juillet 1850;

Vu l'article 9 de la loi du 21 juin 1865;

Le Conseil impérial de l'instruction publique entendu.

ARRÊTE :

TITRE PREMIER.

DE LA COMMISSION D'EXAMEN.

Art. 1er. Aucun examen particulier ne peut pas avoir lieu en dehors des deux sessions annuelles prescrites par l'article 50 du règlement d'administration publique du 29 juillet 1850.

Le recteur peut, pour des cas graves, autoriser une troisième session.

Les sessions s'ouvrent le même jour et à la même heure dans chacun des départements composant le ressort académique. Ce jour est fixé par les recteurs, après avis des conseils départementaux.

Art. 2. Dans chaque ressort académique, les sujets de compositions qui doivent être traités par les aspirants au brevet de capacité sont identiques.

Deux jours avant l'ouverture des sessions des commissions d'examen, le recteur envoie, sous pli fermé de trois cachets, les sujets de compositions à chaque inspecteur départemental.

Chaque sujet de composition est renfermé sous un pli spécial, portant en suscription la nature de la composition, savoir :

1° Pour les aspirants qui se bornent à l'enseignement obligatoire : une dictée d'ortographe, un sujet de rédaction, une question d'arithmétique;

2° Pour les aspirants qui désirent faire preuve de connaissances plus étendues : une question d'arithmétique et une question de géométrie, appliquées aux opérations pratiques, un sujet de dessin linéaire et d'ornement; un récit exposant un des faits principaux de l'histoire, un sujet de dessin d'imitation; et, pour les candidats qui auront demandé à être interrogés sur les langues vivantes, un thème et une version.

Art. 3. Chaque sujet de composition est retiré du pli cacheté, séance tenante, en présence des candidats, par le président de la commission, au commencement de chaque épreuve.

Art. 4. Les épreuves écrites sont examinées et jugées par la commission réunie, qui prononce l'admission aux épreuves orales et dresse la liste par ordre de mérite, des candidats admis à ces épreuves.

Art. 5. Les aspirants admis aux épreuves orales sont appelés, selon l'ordre de la liste de mérite, séparément ou par séries, devant le jury entier, pour être interrogés.

Le bureau ne peut, dans aucun cas, se subdiviser en sous-commissions pour procéder à l'examen dans des locaux séparés ou sur divers points d'une même salle.

Les candidats ne sont examinés sur les matières religieuses que par un ministre de leur culte.

Art. 6. A la fin de la session, le procès-verbal des opérations de la commission, signé par le président et le secrétaire, est envoyé au recteur de l'académie, accompagné : 1° des compositions écrites faites par les candidats jugés dignes du brevet de capacité; 2° de l'indication des questions posées aux mêmes candidats pour les épreuves orales.

TITRE II.

DES ASPIRANTS AU BREVET DE CAPACITÉ.

Art. 7. Tout aspirant au brevet de capacité est tenu de se faire inscrire au bureau de l'inspecteur d'académie un mois avant l'ouverture de la session, et de déposer à l'appui de sa demande d'inscription :

1° Un extrait de son acte de naissance;

2° Une déclaration que l'aspirant ne s'est présenté devant aucune commission d'examen dans l'intervalle des quatre mois qui précèdent la session, et qu'il ne s'est fait inscrire pour cette session dans aucun département;

3° La déclaration, si le candidat veut faire constater son aptitude à l'enseignement primaire facultatif, des matières qui sont réparties en quatre séries par les articles 16 et 17 du présent arrêté, et comprises dans la deuxième partie de l'article 23 de la loi du 15 mars 1850 et dans l'article 9 de la loi du 21 juin 1865.

Art. 8. La signature de l'aspirant doit être légalisée par le maire de la commune où il réside.

Art. 9. Ne sont pas admis à l'examen, et, dans tous les cas, n'ont pas droit à la délivrance du brevet de capacité, les candidats qui se trouvent dans les cas d'incapacité prévus par l'article 26 de la loi du 15 mars 1850, et ceux qui auraient fait, pour se conformer à l'article 7 du présent arrêté, de fausses déclarations.

Art. 10. A l'ouverture de la session, le président de la commission fait l'appel des candidats inscrits. Chaque aspirant, à l'appel de son nom, vient apposer sa signature sur le registre, afin de constater son identité.

Art. 11. Toute communication entre les aspirants pendant les épreuves est interdite, sous peine d'exclusion.

———

1. Sauf les programmes, nous avons reproduit tous ces documents.

2. Ce sont ces instructions que nous avons publiées dans notre n° 5, p. 135.

Art. 12. Les aspirants au brevet comprenant l'enseignement facultatif sont interrogés, à leur choix, sur les matières comprises dans les quatre séries déterminées aux articles 16 et 17 du présent arrêté. Ils peuvent, en conséquence, subir quatre examens successifs devant la même commission ou devant des commissions différentes.

TITRE III.

DE L'EXAMEN.

Art. 13. L'examen se divise en épreuves écrites et en épreuves orales ; il ne peut porter que sur les matières qui sont l'objet de l'enseignement dans les écoles normales primaires.

Pour les épreuves écrites, les aspirants sont réunis, soit ensemble, soit par séries, sous la surveillance d'un ou de plusieurs membres de la commission désignés par le président.

Art. 14. Les épreuves écrites pour l'examen des aspirants au brevet simple sont au nombre de quatre, savoir :

1° Une page d'écriture à main posée, en gros, en moyen et en fin, dans les trois principaux genres, savoir, la cursive, la bâtarde et la ronde. Les aspirants font une ligne au moins de chaque espèce d'écriture ;

2° Une dictée d'orthographe d'une page environ, dont le texte est pris dans un livre classique. Ce texte, lu d'abord à haute voix, est ensuite dicté posément, puis relu. Dix minutes sont accordées aux aspirants pour relire et corriger leur travail :

3° Un exercice de style [1] ;

4° La solution raisonnée d'un ou de plusieurs problèmes d'arithmétique comprenant l'application des nombres entiers et l'usage des fractions.

Il est accordé une heure pour l'exercice de style, une heure pour l'écriture et une heure pour l'arithmétique.

Art. 15. Les épreuves orales pour le brevet simple ont lieu dans l'ordre suivant :

1° Lecture du français dans un recueil de morceaux choisis en prose et en vers : chaque aspirant lira un passage de prose et un passage de poésie ; lecture dans un manuscrit ; lecture du latin dans le psautier ou dans le le livre d'offices. — Des questions sont adressées aux candidats sur le sens des mots et la liaison des idées dans les morceaux français qu'ils ont lus ;

2° Questions sur le catéchisme et l'histoire sainte ;

3° Analyse d'une phrase au tableau noir ;

4° Questions d'arithmétique et de système métrique.

Des questions sur les procédés d'enseignement des diverses matières comprises dans le programme obligatoire seront, en outre, adressées aux candidats.

Vingt minutes au plus sont consacrées à chacune de ces épreuves, qui sont communes à tous les aspirants au brevet de capacité.

Art. 16. Les candidats déjà pourvus d'un brevet simple, et qui ont fait la déclaration prescrite par le paragraphe 4 de l'article 7 du présent arrêté, sont admis de droit et sans retour sur les examens précédents, aux épreuves concernant l'enseignement facultatif.

Les épreuves écrites sont, dans ce cas, divisées en quatre séries, savoir :

---

1. Le Conseil impérial, dans sa dernière session, avait adopté, conformément au projet de loi soumis au Corps législatif, pour troisième épreuve écrite, un récit emprunté à l'histoire de France, et, pour cinquième épreuve orale, des questions d'histoire et de géographie de la France. La loi n'ayant pas encore été votée, il ne peut être donné suite, quant à présent, à la délibération du Conseil impérial ; mais cette disposition deviendra obligatoire du jour où la loi aura été votée.

1° L'arithmétique et la géométrie appliquées aux opérations pratiques, le dessin linéaire et d'ornement ;

2° L'histoire et la géographie ;

3° Le dessin d'imitation ;

4° Les langues vivantes (thème et version).

Trois heures sont accordées pour la première épreuve, une pour la seconde, une pour la troisième, une pour la quatrième.

Art. 17. Les épreuves orales ont lieu dans l'ordre suivant :

1re Série. — Arithmétique appliquée aux opérations pratiques, tenue des livres, éléments de géométrie, arpentage, nivellement, dessin linéaire et d'ornement, chant.

2e Série. — Éléments d'histoire et de géographie ; notions de sciences physiques et d'histoire naturelle applicables aux usages de la vie ; instructions élémentaires sur l'agriculture, l'industrie, l'hygiène et la gymnastique.

3e Série. — Dessin d'imitation.

4e Série. — Langues vivantes.

Les deux premières épreuves durent chacune une heure, la troisième une demi-heure, la quatrième une demi-heure.

TITRE IV.

DU JUGEMENT DES ÉPREUVES.

Art. 18. Le jury exprime la valeur de chacune des épreuves écrites ou orales à l'aide des signes qui suivent :

$\left.\begin{array}{l}10\\9\end{array}\right\}$ équivalent à très-bien. $\left.\begin{array}{l}4\\3\end{array}\right\}$ équivalent à médiocre.

$\left.\begin{array}{l}8\\7\end{array}\right\}$ — bien. $\left.\begin{array}{l}2\\1\end{array}\right\}$ — mal.

$\left.\begin{array}{l}6\\5\end{array}\right\}$ — passable. $0\,|$ — nul.

Pour l'épreuve d'orthographe, toute copie qui présente plus de trois fautes est rejetée.

Les notes données par la commission sont le résultat de l'appréciation faite en commun de chaque épreuve.

Art. 19. — Tout candidat au brevet simple, qui n'obtient pas une moyenne de vingt points pour les épreuves écrites, n'est pas admis aux épreuves orales. La nullité d'une épreuve est un cas absolu d'exclusion.

Art. 20. Le brevet simple est accordé aux candidats qui, pour l'ensemble des épreuves orales, ont obtenu un minimum de vingt points.

Art. 21. Pour que mention soit faite, sur son brevet, des matières nouvelles sur lesquelles il aura subi les épreuves prescrites par les articles 16 et 17 du présent arrêté, le candidat doit obtenir un minimum de cinq points pour chacune de ces épreuves, écrites ou orales.

TITRE V.

DES ASPIRANTES AU BREVET DE CAPACITÉ.

Art. 22. Les aspirantes au brevet de capacité de deuxième ordre subissent les épreuves déterminées aux articles 14 et 15 du présent arrêté.

Entre les épreuves écrites et les épreuves orales, elles exécutent, sous la surveillance d'une ou de plusieurs dames désignées à cet effet par le préfet, les travaux à l'aiguille prescrits par l'article 48 de la loi du 15 mars 1850.

Parmi ces travaux, et au premier rang, sont les ouvrages de couture usuelle.

Les aspirantes qui n'obtiennent pas pour les épreuves écrites vingt points, et pour la couture cinq points, ne sont pas admises aux épreuves orales.

Art. 23. Les aspirantes au brevet de premier ordre doivent, pour les épreuves écrites, traiter une question d'arithmétique appliquée, ainsi qu'une question élémentaire d'histoire et de géographie, faire un dessin linéaire et d'ornement, et, si elles en ont fait la demande, un thème et une version dans une langue vivante.

Les épreuves orales comprennent l'arithmétique appliquée aux opérations pratiques, la tenue des livres, les éléments d'histoire et de géographie, les notions de sciences physiques et d'histoire naturelle applicables aux usages de la vie, le dessin, le chant, l'hygiène, et, si les aspirantes en ont fait la demande, une langue vivante.

Art. 24. Toutes les dispositions contraires au présent arrêté sont et demeurent abrogées.

Fait à Paris, le 3 juillet 1866.

V. Duruy.

Circulaire relative à l'arrêté qui précède.
(3 juillet).

Monsieur le recteur, depuis la mise en vigueur de l'arrêté du 15 février 1853, relatif aux examens des aspirants et des aspirantes au brevet de capacité, un grand nombre de dispositions particulières ont dû être prises pour l'application de cet arrêté. D'un autre côté, la loi du 21 juin 1865 sur l'enseignement secondaire spécial a modifié le programme de l'enseignement primaire, en y ajoutant la géométrie, la tenue des livres, le dessin d'ornement et d'imitation, et les langues vivantes étrangères.

Il m'a paru nécessaire de réunir et de coordonner les prescriptions éparses de la réglementation usuelle et de statuer sur les matières complémentaires de l'examen, ainsi que sur quelques mesures nouvelles dont l'expérience a révélé le besoin.

Vous trouverez ci-inclus, monsieur le recteur, plusieurs exemplaires de l'arrêté réglementaire que j'ai adopté, à cet effet, le 3 juillet courant, après avis du conseil impérial de l'instruction publique.

Aux termes de cet arrêté, les examens doivent avoir lieu le même jour et à la même heure dans les départements d'un même ressort académique (art. 1er). Cette disposition est destinée à assurer la sincérité des épreuves.

Les épreuves sur les matières de l'enseignement facultatif sont divisées en quatre séries; chacune de ces séries comprend un certain nombre de matières. Les candidats peuvent subir autant d'examens successifs qu'il y a de séries (art. 16 et 17). Cette division est commandée par la difficulté où se trouvent actuellement les aspirants, par suite de l'extension des programmes, de pouvoir répondre dans un seul examen sur l'ensemble de toutes les matières facultatives.

Une semblable difficulté n'existe pas pour les aspirantes. Elles doivent continuer de subir l'examen sur l'ensemble des matières déterminées par l'article 23.

Les commissions sont tenues d'examiner les candidats qui en font la demande, sur la série entière de matières facultatives désignée par eux, pourvu qu'ils aient déjà obtenu un brevet. Elles ne peuvent, en aucun cas, revenir sur les examens précédents, lorsque les candidats les ont subis avec succès (art. 16).

Le programme des examens comprend les matières qui sont l'objet de l'enseignement dans les écoles normales primaires (art. 13).

Je crois devoir ajouter à ces développements quelques recommandations de détail.

Ainsi que le rappelait la circulaire du 8 mai 1855, la même sévérité doit présider à l'appréciation des épreuves dans l'une et l'autre session.

Les prescriptions que contenait cette circulaire, en ce qui concerne l'appréciation des diverses épreuves écrites ou orales, ne sont d'ailleurs point abrogées. Je vous prie de veiller à leur exécution.

L'épreuve d'orthographe sera appréciée comme il suit :

Pour une dictée qui sera faite sans faute, on donnera. . . . . 10 points ;
Pour une faute. . . . . 7 »
Pour deux fautes . . . . 4 »
Pour trois fautes . . . . 1 »
Et au-dessus de trois fautes. . . . . 0 »

Aussitôt que, en conformité des dispositions de l'article 1er, vous aurez fixé le jour d'ouverture des examens dans votre ressort, vous voudrez bien me donner avis de cette fixation.

Lorsque vous me transmettrez le résumé des opérations des commissions d'examen et le tableau récapitulatif prescrit par ma circulaire du 26 juin 1865, vous y joindrez les listes nominatives des candidats (hommes ou femmes) qui ont été jugés dignes d'un brevet, et la liste des personnes qui, s'étant fait inscrire pour subir l'examen, n'ont pas obtenu le titre qu'elles sollicitaient. Il sera essentiel que ces listes contiennent les noms, prénoms, date et lieu de naissance, et indication de domicile de tous les candidats.

Je vous adresse les modèles des nouvelles formules que vous devrez employer à l'avenir pour la délivrance des brevets de capacité [1].

Je vous prie de m'accuser réception de la présente circulaire.

Recevez, etc.

Le Ministre de l'instruction publique,

V. Duruy.

Époque de l'application du règlement du 3 juillet, relatif aux examens du brevet de capacité (22 juillet).

Monsieur le recteur, il m'a été demandé si l'arrêté du 3 juillet courant [2], relatif aux aspirants au brevet de capacité, est exécutoire à partir de la présente année.

Les modifications introduites par cet arrêté dans la forme des examens et dans la répartition des matières du programme ne permettent pas d'en faire l'application à la session prochaine.

J'ai décidé, en conséquence, que l'arrêté du 3 juillet ne serait exécutoire qu'à partir du 1er janvier 1867.

Recevez, monsieur le recteur, l'assurance de ma considération très-distinguée.

Le Ministre de l'instruction publique,

V. Duruy.

Interdiction d'un livre dans les écoles.
(10 juillet.)

Le Ministre secrétaire d'État au département de l'instruction publique,

Vu l'article 5 de la loi du 15 mars 1850;

Vu la lettre adressée à M. le vice-recteur de l'académie de Paris par M. l'inspecteur d'académie en résidence à Bourges, en date du 15 juin 1866;

Vu l'avis du Conseil impérial de l'instruction publique, en sa séance du 30 juin 1866, ainsi conçu :

« Considérant que le livre intitulé *Michel et Fran-* « *çois* ou *Écoles chrétiennes et Écoles mutuelles,* édité « à la librairie de Martial Ardant frères, à Limoges et « à Paris, et faisant partie de la *Bibliothèque reli-* « *gieuse, morale et littéraire, pour l'enfance et la* « *jeunesse,* contient contre les écoles laïques les im- « putations les plus injurieuses et calomnie les di- « recteurs de ces écoles et leur enseignement ;

« Considérant que les instituteurs des écoles pri- « maires y sont, entre autres imputations, personni- « fiés dans un maître qualifié de « *maître de fabrique* « *sans foi et peut-être sans moralité, tenant la jeu-*

---

1. Voir plus loin ces modèles.
2. C'est l'arrêté qui précède.

« *nesse sous une férule matérialiste, gardien merce-*
« *naire, dresseur de bêtes ingénieuses... etc.;* »
« Est d'avis qu'il y a lieu d'interdire, dans les
« écoles publiques et libres de l'Empire, le livre in-
« titulé *Michel et François* ou *Ecoles chrétiennes et*
« *Ecoles mutuelles*; »

Arrête :

Art. 1er. L'usage du livre intitulé *Michel et François* ou *Ecoles chrétiennes et Ecoles mutuelles*, édité
à la librairie de Martial Ardant frères à Limoges et à
Paris, faisant partie de la *Bibliothèque religieuse,
morale et littéraire, pour l'enfance et la jeunesse,* est
interdit dans les écoles publiques et libres de l'Empire.

Art. 2. Les recteurs des académies et les préfets des
départements sont chargés, chacun en ce qui le concerne, de l'exécution du présent arrêté.

Fait à Paris, le 10 juillet 1866 [1].

V. Duruy.

---

*Circulaire relative à la retenue du premier douzième
d'augmentation sur le traitement des instituteurs.*
(22 juin.)

Monsieur le préfet,

Lorsqu'un instituteur passe d'une commune dans une
autre, on éprouve souvent des difficultés pour liqui-
der la retenue du premier douzième d'augmentation
de traitement dont il est passible, quand la commune
où il arrive ne fait pas partie de la même perception
que celle qu'il quitte, surtout si les deux communes
dépendent de deux inspections primaires différentes.

Afin d'obvier à ces inconvénients, j'ai décidé, de
concert avec Son Exc. M. le Ministre des finances,
qu'à chaque mutation d'instituteur vous dresseriez un
bulletin conforme au modèle ci-joint. Ce bulletin
sera remis par vos soins à M. le receveur général des
finances de votre département, qui le transmettra, à
son tour, au percepteur receveur municipal de la nouvelle résidence de l'instituteur.

Je vous prie, monsieur le préfet, de vouloir bien
assurer l'exécution de cette décision.

Recevez, monsieur le préfet, l'assurance de ma
considération très-distinguée.

Le Ministre de l'instruction publique,

V. Duruy.

Modèle annexé.

DÉPARTEMENT   INSTRUCTION PRIMAIRE.
d
                   *Mutations entre les instituteurs
                        communaux.*

M.   , instituteur public
à   [2], jouissant dans cette commune
d'un traitement annuel de   , a été
nommé, par arrêté préfectoral du
instituteur communal à   , au traitement de   , en remplacement
de M.

Délivré à   , le   186 .

Le préfet du département d   .

---

1. Le *Bulletin administratif* contient encore un
autre arrêté portant confirmation de l'interdiction
provisoire prononcée contre l'ouvrage intitulé l'*Assassin Jacques Latour.* Voir n° 7, p. 189.

2. ndiquer la commune, le canton et l'arrondisse-
ent.

Monsieur le préfet, vous savez déjà que, de novembre 1865 à mars 1866, près de 25 000 cours d'adultes
ont été faits en France pour 600 000 élèves environ,
par 30 000 instituteurs, institutrices et professeurs
de tout ordre; que 250 000 illettrés ont pu apprendre
ainsi à lire, écrire ou compter; que 117 000 élèves sur
600 000 ont payé, pour s'instruire, 415 000 fr.; que
15 375 cours ont été entièrement gratuits; que 14 409
instituteurs et institutrices ont enseigné sans aucune
rémunération; que, pour couvrir les dépenses de ce
nouvel ordre d'enseignement, 3600 communes, ou
près du dixième des communes de France, ont donné
650 000 francs, soit 180 francs en moyenne; les particuliers 125 000 francs ; les conseils généraux 72 000
francs ; enfin que 4150 instituteurs ont déboursé,
pour le même objet, 91 000 francs.

De tels sacrifices, dus à l'admirable élan des instituteurs, étaient nécessaires pour créer les écoles du
soir et pour montrer qu'elles répondent non-seulement aux besoins, mais à la volonté même du peuple de nos campagnes. L'enseignement des adultes,
parallèle à celui des enfants, est désormais fondé en
France. Il continuera l'hiver prochain, je l'espère,
avec un égal dévouement de la part des maîtres;
mais nul ne peut songer à leur demander, à titre permanent, de doubler leur enseignement sans indemnité et de s'imposer, au profit du public, des services gratuits et jusqu'à des déboursés onéreux.

Le gouvernement et la Chambre se sont émus de
cette situation, et une somme de 50 000 francs a été
ajoutée, pour l'année 1866, au crédit de 60 000 francs
inscrit à mon budget. Pour l'année prochaine, la
somme est même portée à 150 000 fr.; c'est une marque éclatante de la vive sympathie que le dévouement des instituteurs a excitée au sein des grands pouvoirs publics. Mais l'importante signification de ce
crédit ne laisse pas moins subsister une influence notoire qui démontre la nécessité d'un concours actif et
énergique de la part des conseils généraux et municipaux.

L'instruction des adultes, comme celle des enfants,
en effet, a le caractère d'une dépense locale, dont
les intéressés et la commune doivent d'abord supporter les charges; mais il serait bon que le système financier, créé par la loi du 15 mars 1850 pour les
écoles du jour, pût être appliqué aux écoles du soir,
c'est-à-dire que le département intervînt, à défaut
des ressources locales, puis l'Etat, en cas d'insuffisance des budgets départementaux. En l'absence d'une
disposition législative qui place les deux sortes d'é-
coles sous le même régime financier, il appartient aux autorités compétentes d'agir volontairement, dans la mesure de leurs ressources respectives,
comme si la loi eût déjà parlé.

Il faudrait d'abord que, dans toute commune, l'instituteur fût déchargé des frais de chauffage et d'é-
clairage; il faudrait de plus, quand le cours est gratuit, qu'une indemnité lui fût accordée.

Ce double résultat ne peut être atteint d'une manière permanente qu'à l'aide de subventions municipales et par le concours effectif des conseils généraux,
dont beaucoup de membres se sont déjà associés, par
des dons personnels, à la fondation des écoles du
soir.

Il vous appartient, monsieur le préfet, de diriger
vers ce but l'influence dont vous disposez. La parole
du Souverain, l'initiative de son gouvernement sont
engagées dans l'œuvre dont l'Empereur a daigné, du
haut du trône, encourager les commencements. Les
ressources de l'Etat ne feront pas défaut à nos instituteurs, je puis leur en donner l'assurance; mais,
de même que, pendant la première année, c'est sur
eux qu'a porté le poids du fardeau, il serait digne de
la France, et conforme aux intentions de l'Empereur,
qu'en égard aux charges actuelles du Trésor, les dé-

penses de la seconde année fussent couvertes principalement par le libre vote des assemblées électives.

Lorsque vous présenterez au conseil général vos propositions et que vous entretiendrez MM. les maires de cette partie du service, à l'occasion de la prochaine session d'août des conseils municipaux, veuillez, monsieur le préfet, ne pas oublier deux considérations importantes : d'abord à la différence de ce qui se passe en d'autres pays, où les élèves restent jusqu'à seize ans sur les bancs de l'école du jour, la plupart de nos enfants la quittent quatre ou cinq ans plus tôt, ce qui fait qu'à vingt ans ils ont à peu près tout oublié; d'où résulte la nécessité, en France, du cours d'adultes qui, pour les uns, sera une seconde école primaire, et pour les autres une école de perfectionnement. Ensuite, l'école du jour prêtant à la classe du soir le local, le mobilier, le matériel classique et l'instituteur, qui trouve dans le sentiment du devoir la force nécessaire pour accomplir la tâche de deux hommes, la somme de 60 millions employée, chaque année, par la France, pour entretenir les écoles du jour, peut, avec une légère augmentation, servir en même temps à l'ouverture des écoles du soir.

Je l'ai déjà dit en une autre circonstance : la classe d'adultes double presque sans frais le nombre des écoles; elle rend féconde la première dépense faite par le pays; elle tire du même capital un double intérêt. Nos conseils électifs ont trop de patriotisme et de lumières pour ne pas mettre en regard de la dépense que vous leur demanderez l'importance morale, économique et politique de l'œuvre à faire et la reconnaissance du pays.

Recevez, monsieur le préfet, l'assurance de ma considération la plus distinguée,

Le Ministre de l'instruction publique,
V. Duruy.

Circulaire interprétative de celle du 22 juin sur les indemnités qui pourront être allouées aux instituteurs lésés par l'extension de la gratuité et à ceux qui auront fait des sacrifices pour les classes d'adultes. (12 juillet 1866.)

Monsieur le préfet, quelques doutes s'étant élevés sur le sens de ma circulaire du 22 juin, dans la partie relative aux indemnités que pourraient recevoir les instituteurs lésés en 1866 par l'augmentation du nombre des enfants indigents portés sur les listes de gratuité, je crois nécessaire d'en déterminer, à cet égard, avec beaucoup de précision le sens et la portée [1].

---

1. La circulaire du 22 juin, qui n'a pas été publiée, est ainsi conçue :

« Monsieur le préfet, il importe au plus haut degré que les instituteurs dont le traitement a diminué en 1866, par suite de l'extension des listes de gratuité, reçoivent dès cette année, et en attendant le vote de la loi sur l'instruction primaire, une indemnité suffisante pour réparer ou atténuer dans une proportion notable le dommage résultant pour eux de l'exécution de l'article 24 de la loi du 15 mars 1850. D'un autre côté, le crédit inscrit au budget de 1866 pour les cours d'adultes vient d'être augmenté par le Corps législatif, et je désirerais employer d'abord cette ressource nouvelle à indemniser les instituteurs qui, avec un faible traitement, se sont imposé la charge de payer les frais de chauffage, d'éclairage et autres, relatifs à l'entretien de la classe.

« En conséquence, je vous prie, Monsieur le préfet, de faire dresser la liste de ces deux catégories d'indemnitaires, avec le chiffre de la somme que vous croiriez due à chacun d'eux. Je ne ⋯ssi je pourrai la fournir tout en ⋯ ₁e. Je me ⋯ ₍ du moins, de

La demande de renseignements qu'elle contient à l'égard des instituteurs qui ont supporté les frais de chauffage et d'éclairage pour des cours d'adultes ne peut être l'objet d'aucun malentendu : il s'agit des déboursés faits l'hiver dernier pendant la campagne scolaire 1865-1866.

Quant aux instituteurs dont le traitement a diminué en 1866 par suite de l'extension de la gratuité accordée aux enfants indigents, j'appelle votre attention : 1° sur la période à laquelle s'applique ma circulaire ; 2° sur la catégorie d'instituteurs qu'elle concerne.

Vous savez, Monsieur le préfet, qu'aux termes de l'article 24 de la loi du 15 mars 1850, « l'enseignement primaire est donné gratuitement à tous les enfants dont les familles sont hors d'état de le payer. » Le décret du 31 décembre 1853 restreignit pour chaque commune cet avantage à un nombre *maximum* d'enfants fixé d'avance. Un autre décret du 7 octobre dernier a fait disparaître toute restriction par l'abolition de ce *maximum*. Les listes de gratuité ont été dressées en conséquence pour 1866. Je m'occupe, quant à présent, de l'année 1866, comptée à partir du 1er janvier. Vous n'aurez donc à m'adresser vos renseignements qu'après avoir acquis la certitude qu'il s'agit bien des chiffres applicables à l'année entière. Vous pouvez attendre pour cet envoi l'époque que vous jugerez opportun de fixer.

Il y a dans votre département deux catégories d'instituteurs : 1° ceux dont le traitement ne dépasse pas les divers *minima* garantis par la loi du 15 mars 1850 et par le décret du 19 avril 1862, c'est-à-dire 600 fr., et, après cinq ans de service, 700 fr.; 2° ceux dont le traitement, par l'effet du produit de la rétribution scolaire, dépasse au contraire les *minima* garantis. Ma circulaire du 22 juin ne s'applique pas aux communes de la première catégorie. En effet, si l'extension de la gratuité, c'est-à-dire la conversion en gratuits d'un certain nombre de payants, diminue, là comme ailleurs, le produit de la rétribution scolaire, l'instituteur n'en souffre nullement, puisqu'au moyen du complément légal qui fonctionne de lui-même aux dépens des ressources spéciales de la commune, du département ou de l'État, cet instituteur, après comme avant l'extension de la gratuité, jouit toujours du *minimum* garanti. Ma circulaire concerne les instituteurs qui, recevant actuellement un traitement supérieur aux *minima* garantis, voient ce traitement diminuer par suite de l'extension des listes de gratuité. C'est à eux que je voudrais, dès 1866, pouvoir accorder une indemnité égale au préjudice que leur cause l'exécution de l'article 24 de la loi du 15 mars 1850, et c'est à eux que S. Exc. M. le Ministre d'État faisait allusion lorsqu'il disait au Corps législatif, dans la séance du 27 juin :

« Par des circulaires récentes, M. le Ministre de l'instruction publique a encouragé le développement de la gratuité. Il en résulte qu'un plus grand nombre d'enfants ont été admis dans les écoles primaires sans payer la rétribution scolaire, et, par voie de conséquence, la situation d'un certain nombre d'instituteurs primaires en a été atteinte.

« Le gouvernement a pris cette situation en considération : il espère ou du moins il souhaite pouvoir, à l'aide d'un virement de crédit opéré dans le budget du ministère de l'instruction publique, donner pour cette année même, aux instituteurs primaires, des indemnités qu'ils méritent à plus d'un titre, et il croira aller ainsi au-devant des vœux mêmes du Corps législatif.

« Dans le cas où les ressources du ministère de

---

consacrer à cet usage tout ce que le nouveau crédit relatif aux cours d'adultes et quelques économies sur le budget me permettront d'y affecter.

« Recevez, etc.

« Le Ministre de l'instruction publique

« V. Duruy. »

l'instruction publique publique ne permettraient pas d'opérer ce virement que j'indique, et où il serait reconnu impossible de solder ainsi l'indemnité légitimement due aux instituteurs primaires, le gouvernement n'hésiterait point à présenter, au budget rectificatif de 1867, un supplément de crédit pour satisfaire à une situation qui lui paraît, au plus haut degré, digne de votre intérêt. »

Je vous prie donc, Monsieur le préfet, de vouloir bien, en m'adressant immédiatement les renseignements relatifs aux déboursés faits pour les cours d'adultes, ajourner, s'il y a lieu, l'envoi des chiffres relatifs à la gratuité, mais de dresser le tableau de ces derniers chiffres, conformément aux observations qui précèdent.

Recevez, Monsieur le préfet, l'assurance de ma considération très-distinguée.

Le Ministre de l'instruction publique,

V. DURUY.

Administration académique.

Napoléon-Vendée. (11 juillet.) — M. Chanson, inspecteur d'académie (troisième classe), en résidence à Tulle, est nommé inspecteur d'académie (même classe), en résidence à Napoléon-Vendée, en remplacement de M. Belhomme, appelé à d'autres fonctions.

Tulle. (11 juillet.) — M. Eyriès, inspecteur d'académie en inactivité, est nommé inspecteur d'académie (troisième classe), en résidence à Tulle, en remplacement de M. Chanson, appelé à d'autres fonctions.

Inspecteurs de l'instruction primaire.

Alençon. (6 juillet). — M. Desmonceaux, inspecteur primaire (deuxième classe) pour l'arrondissement de Beauvais, est nommé, sur sa demande, inspecteur primaire (même classe) pour l'arrondissement d'Alençon, en remplacement de M. Colombel.

Argentan. (10 juillet). — M. Lebedel, inspecteur primaire (troisième classe) pour l'arrondissement d'Argentan, est promu à la deuxième classe de son emploi.

Beauvais. (6 juillet). — M. Colombel, inspecteur primaire (première classe) pour l'arrondissement d'Alençon est nommé, sur sa demande, inspecteur primaire (même classe) pour l'arrondissement de Beauvais, en remplacement de M. Desmonceaux.

Laon. (10 juillet.) — M. Marchal, inspecteur primaire pour l'arrondissement de Montreuil-sur-Mer (Pas-de-Calais), est nommé aux mêmes fonctions pour l'arrondissement de Laon, en remplacement de M. Debruyne, appelé à d'autres fonctions.

Montreuil-sur-Mer. (10 juillet.) — M. Debruyne, inspecteur primaire pour l'arrondissement de Laon (Aisne), est nommé aux mêmes fonctions pour l'arrondissement de Montreuil-sur-Mer, en remplacement de M. Marchal, appelé à d'autres fonctions.

Saint-Claude. (10 juillet.) — M. Dupuy, instituteur public à Château-du-Loir (Sarthe), pourvu du certificat d'aptitude aux fonctions d'inspecteur primaire, est nommé inspecteur primaire (troisième classe) pour l'arrondissement de Saint-Claude (Jura), en remplacement de M. Nodot, qui a reçu une autre destination.

Enseignement secondaire spécial.

Ecole normale de Cluny. (29 juin.) — M. Roux, principal du collège de Castres, est nommé directeur de l'Ecole normale de l'enseignement secondaire spécial de Cluny et du collège spécial annexé à ladite école.

Agen (4 juillet). — M. Daron, pourvu du brevet de capacité pour l'enseignement primaire supérieur, chargé de la première année de l'enseignement secondaire spécial au lycée d'Agen, est nommé maître élémentaire (première classe) de l'enseignement secondaire spécial audit lycée (emploi vacant).

Enseignement primaire annexé aux lycées et collèges.

Schlestadt. (21 juillet.) — M. Wendling (Edmond-François), pourvu du brevet de capacité pour l'instruction primaire, est nommé régent des cours spéciaux d'enseignement primaire annexés au collège de Schlestadt.

Valenciennes. (27 juin.) — M. Caillole, régent de cinquième et sixième au collège du Quesnoy, est nommé régent des cours spéciaux d'enseignement primaire annexés au collège de Valenciennes, en remplacement de M. Tricottet, appelé à d'autres fonctions.

Distinctions honorifiques.

Légion d'honneur.

Par décret en date du 16 juin 1866, rendu sur la proposition du Ministre de l'instruction publique, M. Goudet (Antoine-Guillaume), en religion frère Alphonse, directeur des écoles chrétiennes et des cours d'adultes de Bordeaux, a été nommé chevalier de l'ordre impérial de la Légion d'honneur (cinquante-huit ans de services).

Ont été nommés chevaliers de la Légion d'honneur, à l'occasion du voyage de l'Impératrice et du Prince Impérial en Lorraine :

MM.

Bréart, inspecteur de l'académie de Nancy, en résidence à Bar-le-Duc ;

Francomme, instituteur à Bourgaltroff (Meurthe, arrondissement de Château-Salins), 47 ans de services dans la même commune.

Officiers de l'instruction publique et officiers d'académie.

(23 juin 1866.)

M. Périé (Pierre), instituteur communal à Monségur (Gironde), est nommé officier de l'instruction publique.

Sont nommés officiers d'académie :

M. le vicomte Georges de Bouville, chef du cabinet du préfet de la Gironde ;

M. Dupeyron (Vital), instituteur communal à la Réole (Gironde) [1].

(29 juin 1866.)

M. Pradelle (Jean-Philippe), instituteur public à Prayssas (Lot-et-Garonne), est nommé officier de l'instruction publique.

M. Larrieu (Jean-Auguste), instituteur public à Monflanquin (Lot-et-Garonne), est nommé officier d'académie [2].

(La suite au prochain numéro.)

---

1. Distinctions accordées à l'occasion de la distribution des prix des cours d'adultes de la Gironde.
2. Dictinctions accordées à l'occasion de la distribution des prix des cours d'adultes de Lot-et-Garonne.

Modèle n° 1.

| ACADÉMIE | EMPIRE FRANÇAIS. | DÉPARTEMENT |

BREVET DE CAPACITÉ POUR L'ENSEIGNEMENT PRIMAIRE.

(Enseignement des garçons.)

Le recteur de l'académie d

Vu les articles 23, 46 et 48 de la loi du 15 mars 1850, l'article 9 de la loi du 21 juin 1865, l'article 50 du décret du 29 juillet 1850 et l'arrêté du 3 juillet 1866;

Vu le procès-verbal de l'examen subi par M.   , (et, s'il y a lieu, en religion frère N....) sur l'instruction morale et religieuse, la lecture, l'écriture, les éléments de la langue française, le calcul, le système légal des poids et mesures;

Vu le certificat en date du   18   , par lequel la commission d'examen siégeant à   , département d   , atteste que M   , né le   , à   , département d   , a été jugé apte à obtenir un brevet de capacité pour l'enseignement primaire, comprenant les matières ci-dessus énumérées;

Délivre à M.   , le présent brevet.

Fait à   , le   18   .

Signature de l'impétrant,   *Le recteur de l'académie d*

Modèle n° 2.

| ACADÉMIE | EMPIRE FRANÇAIS. | DÉPARTEMENT |

BREVET DE CAPACITÉ DU SECOND ORDRE.

(Enseignement des filles.)

Le recteur de l'académie d

Vu les articles 23, 46 et 48 de la loi du 15 mars 1850, l'article 50 du décret du 29 juillet 1850 et les articles 6 et 7 du décret du 31 décembre 1853;

Vu l'article 23 de l'arrêté du 3 juillet 1866;

Vu le programme de l'examen pour l'obtention du brevet de capacité du second ordre, comprenant l'instruction morale et religieuse, la lecture, l'écriture, les éléments de la langue française, le calcul, le système légal des poids et mesures et les travaux à l'aiguille;

Vu le procès-verbal de l'examen subi par M

Vu le certificat en date du   18   , par lequel la commission d'examen siégeant à   , département d   , atteste que M   , née le   , à   , département d   , a été jugée apte à obtenir un brevet de capacité du second ordre;

Délivre à M   le présent brevet.

Fait à   , le   18   .

Signature de l'impétrante,   *Le recteur de l'académie d*

Modèle n° 3.

| ACADÉMIE | EMPIRE FRANÇAIS. | DÉPARTEMENT |

BREVET DE CAPACITÉ DU PREMIER ORDRE.

(Enseignement des filles.)

Le recteur de l'académie d

Vu le brevet de capacité du second ordre en date du   , délivré, conformément à la loi du 15 mars 1850 et au décret du 31 décembre 1853, à M   , née le   , à   , département d   ;

Vu l'article 9 de la loi du 21 juin 1865, les articles 6 et 7 du décret du 31 décembre 1853 et l'article 24 de l'arrêté du 3 juillet 1866;

Vu le programme de l'examen pour l'obtention du brevet de capacité du premier ordre, comprenant l'arithmétique appliquée aux opérations pratiques, la tenue des livres, les éléments d'histoire et de géographie, les notions de sciences physiques et d'histoire naturelle applicables aux usages de la vie, le dessin, le chant, l'hygiène;

Vu le procès-verbal de l'examen subi par M

Vu le certificat en date du   18   , par lequel la commission d'examen siégeant à   , département d   , atteste que M   a été jugée apte à obtenir un brevet de capacité du premier ordre;

Délivre à M   le présent brevet.

Fait à   , le   18   .

Signature de l'impétrante,   *Le recteur de l'académie d*

Tableau de la répartition des matières d'enseignement dans les écoles normales primaires (annexé à la circulaire du 2 juillet 1866).

Tous les devoirs qui exigent la remise d'une copie ou la présentation d'un cahier doivent être considérés comme étant en même temps des exercices de *calligraphie* ₂ *d'orthographe.*

NUMÉROS D'ORDRE.	MATIÈRES.	PREMIÈRE ANNÉE.	LEÇONS PAR SEMAINE.	DEUXIÈME ANNÉE.	LEÇONS PAR SEMAINE.	TROISIÈME ANNÉE.	LEÇONS PAR SEMAINE.
1	INSTRUCTION RELIGIEUSE	Instruction religieuse	2	Instruction religieuse	2	Instruction religieuse	2
2	PÉDAGOGIE		»		»	Exposé des meilleurs procédés. — Éducation physique, intellectuelle et morale.—Organisation des écoles	1
3	ÉCRITURE	Cursive	3	Cursive. — Ronde. — Bâtarde	2	Cursive.—Ronde.—Bâtarde.—Gothique	2
4	LECTURE. — RÉCITATION	Français. — Manuscrit. — Latin. — Textes choisis	5	Français. — Manuscrits. — Latins. — Textes choisis	4	Français. — Manuscrits. — Latin. — Textes choisis	3
5	LANGUE FRANÇAISE	Dictées. — Analyses.— Exercices de style et de composition	5	Dictées. — Analyses. — Exercices de style et de composition	5	Dictées. — Exercices de style et de composition.—Notions historiques sur nos grands écrivains et sur leurs œuvres principales	3
6	CALCUL ; SYSTÈME LÉGAL DES POIDS ET MESURES. — ARITHMÉTIQUE APPLIQUÉE AUX OPÉRATIONS PRATIQUES.—TENUE DES LIVRES	Nombres entiers. — Fractions. — Système métrique	5	Révision du système métrique et des fractions.—Applications aux questions d'intérêt, d'escompte, d'annuité, de banque, de société de crédit, de change, etc	4	Révision et compléments du cours d'arithmétique appliquée.—Tenue des livres	3
7	ÉLÉMENTS DE GÉOMÉTRIE. — ARPENTAGE ET NIVELLEMENT	Géométrie plane	1	Suite et fin de la géométrie plane.—Arpentage.—Nivellement	1	Révision et fin du cours. — Applications de la géométrie dans l'espace	2
8	DESSIN LINÉAIRE. — DESSIN D'ORNEMENT ET D'IMITATION	Dessin à main levée.—Ornement	2	Dessin graphique. — Étude des projections. — Dessin d'ornement et d'imitation	2	Applications diverses du dessin graphique. — Perspective. — Ombres. — Lavis. — Suite du dessin d'ornement et d'imitation	2
9	ÉLÉMENTS D'HISTOIRE ET DE GÉOGRAPHIE	Notions très-sommaires d'histoire ancienne. — Histoire de France jusqu'à la fin du dixième siècle (avénement des Capétiens).—Description générale des cinq parties du monde	3	Histoire de France (de la fin du dixième siècle à la Révolution française, 1789). — Géographie particulière de l'Europe	3	Histoire de France (depuis la Révolution française jusqu'à nos jours). Géographie détaillée de la France et surtout du département	3
10	CHANT ET ORGUE		3		3		3
11	NOTIONS DE PHYSIQUE, DE CHIMIE ET D'HISTOIRE NATURELLE APPLICABLES AUX USAGES DE LA VIE	Zoologie (premier semestre), et botanique (deuxième semestre)	2	Physique. Chimie (métalloïdes)	2 1	Physique. Chimie (métaux). — Chimie organique	1 2
12	AGRICULTURE ET HORTICULTURE.—INSTRUCTIONS ÉLÉMENTAIRES SUR L'INDUSTRIE	Culture générale	2	Horticulture	3	Révision des cours de première et de seconde année. Instructions élémentaires sur l'industrie	1 2
13	HYGIÈNE		»		»	Hygiène	1
14	ACTES DE L'ÉTAT CIVIL ET ADMINISTRATION COMMUNALE		»		»	Actes de l'état civil et administration communale	1
15	GYMNASTIQUE		»		»		»
		Total des leçons par semaine.	33	Total des leçons par semaine.	32	Total des leçons par semaine.	32

PETIT MANUEL

DE L'INSTRUCTION PRIMAIRE

JOURNAL MENSUEL

DES INSTITUTEURS ET DES INSTITUTRICES.

ÉDUCATION ET ENSEIGNEMENT.

CONCOURS POUR LE CERTIFICAT D'APTITUDE AUX FONCTIONS D'INSPECTEUR PRIMAIRE.

SUJET A TRAITER[1].

Conformément à notre promesse, nous commençons aujourd'hui à rendre compte d'un certain nombre de compositions qui nous ont été envoyées sur le sujet indiqué dans notre numéro du 10 août.

A partir de ce jour, 10 septembre, nous ne recevrons plus de nouvelles compositions.

---

1. Voir le dernier numéro.

2ᵉ Série. — 3ᵉ Année.   **N° 9.**

L'administration du *Manuel général* et du *Petit Manuel* nous autorise à offrir à l'auteur du meilleur travail qui nous aura été adressé un abonnement gratuit d'un an au *Manuel général*.

Nous ferons connaître, dans le numéro du 10 octobre, le nom de la personne qui nous paraîtra remplir ces conditions.

Nous donnerons également dans ce numéro une composition pouvant servir de corrigé.

M. B..., à V.-S.-B. (Yonne).

L'auteur de cette copie signale des moyens pratiques et efficaces : faire appel au dévouement des maîtres, à la générosité des conseils municipaux; rendre les cours d'adultes gratuits; intéresser à leur succès les personnes bienfaisantes, etc.

Dans le courant du rapport, l'inspecteur annonce qu'il se propose d'adresser une circulaire à MM. les maires : il vaut mieux, suivant nous, que MM. les préfets se chargent de ce soin. Nous ne croyons pas non plus qu'il soit bon d'*exagérer* les récompenses qui attendent les adultes qui suivront les cours; il ne faut rien exagérer, toute exagération ayant en général pour conséquence un désappointement et des réclamations, auxquelles il n'est pas toujours possible de donner satisfaction. — L'entrée en matière est un peu pénible. Que notre correspondant fasse disparaître ce que ses phrases ont de trop long et d'embarrassé; qu'il développe davantage ses idées, et il réussira.

M. L..., à M.-S., par B. (Haute-Vienne).

Préambule beaucoup trop long. Il fallait entrer tout desuite en matière.—Il serait, suivant nous, peu opportun et surtout peu facile, d'employer de jeunes moniteurs pour les classes d'adultes. — Peut-être devrait-on moins craindre de compter sur le dévouement des instituteurs. — La gratuité jusqu'ici a été plus favorable que nuisible aux cours d'adultes : nous blâmons cette pensée, « de fermer la porte de la classe à ceux qui ne payeraient pas la rétribution convenue. »

Il y a de bonnes choses dans cette copie. Nous y avons remarqué des imperfections de style.

M. G..., à G. (Aisne).

Entrée en matière pénible. — Se défier de la phraséologie.—La nécessité de l'instruction n'est plus une question.

Ce serait un très-bon moyen que celui de créer une société pour encourager les cours d'adultes. — Mais, en attendant que ce résultat, qui n'est pas toujours possible, soit obtenu, nous préférerions qu'on fît appel, comme nous le disions plus haut, au dévouement des maîtres, à la générosité des conseils municipaux ou des personnes amies de l'instruction. — Du reste, l'auteur a indiqué en partie ces mobiles d'action, qui sont les plus pratiques. A ces moyens s'ajouteront, s'il y a lieu, les concours cantonaux, les associations, etc. ; mais il faut aller au plus pressé.

M. E..., à D. (Var).

Il y a beaucoup de bonnes choses dans ce travail, et nous eussions désiré que l'auteur insistât davantage sur ce point qu'il effleure seulement : « Faire appel au dévouement des instituteurs. » Il aurait pu ajouter à des mobiles plus nobles, celui de l'intérêt même des maîtres : quand les parents seront instruits, ils enverront leurs enfants à l'école.... On n'apprécie bien le prix de l'instruction que quand on l'a reçue soi-même....

Les moyens sont pratiques et assez bien exposés. — C'est une bonne pensée de donner beaucoup de latitude aux instituteurs pour les cours d'adultes; aussi il nous paraîtrait inutile d'exiger « au moins le programme de l'enseignement. » Ce programme est déterminé d'avance, et tout naturellement, par les besoins, par les circonstances.... etc.

Nous engageons l'auteur à soigner sa rédaction, qui est généralement bonne, mais qui renferme encore quelques défectuosités.

Charles DEFODON.

CONCOURS POUR LES BOURSES D'EXTERNES AU COLLÉGE CHAPTAL ET A L'ÉCOLE TURGOT, A PARIS.

Candidats ayant pris part au concours..... 208
—   admis aux épreuves orales...... 64
—   pouvant être nommés boursiers. 61

SUJETS DE COMPOSITION.

ÉPREUVES ÉLIMINATOIRES.

Orthographe.

La Providence.

Contemplez le ciel et la terre, et la sage économie de cet univers. Est-il rien de mieux entendu que cet édifice? Est-il rien de mieux pourvu que cette famille? Est-il rien de mieux gouverné que cet empire? La puissance suprême qui a construit le monde, et qui n'y a rien fait qui ne fût bon, a fait néanmoins des créatures meilleures les unes que les autres. Mais, depuis les plus grandes jusqu'aux plus petites, sa providence se répand partout. Elle nourrit les petits oiseaux qui l'invoquent dès le matin par la mélodie de leurs chants; et ces fleurs, dont la beauté est sitôt flétrie, elle les habille si superbement, durant ce petit moment de leur être, que Salomon dans toute sa gloire n'a rien de comparable à cet ornement.

Vous, hommes que Dieu a faits capables de le connaître, pouvez-vous croire qu'il vous oublie, et que vous soyez les seules de ses créatures sur lesquelles les yeux vigilants de sa providence paternelle ne soient pas ouverts? Que s'il vous paraît quelque désordre, s'il vous semble que la récompense coure trop lentement à la vertu, et que la peine ne poursuive pas d'assez près le vice, songez à l'éternité de ce premier être : ses desseins, formés et conçus dans le sein immense de cette immuable éternité, ne dépendent ni des années ni des siècles, qu'il voit passer devant lui comme des moments, et il faut la durée tout entière du monde pour développer entièrement les ordres d'une sagesse si profonde. Et nous, mortels misérables, parce que nous et nos conseils sommes limités dans un temps très-court, nous voudrions que l'infini se renfermât dans les mêmes bornes, et qu'il déployât devant nous, et sur-le-champ, tout ce que sa miséricorde prépare aux bons, et tout ce que sa justice destine aux méchants ! — Bossuet.

Histoire sainte.

Raconter la révolte d'Absalon et son châtiment.

Arithmétique.

1er *Problème.* — Exécuter et expliquer la multiplication de 0,25 par 402 dix-millionièmes. Énoncer la règle pratique pour multiplier l'un par l'autre deux nombres décimaux.

2e *Problème.* — Un convoi de chemin de fer doit parcourir une distance de 537 kilomètres à raison de 35 kilomètres à l'heure. Parvenu au tiers de sa course, on augmente de 5 kilomètres par heure la vitesse de la locomotive. A quelle heure le convoi arrivera-t-il à sa destination? Le départ a eu lieu à 7 h. 10 m. du matin.

ÉPREUVES DÉFINITIVES.

Instruction religieuse.

1° Qu'est-ce que la Providence?
2° Comment prouve-t-on qu'il y a une Providence?
3° Comment l'existence d'une Providence se concilie-t-elle avec les vices et les maux qui affligent l'humanité?

Histoire de France.

Dire comment Charles V et Duguesclin parvinrent à chasser les Anglais et à pacifier la France.

Géographie.

Indiquer les départements formés des anciennes provinces de Flandre et d'Artois; nommer leurs chefs-lieux de préfecture ainsi que leurs villes les plus remarquables, soit par des souvenirs historiques, soit par leur importance industrielle, commerciale ou maritime.

Système métrique et géométrie pratique.

1° On demande le poids de l'air qui remplit un ballon dont la capacité est de 825 litres 05 centilitres, sachant que l'eau pèse 770 fois plus que l'air.

2° Trouver la surface totale des 4 segments déterminés par les côtés d'un carré inscrit dans une circonférence dont le rayon égale 5 mètres.

(Bulletin de l'instruction publique du département de la Seine.)

EXERCICES DIVERS A L'USAGE DES CLASSES.

SCIENCES PHYSIQUES ET NATURELLES.

Réponses aux questions proposées par les commissions d'examen aux aspirants au brevet complet et aux aspirantes du premier ordre.

Éléments qui constituent l'organe de l'ouïe[1].

L'organe de l'ouïe, destiné à transmettre au cerveau les sensations des sons et des bruits extérieurs, peut être considéré comme formé de trois parties : l'oreille externe, l'oreille moyenne, et l'oreille interne. (Voir la figure.)

L'oreille externe comprend la *conque auditive* ou

---

1. Ressort de l'académie de Paris, département de l'Oise.

pavillon, et le *méat auditif* ou conduit extérieur de l'oreille. La conque, chez l'homme, présente un contour ovale bordé d'un repli dans la partie supérieure et terminé à la partie inférieure par un lobule graisseux, que les femmes de tous les pays ont la coutume de faire percer pour y suspendre des anneaux comme ornement. La conque est fibro-cartilagineuse. A la partie antérieure et moyenne, on remarque, au-dessus du méat auditif, une petite saillie cartilagineuse qui porte le nom de *tragus*, et qui se couvre de poils avec l'âge : c'est, dit-on, à cette particularité que le tragus doit son nom qui, en grec, signifie bouc.

La conque manque chez beaucoup d'animaux, comme la taupe, le phoque, etc. Chez certaines espèces, elle est très-allongée, et des muscles beaucoup plus développés que chez l'homme lui donnent une grande mobilité, comme nous le voyons chez l'âne et le lapin. Au fond de la conque est le méat auditif, qui va jusqu'à l'oreille moyenne. C'est un tube dont la membrane présente des glandes nombreuses qui sécrètent une matière grasse et jaunâtre, le *cerumen*, vulgairement nommé cire de l'oreille.

Au fond du méat auditif est une membrane tendue sur une espèce de cadre osseux, laquelle sépare le méat de l'oreille moyenne. Cette membrane est le *tympan*, qui reçoit directement l'action des vibrations sonores, et les transmet à l'oreille interne par l'intermédiaire des *osselets*. Les osselets, au nombre de quatre, se succèdent dans l'ordre suivant : le *marteau*, en rapport immédiat avec le tympan ; l'*enclume*, sur laquelle agit le marteau ; le *lenticulaire*, qui est très-petit, et l'*étrier*, dont le nom indique assez bien la forme.

Toute cette partie formant l'oreille moyenne constitue une sorte de caisse aérienne, logée dans une cavité osseuse qui est une dépendance de l'os temporal. L'oreille moyenne est remplie d'air, et cet air reste en communication avec l'air extérieur, par l'intermédiaire de la *trompe d'Eustache*, espèce de tube qui s'ouvre dans l'arrière-bouche.

La platine de l'étrier s'appuie sur la *fenêtre ovale*, où commence l'oreille interne. Celle-ci est enfermée dans une pièce osseuse très-dense, nommée le *rocher* ou l'os pierreux. Son ensemble porte le nom de *labyrinthe*, et comprend trois parties principales : le *vestibule*, les *canaux semi-circulaires* et le *limaçon*.

Le labyrinthe est tapissé d'une membrane qui renferme un liquide ou plutôt une espèce de gelée qui, dans le vestibule, tient en suspension de petites concrétions calcaires. Les canaux semi-circulaires, au nombre de trois, débouchent par leurs deux extrémités dans le vestibule ; mais les deux canaux extrêmes se réunissent avant d'aboutir au vestibule, et ont une ouverture commune. Les deux autres extrémités, ainsi que celles de l'autre canal, présentent près de l'embouchure un renflement en forme de petite ampoule.

Le limaçon est un tube en spirale, qu'une cloison incomplète divise à l'intérieur en deux parties dans le sens de la longueur. La partie supérieure arrive directement au vestibule ; la partie inférieure aboutit à la *fenêtre ronde*, placée au-dessous de la fenêtre ovale. La spirale du limaçon est très-serrée, et forme deux tours et demi.

Le nerf auditif ou *nerf acoustique*, remarquable par sa structure pulpeuse, est conduit du cerveau dans le labyrinthe par un canal osseux nommé *méat auditif interne*.

Les physiologistes ne sont pas entièrement d'accord sur le fonctionnement des diverses parties de l'oreille et sur le rôle de plusieurs petits organes. On croit que la sensation des tons, c'est-à-dire la distinction des sons graves, des sons aigus et des sons intermédiaires doit être attribuée au limaçon, tandis que les canaux semi-circulaires donneraient l'appréciation du timbre, c'est-à-dire de cette qualité du son qui fait qu'à égalité de hauteur et d'intensité on distingue le son d'un instrument de celui d'un autre instrument, et qu'on reconnaît une personne au son de sa voix.

L. Marcel Devic.

ARITHMÉTIQUE.

Problèmes divers.

1er *Problème*. — Une cuve contient 68 hect. 17 millièmes de vin ; combien pourra-t-on remplir de tonneaux contenant chacun 2 décalitres 3 centièmes[1] ?

Solution. — La contenance de la cuve est, en litres est :

$$68,017 \times 100 = 6801^l,7,$$

et celle de chacun des tonneaux est :

$$22,03 \times 10 = 220^l,3.$$

Il faut donc chercher le nombre qui, multiplié par $220^l,3$ reproduise $6801^l,7$; ce nombre est le quotient de la division

$$6801,7 : 220,3,$$

c'est-à-dire 30, si l'on se borne à la partie entière de ce quotient. Si on le calcule plus exactement, l'on trouve :

$$6801,7 : 220,3 = 30,87.$$

Ainsi la cuve contient un peu moins de 31 pièces de vin.

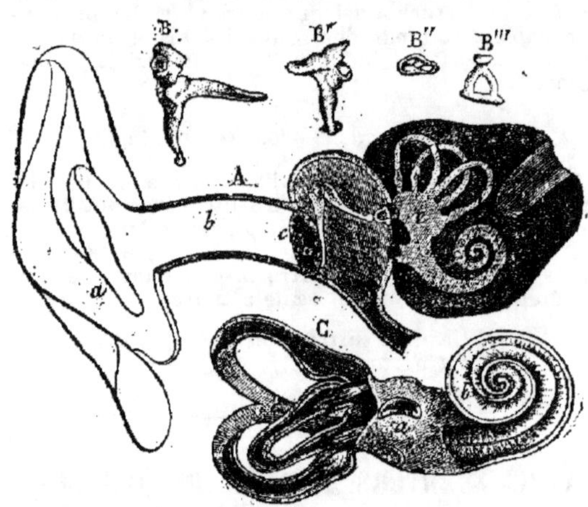

L'oreille et ses différentes parties.

A, ensemble des parties constituant l'oreille : *a*, conque auditive ; — *b*, méat auditif ; — *c*, membrane du tympan ; — *d*, oreille moyenne ; — *e*, le labyrinthe enveloppé du rocher. La lettre est placée dans le vestibule ; au-dessus sont placés les trois canaux semi-circulaires, et au-dessous, le limaçon supposé déroulé. Dans l'oreille moyenne *d*, on voit les osselets. Le prolongement inférieur représente la trompe d'Eustache.

B, **B'**, **B"**, **B'''**, les osselets vus séparément, savoir : B, le marteau ; — B', l'enclume ; — B", le lenticulaire ; — B''', l'étrier.

C, le labyrinthe vu séparément, contenant : *a*, le vestibule ; la lettre est placée entre la fenêtre ovale en méat et la fenêtre ronde au-dessous ; — *b*, le limaçon, ouvert pour laisser voir la cloison intérieure ; — *c*, les canaux semi-circulaires.

---

1. Donné dans le ressort de l'académie de Toulouse, 2e session de 1863, département du Tarn-et-Garonne, aspirantes, brevet du deuxième ordre.

2ᵉ Problème. — Un commerçant achète 15469. kilogr. de fer à 20 fr. 25 c. le quintal métrique, et donne en payement un lingot d'argent pesant 7 hectogr. 26 gr. au titre de 0,82. Pour payer le reste, il fait un billet payable dans 5 mois 18 jours. Quelle somme doit-il porter sur ce billet, si l'on compte les intérêts au taux de 6 fr. [1] ?

Solution. — Le prix d'achat du fer s'élève à

$$20^r,25 \times \frac{15469}{100} = 3132^f,47.$$

Le poids d'argent pur renfermé dans le lingot est égal à

$$726^{gr} \times 0,82 = 595^{gr},32,$$

et comme le poids de 1 gramme d'argent pur est $0^f,2205$, la valeur du lingot est :

$$0^f,2205 \times 595,32 = 131^f,27.$$

La somme que le commerçant doit encore est égale à

$$3132^f,47 - 131^f,27 = 3001^f,20;$$

comme il ne la payera que dans 5 mois et 18 jours, il devra les intérêts de cette somme, c'est-à-dire :

$$\frac{6 \times 168 \times 3001,2}{12 \times 30 \times 100} = \frac{84 \times 1001,40}{1000} = 84^r,03,$$

et le montant du billet à souscrire est :

$$3001^f,20 + 84^f,3 = 3085^f,23.$$

3ᵉ Problème. — Le nombre de vibrations transversales qu'une corde métallique exécute dans une seconde varie proportionnellement à la racine carrée du poids tenseur et en raison inverse de la longueur, du diamètre et de la racine carrée de la densité du métal. Ceci posé, une corde d'acier ayant 1 mètre de longueur, 4 dixièmes de millimètre de diamètre, et tendue par un poids de 10 kilogrammes, exécute en 100 secondes 15815 vibrations ; l'on demande le nombre de vibrations que ferait en 1 seconde une corde de cuivre longue de $0^m,456$, qui aurait $0^{mm},85$ de diamètre, et qui serait tendue par un poids de 24 kilogrammes. Les densités de l'acier et du cuivre sont respectivement 7,716 et 8,85.

Solution. — Les données peuvent être rangées de la manière suivante :

Longᵛˢ.	Diamètres.	Poids.	Densités.	Nombre de vib.
1^m	$0^m,0004$	10^k	7,716	15815
$1^m,456$	0,00085	24	8,85	x.

Comme la question est une règle de trois composée, il suffit pour obtenir l'inconnue d'écrire le premier nombre de vibrations, et de le multiplier successivement par le rapport des valeurs de chacune des autres grandeurs. Dans chacun de ces rapports, la nouvelle valeur est au numérateur ou bien au dénominateur, suivant que la quantité dont il s'agit est directement ou bien inversement proportionnelle à la grandeur de même espèce de l'inconnue. On écrira donc

$$x = 15815 \times \frac{1}{0,456} \times \frac{0,0004}{0,00085} \times \frac{\sqrt{7,716}}{\sqrt{8,85}} \times \frac{\sqrt{24}}{\sqrt{10}},$$

ou bien :

$$x = 15815 \times \frac{1000}{456} \times \frac{40}{85} \times \sqrt{\frac{7716 \times 24}{8850 \times 10}},$$

$$x = 3163 \times \frac{10000}{114 \times 17} \times \sqrt{\frac{7716 \times 4}{14750}}.$$

En faisant sortir du radical les facteurs carrés parfaits, cette expression se réduit à

$$x = \frac{31630000 \times 4}{114 \times 17 \times 5} \times \sqrt{\frac{1929}{590}},$$

ou bien à

$$\frac{126520000}{57 \times 17 \times 10} \sqrt{\frac{1929}{590}},$$

ou bien à

$$\frac{12652000 \sqrt{1138110}}{57 \times 17 \times 590}.$$

En supprimant le facteur 10 et faisant la multiplication, l'on trouve :

$$\frac{1265200 \times \sqrt{1138110}}{57171},$$

et comme la racine de 113810 est 1067, l'on trouve pour le nombre de vibrations en 100 secondes :

$$\frac{1265200 \times 1067}{57171},$$

et pour le nombre de vibrations par seconde :

$$\frac{12652 \times 1067}{57171},$$

ou

$$\frac{13499684}{57171},$$

ou

$$236 \text{ vibrations.}$$

4ᵉ Problème. — Deux personnes qui se mettent au jeu ont ensemble 300 fr. ; la première gagne à la seconde 30 fr. : alors elles ont la même somme. Combien avait chacune d'elles avant de jouer?

Solution. — Avant la partie, la première personne avait 30 fr. de moins et la seconde 30 fr. de plus; la différence des fortunes était 60 fr.

La question revient donc à trouver deux nombres dont la somme soit 300 et la différence 60. Pour cela on remarque que 300 est égal au double du plus petit nombre plus 60; par suite le double du petit nombre est :

$$300 - 60 = 240,$$

et ce nombre est :

$$\frac{240}{2} = 120.$$

Le grand nombre est, par conséquent :

$$300 - 120 = 180.$$

Ainsi la première personne avait 120^r et la seconde 180 au moment où elles se sont mises au jouer.

Problème d'arpentage [1].

Un terrain est limité d'un côté par une ligne

droite $AB = 16^m,4$, et de l'autre par une ligne courbe ACDEFB. On divise AB en cinq parties égales, et par les points de division C', D', E', F', on

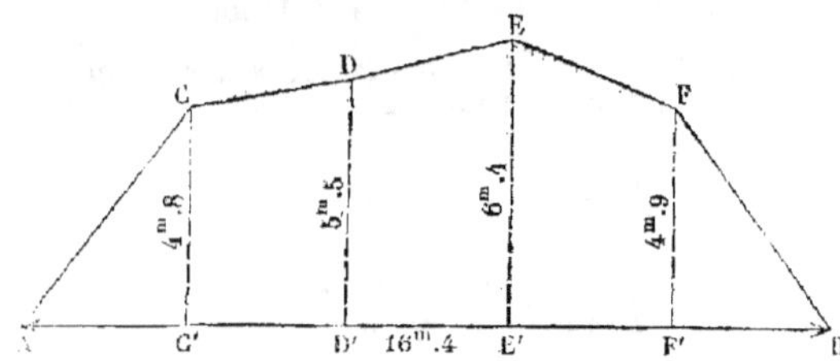

mène des perpendiculaires terminées à la courbe et qui valent : $CC' = 4^m,8$, $DD' = 5^m,5$, $EE' = 6^m,4$, $FF' = 4^m,9$. Calculer l'aire du terrain compris entre la droite et la courbe et chercher le côté du carré équivalent.

Solution.

La base AB ayant été partagée en 5 parties égales, chacune de ces parties est :

$$16^m,4 : 5 = 3^m,28.$$

C'est la hauteur commune aux deux triangles et aux trois trapèzes dans lesquels la surface se décompose. On trouve :

S. triangle $ACC' = \dfrac{AC'}{2} \times CC' = 4,8 \times 1,64,$

S. trap. $CDC'D' = (CC' + DD') \times \dfrac{C'D'}{2} = (4,8 + 5,5) 1,64$
$$= 10,3 \times 1,64,$$

S. trap. $DED'E' = (DD' + EE') \times \dfrac{D'E'}{2} = (5,5 + 6,4) 1,64$
$$= 11,9 \times 1,64,$$

S. trap. $EE'FF' = (EE' + FF') = \dfrac{E'F'}{2} = (6,4 + 4,9) 1,64$
$$= 11,3 \times 1,64,$$

S. triang. $FF'B = FF' \times \dfrac{F'B}{2} = 4,9 \times 1,64 = 4,9$
$$\times 1,64.$$

La somme de ces surfaces est égale à

$$1,64 \times (4,8 + 10,3 + 11,9 + 11,3 + 4,9) = 1,64$$
$$\times 43,2 = 70^m,848.$$

On a évité de la sorte 4 multiplications partielles. Le côté du carré équivalent est :

$$\sqrt{70,848} = 8,41,$$

à moins d'un demi-centimètre près.

E. B.

LANGUE FRANÇAISE.

ÉLÉMENTS DE LA GRAMMAIRE.

§ 5. — Du Verbe.

17ᵉ Exercice.

Verbes de la quatrième conjugaison.

Le maître dictera les phrases suivantes; les élèves relèveront les verbes de la quatrième conjugaison contenus dans ces phrases, et indique-ront par écrit, pour chaque forme qu'ils auront relevée, le temps, le mode, la personne et le nombre auxquels cette forme appartient; ils relèveront de même, en en formant trois séries, les verbes des trois premières conjugaisons.

Réparation (fin).

Le père d'Édouard à son fils.

On me remet ta lettre, mon cher Édouard, et, bien que je doive revenir à la maison ce soir même, j'ai voulu y répondre tout de suite. Je me ferais scrupule de retarder, même de quelques heures, un retour que nous attendions tous si impatiemment. C'est de grand cœur, crois-le bien, cher enfant, que je te relève de ta faute, souscrivant ainsi au témoignage que ta conscience t'a déjà rendu de ta conduite meilleure et plus digne. Je ne te dirai pas que je te considère comme absolument guéri : le mal vient de loin; il a grandi et il a pris force. Une fois tu l'as vaincu, et je ne doute pas que tu ne te sentes prêt à recommencer la lutte; mais c'est un rude ennemi qui prend sa revanche, et qui, pour une défaite, ne se tiendra pas comme battu. Courage donc et persévérance! Et quand tu auras repris au milieu de nous la place que mérite ton triomphe d'hier, songe souvent à la faute qui te l'avait fait perdre, non pour en garder un souvenir humiliant, qui abattrait peut-être ta force sans aucunement réparer tes torts, mais comme une leçon pour l'avenir. La privation d'un bien vous en fait sentir tout le prix : ton exil de quelques semaines t'aura appris du moins tout le bonheur qu'on goûte, quand on le sait goûter, au foyer de la famille; ce bonheur, tu vas le retrouver, et il suffira sans doute à ton cœur comme il a toujours suffi au mien. Je souhaite, cher enfant, que tu n'en connaisses jamais d'autre.

1ᵉ Exercice.

Conjugaison des verbes passifs.

Le maître, après avoir expliqué aux élèves comment se conjuguent les verbes passifs, leur dictera les formes verbales suivantes; les élèves transcriront ces formes, et en indiqueront la personne, le genre, le nombre, le temps et le mode.

Ils furent pendus. — Vous serez trahis. — Il aurait été démoli. — Nous fûmes éblouis. — Elles avaient été cachées. — Ayant été confondu. — Qu'elles fussent bannies. — Ils sont enfermés. — Elle avait été chassée. — Avoir été puni. — Soyez maudits. — Que vous eussiez entraînés.

19ᵉ Exercice.

Même sujet.

Les élèves mettront au mode et au temps correspondants de la voix passive chacune des formes verbales suivantes.

Ayant précédé. — Qu'ils eussent oublié. — Il aperçut. — Ils avaient cru. — Elles entendirent. — Nous engagions. — Vous avez agité. — Il avait été établi. — Recevant. — Qu'il montrât.

20ᵉ Exercice.

Même sujet. — Régime des verbes passifs.

Le maître, après avoir expliqué que le régime du verbe passif est le nom ou pronom qui répond à la question *de qui* ou *de quoi*, *par qui* ou *par quoi*, faite avec le verbe, dictera les verbes suivants. Les élèves composeront de petites phrases dans chacune desquelles ils feront entrer un de ces verbes sous la forme passive, en la faisant suivre d'un régime. Ils auront soin de prendre, pour chaque phrase, des modes et des temps différents.

Blanchir.—Donner.—Éteindre.—Briser.—Former. Louer. — Chérir. — Saisir. — Déchirer. — Mordre.

Le maître pourra proposer les phrases suivantes :

Cette toile *a été blanchie* par la rosée. — Le livre *sera donné* par le maître. — Le feu *avait été éteint* par la servante. — Le vaisseau *aurait été brisé* par la mer. — Des projets *seraient formés* par l'enfant. — L'élève *était loué* par le maître. — Le père *est chéri* par le fils. — La mère ayant été *saisie* d'inquiétude. — Mon âme *étant déchirée* de remords. — L'agneau *fut mordu* par le loup.

21e Exercice.

Même sujet.

Les élèves écriront au singulier les phrases qu'ils auront d'abord écrites au pluriel, et au pluriel celles qu'ils auront écrites au singulier.

22e Exercice.

Même sujet.

Le maître dictera les phrases suivantes; les élèves mettront le verbe contenu dans chacune au passif, en faisant du sujet le régime, et du régime le sujet, de cette manière : *Le fermier laboure le champ;* tournez : *Le champ est labouré par le fermier :* ils auront soin de suivre exactement la correspondance des temps et des modes.

Le maître effraye l'enfant. — Le matelot a déchargé le navire. — Le vent secouait la forêt. — Le père récompensera le fils. — La blanchisseuse aurait lavé le linge. — Le remords accablerait le criminel. — L'élève ayant récité la leçon. — Le vent emporta la feuille. — Le berger conduisant le troupeau.

23e Exercice.

Même sujet.

Les élèves mettront au pluriel les noms et les verbes des phrases qu'ils auront écrites en tournant de l'actif au passif les phrases données dans l'exercice précédent.

24e Exercice.

Même sujet.

Le maître dictera les phrases suivantes; les élèves mettront à l'actif le verbe contenu dans chacune, en faisant du sujet le régime, et du régime le sujet, de cette manière : *La leçon a été apprise par l'élève;* tournez : *L'élève a appris la leçon.*

Les soldats ont été livrés par les chefs. — Les maisons sont démolies par les ouvriers. — Les fleurs avaient été achetées par les jardiniers. — Les poissons auraient été pris par les pêcheurs. — Les chevaux seraient conduits par les cavaliers. — Les blés furent coupés par les moissonneurs. — Les villages ayant été brûlés par les ennemis. — Les alouettes étant prises par les oiseleurs.

25e Exercice.

Même sujet.

Les élèves mettront au singulier les noms et les verbes des phrases qu'ils auront écrites, en tournant du passif à l'actif les phrases données dans l'exercice précédent.

SYNTAXE GÉNÉRALE. — ORTHOGRAPHE D'USAGE.

§ 6. — *Du Participe.*

3e Exercice.

2e *Dictée sur le participe passé.*

Un instituteur à son ancien élève.

Je ne saurais vous exprimer, mon cher enfant, toute la joie que m'a *causée* la démarche que vous avez *faite* auprès de moi. Vous en avez *jugé* avec grande raison : le peu de connaissances que vous a *données* votre séjour de trois ans dans une école, où pourtant vous avez *laissé* de si bons souvenirs, est assurément bien insuffisant. Que de choses qui n'ont pu vous être *enseignées*, et qu'il vous faudrait savoir! Que de choses que vous avez *sues*, et que vous oublierez! Je vous rappellerai cette comparaison, que bien des fois déjà vous m'avez *entendu* faire, et qui est toujours vraie, quoiqu'un peu *vieillie* : L'esprit est comme un domaine, dont les terres doivent être sans relâche *soignées* et *amendées*. Dans les fermes bien *exploitées*, vous ne sauriez trouver une parcelle du sol qu'on ait *laissée* sans culture. Et il y a longtemps qu'a *renoncé* au système suranné des jachères. Si vous ne faisiez de même pour votre esprit, ou il serait bientôt *devenu* tout à fait stérile, ou, comme de mauvaises herbes parasites, les idées fausses, les passions basses y auraient bientôt *germé*, foulant et étouffant le bon grain, je veux dire les saines connaissances et les sentiments généreux. Et au lieu de recueillir le fruit de tout le soin que vous avez déjà *pris* et de toutes les peines que vous vous êtes déjà *données*, il vous faudrait, sous peine de vous écarter de plus en plus des principes que vos parents ont *cherché* à vous inspirer, passer tout votre temps à réparer, avec grand effort, les pertes que, par négligence, vous auriez *laissé* faire à votre intelligence et à votre âme. J'applaudis donc de tout mon cœur à la bonne résolution qui vous a *porté* à me choisir de nouveau pour diriger, comme par le passé, les études que vous vous êtes *proposé* de continuer dans la mesure de vos moyens. Je serai toujours tout à vous, et vous me trouverez toujours disposé à vous faire part du peu d'expérience que m'ont *faite*, avec les années, les livres que j'ai *lus* et les hommes sérieux et utiles que j'ai *entendus* parler, ou qu'il m'a été *donné* de connaître.

4e Exercice.

3e *Dictée sur le participe passé.*

Le père Jérôme.

De toutes les vieilles gens que j'ai *rencontrés* dans ma vie, celui dont le souvenir m'est *resté* le plus charmant et le plus doux était un simple jardinier qu'on appelait le père Jérôme. Que de bons moments j'ai *passés* avec lui sous le berceau de clématites dont il avait *fait*, tout au fond de son petit jardin, une retraite fraîche et *parfumée* ! Soldat dans sa jeunesse, il avait *voyagé* longtemps, et il me racontait tous les dangers qu'il avait *courus*, toutes les misères qu'il avait *essuyées*, et aussi toutes les merveilles qu'il avait *pu* contempler, toutes les grandes choses qu'il avait *vu* faire. Sur ce dernier point surtout, le père Jérôme avait une mémoire inépuisable. Il semblait que tout ce qui lui était *arrivé* de mauvais de la part des hommes eût *glissé* sur son âme indulgente et tendre. Les déceptions qu'il avait *éprouvées*, comme nous en avons *éprouvé* tous tant que nous sommes, les pièges où sa bonne foi s'était *laissé* surprendre, les intrigues, les rivalités, les méchancetés qui avaient *obstrué* sa route et *essayé* d'arrêter ses pas, il les avait doucement *écartés*, et il s'était *frayé* passage, marchant toujours droit et toujours ferme, mais sans avoir jamais *repoussé* ni même *fait* reculer personne. Vous dormez maintenant, père Jérôme, sous cette terre qu'ont si longtemps *cultivée* vos mains honnêtes et laborieuses; mais toutes les saines leçons que vous m'avez *données*, tous les exemples fortifiants que vous m'avez *placés* sous les yeux, je ne les ai point *oubliés*; la bonne semence que vous aviez *fait* germer dans mon cœur, je ne l'ai point *laissée* périr. Que la fortune se soit *plu* à seconder mes efforts, ou qu'elle ait *trompé* mes espérances, je me suis toujours *tourné* vers vous; vous reportant tout l'honneur du peu de sagesse que j'ai *su* montrer, du peu de sympathie sincère et cordiale, que j'ai *trouvée* dans les autres, et qu'ils ont, bien à tort, *attribuée* à mon propre mérite, qui n'eût été rien sans vous.

SYNTAXE PARTICULIÈRE. — DIFFICULTÉS DE LA LANGUE.

§ 5. — *Du Verbe.*

10ᵉ Exercice.

Du sens des verbes comparés entre eux.

Le maître dictera aux élèves les dix verbes suivants; les élèves devront trouver, pour chacun d'eux, le verbe dont le sens est le plus directement contraire.

Rougir (au sens neutre, en parlant d'une personne). — Attaquer (à la guerre). — Élever (en hauteur). — Condamner (en justice). — Acheter. — Accorder (une chose demandée). — Louer (donner des louanges). — Ennuyer. — Arriver (dans un endroit). — Remplir (un vase).

Le maître proposera les verbes suivants :

Pâlir. — Défendre. — Abaisser. — Absoudre. — Vendre. — Refuser. — Blâmer. — Amuser. — Partir. — Vider.

4ᵉ Exercice.

Même sujet.

Les élèves composeront dix phrases, dans chacune desquelles ils feront entrer, en les opposant l'un à l'autre, deux des verbes de sens contraire qui font l'objet de l'exercice précédent.

Nous donnerons nous-même, dans un prochain numéro, des phrases qui pourront servir de corrigé.

Charles DEFODON.

CORRESPONDANCE.

Nous continuons à recevoir un grand nombre de lettres d'instituteurs qui, tout en reconnaissant le bienfait de l'extension toujours croissante de la gratuité dans les écoles, se plaignent des conséquences fâcheuses qu'elle entraîne pour eux-mêmes, en les privant, dans une proportion notable, d'une partie de la rétribution scolaire sur laquelle ils avaient jusqu'alors compté.

Nous rappelons à nos divers correspondants que dans la séance du Corps législatif où la discussion du projet de loi qui devait assurer aux instituteurs une compensation légitime a été ajournée à l'année prochaine, M. le ministre d'État s'est engagé, au nom du gouvernement, à prendre des mesures pour que, *cette année même*, s'il est possible, les ayants droit reçoivent les indemnités qu'ils méritent.

Nous ne pouvons donc qu'engager les instituteurs dont les intérêts sont en souffrance, par suite de l'extension de la gratuité, à faire connaître leur situation à l'administration supérieure de l'instruction publique.

Elle seule peut aviser.

Nous savons d'ailleurs que, vivement préoccupé de cet état de choses, le Ministre de l'instruction publique, conformément à sa circulaire du 12 juillet[1], a ordonné une enquête, dont le résultat, nous n'en doutons pas, sera de rendre justice à ceux que peut léser momentanément cette mesure, d'ailleurs si libérale, dont il a assumé lui-même la responsabilité, en en prenant l'initiative.

— « Lorsqu'un maire refuse, sans motif, de délivrer mandat d'une somme portée au budget, et que la dépense inscrite est obligatoire, que doit faire l'ayant droit (la somme étant formellement due)? »

Il doit s'adresser au préfet.

— « J'ai fait une réclamation à M. le sous-préfet pour me faire solder plusieurs avances faites à la commune, d'après le consentement verbal du maire : ce dernier aujourd'hui ne veut ni donner suite à ma réclamation, ni la soumettre au conseil municipal, qui probablement s'écarterait de ses intentions. Que dois-je faire? »

Notre correspondant doit renouveler sa réclamation, qui peut-être n'a pas été reçue; et si la sous-préfecture ne répond pas, en appeler au préfet. Reste, dans le cas où, contre toute apparence, la préfecture elle-même refuserait ou s'abstiendrait de répondre, le recours au conseil d'État.

— « J'ai été nommé instituteur public en date du 2 septembre 1865, installé par le maire, le 10 du même mois, et je me suis rendu à mon poste le 1ᵉʳ octobre suivant. A partir de laquelle de ces trois dates mon traitement doit-il courir? Le maire ne m'a délivré mandat qu'à partir du jour où je suis entré en fonctions. »

Voir n° 8, p. 221.

En principe, le traitement de tout fonctionnaire court à partir du jour de son installation. Notre correspondant ne nous disant pas d'ailleurs pour quels motifs il n'a commencé sa classe qu'au 1er octobre, nous ne pouvons lui en répondre davantage.

— « Mon frère ayant été nommé instituteur *public* dans une section assez importante, la commune ne lui fait qu'un traitement d'instituteur *adjoint* (500 fr.). N'a-t-il pas droit au minimum de 600 francs? »

Si la nomination d'instituteur définitif est régulière, le droit au traitement légal est incontestable.

— On nous demande pourquoi les commissions d'examen ne rendent pas, après l'épreuve écrite, surtout aux candidats qui y ont échoué, le texte de leurs compositions. Notre correspondant ajoute qu'il croit que ces compositions sont brûlées ou enfouies dans les cartons de quelque bureau.

Nous croyons, en effet, qu'il ne serait pas sans quelque utilité qu'après la proclamation du résultat des compositions écrites, les copies des candidats refusés fussent, non pas rendues à ces candidats, mais corrigées séance tenante, nominativement et à huis clos, par un des membres de la commission, en présence des candidats qui témoigneraient le désir de profiter de cette correction. Ils sauraient ainsi à quoi s'en tenir sur les motifs de leur ajournement, et il y aurait, suivant nous, grande chance pour eux d'éviter par la suite des fautes qui leur auraient été indiquées dans une circonstance aussi sérieuse. Nous ne voyons pas que les règlements s'opposent à une innovation de cette nature.

Les compositions ne deviennent pas, d'ailleurs, après la session, ce que s'imagine notre correspondant : elles sont jointes, comme pièces à l'appui, au dossier des candidats, et nous ne croyons pas qu'on ait jamais refusé de les leur communiquer.

Comme confirmation de cette réponse, insérée dans le n° du 25 août du *Manuel général de l'instruction primaire*, nous avons reçu la lettre suivante d'un inspecteur de l'instruction primaire de l'académie de Lyon.

« Monsieur le Rédacteur,

« Au sujet de vos observations à l'article *Correspondance* du dernier numéro du *Manuel général*, je crois devoir vous faire connaître ce qui se pratique à la commission d'examen du Rhône.

« Avant de proclamer les admissions à l'examen oral et le résultat définitif des épreuves, M. le président de la commission indique d'une manière générale les parties jugées faibles, signale les lacunes et donne d'utiles conseils en vue de la préparation à un autre examen. En invitant les candidats éliminés à venir retirer les pièces produites pour leur inscription, il leur est offert de prendre communication de leurs compositions et des motifs de leur ajournement.

« Cette mesure a d'heureux résultats et, de session en session, la commission a pu constater que, sur ses indications, certaines épreuves s'améliorent : en outre, ses opérations ont ainsi un caractère de publicité qui ne permet pas de soupçonner son impartialité.

« Veuillez agréer, etc. »

Nous n'avons qu'à féliciter la commission du Rhône de cette excellente manière de procéder.

— « J'ai été nommé instituteur public à.... en 1862. La commune n'ayant pas de logement pour l'instituteur, j'ai dû prendre une maison à mes frais. Pendant les années 1863, 1864 et 1865, la commune m'a payé 60 fr. par an comme indemnité de logement. L'année dernière, étant devenu malade par suite de fatigues, j'ai été obligé de me choisir, avec l'agrément du préfet, un adjoint auquel j'abandonne 600 fr. sur mon traitement, lequel est de 700 fr.; ce qui me laisse pour vivre, déduction faite de la retenue, à peu près 65 fr., moyennant quoi je surveille l'école, je rédige les rôles, etc. Or, cette année, bien que le budget communal porte, comme par le passé, 60 fr. d'indemnité pour le logement de l'instituteur, le maire m'a annoncé que je ne toucherais point ces 60 fr., attendu que mon adjoint couche à la mairie depuis la fin de janvier dernier, à la condition d'en sortir quand le conseil municipal tient séance ou quand il se présente un mariage; et aussi parce que, ce printemps dernier, le susdit maire avait loué, pour loger l'instituteur, une mauvaise baraque, que l'inspecteur primaire a refusée comme inhabitable. Est-on véritablement en droit de me retenir mon indemnité? »

L'article 37 de la loi du 15 mars 1850 porte que la commune doit fournir à l'instituteur « un local convenable. » Or il est impossible de considérer comme satisfaisant à la loi une commune qui n'accorde à l'instituteur qu'une « mauvaise baraque » déclarée inacceptable par l'autorité compétente, ou bien la faculté pour l'instituteur ou son ayant droit de placer un lit dans une pièce de la maison commune dont il n'a pas même l'usage exclusif. La commune n'a aucune bonne raison pour refuser à l'instituteur l'indemnité qu'elle lui a payée jusqu'à ce jour, et nous trouvons qu'il est fort regrettable qu'elle le mette en demeure de réclamer une aussi légitime compensation.

Charles DEFODON.

NÉCROLOGIE.

M. ÉDOUARD SOMMER.

L'enseignement public vient de perdre un des hommes qui l'ont le plus utilement servi, M. Edouard Sommer, dont nous avons eu bien des fois à citer le nom dans nos colonnes.

Il est mort à quarante-quatre ans, après une vie d'études et de travaux continuels, sans avoir connu le repos, sans avoir recueilli d'autre fruit d'une si laborieuse existence, que la conscience d'une vie dignement remplie et utile aux siens, des services rendus avec une obligeance inépuisable, l'estime et l'affection de tous ceux qui l'ont approché.

Elève distingué du collége Charlemagne, M. Edouard Sommer avait été reçu le premier à l'Ecole normale supérieure, où il ne resta d'ailleurs qu'une année. Agrégé, docteur ès lettres, il ne fit que traverser l'enseignement actif, dont l'éloigna bientôt la faiblesse de sa poitrine. Il ne quitta définitivement l'Université qu'en 1852, mais sans cesser de servir la cause de l'enseignement à ses degrés divers par les livres excellents, qui ont rendu son nom populaire dans nos écoles.

Dès 1840, le regrettable M. Hachette lui confia une part considérable dans les divers travaux de linguistique et de littérature classique éditées par sa librairie, et M. Sommer consacra désormais à ces publications sa vie tout entière.

Outre une multitude d'éditions, de traductions, parmi lesquelles on distingue sa remarquable traduction de *Pindare*, M. Sommer a laissé une œuvre originale, et qui suffirait à elle seule pour établir sur des bases solides une réputation que justifient d'ailleurs tant d'autres titres honorables : c'est cet ensemble de grammaires, qui simplifie si utilement l'étude des langues, en les ramenant à une méthode uniforme. Il laisse aussi divers travaux inachevés. Enfin, il avait récemment terminé un *Lexique de Mme de Sévigné*, auquel l'Institut va décerner une distinction qui, hélas! viendra trop tard.

Les obsèques de M. Edouard Sommer ont eu lieu le 8 août, au milieu d'un concours de personnes appartenant, pour la plupart, à l'enseignement public ou privé, et dont la douleur témoignait assez des regrets que laisse après lui cet homme si distingué, si digne et si bon.

Charles DEFODON.

COMPTE RENDU D'OUVRAGES NOUVEAUX.

SYLLABAIRE-RÉGIMBEAU, *nouvelle méthode simplifiant l'enseignement de la lecture par la décomposition du langage en sons purs et en sons articulés*, par M. P. RÉGIMBEAU, instituteur breveté et bachelier ès lettres, pourvu du certificat d'aptitude aux fonctions d'inspecteur de l'instruction primaire, officier d'académie, etc., chevalier de la Légion d'honneur. 1 vol. in-12 de 45 pages, cartonné. 50 cent. Lib. de L. Hachette et Cie.

Il y a peut-être bien des gens, même parmi les gens du métier, qui ne seraient pas peu surpris d'entendre dire qu'il n'est guère de chose plus difficile à bien apprendre aux enfants que la lecture. Le *b-a, ba*, comme on dit, qu'est-ce que cela? Et comment ne saurais-je pas, moi breveté, moi lettré, ce que je vois faire tous les jours à la première bonne femme venue de mon village? Je vous objecterai peut-être que le résultat de votre enseignement n'est pas précisément des plus satisfaisants, qu'il vous faut de longs mois pour que votre élève sache seulement ânonner quelques phrases sur son syllabaire, et encore au prix de combien d'ennuis, de colères et de larmes! Vous avez, je le sais, réponse à cela : ce n'est pas vous qui avez tort; c'est lui : il ne comprend pas, parce qu'il ne veut pas comprendre : il est si paresseux et si têtu! il s'impatiente et il pleure : c'est un méchant garnement!

Je ne chercherai pas à vous convertir : il faut seulement que vous sachiez bien que cet art de la lecture, si aisé, selon vous, des hommes comme François de Neufchâteau, comme Bauzée, comme Duclos, comme les solitaires de Port-Royal, n'ont pas hésité à le déclarer très-difficile, et n'ont pas regardé comme au-dessous de leur éminent esprit de chercher les moyens d'en simplifier et d'en systématiser l'étude.

Et il faut croire que le problème n'était pas aussi commode qu'on se l'imagine généralement, puisque bien d'autres, après eux, ont dû reprendre tour à tour leurs théories et leurs découvertes, et que chaque jour amène encore, dans l'art d'enseigner la lecture, des aperçus nouveaux et d'ingénieux perfectionnements.

Et, en effet, s'il était permis aux maîtres d'appliquer à la nomenclature des sons que peut produire la voix humaine et à leur représentation graphique les procédés radicaux qu'ont employés, par exemple, les chimistes pour la nomenclature des corps, rien ne serait plus simple que la lecture. Qu'à chaque son, à chaque articulation corresponde un signe unique, facile à voir, facile à reproduire par la plume ou par le crayon, il suffira de juxtaposer ces signes, sans même qu'il soit nécessaire de les combiner, et le nombre des sons et des articulations étant relativement fort restreint, il ne faudra pas de grands efforts d'intelligence et de mémoire pour les saisir, les retenir, et les utiliser, suivant le besoin.

Mais il n'en est pas ainsi. Notre alphabet, que d'ailleurs nous n'avons pas fait nous-mêmes, qui nous vient, Dieu sait d'où, par une succession d'héritages assurément fort respectable, et qui nous a rendus, notons-le bien, infiniment plus riches que beaucoup d'autres, n'en est pas moins fort peu approprié aux exigences de notre raison. Il a tel signe qui le surcharge, il est privé de plusieurs autres qui lui seraient nécessaires, et il en est, parmi ceux qu'il possède, dont le temps a singulièrement altéré la valeur et l'usage.

Il s'agit donc de faire entrer dans l'esprit si logique, quoi qu'on veuille dire, des enfants, quelque chose qui de soi n'est pas logique; il s'agit de faire, qu'on me pardonne de parodier un mot célèbre, de l'ordre avec du désordre.

Chose difficile, croyez-moi, dans la lecture comme sur tout autre point, mais que, pour la plupart des choses humaines, les plus humbles en apparence comme les plus grandes, il faut affronter résolûment, pour peu qu'on ne veuille pas ou se résigner à la routine, ou désespérer du progrès.

C'est pour cela que j'appellerai l'attention sérieuse de quiconque s'occupe de l'enfance sur les excellentes pages, dans lesquelles M. Régimbeau expose les principes de sa nouvelle méthode de lecture. C'est l'œuvre d'un esprit droit et sensé, qui sait du moins tout voir, s'il n'a pas la prétention de remédier à tout.

M. Régimbeau passe successivement en revue les causes auxquelles il attribue la difficulté de la lecture, difficulté qu'il ne craint pas de qualifier d'excessive : l'insuffisance de notre alphabet, et l'imperfection de nos signes graphiques ; une vicieuse dénomination des lettres; la division usuelle des mots en syllabes et une mauvaise classification de ces syllabes; le procédé, suivant lui, inconséquent, de l'épellation ; le peu d'appropriation des diverses méthodes ordinairement suivies à la nature de l'enfant, surtout dans l'enseignement collectif.

Nous ne le suivrons point, bien entendu, dans le détail de ces considérations, nous bornant à indiquer d'après lui, les divers moyens destinés à atténuer, autant que possible, les obstacles qu'il signale.

M. Régimbeau ne prétend pas le moins du monde changer la composition de notre alphabet, tout défectueux qu'il le trouve; il sait que les révolutions sont moins faciles dans la langue que dans la politique, que

l'usage a toujours fait justice de ces témérités qui ne veulent pas compter avec des traditions séculaires. Il ne supprime pas les difficultés, il cherche à mettre son élève en état de les surmonter, en s'attachant surtout à ne les pas faire intervenir trop tôt, à les réserver comme des exceptions « pour les diviser ensuite et ne les lui présenter qu'une à une dans un ordre traditionnel et gradué. » Le point principal, dit-il, est de lui apprendre d'abord la manière dont les sons et les articulations agissent réciproquement les uns sur les autres et se combinent entre eux; car c'est là en réalité tout l'art de la lecture. Le reste s'obtient facilement peu à peu par l'usage et l'analogie.

De là la marche qu'il a suivie dans sa méthode. Ici nous laisserons M. Régimbeau parler lui-même :

« Faisant, dit-il, de la lecture deux parts, nous ne prenons d'abord que ce qu'elle offre de simple, de régulier, de fixe, de facile par conséquent. « Rien ne serait plus aisé que d'apprendre à lire, dit avec raison François de Neufchâteau, si tous les sons élémentaires de la parole étaient figurés par des caractères propres et invariables, qui n'eussent point d'autres dénominations que les mêmes sons qu'ils doivent signifier dans le langage ; car alors il suffirait, pour savoir lire, de bien connaître tous ces caractères et de les nommer facilement et rapidement, selon l'ordre successif qu'ils observent dans les mots. — L'étude de la lecture se réduirait en quelque sorte à la connaissance des lettres. Cette hypothèse se trouve réalisée en fait, au profit des commençants, dans notre 1re *Partie*, exclusivement consacrée à l'étude des *voyelles* et des *consonnes monogrammes.* Les lettres n'y sont présentées qu'une à une, et les combinaisons que donne chaque nouveau signe y sont immédiatement suivies d'une lecture préparée et convenablement appropriée, où les enfants ne trouvent que des applications régulières de tout ce qu'ils savent. Cette lecture est assez étendue pour leur donner le temps de s'affermir à lier ensemble les sons d'une même phrase; ce qui s'obtient promptement, car leur petite conception, aidée de l'analogie et ne rencontrant nulle part rien qui l'arrête et la fatigue, parvient bientôt à se familiariser avec cet exercice.

« Dès lors le plus difficile est fait, et l'on peut aborder les irrégularités du système graphique. Nous en faisons deux catégories très-distinctes.

« Dans la 2ᵉ *Partie*, nous voyons d'abord les caractères qui, quoique irréguliers dans le rapport de leurs formes à leurs sons, conservent néanmoins toujours la même prononciation : il s'agit des *voyelles et des consonnes polygrammes.* Ce sont de véritables caractères complémentaires, soumis aux mêmes lois de combinaisons que les signes simples.

« La 3ᵉ *Partie* a pour objet les caractères qui, sans éprouver aucun changement dans leurs formes, changent cependant de prononciation dans certains cas particuliers : nous les désignons sous le titre de *voyelles et consonnes variables.* « Il est évident, dit François de Neufchâteau, que les irrégularités n'étant que des usages, les difficultés qu'elles font naître ne peuvent être vaincues que par la force de l'habitude. Ce qu'elles ont d'embarrassant vient de ce que les cas particuliers où elles se rencontrent sont épars, confondus, en sorte que l'instinct des enfants, quoique admirable pour généraliser les observations, a besoin d'un très-grand nombre de leçons pour faire les rapprochements qu'exige ici l'usage. « Faisons donc nous-mêmes ces rapprochements au moyen de nombreux exercices, nous lèverons tout obstacle à une heureuse habitude, et nous abrégerons infiniment la peine et l'ennui des enfants.

« La 4ᵉ *Partie* est une récapitulation générale en forme de lecture courante et un exercice d'introduction à l'étude de l'*orthographe*. »

Ce n'est pas d'aujourd'hui qu'on a remarqué l'inconvénient que présente pour la lecture la dénomination vicieuse des lettres. « Il est certain, disaient les savants de Port-Royal, que ce n'est pas une grande peine à ceux qui commencent que de connaître simplement les lettres, mais que la plus grande est de les assembler. Or, ce qui rend cela difficile, c'est que chaque lettre ayant son nom, on la prononce seule autrement qu'en l'assemblant avec d'autres. Par exemple, si l'on fait assembler *fry* à un enfant, on lui fait prononcer *ef*, *er*, *y grec*; ce qui le brouille infailliblement, lorsqu'il veut ensuite joindre ces trois sons ensemble, pour en faire le son de la syllabe *fry*. »

C'est pour éviter cet inconvénient qu'on a inventé le mode d'appellation des lettres, qui est aujourd'hui en usage dans le plus grand nombre de nos écoles, et qui consiste à dénommer la lettre B, *be* au lieu *bé*, la lettre V, *ve* au lieu de *vé*, la lettre D, *de* au lieu de DÉ, etc.

Mais, dit M. Régimbeau, « *Be-o*, *ve-a*, *de-a*, etc., donnent-ils mieux *ba*, *va*, *da*, que *bé-a*, *vé-a*, *dé-a?*... Dans l'un et l'autre cas, la difficulté réside dans l'élision d'une voyelle inutile au résultat, ici d'un *é*, là d'un *e*. Ajoutons que, dans la pratique, l'appellation des consonnes par le nouveau mode ne les rend pas suffisamment courante et distinctes les unes des autres, à cause de la tendance naturelle aux enfants de traîner la voix sur l'*e* muet. Leur attention porte presque exclusivement sur cet *e*, au lieu de n'avoir pour objet que l'effet, d'ailleurs très-fugitif, de l'articulation dont la consonne est le signe. »

Le meilleur nom à donner aux lettres est donc « celui qui, tout en les distinguant les unes des autres, en exprime le mieux la valeur. » Or, cela existe, dans l'ancien mode, pour les voyelles simples, *a*, *é*, *i*, *o*, *u*, et, dans le nouveau, pour les voyelles polygrammes *an*, *in*, *on*, *un*, *eu*, *ou*, *oi*; on obtient également le même résultat, avec une exactitude suffisante, pour les consonnes *r*, *f*, *v*, *s*, *j*, *z*, *ch*, en soutenant longtemps par un roulement, ou un sifflement plus ou moins accentué le son de ces consonnes devant des syllabes comme celles-ci : *ró*, *fi*, *vu*, *sa*, *jon*, etc.; on peut aussi l'obtenir pour les autres consonnes, en les nommant de la même manière qu'on les prononce quand elles terminent la syllabe : Jo-*b*, fi-*l*, su-*d* ou qu'elles sont suivies d'une autre consonne : *b*-ru, *g*-li, *p*-sau, ou qu'elles sont placées devant un *e* à la fin des mots, cet *e* étant alors complètement nul, ro-*be*, fi-*le*, ru-*de*; en un mot, en s'arrangeant de manière à indiquer plutôt qu'à énoncer les con-

sonnes par des sons inarticulés. M. Régimbeau se rapproche ainsi de la méthode dite Lafforienne, et son syllabaire contient de très-intéressantes applications de ce procédé, qui est fort répandu en Allemagne. Au reste, ajoute-t-il, « il ne s'agit ici que du mieux ; et si, malgré nos observations et nos préférences franchement avouées, quelques instituteurs, pour une raison ou pour une autre, tenaient absolument à conserver l'appellation de consonnes par l'*e* muet, rien ne les empêcherait de l'appliquer à la nouvelle méthode. »

M. Régimbeau est moins coulant sur le chapitre de notre classification usuelle des syllabes qui composent les mots. Autre chose est, suivant lui, la syllabe, telle que nous la coupons au point de vue de l'orthographe et la syllabe au point de vue du son. Ainsi le mono-syllabe *strict*, phoniquement, constitue cinq effets distincts, c'est-à-dire que la bouche, pour l'énoncer, prendra cinq positions consécutives, et exprimera bien réellement cinq émissions de voix, qui se décomposent ainsi :

	Mouvements de bouche.	Émissions de voix.
ri	1	1
t.ri	2	2
s.t.ri	3	3
s.t.ri-c	4	4
s.t.ri-c.t	5	5

M. Régimbeau reconnaît donc deux classes de syllabes : les syllabes élémentaires, phoniquement *indécomposables*, exemple : *le bon roi*, et les syllabes dérivées, phoniquement *décomposables*, exemple : *Dieu, lui, cri, blé, mur, mal, arc, strict*, formées de plusieurs éléments : *Di-eu, lu-i, c.ri, b.lé, mu-r, ma-l, a-r.c, s.t.ri-c.t.*

Aussi, dans son syllabaire, les mots sont-ils divisés en sons purs et en sons articulés : par un tiret après chaque son écrit, et par un petit point après chaque consonne sonore isolée.

Il recommande à l'élève de lire une première fois, *très-lentement*, l'expression comprise entre deux signes de ponctuation, en prolongeant *chaque son écrit* jusqu'à ce que le son suivant ait été énoncé: de telle sorte qu'il n'y ait de pause pour la voix qu'au point ou à la virgule, l'élève ne pouvant percevoir nettement le sens de ce qu'il lit, si toutes les parties phoniques du même mot ne parviennent à son oreille bien liées ensemble, telles que la prononciation ordinaire les fait entendre.

Pour la *lecture courante*, même procédé que pour les mots.

Tous les exercices de ce genre, dans les deux premières parties, sont divisés en un certain nombre de paragraphes numérotés; l'auteur a voulu ainsi, en vue de l'enseignement collectif où les élèves ont besoin d'être tenus en éveil et d'alterner constamment, préciser le tour de chacun d'eux et le faire arriver plus fréquemment. Chaque paragraphe présente d'abord des phrases où les mots sont décomposés en sons purs et en sons articulés, puis des phrases où cette décomposition non effectuée doit être faite *de visu* par l'élève. C'est un moyen de l'habituer, peu à peu et sans fatigue, à cette hardiesse et à cette fermeté de coup d'œil qui lui sont nécessaires par une bonne lecture courante.

Dans la 2ᵉ *Partie*, les mots et les phrases à *syllabes phoniquement décomposables* sont annoncés par un astérique (*).

L'unité de langage étant, non la syllabe orthographique, mais la syllabe phonique, c'est-à-dire tantôt le son pur et tantôt le son articulé, il s'ensuit que la lecture, à moins d'être inconséquente, doit diviser les signes écrits comme l'oreille divise les sons ; que puisque en lisant il faut faire exactement les mêmes choses et dans le même ordre que pour parler, il importe d'énoncer, par une seule émission de voix, non-seulement les voyelles polygrammes *an, in, on, un, eu, ou, oi*, mais encore les sons articulés *bâ, ti, lu, don, fin, moi, cheu*, etc., exprimés par une consonne et une voyelle, parce que chacune de ces expressions présente à l'oreille un son simple, tout à fait indivisible, résultant de l'intime combinaison du son et de l'articulation. Par conséquent, « l'épellation n'est pas seulement irrationnelle, mais encore elle est plus nuisible qu'utile, puisque, alors même qu'elle traite comme éléments les voyelles polygrammes, elle décompose les sons articulés; puisque cette décomposition détourne l'esprit de la valeur cherchée; puisqu'elle présente comme éléments et prétend faire produire, par un seul mouvement et d'une seule émission de voix, des valeurs composées telles que *sl, pt, ar, il, oir*, etc. »

« Après avoir fait connaître à l'élève, dit M. Régimbeau, les voyelles les plus simples : *a, â, o, ô, é, è, e, i, u,* nous lui apprenons les consonnes successivement, une à une, en procédant comme il suit. A mesure qu'une nouvelle consonne intervient, un petit tableau synoptique présente à l'élève, sur une ligne horizontale, la suite des sons articulés auxquels donne lieu cette consonne par sa combinaison avec les différentes voyelles; et, au-dessus de chacune de ces syllabes, la même consonne placée isolément, de telle sorte que l'élève puisse la fixer attentivement et s'exercer à la distinguer de tout autre signe.... Quand les consonnes ont été étudiées, nous opérons d'une manière analogue à l'égard des voyelles polygrammes que nous ne faisons venir également qu'une à une. De cette façon, tout ce que l'élève énonce est rigoureusement exact; il n'énonce rien d'inutile; et, en même temps qu'il apprend à distinguer et à nommer les signes, il apprend réellement à lire *couramment*. »

Mais, dira-t-on, l'épellation n'est-elle pas indispensable pour l'orthographe? Assurément, répond M. Régimbeau. Mais, ajoute-t-il :

« C'est lorsque l'enfant est parvenu définitivement à la lecture courante, *et alors seulement*, qu'il peut commencer avec fruit l'étude de l'orthographe. Jusque-là son esprit se trouvait entièrement absorbé dans le mécanisme de la lecture, par la distinction des sons et des articulations qui produisent le langage parlé; et certes c'était déjà beaucoup pour lui que d'avoir en même temps à se préoccuper du sens attaché à la parole écrite.

« Maintenant que l'élève est en état de lire couramment et de comprendre ce qu'il lit, il importe de l'habituer à se rendre un compte rigoureux de la composition orthographique des mots. A cet effet, l'épellation *littérale* nous offre un secours que nous ne repousserons pas; car il est certain qu'elle force les élèves à analyser des yeux avec soin chaque syllabe pour vérifier un à un les caractères dont elle se compose, et bien percevoir l'ordre dans lequel ceux-ci se trouvent rangés, vérification tout à fait indispensable dans l'étude de l'orthographe.

« Ceci toutefois ne détruit point n'atténue même pas ce que nous avons dit de l'épellation comme procédé de lecture. Apprendre et vérifier sont deux actes très-différents. Pour vérifier, il faut savoir.

« Seulement nous ne sommes pas exclusif. Nous admettons donc l'épellation, *comme exercice spécial d'orthographe*, aussitôt que l'enfant sait lire; et alors nous voulons beaucoup d'épellation. Nous la voulons *littérale, alphabétique*, et même nous adoptons de préférence le nom ancien des lettres, parce, qu'il est plus sonore, plus clair, plus net et d'une prononciation plus facile : avantages précieux dans une classe nombreuse. L'épellation des consonnes par l'*e* muet aurait d'ailleurs l'inconvénient d'en confondre plusieurs entre elles: k, c, q, qu, — j, g, — s, ç, c, etc., ce qu'il faut éviter.

« Ce changement de nom est l'affaire d'un jour pour l'enfant qui sait lire. »

C'est au moyen de cette méthode que M. Régimbeau espère échapper, dans son enseignement, aux défauts des procédés ordinaires, dont il n'hésite pas à faire la critique, leur reprochant de présenter de front à l'intelligence encore neuve de l'enfant trop de difficultés à la fois, ne fût-ce par exemple que l'étude préalablement imposée de tout l'alphabet, quelquefois même de deux alphabets, celui des majuscules et celui des minuscules. Il trouve que, par contre, ces méthodes, qui exigent de l'enfant la connaissance de tant de principes, sont généralement trop sobres d'exercices généraux d'application; il s'est efforcé, pour sa part, de les multiplier, en les prenant, autant que possible, dans le vocabulaire même du jeune âge, en lui présentant de préférence les mots qui lui sont familiers, qu'il aime à retrouver et à répéter. Il ne s'est pas fait faute d'augmenter le nombre des tableaux qui composent son syllabaire; les quatre parties en contiennent ensemble 24; il les a rendus aussi clairs, aussi visibles, aussi attrayants qu'il a pu, adoptant, par exemple, ce moyen qui consiste à représenter par une image la valeur phonique des lettres : cette valeur est l'écho qui donne la finale du nom de l'objet désigné.

Ainsi le maître montre l'image et nomme l'objet demandé : une épée; — un canon; — une caraf*; — une vach*; — etc. Puis il montre et nomme la lettre placée en regard de chacun de ces objets : *é* pour le premier; *on* pour le second; et ainsi de suite. Et l'élève répète, à son tour : une épée, *é;* — un canon, *on*; — une caraf*, *f...*; — une vach*, *ch...*; — etc.

La consonne doit être prononcée avec la valeur exacte qu'elle a dans le nom de l'objet désigné, c'est-à-dire en élidant complétement l'*e* muet final. Dans la plupart des cas, dit M. Régimbeau, « après la première leçon, l'élève devine, sans le secours du maître, le nom de l'image et celui de la lettre correspondante. »

Ces procédés, simplifiés autant que possible, sont disposés de telle sorte, que, dans une classe nombreuse, et l'auteur en a fait l'expérience sur une école de Paris qui ne contenait pas moins de 1500 élèves, l'auxiliaire indispensable des moniteurs pût être employé avec succès, sans qu'il fût besoin de trop s'en remettre à leur propre interprétation, qui toujours, quoi qu'on fasse, manque de précision et d'exactitude en des sujets qui ne valent que par l'exactitude et la précision.

Notons encore la précaution qu'a prise M. Régimbeau de forcer, en quelque sorte, l'esprit léger, distrait, oublieux de l'enfant, à s'arrêter quand même aux sujets qu'on lui présente, en répétant, surtout dans la première partie, au commencement de chaque nouvelle leçon, les éléments progressifs et récapitulatifs de toutes les leçons précédentes.

Nous avons suivi pas à pas l'auteur, en reproduisant presque textuellement, toutes les fois que nous l'avons pu, sa parole même. Assez de distinctions sont venues le trouver pour que nous n'ayons pas besoin de joindre son éloge à nos explications : nous ne pouvons que souhaiter à son œuvre, fruit de vingt années de travail pratique, tout le succès auquel elle a droit.

———

Guide des *NOUVEAUX CAHIERS TAUPIER pour l'écriture cursive*, par M. A. G. Taupier, professeur de calligraphie, membre du conseil d'administration de la *Société pour l'instruction élémentaire.* 1 cahier de 32 pages in-8 oblong à l'italienne. Prix, 50 c. Librairie L. Hachette et Cie.

Nous avons déjà appelé l'attention de nos lecteurs sur la méthode calligraphique de M. Taupier, en reproduisant, l'année dernière, une intéressante et courtoise discussion qui s'était élevée entre lui et l'un des rédacteurs du regrettable journal publié par M. Larousse, l'*Ecole normale* [1].

On sait que M. Taupier est un des premiers professeurs de calligraphie qui aient introduit et popularisé en France, il y a aujourd'hui plus de trente ans, la méthode dite *de calque.*

Il n'a cessé, depuis cette époque, d'améliorer et de perfectionner son système et ses procédés, et, il y a peu de mois encore, nous annoncions la publication refondue des cahiers bien connus sous le nom de *Cahiers-Taupier.*

M. Taupier vient tout récemment de compléter cette publication, pour ce qui concerne l'écriture cursive, en publiant le *Guide* de ses *Nouveaux-Cahiers.*

Ce *Guide* n'est pas seulement destiné à donner aux élèves et aux maîtres les indications nécessaires pour l'exécution des exercices contenus dans les cahiers, c'est aussi une méthode et, suivant nous, une méthode excellente de l'art calligraphique, considéré, soit dans ses principes généraux, soit dans les divers détails d'application résultant des principes eux-mêmes.

Comme tous les arts, en effet, en même temps que ce je ne sais quoi qui ne se démontre pas et qui relève, pour chaque œuvre, de la personnalité même de l'artiste, la calligraphie a des lois générales, des règles que l'on peut préciser et transmettre.

Je dis des lois et des règles, non des recettes, comme on semble le croire généralement.

L'écriture, le plus souvent, s'apprend par routine et s'enseigne de même.

Vous avez fait, étant élève, des *bâtons* d'abord, des *rondeurs* ensuite : vous faites faire, étant maître, des bâtons et des rondeurs. L'habitude vient, l'enfant a son bâton et sa rondeur dans les doigts ; vous passez à un autre exercice, qui à un *o*, qui à un *a*, qui à un *m*. Mais pourquoi l'un plutôt que l'autre? pourquoi l'*a* avant l'*m*, ou l'*m* avant l'*a*? En réalité, le savez-vous? Et quelle est la raison qui détermine l'ordre de vos exercices? Sauriez-vous la dire? sauriez-vous justifier votre choix et expliquer de quelle manière, logiquement, vous passez du simple au composé?

Là est pourtant tout le secret du véritable enseignement calligraphique, et hors de là, il n'y a pas, à proprement parler, d'enseignement, s'il est vrai que tout enseignement suppose une méthode.

C'est particulièrement à ce titre que le *Guide* des Cahiers-Taupier nous semble destiné à rendre aux maîtres comme aux élèves d'importants services.

———

1. Numéro 8, p. 206.

Vous pouvez élever des doutes sur l'utilité plus ou moins grande de ce procédé du calque, que préconise M. Taupier ; tel, qui serait d'ailleurs, suivant nous, bien prévenu ou bien difficile, pourra trouver chez quelques-uns de ses confrères en calligraphie, une main plus exercée ou un goût plus délicat. Mais ce qu'on ne saurait lui contester, c'est qu'il a, chose fort rare pour tout ce qui n'est pas pure science, une méthode.

Le *Guide* est l'exposé de cette méthode.

Comme il le disait lui-même, dans sa lettre à M. Clarville, M. Taupier s'est attaché à se rendre compte des éléments constitutifs des lettres, et il les a groupés les uns à la suite des autres par série analogique.

Et son expérience de quarante ans l'a conduit à des vues d'ensemble, à tel rapprochement inattendu, à telle comparaison ingénieuse, qui donnent à ses conseils beaucoup d'intérêt et de piquant, tout en simplifiant singulièrement la tâche du professeur tout aussi bien que celle de l'élève.

M. Taupier n'impose pas ; il explique : il ne s'adresse pas exclusivement à la main, mais à l'esprit : il ne dit pas : faites ceci ; il fait voir pourquoi et comment le goût, l'usage, le raisonnement analogique veulent que ceci se fasse plutôt que cela.

C'est ainsi, par exemple, que suivant lui, l'ordre naturel de la formation des lettres minuscules, bien différent de l'ordre alphabétique, est celui-ci :

I. e. o. s. r. c. t. q. f. j. u. a. q. g. d. x. v. n. m. w. p. h. y. k. z,

Et celui des lettres majuscules :

O. i. j. h. k. f. l. z. p. b. r. d. s. l. c. g. e. a. m. n. w. v. u. y. q. x,

Toutes ces lettres se rapportant plus ou moins à une ou deux lettres génératrices *i* et *o* pour les minuscules ; *o, i* et *j* pour les majuscules.

Et il le montre en décomposant successivement ces lettres en leurs différentes parties.

Nous ne le suivrons pas, bien entendu, dans cette analyse, mais nous n'hésitons point à affirmer que ceux mêmes qui ne croiront pas devoir adopter les procédés particuliers de M. Taupier, et son mode d'enseignement, soit dans l'ensemble, soit dans les détails, pourront encore trouver dans l'étude de ce *Guide* de précieuses indications.

Nous le recommanderons en particulier aux instituteurs qui ont à diriger des cours d'adultes. Il est certain qu'à des jeunes gens et à des hommes faits, c'est surtout la langue du raisonnement qu'il faut parler, et

que le vrai moyen de les conduire sûrement et vite, c'est de leur montrer, à chaque pas qu'on leur fait faire, d'où ils viennent et où ils vont. Aussi n'hésiterions-nous pas, quant à nous, à adopter, pour ces cours surtout, la méthode tout entière, y compris les cahiers de calque, à la condition d'en expliquer rationnellement la pratique et l'usage. Le cahier de calque peut, en effet, s'emporter à la maison et prolonger, en quelque sorte, la leçon du maître, quand cette leçon, méthodiquement donnée, a passé par l'intelligence avant de se traduire, plus ou moins imparfaitement, par les doigts.

Nous n'avons pas, d'ailleurs, l'intention d'entreprendre ici l'apologie ou l'éloge de la méthode du calque, nous contentant, sur ce point, de renvoyer nos lecteurs à la lettre de M. Taupier lui-même. Il est bon dans tous les cas, de se souvenir que dans ses cahiers, M. Taupier n'emploie pas exclusivement le calque ; à la suite des mots à repasser se trouve, presque à chaque ligne, un espace blanc que l'élève doit remplir sans guide, en se livrant à ses propres forces, et enfin la couverture de chaque cahier présente le modèle imprimé en noir des exercices contenus dans ce cahier, lesquels peuvent être imités ainsi à la façon ordinaire.

Ceux qui connaissent la collection des dix *nouveaux Cahiers – Taupier* savent que le dixième est consacré, en grande partie, à des modèles de suscriptions et d'adresses de lettres. Le *Guide* contient, en regard, les principales instructions officielles relatives à la fermeture et à la rédaction de la suscription des lettres, ainsi que des notions générales sur l'usage du service des postes. Nous n'avons pas à insister sur l'utilité de cette partie complémentaire.

M. Taupier annonce comme devant prochainement paraître un autre *Guide* pour les écritures bâtarde, ronde et gothique.

Charles DEFODON.

LECTURES A L'USAGE DES ÉLÈVES.

La Moquerie.

Hier, mes enfants, j'ai vu mourir une jeune fille dont l'existence fut bien malheureuse.

La mort et le malheur! Voilà deux mots bien graves pour vous, et cependant je veux vous raconter l'histoire de cette pauvre jeune fille, afin que vous appreniez de bonne heure que la raillerie est un très-grand défaut, et qu'une parole moqueuse peut avoir de terribles conséquences.

J'avais douze ans, je venais d'entrer en pension, lorsqu'on nous donna pour maîtresse de dessin une demoiselle de quarante-cinq ans, qui resta deux ans avec nous. Nous prenions ses leçons avec une grande dissipation d'esprit, j'en conviens ; mais nous aimions beaucoup Mlle Agathe, qui était instruite, douce, patiente. Je me la représente encore, debout au milieu de la classe; je crois voir sa figure pâle, ses grands yeux noirs, son regard fin, son sourire agréable, et je l'entends nous dire : « Mesdemoiselles, du silence et de l'attention ! »

Je me rappelle aussi la pénible surprise que nous éprouvâmes lorsqu'elle vint nous faire ses adieux, en nous annonçant son départ pour l'Inde, où elle allait continuer l'éducation de deux jeunes Anglaises.

Mon regret était d'autant plus grand qu'elle avait eu pour moi un sincère attachement, et je pleurai beaucoup, car je craignais de ne plus la revoir.

Pour adoucir mon chagrin, elle me promit de m'écrire pendant sa longue absence. Elle tint constamment sa promesse, et voici la dernière lettre qu'elle m'envoya après avoir quitté l'Inde :

« Ma chère enfant, je viens enfin de débarquer à Marseille. Je suis en France, et je ne puis te dire le bonheur que j'éprouve en revoyant mon cher pays, après douze ans d'absence, et en pensant que dans trois jours je vais te revoir aussi. Comme je t'embrasserai de bon cœur, toi que je quittai enfant, jouant à la poupée, et que je vais retrouver jeune fille, partageant avec ta mère la direction si importante de votre maison.

« Oui, ma bonne amie, encore quelques jours, et je serai à Paris, dans la jolie chambre que tu as bien voulu m'offrir au nom de ta mère. Là, je te raconterai mon long voyage, je te parlerai de l'Inde, pays des diamants, des cachemires, du beau soleil, des belles fleurs, mais, aussi, pays des tigres et des serpents. Ensuite je vous ferai part, à ta mère et à toi, des projets de ma vieillesse, et je vous demanderai votre aide pour les réaliser.

«Je serai chez vous lundi soir, deux jours avant la fête. Je sais que tu donnes, tous les ans, une petite soirée à cette époque, et peut-être écris-tu en ce moment tes lettres d'invitation à tes amies. Veux-tu, cette fois, en écrire une de plus pour me faire plaisir? Oui, n'est-ce pas? Eh bien, voici à qui tu devras l'adresser.

« Tu as rencontré quelquefois, depuis ta sortie de pension, ton ancienne compagne Ernestine Dumon. Je désire revoir cette jeune fille, qui, depuis longtemps a perdu sa mère, mon amie d'enfance, et qui se trouve tout à fait orpheline. Tu l'inviteras à ta soirée, mais tu lui cacheras mon arrivée. Ernestine n'avait que cinq ans lorsque je partis, elle ne saurait me reconnaître, et tes nouvelles amies n'ont jamais eu l'occasion de me voir. Je serai donc pour toutes une inconnue, et au lieu de causer, je passerai mon temps à observer, ce qui n'est pas sans charme à mon âge. Cette idée va te paraître bizarre : que veux-tu? Les vieilles personnes en ont souvent de ce genre, et les jeunes qui possèdent un bon cœur, comme toi, savent les excuser. »

Cette idée de Mlle Agathe me sembla tout d'abord assez originale; mais mon ancienne maîtresse avait des sentiments si bons, un cœur si généreux, qu'après quelques instants de réflexion, je supposai au contraire que son désir renfermait un projet très-grave; et je me dis que, dans tous les cas, je devais le respecter.

Ernestine était presque notre voisine; mais je la voyais très-rarement, parce que j'avais remarqué en elle un grand penchant à la moquerie : l'intelligence même qu'elle possédait était plutôt un mal qu'un bien, car elle ne s'en servait que pour passer en revue les personnes qu'elle rencontrait; tout était pour elle un sujet de blâme, les habits, la figure, les manières, et aucune observation n'a pu la corriger de ce défaut.

Vous pensez bien, mes enfants, qu'Ernestine recevait peu d'invitations; car vous devez déjà comprendre combien il est pénible d'avoir chez soi une personne qui tourne en ridicule ceux qu'on estime et qu'on aime : et il fallut bien la lettre de Mlle Agathe pour me décider à l'admettre dans une réunion intime comme celle que je voulais avoir.

Lorsque je fis ma visite à mon ancienne compagne, elle était absente; son oncle et sa tante me reçurent; je leur demandai de vouloir bien lui transmettre mon invitation et lui permettre en même temps de l'accepter; ils me remercièrent en son nom, et je me tirai, n'éprouvant aucun plaisir de leur promesse; car, je le répète, le caractère d'Ernestine ne convenait ni à ma mère ni à moi.

Elle arriva, en effet, le lundi, la bonne Mlle Agathe; je l'aperçus de ma fenêtre, je descendis vite mes trois étages pour l'embrasser plus tôt, et je l'annonçai à ma mère par mes rires et par ma joie ! Puis je la fis asseoir sur notre causeuse, et je lui adressai mille questions sur son voyage : elle m'en fit autant sur notre position, s'inquiéta de ma soirée et sourit tendrement lorsque je lui donnai l'espérance d'avoir Ernestine ce jour-là; mais elle ne me dit pas un mot des motifs qu'elle avait pour cacher son nom et son arrivée.

Si je vous disais, mes enfants, que je n'avais pas une pointe de curiosité, relativement au secret de Mlle Agathe, vous ne me croiriez pas, et j'aime mieux vous dire, que je désirais beaucoup le connaître, mais Mlle Agathe garda sur ce point la discrétion la plus absolue, et il fallut me résigner à attendre. J'en pris enfin mon parti, et je fis gaiement les préparatifs de la fête : je les terminais à peine qu'on annonça plusieurs de mes jeunes amies.

La réunion était presque complète lorsqu'Ernestine entra. Elle était vraiment distinguée, avec sa robe blanche et sa ceinture bleue, elle eût été même jolie sans le sourire dédaigneux qui déparait sa physionomie.

Un instant après, ma mère présenta à mes compagnes Mlle Agathe.

Il faut que je place ici une petite observation.

Mlle Agathe n'avait pas reçu dans l'Inde le journal des modes de Paris. Elle avait fait elle-même ses robes, ses chapeaux et avait trouvé commode de les tailler toujours sur la même forme et les mêmes patrons. De manière qu'ayant quitté la France en 1830, elle y rentrait en 1842, habillée comme au moment de son départ : c'était à croire qu'elle avait dormi pendant douze ans, et que, se réveillant un beau matin, elle avait remis la toilette qu'elle croyait avoir quittée la veille.

Ce n'est pas que Mlle Agathe dédaignât les usages reçus; mais, depuis son arrivée, elle n'avait pas eu le temps nécessaire pour faire des achats.

Il faut donc vous la représenter ce soir-là, avec un chapeau gris perle en forme de tuyau de poêle, une robe de mérinos olive, avec des manches à grands gigots sur lesquelles était posé un tout petit châle rouge, en crêpe de Chine.

Je sais bien qu'à sa vue le sourire venait aux lèvres malgré soi; ce sourire effleura un instant celles de mes jeunes amies, qui le réprimèrent tout de suite : car elles savaient que pour être habillée à une mode plus ou moins ancienne, on n'en a pas moins de l'esprit, du talent et du cœur.

Toutes accueillirent donc respectueusement la nouvelle venue; et, sans s'occuper davantage de sa robe ou de son châle, se livrèrent aux amusements dont je leur donnai moi-même le signal et l'exemple.

Quand je dis toutes, mes enfants, je me trompe; Ernestine ne se mêlait presque pas à nos jeux, ni à nos danses. Elle avait vraiment bien autre chose à faire. Elle avait à examiner mes compagnes : à voir si celle-ci portait une robe de forme nouvelle, si le nœud de celle-là était bien posé; si chaque toilette était fraîche, gracieuse et surtout à la mode du jour. Elle cherchait enfin une matière à raillerie; car elle voulait rire aussi, non pas de ce rire franc et bon qui va si bien à la jeunesse; mais de ce rire moqueur et méchant qui ne donne de bonheur ni à ceux qui s'y livrent ni à ceux qui l'entendent. Malheureusement pour Ernestine, nos toilettes étaient irréprochables.

Elle se dédommagea alors sur le chapeau et les manches à gigot de Mlle Agathe, qui précisément se rapprochait d'elle en ce moment pour lui adresser la parole.

Mon ancienne maîtresse parut d'abord très-heureuse de se trouver auprès de celle qui avait tant occupé sa pensée; mais lorsqu'elle eut causé quelques instants avec la jeune fille, elle devint triste, rêveuse, et par moments son regard se perdait dans l'espace, comme celui d'une personne qui cherche à voir dans son imagination ce qu'elle fera le lendemain.

Tout cela passait inaperçu pour mes invitées; mais moi, qui supposais un projet secret dans les actions de Mlle Agathe, j'éprouvais quelque crainte et je me disais : « Pourvu qu'il n'en survienne pas un ennui pour Ernestine ! »

Hélas ! c'était plus qu'un ennui qui allait lui arriver; car cette soirée devait lui enlever ce qui eût fait sans doute le bonheur de sa vie.

Minuit venait de sonner; mes compagnes me quittaient en emportant une provision de gaieté. Ernestine, qui seule ne paraissait pas satisfaite de sa soirée, se préparait à partir aussi, avec sa tante, lorsque Mlle Agathe leur demanda un moment d'entretien et les entraîna l'une et l'autre dans sa chambre.

Le bruit de la fête avait cessé : le silence venait de succéder aux éclats joyeux, l'émotion gagnait ma mère; moi, j'éprouvais ce frissonnement que l'on ressent quelquefois lorsqu'on redoute un pénible événement, quand on a peur enfin.

Mlle Agathe leva sur Ernestine un regard dont je n'ai pas oublié l'expression, et lui dit ces paroles que je me rappelle aussi, tant elles me causèrent une vive émotion.

« Lorsque je quittai la France, vous étiez très-jeune encore, votre mère vivait, je l'aimais comme une sœur, et la nouvelle de sa mort me causa un violent chagrin. Toutefois mon chagrin fut adouci par une pensée : je me souvins de vous. Je savais que ma pauvre amie ne laissait aucune fortune, je résolus de partager la mienne avec vous, de vous adopter, de reporter sur vous toute l'affection que j'avais pour votre mère. Aussi, dès que je pus réaliser ce que je possédais dans l'Inde, je quittai ce pays : car je n'avais plus qu'un désir, celui d'aller vers vous, à Paris. Pour vous revoir, j'ai parcouru l'Asie, j'ai traversé les mers, et je ne vous avais caché mon arrivée que pour vous ménager une plus grande surprise, et me donner le loisir d'étudier un peu vos goûts et votre caractère. Je me réjouissais ce matin et j'appelais cette soirée de tous mes vœux. Hélas ! ma déception a été bien grande lorsque j'ai reconnu les mauvaises tendances de votre esprit et la sécheresse de votre cœur ! Je vous ai parlé avec affection, et vous, vous n'avez vu en moi qu'une vieille femme à tourner en ridicule : ma coiffure a servi de but à vos moqueries, et vous avez répondu à mes paroles tendres par des sarcasmes sur ma robe.

« Maintenant tout est fini. Demain je quitterai cette ville, je porterai ma peine dans mon pays, et je verrai si dans ce petit coin de terre que je n'ai pas revu depuis mon enfance, il n'y aurait pas quelque jeune fille à aimer. »

Et, en disant cela, Mlle Agathe pleurait, et moi, j'entraînais Ernestine vers elle, parce qu'il me semblait qu'une parole de regret ferait tout oublier; mais cette parole, elle ne voulut pas la prononcer. À quoi pensait donc la malheureuse enfant? Je ne le sais pas, mais je sais bien que si j'avais eu le malheur d'affliger une personne âgée, de l'humilier, de la faire pleurer, je lui en aurais demandé pardon à deux genoux, devant tout le monde; et je suis sûre, mes chères petites, que vous feriez de même.

Ernestine, au contraire, tâcha de détourner l'attention par quelques phrases indifférentes, et sortit en lançant pour mot d'adieu une nouvelle plaisanterie.

Mlle Agathe, en la voyant s'éloigner ainsi, essuya encore une larme prête à s'échapper de ses yeux.

Dès que le jour parut, j'allai trouver Mlle Agathe pour lui demander la grâce d'Ernestine. La bonne,

l'excellente demoiselle me la promit presque, espérant, me dit-elle, que cette leçon corrigerait l'orpheline; mais elle persista dans son dessein d'aller faire un petit voyage dans son pays. Elle partit donc en promettant de revenir dans un mois auprès de nous, pour s'occuper de la position d'Ernestine.

Un mois après, je recevais une lettre qui me faisait part de sa mort !

J'avais souvent pensé à ces pénibles circonstances, mais je n'avais pas revu Ernestine, dont j'ignorais la position.

Lundi soir, à neuf heures, un commissionnaire se présenta chez moi, et me remit une lettre. Il n'y avait que ces mots écrits d'une manière presque illisible : « Je me meurs, venez me voir. » La signature était celle d'Ernestine.

Je courus à l'adresse que me donna le commissionnaire, je montai dans une mansarde, et là j'eus devant les yeux un bien triste spectacle.

Ernestine était dans un mauvais lit ; sa figure annonçait les plus horribles souffrances, et personne n'était auprès d'elle pour la soulager. Je courus chercher un médecin; il déclara que la maladie était très-grave, et que jusqu'ici rien ne faisait espérer une guérison. Lorsqu'il fallut préparer les remèdes qu'il avait ordonnés, je m'aperçus que tout manquait dans cette pauvre demeure.

Je m'installai auprès du lit de la malade, je ne la quittai pas jusqu'à son dernier moment. Lorsque ses souffrances s'apaisaient un instant, elle me parlait de sa misère; misère qu'elle éprouvait depuis la mort de son oncle et de sa tante, misère qu'elle n'aurait pas connue, si elle n'avait pas blessé le cœur de Mlle Agathe.

Ce n'était pas, hélas ! le moment de lui rappeler ce souvenir.

Hier j'ai conduit la malheureuse Ernestine à sa dernière demeure, et je suis venue aujourd'hui vous raconter sa triste fin.

Cécile REGNARD.

ACTES OFFICIELS
RELATIFS A L'INSTRUCTION PRIMAIRE.

Décrets autorisant des legs et donations.

1er *décret* (18 juillet). — Le supérieur général des frères de Saint-François-Régis, institut reconnu par décret du 19 août 1856, est autorisé à accepter, au nom de ladite association, le legs d'une somme de 500 fr. fait par M. Joseph-Auguste-Victorin de Morlhon, décédé évêque du Puy, suivant son testament olographe du 2 octobre 1857, à l'Orphelinat de la Roche-Arnaud, tenu par les frères au Puy (Haute-Loire). (*Décret rendu sur le rapport du Ministre de la justice et des cultes*).

2o *décret* (13 août). — Le supérieur général des frères des Écoles chrétiennes, institut légalement reconnu par décret du 17 mars 1808, et dont le siége est à Paris, est autorisé à accepter, au nom de cet institut, le legs d'une somme de 500 fr., fait par le sieur Étienne-Thomas Filleul aux frères des Écoles chrétiennes d'Auxerre (Yonne), suivant son testament olographe en date du 10 décembre 1859.

Cette somme de 500 francs sera employée, conformément à la demande du conseil d'administration de l'institut, à l'achat d'objets mobiliers et aux réparations à faire au local habité par les frères.

Ouverture d'un crédit pour l'École normale de Cluny.
(28 juillet.)

NAPOLÉON,

Par la grâce de Dieu et la volonté nationale, Empereur des Français, à tous présents et à venir, salut.

Sur le rapport de notre Ministre secrétaire d'État au département de l'instruction publique,

Vu la loi du 8 juillet 1865, portant fixation du budget des recettes et des dépenses de l'exercice 1866;

Vu la déclaration de versement à la caisse du receveur général des finances de Saône-et-Loire, au crédit du fonds de concours, d'une somme de vingt mille francs (20 000 fr.), ledit versement effectué en vertu d'une convention passée entre le département de Saône-et-Loire et le ministère de l'instruction publique;

Vu l'article 4 du sénatus-consulte du 31 décembre 1861;

Vu la lettre de notre Ministre des finances en date du 21 juillet 1866;

Notre conseil d'État entendu,

Avons décrété et décrétons ce qui suit :

Art. 1er. Il est ouvert à notre Ministre secrétaire d'État au département de l'instruction publique, sur l'exercice 1866, un crédit de vingt mille francs (20 000 fr.), applicable aux dépenses de l'École normale d'enseignement spécial de Cluny et du collége annexe. (Budget de l'instruction publique, exercice 1866, chapitre 28.)

Art. 2. Il sera pourvu à la dépense au moyen de la somme versée au Trésor à titre de fonds de concours.

Art. 3. Nos Ministres secrétaires d'État aux départements de l'instruction publique et des finances sont chargés de l'exécution du présent décret.

Fait au palais de Saint-Cloud, le 28 juillet 1866.

NAPOLÉON.

Par l'Empereur :

Le Ministre secrétaire d'État au département des finances,

A. FOULD.

Le Ministre secrétaire d'État au département de l'instruction publique,

V. DURUY.

———

Envoi aux recteurs d'un modèle de certificat d'études primaires. (20 août.)

Monsieur le recteur, le nombre des personnes illettrées qui ont suivi cette année les cours d'adultes atteste l'insuffisance de l'enseignement dans une grande partie des écoles primaires. Entre autres causes de cette insuffisance, il faut compter en première ligne l'insouciance des familles et le défaut d'émulation des élèves. Il importe donc, tout en stimulant ceux-ci, de vaincre l'indifférence des parents, et de les amener à donner aux progrès des études primaires de leurs enfants l'attention qu'ils méritent.

Dans quelques communes, on a eu la bonne pensée de délivrer aux enfants qui quittent pour toujours les bancs de l'école, des certificats d'études primaires, et ces certificats ont produit de bons effets; les élèves comme les familles les ont recherchés.

Afin de généraliser cette mesure, j'ai fait préparer le modèle d'un certificat qui pourrait être proposé aux instituteurs et délivré aux élèves quittant l'école pour n'y plus rentrer.

Mais, pour que ce certificat ait une valeur réelle, il conviendrait de ne le remettre qu'aux élèves qui auraient subi avec succès un examen portant au moins sur l'enseignement obligatoire.

Cet examen serait fait par l'instituteur, en présence et avec le concours du maire et du curé, lesquels, en cas d'empêchement, pourraient déléguer, pour les suppléer, soit un membre du conseil municipal, soit un habitant notable de la commune.

Les résultats seraient indiqués par les notes *bien* ou *assez-bien*, en regard de la matière sur laquelle l'examen aurait porté; mais tout élève qui n'aurait pas obtenu l'une de ces deux notes pour la lecture, l'écriture, l'orthographe, le calcul et le système métrique, n'aurait pas droit au certificat.

L'examen, au surplus, ne serait pas obligatoire; l'instituteur n'appellerait à y prendre part que les élèves qui en manifesteraient le désir.

Vous trouverez ci-joint, monsieur le recteur, un modèle de certificat d'études primaires et un certain nombre d'exemplaires dudit certificat, qui seront distribués entre les inspecteurs primaires de votre ressort. Veuillez inviter MM. les inspecteurs d'académie, chargés du service de l'instruction primaire, à en signaler l'utilité aux instituteurs publics, et à les encourager à en introduire l'usage dans leurs écoles.

On recherchera avec empressement, selon toute probabilité, une sorte de diplôme qui, attestant les connaissances acquises des jeunes gens, leur rendrait plus facile l'accès de diverses professions, et deviendrait même, pour des emplois salariés dans l'agriculture, l'industrie ou le commerce, un titre de préférence. Lorsque les familles s'apercevront de cette préférence, lorsqu'elles verront qu'à défaut de ce diplôme leurs enfants trouvent moins facilement à s'employer selon leurs désirs, elles comprendront mieux le prix de l'instruction et, par conséquent, la nécessité d'envoyer leurs enfants aux écoles, de les y rendre plus assidus, et de s'assurer des progrès qu'ils y font.

Il s'agit, comme vous le voyez, monsieur le recteur, d'exercer indirectement sur les familles une influence morale qui profite à l'amélioration de l'enseignement primaire.

Veuillez donner tous vos soins au succès d'une mesure dont je serais heureux de voir proclamer l'utilité par l'expérience.

Le Ministre de l'instruction publique,

V. DURUY.

———

CERTIFICAT D'ÉTUDES PRIMAIRES.

L'instituteur soussigné certifie que
né à   , le
18   , demeurant à   ,
département d   , a fréquenté
l   école d
depuis   jusqu'à   , et
qu'à sa sortie de l'école, il a subi devant la commission locale un examen, duquel il résulte qu'il a mérité les mentions suivantes dans les différentes branches de l'instruction primaire qu'il a étudiées, savoir :

(Inscrire ici, avec la mention *bien* ou *assez bien*, celles des matières de l'enseignement obligatoire ou facultatif, sur lesquelles l'élève aura justifié de connaissances suffisantes.) (Lois du 15 mars 1850 et du 21 juin 1865.)

En foi de quoi il lui a été délivré le présent certificat.

A   , le   186 .

L'instituteur,

Certifié sincère et véritable par nous, membres de la commission locale d'examen, institués pour la délivrance du certificat d'études primaires.

Vu et approuvé :

A   , le   186 ,

L'inspecteur de l'instruction primaire,

Certifié conforme :

Le 23 août 1866.

L'inspecteur général, chargé de la direction du personnel,

DANTON.

———

Administration centrale.

Nomination des membres du conseil impérial de l'instruction publique pour l'année 1866-1867. (18 août).

NAPOLÉON,

Par la grâce de Dieu et la volonté nationale, Empereur des Français,

A tous présents et à venir, salut :

Sur la proposition de notre Ministre de l'instruction publique ;

Vu les articles 1 et 5 du décret du 9 mars 1852,

Avons décrété et décrétons ce qui suit :

Art. 1er. Sont nommés membres du conseil impérial de l'instruction publique pour l'année scolaire 1866-1867 :

M. de Royer, vice-président du Sénat, premier président de la cour des comptes.

M. le baron Haussmann, sénateur, préfet de la Seine.

M. le comte Joseph Boulay de la Meurthe, sénateur.

S. Exc. M. Vuitry, ministre présidant le conseil d'Etat.

M. Duvergier, président de section au conseil d'Etat.

M. Flandin, conseiller d'Etat.

Mgr Darboy, archevêque de Paris, grand aumônier de l'Empereur.

Mgr Dubreuil, archevêque d'Avignon.

Mgr Landriot, évêque de la Rochelle et Saintes.

Mgr Meignan, évêque de Châlons.

Mgr de la Vigerie, évêque de Nancy.

M. Braun, président du consistoire supérieur de l'Eglise de la confession d'Augsbourg.

M. le général de Chabaud-Latour, membre du conseil central des Eglises réformées.

M. Franck, membre de l'Académie des sciences morales et politiques, vice-président du consistoire israélite.

S. Exc. M. Troplong, président du Sénat, membre du conseil privé, premier président de la cour de cassation, membre de l'Académie des sciences morales et politiques.

M. Delangle, sénateur, procureur général près la cour de cassation, membre de l'Académie des sciences morales et politiques.

M. Bonjean, sénateur, président de chambre à la cour de cassation.

M. Sylvestre de Sacy, sénateur, membre de l'Académie française.

M. Guigniaut, secrétaire perpétuel de l'Académie des inscriptions et belles-lettres, ancien directeur de l'Ecole normale supérieure.

M. Milne-Edwards, membre de l'Académie des sciences, doyen de la Faculté des sciences de Paris.

M. Michel Chevalier, sénateur, membre de l'Académie des sciences morales et politiques.

M. Guillaume, membre de l'Académie des beaux-arts, directeur de l'Ecole impériale des beaux-arts.

M. Giraud, inspecteur général de l'enseignement supérieur, membre de l'Académie des sciences morales et politiques.

M. Nisard (Désiré), inspecteur général de l'enseignement supérieur, membre de l'Académie française.

M. Dutrey, inspecteur général de l'enseignement supérieur.

M. Dumas, sénateur, inspecteur général de l'enseignement supérieur, membre de l'Académie des sciences.

M. le Verrier, sénateur, inspecteur général de l'enseignement supérieur, membre de l'Académie des sciences.

M. Brongniart, inspecteur général de l'enseignement supérieur, membre de l'Académie des sciences.

M. Bouillier, inspecteur général de l'enseignement secondaire.

M. Vieille, inspecteur général de l'enseignement secondaire.

M. Dubief, directeur de l'institution libre de Sainte-Barbe, à Paris.

M. Rossat, chef d'institution libre à Charleville (Ardennes).

Art. 2. M. de Royer est nommé vice-président du conseil impérial.

M. Désiré Nisard est nommé secrétaire dudit conseil.

Art. 3. Notre Ministre de l'instruction publique est chargé de l'exécution du présent décret.

Fait au palais de Saint-Cloud, le 18 août 1866.

NAPOLÉON.

Par l'Empereur :

Le Ministre de l'instruction publique,

V. DURUY.

Nomination des membres du Conseil supérieur de l'enseignement spécial pour l'année 1866-1867. (21 juillet.)

NAPOLÉON,

Par la grâce de Dieu et la volonté nationale, empereur des Français,

A tous présents et à venir, salut :

Sur le rapport de notre Ministre secrétaire d'Etat au département de l'instruction publique,

Vu l'article 3 de la loi du 21 juin 1865 ;

Vu l'article 1er du décret du 26 août 1862, portant création d'un Conseil supérieur de perfectionnement pour l'enseignement secondaire spécial, au ministère de l'instruction publique et sous la présidence du Ministre ;

Avons décrété et décrétons ce qui suit :

Art. 1er. Sont nommés membres du Conseil supérieur de perfectionnement de l'enseignement secondaire spécial pour l'année scolaire 1866-1867 :

MM.

Dumas, sénateur, membre de l'Institut, inspecteur général pour l'enseignement supérieur, fondateur de l'Ecole centrale des arts et manufactures.

Le général Mellinet, sénateur, commandant supérieur de la garde nationale de la Seine.

Chauchard, député au Corps législatif.

Werlé, maire de Reims, député au Corps législatif.

Boulatignier, conseiller d'Etat.

Alfred Blanche, conseiller d'Etat, secrétaire général de la préfecture de la Seine.

Charles Robert, conseiller d'Etat, secrétaire général du ministère de l'instruction publique.

Pasteur, membre de l'Institut, administrateur de l'Ecole normale supérieure.

Le général Morin, membre de l'Institut, directeur du Conservatoire des arts et métiers.

Jamin, professeur de physique à la Faculté des sciences et à l'Ecole polytechnique.

Brongniart, membre de l'Institut, professeur de botanique et de physiologie végétale au Muséum d'histoire naturelle, inspecteur général pour l'enseignement supérieur.

Milne-Edwards, membre de l'Institut, professeur de zoologie au Muséum d'histoire naturelle, doyen de la Faculté des sciences.

Coste, membre de l'Institut, professeur d'embryogénie comparée au Collège de France, inspecteur général des pêches.

Decaisne, membre de l'Institut, professeur de culture au Muséum d'histoire naturelle.

De Monny de Mornay, directeur de l'agriculture au ministère de l'agriculture, du commerce et des travaux publics.

Magne, directeur de l'École vétérinaire d'Alfort.

Perdonnet, ingénieur, administrateur des chemins de fer de l'Est.

Maniel, ingénieur en chef des ponts et chaussées.

Charles Berthier, président du tribunal de commerce de la Seine.

Denière fils, secrétaire de la chambre de commerce de Paris.

Jean Dollfus, manufacturier, maire de Mulhouse.

Mourier, vice-recteur de l'académie de Paris.

Danton, inspecteur général pour l'enseignement secondaire, chargé de la direction du personnel au ministère de l'instruction publique.

Vieille, inspecteur général pour l'enseignement secondaire.

Baudouin, inspecteur général pour l'enseignement primaire.

Pompée, directeur de l'École professionnelle d'Ivry.

Marguerin, directeur de l'École municipale Turgot.

Cornu, peintre d'histoire.

Dufresne, sculpteur.

Art. 2. M. Dumas est nommé vice-président du Conseil supérieur de perfectionnement.

M. Charles Robert est nommé secrétaire dudit Conseil.

M. A. Duruy, chef du cabinet du Ministre de l'instruction publique, est nommé secrétaire-adjoint.

Art. 3. Notre Ministre de l'instruction publique est chargé de l'exécution du présent décret.

Fait au palais des Tuileries, le 21 juillet 1866.

NAPOLÉON.

Par l'Empereur :

Le Ministre secrétaire d'État au département de l'instruction publique,

V. DURUY.

Administration académique.

Aix. (15 août) — M. Gengembre, commis de la Faculté des lettres de Paris, est nommé commis de l'académie d'Aix (deuxième classe), en remplacement de M. Leterrier, appelé à d'autres fonctions.

Carcassonne. (16 août.) — M. Mayreville, instituteur communal à Bram (Aude), est nommé commis d'inspection (troisième classe), en résidence à Carcassonne, en remplacement de M. Feuille, appelé à d'autres fonctions.

Inspecteurs de l'instruction primaire.

Saint-Claude. (30 juillet.) — M. Bailly-Masson, régent de quatrième au collège de Dôle (Jura), est nommé inspecteur primaire (troisième classe) pour l'arrondissement de Saint-Claude, en remplacement de M. Dupuy.

Villefranche (Aveyron). [30 juillet.] — M. Dupuy, inspecteur primaire (troisième classe) pour l'arrondissement de Saint-Claude (Jura), est nommé aux mêmes fonctions (même classe) pour l'arrondissement de Villefranche (Aveyron), en remplacement de M. Ramonat, décédé.

Enseignement secondaire spécial.

École normale de Cluny. (2 août.) — M. Buvignier, commis d'économat de première au lycée du Prince-Impérial, est nommé économe de troisième classe à l'école normale de Cluny (emploi nouveau).

(1er juillet 1866[1].)

1° Sont nommés officiers de l'instruction publique :

MM.

André (de la Charente), député au Corps législatif;
le baron Benoist, député;
le vicomte Clary, député;
Gressier, député;
de Guilloutet, député;
Haëntjens, député;
Lafond de Saint-Mür, député;
Lescuyer-d'Attainville, député;
le baron de Mackau, député;
le comte Murat (Joachim), député;
Nogent-Saint-Laurens, député;
Pagézy, député et maire de Montpellier;
le vicomte Reille, député;
Roulleaux-Dugage, député;
Roy de Loulay, député;
Sallandrouze de Lamornaix, député;
Schneider, vice-président du Corps législatif, fondateur des écoles du Creuzot;
Seydoux, député;
Terme, député.

2° Sont nommés officiers d'académie[2] :

MM.

Benoît (François-Joseph), instituteur public à Lyon (Rhône);
Gobillot (Eugène), instituteur public à Ploermel (Morbihan);
Heurtevant (Joseph-Maurice), instituteur public à Saint Étienne-de-Mont-Luc (Loire-Inférieure);
Kervarec (Vincent), instituteur public à Kernevel (Morbihan);
Mettas (Camille), instituteur public à Chamboulive (Corrèze);
Renaudin (Julien-Louis-Constant), instituteur public à Bellème (Orne);
Robet (Charles-Bazile), instituteur public à Nonant (Orne).

(14 juillet [3]).

1° Sont nommés officiers de l'instruction publique :

Mgr. Lavigerie, évêque de Nancy et Toul, membre du Conseil impérial de l'instruction publique;
M. Clair, en religion frère Astier, instituteur public à Saint-Mihiel (Meuse);
M. Henn, inspecteur primaire à Lunéville;
M. Philippe, maire de la ville de Châlons-sur-Marne;

2° Sont nommés d'officiers d'académie :

MM.

Bazoche, membre du conseil départemental de la Meuse, président de la commission de surveillance de l'école normale de Commercy;
Beuzart (Jean-Alexis), instituteur public à Berru (Marne);
Carême (Christophe-Hyacinthe), instituteur public à Lunéville, vice-président de la société de secours mutuels des instituteurs de la Meurthe;
Collord (Jean-Baptiste-Eugène), instituteur public à Consenvoye (Meuse);

---

1. Distinctions accordées à des députés pour la part active qu'ils ont prise à l'établissement des cours d'adultes dans les départements qu'ils représentent.
2. Distinctions accordées pour les cours d'adultes.
3. Récompenses accordées à l'occasion du voyage de S. M. l'Impératrice en Lorraine.

Courtin (Arthur), instituteur public à Sompuits (Marne);

Fourche, directeur de l'école supérieure de Nancy;

Galtier de Laroque, secrétaire général de la préfecture de la Marne;

Gasquin, inspecteur primaire à Nancy;

Grandjacquot, ancien instituteur, maire de Fraimbois (Meurthe);

Homo (Jean-Rémy), instituteur public à Reims (Marne);

Lambert, sous-préfet de l'arrondissement de Toul;

Loiseau, inspecteur primaire à Verdun (Meuse);

Marchal (Jean-Sébastien), instituteur public àFaulx (Meurthe);

Marlier, inspecteur primaire à Épernay (Marne);

Miraucourt (Jean-Baptiste-Firmin), instituteur public à Sermaize (Marne);

Ragon, conseiller à la cour impériale, membre de la commission de surveillance de l'école normale primaire de Nancy;

Simon (François), instituteur public à Dugny (Meuse).

Thiébaut, membre du conseil général de la Meurthe;

(17 juillet [1].)

Sont nommés officiers d'académie :

MM.

Laille (Pierre-Florentin), instituteur public à Meung-sur-Loire (Loiret);

Tartinville (Marin-Étienne), instituteur public à Auxy (Loiret);

Vaillant (Jean-Pierre), instituteur public à Lion-en-Sullias (Loiret).

(19 juillet [2].)

M. Lanquine (Jean-Joseph-Michel), instituteur public à Argelès-sur-Mer (Pyrénées-Orientales), est nommé officier d'académie.

(15 août 1866.)

1re *liste.*

Parmi les décorations accordées à l'occasion de la fête du 15 août, sur la proposition du Ministre de l'instruction publique, nous remarquons les suivantes :

Est élevé au grade de commandeur de la Légion d'honneur :

M. Pillet, chef depuis trente ans de la division de l'enseignement primaire au ministère de l'instruction publique : 49 ans de services; officier du 16 juin 1856.

Sont nommés chevaliers :

MM.

Châteauneuf, inspecteur d'académie à Rennes : 35 ans de services;

Pendariès, inspecteur d'académie à Carcassonne : 38 ans de services;

Guérin, inspecteur d'académie à Tours : 40 ans de services;

Hantôme, inspecteur d'académie à Melun : 27 ans de services. Diverses publications.

Rück, inspecteur d'académie à Chambéry : 31 ans de services.

Couétil, inspecteur primaire à Lisieux : 35 ans de services;

Daligault, directeur de l'école normale primaire d'Alençon;

L'abbé Rousseau, instituteur public au Chaptelat (Haute-Vienne), directeur d'une école stagiaire;

Manson, instituteur public à Vernoux (Ardèche) : 51 ans de services;

Ferraton, instituteur public à Belan-sur-Ource (Côte-d'Or) : 50 ans de services dans la même commune;

Duval, instituteur public à Sainte-Marthe (Eure) : 39 ans de services;

Bordère, instituteur public à Gèdre (Hautes-Pyrénées), correspondant de l'Institut;

Régimbeau, ancien instituteur, directeur d'un cours normal et délégué pour l'inspection du matériel des écoles de la ville de Paris;

Grandmaison, instituteur public à Montjoie (Haute-Garonne) : 50 ans de services;

J. J. Bourcart, délégué cantonal, maire de Bühl (Haut-Rhin) : services exceptionnels rendus à l'enseignement primaire et à celui des adultes.

2e *liste.*

Par arrêtés en date des 1er, 17, 19, 20 et 30 juillet, 1er et 15 août, ont été nommés [1], sur la proposition des recteurs et des préfets :

1° *Officiers de l'instruction publique.*

MM.

Mattes, inspecteur de l'enseignement primaire à Prades.

Bilhouet, inspecteur de l'enseignement primaire à Niort.

Cordier, inspecteur de l'enseignement primaire à Blois.

Duranton, inspecteur de l'enseignement primaire à Montluçon.

Nédelec, inspecteur de l'enseignement primaire à Morlaix.

Malnory, inspecteur de l'enseignement primaire à Château-Thierry.

Borel, inspecteur de l'enseignement primaire à Gap.

Thomas, inspecteur de l'enseignement primaire à Mirecourt.

Cabiran, inspecteur de l'enseignement primaire à Saint-Gaudens.

Sauvage, directeur de l'école normale primaire d'Évreux.

Demkès, directeur de l'école communale laïque de garçons (17e arrondissement), à Paris.

Bourgoin, instituteur public à Saint-Aignan (Loir-et-Cher).

Durecu, instituteur public à Melun.

Baile (Pierre), instituteur public à Marciac (Gers).

Roussaud (Pierre), instituteur public à Angoulême (Charente).

Leclerc (Hippolyte-Charlemagne), instituteur public à Viroflay (Seine-et-Oise).

Nolet (Louis-Philibert), instituteur public au Creuzot (Saône-et-Loire).

Mauson (Frédéric), instituteur public à Vernoux (Ardèche).

Renaudier (Célestin), instituteur public à la Chaize-le-Vicomte (Vendée).

Moliard, instituteur public à Aprey (Haute-Marne).

Clément, instituteur public à Moirans (Jura) : services exceptionnels : officier d'académie depuis 1863.

2° *Officiers d'Académie :*

MM.

Chevalier, inspecteur de l'enseignement primaire, délégué à l'administration centrale.

---

1. Récompenses accordées pour les cours d'adultes.

2. Récompense accordée pour le cours fait par M. Lanquine aux adultes.

1. Les instituteurs ne peuvent recevoir les palmes d'officier d'académie s'ils n'ont préalablement obtenu la médaille d'argent, qui est la plus élevée des récompenses honorifiques instituées par l'arrêté ministériel du 21 août 1838.

Descamps, inspecteur de l'enseignement primaire, à Douai.

Richard, inspecteur de l'enseignement primaire, à Mayenne.

Mauran, inspecteur de l'enseignement primaire, à Montauban.

Creutzer, inspecteur de l'enseignement primaire, à Metz.

Decourt, inspecteur de l'enseignement primaire, à Clamecy.

Maury, inspecteur de l'enseignement primaire, à Hazebrouck.

De Nayer, inspecteur de l'enseignement primaire, à Thionville.

Spal, inspecteur de l'enseignement primaire, à Cholet.

Turbil, inspecteur de l'enseignement primaire, à Nantua.

Pontet, inspecteur de l'enseignement primaire à Villefranche.

Trézeguet, inspecteur de l'enseignement primaire à Neufchâteau.

Leyat, inspecteur de l'enseignement primaire à Grenoble.

Laboureau, inspecteur de l'enseignement primaire à Bonneville.

Charens, inspecteur de l'enseignement primaire à Tarbes.

Verrié-Lemercier, directeur de l'école normale primaire de Napoléon-Vendée.

Fontes, directeur de l'école normale primaire de Foix.

Carré, directeur de l'école normale primaire de Draguignan.

Merle, maître-adjoint à l'école normale primaire d'Avignon.

L'abbé Michaud, aumônier de l'école normale primaire de Varzy.

Marandet, instituteur public, à Andelot-en-Montagne (Jura).

Labbé, instituteur public, à Saint-Génis (Charente-Inférieure).

Saint-Jean, instituteur public, à Villeneuve-de-Rivière (Haute-Garonne).

Capelle, instituteur public, à Malauze (Tarn-et-Garonne).

Vergnes, instituteur public, à Monclar (Tarn-et-Garonne).

Girard, instituteur public, à Sisteron (Basses-Alpes).

Lagarde, ancien instituteur public, à Varès (Lot-et-Garonne).

Ract-Madouy, directeur de l'école communale supérieure de Bordeaux.

Van Eerdewegh, instituteur libre, à Roubaix (Nord).

Ricard, instituteur public, à Valergnes (Hérault).

Legendre, instituteur public, à Chitenay (Loir-et-Cher).

Lacour, instituteur public, à Provins (Seine-et-Marne).

Borrel, instituteur public, à Villasavary (Aude).

Pineaud, instituteur public, à Riberac (Dordogne).

Pozzo di Borgo, instituteur public, à Cherchell (Algérie).

Velter, instituteur communal, rue d'Alger, à Paris.

Frère Angelum, instituteur communal 3e arrondissement), à Paris.

Pointud-Annet, instituteur communal, à Anzelle (Puy-de-Dôme).

Benoit (François-Joseph), instituteur public à Lyon (Rhône).

Gobillot (Eugène), instituteur public, à Ploermel (Morbihan).

Heurtevant (Joseph-Maurice), instituteur public, à Saint-Étienne-du-Mont-Luc (Loire-Inférieure).

Kervarec (Vincent), instituteur public à Kervével (Finistère).

Mettas (Camille), instituteur public à Chamboulive (Corrèze).

Renaudin (Julien-Louis-Constant), instituteur public à Bellême (Orne).

Castelbon (Joachim), en religion frère de Jésus, instituteur public à Auch (Gers).

Drots (Théodore), instituteur public à Simarre (Gers).

Gensac (Louis-Bertrand), ancien instituteur public à l'Isle-Jourdain (Gers).

Chassain (Silvain), instituteur public à Poulaines (Indre).

Lemerle (Jean-Louis), instituteur public à Saint-Chartier (Indre).

Ducasse (Jules-Pascal), instituteur public à Peyrehorade (Landes).

Roux (Étienne), instituteur public à Saint-Marcel-d'Urfé (Loire).

Bandry (Édouard), instituteur public à Saint-Waast (Manche).

Graindorge (Philippe-Simon), instituteur public à Couesmes (Mayenne).

Guibé (Émile-Jean-Julien), instituteur public à Louverne (Mayenne).

Nourry (Jean-Baptiste-Mathieu), instituteur public à Urzy (Nièvre).

Bellocq (Joseph), instituteur public à Lurbe (Basses-Pyrénées).

Gorostis (Pierre), instituteur public à Saint-Palais (Basses-Pyrénées).

Masson (Charles), instituteur public à Broxe-les-Pesmes (Haute-Saône).

Poirel (Pierre-Joseph-Victor), instituteur public à Héricourt (Haute-Saône).

Prothé (Joseph), instituteur public à Cornot (Haute-Saône).

Lecleur (Louis), instituteur public à Clavé (Deux-Sèvres).

Delgove (Louis-François-Désiré), instituteur public à Longpré-les-Corps-Saints (Somme).

Siomboing (Joseph-Dieudonné), instituteur public à Péronne (Somme).

Laille (Pierre-Florentin), instituteur public à Meung-sur-Loire (Loiret).

Tartinville (Marin-Etienne), instituteur public à Auxy (Loiret).

Vaillant (Jean-Pierre), instituteur public à Lion-en-Sullias (Loiret).

Roch (Jean-Joseph), instituteur public à Culoz (Ain).

Roux (Auguste), instituteur public à Chavannes-sur-Suran (Ain).

David (Sébastien), instituteur public à Fouillouse (Hautes-Alpes).

Gazan (Jean-Louis), instituteur public à Valbonne (Alpes-Maritimes).

Tisseron (Adolphe), instituteur public à Vouziers (Ardennes).

Forgeot (Jean-Médard), instituteur public à Luyères (Aube).

Marinot (Nicolas-François), instituteur public à Piney (Aube).

Têtevuide (Édouard), instituteur public à Landreville (Aube).

David (Jean), instituteur public à Albepierre (Cantal).

Robert (Pierre-François), en religion frère Amance, directeur des écoles chrétiennes d'Aurillac (Cantal).

Dufour (François), instituteur public à Saint-Même (Charente).

Guérin (Jules-Antoine), instituteur public au Bourg-de-Péage (Drôme).

Bruel (François), instituteur public à Valence (Drôme).

Baud (François-Clément), instituteur public à la Chaux-Neuve (Doubs).

Fournier (Jean-Claude), instituteur à Gencuille (Doubs).

Savonnet (Jean-Ferjeux), instituteur public à Chantraus (Doubs).

Desportes (Joseph-Dieudonné), instituteur public à Sénonches (Eure-et-Loir).

Martin (Pierre-Marie-Édouard), instituteur publi à Brou (Eure-et-Loir).

Méry (Charles-Thomas), instituteur public à Cloyes (Eure-et-Loir).

Daix (Augustin-François), instituteur public à Marly-le-Roy (Seine-et-Oise).

Dévaux (Charles-Antoine-François), instituteur public à Roissy (Seine-et-Oise).

Lamaille (Henri-Nicolas), instituteur public à Essonnes (Seine-et-Oise).

Vassor (François-Félix), instituteur public à Villeneuve-Saint-Georges (Seine-et-Oise).

Gresse (François-Marie-Victor), instituteur public à Perrecy-les-Forges (Saône-et-Loire).

Guyon (Alexandre-Maurice), instituteur public à Sennecey-le-Grand (Saône-et-Loire).

Dudot (Ferdinand), instituteur public à Saint-Quentin (Aisne).

Triqueneaux (Louis), instituteur public à Voulpaix (Aisne).

Labrou (Joseph), instituteur public à Sarras (Ardèche).

Rouzaud (Barthélemy), instituteur public à Pamiers (Ariége).

Couvrechef (Pierre-Adolphe), instituteur public à Bayeux (Calvados).

Deboudu (Honoré-Fidèle-Joseph), en religion frère Robustien, instituteur public à Caen (Calvados).

Langlois (Auguste-Xavier), instituteur public à Luc-sur-Mer (Calvados).

Thieulin (Henri-Pierre-Alexandre), instituteur public à Orbec (Calvados).

Harrault (Jacques-Paul), instituteur public à Léré (Calvados).

Paquignon (François) instituteur public à Fleurat (Creuse).

Petit, instituteur public à Onges (Côte-d'Or).

Huot, instituteur public à Mirebeau (Côte-d'Or).

Lejeune, instituteur public à Seurre (Côte-d'Or).

Fessard, instituteur public à Pont-Audemer (Eure).

Thomas, instituteur public à Menoublet (Vendée).

Sarradou, instituteur public à Gallargues (Gard).

Dion, instituteur public à Toulouse (Haute-Garonne).

Hauss, instituteur public à Châteaurenault (Indre-et-Loire).

Vaillant, instituteur public à Tours (Indre-et-Loire).

Grenier, instituteur public à Verpillère (Isère).

Bonnette, instituteur public à Merthur (Haute-Marne).

Pernot, instituteur public à Aujeures (Haute-Marne).

Vasseur, instituteur public à Mouy (Oise).

Cazeaux, instituteur public à Campan (Hautes-Pyrénées).

Malraison, instituteur public à Conflans (Moselle).

Hédin, instituteur public à Rostrenen (Côtes-du-Nord).

Chassaing, instituteur public à Catus (Lot).

Moreau, instituteur public à Angers (Maine-et-Loire).

Simon, instituteur public à Oxelaëre (Nord).

D'Henry, instituteur public à Templeuve (Nord).

D'Hénin, instituteur public à Ervillers (Pas-de-Calais).

Scherdam, instituteur public à Geberschwiller (Haut-Rhin).

Stutz, instituteur public à Sentheim (Haut-Rhin).

Diehy, instituteur public à Dornach (Haut-Rhin).

Mercier, instituteur public à Bolbech (Seine-Inférieure).

Artigues, inspecteur public à Labruguière (Tarn).

Besse, instituteur public à Noxon (Haute-Vienne).

Olivier, instituteur public à Châtel-Censoir (Yonne).

Bourgeois, instituteur public à Girmont (Vosges).

Taillar, instituteur public à la Broque (Vosges).

Antoine, instituteur public à Remiremont (Vosges).

Courtois, instituteur public à Cornimont (Vosges).

Mancotel, instituteur public à Midrevaux (Vosges).

Ricard, instituteur public à Rignac (Aveyron).

Gillet, instituteur public à Ferrière-la-Petite (Nord).

Serret, instituteur public à Marquis (Pas-de-Calais).

La même décoration a été décernée à Mlle Victorine Lanaud, directrice de l'Ecole normale d'institutrices de Lons-le-Saunier (Jura). Services exceptionnels.

3ᵉ liste.

Par arrêtés des 1ᵉʳ et 15 août 1866, ont été nommés, pour services rendus à l'instruction publique, notamment en ce qui touche l'enseignement primaire et celui des adultes, sur la proposition des recteurs et des préfets :

1° Officiers de l'instruction publique.

Mgr Chalandon, archevêque d'Aix, membre du conseil académique.

Mgr Ramadié, évêque de Perpignan, membre du conseil départemental de l'instruction publique.

MM.

Le comte Eugène Dubois, conseiller d'Etat, maire de Vitry (Seine).

D'Arnoux, préfet du Doubs.

Boby de la Chapelle, préfet de la Haute-Vienne.

Boffinton, préfet du Gard.

Falcon de Cimier, préfet des Basses-Alpes.

Le baron de Farincourt, préfet de l'Ardèche.

De Laire, préfet de l'Indre.

Le baron Lepic, préfet de la Charente-Inférieure.

Marlière, préfet de Saône-et-Loire.

Le baron de Montour, maître des requêtes au conseil d'Etat, préfet de la Drôme.

Paillard, préfet du Pas-de-Calais.

Reneufre, préfet du Morbihan.

De la Rousselière, préfet de l'Ariége.

L. de Saint-Pierre, préfet de la Corrèze.

Le baron Tharreau, préfet de la Creuse.

De Vallavielle, préfet des Hautes-Pyrénées.

De Bigorie de Laschamps, premier président de la cour impériale de Colmar.

Dagallier, premier président de la cour impériale de Caen, membre du conseil départemental du Calvados.

Bazenerye, président de chambre à la cour impériale de Bourges, membre du conseil départemental.

Breuil, président du tribunal civil de Laon, membre du conseil départemental de l'Aisne.

Rouffy, président du tribunal de Clermont-Ferrand, vice-président du conseil départemental et de la commission d'examen pour le brevet de capacité.

Darnis, procureur général près la cour impériale d'Angers, membre du conseil départemental.

Dessauret, procureur général près la Cour impériale de Montpellier, membre du conseil départemental de l'Hérault.

Léo Dupré, procureur général près la Cour impériale de Toulouse, membre du conseil départemental de la Haute-Garonne.

Merville, procureur général près la Cour impériale d'Aix, membre du conseil académique.

Valois, président de chambre honoraire à la Cour impériale de Lyon, président de la Société d'instruction primaire du Rhône.

Chevassus, membre du conseil général du Jura, maire de Poligny.

Guérin, maire de Fontainebleau, membre du conseil général de Seine-et-Marne.

Meyran, membre du conseil général de l'Aveyron.

Général Montaudon, membre du conseil général de la Creuse.

Maurice, président de la commission de surveillance de l'école normale de Douai, membre du conseil général du Nord.

L'abbé Picard, membre du conseil départemental de la Seine-Inférieure.

Picard, membre du conseil municipal de Paris et du conseil départemental de la Seine.

Leroi, président de la commission d'examen de Seine-et-Oise.

Henri Chadenet, maître des requêtes au conseil d'État, président d'une délégation cantonale de la Meuse.

Gérardin, sous-préfet de Saint-Dié (Vosges).

O'Neill de Tyrone, sous-préfet de Saumur (Maine-et-Loire).

Richebé, sous-préfet d'Avesnes (Nord).

L'abbé Buchmüller, délégué cantonal (Cantal).

Meynard, maire d'Orange, membre du conseil général de Vaucluse.

Lejeune, maire de Pierrefitte (Seine).

Emmery, maire de la Rochelle, délégué cantonal, membre du conseil départemental et de la commission de surveillance de l'école normale.

Garnier, bibliothécaire à Amiens, membre de la commission de surveillance de l'école normale et de la commission d'examen pour le brevet de capacité.

Blangy, ancien proviseur au lycée de Rouen, membre de la commission d'examen pour le brevet de capacité.

Ruhlmann, principal du collége de Thann (Haut-Rhin). Services rendus à l'enseignement des adultes.

2° *Officiers d'académie :*

MM.

Charpentier, maire d'Étampes, membre du conseil général de Seine-et-Oise.

Legentil, président de chambre honoraire à la Cour impériale de Poitiers, membre du conseil départemental.

De Tartigny, membre du conseil départemental de l'Oise, délégué cantonal.

Deyre, président du tribunal civil d'Albi, secrétaire du conseil départemental.

Combes, procureur impérial au Puy, membre du conseil départemental de la Haute-Loire.

L'abbé Gréa, vicaire général de l'évêché de Saint-Claude, membre du conseil départemental du Jura.

Taillefert, juge de paix, conseiller général, membre du conseil départemental des Deux-Sèvres.

Dosque-Moras, officier du génie en retraite, membre du conseil départemental des Landes.

Pellorce, conseiller de préfecture, membre du conseil départemental de Saône-et-Loire et de la commission d'examen pour le brevet de capacité.

Picas, président du tribunal civil de Perpignan, membre du conseil départemental, président de la commission de surveillance de l'école normale.

Beharelle, sous-préfet de Trévoux (Ain).

Wiard, sous-préfet de Château-Thierry (Aisne).

Fleury, sous-préfet de Coulommiers (Seine-et-Marne).

Cretet, auditeur au conseil d'État, sous-préfet de Mortagne (Orne).

Le comte de Guernon-Ranville, auditeur au conseil d'État, secrétaire général de la préfecture du Bas-Rhin.

Vernhette, auditeur au conseil d'État, sous-préfet de Villefranche (Rhône).

Burin-Dubuisson, sous-préfet de la Tour du Pin (Drôme).

Le baron Servatius, sous-préfet de Béziers (Hérault).

Le baron Desaix, sous-préfet de Lodève (Hérault).

Genty, secrétaire général de la préfecture de la Seine-Inférieure.

De Montifaut, sous-préfet de Sarreguemines (Moselle).

Blanquart de Bailleul, sous-préfet de Mulhouse (Haut-Rhin).

Périn, sous-préfet de Napoléonville (Morbihan).

De Boyer de Sainte-Suzanne, sous-préfet de Sceaux.

Petit-Huguenin, président d'une délégation cantonale de Seine-et-Marne.

Vanesson, procureur impérial à Saint-Claude, président d'une délégation cantonale du Jura.

Franck, membre du conseil général de la Moselle, délégué cantonal.

Duclos, juge de paix, membre d'une délégation cantonale du Cantal, et de la commission d'examen pour le brevet de capacité.

Perrin, membre du conseil de préfecture des Landes, délégué cantonal.

Hilpert, adjoint au maire de Clichy (Seine), délégué cantonal.

Schæffer, adjoint au maire au 19e arrondissement de Paris, délégué cantonal.

Méot, ancien capitaine d'état-major, délégué cantonal (Eure-et-Loir).

Leclerc, juge de paix à Pontailler (Côte-d'Or, délégué cantonal.

Perrot, juge de paix, délégué cantonal, à Maintenon (Eure-et-Loir).

Van der Straeten Descat, membre d'une délégation cantonale du Nord.

Le baron de Jerphanion, président d'une délégation cantonale du Rhône.

Mazel, maire de Labarthe (Haute-Garonne), délégué cantonal.

Bonnet, maire de Montbel (Ain).

Kerros, maire de Brest.

Vinchon, maire de Laon, membre de la commission d'examen et du bureau d'administration du lycée.

Dupré, maire de Bourg.

Poncet, maire de Montmerle (Ain).

De Peyerimhoff, maire de Laon, membre du conseil départemental et de la commission de surveillance de l'école normale.

Chefdeville, ancien adjoint au maire d'Évreux.

Ganne, maire de Parthenay (Deux-Sèvres).

Duperié-Pellon, maire du 12e arrondissement de Paris, délégué cantonal.

Tilly, maire de Morlaix (Finistère).

De Monléon, maire de Menton (Alpes-Maritimes).

Lalance, maire de Montbéliard (Doubs).

Richard, maire d'Autrey (Haute-Saône).

Perrin, adjoint au maire de Talmay (Côte-d'Or).

Deviolaine, maire de Soissons.

Allier, maire de Gap.

Fermé, maire de Chinon, membre d'une délégation cantonale d'Indre-et-Loire.

Espinasse, maire de Montredon (Tarn), délégué cantonal, membre du conseil départemental.

Sallandrouze de Lamornaix fils, maire d'Aubusson.

Mariotte, maire de Châtillon (Côte-d'Or), membre du bureau d'administration du collége, délégué cantonal.

Suchaux père, rédacteur en chef du *Journal de la Haute-Saône*, membre de la commission de surveillance de l'école normale et du bureau d'administration du lycée de Vesoul.

L'abbé Dulorié, membre de la commission de surveillance de l'école normale de Bordeaux et du bureau d'administration du lycée.

Bourdan, président du tribunal de Lisieux, membre de la commission de surveillance de l'école normale, délégué cantonal.

Gayot (Amédée), président de la commission de surveillance de l'école normale de Troyes.

Denisse, juge honoraire, président de la commission de surveillance de l'école normale de Carcassonne.

Des Provostières, vice-président du tribunal d'Alençon, président de la commission de surveillance de l'école normale et de la commission d'examen.

Aron-Arnaud, grand rabbin du Consistoire israélite de Strasbourg, membre de la commission d'examen pour le brevet de capacité et du conseil départemental.

Foissac-Jullia, juge au tribunal de Montauban, président de la commission d'examen pour le brevet de capacité.

Boudet, membre du conseil de préfecture de l'Aisne, président de la commission d'examen pour le brevet de capacité.

Henriot, ingénieur en chef des ponts et chaussées, président de la commission d'examen de la Haute-Marne, membre du bureau d'administration du lycée de Chaumont.

Matagrin, rédacteur du journal le *Charentais*.

Théry, substitut du procureur impérial de Coutances.

Poussin, manufacturier à Elbeuf, fondateur d'une société pour l'instruction des ouvriers.

Labbé fils, président de la Société industrielle d'Amiens, juge au tribunal de commerce.

Piaton, secrétaire de la Société de l'enseignement professionnel de Lyon.

L'abbé Perrossier, professeur au petit séminaire de Valence, membre de la commission d'examen de la Drôme.

Daras, lieutenant de vaisseau en retraite, vice-président de la commission d'examen de la Charente, délégué cantonal, secrétaire du bureau du conseil d'administration du lycée d'Angoulême.

4e liste.

Légion d'honneur. (7 août.) — M. le docteur Ballu, chargé du service sanitaire des écoles de filles et de l'asile de Melun, est nommé chevalier de la Légion d'honneur. (Services militaires et civils.)

———

Dans la liste des officiers de l'instruction publique et des officiers d'académie nommés à l'occasion de la fête du 15 août, ont été omis :

MM.

Hébert, questeur du Corps législatif, député de l'Aisne ;

Le docteur Ricard, membre de l'Académie de médecine, membre de la commission centrale d'hygiène, délégué cantonal ;

De Jancigny, préfet de la Haute-Saône ;

(Nommés officiers de l'instruction publique.)

Marandet, instituteur public à l'Étoile (Jura),

Et Vote, instituteur public à Romorantin (Loir-et-Cher),

(Nommés officiers d'académie.)

(Moniteur.)

———

DOCUMENTS

RELATIFS A L'INSTRUCTION PRIMAIRE.

— *Certificat officiel délivré aux instituteurs directeurs de cours d'adultes.* — Pour conserver dans l'école ou dans la famille le souvenir du prix obtenu par l'instituteur directeur d'un cours d'adultes, le ministre de l'instruction publique fait remettre au lauréat, en même temps que la médaille d'or ou d'argent et les livres, un certificat qu'il signe lui-même et qui constate la récompense obtenue. Ce certificat est une petite œuvre d'art, car le bien même gagne à être accompagné par le beau.

La gravure, faite sur le dessin de M. Cornu, peintre d'histoire et membre du conseil supérieur de l'enseignement spécial, et de M. Lacroix, architecte, représente le portique d'un temple, celui de *Sapience*, si l'on veut. Un fronton toscan qui contient l'aigle impériale aux ailes déployées, que surmontent d'élégants antéfixes du goût le plus pur et dont la frise, ornée d'une guirlande, porte les célèbres paroles : « *Dans le pays du suffrage universel tout citoyen doit savoir lire et écrire,* » s'appuie sur deux colonnes qui forment le portique du temple. A l'intérieur, des deux côtés d'une plaque contenant le diplôme signé par le ministre,

sont des inscriptions empruntées à des discours de l'Empereur. On lit à gauche :

« Je veux conquérir à la religion, à la morale, à l'aisance, cette partie encore si nombreuse de la population qui, au milieu d'un pays de foi et de croyance, connaît à peine les préceptes du Christ. » (Napoléon III. Discours de Bordeaux; 1852.)

L'inscription de droite porte :

« Depuis quelques mois, grâce au dévouement des instituteurs, 13 000 nouveaux cours d'adultes ont été ouverts dans les communes de l'Empire. » (Napoléon III. Discours d'ouverture de la session législative de 1866.)

Sous les inscriptions sont gravées les palmes universitaires, une branche d'olivier et une branche de palmier entrelacées. Des faisceaux de verdure, formés de ces feuillages emblématiques, attachés aux colonnes comme des offrandes votives, ombragent deux groupes.

A côté du piédestal de gauche, qui porte les mots : *Éducation, École primaire,* une femme noblement drapée, au visage doux et sérieux, montre l'alphabet à deux enfants; l'un écoute, le doigt sur la bouche, tandis que le plus petit, sans crainte d'être trop sévèrement grondé, laisse rayonner sur son visage le sourire de la distraction. Près du piédestal de droite, où on lit : *Instruction, Cours d'adultes,* un maître, vêtu à l'antique, fait, au moyen d'un solide géométrique, quelque démonstration importante. Tenant d'une main l'octaèdre, il en démontre les lois à deux auditeurs très-attentifs; l'un, debout, regarde et dessine; l'autre, assis aux pieds du maître, réfléchit et cherche à comprendre.

Ce diplôme, qui accompagnera la médaille ou le livre décerné à l'instituteur, lui sera précieux à plus d'un titre. Conservé au foyer domestique ou encadré pour orner les murs de l'école, il sera dans les archives de l'instituteur un souvenir qu'il léguera à ses enfants; et, s'ils ont embrassé la noble profession de leur père, ceux-ci, à la vue de ce diplôme d'honneur, sentiront s'augmenter en eux l'émulation et le zèle.

Dans le département des Vosges un diplôme analogue est distribué aux élèves qui ont mérité une marque de satisfaction pour leur assiduité aux cours d'adultes. L'encadrement est formé d'une série de dessins représentant les différentes phases de la vie scolaire. Le paysan, l'ouvrier, le soldat, le marin se livrant à l'étude, ou goûtant le plaisir de la lecture. *(Moniteur du soir.)*

———

COURS DE L'HOTEL DE VILLE.

Programmes destinés aux aspirants et aspirantes aux brevets de capacité.

Géographie de la France.

(Suite[1].)

VIII — Principaux canaux.—Mers et rivières qu'ils mettent en communication. — Principaux chemins de fer. — Villes qu'ils unissent. — Leur liaison avec les chemins de la Belgique, de l'Allemagne, de l'Italie et de l'Espagne.

IX. — Colonies. — Limites, montagnes et rivières de l'Algérie. — Provinces et villes principales.—Productions. — Avenir de l'Algérie. — Colonies françaises dans les différentes parties du monde.

X. — Notions de statistique. — Population. — Importations et exportations. — Revenus, dette, etc.

———

1. Voir le n° 7.

Arpentage. — Lever des plans. — Nivellement.

Description des principaux instruments en usage sur le terrain.

Mètre, double mètre. — Jalons. — Piquets. — Fil à plomb. — Chaîne et vérification de la chaîne. — Décamètre en ruban d'acier. — Fiches. — Equerre d'arpenteur. — Bâton de l'équerre. — Vérification de l'équerre. — Graphomètre. — Pied du graphomètre. — Vernier. — Planchette. — Alidade. — Boussole. — Vérification de la boussole. — Niveau à bulle d'air. — — Niveau d'eau. — Mire. — Voyant. — Niveau de maçon.

Description des principaux instruments en usage dans les constructions graphiques.

Règle. — Décimètre. — Double décimètre. — Equerre. — Rapporteur. — Echelle à transversales.

I. — *Arpentage ou mesure des terrains.*

Arpentage. — Son utilité. — Définition et notions de géométrie.

Arpentage en terrain horizontal. — Tracer un alignement. — Mesurer la longueur d'un alignement. — Mener une perpendiculaire à une droite. — Arpentage d'une propriété quelconque. — Propriété terminée par des lignes courbes. — Terrains inabordables. — Arpentage de terrains inclinés. — Terrains où l'on peut pénétrer. — Terrains inabordables.

II. — *Lever des plans ou topographie.*

Objet et utilité du lever des plans. — Notions d'arithmétique et de géométie. — Lever au mètre. — Lever à la planchette. — Lever à la boussole. — Orientation des plans.

III. — *Nivellement.*

Objet et utilité du nivellement. — Détermination des différences de hauteur des différents points du sol au-dessus et au-dessous d'un même plan horizontal. — Plan de comparaison. — Niveau vrai. — Niveau apparent. — Pente, rampe, talus, profil. — Figure d'un terrain. — Figure de niveau. — Emploi du niveau de maçon pour la détermination d'un profil de peu d'étendue. — Emploi du niveau d'eau pour la détermination d'un profil et d'une ligne de niveau. — Emploi du niveau à bulle d'air, avec lunette, pour la détermination des profils topographiques.

Cubage ou calcul des volumes. — Terrassement. — Déblais et remblais.

Calcul du volume d'un parallélipipède rectangle. — id. d'un parallélipipède rectangle tronqué. — id. d'un solide irrégulier décomposé en troncs de parallélipipèdes rectangles. — Id. d'une pyramide.

Dessin linéaire.

DESSIN A VUE.

Lignes. — Angles. — Polygones. — Figures semblables. — Cercles. — Polygones réguliers. — Tangentes et cercles concentriques. — Ellipse. — Ovale. — Polygones étoilés. — Rosaces solides à base rectiligne. — Cylindre. Cône. — Sphère. — Globe terrestre. — Polyèdres. — Solides particuliers : croix en pierre ou en bois, tonneau, pain de sucre. — Chaise, lit, toupie, etc.

DESSIN GRAPHIQUE.

Tracé des perpendiculaires, des parallèles, des angles, des triangles, des quadrilatères. — Partage de la circonférence en parties égales. — Construction des polygones réguliers. Tangentes, spirales. — Ellipse.

Notions de sciences physiques

APPLICABLES AUX USAGES DE LA VIE.

Notions préliminaires sur les propriétés générales de la matière.

Corps simples et corps composés.

Pesanteur : poids, poids spécifique. — Balance. — Application du pendule aux horloges. — Principales propriétés des liquides. — Jets d'eau, fontaines, etc. — Principe d'Archimède ; application de ce principe aux corps flottants ; pèse-sels, etc. ; embarcations et navires. — Principales propriétés des gaz ; poids de l'air. — Pression atmosphérique : baromètre. — Aérostats. — Composition de l'air. — Principales propriétés de l'oxygène ; formation de la rouille ; combustion ; rôle de l'air dans la vie des animaux et des plantes. — Charbon : acide carbonique, fabrication du charbon de bois ; désinfection, décoloration, emploi du charbon dans le chauffage ; précautions à prendre. — Phosphore ; soufre : blanchiment de la soie ; allumettes, etc. — Composition de l'eau. — Principales propriétés de l'hydrogène ; éclairage ; flamme ; propriétés des toiles métalliques ; origine du gaz d'éclairage ; ses avantages et ses dangers ; éclairage au moyen des huiles minérales ; précaution qu'il exige. — Eau de mer ; eaux minérales. — Sel de cuisine. — Chlore ; chlorure de chaux, désinfection, décoloration, blanchiment des toiles. — Pompes, machine pneumatique, siphon.

Sources de chaleur. — Effets de la chaleur : décomposition, dilatation, fusion, vaporisation. — Description et usages du thermomètre. — Chaleur de fusion. — Mélanges réfrigérants. — Maximum de densité de l'eau. — Effets de la gelée sur les pierres et sur les arbres. — Evaporation, vaporisation, ébullition. — Chaleur de vaporisation ; chauffage à la vapeur ; glace artificielle, etc. — Notions sur le principe des machines à vapeur. — Corps bons et mauvais conducteurs ; isolants et isolés. — Application aux tissus, aux matériaux de construction, aux ustensiles. — Rayonnement de la chaleur. — Vêtements de couleurs diverses, satinés ou velus ; poêles de faïence, de fonte, etc. — Vases propres au chauffage rapide des liquides, à la conservation de la chaleur des liquides, etc. — Rosée, nuages, pluie, neige, etc. ; lune rousse.

Notions préliminaires sur l'électricité. — De la foudre et du paratonnerre. — La pile voltaïque et ses effets les plus importants ; les aimants et la boussole ; son application à la direction des navires. — Notions sur la télégraphie, la galvanoplastie, la lumière électrique etc.

FIN.

(Bulletin de l'instruction primaire du département de la Seine.)

MUSIQUE A L'USAGE DES ÉCOLES.

LES SYMBOLES DE L'INNOCENCE
PASTORALE.

Paroles de M. l'abbé Lalanne, directeur du collége Stanislas. — Musique de M. Félix Clément.

2e COUPLET.
Pe - tits ruisseaux, qui fuy - ez sur l'a - rè - ne, Toujours jo - yeux et tou -
- jours sau - til - lants, Pe - tits ruis - seaux qui fuy - ez sur l'ar - rè - ne,
Tou-jours jo - yeux et tou - jours sau - til - lants, Cé - dez, cé - dez au pen -
- chant qui vous mè - ne; Pe - tits ruis - seaux, vous ê - tes in - no - cents,
Cé - dez, cé - dez au pen - chant qui vous mè - ne; Pe - tits ruis - seaux, vous ê -
- tes in - no - cents, Pe - tits ruis-seaux, vous ê - tes in - no - cents.
3e COUPLET.
Pe - tits mou-tons, qui pais-sez dans la plai - ne, Vous vous ai - mez et vous
ê - tes con - tents; Pe - tits mou - tons qui pais - sez dans la plai - ne,
Vous vous ai - mez et vous ê - tes con - tents; Pais- sez, pais - sez sans dé -
- sir et sans pei - ne, Pe - tits mou - tons, vous ê - tes in - no - cents;
Pais-sez, pais - sez sans dé - sir et sans pei - ne, Pe - tits mou - tons, vous ê -
- tes in - no - cents, - Pe - tits mou - tons, vous ê - tes in - no - cents.
4e COUPLET.
Pe - tits ber - gers, en-fants de la na - tu - re, Dès le ma - tin l'é-cho
re - dit vos chants; Pe - tits ber - gers, en - fants de la na - tu - re,
Dès le ma - tin l'é-cho re - dit vos chants; Gar - dez, gar - dez votre â -
- me tou-jours pu - re; Pe - tits ber - gers, vous ê - tes in - no - cents;
Gar - dez, gar - dez votre â - me tou jours pu - re. Pe - tits ber - gers, vous ê -
- tes in - no - cents, Pe - tits ber - gers, vous ê - tes in - no - cents!
doux
decresc.
avec expression.
dim. et ritenuto.

- la - ge: - Pe - tits oi - seaux, vous ê - tes in - no -
rinf
- cents, Chan - tez, chan - tez jou - ez dans le feuil -
- la - ge; - Pe -tits oi- seaux vous ê - tes in - no - cents,
dim. e riten.
Pe - tits oi - seaux vous ê tes in - no - cents!
dimin.
pour finir.

PETIT MANUEL

DE L'INSTRUCTION PRIMAIRE

JOURNAL MENSUEL

DES INSTITUTEURS ET DES INSTITUTRICES.

EDUCATION ET ENSEIGNEMENT.

DE LA DIRECTION A DONNER AUX LEÇONS DE LECTURE DE RÉCITATION ET DE LANGUE FRANÇAISE DANS LES ÉCOLES NORMALES.

(Première lettre.)

A monsieur le rédacteur du *Manuel général* et du *Petit Manuel de l'instruction primaire.*

Monsieur le rédacteur,

L'épreuve écrite qui donne les résultats les moins satisfaisants aux examens pour le brevet de capacité est partout la rédaction sur un sujet d'histoire ou sur une question pé-dagogique. Les aspirants, surtout, manquent aux règles les plus élémentaires de la composition, soit pour la convenance et la liaison des idées, soit dans le choix des expressions et la construction des phrases. Il est rare que cette épreuve, jugée même avec une grande indulgence, mérite, au plus grand nombre des candidats, une note supérieure à 5, qui représente la moyenne nécessaire par épreuve. Les commissions d'examen doivent ordinairement se montrer peu sévères pour des banalités étrangères au sujet, des phrases équivoques et des termes impropres, et se borner à repousser les compositions renfermant des idées fausses ou incohérentes, des constructions vicieuses ou des barbarismes.

De tels résultats, constatés même chez les élèves-maîtres des écoles normales, accusent assurément une méthode défectueuse ou une lacune dans l'enseignement de la langue et de la littérature française. Ne semble-t-il pas opportun, monsieur le rédacteur, avant l'application du plan d'études annexé au décret du 2 juillet dernier, d'insister sur la direction qu'il convient de donner aux leçons de lecture, de récitation et de langue française?

Il est inutile de faire ressortir l'importance qu'a pour les instituteurs un style clair et correct. C'est d'abord par là qu'ils donnent la véritable mesure de leur éducation intellectuelle et morale, qu'ils constatent la rectitude de leur jugement et la pureté de leur goût. De plus l'organisation des cours d'adultes exige qu'ils sachent lire et expliquer convenablement les meilleures pages de nos chefs-d'œuvre littéraires ; qu'ils racontent avec intérêt un fait important de l'histoire nationale ; qu'ils exposent avec lucidité les applications des sciences à l'agriculture, à l'industrie et à l'hygiène. Enfin beaucoup d'entre eux sont appelés à être secrétaires de mairie et auront à rédiger les délibérations du conseil municipal, des rapports administratifs, des pétitions diverses, etc. Or, qui n'a entendu dire aux chefs de bureau des préfectures les lenteurs et les difficultés qu'apporte à la solution des affaires le défaut de clarté dans l'exposition qu'en font les intéressés?

Les difficultés que l'on rencontre pour donner aux élèves des écoles normales primaires une bonne rédaction tiennent à ce que la plupart ignorent le véritable sens des mots, même des plus usuels, et ne se rendent pas compte de ce qu'ils lisent. Sous ce double rapport, la direction des exercices de lecture dans les écoles primaires laisse beaucoup à désirer; malgré les recommandations de la circulaire ministérielle du 20 août 1857, ces exercices sont généralement un pur mécanisme. Dans ces conditions, il nous semble qu'il faudrait traiter, pour la connaissance du français, les jeunes élèves des écoles normales, comme on traite les élèves des classes de grammaire, dans les cours classiques, pour le latin et le grec; c'est-à-dire qu'il faudrait leur faire l'explication des auteurs au triple point de vue du sens des mots, des règles grammaticales et de la construction des phrases, pendant les deux premières années. Les leçons de la troisième année auraient un but plus littéraire et pénétreraient dans les règles de la composition, surtout au point de vue esthétique.

Sous ce rapport, comme pour bien d'autres, il n'y aurait qu'à prendre pour guide le judicieux Rollin, et à suivre la méthode qu'il expose au livre II, chap. Ier du *Traité des études*, en l'appliquant à l'explication d'un passage de l'*Histoire de Théodose*, par Fléchier. On ne saurait trop méditer les réflexions qu'il ajoute à cette leçon modèle :

« En faisant tous les jours dans la classe une lecture de cette sorte, il est aisé de comprendre jusqu'où irait le progrès au bout de plusieurs années; quelle connaissance les jeunes gens acquerraient de leur langue; combien ils apprendraient de choses curieuses, soit pour l'histoire, soit pour les coutumes anciennes; quel fonds de morale s'amasserait imperceptiblement dans leur esprit; de combien d'excellents principes pour la conduite de la vie ils se rempliraient eux-mêmes par les différents traits d'histoire qu'on leur ferait lire ou qu'on leur citerait; enfin, *quel goût ils remporteraient pour la lecture, ce qui me parait un des principaux fruits qu'on doive attendre de l'éducation,* parce que ce goût les préserverait d'une infinité de dangers inséparables de l'oisiveté, leur ferait aimer et rechercher la compagnie des gens de lettres et d'esprit, et leur rendrait insupportables ces conversations fades et destituées de toute solidité, qui sont une suite de l'ignorance et la source de mille maux. »

Qui ne voit l'importance de ce dernier résultat pour nos jeunes instituteurs, placés, à vingt et un ans, dans un milieu souvent peu favorable à l'instruction et libres dans l'emploi d'une bonne partie de leur journée? N'est-ce pas à l'étude et aux bonnes lectures qu'ils doivent recourir pour se garder des dangers de l'oisiveté et des conversations frivoles?

Cette méthode de Rollin est d'ailleurs celle que recommande M. le Ministre de l'instruction publique, dans l'instruction du 28 avril sur l'enseignement secondaire spécial, et dans celle du 2 juillet sur l'enseignement des écoles normales primaires. Nous nous bornerons à de courtes citations :

« Les principaux exercices, est-il dit dans le premier document, pour l'enseignement de la langue française à l'année préparatoire, sont des dictées et des lectures. Des morceaux choisis d'histoire, de morale, de mythologie, d'histoire naturelle, etc., sont dictés aux élèves et expliqués par le maître au point de vue du sens et des mots. Ces morceaux doivent être courts, simples, composés d'idées clairement définies et circonscrites dans un ou deux alinéas.... Les dictées occupent la première partie de la classe; la seconde moitié est consacrée à la lecture, étude importante, car on ne lit bien que ce que l'on a bien compris. Il est infiniment utile, d'ailleurs, dans le cours ordinaire de la vie, de savoir lire haut, avec intelligence, clarté et goût. En outre, dans l'enseignement spécial, la *lecture* d'un morceau français doit jouer le même rôle et rendre les mêmes services que l'explication d'un morceau latin ou grec dans les études classiques.

« Le professeur lit lui-même à haute voix un fragment soigneusement choisi; il donne les explications propres à faire comprendre les idées de l'auteur et leur enchaînement; il signale les passages les plus importants, les expressions les plus saillantes, et il en déduit les principes de l'orthographe et quelques règles grammaticales. Cette lecture et le commentaire terminés, les élèves sont exercés, tantôt à lire le même morceau, tantôt à en présenter de mémoire les traits principaux avec les explications dont il a été l'objet [1]. »

Il s'en faut bien que cette marche ait été généralement suivie pour l'enseignement de la langue française et pour les exercices de lecture et de récitation dans toutes les écoles normales. Aussi M. le Ministre a-t-il dû dire dans le second document indiqué plus haut :

« Dans le cours de français, *beaucoup de maîtres* abusent de la grammaire et croient avoir tout fait quand ils ont mis dans la mémoire de leurs élèves un grand nombre de règles, de distinctions et de mots techniques. Insistez pour que, dans cette étude, on évite les abstractions et les subtilités, pour qu'on s'attache aux applications et aux exemples, *surtout aux exemples que fournissent la lecture et l'explication des grands écrivains. C'est par là que la langue, avec ses principales règles, ses finesses et ses idiotismes, s'apprend bien mieux que dans les grammaires [2]. »*

Si ces recommandations ont leur importance, c'est surtout pour obtenir des élèves-maîtres un style plus naturel, plus clair et plus correct. Un enseignement littéraire trop théorique fausse le goût, en attirant exclusivement l'attention sur les détails pour perdre de vue l'ensemble. On en pourrait dire

---

1. *Bulletin admin. de l'instr. publ.,* n° 104, p. 591 et 592.

2. *Bulletin admin. de l'instr. publ.,* n° 108, p. 10 et 11. — Nous avons reproduit ce instructions dans le *Petit Manuel.*

ce qu'un critique disait du style de Sénèque : ce sont des grains de sable sans ciment. Pour former à la composition, il faut habituer l'élève à la contemplation des beaux modèles, les lui faire aimer, avant de descendre à l'analyse des moyens d'exécution.

Mais je m'aperçois, monsieur le rédacteur, que ma lettre dépasse les bornes que je m'étais imposées. Veuillez me pardonner ces développements en raison de l'importance du sujet, car il n'en est pas qui touche plus directement à la bonne préparation des instituteurs. Si vous voulez bien me le permettre, je reviendrai dans une autre lettre sur les détails de la méthode.

Agréez, je vous prie, monsieur le rédacteur, l'assurance de mes sentiments les plus distingués.

BERGER,
Inspecteur primaire, à Villefranche (Rhône).

(Deuxième lettre.)

Monsieur le rédacteur,

Jusqu'ici il semble que, dans l'enseignement primaire, on se soit plus occupé de transmettre les connaissances indispensables à tout homme, dans quelque humble condition qu'il se trouve, que de développer ses facultés intellectuelles, d'exciter les forces qui lui permettraient de poursuivre son éducation et d'étendre son instruction selon les besoins spéciaux de sa profession. Cependant, on ne saurait trop le redire, ce qu'on apprend dans les écoles, surtout dans les écoles primaires, est toujours peu de chose; ce qui est important, c'est la vigueur des facultés, l'initiative individuelle produite, et la direction donnée à la culture de l'esprit et du cœur.

« Dans l'éducation, dit Mgr Dupanloup, ce qu'il faut apprécier avant tout, ce ne sont pas tant les connaissances positives dont l'esprit sera muni, mais bien les facultés qu'on sera parvenu à développer, parce que les connaissances s'acquièrent facilement plus tard quand les facultés d'acquérir sont données, et ne s'acquièrent jamais ou s'acquièrent mal quand la puissance d'acquérir fait défaut [1]. »

Cette observation générale, monsieur le rédacteur, trouvait naturellement place avant les observations qui vont suivre sur les *exercices de lecture courante*. Là, en effet, la plupart des instituteurs croient avoir atteint leur but quand ils ont amené les élèves à énoncer les mots sans hésitation, à faire les pauses marquées et les liaisons admissibles, en-

---

1. *De la haute éducation intellectuelle*, t. II, p. 392.

fin, ce qui est pourtant plus rare, à prononcer correctement et sans accent local. Quant au sens des mots et à la liaison des idées, ils ne s'arrêtent à aucune explication. Ils ne donnent pas eux-mêmes l'exemple d'une lecture intelligente, en accentuant les divers membres de la phrase d'après leur importance, et en exprimant, par une inflexion naturelle de la voix, si le tour est affirmatif, dubitatif ou interrogatif. Enfin on fait de la lecture un exercice tellement mécanique qu'on la supprime dans la première division de certaines écoles, sous prétexte que les élèves *savent lire*.

Avec une telle méthode, il est facile d'expliquer le peu d'importance que beaucoup de maîtres attachent au choix de leurs livres de lecture, laissant pendant plusieurs années entre les mains des élèves des ouvrages d'un style peu correct ou traitant de matières hors de leur portée. Ceux-ci ne lisent pas pour comprendre et ne s'habituent point à faire de la lecture le moyen de développer leur instruction, et de procurer à leur esprit une véritable jouissance. Ni leur jugement ni leur goût ne se forment, et, plus tard, ou ils ne liront plus, ou ils liront ces productions de mauvais aloi qui s'adressent aux sensations, non à la pensée.

Dans la remarquable circulaire du 20 août 1857, M. Rouland, signalant les inconvénients du caractère trop vague et trop théorique de l'enseignement élémentaire, disait de la lecture :

« S'efforce-t-on, quelles que soient d'ailleurs les méthodes adoptées, à faire de cet exercice, si fastidieux pour les élèves, un instrument de développement intellectuel? Il s'agit d'obtenir d'abord que la lecture soit faite avec aisance et naturel, et, en général, sur le ton de la conservation ; *ensuite que les enfants prennent l'habitude de se rendre compte de tous les mots et de toutes les pensées.* Quand un morceau a été lu, le maître le relit-il lui-même avec la prononciation, le ton et les inflexions de voix convenables? *Adresse-t-il des questions sur le sens de telle phrase, l'orthographe de tel mot, la portée de telle expression ? »*

Bien que, depuis neuf ans, ces prescriptions aient dû servir de guide à la direction des exercices de lecture, il est triste d'avoir à reconnaître que, dans la grande majorité des écoles, elles sont restées inappliquées. Bien comprises, elles auraient dû tout d'abord faire mieux choisir les livres de lecture, et écarter tous ceux qui, par les sujets ou par le style, ne peuvent convenir aux élèves. Or, ne voyons-nous pas encore, dans certains départements, entre les mains des enfants de sept à neuf ans, tels ouvrages religieux, par exemple, qui leur sont assurément donnés dans une excellente intention, mais qui dépassent de beaucoup le cercle de leur intelligence. Évidemment on ne saurait exiger qu'ils en comprennent *tous les mots et toutes les pensées* C'est là un exemple des inconvénients qu'a, en éducation, toute préoccupation exclusive. Dans le but de donner à l'enfant, dès son jeune âge, une éducation morale et religieuse, on prive son intelligence d'une culture générale sans laquelle ni la morale ni la religion ne sauraient être comprises. Qui sait même, si en fatiguant son esprit de mots dignes de respect, mais pour lui vides de sens, on ne tend pas à lui rendre indifférentes ou même désagréables les idées qu'ils expriment?

Revenons à notre sujet. Les exercices de lecture, monsieur le Rédacteur, étant ordinairement si mal dirigés, les enfants élevés à la campagne où l'on ne parle pas le français, ou bien où on le parle incorrectement, ne savent pas s'en servir pour exprimer leurs pensées; celles-ci mêmes leur font défaut, ou plutôt elles ne se démêlent point dans leur esprit; elles y passent et repassent, confusément agglomérées, sans se séparer et se classer à la faveur des mots. C'est ce qui explique comment les élèves-maîtres, à leur entrée à l'école normale primaire, connaissent si mal leur langue et réussissent si peu dans leurs premières rédactions. Il importe donc, dans la première année, de reprendre l'œuvre qu'auraient dû accomplir leurs premiers maîtres et de leur faire faire des lectures expliquées et raisonnées.

Pour que les textes fussent à leur portée, il faudrait, suivant nous, prendre, en prose, des narrations ou des descriptions tirées des ouvrages de Fénelon, de Buffon, de Bernardin de Saint-Pierre, y joindre les *Mœurs des israélites et des chrétiens*, par Fleury, et la première partie du *Discours sur l'histoire universelle*; en poésie, on choisirait les meilleures fables de la Fontaine et de Florian, quelques petits poèmes lyriques simples et irréprochables, et l'*Esther* de Racine. Il est indispensable, surtout en commençant, de s'assurer que le vrai sens des mots est compris, de faire saisir la liaison des idées dans chaque phrase, et dans un résumé du sujet, de présenter l'ordre suivi dans l'exposition. A ces explications grammaticales ou logiques, se joindront des remarques sur les personnages, les mœurs, les lieux dont il aura été question. Les morceaux remarquables sous le rapport des pensées et de l'expression seraient, *après l'explication*, appris par cœur, et l'on exigerait, dans la récitation, que le ton d'une bonne lecture fût observé, au lieu de cette volubilité ou de ce ton monotone qu'on y rencontre trop souvent.

Dans l'explication des mots, il me paraît essentiel de suivre les méthodes d'analyse de la philologie moderne, notamment pour expliquer les modifications que font subir à l'idée contenue dans la racine les *préfixes* et les *désinences* ou *suffixes*[1]. C'est le premier degré de l'enseignement lexicologique avec la distinction du sens *propre*, du sens *détourné* et du sens *figuré* des mots. Plus tard, en deuxième année, viendront les idiotismes, les nuances des synonymes et les délicatesses de l'expression.

Je m'arrête, monsieur le rédacteur, car je ne fais qu'indiquer une direction générale et ne prétends point régler les exercices d'application. Je désire surtout faire partager ma conviction que l'étude réfléchie, raisonnée de la langue maternelle dans les écoles normales, est ce qui contribuera le plus à fortifier l'enseignement primaire, parce que c'est elle qui conduit sans effort aux idées générales.

Agréez, etc.

BERGER.

(Troisième lettre.)

Monsieur le rédacteur,

Les exercices employés dans la plupart des écoles primaires pour l'enseignement de la langue française ne paraissent avoir en vue que l'orthographe, et plus encore l'orthographe qui dépend des règles de la grammaire que celle qui résulte du sens et de l'étymologie des mots. De l'emploi de la langue pour l'expression de la pensée, il n'en est guère question, et je n'ai presque rencontré aucune école où la maxime du P. Girard : « Les mots pour les pensées; les pensées pour le cœur et la vie, » fût une réalité ou un but sérieusement poursuivi. La mémoire joue le principal rôle dans cette étude de la grammaire, et, comme il s'agit de notions abstraites que les élèves ne comprennent point et qui n'entrent pas dans leur sphère d'activité, il n'en reste bientôt plus de traces.

Cette méthode, monsieur le rédacteur, est spécialement défectueuse dans les écoles primaires, où les élèves n'ont pas, pour acquérir la connaissance pratique de la langue nationale, la comparaison avec le latin, sa principale source, et les traductions, qui font la base des études classiques. Aux longues conjugaisons, aux monotones analyses grammaticales et logiques par écrit, ne faudrait-il pas substituer des exercices ayant pour objet, soit de rechercher dans un texte correct les applications de règles connues, soit de composer des phrases présentant l'emploi d'un mot dans ses diverses acceptions, ou l'usage d'un verbe à ses différents temps? Il me semble que, par ces procédés et d'au-

---

1. Le *Dictionnaire des synonymes* de M. Lafaye est un guide sûr à cet égard.

tres que sauraient découvrir l'intelligence et
l'expérience des maîtres, les idées se dévé-
lopperaient, les règles de la langue passe-
raient dans la pratique, et l'on arriverait
sans difficultés aux exercices de style.

Aujourd'hui, si nous demandons aux élèves les plus forts des écoles primaires une
lettre sur quelque circonstance ordinaire de
la vie, le récit d'un fait dont ils ont été té-
moins, ou la description d'une machine
qu'ils ont vue fonctionner, nous les trouvons
aussi embarrassés pour le choix des expressions que pour l'agencement des phrases.
C'est qu'ils n'ont pas été habitués à observer, à comparer les objets et les faits extérieurs, que leur mémoire n'est pas pourvue
de mots clairement définis, qu'enfin ni leur
imagination, ni leur jugement n'ont été cultivés : toutes choses que devait faire un bon
enseignement de la langue maternelle.

Avec un développement intellectuel si incomplet, on ne saurait, monsieur le rédacteur, demander aux élèves-maîtres de première année, comme exercices de style, que
de reproduire d'abord oralement, puis par
écrit, des narrations simples, courtes et intéressantes qui auraient été préalablement
lues et résumées par le professeur. On sui-
vrait à cet égard les indications données
pour la deuxième année de l'enseignement
secondaire spécial[1]. Ce serait le moyen de
les accoutumer à lire *la plume à la main*,
habitude que Mgr Dupanloup déclare « d'une
utilité capitale pour quiconque veut ordonner
sa vie dans un travail sérieux, et faire des
études qui lui profitent. » Au point de vue
du style, voici ce qu'ajoute l'éminent écrivain :

« Vous vous plaignez de ne savoir pas écrire, de
n'avoir pas de style, de ne pouvoir formuler, rédiger
vos pensées sous une forme convenable; d'être distrait, inattentif, d'oublier. Eh bien! lisez la plume à
la main, et cette excellente habitude, non-seulement
vous empêchera d'oublier, fixera les dissipations de
votre esprit, mais de plus, vous apprendra à écrire
et formera peu à peu et très-efficacement votre style,
parce qu'elle vous apprendra à réfléchir sur ce que
vous aurez lu, à le goûter, l'admirer, l'imiter, ce
qui est tout[2].

A cette occasion, qu'il me soit permis,
monsieur le rédacteur, de regretter que
l'on ne trouve pas, dans la salle d'étude de
toutes nos écoles normales, une petite bibliothèque, à la disposition des élèves, et
comprenant des ouvrages propres à être con-
sultés dans la préparation ou la rédaction de
leurs leçons. On y rencontrerait pour la
langue française, par exemple, le diction-

naire de l'Académie, ceux de Lafaye ou de
Sardou, pour les synonymes; ceux de Laveaux ou de Soulice, sur les difficultés grammaticales; plusieurs grammaires recom-
mandées par l'Université et d'autres ouvrages
lexicologiques; des éditions annotées d'auteurs classiques ou des recueils de morceaux
choisis; enfin quelques histoires abrégées de
la littérature française, comme celles de De-
mogeot, de Geruzez, de Ch. Louandre. Bien
entendu que chaque année aurait son catalogue spécial et que les maîtres adjoints veil-
leraient à ce que les lectures servissent à un
travail sérieux et non à une stérile oisiveté.

Un exercice qui me paraît également très-
convenable au commencement des études de
style, c'est la traduction *en prose* de fables
ou petits contes *en vers* qui auraient été appris par cœur. En obligeant à supprimer les
inversions, les figures et les ornements que
la prose ne saurait admettre, il contribue à
bien faire comprendre le caractère de la poésie et ce que l'expression peut ajouter de
grâce ou d'énergie à la pensée.

Les deux leçons d'histoire naturelle données par semaine, en première année, seront particulièrement utiles pour développer
l'esprit d'observation et de comparaison,
première source de nos idées. Les rédactions dont il conviendra de les accompagner
et pour lesquelles les élèves trouveront des
modèles dans Buffon, Bernardin de Saint-
Pierre, etc., leur apprendront à mettre de
l'ordre dans leur exposition, exerceront leur
imagination sur de nobles ou gracieux sujets, et les habitueront à lire le nom de
Dieu dans le vaste spectacle de la nature.

Enfin les promenades pourraient être dirigées de manière à fournir de temps en temps
des sujets de rédaction très-variés. Les élèves n'ayant à s'inspirer alors que de leurs
impressions personnelles, auraient des occasions de manifester leur spontanéité et de
révéler la tournure spéciale de leur esprit.

Dans la deuxième année, à mesure que,
par l'expérience et par la mémoire, ils auraient acquis un plus grand nombre d'idées
et se seraient formé un vocabulaire plus riche et plus sûr, ils devraient aborder des
sujets plus sérieux, exerçant particulièrement la réflexion et le jugement. On pourrait suivre le plan tracé pour la troisième
année de l'enseignement secondaire spécial[1]. Sans entrer dans de trop minutieux
détails sur le syllogisme et les diverses formes du raisonnement, il serait utile d'exercer les élèves à se rendre compte de la justesse et de la force des arguments produits
dans une dissertation sur les principales vé-

---

1. N° 104 du *Bulletin administratif*, p. 612.
2. *De la haute éducation intellectuelle*, t. III,
p. 23.

---

1. N° 104 du *Bulletin administratif*, p. 623.

rités morales. Par là, on les mettrait en état
de comprendre et de rédiger les leçons de
pédagogie qu'ils recevront en troisième année, et on les habituerait à descendre en
eux-mêmes pour y démêler les faits qui sont
la base des principes d'éducation.

Une heureuse et importante innovation
dans l'enseignement de la troisième année,
ce sont les *notions historiques sur nos grands
écrivains et sur les œuvres principales*. Il était
vraiment étrange de rencontrer des aspirants au brevet complet connaissant très-
exactement les noms et les actes des anciens
rois de Rome ou des derniers Mérovingiens,
et ne sachant presque rien sur nos grands
génies littéraires et les ouvrages qui font
l'admiration du monde civilisé. Le programme rédigé pour ce cours abrégé d'histoire littéraire dans l'enseignement secondaire spécial [1], pourra servir dans les écoles
normales. Il sera utile que les élèves-maîtres
aient à rédiger sur chaque auteur célèbre
une courte notice présentant les principales
circonstances de sa vie et exposant les caractères particuliers de son style.

Mais il se rencontrera sans doute, monsieur le rédacteur, quelques esprits qui
trouveront ce programme trop vaste et lui
reprocheront de tendre à faire sortir les instituteurs de leur modeste position. Je ne
saurais partager ces craintes, et je crois que,
dans un temps où la mauvaise littérature
surabonde et pénètre partout, il importe, par
un commerce assidu avec de nobles esprits,
d'en détourner les éducateurs de la jeunesse,
de former leur goût en fortifiant leur jugement, et de leur communiquer, autant qu'il
est possible, *la justesse de l'esprit et la droiture
de cœur* [2]. Efforçons-nous en toutes choses
de surmonter le mal par le bien.

Veuillez me pardonner la longueur de ces
développements et agréer, etc.

BERGER.

DE L'ENSEIGNEMENT DE LA MUSIQUE.

*Rapport adressé à M. le Ministre de l'instruction
publique par M. Laurent de Rillé sur l'enseignement
de la musique dans les lycées et les écoles normales
primaires.*

« Monsieur le Ministre,

« J'ai inspecté, cette année, d'après les ordres de
Votre Excellence, les classes de musique des lycées
impériaux d'Orléans, de Bourges, de Châteauroux, de
Périgueux, de Moulins, de Clermont, du Puy, de

Saint-Etienne, de Rodez, du Mans, de Tours, de Poitiers, d'Angoulême, de Bordeaux, d'Agen, de Toulouse, de Carcassonne, de Montpellier, de Nîmes, d'A-
vignon, de Mâcon, de Dijon, de Vesoul, de Nancy,
de Strasbourg, de Bar-le-Duc, et des écoles normales
primaires de Châteauroux, d'Albi, de Rodez, de Tulle,
de Périgueux, de Guéret, de Moulins, de Clermont,
du Puy, de Montbrison, de Bourges, d'Orléans, de
Chartres, du Mans, de Loches, de Poitiers, de la
Grande-Sauve, de Montauban, de Toulouse, de Carcassonne, de Perpignan, de Montpellier, de Nîmes,
d'Avignon, de Valence, de Villefranche, de Mâcon, de
Dijon, de Vesoul, de Nancy, de Strasbourg, de Commercy et de Châlons.

« J'ai été heureux de constater, monsieur le Ministre, que des progrès considérables avaient été accomplis dans les classes de musique des écoles normales que j'avais déjà visitées l'an dernier. Quant aux
autres établissements que je voyais pour la première
fois, presque tous ont appliqué le règlement du 30
janvier 1865. Quelques-uns, encore en retard, ne
manqueront pas de se conformer aux prescriptions de
Votre Excellence après les vacances scolaires.

« Dans les lycées impériaux et dans les écoles normales, j'ai dû porter d'abord mon attention sur les
incapacités physiques qui m'étaient signalées comme
s'opposant au développement de l'éducation musicale
en France. Après un examen minutieux, j'ai reconnu
que le nombre des voix radicalement fausses est beaucoup plus restreint qu'on ne le croit généralement. Je
ne parle pas ici des voix mal posées ou voilées que
l'exercice peut toujours assouplir, mais seulement de
la conformation défectueuse du tympan ou de l'appareil vocal. Ce vice anatomique de la voix ou de l'o-
reille est aussi rare que les autres infirmités corpo-
relles, (cécité, déviation de l'épine dorsale, claudica-
tion, etc.).

« Si le climat modifie les aptitudes musicales physiques d'une manière assez notable, et établit entre
les voix des différences sensibles, on reconnaît aisément que l'éducation et les traditions de famille ont
plus de part que l'organisation et les prédispositions
naturelles à la variété des conditions dans lesquelles
se présentent les élèves des cours de musique, qu'ils
appartiennent aux lycées impériaux ou aux écoles
normales primaires.

« Dans les écoles normales, l'enseignement musical
comprend le solfége, le plain-chant et l'orgue-har-
monium.

« Les notions les plus élémentaires appliquées à
l'harmonium assurent aux élèves des écoles normales
un placement facile et avantageux. Les communes
recherchent surtout les instituteurs capables de toucher l'orgue.

« Les instruments sur lesquels les élèves-maîtres
apprennent à accompagner le plain-chant, doivent
toujours être tenus en bon état, autant pour assurer
le complet effet des leçons et des exercices que pour
accoutumer les élèves à ne tolérer autour d'eux aucun
désordre matériel. Il n'est pas nécessaire de dépenser
beaucoup d'argent pour faire accorder les orgues-
harmoniums. Lorsqu'une note ne fonctionne plus, il
faut démonter le clavier et rechercher les causes de
l'accident. Souvent il suffit de souffler fortement sur
la languette de cuivre ou de la toucher avec la barbe
d'une plume pour faire disparaître le léger obstacle
qui l'empêche de vibrer. Si une ou plusieurs languettes sont faussées ou brisées, on peut les envoyer
par la poste à l'un des principaux facteurs de Paris en
les affranchissant comme *échantillons* et en joignant
à cet envoi autant de fois 50 centimes qu'il y a de
notes brisées. Un autre notable fabricant demande la
désignation de la note qu'on veut remplacer, de *l'octave* et du *jeu* auquel elle appartient, et il livre les
anches nouvelles au prix de 1 franc. Ces lames ou
languettes de cuivre se vissent facilement sous le clavier de l'instrument. Il est important que les élèves
apprennent à réparer eux-mêmes les avaries qui peuvent survenir aux harmoniums ; car, s'ils sont appe-

---

1. N° 104 du *Bulletin administratif*, p. 661. Nous
avons dit qu'il venait de paraître, chez nos éditeurs,
MM. Hachette et Cie, un recueil complet des programmes de l'enseignement secondaire spécial.
(*Note de la rédaction*.)

2. M. Villemain.

lés à habiter comme instituteurs une commune éloignée des centres de quelque importance, il leur sera coûteux et difficile de faire venir un accordeur. Les communes ou les fabriques sauront gré à l'instituteur des économies de temps et d'argent qu'il pourra leur faire réaliser à cette occasion.

« La plupart du temps, le plain-chant est déchiffré sans hésitation dans les écoles normales par les élèves réunis en un seul groupe ; mais ceux-ci, lorsqu'ils chantent isolément, perdent souvent toute assurance. Ce défaut de sûreté dans les intonations individuelles tient à ce que la leçon de plain-chant conserve trop un caractère collectif ; il faudrait que le professeur fît souvent chanter les élèves séparément en faisant continuer par une voix seule le chant commencé par la masse, et réciproquement. Cet exercice obligerait la classe entière à suivre la leçon de plain-chant et chaque élève à préparer mentalement les intonations.

« Les élèves-maîtres des écoles normales primaires n'apprenant pas seulement pour savoir, mais surtout pour transmettre les connaissances qu'ils ont acquises, doivent se préparer d'avance à la mission qu'ils sont destinés à remplir en donnant des leçons de musique dans les écoles d'enfants qui sont annexées aux écoles normales, ainsi qu'ils le font du reste pour les autres branches de l'enseignement. Il faudrait que ce service fût réglé de manière à faire profiter du bénéfice de cet exercice d'application et les enfants de l'école annexe et les élèves-maîtres de l'école normale. Si la leçon de musique était faite chaque jour par un élève-maître nouveau, tous les élèves-maîtres seraient, il est vrai, très-régulièrement chargés de l'enseignement à tour de rôle ; mais les enfants de l'école annexe ne tireraient aucun profit de leçons faites sans suite.

« D'un autre côté, un cours de musique confié à un ou à deux élèves de l'école normale seulement aurait l'inconvénient de tenir tous les autres élèves-maîtres en dehors du mouvement. Il serait donc à désirer que les élèves-maîtres de troisième année fussent mis à même de diviser à l'avance, sous la direction de leur professeur, les matières d'un cours de musique à l'école annexe en un certain nombre de séries de leçons. Chacune de ces séries pourrait être traitée d'une manière complète par un même élève. Les élèves-maîtres apprendraient ainsi à se partager un travail d'éducation, et la nécessité de maintenir une certaine suite dans leur cours les obligerait à conférer entre eux sur un enseignement qui développe l'esprit de méthode chez ceux qui cherchent à en exposer logiquement les principes.

« L'utilité de l'enseignement musical, universellement reconnue pour les établissements d'instruction primaire, était encore discutée, pour les établissements d'instruction secondaire, par quelques esprits qui préjugeaient la question d'après l'insuccès des tentatives antérieures, tentatives mollement essayées, abandonnées à elles-mêmes, souvent sans contrôle, et toujours privées du stimulant d'une surveillance générale.

« Aujourd'hui, dans les lycées impériaux, la musique commence à être enseignée d'une manière sérieuse.

« Les élèves sont en général répartis dans quatre cours, dont les trois premiers sont obligatoires et le quatrième facultatif.

« Le premier cours, tout élémentaire, s'adresse aux enfants des classes préparatoires.

« Le second et le troisième cours sont destinés aux élèves des classes de 7e, 6e, 5e et 4e.

« Le cours facultatif réunit les élèves des classes supérieures.

« Les enfants qui fréquentent le premier cours apprennent facilement par cœur les définitions et les classifications données par les solféges. Mais le plus souvent ils ne savent ni les expliquer ni les appliquer. Il faut donc se borner à leur donner un très-petit nombre de définitions élémentaires et les faire passer immédiatement à la pratique du chant.

« On doit mettre à profit leurs remarquables facultés d'imitation et leur faire reproduire, tout d'abord, les intervalles de la gamme d'*ut*, et de petites phrases musicales construites sur les accords consonnants.

« Ici peut se présenter une difficulté qu'il faut prévoir. Si le professeur émet un son en invitant les enfants à le reproduire, très souvent ces derniers feront entendre un son tout autre que celui qui leur est demandé.

« En voici la raison :

« La voix des hommes est grave ; celle des enfants est aiguë. Les enfants et les hommes chantent dans un diapason et avec un timbre différent, ce qui fait deux causes d'erreur pour les jeunes élèves dont l'organisation musicale est peu développée. Pour tourner cet écueil contre lequel viendrait se briser leur patience, les professeurs des classes élémentaires pourront choisir l'enfant qui leur paraît le mieux doué sous le rapport de l'intelligence musicale, et lui apprendre en particulier à chanter les intervalles de la gamme.

« A côté de cet enfant, de ce moniteur, ils formeront un groupe des voix les plus justes.

« Le moniteur répétera à ce groupe les intonations et les phrases musicales qui lui seront transmises par le maître. Le groupe des voix justes les chantera à son tour, et enfin toute la classe les répétera avec le moniteur et le groupe choisi.

« Les voix défectueuses doivent être l'objet de soins spéciaux. Le professeur fera placer près de lui les enfants dont la voix lui semble rebelle, au lieu de les reléguer sur les derniers bancs. Il pourra encore rectifier les voix fausses en mettant un élève peu avancé entre deux élèves plus habiles. Si le nombre des voix mal posées est trop considérable, il est nécessaire de les fractionner par petits groupes ; on améliore d'abord le groupe le moins mauvais, et provisoirement on impose le silence aux autres pendant les exercices de chant. Au bout de quelques mois, tous les groupes des voix incultes ont été particulièrement exercés, chacun à son tour, et la classe entière chante juste.

« Il ne faut pas regretter le temps passé à ce travail de fondation : car c'est seulement lorsque toutes les voix sont aptes à reproduire les sons musicaux, que les leçons de musique pourront être fructueuses. Les progrès des cours intermédiaires et supérieurs dépendent de la solidité des bases posées pendant le cours élémentaire.

« Dans les cours plus élevés, le professeur, tout en conservant à la pratique du solfége une large part, pourra s'occuper plus spécialement de la théorie. Mais il devra s'attacher à donner à ses démonstrations un enchaînement rationnel et une exactitude rigoureuse devant les élèves habitués par l'étude des sciences à n'accepter que les conséquences logiquement tirées de principes nettement formulés.

« Dans plusieurs lycées, à la fin de chaque mois ou de chaque trimestre, les professeurs de musique remettent à MM. les proviseurs des notes sur le travail et les progrès de chaque élève. Ces notes sont précédées ou suivies d'un aperçu général résumant l'état actuel de chaque cours, les matières qui ont fait l'objet de l'enseignement pendant le mois ou le trimestre qui vient de s'écouler, et le programme des études pour le mois ou le trimestre prochain. C'est là une excellente tradition, qui devrait être suivie partout.

« Mais un moyen qui hâte et facilite plus encore le développement des études musicales, c'est la répartition des élèves dans les cours de musique d'après leurs dispositions et leurs connaissances musicales, et non d'après leur état de situation dans les classes de lettres.

« Ce mode de répartition, monsieur le Ministre, prescrit par Votre Excellence, présente bien parfois quelques difficultés d'exécution ; mais ces difficultés ne sont pas insurmontables, puisqu'elles ont été surmontées dans les lycées de Moulins, de Nîmes, de Carcassonne, de Bar-le-Duc, etc., où le règlement a été en ce point littéralement appliqué.

« Indépendamment des cours de chant obligatoires et facultatifs, les lycées de Tours, d'Angoulême, de Bordeaux, de Mâcon, de Dijon, de Nancy, ont des fanfares créées et entretenues par les élèves. Quelques-unes de ces fanfares méritent d'être remarquées, même au point de vue artistique. Des règlements très-détaillés, rédigés par les proviseurs ou sous leur inspiration, et approuvés par eux, assurent la bonne organisation intérieure et la discipline du corps.

« Les orphéons et les fanfares de quelques lycées impériaux ont affirmé leur existence de la façon la plus heureuse : les élèves du lycée de Nancy en organisant des concerts pour *leurs* pauvres, les élèves du lycée de Mâcon en créant, avec le produit de deux concerts, une bourse d'externe, et en complétant leur œuvre par l'acquisition des livres nécessaires à l'élève boursier.

« Une des applications les plus utiles de l'enseignement musical est celle que nous avons remarquée au lycée de Dijon.

« Les enfants des classes préparatoires (cours élémentaire) chantent de petits chœurs à l'unisson ou à deux voix, avec des paroles allemandes. La prononciation chantée étant plus lente, mieux posée, mieux articulée que la prononciation parlée, est susceptible d'un perfectionnement plus sûr et plus rapide. L'exemple des artistes français qui chantent des drames lyriques dont les vers sont écrits dans une langue étrangère, et des artistes étrangers qui chantent des ouvrages français, prouve l'influence du chant sur la pureté de la prononciation[1].

« Monsieur le Ministre,

« Les faits que j'ai recueillis sont trop nombreux pour trouver place dans cet exposé, qui résume les rapports détaillés que j'ai eu l'honneur d'adresser à Votre Excellence; mais ils concourent tous à établir que les élèves des lycées impériaux qui étudient avec fruit la langue de Virgile et la langue d'Homère, ne peuvent que gagner encore à apprendre la langue de Mozart.

« La langue musicale n'est pas, comme les langues littéraires, une langue d'idées; elle est plutôt une langue de sentiment.

« Les sons qu'elle associe n'ont pas le sens précis des mots et des phrases ; mais les contours qu'elle estompe laissent à l'imagination une latitude d'interprétation qui peut être féconde, et les images qu'elle évoque, échappant, par l'indéfini de leurs formes, aux rigoureuses analyses du raisonnement, développent dans le sens le plus élevé et le meilleur les facultés des sentiments auxquels elles s'adressent d'une façon directe.

« Cette double puissance que la musique possède, de faire mieux concevoir et mieux sentir les choses de l'imagination, compense largement son défaut de précision, défaut dont, au reste, il ne faut pas s'exagérer l'importance. Sous le rapport de la précision, en effet, les langues littéraires elles-mêmes ne sont-elles pas inférieures aux langues scientifiques? Et cependant qui voudrait réduire les types de l'éloquence humaine à la sécheresse des formules algébriques? Toutes les formes de la pensée humaine ont leur raison d'être; le beau doit être considéré sous tous ses aspects, et c'est à juste titre, monsieur le Ministre,

---

1. Si l'on peut recommander aux professeurs de musique de faire chanter des paroles allemandes dans les classes élémentaires des lycées, il importe de prémunir les élèves des écoles normales contre le même exercice. Ces derniers, lorsqu'ils sont devenus instituteurs, doivent faire chanter dans les écoles communales des départements frontières des paroles françaises, afin d'habituer de bonne heure les enfants français qui ne parlent guère que le patois particulier ou l'idiome étranger des pays voisins, à prononcer purement la langue de la mère patrie.

que Votre Excellence a voulu que les élèves des lycées impériaux étudiassent une langue de *sentiments*, comme ils étudient des langues d'*idées* et des langues de *faits*.

« J'ai l'honneur d'être, etc.

         « LAURENT DE RILLÉ. »

« Août 1866. »

    (Bulletin administratif du ministère de l'instruction publique.)

CONCOURS POUR LE CERTIFICAT D'APTITUDE AUX FONCTIONS D'INSPECTEUR PRIMAIRE.

SUJET DONNÉ A TRAITER.

(Suite.)

Nous continuons à donner le compte rendu d'un certain nombre de copies.

M. D..., à M. par S. (Côte-d'Or).

Entrée en matière trop brusque. — Avant de proposer les moyens, il fallait dire quelques mots sur la situation, sur la nécessité d'établir les cours d'adultes, sur les obstacles à vaincre, etc.

Quelques bonnes idées: mais il fallait les exposer avec plus d'ordre, éviter les répétitions et surtout les incorrections de style. L'auteur n'a pas assez l'habitude d'écrire. La lecture, de fréquents exercices la lui donneront. — Éviter les locutions particulières à quelques provinces et qu'un usage général n'a pas consacrées, par exemple ce pléonasme : « pour quant à. »

M. F..., à O. le V. (Pas-de-Calais).

Vos idées sont bonnes ; il ne leur manque que d'être présentées dans un meilleur ordre, sans répétitions, avec des expressions plus correctes et moin-risquées. — Lisez les bons auteurs, et surtout un petit traité de rhétorique française. — Exercez-vous sur quelques sujets faciles que vous soumettrez, si cela se peut, à un conseiller à la fois bienveillant et sévère dont vous suivrez les avis, et, en quelques mois, vous acquerrez ce qui vous manque encore pour bien traiter un sujet de la nature de celui-ci.

M. L..., à G. par R. (Hérault).

L'auteur soumet à M. l'inspecteur un projet de circulaire aux instituteurs qui ne manque pas de valeur. Mais nous ferons remarquer que ce n'était là qu'un des moyens à provoquer, le dernier, quoique l'un des plus importants et des plus délicats. — De bonnes idées, une certaine élévation d'esprit, un peu d'emphase. — Incorrections de style dont il importe de se corriger.

M. R..., au P. (Haute-Loire).

Pas assez de précision. Entre une telle énumération de moyens à employer et un exposé diffus, il y a un milieu qu'il fallait tenir. — Tendance à la phraséologie, aux grands mots qui sont devenus des banalités.

Cette critique est sévère, mais nous nous la permettons d'autant plus volontiers que l'auteur a du fonds, qu'il écrira bien lorsqu'il se sera corrigé des défauts que nous lui signalons. — Bonne entrée en matière. — La nécessité de la gratuité des cours d'adultes indiquée, mais avec des développements insuffisants. — Ne pas trop promettre aux instituteurs. Les *largesses ministérielles* sont nécessairement restreintes... ; la générosité des conseils municipaux et leurs ressources ont des limites... ; bien des dévouements resteront nécessairement sinon sans récompense, du moins sans rémunération, sans profit immédiat. Aucun mobile honorable n'est à négliger, mais c'est surtout au dévouement des maires qu'il faut faire appel, en leur montrant, d'ailleurs, que le dévouement est d'ailleurs parfaitement d'accord avec leurs intérêts à venir.

M. L..., à A. (Tarn).

La nécessité de créer des cours d'adultes pourrait être mieux établie et plus chaleureusement exposée. Le moyen indiqué par l'auteur serait-il bien efficace? Une rétribution scolaire, si minime qu'elle fût, a été presque partout un obstacle sérieux au succès des cours d'adultes. Peut-être vaudrait-il mieux faire appel au dévouement des maîtres, et à la générosité des conseils municipaux.

Nous engageons l'auteur à développer davantage les sujets qu'il traite, et surtout à soigner son style.

M. C..., à N.

Sujet amplement développé, trop amplement même. Le préambule est beaucoup trop long : l'inspecteur d'académie est évidemment converti d'avance aux idées que l'auteur y exprime ; il est donc inutile de les exprimer. — Plusieurs questions qui ne se rapportent qu'indirectement au sujet auraient pu être écartées. Les récompenses à donner aux adultes qui ont fréquenté les cours, l'organisation pédagogique et matérielle des classes d'adultes, le programme à suivre, etc., tout cela avait à peine besoin d'être indiqué. Il faut noter d'ailleurs que ces divers points doivent être laissés, suivant nous, à l'initiative de l'instituteur : la meilleure réglementation pour les écoles du soir sera celle que nécessiteront les circonstances.

Dans le développement du sujet lui-même, il y a beaucoup de bon. Mais le moyen qu'indique tout d'abord l'auteur et sur lequel il insiste principalement, la création d'une caisse départementale pour l'entretien des classes d'adultes, ne nous paraît pas pratique, du moins immédiatement. Il fallait commencer par où il a fini, c'est-à-dire par faire appel au dévouement des instituteurs, etc., etc. — L'auteur croit que dans les communes riches, les écoles du soir doivent être payantes ; nous avons déjà dit et nous venons de redire encore que nous ne sommes pas de son avis, surtout quand il s'agit d'un département où, d'après les termes du sujet donné, *l'instruction est peu avancée*, par conséquent, où on ne sent pas très-vivement le besoin de la recevoir : tout au moins fallait-il laisser ce point à l'expérience de l'instituteur. — Quelques endroits par-ci par-là où les idées ne se suivent pas. — Éviter les tournures embarrassées, incorrectes même, et aussi les expressions prétentieuses : élucider une question, corroborer une situation, etc.

M. J. E. L..., à G. (Jura).

Devoir trop court. Bien des points importants sont laissés de côté, etc. ; les idées sont plutôt indiquées que développées et prouvées. — Ni entrée en matière, ni conclusion. — Peu de suite dans l'exposition des différents motifs qui doivent déterminer les instituteurs à ouvrir des cours d'adultes. — Quelques fautes de détail ; ainsi, *l'école journalière* ne veut pas dire l'école du jour, mais bien l'école qui se fait tous les jours : j'ai à Paris des occupations *journalières*, etc.

M. P..., à C. (Finistère).

L'auteur, qui est déjà pourvu du certificat d'aptitude, n'a pas précisément traité le sujet que nous avions donné. Les conseils contenus dans la circulaire qu'il propose à l'inspecteur d'académie comme devant être adressée aux instituteurs et aux institutrices de son arrondissement ont assurément leur valeur, mais ils concernent beaucoup plutôt l'organisation des cours d'adultes une fois institués, que leur institution même.

M. B..., à E. (Côte-d'Or).

Bon travail, en général. Les idées sont clairement exprimées et dans un ordre convenable. L'auteur présente sur le caractère à la fois utile et attrayant que doit présenter l'enseignement des classes d'adultes des considérations très-sensées. « L'ignorance, dit-il par exemple, est un cercle vicieux : pour s'instruire, il faut avoir le goût de l'étude, et pour avoir le goût de l'étude, il faut déjà avoir reçu quelque instruction. » Cela est juste, et finement exprimé. Pourtant l'ensemble de la composition pèche au point de vue du style. Les phrases sont embarrassées, quelquefois incorrectes : on sent que l'auteur manque d'assurance et qu'il n'est pas maître de sa pensée. Nous lui conseillons de lire et de composer beaucoup ; puisqu'il entend le latin, nous lui dirons : *fabricando fit faber.*

M. B..., à B. par G. (Mayenne).

La nécessité des cours d'adultes n'est pas suffisamment établie, ni la possibilité pour les communes de pourvoir au moins à certains frais. — Les préfets peuvent *inviter*, *presser* les communes, mais ils ne doivent rien leur imposer. — Le gouvernement est impuissant à reconnaître tous les dévouements ; il faut compter aussi, à défaut d'autres récompenses, sur le sentiment du devoir accompli, sur le dévouement au bien général, etc. Il y a du reste de bonnes choses dans cette composition, notamment la pensée de réunir les instituteurs dans des conférences cantonales, pour les porter à faire des cours d'adultes et leur indiquer les voies et moyens par lesquels ils pourront réussir. — On aurait désiré une meilleure disposition et plus de développements.

M. M..., à U. (Vienne).

Quelques bonnes idées, mais trop long préambule ; disposition peu heureuse ; quelques assertions peu justes, par exemple, l'auteur repousse la gratuité pour les cours d'adultes, parce que le département est arriéré ; il nous semble que ce n'est pas une raison pour écarter la gratuité ; au contraire. — C'est une bonne pensée de ne point imposer un programme déterminé à l'avance pour les cours d'adultes et de laisser aux instituteurs une certaine latitude. — Nous conseillons à l'auteur de lire et d'étudier à la plume de bons ouvrages et quelques pages d'un traité bien fait de rhétorique française sur la propriété des mots, la distinction du style, etc. ; il évitera ainsi des phrases comme les suivantes : « Je n'ai point la prétention de croire que ces cours *prendront*, » *prendront* ne s'emploie avec ce sens que dans la conversation familière. « Elles doivent *exister* pour *exciter* l'émulation, consonnance désagréable, etc.

M. L..., à M. par L. (N.).

Il est regrettable que l'auteur n'ait pas eu le temps de se recopier ; son travail porte évidemment la trace d'une précipitation qui ne permet pas de juger de ce qu'il saurait faire dans des conditions meilleures. Sa composition, et nous ne faisons ici que confirmer le jugement qu'il en a porté lui-même, est faible : exposition embarrassée ; redites, style qui a besoin d'être châtié. — Nous engageons vivement M..L.... à faire un prochain essai, en prenant son temps, et nous ne doutons pas qu'il ne se relève.

M. B..., à M. (C.).

Si M. L.... nous paraît manquer de confiance en lui-même, M. B.... pèche peut-être un peu par l'excès contraire. Dans un préambule qui ne tient pas d'ailleurs au sujet donné, il nous envoie un réquisitoire en règle contre les inspecteurs, les bacheliers, les concours, etc. Nous lui conseillerions de mettre moins de passion à des critiques contre des institutions qui, pour avoir, comme toutes les choses humaines, leurs inconvénients, n'en sont pas moins fort utiles et fort respectables, et de consacrer le temps qu'il pourra épargner ainsi à soigner davantage ses compositions. celle qu'il nous a adressée n'étant pas, nous devons le lui dire, à notre grand regret, une des meilleures que nous ayons reçues. Le préambule absorbe la moitié du travail, et celui-ci se réduit à la dernière page de sa lettre. Ce n'est pas là un sujet traité. Que M. B.... nous pardonne notre jugement, bien moins sévère assurément que ceux qu'il porte lui-même.

M. T..., à M. (Basses-Pyrénées).

Style plus pompeux que ne le comporte le sujet. — Défiez-vous des grands mots et pesez-en bien la valeur : les paroles de l'Empereur auxquelles vous faites allusion ne sont pas un aphorisme ; l'expression *de guerre lasse* n'a pas la signification que vous lui donnez. En outre, votre composition renferme quelques barbarismes, comme *s'ingénuer*, et autres. — Reportez-vous au corrigé que nous avons donné, et vous verrez que le style simple, qui n'exclut point l'élégance, convenait seul au sujet.

Vous avez raison de compter sur le dévouement des instituteurs, mais l'excès en tout est un défaut; quoi que vous en pensiez, les fonctionnaires ont leurs défaillances. — Vous êtes dans le vrai en disant que l'instruction appelle l'instruction. Vous êtes dans le vrai encore en espérant de bons résultats d'une circulaire adressée aux instituteurs; mais ici comme ailleurs vous exagérez les choses : defiez-vous de cette tendance.

M. P. C..., à St-C. en T. (V.).

Les développements ne sont pas assez tranchés; la suite des idées est difficile à saisir. Quelques incorrections, par exemple : des cours *populeux*, pour *populaires*; du bon cependant.

M. G..., à V. (Seine-et-Oise).

Cette composition a une valeur réelle. Malheureusement, elle est déparée par des incorrections de style regrettables. — La pensée d'intéresser les délégués cantonaux aux cours d'adultes est bonne; toutefois il ne faut pas amoindrir la part que les instituteurs doivent prendre à cette œuvre si utile et qui rentre si naturellement dans leurs attributions. — Les écoles d'adultes mixtes ne seraient pas sans danger et il y aurait bien des précautions à prendre. — Mieux vaudrait chercher à doter chaque commune d'une école de filles.

Sur les nombreuses compositions que nous avons reçues, donze ou treize au moins nous ont paru susceptibles d'être classées dans un très-bon rang par une commission d'examen pour le brevet d'aptitude. Les qualités qui nous semblent manquer à un grand nombre de nos correspondants sont, pour le fond, l'habitude de développer logiquement un sujet, pour la forme, la netteté et quelquefois la correction du langage. Nous ne connaissons pas de meilleur remède, pour se délivrer de ces deux derniers défauts, que la lecture suivie et l'analyse raisonnée des bons écrivains. Quant au premier, c'est surtout la réflexion personnelle qui doit le faire disparaître. Il ne suffit pas, qu'on ne l'oublie point, de trouver les choses qu'on doit dire, ni de savoir les bien exprimer : il faut, disait M. Barrau, dont nous aimons à rappeler ici les excellentes leçons, « il faut savoir les arranger dans l'ordre le plus méthodique et le plus intéressant; mettre chacune d'elles à la place convenable; faire en sorte qu'elles s'éclairent et s'appuient mutuellement ; qu'elles soient bien liées ensemble, et qu'elles forment un tout régulier [1]. »

C'est surtout à ce point de vue que nous donnerons comme corrigé de la composition que nous avions proposée. le travail hors ligne qui nous a été adressé par M. H. Mathieu, maître adjoint à l'école normale de Parthenày (Deux-Sèvres). Nous n'avons eu qu'à y modifier çà et là quelques tournures embarrassées ou quelques expressions impropres [2].

N..., août 1866.

Monsieur l'inspecteur,

Je me préoccupe depuis quelque temps des moyens d'établir dans chacune des communes de mon arrondissement des cours réguliers d'adultes. Nulle part le besoin ne s'en fait plus sentir, nulle part ils ne produiront plus de résultats. Vous n'ignorez pas, en effet, qu'en raison des difficultés des voies de communication, de la pauvreté et surtout de l'indifférence des familles, les écoles de jour de ma circonscription ont toujours été et sont encore peu fréquentées, et que l'instruction est par conséquent peu répandue, ou même fait complétement défaut. De là, la nécessité de mettre désormais à la disposition des adultes les moyens d'acquérir un savoir modeste, qui, pour les uns, puisse servir de complément à des études oubliées ou à peine ébauchées, et pour les autres, suppléer à des leçons qu'ils n'ont pas pu ou qu'ils n'ont pas voulu recevoir dans la première enfance.

Il est regrettable qu'à l'exemple de ce qui s'est pratiqué ailleurs, le Conseil général n'ait pas voté la somme nécessaire pour assurer partout le service des classes du soir : mais puisque l'insuffisance des ressources départementales s'y est opposé, et que les circonstances nous obligent à nous priver d'un concours si efficace, il faut chercher à mettre en œuvre les seuls moyens pratiques qui se trouvent à notre portée.

Voici, monsieur l'inspecteur, quels sont, suivant moi, ces moyens; j'espère que vous voudrez bien m'autoriser à les employer, et que, pour en assurer le succès, vous voudrez bien aussi décider M. le préfet à agir dans le même sens auprès des instituteurs, des communes et des populations.

Il faudra d'abord faire appel à la bonne volonté et au dévouement des maîtres; car on ne doit pas méconnaître que la direction d'une classe du soir leur imposera toujours une augmentation de besogne assez considérable. Les uns, et c'est la grande majorité, accepteront sans hésiter, j'aime à le penser du moins, ce surcroît de fatigue, et se prêteront sur ce point à tous les désirs de l'autorité. Ceux qu'une nature plus indolente ou moins généreuse rendrait moins sen-

---

1. Barrau, *Méthode de composition et de style.*
2. Nous inscrivons M. Mathieu pour un abonnement d'un an au *Manuel général.*

sibles au désir de se rendre utiles, et qui se montreraient d'abord peu disposés à faire le sacrifice de quelques instants de loisirs, pourront être facilement gagnés par les excitations venues d'en haut et par la considération des avantages matériels et des récompenses honorifiques qui en résulteront pour eux comme pour les autres.

En quoi doivent consister ces avantages? Il sera essentiel de bien éclairer les instituteurs à ce sujet. Selon moi, ces avantages sont de deux sortes : ceux dont ils seront appelés à jouir immédiatement, et ceux qu'ils recueilleront seulement dans l'avenir.

Les premiers se composeront nécessairement d'une subvention spéciale allouée par les communes, et, accidentellement, du produit de la rétribution scolaire. En ce qui concerne la subvention, les Conseils municipaux ne refuseront pas de la voter, on doit l'espérer du moins, dans la mesure de leurs ressources, et avec d'autant plus de bonne volonté, que M. le préfet lui-même n'aura pas hésité à les y encourager. Il arrivera que, dans quelques localités, les moindres sacrifices seront impossibles; dans ces cas, assurément très-rares, ne pourra-t-on pas obtenir quelques subsides du ministère de l'instruction publique? Son Excellence M. le Ministre, qui s'intéresse si vivement à l'institution des classes du soir, ne saurait, ce semble, se refuser à accorder au département une faible part du crédit qui figure à son budget pour les cours d'adultes. Enfin, ne doit-on pas tenir compte des secours qui pourront éventuellement provenir de la bienfaisance privée, pour la réalisation d'une œuvre si utile? Que les écoles du soir s'ouvrent et fonctionnent, et il est permis d'espérer qu'en présence des résultats obtenus dans l'instruction et l'amélioration morale des populations, des personnes riches et généreuses viendront spontanément en aide aux communes, pour rémunérer les maîtres et récompenser les élèves. Nous avons vu des faits de ce genre se produire ailleurs: pourquoi ne pas compter, dans le département, et plus spécialement dans mon arrondissement, sur des actes si louables de désintéressement et de charité?

Quant à la rétribution scolaire, que je conseillerai, dans tous les cas, aux instituteurs de maintenir à un taux peu élevé, et au besoin de supprimer tout à fait, elle produira probablement peu de chose : car le nombre de ceux qui pourront payer l'écolage du soir n'est pas grand, et c'est surtout parmi les classes pauvres qu'on rencontrera des élèves. Aussi, les avantages immédiats résultant de la subvention et de la rétribution constitueront-ils, à vrai dire, un faible dédommagement pour le surcroît de peine que les maîtres devront s'imposer, et ne suffiront pas seuls à assurer leur concours zélé et empressé à l'institution des classes du soir.

Mais il est d'autres avantages que l'avenir réserve aux instituteurs, et que ceux-ci devront prendre en sérieuse considération. En effet, monsieur l'inspecteur, quand on voit tant d'adultes se presser aujourd'hui aux leçons du soir dans les localités où les cours existent régulièrement, et se montrer si avides d'étudier, n'est-il pas permis de penser qu'après avoir senti pour eux-mêmes l'utilité de l'instruction, devenus pères de famille, ils seront alors mieux disposés à faire instruire leurs enfants? Et puisque la population scolaire doit s'en trouver augmentée, il faut admettre avec certitude que la rétribution suivra la même progression, de telle sorte, qu'en contribuant dès maintenant à l'instruction des adultes, les maîtres travailleront en définitive dans le sens de leurs intérêts futurs : en un mot, ils sèmeront pour récolter plus tard. C'est ce qu'il sera utile de leur faire comprendre.

Enfin, monsieur l'inspecteur, nous pouvons surtout compter, pour déterminer les instituteurs à accepter de nouvelles fatigues, sur le mobile si honorable des distinctions honorifiques, décernées, au nom de S. M. l'Empereur, du Prince Impérial et d'autres personnes notables, à ceux des maîtres qui se feront remarquer par le succès de leur enseignement, par

leur dévouement et leur zèle. Ces stimulants, sans aucun doute, agiront plus puissamment sur la plupart des maîtres que la perspective des avantages que je viens de signaler. Mais, pour les rendre encore plus efficaces, il faudrait que les instituteurs fussent persuadés que ces récompenses deviendront pour eux des gages certains d'avancement. Je ne doute pas que vous ne vouliez bien m'autoriser à leur faire sur ce point des promesses que l'administration prendra désormais en considération, lorsque l'occasion se présentera.

Mais il ne suffira pas d'avoir créé dans chaque commune une classe du soir, il faudra rendre l'institution féconde et bienfaisante, en dirigeant l'enseignement des maîtres, en les initiant aux meilleures méthodes usitées avec les adultes, enfin, si cela était nécessaire, en leur traçant un plan d'études d'une application facile, et dont ils puissent tirer tout le parti possible. On ne doit pas oublier, en effet, que les jeunes gens et les adultes en général n'apportent plus à l'école les mêmes moyens intellectuels que les enfants; que si ceux-ci ont une mémoire plus prompte et une imagination plus vive, ceux-là ont plus de recueillement d'esprit et une plus grande somme de jugement. Ces facultés différentes doivent nécessiter pour les deux âges des procédés différens d'enseignement. De là la nécessité de conseils salutaires, et d'une direction pédagogique que je me propose de donner avant l'hiver aux instituteurs de mon arrondissement. Je fonde les plus grandes espérances sur les conséquences heureuses qu'auront les conférences cantonales organisées dans ce but.

Tels sont, monsieur l'inspecteur, les moyens par lesquels l'institution salutaire des classes du soir pourra être réalisée dans mon arrondissement. Il en est d'autres encore, mais dont l'emploi doit être ajourné à une autre année : car il faut aller au plus pressé. Tels sont, par exemple, l'établissement dans chaque canton et au besoin dans chaque commune, d'un conseil de patronage des cours d'adultes, les concours cantonaux, et surtout la création, dans chaque école qui n'en est pas encore pourvue, d'une bibliothèque communale, composée de livres utiles et instructifs, destinés à être prêtés à ceux qui désirent s'appliquer immédiatement à perfectionner leur instruction. Je n'en parle aujourd'hui que pour avoir plus tard l'occasion d'en réclamer l'application.

Quelle que soit ma bonne volonté, vous comprendrez facilement, monsieur l'inspecteur, qu'elle ne suffira pas pour atteindre le but que je me suis proposé. J'aurai besoin de votre concours et du concours de M. le préfet; ils me seront nécessaires pour exercer une influence décisive sur les conseils municipaux, pour éveiller ou exciter le zèle des personnes riches et bienfaisantes, amies de l'instruction du peuple, enfin pour obtenir des instituteurs le zèle et le dévouement indispensables pour fonder une œuvre aussi considérable que celle de la création des classes du soir.

Veuillez agréer, monsieur l'inspecteur, l'assurance de mon profond respect.

X.,
inspecteur primaire.

Nous proposons à nos lecteurs de traiter le sujet suivant :

« Un inspecteur, en arrivant dans un arrondissement, y trouve un grand nombre d'écoles mixtes.

« Il adresse à l'inspecteur d'académie un rapport dans lequel, après avoir fait ressortir les inconvénients de cette situation, il indique les moyens qu'il compte prendre pour la faire cesser, ou au moins pour y remédier autant que possible. »

Nous recevrons les compositions qu'on voudra bien nous adresser jusqu'au 1er novembre prochain ; nous rendrons compte des copies, soit par correspondance, soit par la voie du journal, et nous offrirons à l'auteur du meilleur travail qui aura été présenté un abonnement gratuit d'un an au *Manuel général*.

Charles DEFODON.

___

CONCOURS POUR LES BOURSES D'INTERNE A L'ECOLE MUNICIPALE DU PASSAGE ST-PIERRE, A PARIS.

Nombre d'aspirantes. 13
Nombre d'aspirantes admises aux
  épreuves définitives. 8
Pouvant être nommées boursières. . 8

SUJETS DE COMPOSITION.

ÉPREUVES ÉLIMINATOIRES.

Orthographe.

Quatre cent vingt-six ans après le déluge, comme les peuples marchaient chacun en sa voie et oubliaient Celui qui les avait créés, ce grand Dieu, pour empêcher le progrès d'un si grand mal, au milieu de la corruption qui s'était répandue partout, commença à se séparer un peuple élu. Abraham fut choisi pour être la tige et le père de tous les croyants. Dieu l'appela dans la terre de Chanaan, où il voulait établir son culte et les enfants de ce patriarche, qu'il avait résolu de multiplier comme les étoiles du ciel et comme le sable de la mer. A la promesse qu'il lui fit de donner cette terre à ses descendants, il joignit quelque chose de bien plus illustre ; et ce fut cette grande bénédiction qui devait être étendue sur tous les peuples du monde en Jésus-Christ, sorti de sa race. C'est ce Jésus-Christ qu'Abraham honore en la personne du grand pontife Melchisédech, qui le représente ; c'est à lui qu'il paye la dîme des richesses qu'il avait gagnées sur les rois vaincus, et c'est par lui qu'il est béni. Dans une puissance immense et qui égalait celle des rois, Abraham conserva les mœurs antiques ; il mena toujours une vie simple et pastorale, qui toutefois avait sa magnificence. Le ciel lui donna des hôtes : les anges lui apprirent les conseils de Dieu ; il y crut et parut en tout plein de foi et de piété. — Bossuet.

Histoire sainte.

Raconter l'histoire de Ruth et de Noémi.

Arithmétique.

Une personne a acheté 278 hectolitres de blé. En recevant son blé, elle s'aperçoit qu'une partie est avariée, et elle obtient une réduction de prix égale aux $\frac{2}{9}$ du prix convenu d'abord ; de la sorte elle donne 1112 fr. de moins. Quel était le prix de l'hectolitre de blé ?

___

ÉPREUVES DÉFINITIVES.

Instruction religieuse.

Enumérer les principales fêtes religieuses et donner le motif de leur institution.

Histoire de France.

Raconter le règne de Charlemagne.

Géographie.

Indiquer les départements formés des anciennes provinces d'Alsace et de Lorraine ; nommer leurs chefs-lieux de préfecture ainsi que les villes les plus remarquables, soit par des souvenirs historiques, soit par leur importance industrielle et commerciale.

Système métrique.

1° Quelles sont les mesures agraires ? — Y a-t-il des lacunes dans la série décimale ? — Pourquoi ?

2° Quel est le poids d'un centilitre d'eau pure ?

3° Le bois de chauffage de Paris a 1 m. 14 c. de longueur. On range 5 stères de bois dans une chambre rectangulaire le long d'un mur, dont la longueur est de 6 mètres. — A quelle hauteur s'élèvera la pile de bois ?

(Bulletin de l'instruction primaire du département de la Seine).

___

EXERCICES DIVERS A L'USAGE DES CLASSES.

Problème.

Une caisse de retraites est alimentée par les retenues faites sur les traitements de 814 personnes. Ces personnes avaient toutes vingt ans au commencement de l'association et ont touché un traitement de 2000 fr. pendant 10 ans, de 20 à 30 ans ; de 30 à 40 ans elles ont touché 4000 fr. ; de 40 à 50 ans 5000 fr., et de 50 à 60 ans leur traitement a été de 6000 fr. Les retenues forment $\frac{1}{40}$ du traitement et sont versées à la fin de chaque année dans la caisse des retraites.

Quelle retraite la société doit-elle servir aux survivants à l'âge de 60 ans, sachant qu'il meurt en moyenne 9 sociétaires par année et qu'une personne âgée de 60 ans vivra probablement 14 ans encore. On supposera que les 9 sociétaires décédés chaque année meurent brusquement à la fin de cette année, et que la caisse des retraites bénéficie de la retenue correspondante à ce dernier traitement.

Solution.

Il faut d'abord calculer la somme que possédera la caisse des retraites lorsque les sociétaires auront 60 ans. Alors il suffira de chercher le montant de l'annuité qu'il faut payer aux survivants pour absorber en 14 ans ce capital et ses intérêts composés.

Remarquons d'abord que, dans les versements, il faut distinguer quatre périodes : aux époques 21, 22.... 30 ans, chacun des sociétaires encore vivants verse 150ᶠ ; de 31 à 40 ans, les survivants versent 200ᶠ ; enfin de 51 à 60 ans ils versent 300ᶠ.

D'ailleurs les **survivants** aux époques 21, 22 ans.... 60, sont :

$$814 - 9, \quad 814 - 2 \times 9, \dots \quad 814 - 40 \times 9 ;$$

ces nombres forment donc une progression arithmétique décroissante dont la raison est 9.

1re *Période.*

Ceci posé, les 814 premiers versements resteront placés pendant 39 ans et formeront à l'époque 60 **ans** un capital égal à

$$150 \times 814 \times (1,05)^{39} ;$$

les 805 versements de l'année suivante donneront à la même époque :

$$150 \times 805 \times 1,05^{38},$$

et ceux des années qui suivent produiront

$$150 \times 796 \times 1,05^{37},$$
$$\dots\dots\dots\dots\dots$$
$$150 \times 733 \times (1,05)^{30}.$$

La somme de tous ces capitaux peut s'écrire

$$150 \times 1,05^{30} \{ 814 \times 1,05^9 + (814 - 9).1,05^8 + (814 - 2 \times 9).1,05^7 + \dots (814 - 8 \times 9)1,05 + 814 - 9 \times 9 \}$$

Cette somme se décompose en deux parties :

[1] $$150 \times 1,05^{30} \times 814 \{ 1,05^9 + 1,05^8 + 1,05^7 + \dots 1,05 + 1 \} ,$$

[2] $$- 150 \times 1,05^{30} \times 9 \{ 1,05^8 + 2 \times 1,05^7 + 3 \times 1,05^6 + \dots 8 \times 1,05 + 9 \} ,$$

Le premier terme se réduit à

$$150 \times 1,05^{30} \times 814 \frac{1,05^{10} - 1}{0,05} = 3000 \times 814 \times 1,05^{30} \{ 1,05^{10} - 1 \},$$

quant au terme soustractif, il peut s'écrire .

$$150 \times 9 \times 1,05^{30} \left\{ \begin{array}{l} 1,05^8 + 1,05^7 + 1,05^6 + \dots 1,05^2 + 1,05 + 1 \\ + 1,05^7 + 1,05^6 + \dots 1,05^2 + 1,05 + 1 \\ + 1,05^6 + \dots 1,05^2 + 1,05 + 1 \\ \dots\dots\dots\dots\dots\dots\dots \\ \dots\dots\dots\dots\dots\dots\dots \\ \dots\dots\dots\dots\dots\dots\dots \\ + 1,05^2 + 1,05 + 1 \\ + 1,05 + 1 \\ + 1 \end{array} \right.$$

et comme chacune des lignes horizontales est une progression arithmétique dont la raison est 1,05, ce terme soustractif se réduit à

$$150 \times 9 \times 1,05^{30} \left[\frac{1,05^9 - 1}{0,05} + \frac{1,05^8 - 1}{0,05} + \dots + \frac{1,05^3 - 1}{0,05} + \frac{1,05^2 - 1}{0,05} + \frac{1,05 - 1}{0,05} \right],$$

ou bien à

$$3000 \times 9 \times 1,05^{30} \left[1,05^9 + 1,05^8 + \dots 1,05^2 + + 1,05 - 9 \right].$$

Mais

$$1,05^9 + 1,05^8 + \dots + 1,05 = 1,05 \frac{1,05^9 - 1}{0,05} = 21. \{ 1,05^9 - 1 \},$$

le terme soustractif se réduit donc, en définitive, à

$$3000 \times 9 \times 1,05^{30} \{ 21 (1,05^9 - 1) - 9 \},$$

et le capital produit par les versements de dix premières années est égal à

$$3000 \times 1,05^{30} \left\{ 814 \left[1,05^{10} - 1 \right] - 9 \left[21 (1,05^9 - 1) - 9 \right] \right\}.$$

2e *Période.*

On effectuerait un calcul analogue pour les versements des 10 années suivantes ; il suffit, pour obtenir **ce** résultat, de changer dans l'expression qui précède 3000 en 4000, $1,05^{30}$ en $1,05^{20}$, et de remplacer 814 par 724, qui est le nombre de survivants au commencement de cette période. On trouve ainsi :

$$4000 \times 1,05^{20} \left\{ 724 \left[1,05^{10} - 1 \right] - 9 \left[21 (1,05^9 - 1) - 9 \right] \right\}.$$

3ᵉ *Période.*

On obtient de même pour la somme des capitaux

$$5000 \times 1,05^{20} \left\{ 634 \left[1,05^{10} - 1 \right] - 9 \left[21 (1,05^{9} - 1) - 9 \right] \right\}.$$

4ᵉ *Période.*

$$6000 \left\{ 544 \left[1,05^{10} - 1 \right] - 9 \left[21 (1,05^{9} - 1) - 9 \right] \right\},$$

et la somme que la caisse doit avoir à la disposition des sociétaires âgés de 60 ans est :

$$1000 \left[1,05^{10} - 1 \right] \left\{ 3 \times 814 \times 1,05^{30} + 4 \times 724 \times 1,05^{20} + 5 \times 634 \times 1,05^{10} + 6 \times 544 \right\}$$

$$- 9000 \left[21 (1,05^{9} - 1) - 9 \right] \left\{ 3 \times 1,05^{30} + 4 \times 1,05^{20} + 5 \times 1,05^{10} + 6 \right\}.$$

C'est là l'expression qu'il faut calculer. L'on trouve

$$1,05^{30} = 4,3219,$$
$$1,05^{20} = 2,6532,$$
$$1,05^{10} = 1,6289,$$
$$1,05^{9} = 1,5513,$$

et l'expression précédente se réduit à

$$628,9 \left\{ 814 \times 12,9657 + 724 \times 10,6128 + 634 \times 8,1445 + 3264 \right\}$$

$$- 9000 \left(21 \times 0,5513 - 9 \right) \left\{ 12,9657 + 10,6128 + 8,1445 + 6 \right\}.$$

ou bien à

$$628,9 \left\{ 10554,08 + 7683,87 + 5163,61 + 3264 \right\} - 9000 \times 2,5773 \times 37,723,$$

c'est-à-dire à

$$628,9 \times 26665,56 - 23195,7 \times 37,723;$$

en effectuant les calculs, on trouve :

$$16769970,68 - 875011,39 = 15894959,3.$$

La question revient maintenant à chercher l'annuité qu'il faut payer pour éteindre en 14 ans ce capital et ses intérêts composés. Cette annuité sera donnée par la formule

$$A = 15894959^{\mathrm{f}},3 \times 0,05 \, \frac{(1+r)^{14}}{(1+r)^{14} - 1}.$$

Et comme elle doit être partagée entre un nombre de survivants égal à

$$814 - 40 \times 9 = 814 - 360 = 454,$$

chacun d'eux aura une retraite égale à

$$R = \frac{15894959,3}{20 \times 454} \times \frac{(1,05)^{14}}{(1,05)^{14} - 1},$$

$$\log 1,05^{14} = 0,29665,$$

$$(1,05)^{14} = 1,9799.$$

Par suite :

$$R = \frac{794748^{\mathrm{f}}}{454} \times \frac{(1,05)^{14}}{0,9799},$$

$$\begin{aligned}
\log 794748 \ldots \ldots &= 5,90023 \\
\log 1,05^{14} \ldots \ldots &= 0,29665 \\
\mathrm{C}^{\mathrm{t}} \log 454 \ldots \ldots &= 7,34273 \\
\mathrm{C}^{\mathrm{t}} \log 0,9799 \ldots \ldots &= 10,00882 \\
\hline
\log R \ldots \ldots &= 3,54843 \\
R \ldots \ldots &= 3535^{\mathrm{f}},30.
\end{aligned}$$

Ainsi l'on devra, pour l'équité, servir 3500ᶠ environ de retraite aux associés, c'est-à-dire les $\frac{7}{12}$ environ du traitement correspondant aux dix dernières années. Il faut maintenant déduire de ce chiffre une certaine somme pour les frais d'administration.

E. BURAT.

LANGUE FRANÇAISE.

ÉLÉMENTS DE LA GRAMMAIRE.

§ 5. — *Du Verbe.*

26ᵉ Exercice.

Conjugaison des verbes réfléchis.

Le maître, après avoir rappelé aux élèves la définition des verbes réfléchis, leur dictera les phrases suivantes; les élèves souligneront les verbes réfléchis contenus dans ces phrases [1].

Claudine l'anachorète.

Claudine est une petite fille de huit ans, très-douce et très-bonne, mais qui a plus de sensibilité que de raison, plus d'imagination que de bon sens, et ces natures-là, mes petits amis, sont, plus facilement que les autres, portées à se tromper sur la véritable valeur des choses, et à tomber par conséquent, même dès le premier âge, dans des excès très-dangereux, soit pour les autres, soit pour elles-mêmes.

Un jour, la nourrice de Claudine est venue à la ville, et elle a apporté à sa maman un pannier de pommes, de ces belles pommes si fraîches et si roses, que l'eau, comme on dit, vous vient à la bouche, rien qu'à les voir, et qu'il faut bien de la vertu, en vérité, pour s'abstenir, quand on ne vous en offre pas, d'y goûter un peu.

Or Claudine s'est sentie toute disposée à goûter plus qu'un peu aux belles pommes de la nourrice. Mais malheureusement, pour des raisons particulières auquel certain accès de gourmandise, survenu un de ces derniers jours, n'est pas absolument étranger, le médecin s'est vu forcé de prescrire à Claudine l'abstinence complète de toute espèce de fruits, et la maman, Claudine le sait, se conformera ponctuellement à l'ordonnance barbare du docteur. Comment faire? Le moyen est bien simple. Si Claudine prend une pomme dans le panier, pour la manger en cachette, comme elles sont toutes fort grosses, on se sera bien vite aperçu du larcin, et maman, à coup sûr, punira Claudine. Mais si je me contente de choisir quatre ou cinq pommes, les plus petites, si vous voulez, que je croque seulement une petite bouchée de chacune, et que je remette ensuite dans le panier la pomme croquée, en la tournant du côté où je n'aurai pas mis la dent, outre que cela ne saurait faire aucun mal, comment voulez-vous qu'une grande personne comme maman se souvienne que je suis restée un bon quart d'heure toute seule avec le panier, pendant qu'elle reconduisait la nourrice? Elle n'aura pas d'abord l'idée de s'assurer tout de suite de l'état où se trouvent les pommes, qui sont de si belle apparence, et, dans tous les cas, pourquoi ne s'imaginerait-elle pas que c'est quelque accident, dans lequel je ne suis pour rien, qui leur sera arrivé en route?

L'idée est évidemment excellente, et il serait fâcheux de ne pas se prêter à une si bonne inspiration. Les pommes sont donc discrètement croquées, d'un seul côté, bien entendu, puis retournées sur l'autre face, et, cela fait, Claudine se retire, bien tranquillement, dans sa chambre, ne se souciant pas sans doute d'attirer trop vivement l'attention sur le panier.

---

[1]. Le maître pourra faire observer qu'on appelle, à proprement parler, verbes pronominaux les verbes réfléchis dont la forme active est inusitée. Cette distinction établie, les élèves pourront souligner d'un trait simple les verbes réfléchis, et d'un trait double les verbes pronominaux.

27ᵉ Exercice.

Conjugaison des verbes neutres.

Le maître, après avoir rappelé aux élèves la définition des verbes neutres, leur dictera les phrases suivantes; les élèves relèveront les verbes neutres contenus dans ces phrases, et en indiqueront le nombre et la personne, le temps et le mode.

Claudine l'anachorète (suite).

La pauvre Claudine tombait mal. Voilà qu'en revenant de conduire la nourrice, la maman se trouve, elle aussi, comme naturellement amenée vers le panier, non pas peut-être par le désir de manger sans besoin les pommes (on prétend que les mamans n'ont jamais de ces idées-là), mais parce qu'elle s'est dit que, devant faire quelques courses, du côté où grand'mère demeure, en passant, elle lui en portera deux ou trois. Grand'mère, pour croquer des pommes, n'a plus guère de dents; mais on tournera la difficulté : on fera cuire les pommes, et comme c'est justement l'heure de son dîner, ce petit régal inattendu arrivera tout à fait à point. La maman prend donc le panier, et y choisit, considérez le méchant hasard, tout justement une des pommes que Claudine vient de traiter comme je vous ai dit, et qui lui paraissaient si bien à l'abri de toute visite compromettante, grâce à son habile stratagème. Si la maman fut surprise, je vous le laisse à penser, et elle le fut bien plus désagréablement encore, en constatant que les morsures succédaient aux morsures, et que six pommes, ni plus ni moins, presque tout le dessus du panier, portaient, du côté où on ne pouvait pas la voir d'abord, l'empreinte encore toute fraîche de jolies petites dents mignonnes, lesquelles ne pouvaient évidemment appartenir ni au vieux jardinier Thomas, ni à la respectable Brigitte, qui, depuis bientôt trente-cinq ans, trône à la cuisine de la maison. Il y avait eu, à n'en pas douter, de la part du propriétaire de ces jolies petites dents, double faute : gourmandise et tentative de tromperie. La maman n'hésite pas; elle mande Claudine, et, sans mot dire, lui montre les pommes, tournées cette fois du bon côté, je veux dire, du côté mordu. Claudine a ses défauts, comme vous avez vu, mais elle ne sait pas mentir, du moins, mentir effrontément, comme font bien des gens de ma connaissance; elle rougit, elle pâlit, elle balbutie : d'excuses, elle n'en cherche point.

28ᵉ Exercice.

Même sujet.

Le maître, après avoir expliqué aux élèves 1° que certains verbes neutres se conjuguent aux temps composés avec le verbe *être*, 2° qu'un grand nombre de verbes neutres peuvent prendre la forme réfléchie, leur dictera les phrases suivantes. Les élèves relèveront les verbes neutres contenus dans ces phrases, et écriront dans une première colonne ceux qui se conjuguent avec l'auxiliaire *avoir*, dans une seconde, ceux qui se conjuguent avec l'auxiliaire *être*, dans une troisième, ceux qui ont la forme réfléchie.

Claudine l'anachorète (suite).

La maman fut très-sévère : « Ces fruits, dit-elle à Claudine, je les destinais à grand'maman. Vous allez lui écrire comment vous avez agi; vous ajouterez qu'après ce qui vous est arrivé, vous ne croyez pas qu'il vous soit possible de paraître à la collation dont vous deviez prendre votre part demain, chez elle, avec vos cousines, et que vous resterez à la maison. Vous m'entendez? — Oui, maman, » répond, en soupirant, la pauvre petite. Et elle se dispose à obéir.

Je n'affirmerais pas que tout d'abord ce fut de bien bon cœur qu'elle se résigna; qu'il ne lui soit pas venu à la lèvre cette petite moue mutine que vous connaissez peut-être, et qu'elle ne se soit pas dit en elle-même que c'était, en vérité, bien la peine d'avoir tant travaillé, pendant toute l'année, à apprendre l'écriture et l'orthographe, pour en venir à faire aujourd'hui de l'une et de l'autre un usage si désagréable. Je crois même que, restée seule, de colère elle jeta plus d'une fois sa plume, et qu'aussi plus d'une fois de grosses larmes tombèrent sur son papier, larmes de douleur, entendez-vous bien, et de désespoir, sa mère assurément ne l'aimant pas, et tenant[1], cela est bien sûr, beaucoup plus à ses pommes qu'à sa petite fille.

Mais, quand ce premier accès se fut passé, qu'elle eut un peu séché ses pleurs, voilà que des pensées toutes différentes, — je vous ai dit que Claudine n'était pas précisément un prodige de raison, — se succédèrent dans son esprit: exagérant maintenant ses torts comme elle exagérait tout à l'heure l'injustice dont elle se croyait victime, elle écrivit à sa grand'mère la lettre suivante :

« Je suis, chère bonne maman, une grande malheureuse. La nourrice vous avait apporté des pommes. Je me suis plu, méchamment, à les manger, et pourtant je savais bien qu'elles ne m'appartenaient pas. Maman ne veut pas que j'aille demain chez vous, et elle a certainement raison, après le mal que j'ai fait. Je vais me retirer dans la solitude, mais je vous prie de me pardonner. »

Si la grand'maman put comprendre quelque chose à ce beau chef-d'œuvre, c'est ce que je ne vous dirai pas. Toujours est-il que, sa lettre ainsi terminée, Claudine monte à sa chambre, enveloppe dans un mouchoir tous les vêtements à son usage qui lui tombèrent sous la main, sans oublier une belle robe toute prête pour la soirée qui devait avoir lieu chez la grand'maman, et, son petit paquet sous le bras, voilà qu'elle sort de la maison. Où peut donc aller Claudine?

29e Exercice.

Verbes unipersonnels et verbes conjugués
unipersonnellement.

Le maître expliquera aux élèves que les verbes unipersonnels ne peuvent se conjuguer qu'à la troisième personne du singulier en conformant d'ailleurs leur conjugaison aux modèles ordinaires; que, de plus, quelques verbes, actifs, neutres ou pronominaux, ainsi que le verbe *être* et le verbe *avoir*, dans certains cas, s'emploient unipersonnellement, n'ayant d'autre sujet que le pronom *il*, qui ne peut être alors remplacé par un nom. Il leur dictera ensuite les phrases suivantes; les élèves distingueront et transcriront, en les rangeant sur deux colonnes, les verbes unipersonnels et les verbes conjugués unipersonnellement qui sont contenus dans ces phrases.

Claudine l'anachorète (suite).

Il faut que vous sachiez, mes enfants, que Claudine a la tête meublée de toutes sortes de belles histoires. C'est sa grand'mère qui les lui raconte, avec plus de complaisance peut-être que de discernement, eu égard au cerveau un peu creux de la petite personne. Claudine sait, par exemple, comment il est

---

1. A propos de ce verbe, le maître pourra faire observer que des verbes ordinairement actifs peuvent être employés, dans un sens particulier, comme verbes neutres. *Tenir quelqu'un, tenir quelque chose. Tenir à quelqu'un, tenir à quelque chose.*

arrivé qu'une bonne princesse, Geneviève de Brabant, vécut, pendant de longues années, dans les bois, avec son fils, ne se nourrissant que du lait d'une biche; elle sait aussi qu'il y a eu, dans les anciens temps, de grands saints, qui s'en allaient loin des villes pour pleurer leurs péchés, et en faveur desquels il plaisait à Dieu de faire des miracles, et à qui il envoyait, pour les servir, les lions et les tigres du désert. Or, Claudine, elle aussi, est une grande pécheresse, ayant mordu aux pommes de la nourrice : voilà pourquoi elle va, ainsi qu'elle l'écrivait à sa grand'mère, se retirer dans la solitude, comme Geneviève de Brabant et comme les saints des anciens temps. Notez que la ville où elle desmeure est entourée de forêts, où il se trouve nécesairement, sinon des lions, du moins des biches; notez que Claudine connaît, en certain endroit, une vieille tour, qu'on appelle la Tour au crible, ermitage tout prêt. Voyez-vous, et où l'on sera si bien pour faire pénitence!

Il est vrai qu'il se rencontre, dans la vie des pénitents, telles circonstances bien faites pour donner à réfléchir à ceux qui sont capables de réflexion; Il est vrai, par exemple, que la nuit, qui commence à tomber, vous semblera passablement noire quand on sera seule dans les bois; il est vrai qu'il gelait hier, que la nourrice a dit que, toute la semaine, il avait neigé dans la montagne; mais il n'importe guère sans doute à ceux que Dieu réserve pour ses grands desseins qu'il vente, qu'il grêle ou qu'il pleuve, qu'il fasse chaud ou qu'il fasse froid. Claudine, du moins, ne s'arrête pas à si peu de chose.

Elle marche, elle marche vite, et voilà que déjà elle touche à la lisière du bois, quand tout à coup elle en voit sortir un homme vieux et barbu, qui lui crie : « Où vas-tu, petite? » Il paraît que Claudine eut peur.

§ 5. — Du Verbe.

4e Exercice (suite [1]).

Du sens des verbes comparés entre eux.

Phrases pouvant servir de corrigé.

Un trouble s'éleva dans mon âme éperdue;
Je frémis, *je rougis, je pâlis* à sa vue.   (RACINE.)

— Il est souvent plus facile d'*attaquer* autrui que de se *défendre* soi-même. — Si l'homme s'*élève*, je l'*abaisse*; s'il s'*abaisse*, je l'*élève*. (PASCAL, *Pensées*.) — Je vous *absous* volontiers, quant à votre action : mais c'est votre intention que *je condamne*. — *Acheter* bon marché et *vendre* cher, voilà ce que se proposent les marchands. — Que de gens qui se croient justes, et qui *accordent* à Isidore ce qu'ils ont *refusé* à Pierre! — Bien souvent l'amour-propre nous aveugle jusqu'au point de nous faire *louer* en nous-mêmes ce que nous *blâmons* chez les autres. — Évitons les mauvais plaisants qui nous *ennuient* en prétendant nous *amuser*. — Je joue de malheur : vous *arrivez* juste au moment où je *pars*. — Les anciens représentaient la vie de l'homme comme un tonneau qu'on cherche toujours à *remplir*, et qui se *vide* sans cesse.

5e Exercice.

Même sujet.

Le maître dictera aux élèves les dix verbes suivants; les élèves devront trouver, pour chacun d'eux, le verbe dont le sens est le plus directement contraire.

---

1. Voir le numéro précédent.

Donner. — Allonger. — Nier. — Gagner. — Ouvrir. — Affliger. — Approcher. — Bâtir (une maison). — Dormir. — Séparer.

Le maître proposera les verbes suivants :

Prendre. — Accourcir. — Affirmer. — Perdre. — Fermer. — Réjouir. — Éloigner. — Démolir. — Veiller. — Joindre.

6ᵉ Exercice.

Même sujet.

Les élèves composeront dix phrases, dans chacune desquelles ils feront entrer, en les opposant l'un à l'autre, deux des verbes de sens contraire qui font l'objet de l'exercice précédent.

Le maître pourra proposer les phrases suivantes :

Que de gens, qui passent pour très-charitables, et qui ne font que *donner* à Jacques ce qu'ils *prennent* à Pierre. — L'application *accourcit* les heures de travail, et la paresse les *allonge*. — Les jeunes gens ne peuvent croire que demain il leur faudra *nier* bien des choses qu'ils *affirment* aujourd'hui. — Il y a certaines gens dans le commerce¹ desquels on *perd* toujours plus qu'on ne *gagne*. — Si j'étais plus riche ou plus puissant, que de portes, qu'on *ferme* aujourd'hui devant moi, s'*ouvriraient* à deux battants pour me recevoir. — Le retour de votre affection, mon ami, me *réjouit*, je dois vous le dire, beaucoup moins que ne m'a *affligé* votre indifférence. — L'imagination est comme une longue-vue qui *approche* ou qui *éloigne* les objets, selon le côté par lequel on les regarde. — La vie de chacun de nous ressemble à ces demeures provisoires que l'on *bâtit* aujourd'hui pour les *démolir* demain. — La mère qui *veille* près de l'enfant qui *dort* : connaissez-vous plus charmant tableau? — La distance ne *sépare* pas ceux que l'amitié *a joints* l'un à l'autre.

6ᵉ Exercice.

Du sens des verbes comparés entre eux. — Verbes synonymes.

Le maître dictera aux élèves les trois séries de verbes qui suivent; les élèves devront comparer entre eux, au point de vue du sens, les verbes compris dans chacune de ces séries, en appuyant leurs remarques par des exemples; ils pourront s'aider, s'il est besoin, du dictionnaire.

1ʳᵉ *série*. — Décomposer. — Analyser.
2ᵉ *série*. — Devancer. — Prévenir.
3ᵉ *série*. — Choquer, — Blesser. — Offenser.

Explication.

1ʳᵉ série. — *Décomposer.* — *Analyser.* — Ces deux verbes signifient l'un et l'autre : résoudre un tout en ses parties. Aussi l'Académie disait-elle dans son avant-dernière édition : « *décomposer* est la même chose qu'*analyser*. Il convient toutefois de remarquer que *décomposer* n'est pas comme *analyser* un terme de science, parce qu'il indique quelque chose de plus spontané, de moins réfléchi. Le vulgaire sent qu'il a des idées, qu'il en assemble, qu'il en *décompose*; le philosophe recherche l'origine de ces idées, et se propose de les *analyser*.

« Loin d'être une opération scientifique, la décomposition n'est pas même toujours une action volontaire. Un corps se *décompose* en tant de parties; dire qu'il s'*analyse* serait une faute grossière. « Il y a certaines pierres précieuses, comme « le diamant et la topaze, qui *décomposent* les « rayons du soleil » (Bernardin de Saint-Pierre); « De savants physiciens sont parvenus à *analyser* « les rayons du soleil. » (Voltaire.)

« Lorsque les deux verbes sont de plus synonymes, c'est à dire lorsqu'ils signifient l'un et l'autre une action faite à dessein par l'homme, *décomposer* la représente toujours comme moins scientifique ou moins subtile. « Pour *décomposer*, « il suffit de séparer les parties, au lieu que, pour « *analyser*, il faut de plus saisir leurs rapports; « en un mot, *analyser*, c'est *décomposer* dans un « ordre qui montre les principes et la génération « de la chose. » (Condillac.) « Newton a *décomposé* les rayons du soleil par l'extrémité qui arrive jusqu'à la terre; mais qui les *analysera* par « le côté où ils émanent du soleil? » (Bernardin de Saint-Pierre.) Ou bien encore *décomposer* convient mieux à l'égard des sciences pratiques, de celles qui ont des applications utiles pour la vie, et *analyser*, quand il est question de celles qui sont purement théoriques. La chimie s'occupe de notre conservation en décomposant les liqueurs, les minéraux et les plantes; la géométrie *analyse* les grandeurs. En mathématiques, décomposition ne se dit pas; analyse est le mot de rigueur. » (LAFAYE, *Supplément du Dictionnaire de la langue française*¹.)

(La suite de cet exercice au prochain numéro.)

Charles DEFODON.

SUJET DE COMPOSITION FRANÇAISE.

Une imprudence.

Une petite fille de huit à neuf ans est laissée seule à la maison par sa mère qui va travailler aux champs. — Bien qu'il lui ait été recommandé d'éviter toute imprudence, elle se sert, pour une raison que l'élève trouvera, d'allumettes chimiques. — Une de ces allumettes met le feu à la maison — La famille est ruinée. — La petite fille, devenue plus grande, répare autant qu'elle le peut, les malheurs dont elle est cause.

SUJET TRAITÉ.

Jeannette était une petite fille de huit ans, jolie comme un ange; mais lutine comme un démon, et de plus volontaire et capricieuse. Il fallait que tous ses désirs fussent satisfaits, sinon elle pleurait, et sa mère était toujours prête à lui céder, afin d'essuyer ses larmes et de la faire sourire.

Les parents de la petite fille possédaient, assez loin de la ville, une ferme qu'ils habitaient et qu'ils cultivaient eux-mêmes.

On était au mois de juillet, et la moisson demandait tous les bras disponibles : aussi la mère de Jean-

---

1. *Supplément du* DICTIONNAIRE DES SYNONYMES DE LA LANGUE FRANÇAISE, par M. LAFAYE, professeur de philosophie et doyen de la Faculté des lettres d'Aix. 1 vol. gr. in-8, broché, 8 fr.; le *Dictionnaire*, avec le *Supplément*, broché, 23 fr. Librairie L. Hachette et Cie.

nette fut-elle obligée de partir pour surveiller les serviteurs.

Le matin, en réveillant sa chère petite fille, elle lui recommanda d'être bien sage, de ne pas commettre d'imprudence pendant qu'elle serait seule, surtout de ne pas toucher aux allumettes ; elle lui permit, comme compensation, de jouer avec le petit chien. La bonne mère, après toutes ses recommandations, embrassa sa fille et partit en lui promettant de revenir de bonne heure pour le déjeuner.

Une fois sa mère partie, Jeannette se leva, s'habilla promptement et se disposa d'abord à balayer sa petite chambre, car elle était propre et soigneuse, et puis d'ailleurs il lui semblait que sa mère l'ayant laissée comme maîtresse de la maison, elle devait se pénétrer de toute l'importance de son rôle, et en remplir avec conscience tous les devoirs. Ce fut sans doute pour obéir à cette pensée qu'elle fit bien vite lever sa poupée, qui avait assurément bien assez dormi. Puis elle lui essaya une robe qu'elle lui avait faite la veille, et elle s'aperçut alors que plusieurs objets appartenant au trousseau de la demoiselle, n'étaient pas parfaitement exempts de taches. Des taches au cher bébé ! voilà qui n'est pas d'une bonne ménagère. Elle s'empressa donc de les laver, et elle se disposait à les mettre sur une petite corde pour les faire sécher, lorsqu'une nouvelle idée lui vint à l'esprit.

Jeannette se dit que les objets qu'elle avait si bien lavés, sécheraient vite devant un bon feu et qu'elle pourrait ensuite les plier et les mettre dans la belle armoire à glace qu'elle avait récemment gagnée à une loterie. Or, le feu, au mois de juillet, n'était pas bien nécessaire, pour sécher le linge, et le soleil, déjà très-chaud, aurait tout aussi bien rempli les désirs de la petite fille. Mais elle avait vu sa mère faire ainsi : pourquoi ne pas faire comme maman ? Et puis, vous remarquerez que les enfants volontaires veulent toujours, d'abord ce qui est défendu, ensuite ce qui est extraordinaire ou dangereux. Je ne serais donc pas beaucoup éloigné de croire que Jeannette voulut faire du feu, précisément parce que personne n'en faisait en cette saison.

Elle porta donc dans la cheminée une bonne quantité de bois ; elle mit dessous des brindilles sèches, comme faisait maman, et elle en approcha une allumette enflammée. Malheureusement elle jeta loin d'elle l'allumette qui n'était pas entièrement éteinte ; puis, sans se défier du danger, elle regarda tranquillement le trousseau de sa poupée, lequel séchait promptement, je vous assure.

Tout à coup, le petit chien qui était à côté d'elle se met à aboyer tristement. Jeannette se retourne surprise, regarde et voit son lit entouré de flammes. Épouvantée, elle se précipite hors de la maison, et se hâte de fuir dans la campagne en poussant des cris.

De bien loin on aperçoit l'incendie ; tout le monde accourt, mais il est déjà trop tard. L'eau est très-loin, les pompiers sont à la ville et les ressources des gens de la campagne se trouvent trop faibles pour éteindre un feu aussi considérable. Il n'est pas même possible de sortir les blés qu'on avait enfermés la veille dans la grange, et les pertes seront trouvées énormes, lorsqu'on pourra les évaluer.

Hélas ! oui, elles furent énormes ces pertes, car les parents de Jeannette ne purent continuer à faire valoir cette jolie ferme où ils avaient passé jusqu'alors si tranquillement leur vie.

Jeannette en grandissant expia bien cruellement son imprudence : elle fut témoin de la douleur de ses parents, obligés d'aller chercher du travail chez les étrangers après avoir été autrefois si heureux chez eux.

Mais, grâce à Dieu, l'enfant avait du cœur ; avec le temps, elle devint une courageuse jeune fille qui, à force de travail, put atténuer la gêne à laquelle ses parents se trouvaient réduits par sa faute. Elle parvint même à leur rendre un peu d'aisance, et elle répétait souvent à ses amies qu'il ne faut jamais habituer les enfants à suivre aveuglément leur volonté, parce qu'ils sont toujours disposés à abuser de la liberté qu'on leur donne.

Cécile REGNARD.

CORRESPONDANCE.

« En feuilletant le *Petit Manuel général*, année 1863, page 172, je lis :

« Un jeune homme logeant en chambre garnie est-il obligé de payer les contributions personnelle et mobilière ? — R. La contribution mobilière, non ; la contribution personnelle, oui, quand même, etc. »

« Or, je suis maître adjoint à l'école normale de.... et je couche au dortoir dans un lit qui appartient à l'école. J'ai dans cet établissement une petite chambre qui me sert de cabinet de travail. L'armoire, les chaises, les tables, la lampe, etc., enfin tout le mobilier est la propriété de l'École qui me fournit en outre le bois pour le chauffage, le linge de table, de toilette et de literie.

« Je ne possède donc ici que ma bibliothèque, mes habits et mon linge de corps.

« Ne puis-je me considérer comme logé en chambre garnie ? et par suite, dois-je payer la contribution mobilière ? »

Il nous semble que les maîtres adjoints des écoles normales doivent être assimilés, pour ce qui concerne la contribution mobilière, aux professeurs élémentaires et aux maîtres surveillants des lycées et des colléges. C'est l'école, suivant nous, qui, au même titre que les lycées et les colléges, doit payer cette contribution. L'impôt mobilier suppose la propriété d'un mobilier. Or peut-on dire qu'un mobilier puisse être constitué par la possession d'une bibliothèque ?

— « Je suis aîné d'orphelins : j'ai un frère et une sœur ; *ma sœur est mariée :* ai-je droit quand même à l'exonération du service militaire ? »

Cela ne fait pas le moindre doute.

— « J'ai obtenu le brevet de capacité pour l'instruction primaire, au mois d'avril 1865, à Paris, où je restais alors.

« D'après une décision du conseil départemental, en date du 26 août de la même année, tout candidat ne sera admis aux fonctions d'instituteur communal dans le département où je suis né et que j'habite maintenant, *qu'autant qu'il aura subi son examen dans ce même département.*

« Ayant subi mon examen avant l'époque de la décision du conseil départemental, pourrai-je être placé comme instituteur dans mon département ? »

Ceci dépend d'abord des exigences du service, et ensuite de la bonne volonté du préfet et du conseil départemental.

Nous rappelons, comme nous l'avons déjà fait plusieurs fois, que le brevet donne la *capacité* d'être instituteur communal, mais qu'il ne confère pas le droit de réclamer une école.

— « Je vais bientôt toucher à ma dix-neuvième année, je suis pourvu du brevet de capacité pour l'enseignement primaire ; ai-je le droit d'exercer comme instituteur dans une filature ? »

Les écoles de fabrique ou de filature ne sont autre chose que des écoles libres ; notre correspondant a donc à se soumettre, s'il veut ouvrir une école de ce genre, aux prescriptions des articles 27 et 30 de la loi du 15 mars 1850, qui règlent la matière.

— « Le 25 septembre 1865, j'ai été nommé instituteur public dans une commune où la maison d'école n'était pas convenable pour mon logement personnel, et j'ai été obligé par conséquent de payer le loyer d'une autre maison ailleurs.

« Ne pourrais-je pas avoir droit à une indemnité de logement ? »

Comme nous l'avons dit bien des fois, l'article 37 de la loi du 15 mars 1850 est formel : toute commune doit fournir à l'instituteur un local *convenable*, etc. Mais il ne suit pas de là qu'il suffise que le logement offert par la commune ne soit pas trouvé convenable par l'instituteur, pour que celui-ci, ne l'acceptant pas, ait droit à une indemnité. Nul ne peut être juge dans sa propre cause. Il faut que l'insuffisance du logement soit officiellement constatée par l'autorité compétente, c'est-à-dire par l'inspecteur primaire, et ce n'est qu'à cette condition que l'instituteur pourra réclamer l'indemnité qui dès lors lui est due légalement.

« — Un instituteur qui ne reçoit que 600 francs, et qui compte plus de sept ans d'exercice dans différentes localités, mais avec une interruption de plusieurs années, a-t-il le droit de réclamer l'application, à son bénéfice, du décret du 19 avril 1862 ? »

Oui, si ces interruptions ne sont pas l'effet d'une suspension disciplinaire ou d'une révocation. La réclamation doit être adressée au préfet par l'intermédiaire de l'inspecteur d'académie. Les pièces à fournir sont naturellement toutes celles qui peuvent témoigner du temps de stage de l'instituteur aux différentes époques où il a exercé.

— « Les appointements de secrétaire de la mairie doivent-ils être ajoutés aux 600 fr. provenant du fonds communal et de la rétribution scolaire, et considérés comme supplément de traitement ? »

Non. Les appointements de secrétaire de mairie ne sont pour les instituteurs qu'un accessoire, et ne comptent pas dans son traitement légal.

— « Je suis depuis peu instituteur dans une commune importante, où les enfants ne fréquentent l'école qu'à tour de rôle, c'est-à-dire en alternant avec leurs frères ou avec leurs camarades de travail pour ceux qui sont occupés dans les ateliers.

« Contrairement à tous les règlements, on exige que j'admette à l'école trois de ces enfants pour un seul abonnement, deux d'entre eux ne figurant sur aucun des registres de l'école. A toutes mes observations, on me répond que c'est l'habitude.

« Que dois-je faire ?

« Ne pourrais-je pas au moins insister, maintenant que le *nombre maximum* est supprimé, pour que ceux de ces enfants qui ne sont portés ni comme payants ni comme gratuits, soient inscrits sur la liste des élèves gratuits ? Par ce moyen, les règlements ne seraient pas éludés, et il n'y aurait plus que mes intérêts de lésés pour la rétribution scolaire. »

Il est certain que cette situation est irrégulière. C'est un de ces cas singuliers, encore beaucoup trop nombreux, que la loi n'a pas prévus et que sans doute elle ne pouvait pas prévoir.

Le moyen proposé par notre correspondant pour rentrer dans la légalité, témoigne assurément de son bon vouloir, et nous paraît, autant que nous en pouvons juger à distance, fort acceptable.

Il se pourrait toutefois que la pratique de ce moyen fût de nature à blesser quelques susceptibilités locales, justifiées par un long usage, et qu'en voulant faire le mieux possible pour le bien de tous les intéressés, on arrivât à un résultat tout à fait contraire.

Le recours aux avis de l'autorité compétente est la meilleure garantie qu'un instituteur puisse prendre en pareille circonstance.

« J'ai contracté l'engagement décennal au mois de janvier 1866, mais le sort m'a été favorable, de sorte que je me crois dégagé de toute obligation.

« Je voudrais savoir si je suis dans le vrai. »

Aux yeux de la loi, oui, l'État n'ayant aucun recours contre celui qui se trouve dans une telle situation; mais aux yeux de la conscience, assurément non. Il y a eu engagement librement contracté : cet engagement, sous peine de manquer à une parole solennellement donnée, doit être accompli. Les anciens règlements punissaient ces sortes de désertions de l'exclusion à tout jamais de l'Université.

— « Un employé du collége de ..., chargé d'un cours préparatoire audit collége, n'étant muni d'aucun brevet ni d'aucun grade universitaire, et n'ayant pas de plus l'intention fixe de rester dans l'enseignement, désirerait savoir si on a le droit d'exiger qu'il abandonne au Trésor le premier douzième de son traitement. »

Nous ne le pensons pas.

— « Un instituteur, âgé de quarante-huit ans, ayant vingt-sept ans de services, et atteint d'amaurose depuis huit ans, peut-il prétendre à la retraite entière? »

Malheureusement non; pas avant l'âge de cinquante ans au moins. Notre correspondant pourrait se faire aider par un sous-maître pendant deux ans encore, à supposer bien entendu, que sa cécité ne soit pas complète, et solliciter alors sa mise à la retraite pour cause d'infirmité résultant de l'exercice de ses fonctions.

— « Si un instituteur est démissionnaire ou s'il est destitué de ses fonctions avant d'arriver à l'âge de la retraite, a-t-il le droit de se faire rembourser la retenue du premier douzième ainsi que celles qu'on lui a faites, à 5 pour 100 par an, sur son traitement, pendant tout le temps qu'il a exercé? »

L'instituteur démissionnaire ou destitué n'a droit à aucun remboursement.

Nous publierons dans quelque temps ites travail où seront traitées *in extenso* les principales questions concernant les retraites, et où nos lecteurs pourront trouver, nous l'espérons du moins, tout ce qu'il leur est nécessaire de savoir sur ce point, assez compliqué, de la législation qui régit l'instruction primaire.

— « Lorsque le conseil municipal se réunit pour former la liste des enfants qui doivent fréquenter l'école gratuitement, l'instituteur a-t-il le droit d'assister à cette réunion et a-t-il voix délibérative ou seulement consultative? »

L'instituteur, nous l'avons déjà dit, ne peut faire, à aucun titre, partie du conseil municipal, et il n'a pas davantage le *droit* d'assister aux séances, ce droit n'appartenant qu'aux membres mêmes du conseil. Il va sans dire d'ailleurs que le conseil peut, s'il le juge à propos, consulter officieusement l'instituteur.

Charles DEFODON.

COMPTE RENDU D'OUVRAGES NOUVEAUX.

L'INSTITUTEUR, L'INSTITUTRICE, L'INSPECTEUR, ou Discours, lettres et essai d'un projet de loi sur l'instruction primaire, par M. J. P..., inspecteur de l'instruction primaire (Eure). 1 vol. in-12. 2 fr. 50 c. Lib. de Paul Dupont.

Ainsi que l'indique le titre, ce livre est composé de trois parties.

L'auteur y a réuni d'abord quatre discours prononcés dans différentes circonstances solennelles, où ses fonctions administratives l'appelaient à prendre la parole.

Puis, dans trois lettres, qu'il adresse aux instituteurs, aux institutrices et à un jeune inspecteur primaire, il donne aux uns et aux autres les conseils pratiques qui lui paraissent les plus utiles pour l'exercice de leur ministère.

Enfin, dans une troisième partie, qui n'est assurément pas la moins importante, il présente, à titre d'études, un ensemble de dispositions rédigées sous forme d'articles de loi, et destinées à modifier différents points de la législation qui régit actuellement l'instruction primaire, en faisant précéder des motifs à l'appui chacune des mesures nouvelles dont il propose l'adoption.

M. J. P... est un homme de progrès; il est de ceux qui pensent qui l'ignorance n'est jamais un bien, pas même pour l'ouvrier ou le paysan, surtout pour l'ouvrier et le paysan; un de ceux qui voudraient voir la capacité du citoyen marcher de pair avec les droits qu'on lui donne, ou qu'on lui laisse; qui s'imaginent enfin que le meilleur moyen de moraliser, de discipliner les masses populaires, puisqu'il paraît qu'il est besoin qu'elles soient disciplinées, n'est pas précisément de laisser atrophier en elles, d'étouffer même, cela s'est vu, les seuls germes d'où peuvent naître la dignité dans la moralité et la stabilité dans la discipline.

Il est donc d'avis que, malgré tout ce qu'on a fait, malgré tout ce qu'on a l'intention de faire, on demeure encore bien loin du but à atteindre, et qu'il y a encore bien à innover, sur tout, peut-être bien à retrancher dans tout ce qui réglemente aujourd'hui l'instruction populaire et la situation morale, intellectuelle, pécuniaire de ceux à qui elle est confiée.

Placé par ses fonctions mêmes en présence les populations et des maîtres, il a pu, depuis longues années, apprécier ce qui manque aux uns et aux autres. Son livre se ressent de ses profondes sympathies pour tous les besoins auxquels il n'a pu satisfaire, et pour toutes les souffrances qu'une loi insuffisante ou mal faite, que l'usage, souvent plus fort que la loi, que tel préjugé, telle mauvaise passion locale l'ont plus d'une fois sans doute empêché de guérir.

Ce qu'il a vu, il le dit, avec une liberté qui l'honore, et qui ne peut qu'être bien reçue, par tous les hommes de bonne volonté, dussent-ils même se séparer de lui, soit pour l'ensemble, soit pour certains détails de ses vues.

En tête de son plan de réformes, M. l'inspecteur de Bernay place l'obligation et la gratuité de l'instruction primaire; il établit une ligne de démarcation aussi nette que possible entre l'enseignement religieux proprement dit et l'enseignement de l'école, entre le curé et l'instituteur; il augmente les matières comprises dans l'enseignement obligatoire et dans l'enseignement facultatif; il supprime absolument le certificat de stage scolaire remplaçant le brevet de capacité, et n'admet la lettre d'obédience que pour les adjoints et les adjointes des dernières classes; il crée, pour les instituteurs et les institutrices publics, des catégories d'avancement fondées sur la différence des brevets, les services rendus et le temps d'exercice; il réclame pour les instituteurs et les institutrices publics la nomination du préfet *au nom et par délégation du ministre*; il constitue une juridiction d'appel en cas de censure, de suspension ou de révocation; il fixe enfin à dix centimes spéciaux la somme à voter par les conseils municipaux, tant pour la construction ou l'entretien des maisons d'école et de leur mobilier que pour le traitement de l'instituteur et de l'institutrice, établissant, sur ce dernier point, une notable différence, suivant que l'instituteur ou l'institutrice est laïque ou congréganiste, et qu'il y a, pour une même école congréganiste, un, deux, trois ou quatre fonctionnaires.

Un tel programme, dont nous ne faisons que noter les principales dispositions, serait matière à une foule d'observations, bien longues et bien délicates, dans lesquelles nous n'avons point l'intention d'entrer.

Ce que nous avons dit suffira sans doute pour montrer qu'à quelque point de vue qu'on se place pour le considérer, le livre de

M. l'inspecteur de Bernay ne manque assurément ni d'intérêt ni de portée : il appelle la réflexion en soulevant de lourds problèmes, qu'il a du moins le mérite de résoudre franchement et énergiquement; il fait naître de graves pensées. C'est à ce titre et en faisant, pour le reste, nos réserves, que nous n'hésitons pas à le recommander à nos lecteurs.

Charles DEFODON.

LECTURES A L'USAGE DES ÉLÈVES.

Tout ce qui brille n'est pas or.

A Paris, sur la rive gauche de la Seine, entre la rue des Saints-Pères et le Pont-Royal, au premier étage d'un ancien hôtel du quai Voltaire, il y avait une fort belle rangée de hautes fenêtres s'ouvrant sur un large balcon où trente personnes auraient pu se mettre en parade. Ces fenêtres éclairaient un riche appartement occupé par M. et Mme Delacroix, leur fils Octave (un enfant de huit ans) et enfin un admirable chien danois de la petite espèce que l'on avait baptisé du nom poétique de Roméo.

Octave et Roméo étaient inséparables et ils formaient un ensemble ravissant.

La nature les eût faits à dessein l'un pour l'autre qu'elle n'aurait pu les apparier davantage.

Octave avait le teint rose et blanc d'une petite fille, les yeux bleu foncé, les cheveux cendrés, les sourcils et les cils bruns, et pour compléter tout cela, une grâce et une désinvolture parfaites.

Roméo, de son côté, possédait toutes les qualités qui distinguent sa race, la poitrine large, les flancs étroits, une tête adorablement fine, se terminant par le plus joli petit museau qu'on pût voir, et des dents si blanches, des gencives si roses, si fraîches, qu'il eût volontiers mordu avec lui au même morceau de pain. Quant à ses jambes, elles étaient si nerveuses, si déliées, qu'à la course aucun animal n'aurait pu le gagner de vitesse.

Notez encore que sa robe blanche, mouchetée de noir, brillait comme de la soie, et qu'il portait au cou un magnifique collier d'or, doublé d'une bande de velours nacarat plus large que le collier, ce qui tranchait admirablement sur la blancheur de son poil.

Quand le temps était beau, l'enfant et le chien jouaient ensemble sur le balcon, au grand ravissement des promeneurs du quai qui, le plus souvent, s'écriaient :

« Le bel enfant et le beau chien!!! »

Si Roméo était insensible à ces éloges, ils causaient un extrême plaisir à Octave dont la vanité égalait la gentillesse; aussi ne faisait-il pas la plus petite promenade sans emmener Roméo au bout d'un large ruban de soie rose, ne le laissant sous aucun prétexte tenir par le domestique qui les accompagnait toujours dans leur sortie.

Son chien était sa gloire et son orgueil, absolument comme s'il eût été cause de la beauté de l'animal.

Il est vrai qu'il eût suffi à Roméo de devenir boiteux ou de perdre un œil, pour perdre en même temps l'affection de son maître; car Octave n'aimait que ce qui était beau, riche ou brillant, en un mot tout ce qui pouvait flatter son regard ou caresser sa vanité.

Son père se promenait un jour sur le quai de Billy, lorsqu'un énorme chien se mit à le suivre. Il n'aperçut pas d'abord ce compagnon; mais l'animal qui voulait être remarqué finit par marcher si près de lui qu'il attira tout à coup son attention. M. Delacroix fit involontairement un bond de côté, tellement cette apparition était effrayante au premier abord. Qu'on s'imagine un gros chien des montagnes, le poil noir, long et emmêlé, la gueule béante, et dont la tête et le corps saignaient par une douzaine de blessures.

Le second mouvement de M. Delacroix fut de brandir sa canne pour l'éloigner; mais le chien le regarda d'un air si suppliant qu'il avait quelque chose d'humain.

M. Delacroix laissa retomber sa canne.

Le chien s'approcha alors en rampant, sans cesser de le regarder dans les yeux, et vint lui lécher la main.

M. Delacroix le caressa à son tour en lui disant :

« Allons, je vois que tu es un bon chien. Mais qui diable a pu te mettre dans un pareil état? »

L'animal, qui ne pouvait raconter ses aventures, se contenta de redoubler de caresses; il semblait se placer sous sa protection.

« Je te comprends, je songe seulement que tu dois avoir un maître. »

Le chien, comme s'il eût compris l'objection, poussa un petit cri plaintif et se rapprocha davantage de M. Delacroix.

« Soit! dit celui-ci, il sera toujours temps de te remettre à ton légitime propriétaire, s'il se présente, » et il emmena le chien au bord de la Seine pour le laver.

Ses blessures n'étaient pas graves; il avait sans doute fait peur à quelques enfants ou même à quelques hommes, qui l'avaient chassé à coups de pierres.

Enfin M. Delacroix emmena le chien après l'avoir soigneusement éponge avec son mouchoir.

Un quart d'heure après, il faisait son entrée chez lui avec le formidable animal à qui il avait donné, chemin faisant, le nom de Jupiter. Ce nom convenait parfaitement aux larges proportions du chien, et, chose singulière, il y répondit dès la première fois; c'était à croire qu'on ne l'avait jamais appelé différemment.

L'arrivée de Jupiter causa un certain émoi à Octave et au brillant Roméo. Ils avaient l'air aussi stupéfaits, aussi effrayés, aussi indignés l'un que l'autre de sa présence.

« Oh papa! quel horrible animal, dit enfin Octave.

— C'est au contraire une bête remarquablement belle, répondit M. Delacroix.

— Lui! s'écria Octave en détournant les yeux avec dédain.

— Regarde donc comme il est fort, comme il a l'air intelligent. On dirait un lion.

— Je le trouve affreux avec sa grosse tête, ses longs poils noirs désordonnés, ses larges pattes! répondit Octave, et il embrassa Roméo qui s'était tapi derrière lui.

— Tu auras peut-être un jour l'occasion de l'apprécier et de te convaincre qu'il vaut bien ton ami Roméo.

— Ce vilain chien valoir jamais Roméo?

— Et beaucoup plus, mon cher Octave.

— Roméo qui est si joli, dont le poil est si brillant qu'on ne peut le voir sans l'admirer.

— *Tout ce qui brille n'est pas or !* C'est une vérité que tu devrais méditer plus que personne, car tu es trop enclin à te laisser séduire par les yeux. Tu ignores qu'il ne suffit pas d'être beau, et qu'il faut encore être bon et utile à quelque chose.

— Mais, papa, Roméo est très-bon.

— Le trouves-tu bien utile?

— Il m'est très-utile dans mes promenades, dans mes récréations.

— Voilà tout?

— Puis il m'aime.

— Quand tu lui donnes du sucre, et il est certain qu'il aurait le même genre d'amitié pour le premier venu.

— Moi, je suis certain qu'il me préfère à tout le monde.

— Les animaux intelligents sont seuls capables de

s'attacher à leurs maîtres, et ton pauvre Roméo n'a guère plus de cervelle qu'une crevette.

— Tu as beau dire, papa, Roméo donne très-bien, mais très-bien, la patte.

— Ajoute à cela qu'il mange, boit et aboie tout seul, et tu auras énuméré les nombreuses qualités qu'il possède.

— Dame, ce n'est qu'un chien.

— Jupiter aussi n'est qu'un chien, et tu verras bientôt qu'il y a une certaine différence entre lui et Roméo.

— Il va donc rester ici, dit Octave avec un certain effroi.

— Sans doute, en attendant que nous l'emmenions en Normandie, car ce sera un merveilleux chien de garde pour le château.

— Ça, je ne dis pas.... Je crois qu'il est bon pour faire un portier, dit Octave avec ironie.

— C'est déjà une qualité qui manque à Roméo. »

L'enfant fit un geste qui pouvait se traduire ainsi :

« Voilà une qualité qui n'est guère enviable. »

Puis il reprit :

« Je ne suis fâché que d'une chose, c'est que nous serons, Roméo et moi, obligés de subir la compagnie de monsieur Jupiter jusqu'à notre départ pour la campagne.... Après ça, on pourrait le mettre en attendant sous la remise.

— Du tout, car je veux qu'il devienne notre ami.

— Pas le mien, en tous cas, il est trop laid et trop commun.

— Toujours la même sottise!... Enfin, j'espère que l'avenir te corrigera. » —

Jupiter, pendant ce temps, s'était tenu modestement à la porte, regardant tour à tour Octave et Roméo avec des yeux suppliants. Le pauvre animal comprenait à leur attitude qu'il était en présence de deux ennemis.

M. Delacroix fit aussitôt compléter la toilette de Jupiter; on servit ensuite au chien une très-bonne pâtée, et il l'expédia avec un appétit qui faisait plaisir à voir.

Pauvre Jupiter! son dernier repas était sans doute digéré depuis quarante-huit heures.

A partir de ce jour il eut ses grandes entrées dans la maison et fit tous ses efforts pour se rendre agréable, non-seulement à ses nouveaux maîtres, mais encore à tous leurs familiers.

Octave et Roméo furent les seuls qui ne voulurent pas de son amitié.

Jupiter était doué d'une intelligence supérieure et d'un caractère très-sérieux. C'était un de ces braves chiens capables de se dévouer à un pauvre aveugle, de se tenir à ses côtés, assis pendant des heures, une sébile de bois entre les dents. Il eût appris à jouer aux dominos, à battre du tambour, à faire l'exercice, et enfin mille choses aussi compliquées; mais il n'aurait certainement consenti à s'occuper de tout cela que pour aider à la fortune de son maître, et nullement pour montrer qu'il y avait en lui l'étoffe d'un savant. Quant à Roméo, ce n'était décidément qu'un niais infatué de sa gentillesse, et qui, à l'exemple de son maître, ne regardait l'excellent Jupiter que comme un chien de bas étage. Il n'avait cependant jamais osé le lui faire comprendre trop directement, bien convaincu que Jupiter était de force à l'étrangler d'un coup de gueule.

Jupiter ne se découragea pas, et s'imaginant qu'il déplaisait par son air grave, il s'abandonna à une longue suite de sauts, de cabrioles et de trépignements joyeux qui faisaient danser les meubles autour de lui.

Mais c'était peine perdue; car Octave prenant aussitôt Roméo dans ses bras, s'éloignait en disant :

« Que cette grosse bête de Jupiter est donc insupportable ! »

On était alors aux premiers jours du printemps, et Jupiter s'en alla faire un tour de balcon pour se consoler.

On a, des maisons du quai Voltaire, une des plus

jolies vues de Paris : devant soi, la longue façade du Louvre, le mouvement continuel de la rivière et des quais, le splendide rideau de peupliers qui, des deux côtés de la Seine, précède le Pont-Royal pour ombrager les passants. Sur sa gauche, la frégate-école et son gréement de fantaisie, les Tuileries et leur petite forêt d'arbres séculaires. Plus loin les Champs-Élysées et les hauteurs de Passy. Sur la droite l'île de la Cité et les tours de Notre-Dame. De tous les côtés l'animation des ponts encombrés de piétons et de voitures.

Jupiter considérait tout cela avec le ravissement particulier aux artistes placés tout à coup devant un beau spectacle. Seulement de temps en temps, il interrompait ses réflexions pour aboyer contre des écoliers vagabonds qui se poursuivaient à coups de livres, ou des charretiers qui juraient en fouaillant leurs chevaux trop chargés.

Très-souvent Octave survenait avec Roméo et le chassait du balcon en disant :

« Va-t'en, tu sens le chien. »

Le pauvre Jupiter se retirait alors avec une résignation touchante.

Georges FATH.

(Extrait de *la Sagesse des enfants* [1].)

ACTES OFFICIELS
RELATIFS A L'INSTRUCTION PRIMAIRE.

Décrets autorisant des legs et donations.

1er *décret* (11 août). — La supérieure générale de la congrégation hospitalière et enseignante des filles de la charité de Saint-Vincent-de-Paul, existant à Paris (Seine), en vertu d'un décret impérial du 8 novembre 1809, est autorisée à accepter, aux clauses et conditions énoncées, le legs d'une somme de 10 000 francs fait, à charge de deux grand'messes par an, à perpétuité, suivant son testament olographe du 29 avril 1831, par la dame Louise-Suzanne-Alexandrine de Vivens de Ladous, veuve du sieur Anne-Louis-Henri de Bonald, aux sœurs de cet ordre établies au Vigan (Gard), où elles tiennent un orphelinat et une salle d'asile.

Il sera statué ultérieurement sur l'emploi de cette somme de 10 000 francs.

Le supérieur général des frères des Écoles chrétiennes, Institut légalement reconnu par décret impérial du 17 mars 1808, au nom de cet Institut, et le maire de Vigan (Gard), au nom de cette commune, sont autorisés à accepter, chacun en ce qui le concerne, aux clauses et conditions imposées, le legs d'une somme de 2000 francs fait à l'établissement des frères existant dans cette ville par la dame Louise-Suzanne-Alexandrine de Vivens de Ladous, veuve du sieur Anne-Louis-Henri de Bonald, suivant son testament olographe du 29 avril 1861, à la charge de faire dire deux grand'messes par an, à perpétuité.

Le montant de ce legs sera placé en rentes 3 p. 100 sur l'État, au nom de l'Institut des frères et de la ville du Vigan.

Mention sera faite sur l'inscription de la destination des arrérages. (*Décret impérial rendu sur la proposition du ministre de la justice et des cultes.*)

2e *décret* (18 août). Le supérieur général des frères des écoles chrétiennes, Institut légalement reconnu par décret impérial du 17 mars 1808, et dont le siége est à Paris, au nom dudit Institut, et le maire de Saint-Laurent-Grand-Vaux (Jura), au nom de cette commune, sont autorisés à accepter, chacun en ce qui le concerne, aux conditions imposées, la donation faite audit Institut par la dame Joséphine Besson, veuve du sieur Donnat Mallet-Guy, suivant acte notarié du 24 octobre 1865, et consistant en une maison avec dépendances, située à Saint-Laurent-Grand-Vaux, pour y tenir une école primaire libre de garçons, composée de deux classes.

3e *décret* (22 août). — Le supérieur général de l'Institut des frères des Écoles chrétiennes, Association légalement autorisée par décret impérial du 17 mars 1808, est autorisé à accepter, au nom de l'Institut, le legs fait à titre gratuit, aux frères établis à Bagnères (Hautes-Pyrénées), par le sieur Galiay (Gabriel), suivant son testament olographe du 10 octobre 1862, et consistant en une somme de 600 francs.

Le maire de Bagnères (Hautes-Pyrénées), au nom de cette commune, est autorisé à accepter, aux clauses et conditions énoncées, le bénéfice résultant pour elle d'un legs d'une somme de 600 francs fait à titre gratuit aux frères des Écoles chrétiennes établis dans cette localité par le même testateur, suivant testament précité, et dont l'acceptation est autorisée. (*Décret impérial rendu sur la proposition du ministre de l'intérieur.*)

Arrêté relatif à une session supplémentaire d'examen pour les candidats aux bourses à l'école normale de l'enseignement spécial.

Le Ministre de l'instruction publique, vu le décret du 6 mars 1866, portant création d'une école normale de l'enseignement spécial;

Vu l'arrêté ministériel du 2 juin suivant, qui règle l'admission à cette école,

A rendu l'arrêté suivant, à la date du 10 septembre 1866.

Art. 1er. La session supplémentaire d'examen ou 2e concours pour les candidats aux bourses de toute nature à l'école normale de l'enseignement spécial s'ouvrira le 17 septembre courant.

Les exercices auront lieu dans l'ordre suivant :

Le lundi 17 septembre : Composition d'histoire et de géographie;

Exercice de dessin linéaire et de dessin d'ornement.

Le mardi 18 septembre : Composition en arithmétique appliquée et en géométrie élémentaire;

Examen oral.

Art. 2. MM. les recteurs d'académies et MM. les préfets sont chargés respectivement d'assurer l'exécution du présent arrêté.

Circulaire aux préfets sur les observations météorologiques. (20 août.)

Monsieur le préfet,

En demandant aux conseils généraux de vouloir bien prêter leur concours à l'étude spéciale du climat de la France, j'ai annoncé qu'il serait rendu compte, chaque année, des résultats acquis. J'ai l'honneur de vous adresser le rapport du directeur de l'Observatoire impérial, relatif aux observations effectuées dans les écoles normales primaires, et aux travaux des commissions départementales pour l'étude des orages.

Les écoles normales ont accompli leur tâche avec beaucoup de zèle, et les services rendus par elles à la science ont eu pour premier résultat de former les élèves-maîtres aux habitudes d'observation.

Pour constater avec précision la marche annuelle de la température, de l'humidité, etc., il importait que les observations fussent continuées sans interruption. Il a suffi de faire connaître cette nécessité aux

---

1. *La Sagesse des enfants*, proverbes écrits et illustrés, par Georges FATH (100 vignettes sur bois). 1 vol. in-18 jésus, broché, 2 fr. Collection de la *Bibliothèque rose*.

écoles, pour qu'elles se soient spontanément résolues à poursuivre les observations pendant leurs vacances. Elles ont fait plus encore : les observations ne sont pratiquées habituellement que de six heures du matin à neuf heures du soir ; mais, sur quelques points du territoire, il était pour nous d'un haut intérêt de les continuer pendant la nuit, à minuit et à trois heures du matin. Dix-sept écoles se sont offertes pour remplir ce pénible labeur ; la science n'oubliera pas leurs noms.

Aucune discussion n'étant possible qu'après une année révolue d'observations, j'avais dû, l'an passé, ajourner tout rapport sur les travaux des écoles normales. Par la même raison on n'a pu tenir compte, cette année, que des écoles dont les observations embrassaient une année entière, et, malheureusement, cette condition n'est pas encore remplie pour les observations de nuit, qui doivent fournir un contrôle indispensable. Les conclusions sur beaucoup de points devront donc, à cause de la rigueur même qu'on veut y porter, être renvoyées à l'année prochaine, et toutefois, dès à présent, quelques résultats ont été obtenus.

Les observations barométriques ont été utilisées pour l'étude de la marche des tempêtes et des orages. La carte météorologique du 11 janvier 1866, jour de la plus forte bourrasque, est un spécimen de ce travail. Les températures moyennes annuelles de chaque lieu commencent à être connues. La distribution des pluies à la surface de la France fait l'objet de quatre cartes intéressantes. Les conséquences agricoles de la répartition des régions sèches ou pluvieuses sont facilement aperçues.

L'atlas des orages de l'année 1865 fixera d'autant plus votre attention qu'il résulte des études organisées par vous, monsieur le préfet, et par vos honorables collègues, dans les divers départements. Les observations recueillies dans les cantons ont été discutées par les commissions départementales ; le travail a été centralisé par l'Observatoire impérial.

La première question posée, celle de l'origine des orages, est résolue dès la première année. Les orages nous viennent de l'Océan. En entrant sur nos côtes de l'ouest et du sud-ouest, ils s'avancent avec une vitesse modérée vers le nord-est. L'influence des hauts plateaux de la France les infléchit fréquemment vers le nord et vers le sud-est.

Profitant des résultats généraux acquis, on doit, désormais, s'inquiéter particulièrement des détails locaux, constater l'influence des montagnes, des collines, des vallées. Puisque la grêle affectionne, on ne peut en douter, certaines localités, il faut arriver à les bien déterminer. A ce point de vue la question prend, pour l'agriculture, un intérêt particulier, qui a porté plusieurs de MM. les préfets à surveiller eux-mêmes la marche des travaux. A mesure qu'ils avancent, qu'ils se spécialisent, l'importance des commissions départementales va grandissant ; ces commissions sauront rester à la hauteur de leur mission.

Je vous prie, monsieur le préfet :

De placer sous les yeux du Conseil l'atlas des orages ainsi que le rapport sur les travaux effectués dans les écoles normales ;

Et de proposer à cette haute assemblée de continuer à la commission départementale la modique subvention nécessaire à l'exécution de ses travaux et à ses rapports avec les observateurs cantonaux.

Le Ministre de l'instruction publique,
V. DURUY.

Circulaire sur la constitution d'archives au ministère et dans les académies pour les décorations universitaires. (24 août.)

Monsieur le recteur,

Les palmes universitaires sont devenues une véritable décoration par le décret du 7 avril 1866. Il est donc nécessaire d'en constituer les archives au ministère. Il a été tenu note très-exactement des nominations postérieures au décret ; mais j'aurais besoin d'avoir une liste complète de celles qui remontent à une époque antérieure. Je vous prie de vouloir bien vous entendre à ce sujet avec MM. les inspecteurs d'académie de votre ressort, et de m'envoyer les indications que vous aurez pu recueillir, consignées sur des fiches individuelles conformes au modèle ci-joint.

Il vous sera facile d'avoir ces renseignements pour les fonctionnaires des divers ordres administratifs ; quant aux personnes étrangères à l'administration, je vous prie d'aviser aux moyens les plus sûrs pour arriver à dresser une liste exacte de tous les titulaires vivants.

Tous les trois mois, vous voudrez bien m'envoyer un état des extinctions. Les archives de la nouvelle décoration se trouveraient dès lors constituées d'une manière complète à l'administration centrale pour tout l'Empire ; il serait bon qu'elles le fussent également au chef-lieu de l'académie pour chaque ressort.

Agréez, monsieur le recteur, l'assurance de ma considération très-distinguée.

Le Ministre de l'instruction publique,
V. DURUY.

Administration académique.

Vice-recteur.

Corse (29 août). — M. Mondot, inspecteur d'académie (première classe) en inactivité, est nommé inspecteur de l'académie d'Aix, chargé du vice-rectorat de la Corse, en remplacement de M. de Salve, appelé à d'autres fonctions.

Inspecteurs d'académie.

Albi (29 août). — Un congé d'inactivité est accordé, sur sa demande, à M. Créteil, inspecteur de l'académie de Toulouse, en résidence à Albi.

M. Pécout, inspecteur de l'académie d'Aix, en résidence à Aix (troisième classe) est nommé inspecteur de l'académie de Toulouse, en résidence à Albi (même classe), en remplacement de M. Créteil.

Avignon (29 août). — M. Bonafous, inspecteur de l'académie d'Aix, en résidence à Avignon, est admis, sur sa demande et pour ancienneté de services, à faire valoir ses droits à une pension de retraite.

M. Peyrot, inspecteur de l'académie de Grenoble (première classe), en résidence à Grenoble, est nommé inspecteur de l'académie d'Aix (même classe) en résidence à Avignon, en remplacement de M. Bonafous.

Beauvais (29 août). — Un congé d'inactivité est accordé, sur sa demande, à M. Collet, inspecteur de l'académie de Paris, en résidence à Beauvais.

M. Bourgeois, inspecteur d'académie (troisième classe), en inactivité, est nommé inspecteur de l'académie de Paris (même classe) en résidence à Beauvais, en remplacement de M. Collet.

Grenoble (29 août). — M. Patry, proviseur du lycée impérial de Bourg, est nommé inspecteur de l'académie de Grenoble (troisième classe) en résidence à Grenoble, en remplacement de M. Peyrot, appelé à d'autres fonctions.

Guéret (29 août). — M. Lame, chargé de cours de philosophie au lycée impérial de Dijon, délégué provisoirement dans les fonctions d'inspecteur d'académie à Guéret, est nommé inspecteur de l'académie de Clermont (troisième classe) à la même résidence.

Marseille (29 août). — M. de Salve, inspecteur d'académie, chargé du vice-rectorat de la Corse, est nommé inspecteur de l'académie d'Aix (première classe), en résidence à Marseille, en remplacement de M. Gaffarel, décédé.

Mézières (29 août). — M. Kremp, ancien censeur

des études au lycée de Strasbourg, chargé provisoirement des fonctions d'inspecteur de l'académie de Douai, en résidence à Mézières, est nommé inspecteur de cette académie (troisième classe) à la même résidence.

Périgueux (29 août). — M. Ménétrel, inspecteur d'académie (troisième classe), en inactivité, est nommé inspecteur de l'académie de Bordeaux (même classe) en résidence à Périgueux, en remplacement de M. l'abbé Hébert-Duperron, appelé à d'autres fonctions.

Commis.

Promotions de classe (6 septembre). — MM. Carbonnel, Saurin et Devoir, commis des académies d'Aix, de Grenoble et de Bordeaux, sont promus de la deuxième à la première classe de leur emploi, à dater du 1er octobre 1866.

Aix. (10 septembre.) — M. Jobert, commis d'inspection académique (première classe) à Ajaccio, est nommé commis d'académie (deuxième classe), à Aix, en remplacement de M. Leterrier, appelé à d'autres fonctions.

Ajaccio. (10 septembre.) — M. Robinaud (Théodore-Ange), chargé des fonctions de maître répétiteur au lycée du Prince-Impérial, est nommé commis d'inspection (troisième classe), en résidence à Ajaccio, en remplacement de M. Jobert, appelé à d'autres fonctions.

Inspecteurs de l'instruction primaire.

Ajaccio (29 août). — M. Delaplanche, ancien instituteur primaire, pourvu du certificat d'aptitude aux fonctions de l'inspection, est nommé inspecteur primaire pour l'arrondissement d'Ajaccio, en remplacement de M. Berthon, appelé à d'autres fonctions.

Belley (29 août). — M. Berthon, inspecteur de l'instruction primaire (troisième classe) pour l'arrondissement d'Ajaccio (Corse), est nommé inspecteur (même classe) pour l'arrondissement de Belley (Ain), en remplacement de M. Guy, appelé à d'autres fonctions.

Draguignan (29 août). — M. Maurin, inspecteur primaire (deuxième classe) pour l'arrondissement de Marseille, est nommé inspecteur (même classe) pour l'arrondissement de Draguignan, en remplacement de M. Vasselin, appelé à d'autres fonctions.

Marseille (29 août). — M. Chassan, directeur de l'école normale primaire de Nice, est nommé inspecteur primaire (première classe) pour l'arrondissement de Marseille, en remplacement de M. Maurin, appelé à d'autres fonctions.

Montreuil-sur-Mer (29 août). — M. Bouchardy, inspecteur primaire (troisième classe) pour l'arrondissement de Sarlat (Dordogne), est nommé inspecteur (même classe) pour l'arrondissement de Montreuil, en remplacement de M. Debruynes, admis à faire valoir ses droits à la retraite.

Nice (29 août). — M. Vasselin, inspecteur de l'instruction primaire (première classe) pour l'arrondissement de Draguignan (Var), est nommé inspecteur (même classe) pour l'arrondissement de Nice, en remplacement de M. Constan, appelé à d'autres fonctions.

Sarlat (29 août). — M. Guy, inspecteur primaire (deuxième classe) pour l'arrondissement de Belley (Ain), est nommé inspecteur (même classe) pour l'arrondissement de Sarlat, en remplacement de M. Bouchardy, appelé à d'autres fonctions.

Enseignement secondaire spécial.

(12 septembre 1866.)

Agrégés.

Le Ministre secrétaire d'État au département de l'instruction publique,

Vu l'article 1er du décret du 28 mars 1866;
Vu l'arrêté en date du même jour;
Vu les dispositions générales du règlement du 27 décembre 1855;
Vu le procès-verbal, en date du 3 septembre 1866, de la séance de clôture des épreuves de l'agrégation de l'enseignement secondaire spécial;

Arrête :

Art. 1er. Sont reconnus aptes à l'agrégation des lycées pour l'enseignement spécial :

MM.

1. Gérardin, professeur libre à Paris;
2. Fitremann, professeur de cours de mathématiques au lycée de Chaumont, en congé.
3. Harivel, chargé de cours de physique au lycée de Nantes;
4. De l'Hôpital, chargé de cours de physique au lycée de Caen;
5. Doucet, professeur libre à Lyon;
6. Rigolage, régent du collége de Castres;

Art. 2. Sont nommés agrégés des lycées pour l'ordre de l'enseignement secondaire spécial :

MM.

Gérardin (Charles-Auguste), né le 19 août 1828;
Fitremann (Émile-Marie), né le 21 octobre 1836;
Harivel (Pierre-Marie-Théodore), né le 20 mai 1835;
De l'Hôpital (Alphonse-Jacques-Célestin), né le 20 mars 1823;
Doucet (Théophile), né le 19 janvier 1831;
Rigolage (Jules-Émile), né le 12 mars 1840.

Fait à Paris, le 12 septembre 1866.

V. DURUY.

Régents.

Semur (10 septembre). — M. Jacotin (Victor), pourvu du certificat de capacité pour l'enseignement primaire, est nommé régent de l'enseignement spécial au collége de Semur (emploi nouveau).

Tournus (10 septembre). — M. Martinand, bachelier ès sciences, est nommé régent des cours spéciaux d'enseignement secondaire spécial au collége de Tournus.

École normale de Cluny (25 août). — M. Quiney, économe de troisième classe au lycée de Chambéry, est appelé aux mêmes fonctions à l'école normale de Cluny, en remplacement de M. Duvignier, appelé à d'autres fonctions.

Écoles normales primaires.

Directeurs.

Ajaccio (29 août). — M. Constan, inspecteur primaire pour l'arrondissement de Nice, est nommé directeur (troisième classe) de l'école normale primaire d'Ajaccio, en remplacement de M. Augé, appelé à d'autres fonctions.

Nice (29 août). — M. Augé, directeur (troisième classe) de l'école normale primaire d'Ajaccio, est nommé directeur (même classe) de l'école normale primaire de Nice, en remplacement de M. Chassan, appelé à d'autres fonctions.

Poitiers (4 septembre). — M. Paris, directeur (troisième classe) de l'école normale primaire de Troyes (Aube), est nommé directeur (même classe) de l'école normale primaire de Poitiers (Vienne), en remplacement de M. Lebrun, appelé à d'autres fonctions.

Troyes (4 septembre). — M. Lebrun, directeur (deuxième classe) de l'école normale primaire de Poitiers, est nommé directeur (même classe) de l'école normale primaire de Troyes, en remplacement de M. Paris, appelé à d'autres fonctions.

Maître-adjoint.

Chartres (31 août). — M. Pelouze, maître adjoint (troisième classe) à l'école normale primaire d'Ajaccio, est nommé maître adjoint (même classe) à l'école normale primaire de Chartres (emploi nouveau).

Enseignement primaire annexé aux lycées et colléges.

Chartres (10 septembre). — M. Papot, pourvu du brevet complet, est nommé régent des cours spéciaux d'enseignement primaire annexés au collége de Chartres.

Dinan (10 septembre). M. Encoignard, pourvu du brevet complet, est nommé régent des cours spéciaux d'enseignement primaire annexés au collége de Dinan, en remplacement de M. Vénard.

Laon (10 septembre). — M. Bouchez, bachelier ès lettres, est nommé régent de septième au collége de Laon, en remplacement de M. Hébert, appelé à d'autres fonctions.

Provins (10 septembre). — Un congé d'inactivité, jusqu'au 1er octobre 1867, est accordé à M. Éloy, régent des cours spéciaux d'enseignement primaire au collége de Provins.

M. Loire, ancien régent, est chargé, à titre de suppléant, des cours spéciaux d'enseignement primaire du collége de Provins, pendant la durée du congé accordé à M. Éloy.

Saumur (10 septembre). — M. Cadeau, pourvu du brevet complet, est nommé régent des cours spéciaux d'enseignement primaire annexés au collége de Saumur.

Vic-de-Bigorre (10 septembre). — M. Fontan, pourvu du brevet complet, est nommé régent des cours spéciaux d'enseignement primaire annexés au collége de Vic-de-Bigorre.

DOCUMENTS

RELATIFS A L'INSTRUCTION PRIMAIRE.

D'après la législation générale sur les distinctions honorifiques en France, le ruban seul de la Légion d'honneur peut être porté sans la décoration. Il n'est point dérogé à cette règle en faveur des palmes universitaires, dont le ruban ne peut, par conséquent, être séparé des insignes qu'il doit supporter. (Extrait du *Bulletin de l'instruction publique*.)

STATUTS DE LA SOCIÉTÉ DES AMIS DE L'INSTRUCTION PRIMAIRE DE LA COMMUNE DE MEILLONNAS (AIN).

Le besoin d'instruction se faisant de plus en plus sentir, et son importance étant aujourd'hui généralement reconnue, il importe de la répandre dans tous les rangs de la société, suivant les besoins, de manière à la rendre le plus utile et le plus profitable possible à chacun en particulier et à la société en général. Pour atteindre ce but, remarquant que les enfants quittent le plus généralement l'école à l'âge de douze à treize ans, avec un bagage plus ou moins complet d'instruction dont ils ne sentent pas l'importance et qu'ils tendent plutôt à perdre qu'à augmenter, ne pouvant encore en faire l'application; désirant venir en aide, et réparer, par l'établissement d'un cours d'adultes, les torts qui ont été faits aux délaissés en instruction, il est créé à Meillonnas une société dite *des Amis de l'instruction primaire*, destinée à encourager sous toutes les formes la diffusion bienfaisante de l'instruction primaire.

CHAPITRE PREMIER.

Patronage de la société.

Art. 1er. La société se place sous le patronage de S. Exc. le Ministre de l'instruction publique et portera le titre de *Société des amis de l'instruction primaire*.

CHAPITRE II.

But de la société.

Art. 2. La société a pour but :

1° De combattre l'ignorance et ses suites funestes par la propagation bienfaisante de l'instruction primaire;

2° De fonder un cours public d'adultes destiné à continuer et à améliorer l'instruction primaire, dont il est le complément indispensable, en lui donnant une direction sage et utile par des applications pratiques;

3° D'établir une bibliothèque communale renfermant les meilleurs ouvrages de morale, d'agriculture, d'histoire et de connaissances utiles en rapport avec les besoins.

CHAPITRE III.

Composition de la société.

Art. 3. La société se compose de sociétaires honoraires et de sociétaires participants.

Art. 4. Les sociétaires participants sont ceux qui ont souscrit l'engagement de se conformer aux présents statuts et qui participent aux avantages de l'association.

Art. 5. Les sociétaires honoraires sont ceux qui par leurs conseils, leurs leçons et leurs souscriptions contribuent à la prospérité de l'association.

Art. 6. Le nombre des sociétaires participants est limité aux habitants de la commune de Meillonnas, remplissant les conditions exigées.

Le nombre des membres honoraires est illimité.

CHAPITRE IV.

Conditions et mode d'admission.

Art. 7. Toute personne habitant la commune de Meillonnas, âgée de seize ans et au-dessus sans limite d'âge, pourra faire partie de la société, sur sa simple demande, et participer à tous ses avantages.

Art. 8. Les membres honoraires sont admis sans être assujettis à aucune condition d'âge et de domicile.

CHAPITRE V.

Administration.

Art. 9. L'administration de la société est confiée à une commission composée d'un président, d'un vice-président, d'un trésorier, d'un secrétaire, de six administrations et du directeur du cours.

Art. 10. M. le maire et M. le curé sont de droit membres de la commission.

Art. 11. Le président surveille et assure les intérêts de la société par l'exécution des statuts et la bonne direction des cours ; il signe tous les actes, arrêtés ou délibérations et représente la société dans tous ses rapports avec l'autorité publique.

Art. 12. Le vice-président remplace au besoin le président, qui peut lui déléguer tout ou partie de ses pouvoirs.

Art. 13. La commission administre la société et discute ses intérêts tant au point du vue de l'enseignement qu'au point de vue pécuniaire.

Art. 14. Le trésorier fait les recettes et les dépenses. Il paye sur mandat signé par le président et visé par le secrétaire.

Art. 15. Le secrétaire est chargé des écritures et de la conservation des archives de la société.

Art. 16. La commission se réunit tous les premiers dimanches du mois, à neuf heures du matin, sans autre convocation.

Le président peut, en outre, la réunir extraordinairement en cas de nécessité sur convocation écrite vingt-quatre heures à l'avance. La commission prononce sur toutes les questions qui lui sont soumises.

CHAPITRE VI.

Composition des ressources de la société.

Art. 17. Les ressources de la société se composent

1° De la cotisation de ses membres ;

2° De souscriptions volontaires dont le chiffre est illimité ;

3° Des subventions communales, départementales ou de l'État ;

4° Des dons et legs, que la société pourra être autorisée à recevoir ;

5° Du produit des loteries ou fêtes organisées au bénéfice de l'œuvre.

CHAPITRE VII.

Des obligations envers la société.

Art. 18. Les sociétaires s'engagent à payer entre les mains du trésorier une rétribution annuelle de 2 francs, et prêtent leurs concours au progrès de la société.

Art. 19. Dans le cas de décès d'un des membres de la société, tous les sociétaires seront convoqués pour assister à ses obsèques.

CHAPITRE VIII.

Des obligations de la société.

Art. 20. La société se charge, suivant ses ressources, de l'établissement ou d'aider à l'établissement d'un cours gratuit d'adultes, ouvert chaque année, du 1er novembre au 1er avril suivant, dans lequel seront enseignées, d'une manière pratique, toutes les matières composant le programme réglementaire de l'instruction primaire.

Il pourra, en outre, comprendre des notions d'arpentage et de sciences naturelles appliquées aux usages de la vie.

Art. 21. Le cours sera ouvert tous les jours, de sept à neuf heures du soir, les jeudis et samedis exceptés.

Art. 22. En dehors du temps fixé pour la durée du cours, il y aura deux séances par mois pour maintenir l'instruction de ses membres jusqu'à l'ouverture du cours suivant.

Art. 23. Ces deux séances auront lieu, le premier et le troisième dimanche de chaque mois de sept à neuf heures du matin.

Art. 24. Sur le montant des ressources de la société, il sera pourvu aux frais du cours et à l'établissement d'une bibliothèque dont les ouvrages mis à la disposition de chacun traiteront exclusivement de morale, d'agriculture, d'histoire et de connaissances utiles en rapport avec les besoins.

CHAPITRE IX.

Dispositions générales.

Art. 25. La société, par le bien qu'elle a en vue, ayant une grande communauté avec la société de secours mutuels, pourra être considérée comme une annexe de cette dernière et lui être adjointe.

Art. 26. L'élection des membres composant la commission sera faite à la majorité des voix, en assemblée générale des membres de la société convoqués à cet effet.

Leurs fonctions durent un an. Ils sont rééligibles.

Art. 27. Chaque année, un rapport de la marche de la société sera transmis à S. Exc. M. le Ministre de l'instruction publique et à M. le préfet du département.

Art. 28. Les présents statuts pourront être modifiés conformément aux intérêts et aux besoins de la société, en assemblée générale, et devront, dans tous les cas, être soumis à l'approbation de l'autorité compétente.

Art. 29. Les présents statuts, soumis à l'approbation de la société de secours mutuels de Meillonnas, dans son assemblée générale du 6 janvier courant, ont été, après lecture faite, adoptés à l'unanimité, et la Société des amis de l'instruction primaire admise et établie comme annexe de la société de secours mutuels, quoique pouvant avoir une administration distincte.

Fait à Meillonnas, le 7 janvier 1866.

(Suivent les signatures et l'approbation du préfet de l'Ain, à la date du 19 mai 1866.)

———

Conseils aux instituteurs. — Nous croyons être utile à nos lecteurs en reproduisant les principales parties d'une circulaire adressée par M. Paul Odent, préfet de la Moselle, aux instituteurs de son département.

C. D.

« Metz, le 19 juin, 1866.

« Messieurs,

« La tournée que j'ai faite récemment dans le département m'a donné occasion de visiter plusieurs écoles et de constater, soit par moi-même, soit par le témoignage des autorités locales, l'état de notre instruction primaire. Mon impression générale a été, je me plais à le dire, des plus favorables. Toutefois il est encore plusieurs points sur lesquels je crois utile d'appeler votre attention.

« En ce qui regarde la tenue extérieure du maître, le soin de son habitation, la propreté de la classe, je voudrais que l'instituteur fût partout irréprochable, et que, chargé d'inspirer le sentiment de l'ordre aux enfants, il ne manquât pas lui-même de prêcher d'exemple. Cette qualité, je la réclame de tous, parce qu'elle est accessible à tous et qu'un peu de bonne volonté y suffit. En voyant, dans certaines écoles, un air de négligence répandu partout, des cartes et tableaux mal attachés, des vitres sans transparence ou avec des carreaux cassés, de la poussière amoncelée en maint endroit, des livres et cahiers étalés au hasard sur l'estrade, des murs jaunis et sales : en un mot tout le matériel de la classe livré au désordre et à la confusion, je ne pouvais concevoir une idée avantageuse du maître. Presque toujours aussi, dans ce cas, les pièces destinées à son habitation et à celle de sa famille révélaient la même négligence et le même abandon, au lieu d'offrir cet aspect de bonne tenue et de propreté soigneuse qui est le luxe des plus modestes demeures. J'exhorte ceux d'entre vous qui n'ont pas encore compris l'importance de ces soins matériels, à bien s'en pénétrer, à prendre exemple sur leurs collègues plus attentifs, et à ne pas oublier que, dans l'intérêt de la dignité du maître et dans l'intérêt de l'enseignement même, ces détails ne sont point indifférents.

« La sollicitude journalière et vigilante que je réclame de vous pour la tenue matérielle, je la regarde comme également indispensable à l'accomplissement de vos autres devoirs scolaires. L'éducation est surtout une œuvre de patience et de régularité. Les conseils, toujours précieux, de MM. les inspecteurs primaires, les sages recommandations de M. l'inspecteur d'académie et les instructions de M. le Ministre lui-même vous indiquent, à cet égard, tout ce que vous avez à faire. Je regretterais vivement que quelques-uns d'entre vous me fussent signalés comme peu empressés de se soumettre à ces prescriptions. La tenue des divers registres scolaires, tels que les établit, en les simplifiant, l'arrêté ministériel du 17 avril 1866 ; celle du livret de correspondance avec les familles, recommandé par Son Excellence dans sa circulaire du 26 mai dernier ; *l'exactitude à préparer et à disposer d'avance tous les principaux exercices de la classe;* le soin *d'expliquer la lecture,* de diriger le calcul vers des applications utiles et pratiques, d'initier les enfants à la connaissance, non-seulement du catéchisme, mais encore de l'histoire sainte ; une attention constante à rendre l'enseignement réellement profitable en l'empêchant de dégénérer en une sorte de mécanisme routinier : ce sont là les conditions essentielles de votre tâche....

« Vous avez, messieurs les instituteurs, à vous préoccuper de plus en plus sérieusement de tout ce qui peut assurer le succès de votre honorable mission... Des exemples récents m'invitent aussi à vous rappeler de nouveau ce qu'a d'impératif et d'absolu l'article 33 du règlement des écoles, en ce qui concerne les punitions autorisées. *Tout châtiment corporel est formellement interdit* et ne saurait trouver aucune excuse, alors même que vous allégueriez que le père de l'enfant vous a prié de corriger son fils; car vous n'êtes pas en droit d'accepter une pareille délégation. Dans aucun cas, non plus, vous ne pouvez, sans autorisation de l'inspecteur, modifier les heures réglementaires de l'école, ni permettre à des élèves de ne pas suivre régulièrement tous leurs exercices : la ponctualité est obligatoire pour les uns comme pour les autres, et toute exception à cet égard est une infraction dont vous êtes responsable. J'ai lieu de croire que cette exactitude n'est pas toujours observée.

« J'ai remarqué également que beaucoup d'entre vous sont secrétaires de mairie et clercs paroissiaux, sans jamais en avoir obtenu l'autorisation. Un tel état de choses constitue une dérogation formelle à l'article 32 de la loi Cet article exige, en effet, que toute fonction non scolaire ne soit exercée par l'instituteur qu'avec l'autorisation du conseil départemental, lequel reste juge de l'opportunité de la demande, conformément aux principes rappelés par la circulaire ministérielle du 30 mars 1861. Vous avez, par conséquent, à vous mettre en règle sur ce point, en m'adressant, par la voie hiérarchique, une demande que vous aurez soin de soumettre à l'avis de l'autorité locale et du délégué. Cette demande devra relater, aussi exactement que possible, les heures consacrées à chacune des fonctions accessoires pour lesquelles l'autorisation est sollicitée, ainsi que les rémunérations dont ces services sont l'objet.

« Enfin, messieurs les instituteurs, je vous recommande instamment, ainsi qu'aux institutrices, de faire une petite distribution de prix ait lieu, en fin d'année, dans les écoles. Là où cet usage n'est pas encore établi, efforcez-vous de le faire établir. Vous vous adresserez avec confiance, dans ce but, à MM. les maires et aux personnes notables de votre commune, qui n'attendent quelquefois qu'une démarche et une prière de l'instituteur pour l'aider en cela. La dépense peut, dans la plupart des cas, être fort minime; et c'est, à tous égards, de l'argent bien employé.

« Ces fêtes scolaires sont un puissant moyen de retenir les enfants pendant l'été, et d'empêcher la déplorable désertion qui se produit encore dans un trop grand nombre d'écoles. Luttons avec ténacité contre cette coutume si fâcheuse : je tiendrai grand compte à chacun de vous des résultats qu'il aura obtenus sous ce rapport.

« L'abandon presque général des classes, aussitôt la première communion faite, n'est pas moins préjudiciable au succès de votre mission. Vous aurez beaucoup fait pour prévenir ce mal, si, par l'intérêt donné à votre enseignement, et par une habile organisation de votre division supérieure, vous savez convaincre les familles que leurs enfants ne peuvent que gagner à prolonger leur séjour sur les bancs de la classe. Préoccupé de cette question, comme de toutes celles qui importent au progrès de l'éducation populaire, M. le Ministre de l'instruction publique a signalé à plusieurs reprises les avantages que l'on retirerait d'une sorte de diplôme d'honneur, qui serait délivré, sous certaines conditions, aux élèves ayant continué à fréquenter la classe pendant une année, au moins, après la première communion. J'examinerai avec M. l'inspecteur d'académie quels seraient les moyens de réaliser parmi nous cette pensée.... » — *Bulletin de l'instruction primaire de la Moselle.*

AVIS.

Quelques retards étants survenus dans la préparation de notre troisième planche de travaux à l'aiguille, nous n'avons pu la joindre à ce numéro : elle accompagnera le numéro de novembre.

MANUEL GÉNÉRAL DE L'INSTRUCTION PRIMAIRE

La collection du *Manuel général*, depuis son origine, de novembre 1832 jusqu'à janvier 1866, se vend 125 fr. Cette collection forme 41 volumes divisés en 5 séries. 1re et 2e séries, in-8°, de novembre 1832 à décembre 1849, 23 volumes; 3e série, in-4°, de janvier 1850 à décembre 1857, 8 volumes (l'année 1854, qui est épuisée dans ce format, est remplacée pour un petit nombre d'exemplaires, par la même année du *Petit Manuel* in-8°); 4e série, in-8°, de janvier 1858 à décembre 1863, 6 volumes; 5e série, in-8°, commençant en janvier 1864, 4 volumes

On ne vend pas séparément les années 1853 et 1854. Chacune des années des trois premières séries, se vend 4 fr.; de la quatrième, 2 fr.; et de la cinquième (2 vol.), 10 fr., frais de port compris.

PETIT MANUEL
DE L'INSTRUCTION PRIMAIRE

JOURNAL MENSUEL

DES INSTITUTEURS ET DES INSTITUTRICES.

EDUCATION ET ENSEIGNEMENT.

DE L'ENSEIGNEMENT DE LA LANGUE FRANÇAISE DANS LES ÉCOLES PRIMAIRES.

Saint-Jean-de-Maurienne, 1er octobre 1866[1].

Monsieur le rédacteur,

…. L'enseignement de la langue française a, dans nos écoles, une importance suffisamment attestée par le temps et le papier qu'on y consacre, par le nombre toujours croissant d'ouvrages sur la matière, et par la quantité d'articles que contiennent sur ces questions les diverses publications spéciales. Il est permis de croire dès lors que tout a été dit au sujet des méthodes.

Je n'ai donc pas la prétention d'avoir rien découvert de nouveau; je voudrais seulement, si vous le trouvez bon, monsieur le rédacteur, répéter ici des choses qui ont déjà été dites, mais qu'on peut apparemment redire sans inconvénient, puisque l'enseignement élémentaire de la langue française donne encore, dans un trop grand nombre d'écoles, des résultats si peu en rapport avec les efforts qu'il coûte.

Cet enseignement a pour base l'étude de la grammaire. Mais comment s'y prend-on, le plus souvent, pour enseigner la grammaire? Prenons le maître sur le fait. Il ouvre le livre à la leçon qui vient d'être récitée, et il dit aux élèves d'une même division : « Pour demain, vous apprendrez par cœur la leçon suivante, depuis : « Règle générale. — Pour « former le pluriel, etc., » jusqu'à : « les « bals, les régals, les chacals. » Puis il ferme le livre, et l'on passe à d'autres exercices.

Le lendemain, en effet, chaque élève, à mesure qu'il est interpellé, récite textuellement tout ou partie de la leçon, qu'il a plus ou moins bien retenue, trop souvent, hélas! sans la comprendre, et qu'il oubliera probablement dans quelques jours. Cette récitation est généralement suivie d'un devoir écrit puisé dans une série d'exercices servant d'application à la leçon courante, et corrigé par épellation avec des explications plus ou moins raisonnées qui permettent aux plus intelligents d'entrevoir le sens des règles qu'ils avaient laborieusement étudiées l'avant-veille. Enfin cet enseignement se complète par une dictée quotidienne qui n'a souvent aucun rapport avec l'état actuel des connaissances des élèves, et qui se corrige par une épellation littérale.

---

1. Nous appelons l'attention de nos lecteurs sur la date de cette lettre, antérieure de plusieurs jours à celle de la circulaire de M. le Ministre que l'on trouvera plus loin dans ce numéro. Nous publierons, dans notre numéro prochain, un article contenant différentes observations pratiques sur cette importante circulaire.　　　　C. D.

Et, le plus souvent, c'est là tout.

Je m'empresse de reconnaître qu'il ne manque pas de maîtres qui font autrement; mais combien y en a-t-il qui reconnaîtront plus ou moins leur manière de procéder dans la *méthode* que je viens d'exposer ?

A ceux-ci, je dirai : Avez-vous jamais songé à ce qu'il y a d'aride et de rebutant, pour des enfants, dans cette étude de mots abstraits composant des phrases dont le sens leur échappe? Ouvrez donc vous-même, par exemple, un traité d'algèbre, de trigonométrie, de géométrie descriptive, ou de chimie, dans lequel les formules et les termes techniques ne vous seront pas épargnés (je suppose que ces sciences vous soient étrangères); et dites-moi combien de temps vous en supporterez la lecture.

Eh bien, si vous vous attachez à tel théorème en particulier, il se pourra que vous trouviez l'énoncé obscur ou même inintelligible, et que vous n'en compreniez le sens littéral qu'après en avoir lu attentivement la démonstration. J'ai sous la main un ouvrage savant et complet sur la syntaxe; j'y vois en quantité des règles, des exceptions, des remarques, très-justes d'ailleurs, mais dont la plupart ne deviennent bien claires que lorsqu'on a lu les exemples qui les suivent.

N'y a-t-il pas là une précieuse indication pour des hommes d'enseignement, et faut-il s'étonner que des enfants, dont le vocabulaire est ordinairement restreint aux idées les plus vulgaires et les moins métaphysiques, ne témoignent nul attrait à retenir *une suite de mots* comme celle-ci : « L'article est un mot qui se joint à un nom commun pour marquer que ce nom s'applique particulièrement à telle personne ou à telle chose. » Je trouve cette définition dans une grammaire que j'ouvre au hasard ; je me garde bien d'en contester l'exactitude, mais je déclare qu'elle sera lettre close pour vos élèves jusqu'à ce que leur esprit ait fait sur l'objet défini des réflexions et des observations qui le leur fassent reconnaître dans la définition.

Car c'est par là qu'il faut commencer si vous voulez que tout le temps consacré à l'étude de la grammaire soit utilement employé ; vos élèves, au lieu de se rebuter par des difficultés présentées brusquement à leur intelligence, s'appliqueront avec une sorte d'intérêt à les surmonter, si vous savez les y conduire par une pente douce. Vous y arriverez en ne leur donnant une définition à apprendre qu'après avoir appelé leur attention sur la chose à définir, et une règle à étudier qu'après la leur avoir fait trouver et formuler eux-mêmes, au moyen d'exemples pris dans leurs livres de lecture ou préparés au tableau noir.

Si depuis longtemps on a suivi une marche contraire, c'est peut-être — on me l'a assuré, du moins — parce que les premières personnes qui se sont occupées d'instruction primaire ayant été prises dans le personnel de l'instruction secondaire, ont enseigné le français comme on enseigne le latin, en passant de la règle aux exemples. Je comprends qu'il n'en puisse être autrement dans l'étude d'une langue dont on ignore même les éléments; et, d'ailleurs, l'élève latiniste est déjà un peu familiarisé, par l'étude préalable du français, avec les abstractions de la grammaire. L'élève d'une école primaire n'est pas dans le même cas : il n'entend rien aux abstractions, mais il comprend assez sa langue maternelle pour pouvoir, avec l'aide du maître, bien entendu, en déduire les principes sur la simple observation des faits.

Et d'ailleurs, si la grammaire règle les formes du langage, ces formes diverses ne sont-elles pas antérieures aux règles, qui n'en sont que la consécration? Donc la méthode la plus naturelle dans cette étude consiste à poser le fait, à l'observer, et à en déduire la règle.

Il s'est trouvé de hardis novateurs qui conseillaient d'enseigner la langue française sans le secours des grammaires. Bien que la chose ne me paraisse pas impossible, je ne sourais admettre une réforme aussi radicale. Si quelques maîtres possèdent assez bien les principes de la langue, et sont assez habiles pour supprimer à la rigueur chez leurs élèves l'emploi de la grammaire, elle est indispensable à la grande majorité des instituteurs, et c'est pour tous une base et un guide d'une utilité incontestable. Le tout est de savoir en faire usage : elle ne doit pas être tout l'enseignement, mais une sorte de résumé de la leçon du professeur.

Cette leçon elle-même ne sera pas un discours de longue haleine, que les enfants, du reste, ne sauraient écouter jusqu'au bout. Ce rôle trop passif ne leur convient pas, et leur activité naturelle est une heureuse disposition dont il est bon de tirer parti en cette circonstance.

Trop souvent, dans les écoles, on ne fait parler les enfants que pour lire ou pour réciter, c'est-à-dire pour répéter des phrases toutes faites, mais non pour s'exprimer à leur manière; cet exercice essentiel manque presque absolument. Une leçon de grammaire est, comme on va le voir, une excellente occasion pour provoquer chez eux des réflexions, des remarques, des jugements et des réponses qu'ils formulent avec des termes à eux.

Voici, pour ma part, comment je comprendrais cet enseignement.

Il s'agit, par exemple, de faire connaître

le nom et ses différentes espèces aux élèves d'une division moyenne.

Je demande au premier : « Comment vous appelez-vous? — Charles, répondit-il. — Et vous, dis-je au second? — Paul. » J'adresse la même question à un ou deux autres élèves ; j'écris au fur et à mesure leurs réponses sur le tableau noir, et je reprends : « Que voyez-vous sur ce tableau? quatre mots, n'est-ce pas? Qu'est-ce que ce premier mot, dis-je au premier élève? — C'est mon nom. — Et celui-ci ? m'adressant au second. — C'est mon nom. — Ces quatre mots sont donc vos quatre noms. Chacun de vous a son nom, chaque personne, ici et au dehors, a le sien. Savez-vous pourquoi chaque individu a reçu un nom?... Vous êtes embarrassé pour répondre. Si j'avais à vous prier de porter ce livre à telle personne qui me l'a demandé, comment pourrais-je vous la désigner? — Par son nom. — Vous voyez donc l'utilité des noms : ils servent à ?... — Désigner les personnes. — C'est cela : les noms servent à désigner ou à nommer les personnes. Mais n'y a-t-il que les personnes qui aient des noms? N'en donne-t-on pas aussi aux animaux, aux plantes, à toute chose, enfin? Comment appelez-vous ceci? — Un tableau. — Et ceci? — Un crayon. — Et cet arbre, près de la fenêtre? — Un poirier. — Et l'animal qu'on attelle à une voiture? — Un cheval. — Un mulet. — Un âne. — Voici vos réponses écrites au tableau noir. Qu'est-ce que ces mots ? — Ce sont des noms. — Désignent-ils des personnes comme Charles, Paul, etc.? — Non, monsieur. — Quoi donc? — Des choses. — En effet. Le nom est donc un mot qui sert à nommer les personnes et les choses. Répétez cela, Charles... »

J'abrége nécessairement ces développements, car il peut se faire que toutes les réponses des élèves ne me satisfassent pas; alors il faudrait insister davantage sur les points qui ne seraient pas bien compris. Je fais ouvrir les livres de lecture à la même page, et je dis successivement à chaque élève de me désigner les noms de telle phrase ou de telle ligne. Cet exercice de quelques minutes donnera lieu à certaines remarques qui conduiront à la distinction des noms communs et des noms propres. Dans une phrase comme celle-ci : « La *France* est un beau *pays*, » je ferai remarquer que *France* est le nom de notre patrie, ce nom est comme sa propriété, il lui appartient en *propre;* tandis que *pays* est un nom qui désigne à la vérité notre patrie dans le cas présent, mais qui peut convenir à tout autre État, même à une province, à une ville : c'est un nom qui appartient en *commun* à plusieurs choses de même espèce.

C'est alors que les enfants comprendront les définitions de la grammaire, et qu'ils pourront les apprendre sans peine, car ils les savent déjà : ils n'ont plus besoin que de s'exercer à les formuler, et les termes du livre expriment alors pour eux des idées.

Supposons maintenant qu'il s'agisse d'enseigner les *règles* de la formation du pluriel dans les noms.

Je cherche dans le livre ordinaire de lecture une page dans laquelle quelques noms figurent tantôt au singulier, tantôt au pluriel, et je dis aux élèves d'ouvrir leurs livres à cette page, ou encore j'écris au tableau noir quelques phrases comme celles-ci : « Je partis à une *heure*, et je revins à neuf « *heures* et demie. Mon *voyage* m'a coûté « douze *francs;* à mon *retour*, je n'avais « plus qu'un *franc* cinq *centimes*. »

J'invite un élève à me signaler tous les noms, que je souligne en même temps; un autre élève me dira l'espèce, le genre et le nombre du premier nom, *heure;* le suivant analysera de même le deuxième nom, et ainsi de suite. Cela fait, je m'adresse à l'un des derniers élèves, et je lui dis : « Le nom *heure* figure deux fois dans la première phrase; est-il écrit de la même manière? — Non, Monsieur. — Quelle différence y voyez-vous? — Il est écrit sans *s* à la fin la première fois, et terminé par un *s* la seconde fois. — Pourriez-vous m'en donner la raison? — Cela ne peut venir que de ce que *une heure* est au singulier, et *neuf heures* est au pluriel. Il est très-possible que je n'obtienne pas des réponses aussi justes du premier coup; dans ce cas je m'adresse à d'autres élèves, ou je varie mes questions pour mettre de plus en plus les enfants sur la voie. Après des observations semblables sur les noms *francs* pluriel, et *franc* singulier, je fais remarquer que *voyage* et *retour*, qui sont au singulier, s'écrivent sans *s*, et que *centimes*, qui est au pluriel, se termine par un *s*. En même temps je souligne une seconde fois les noms pluriels pour rendre ces distinctions plus apparentes, et je reprends ainsi : Un nom ne s'écrit donc pas de la même manière au pluriel et au singulier? — Non, Monsieur. — Comment forme-t-on le pluriel d'un nom? — En ajoutant un *s* au singulier. — En effet, tel est l'usage. Et voilà une règle parfaitement comprise.

Mais, ajouterai-je, si un nom était déjà terminé par un *s* au singulier, ajouteriez-vous un second *s* au pluriel?... Les uns disent oui, d'autres non, la plupart se taisent..... Nous allons nous assurer du fait. Ouvrez votre livre à la page 6, Charles, lisez la septième ligne. — « Il réclamait constamment du secours. » — Le mot *secours* est-il au singulier? — Si l'élève répond bien, j'ajoute : Remarquez que ce nom est terminé au singulier par un *s*. Lisez maintenant l'avant-dernière ligne de la page. — « Les secours les plus empressés lui furent prodigués. » — Analysez *secours*. — *secours*, nom commun masculin pluriel.—Comment a-t-on formé le pluriel de ce nom? — Il n'a pas changé. — Voilà donc une première exception, et vous en comprenez la raison : l'*s* est le signe du pluriel des noms. Si un nom en est pourvu alors qu'il est au singulier, il n'a pas besoin de l'emprunter quand il passe au pluriel. Donc, les noms terminés au singulier par un *s* ne changent pas au pluriel. Citez-en quelques-uns.....

En étendant cette exception aux noms terminés par *x* ou *z*, je ne manque pas de faire observer que ces consonnes sont quelquefois équivalentes de l'*s*. Ainsi, *z* vaut un *s* entre deux voyelles, et *x* vaut deux *s* dans Auxerre, Auxonne, Bruxelles. Il n'y aura donc pas trop à s'étonner que les noms en *au*, *eu*, et quelques noms en *ou* prennent un *x* au pluriel au lieu d'un *s*.

En expliquant, dans une certaine mesure, la raison des règles et des exceptions, l'intelligence des enfants les conçoit mieux, leur jugement les admet plus volontiers, et leur mémoire les retient d'autant plus vite ; car si trois forces appliquées au même point concourent au même but, elles vaincront l'obstacle plus facilement qu'une seule. Vos élèves n'auront plus la même répugnance à étudier les textes de grammaire; leur mémoire, qui seule jusqu'ici était en jeu, sera aidée par les autres facultés de l'esprit; et c'est ainsi que, dès le début, l'enseignement grammatical contribuera au développement des facultés intellectuelles, et spécialement du jugement, selon les recommandations de la circulaire ministérielle du 20 août 1857, dans les passages suivants :

« L'instituteur s'efforce-t-il de donner de la vie à son enseignement, de le féconder par des interrogations; de substituer, dans une mesure convenable, les récits aux leçons apprises par cœur?.....

« L'étude de la langue maternelle produit-elle, dans son école, des résultats sérieux au point de vue de la formation du jugement?..... »

Il est vrai que, pour faire des leçons de cette manière, il faut s'y préparer d'avance, et c'est bien ainsi que je l'entends. D'ailleurs ce n'est pas dans un autre esprit que la tenue du registre de classe a été prescrite par l'arrêté ministériel du 17 avril dernier....

Veuillez agréer, etc.

NICOT,
Inspecteur primaire à St-Jean-de-Maurienne.

HISTOIRE ET GÉOGRAPHIE.

L'Europe actuelle.

(6ᵉ Leçon. — Suite [1].)

La géographie physique et la géographie politique. — Les terres et les mers. — Les fleurs et les montagnes. — Le commerce et l'industrie.

M. DENIS. Commençons par bien nous entendre sur ce que nous indique Isidore.

C'est au Havre, dis-tu, que tu as vu la mer tantôt s'élever et tantôt s'abaisser, tantôt monter et tantôt descendre.

ISIDORE. Oui, monsieur.

M. DENIS. Si j'ai bonne mémoire, tu nous as dit que tu as vu la mer, non-seulement au Havre, mais aussi à Marseille. Eh bien, as-tu retrouvé à Marseille ce mouvement des eaux de la mer que tu avais remarqué au Havre?

ISIDORE. Il me semble que non, monsieur. A Marseille, jamais la mer ne s'en va et ne revient comme au Havre.

M. DENIS. Décidément, tu vas nous faire croire qu'elle est passablement capricieuse. Du mouvement au Havre; pas de mouvement à Marseille : voilà qui est singulier. Dis-moi, comment s'appelle la mer qui baigne le port de Marseille?

ISIDORE. Dame, monsieur, elle s'appelle la mer; tout le monde la nomme comme cela, et je ne lui sais pas d'autre nom.

M. DENIS. Tiens, regarde ici, sur la carte, tandis que Pierre va nous dire ce nom que tu ne connais pas.

(M. Denis montre Marseille sur la carte.)

PIERRE. La mer qui baigne Marseille s'appelle la Méditerranée.

M. DENIS. C'est cela, mais saurais-tu me dire ce que signifie ce mot Méditerranée, et ce qu'on désigne, en général, par le terme géographique de méditerranée?

PIERRE. Je crois que cela veut dire une mer qui se trouve au milieu des terres. C'est d'ailleurs ainsi qu'est située la mer qui baigne Marseille, puisqu'elle ne communique avec l'Océan que par le détroit de Gibraltar.

M. DENIS. Et la mer qui baigne le Havre?

PIERRE. Celle-là est toute différente; il est bien vrai qu'elle se trouve resserrée entre l'Angleterre et la France, mais elle est ouverte des deux bouts, très-largement du côté de l'ouest, et plus étroitement de l'autre côté.

M. DENIS. Et on appelle cette mer?...

PIERRE. La Manche, monsieur, et elle se termine à l'est par le détroit du Pas-de-Calais.

M. DENIS. C'est très-bien. Vois-tu tout cela, Isidore?

ISIDORE. Oui, monsieur.

M. DENIS. Bon, maintenant je reviens à toi. Voici donc un premier point sur lequel nous sommes renseignés : La mer qui baigne Marseille est fermée, sauf par un point très-étroit, et ses eaux gardent toujours le même niveau: au Havre, elle est ouverte, et le niveau des eaux change. Dis-moi maintenant : ce niveau change-t-il toujours de la même manière? je veux dire, quand tu as vu les eaux monter sur le rivage, les as-tu vues monter toujours jusqu'au même point? et de même, quand elles descendaient, est-ce toujours jusqu'au même point que tu les as vues descendre?

---

1. Voir le nº 8, p. 197 et suiv.

ISIDORE. Il me semble que non, monsieur. Un jour, elles descendent plus bas, et un autre jour elles montent plus haut, suivant le temps qu'il fait.

M. DENIS. Comment, suivant le temps qu'il fait?

ISIDORE. Oui, monsieur, quand il pleut beaucoup, par exemple, les eaux montent davantage, et aussi quand il fait beaucoup de vent, parce que c'est le vent qui pousse les vagues. On m'a dit cela.

M. DENIS. Ah! on t'a dit cela. Alors, suivant ton opinion, tous les jours où il ne pleut pas, et où il ne fait pas de vent, la mer ne s'élève ni ne s'abaisse, quand il ne fait qu'un peu de vent et un peu de pluie, la mer ne s'élève qu'un peu; quand il fait beaucoup de vent et beaucoup de pluie, elle s'élève beaucoup. Et quand elle s'est ainsi beaucoup élevée, si le vent et la pluie viennent à cesser, elle rentre, comme on dit, dans son lit. Est-ce bien cela?

ISIDORE. Dame, il me semble que oui, monsieur.

M. DENIS. Voyons un peu si Antoine va être de ton avis.

ANTOINE. Je crois, monsieur, que le mouvement de la mer est régulier, et qu'il a lieu deux fois dans l'espace de vingt-quatre heures.

M. DENIS. Comment cela?

ANTOINE. Je veux dire que si nous nous supposons qu'au commencement de la journée, par exemple, les eaux de la mer sont au plus bas et qu'à partir de ce moment nous suivions ces eaux dans leur mouvement, nous les verrons pendant six heures monter par degrés, puis commencer dès lors à redescendre et continuer ainsi pendant six autres heures, ce qui fera la journée entière, et qu'alors, au commencement de la nuit, nous les verrons monter de nouveau six heures durant, pour redescendre ensuite pendant six heures, ce qui fera le temps de la nuit.

M. DENIS. Sans qu'il pleuve? Sans qu'il fasse du vent?

ANTOINE. Je crois que la pluie qui tombe ne peut pas changer d'une manière sensible le niveau des eaux de la mer, à cause de leur immense étendue. Et quant au vent, je crois que s'il exerce une influence sur leur mouvement, cette influence n'est que secondaire.

M. DENIS. Et tu appelles ce mouvement des mers?...

ANTOINE. Les marées, M. Denis?

M. DENIS. Et tu penses, comme Isidore, sans doute, que ces marées, qui reviennent si régulièrement, comme tu le dis, deux fois par vingt-quatre heures, s'élèvent à chaque fois au même niveau et s'abaissent de même?

ANTOINE. Non pas, non pas, monsieur. Il y a certaines époques où les marées montent plus haut et d'autres où elles descendent plus bas. Ainsi cela a lieu d'une manière fixe de quinze en quinze jours, de telle sorte que si, par exemple, le premier jour du mois, la marée est la plus forte, à partir de cette époque elle décroîtra jusqu'à l'intervalle du septième ou huitième jour, où sera la plus basse mer; puis, du huitième jour à la fin de la pre- mière quinzaine, la marée tendra à remonter de nouveau de plus en plus. Le quinzième jour, il y aura de nouveau une plus haute mer, et de même dans la seconde quinzaine. Il y a aussi des époques de l'année où les marées sont plus fortes que dans d'autres. Ainsi aux solstices, je crois, les marées sont très-faibles, et elles atteignent leur plus haute élévation aux équinoxes.

M. DENIS. Ce que tu viens de dire, mon cher ami, est très-juste, aux détails près, sur lesquels nous reviendrons. Mais tout cela me paraît bien compliqué : comment vas-tu maintenant t'y prendre pour nous en donner l'explication? Et d'abord, puisque tu ne penses pas, quoiqu'en ait dit Isidore, que c'est du vent et de la pluie que viennent les marées, à ton avis, quelle en est donc la cause?

ANTOINE. Sauf erreur, monsieur, elles sont produites par l'influence de la lune.

M. DENIS. De la lune, mon cher Antoine, y penses-tu? Jamais le père Germain ne voudra croire cette bourde-là.

ANTOINE. C'est pourtant bien ainsi, monsieur Denis,

qu'on me l'a expliqué; mais j'avoue que, pour le comprendre, il m'a fallu d'abord avoir une idée bien juste de ce que c'est que la lune elle-même. Et dame, je ne me chargerais pas de l'explication.

M. DENIS. Pourquoi donc pas, mon cher enfant? Tiens, j'en appelle à Isidore. N'est-il pas vrai, dis-moi, qu'Antoine a tort de s'imaginer qu'il soit si difficile d'expliquer ce que c'est que la lune? Je gage que, pour ta part, tu as sur ce point d'excellentes idées. Dis-nous d'abord si tu as aperçu la lune en venant ici.

ISIDORE. — Oh que nenni, monsieur; même que la nuit était si noire qu'on n'y voyait goutte sur les chemins, et que j'ai failli, en arrivant, tomber dans la mare.

M. DENIS. — Alors c'étaient des nuages qui empêchaient la lune de paraître.

ISIDORE. — Non pas, monsieur, non pas. Il y avait il est vrai, des nuages au ciel, mais il y avait, aussi bien des places où la lune aurait pu se montrer, puisqu'on y voyait des étoiles. Mais elle ne se montrera pas; ni aujourd'hui, ni demain, ni après-demain non plus.

M. DENIS. — Comment sais-tu cela, Isidore?

ISIDORE. — Oh! monsieur, cela arrive ainsi tous les mois; il y a trois jours par mois où la lune ne paraît pas, quand elle est nouvelle.

M. DENIS. — Comment, il y a une nouvelle lune tous les mois?

ISIDORE. — Oui, monsieur.

M. DENIS. — Et la lune de ce mois-ci n'est pas la même que celle du mois passé?...

ISIDORE. — Oh! je n'ai pas dit cela, monsieur.

M. DENIS. — Qu'as-tu voulu dire, alors?

ISIDORE. — Dame, qu'aujourd'hui on ne voit pas la lune, et que c'est ce qu'on appelle le moment de la lune nouvelle; de même que dans trois jours, on la reverra un peu, parce que ce sera le commencement du premier quartier, et que la lune croîtra ainsi pendant quinze jours jusqu'à ce qu'elle soit pleine, pour revenir ensuite au dernier quartier et enfin à la nouvelle lune. Mais je ne sais pas, moi, si c'est toujours la même lune qu'on voit, ou si, à chaque fois, c'est une autre.

M. DENIS. — Tu peux toujours me dire, puisque tu es si bon observateur, si toutes les fois, par exemple, que tu as pu voir la lune pleine, elle ressemblait à l'autre pleine lune que tu avais vue précédemment.

ISIDORE. — Oh! absolument, monsieur. Toutes les fois que la lune est pleine, elle a toujours l'air d'avoir une espèce de figure avec une bouche, un nez, et des yeux qui vous regardent.

M. DENIS. — Et cette bouche, ce nez, ces yeux sont toujours, à ce qu'il t'a semblé, placés de la même manière?

ISIDORE. — Absolument.

M. DENIS. — Si cela est, à moins de supposer qu'il y ait là haut un assortiment de lunes toutes pareilles, ce qui serait, tu me l'avoueras, assez inutile, puisqu'une seule suffit, il y a gros à parier que c'est toujours la même lune que nous voyons et qui nous regarde. Mais peut-être allons-nous pouvoir nous en convaincre, si tu nous fais voir comment et pourquoi il arrive que la lune, comme tu le disais si bien, tantôt ne paraît pas du tout, tantôt ne paraît qu'en partie, et tantôt se montre tout entière. Qui peut donc l'empêcher de se montrer toujours de la même façon?

ISIDORE. — Dame, monsieur, je sais bien que cela est ainsi, mais je ne sais pas comment cela se fait.

M. DENIS. — Eh bien! commençons par préciser ce que tu sais, et nous verrons ensuite s'il n'y aura pas moyen d'expliquer ce que tu ne sais pas. La lune, suivant toi, ne se montrera ni aujourd'hui, ni demain, ni après-demain, et on dit, dès lors, que nous sommes au moment de la nouvelle lune?

ISIDORE. — Oui, monsieur.

. DENIS. — Et après-demain?

ISIDORE. — Après-demain, quand le soleil sera couché, là-bas, derrière la côte, nous verrons se lever un petit croissant tout fin, tout fin, et le reste de la lune paraîtra comme s'il y avait de l'ombre dessus. Et cela ne durera pas longtemps, car elle se couchera presque tout de suite.

M. DENIS. — Dis-moi, le bord extérieur, le dos du croissant, fera-t-il face au côté où tu auras vu disparaître le soleil, où le croissant lui tournera-t-il ses pointes?

ISIDORE. — Je crois, monsieur, que le dos du croissant fera face au côté où est le soleil.

M. DENIS. — Et tu as raison de le croire; mais continue.

ISIDORE. — Eh bien, le lendemain, la lune se lèvera de nouveau du même côté, mais le croissant sera plus large et elle se couchera plus tard. Et le jour d'après encore de même, et elle se couchera encore plus tard; et ainsi de suite.

M. DENIS. — Pendant combien de jours?

ISIDORE. — Pendant toute une semaine, monsieur, et alors la lune sera arrivée au premier quartier.

M. DENIS. — Et comment sera-t-elle, au premier quartier?

ISIDORE. — Oh! monsieur, on en verra tout juste une moitié, et il semblera qu'on l'ait coupée comme avec un couteau.

M. DENIS. — Et après?

ISIDORE. — Après, la moitié éclairée s'agrandira encore pendant une semaine, un peu tous les jours, si bien qu'il n'y aura plus à la fin qu'un petit croissant qui restera sans lumière, tout comme aux premiers jours il n'y avait qu'un petit croissant qui en avait. Et, le quinzième jour, il n'y manquera plus rien du tout, et nous la verrons toute ronde, en pleine lumière, comme le soleil quand il se montre sans ses rayons; et alors elle reste toute la nuit dans le ciel, et elle ne se couche que quand le soleil s'est levé.

M. DENIS. — Sais-tu, Isidore, que j'ai envie de te proposer à M. Leverrier pour entrer à l'Observatoire en qualité d'élève astronome?

ISIDORE. — Vous vous moquez de moi, monsieur Denis; mais c'est que, quand j'accompagnais le père Grand-Jacques, qui était le berger de maître Barré, et qui ne pouvait plus, étant trop vieux, rester seul à garder ses bêtes, nous avons passé, voyez-vous, plus d'une nuit à la belle étoile; et n'ayant rien de mieux à faire, nous devisions ensemble de tout ce qui nous passait sous les yeux, et je vous prie de croire qu'alors nous n'avions pas besoin d'horloge pour savoir l'heure qu'il était, ni d'almanach pour connaître le jour du mois.

M. DENIS. — Et vous faisiez, mon cher ami, ce qu'ont fait avant vous, il y a des milliers d'années, les bergers des anciens temps, et ce sont leurs observations, recueillies par des personnes à qui leurs études avaient permis de connaître mieux qu'eux-mêmes le pourquoi des choses qui ont créé de toutes pièces cette science de l'astronomie, aujourd'hui si étendue et si haute. Tout se tient, vois-tu, en ce monde, mon cher Isidore; il n'est si humble travail, qui, en dehors de l'objet propre que se sont proposé ceux qui l'ont fait, ne puisse avoir pour autrui son intérêt et sa portée. Tu viens de voir toi-même le service que nous ont rendu tes entretiens avec Grand-Jacques. M. Leverrier, dont je te parlais tout à l'heure, est le successeur direct des pâtres de l'Arabie et de la Chaldée, et, crois-moi, il se fait grand honneur de cet héritage-là.

Mais ne nous arrêtons pas sur le bon chemin où tu nous as mis. Qu'arrive-t-il après que la lune est pleine?

ISIDORE. — Eh bien, monsieur, il arrive les mêmes choses qui s'étaient déjà produites avant qu'elle ne le fût; seulement, en sens inverse. Elle commence à s'échancrer de nouveau, et du côté où elle avait paru être éclairée d'abord; après la nouvelle lune, petit à petit, elle devient obscure. Une semaine après le

plein, on n'en voit plus que la moitié, c'est ce qu'on appelle le dernier quartier; puis cette moitié se creuse à l'intérieur, et il n'est bientôt plus qu'un croissant qui se rapetisse d'un jour sur l'autre, si bien qu'à la fin il n'en reste plus, comme disait Grand-Jacques, que l'épaisseur d'une tranche de citrouille. Et au lieu qu'elle se lève au commencement de la nuit, c'est seulement quelque temps avant que le jour revienne qu'on la voit paraître elle-même.

M. DENIS. — Et les pointes du croissant, de quel côté seront-elles tournées?

ISIDORE. — Ce sera, cette fois, du côté du soleil.

M. DENIS. — Tout ce que tu dis, mon ami, est fort exact, et je te remercie de nous avoir conduits à bon port. A mon tour, maintenant. Je tâcherai d'expliquer ce que tu nous as si bien décrit, comptant bien d'ailleurs que vous allez m'aider un peu.

Charles DEFODON.

(La suite de cette leçon à un prochain numéro.)

CONCOURS POUR LE CERTIFICAT D'APTITUDE AUX FONCTIONS D'INSPECTEUR PRIMAIRE.

SUJET DONNÉ A TRAITER.

Nous remercions vivement nos lecteurs de l'empressement qu'ils ont bien voulu mettre à traiter le sujet de composition proposé dans notre dernier numéro. Lorsque, pour la première fois, nous avons fait appel à leurs efforts, nous avons reçu trente copies; il nous en a été adressé, cette fois-ci, plus de quatre-vingts. Nous sommes heureux de constater cette augmentation : les instituteurs ont, comme nous l'espérions, parfaitement compris que ces compositions ne sont pas seulement destinées à ceux d'entre eux qui ont spécialement en vue la carrière de l'inspection, mais qu'elles peuvent être utiles à un bien plus grand nombre, ne fût-ce qu'en leur fournissant un moyen commode de s'exercer à écrire, et en appelant leur attention sur des sujets qui se rapportent directement à leur profession et aux intérêts généraux de l'instruction primaire. Ajoutons que déjà, bien qu'il nous reste encore à prendre connaissance d'un assez grand nombre de copies, nous avons pu reconnaître que la valeur moyenne des devoirs qui sont en ce moment entre nos mains dépasse sensiblement celle du précédent concours.

Nous avons donc trop bien réussi, en prenant l'initiative de ces modestes concours, pour vouloir renoncer désormais à une innovation dont le plus grand avantage est encore pour nous, puisqu'elle nous rapproche de nos lecteurs, et établit entre eux et nous une communication plus intime d'idées et de sentiments. Aussi continuerons-nous, l'année prochaine, à leur présenter, de temps en temps, différents sujets de composition, analogues à ceux qui ont déjà été traités. L'espace nous manque pour commencer dès aujourd'hui nos comptes rendus : notre numéro de décembre en contiendra un certain nombre, avec le sujet traité. Nous donnerons également, d'abord le nom de celui qui nous paraîtra avoir le mieux réussi, et ensuite la liste des copies qui auraient pu être, à notre avis, classées dans un bon rang par un jury d'examen.

C. D.

COMMISSIONS D'EXAMEN POUR L'ENSEIGNEMENT PRIMAIRE.

Ressort de l'académie de Lyon.

Session de juillet 1866.

ASPIRANTS. — BREVET SIMPLE.

Orthographe.

Si tout doit finir avec nous, si l'homme ne doit rien attendre après cette vie, et que ce soit ici notre patrie, notre origine et la seule félicité que nous puissions nous permettre, pourquoi ne sommes-nous pas heureux? Si nous ne naissons que pour les plaisirs des sens, pourquoi ne peuvent-ils nous satisfaire, et laissent-ils toujours un fond d'ennui et de tristesse dans notre cœur? Si l'homme n'a rien au-dessus de la bête, que ne coule-t-il ses jours comme elle, sans souci, sans inquiétude, sans dégoût dans la félicité des sens et de la chair? Si l'homme n'a point d'autre bonheur à espérer qu'un bonheur temporel, pourquoi ne le trouve-t-il nulle part sur la terre? D'où vient que les richesses l'inquiètent, que les honneurs le fatiguent, que les plaisirs le lassent, que les sciences confondent et irritent sa curiosité, loin de la satisfaire; que la réputation le gêne et l'embarrasse, que tout cela ensemble ne peut remplir l'immensité de son cœur, et lui laisse encore quelque chose à désirer? Tous les autres êtres, contents de leur destinée, paraissent heureux à leur manière dans la situation où l'auteur de la nature les a placés. Les animaux rampent dans les campagnes, sans envier la destinée de l'homme qui habite les villes et les palais somptueux. Les oiseaux se réjouissent dans les airs sans penser s'il y a des créatures plus heureuses qu'eux sur la terre. Tout est heureux, pour ainsi dire, tout est à sa place dans la nature; l'homme seul est inquiet et mécontent, l'homme seul est en proie à ses désirs, se laisse déchirer par des craintes, trouve son supplice dans ses espérances, devient triste et malheureux au milieu de ses plaisirs : l'homme seul ne rencontre rien ici-bas où son cœur puisse se fixer.

Arithmétique.

On achète quinze pieds cubes anglais de cuivre : on demande en livres anglaises le poids de ce cuivre, sachant que le cuivre pèse 8,50 fois plus que l'eau; qu'un pied anglais vaut trente centimètres quarante-huit centièmes et qu'une livre anglaise pèse 453gram,6.

Composition française.

Quels procédés suivrez-vous dans l'enseignement de la lecture aux élèves des trois divisions de votre école?

ASPIRANTS. — BREVET COMPLET.

Histoire.

Turgot; — son ministère; — ses plans de réforme.

Géographie.

Indiquer les principaux ports militaires et commerçants depuis Dunkerque jusqu'à Bayonne. — Donner quelques détails sur l'importance et le genre de commerce de chacun d'eux.

Sciences physiques et naturelles.

Théorie du siphon; — ses différentes applications. — Houille; — origine; — variétés; — usages principaux.

Agriculture, industrie, hygiène.

Drainage; — procédés divers; — terres auxquelles il convient; — ses effets au point de vue des produits agricoles et de la salubrité.
Sucre; — ses variétés; — procédés de fabrication.
Conditions hygiéniques auxquelles doit satisfaire une maison d'école.

Arpentage, nivellement, dessin linéaire.

Décrire l'équerre d'arpenteur et en faire connaître les principaux usages.
Qu'est-ce qu'une ligne de plus grande pente? — Décrire le niveau à bulle d'air et en indiquer les usages.
Dessiner une équerre d'arpenteur; — coupe; — élévation.

———

ASPIRANTES. — BREVET DU DEUXIÈME ORDRE.

Orthographe.

Les fruits de l'étude.

Pour concevoir une juste idée de l'importance de l'étude, il suffit d'ouvrir les yeux sur ce qui se passe dans la nature. Elle nous montre la différence infinie que la culture met entre deux terres, d'ailleurs assez semblables. L'une, parce qu'elle est abandonnée, demeure brute, sauvage, hérissée d'épines. L'autre, remplie de toutes sortes de grains et de fruits, ornée d'une agréable variété de fleurs, rassemble dans un petit espace tout ce qu'il y a de plus rare, de plus salutaire, de plus délicieux, et devient par les soins de son maître un heureux abrégé de toutes les beautés des saisons et des régions différentes. Il en est ainsi de notre esprit, et nous sommes toujours payés avec usure du soin que nous prenons de le cultiver.

Nous naissons dans les ténèbres de l'ignorance, et la mauvaise éducation y ajoute beaucoup de faux préjugés. L'étude dissipe les premières et corrige les autres. Elle donne à nos pensées et à nos raisonnements de la justesse et de l'exactitude. Elle nous accoutume à mettre de l'ordre et de l'arrangement dans toutes les matières dont nous avons eu à parler ou à écrire. Elle nous présente pour guides et pour modèles les hommes les plus éclairés et les plus sages de l'antiquité qu'on peut bien appeler en ce sens, avec Sénèque, les maîtres et les précepteurs du genre humain. En nous prêtant leur discernement et leurs yeux, elle nous fait marcher avec sûreté à la lumière que portent devant nous ces guides choisis, qui, après avoir passé par l'examen rigoureux de tant de siècles et de tant de peuples, et avoir survécu à la ruine de tant d'empires, ont mérité par un suffrage unanime d'être pour tous les âges suivants les arbitres souverains du goût, et les modèles achevés de ce que la littérature a de plus parfait.

ROLLIN.

Arithmétique.

Un train de voyageurs qui fait, en moyenne, 39 kilomètres deux tiers par heure, est parti trois heures et demie après un train de marchandises qui ne fait que 17 kilomètres trois quarts; à quelle distance du point de départ ce train de voyageurs atteindra-t-il le train de marchandises?

Composition française.

Vous exposerez votre méthode pour l'enseignement de l'écriture, en détaillant les préceptes relatifs à la position du corps, à la tenue de la plume et du cahier, et les règles particulières de chaque genre d'écriture.

Histoire.

État des lettres et des arts pendant le siècle de Louis XIV.

Géographie.

Bassin de la Loire, — principaux affluents de ce fleuve, — indiquer les chefs-lieux des départements du bassin avec quelques détails sur leurs produits industriels ou agricoles.

Littérature.

L'élégie. Ses principaux genres. — Les poëtes élégiaques, surtout en France.

Sciences physiques et naturelles.

Principe d'Archimède. Équilibre des corps flottants.

Plantes médicinales les plus usuelles.

Dessin linéaire.

Dessiner une table et un banc.

EXERCICES DIVERS A L'USAGE DES CLASSES.

ARITHMÉTIQUE.

Problèmes divers.

1er Problème. — On a acheté 14 pièces de toile ayant chacune 15m,28 de long pour 617f,45. A combien revient le mètre?

Solution. — Le nombre de mètres que contiennent les 14 pièces est égal à

$$15^m,28 \times 14 = 213^m,92,$$

et puisque ce nombre de mètres d'étoffe a coûté

$$617^f,45,$$

le prix d'un seul mètre est égal au quotient :

$$\frac{617^f,45}{213,92} = 2^f,88.$$

2e Problème. — Quel est le capital qui, placé à 5 pour 100 par an, rapporte 424 francs dans 147 jours?

Solution. — L'intérêt de 100 fr. à 5 pour 100 pendant 147 jours est

$$\frac{5^f \times 147}{365}.$$

Si 424 fr. représentent le double, le triple de cet intérêt, le capital cherché sera égal à

$$2 \text{ fois, } 3 \text{ fois} \ldots 100 \text{ fr.}$$

Ainsi la somme cherchée s'obtiendra en multipliant par 100 le quotient :

$$424 \text{ fr.} : \frac{5 \times 147}{365};$$

---

1. Académie de Toulouse. Aspirantes, brevet du deuxième ordre, 2e session de 1866.

cette somme est donc :

$$\frac{42400 \times 365}{5 \times 147},$$

ou

$$\frac{42400 \times 73}{147},$$

ou

$$\frac{3095200}{147},$$

c'est-à-dire :

$$21055^f,8.$$

3e Problème. — Partager le nombre 8612 en quatre parties telles que la première soit les $\frac{2}{3}$ de la seconde, celle-ci les $\frac{3}{4}$ de la troisième, et enfin la troisième les $\frac{5}{8}$ de la quatrième.

Solution. — Il est clair, d'après l'énoncé, que la première part est une fraction de la quatrième marquée par le produit :

$$\frac{2}{3} \times \frac{3}{4} \times \frac{5}{8} = \frac{5}{2 \times 8} = \frac{5}{16}.$$

La seconde part est une fraction de la quatrième égale au produit :

$$\frac{3}{4} \times \frac{5}{8} = \frac{15}{32}.$$

La troisième part étant d'ailleurs les $\frac{5}{8}$ de la dernière, le nombre à partager est égal à la quatrième part multipliée par la somme

$$1 + \frac{5}{8} + \frac{15}{32} + \frac{5}{16},$$

c'est-à-dire par :

$$1 + \frac{20 + 15 + 10}{32} = 1 + \frac{45}{32} = \frac{77}{32}.$$

Il en résulte que la quatrième part est :

$$8612 : \frac{77}{32} = \frac{8612 \times 32}{77} = 3579 + \frac{1}{77};$$

celle de la troisième est :

$$\frac{8612 \times 32 \times 5}{77 \times 8} = \frac{8612 \times 20}{77} = \frac{172240}{77} = 2236 + \frac{68}{77},$$

la seconde part est :

$$\frac{8612 \times 32}{77} \times \frac{15}{32} = \frac{8612 \times 15}{77} = 1677 + \frac{51}{77},$$

et la première part est :

$$\frac{8612 \times 32}{77} \times \frac{5}{16} = \frac{86120}{77} = 1118 + \frac{34}{77}.$$

4e Problème. — Un convoi de chemin de fer doit parcourir une distance de 537 kilomètres à raison de 35 kilomètres par heure. Parvenu au tiers de sa course, on augmente de 5 kilomètres par heure la vitesse de la locomotive. A quelle heure le convoi arrivera-t-il à sa destination? Le départ a eu lieu à 7h 10m du matin?

Solution. — Le convoi parcourt avec une vitesse de 35 kilomètres à l'heure un chemin égal à

$$\frac{537^{km}}{3} = 179^{km};$$

puis avec une vitesse de 40 kilom. un chemin égal à

$$537^{km} - 179^{km} = 358^{km}.$$

Le nombre d'heures employé pour parcourir la première distance est

$$\frac{179}{35} = 5^h 6^m 51^s,$$

et le temps qu'il met pour parcourir la seconde est

$$\frac{358}{40} = 8^h 57^m.$$

Il résulte de là que le temps employé par le convoi pour arriver à sa destination est égal à

$$5^h 6^m 51^s + 8^h 57^m = 14^h 3^m 51^s;$$

et comme il est parti à $7^h 10^m$ du matin, il arrivera à

$$21^h 13^m 51^s$$

comptées à partir de minuit, ou bien à

$$9^h 13^m 51^s$$

comptées à partir de midi, c'est-à-dire à $9^h 14^m$ du soir.

5e *Problème.* — On demande le poids de l'air qui remplit un espace de $825^l,05$, sachant que l'eau pèse 770 fois plus que l'air?

Solution. — Le poids de $825^l,05$ d'eau serait

$$825^{kg},05,$$

le poids de ce même volume d'air sera :

$$\frac{825^{kg},05}{770} = \frac{82,505}{77},$$

ou

$$1^{kg},0715.$$

On pourrait trouver ce poids directement en se souvenant du poids du litre d'air qui est

$$1^{gr},293.$$

Le poids demandé est donc :

$$1^{gr},293 \times 825,05 = 1^{kg},06679,$$

résultat qui ne diffère pas de 5 grammes du précédent. Cette petite discordance tient à ce que l'air ne pèse pas juste 770 fois moins que l'eau.

E. B.

Problèmes de géométrie et de physique.

I. — Quel est dans un triangle rectiligne le maximum possible d'un angle A qui doit être moyen géométrique entre les deux autres angles B et C?

Solution.

On a entre les quantités A, B et C les deux relations.

$$A^2 = BC$$

$$A + B + C = 2^{dr}.$$

Le maximum de A correspond au maximum de A^3. Mais

$$A^3 = ABC;$$

D'ailleurs les facteurs A, B et C sont assujettis à la seule condition d'avoir une somme constante.
Donc le produit ABC est maximum pour

$$A = B = C.$$

Ainsi, la valeur maximum de A est $\frac{2}{3}$ d'angle droit et de plus le triangle est isocèle. Il n'y a pas de raison en effet pour choisir l'angle A de préférence aux deux autres.

II. — Dans un tube barométrique cylindrique qui a 49 centimètres de longueur, combien faut-il laisser d'air, à 76 centimètres de pression, pour qu'en renversant verticalement le tube dans une cuvette pleine de mercure, l'air double de volume, l'extrémité ouverte du tube plongeant de 1 centimètre dans le mercure de la cuvette?

Solution.

Lorsqu'on renverse le tube, la force élastique de l'air confiné devient 38 centimètres, puisque son volume double. Le mercure suspendu a donc une hauteur de 38 centimètres, car la pression totale doit être 76 centimètres.

La partie non plongée du tube a 48 centimètres ; donc le volume actuel de l'air en centimètres est

$$48 - 38 = 10.$$

Le volume primitif que l'air doit occuper, est, par suite, égal à 5 centimètres.

(Revue de l'instruction publique.)

ÉLÉMENTS DE LA GRAMMAIRE.

§ 5. — *Du Verbe.*

30e Exercice.

Récapitulation des différentes espèces de verbes.

Le maître dictera aux élèves les phrases suivantes ; les élèves analyseront les formes verbales qu'elles contiennent ; ils les partageront ensuite en autant de séries différentes qu'ils auront trouvé d'espèces différentes de verbes.

Claudine l'anachorète (fin).

Elle eut peur, la pauvre Claudine : aussi, ne répondant pas, elle continua à marcher vers le bois, aussi vite que ses petites jambes le lui permettaient. Or, l'homme barbu était un brave jardinier, qui demeurait lui-même dans une chaumière, attenante à la Tour au crible. Il connaissait les parents de Claudine, pour lesquels il travaillait, et il avait vu plus d'une fois Claudine elle-même. Étonné de la rencontrer ainsi seule, à pareille heure, si loin de la ville, il renouvela sa question, en adoucissant sa voix : « Où allez-vous ainsi, dit-il, mademoiselle Claudine ? » Interpellée par son propre nom, Claudine se décida à retourner la tête. « Je vais, dit-elle, à la Tour au crible, pour me bâtir un ermitage. » Le jardinier vit bien à qui il avait affaire. Aussi, soit qu'il voulût s'amuser, soit qu'il comprît qu'il ne s'agissait pas, pour le moment, de parler raison à la petite fille : « C'est très-bien, dit-il ; mais de quoi vous nourrirez-vous dans votre ermitage ? — N'y a-t-il pas des mûres dans le bois, répondit Claudine, et aussi de ces petites prunes noires, que les oiseaux mangent sur les buissons ? — Et, ajouta le jardinier, quand vos habits seront usés, comment vous vêtirez-vous ? » Claudine avait réponse à tout : « J'ai là, dit-elle, ma belle robe rose que je devais mettre demain pour aller chez grand'maman. » Le jardinier n'insista pas. « Eh bien, dit-il, puisque vous êtes décidée à vivre en ermite, venez avec moi : nous partagerons le même ermitage, car moi aussi j'en ai un, je suis l'ermite de la Tour au crible. » Et il la prit par la main.

Il paraît qu'entre solitaires on ne fait pas tant de façons : Claudine se laissa conduire. Et l'ermite de la Tour au crible la mena dans sa maison ; il y alluma un bon feu, auquel la pénitente ne dédaigna pas de se réchauffer les doigts ; il tira de la huche une bonne tranche de pain bis bien frais, et il étendit dessus une excellente tartine de confitures faites, vous m'entendez bien, avec les mûres du bois et les prunes que mangent les oiseaux ; et Claudine s'en régala de grand appétit. Puis, quand cela fut fait, savez-vous ce qui arriva? Elle s'endormit, l'anachorète. Et, quand ses yeux furent bien fermés, le bonhomme l'enveloppa chaudement dans une couverture, et la reporta à la maison.

Vous jugez de ce qui s'y passait depuis le départ de Claudine, et que de larmes on y versait! Claudine fut donc un peu grondée et mille fois embrassée. Il faut croire qu'elle se trouva bien de ces reproches comme de ces caresses, car si elle se souvint, le lendemain et les jours suivants, de ses intentions de pénitence, elle ne songea plus à y revenir. J'imagine, pour ma part, qu'elle se sera résignée à vivre dans le monde ; sa robe rose lui allait si bien !

§ 6. — Du Participe.

1er Exercice.

Distinction du participe présent et du participe passé.

Le maître, après avoir expliqué aux élèves ce que c'est qu'un participe[1], combien il y a de participes, et comment ils se distinguent, dictera les phrases suivantes ; les élèves écriront dans une première colonne les participes présents et, dans une seconde, les participes passés que contiennent ces phrases.

Avant l'aurore.

O vous tous, paresseux, qui ne rougissez pas de rester, une bonne partie de la matinée, étendus dans vos lits moelleux et enfoncés sous vos couvertures, risquez-vous, une fois seulement, à faire ce qu'aujourd'hui j'ai fait moi-même, et vous verrez de quels doux plaisirs vous vous privez par votre mollesse.

J'avais devancé le lever du jour, pour monter sur la roche qui domine notre maison. Une sorte de clarté incertaine et molle remplissait l'étendue, et les étoiles, de moins en moins brillantes, s'effaçaient l'une après l'autre et se perdaient dans le bleu tendre et transparent du ciel. Les objets lointains paraissaient encore plongés dans l'ombre, et y formaient çà et là de grandes masses dont on distinguait à peine le contour flottant. Nul bruit autour de moi, si ce n'est par intervalles le chant sonore d'un coq éveillant son monde, ou le souffle d'une brise légère agitant doucement les feuilles des saules et des peupliers. Il semblait que la nature dormît encore, mais d'un sommeil si calme et si charmant et si doux, que je sentais mon cœur tout ému. Tout à coup, au bout de l'horizon, un nuage empourpré sembla sortir de derrière les collines, et, s'élevant lentement et par degrés, remplit l'espace d'une lueur plus vive ; l'alouette chanta, en

---

1. Voir nos exercices généraux sur les temps et sur les modes.

sortant des sillons tracés par le laboureur; les arbres se remplirent de mille petits bruits d'oiseaux, et le soleil parut.

2e Exercice.

Même sujet.

Le maître dictera les verbes suivants ; les élèves en formeront le participe présent et le participe passé.

Labourer. — Noircir. — Prévoir. — Entendre. — Offrir. — Raconter. — Dire. — Voir. — Connaître. — Suivre.

3e Exercice.

Même sujet.

Le maître dictera aux élèves les participes présents qui suivent ; les élèves écriront en regard de chaque participe présent le participe passé du verbe, la première personne du singulier de l'indicatif, la première personne du singulier du futur, et l'infinitif présent.

Compatissant. — Rampant. — Soumettant. — Riant. — Servant. — Agissant. — Versant. — Craignant. — Dormant. — Montant.

4e Exercice.

Distinction du participe passé actif et du participe passé passif.

Le maître, après avoir expliqué aux élèves comment le participe passé actif se distingue du participe passé passif, leur dictera les verbes suivants ; les élèves écriront en regard de chaque verbe le participe passé actif, le participe passé passif, sous ses deux formes, et les autres temps principaux de ce verbe.

Calculer. — Raconter. — Perdre. — Asseoir. — Joindre. — Trahir. — Devoir. — Tenir. — Appeler. — Maudire.

5e Exercice.

Même sujet.

Les élèves choisiront parmi les verbes donnés dans le 2e et dans le 3e exercice ceux qui peuvent être employés au participe passé actif et au participe passé passif, et écriront ces formes en regard de chacun des verbes qu'ils auront pris.

6e Exercice.

Du participe passé employé avec auxiliaire.

Le maître, après avoir rappelé aux élèves comment le participe passé s'emploie avec les verbes auxiliaires, soit à l'actif, soit au passif, pour former différents temps dérivés, leur dictera les verbes suivants ; les élèves écriront en regard de ces verbes la première personne du singulier de chaque temps où le participe passé est employé avec l'auxiliaire, à l'actif d'abord, et ensuite au passif.

Vendre. — Voler. — Apercevoir. — Punir.

7e Exercice.

Même sujet.

Les élèves partageront en deux séries les verbes donnés dans le 2e, le 3e et le 4e exercice; ils mettront dans la première série ceux dont le participe passé peut s'employer avec auxiliaire à l'actif et au passif; dans la seconde, ceux dont le participe passé ne reçoit l'auxiliaire qu'à l'actif seulement, et ils écriront en regard de chaque verbe la première personne du pluriel du parfait indéfini, soit actif, soit passif, de ce verbe.

8e Exercice.

Exercice général sur l'emploi des participes.

Le maître dictera les verbes suivants; les élèves composeront avec ces verbes de petites phrases, en y ajoutant un sujet et un régime convenble, et les tournant de manière à y faire entrer successivement le verbe sous la forme de participe présent, de participe passé actif, de participe passé passif, de participe passé avec auxiliaire à l'actif (au parfait indéfini, par exemple), de participe passé avec auxiliaire au passif; exemple : soit donné le verbe *voler* : l'élève écrira successivement : Le paysan *volant* l'âne. — Le paysan *ayant volé* l'âne. — L'âne *volé* ou *ayant été volé* par le paysan. —Le paysan *a volé* l'âne. — L'âne *a été volé* par le paysan.

Voler. — Allumer. — Savoir. — Bâtir. —Attendre.

Le maître pourra proposer les phrases suivantes, qu'il modifiera ensuite d'après les données de l'exercice.

Le paysan *volant* l'âne. — La ménagère *allumant* le feu. — L'élève *sachant* la leçon. — L'architecte *bâtissant* la maison. — Le maître *attendant* l'heure.

§ 7. — De l'Adverbe.

1er Exercice.

De l'emploi de l'adverbe.

Le maître dictera aux élèves ou écrira au tableau noir les phrases suivantes :

Cet enfant marche. — Cet enfant marche légèrement. — Ces enfants marchent légèrement. — Vous avez un enfant assez gentil. — Vous avez bien mal agi.

Il leur dictera ensuite ou leur fera, soit de vive voix, soit par écrit, les questions suivantes, auxquelles les élèves devront répondre.

1. En quoi ces deux phrases : *cet enfant marche* et : *cet enfant marche* LÉGÈREMENT différent-elles pour le sens?

2. Dans la phrase : *cet enfant marche* LÉGÈREMENT, à quel mot rattachez-vous le mot LÉGÈREMENT?

3. Dans les deux phrases : *cet enfant marche* LÉGÈREMENT et : *ces enfants marchent* LÉGÈREMENT, l'orthographe du mot LÉGÈREMENT est-elle la même?

4. Qu'en concluez-vous?

5. Dans la phrase : *vous avez un enfant* ASSEZ *gentil*, à quel mot rattachez-vous le mot ASSEZ?

6. Dites quel serait le sens de la phrase, si le mot ASSEZ ne s'y trouvait pas?

7. Au lieu de : *un enfant*, supposez qu'il y ait dans la phrase : *des enfants*, et écrivez la phrase ainsi modifiée.

8. L'orthographe du mot ASSEZ a-t-elle changé dans votre nouvelle phrase?

9. Qu'en concluez-vous?

10. Les deux mots *légèrement* et *assez* ne sont-ils pas de même nature?

11. Dans la phrase : *vous avez* BIEN MAL *agi*, expliquez de même la nature des mots BIEN et MAL.

12. Que concluez-vous de tout ce qui précède quant à la nature et à l'emploi des mots : *légèrement*, *assez*, *bien*, *mal*, et des autres mots qui peuvent leur ressembler?

13. Quel est le terme grammatical par lequel on désigne ces mots?

Explication.

1. Quand je dis : *cet enfant marche*, je ne dis pas comment il marche; le mot *légèrement*, ajouté à la phrase, indique de quelle manière il marche : je dis qu'il marche d'une manière légère.

2. Je rattache le mot LÉGÈREMENT au verbe *marche* : *cet enfant marche* comment? LÉGÈREMENT.

3. Non, l'orthographe du mot LÉGÈREMENT est la même dans les deux phrases, bien que le sujet et le verbe, qui étaient donnés au singulier, aient été donnés ensuite au pluriel.

4. Que le mot LÉGÈREMENT est invariable.

5. Je rattache le mot ASSEZ au mot GENTIL.

6. La phrase voudrait dire que l'enfant dont il s'agit est *gentil* absolument parlant, tandis qu'en joignant à l'adjectif le mot *assez*, elle indique que l'enfant n'est gentil que jusqu'à un certain point; la signification de l'adjectif se trouve ainsi modifiée.

7. J'écris : *Vous avez des enfants* ASSEZ *gentils*.

8. Non.

9. Que le mot ASSEZ est invariable, comme le mot LÉGÈREMENT donné dans la phrase précédente.

10. Oui, tous les deux servent à modifier, en le déterminant, soit d'une façon, soit d'une autre, le sens d'un verbe ou d'un adjectif.

11. Je rattache d'abord les deux mots ensemble BIEN MAL au verbe *agir* : *vous avez agi* comment? BIEN MAL. Je rattache ensuite le mot BIEN au mot MAL lui-même, BIEN indiquant que la signification de ce mot MAL est prise dans un très-haut degré.

12. J'en conclus que ces quatre mots sont de même nature, et que ces mots, ainsi que ceux qui leur ressemblent, servent à modifier, en le déterminant, le sens d'un verbe, d'un adjectif ou d'un autre mot de même nature qu'eux.

13. On appelle ces mots des adverbes [1].

2e Exercice.

Même sujet.

Le maître dictera les phrases suivantes; les élèves relèveront les adverbes contenus dans ces phrases, et indiqueront à quel mot est joint chacun d'eux, de cette manière : *faussement* modifie le verbe *a accusé*, etc.

---

1. Adverbe veut dire mot qui se joint au verbe; comme on le voit, l'adverbe se joint aussi à un adjectif ou à un autre adverbe.

Cet homme m'a faussement accusé de mensonge.— Parler peu et bien, c'est l'indice de la modestie et du bon sens. — J'ai beaucoup travaillé depuis quelque temps. — Je vous ai averti bien souvent de vos fautes. — Vous récitez vos leçons beaucoup trop lentement. — Vous êtes trop étourdi pour profiter de l'avis que je vous donne.

SYNTAXE PARTICULIÈRE. — DIFFICULTÉS DE LA LANGUE.

§ 5. — Du Verbe.

6ᵉ Exercice (suite).

Du sens des verbes comparés entre eux. — Verbes synonymes.

Explication (voir le n° 10).

2ᵉ série. — *Devancer.* — *Prévenir.* — « Ces verbes expriment une antériorité d'arrivée, d'occupation ou d'événement.

« Mais *devancer* implique une idée de concurrence tout à fait étrangère à *prévenir.* On *devance* en prenant l'*avance*, en dépassant, en gagnant de vitesse; on *prévient* en venant *avant* [1] une personne qui n'est peut-être pas partie ou même qui n'y pense pas. Un écolier *devance* ses condisciples avec lesquels il lutte; l'ami d'un ministre *prévient* les solliciteurs en se faisant donner une place au moment où on ne sait pas encore qu'elle est vacante. Un courrier *devance* l'autre : c'est à qui arrivera le premier; mais une nouvelle *prévient* le courrier : elle n'a pas pris à tâche de rivaliser avec lui, de l'emporter sur lui. La sagesse *devance* l'âge dans une personne chez laquelle le progrès de la sagesse est plus grand que celui de l'âge; la sagesse *prévient* l'âge dans une personne qui se montre sage avant le temps, chez laquelle la sagesse contraste beaucoup avec l'âge.

« *Prévenir* signifie quelquefois venir le premier, d'abord, aller à une personne avant qu'elle vienne elle-même, et par conséquent l'empêcher de venir. On *prévient* un malheur ou une objection en allant au-devant. Qui *prévient* vos désirs n'attend pas même qu'ils se forment ou au moins qu'ils s'expriment; qui les *devance* les satisfait seulement plus tôt que vous ne l'espériez. « Au « lieu de *devancer* la critique en commençant par « signaler soi-même ses propres fautes, il vaut « mieux pour un écrivain songer à la *prévenir* en « se rendant irréprochable » (Laharpe)[2].

3ᵉ série. — *Choquer.* — *Blesser.* — *Offenser.*— Pris au figuré, ces verbes sont synonymes quand ils signifient produire sur la vue ou sur l'ouïe une impression désagréable, ou bien affecter l'esprit d'une manière fâcheuse en contrariant ses goûts, ses préventions, ses sentiments, ou bien porter atteinte à certaines choses morales, telles que la religion et la bienséance.

Choquer, c'est heurter contre ce qui est établi, accoutumé, en usage, l'ébranler, tendre à le renverser. *Blesser* n'a point pour accessoire d'exprimer qu'on s'attaque à une chose reçue, ordinaire, qui a cours, et qu'on la brusque, qu'on la rudoie;

mais il désigne une impression ou une atteinte beaucoup plus forte, laquelle endommage ou laisse une lésion. *Offenser* [1], donner, toucher contre une chose qui est devant soi ou qu'on rencontre, n'a pas l'accessoire de *choquer* et marque une impression ou une atteinte plus faible que *blesser*. « Un musicien sera vivement *choqué* d'une dissonance; une voix fausse, un son aigre l'*offensera*, le *blessera*. » (Buffon.)

Mon visage l'*offense*, et ma gloire le *blesse*.

(Corneille.)

La vue ou l'ouïe est *choquée* par un assortiment de couleurs ou par un son inaccoutumé formant avec ce qu'on voit et ce qu'on entend d'ordinaire un contraste qui désoriente, surprend et déplaît. Il faut qu'une chose agisse vivement, fasse une forte impression sur la vue ou sur l'ouïe, pour *blesser* l'une ou l'autre; il faut, par exemple, une couleur trop vive ou trop éclatante, un son trop aigre ou trop aigu. Il y a des vues et des oreilles délicates qu'une lumière peu éclatante ou une dissonance légère peut *offenser*.

Ce qui est difforme ou grotesque *choque* la vue; il faut pour *blesser* la vue quelque chose dont l'aspect fasse une impression très-pénible; l'*offenser*, c'est la blesser un peu. Ce qu'il y a d'étrange, de peu mesuré, dans le langage d'un homme, *choque* l'oreille; tout ce qui fait beaucoup de peine à entendre, comme des paroles grossières, la *blesse*; il suffit d'un mot mal prononcé, d'une parole un peu libre, pour offenser une oreille délicate.

On *choque* un homme en contrariant sa manière de penser, ses préjugés, ses habitudes, ses mœurs, et cela dénote peu de ménagement, le peu de soin qu'on prend de s'accommoder aux vues et aux volontés des autres. On *blesse* les personnes dans ce qu'elles ont de plus cher : on dit *blesser* au vif, *blesser* au cœur; et, s'il y a défaut de ménagement, rudesse à *choquer*, il y a souvent malice et cruauté à *blesser*. On *offense* les personnes surtout en ne leur marquant pas toute la considération dont elles se croient dignes, en leur manquant de respect.

Nous sommes *choqués* de tout ce qui nous paraît paradoxal, inusité, excessif; nous sommes *blessés* par tout ce qui nous cause du chagrin ou de la douleur, par tout ce qui froisse nos affections; nous sommes *offensés* par tout ce qui paraît attaquer notre mérite, notre honneur ou nos droits.

La chose *choquante* est bizarre, singulière, surprenante, ridicule; la chose *blessante* est poignante, très sensible, amère, mortifiante : la chose *offensante* est injurieuse.

On se *choque* de ce qu'on trouve étrange; on se *blesse* de ce qu'on prend à cœur, de ce dont on se chagrine; on s'*offense* de ce qu'on regarde comme un outrage. Se *choquer* de tout est le propre d'un esprit étroit et peu flexible, qui ne peut concevoir qu'on pense ou qu'on fasse autre chose que ce qu'il pense ou fait. Se *blesser* de tout et s'*offenser* de tout sont la marque, l'un d'une trop grande sensibilité, l'autre d'une trop grande susceptibilité.

---

1. La particule composante *pré* correspond à la préposition *præ* des latins, laquelle veut dire *avant*.
2. Nous empruntons ces fines et judicieuses observations à un excellent article du DICTIONNAIRE DES SYNONYMES de M. LAFAYE, *Supplément*, p. 112.

1. Du mot latin *offendere*, qui signifie, au propre, se heurter contre quelque chose qu'on rencontre.

En parlant des choses morales auxquelles on porte atteinte, *choquer* se dit du bon sens, de la vérité, de la bienséance, des usages, de toutes les choses, en un mot, qui sont établies, reçues, et qui peuvent être heurtées, attaquées, ébranlées; *blesser* convient en parlant de l'honnêteté, de la pudeur, de la conscience, du cœur, de tout ce qui peut recevoir une vive atteinte ou être violé; *offenser* est préférable à l'égard de ce qui peut être l'objet d'une injustice ou d'une injure. « Despréaux interdit à la comédie les plaisanteries qui *choquent* le bon sens, ou qui *blessent* l'honnêteté. » (Marmontel.) « Vous me déplaisez en me parlant comme vous le faites de vos aimables lettres.... Oè pêchez-vous cette fausse et offensante humilité? Elle *blesse* mon cœur, elle *offense* la justice, elle *choque* la vérité. » (Mme de Sévigné [1].)

Charles DEFODON.

CORRESPONDANCE.

« D'après l'article 24 du règlement des écoles publiques du département de la Seine, nul, s'il n'appartient au personnel chargé de la surveillance, ne peut, sans autorisation, visiter les écoles publiques.

« Dans chaque commune, les seules personnes ayant autorité sur les écoles sont le maire et le curé, à ce que je crois.

« Par conséquent, les conseillers municipaux ne font point partie des personnes qui doivent visiter les écoles.

« Je demande donc si, dans le département de la Seine surtout, un membre du corps municipal a droit, légalement parlant, de visiter l'école publique de sa commune, l'instituteur voulant s'y opposer. »

Légalement parlant, aux termes de l'article 18 de la loi du 15 mars 1850, l'inspection des écoles n'appartient, dans une commune qu'aux délégués cantonaux, au maire et au curé. L'article 24 du règlement des écoles de la Seine porte également exclusion de la visite et à plus forte raison de l'inspection scolaire pour toute personne qui n'est pas officiellement chargée d'une mission de surveillance. Il est donc hors de doute qu'un conseiller municipal n'a pas le droit, l'instituteur s'y opposant, d'inspecter l'école. Reste une question de convenance sur laquelle nous n'avons pas besoin, ce nous semble, d'appeler l'attention des intéressés.

« — J'exerce comme institutrice communale à.... depuis le 11 avril dernier; il n'y avait pas eu d'autres titulaires avant moi; le conseil municipal m'a voté 40 fr. de trai-

tement fixe. La rétribution scolaire, pour cette année, atteindra à peine pareille somme de 40 fr., attendu qu'il y a dans la localité une école libre de filles dans laquelle les élèves sont pour ainsi dire abonnées, et qu'elles n'ont pu quitter, lors de mon entrée en fonctions, dans la crainte d'avoir à payer à deux endroits. Par suite, je me ferai à peine 80 fr. Puis-je compter sur une subvention? de qui la recevrai-je? à combien pourra-t-elle s'élever? »

Un crédit est porté au budget du ministère de l'instruction publique pour parfaire, dans la mesure du possible, le traitement des institutrices à 400 ou même à 500 fr. En ce moment même, le ministre demande aux préfets de lui faire des propositions pour la répartition de ce crédit. Notre correspondante se trouvera naturellement portée sur la liste de son département.

« — Je suis sorti de l'Ecole normale de notre département en 1865, et je fais partie des jeunes gens de la classe de 1865. Ayant amené un mauvais numéro, mais ayant contracté, avant l'époque de mon tirage au sort l'engagement de me vouer pendant dix ans à la carrière de l'enseignement, je désire connaître l'époque à partir de laquelle on compte les dix années pendant lesquelles je dois rester dans l'enseignement. »

Ceci est encore une question à laquelle nous avons déjà répondu.

Les dix années comptent à partir du jour où, sorti de l'école normale, le dispensé s'est mis à la disposition de l'autorité départementale pour un service quelconque dans l'enseignement public.

« — Je succède à un instituteur jouissant d'un traitement de 700 francs; pareille somme est portée au budget pour l'année prochaine : je désire savoir, comme je n'ai pas encore cinq ans d'exercice, si le conseil municipal est libre de maintenir cette somme et de me la faire percevoir, en admettant toutefois que la commune subvienne par ses propres ressources au traitement de l'instituteur. »

Dans ces conditions, cela ne fait pas le moindre doute : la loi a établi un minimum pour servir de limite à la parcimonie des communes; mais elle n'en oppose aucune à leur trop rare libéralité.

« — Une personne haut placée dans notre commune, prétend que l'âge fixé par M. le Ministre de l'instruction publique (six ans), pour être admis dans une école primaire

---

1. C'est encore au DICTIONNAIRE DES SYNONYMES de M. LAFAYE, *Supplément*, page 67, que nous empruntons tout cet article, en l'abrégeant un peu.

publique, soit de garçons ou de filles, ne concerne pas les écoles libres, ni les colléges communaux, mais que les directeurs ou directrices de ces écoles peuvent recevoir les enfants n'importe à quel âge, quand bon leur semble ou quand on les leur présente, lors même qu'il y a dans la localité une salle d'asile.

« Je crois cette opinion erronée ; il me semble que la loi est la même pour tout le monde. »

Rien, dans la loi, ni dans les décrets, ne limite le droit des établissements libres en ce qui concerne l'admission des élèves. Seulement le conseil départemental, sous la juridiction duquel ces écoles sont placées, peut prescrire telle mesure qu'il jugera nécessaire pour l'hygiène des classes où les jeunes enfants sont admis.

« — Ayant été autorisé en 1863, par arrêté du conseil départemental, à ouvrir un cours d'adultes, ai-je besoin de me faire autoriser de nouveau chaque année ? »

En présence de l'article 54 de la loi du 15 mars 1850, nous pensons que l'autorisation de faire un cours d'adultes peut être retirée, s'il y a lieu, par l'autorité compétente, mais que, sauf ce cas, elle n'a pas besoin d'être renouvelée.

« — Un chef d'institution libre a-t-il le droit de réclamer auprès du maire de sa commune pour qu'il soit fait, aux élèves des écoles gratuites, l'application du décret du 31 décembre 1853, titre III, art. 13, c'est-à-dire d'*exiger* qu'aucun élève n'y soit reçu sans un billet d'admission délivré par le maire ? »

Aux termes des règlements, aucun enfant ne devrait être admis gratuitement dans une école publique, sans un billet d'admission délivré par le maire ; mais nous devons ajouter qu'un instituteur ou un chef d'institution libre n'est point compétent pour obliger l'autorité locale à se conformer à cette prescription. Son droit se borne à signaler le fait à l'autorité.

« — Nous faisons partie d'une congrégation religieuse reconnue par l'Etat depuis 1825. Par conséquent, tous nos jeunes gens contractent l'engagement décennal. Mais, aux termes de la loi, il faut qu'ils exercent dans une école communale. Un *établissement libre, subventionné par la commune*, peut-il être considéré, à ce point de vue, comme une école communale ? »

D'après la jurisprudence actuellement admise, et tant que les articles 16 et 17 du nouveau projet de loi sur l'instruction primaire [1] n'auront point été adoptés par le Corps législatif, nous ne le pensons pas.

« —Mon brevet comprend les premières notions de l'histoire et de la géographie, l'arithmétique appliquée aux opérations pratiques, l'arpentage, le nivellement, le dessin linéaire, la physique et l'histoire naturelle. Je voudrais le compléter de telle sorte qu'il comprît les matières des deux premières séries, déterminées aux articles 16 et 17 de l'arrêté du 3 juillet 1866.

Je pense que pour cela il me suffira de répondre sur la tenue des livres, les éléments de la géométrie, le dessin d'ornement, le chant (1re série); sur l'agriculture, l'industrie, l'hygiène et la gymnastique (2e série); je ne crois pas devoir être interrogé de nouveau sur les matières qui sont déjà inscrites sur mon brevet : suis-je dans le vrai ? »

Le règlement ne prévoit pas ce cas. Mais il est admis en principe qu'on ne doit pas revenir sur les matières qui ont été l'objet d'un examen et pour lesquelles une mention a été accordée à un candidat. Il semble donc que si quelques-unes des matières sur lesquelles notre correspondant a déjà été examiné et dont son brevet fait mention, se trouvent comprises dans une des séries nouvellement constituées par l'arrêté du 3 juillet, il n'y aura pas lieu pour lui d'être examiné de nouveau sur ces matières.

— « Toute personne peut-elle assister aux épreuves orales des candidats qui se présentent pour le brevet de capacité ? Si un candidat demandait qu'on n'y admît que ceux qui se sont présentés, cela lui serait-il accordé ? »

Non-seulement les convenances s'opposent à ce que les examens des candidats ne soient pas publics, mais encore l'article 46 de la loi du 15 mars 1850 l'exige péremptoirement. C'est de même l'article 49 de cette loi qui prescrit la non publicité pour l'examen des institutrices.

« — L'histoire de France et la géographie seront-elles considérées comme matières obligatoires dans les prochains examens pour le brevet de capacité ? »

Non, il faut pour cela que la loi soit votée.

« — A quelle époque les examens pour le

brevet supérieur ont-ils lieu à Paris, et à quel bureau faut-il s'inscrire ? »

Il y a à Paris trois sessions par an pour le brevet supérieur, deux sessions ordinaires, au mois de mars et au mois d'août, et une session extraordinaire, au mois d'octobre.

Il faut s'adresser au bureau de l'instruction publique, à l'hôtel de ville.

Charles DEFODON.

COMPTE RENDU D'OUVRAGES NOUVEAUX.

LA LUNE, par M. AM. GUILLEMIN, ouvrage illustré de deux grandes planches, tirées hors texte, et de 46 vignettes. 1 vol. in-18 jésus. Prix, 1 fr. Librairie L. Hachette et Cie.

Si un beau jour quelque habile ingénieur, inventeur d'un nouveau moyen de locomotion, organisait un grand système de véhicules capables de franchir notre atmosphère et de s'élancer à travers les espaces célestes, si un matin, en se réveillant, le Parisien trouvait au coin de sa rue une belle affiche, jaune ou bleue, annonçant un immense *train de plaisir pour la lune*, ne croyez-vous pas qu'avant la fin de la journée la ville serait déserte et tous les habitants en route pour l'astre mystérieux ?

Eh vraiment ! nous ne désespérons pas que dans les siècles à venir quelque hardi descendant des *plus lourds que l'air* n'entreprenne ce voyage qui, du moins par sa durée, n'aurait rien de bien effrayant.

Cent mille lieues, qu'est-ce que cela ? dix fois la longueur du tour de la terre, pas davantage ; l'affaire de douze ou treize mois avec la vitesse de nos chemins de fer. Qui ne sacrifierait volontiers trois ou quatre années de son existence à faire son « tour de lune ? »

Mais hélas ! lecteurs, j'en ai bien peur, vous et moi nous mourrons sans avoir vu la lune autrement qu'au bout d'un télescope. Ce sol lunaire où les cratères, les coulées de laves et toutes les curiosités volcaniques abondent comme chez nous les collines et les ruisseaux, nos pieds ne le fouleront jamais. Ces mers sans eau si poétiquement baptisées, mers des Crises, de la Tranquillité, de Nectar, de la Sérénité, des Nuées, des Pluies, des Humeurs, des Tempêtes, ces lacs des Songes et de la Mort, ces marais des Brouillards et de la Putréfaction, ces golfes de la Rosée et des Arcs-en-ciel, ces vastes *cirques*, ces *pitons* aigus, ces montagnes dont la hauteur dépasse celle de nos montagnes terrestres, ces plaines désolées, coupées de bandes

étincelantes, où, faute d'atmosphère réfringente, les lignes d'ombre et de lumière se détachent si nettement, sans pénombre et sans clair-obscur, toutes ces choses étranges d'un monde qui, dit-on, a vécu et dont il ne reste plus que le cadavre, notre génération ne sera pas admise à les contempler de près, au grand désespoir des poëtes, des peintres et surtout des savants.

Astre mystérieux ! Durant les tièdes nuits de l'été, les poëtes tendent vers lui leurs bras, et invoquent Phœbé la blanche, tandis que les physiciens et les astronomes braquant leurs télescopes, s'efforcent, après avoir étudié son rôle astronomique, de pénétrer la nature du sol, d'en déterminer l'exacte configuration, de découvrir quelques traces de vie sur ce squelette pétrifié.

La lune est peu de chose dans le monde stellaire et même dans le système solaire. Qu'est-ce qu'un pauvre petit astre de huit cent soixante-dix lieues de diamètre, à côté de la Terre, de Neptune, de Saturne, de Jupiter, dont les diamètres soient quatre fois, trente fois, quarante et quarante-cinq fois plus grands, et surtout en regard du soleil, dont le volume équivaut à celui de soixante-dix millions de lunes. Mais la Lune est notre plus proche voisine ; elle a sur les phénomènes terrestres une influence considérable. Elle agit sur notre atmosphère, fort peu à la vérité ; mais en revanche son action sur les marées est énorme, à peu près le double de celle du soleil.

Mais que d'idées fausses on se forge à son sujet. « On ferait, dit M. Guillemin, un gros volume de toutes les rêveries, ne craignons pas de dire de toutes les sottises qu'on a débitées sur le compte de la Lune. » Tel prédit le temps d'après les phases de la Lune ; tel enseigne qu'il faut semer, tailler les arbres, couper les pièces de charpente, tondre les brebis, se faire saigner à telle période des lunaisons. Bien des personnes instruites traitent cela de préjugés absurdes et n'en subissent pas moins l'influence, en ceci comme en bien d'autres choses. Les savants et les philosophes ont fort à faire encore pour vulgariser les vérités les plus élémentaires et détruire les erreurs les plus ridicules.

Pour tout ce qui touche aux phénomènes célestes, M. Amédée Guillemin a pris à tâche de faire dans les esprits ce grand nettoyage des écuries du roi Augias. C'est un rude labeur. Mais l'ouvrier est à la hauteur du travail. Dans un sujet aussi difficile que l'exposition raisonnée des phénomènes astronomiques, l'auteur du *Ciel* a su parler pour tous, se rendre intelligible à tous. Le *Ciel*, par son format et par son prix élevé, ne s'adressait qu'à une certaine classe de la société ; la *Lune*, bien qu'éditée avec un grand luxe typographique, est une publication vraiment populaire, grâce à la modicité de son prix.

Ce petit livre, où tout ce qu'on sait physiquement et astronomiquement sur notre satellite se trouve exposé avec une clarté parfaite, est destiné, croyons-nous, à rendre un grand service à l'instruction des petits et des grands. Nous pourrions citer telle petite ville de province où cinq à six exemplaires de la *Lune* récemment importés ont déjà singulièrement modifié les idées de la population, tout en inspirant le goût des lectures sérieuses. M. Guillemin annonce de nouveaux ouvrages sur le même plan. Bien des personnes en attendent la publication avec impatience.

L. Marcel Devic.

LECTURES A L'USAGE DES ÉLÈVES.

Tout ce qui brille n'est pas or.

(Suite et fin.)

Le moment était venu d'aller à la campagne.

M. Delacroix possédait un château à quelques lieues au delà de Caen, en pleine Normandie, ce fut là qu'il se disposait à emmener sa femme, Octave, et enfin Roméo et Jupiter.

Toutes les malles étaient fermées, tous les colis alignés, tous les domestiques dans l'attente des derniers ordres.

« Ici Jupiter et Roméo ! » cria M. Delacroix armé de deux muselières et d'une chaîne qui devait servir à accoupler les deux chiens.

Roméo accourut à la voix de son maître; quant à Jupiter, ce fut à grand'peine qu'on parvint à le saisir.... Mais le saisir n'était rien, il fallait le retenir, et le grave Jupiter grondait entre ses dents et faisait de tels bonds qu'il ne fut pas plus de quelques secondes à s'échapper des mains qui s'efforçaient de le mettre à la chaîne.

Une fois libre, il s'enfonça dans l'appartement.

Octave sourit avec malice en voyant le sage Jupiter se soustraire à ses devoirs de chien.

« Peste soit de l'animal ! s'écria monsieur Delacroix, qu'on le ramène ! Allez vite, ou il va nous faire manquer le chemin de fer. »

Cet ordre était inutile, car il était à peine donné que Jupiter reparaissait tenant dans sa gueule, par la poignée, la petite valise à main de son maître, que celui-ci avait remplie en sa présence.

On le reçut avec des cris d'admiration.

« Oui, mon cher chien, c'est vrai, j'allais l'oublier, et tu as eu plus de mémoire que moi, » s'écria M. Delacroix en caressant l'animal.

Puis il reprit en se tournant vers Roméo :

« Ce n'est pas toi, brillant nigaud, qui aurais jamais une pareille attention pour ton maître. »

Octave se sentit humilié en la personne de son favori.

Le lendemain tout le monde était installé au château, et Roméo, comme les années précédentes, reprenait sa place dans les appartements et les jardins. Jupiter, lui, avait été relégué à la ferme.

Cette séparation des deux chiens causa un très-grand plaisir à Octave : il se trouvait enfin débarrassé de Jupiter dont la nature plébéienne lui déplaisait de plus en plus. Il lui en voulait encore, sans se l'avouer, de s'être montré plus intelligent que Roméo.

Jean, un garçon de quinze ans, fils du fermier, devint aussitôt l'ami intime de Jupiter. Il avait été ravi au premier coup d'œil de sa force et de son air intelligent. L'animal, de son côté, se voyant accueilli avec plaisir, lui avait aussitôt rendu affection pour affection, et il quittait le moins possible son nouvel ami. Ils en étaient arrivés à prendre tous leurs repas ensemble. Jupiter s'asseyait alors devant lui, une patte sur sa cuisse, guettant d'un œil avide les bouchées de pain qui formaient sa part, et qu'il avalait comme il eût avalé des mouches.

Toute communauté avait donc cessé entre Roméo et Jupiter depuis leur arrivée au château; ils ne s'étaient rencontrés qu'à de rares intervalles, encore Roméo avait-il détourné la tête pour se dispenser de faire un signe amical à son ancien compagnon.

Octave ne s'occupait même plus de Jupiter, et s'il lui arrivait de l'apercevoir sur les talons de Jean, il disait chaque fois :

« Les deux rustres ! ils sont bien faits l'un pour l'autre. »

Il faut dire que Jean était un gros garçon solidement bâti, mais sans la moindre élégance. Sa physionomie franche et intrépide plaisait cependant au premier abord, et un enfant plus intelligent ou moins prévenu qu'Octave contre tout ce qui manquait extérieurement de distinction, aurait certainement vu en lui autre chose qu'un butor.

Octave l'eût volontiers fait chasser de la ferme aussi bien que Jupiter, s'il en eût été le maître.

Mais si entêté qu'il fût dans ses préventions, le malheureux Octave ne devait pas être longtemps sans reconnaître la justesse des observations de son père.

Plus libre à la campagne qu'à Paris, Octave avait la permission de se promener seul dans toutes les dépendances du château; son père lui avait seulement interdit d'en franchir les limites, au delà desquelles se trouvaient, d'un côté une épaisse forêt, et de l'autre des champs cultivés.

Les champs qu'on pouvait embrasser d'un seul coup d'œil, et où l'on ne voyait guère que des paysans, gens trop mal vêtus pour qu'Octave en fît le moindre cas, le laissaient dans la plus complète indifférence; il n'en était pas de même de la forêt où il n'avait jamais pénétré, et qu'il supposait remplie de merveilles.

Son père s'était bien engagé à la lui faire visiter en détail, mais il n'avait pas encore tenu sa promesse. Octave, que cela impatientait, résolut d'y faire une petite promenade dans la seule compagnie de Roméo. C'était désobéir à son père, mais son père était absent depuis le matin, et il espérait qu'il ne saurait rien de son escapade. Il saisit donc le moment où il n'était surveillé par personne, et s'enfuit avec son chien favori dans la forêt.

Le soleil du printemps passait joyeusement à travers les arbres dont les feuilles, d'un vert tendre, n'avaient pas encore acquis tout leur développement, et échauffait la terre d'où s'émanaient mille senteurs fraîches et vivifiantes. Octave se sentait léger comme une abeille, et il marchait en excitant du bout de sa cravache l'élégant Roméo qui bondissait gaiement autour de lui.

Parfois, l'enfant s'arrêtait pour écouter le chant des oiseaux ou pour voir courir un lièvre qui, ses oreilles droites et sa petite queue retroussée, s'enfuyait rapide comme le vent à leur approche :

« A toi, Roméo! » criait naïvement Octave.

Mais Roméo, après un regard indifférent jeté sur le lièvre, le laissait accomplir paisiblement sa course, et continuait ses gambades autour de son jeune maître.

« Paresseux ! » s'écriait l'enfant; et il poursuivait sa promenade sans trop savoir où il allait et sans s'inquiéter du chemin qui devait le ramener au château.

Pendant ce temps, M. Delacroix rentrait chez lui

et y trouvait une lettre de l'officier de louveterie qui l'informait qu'on avait aperçu deux loups dans les environs et lui demandait de se réunir à plusieurs chasseurs pour en débarrasser le pays.

La première pensée de M. Delacroix fut de demander son fils afin de lui intimer l'ordre de ne pas dépasser les murs du château dans ses promenades.

On chercha et on appela Octave de tous côtés.

Point d'Octave, point de Roméo.

Enfin, on acquit la certitude qu'ils étaient allés se promener ensemble.

M. et Mme Delacroix étaient dans la plus vive inquiétude ; il n'y avait pas à hésiter une seconde, le moindre retard pouvait être fatal à l'enfant sorti sans aucune défiance. M. Delacroix prit son fusil, et fit appeler son fermier qui était un excellent chasseur.

Le fermier se trouvait absent ; mais Jean vint aussitôt s'offrir à remplacer son père.

Il avait tué pendant le dernier hiver un loup qui tentait de s'introduire dans la bergerie, et il était tout prêt à en tuer d'autres puisque l'occasion s'en présentait.

« Et comment as-tu tué le loup dont tu parles ? demanda M. Delacroix.

—D'un coup de fourche, et je l'eusse tué aussi facilement d'un coup de fusil. D'ailleurs, monsieur, nous serons deux, sans compter Jupiter qui ferait, j'en suis certain, une bonne partie de la besogne, si cela devenait nécessaire.

— Je n'en doute pas, et d'abord c'est sur lui que ouje compte pour nous faire mettre sur les de mon fils. »

Jupiter semblait avoir compris les paroles de M. Delacroix et se promenait avec impatience autour des deux chasseurs.

M. Delacroix se fit apporter un vêtement d'Octave, le donna à flairer à Jupiter et lui dit :

« Cherche ! »

Le chien s'orienta aussitôt, erra quelque temps dans les jardins du château, et se dirigea finalement vers une petite porte qui donnait sur la forêt.

La porte était restée entr'ouverte.

« C'est par là qu'il est sorti, » dit M. Delacroix ; puis il ajouta : « Imprudent enfant ! Dieu veuille qu'il ne soit pas cruellement puni de sa désobéissance ! »

Depuis que Jupiter avait trouvé la piste d'Octave, il marchait sans s'arrêter et sans aucune hésitation.... de temps en temps seulement il flairait le sol pour s'assurer qu'il ne s'égarait pas.

M. Delacroix et Jean le suivaient en silence, sans cesser de regarder attentivement autour d'eux.

« Octave ! Octave ! » appelait M. Delacroix chaque fois qu'il se trouvait au milieu d'un carrefour.

Mais aucun cri ne répondait au sien. Jupiter, lui, s'enfonçait de plus en plus dans la forêt, sans que l'entre-croisement des avenues l'arrêtât une seconde.

Il y avait déjà longtemps qu'ils marchaient ou plutôt qu'ils couraient ainsi, quand ils aperçurent un animal blanc, qui, de très-loin, semblait venir dans leur direction avec une étonnante rapidité.

« Mais c'est Roméo ! » s'écria M. Delacroix dont la vue était excellente.... « Mon Dieu ! qu'est-il donc arrivé pour qu'il ait ainsi abandonné son jeune maître? » Et un frisson glacial parcourut tout son corps.

Quelques secondes après, Roméo croisait Jupiter et passait à côté des deux chasseurs sans vouloir les reconnaître, sans consentir à s'arrêter ; le malheureux animal qui fuyait vers le château paraissait fou de terreur.

De son côté, Jupiter précipitait sa marche en grondant sourdement.

M. Delacroix devint tout pâle, de grosses gouttes de sueur froide tombaient de son front.

Jean n'était pas moins ému, il n'osait dire un mot, tant il lui semblait certain que le jeune Octav avait été attaqué par les loups.

Jupiter grondait et se hâtait de plus en plus.

Tout à coup il s'arrêta devant un épais fourré et se mit à aboyer avec fureur.

M. Delacroix et Jean s'élancèrent en avant, leur fusil armé et prêt à faire feu.

« Au secours ! au secours ! » criait une voix d'enfant.

C'était la voix d'Octave.

Un frémissement d'horreur agita les membres de M. Delacroix et du jeune fermier, et ils entrèrent immédiatement sous bois, précédés par Jupiter, lequel semblait avoir conscience du danger qu'ils couraient, et s'avançait avec prudence, mais sans cesser d'aboyer.

Le fourré était si épais qu'on ne pouvait voir à deux mètres devant soi, ni avancer qu'à travers un fouillis de grosses et de petites branches. Il avait fallu toute la folle curiosité d'un enfant pour s'aventurer dans pareil lieu.

En ce moment des hurlements se firent entendre, mais si près des chasseurs que ceux-ci s'arrêtèrent tout court.

« Au secours ! au secours ! » répétait Octave d'une voix lamentable.

M. Delacroix était dans une anxiété d'autant plus terrible qu'il venait de s'empêtrer dans un buisson d'épines.

« Par ici, monsieur ! » criait Jean qu avait enfin découvert un passage.

Au même instant on entendit un coup de feu suivi d'affreux hurlements.

M. Delacroix se dégagea par un violent effort et se précipita sur les traces de Jean.

Il arrivait just pour voir un loup et une louve se débattant dans les dernières convulsions de l'agonie.

Le premier avait été tué par Jean, et l'autre étranglée d'un coup de gueule par le brave Jupiter qui s'était ensuite jeté sur cinq louveteaux dont pas un ne resta vivant.

« Octave ! s'écria M. Delacroix qui n'apercevait pas son fils.

— Je suis là, papa, » répondit l'enfant.

M. Delacroix leva la tête et vit enfin son fils qui, en apercevant les loups, avait eu le temps et la présence d'esprit de monter sur un chêne de moyenne grosseur.

« Descends donc, lui dit-il.

— Est-ce que tous les loups sont bien tués, papa?

— Si bien tués que pas un ne ressuscitera. »

Octave se laissa glisser de son arbre.

« J'ai failli mourir de peur, dit-il en se jetant dans les bras de son père.

— Tu n'as donc pas ordonné à Roméo de te défendre? »

Octave encore tout tremblant ne répondit pas, mais il alla mettre un genou en terre devant Jupiter, entoura le gros chien de ses bras et le baisa à plusieurs reprises sur sa grosse tête, ne pouvant le baiser sur son museau encore tout sanglant.

« A la bonne heure ! mon cher Octave, voilà ce qui s'appelle réparer ses torts, car pendant que ton joli Roméo t'abandonnait aux bêtes fauves, ce brave Jupiter nous conduisait jusqu'ici où, sans lui, tu aurais été infailliblement dévoré par les loups. »

Octave se releva les yeux pleins de larmes.

Un instant après, il sauta au cou de Jean, car lui aussi s'était hâté de venir à son secours.

Pendant ce temps Jupiter remuait sa queue en panache et poussait des grognements de satisfaction.

« Rentrons au château ! » dit enfin M. Delacroix.

Jean chargea le loup qu'il avait tué sur ses épaules, mit la louve en travers du dos de Jupiter ainsi que les cinq louveteaux qui furent liés ensemble.

« Allons, Jean, passe le premier avec Jupiter, c'est votre droit aujourd'hui et j'exige que vous en usiez. »

Jean voulut se refuser à un pareil honneur, mais il dut obéir.

On se mit en route et, chemin faisant, M. Delacroix dit tout bas à Octave en lui montrant Jean et Jupiter :

« C'est aujourd'hui, n'est-ce pas, que les deux rustres ont surtout été dignes l'un de l'autre?

— Oh! papa, j'étais bien injuste, je ne veux plus l'être; Jean et Jupiter seront mes amis.

— Et ton brillant Roméo?

— Tout ce qui brille n'est pas or, tu me l'avais bien dit, et je le sais maintenant par expérience. Quand je pense que ce vilain Roméo était si pressé de fuir les loups qu'il est passé entre mes jambes et m'a fait tomber, si bien que j'ai failli ne pas avoir le temps de me réfugier dans un arbre.

— Tu auras encore retiré de tout ceci ce second enseignement, qu'il ne faut admettre dans son intimité ni les poltrons ni les imbéciles. »

La mère d'Octave, qui avait eu d'affreux pressentiments en voyant Roméo revenir seul au château s'était élancée à son tour sur les traces de son mari.

Roméo refusa de la suivre, et se tint même, par mesure de prudence, obstinément blotti sous un meuble.

Le cortége des chasseurs qu'elle rencontra au milieu de la forêt lui expliqua ce qui s'était passé.

La pauvre mère pleurait à sanglots en songeant aux dangers qu'avait courus son fils.

Le retour au château fut une véritable fête.

Jean et Jupiter qui eurent leur place à table furent es héros de la soirée.

Bien que Jupiter mangeât sans serviette, et ses deux pattes sur la table, il n'étonna pas moins tout le monde par son air grave, sa bonne tenue et son exquise propreté. On remarqua encore qu'il ne refusait rien de ce qu'on lui offrait et qu'il ne laissa pas les plus petites miettes à sa place.

Quant à Roméo, on l'enferma à l'écurie, d'abord pour le punir de sa lâcheté et ensuite dans l'espoir qu'il pourrait au moins s'employer à la chasse aux souris. Mais les petites bêtes qui l'avaient jugé au premier coup d'œil venaient jouer et grignoter jusque dans ses pattes.

Octave finit par convenir de lui-même que le beau Roméo était un animal inutile, et Jupiter le roi des chiens.

Georges FATH[1].

ACTES OFFICIELS

RELATIFS A L'INSTRUCTION PRIMAIRE.

Décret divisant en classes les directeurs et maîtres adjoints des écoles normales primaires. (1er octobre.)

Les directeurs des écoles normales primaires et les maîtres adjoints désignés par les articles 5, 6 et 7 du décret du 2 juillet 1866, seront partagés, à partir du 1er janvier 1867, en trois classes, et répartis, en nombre égal, dans chacune de ces classes.

Arrêtés portant nomination de boursiers à l'école normale de l'enseignement spécial et ratifiant des nominations de boursiers départementaux à la même école.

Par arrêté du Ministre de l'instruction publique, en date du 10 octobre 1866, ont été nommés boursiers de l'Etat (à pension entière) à l'Ecole normale de l'enseignement spécial, les candidats ci-après désignés :

MM.

Pouillot (Jules), candidat à l'Ecole normale supérieure.

Bains (Charles-Daniel), instituteur communal à Celles (Deux-Sèvres).

Claude (Jules-Camille), maître d'étude au collège de Châlon-sur-Saône.

Richard (Louis-Marie-Jean-Baptiste), instituteur adjoint à Besançon.

Commolet (Jean), instituteur public à Varnejols (Cantal).

Tenot (Auguste-Louis), maître adjoint à l'école normale primaire de Rennes.

Girod (Jean-Marie-Félicien), instituteur à Macorney (Jura).

Hamon (Louis-René), directeur de l'école primaire annexée au collége communal de Fougères (Ille-et-Vilaine).

Sevet (Eugène-Ange-Marie-François), aspirant répétiteur au lycée impérial de Nantes.

Lacaze (Jean), ancien élève de l'école normale primaire de Tarbes.

Martellière (Henri-Marie), élève-maître sortant de l'école normale primaire de Blois.

Tribout (François-Léon), instituteur adjoint à Nancy.

Boudet (Joseph-François), aspirant répétiteur au lycée impérial de Nantes.

Bernard (Nicolas-Adrien), chargé de cours d'enseignement spécial au lycée impérial de Châteauroux.

Bournique (Charles), élève-maître sortant de l'école normale primaire de Colmar.

Bierck (Edouard), maître adjoint à l'école communale de Wissembourg.

Jedlinski (Jules-Louis), ancien élève de l'Ecole polonaise.

Plâtrier (Antoine-Louis-Emile), chargé de l'enseignement spécial (première année) au lycée impérial de Bourges.

Mermet (Achille-Ernest), élève de l'Ecole municipale Turgot.

Collet (Jacques), ancien élève du lycée d'Angouléme.

Par divers arrêtés des mois de septembre et octobre, le Ministre de l'instruction publique a ratifié les nominations faites par les préfets, à l'Ecole normale de Cluny, des boursiers départementaux ci-après désignés, savoir :

Ain. — Loup (Pierre), instituteur communal à Tramoyes.

Aisne. — Lebon (Désiré-Ernest), ancien élève de l'école normale primaire de Laon.

Allier. — Sanvoisin (Henri), sous-maître à l'école professionnelle annexée au lycée de Moulins.

Alpes (Hautes-). — Romieu (Joseph-Omer), directeur de l'école préparatoire au collège de Gap.

Alpes-Maritimes. — Féraud (Jean-Baptiste), ancien élève de l'école normale primaire de Nice.

Ardennes. — Goffart (Nicolas), ancien élève de l'école normale primaire de Charleville.

Ariége. — Vergé (Joseph), élève-maître sortant de l'école normale primaire de Foix.

Aude. — Roudière (Etienne-Léonce-Gervais), instituteur public à Cennes-Monestiés (Aude).

Chiffre (Jean-Casimir), élève-maître sortant de l'école normale primaire de Carcassonne.

Calvados. — Catherine (Eugène-Théodore), élève-maître sortant de l'école normale primaire de Caen.

Charente. — Sieur (Pierre), maître adjoint à l'école primaire de Ruffec.

---

1. Extrait de la SAGESSE DES ENFANTS, proverbes écrits et illustrés par M. Georges FATH (100 vignettes sur bois). 1 vol. in-18 jésus, broché. 2 fr. Librairie L. Hachette et Cie, collection de la *Bibliothèque rose.*

Charente-Inférieure. — Bonneau (Siméon-Léon), ancien instituteur adjoint à Saint-Jean-d'Angély.

Cher. — Hervier (Jean), ancien élève de l'école normale de Bourges, chargé de cours pour l'enseignement spécial au lycée de cette ville.

Corse. — Vaisson (Louis-Barthélemy), bachelier ès lettres.

Côte-d'Or. — Gabillot (Cyrille), élève-maître sortant de l'école normale primaire de Dijon.

Côtes-du-Nord. — Trébouta (Joseph-Jean-François).

Deux-Sèvres. — Chasselon (Firmin-Auguste), régent de cours spéciaux au collége de Parthenay.

Doubs. — Bouchu (Pierre-Claude), maître adjoint à l'école préparatoire annexée au lycée de Besançon.

Eure. — Goy (Benjamin), maître adjoint à l'école normale d'Evreux.

Finistère. — Sinvet (Alexandre), élève-maître sortant de l'école normale de Rennes.

Gironde. — Bonnodeau (Isidore).

Mondiet (Jean).

Hérault. — Maumejean (Guillaume), élève-maître sortant de l'école normale primaire de Montpellier.

Jura. — Blon (Léon), instituteur communal à Gevingey.

Loire (Haute-). — Henry (François-Constant-Armand), élève-maître sortant de l'école normale primaire du Puy.

Lozère. — Badaroux (Étienne), régent des cours spéciaux au collége de Mende.

Manche. — Bihel (Eugène-Étienne-Alphonse), maître adjoint aux cours spéciaux du lycée de Cahors.

Marne (Haute-). — Thabourin (Jean-Pierre-Victor), ancien élève de l'école normale primaire de Chaumont.

Meurthe. — Haraucourt (Théophile-Joseph-Célestin), élève-maître sortant de l'école normale primaire de Nancy.

Moselle. — Rab (Eugène-Jean-Félix), élève-maître sortant de l'école normale de Metz.

Nord. — Darchez (Victor-Henri), maître répétiteur au lycée de Douai.

Oise. — Lecat (Joseph-Donatien-Ludovic), maître de français au collége d'Aumale (Seine-Inférieure).

Orne. — Morice (Auguste-François), élève-maître sortant de l'école normale primaire d'Alençon.

Puy-de-Dôme. — Prulhière (Gaspard), élève-maître sortant de l'école normale primaire de Clermont.

Pyrénées (Basses-). — Dieuzéide (Jean-Eugène), élève-maître sortant de l'école normale primaire de Pau.

Pyrénées (Hautes-). — Fontan (Jean-Marie), ancien élève de l'école normale primaire de Tarbes.

Pyrénées-Orientales. — Coste (Philippe-Michel-Jean), instituteur public à Saillagouse.

Rhin (Bas-). — Riegel (Xavier), maître des cours spéciaux au collége d'Obernai.

Rhône. — Lacharme (Claude), instituteur adjoint à l'école primaire publique de Tarare.

Saône (Haute-). — Darney (Célestin), élève-maître sortant de l'école normale primaire de Vesoul.

Saône-et-Loire. — Lougnon (Jean-Baptiste-Antoine), régent au collége de Bourgoin (Isère).

Sarthe. — Tessier (Jean-Jules-Constant), maître adjoint à l'école primaire du lycée du Mans.

Savoie. — Langard (Aimé-Augustin), instituteur communal à Aigueblanche.

Savoie (Haute-). — Lucaz (André).

Somme. — Liégaux (Auguste-Anatole), élève-maître sortant de l'école normale primaire d'Amiens.

Tarn. — Brunel (Jean-Pierre-Eugène), instituteur communal adjoint à Castres.

Tarn-et-Garonne. — Bayles (Antoine-Emile), ancien maître d'étude au collége de Montauban.

Vosges. — Valance (Joseph-Justin), instituteur adjoint à Épinal.

Yonne. — Sinot (Louis-Gustave), maître adjoint à l'école communale de Tonnerre.

MM. Vergès (Paul), instituteur adjoint à Rivesaltes (Pyrénées-Orientales), et Page (Louis-Élie), élève-maître sortant de l'école normale primaire de Châlons-sur-Marne, ont été désigné, le premier, pour occuper la bourse fondée par M. Isaac Pereire; le second, pour occuper la bourse de la ville de Reims.

La rentrée de l'école normale d'enseignement secondaire spécial et du collége annexe de Cluny a été fixée au 1er novembre.

———

Instruction aux recteurs relative à l'examen des aspirants au brevet de capacité. Solutions de questions. (20 septembre.)

Monsieur le recteur, j'ai l'honneur de vous envoyer copie d'une lettre que j'ai adressée à un de vos collègues, en réponse à diverses questions qu'il m'avait faites sur l'interprétation à donner à quelques dispositions de l'arrêté du 3 juillet 1866, relatif à l'examen des aspirants au brevet de capacité.

Veuillez, en ce qui vous concerne, faire appliquer dans votre académie les principes rappelés dans la lettre dont il s'agit.

Je saisis cette occasion pour vous prier de m'adresser les procès-verbaux dans la forme prescrite par l'article 3 de l'arrêté du 27 août 1862.

Recevez, monsieur le recteur, l'assurance de ma considération très-distinguée.

Le Ministre de l'instruction publique,

V. DURUY.

Paris, le 15 septembre 1866.

Monsieur le recteur, j'ai pris connaissance de la lettre dans laquelle vous me soumettez quelques observations que vous a suggérées la lecture de l'arrêté du 3 juillet dernier, relatif à l'examen des aspirants et aspirantes au brevet de capacité.

Je vais répondre aux diverses questions que vous avez soulevées :

1° En ce qui concerne l'épreuve *de dessin linéaire et d'ornement*, il doit être entendu que l'épreuve ainsi qualifiée est unique, et que le sujet proposé appartiendra, soit, à la fois, au dessin linéaire et au dessin d'ornement, soit, si vous le jugez convenable, à l'un de ces deux genres de dessin seulement. Le dessin linéaire proprement dit comprend surtout les figures géométriques et les objets qui peuvent être représentés par la combinaison de lignes droites et courbes qui se font habituellement à la règle et au compas, tandis que le dessin d'ornement embrasse des formes diverses, telles que rosaces, feuillages, arabesques, pour lesquelles une certaine habileté de main est nécessaire.

Le dessin d'imitation suppose une aptitude artistique plus développée; il comprend la représentation, d'après un modèle lithographié ou gravé, d'après la bosse ou d'après nature, de la figure ou de la forme humaine, des fleurs, des animaux, du paysage, etc.

Des notions de perspective doivent être également rattachées au dessin d'imitation et au dessin linéaire, lorsque ce dernier enseignement atteint un certain niveau.

2° En spécifiant que les candidats au brevet comprenant l'enseignement facultatif doivent être interrogés à leur choix sur les matières comprises dans les quatre séries déterminées aux articles 16 et 17, l'arrêté a entendu que ces candidats seraient complétement libres de désigner celle de ces séries sur laquelle ils désirent être interrogés, quel qu'en soit l'ordre, à la condition, néanmoins, de répondre sur *toutes* les matières de la série qu'ils auront choisie.

3° Le minimum de 5 points établi par l'article 21 pour *chacune* des épreuves écrites ou orales ne doit, en aucun cas, s'appliquer à l'ensemble des matières d'une même série. Le candidat qui n'aurait pas obtenu le chiffre 5 dans l'une des matières doit être immédiatement mis hors de concours.

4° Les questions *orales* relatives, soit au *dessin linéaire et d'ornement*, soit au *dessin d'imitation*, doivent porter principalement sur les principes de la perspective ; le candidat peut être mis en demeure de dessiner au tableau noir une figure géométrique, un ornement, un objet quelconque placé sous ses yeux, et de donner des explications sur sa manière d'opérer.

5° La solution donnée à la troisième question répond à celle-ci : l'épreuve écrite, constituant une des matières de la série, devient éliminatoire si le candidat n'obtient pas le chiffre 5 pour ladite épreuve.

6° Chacune des matières énumérées par séries à l'article 17 doit être considérée comme isolée, soit qu'elle appartienne aux épreuves écrites ou aux épreuves orales. C'est par séries complètes que doivent avoir lieu les examens facultatifs, et nulle mention ne pourra être faite si le candidat n'a pas obtenu le chiffre 5 pour chacune des matières de l'examen écrit et pour chacune des matières de l'examen oral composant la série qu'il a choisie.

7° Lorsqu'un aspirant au brevet comprenant les matières facultatives sera pourvu d'un brevet sur lequel se trouvent déjà mentionnées quelques-unes de ces matières, les commissions ne pourront, sous aucun prétexte, interroger le candidat sur les matières pour lesquelles son aptitude aura été constatée.

Le Ministre de l'instruction publique,
V DURUY.

Circulaire sur la durée des classes dans les écoles primaires communales.

Monsieur le recteur, aux termes du règlement des écoles primaires communales, les classes durent au moins trois heures le matin et trois heures le soir, et rien n'indique que ces longues séances doivent être coupées par un repos. L'immobilité de corps et la fatigue d'esprit, imposées ainsi pendant trois heures consécutives à des enfants de sept à treize ans, soulèvent des plaintes légitimes. Les vœux de l'opinion publique ont été devancés à cet égard pour les jeunes gens de treize à dix-huit ans qui reçoivent l'enseignement secondaire spécial, puisque les nouveaux programmes d'études pour cet enseignement prescrivent qu'après deux heures de travail il doit y avoir un repos de dix minutes ou d'un quart d'heure employé à des exercices gymnastiques, sans préjudice des récréations plus longues qui suivent les repas. Dans quelques écoles primaires, malgré le silence du règlement, l'usage s'est aussi introduit d'interrompre par une récréation ces longues classes du matin et du soir.

Un repos de dix minutes ou d'un quart d'heure est indispensable aux enfants, pour qui le mouvement est une nécessité, et dont il n'est pas possible, malgré la diversité des exercices scolaires, de maintenir l'attention éveillée durant trois heures.

Je désire, monsieur le recteur, que l'usage introduit à titre d'exception devienne désormais la règle. Vous voudrez bien adresser à MM. les inspecteurs de votre ressort académique des instructions précises à ce sujet.

Je vous prie de m'accuser réception de la présente circulaire et d'en assurer l'exécution.

Le Ministre de l'instruction publique,
V. DURUY.

Circulaire à **MM.** *les recteurs sur la direction qu'il convient de donner à l'enseignement dans les écoles primaires.* (7 octobre.)

Monsieur le recteur, en vous envoyant, le 2 juillet dernier, une copie du nouveau règlement des écoles normales primaires, j'ai appelé votre attention sur les abus que quelques maîtres ont introduits dans l'étude de la grammaire, et sur la nécessité de donner à cet enseignement une direction plus pratique.

Je trouve la preuve de cet abus persistant dans les mémoires produits en 1861 lors du concours des instituteurs [1], et dans les rapports de l'inspection générale, comme dans les copies des concours cantonaux que je viens d'examiner. Des enfants de dix à onze ans parlent de verbes transitifs et intransitifs, d'attributs simples et complexes, de propositions incidentes explicatives ou déterminatives, de compléments circonstanciels, etc., etc. Il faut n'avoir aucune idée de l'esprit des enfants, qui répugne aux abstractions et aux généralités, pour croire qu'ils comprennent de pareilles expressions, que vous et moi, monsieur le recteur, nous avons depuis longtemps oubliées ; c'est un pur effort de mémoire au profit d'inutilités.

Si l'étude sérieuse de la grammaire est une des plus importantes à poursuivre ; si, par l'analyse des procédés du langage, elle nous conduit à découvrir certaines lois de l'esprit ; si, par la comparaison des grammaires entre elles, on arrive à retrouver la filiation des peuples et l'identité des races ; si enfin elle constitue, pour une intelligence déjà mûre, une des applications les plus fécondes de la philosophie éclairée par l'histoire, on doit avouer que, pour les enfants, elle n'est trop souvent qu'un objet d'effroi. Une grande partie du temps de la classe est, chaque jour, employée dans certaines écoles à la récitation de longues leçons de grammaire, à la rédaction d'interminables analyses logiques et grammaticales, qui remplissent leurs cahiers ou leur mémoire, et ne disent rien à leur esprit. Cet enseignement doit être remplacé par des leçons vivantes. Il faut réduire la grammaire à quelques définitions simples et courtes, à quelques règles fondamentales qu'on éclaircit par les exemples ; il faut aussi, à mesure que l'intelligence des enfants se développe, les mettre en présence des plus beaux morceaux de notre littérature, leur y faire reconnaître d'abord le sens et jusqu'aux nuances des mots, la suite et l'enchaînement des idées, plus tard les inversions, même les hardiesses du génie, et compter, dans cet exercice, encore plus sur cette logique et cette grammaire naturelle qu'ils portent en eux que sur le vieux bagage d'abstractions et de formules

---

1. Sur douze cent sept instituteurs dont les mémoires ont été réservés par les inspecteurs d'académie avec la note *bien*, deux cent quarante-trois, c'est-à-dire le cinquième, s'accordent pour demander que l'enseignement soit plus pratique, plus précis, plus simple, plus rationnel, mieux approprié aux besoins des populations rurales. Quelques-uns rappellent, en souhaitant qu'elle s'exécute, la circulaire ministérielle du 20 août 1857. Voici quelques passages, textuellement extraits des mémoires des instituteurs :

« A un enseignement mécanique il faut substituer un enseignement rationnel (Eure). — On apprend trop par cœur (Calvados). — Que d'écoles rurales où les livres jouent encore le premier rôle ! Les élèves récitent, mais n'exercent point leur intelligence (Ardèche). — Le paysan sent que l'instruction est mal dirigée, qu'elle n'est pas assez pratique (Bas-Rhin). — L'enseignement est généralement routinier (Meurthe). — Il est trop abstrait (Doubs). — Les méthodes étant défectueuses, les parents considèrent l'enseignement comme inutile (Pas-de-Calais). — Que l'enseignement devienne plus pratique et plus utile (Somme). — L'enseignement est trop abstrait (Dordogne). — L'enseignement primaire est mal approprié et insuffisant (Indre-et-Loire). — L'enseignement est trop vague, trop obscur (Nord). — L'enseignement actuel est souvent trop théorique (Corrèze). — Il faut donner aux enfants un enseignement approprié à leurs besoins futurs pour en faire de bons chrétiens, des cultivateurs laborieux et éclairés, des artisans honnêtes et des citoyens dignes d'une grande nation (Oise). — Les instructions ministérielles ne sont pas exécutées (Somme), etc., etc.

dont on accable leur mémoire sans profit pour leur intelligence. Lhomond disait, il y a quatre-vingts ans : « La métaphysique ne convient point aux enfants, et le meilleur livre élémentaire, c'est la voix du maître, qui varie ses leçons et la manière de les présenter selon les besoins de ceux à qui il parle [1]. »

Nos maîtres ne sont pas coupables de suivre les méthodes que j'accuse; ce sont celles qui leur ont été enseignées. Ils en mesurent la valeur au prix qu'elles leur ont coûté, aux fatigues, au temps qu'ils ont dépensés pour acquérir des connaissances qui donnent à la plus simple des études les apparences, les embarras et les ennuis d'une science mystérieuse.

L'ardeur avec laquelle les instituteurs ont ouvert et dirigé les cours d'adultes prouve qu'ils ne cherchent pas à ménager leurs forces et qu'ils ne redoutent pas le travail. Ce n'est donc pas le courage et le dévouement qui leur font défaut, mais une bonne direction pédagogique. Or, cette direction, c'est à l'école normale qu'ils la prennent; c'est donc de l'école normale qu'il faut chasser cette scolastique grammaticale qui se complaît dans les théories subtiles et s'amuse à des curiosités bonnes pour occuper les loisirs des lettrés [2].

Depuis longtemps, monsieur le recteur, des observations ont été adressées à cet égard aux administrations académiques par plusieurs de mes prédécesseurs; un d'eux vous avait même posé, le 20 août 1857, une série de questions auxquelles vous ne paraissez pas avoir répondu. Je dois conclure de ce silence que les instructions dont il s'agit n'ont obtenu qu'une attention passagère, et je me suis assuré qu'elles sont à peine connues de MM. les inspecteurs d'académie.

Je tiens à ce qu'il n'en soit pas de même désormais. J'attache non-seulement à la propagation, mais à l'amélioration de l'instruction primaire, une grande importance. Je considère cet enseignement comme une dette de l'Etat envers les populations laborieuses, et ce n'est pas, ou du moins ce ne doit pas être en vain que le décret du 22 août 1854, se conformant à la loi du 14 juin de la même année, vous a chargé de veiller à l'exécution des règlements d'études dans les écoles primaires et normales, et de proposer au Ministre les mesures propres à en améliorer l'enseignement. C'est là, monsieur le recteur, une de vos attributions les plus essentielles, et je regrette vivement de ne trouver que de rares exemples de l'intervention personnelle des chefs des académies dans la direction de cet important service. Tout le monde s'accorde aujourd'hui à reconnaître que la meilleure méthode d'enseignement est celle qui exerce le plus l'intelligence des enfants, sans la fatiguer ni la rebuter; celle qui, tout en excitant leur mémoire, ne la charge que de choses utiles; celle qui ne leur présente isolément aucune règle abstraite, mais leur fait comprendre l'utilité de la règle par une application raisonnée; celle enfin qui leur apprend le mieux à apprendre.

J'ai malheureusement lieu de craindre qu'on ne soit pas pénétré de cette vérité dans toutes les écoles, et je vois avec peine de nombreux témoignages, confirmés par ma propre expérience, établir que l'enseignement primaire, en beaucoup de lieux, est plus mécanique que rationnel. C'est ce qui explique, jusqu'à un certain point, le long séjour, trop souvent infructueux, que font les enfants dans les écoles.

Le chiffre qui m'a le plus vivement frappé dans la statistique que j'ai publiée pour l'instruction primaire, n'est pas celui du nombre des enfants restés en dehors des écoles, et que le progrès des mœurs et des idées suffira maintenant à réduire rapidement; c'est le chiffre des non-valeurs scolaires, ce sont ces quarante élèves sur cent qui sortent de l'école, ou ne sachant rien, ou sachant si peu de chose que, sans le cours d'adultes, ils l'auront bien vite oublié.

Nous ne pouvons agir sur les familles qui nous refusent leurs enfants que par la contagion morale de l'opinion publique, et, à cette heure, elle agit énergiquement; mais, pour les autres, nous avons le devoir de chercher les moyens de diminuer chaque année notre déficit.

Ce moyen ne consiste pas à demander plus de temps pour l'étude aux maîtres et aux élèves. Les instituteurs ne marchandent pas leur peine, et, quant aux élèves, nous ne leur faisons déjà que des classes trop longues.

L'amélioration à trouver doit être cherchée dans les méthodes d'enseignement; car il est certain qu'il ne faudrait pas six années pour parcourir le programme de l'enseignement primaire, si cet enseignement était donné avec la parfaite connaissance des besoins intellectuels des enfants.

Mais comment, monsieur le recteur, parvenir à réformer un vice de méthode si général et si persistant [1] ? La circulaire du 20 août 1857 n'ayant été suivie d'aucune mesure ni même d'aucune proposition, je ne crois pas devoir la reproduire aujourd'hui textuellement; je désire cependant trouver, par la connaissance précise des faits, le remède à l'état de choses que je signale.

Pensez-vous, monsieur le recteur, que, si MM. les inspecteurs primaires réunissaient deux ou trois fois les instituteurs de leur arrondissement, pour leur signaler les imperfections des méthodes employées, et recueillir leurs observations, ils pourraient, ensuite, être invités par M. l'inspecteur d'académie départemental, à discuter avec lui ces observations? Pensez-vous qu'en appelant près de vous MM. les inspecteurs d'académie et en provoquant également leurs avis sur les résultats des conférences qu'ils auraient présidées dans les départements, vous pourriez me fournir, à cet égard, de bonnes indications? Pensez-vous qu'il pourrait résulter de ces divers avis une sorte de plan d'études court et facile, qui serait non imposé, mais proposé aux instituteurs, et qui contiendrait d'utiles directions pédagogiques, analogues, sous quelques rapports, à celles qui ont été publiées pour l'enseignement secondaire spécial?

---

1. *Éléments de grammaire latine*, 7ᵉ édition, 1788.

2. On enseignait, il y a un an encore, dans une école normale de l'Est, des aperçus sur la terminaison des substantifs et des adjectifs et sur les rapports de cette terminaison avec le genre ou le sens des mots.

1. La circulaire du 20 août 1857 porte ce qui suit : « Les élèves de nos écoles, disait mon prédécesseur, dans une instruction que je me plais à rappeler, ont besoin d'apprendre leur langue, mais non les subtilités qui ont rendu l'étude de la grammaire française si peu attrayante et par conséquent si difficile.... Qu'on se garde d'accabler l'esprit des enfants de ces définitions métaphysiques, de ces règles abstraites, de ces analyses prétendues grammaticales, qui sont pour eux des hiéroglyphes indéchiffrables ou de rebutants exercices. Donc, point de ces éternelles dictées, ambitieusement décorées du nom d'*analyse logique* et bonnes seulement à faire prendre en dégoût tout ce qui tient à l'enseignement de la langue; point de fantasmagorie de mots: s'il est possible même, point de grammaires entre les mains des élèves. Faire apprendre par cœur des formules abstraites à des enfants qui sortiront de l'école pour manier la bêche ou le rabot, c'est, à plaisir et sans résultats, heurter les instincts des familles. Qu'on voie s'entre-choquer dans un pêle-mêle de notions confuses ces mots techniques dont une intelligence peu exercée ne parvient jamais à se rendre maîtresse, il n'y a là, avec une perte de temps certaine, que des avantages bien douteux. Les dictées graduées avec discernement, analysées au point de vue des idées, du sens des mots, de l'orthographe, dictées ayant pour objet un trait d'histoire, une invention utile, une lettre de famille, un mémoire, le compte rendu d'une affaire : tel doit être, dans l'école primaire, le fondement de l'enseignement de la langue. »

Je vous prie, monsieur le recteur, d'examiner attentivement ces questions, ainsi que toutes celles qui peuvent s'y rattacher, et de me répondre dans un court délai.

Je vous demande, pour cette œuvre si importante de l'éducation publique, une attention persévérante. La part qui vous est réservée par la loi dans la direction du service de l'enseignement primaire a pu, monsieur le recteur, sembler restreinte; mais cette part est en réalité la plus belle, si on l'envisage comme elle doit l'être, puisqu'elle vous impose toute la sollicitude réservée au magistrat particulier de l'enseignement et qu'elle comprend tout ce qui peut contribuer au développement de l'intelligence humaine, par conséquent au bonheur des populations, à la sécurité et à la grandeur de l'État.

A quoi serviraient les sacrifices que le pays s'impose, les efforts matériels qui sont faits pour établir partout des écoles et y appeler les enfants, si l'âme même de l'enseignement y manquait, si l'esprit de routine s'installait dans les édifices que l'on élève de toutes parts à l'esprit du progrès? Sachons prouver, monsieur le recteur, que l'Université ne néglige aucune des parties de sa noble tâche, et qu'à côté des fortes études qu'elle offre dans ses lycées et ses colléges, elle sait donner, dans les écoles primaires, aux enfants qu'attendent les professions agricoles, commerciales et industrielles, une instruction solide, durable et appropriée à leur destination.

Recevez, monsieur le recteur, l'assurance de ma considération très-distinguée.

Le Ministre de l'instruction publique,

V. Duruy.

Administration académique.

Inspecteurs honoraires.

(18 septembre.) — M. Bonafous, ancien inspecteur de l'académie d'Aix, en résidence à Avignon, est nommé inspecteur d'académie honoraire.

(1er octobre.) — M. Doucin, ancien inspecteur d'académie en résidence à Avignon, est nommé inspecteur d'académie honoraire.

Inspecteurs d'académie.

Amiens. (1er octobre.)—M. Bertrand, professeur de seconde au lycée de Marseille, est chargé provisoirement des fonctions d'inspecteur d'académie en résidence à Amiens, en remplacement de M. Roger, appelé à d'autres fonctions.

Rouen. (29 août.) — M. Doucin, inspecteur de l'académie de Caen, en résidence à Rouen, est admis, sur sa demande et pour cause d'ancienneté de services, à faire valoir ses droits à la retraite.

M. Roger, inspecteur de l'académie de Douai (deuxième classe), en résidence à Amiens, est nommé inspecteur de l'académie de Caen (même classe), en remplacement de M. Doucin, admis à faire valoir ses droits à la retraite.

Secrétaires et commis d'académie.

Alger (20 septembre). — M. Magy, commis de l'académie de Montpellier (deuxième classe), est nommé secrétaire de l'académie d'Alger, en remplacement de M. Julia, décédé.

Douai. (9 octobre.) — M. Marignac, bachelier ès lettres, est nommé commis de l'académie de Douai (deuxième classe) en remplacement de M. Gandas, admis à faire valoir ses droits à la retraite.

Gap. (9 octobre) — M. Richier (Cyprien-Victor-Philippe), directeur de l'école primaire annexée à l'école normale de Gap, est nommé commis d'inspection académique à Gap, en remplacement de M. Léotier, appelé à d'autres fonctions.

Montpellier (20 septembre). — M. Chesneau (Benoît-Auguste-Emmanuel), licencié ès sciences mathématiques, est nommé commis d'académie (deuxième classe) à Montpellier, en remplacement de M. Magy, appelé à d'autres fonctions.

Écoles normales primaires.

Maîtres adjoints.

Aix (17 octobre.) — M. Géant, maître adjoint (troisième classe) à l'école normale primaire de Commercy, est nommé maître adjoint (même classe) à l'école normale primaire d'Aix, en remplacement de M. Bertrand, appelé à Commercy.

Aurillac (9 octobre). — M. Garcelon (en religion frère Galdin), est nommé maître adjoint (troisième classe) à l'École normale primaire d'Aurillac, en remplacement de M. Serindat (frère Gustave).

Commercy (17 octobre.) — M. Bertrand, maître adjoint (troisième classe) à l'école normale primaire d'Aix, est nommé maître adjoint (même classe) à l'école normale primaire de Commercy, en remplacement de M. Géant, appelé à Aix.

M. Grosmaire, chargé de l'enseignement de l'agriculture à l'école normale primaire de Nancy, est nommé maître adjoint (troisième classe) à l'école normale primaire de Commercy, en remplacement de M. Lallemand, démissionnaire.

Evreux (5 octobre). — M. Lechat, maître suppléant à l'École normale primaire d'Evreux, est nommé maître-adjoint (troisième classe) dans ledit établissement, en remplacement de M. Goy, qui a reçu une autre destination.

M. Lafleur, pourvu du brevet complet, est chargé de suppléer M. Potin, maître adjoint à l'École normale primaire d'Evreux, en congé.

Gap. (1er octobre.) — M. Léotier, commis de l'inspection académique des Hautes-Alpes, est nommé maître adjoint (troisième classe) à l'école normale primaire de Gap (emploi vacant).

Lagord (8 octobre). — M. Appraillé, régent de cours d'enseignement secondaire spécial au collége de Luçon, est nommé maître adjoint (troisième classe) à l'École normale primaire de Lagord, en remplacement de M. Nicolas, qui a reçu une autre destination.

Laon (18 septembre). — M. Carlier, instituteur public à Nanteuil-Notre Dame, est chargé des fonctions de maître de l'école primaire annexée à l'école normale primaire de Laon, pendant la durée du congé accordé à M. Paradis.

Le Mans (1er octobre). — M. Coutard, chargé de l'enseignement spécial au collége de Courdemanche, pourvu du brevet complet, est nommé maître adjoint (troisième classe) à l'École normale primaire du Mans, en remplacement de M. Chevauche, démissionnaire.

Melun (18 septembre). — M. Vallée, instituteur adjoint à Melun, est nommé maître de l'école primaire annexée à l'école normale de ladite ville, en remplacement de M. Jean, dit Forestier.

Moulins (24 septembre). — M. Nicolas, maître adjoint (troisième classe) à l'école normale primaire de Lagord (Charente-Inférieure), est nommé maître adjoint (même classe) à l'école normale primaire de Moulins, en remplacement de M. Tardivon, démissionnaire.

Enseignement secondaire spécial.

Ecole normale d'enseignement secondaire spécial de Cluny. (8 octobre.)

M. Roux, directeur de l'Ecole normale d'enseignement secondaire spécial de Cluny, est chargé en outre d'un cours de pédagogie.

M. Meyran, licencié ès lettres, sous-principal du collége de Castres, est nommé sous-directeur de l'Ecole normale d'enseignement secondaire spécial de Cluny, et chargé, en outre, de l'enseignement de la grammaire et de la littérature française.

M. l'abbé Canet est nommé aumônier de l'Ecole normale d'enseignement secondaire spécial et du collége de Cluny.

B. Bonnecarrère, commis d'économat de troisième classe au lycée de Tarbes, est nommé commis d'économat de deuxième classe à l'Ecole normale d'enseignement secondaire spécial de Cluny.

M. Gaudier, professeur de rhétorique au lycée de Mâcon, est chargé en outre d'un cours de littérature française à ladite Ecole normale.

M. Penjon, chargé de cours de philosophie au lycée de Mâcon, est chargé en outre du cours de morale à ladite Ecole normale.

M. Zevort, ancien élève de l'Ecole normale supérieure, pourvu du certificat d'aptitude à l'agrégation d'histoire, chargé d'une division d'histoire au lycée de Brest, est chargé de cours d'histoire et de géographie à l'Ecole normale d'enseignement secondaire spécial de Cluny.

M. Chavot, avocat, docteur en droit, est chargé du cours de législation usuelle et d'économie politique à ladite Ecole normale.

M. Koell, bachelier ès lettres, pourvu du diplôme pour l'enseignement des *Realschulen*, professeur à l'Ecole *réelle* d'Ems (duché de Nassau), est chargé du cours de langues vivantes à ladite Ecole normale.

M. de l'Hopital, agrégé pour l'enseignement secondaire spécial, chargé de cours de physique au lycée de Caen, est nommé professeur de mathématiques à l'Ecole normale de Cluny.

M. Dussolin, ancien élève de l'Ecole polytechnique, est chargé de cours de mathématiques à l'Ecole normale de Cluny.

M. Rigolage, agrégé pour l'enseignement secondaire spécial, ancien élève de l'Ecole centrale et de l'Ecole des Arts et Métiers de Châlons, est nommé professeur de mécanique et chargé de la direction des travaux graphiques et des ateliers à l'Ecole normale de Cluny.

M. Moitessier, docteur ès sciences, agrégé près la Faculté de médecine de Montpellier, est délégué dans la chaire de physique à ladite Ecole normale.

M. Riban, licencié ès sciences physiques, chargé des fonctions de préparateur au Collége de France, est chargé du cours de chimie à ladite Ecole normale.

M. Sagot, docteur en médecine, est chargé du cours d'histoire naturelle à ladite Ecole normale.

M. Gaillard, économe de l'Ecole normale d'enseignement secondaire spécial de Cluny, est chargé en outre du cours de comptabilité.

M. Simyan, docteur en médecine, est nommé médecin de ladite Ecole et chargé, en outre, d'un cours d'hygiène.

M. Aucaigne, docteur en médecine, est nommé médecin adjoint.

M. Cassan, maître répétiteur au lycée de Toulouse, est nommé préparateur et conservateur des collections à l'Ecole normale de Cluny.

M. Briant, jardinier au Muséum d'histoire naturelle, est nommé jardinier en chef de ladite Ecole.

Argentan. (28 septembre.) — M. Merle, pourvu du brevet complet, est nommé régent des cours spéciaux au collége d'Argentan, en remplacement de M. Lecointe, appelé à d'autres fonctions.

Beaune. (8 octobre,) — M. Destray (François), pourvu du brevet complet pour l'instruction primaire, est nommé régent des cours d'enseignement secondaire spécial au collége de Beaune (emploi nouveau).

M. Mimeur (Claude), pourvu du brevet complet pour l'instruction primaire, est nommé régent des mêmes cours audit collége (emploi nouveau).

Épinal. (25 septembre.) — M. Trépied, bachelier ès lettres et ès sciences, est nommé régent des cours d'enseignement secondaire spécial au collége d'Épinal, en remplacement de M. Chevillot, appelé à d'autres fonctions.

— (23 octobre). — M. Vigneron, pourvu du brevet supérieur pour l'instruction primaire, est nommé régent des cours spéciaux au collége d'Épinal.

Lectoure. (11 octobre). — M. Delestaing, bachelier ès lettres, est nommé régent des cours d'enseignement spécial (première année) au collége de Lectoure.

M. Dumoulié, instituteur communal, est chargé de la classe préparatoire de l'enseignement spécial au collége de Lectoure (emploi nouveau).

M. Léonardé, bachelier ès lettres, est nommé maître d'étude au collége de Lectoure. M. Léonardé est chargé, en outre, de la classe de huitième audit collége.

M. Sotta est chargé de l'enseignement du dessin au collége de Lectoure (emploi nouveau).

Metz. (27 septembre.) — M. Vacca, licencié ès sciences, régent de physique au collége de Remiremont, est chargé de cours d'enseignement secondaire spécial (deuxième classe) au lycée de Metz (emploi nouveau).

— (22 octobre.) — M. Vacca, chargé de cours d'enseignement secondaire spécial au lycée de Metz, est promu de la deuxième à la première classe.

Mont-de-Marsan. (29 septembre). — M. l'abbé Lagoeyte est chargé des fonctions d'aumônier (troisième classe) au lycée d'enseignement secondaire spécial de Mont-de-Marsan (emploi nouveau).

M. le docteur Dufau est nommé médecin audit lycée.

M. le docteur Malichecq est nommé chirurgien audit lycée.

(8 octobre).—M. Fierville, licencié ès lettres, chargé de cours de philosophie au lycée de Coutances, est chargé de cours de morale et de littérature au lycée d'enseignement secondaire spécial de Mont-de-Marsan (emploi nouveau).

M. Foncin, agrégé d'histoire, chargé de cours d'histoire au lycée de Troyes, est nommé professeur d'histoire (troisième classe) au lycée d'enseignement secondaire spécial de Mont-de-Marsan (emploi nouveau).

M. Wierzeyski, licencié ès lettres, ancien directeur du collége Mocenigo à Corfou, ancien surveillant général au lycée Napoléon, est chargé de la classe de rhétorique au lycée d'enseignement secondaire spécial de Mont-de-Marsan (emploi nouveau).

— (13 octobre.) — M. Gohierre de Longchamps, licencié ès sciences mathématiques et physiques, élève sortant de l'Ecole normale supérieure, est chargé d'un cours de mathématiques au lycée d'enseignement spécial de Mont-de-Marsan.

— M. Marteau, commis aux écritures au lycée de Troyes, est chargé des fonctions de commis d'économat (troisième classe) au lycée d'enseignement spécial de Mont-de-Marsan.

Montélimar. (11 octobre.) — M. Perrin, bachelier ès sciences, ancien aspirant répétiteur, est nommé régent des cours d'enseignement spécial au collége de Montélimar (emploi nouveau).

Mulhouse. (4 octobre.) — M. Zorn, licencié ès sciences mathématiques, est nommé sous-principal du collége d'enseignement secondaire spécial de Mulhouse.

M. Zorn est chargé, en outre, d'un cours de mathématiques.

M. Chérest, licencié ès sciences physiques, est nommé régent de mathématiques audit collége.

M. Russ, bachelier ès sciences, est nommé régent de mathématiques audit collége.

M. Zimmermann est chargé de cours de mathématiques audit collége.

M. Courbot, régent de mathématiques au collége de Condom, est nommé régent de physique au collége d'enseignement spécial de Mulhouse.

M. Besson, licencié ès sciences naturelles, est nommé régent de physique audit collége.

M. Rosenthiel, licencié ès sciences physiques, est nommé regent de chimie appliquée audit collége.

M. Lafon est chargé de cours de mécanique et de dessin audit collége.

M. Messeau, bachelier ès lettres, est nommé régent de français, d'histoire et de géographie audit collége.

M. Schmidt, licencié ès lettres, est nommé régent de français, d'histoire et de géographie audit collége.

M. Bourgeois, bachelier ès lettres, est nommé régent de français, d'histoire et de géographie audit collége.

M. Godimus est chargé de cours de géographie commerciale audit collége.

M. Blocquet, licencié en droit, est chargé du cours de législation et d'économie politique audit collége.

M. Beck, licencié ès lettres, est chargé de cours de langue et littérature allemande audit collége.

M. Ulrich est chargé de cours d'allemand et de chant audit collége.

M. Barbier est chargé de cours d'anglais audit collége.

Obernai. (27 septembre.) — M. Ginns, pourvu du brevet du degré supérieur, est nommé régent des cours spéciaux au collége d'Obernai, en remplacement de M. Riegel.

Sainte-Marie-aux-Mines. (29 septembre.) — M. Floquet, bachelier ès lettres, est nommé principal du collége spécial de Sainte-Marie-aux-Mines (emploi nouveau).

M. Floquet est chargé en outre de l'enseignement littéraire audit collége.

M. Vogel, bachelier ès sciences, pourvu du brevet complet pour l'instruction primaire, est chargé de l'enseignement scientifique au collége spécial de Sainte-Marie-aux-Mines (emploi nouveau).

M. Zaeh, pourvu du brevet complet pour l'instruction primaire, est chargé de l'enseignement du dessin et de la calligraphie au collége spécial de Sainte-Marie-aux-Mines (emploi nouveau).

Sées. (28 septembre.) — M. Lecointe, régent des cours spéciaux au collége d'Argentan, est nommé régent des cours spéciaux au collége de Sées, en remplacement de M. Guilmin, appelé à d'autres fonctions.

Enseignement primaire annexé aux lycées et colléges.

Valenciennes. (18 septembre.) — M. Gougeon, chargé de l'enseignement de l'histoire au collége de Valenciennes, est nommé régent des cours spéciaux d'enseignement primaire annexés audit collége, en remplacement de M. Caillole, appelé à d'autres fonctions.

Inspection des salles d'asile.

(9 octobre.)

Mlle Geib, déléguée spéciale (première classe) pour l'inspection des salles d'asile de l'académie de Dijon, est nommée déléguée spéciale (même classe) pour l'académie de Clermont.

Mlle Forcade, déléguée spéciale (troisième classe), pour l'inspection des salles d'asile de l'académie de Clermont, est nommée déléguée spéciale (même classe) pour l'académie de Dijon.

Distinctions honorifiques.

Saint-Denis (Réunion). (30 septembre). — M. Drouhet, inspecteur d'académie, en résidence à Saint-Denis (île de la Réunion), est nommé officier de l'instruction publique.

DOCUMENTS

RELATIFS A L'INSTRUCTION PRIMAIRE.

Bibliothèque de l'ecole normale de Cluny. Dons de livres. — MM. Hachette et Cie, libraires-éditeurs, viennent d'adresser au Ministre de l'instruction publique la lettre suivante :

« Monsieur le Ministre,

« Désireux de venir en aide à une institution qui est appelée à rendre de grands services à l'instruction publique, nous tenons à être des premiers à faire un don à l'école normale de Cluny. Nous avons donc fait dans notre catalogue un choix des publications que nous croyons le mieux convenir à la bibliothèque de cette école, et nous les faisons remettre à votre ministère. Vous en trouverez la liste d'autre part.

« Nous avons l'honneur d'être, etc. »

Le nombre des volumes donnés par MM. Hachette s'élève à 130.

MM. Delagrave et Cie, éditeurs, ont offert, dans le même but, une collection de livres formant 109 volumes, et ont accompagné ce don d'une lettre ainsi conçue :

« Monsieur le Ministre,

« Nous sommes au nombre de ceux qui ont le plus chaleureusement applaudi à la fondation du nouvel enseignement secondaire spécial.

« Désirant contribuer, pour notre part, au succés de ces études, nous avons confié tous les ouvrages qui doivent répondre aux derniers programmes à des professeurs dont le mérite a déjà reçu la sanction de la popularité. En attendant, nous serions heureux de pouvoir donner un témoignage d'intérêt à l'école normale de Cluny que Votre Excellence va prochainement inaugurer. Nous venons donc vous prier, monsieur le Ministre, de vouloir bien accepter l'hommage d'une collection de livres que nous avons réunis pour être offerts à la bibliothèque de cette école. »

La bibliothèque réunie pour l'Ecole de Cluny compte déjà 1400 volumes, dont 350 donnés par le Ministre de l'instruction publique, 274 par M. Milne-Edwards, 72 par le lycée Charlemagne, etc. etc.

École normale de Cluny. Trousseau des élèves. — D'après le texte d'un arrêté du Ministre de l'instruction publique, en date du 19 septembre, le trousseau des élèves de l'École normale de Cluny sera composé ainsi qu'il suit, savoir :

Le trousseau des élèves de l'École normale de Cluny sera composé ainsi qu'il suit, savoir :

Une redingote en drap bleu, conforme au modèlee avec palmes en soie bleue et blanche du côté gauche, seulement; au centre des palmes, une abeille;
Deux pantalons en drap bleu;
Deux gilets droits en drap bleu, fermés par une seule rangée de boutons;
Deux pantalons en coutil gris;
Un gilet droit en étoffe légère, et de couleur foncée, pour l'été;
Une veste en drap bleu pour l'intérieur;
Trois blouses bleues;

Une casquette en drap bleu pour les sorties, conforme au modèle, avec une abeille en soie bleue et blanche;
Une casquette d'intérieur;
Douze chemises;
Douze mouchoirs en toile;
Quatre caleçons;
Douze serviettes;
Trois cravates en soie noire;
Douze paires de chaussettes ou bas;
Deux paires de draps de lit;
Trois paires de souliers;
Un peigne, une brosse à peigne, une brosse à cheveux et une brosse à habits.

Le prix du trousseau est fixé à 300 francs. Il est à la charge des familles. Il peut être payé en quatre termes trimestriels de 75 francs chacun.
Les familles sont libres de fournir ce trousseau en nature, si elles le préfèrent.

Départements classés d'après le degré d'instruction, au commencement de l'année 1866, des jeunes gens de la classe de 1865 inscrits sur les tableaux de recensement de l'année 1866. (*Documents fournis par MM. les préfets.*)

NUMÉROS D'ORDRE POUR		NOMS DES DÉPARTEMENTS.	NOMBRE SUR 100 des conscrits ne sachant ni lire ni écrire en		OBSERVATIONS.
1866.	1865.		1866.	1865.	
Ⅰʳᵉ CATÉGORIE. — 8 *Départements où le nombre des illettrés était, en 1866, au-dessous du* VINGTIÈME.					
1	5	Vosges.................	1,76	3,79	On a imprimé en *itali-*
2	3	Doubs	2,81	2,63	*ques* les noms des départe-
3	4	Meuse.................	2,89	3,31	ments qui passent, en 1866,
4	1	Meurthe...............	3,36	2,32	dans une *catégorie supé-*
5	2	Haute-Marne.........	3,87	2,48	*rieure.*
6	11	*Côte-d'Or............*	3,93	6,10	En 1865, la Ⅰʳᵉ catégorie
7	6	Bas-Rhin.............	4,42	4,45	ne comptait que 7 départe-
8	8	*Jura*.................	4,70	5,36	ments.
2ᵉ CATÉGORIE. — 11 *Départements où le nombre des illettrés variait, en 1866, entre le* VINGTIÈME *et le* DIXIÈME.					
9	19	*Moselle.*	5,86	10,12	
10	9	Haut-Rhin	6,65	5,87	
11	12	Haute-Saône.........	6,67	6,52	
12	13	Seine	6,85	7,04	
13	16	Ardennes.............	6,90	8,38	
14	7	Aube	7,03	4,81	
15	15	Marne...............	7,19	7,93	
16	10	Hautes-Alpes	8,46	5,88	
17	14	Seine-et-Oise........	8,57	7,92	
18	20	*Seine-et-Marne*.......	9,96	10,90	
19	21	*Hautes-Pyrénées*	10,00	11,82	
3ᵉ CATÉGORIE. — 26 *Départements où le nombre des illettrés variait, en 1866, entre le* DIXIÈME *et le* QUART.					
20	18	Manche	10,17	9,95	En 1865, la 3ᵉ catégorie
21	17	Rhône	10,30	9,82	ne comptait que 22 départe-
22	28	Haute-Savoie	10,75	15,79	ments.
23	22	Calvados	12,02	12,95	
24	23	Orne................	12,78	13,30	
25	25	Eure-et-Loir.........	13,08	14,84	
26	27	Yonne	13,12	15,56	
27	29	Ain................	13,56	16,40	
28	24	Oise	14,74	14,40	

Suite de la 3ᵉ CATÉGORIE. — 26 *Départements où le nombre des illettrés variait en 1866,* *entre le* DIXIÈME *et le* QUART.

29	31	Savoie	15,20	18,43	En 1865, les trois pre-
30	26	Isère	15,94	15,54	mières catégories, com-
31	33	Aisne	18,54	19,07	prenant les départements
32	35	Somme	18,56	20,27	où le nombre des illettrés
33	30	Drôme	18,65	16,78	était au-dessous de 25 pour
34	42	*Cantal*	19,09	25,20	100, ne comptait que 40 dé-
35	34	Aveyron	19,18	19,92	partements. En 1866, ce
36	32	Eure	19,43	18,90	nombre s'est élevé à 45.
37	36	Gard	20,09	21,27	
38	46	*Hérault*	20,30	26,77	
39	37	Charente-Inférieure	22,12	22,55	
40	39	Basses-Alpes	22,21	24,71	
41	38	Bouches-du-Rhône	22,29	23,13	
42	41	*Gers*	23,07	25,15	
43	63	*Tarn-et-Garonne*	23,53	33,27	
44	44	*Gironde*	23,58	26,27	
45	48	*Lot-et-Garonne*	23,64	27,20	

4ᵉ CATÉGORIE. — 22 *départements où le nombre des illettrés variait en 186* *entre le* QUART *et le* TIERS.

46	40	Loiret	25,32	24,90	En 1865, la 4ᵉ catégorie
47	51	Saône-et-Loire	25,35	27,49	comprenait 23 départe-
48	47	Pas-de-Calais	25,79	27,12	ments.
49	49	Vaucluse	26,49	27,32	
50	52	Aude	26,87	28,80	
51	43	Haute-Garonne	27,79	26,13	
52	54	Seine-Inférieure	28,10	29,13	
53	45	Basses-Pyrénées	28,18	26,59	
54	50	Deux-Sèvres	28,44	27,46	
55	59	Loir-et-Cher	28,53	32,25	
56	65	*Puy-de-Dôme*	29,13	34,50	
57	53	Var	29,48	28,98	
58	55	Nord	29,58	29,48	
59	58	Corse	30,02	31,36	
60	56	Loire	30,28	30,50	
61	64	*Ille-et-Vilaine*	30,50	33,66	
62	57	Maine-et-Loire	30,65	31,04	
63	61	Sarthe	23,24	32,74	
64	68	*Lot*	32,62	35,70	
65	62	Creuse	32.85	33,22	
66	67	*Charente*	32,92	35,27	
67	69	*Mayenne*	33,18	36,00	

5ᵉ CATÉGORIE. — 22 *départements où le nombre des illettrés dépassait, en 1866, le* TIERS *et même la* MOITIÉ.

68	60	Lozère	33,46	32,38	En 1865, la 5ᵉ catégorie
69	72	Ardèche	33,47	37,43	comprenait 26 départe-
70	66	Indre-et-Loire	33,60	35,23	ments.
71	70	Loire-Inférieure	34,85	36,17	En 1863, la moyenne
72	73	Alpes-Maritimes	36,59	38,40	était de 28,21 pour 100. Le
73	71	Tarn	36,76	36,67	gain a donc été en 3 ans
74	75	Nièvre	38,02	41,61	de 3,89 pour 100, soit 1,29
75	74	Vendée	38,96	40,79	par an. De 1848 à 1863, le
76	77	Vienne	40,54	42,35	gain annuel avait été seu-
77	79	Haute-Loire	41,82	43,55	lement de 7,91 pour 100,
78	76	Pyrénées-Orientales	42,52	41,63	soit 0,52 par an.
79	78	Landes	44,59	42,80	
80	80	Dordogne	46,16	48,67	
81	89	Ariége	48,22	66,65	
82	84	Cher	49,44	54,84	
83	85	Côtes-du-Nord	50,34	55,18	
84	82	Indre	50,59	53,84	
85	81	Finistère	51,77	48,77	
86	83	Morbihan	53,38	54,12	
87	86	Corrèze	53,45	56,42	
88	87	Allier	53,89	56,80	
89	88	Haute-Vienne	54,51	57,23	
		Moyenne générale	24,32	25,73	

TRAVAUX A L'AIGUILLE.

LINGERIE.

N° 1. Col application, mousseline sur tulle de Bruxelles. Les coins brodés au feston sur tulle simple, c'est-à-dire sans mousseline. Ce col doit être posé sur guimpe sans poignet et mieux encore, cousu simplement à l'encolure de la robe. C'est une très-belle imitation du point d'Angleterre.

N° 2. Guirlande soutachée pour corsage de cachemire. La nuance du lacet doit être différente de la nuance du corsage. Les points noirs doivent être remplacés par une perle de jais.

N° 3. Autre guirlande pour corsage de cachemire. Lacet noir ou en couleur. Perles en jais sur les points noirs. Branches formées avec des tubes de jais, c'est-à-dire de longues perles noires. Chaque point noir de la branche doit être une perle ronde.

N° 4. Bande pour pantalon, chemise ou camisole. Plumetis et broderie anglaise.

N° 6. Col broderie anglaise ou plumetis. Bord formé avec une mignardise, faite avec un lacet posé autour du col, tel que le dessin l'indique, et soutenue par un point à jour.

N° 8. Bande de feston pour taie d'oreiller.

N° 9. Initiales pour draps ou taies d'oreiller, J. T. E.

N° 10. Bande de feston. Broderie anglaise.

N° 11. Manchettes assorties au col n° 6.

N° 12. Marque pour mouchoir au plumetis.

N° 13. Entre-deux pour corsage blanc. Broderie lumetis. Œillets au feston.

N° 14, 15, 16, 17, 18, 19, 20, 21. Initiales.

N° 22. Patron d'une petite botte d'enfant. Dessin soutaché sur piqué blanc. Drap noir. Le patron de la semelle est donné sur la même planche.

N° 5. Dentelle pour couvre-pieds, taies d'oreiller, édredon, housse, rideaux. Coton selon l'emploi qu'on doit faire de la dentelle.

16 mailles sur l'aiguille : ces mailles doivent être tricotées une fois unies.

1re aiguille : 4 mailles unies, augmentation, diminution, (cette augmentation et cette diminution commencent le point de ris qui doit être continué tout le long de la dentelle), 2 mailles unies, augmentation, 1 maille unie, augmentation, diminution, double augmentation, c'est-à-dire passer deux fois le fil sur l'aiguille ce qui doit former deux mailles, diminution, double augmentation, 1 maille unie.

Les augmentations doivent être tricotées comme des mailles ordinaires, sauf la seconde de la double augmentation qui est tricotée à l'envers.

2e aiguille : 5 mailles unies, 1 à l'envers, 2 mailles unies, 1 à l'envers, 2 mailles unies, 1 à l'envers, qui formera la maille qui se trouvera à l'endroit tout le long de la dentelle, 5 mailles unies, augmentation, diminution, 2 mailles unies.

3e aiguille : 4 mailles unies, augmentation, diminution, 3 mailles unies, augmentation, 1 maille unie, augmentation, diminution, 2 mailles unies, double augmentation, diminution, double augmentation, diminution, 1 maille unie.

4e aiguille : 3 mailles unies, 1 à l'envers, 2 mailles unies, 1 à l'envers, 4 mailles unies, 1 à l'envers, 6 mailles unies, augmentation, diminution, 2 mailles unies.

5e aiguille : 4 mailles unies, augmentation, diminution, 4 mailles unies, augmentation, 1 maille unie, augmentation, diminution, double augmentation, diminution, 2 mailles unies, double augmentation, diminution, double augmentation, diminution, 1 maille unie.

6e aiguille : 3 mailles unies, 1 à l'envers, 2 mailles unies, 1 à l'envers, 4 mailles unies, 1 à l'envers, 2 mailles unies, 1 à l'envers, 7 mailles unies, augmentation, diminution, 2 mailles unies.

7e aiguille : 4 mailles unies, augmentation, diminution, 5 mailles unies, augmentation, 1 maille unie, augmentation, diminution, 10 mailles unies, diminution.

8e aiguille : 2 mailles unies, jeter la première sur la seconde et faire ainsi 6 jetés qui composeront la première dent du feston, garder la maille qui reste sur l'aiguille droite et tricoter encore 6 mailles unies, ce qui doit en faire 7 sur l'aiguille droite, 1 maille à l'envers, toujours celle qui forme la maille à l'endroit, 8 mailles unies, augmention, diminution, 2 mailles unies.

9e aiguille : 4 mailles unies, augmentation, diminution, 6 mailles unies, augmentation, 1 maille unie, augmentation, diminution, double augmentation, diminution, double augmentation, diminution, 1 maille unie.

10e aiguille : 3 mailles unies, 1 à l'envers, 2 mailles unies, 1 à l'envers, 2 mailles unies, 1 à l'envers, 9 mailles unies, augmentation, diminution, 2 mailles unies.

11e aiguille : 4 mailles unies, augmentation, diminution, 7 mailles unies, augmentation, 1 maille unie, augmentation, diminution, 2 mailles unies, double augmentation, diminution, double augmentation, diminution, 1 maille unie.

12e aiguille : 3 mailles unies, 1 à l'envers, 2 mailles unies, 1 à l'envers, 4 mailles unies, 1 à l'envers, 10 mailles unies, augmentation, diminution, 2 mailles unies.

13e aiguille : 4 mailles unies, augmentation, diminution, 8 mailles unies, augmentation, 1 maille unie, augmentation, diminution, double augmentation, 2 mailles unies, double augmentation, diminution, double augmentation, diminution, 1 maille unie.

14e aiguille : 3 mailles unies, 1 à l'envers, 2 mailles unies, 1 à l'envers, 4 mailles unies, 1 à l'envers, 11 mailles unies, augmentation, diminution, 2 mailles unies.

15e aiguille : 4 mailles unies, augmentation, diminution, 9 mailles unies, augmentation, 1 maille unie, augmentation, diminution, 10 mailles unies, diminution.

16e aiguille : 6 jetés pour former la deuxième dent, 6 mailles unies, 1 maille à l'envers, 12 mailles unies, augmentation, diminution, 2 mailles unies.

17e aiguille : 4 mailles unies, augmentation, diminution, 10 mailles unies, augmentation, 1 maille unie, augmentation, diminution, double augmentation, diminution, double augmentation, diminution, 1 maille unie.

18e aiguille : 3 mailles unies, 1 à l'envers, 2 mailles unies, 1 à l'envers, 2 mailles unies, 1 à l'envers, 13 mailles unies, augmentation, diminution, 2 mailles unies.

19e aiguille : 4 mailles unies, augmentation, diminution, 11 mailles unies, augmentation, 1 maille unie, augmentation, diminution, 2 mailles unies, double augmentation, diminution, double augmentation, diminution, 1 maille unie.

20e aiguille : 3 mailles unies, 1 à l'envers, 2 mailles unies, 1 à l'envers, 4 mailles unies, 1 à l'envers, 14 mailles unies, augmentation, diminution, 2 mailles unies.

21e aiguille : 4 mailles unies, augmentation, diminution, 12 mailles unies, augmentation, 1 maille unie, augmentation, diminution, double augmentation, diminution, 2 mailles unies, double augmentation, diminution, double augmentation, diminution, 1 maille unie.

22e aiguille : 3 mailles unies, 1 à l'envers, 2 mailles unies, 1 à l'envers, 4 mailles unies, 1 à l'envers, 2 mailles unies, 1 à l'envers, 15 mailles unies, augmentation, diminution, 2 mailles unies.

23e aiguille : 4 mailles unies, augmentation, diminution, 13 mailles unies, augmentation, 1 maille unie, augmentation, diminution, 10 mailles unies, diminution.

24ᵉ aiguille : 6 jetés, 6 mailles unies, 1 à l'envers, 16 mailles unies, augmentation, diminution, 2 mailles unies.

25ᵉ aiguille : 4 mailles unies, augmentation, diminution, 5 mailles unies, double augmentation, diminution, 5 mailles unies, diminution, augmentation, 1 maille unie, augmentation, diminution, double augmentation, diminution, double augmentation, diminution, 1 maille unie.

26ᵉ aiguille : 3 mailles unies, 1 à l'envers, 2 mailles unies, 1 à l'envers, 2 mailles unies, 1 à l'envers, 9 mailles unies, 1 à l'envers, diminution, 5 mailles unies, augmentation, diminution, 2 mailles unies.

27ᵉ aiguille : 4 mailles unies, augmentation, diminution, 2 mailles unies, double augmentation, diminution, 4 mailles unies, double augmentation, diminution, 2 mailles unies, diminution, augmentation, 1 maille unie, augmentation, diminution, 2 mailles unies, double augmentation, diminution, double augmentation, diminution, 1 maille unie.

28ᵉ aiguille : 3 mailles unies, 1 à l'envers, 2 mailles unies, 1 à l'envers, 4 mailles unies, 1 à l'envers, 6 mailles unies, 1 à l'envers, diminution, 4 mailles unies, 1 à l'envers, diminution, 2 mailles unies, augmentation, diminution, 2 mailles unies.

29ᵉ aiguille : 4 mailles unies, augmentation, diminution, 5 mailles unies, double augmentation, diminution, 5 mailles unies, diminution, augmentation, 1 maille unie, augmentation, diminution, double augmentation, 2 mailles unies, double augmentation, diminution, double augmentation, diminution, 1 maille unie.

30ᵉ aiguille : 3 mailles unies, 1 à l'envers, 2 mailles unies, 1 à l'envers, 4 mailles unies, 1 à l'envers, 2 mailles unies, 1 à l'envers, 9 mailles unies, 1 à l'envers, diminution, 5 mailles unies, augmentation, diminution, 2 mailles unies.

31ᵉ aiguille : 4 mailles unies, augmentation, diminution, 2 mailles unies, double augmentation, diminution, 4 mailles unies, double augmentation, diminution, 2 mailles unies, diminution, augmentation, 1 maille unie, augmentation, diminution, 10 mailles unies, diminution.

32ᵉ aiguille : 6 jetés, 6 mailles unies, 1 à l'envers, 1 maille unie, diminution, 3 mailles unies, 1 à l'envers, diminution, 4 mailles unies, 1 à l'envers, diminution, 2 mailles unies, augmentation, diminution, 2 mailles unies.

33ᵉ aiguille : 4 mailles unies, augmentation, diminution, 5 mailles unies, double augmentation, d minution, 4 mailles unies, diminution, augmentation, 1 maille unie, augmentation, diminution, double augmentation, diminution, double augmentation, diminution, 1 maille unie.

34ᵉ aiguille : 3 mailles unies, 1 à l'envers, 2 mailles unies, 1 à l'envers, 2 mailles unies, 1 à l'envers, 1 maille unie, diminution, 5 mailles unies, 1 à l'envers, diminution, 5 mailles unies, augmentation, diminution, 2 mailles unies.

35ᵉ aiguille : 4 mailles unies, augmentation, diminution, 10 mailles unies, diminution, augmentation, 1 maille unie, augmentation, diminution, 2 mailles unies, double augmentation, diminution, double augmentation, diminution, 1 maille unie.

36ᵉ aiguille : 3 mailles unies, 1 à l'envers, 2 mailles unies, 1 à l'envers, 4 mailles unies, 1 à l'envers, 1 maille unie, diminution, 11 mailles unies, augmentation, diminution, 2 mailles unies.

37ᵉ aiguille : 4 mailles unies, augmentation, diminution, 9 mailles unies, diminution, augmentation, 1 maille unie, augmentation, diminution, double augmentation, diminution, 2 mailles unies, double augmentation, diminution, double augmentation, diminution, 1 maille unie.

38ᵉ aiguille : 3 mailles unies, 1 à l'envers, 2 mailles unies, 1 à l'envers, 4 mailles unies, 1 à l'envers, 2 mailles unies, 1 à l'envers, 1 maille unie, diminution, 10 mailles unies, augmentation, diminution, 2 mailles unies.

39ᵉ aiguille : 4 mailles unies, augmentation, diminution, 8 mailles unies, diminution, augmentation, 1 maille unie, augmentation, diminution, 10 mailles unies, diminution.

40ᵉ aiguille : 6 jetés, 6 mailles unies, 1 à l'envers, 1 maille unie, diminution, 9 mailles unies, augmentation, diminution, 2 mailles unies.

41ᵉ aiguille : 4 mailles unies, augmentation, diminution, 7 mailles unies, diminution, augmentation, 1 maille unie, augmentation, diminution, double augmentation, diminution, double augmentation, diminution, 1 maille unie.

42ᵉ aiguille : 3 mailles unies, 1 à l'envers, 2 mailles unies, 1 à l'envers, 2 mailles unies, 1 à l'envers, 1 unie, diminution, 8 mailles unies, augmentation, diminution, 2 mailles unies.

43ᵉ aiguille : 4 mailles unies, augmentation, diminution, 6 mailles unies, diminution, augmentation, 1 maille unie, augmentation, diminution, 2 unies, double augmentation, diminution, double augmentation, diminution, 1 maille unie.

44ᵉ aiguille : 3 mailles unies, 1 à l'envers, 2 unies, 1 à l'envers, 4 unies, 1 à l'envers, 1 unie, diminution, 7 mailles unies, augmentation, diminution, 2 mailles unies.

45ᵉ aiguille : 4 mailles unies, augmentation, diminution, 5 unies, diminution, augmentation, 1 maille unie, augmentation, diminution, double augmentation, diminution, 2 mailles unies, double augmentation, diminution, double augmentation, diminution, 1 maille unie.

46ᵉ aiguille : 3 mailles unies, 1 à l'envers, 2 unies, 1 à l'envers, 4 unies, 1 à l'envers, 2 unies, 1 à l'envers, 1 unie, diminution, 6 unies, augmentation, diminution, 2 unies.

47ᵉ aiguille : 4 mailles unies, augmentation, diminution, 4 unies, diminution, augmentation, 1 maille unie, augmentation, diminution, 10 mailles unies, diminution.

48ᵉ aiguille : 6 jetés, 6 mailles unies, 1 à l'envers, 1 maille unie, diminution, 5 mailles unies, augmentation, diminution, 2 unies.

49ᵉ aiguille : 4 mailles unies, augmentation, diminution, 3 unies, diminution, augmentation, 1 unie, augmentation, diminution, double augmentation, diminution, double augmentation, diminution, 1 maille unie.

50ᵉ aiguille : 3 mailles unies, 1 à l'envers, 2 unies, 1 à l'envers, 2 unies, 1 à l'envers, 1 unie, diminution, 4 unies, augmentation, diminution, 2 mailles unies.

51ᵉ aiguille : 4 mailles unies, augmentation, diminution, 2 unies, diminution, augmentation, 1 maille unie, augmentation, diminution, 2 unies, double augmentation, diminution, double augmentation, diminution, 1 unie.

52ᵉ aiguille : 3 mailles unies, 1 à l'envers, 2 unies, 1 à l'envers, 4 unies, 1 à l'envers, 1 unie, diminution, 3 mailles unies, augmentation, diminution, 2 mailles unies.

53ᵉ aiguille : 4 mailles unies, augmentation, diminution, 1 unie, diminution, augmentation, 1 unie, augmentation, diminution, double augmentation, diminution, 2 mailles unies, double augmentation, diminution, double augmentation, diminution, 1 maille unie.

54ᵉ aiguille : 3 mailles unies, 1 à l'envers, 2 unies, 1 à l'envers, 4 unies, 1 à l'envers, 2 unies, 1 à l'envers, 1 unie, diminution, 2 mailles unies, augmentation, diminution, 2 unies.

55ᵉ aiguille : 4 mailles unies, augmentation, diminution, diminution encore, augmentation, 1 maille unie, augmentation, diminution, 10 mailles unies, diminution.

56ᵉ aiguille : 6 jetés, 6 mailles unies, 1 à l'envers, 4 unies, augmentation, diminution, 2 mailles unies. Il doit se trouver sur cette aiguille 16 mailles comme à la première. Le grand feston est fini ; il faut recommencer, comme à l'explication de la première rangée.

Cécile Regnard.

(La suite au prochain numéro.)

PETIT MANUEL
DE L'INSTRUCTION PRIMAIRE

JOURNAL MENSUEL

DES INSTITUTEURS ET DES INSTITUTRICES.

SOUSCRIPTION

AYANT POUR BUT DE FOURNIR AUX INSTITUTEURS LES MOYENS DE VISITER L'EXPOSITION UNIVERSELLE DE 1867.

Le *Manuel général de l'instruction primaire*, dans ses numéros du 17 et du 24 novembre, a successivement publié les articles suivants :

Il y a six mois, dans son numéro du 19 mai, le *Manuel général*, par l'organe d'un de ses rédacteurs, M. J. E. Jean, instituteur libre à Paris, s'exprimait ainsi :

Une innovation féconde en résultats distinguera l'Exposition de 1867 des Expositions précédentes : l'enseignement y occupera une large place. Deux sections du jury (classes 89 et 90) sont chargées d'examiner tout ce qui se rapporte aux constructions scolaires, à la pédagogie, aux matières d'enseignement, aux livres employés dans les classes, de quelque degré qu'elles soient, depuis la salle d'asile jusqu'aux établissements d'ordre supérieur. Il y aura là une occasion unique, pour les hommes d'étude, de comparer les divers systèmes d'instruction employés chez tous les peuples.

Il va sans dire que les instituteurs primaires pourraient tirer un immense profit de cette partie de l'Exposition qui s'adresse si directement à eux.

Malheureusement, ajoutait M. Jean, « les dépenses occasionnées par le déplacement nécessaire sont au-dessus des ressources de la plupart des instituteurs. »

Nous nous sommes préoccupés, depuis cette époque, de réaliser l'heureuse idée émise par notre collaborateur.

Et il nous a semblé que le meilleur moyen qui s'offrît à nous était de nous adresser directement, par voie de souscription, aux instituteurs eux-mêmes, et à tous ceux qui s'intéressent, n'importe à quel titre, à la cause de l'instruction et de l'éducation populaire.

Le *Manuel général* ouvre donc, à dater de ce jour, une souscription ayant pour but de fournir à une délégation, aussi nombreuse que possible, d'instituteurs, les sommes nécessaires pour visiter l'Exposition universelle de 1867.

Un comité sera constitué pour organiser la souscription.

Désireux de mettre à notre tête un homme dont le nom fût bien connu de ceux auxquels nous nous proposons de faire appel, nous avons cru ne pouvoir mieux choisir, comme président de notre œuvre, que celui qui seconde si énergiquement le Ministre dans sa croisade contre l'ignorance, l'éminent secrétaire général du ministère de l'instruction publique : M. Charles Robert a bien voulu, officieusement, consentir à notre demande et accepter ces fonctions.

Un des prochains numéros du *Manuel général* contiendra les noms des membres du comité, ainsi que les bases de la souscription, qui sont dès aujourd'hui définitivement arrêtées.

Nous donnerons également la première liste des souscriptions qui nous ont déjà été remises et celles qui pourront nous être adressées avant le jour de la publication du journal,

Paris, le 16 novembre 1866.

Le gérant du *Manuel général de l'instruction primaire*,

L. BRÉTON.

Paris, le 23 novembre 1866.

Quelques mois nous séparent à peine du moment où l'Exposition universelle de 1867 va s'ouvrir à Paris.

Une heureuse innovation y a fait entrer toute une série de productions de l'esprit humain, jusqu'alors écartée, ou à peu près, du voisinage plus brillant sans doute des merveilles de l'art et de l'industrie, mais qui n'en a pas moins, aux yeux de qui sait apprécier la véritable importance des choses, sa valeur et sa portée.

Deux classes d'objets exposés (classes 89 et 90) contiendront tout ce qui se rapporte à l'enseignement des enfants et des adultes : matériel d'études, livres et instruments ; méthodes et procédés pédagogiques, constructions et mobiliers scolaires, bibliothèques, travaux d'élèves, etc.

Cette partie de l'Exposition, si humble d'apparence qu'elle puisse être, fournira aux maîtres une occasion unique de connaître et de comparer les différents systèmes d'éducation et d'instruction en usage chez tous les peuples, depuis les établissements d'ordre supérieur, primaires, secondaires, spéciaux, professionnels ou techniques, jusqu'à ceux de la première enfance.

Malheureusement, dans notre pays, le personnel enseignant est plus méritant que riche, et il n'est pas difficile de prévoir que ceux qui plus que tous les autres auraient besoin de puiser dans cette étude comparative des encouragements ou des lumières, les instituteurs si dévoués et si laborieux de nos villes et de nos campagnes, devront, pour la plupart, s'ils se trouvent réduits à leurs propres forces, reculer devant des frais de déplacement et de séjour bien au-dessus des ressources de leur trop modique budget.

Voué, depuis longues années, aux intérêts des instituteurs et de l'enseignement populaire, le *Manuel général* a été naturellement conduit à se préoccuper de cette situation ; le premier, il a appelé l'attention du public sur l'utilité qu'il y aurait à fournir au plus grand nombre possible d'instituteurs le moyen de visiter l'Exposition universelle.

Des précédents analogues pouvaient d'ailleurs appuyer l'initiative prise par le *Manuel général*. Déjà, en 1862, malgré la distance et les sureroîts de difficultés qui en résultaient, l'accès de l'Exposition de Londres avait été ouvert à un grand nombre d'ouvriers et d'industriels délégués des différentes parties de la France. 750 ouvriers envoyés soit par leurs patrons, soit par une commission constituée par le préfet du Nord, soit par la Chambre de commerce et les commissions ouvrières de Lyon, soit enfin par la commission ouvrière de Paris, par les Associations polytechnique et philotechnique, par des écoles de dessin et de sculpture et d'autres écoles industrielles, ont pu ainsi étudier l'Exposition de Londres et divers ateliers de l'Angleterre.

La Commission impériale a, de son côté, aidé les délégations des ouvriers des différentes villes à visiter l'Exposition.

« Elle leur a alloué, dit le rapport officiel, comme indemnité de déplacement et de voyage, une somme de 40 000 francs environ ; la moitié de cette somme a été donnée à la Commission spéciale instituée par les ouvriers de Paris, qui a reçu une subvention égale du Conseil municipal. Des agents spéciaux de la Commission impériale étaient chargés de recevoir à Londres les délégués, de s'enquérir de leurs besoins, d'aplanir autant que possible les difficultés qu'ils pourraient rencontrer pendant leur séjour dans cette ville. La Commission a facilité leurs études, en obtenant des commissaires de Sa Majesté Britannique leur admission dans le Palais avant l'heure de l'ouverture, et en leur procurant les moyens de visiter quelques ateliers des environ des Londres. »

Différents témoignages nous prouvent, d'autre part, que l'idée de déléguer un certain nombre des leurs pour visiter, au nom de tous, l'Exposition universelle, est partagée par les instituteurs eux-mêmes. Ainsi, dix instituteurs du département de la Mayenne ont écrit à S. Exc. M. le Ministre de l'instruction publique, en demandant que l'administration leur vînt en aide pour visiter l'Exposition universelle, soit en leur procurant, à prix réduit, des billets de chemins de fer, soit en obtenant pour eux l'entrée gratuite dans le palais du Champ-de-Mars, soit autrement. Un instituteur de la Haute-Garonne avait exprimé, il y a quelques semaines, le même désir, en émettant la pensée qu'il y aurait peut-être lieu d'organiser, entre les instituteurs, des souscriptions qui leur permettraient d'envoyer des délégués chargés d'étudier, au point de vue pédagogique et scolaire, l'Exposition universelle de 1867, et en particulier celle qui s'organise par les soins du ministère de l'instruction publique.

C'est pour répondre à ce vœu que le *Manuel général* a ouvert la souscription annoncée dans son numéro du 17 novembre.

L'idée de cette souscription a été accueillie avec reconnaissance par les instituteurs.

Un instituteur du Loiret vient d'adresser au président du Comité une lettre qui contient le passage suivant :

« Les instituteurs apprendront avec plaisir cette nouvelle preuve de bienveillance et d'affectueuse sympathie à leur égard. Nous ne pourrons, pour la plupart, visiter le grand concours qui se prépare ; mais nous aurons du moins la consolation d'y être représentés par des délégués de notre choix, qui, à leur retour, nous diront ce qu'ils ont vu et entendu, comment on comprend, hors de notre pays, l'instruction primaire, ses méthodes, ses procédés, etc.

« Je crois pouvoir, sans crainte d'aller au delà de la vérité, me dire l'interprète de tous mes collègues du canton de Malesherbes, en adressant au comité des remercîments sincères pour la réalisation d'une idée qui ne peut que servir les intérêts de l'instruction populaire en France, et profiter à l'enseignement personnel des maîtres chargés de la répandre. »

Une autre lettre, émanée d'un instituteur de Loir-et-Cher, et également adressée au président du comité, est ainsi conçue :

« Les nombreux ouvriers qui fréquentent nos classes du soir sont avides d'instruction. Ils comprennent aujourd'hui que la science leur est indispensable pour travailler avec plus de précision, d'intelligence et de goût; mais la plupart consacrent peu de temps à l'étude, et ne peuvent acquérir promptement les connaissances qui leur sont nécessaires que par la perfection des méthodes d'enseignement. Il importe donc que l'instituteur compare celles qui sont employées chez tous les peuples. Les amis de l'instruction primaire deviennent chaque jour plus nombreux; ils s'efforceront, je n'en doute point, de réaliser l'heureuse idée émise par l'un des honorables rédacteurs du *Manuel général*. »

Permettre au plus grand nombre possible d'instituteurs, publics ou libres, de se rendre à Paris pendant l'Exposition et d'y passer huit jours environ gratuitement ou à prix réduit; mettre à leur portée tous les moyens de rendre leur séjour instructif et profitable; leur faciliter l'étude de l'Exposition au point de vue spécial de l'enseignement; les réunir, à cet effet, dans des conférences pédagogiques où pourront être exposés les méthodes et les systèmes d'enseignement suivis soit chez nous, soit à l'étranger : tel est le but de la souscription.

Le Comité chargé d'organiser la souscription a été composé de la manière suivante :

M. Charles ROBERT, conseiller d'Etat, secrétaire général du ministère de l'instruction publique, président du Comité de la classe 90 pour l'Exposition universelle de 1867, *président;*

M. CHAUCHARD, député au Corps législatif, *vice-président;*

M. POMPÉE, directeur de l'Ecole professionnelle d'Ivry, membre du Conseil d'administration de la Société pour l'instruction élémentaire, membre du Comité de la classe 90 pour l'Exposition universelle de 1867, *vice-président ;*

M. L. BRÉTON, gérant du *Manuel général de l'instruction primaire*, sécrétaire du Comité de la classe 6 pour l'Exposition universelle de 1867, *trésorier;*

M. Anatole DURUY, chef du cabinet de S. Exc. M. le Ministre de l'instruction publique, membre du Comité de la classe 90 pour l'Exposition universelle de 1867, *secrétaire;*

M. Ch. DEFODON, rédacteur du *Manuel général de l'instruction primaire*, *secrétaire adjoint;*

M. PICHARD, inspecteur primaire du département de la Seine, *secrétaire adjoint;*

M. BAUDOUIN, inspecteur général de l'instruction publique pour l'enseignement primaire, membre du Comité de la classe 89 pour l'Exposition universelle de 1867;

M. BROUARD, inspecteur primaire du département de la Seine;

M. CHADENET, maître des requêtes au conseil d'État, chef du cabinet du Directeur général de la presse au Ministère de l'intérieur, président d'une délégation cantonale de la Meuse;

M. DELAGRAVE, membre du Comité de la classe 90 pour l'Exposition universelle de 1867, gérant du journal l'*Instituteur;*

M. J. E. JEAN, instituteur libre, à Paris;

M. LÉVY, (Frédéric), maire du XIe arrondissement de Paris;

M. PERDONNET, président de la compagnie des chemins de l'Est, président de l'Association polytechnique ;

M. PILLET, chef de la division de l'enseignement primaire au ministère de l'instruction publique.

Le Comité fait appel à tous les amis de l'instruction primaire et aux instituteurs eux-mêmes. La plus faible offrande, en se multipliant, ne finit-elle pas par constituer une importante ressource? D'ailleurs les sommes les plus nombreuses et les plus faibles, qui représentent la part de ceux qui peuvent le moins donner, sont comme le gage certain d'une sympathie générale, et assurent le succès des œuvres auxquelles elles s'adressent. Que, de leur côté, les personnes influentes s'associent aux efforts du Comité; que les Sociétés locales vouées aux intérêts scolaires lui prêtent leur concours, et bientôt une somme considérable, produite par l'action libre de l'initiative individuelle, lui donnera les moyens de réaliser son plan.

On a calculé qu'en supposant que la souscription eût à couvrir sans réduction la dépense entière du voyage et du séjour d'un instituteur à Paris, il faudrait 12 000 fr. environ pour amener à l'Exposition 89 instituteurs, et 50 000 pour en amener 373, c'est-à-dire un instituteur par arrondissement.

Ajoutons que les résultats de l'œuvre, obtenus avec la même somme, seront bien plus importants, si, comme le Comité l'espère, de puissantes adhésions qui disposent de moyens d'action efficaces, viennent à son aide.

Des démarches seront faites, en effet, auprès des Compagnies de chemins de fer, afin d'obtenir une réduction des frais de transport. Le Comité interviendra de même auprès de M. le conseiller d'Etat commissaire général pour l'Exposition universelle de 1867, et le priera d'accorder, s'il est possible, remise des droits d'entrée au Palais du Champ-de-Mars.

Plusieurs personnes ont déjà fait savoir au Comité qu'elles étaient prêtes à donner l'hospitalité dans leur domicile, au moment de l'Exposition, à un ou plusieurs instituteurs qui leur seraient adressés.

Enfin, le Comité a été informé que le Ministre de l'instruction publique a mis à l'étude, de son côté, la recherche des moyens dont l'administration pourrait disposer, en ce qui la concerne, pour réduire au chiffre le plus faible possible les dépenses représentées par le logement et l'entretien des instituteurs pendant leur séjour à Paris.

Quant au mode de désignation des instituteurs qui pourront profiter du bénéfice de la souscription, il ne peut être dès à présent fixé d'une manière absolue. De nombreuses combinaisons peuvent se produire. Ainsi, les instituteurs d'une circonscription territoriale déterminée pourront ouvrir entre eux une liste de souscription et s'adresser au Comité pour lui indiquer celui de leurs collègues qu'ils auront désigné d'une manière quelconque. D'autres, sans même avoir souscrit, signaleront un collègue que son mérite leur aura fait juger digne de cette distinction. Les administrations locales ou autres desquelles relève le service de l'instruction primaire trouveront peut-être à propos d'envoyer au Comité les noms de quelques instituteurs, avec leur recommandation spéciale, ou se borneront à joindre un avis favorable à des demandes formées par un groupe d'instituteurs pour l'un d'entre eux. Telle Société d'instruction primaire qui aura pris part à la souscription désirera choisir elle-même les instituteurs qui devront profiter de sa libéralité. Le même désir se produira sans doute de la part de certains donateurs.

Le Comité, se plaçant au point de vue le plus large, examinera toutes ces propositions, avec l'intention de donner satisfaction aux vœux légitimes, sous la réserve des droits de l'administration et de la nécessité d'obtenir l'approbation des autorités compétentes pour toutes les mesures qui comporteraient leur intervention.

S. Exc. M. le Ministre de l'instruction publique a bien voulu honorer l'œuvre du Comité de sa haute approbation, et l'autorisation donnée par lui au Comité de déposer des listes de souscription dans tous les bureaux des inspecteurs d'académie et au ministère de l'instruction publique est un témoignage de sa sympathie pour une œuvre privée qui présente un caractère incontestable d'utilité générale.

Des listes de souscription seront déposées :

A Paris, au secrétariat général du ministère de l'instruction publique, 110, rue de Grenelle ;

Dans les bureaux du *Manuel général de l'instruction primaire*, 77, boulevard Saint-Germain ;

Dans les bureaux du journal l'*Instituteur*, 78, rue des Ecoles ;

Dans les bureaux des autres journaux scolaires qui voudront bien se charger de recevoir les souscriptions ;

Dans les Départements, au chef-lieu de chaque département, dans les bureaux de l'inspecteur d'académie.

Les noms des souscripteurs seront publiés dans le *Manuel général de l'instruction primaire.*

Les communications et correspondances relatives à l'œuvre devront être adressées à M. *le président du Comité de souscription pour les visites d'instituteurs à l'Exposition universelle de 1867*, 110, rue de Grenelle-Saint-Germain, à Paris.

Les membres du bureau :

Charles Robert, Chauchard, Pompée, L. Bréton, A. Duruy, Pichard, Ch. Defodon.

———

La première liste de souscription, inséré dans le numéro du 8 décembre du *Manuel général* de l'instruction primaire, s'élève à la somme de 4812 fr. 25 c. En tête de la souscription nous lisons le nom de S. Exc. M. le Ministre de l'instruction publique pour une somme de 500 fr.

Nous publierons dans nos prochains numéros le total général des souscriptions inscrites au *Manuel général*, et nous tiendrons nos lecteurs au courant de tout ce qui peut concerner une œuvre dont nous tenons à honneur d'avoir pris l'initiative.

de 33 000 francs au budget du Ministère de l'instruction publique. — *Administration académique.* — *Conseils départementaux.* — *Inspecteurs de l'enseignement primaire.* — *Écoles normales primaires.* — *Enseignement secondaire spécial.*

ÉDUCATION ET ENSEIGNEMENT.

L'ENSEIGNEMENT GRAMMATICAL DANS LES ÉCOLES PRIMAIRES.

La circulaire du 7 octobre dernier, dans laquelle M. le Ministre de l'instruction publique adresse aux recteurs différentes instructions relatives à *la direction qu'il convient de donner à l'enseignement dans les écoles primaires*, soulève un certain nombre de questions pédagogiques sur lesquelles il ne nous paraît pas inutile d'appeler l'attention de nos lecteurs.

Ce n'est pas d'aujourd'hui que l'administration supérieure se préoccupe de cette direction de l'enseignement des écoles primaires, du caractère qui lui est propre et des limites qu'il doit atteindre.

« Si l'instruction primaire, disait M. Cousin à la Chambre des pairs en 1833, doit être universelle, la société est au plus haut degré intéressée dans la détermination de la portée et de la limite de l'instruction donnée à tous. La loi de 1791 parlait seulement *des parties de l'enseignement indispensables pour tous les hommes;* mais c'est là ne rien dire, et c'est se taire précisément sur le problème fondamental. »

Cette question difficile, ajoute M. Cousin, a eu tour à tour, dans la législation, deux solutions contraires :

« Quand on songe à toutes les connaissances qu'il serait utile à tous les citoyens d'une grande nation de posséder, et que l'on confond l'utile et le nécessaire, on est tenté de multiplier et d'élever les objets de l'instruction primaire. De là ces riches programmes dont le modèle appartenait de droit à la Convention. Mais un enseignement primaire trop étendu et trop élevé a le malheur d'être impossible : on s'aperçoit bientôt que le temps, l'argent, les maîtres, tout manque quand on arrive à la pratique, et pour avoir voulu trop faire on se trouve n'avoir rien fait. Par là on est ramené au principe contraire : que l'instruction primaire, pour être accessible à tous, doit être renfermée en de sévères limites. C'est ce principe sage en lui-même, mais poussé par une réaction inévitable jusqu'à l'exagération, qui resserra si étroitement le programme de l'instruction primaire de la Constitution de l'an III et de la loi de l'an IV qui en découle, programme qui n'admettait plus d'autres objets que la lecture, l'écriture, les éléments du calcul et ceux de la morale républicaine. Le Consulat et la loi de l'an X maintinrent ces limites; l'Empire et la loi de 1806 qui créa l'Université, le décret de 1808 qui l'organisa, retranchent, comme on s'y attend bien, la morale républicaine, et ne laissent que la lecture, l'écriture et le calcul; et même le décret de 1811, art. 192, enjoint aux autorités compétentes *de veiller à ce que les maîtres ne portent pas leur enseignement au delà de ces limites.* »

C'est à un même ordre de pensées et de vues qu'il faut rattacher les instructions de M. Fortoul, interprétant, dans sa circulaire du 31 octobre 1854, le texte de la loi du 15 mars 1850.

« Le but de l'instruction primaire, disait le ministre aux recteurs, est de mettre tous les enfants en possession des premiers éléments indispensables au développement de leur intelligence. Il faut en exclure le luxe et y chercher l'utilité pratique. On se méprendrait complétement si on s'efforçait d'introduire dans les petites écoles quelques-unes des matières qui appartiennent aux écoles secondaires. La loi du 15 mars 1850 a sagement circonscrit cet enseignement : elle a voulu qu'il gagnât en solidité ce qu'en apparence il perdait en étendue. Ne s'exposerait-on pas à énerver, à affaiblir même l'instruction primaire, si, comme on l'a fait trop souvent, on condamnait à la discussion de subtilités grammaticales des enfants qui savent à peine écrire, si l'on faisait suivre des cours de physique et d'histoire naturelle à ceux qui ignorent encore les premières règles de l'arithmétique. Faites, monsieur le recteur, que tout enfant, animé d'ailleurs de ces convictions chrétiennes qui doivent être la règle de la vie, sorte de l'école primaire *sachant lire, écrire et compter;* et vous aurez bien mérité du pays. »

Nous ne considérons plus les choses, il est important de le remarquer, à un point de vue aussi exclusif. Le Ministre actuel a, Dieu merci, fait une assez rude guerre à l'ignorance et ouvert la porte assez grande à l'enseignement populaire en dehors de l'école, pour qu'on ne puisse lui supposer l'idée de vouloir restreindre cet enseignement dans l'école même. Et il a d'ailleurs bien nettement fait connaître sa pensée, en saisissant le Corps législatif d'une proposition qui tend à rendre obligatoire l'étude jusqu'à ce jour facultative de l'histoire et de la géographie.

Loin de borner le champ, il l'a étendu. Mais plus large est la terre où pousse la moisson, plus il faut de soins pour empêcher qu'elle ne souffre.

Et c'est de là, à n'en pas douter, que vient la circulaire du 7 octobre.

Nous venons d'entendre le langage que tenait, à propos de l'étude de la grammaire dans les écoles, la circulaire de 1854. C'était rompre déjà avec la tradition de 1833, le règlement des écoles adopté à cette époque, déclarant que les éléments de la langue française, dont l'enseignement était rendu obligatoire par la loi du 28 juin, comprenaient nécessairement l'analyse grammaticale et, pour les élèves de la division supérieure, les règles de la syntaxe et l'analyse logique [1].

---

1. Voir, dans le numéro précédent, la lettre de M. l'inspecteur de Saint-Jean de Maurienne, sur le même sujet.

1. Règlement du 19 juillet 1833 et du 25 avril 1834.

M. Rouland, en 1857, alla plus loin que M. Fortoul, comme on peut le voir par le passage cité dans la dernière circulaire [1]. Toutefois, comme le remarque encore cette circulaire, les instructions du 20 août ne furent suivies d'aucune mesure ni d'aucune proposition efficace.

L'analyse grammaticale et l'analyse logique continuèrent à être enseignées.

Mais, depuis quelque temps, l'essai de réforme, inutilement tenté par M. Rouland, est revenu à l'ordre du jour.

En septembre 1864, nous reproduisions, d'après le *Bulletin de l'instruction primaire de la Moselle*, une série de notes d'inspection publiées par M. Gandon, aujourd'hui chef de bureau au ministère de l'instruction publique, alors délégué par le Ministre pour l'inspection générale de l'instruction primaire dans les départements; M. Gandon s'exprimait ainsi :

« M. l'inspecteur général a vu avec regret que l'on ne se rendait pas encore assez compte des conditions toutes spéciales de l'enseignement primaire et des procédés qui lui sont propres. Avec de jeunes enfants comme ceux que nous avons à former, il faut aller de l'exemple à la règle, et non de la règle à l'exemple; car l'enfant ne comprend pas l'abstraction. L'abus de la grammaire est une des plaies de nos écoles : on ne saurait trop y mettre un terme. Que le maître, après la lecture, indique de vive voix, et au tableau ce que l'on appelle un nom, un pronom, un adverbe, et ce qu'on entend par les dix parties du discours; que de la même manière il rende compte des genres, des nombres, des temps, etc., et il aura appris à ses élèves tout ce qu'il leur importe de savoir. Mais obliger l'enfant de s'épuiser en efforts pour retenir d'innombrables *exceptions* ou *remarques*, pour distinguer dans les diverses espèces de mots les subdivisions multiples que chacune de ces espèces contient; faire entrer de force dans de jeunes intelligences des dénominations et des classifications qui varient d'une grammaire à une autre, et qui n'ont, par conséquent, rien d'absolu; leur imposer, en outre, de nombreux exercices écrits sur toutes ces particularités, et rentrer par là dans ce vieux système de *cacographie* que les hommes de sens ont depuis longtemps proscrit avec tant de raison; enfin, rester des semaines et des mois sur ce malheureux participe, tant présent que passé, qui a été déjà le cauchemar de bien des générations, c'est, en vérité, gaspiller le temps de la jeunesse et méconnaître les besoins réels de l'enseignement élémentaire.

« Les instructions ministérielles ont d'ailleurs réglé ce point avec autorité. Des lectures bien comprises et bien expliquées, des dictées graduées avec discernement, empruntées aux bons auteurs et présentant un sens suivi, voilà ce que recommandent surtout ces instructions, en même temps qu'elles proscrivent « ces *analyses* prétendues *grammaticales*, qui « sont, pour les enfants, des hiéroglyphes indéchiffra- « bles ou de rebutants exercices, » et cette autre espèce d'analyse « ambitieusement décorée du nom « d'*analyse logique*, bonne seulement à faire prendre « en dégoût tout ce qui tient à l'enseignement de la « langue. » Donc, dit M. le Ministre, point de formules abstraites, point de définitions métaphysiques, point de subtilités grammaticales. et, autant que possible même, *point de grammaires* entre les mains des élèves. »

<hr>

1. *Petit Manuel*, n° 11, p. 301.]

Il y a quelques semaines, M. le secrétaire général du ministère de l'instruction publique, dans une occasion solennelle, se plaignait des mêmes défauts et répétait les mêmes griefs :

« On sait, disait M. Charles Robert, que le Ministre de l'instruction publique, par tous les moyens dont il dispose, par les excellents concours cantonaux qu'il vient de créer, encourage avec mesure et sagesse ce mouvement naturel qui, dans l'intérêt des individus comme dans celui de la société tout entière, rajeunit sans cesse et renouvelle les classes dirigeantes, mais il faut éviter, d'un autre côté, les inconvénients sans nombre d'un enseignement mal approprié aux besoins des populations qui le reçoivent. M. le Ministre de l'instruction publique parcourant lui-même, avec l'intérêt profond qu'il attache à ces questions, les compositions des petites filles qui, dans un de nos départements venaient de prendre part au concours cantonal, remarqua, non sans surprise, que ces enfants, vouées à la vie rurale, appelées au sortir de l'école à suivre les vaches au pâturage, destinées à devenir de bonnes paysannes, avaient dû, pour satisfaire aux conditions du programme, parler de « l'attribut simple et complexe, » puis de « la proposition incidente déterminative! »

Ce n'est donc pas un mouvement d'un jour qui a inspiré la circulaire du Ministre, et il y a longtemps que cette révolution, — nous ne reculons pas devant le terme, — s'était fait pressentir dans le pays de l'enseignement.

On pourrait, au besoin, comme M. Duruy l'a fait lui-même, en rattacher l'origine jusqu'à Lhomond, qui a eu l'honneur de jeter, il y a à peu près cent ans, la première pierre à la scolastique grammaticale.

Il y a cent ans qu'on a dit, en France, pour la première fois, que la métaphysique n'était pas bonne pour les enfants, et, depuis comme avant ces cent années-là, on n'a guère discontinué d'offrir à chaque génération un même système de métaphysique.

C'est probablement pour faire taire ceux qui nous reprochent d'être changeants : nous sommes le peuple de la mode, mais nous sommes, en même temps, le peuple de la routine, et il y a compensation.

Il est vrai que Lhomond, tout en condamnant la métaphysique pour les enfants, était fort loin de prétendre qu'il fallût, comme on l'a dit après lui, arriver à ne leur mettre entre les mains aucune grammaire, lui qui consacra sa vie à composer pour eux ces *rudiments* qui ont eu la fortune que chacun sait.

Et sur ce point nous croyons qu'il y aurait lieu, en effet, d'admettre, pour le moins, une restriction.

La circulaire du 7 octobre, il est vrai, ne va pas jusqu'à donner raison, dans leurs dernières conséquences, aux instructions de M. Rouland et aux notes de M. Gandon; mais elle indique, comme modèle pédagogique à suivre, une direction analogue à celles qui ont été publiées pour l'enseignement secondaire spécial. Or, dans les programmes pour l'enseignement secondaire spécial, nous ne voyons l'étude de la grammaire expressément désignée que pour l'année préparatoire; encore doit-elle se borner à la récitation de quelques paradigmes. « Quant à la syntaxe, c'est-à-dire aux lois synthétiques qui régissent notre langue, le maître se contente de faire sortir la règle de la pratique, chaque fois que l'occasion s'en présente, en évitant les formules abstraites que les enfants retiennent avec tant de peine, qu'ils comprennent si peu, et qu'ils oublient si vite[1]. »

Eh bien, que ce procédé puisse produire de bons résultats avec des élèves déjà un peu âgés, déjà préparés, par l'enseignement de l'école primaire, à un enseignement supérieur, si l'on veut, mais qui n'a rien d'absolument nouveau pour eux, nous ne voulons pas le contester; mais nous affirmerons sans crainte qu'il serait dangereux d'agir de même avec de tout jeunes enfants, et de se contenter avec eux d'un enseignement purement oral.

A supposer qu'ils le comprissent aussi bien et même mieux que la lettre d'un livre, ils le retiendront, n'en doutez pas, avec plus de peine, et l'oublieront encore plus vite.

Il faut un livre pour leur parler aux yeux, une page où ils puissent, suivant le besoin, retrouver le mot dont ils doutent ou la règle qui leur échappe momentanément.

Ce livre, choisissez-le le plus élémentaire, le plus simple, le moins métaphysique que vous voudrez; trouvez-en un, si vous le pouvez, où, comme le dit excellemment M. Gandon, la règle vienne de l'exemple et non l'exemple de la règle; faites précéder chaque règle qu'il s'agit d'étudier de préambules ou de commentaires oraux analogues à ceux que nous indiquait si judicieusement, il y a huit jours, notre honorable correspondant, M. l'inspecteur primaire de Saint-Jean de Maurienne; faites, sur ces mêmes règles, travailler l'esprit des enfants par des exercices variés; proposez-leur, sur un thème donné, de trouver des mots et de créer des phrases, ce qui vaudra mille fois mieux pour eux que vos analyses routinières et vos interminables cahiers de verbes; supprimez enfin et ajournez, dans le livre, tout ce qui vous paraîtra, pour le moment, hors de la portée de vos élèves : rien de mieux; mais laissez-leur au moins un texte écrit qui puisse leur servir comme de jalon sur la route que vous leur faites suivre, entre ce que vous leur aurez dit hier et ce que vous leur direz demain.

Notez que, la grammaire supprimée, j'entends la grammaire avec l'enseignement complémentaire que je viens d'indiquer, il faudra la remplacer; par quoi?

Il se pourrait assurément que chaque maître, sans recourir au livre d'un autre, se fît à lui-même son livre, une grammaire qui lui appartiendrait en propre, avec des exercices gradués qu'il modifierait prudemment et en connaissance de cause, d'après l'âge, l'intelligence, le degré d'instruction de ses élèves. Ce serait là un enseignement très-précieux, à n'en pas douter, bien que présentant, suivant nous, l'inconvénient de ne laisser, la plupart du temps, dans l'esprit des élèves, que des traces bien fugitives. Mais combien y aurait-il de maîtres qui se sentiraient assez forts pour venir à bout d'un tel enseignement, et combien qui auraient le temps de s'y préparer? Le tout d'ailleurs, pour arriver à une méthode qui ne différera guère de l'autre, au moins quant au résultat, pourvu que celle-ci soit pratiquée avec intelligence.

On a parlé, pour remplacer la grammaire, des lectures et des dictées. Si ces lectures et ces dictées sont graduées, elles ne seront autre chose qu'une méthode de grammaire appliquée; si elles sont prises au hasard ou tout au moins en dehors du point de vue grammatical, à quelle confusion ne conduiront-elles pas et les élèves et le maître lui-même?

Nous sommes heureux de nous trouver, sur ce point, tout à fait d'accord avec un livre dont nous avons récemment dit quelques mots à nos lecteurs.

« Par la conversation, par la lecture, écrit M. l'inspecteur de B..., vous ferez sortir les règles de votre travail même; vous serez obligé de les indiquer, en signalant les exigences, les variations du langage, la nature et l'emploi des mots, absolument comme dans la grammaire;... seulement ces choses entreront dans la tête de l'enfant, si par ce moyen elles peuvent y entrer, sans l'ordre, sans la méthode, qui sont la simplification, l'élément le plus sûr de tout travail intellectuel. Nul doute assurément qu'on ne voie tomber peu à peu en désuétude l'enseignement de la grammaire elle-même, lorsque sera banni de l'école le livre qui sert de boussole au maître, qui le guide ainsi que l'élève, qui est entre eux le point sur lequel se réunissent, se concentrent leurs intelligences, qui est entre eux le trait d'union[1]. »

En résumé, si j'étais appelé à conduire une école primaire, voici d'après quelle méthode j'essayerais de diriger l'instruction de mes élèves, au point de vue de la langue française :

Je prendrais pour base de mon enseigne-

---

1. *Programmes officiels de l'enseignement secondaire spécial*, méthodes d'enseignement, p. IV de l'édition publiée par la librairie L. Hachette et Cie

1. *L'instituteur, l'institutrice, l'inspecteur*, ou Discours, Lettres et Essai d'un projet de loi sur l'instruction primaire, par M. J. P., inspecteur de l'instruction primaire (Eure).

ment un bon traité de grammaire, le plus simple possible, étant volontiers persuadé qu'un grammairien de profession doit savoir la langue mieux que moi ;

Je mettrais cette grammaire entre les mains de mes élèves ; je leur en ferais apprendre par cœur les parties seulement qui me paraîtraient à leur portée, après eu d'ailleurs le soin de les leur expliquer moi-même par des exemples ; puis je ferais accompagner chaque partie apprise d'une série d'exercices, jusqu'à parfaite intelligence du texte récité ;

J'éviterais soigneusement tout ce qui peut tenir à la métaphysique de la grammaire générale, à l'exception d'un petit nombre de définitions strictement nécessaires, comme celles des parties du discours, des différentes formes du verbe, du genre, du nombre, de la personne, etc., à l'exception aussi de quelques données très-sommaires sur la disposition et la subordination des phrases et des parties de phrases, le tout avec aussi peu de termes techniques que possible ;

Je remplacerais les exercices écrits d'analyse logique et grammaticale par des interrogations sur le sens des mots et des phrases, par des répétitions à livre fermé de morceaux préalablement lus et et expliqués, par des traductions en prose de morceaux écrits en vers, m'assurant par ces moyens que mes élèves comprennent ce qu'ils ont étudié et qu'ils ne se payent pas de mots, ce qui est le principal ;

Je ferais souvent remarquer que telle construction, telle expression, telle manière de dire, est ainsi et non autrement, parce que l'usage l'a voulu, sachant que toutes les langues dont les hommes se servent sont loin d'être rigoureusement logiques dans un grand nombre de cas, et que, pour ne parler que de la nôtre, les locutions les plus correctes et les tournures les plus usitées ne sont souvent rien autre chose que des traductions à peu près littérales de barbarismes et de solécismes empruntés à une autre langue corrompue elle-même par le temps ;

Et, en agissant ainsi, je croirais prendre l'intérêt de mes élèves et me conformer, dans son vrai sens, à la circulaire du Ministre, trop radicale peut-être sur certains points qu'elle approuve ou semble approuver, excellente pour ce qu'elle condamne.

Charles DEFODON.

SUJET DONNÉ A TRAITER.

M. F..., à L. (Gironde).

Cette copie pèche par la forme (entrée en matière trop brusque, disposition qui n'est pas toujours heureuse, mots impropres, etc.) ; mais elle est satisfaisante quant au fond. Les inconvénients que présentent les écoles mixtes y sont presque tous indiqués, un peu trop superficiellement peut-être. Quant aux moyens de les faire cesser, l'auteur les partage en deux points : 1° action à exercer sur les instituteurs ; 2° action à exercer sur les communes. Il propose d'abord d'engager l'instituteur à épouser une institutrice s'il est célibataire, ou, s'il est déjà marié, à donner lui-même à sa femme l'instruction nécessaire pour qu'elle puisse obtenir un brevet, afin de former ainsi ce qu'on appelle un ménage d'instituteurs, capable de concentrer des ressources souvent médiocres, et qu'il importe de ne pas diviser. Cette idée pourrait être critiquée facilement ; ce n'est qu'un expédient ; mais il a certainement du bon. Il est bien certain que les communes peuvent à peu de frais se procurer les avantages d'une école spéciale de filles : un petit loyer, un modeste traitement, et tout est dit. L'auteur a omis de se référer suffisamment à la loi nouvellement proposée, d'en devancer, pour ainsi dire, l'application. Cette loi crée des ressources qui, s'ajoutant aux sacrifices que les plus petites communes peuvent presque toujours s'imposer, résout en partie la question. Mais il faut lui préparer les voies ; ce sont les moyens d'atteindre promptement ce but que doit rechercher l'inspecteur primaire. Avec du travail et de l'habitude, l'auteur peut arriver à présenter une bonne composition à une commission d'examen.

M. V. à A..., par C. (Eure-et-Loir).

L'auteur suppose les inconvénients des écoles mixtes suffisamment reconnus, ce qui ne l'empêche pas d'en énumérer plusieurs, notamment le manque d'aptitude de l'homme pour l'éducation de la femme. Il y a du vrai dans les considérations qu'il présente à ce sujet ; mais peut-être insiste-t-il trop sur la grosse voix, le ton sec et dur d'un maître. On peut trouver que ces moyens d'action extérieure ne sont pas beaucoup plus nécessaires pour les garçons que pour les filles. Il fallait mettre surtout en relief les inconvénients de l'école mixte au point de vue pédagogique : les embarras, les difficultés qui naissent nécessairement d'une double école, d'un double enseignement, d'un double travail. La cloison, si elle est réclamée par les convenances, est un obstacle à la discipline, à la surveillance, à la bonne direction de la classe, par suite, aux résultats recherchés.

Quant aux moyens proposés, ils ne sont pas assez précis : l'auteur aurait pu s'appuyer pour deux ou trois des catégories de communes qu'il indique, non-seulement sur la loi de 1850, mais aussi sur la loi dont le projet est sur le point d'être présenté aux Chambres. Nous aurions désiré une disposition plus heureuse dans les idées, l'indication de certains palliatifs faciles à trouver pour le cas où il y a impossibilité de séparer les sexes. — Quelques expressions impropres ; un peu d'emphase. — Beaucoup de bonnes choses.

M. V. H., à T. G... (Eure-et-Loir).

Du travail dans cette copie, mais un travail peu heureux. L'auteur n'a songé qu'aux inconvénients qui résultent ou peuvent résulter, pour la moralité, de la réunion des sexes. Ces inconvénients, il y revient sans cesse et les exagère comme à plaisir. Aussi prêche-t-il la surveillance, les précautions minutieuses.... Il fallait envisager les choses un point de vue plus large. Sans passer sous silence les dangers qu'il signale, l'auteur aurait dû supposer qu'on a d'ailleurs fait tout ce qui était possible pour les atténuer, et traiter la question surtout au point de vue de l'instruction et de l'éducation. L'homme le plus capable et le plus dévoué est peu fait pour élever des jeunes filles, et les former aux qualités propres à leur sexe ; quelque habile, quelque zélé qu'il soit, il rencontre, dans la réunion des sexes, des obstacles presque invincibles pour la bonne discipline et la bonne direction de sa classe ; par suite, les progrès, les résultats de toute sorte sont entravés, etc., etc.— Les moyens d'arriver à une meilleure situation sont à peine esquissés. — Beaucoup de mots impropres et hasardés. — Tendance à la déclamation et à l'exagération. Avec le désir de bien faire dont il paraît animé, l'auteur ne tardera pas à mieux réussir.

M. H. à R... par B... (Aube).

Sujet parfaitement compris et très-convenablement traité. — Quelques longueurs, quelques mots inexacts, quelques idées plus spécieuses que justes : voilà toute la critique que l'on peut faire de cette copie qui, en somme, est des meilleures que nous ayons encore vues.

M. A..., à T..., par T.... (Deux-Sèvres).

Votre travail contient beaucoup de bonnes choses. Toutefois, nous appelons votre attention sur les points suivants : L'entrée en matière est vague, la division du sujet, bien qu'exacte, est trop brusque et mal exprimée.— Vous vous étendez trop sur le premier inconvénient que vous signalez, suffisamment sur l'*éducation*, pas assez ou pas du tout sur les *inconvénients pédagogiques* que vous aviez annoncés pourtant. — Des mots tout à fait impropres : le mot *cas*, le mot *procédé*, n'ont point la signification que vous leur donnez ; — plusieurs des moyens que vous proposez, ne produiraient peut-être pas les résultats que vous recherchez, par exemple, la réunion de plusieurs communes pour établir ici une école spéciale de garçons, là une école spéciale de filles : n'éloignone point les enfants de leur centre naturel, de leur clocher, de leurs familles.— De petites écoles mixtes ont été quelquefois confiées avantageusement à des femmes ; mais bien souvent aussi, les espérances ont été déçues, et puis un instituteur est plus nécessaire dans une petite commune qu'ailleurs. — « Établir des ouvroirs.... » Vous n'indiquez pas comment la chose se fera.— Enfin, vous ne vous êtes pas assez inspiré des dispositions de la loi nouvelle. — Quoi qu'il en soit, et nous aimons à vous le dire, votre copie n'est pas sans mérite, bien qu'elle trahisse sur plusieurs points l'inexpérience.

M. G..., à St-C. de L... (Lot-et-Garonne).

Copie qui n'est pas sans valeur, mais dans laquelle le sujet sauf sur un seul point, qui ne nous satisfait pas, est plutôt indiqué que traité. — L'auteur propose la réunion des communes comme moyen pratique et efficace de ménager à chaque sexe les avantages d'une éducation spéciale. Nous ne pouvons partager cette manière de voir, pour des motifs que nous avons déjà signalés et que fera ressortir davantage le corrigé de la composition.

M. P..., à B.... (Moselle).

Entrée en matière embarrassée ; division de la ques-

tion peu nette et peu précise ; inconvénients des écoles mixtes à peine indiqués, à l'exception d'un seul sur lequel l'auteur s'est trop étendu : il y a des choses que l'on ne doit désigner que discrètement, qu'il suffit de laisser entrevoir ou même deviner. — C'est toujours au préfet qu'il convient de rapporter l'initiative des grandes mesures, particulièrement les circulaires aux communes. — C'est surtout à la persuasion qu'il faut recourir : ne menacez de la loi qu'en présence d'un mauvais vouloir évident ; dans l'espèce, la loi est pour les populations, un guide, une invitation pressante, qui leur rappelle sans cesse leurs obligations et leur fournit en même temps les moyens d'y satisfaire ; mais le fonctionnaire qui la représente, tout en s'appuyant sur elle, doit tenir compte des difficultés et des obstacles qui pourront en retarder l'application. A lui de déblayer le terrain, en montrant les avantages d'une part, les inconvénients de l'autre, en indiquant les moyens d'exécution, etc. C'est là dans la question le rôle de l'inspecteur primaire. — Les réunions de communes ont produit jusqu'ici des résultats assez médiocres. — La création d'ouvroirs dirigés par la femme de l'instituteur, ou, à son défaut, par une honnête ouvrière, voilà une pensée qui, pour n'être pas nouvelle, n'en est pas moins bonne. — Veillez sur votre style et sur vos expressions. Evitez les longues phrases, surchargées de *qui* et de *que*. Vous paraissez affectionner des manières qui sont lourdes, pour vouloir être solennelles. Au lieu de dire, par exemple : *Malgré l'espoir que je nourris d'obtenir un bon résultat*, que ne dites-vous, comme tout le monde : *Bien que j'espère obtenir un bon résultat?* Ce serait beaucoup plus simple, et, par conséquent, meilleur.

M. V..., à M.... (Haute-Marne).

Bon début ; réflexions justes sur l'éducation spéciale à donner aux jeunes filles. — Plusieurs des inconvénients que présentent les écoles mixtes ont échappé à l'auteur. — Il partage les communes en trois catégories ; cette division aurait été faite avantageusement sans chiffres et d'une manière générale.—Aucune allusion aux dispositions de la loi nouvelle, dont il y avait lieu de tenir compte.—Les observations faites sur les écoles mixtes confiées à des femmes dénotent une certaine expérience. — Il y avait lieu d'insister sur les services qu'on peut attendre des femmes des instituteurs dans les communes où il est tout à fait impossible de dédoubler les écoles. — Travail consciencieux et à classer dans un bon rang. — Prenez garde aux *lapsus* : le mot *grave* ne s'écrit pas comme vous le faites, et n'est pas toujours employé dans le sens que vous lui donnez.

M. L..., à E.... (Alpes-Maritimes).

Sujet convenablement développé ; la suite des idées est nettement tracée. — Se défier de certaines expressions : *propos impurs*, *la sainte ignorance du vice*, *allumer le feu des passions* : tout cela n'est pas à sa place dans une lettre administrative. — L'auteur est pour la séparation des communes dans certains cas : il est à regretter, ajoute-t-il, que cette combinaison excellente ne soit que rarement applicable. Nous le regrettons moins vivement que lui. — Beaucoup de bonnes choses.

M. F..., à O-V.... (Pas-de-Calais).

Début trop brusque. — Développements trop superficiels ; l'auteur n'a pas assez vu tout ce que comportait son sujet. — Avec cela, des redites ; avant de prendre la plume, il faut avoir soin de classer dans un certain ordre les idées qu'on veut exprimer, en les séparant d'après leur nature, et ne jamais les laisser empiéter les unes sur les autres. — Quelques idées de détail peu justes : de ce que la direction des salles d'asile est exclusivement confiée à des femmes, il ne suit pas que les écoles mixtes soient une inconséquence, mais elles offrent des dangers et des inconvénients ; c'est pour cela qu'il faut tendre à les faire disparaître. — Un inspecteur ne doit s'engager qu'à bon escient à promettre le concours de l'État ; les ressources de l'État, applicables à l'instruction primaire, sont restreintes, et il serait mauvais, à tous les points de vue, d'avoir promis ce qu'on ne pourrait pas tenir. — Quelques expressions embarrassées. Lire, lire beaucoup.

M. F..., à S-F. (Yonne).

Début convenable. — Division bien indiquée. Les inconvénients qui résultent des écoles mixtes au point de vue de l'instruction sont à peine énumérés.— Par-ci par-là, quelques idées peu justes ; ainsi 1° on ne voit pas pourquoi l'instituteur, qui doit, cela fait partie de son mandat, veiller à ce que les garçons prennent des habitudes d'ordre et de bonne tenue, ne chercherait pas à donner aux petites filles les mêmes habitudes ; 2° il ne convient pas que l'inspecteur primaire adresse des circulaires aux maires ou aux conseils municipaux ; il faut laisser cette initiative à l'autorité du préfet ou à celle du recteur ; 3° une école libre peut être un bien dans une commune, mais, en outre qu'il n'est guère probable qu'il y ait des ressources suffisantes pour une école libre là où il n'y en a pas pour une école communale, il ne faut pas oublier non plus qu'une école libre est une entreprise particulière qui ne reconnaît que fort incomplétement l'autorité de l'administration, et que la transformation d'une école libre en école communale ne se fait pas aussi facilement que l'auteur semble le croire. — Quelques phrases lourdes, des parties heureuses.

M. J..., à R. (Manche).

L'auteur débute par une sorte de hors-d'œuvre qui absorbe un tiers de son travail. Il prend ensuite à partie les écoles mixtes dirigées par des femmes ; nous supposons que, quand il expose le mauvais vouloir des municipalités à l'endroit des écoles, il s'inspire du milieu particulier dans lequel il vit. C'était des écoles mixtes en général, des écoles mixtes même placées dans les meilleures conditions qu'il s'agissait. Pour s'être placé à un point de vue trop exclusif, M. J.... n'a présenté qu'un travail incomplet. Nous espérons qu'il réussira mieux dans une autre occasion.

M. B..., à V....-P....J.... (Aveyron).

L'auteur de ce travail s'est laissé vivement impressionner par une situation dont il a peut-être été témoin, mais qui, heureusement, n'est pas générale : des femmes d'une instruction insuffisante chargées du plus grand nombre des écoles mixtes, des institutrices enseignant des jeunes gens presque aussi âgés qu'elles ; des jeunes gens et des jeunes filles de seize à dix-huit ans fréquentant la même école, etc. C'est là une situation assurément regrettable, si elle est telle ; mais elle ne peut être qu'une exception ; elle ne pouvait donc servir de point de départ pour traiter la question que nous avons proposée. Il fallait étudier les écoles mixtes en elles-mêmes, et exposer, dans cette mesure, les inconvénients qu'elles présentent. — Les moyens indiqués ne sont ni assez précis, ni assez détaillés, ni peut-être assez pratiques, par exemple, la réunion des communes.

M. L..., à S.-C.... (Haute-Savoie).

L'auteur n'a pas l'habitude de traiter des sujets du

genre de celui que nous avons proposé ; il se plaît à le reconnaître. Nos critiques ne le décourageront donc pas.

Ces critiques porteront à la fois sur le fond et sur la forme.

La psychologie a peu de chose à faire et même n'a rien à voir dans la question. En somme, les facultés psychologiques sont à peu près les mêmes chez la femme que chez l'homme. Tout au plus peut-on dire que les facultés de l'homme et celles de la femme doivent être développées à des degrés et dans un sens un peu divers. — Il était plus vrai de remarquer, comme l'a fait l'auteur, que l'homme est peu fait pour élever la femme et la former aux devoirs de son sexe. — Les crédits dont disposent les ministres, sont, en général, très-limités et ont d'ailleurs une destination réglée à l'avance. Il ne serait pas possible au Ministre de l'instruction publique de répondre à toutes les demandes d'allocation qui lui seraient faites pour la création et l'entretien des écoles de filles. Il eût mieux valu, comme nous l'avons déjà dit, parler de la loi nouvelle, des ressources qu'elle produira, etc. Les réunions de communes ont rarement profité au développement de l'instruction. — Confier des écoles mixtes à des femmes, c'est déplacer les inconvénients et non les faire disparaître, etc.

Nous recommandons à l'auteur d'éviter les grandes phrases, les grands mots, les expressions hasardées comme celle-ci : la femme de l'instituteur doit être *une morale en action*, etc. Nous approuvons la pensée de faire appel au dévouement de la femme de l'instituteur, pour l'enseignement des travaux à l'aiguille, mais l'auteur a oublié que cette tâche peut être confiée en outre à une honnête ouvrière de la localité. — Cette copie révèle d'ailleurs du travail et un vif désir de bien faire.

M. W..., à S. M. (Pas-de-Palais).

Réflexions très-sensées sur l'éducation de la femme. — Quelques assertions peut-être un peu hasardées et un peu trop absolues. — Les inconvénients des écoles mixtes sont loin d'avoir été tous énumérés. Les moyens proposés pour les éviter ne sont pas toujours heureux, notamment les réunions de communes. — L'auteur aurait pu parler de la loi nouvelle, s'étendre davantage sur les services que peuvent rendre, faute d'autres ressources, les femmes des instituteurs. — En résumé, des idées justes, généralement bien exprimées ; travail ayant de la valeur, bien qu'incomplet.

M. S..., à C. G.... (Moselle).

L'auteur s'étend trop longuement sur les dangers que présentent les écoles mixtes au point de vue personnel de l'instituteur. Il oublie de signaler, au point de vue de l'enseignement, les embarras qu'éprouve, pour la direction de son école, pour les progrès de ses élèves, un homme placé en présence de deux écoles distinctes, dont l'une n'est point, pour ainsi dire, de sa compétence. — Les moyens proposés sont généralement bons. Quant aux précautions indiquées, il fallait les considérer comme étant prises déjà. — Ce travail de convalescent (l'auteur nous prévient qu'il a été longtemps malade) n'est point sans valeur, et nous le classons dans un bon rang.

M. A..., à L.... (Côte-d'Or).

Essai digne d'éloges ; mais ce n'est qu'un essai, un premier travail, sans doute, sur les matières de ce genre. L'auteur ne voit qu'un seul inconvénient dans les écoles mixtes : les dangers que court, nécessairement, selon lui, la moralité. Il y en a bien d'autres qui lui ont échappé. Les moyens ne sont pas exposés avec assez de précision. — L'auteur fera bien de suivre attentivement le corrigé, que nous pourrons cette fois encore, nous l'espérons, emprunter à l'un ou à plusieurs de nos correspondants.

-M. G..., à M.... (Haute-Saône).

Entrée en matière un peu brusque; pas assez de clarté dans l'exposé de la question. — Bonne division. — Idées presque toujours vraies et assez bien rendues. — Nous avons peu de sympathie pour les réunions de communes; il vaut mieux, à nos yeux, que chaque chef-lieu de commune ait son foyer propre d'instruction, en harmonie avec tous les besoins. C'est là qu'il faut arriver.

L'auteur propose de faire appel au concours et au dévouement de la femme de l'instituteur partout où il est impossible de doubler l'école. C'est bien, mais rien n'empêche que ce dévouement soit stimulé par une allocution communale ou départementale. C'est du reste l'esprit de la loi nouvelle, comme le constate le rapport de M. Chauchard.

M. A. L..., à J.... (Ardèche).

Cette copie serait bonne si les idées étaient mieux coordonnées, si la matière était mieux divisée, etc. Nous engageons l'auteur à voir, dans les bons auteurs, comment les idées s'enchaînent et se suivent sans se mêler, ni se répéter. Quelques longueurs et quelques mots impropres à éviter. — Il ne manque à l'auteur que de l'exercice et de l'habitude.

M. R..., à A. (Hérault).

Entrée en matière pénible. — Division peu exacte. L'auteur s'exagère la mauvaise influence des écoles mixtes au point de vue de la moralité; il attribue à la réunion des deux sexes dans les écoles des inconvénients qu'il faut mettre sur le compte de l'humanité elle-même, et qu'on ne pourra jamais qu'atténuer, quelques précautions qu'on puisse prendre. — L'instruction des filles, dans les écoles mixtes, est peut-être en effet *insuffisante; mais* c'est leur éducation surtout qui est *incomplète*, et vous avez bien fait d'insister sur ce point. — Ce n'est plus seulement dans les communes de 800 âmes, mais encore dans celles qui en ont plus de 500, qu'il faut maintenant chercher à créer des écoles spéciales de filles. — Le principe que « les écoles mixtes doivent être exclusivement confiées à des femmes » est contestable. L'essai de cette mesure a été fait sur une grande échelle dans certains départements; nous n'oserions dire qu'il ait été heureux; nous aimons mieux ce que vous proposez en dernier lieu : des asiles-ouvroirs, la coopération de la femme de l'instituteur. — Votre composition révèle du travail et une certaine habitude d'écrire.

M. D.... à D.-G. (Aisne).

L'auteur s'arrête trop sur les inconvénients *moraux* des écoles mixtes, soit au point de vue des élèves, soit au point de vue des instituteurs. — Les inconvénients *pédagogiques* sont laissés de côté. — M. D.... voudrait s'adresser aux instituteurs eux-mêmes, réunis en conférence, pour connaître les véritables raisons qui peuvent empêcher les communes de créer des écoles spéciales et les meilleurs moyens de combattre cette situation. Nous croyons que les instituteurs n'ont pas mission pour éclairer, sur ce point, l'administration. Nul ne peut être juge et partie dans sa propre cause, et des intérêts très-légitimes pourraient, en pareil cas, fermer la bouche aux instituteurs. — Il ne faut point, d'autre part, que l'inspecteur, qui représente l'autorité supérieure, réclame, comme une sorte d'obligation, le dévouement de l'instituteur : nul ne doit être contraint à se dévouer. Faites comprendre aux institu-

teurs, comme d'ailleurs vous le remarquez, que l'établissement d'une école spéciale de filles n'a pas pour les intérêts de celui qui est chargé de l'école mixte tous les inconvénients qu'on pourrait croire; que les écoles spéciales sont ordinairement plus fréquentées et mieux suivies que les autres; que l'administration avisera, dans la limite du possible, à dédommager l'instituteur soit par un déplacement, soit par une subvention temporaire, etc., mais ne demandez pas davantage. — Il ne faut pas trop compter, non plus, pour créer des écoles de filles, sur les souscriptions volontaires, même en vous proposant d'animer le zèle des intéressés aux dépens de votre propre bourse : il y avait à indiquer d'autres moyens pratiques, que vous avez eu le tort d'omettre. — En général trop de longueur dans chacun de vos développements. Quelques phrases ambitieuses, et d'autres trop familières. Des idées justes d'ailleurs, qui rachètent facilement ces défauts, dont la lecture et l'exercice vous délivreront.

M. T..., à C.-G. (Loiret).

Des idées justes, qui pourraient être mieux rendues et surtout plus amplement développées. Pas assez d'ordre. — Vous indiquez les inconvénients des écoles mixtes, mais vous parlez à peine des moyens qu'il faudrait prendre pour les faire disparaître. — Il ne faut pas se faire illusion sur les ressources qu'on peut attendre de la bienfaisance privée. — Quelques incorrections : éviter des phrases équivoques, comme celle-ci : « La femme de l'instituteur dirigerait son école seule et sans l'aide de l'instituteur lui-même, *qui ne pourrait quitter* SA *classe pour se rendre dans* LA SIENNE. » Lire beaucoup.

M. M..., à S.-R. (Deux-Sèvres).

Le côté moral de la question, qui devait être au moins touché, est passé sous silence. — Beaucoup d'idées justes, sur lesquelles nous n'avons de restriction à faire qu'au sujet de la réunion des communes, avec écoles spéciales séparées. — Nous aurions désiré, d'ailleurs, que ces idées fussent, en général, plus heureusement présentées. — Pas de transitions. — Trop de détails. — Des hors-d'œuvre : la question des classes mixtes pour les adultes devait être écartée. — Phrases longues, lourdes et embarrassées; quelques fautes matérielles regrettables. Vous aussi, vous avez besoin de beaucoup lire.

M. B..., à S. (Corrèze).

De très-bonnes choses. La copie est surtout remarquable pour la suite des idées et la netteté de l'expression. — Dans la première partie, où l'auteur énumère les inconvénients des écoles mixtes, il insiste trop sur ce qu'on peut reprocher au point de vue de la moralité, et oublie, par contre, tout ce qui regarde l'enseignement : difficulté de la surveillance; nécessité de doubler les divisions, etc. — Les différents moyens qui peuvent être employés pour la création d'écoles spéciales sont bien indiqués; il eût été bon de parler des dispositions contenues dans le nouveau projet de loi, d'après lequel les communes au-dessus de 500 âmes seront tenues d'avoir une école de filles. — Nous ne sommes pas de l'avis de l'auteur qui voudrait que, dans les petites communes, on plaçât exclusivement des institutrices à la tête des écoles mixtes; tout au contraire, nous croyons qu'en général c'est dans ces petites communes que la présence d'un instituteur est le plus nécessaire. — D'excellentes choses sur les asiles-ouvroirs. — Quelques mots sur les services que peut rendre la femme de l'instituteur n'auraient pas été inutiles. — On ne dit pas « une cloison *séparative;* » cet adjectif n'est pas en usage.

M. D..., à S. (Seine-et-Oise).

Bonne copie. Idées justes, convenablement exprimées. Une omission importante à signaler. L'auteur partage les écoles mixtes de l'arrondissement où il est censé exercer les fonctions d'inspecteur primaire en trois catégories : 1° celles qui, contrairement à la loi, sont placées dans des communes qui ont plus de 800 âmes ; 2° celles qui appartiennent à des communes d'une population au-dessous de 800 âmes, mais pourvues de ressources suffisantes pour entretenir une école de filles; 3° celles qui sont fréquentées par des élèves de plusieurs communes réunies. Il néglige les petites communes réduites à entretenir, seules et par elles-mêmes, leur école. Cette omission l'entraîne à passer sous silence les moyens qui seraient à employer dans ces petites communes, fort nombreuses dans nos départements. — L'auteur est d'avis qu'il y a lieu, pour éviter la réunion des deux sexes, de réunir deux ou plusieurs communes et d'envoyer les filles dans une, les garçons dans l'autre. Nous avons déjà dit que nous ne goûtions pas cette mesure [1].

Charles DEFODON.

EXERCICES DIVERS A L'USAGE DES CLASSES.

ARITHMÉTIQUE.

Problèmes divers.

1er *Problème* [2]. —On a payé 2850 fr. une masse de houille évaluée à 180 mètres cubes. A quel prix faut-il revendre l'hectolitre pour gagner sur l'opération 10 pour 100 du prix d'achat?

Solution. — Le prix de vente doit s'élever à

$$2850^f + 285^f = 3135^f;$$

c'est le prix de vente d'un nombre d'hectolitres égal à

$$10^{hl} \times 180 = 1800^{hl},$$

puisque le mètre cube contient 10 hectolitres.

Il faudra donc vendre l'hectolitre à prix marqué par le quotient :

$$\frac{3135^f}{1800} = \frac{31^f,35}{18} = \frac{10^f,45}{9},$$

c'est-à-dire à

$$1^f,16.$$

2e *Problème*. — On demande quelle est la somme en monnaie d'argent qui pèserait autant que 3^l,57 d'eau distillée à 4° centigrades.

Solution. — Le poids de 3^l,57 d'eau distillée est

$$1000^{gr} \times 3,57 = 3570^{gr},$$

puisqu'un litre d'eau pèse 1 kilogramme.

Maintenant 1 franc pèse 5 grammes, par conséquent, la somme d'argent monnayé qui pèsera autant que le volume d'eau proposé sera égale au quotient

$$3570 : 5 = 714^f,$$

---

1. L'abondance des matières nous oblige de remettre au prochain numéro le corrigé du sujet de concours.

2. Académie de Paris. — Aspirants au brevet du deuxième ordre, deuxième session de 1865).

c'est-à-dire à

$$714 \text{ francs.}$$

3e *Problème*. — Un meunier mélange 540 hectolitres de farine à 12 fr. l'hectolitre, 235 hectolitres à 14 fr., 420 hectolitres à 15 fr. On demande à combien revient l'hectolitre du mélange.

Solution. — Le prix de la farine de première qualité est

$$12^f \times 540 = 6480^f;$$

celui de la seconde farine est

$$14^f \times 235 = 3290^f$$

et celui de la troisième est

$$15^f \times 420 = 6300^f.$$

Par conséquent le prix d'achat s'élève à

$$6480^f + 3290^f + 6300^f,$$

c'est-à-dire à

$$16070 \text{ francs,}$$

et le prix de revient de l'hectolitre est :

$$\frac{16070^f}{540 + 235 + 420} = \frac{16070^f}{1195},$$

ou

$$13^f,45.$$

4e *Problème*. — Quel est le nombre qui ajouté à ses $\frac{4}{5}$ donne 108 pour somme?

Solution. — Comme la somme

$$1 + \frac{4}{5} = \frac{9}{5},$$

on peut dire que les $\frac{9}{5}$ du nombre inconnu sont égaux à 108. Par suite, $\frac{1}{5}$ de ce nombre est

$$\frac{108}{9} = 12,$$

et le nombre lui-même est égal à

$$12 \times 5 = 60.$$

Il est facile de vérifier que ce nombre satisfait à la condition de l'énoncé.

Problème d'escompte.

Un banquier escompte les billets qu'on lui présente au taux de 6 pour 100. Quel est le taux de l'escompte rationnel correspondant?

Solution. —Le banquier paye 94 francs en échange d'un billet de 100 francs payable dans un an, puisqu'il retient l'intérêt du montant du billet. En escomptant d'après la méthode rationnelle ou mathématique, le banquier ne devrait retenir que l'intérêt de la somme qu'il débourse. Soit x le taux cherché de l'escompte rationnel; pour un billet de 100 francs le banquier donnerait

$$100^f - x,$$

et l'intérêt de cette somme au taux x est

$$\frac{(100^f - x) \times x}{100};$$

Comme cet intérêt doit être égal à la retenue, 6 francs,

que l'on fait par la méthode des banquiers, l'on a, pour déterminer l'inconnue, l'égalité :

$$\frac{(100 - x) \cdot x}{100} = 6 ;$$

ou

$$(100 - x)\, x = 600.$$

Cette égalité peut s'écrire :

$$100x - x^2 = 600,$$

ou

[1] $$x = 6 + \frac{x^2}{100} ;$$

il est clair que x est peu supérieur à 6 et que l'on a sensiblement

$$x = 6 + \frac{6^2}{100},$$

ou

$$x_1 = 6,36.$$

Si l'on veut une approximation plus grande, on remplacera dans l'égalité [1] x par cette valeur déjà for approchée, et l'on aura :

$$x_2 = 6 + \frac{(6,36)^2}{100} = 6,4045,$$

valeur qui est un peu trop faible et que l'on peut corriger de la même manière :

$$x_3 = 6 + \frac{(6,4045)^2}{100} = 6,4102.$$

Cette approximation est bien suffisante et la valeur x_4 que l'on en déduirait ne différerait pas sensiblement de x_3.

Ainsi, escompter comme le font les banquiers revient à escompter d'après la méthode rationnelle en élevant le taux de l'escompte de 0ᶠ41 par 100 francs.

On peut vérifier que ce résultat satisfait bien à l'énoncé. En effet, l'intérêt d'une somme

$$100^f - 6^f,4102$$

est, à ce taux :

$$\frac{(100 - 6,4102) \times 6,4102}{100},$$

ou bien

$$6^f,4102 - 0^f,4109 = 6^f,$$

avec une erreur moindre que 7 millièmes de francs.

E. B.

LANGUE FRANÇAISE.

ÉLÉMENTS DE LA GRAMMAIRE.

§ 8. — De la Préposition.

1ᵉʳ Exercice.

De l'emploi de la préposition.

Le maître dictera aux élèves ou écrira au tableau les phrases suivantes :

Le livre de Pierre. — J'obéis à mon père. — Henri joue dans la cour.

Il fera ensuite de vive voix ou dictera les questions suivantes :

1. Dans la première phrase, de quelle espèce sont les mots : *Le livre* et *Pierre?*
2. Si le mot DE n'était pas intercalé entre *Le livre* et *Pierre*, la phrase présenterait-elle un sens suivi?
3. A quoi sert le mot DE?
4. Analysez de même les mots : *J'obéis* et *mon père*, dans la seconde phrase.
5. Si vous supprimiez le mot A dans cette phrase, à quoi se réduirait-elle?
6. Analysez encore les mots *Henri joue* et *la cour* dans la troisième phrase.
7. A quoi sert, dans la phrase, le mot DANS?
8. Quel est, dans les trois phrases données, l'emploi commun des trois mots DE, A et DANS?
9. Comment s'appellent ces mots?

Le maître pourra proposer les explications suivantes :

1. Dans la première phrase, *le* est un article, *livre* est un nom, *Pierre* est également un nom.
2. Non. Si le mot *de* était supprimé, il n'y aurait plus sur le tableau que deux noms isolés, et n'ayant l'un avec l'autre aucun rapport pour le sens.
3. Il sert à indiquer que *le livre* dont je veux parler appartient à *Pierre*, il marque le rapport qu'il y a entre *Pierre* et *le livre*.
4. *J'obéis*, pronom et verbe; *mon père*, adjectif possessif et nom.
5. Si le mot A était supprimé, j'aurais, d'une part, l'expression *j'obéis*, prise absolument et d'une manière vague; de l'autre, les mots *mon père*, réduits à leur sens propre; mais rien n'indiquerait que cette obéissance dont je parle, c'est à l'égard de mon père que je l'exerce : les deux expressions *j'obéis* et *mon père* n'auraient entre elles aucune relation.
6. *Henri joue*, nom et verbe; *la cour*, article et nom.
7. A indiquer que *la cour* est l'endroit où *Henri joue*, à rattacher au reste de la phrase l'expression *la cour*, qui indique cet endroit où *Henri joue*.
8. Les mots DE, A et DANS servent, d'une manière générale, à indiquer le rapport que certains mots ont avec d'autres.
9. Ces mots s'appellent des prépositions.

2ᵉ Exercice.

Même sujet.

Le maître dictera les phrases suivantes; les élèves souligneront les prépositions contenues dans ces phrases :

Le soir de la bataille.

Toute la matinée, on s'était battu, et, une bonne partie de l'après-midi, nous avions entendu siffler les balles. A cinq heures, la fusillade cessa, et le grondement du canon devint plus sourd; nous comprîmes que l'action s'était portée ailleurs, et que, pour cette fois, nous étions quittes. Nous n'osions cependant sortir encore, craignant quelque retour soudain ou le passage des traînards. La nuit vint enfin, sombre et brumeuse, comme avait été le jour; mais la brise, venant des montagnes, s'éleva bientôt et dissipa les nuages qui avaient couvert le ciel; la lune parut : nous sortîmes. Devant nous s'étendait la plaine, hier, si belle encore, avec ses moissons toutes prêtes à cueillir. Les bataillons y avaient passé; il ne restait pas debout un seul épi : tout était piétiné, écrasé, haché.

Parfois nos pieds enfonçaient dans des trous plus ou moins profonds, ou dans des sillons arrondis qui, çà et là, déchiraient le sol : c'était la trace des boulets. Nous traversâmes le ruisseau qui forme le fond de la vallée ; et, parmi les herbes ensanglantées, nous trouvâmes les premières victimes. C'était là sans doute qu'avait commencé le combat : ils avaient eu tous le temps de mourir. Derrière un mur, deux officiers avaient dû se battre comme en un duel; ils étaient tombés l'un sur l'autre, et, par une amère dérision du sort, on aurait dit qu'ils s'embrassaient. Entre le ruisseau et la colline, sous ces magnifiques platanes qui entendirent si souvent nos pacifiques entretiens, la mort avait fait sa cruelle besogne : c'était comme un fouillis informe d'armes, de chevaux, d'hommes surtout, pressés les uns contre les autres, frappés, pour la plupart, d'horribles blessures. Spectacle affreux, mon pauvre ami, et que rendait peut-être plus affreux encore le silence profond du lieu et la terrible immobilité de ces tristes restes. Sauf un seul malheureux, dont nous pûmes à peine recueillir le dernier souffle, on n'avait laissé là que des cadavres. On me dit que, plus loin, il y avait encore d'autres morts; je n'en voulus point voir davantage. Écris-moi, je te prie, mon cher ami, car je n'ai pas besoin de te dire que, depuis ce jour, j'ai quelque besoin qu'on me console; je comprends maintenant ce que coûte la gloire.

§ 9. — De la Conjonction.

1ᵉʳ Exercice.

De l'emploi de la conjonction.

Le maître dictera aux élèves ou écrira au tableau les phrases suivantes :

Le maître croit que vous avez menti. — Je serai heureux si vous venez. — Vous m'avez pardonné, parce que vous êtes généreux.

Il fera ensuite de vive voix ou dictera les questions suivantes :

1. Dans chacune des phrases données, combien y a-t-il de membres de phrase?
2. A quoi sert dans la première phrase le mot *que;* dans la seconde, le mot *si;* dans la troisième, le mot *parce que?*
3. Des deux membres de phrase qui forment chacune des phrases données, lequel, pour le sens, dépend de l'autre?
4. Qu'en concluez-vous, d'une façon générale, pour tous les membres de phrase qui seront précédés de mots analogues à *que, si, parce que,* etc.?
5. Dans les phrases données, ne pourrait-on par déranger l'ordre des membres de phrase, en mettant le second à la place du premier, et réciproquement?
6. Comment s'appellent les mots *que, si, parce que,* et les mots analogues?

Le maître pourra proposer les explications suivantes :

1. Il y en a deux dans chacune : *Le maître croit* et *vous avez menti; Je serai heureux* et *vous venez; Vous m'avez pardonné* et *vous êtes généreux.*
2. Ces mots servent à lier entre eux les deux membres de phrase qui composent la phrase entière.
3. Dans chaque phrase, le membre de phrase qui est précédé des mots *que, si, parce que,* dépend de l'autre.

4. J'en conclus que toutes les fois que je trouverai un membre de phrase précédé de ces mots *que, si, parce que,* et autres analogues, il devra se trouver dans la phrase entière un autre membre auquel celui qui est précédé de *que, si, parce que,* etc., est subordonné.
5. Pour la première phrase, cela ne se peut; mais on peut fort bien dire, sans nuire au sens, au lieu de : *Je serai heureux si vous venez, Si vous venez, je serai heureux;* au lieu de : *Vous m'avez pardonné, parce que vous êtes généreux. Parce que vous êtes généreux, vous m'avez pardonné.*

6. On les appelle conjonctions [1].

2ᵉ Exercice.

Même sujet.

Le maître dictera les conjonctions suivantes; les élèves trouveront de petites phrases dans lesquelles ils feront entrer ces conjonctions.

Quand. — Quoique. — Que. — Si. — Lorsque. — Comme. — Afin que. — Jusqu'à ce que.

Le maître pourra proposer les phrases suivantes :

J'étais absent *quand* vous êtes venu. — *Quoique* la route soit longue, je ne suis point fatigué. — On croit *que* cet incendie a été allumé par des malfaiteurs. — *Si* vous cessez d'être heureux, bien des gens, qui se disent vos amis, vous délaisseront. — *Lorsque* ma sœur ira vous voir, elle vous portera des fleurs de mon jardin. — *Comme* la nuit approchait, nous hâtames le pas. — Je vais tout vous dire, *afin que* vous ne m'accusiez pas de dissimulation. — Vous resterez en retenue, *jusqu'à ce que* vous ayez récité votre leçon.

3ᵉ Exercice.

Même sujet.

Le maître dictera les phrases suivantes; les élèves souligneront les conjonctions qui y sont contenues.

Quand il aurait des torts envers vous, vous ne devriez pas agir ainsi. — Vous avez bien changé depuis que je ne vous ai vu. — Je n'ai aucun secret pour vous, au lieu que vous me cachez toutes vos affaires. — Pendant qu'il en est temps encore, revenez sur votre décision. — Nos pères, de même que nous, faisaient l'éloge du temps passé. — Dès que le rossignol chante, tous les autres oiseaux se taisent. — Pourvu que j'aie l'estime des gens de bien, peu m'importe d'être blâmé par les méchants.

§ 10. — De l'Interjection.

Exercice unique.

De l'emploi de l'interjection.

Le maître fera observer aux élèves qu'il y a certains mots qu'on emploie, sans aucun rapport

---

1. On remarquera que nous ne comptons pas au nombre des conjonctions proprement dites les mots *et, ou, ni, mais,* etc. Adoptant sur ce point l'opinion de M. Sommer, nous considérons ces mots comme des adverbes conjonctifs. (Voir la *Grammaire des écoles primaires.*)

avec les autres mots qui composent les phrases, pour exprimer des mouvements vifs de l'âme, comme la joie, la terreur, l'indignation, le dégoût, la prière, pour appeler, pour écarter, pour invoquer, etc. ; que ces mots ne sont souvent qu'une espèce de cri inarticulé, comme *ô*, *ah!* que d'autres fois ce sont des noms, comme *courage! patience!* ou des verbes, comme *allons! soit!* ou enfin des locutions diverses renfermant une phrase tout entière dont diverses parties sont plus ou moins sous-entendues, comme *voici*, pour *vois ici, voyez ici; voilà*, pour *vois là, voyez là, grand Dieu! juste ciel!* etc. Il leur dictera ensuite les phrases suivantes. Les élèves souligneront d'un trait simple les interjections formées d'un simple cri, d'un trait double celles qui sont formées d'un nom ou d'un verbe, d'un trait triple celles qui sont formées de locutions diverses ; ils expliqueront en particulier la nature de ces dernières interjections.

Le rêve de Julie.

Il était près de minuit et Julie n'avait pu encore dormir, parce que le soir, avant de se coucher, elle avait lu beaucoup d'histoires de revenants et de sauvages ; elle s'assoupit cependant au moment où la vieille horloge qui décorait sa chambre répéta lentement les douze coups de minuit : alors, il sembla à Julie que la chambre tournait. Mais laissons-lui prendre la parole ; elle racontera mieux que nous ce qu'elle ressentit en ce moment.

« Il me sembla, dit-elle, que j'étais emportée dans un tourbillon qui me déposa mollement sur le gazon de la vallée ; là, je trouvai des petites filles comme moi, et nous commencions à danser une ronde, lorsque je les vis tout à coup disparaître. Puis s'avança un nuage obscur qui prit peu à peu la forme humaine. « O mon père! m'écriai-je, venez à mon secours! » Hélas! personne ne répondit à ma voix. Je voulus alors me débattre ; mais ce fut en vain, car j'étais solidement garottée sur le dos du robuste sauvage, qui marchait à pas rapides. « Ah! m'écriai-je tout à coup, « je suis sauvée, car je vois poindre à l'horizon une « maison qui est la mienne. » Mais, décevante image! la maison s'évanouit bientôt pour faire place à un rideau de sapins. A l'un des arbres était attaché un cheval, de formes gigantesques et extraordinaires. Le sauvage monte sur le coursier, qui déploie des ailes dont le vol rapide nous entraîne plus vite que le vent. Où allons-nous? mais j'entends une voix qui crie : Me voilà! L'allure du cheval se ralentit, et nous descendons sur une terre inculte. Il y avait là de grands arbres et de verts rameaux, illuminés par un demi-jour qui les faisait, pour ainsi dire, flamboyer.

« Sous l'ombrage, autour d'un immense foyer, étaient assis, ou plutôt couchés, plusieurs hommes semblables à celui qui m'avait emportée. Ciel! qu'ils étaient laids! Mais, horreur! que vois-je devant le feu, à la broche? Ah! mon Dieu! ce sont des petites filles, mises comme moi, avec des yeux comme les miens, une bouche pareille, mon portrait, enfin; des petites filles qui me regardaient d'un air si triste, que je me mis à pleurer. J'avais à peine eu le temps de voir cet horrible spectacle, lorsqu'un sauvage me prit; il se disposait à me mettre à la broche, évidemment pour me manger. Je fus prise d'un tremblement épouvantable, et je m'écriai de toutes mes forces : « Au secours! »

« Cette fois, la peur était si grande, que ma voix résonna clairement et me réveilla même; car j'étais endormie, et je n'avais fait qu'un rêve.

« Mes sœurs, qui couchaient dans la chambre voisine, entendirent ce cri, en furent effrayées, et entrèrent bien vite chez moi; tremblante encore, couverte de sueur, je leur racontai le rêve que je venais de faire.

« O mes sœurs, leur dis-je, pardonnez-moi le saisissement que je viens de vous occasionner. Je crois que ce rêve a été produit par les lectures que j'ai faites hier soir, sans permission. Désormais, je ne lirai plus de contes fantastiques avant de me coucher.

« — Soit, me dirent mes sœurs; mais souviens-toi de tenir ta promesse, car, sans cela, gare les sauvages et les cannibales[1]. »

Charles DEFODON.

CORRESPONDANCE.

« Un jeune homme n'a pas 21 ans et est placé en qualité de maître adjoint dans une école publique. Doit-il subir la retenue du premier douzième de son traitement avant sa majorité? »

Les instituteurs adjoints dans les écoles publiques, régulièrement nommés et agréés, sont de véritables fonctionnaires de l'enseignement, institués par l'article 34 de la loi du 15 mars 1850. Ce même article établit qu'ils « peuvent n'être âgés que de dix-huit ans. »

Or, aux termes de l'article 4 de la loi sur les pensions civiles, les fonctionnaires de l'enseignement public, « rétribués, en tout ou en partie, sur les fonds départementaux ou communaux, supportent sur leur traitement la retenue déterminée par l'article 3. »

Nous estimons donc que les maîtres adjoints, majeurs ou non, doivent subir la retenue ; la jurisprudence est d'ailleurs constante sur ce point, et elle est consacrée depuis longtemps par une décision ministérielle.

Nous ajouterons que les maîtres adjoints, ceux du moins qui ont l'intention de suivre définitivement la carrière de l'instruction primaire, sont intéressés à ce que cette retenue soit prélevée sur leur traitement; plus tôt, en effet, ils sont soumis à la retenue, plus le montant de leur pension de retraite se trouvera augmenté, quand ils atteindront l'âge requis.

« — J'ai fait la moitié de mon congé sous les drapeaux, et je suis renvoyé dans mes foyers jusqu'à la fin de ce congé. Occupant un emploi dans l'enseignement public, ne puis-je pas contracter un engagement décennal? Je désire pas même faire compter les années que j'ai passées au régiment. »

---

1. Extrait du COURS DE DICTÉES adaptées à la *Grammaire des jeunes filles*, par Mme Cécile REGNARD. Un vol. in-12, cartonné, 1 fr. 40 c. Librairie L. Hachette et Cie.

L'engagement décennal ne peut être contracté qu'avant le tirage. Mais dans la position où se trouve notre correspondant, nous croyons qu'il peut être sans crainte, et qu'à moins de circonstances improbables, il sera maintenu dans ses foyers jusqu'à la fin de son congé.

— « Une jeune demoiselle désirerait se vouer à l'instruction primaire libre ; mais elle a eu le bras droit coupé ; elle écrit, brode, dessine et tricote de la main gauche. A-t-elle droit, après examen, à la délivrance du brevet de capacité ? »

Il ne résulte de la situation de cette demoiselle aucune incapacité légale pour l'enseignement, et rien n'empêche, en droit, qu'elle devienne institutrice, libre ou communale.

— « Depuis plusieurs années, M. le percepteur me payait mes mandats trimestriels sans exiger le timbre. Il vient de m'informer qu'à l'avenir mes mandats devront être timbrés, et, de plus, il exige le payement du timbre de tous les mandats qu'il m'a payés antérieurement.

« M. le percepteur fonde sa réclamation sur ce que la commune fournit une subvention de plus de 300 francs, se composant, m'a-t-il dit, du produit des centimes, de la location de la maison d'école et des frais d'imprimés.

« Est-il dans son droit ? »

Aux termes de la circulaire du ministre de l'intérieur du 16 juin 1865, les mandats délivrés aux instituteurs doivent être timbrés, lorsque les instituteurs touchent sur les fonds communaux une somme supérieure à 300 fr.

Mais 1° dans ce cas, c'est aux communes à payer les frais du timbre par application de l'article 1248 du code Napoléon, qui met les frais de payement à la charge des débiteurs ; 2° jamais les frais de la location de la maison d'école ni les frais d'imprimés n'ont pu être considérés comme faisant partie du traitement de l'instituteur ; ces deux dépenses constituent une charge communale et non autre chose. Le percepteur n'est nullement fondé dans sa prétention.

— « Le décret du 2 juillet dernier assure aux maîtres des écoles primaires annexées aux écoles normales les mêmes avantages qu'aux autres maîtres-adjoints : ici où je suis, cependant, il n'en est rien jusqu'à présent, car le maître de l'école annexe continue à payer sa pension alimentaire. Cela est-il légal ? Dans le cas d'affirmative, quand devra cesser un état qui paraît si peu conforme aux intentions ministérielles ? »

Au moment où est intervenu le décret du 2 juillet, les budgets des écoles normales étaient depuis longtemps arrêtés définitivement. La nouvelle dépense résultant des dispositions du décret n'y étant point prévue, il était difficile de faire profiter immédiatement les directeurs des écoles annexes du bénéfice de ces dispositions. Nous ne pensons pas qu'aucune mesure eût été prise depuis dans ce but. Selon toute toute probabilité, les directeurs des écoles annexes n'entreront en jouissance de leur position nouvelle qu'au 1er janvier prochain.

— « J'ai entendu dire plusieurs fois que les instituteurs n'avaient pas le droit, en dehors de leurs classes, de faire des sous-seings privés ainsi que des opérations d'arpentage, Est-ce vrai ? »

Nous ne pouvions mieux répondre qu'en transcrivant les observations suivantes, empruntées au *Guide légal* de M. Pitolet[1] :

« L'interdiction prononcée par l'article 32 de la loi du 15 mars 1850 ne portant que sur les professions industrielles ou commerciales, il ne saurait être interdit à un instituteur communal d'utiliser à son profit et en dehors du temps consacré aux classes, la connaissance qu'il a acquise de l'arpentage, du lever des plans, pas plus qu'il ne lui est défendu de remplir à la paroisse l'office de chantre ou de rédiger des actes sous-seing privé. Cette jurisprudence consacrée sous la précédente législation par plusieurs décisions ministérielles, prises en conseil de l'instruction publique, n'a point cessé d'être en vigueur sous la loi actuelle. » (Décisions des 31 août 1853, 16 mars 1855, 11 mars 1856 et 2 février 1857.)

— « Les années de service militaire, y compris les campagnes d'un marin amputé d'un membre et déjà pensionné à ce titre, doivent-elles compter avec les années d'exercice dans l'instruction primaire pour la liquidation de la pension ? »

Oui, assurément.

— « Une école libre de filles a été érigée en école communale. L'institutrice qui dirige cette école, et qui la dirigeait déjà du temps qu'elle était communale, s'aperçoit aujourd'hui que les avantages de sa position, au point de vue du traitement, sont loin de pouvoir être comparés à ceux qu'elle trouvait dans son ancienne position d'institutrice libre. Elle désirerait, en conséquence, redevenir institutrice libre. Que doit-elle faire ? »

Tout simplement adresser au préfet sa dé-

---

1. P. 165. Article *Arpentage*.

mission d'institutrice communale, et faire en même temps une déclaration d'ouverture d'établissement libre.

Nous lui ferons observer, d'ailleurs, qu'elle court la chance de voir nommer par l'administration une autre institutrice communale.

Charles DEFODON.

COMPTE RENDU D'OUVRAGES NOUVEAUX.

PETITE ARITHMÉTIQUE DES ÉCOLES PRIMAIRES[1],

Par M. É. A. TARNIER, docteur ès sciences, officier de l'instruction publique, chevalier de la Légion d'honneur, inspecteur de l'instruction primaire à Paris. Ouvrage approuvé par le Conseil impérial de l'instruction publique, par plusieurs conseils académiques, et recommandé par le ministre de l'intérieur pour les écoles primaires. Seconde édition; 1 vol. in-12, cartonné, 75 cent. Librairie L. Hachette et Cie.

La librairie L. Hachette et Cie vient de publier la deuxième édition de la petite arithmétique des écoles primaires par M. Tarnier, inspecteur des écoles primaires de la Seine.

L'examen de cet ouvrage revenait de droit aux rédacteurs chargés de la partie scientifique du *Petit Manuel*; mais la direction du journal a pensé que cet ouvrage, étant destiné aux élèves des écoles primaires, un instituteur primaire, habitué à enseigner à des enfants qui commencent l'étude de l'arithmétique, pourrait, avec toute l'autorité que donne l'expérience, faire ressortir les avantages et les inconvénients d'un livre à mettre entre les mains de la jeunesse.

L'ouvrage est divisé en quatre parties dont voici les titres :

Ire. *La numération et les quatre règles ;*

IIe. *Les fractions ordinaires ;*

IIIe. *Fractions décimales* (ou nombres décimaux), *système métrique ;*

IVe. *Problèmes usuels.*

Dans la Ire partie, le point de départ est celui-ci :

Numération parlée des cent premiers nombres; puis numération chiffrée des mêmes.

Ceci bien connu, l'élève peut apprendre la numération, soit parlée, soit écrite des nombres de trois chiffres, et enfin celle des nombres plus considérables. Ce chapitre est complet; aucun détail n'a été négligé, tout a été minutieusement expliqué. L'auteur nous paraît persuadé que, dans les commencements, on ne saurait être trop exact, et que le plus est toujours préférable au moins.

Après la numération, se trouve la *pratique* des quatre premières règles.

Ici, une innovation à signaler. Après la définition de la règle (définition aussi simple que possible), vient immédiatement l'énoncé des différents cas où l'on peut avoir à l'employer. Cette disposition est heureuse, elle permet au maître de donner à ses élèves de petits problèmes sur une opération aussitôt qu'ils savent la faire, et, au lieu du travail aride que nous imposons aux enfants, en nous servant de nombres seulement, elle leur donne une besogne attrayante en faisant parler les objets qu'ils ont sous les yeux ou dont ils se servent constamment.

La IIe partie est consacrée tout entière aux fractions ordinaires.

Peu ou point de théorie, mais beaucoup de pratique.

Dans une trentaine de pages, l'auteur a réuni les différents cas où l'on emploie les fractions ordinaires, et il nous paraît avoir atteint le but qu'il s'est proposé : Enseigner aux enfants le calcul des opérations avant d'en commencer le raisonnement.

La IIIe partie du livre en est la plus considérable, et il devait en être ainsi, puisqu'elle renferme les fractions décimales et le système métrique, ces deux branches si importantes de l'arithmétique élémentaire. Aussi contient-elle 82 pages sur 200.

Dans un premier chapitre, la numération, déjà traitée dans la Ire partie, est complétée et appliquée aux nombres décimaux. Puis l'auteur expose le système métrique.

Nous ne pensons pas avoir besoin de dire que cette exposition est faite avec autant de soin que de talent. M. Tarnier attache une très-grande importance à ce système de mesures que la France a créé, et auquel les peuples étrangers adoptent successivement.

Nos lecteurs connaissent déjà, de notre auteur, les huit Tableaux du système métrique[1] et le Manuel[2] qui les accompagne; mais ce qu'ils ne savent pas, et que nous sommes heureux de leur apprendre, c'est que M. Tarnier, non content d'écrire des livres, a commencé, pour les ouvriers qui suivent les cours des associations polytechnique et philotechnique, une série de conférences publiques sur ce système, qu'il expose avec une grande autorité de parole et une méthode d'autant plus sûre, qu'elle a pour base la science et l'expérience.

A la page 132 du livre, nous trouvons un

---

1. SOLUTIONS des questions proposées dans l'*Arithmétique à l'usage des écoles primaires*. 1 vol. in-12, broché, 30 cent. Librairie L. Hachette et Cie.

1. En feuilles, 4 fr.; collés sur une seule toile et vernis, 6 fr.; en album, cartonné, 7 fr.
2. 1 vol. in-8, broché, 2 fr.; cartonné, 3 fr.

supplément important, et composé en trois paragraphes intitulés :

I. *Erreurs tolérables;*

II. *Vérification des poids et mesures;*

III. *Dénominations prohibées.*

Nous pensons que nos confrères apprécieront comme nous l'utilité de ce supplément, surtout pour les écoles rurales, où les connaissances les plus élémentaires des lois ont tant de peine à pénétrer.

Les quatre chapitres qui suivent renferment des problèmes sur les quatre premières règles appliquées au système métrique et aux nombres décimaux.

Enfin, un cinquième chapitre est composé de problèmes dans lesquels les quatre règles sont groupées d'une manière ingénieuse. Les premiers demandent, pour être résolus, une addition et une soustraction; les seconds une addition, une soustraction et une multiplication, et enfin les derniers renferment les quatre règles. L'élève est ainsi amené à se rendre un compte exact des opérations nécessaires à la résolution d'un problème ordinaire.

La IVᵉ partie est consacrée tout entière aux problèmes usuels, tels que : *Règles d'intérêt, Rentes sur l'État, Règle d'escompte, Règle de société* et *Règle des mélanges.*

L'énumération des différents chapitres de « la petite arithmétique des écoles primaires, » montre que ce petit in-18 de 200 pages est un traité complet de calcul élémentaire, et l'enfant de douze ans qui l'aura sérieusement étudiée, ne sera certes pas un savant, mais il pourra effectuer *vite* et *bien* tous les calculs dont il pourra avoir besoin plus tard pour les besoins de la vie ordinaire. C'est donc à titre de livre d'enseignement pratique que nous le recommandons à nos confrères.

Nous terminerons cette étude, déjà trop longue peut-être, par un passage de la préface du livre :

« Pour ceux qui adoptent notre enseignement progressif de l'arithmétique à *trois degrés,* dit M. Tarnier, la *Petite arithmétique des écoles primaires* est le premier livre de calcul à mettre entre les mains de l'élève.

« Vient ensuite la *Nouvelle arithmétique théorique et pratique,* à laquelle succéderait notre grand Traité in-8, si on voulait étudier l'arithmétique d'une manière aussi complète que possible. »

Pour notre part, nous remercions M. Tarnier d'avoir adopté cette division ternaire des études élémentaires. Elle nous semble toute naturelle. Jusqu'à dix ans (et douze peut-être dans les campagnes), l'enfant raisonne peu, mais déjà il peut beaucoup apprendre par la pratique.

Après cet âge, l'intelligence se développe; le maître peut commencer alors l'étude des théories arithmétiques, et donner ainsi à son élève le désir de parfaire son instruction au point de vue des mathématiques élémentaires que les autres traités d'arithmétique et d'algèbre de M. Tarnier rendent aussi intéressantes que faciles.

J. E. JEAN,
Instituteur libre à Paris.

NÉCROLOGIE.

M. VICTOR CHAUVIN.

Nous avons la douleur d'annoncer à nos lecteurs la mort inattendue d'un homme dont le nom a plus d'une fois tenu une place honorable dans nos colonnes, de notre ami et bien regretté collègue Victor Chauvin, rédacteur en chef de la *Revue de l'instruction publique.*

Victor Chauvin est mort vendredi dernier, 23 novembre, après quelques jours seulement d'une maladie, que personne de nous n'avait pu croire dangereuse, et son père, absent, hélas ! aura reçu, avant la dernière lettre que Victor Chauvin avait voulu lui écrire lui-même, la dépêche télégraphique chargée de lui annoncer qu'il avait perdu son fils. Victor Chauvin avait à peine trente-sept ans.

Né dans le département de l'Orne, à Argentan, le 22 août 1829, il avait fait ses études dans le collège de cette ville. Son goût pour le travail, ses aptitudes l'entraînèrent tout d'abord vers l'enseignement, et il fut successivement maître d'étude et professeur aux colléges de Lisieux et d'Autun, aux lycées d'Alençon, de Saint-Brieuc, de Moulins, de Nantes et au lycée Louis-le-Grand. Travailleur infatigable, peu soucieux des soins que réclamait un tempérament faible et délicat, il sentit bientôt en lui les symptômes d'une maladie qui ne pardonne jamais, la phthisie pulmonaire; il n'eut plus qu'une pensée, qu'une ambition, belle et noble, s'il en fut jamais, assurer au plus tôt le bonheur de celle qu'il avait choisie pour compagne. Il quitta l'Université et tenta la fortune avec sa plume. Instruit, comme il l'était, d'un esprit quelquefois caustique et plein de bonne humeur, il sut aborder tous les genres et s'y faire remarquer.

C'est ainsi que nous le voyons journaliste, pédagogue, romancier.

Il a collaboré successivement à différents journaux et recueils périodiques : à la *Revue de l'instruction publique,* dont il devint rédacteur en chef en avril 1863, au *Moniteur universel,* à la *Presse,* à la *Revue contemporaine,* au *Journal pour tous,* à l'*Ecole normale.* Victor Chauvin a été également un des principaux collaborateurs de M. Vapereau dans la dernière édition du *Dictionnaire des contemporains*, a, en outre, publié plusieurs écrits politiques, par exemple, la *Brochure d'un paysan du Danube*; des ouvrages d'érudition : les *Romanciers grecs et latins*, une véritable thèse; un *Traité de rhétorique*, quelques romans, et enfin, tout récemment, l'*Histoire des lycées et collèges de Paris*, qui obtint un succès justement mérité.

Il avait également abordé la carrière politique; mais ce ne fut pour lui qu'un espoir qui ne devait pas se réaliser.

Les obsèques de Victor Chauvin ont eu lieu dimanche 25 novembre.

Plus de deux cents personnes s'étaient réunies à la maison mortuaire, voulant ainsi sans doute s'associer à la douleur profonde de ceux qui ont vécu dans l'intimité de Victor Chauvin, et rendre hommage par leur présence aux qualités de cet homme, qui, sur son trop court passage, a su ne laisser après lui que de douloureux regrets et des souvenirs qu'on n'oublie pas.

Charles DEFODON.

ACTES OFFICIELS

RELATIFS A L'INSTRUCTION PRIMAIRE.

Ouverture d'un crédit pour l'École normale d'enseignement spécial de Cluny (24 octobre).

NAPOLÉON, etc.

Avons décrété et décrétons ce qui suit :

Art. 1er. Il est ouvert à notre ministre secrétaire d'État au département de l'instruction publique, sur l'exercice 1866, un crédit de 80 000 fr. applicable aux dépenses de l'École normale d'enseignement spécial de Cluny et du collège annexe. (Budget de l'instruction publique, exercice 1866, chapitre XXVIII.)

Art. 2. Il sera pourvu à la dépense au moyen de la somme versée dans les caisses du Trésor à titre de fonds de concours.

Art. 3. Nos ministres secrétaires d'État aux départements de l'instruction publique et des finances sont chargés, chacun en ce qui le concerne, de l'exécution du présent décret, lequel sera inséré au *Bulletin des lois*.

Fait au Palais de Saint-Cloud, le 24 octobre 1866

Virement d'un crédit de 33000 francs au budget du Ministère de l'instruction publique (31 octobre 1866).

NAPOLÉON, par la grâce de Dieu et la volonté nationale, Empereur des Français, à tous présents et à venir, salut :

Sur le rapport de notre Ministre secrétaire d'État au département de l'instruction publique;

Vu la loi du 8 juillet 1865, portant fixation du budget des recettes et des dépenses de l'exercice 1866;

Vu notre décret du 28 octobre suivant, contenant répartition, par chapitres, des crédits ouverts par ladite loi ;

Vu l'article du sénatus-consulte du 31 décembre 1861;

Vu notre décret du 10 novembre 1856 sur les virements de crédits;

Vu la lettre de notre Ministre des finances en date du 16 octobre 1866;

Notre conseil d'État entendu,

Avons décrété et décrétons ce qui suit :

Art. 1er. Le crédit ouvert sur le chapitre XXXI (*Instruction primaire. — Fonds de l'État.*) du Ministère de l'instruction publique, pour l'exercice 1866, est réduit d'une somme de 33 000 francs.

Art. 2. Le crédit ouvert sur le chapitre XXX (*Inspection des écoles primaires*) du Ministère de l'instruction publique, pour l'exercice 1866, est augmenté d'une somme de 33 000 francs.

Art. 3. Nos Ministres secrétaire d'État au département de l'instruction publique et des finances sont chargés, chacun en ce qui le concerne, de l'exécution du présent décret, qui sera inséré au *Bulletin des lois*.

Fait au palais de Saint-Cloud, le 31 octobre 1866.

NAPOLÉON.

Par l'Empereur :
Le Ministre secrétaire d'État au département de l'instruction publique,

V. DURUY.

Le Ministre secrétaire d'État au département des finances,

A. FOULD.

Instruction aux recteurs sur le procès-verbal d'installation des inspecteurs d'académie (10 novembre 1866).

Monsieur le recteur, aux termes de l'article 2 de l'arrêté du 30 juin 1860, vous devez recevoir le serment des inspecteurs d'académie et procéder à leur installation. Un procès-verbal spécial constate l'accomplissement de cette double formalité.

Je vous invite à me faire parvenir et à transmettre en même temps au préfet du département où le nouvel inspecteur est appelé à exercer ses fonctions, une copie certifiée conforme de ce procès-verbal. L'expérience a fait reconnaître la nécessité de l'envoi de ce document à l'administration centrale et aux préfectures.

Il importe d'abord que mon administration soit promptement et exactement informée de la prise de possession, par les nouveaux titulaires, de fonctions aussi importantes que celles de l'inspection académique; la copie du procès-verbal d'installation a d'ailleurs l'avantage de fixer le jour de l'entrée en jouissance du traitement, renseignement qui fait souvent défaut à mon administration.

D'un autre côté, les inspecteurs d'académie étant chargés d'instruire, sous l'autorité des préfets, les affaires de l'enseignement primaire (art. 9 de la loi du 14 juin 1854), il importe que MM. les préfets soient informés sans délai de l'installation de ces fonctionnaires.

L'envoi de la double copie du procès-verbal à l'administration centrale et aux préfectures devra être fait par vos soins, le jour même de l'installation.

Je compte sur votre diligence pour la ponctuelle exécution des dispositions qui précèdent.

Recevez, etc.

Le Ministre de l'instruction publique,
V. DURUY.

Administration académique.

Chaumont (9 novembre). — M. Haillecourt, ancien inspecteur d'académie, est nommé inspecteur d'académie (troisième classe), en résidence à Chaumont, en remplacement de M. Bailly, en congé d'inactivité.

Conseils départementaux.

Seine (7 novembre). — M. Henne, inspecteur de l'instruction primaire, en résidence à Paris, est nommé membre du conseil départemental de l'instruction publique de la Seine.

Inspecteurs de l'instruction primaire.

Argentan. (26 octobre.) — Un congé d'inactivité, jusqu'au 1er octobre 1867, est accordé à M. Lebedel, inspecteur primaire (deuxième classe) pour l'arrondissement d'Argentan.

M. Lebedel (Aimable), régent au collége de Cherbourg, pourvu du certificat aux fonctions d'inspecteur primaire, est chargé de suppléer M. Lebedel dans les fonctions d'inspecteur primaire pour l'arrondissement d'Argentan, pendant la durée du congé accordé à ce dernier.

Avignon et Orange. (16 novembre.) — M. Giraud, inspecteur primaire (troisième classe) pour l'arrondissement de Toulon (Var), est nommé inspecteur primaire (même classe) pour les arrondissements d'Avignon et d'Orange (Vaucluse), en remplacement de M. Arnault.

Bastia. (20 novembre.) — M. Talandier-Lespinasse, inspecteur primaire (troisième classe) à Puget-Théniers (Alpes-Maritimes), est nommé inspecteur primaire (même classe) pour l'arrondissement de Bastia (Corse), en remplacement de M. Girard, appelé à d'autres fonctions.

Besançon. (20 novembre.) — M. Chapalain, inspecteur primaire (troisième classe) pour l'arrondissement de Montbéliard (Doubs), est nommé inspecteur primaire (même classe) à Besançon, en remplacement de M. Poitet, décédé.

Châtillon-sur-Seine et Semur. (12 novembre.) — M. Riandey, inspecteur de l'instruction primaire (troisième classe) pour l'arrondissement de Gaillac (Tarn), est nommé inspecteur (même classe) pour les arrondissements de Châtillon-sur-Seine et de Semur, en remplacement de M. Coulot, en congé d'inactivité.

Epinal. (12 novembre.) — M. Maréchal, inspecteur de l'instruction primaire (troisième classe) pour l'arrondissement de Sartène (Corse), est nommé inspecteur (même classe) pour l'arrondissement d'Epinal, en remplacement de M. Boyer, appelé à d'autres fonctions.

Gaillac. (12 novembre.) — M. Boyer, inspecteur de l'instruction primaire (troisième classe) pour l'arrondissement d'Epinal (Vosges), est nommé inspecteur (même classe) pour l'arrondissement de Gaillac, en remplacement de M. Riandey, appelé à d'autres fonctions.

Marseille et Arles. (12 novembre.) — M. Girard, inspecteur de l'instruction primaire (troisième classe) pour l'arrondissement de Bastia (Corse), est nommé inspecteur (même classe) pour les arrondissements de Marseille et d'Arles, en remplacement de M. Chassan, en congé d'inactivité.

Montbéliard. (20 novembre.) — M. Boucher, commis d'inspection académique à Besançon, est nommé inspecteur primaire (troisième classe) pour l'arrondissement de Montbéliard, en remplacement de M. Chapalain.

Puget-Théniers. (20 novembre.) — M. Martineau, maître adjoint à l'école normale primaire de Blois, est nommé inspecteur primaire (troisième classe) pour l'arrondissement de Puget-Théniers (Alpes-Maritimes), en remplacement de M. Talandier-Lespinasse, appelé à d'autres fonctions.

Reims. (12 novembre.) — M. Biétrix, inspecteur de l'instruction primaire (troisième classe) pour l'arrondissement de Senlis (Oise), est nommé inspecteur (même classe) pour l'arrondissement de Reims, en remplacement de M. Parent, appelé à d'autres fonctions.

Sartène. (20 novembre.) — M. Gautier, maître adjoint à l'école normale primaire d'Alençon, est nommé inspecteur primaire (troisième classe) pour l'arrondissement de Sartène (Corse), en remplacement de M. Maréchal, appelé à d'autres fonctions.

Senlis. (12 novembre.) — M. Boucher, instituteur public à Lassigny (Oise), pourvu du certificat d'aptitude aux fonctions d'inspecteur primaire, est chargé, à titre provisoire, des fonctions d'inspecteur primaire pour l'arrondissement de Senlis, en remplacement de M. Biétrix, appelé à d'autres fonctions.

Toulon. (16 novembre.) — M. Arnault, inspecteur primaire (deuxième classe) pour les arrondissements d'Avignon et d'Orange, est nommé inspecteur primaire (même classe) pour l'arrondissement de Toulon, en remplacement de M. Giraud.

Écoles normales primaires.

Directeurs.

Charleville. (31 octobre.) — M. Darras (Damien) est chargé provisoirement de la direction de l'école primaire annexée à l'école normale primaire de Charleville, en remplacement de M. Darras, son père, décédé.

Châteauroux. (12 novembre.) — M. Parent, inspecteur de l'instruction primaire pour l'arrondissement de Reims, est nommé directeur (troisième classe) de l'école normale primaire de Châteauroux, en remplacement de M. Méjan, à qui un congé d'inactivité a été accordé pour cause de santé.

Aumôniers.

Commercy. — M. l'abbé Guyot, professeur au petit séminaire de Verdun, est nommé aumônier de l'école normale primaire de Commercy, en remplacement de M. l'abbé Hypolite.

Maîtres adjoints.

Ajaccio. (24 octobre.) — M. Giacometti (Marius), pourvu du brevet de capacité complet, est nommé maître adjoint (troisième classe) à l'école normale primaire d'Ajaccio, en remplacement de M. Pelouze, qui a reçu une autre destination.

Mâcon. (20 novembre.) — M. Maréchal, régent au collége de Montargis, est nommé maître adjoint (troisième classe) à l'école normale primaire de Mâcon, en remplacement de M. Martinet, appelé à d'autres fonctions.

Enseignement secondaire spécial.

Barcelonnette (3 novembre.) — M. Balland, bachelier ès lettres, ancien maître répétiteur au lycée impérial de Metz, est nommé maître adjoint (troisième classe) à l'école normale primaire de Barcelonnette, en remplacement de M. Imbert, décédé.

Dax (3 novembre.) — M. Cornevaux, instituteur public à Chamesol (Doubs), est nommé maître adjoint (troisième classe) à l'école normale primaire de Dax, en remplacement de M. Carassus, appelé à d'autres fonctions.

Douai. (14 novembre.) — M. Leclercq, instituteur public à Lécluse (Nord), pourvu du brevet complet, est nommé maître adjoint (troisième classe) à l'école normale primaire de Douai, en remplacement de M. Tilmant, qui a reçu une autre destination.

Draguignan. (15 novembre.) — M. Doin (Louis), bachelier ès sciences, ancien maître d'étude, chargé de la classe de septième au collége de Guéret, est nommé maître adjoint (troisième classe) à l'école normale primaire de Draguignan, en remplacement de M. Jardin.

Loches. (15 novembre.) — M. Béranger, chargé de cours d'enseignement professionnel au collége de Saintes et pourvu du brevet complet, est nommé maître adjoint (troisième classe) à l'école normale primaire de Loches, en remplacement de M. Biétrix, appelé à d'autres fonctions.

Orléans. (25 octobre.) — M. Bernard, instituteur adjoint à l'école primaire d'Orléans, est nommé maître adjoint (troisième classe) à l'école normale primaire de cette ville, en remplacement de M. Lescure, en congé.

Parthenay. (25 octobre.) — M. Jacquet, instituteur à Saint-Laurent-de-la-Salle, est nommé maître adjoint (troisième classe) à l'école normale primaire de Parthenay, en remplacement de M. Berthon, appelé à d'autres fonctions.

Rennes. (27 octobre.) — M. Ney, maître de français au lycée de Vendôme, pourvu du brevet complet, est nommé maître adjoint (troisième classe) à l'école normale primaire de Rennes, en remplacement de M. Tenot, appelé à d'autres fonctions.

M. Javary, maître de l'école primaire annexée à l'école normale primaire de Rennes, est nommé maître adjoint (troisième classe) dans ledit établissement (emploi nouveau).

M. Musquin, instituteur public à Biencourt (Meuse), pourvu du brevet complet, est nommé maître de l'école primaire annexée à l'école normale primaire de Rennes, en remplacement de M. Javary, appelé à d'autres fonctions.

Villefranche (Rhône) (3 novembre.) — M. Lavenir, maître adjoint à l'école normale primaire de Villefranche (Rhône), est nommé maître de l'école primaire annexée audit établissement, en remplacement de M. Pélocieux, qui a reçu une autre destination.

M. Chambon, bachelier ès sciences, est nommé maître adjoint (troisième classe) à l'école normale primaire de Villefranche, en remplacement de M. Lavenir.

École normale primaire d'institutrices de Rumilly. (15 octobre.) — Mlle Perret (Maurize), en religion sœur Sainte-Anne-des-Anges, est nommée maîtresse adjointe à l'école normale primaire d'institutrices de Rumilly (Haute-Savoie), en remplacement de Mlle Malinjoud (sœur Joséphine-Élisabeth), démissionnaire.

Enseignement secondaire spécial.

Cherbourg. (25 octobre.) — M. Lecointe, régent des cours de l'enseignement secondaire spécial au collége de Séez, est nommé régent des cours de l'enseignement secondaire spécial au collége de Cherbourg, en remplacement de M. Lebedel, appelé à d'autres fonctions.

Cluny (2 novembre). — M. Meyran fils, bachelier ès lettres, régent de sixième au collége de Mende, est chargé d'un cours de littérature française et de grammaire au collége d'enseignement secondaire spécial de Cluny.

Draguignan (3 novembre). — M. Vermeil, régent des cours d'enseignement secondaire spécial au collége de Menton, est nommé régent des mêmes cours au collége de Draguignan, en remplacement de M. Mauran, appelé à d'autres fonctions.

Lille. (26 octobre.) — M. Wocquier, bachelier ès lettres, maître répétiteur (première classe) au lycée de Lille, est nommé chargé de cours d'enseignement secondaire spécial audit lycée.

Lyon. (26 octobre.) — M. Doucet, agrégé pour l'enseignement secondaire spécial, est nommé professeur (troisième classe) de l'enseignement secondaire spécial au lycée de Lyon.

M. Bessé, licencié ès sciences physiques, régent de physique au collége de Montbéliard, est chargé de cours d'enseignement secondaire spécial (deuxième classe) au lycée de Lyon.

Menton (3 novembre). — M. Clavaud, maître élémentaire au lycée de Marseille, est nommé régent des cours spéciaux au collége de Menton, en remplacement de M. Vermeil, appelé à d'autres fonctions.

Mont-de-Marsan. (26 octobre.) — M. Beahan, pourvu du certificat d'aptitude à l'enseignement de l'anglais, est chargé de cours de langues vivantes au lycée d'enseignement secondaire spécial de Mont-de-Marsan (emploi nouveau).

Niort. (26 octobre.) — M. Mabilleau, bachelier ès lettres, pourvu du brevet complet pour l'enseignement primaire, est chargé de cours d'enseignement secondaire spécial (deuxième classe) au lycée Fontanes, à Niort.

Séez (25 octobre). — M. Ménard, régent en congé d'inactivité, est nommé régent des cours d'enseignement secondaire spécial au collége de Séez, en remplacement de M. Lecointe, appelé à d'autres fonctions.

Valenciennes (25 octobre). — M. Renaut, bachelier ès lettres, ancien maître répétiteur, est nommé régent des cours de l'enseignement secondaire spécial au collége de Valenciennes, en remplacement de M. Gougeon, appelé à d'autres fonctions.

Inspection des salles d'asile.

(21 novembre). — Mme Sarrazin, née Caillotet, pourvue du certificat d'aptitude, est nommée déléguée spéciale pour l'inspection des salles d'asile (troisième classe) dans l'académie de Besançon, en remplacement de Mme Senault, décédée.

TRAVAUX A L'AIGUILLE.

(Suite de l'explication de la planche n° 3. — Voir le numéro précédent.)

TRICOT.

Rond pour couvre-pieds.

Coton dont on se sert pour tricoter les bas, ou fil d'Écosse si l'on veut mettre un transparent de couleur.

Prendre 4 aiguilles, mettre 2 mailles sur chacune et fermer le tour comme si l'on commençait un bas.

1er tour : A l'endroit et uni.

2e tour : Augmentation en passant le fil sur l'aiguille de la main droite, 1 maille unie, augmentation, 1 maille unie ; faire de même aux trois autres aiguilles, ce qui fait 4 mailles sur chacune. — 3e tour, uni ; les augmentations se font comme des mailles ordinaires.

4e tour : Augmentation, 2 mailles unies, augmentation, 2 mailles unies ; les trois autres aiguilles sont toujours pareilles à celles que nous expliquons. — 5e tour, uni.

6e tour : Augmentation, 3 mailles unies, augmentation, 3 mailles unies. — 7e tour, uni.

8e tour : Augmentation, 4 mailles unies, augmentation, 4 mailles unies. — 9e tour, uni.

10e tour : Augmentation, 5 mailles unies, augmentation, 5 mailles unies. — 11e tour, uni.

12e tour : Augmentation, 6 mailles unies, augmentation, 6 mailles unies. — 13e tour, uni.

14ᵉ tour : Augmentation, 7 mailles unies, augmentation, 7 mailles unies. — 15ᵉ tour, uni.

16ᵉ tour : Augmentation, 8 mailles unies, augmentation, 8 mailles unies. — 17ᵉ tour, uni.

18ᵉ tour : Augmentation, 9 mailles unies, augmentation, 9 mailles unies. — 19ᵉ tour, uni.

20ᵉ tour : Augmentation, 10 mailles unies, augmentation, 10 mailles unies. — 21ᵉ tour uni.

22ᵉ tour : Augmentation, 11 mailles unies, augmentation, 11 mailles unies. — 23ᵉ tour, uni.

24ᵉ tour : Augmentation, 12 mailles unies, augmentation, 12 mailles unies. — 25ᵉ tour, uni.

26ᵉ tour : Augmentation, 13 mailles unies, augmentation, 13 mailles unies. — 27ᵉ tour; uni. Il doit y avoir alors 28 mailles sur chaque aiguille, 14 pour pour chaque feuille épaisse, et les 4 aiguilles doivent former 8 feuilles.

28ᵉ tour : Augmentation, 1 maille unie, augmentation, 11 mailles unies, diminution, augmentation, 1 maille unie, augmentation, 11 mailles unies, diminution. — 29ᵉ tour, uni.

30ᵉ tour : Augmentation, 1 maille sans tricoter, 1 maille tricotée, passer dessus la maille qui n'a pas été tricotée pour former un jeté, augmentation. 10 mailles unies, diminution, augmentation, 1 maille sans tricoter, 1 maille tricotée, jeter la maille sans être tricotée, augmentation, 10 mailles unies, diminution. — 31ᵉ tour, uni.

32ᵉ tour : Augmentation, 1 maille sans tricoter, 1 maille tricotée, jeté, augmentation, 1 maille tricotée en la retournant, c'est-à-dire passer l'aiguille droite en dedans de la maille et en tricoter le côté qui est au-dessous, augmentation, 9 mailles unies, diminution, augmentation, 1 maille sans tricoter, 1 maille tricotée, jeté, augmentation, 1 maille retournée, augmentation, 9 mailles unies, diminution. — 33ᵉ tour, uni.

34ᵉ tour : Augmentation, 1 maille sans tricoter, 1 maille tricotée, jeté, augmentation, 1 maille sans tricoter, une maille tricotée, jeté, augmentation, 1 maille retournée, augmentation, 8 mailles unies, diminution, augmentation, 1 maille sans tricoter, 1 maille tricotée, jeté, augmentation, 1 maille sans tricoter, 1 maille tricotée, jeté, augmentation, 1 maille retournée, augmentation, 8 mailles unies, diminution.

Continuer ainsi jusqu'à ce qu'il n'y ait plus sur les aiguilles que des augmentations et des diminutions, et que la feuille épaisse soit réduite à une maille.

Chaque aiguille d'augmentation et de jetés doit toujours augmenter de 2 mailles jusqu'à la fin des feuilles.

Faire 5 tours à l'envers et fermer le rond par une rangée de jetés, comme un talon de bas. Ce rond forme 8 petits côtés égaux.

PETIT CARRÉ.

Quatre aiguilles, 24 mailles sur chacune.

1ᵉʳ tour ; Uni à l'endroit.

2ᵉ tour : A l'envers, diminuer au commencement et à la fin de chaque aiguille.

3ᵉ tour : A l'envers, sans diminution.

4ᵉ tour : A l'envers et diminution comme au 2ᵉ tour.

5ᵉ tour : Comme le 3ᵉ, c'est-à-dire sans diminution.

6ᵉ tour : A l'endroit et diminuer au commencement et à la fin de chaque aiguille.

7ᵉ tour : A l'endroit sans diminution.

8ᵉ tour : A l'endroit, diminuer au commencement et à la fin de chaque aiguille.

9ᵉ tour : A l'endroit sans diminution.

10ᵉ tour : A l'envers, diminution au commencement et à la fin de chaque aiguille.

Continuer ainsi en diminuant d'un tour entre autre et en faisant alternativement 4 aiguilles à l'envers et 4 à l'endroit, jusqu'à ce qu'il n'y ait qu'une maille sur les aiguilles; fermer alors le carré.

On fait 4 de ces petits carrés et on les pose autour de l'octogone, en ayant soin de laisser un côté vide entre chacun d'eux. Et entre chacun de ces carrés on posera 3 côtés d'un autre octogone, ce qui formera le couvre-pieds dont nous donnerons le dessin dans une prochaine planche.

EXPLICATION DE LA PLANCHE Nᵒ 4.

LINGERIE.

Nᵒ 1. — Dessin et patron d'une petite brassière en piqué blanc. Broderie en soutache blanche. — Le nᵒ 7 forme le dessin et le patron de la manche. Dessin et patron qu'on diminuera ou agrandira selon la grandeur et la force de l'enfant.

Nᵒ 2. — Col. Broderie sur batiste ou sur mousseline. Les petites fleurs doivent être brodées au plumetis, la feuille au point russe; les cinq petites lignes formeront cinq points russes, le tour sera fait en simple cordonnet. Dans la grande fleur qui forme le coin du col, les lignes simples représentent des points russes, les lignes doubles des barrettes faites au feston et retenues par les deux festons qui sont tracés dans l'intérieur et autour de la grande étoile. L'étoffe qui se trouve sous les barrettes doit être découpée de manière à laisser un grand jour autour de l'étoile du milieu. Une petite dentelle ou guipure doit border l'ourlet.

Nᵒ 3. — Manchette assortie au col application donné à la planche précédente.

Nᵒ 4. — Manchette assortie au col nᵒ 2.

Nᵒ 5. — Bas de pantalon ou de jupon, nouveauté. Dessin pour être soutaché en blanc pour pantalon, en blanc ou en couleur pour jupon. La partie double représente l'ourlet qui forme le bas, car la bande de feston, qui doit être rapportée avec arrière-point, doit se trouver entre la broderie et l'ourlet et non tout à fait au bord comme on la plaçait autrefois. Il est bien entendu que pour jupon le feston doit être de nuance pareille à la guirlande de soutache.

Nᵒˢ 6 et 8. — Coins de mouchoir.

Nᵒˢ 9 et 12. — Bandes pour pantalons ou taies d'oreiller.

Nᵒ 10. — Entre-deux pour chemise russe. Broderie en soie ou en coton de couleur; point d'arme au milieu des grandes roses.

Nᵒ 11. — Entre-deux pour corsage blanc ou pour poignet de camisole.

Nᵒˢ 13 à 19. — Initiales pour mouchoirs, draps ou taies d'oreiller.

Nᵒ 20. — Bordure sur cachemire soutaché et perles en jais, pour bas de jupon, de robe, tour de zouave. Patron d'un zouave, cachemire ou velours, semé de perles.

MODES.

La saison est encore si peu avancée, et l'on voit tant de modes diverses que l'on ne peut guère conseiller telle ou telle forme de robe et de par-dessus. Cependant on sait que les petits chapeaux de toutes formes seront en vogue au moins pendant l'hiver et que les robes courtes à double jupe de couleurs différentes l'emporteront dans la rue sur les robes longues et traînantes : ce qui sera la conquête de l'économie et de la propreté. Les robes à traîne ne sont déjà plus portées que dans les grands dîners ou dans les soirées.

Les pardessus sont encore très-courts et, pour ainsi dire, couverts de jais.

Plusieurs personnes portent les châles en carré écharpe, mode peu élégante et peu gracieuse. Il faut pourtant avouer que les châles portés ainsi sont moins embarrassants les jours de pluie.

Cécile Régnard.

TABLE DES MATIÈRES

CONTENUES

DANS LES 12 NUMÉROS DE L'ANNÉE 1866.

Documents divers relatifs à l'instruction primaire et à l'enseignement secondaire spécial.

Travaux à l'aiguille.

Musique à l'usage des écoles.

AVRIL 1866
Pl. 1.
MANUEL GÉNÉRAL
DE L'INSTRUCTION PRIMAIRE
JOURNAL DES INSTITUTEURS ET DES INSTITUTRICES.
L. HACHETTE et Cie. Boulevard Saint-Germain, 77.
PARIS.
DESSINS
de, E. GOUYON, 45 Rue du Bac.
Louise

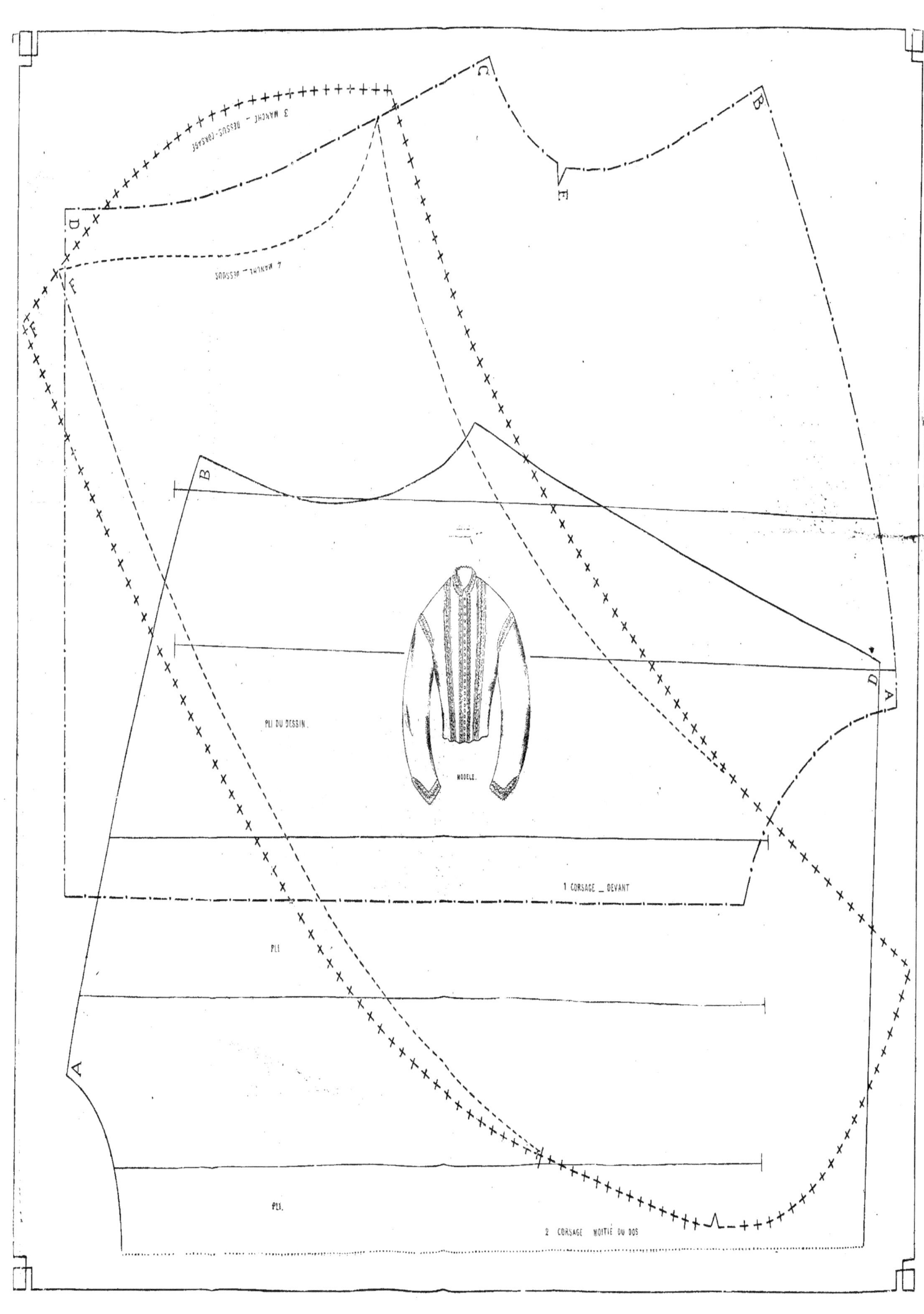

3 MANCHE - DESSUS-CORSAGE
2 MANCHE - DESSOUS
PLI DU DESSIN.
MODELE.
1 CORSAGE _ DEVANT
PLI
PLI.
2 CORSAGE MOITIÉ DU DOS
A
B
C
D
E
F

JUILLET 1866.
Pl. II.
MANUEL GÉNÉRAL
DE L'INSTRUCTION PRIMAIRE
JOURNAL DES INSTITUTEURS ET DES INSTITUTRICES.
L. HACHETTE et Cie. Boulevard Saint-Germain, 77.
PARIS.
DESSINS
de E GOUYON, 45 Rue du Bac.
Celina
Alice
Marie

Juillet 1866 pl II

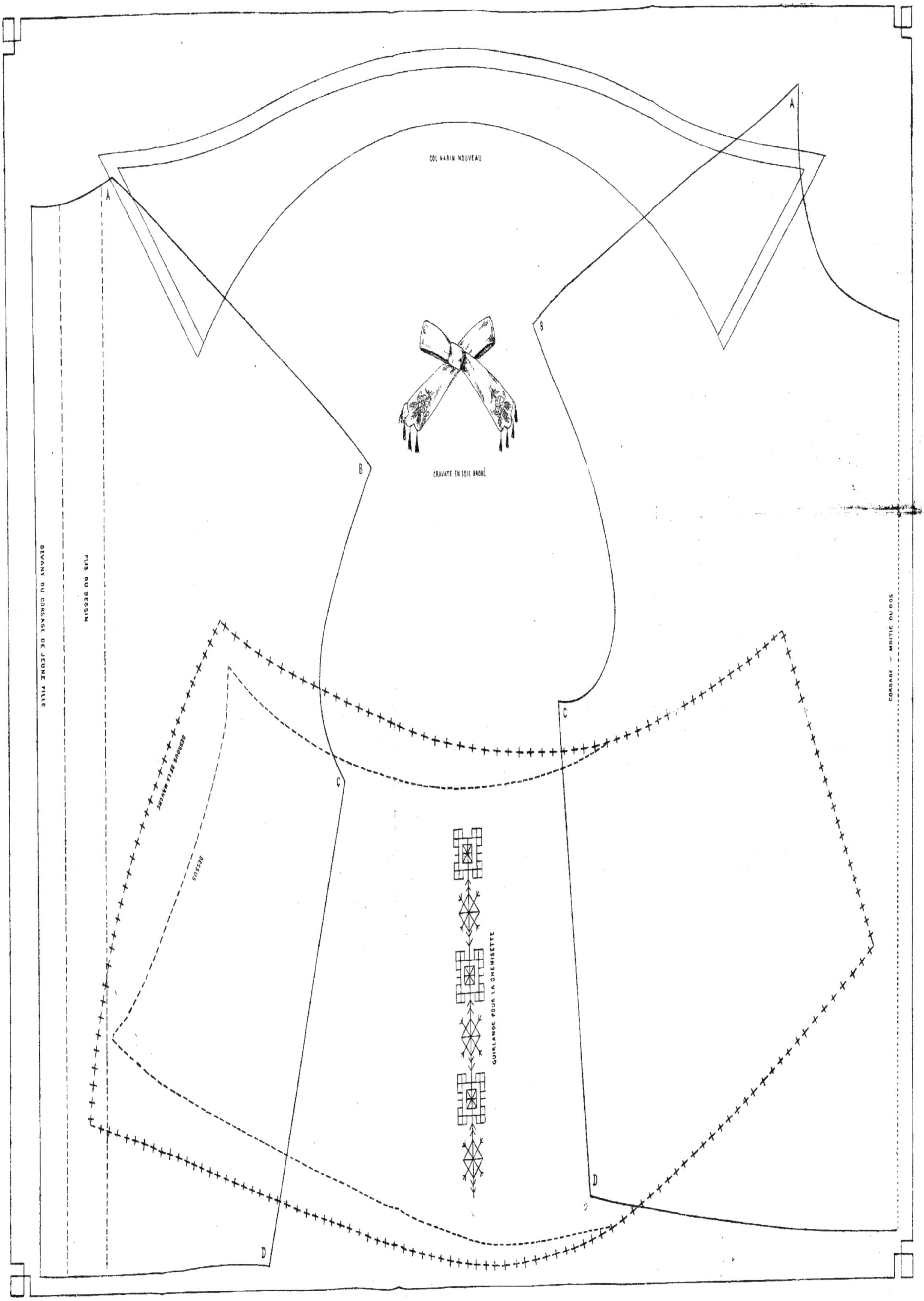
COL MARIN NOUVEAU
CRAVATE EN SOIE BRODÉ
DEVANT DU CORSAGE DE JEUNE FILLE
PLIS DU DESSIN
DESSOUS DE LA MANCHE
DESSUS
GUIRLANDE POUR LA CHEMISETTE
CORSAGE — MOITIÉ DU DOS
A
B
C
D
A
B
C
D

Imprimerie générale de Ch. Lahure, rue de Fleurus, 9, à Paris.

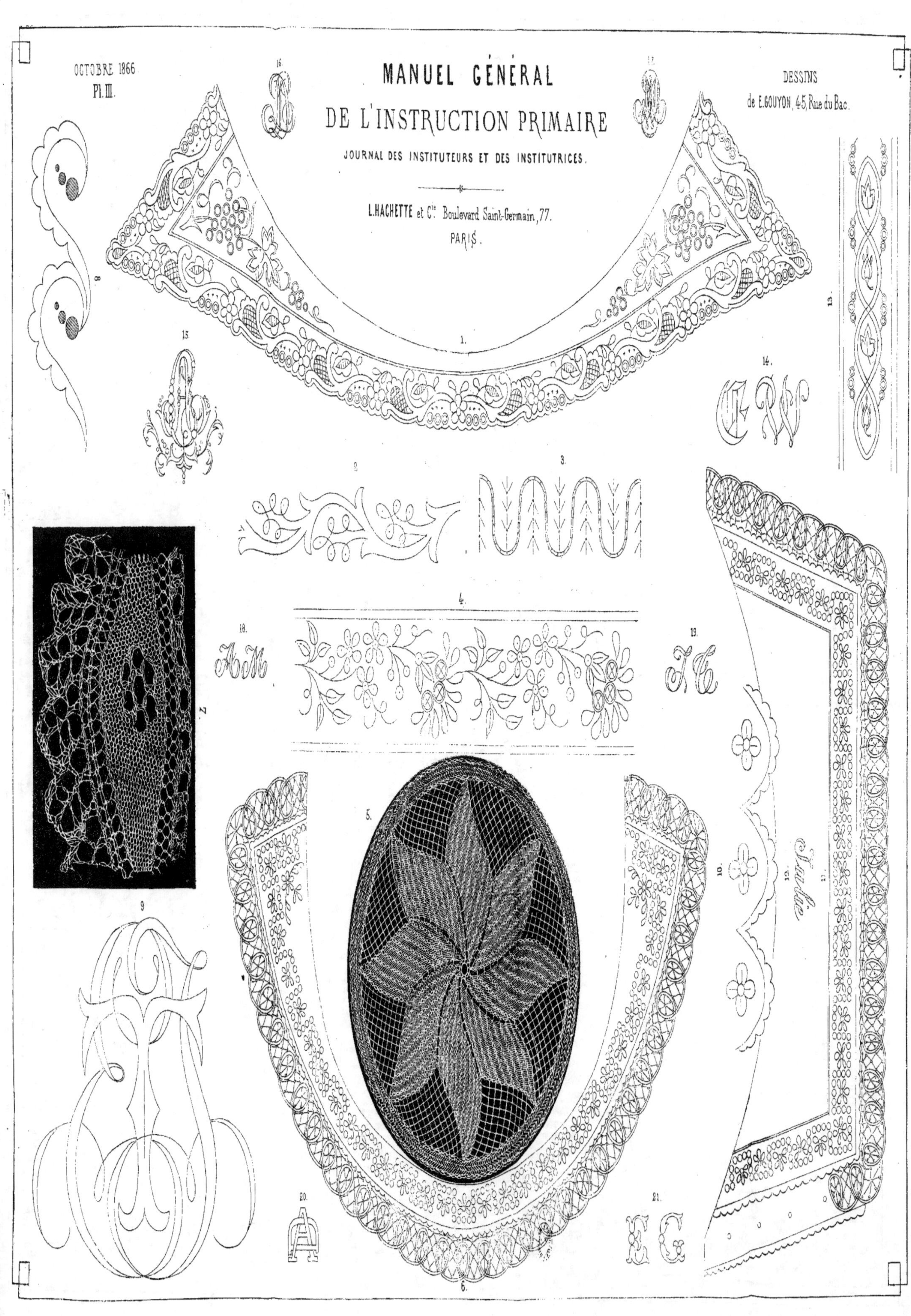

OCTOBRE 1866
Pl. III.
MANUEL GÉNÉRAL
DE L'INSTRUCTION PRIMAIRE
JOURNAL DES INSTITUTEURS ET DES INSTITUTRICES.
L. HACHETTE et Cie. Boulevard Saint-Germain, 77.
PARIS.
DESSINS
de E. GOUYON, 45, Rue du Bac.

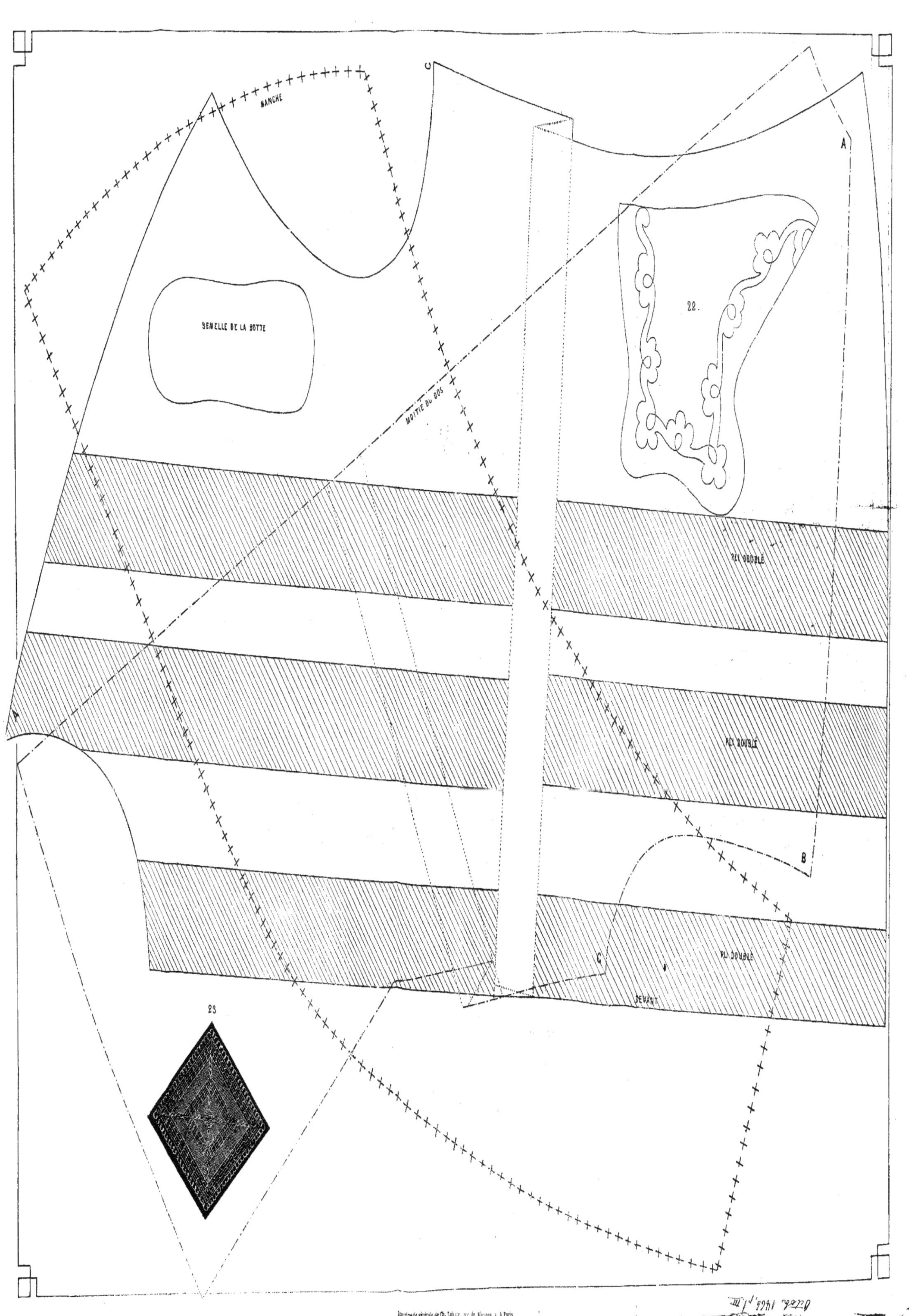

MANCHE
C
A
SEMELLE DE LA BOTTE
22.
MOITIÉ DU DOS
PLI DOUBLÉ
PLI DOUBLÉ
B
A
C
PLI DOUBLÉ
DEVANT
23

HISTOIRE POPULAIRE CONTEMPORAINE

DE LA FRANCE (1815 A 1863)

OUVRAGE FAISANT SUITE A *L'HISTOIRE POPULAIRE DE LA FRANCE*

4 beaux volumes in-4 illustrés de plus de 800 vignettes

Prix de chaque volume : broché, 6 fr.

La reliure se paye en sus : en percaline gaufrée, tranches jaspées, 1 fr. 50 c.; tranches dorées, 2 fr.; percaline rouge, plats en or, tranches dorées, 3 fr.

Deux volumes en un; tranches jaspées, 2 fr.; tranches dorées, 3 fr.; plats en or, percaline rouge, tranches dorées, 4 fr.

Le premier Volume contient

LA RESTAURATION (1815-1830) — LA MONARCHIE DE JUILLET (1830-1848)

Matières contenues dans le second Volume

LA RÉVOLUTION DE FÉVRIER : — Chute du gouvernement de juillet; Le gouvernement provisoire (24 février — 4 mai 1848; Contre-coup de la Révolution de février en Europe.

L'ASSEMBLÉE CONSTITUANTE : (4 MAI 1848 — 27 MAI 1849); — La Commission exécutive (9 mai—24 juin 1848; Insurrection socialiste; Dictature du général Cavaignac; Gouvernement du général Cavaignac (28 juin 1848—20 décembre 1848.); La question italienne; Fin de l'Assemblée constituante (20 décembre 1848 — 27 mai 1849).

ASSEMBLÉE LÉGISLATIVE (27 MAI 1848. — 2 DÉCEMBRE : Expédition de Rome; Les partis; le Président de la République et le pays (de juin 1849 à janvier 1851; Scission entre l'Assemblée et le Président de la République (1851); L'Algérie pendant la présidence de la République; Lutte ouverte entre le président de la République et l'Assemblée (4 novembre — 2 décembre 1851); Le 2 décembre 1851.

PRÉSIDENCE DÉCENNALE (20 DÉCEMBRE 1851. — 2 DÉCEMBRE 1852 : — La dictature.—Réorganisation politique et administrative de la France; Mise en pratique de la Constitution de 1852; Les départements et le Prince-Président (juillet-décembre 1852); Rétablissement de l'Empire (octobre-décembre 1852); Les colonies françaises en 1852; Les mines d'or.

Matières contenues dans le troisième Volume

RÈGNE DE NAPOLÉON III JUSQU'A LA GUERRE D'ORIENT (2 DÉCEMBRE 1852 — 27 MARS 1854.) — Le mariage de l'Empereur; Politique intérieure en 1853; Politique extérieure dn second Empire. La question d'Orient.

LA GUERRE D'ORIENT. (27 MARS 1854 — 30 MARS 1856); — L'armée anglo-française en Turquie (printemps et été de 1854); Expédition dans la mer Baltique (mars-août 1854); Expédition de Crimée (septembre 1854 septembre 1855); L'Alma (20 septembre 1855); Expédition de Crimée; — Siége de Sébastopol; — Commandement du général Canrobert (25 septembre 1854 — 20 mai 1855); Suite du siége de Sébastopol; — Commandement du général Pélissier (20 mai 8 septembre 1854); Exposition universelle. — Voyage de la reine Victoria en France; Le Congrès et la paix de Paris;

RÈGNE DE NAPOLÉON III DEPUIS LA GUERRE D'ORIENT JUSQU'A LA GUERRE D'ITALIE · (1856-1859.) — Situation intérieure de la France en 1856 et en 1857; Conquête de la grande Kabylie (20 mai 17 juillet 1857); La guerre des Indes; — Les élections de 1857 en France; — l'attentat du 14 janvier 1858.

LA GUERRE D'ITALIE (1859) : — La question italienne; La guerre; — Délivrance du Piémont; — Magenta.

Matières contenues dans le quatrième Volume

Conquête de la Lombardie; — Solférino; Villafranca; Résultat de la Guerre d'Italie; La question romaine; L'unité italienne; — Expédition de Syrie (1860-1861).

RÈGNE DE NAPOLÉON III DE 1860 A 1865. RÉFORMES COMMERCIALES ET POLITIQUES. LES EXPÉDITIONS LOINTAINES : — Politique intérieure; La liberté commerciale (janvier 1860); Accroissement des libertés publiques; Guerre de Chine; Guerre de Cochinchine, (1858-1862); — Une colonie nouvelle; Guerre du Mexique; Politique intérieure. Fin de la législature de 1857 (janvier 1861 mai 1863); Les élections de 1863. — L'insurrection polonaise; Résultats généraux du règne de Napoléon III; — Institutions; Travaux publics; Lois; Tableau des lettres, des sciences et des arts, de 1848 à 1865.